Springer-Lehrbuch

Weitere Bände in dieser Reihe
http://www.springer.com/series/1183

Wolfgang Hromadka • Frank Maschmann

Arbeitsrecht Band 2

Kollektivarbeitsrecht + Arbeitsstreitigkeiten

8. Auflage

Wolfgang Hromadka
Passau, Deutschland

Frank Maschmann
Lehrstuhl für Bürgerliches Recht und Arbeitsrecht
Universität Regensburg
Regensburg, Deutschland

ISSN 0937-7433   ISSN 2512-5214   (electronic)
Springer-Lehrbuch
ISBN 978-3-662-61331-3   ISBN 978-3-662-61332-0   (eBook)
https://doi.org/10.1007/978-3-662-61332-0

Die Deutsche Nationalbibliothek verzeichnet diese Publikation in der Deutschen Nationalbibliografie; detaillierte bibliografische Daten sind im Internet über http://dnb.d-nb.de abrufbar.

Springer
© Springer-Verlag GmbH Deutschland, ein Teil von Springer Nature 1999, 2001, 2004, 2007, 2010, 2014, 2017, 2020
Das Werk einschließlich aller seiner Teile ist urheberrechtlich geschützt. Jede Verwertung, die nicht ausdrücklich vom Urheberrechtsgesetz zugelassen ist, bedarf der vorherigen Zustimmung des Verlags. Das gilt insbesondere für Vervielfältigungen, Bearbeitungen, Übersetzungen, Mikroverfilmungen und die Einspeicherung und Verarbeitung in elektronischen Systemen.
Die Wiedergabe von allgemein beschreibenden Bezeichnungen, Marken, Unternehmensnamen etc. in diesem Werk bedeutet nicht, dass diese frei durch jedermann benutzt werden dürfen. Die Berechtigung zur Benutzung unterliegt, auch ohne gesonderten Hinweis hierzu, den Regeln des Markenrechts. Die Rechte des jeweiligen Zeicheninhabers sind zu beachten.
Der Verlag, die Autoren und die Herausgeber gehen davon aus, dass die Angaben und Informationen in diesem Werk zum Zeitpunkt der Veröffentlichung vollständig und korrekt sind. Weder der Verlag, noch die Autoren oder die Herausgeber übernehmen, ausdrücklich oder implizit, Gewähr für den Inhalt des Werkes, etwaige Fehler oder Äußerungen. Der Verlag bleibt im Hinblick auf geografische Zuordnungen und Gebietsbezeichnungen in veröffentlichten Karten und Institutionsadressen neutral.

Springer ist ein Imprint der eingetragenen Gesellschaft Springer-Verlag GmbH, DE und ist ein Teil von Springer Nature.
Die Anschrift der Gesellschaft ist: Heidelberger Platz 3, 14197 Berlin, Germany

Vorwort zur 8. Auflage

Die 8. Auflage bringt das Lehrbuch auf den aktuellen Stand von Gesetzgebung und Rechtsprechung. Eingearbeitet wurden u.a. das Gesetz zur Änderung des AÜG, die Datenschutz-GrundVO, die Elektronische RechtsverkehrsVO, das QualifizierungschancenG sowie die seit 2016 ergangenen höchstrichterlichen Entscheidungen und wichtige Aufsätze.

Passau/Regensburg, Januar 2020   Wolfgang Hromadka
                                                                 Frank Maschmann

Vorwort zur 1. Auflage

Dieser, der 2. Band behandelt das Kollektivarbeitsrecht, die Arbeitsstreitigkeiten und Problemkreise, die Individual- und Kollektivarbeitsrecht übergreifen.

Das Kollektivarbeitsrecht gibt dem Arbeitsrecht seine Besonderheit. Kollektivmächte, die Gewerkschaften und die Belegschaftsvertretungen, wirken auf seiten des Arbeitnehmers an der Gestaltung der Arbeitsbedingungen mit, um das Ungleichgewicht im Verhältnis zu dem Arbeitgeber auszugleichen. Das Kollektivarbeitsrecht befasst sich mit den Fragen, wer die Akteure sind, wie ihre Rechtsstellung aussieht und welche Mittel ihnen zur Verfügung stehen. Zwischen Kollektiv- und Individualarbeitsrecht gibt es zahlreiche Berührungspunkte. Am deutlichsten zeigen sich die Verknüpfungen bei der Änderung von Arbeitsbedingungen und beim Betriebsübergang. Beide werden deshalb erst im Anschluss an das Kollektivarbeitsrecht behandelt. Zu den Arbeitsstreitigkeiten gehören die Schlichtung und die Rechtsprechung. Die Schlichtung obliegt im Tarifrecht im wesentlichen tariflich vereinbarten Schlichtungsstellen, im Betriebsverfassungs- und Personalvertretungsrecht gesetzlich vorgesehenen Einigungsstellen, die Rechtsprechung den Arbeitsgerichten. Mit der Wiedergabe des arbeitsgerichtlichen Urteils- und Beschlussverfahrens endet der zweite Band. Das Lehrbuch hat, obwohl keine Gesamtdarstellung des Arbeitsrechts, einen beachtlichen Umfang angenommen. Selbst von einem guten Studenten kann nicht erwartet werden, dass er den gesamten Stoff beherrscht. Es schien den Verfassern aber doch wichtig, dem Lernenden einen Eindruck zu verschaffen von der Fülle der Regelungen, die heute das Arbeitsleben gestalten. Zugleich haben sie sich bemüht, den roten Faden immer wieder sichtbar zu machen, der dieses Gewebe durchzieht. Dass das nicht immer gelingt, ist jedem menschlichen Werke eigen.

Passau, April 1999   Wolfgang Hromadka
                                                                 Frank Maschmann

Inhaltsverzeichnis

Abkürzungsverzeichnis XIX

Literaturhinweise XXV

§ 11 **Grundfragen** 1
    I. Kollektives Arbeitsrecht 1
        1. Regelungsgegenstand 1
        2. Regelungsfragen 2
        3. Kollektivrecht und Privatautonomie 4
        4. Tarifvertrag und Mitbestimmung in der Praxis 5
    II. Gewerkschaften und Belegschaftsvertretungen 6
        1. Duales System der Arbeitnehmervertretung 6
        2. Zusammenarbeit und Konkurrenz 6
        3. Ausblick 8
    III. Änderung von Arbeitsbedingungen und Betriebsübergang ... 8
    IV. Arbeitsstreitigkeiten 9

§ 12 **Koalitionsrecht** 11
    I. Begriff, Bedeutung und Aufgaben der Koalitionen 11
        1. Begriff 11
        2. Bedeutung 11
        3. Aufgaben 12
    II. Koalitionen 13
        1. Koalition – Arbeitgeberverband – Gewerkschaft 13
        2. Merkmale im einzelnen 15
            a) Vereinigung 16
            b) Zweck: Wahrung und Förderung von Arbeits- und Wirtschaftsbedingungen 18
            c) Folgerungen aus dem Zweck 18
            d) Tariffähigkeit 20
    III. Koalitionsfreiheit 24
        1. Individuelle Koalitionsfreiheit 25
            a) Grundrechtsträger 25
            b) Positive Koalitionsfreiheit 25
            c) Negative Koalitionsfreiheit 26
        2. Kollektive Koalitionsfreiheit 27
            a) Bestandsgarantie 27
            b) Betätigungsgarantie 28
            c) Grenzen der Betätigungsgarantie 30

IV. Mitgliedschaft in den Koalitionen 31
   1. Erwerb der Mitgliedschaft 31
      a) Beitritt.. 31
      b) Anspruch auf Aufnahme 32
      c) Doppelmitgliedschaft 32
   2. Pflichten der Mitglieder 33
      a) Förderung 33
      b) Beitrag 33
   3. Rechte der Mitglieder.. 33
      a) Mitwirkung und Teilhabe 33
      b) Streitigkeiten 34
   4. Beendigung der Mitgliedschaft 34
      a) Grundsätze 34
      b) Austritt.. 34
      c) Ausschluss 36
V. Rechtstatsächliches zu den Koalitionen... 36
   1. Deutscher Gewerkschaftsbund (DGB)... 36
   2. Christlicher Gewerkschaftsbund (CGB) 37
   3. Deutscher Beamtenbund (dbb) 38
   4. Führungskräfteverbände 38
   5. Sonstige Arbeitnehmerkoalitionen 39
   6. Arbeitgeberverbände 39
   7. Bundesvereinigung der Deutschen Arbeitgeberverbände
      (BDA) 41

§ 13 Tarifvertragsrecht 43
I. Grundlagen 43
   1. Begriff und Inhalt des Tarifvertrags... 43
      a) Begriff 43
      b) Inhalt 44
   2. Schuldrechtlicher Teil des Tarifvertrags... 44
      a) Rechtsnatur, Grenzen, Auslegung 44
      b) Inhalt 45
   3. Normativer Teil des Tarifvertrags... 45
      a) Wirkung 45
      b) Inhalt 47
   4. Arten und Anzahl von Tarifverträgen 50
      a) Einteilung nach dem Inhalt... 51
      b) Einteilung nach dem Geltungsbereich 52
      c) Einteilung nach dem Geltungsgrund 53
      d) Einteilung nach dem Verhältnis zu einem bestehenden
         Tarifvertrag.. 53
   5. Funktionen von Tarifverträgen 54
   6. Verfassungsrechtliche Gewährleistung der Tarifautonomie 54
      a) Ableitung und Inhalt... 54
      b) Grenzen 55

Inhaltsverzeichnis

   7. Gewährleistung der Tarifautonomie nach dem Recht der EU 56
   8. Muster eines Tarifvertrags (Auszug) 57
II. Abschluss und Beendigung des Tarifvertrags 62
   1. Abschluss 62
      a) Zustandekommen 62
      b) Tariffähigkeit 65
      c) Tarifzuständigkeit 66
      d) Mehrheit von Parteien 72
   2. Beginn des Tarifvertrags 73
      a) Schuldrechtlicher Teil 73
      b) Normativer Teil 73
      c) Rückwirkung 73
   3. Beendigung des Tarifvertrags 75
      a) Befristung und Bedingung 75
      b) Aufhebungsvertrag 76
      c) Ordentliche Kündigung 76
      d) Außerordentliche Kündigung 77
      e) Anfechtung 78
      f) Sonstige Beendigungsgründe 78
   4. Auswirkungen der Beendigung auf den schuldrechtlichen
      Teil 79
   5. Auswirkungen der Beendigung auf den normativen Teil:
      Nachwirkung 79
      a) Inhalt der Regelung 79
      b) Sinn und Zweck 79
      c) Anwendungsbereich 80
      d) Ende der Nachwirkung 81
III. Auslegung des Tarifvertrags 84
   1. Grundsätze 84
      a) Auslegung des schuldrechtlichen Teils 84
      b) Auslegung des normativen Teils 85
   2. Auslegungskriterien im einzelnen 86
      a) Wortlaut 86
      b) Gesamtzusammenhang 87
      c) Sinn und Zweck der Tarifnorm 87
      d) Entstehungsgeschichte, Tarifentwicklung und Tarifübung 88
      e) Übernahme von Gesetzesrecht 88
   3. Ergänzende Auslegung 89
      a) Problem 89
      b) Bewusste Tariflücke 90
      c) Unbewusste Tariflücke 90
      d) Fallgruppen 90
   4. Verfahrensfragen 92

IV. Inhalt und Grenzen der Tarifmacht 92
  1. Binnenschranken 92
     a) Grundsätze 92
     b) Verfassungsrechtliche Binnenschranken 93
     c) Einfachrechtliche Binnenschranken 94
  2. Außenschranken 95
     a) Grundsätze 95
     b) Verfassung 96
     c) Grundrechte 96
     d) Bindung an einzelne Grundrechte 98
     e) Gesetze 107
     f) Recht der Europäischen Union 110
     g) Richterrecht 112
  3. Rechtsfolgen eines Verstoßes gegen die Schranken der
     Tarifmacht 114
V. Voraussetzungen der normativen Wirkung des Tarifvertrags 115
  1. Grundsatz 115
  2. Geltungsbereich des Tarifvertrags 117
     a) Allgemeines 117
     b) Räumlicher Geltungsbereich 118
     c) Fachlicher Geltungsbereich 118
     d) Persönlicher Geltungsbereich 121
     e) Zeitlicher Geltungsbereich („Laufzeit") 122
  3. Tarifbindung 122
     a) Überblick 122
     b) Abschluss-, Inhalts- und Beendigungsnormen 123
     c) Betriebliche und betriebsverfassungsrechtliche Normen 126
     d) Allgemeinverbindlicherklärung (AVE) 126
  4. Arbeitsvertragliche Bezugnahme auf den Tarifvertrag 131
     a) Bedeutung 131
     b) Wirkung 131
     c) Inhalt und Formen 132
     d) Zustandekommen 134
  5. Bindung an mehrere Tarifverträge 135
     a) Problem 135
     b) Tarifkonkurrenz 136
     c) Tarifpluralität (bis 2015) 138
     d) Tarifeinheit bei Tarifkollision 139
VI. Tarifvertrag und niederrangige Rechtsquellen 149
  1. Tarifvertrag und Arbeitsvertrag 149
     a) Zwingende Tarifnormen 149
     b) Nachgiebige Tarifnormen (Öffnungsklauseln) 149
     c) Günstigkeitsprinzip 150

		d) „Anrechnung" über- und außertariflicher Leistungen auf Tariflohnerhöhungen 153
		e) Absicherung übertariflicher Leistungen im Tarifvertrag 156
	2.	Tarifvertrag und Betriebsvereinbarung 157
VII.	Ausschlussfristen 158
	1.	Grundsätze 158
		a) Erfasste Rechte 158
		b) Länge der Frist 159
	2.	Geltendmachung 159

§ 14 Arbeitskampfrecht **161**
    I. Grundlagen 161
        1. Gegenstand und Aufgabe des Arbeitskampfrechts 161
        2. Rechtstatsachen 161
        3. Rechtsgrundlagen 163
            a) Innerstaatliches Recht 163
            b) Internationales und supranationales Recht 165
        4. Begriff des Arbeitskampfs 169
            a) Definition 169
            b) Abgrenzung zu anderen kollektiven Erscheinungen 170
        5. Arten des Arbeitskampfs 171
    II. Allgemeine Voraussetzungen für einen rechtmäßigen Arbeitskampf 172
        1. Grundsätze 172
        2. Arbeitskampf nur durch zuständige Tarifvertragsparteien 175
            a) Tariffähigkeit 175
            b) Tarifzuständigkeit 175
            c) Teilnahme am Arbeitskampf 175
        3. Arbeitskampf um eine zulässige Tarifregelung 177
            a) Tarifregelung 177
            b) Tariflich regelbares Kampfziel 178
            c) Außenschranken der Tarifmacht 178
        4. Tarifliche Friedenspflicht 179
            a) Begriff und Inhalt 179
            b) Reichweite 181
        5. Gebot der Kampfparität 183
            a) Grundgedanke 183
            b) Inhalt 184
            c) Rechtsfolgen für die Arbeitnehmerseite 184
            d) Rechtsfolgen für die Arbeitgeberseite 185
        6. Ultima-ratio-Grundsatz 186
            a) Bedeutung 186
            b) Warnstreik und „neue Beweglichkeit" 186
            c) Schlichtungszwang? 187
            d) Urabstimmung? 187
        7. Grundsatz der Verhältnismäßigkeit 188

III. Mittel des Arbeitskampfs 190
　1. Arbeitskampfmaßnahmen der Arbeitnehmerseite 190
　　a) Streik 190
　　b) Sympathiestreiks (= Unterstützungsstreiks) 191
　　c) Streiks von Minderheitsgewerkschaften 193
　　d) Boykott 194
　　e) Betriebsblockade und Betriebsbesetzung 194
　　f) Flashmob 195
　　g) „Kalter Streik" 196
　2. Arbeitskampfmaßnahmen und sonstige
　　Reaktionsmöglichkeiten der Arbeitgeberseite 197
　　a) Aussperrung 197
　　b) Betriebs(teil-)stilllegung 198
　　c) Streikprämien 199
　　d) Weiterarbeit 200
IV. Rechtsfolgen rechtmäßiger Arbeitskampfmaßnahmen 201
　1. Rechtsfolgen für die kämpfenden Verbände 201
　　a) Verhältnis der kämpfenden Verbände zueinander 201
　　b) Verhältnis zwischen Verband und Mitglied 202
　2. Rechtsfolgen für die kampfbeteiligten Arbeitsvertragsparteien 203
　　a) Hauptleistungspflichten 203
　　b) Nebenpflichten 204
　　c) Sonderzahlungen 204
　　d) Urlaub 205
　　e) Entgeltfortzahlung im Krankheitsfall, bei
　　　Arbeitsverhinderung aus persönlichen Gründen, an
　　　Feiertagen und wegen Betriebsratstätigkeit 205
　　f) Kündigung 207
　3. Rechtsfolgen für nicht am Arbeitskampf beteiligte Dritte 207
　　a) Arbeitswillige Arbeitnehmer des umkämpften Betriebs 207
　　b) Arbeitskampfrisiko 207
　　c) Kunden und Zulieferer 212
V. Rechtsfolgen rechtswidriger Arbeitskämpfe 213
　1. Rechtsfolgen für die kämpfenden Verbände 214
　　a) Überblick 214
　　b) Unterlassungs- und Beseitigungsanspruch 214
　　c) Schadensersatzanspruch 215
　　d) Leistungsverweigerung und Recht zu Kampfmaßnahmen 216
　　e) Recht zur außerordentlichen Kündigung des Tarifvertrags 216
　2. Rechte der Arbeitsvertragsparteien gegen die
　　Tarifvertragsparteien 216
　　a) Unterlassung 216
　　b) Schadensersatz 217
　　c) Leistungsverweigerung und Kündigung 218
　　d) Abwehraussperrung? 218

3. Rechtsfolgen für die kampfbeteiligten Arbeitsvertragsparteien.....218
   a) Überblick...218
   b) Ordnungsgemäße Erfüllung des Arbeitsvertrags 219
   c) Unterlassung..219
   d) Schadensersatz 219
   e) Kündigung...220
   f) Ausschluss der Rechte durch tarifliche Folgeregelung 220
4. Rechtsfolgen für unbeteiligte Dritte..220
VI. Arbeitskampf und Betriebsverfassungsrecht 221
   1. Arbeitskampfverbot für die Betriebspartner 221
   2. Betriebsrat und Arbeitskampf 221
      a) Betriebsratsamt 221
      b) Beteiligungsrechte..222
      c) Neutralitätspflicht 224
   3. Betriebsratsmitglied und Arbeitskampf 224
      a) Doppelstellung 224
      b) Folgen einer betriebsverfassungswidrigen
         Kampfbeteiligung..225
VII. Arbeitskampf und Sozialversicherung...226
   1. Grundsätze 226
      a) Versicherungsverhältnis...226
      b) Beitragspflicht 226
   2. Gesetzliche Krankenversicherung und Soziale
      Pflegeversicherung..227
      a) Kampfbeteiligte Arbeitnehmer...227
      b) Mittelbar vom Arbeitskampf betroffene Arbeitnehmer..........227
   3. Gesetzliche Unfallversicherung 228
   4. Gesetzliche Rentenversicherung 228
   5. Arbeitslosenversicherung..228
      a) Versicherungsverhältnis...228
      b) Leistungen an streikende oder ausgesperrte Arbeitnehmer......229
      c) Leistungen an mittelbar vom Arbeitskampf betroffene
         Arbeitnehmer..229
VIII. Einstweilige Verfügung im Arbeitskampf..233
   1. Statthaftigkeit...233
   2. Zuständiges Gericht 234
   3. Materielle Voraussetzungen...234
      a) Verfügungsanspruch...234
      b) Verfügungsgrund..235
   4. Antrag und Entscheidungstenor..235
   5. Vollziehung der einstweiligen Verfügung 236

§ 15 Mitbestimmung in Unternehmen und Betrieb 237
  I. Allgemeines 237
     1. Begriff und Zweck 237
     2. Rechtsquellen 238
     3. Betriebs- und Unternehmensverfassung 239
     4. Betriebsverfassung und Personalvertretung 239
     5. Würdigung 240
  II. Unternehmensmitbestimmung nach deutschem Recht 241
     1. Zweck und Anwendungsbereich 241
     2. Die vier Mitbestimmungsgesetze 242
     3. Ursachen für die Unterschiede 243
     4. Geschlechterquote für den Aufsichtsrat 244
     5. Reichweite der Mitbestimmung im Aufsichtsrat 247
     6. Zwingendes Recht 248
     7. Vereinbarkeit der Unternehmensmitbestimmung mit EU-Recht? 249
  III. Unternehmensmitbestimmung nach EU-Recht 255
     1. Ausgangslage 255
     2. Mitbestimmung bei der Europäischen Gesellschaft (SE) 255
     3. Mitbestimmung bei der Europäischen Genossenschaft (SCE) 259
     4. Mitbestimmung bei grenzüberschreitenden Verschmelzungen 259

§ 16 Betriebsverfassungsrecht 261
  I. Grundlagen der Betriebsverfassung 261
     1. Rechtsquellen 261
     2. Abdingbarkeit des BetrVG? 262
     3. Räumlicher Geltungsbereich 264
     4. Ausnahmen vom Anwendungsbereich 264
  II. Organisation der Betriebsverfassung 269
     1. Die Belegschaftsgruppen 269
     2. Arbeitgeber und Vertreter des Arbeitgebers 276
     3. Organisatorische Ebenen 277
  III. System der Betriebsverfassung 285
     1. Struktur der gesetzlichen Regelung 285
     2. Rechtsstellung des Betriebsrats 286
     3. Rechtsdurchsetzung und Sanktionen 289
  IV. Grundsätze der Betriebsverfassung 297
     1. Übersicht 297
     2. Vertrauensvolle Zusammenarbeit 297
     3. Friedenspflicht 298
     4. Verbot parteipolitischer Betätigung 299
     5. Grundsätze für die Behandlung von Betriebsangehörigen 301
     6. Gewerkschaften im Betrieb 303
  V. Betriebsratswahl 308
     1. Wahlrecht 308
     2. Größe und Zusammensetzung des Betriebsrats 309

Inhaltsverzeichnis

    3. Zeitpunkt der Wahlen 312
    4. Wahlverfahren 313
    5. Wahlschutz und Wahlkosten 321
    6. Mängel der Wahl 324
VI. Geschäftsführung des Betriebsrats 328
    1. Amtszeit 328
    2. Betriebsratsvorsitzender und Stellvertreter 331
    3. Betriebliche Ausschüsse 334
    4. Geschäftsordnung 336
    5. Betriebsratssitzung 337
    6. Sprechstunden 341
    7. Kosten und Sachaufwand des Betriebsrats 342
VII. Rechtsstellung der Betriebsratsmitglieder 347
    1. Ehrenamtliche Tätigkeit 347
    2. Arbeitsbefreiung, Entgeltfortzahlung und Freizeitausgleich 348
    3. Freistellung 353
    4. Teilnahme an Schulungs- und Bildungsveranstaltungen 357
    5. Finanzielle und berufliche Absicherung 363
VIII. Weitere Einrichtungen der Betriebsverfassung 367
    1. Gesamtbetriebsrat 367
    2. Wirtschaftsausschuss 371
    3. Konzernbetriebsrat 374
    4. Europäischer Betriebsrat 376
    5. Jugend- und Auszubildendenvertretung 385
    6. Gesamt- und Konzernjugend- und Auszubildendenvertretung 389
    7. Versammlungen 390
    8. Einigungsstelle 394
IX. Aufgaben und Beteiligungsrechte des Betriebsrats 394
    1. Aufgaben des Betriebsrats 394
    2. Beteiligungsrechte des Betriebsrats 396
    3. Beteiligungsarten 397
X. Beteiligungsformen 399
    1. Überblick 399
    2. Betriebsvereinbarung 402
    3. Regelungsabrede 430
XI. Mitbestimmung in sozialen Angelegenheiten 432
    1. Überblick 432
    2. Allgemeine Grundsätze 433
    3. Art und Weise der Regelung 441
    4. Die mitbestimmungspflichtigen Tatbestände 441
XII. Mitbestimmung in technisch-organisatorischen
     Angelegenheiten 463
    1. Normzweck 463
    2. Gegenstand des Beteiligungsrechts 463
    3. Art der Beteiligung 464

XIII. Mitbestimmung in personellen Angelegenheiten 465
    1. Allgemeine personelle Angelegenheiten 465
    2. Berufsbildung 471
    3. Personelle Einzelmaßnahmen 474
XIV. Mitbestimmung in wirtschaftlichen Angelegenheiten 503
    1. Allgemeines 503
    2. Unterrichtung über wirtschaftliche Angelegenheiten 504
    3. Beteiligung bei Betriebsänderungen 505
    4. Unterrichtung und Beratung 511
    5. Interessenausgleich 513
    6. Sozialplan 517
    7. Nachteilsausgleich 531
XV. Die Betriebsverfassung der leitenden Angestellten 535
    1. Allgemeines 535
    2. Errichtung, Wahl und Geschäftsführung des
       Sprecherausschusses 537
    3. Grundsätze der Sprecherverfassung 539
    4. Weitere Einrichtungen der Sprecherverfassung 541
    5. Beteiligungsformen 543
    6. Aufgaben und Beteiligungsrechte des Sprecherausschusses 545

§ 17 Personalvertretungsrecht 551
I. Allgemeines 551
    1. Überblick 551
    2. Verhältnis zum Betriebsverfassungsrecht 552
    3. Geltungsbereich 554
II. System der Personalvertretung 554
    1. Grundsatz 554
    2. Beschäftigte 555
    3. Dienststelle 556
    4. Vertretungen und Vertretung der Dienststelle 556
III. Allgemeine Grundsätze 563
    1. Vertrauensvolle Zusammenarbeit 563
    2. Friedenspflicht, Parteipolitik 564
    3. Gewerkschaften 564
    4. Grundsätze für die Behandlung der Arbeitnehmer 564
    5. Rechtsschutz 565
IV. Beteiligung 566
    1. Beteiligungsformen 566
    2. Beteiligungsarten 567
    3. Beteiligungspflichtige Angelegenheiten 570

§ 18 Änderung von Arbeitsbedingungen 573
I. Änderungsvorbehalt 573
II. Einvernehmliche Änderung 573
III. Überkreuzablösung 573

	IV. Änderung ohne Änderungsvorbehalt	574
	V. Übersicht über Fundstellen	575

§ 19 **Der Betriebsinhaberwechsel** **577**
    I. Allgemeines 577
        1. Bedeutung und Abgrenzung 577
        2. Normzwecke des § 613a BGB 578
    II. Tatbestand des Betriebsübergangs 579
        1. Voraussetzungen nach deutschem Recht (§ 613a BGB) 579
        2. Voraussetzungen nach EU-Recht 580
        3. Übergang durch Rechtsgeschäft 598
        4. Sonderfälle 600
    III. Individualrechtliche Folgen des Betriebsübergangs 601
        1. Übergang der Arbeitsverhältnisse 601
        2. Informationspflicht und Widerspruchsrecht 603
        3. Eintritt des Erwerbers in die Rechte und Pflichten aus den übergegangenen Arbeitsverhältnissen 612
        4. Besonderheiten beim Betriebsübergang in der Insolvenz 615
        5. Änderung bisheriger Arbeitsbedingungen 616
        6. Rechtsstellung des bisherigen Arbeitgebers 616
    IV. Kündigung und Betriebsübergang 617
        1. Allgemeines 617
        2. Tatbestand des Kündigungsverbots 618
        3. Umgehungstatbestände 620
        4. Wiedereinstellungsanspruch und Fortsetzungsverlangen 620
        5. Prozessuales 622
    V. Kollektivrechtliche Folgen des Betriebsübergangs 623
        1. Zuständigkeit des Betriebsrats 623
        2. Fortgeltung tarifvertraglich geregelter Arbeitsbedingungen 625
        3. Änderung der überführten Tarifnormen 628
        4. Fortgeltung von Betriebsvereinbarungen 637

§ 20 **Schlichtung** **641**
    I. Begriff und Arten 641
        1. Begriff 641
        2. Arten der Schlichtung 642
    II. Schlichtung bei Tarifstreitigkeiten 644
        1. Allgemeines 644
        2. Staatliche Schlichtung 644
        3. Tarifliche Schlichtung 645
    III. Schlichtung im Betriebsverfassungs- und Personalvertretungsrecht 648
        1. Betriebliche Einigungsstelle 648
        2. Einigungsstelle im Personalvertretungsrecht 655

§ 21 Arbeitsgerichtliches Verfahren 657
I. Aufbau und Besetzung der Arbeitsgerichte 657
   1. Aufbau 657
   2. Besetzung der Gerichte 659
II. Zuständigkeit 661
   1. Rechtsweg zu den Gerichten für Arbeitssachen 661
   2. Örtliche Zuständigkeit 669
III. Die Parteien und ihre Vertreter 671
   1. Parteien 671
   2. Prozessbevollmächtigte 672
IV. Urteilsverfahren 676
   1. Allgemeines 676
   2. Gang des erstinstanzlichen Verfahrens 678
   3. Berufung 691
   4. Revision 700
V. Beschlussverfahren 707
   1. Allgemeines 707
   2. Gang des erstinstanzlichen Verfahrens 713
   3. Rechtsmittel 719

Stichwortverzeichnis 721

Abkürzungsverzeichnis

abgedr.	abgedruckt in
ABl.	Amtsblatt
AcP	Archiv für die civilistische Praxis
a.E.	am Ende
AEntG	Arbeitnehmer-Entsendegesetz
AEUV	Vertrag über die Arbeitsweise der Europäischen Union
a.F.	alte Fassung
AFG	Arbeitsförderungsgesetz
AG	Aktiengesellschaft
AGV	Arbeitgeberverband
AiB	Arbeitsrecht im Betrieb (Zeitschrift)
AktG	Aktiengesetz
allg. M.	allgemeine Meinung
Alt.	Alternative
AN	Arbeitnehmer
ANErfG	Gesetz über Arbeitnehmererfindungen
Ang./Angest.	Angestellter
Anh.	Anhang
Anm.	Anmerkung
AP	Arbeitsrechtliche Praxis (Nachschlagewerk des Bundesarbeitsgerichts; Loseblattsammlung)
AR	Kommentar zum gesamten Arbeitsrecht
AR-Blattei	Arbeitsrechtsblattei (Loseblattsammlung)
ArbG	Arbeitsgericht
ArbGG	Arbeitsgerichtsgesetz
ArbPlatzSchG	Arbeitsplatzschutzgesetz
ASiG	Arbeitssicherheitsgesetz
ArbVG	Arbeitsvertragsgesetz
ArbZG	Arbeitszeitgesetz
ARS	Arbeitsrechtssammlung mit Entscheidungen des Reichsarbeitsgerichts, der Landesarbeitsgerichte und Arbeitsgerichte
ArbSchG	Arbeitsschutzgesetz
Art.	Artikel
AT-Angestellte	Außertarifliche Angestellte
ausf.	ausführlich
AuA	Arbeit und Arbeitsrecht (Zeitschrift)
Aufl.	Auflage
AÜG	Arbeitnehmerüberlassungsgesetz
AuR	Arbeit und Recht (Zeitschrift)
AV	Arbeitsvertrag
AVE	Allgemeinverbindlichkeitserklärung
BArbBl	Bundesarbeitsblatt (Zeitschrift)
BAG	Bundesarbeitsgericht
BAT	Bundesangestelltentarifvertrag

BayObLG	Bayerisches Oberstes Landesgericht
BB	Betriebs-Berater (Zeitschrift)
BBiG	Berufsbildungsgesetz
BDA	Bundesvereinigung der Deutschen Arbeitgeberverbände
BDI	Bundesverband der Deutschen Industrie
BDSG	Bundesdatenschutzgesetz
BeamtStG	Beamtenstatusgesetz
Begr.	Begründung
BErzGG	Bundeserziehungsgeldgesetz
BEEG	Bundeselterngeld- und Elternzeitgesetz
BeschFG	Beschäftigungsförderungsgesetz
Beschl.	Beschluss
BetrR	Betriebsrat (Zeitschrift)
BetrAVG	Gesetz zur Verbesserung der betrieblichen Altersversorgung (Betriebsrentengesetz)
BetrVG	Betriebsverfassungsgesetz
BFH	Bundesfinanzhof
BGB	Bürgerliches Gesetzbuch
BGBl.	Bundesgesetzblatt
BGH	Bundesgerichtshof
BGHZ	Entscheidungen des Bundesgerichtshofes in Zivilsachen
BPersVG	Bundespersonalvertretungsgesetz
BPersVWO	Wahlordnung zum Bundespersonalvertretungsgesetz
BR-Drs.	Bundesrats-Drucksache
BReg	Bundesregierung
BRG	Betriebsrätegesetz von 1920
BSG	Bundessozialgericht
BSGE	Entscheidungen des Bundessozialgerichts
BT-Drs.	Verhandlungen des Deutschen Bundestages, Drucksachen
BUrlG	Bundesurlaubsgesetz
BVerfG	Bundesverfassungsgericht
BVerfGE	Entscheidungen des Bundesverfassungsgerichts
BVerwG	Bundesverwaltungsgericht
BVerwGE	Entscheidungen des Bundesverwaltungsgerichtes
CGB	Christlicher Gewerkschaftsbund
DAG	Deutsche Angestellten-Gewerkschaft
DB	Der Betrieb (Zeitschrift)
DBB	Deutscher Beamtenbund
DGB	Deutscher Gewerkschaftsbund
DLW	Dörner/Luczak/Wildschütz - Arbeitsrecht in der anwaltlichen und gerichtlichen Praxis
Diss.	Dissertation
DRiG	Deutsches Richtergesetz
DS-GVO	Datenschutz-Grundverordnung
DVO	Durchführungsverordnung
EBRG	Gesetz über Europäische Betriebsräte
EfzG	Entgeltfortzahlungsgesetz

e.G.	eingetragene Genossenschaft
EG	Europäische Gemeinschaft
EGMR	Europäischer Gerichtshof für Menschenrechte
EGV	Vertrag zur Gründung der Europäischen Gemeinschaft
Einl.	Einleitung
EMRK	Konvention zum Schutze der Menschenrechte und Grundfreiheiten (Europäische Menschenrechtskonvention)
ErfK	Erfurter Kommentar
ES	Eingangssatz
ESC	Europäische Sozialcharta
EU	Europäische Union
EUV	Vertrag über die Europäische Union
EuGH	Europäischer Gerichtshof
EuR	Europarecht (Zeitschrift)
e.V.	eingetragener Verein
EWG	Europäische Wirtschaftsgemeinschaft
EWGV	Vertrag zur Gründung der Europäischen Wirtschaftsgemeinschaft
EWiR	Entscheidungen zum Wirtschaftsrecht (Loseblattsammlung)
EWIV	Europäische Wirtschaftliche Interessenvereinigung
EzA	Entscheidungssammlung zum Arbeitsrecht (Loseblattsammlung)
FGG	Gesetz über die Angelegenheiten der freiwilligen Gerichtsbarkeit
Fn.	Fußnote
FS	Festschrift
G	Gesetz
GdB	Grad der Behinderung
GEMA	Gesellschaft für musikalische Aufführungs- und mechanische Vervielfältigungsrechte
GG	Grundgesetz
GK	Gemeinschaftskommentar
GK-ArbGG	Gemeinschaftskommentar zum Arbeitsgerichtsgesetz
GK-BetrVG	Gemeinschaftskommentar zum Betriebsverfassungsgesetz
GK-BUrlG	Gemeinschaftskommentar zum Bundesurlaubsgesetz
GleichbehG	Gleichbehandlungsgesetz
GmbH	Gesellschaft mit beschränkter Haftung
GmbHG	Gesetz betreffend die Gesellschaften mit beschränkter Haftung
GMH	Gewerkschaftliche Monatshefte (Zeitschrift)
grdl.	grundlegend
Grunds.	Grundsatz
GS	Großer Senat
GVBl.	Gesetz- und Verordnungsblatt
GVG	Gerichtsverfassungsgesetz
HAG	Heimarbeitsgesetz
HandwO	Handwerksordnung
hbv	Gewerkschaft Handel - Banken - Versicherungen
HGB	Handelsgesetzbuch
h.L.	herrschende Lehre
h.M.	herrschende Meinung

HS	Halbsatz
HRG	Hochschulrahmengesetz
HWGNRH	Hess/Worzalla/Glock/Nicolai/Rose/Huke, BetrVG-Kommentar
HzA	Handbuch zum Arbeitsrecht
IAB	Institut für Arbeitsmarkt- und Berufsforschung
IAO/ILO	Internationale Arbeitsorganisation
i.d.F.	in der Fassung
i.E.	im Ergebnis
insb.	insbesondere
InsO	Insolvenzordnung
iwd	Informationsdienst des Instituts der Deutschen Wirtschaft (Zeitschrift)
JArbR	Das Arbeitsrecht der Gegenwart, Jahrbuch für das gesetzliche Arbeitsrecht und die Arbeitsgerichtsbarkeit
JArbSchG	Jugendarbeitsschutzgesetz
JuS	Juristische Schulung (Zeitschrift)
JZ	Juristen-Zeitung (Zeitschrift)
Kap.	Kapitel
KassArbR	Kasseler Handbuch zum Arbeitsrecht
KG	Kommanditgesellschaft
KO	Konkursordnung
KR	Gemeinschaftskommentar zum Kündigungsrecht
KRG	Kontrollratsgesetz
KSchG	Kündigungsschutzgesetz
LadSchlG	Ladenschlussgesetz
LAG	Landesarbeitsgericht
LAGE	Entscheidungen der Landesarbeitsgerichte
LM	Nachschlagewerk des BGH, herausgegeben von Lindenmaier und Möhring (Loseblattsammlung)
LohnFG/LfzG	Lohnfortzahlungsgesetz
LPVG	Landespersonalvertretungsgesetz
LTV	Lohntarifvertrag
MDR	Monatsschrift für Deutsches Recht (Zeitschrift)
MiLoG	Mindestlohngesetz
MitbestG	Mitbestimmungsgesetz
MontanmitbestG	Gesetz über die Mitbestimmung der Arbeitnehmer in den Aufsichtsräten und Vorständen der Unternehmen des Bergbaus und der Eisen und Stahl erzeugenden Industrie (Montanmitbestimmungsgesetz)
MTB	Manteltarifvertrag für Arbeiter des Bundes
MTV	Manteltarifvertrag
MuSchG	Mutterschutzgesetz
m.w.N.	mit weiteren Nachweisen
MünchArbR	Münchener Handbuch zum Arbeitsrecht
MünchKomm	Münchener Kommentar zum Bürgerlichen Gesetzbuch

n.F.	neue Fassung
NJW	Neue Juristische Wochenschrift (Zeitschrift)
NJW-RR	NJW-Rechtsprechungs-Report (Zeitschrift)
n. rkr.	nicht rechtskräftig
n.v.	nicht veröffentlicht
NZA	Neue Zeitschrift für Arbeitsrecht (Zeitschrift)
NZA-RR	NZA-Rechtsprechungsreport (Zeitschrift)
OHG	offene Handelsgesellschaft
OLG	Oberlandesgericht
ÖTV	Öffentliche Dienste, Transport und Verkehr (Gewerkschaft)
OVG	Oberverwaltungsgericht
PartGG	Partnerschaftsgesellschaftsgesetz
PersF	Personalführung (Zeitschrift)
PersR	Der Personalrat (Zeitschrift)
PersV	Die Personalvertretung (Zeitschrift)
PersVG	Personalvertretungsgesetz
RAG	Reichsarbeitsgericht
RAGE	Entscheidungen des Reichsarbeitsgerichts
RdA	Recht der Arbeit (Zeitschrift)
REFA	Reichsausschuss für Arbeitszeitermittlung
RegE	Regierungsentwurf
RGBl.	Reichsgesetzblatt
RGRK	Das Bürgerliche Gesetzbuch mit besonderer Berücksichtigung der Rechtsprechung des Reichsgerichts und des Bundesgerichtshofes (Reichsgerichtsrätekommentar)
RGZ	Entscheidungen des Reichsgerichts in Zivilsachen
RL	Richtlinie
Rn.	Randnummer
Rs.	Rechtssache
Rspr.	Rechtsprechung
RzK	Rechtsprechung zum Kündigungsrecht (Entscheidungssammlung)
SAE	Sammlung arbeitsrechtlicher Entscheidungen (Zeitschrift)
sc.	scilicet
SchwarzArbG	Schwarzarbeitsgesetz
SchwbG	Gesetz zur Sicherung der Eingliederung Schwerbehinderter in Arbeit, Beruf und Gesellschaft (Schwerbehindertengesetz)
SchwbeschG	Schwerbeschädigtengesetz
SE	Societas Europaea (Europäische Aktiengesellschaft)
SEBG	Gesetz über die Beteiligung der Arbeitnehmer in einer Europäischen Gesellschaft (SE-Beteiligungsgesetz)
SGB	Sozialgesetzbuch
Slg.	Sammlung
SprAuG	Sprecherausschussgesetz
st.	ständig
StGB	Strafgesetzbuch
str.	streitig

TEG	Tarifeinheitsgesetz
TOA	Tarifordnung für Angestellte
TV	Tarifvertrag
TVG	Tarifvertragsgesetz
Tz.	Textziffer
TzBfG	Gesetz über Teilzeitarbeit und befristete Arbeitsverträge
ULA	Union der Leitenden Angestellten
UmwG	Umwandlungsgesetz
Urt.	Urteil
VBl.	Verordnungsblatt
VDK	Verein der Kriegsversehrten
ver.di	Vereinte Dienstleistungsgewerkschaft
Verf.	Verfassung
VO	Verordnung
v.a.	vor allem
Vorb.	Vorbemerkung
VVaG	Versicherungsverein auf Gegenseitigkeit
VVG	Versicherungsvertragsgesetz
WahlO	Wahlordnung
WM	Zeitschrift für Wirtschafts- und Bankrecht (Wertpapier-Mitteilungen)
WOSprAuG	Wahlordnung zum Sprecherausschussgesetz
WRV	Weimarer Reichsverfassung
ZBlDR	Zentralblatt für das Deutsche Reich
ZDG	Gesetz über den Zivildienst der Kriegsdienstverweigerer (Zivildienstgesetz)
ZfA	Zeitschrift für Arbeitsrecht
ZGR	Zeitschrift für Unternehmens- und Gesellschaftsrecht
Ziff.	Ziffer
ZIP	Zeitschrift für Wirtschaftsrecht
ZPO	Zivilprozessordnung
ZTR	Zeitschrift für Tarifrecht

Literaturhinweise

I. Handbücher

Dörner/Luczak/Wildschütz/Baeck/Hoß, Handbuch des Fachanwalts Arbeitsrecht, 15. Aufl. 2019
Dornbusch/Fischermeier/Löwisch, Kommentar zum gesamten Arbeitsrecht (AR), 9. Aufl. 2018
Erfurter Kommentar zum Arbeitsrecht, 20. Aufl. 2020
Gamillscheg, Kollektives Arbeitsrecht I (Grundlagen, Koalitionsfreiheit, Tarifvertrag, Arbeitskampf), 1997; Kollektives Arbeitsrecht II (Betriebsverfassung), 2008
Henssler/Willemsen/Kalb (Hg.), Arbeitsrecht, 8. Aufl. 2018
Hueck/Nipperdey, Lehrbuch des Arbeitsrechts, 7. Aufl., Bd. I 1963; Bd. II, 1. Halbbd. 1967, 2. Halbbd. 1970
Kittner/Zwanziger/Deinert/Heuschmidt (Hg.), Arbeitsrecht, Handbuch für die Praxis, 10. Aufl. 2019
Küttner, Personalbuch, 27. Aufl. 2020
Münchener Handbuch zum Arbeitsrecht, 4. Aufl. 2019
Nikisch, Arbeitsrecht, Bd. I, 3. Aufl. 1961; Bd. II, 2. Aufl. 1959; Bd. III, 2. Aufl. 1966
Rolfs, Studienkommentar Arbeitsrecht, 4. Aufl. 2014
Schaub, Arbeitsrechts-Handbuch, 18. Aufl. 2019
Schaub/Koch/Neef/Schrader/Vogelsang, Arbeitsrechtliches Formular- und Verfahrenshandbuch, 13. Aufl. 2019

II. Kommentare und systematische Darstellungen

Zum Tarifvertragsrecht:
Berg/Kocher/Schumann (Hg.), Tarifvertragsgesetz und Arbeitskampfrecht, Basiskommentar, 6. Aufl. 2018
Däubler (Hg.), Tarifvertragsgesetz, 4. Aufl. 2016
Däubler, Tarifvertragsrecht, 3. Aufl. 1993
Henssler/Moll/Bepler, Der Tarifvertrag, Handbuch für das gesamte Tarifrecht, 2. Aufl., 2016
Hromadka, Tariffibel, 5. Aufl. 2011
Jacobs/Oetker/Krause/Schubert, Tarifvertragsrecht, 2. Aufl. 2013
Kempen/Zachert, Tarifvertragsgesetz, 5. Aufl. 2014
Löwisch/Rieble, Tarifvertragsgesetz, 4. Aufl. 2017
Stein, Tarifvertragsrecht, 1997
Thüsing/Braun, Tarifrecht, 2. Aufl. 2016
Wiedemann, Tarifvertragsgesetz, 8. Aufl. 2019
Wieland, Recht der Firmentarifverträge, 1998

Zum Arbeitnehmerentsendegesetz:
Koberski/Asshoff/Eustrup/Winkler, Arbeitnehmer-Entsendegesetz, 3. Aufl. 2011
Thüsing, MiLoG und AEntG, 2. Aufl. 2016

Zum Arbeitskampf- und Schlichtungsrecht:
Brox/Rüthers, Arbeitskampfrecht, 2. Aufl. 1982
Däubler (Hg.), Arbeitskampfrecht. Handbuch für die Rechtspraxis, 4. Aufl. 2018
Kissel, Arbeitskampfrecht, 2002
Löwisch, Arbeitskampf- und Schlichtungsrecht, 1997
Otto, Arbeitskampf- und Schlichtungsrecht, 2006

Zum Mitbestimmungsrecht:
Habersack/Henssler, Mitbestimmungsrecht, 4. Aufl. 2018
Hoffmann/Lehmann/Weinmann, Mitbestimmungsgesetz, 1978
Reiser/Veil/Jacobs, Mitbestimmungs- und Drittelbeteiligungsgesetz, 6. Aufl. 2015
Wißmann/Kleinsorge/Schubert, Mitbestimmungsrecht, 5. Aufl. 2017

Zum Betriebsverfassungsgesetz:
Däubler/Kittner/Klebe/Wedde, Betriebsverfassungsgesetz, 16. Aufl. 2018
Düwell, Betriebsverfassungsgesetz, 5. Aufl. 2018
Fitting/Engels/Schmidt/Trebinger/Linsenmaier, Betriebsverfassungsgesetz, 30. Aufl. 2020
Hess/Worzalla/Glock/Nicolai/Rose/Huke, Betriebsverfassungsgesetz, 10. Aufl. 2018
v. Hoyningen-Huene, Betriebsverfassungsrecht, 6. Aufl. 2007
Hromadka, Die Betriebsverfassung, 2. Aufl. 1994
Klebe/Ratayczak/Heilmann/Spoo, Betriebsverfassungsgesetz, 21. Aufl. 2020
Löwisch/Kaiser, Betriebsverfassungsgesetz, 7. Aufl. 2017
Richardi, Betriebsverfassungsgesetz, 16. Aufl. 2018
Schaub/Kreft, Der Betriebsrat, 8. Aufl. 2006
Wiese/Kreutz/Oetker/Raab/Weber/Franzen/Gutzeit/Jacobs, Gemeinschaftskommentar zum Betriebsverfassungsgesetz, 11. Aufl. 2018
Wlotzke/Preis/Kreft, Betriebsverfassungsgesetz, 4. Aufl. 2009

Zum Europäischen Betriebsräte-Gesetz:
Annuß/Kühn/Rudolph/Rupp, Europäisches Betriebsräte-Gesetz, 2014
Blanke/Hayen/Kunz/Sick, Europäische Betriebsräte-Gesetz, 3. Aufl. 2019

Zum Sprecherausschussgesetz:
Borgwardt/Fischer/Janert, Sprecherausschussgesetz für leitende Angestellte, 2. Aufl. 1990
Hromadka/Sieg, Sprecherausschussgesetz, 4. Aufl. 2017
Löwisch, Sprecherausschussgesetz, 2. Aufl. 1994

Zum Bundespersonalvertretungsgesetz:
Altvater/Baden/Berg/Kröll/Noll/Seulen, BPersVG, 10. Aufl. 2019

Hebeler/Ilbertz, Personalvertretungsrecht des Bundes und der Länder, 18. Aufl. 2017
Ilbertz/Widmaier/Sommer, Bundespersonalvertretungsgesetz, 14. Aufl. 2018
Mehlinger, Grundlagen des Personalvertretungsrechts, 1996
Reich, Bundespersonalvertretungsgesetz, 2001
Richardi/Dörner/Weber, Personalvertretungsrecht, 5. Aufl. 2020
Söllner/Reinert, Personalvertretungsrecht, 2. Aufl. 1993

Zum Betriebsinhaberwechsel:
Gaul, Das Arbeitsrecht der Betriebs- und Unternehmensspaltung, 2. Aufl. 2014
Picot/Schnitker, Arbeitsrecht bei Unternehmenskauf und Restrukturierung, 2001
Sieg/Maschmann, Unternehmensumstrukturierung aus arbeitsrechtlicher Sicht, 3. Aufl. 2020
Willemsen/Hohenstatt/Schweibert/Seibt, Umstrukturierung und Übertragung von Unternehmen, 5. Aufl. 2016

Zum Arbeitsgerichtsgesetz:
Bader/Creutzfeldt/Friedrich, Arbeitsgerichtsgesetz, 5. Aufl. 2008
Bader/Dörner/Mikosch/Schleusener/Schütz/Vossen, Gemeinschaftskommentar zum Arbeitsgerichtsgesetz, Loseblattausgabe, Stand: 2019
Düwell/Lipke, Arbeitsgerichtsgesetz, 5. Aufl. 2019
Germelmann/Matthes/Prütting, Arbeitsgerichtsgesetz, 9. Aufl. 2017
Grunsky/Waas/Benecke/Greiner, Arbeitsgerichtsgesetz, 8. Aufl. 2014
Hauck/Helml/Biebel, Arbeitsgerichtsgesetz, 4. Aufl. 2011
Natter/Gross, Arbeitsgerichtsgesetz, 2. Aufl. 2013
Ostrowicz/Künzl/Scholz, Handbuch d. arbeitsgerichtl. Verfahrens, 5. Aufl. 2014
Schaub/Künzl, Arbeitsgerichtsverfahren, 7. Aufl. 2004

III. Lehrbücher und Grundrisse

Brox/Rüthers/Henssler, Arbeitsrecht, 19. Aufl. 2016
Dütz/Thüsing, Arbeitsrecht, 24. Aufl. 2019
Edenfeld, Betriebsverfassungsrecht, 4. Aufl. 2014
Hanau/Adomeit, Arbeitsrecht, 14. Aufl. 2007
Hromadka/Maschmann, Arbeitsrecht für Vorgesetzte, 6. Aufl. 2020
Hromadka/Maschmann, Arbeitsrecht, Bd. I, 7. Aufl. 2018
Junker, Grundkurs Arbeitsrecht, 19. Aufl. 2020
Krause, Arbeitsrecht, 4. Aufl. 2020
Löwisch/Caspers/Klumpp, Arbeitsrecht, 12. Aufl. 2019
Meyer, Koalitions-, Tarifvertrags- und Arbeitskampfrecht, 2019
Müller/Preis, Arbeitsrecht im öffentlichen Dienst, 7. Aufl. 2009
Otto, Arbeitsrecht, 4. Aufl. 2008
Preis/Greiner, Arbeitsrecht. Kollektivarbeitsrecht, 5. Aufl. 2019
Reichhold, Arbeitsrecht, 6. Aufl. 2019
Richardi/Bayreuther, Kollektives Arbeitsrecht, 4. Aufl. 2019
Thüsing, Europäisches Arbeitsrecht, 3. Aufl. 2017

Waltermann, Arbeitsrecht, 19. Aufl. 2018
Wörlen/Kokemoor, Arbeitsrecht, 13. Aufl. 2019
Zöllner/Loritz/Hergenröder, Arbeitsrecht, 7. Aufl. 2015

IV. Fallsammlungen

Boemke/Luke/Ulrici, Fallsammlung zum Schwerpunktbereich Arbeitsrecht: Koalitionsrecht, Betriebsverfassungsrecht, Arbeitsgerichtliches Verfahren, 2008
Heckelmann/Franzen, Fälle zum Arbeitsrecht, 4. Aufl. 2015
Junker, Fälle zum Arbeitsrecht, 4. Aufl. 2018
Krause, Prüfe Dein Wissen: Arbeitsrecht II – Koll ArbR, 2. Aufl. 2020
Michalski, Fälle zum Arbeitsrecht: 50 Fälle mit Lösungen, 7. Aufl. 2019
Oetker, 30 Klausuren aus dem kollektiven Arbeitsrecht, 9. Aufl. 2016
Schade/Beckmann/Pfaff, Fälle zum Arbeitsrecht, 2. Aufl. 2013
Stoffels/Reiter/Bieder, Fälle zum kollektiven Arbeitsrecht, 2. Aufl. 2016

V. Textsammlungen

Arbeitsgesetze, Beck'sche Textausgaben, 96. Aufl. 2020
Mitbestimmungsgesetze, Beck'sche Textausgaben, 8. Aufl. 2017
EU-Arbeitsrecht, Beck'sche Textausgaben, 7. Aufl. 2019
Kittner, Arbeits- und Sozialordnung, 45. Aufl. 2020
Nipperdey, Arbeitsrecht I, Loseblattsammlung

VI. Entscheidungssammlungen

AP – Nachschlagewerk des Bundesarbeitsgerichts (Arbeitsrechtliche Praxis)
BAGE – Entscheidungen des Bundesarbeitsgerichts (Amtliche Sammlung)
EzA – Entscheidungen zum Arbeitsrecht
LAGE – Entscheidungen der Landesarbeitsgerichte
SAE – Sammlung arbeitsrechtlicher Entscheidungen

VII. Zeitschriften und Jahrbücher

AiB – Arbeitsrecht im Betrieb
ArbR – Arbeitsrecht Aktuell
ArbRdG – Das Arbeitsrecht der Gegenwart
AuA – Arbeit und Arbeitsrecht
AuR – Arbeit und Recht
BB – Betriebsberater
BetrR – Der Betriebsrat
DB – Der Betrieb
Die Mitbestimmung
EuZA – Europäische Zeitschrift für Arbeitsrecht
EWiR – Entscheidungen zum Wirtschaftsrecht (mit Kurzkommentaren)

Jahrbuch des Arbeitsrechts
NJW – Neue Juristische Wochenschrift
NZA – Neue Zeitschrift für Arbeitsrecht
NZA-RR – Neue Zeitschrift für Arbeitsrecht, Rechtsprechungs-Report
PersR – Personalrat
PersV – Personalvertretung
RdA – Recht der Arbeit
ZESAR – Zeitschrift für europäisches Sozial- und Arbeitsrecht
ZIAS – Zeitschrift für internationales Arbeits- und Sozialrecht
ZfA – Zeitschrift für Arbeitsrecht
ZTR – Zeitschrift für Tarifrecht

VIII. Monographien

Badura, Paritätische Mitbestimmung und Verfassung, 1985
Bayreuther, Tarifautonomie als kollektiv ausgeübte Privatautonomie, 2005
Biedenkopf, Grenzen der Tarifautonomie, 1964
Däubler, Grundrecht auf Mitbestimmung, 1973
Giesen, Tarifvertragliche Rechtsgestaltung für den Betrieb, 2002
Greiner, Rechtsfragen der Koalitions-, Tarif- und Arbeitskampfpluralität, 2. Aufl. 2011
Höpfner, Die Tarifgeltung im Arbeitsverhältnis, 2015
Hromadka/Maschmann/Wallner, Der Tarifwechsel, 1996
Jacobs, Tarifeinheit und Tarifkonkurrenz, 1999
Jahnke, Tarifautonomie und Mitbestimmung, 1984
Maschmann, Tarifautonomie im Zugriff des Gesetzgebers, 2006
Reichold, Betriebsverfassung als Sozialprivatrecht, 1995
Ricken, Autonomie und tarifliche Rechtssetzung, 2006
Rieble, Arbeitsmarkt und Wettbewerb, 1996
Säcker/Oetker, Grundlagen und Grenzen der Tarifautonomie, 1992
Schmidt, Tarifpluralität im System der Arbeitsrechtsordnung, 2011
Waltermann, Rechtsetzung durch Betriebsvereinbarung zwischen Privatautonomie und Tarifautonomie, 1995

§ 11 Grundfragen

I. Kollektives Arbeitsrecht

1. Regelungsgegenstand

Das kollektive Arbeitsrecht umfasst das Tarifrecht und das Mitbestimmungsrecht 1
im weitesten Sinne. Tarifrecht meint Koalitionsrecht, Tarifvertragsrecht, Schlichtungsrecht und Arbeitskampfrecht, Mitbestimmungsrecht das Recht der Unternehmensmitbestimmung, das Betriebsverfassungsrecht und das Personalvertretungsrecht.

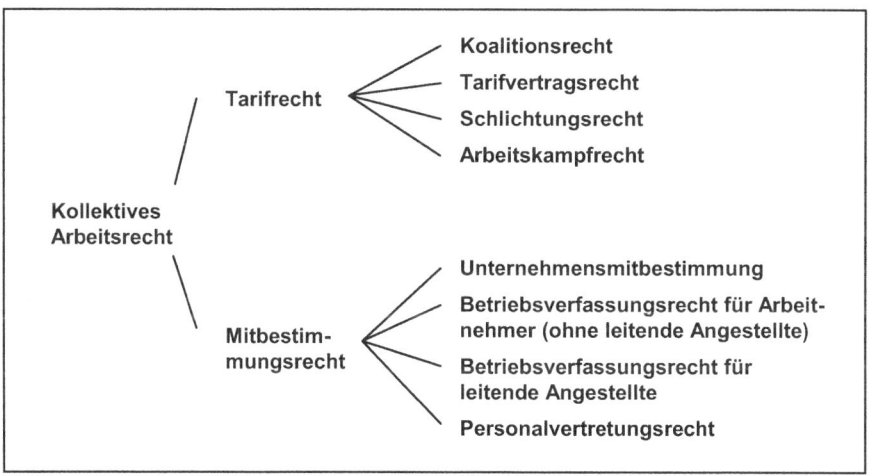

Tarifrecht und Mitbestimmungsrecht regeln die Beteiligung der Arbeitnehmer 2
durch ihre Vertreter an der Gestaltung von Arbeits- und Wirtschaftsbedingungen. Das geschieht teilweise durch eigene Institutionen, die von außen auf die Willensbildung der Unternehmer einwirken – Gewerkschaften und Belegschaftsvertretungen –, teilweise durch Mitwirkung in den Unternehmensorganen – Aufsichtsrat und Vorstand oder Geschäftsführung – bei deren Willensbildung. Die Mitgestaltung von außen erfolgt durch Vereinbarung mit den Unternehmern oder durch Zustimmung zu ihren Entscheidungen. Hierfür stellt das kollektive Arbeitsrecht eigene Vertragstypen zur Verfügung: den Tarifvertrag auf der einen, die Betriebs-,

Sprecherausschuss- und Dienstvereinbarung sowie die Regelungsabrede auf der anderen Seite.

2. Regelungsfragen

3   Das kollektive Arbeitsrecht muss – in Parallele zum Bürgerlichen Recht – folgende Fragen regeln:

Vergleich Bürgerliches Recht – Kollektives Arbeitsrecht

	Bürgerliches Recht	Tarifrecht	Betriebsverfassungs- und Personalvertretungsrecht
Rechtsträger	natürliche Person juristische Person	(Koalition) Tarifvertragspartei	Betriebsverfassungs- und Personalvertretungsorgane
Mittel rechtlicher Gestaltung	einseitiges Rechtsgeschäft Vertrag	Tarifvertrag (Sozialpartnervereinbarung)	(Zustimmung) Regelungsabrede Betriebsvereinbarung/ Sprecherausschussvereinbarung/ Dienstvereinbarung
Streitentscheidung	ordentliche Gerichte Schiedsgerichte	Arbeitsgerichte Schiedsgerichte Schlichtung	Arbeitsgerichte Verwaltungsgerichte Einigungsstellen

4   (1) Wer ist Rechtsträger, d.h. wer kann Tarifverträge, Betriebsvereinbarungen usw. abschließen und die Beteiligungsrechte im Rahmen der Betriebsverfassung wahrnehmen? Im Bürgerlichen Recht ist das die Frage nach Rechtsfähigkeit und Geschäftsfähigkeit. Im Tarifrecht ist diese Frage Gegenstand des Koalitions-, im Betriebsverfassungs- und Personalvertretungsrecht des Organisationsrechts.

5   (2) Welches sind die Voraussetzungen und die Wirkungen kollektivrechtlicher Regelungen? Im Bürgerlichen Recht befassen sich damit die Rechtsgeschäfts- und die Vertragslehre. Im Tarifrecht beantwortet diese Frage das Tarifvertragsrecht, im Betriebsverfassungs- und Personalvertretungsrecht das Recht der Vereinbarungen. Dabei gilt im Kollektivarbeitsrecht eine Besonderheit. Tarifverträge, Betriebs-, Sprecherausschuss- und Dienstvereinbarungen regeln nicht nur das Verhältnis der Vertragsparteien, von denen immer mindestens eine eine „Kollektivmacht" ist, miteinander, sondern auch zu Dritten: den Gewerkschaftsmitgliedern, der Belegschaft, ausnahmsweise auch zu „Außenseitern". Die genannten Kollektivverträge sind Normenverträge.

Kollektivvereinbarungen

	Tarifvertrag	Betriebsvereinbarung
Parteien	Arbeitgeber, Arbeitgeberverband – Gewerkschaft(en)	Arbeitgeber – Betriebsrat, Gesamtbetriebsrat, Konzernbetriebsrat
Rechtsnatur	privatrechtlicher Normenvertrag	privatrechtlicher Normenvertrag
Abschluß	schriftliche Vereinbarung	schriftliche Vereinbarung
Inhalt	schuldrechtliche und normative Regelungen	schuldrechtliche und normative Regelungen
Normative Regelung		
a) Inhalt	alles, was Inhalt des Arbeitsvertrages sein kann	alles, was Inhalt des Arbeitsvertrages sein kann
b) Regelungsgegenstand	Inhalt, Abschluss, Beendigung der Arbeitsverhältnisse, betriebliche und betriebsverfassungsrechtliche Fragen, gemeinsame Einrichtungen der Tarifvertragsparteien	Inhalt, Abschluss, Beendigung der Arbeitsverhältnisse, betriebliche und betriebsverfassungsrechtliche Fragen
c) Kontrolle	Rechtskontrolle	Rechtskontrolle, nach Ansicht des BAG zusätzlich abstrakte und konkrete Billigkeitskontrolle
d) Normadressaten	Arbeitgeber und Arbeitnehmer, die Mitglieder von Tarifvertragsparteien sind, und der Arbeitgeber, der Partei des Tarifvertrages ist	Arbeitgeber und Arbeitnehmer des Betriebs, Unternehmens oder Konzerns mit Ausnahme der leitenden Angestellten
e) Wirkung	unmittelbar und zwingend	unmittelbar und zwingend
f) abweichende Abmachung	Betriebsvereinbarung bei Öffnungsklausel; Arbeitsvertrag bei Öffnungsklausel oder günstigerer Regelung	Arbeitsvertrag bei Öffnungsklausel oder individuell oder kollektiv günstigerer Regelung
Unverbrüchlichkeit	Verzicht nur in einem von den Tarifvertragsparteien gebilligten Vergleich; keine Verwirkung; Ausschlussfristen nur bei Vereinbarung im Tarifvertrag	Verzicht nur mit Zustimmung des Betriebsrats; keine Verwirkung; Ausschlussfristen u. Abkürzung der Verjährung nur bei Vereinbarung im Tarifvertrag o. in einer Betriebsvereinbarung
Nachwirkung	Weitergeltung mit unmittelbarer, aber nicht zwingender Wirkung	mitbestimmte Regelung: Weitergeltung; teilmitbestimmte Regelung, wenn aus sich heraus handhabbare Regelung; mitbestimmungsfreie Regelung: Beendigung, sofern nichts anderes vereinbart ist
Beendigung	Zeitablauf; Zweckerreichung; Aufhebungsvertrag; ordentliche Kündigung, wenn vereinbart; außerordentliche Kündigung	Zeitablauf; Zweckerreichung; Aufhebungsvertrag; ordentliche Kündigung, wenn Vertrag nicht für eine konkrete einmalige Angelegenheit gewollt; außerordentliche Kündigung; Wegfall der Geschäftsgrundlage
bei Nichteinigung über Abschluss oder Änderung	Schlichtung, wenn vereinbart; Arbeitskampf	in mitbestimmungspflichtigen Angelegenheiten: Einigungsstelle; sonst: Entscheidung durch den Arbeitgeber; Einigungsstelle nur, wenn vereinbart

6 (3) Wie werden Konflikte zwischen den Tarif- und Betriebsparteien entschieden? Im Bürgerlichen Recht entscheiden die ordentlichen Gerichte oder die Schiedsgerichte. Im Arbeitsrecht entscheiden Rechtsstreitigkeiten die Arbeitsgerichte, im Tarifrecht teilweise auch Schiedsgerichte. Regelungsstreitigkeiten, d.h. Streitigkeiten über Fragen der Gestaltung von Arbeitsbedingungen, entscheidet im Tarifrecht die tarifliche Schlichtungsstelle, im Betriebsverfassungs- und im Personalvertretungsrecht die Einigungsstelle, eine betriebliche Schlichtungsstelle. Der Spruch der tariflichen Schlichtungsstelle ist allerdings nur verbindlich, wenn die Tarifparteien sich ihm – vor- oder nachher – unterwerfen. Tun sie das nicht, so muss eine Lösung notfalls durch Arbeitskampf gefunden werden.

7 Der Privatautonomie entsprechen nach herkömmlichem Verständnis Tarif- und Betriebsautonomie. Zwischen Privat- und Kollektivautonomie sowie zwischen Tarif- und Betriebsautonomie bestehen aber qualitative Unterschiede. Geht man davon aus, dass nach unserem Verfassungssystem alle Legitimation aus zwei Quellen fließt – aus der Freiheit des einzelnen Menschen und aus dem Willen des Volks –, dann kann es eine originäre dritte, intermediäre Kollektivautonomie nicht geben. Originär gestaltungsbefugt sind nur der Staat und die Arbeitsvertragsparteien. Tarif"autonomie" und Betriebs"autonomie" sind entweder der Staatsgewalt (Delegation) oder der Privatautonomie (Mandat) zuzuordnen. Im ersten Fall bewirkt die Kollektivautonomie Fremdbestimmung, im zweiten verwirklicht sie Selbstbestimmung. Die Tarifautonomie fließt aus der Privatautonomie. Arbeitgeber und Arbeitnehmer verschaffen Arbeitgeberverbänden und Gewerkschaften durch ihren Beitritt das Mandat und damit die Legitimation zu ihrem Handeln. Die Betriebsautonomie beruht auf staatlicher Delegation. Die Arbeitnehmer legitimieren nicht mit Abschluss des Arbeitsvertrags die Arbeit des Betriebsrats, und sie legitimieren sie auch nicht durch Beteiligung an der Wahl. Dieser Unterschied muss sich beim Umfang der jeweiligen Regelungsmacht auswirken.[1]

3. Kollektivrecht und Privatautonomie

8 Das kollektive Arbeitsrecht ist kein Selbstzweck. Es ist Hilfsmittel, um die im Arbeitsverhältnis typischerweise gestörte Vertragsparität auszugleichen und die Interessen des Einzelnen mit denen der Gesamtheit in Einklang zu bringen. Ersteres geschieht gewöhnlich durch das Tarifrecht, letzteres durch das Betriebsverfassungsrecht.

9 Die Kollektivautonomie erlaubt es, auch im Arbeitsrecht am Vertrag als der Idealform selbstbestimmter Gestaltung festzuhalten. Da sich die Kollektivautonomie aus der Unterstützungsfunktion für die Privatautonomie rechtfertigt, muss sie in

---

[1] Zu Vorstehendem *Picker*, NZA 2002, 761 ff., insbes. 768.

dieser ihre Grenzen finden. Das Günstigkeitsprinzip schafft die notwendige Öffnung. Gewerkschaften und Betriebsräte sind stärkere Verhandlungspartner als die Arbeitnehmer, so dass ihren Vereinbarungen eine größere Gewähr für einen gerechten Interessenausgleich zukommt. Tarifvertrag und Betriebsvereinbarung enthalten deshalb zwingendes Recht, das nicht zulasten der Arbeitnehmer abbedungen werden kann. Zumindest ungenau ist es aber, wenn den Kollektivverträgen eine größere Richtigkeitsgewähr zugeschrieben wird.[2] Die Kollektivmächte haben nicht per se das „richtige Bewusstsein", und sie hätten auch kein Recht, den Arbeitnehmern ihr Bewusstsein aufzuzwingen. Gewerkschaften und Betriebsräte verdanken ihre Existenzberechtigung den Dienstleistungen, zu denen sie berufen sind, und daran sind die Ergebnisse ihrer Arbeit zu messen.

Gerade die jüngste Zeit hat das Spannungsverhältnis zwischen Kollektiv- und Privatautonomie deutlich gemacht. Abertausende von Arbeitgebern und Arbeitnehmern haben die „höhere Gerechtigkeit" von Tarifverträgen als existenzbedrohende Bevormundung empfunden, der sie sich durch Tarifflucht entzogen. Im Interesse der Rechtskultur bedarf es hier einer neuen Justierung. Die Diskussion darüber wird vor allem unter den Stichworten „gesetzliche Öffnungsklauseln", „Neuinterpretation des Günstigkeitsprinzips" und „Abschaffung des § 77 Abs. 3 BetrVG" geführt.[3] Ziel einer möglichen Reform muss es sein, den Vorrang „echter" Selbstbestimmung sicherzustellen und dabei einen gerechten Ausgleich der Interessen nicht nur im einzelnen Arbeitsverhältnis und innerhalb der Belegschaft, sondern letztlich zwischen allen Gruppen der Bevölkerung sicherzustellen. Dabei kann es nicht um Radikallösungen gehen. Gewerkschaften und Betriebsräte und damit das Kollektivarbeitsrecht sind unverzichtbar, solange es Arbeitnehmer und ein strukturelles Ungleichgewicht zwischen Arbeitgebern und Arbeitnehmern gibt.

4. Tarifvertrag und Mitbestimmung in der Praxis

Trotz der Tarifflucht arbeiten knapp 80 % der sozialversicherungspflichtig Beschäftigten in Wirtschaftszweigen, für die es Tarifverträge gibt.[4] Soweit die Tarifverträge nicht normativ den Inhalt des Arbeitsverhältnisses bestimmen (s. § 13 Rn. 237 ff.), gelten sie i.d.R. durch Bezugnahme im Arbeitsvertrag (s. § 13 Rn. 252 ff.). Betriebsräte gibt es nur in knapp 10 % der betriebsratsfähigen Betriebe. In diesen Betrieben sind zwei Drittel der Arbeitnehmer tätig. Während in Groß- und Mittelbetrieben die allermeisten Arbeitnehmer den Schutz durch Tarifvertrag und Betriebsvereinbarung genießen, sieht es in Kleinbetrieben, und hier wiederum vor allem in den neuen Bundesländern, vielfach anders aus.

---

[2] BAG 28.3.2006, NZA 2006, 1112, 1116; BAG 19.6.2012, NZA 2013, 1372.
[3] *Hromadka*, NZA 1996, 1233 ff.
[4] Vgl. im Einzelnen WSI-Mitteilungen 4/2019, S. 290 f.

Tarifbindung und Existenz einer Belegschaftsvertretung nach Betriebsgröße (2018)[5]

Betriebsräte und Tarifverträge in Betrieben mit ... Beschäftigten in %	1-9	10-49	50-199	200-499	500 u. mehr	Gesamt
Westdeutschland						
mit TV (gesamt)	22	40	54	72	80	29
BranchenTV	21	37	46	59	67	27
Haus/FirmenTV	1	3	8	13	13	2
mit BR	5	5	53	73	87	9
Ostdeutschland						
mit TV (gesamt)	15	28	52	62	76	20
BranchenTV	13	23	41	42	54	18
Haus/FirmenTV	2	5	11	20	22	3
mit BR	6	6	45	69	88	10

II. Gewerkschaften und Belegschaftsvertretungen

1. Duales System der Arbeitnehmervertretung

12 Zwischen den beiden Schutzmächten der Arbeitnehmer, den Gewerkschaften und den Belegschaftsvertretern – letztere sind gemeint, wenn hier pars pro toto von Betriebsräten gesprochen wird – gibt es keine klare Aufgabentrennung. Zwar liegt der Schwerpunkt der Arbeit der Gewerkschaften in der Vereinbarung materieller Arbeitsbedingungen auf überbetrieblicher Ebene, während die Betriebsräte in erster Linie bei den Arbeitsbedingungen im Betrieb mitbestimmen. Neben den Verbandstarifverträgen stehen aber – mit steigender Tendenz – Unternehmenstarifverträge, und in den Betrieben und Unternehmen gibt es neben Betriebsvereinbarungen über Ordnungsfragen zahlreiche Betriebsvereinbarungen über Sozialleistungen. Der – zuständige – Erste Senat des BAG fördert die Betriebsautonomie zulasten der Tarif- und vor allem der Privatautonomie.

2. Zusammenarbeit und Konkurrenz

13 Das Verhältnis von Gewerkschaften und Betriebsräten ist durch Zusammenarbeit gekennzeichnet; die meisten Betriebsratsmitglieder sind zugleich Gewerkschafts-

---

[5] Quelle: WSI-Mitteilungen 4/2019, S. 290 ff. mit Bezug auf IAB-Betriebspanel 2018.

mitglieder. Der Gesetzgeber hat den Gewerkschaften die Unterstützung der Betriebsräte übertragen. Die Gewerkschaften sind den Betriebsräten nicht übergeordnet; die Betriebsräte sind nicht ihr verlängerter Arm im Betrieb. Das kann schon deshalb nicht sein, weil die Gewerkschaften nur ihre Mitglieder vertreten, die Belegschaftsvertretungen aber alle Arbeitnehmer im Betrieb.

Das Verhältnis der Gewerkschaften zu den Betriebsräten ist aber auch – zumindest potentiell – nicht frei von Spannungen. Beide Institutionen sind Arbeitnehmervertretungen und kommen einander deshalb notwendigerweise gelegentlich ins Gehege. Die Entstehung der Betriebsräte haben die Gewerkschaften mit einem lachenden und einem weinenden Auge gesehen. Die Betriebsräte boten die Möglichkeit zu mehr Einfluss in den Betrieben, aber sie spalteten auch die Arbeitnehmervertretung, und das war – historisch gesehen – für viele Arbeitgeber mit ein Grund, sich mit dem Gedanken der Betriebsverfassung anzufreunden. Zu einer Existenzfrage für die Gewerkschaften wurde die Rätebewegung ausgangs des Ersten Weltkriegs; ihr verdanken die Betriebsräte, die zuvor als Arbeiterausschüsse bezeichnet wurden, ihren Namen. Die Weiche zur Erhaltung der privatwirtschaftlichen Ordnung, die Seinsbedingung sowohl für die Unternehmen als auch für die Gewerkschaften als Gegenmacht ist, wurde im sogenannten Novemberabkommen,[6] einer Vereinbarung zwischen Arbeitgeber- und Arbeitnehmerverbänden, gestellt. In diesem Abkommen erkannten die Arbeitgeber die Gewerkschaften als berufene Vertreter der Arbeitnehmer an; zugleich stimmten sie der Einrichtung von Arbeiterausschüssen zu. Der Gesetzgeber setzte die Vereinbarung noch im selben Jahr in eine Verordnung um.[7] Das Betriebsrätegesetz von 1920[8] stellte die Betriebsverfassung dann auf eine gesetzliche Grundlage. Zugleich begrub es den Rätegedanken. Wütende Proteste während der Beratungen, die zahlreiche Menschenleben forderten, zeugen von der Tragweite dieser Entscheidung.

Der Gesetzgeber hat das Spannungsverhältnis zwischen Gewerkschaften und Betriebsräten dadurch aufgelöst, dass er die Regelung von Arbeitsbedingungen durch Betriebsvereinbarung immer dann sperrt, wenn über eine Frage ein Tarifvertrag besteht oder üblicherweise abgeschlossen wird (§ 77 Abs. 3 BetrVG). Der Tarifvertrag genießt Vorrang gegenüber ungünstigeren Betriebsvereinbarungen; darüber hinaus können die Betriebspartner die Tarifregelung auch nicht durch Betriebsvereinbarung aufstocken oder auf die Nichtorganisierten ausdehnen. Die Betriebsräte sollen sich nicht als „beitragsfreie Ersatzgewerkschaft" gerieren und den Gewerkschaften nicht „die Show stehlen" können. In der Praxis stößt diese umfassende Sperre weithin auf Unverständnis. Teilweise wird sie wegen der Vielzahl der Zuwiderhandlungen sogar als obsolet betrachtet. Eine Erscheinung der letzten Jah-

---

[6] V. 15.11.1918, RArbBl 1918, 874.
[7] VO über Tarifverträge, Arbeiter- und Angestelltenausschüsse und Schlichtung von Arbeitsstreitigkeiten v. 23.12.1918, RGBl. II S. 1456.
[8] RGBl. S. 147.

re ist es, dass auch zulasten der Arbeitnehmer durch Betriebsvereinbarung von Tarifverträgen abgewichen wird.

3. Ausblick

16 *Reichold* hat das duale System der Arbeitnehmervertretung als den Sonderweg einer verspäteten Nation bezeichnet, die auf Wirtschaftsfriedlichkeit setzte, weil sie keine Streikkultur entwickelt hat.[9] In der Tat hat die geringe Zahl der Streiks in Deutschland nicht zuletzt eine Ursache in dem Kampfverbot für die Betriebspartner. Anfang 2002 erließ die Europäische Gemeinschaft (EG) eine Richtlinie zur „Festlegung eines allgemeinen Rahmens für die Unterrichtung und Anhörung der Arbeitnehmer in der Europäischen Gemeinschaft",[10] nachdem schon 1994 eine andere Richtlinie Betriebsräte für „gemeinschaftsweit operierende Unternehmen und Unternehmensgruppen"[11] eingeführt hatte. Diese Richtlinie wurde 2009 novelliert.[12] Es sieht so aus, als werde der deutsche Weg mit seiner Mittellage zwischen staatlicher Rechtssetzung und gesetzlicher Konfliktregelung zum Normalweg in der Europäischen Union (EU). Der „Gedanke der sozialen Geborgenheit" wäre dann der deutsche Beitrag zum Staatstypus der „westlichen Demokratie".[13]

III. Änderung von Arbeitsbedingungen und Betriebsübergang

17 Kollektivarbeitsrecht und Individualarbeitsrecht bilden erst in ihrem Zusammenspiel das Regelwerk für das Arbeitsverhältnis. Wegen der Hilfsfunktion des Kollektivarbeitsrechts gibt es zwischen ihm und dem Individualarbeitsrecht zahlreiche Berührungspunkte. Das wird besonders deutlich bei der Änderung von Arbeitsbedingungen und beim Betriebsübergang.

18 Bei der Änderung von Arbeitsbedingungen geht es um die Frage, ob und inwieweit individualrechtliche Regelungen außer durch neue individualrechtliche Regelungen auch durch Kollektivrecht geändert werden können und umgekehrt, und innerhalb des Kollektivarbeitsrechts, wie sich der Tarifvertrag einerseits und Betriebsvereinbarungen, Sprecherausschussvereinbarungen und Dienstvereinbarungen andererseits zueinander verhalten. Beim Betriebsübergang geht es umgekehrt um die

---

[9] Betriebsverfassung als Sozialprivatrecht, 1995, S. 203.
[10] RL 2002/14/EG v. 11.3.2002, ABl. Nr. L 80 v. 23.3.2002, S. 29.
[11] RL 94/45/EG v. 22.9.1994, ABl. Nr. L 254 v. 30.9.1994, S. 64, umgesetzt durch das EBRG v. 28.10.1996, BGBl. I S. 1548.
[12] RL 2009/39/EG v. 6.5.2009, ABl. Nr. L 122 v. 16.5.2009, S. 28; diese hat die RL 94/45/EG zum 6.6.2011 abgelöst.
[13] *Fraenkel*, Deutschland und die westlichen Demokratien, 1974, S. 32 f.

Aufrechterhaltung der bisherigen Arbeitsbedingungen; dabei bedient sich der Gesetzgeber teilweise der Umwandlung von Kollektivarbeitsrecht in Individualarbeitsrecht. Nach dem Betriebsübergang stellt sich dann wieder die Frage der Änderung von Arbeitsbedingungen; der Gesetzgeber hat sie hier teilweise etwas anders als im allgemeinen Arbeitsrecht beantwortet.

IV. Arbeitsstreitigkeiten

Arbeitsstreitigkeiten sind Streitigkeiten, die das Arbeitsverhältnis im weitesten Sinne betreffen. Dazu gehören sowohl Streitigkeiten aus dem Individualarbeitsrecht als auch aus dem Kollektivarbeitsrecht. 19

Arbeitsstreitigkeiten können die Schaffung oder die Anwendung einer Regelung zum Inhalt haben. Im ersten Fall handelt es sich um Regelungsstreitigkeiten, im zweiten um Rechtsstreitigkeiten. Regelungsstreitigkeiten sind auf die Schaffung neuen Rechts gerichtet, ihnen liegt ein Interessenstreit zugrunde. Rechtsstreitigkeiten betreffen die Auslegung und Durchsetzung bestehenden Rechts; hier wird um Rechtsfragen gestritten. Bei Interessenstreitigkeiten kommen im allgemeinen mehrere Lösungen in Betracht; welche davon gewählt wird, ist eine Frage der Zweckmäßigkeit. Die Entscheidung steht im Handlungsermessen der Beteiligten. Für Rechtsstreitigkeiten gibt es idealtypisch nur ein richtiges Ergebnis; nur dieses eine ist rechtmäßig. Der Richter hat die richtige Lösung im Wege der Erkenntnis zu finden. 20

Beispiel: Ob in einem Unternehmen mit festen Anfangs- und Endzeiten gearbeitet wird oder in Gleitzeit, ist eine Frage der Zweckmäßigkeit. Eine Streitigkeit über die Arbeitszeitgestaltung ist folglich eine Regelungsstreitigkeit. Wann und wie lange gearbeitet werden darf, wann Pausen und Ruhezeiten einzulegen sind, richtet sich nach dem Arbeitszeitrecht. Der Umfang der Regelungsbefugnis ist also eine Frage der Rechtmäßigkeit, ein Streit darüber eine Rechtsstreitigkeit.

Das geltende Recht weist die Entscheidung von Rechtsstreitigkeiten den Arbeitsgerichten zu. Nur in wenigen Fällen können private Schiedsgerichte angerufen werden. Die Schlichtung ist im Tarifrecht den privaten Schlichtungsstellen und im Betriebsverfassungs- und Personalvertretungsrecht den Einigungsstellen übertragen. Ein behördlicher Schlichter kann nur ausnahmsweise tätig werden. Die Gerichte entscheiden sowohl über Einzel- als auch über Gesamtstreitigkeiten, die Schlichtungsstellen nur über Gesamtstreitigkeiten. 21

Die konsequente Trennung von Rechts- und Regelungsstreitigkeiten gibt es erst seit den 20er Jahren des 20. Jahrhunderts. Vorher konnten die Schlichtungsausschüsse teilweise auch über Rechtsfragen entscheiden, z.B. über den Kündigungsschutz nach dem Betriebsrätegesetz 1920; umgekehrt konnten Gewerbe- und Kaufmannsgerichte als „Einigungsämter" schlichtend tätig werden. Personelle Querverbindungen zwischen Gerichtsbarkeit und 22

Schlichtung bestehen heute dadurch, dass in etwa 90 % der Fälle Richter der Arbeitsgerichtsbarkeit als Vorsitzende der Einigungsstelle tätig werden.

23 Während Rechtsstreitigkeiten grundsätzlich mit einer verbindlichen Entscheidung, einem Urteil oder einem Beschluss, enden, ist der Schlichtungsspruch im Tarifrecht nur verbindlich, wenn die Parteien sich ihm vorher – allgemein oder für den konkreten Fall – unterwerfen oder wenn sie ihn im nachhinein annehmen, im Betriebsverfassungs- und im Personalvertretungsrecht nur, wenn das Gesetz das vorsieht (sog. erzwingbare Mitbestimmung). Für die Fälle unverbindlicher Schlichtung stellt das Recht andere Lösungsmechanismen zur Verfügung: Im Tarifrecht ist das der Arbeitskampf, im Betriebsverfassungs- und im Personalvertretungsrecht das Entscheidungsrecht des Arbeitgebers.

Schlichtung	Arbeitsgerichtliches Verfahren
Regelungsstreit (= Interessenstreitigkeit)	Rechtsstreit (= Streit über Rechtsfragen)
Schaffung neuen Rechts	Anwendung bestehenden Rechts
Handlungsermessen	Erkenntnis
Zweckmäßigkeit	Rechtmäßigkeit
Gesamtstreitigkeiten	Einzel- und Gesamtstreitigkeiten
privates Verfahren (Ausnahme: staatliche Schlichtung)	staatliches Verfahren (Ausnahme: Schiedsverfahren)
Schlichtungsspruch unverbindlich (Ausnahme: Unterwerfung oder Annahme)	Urteil/Beschluss verbindlich

§ 12 Koalitionsrecht

I. Begriff, Bedeutung und Aufgaben der Koalitionen

1. Begriff

Koalitionen sind Zusammenschlüsse von Arbeitgebern oder Arbeitnehmern zur Wahrung und Förderung der Arbeits- und Wirtschaftsbedingungen. Die wichtigsten Koalitionen sind die Gewerkschaften und die Arbeitgeberverbände. Sie sind Mitgliederverbände, Berufsorgane und darüber hinaus Interessenwalter aller Arbeitnehmer und Arbeitgeber. Gewerkschaften und Arbeitgeberverbände spielen neben dem Staat die Hauptrolle bei der Gestaltung der Arbeits- und Wirtschaftsbedingungen. Sie gehören zu den bedeutsamsten Akteuren in der deutschen Wirtschafts- und Sozialpolitik.

1

2. Bedeutung

Die Bedeutung der Koalitionen zeigt sich daran, dass zur Zeit etwa ein Fünftel aller Arbeitnehmer Mitglieder einer Gewerkschaft (organisiert) sind.

2

Zahl der Gewerkschaftsmitglieder (in 1000) und Organisationsgrad der Arbeitnehmer (in %)

	DGB	DAG	DBB	CGB	ULA
1951	5.912	344	234	(1959 gegründet)	(1951 gegründet)
	40,6 %	2,4 %	1,6 %		
1970	6.713	461	720	191	
	30,2 %	2,1 %	3,2 %	0,9 %	
1985	7.719	501	796	307	rund 40
	34,7 %	2,3 %	3,6 %	1,4 %	0,2 %
1993	10.290	528	1.079	311	rund 50
	31,5 %	1,6 %	3,3 %	1,0 %	0,2 %
1996	8.973	501	1.102	303	52
	27,9 %	1,5 %	3,4 %	0,9 %	0,2 %
2002	7.899	zu ver.di	1.211	307	50
	28,4 %	(DGB)	4,3 %	1,1 %	0,2 %
2006	6.585	-	1.200	292	50
	22,2 %	-	4,1 %	1,0 %	0,2 %

2008	6.371	-	1.280	280	50
	17,8 %	-	3,6 %	0,8 %	0,1 %
2012	6.151	-	1.260	280	50
	14,7 %	-	3,0 %	0,7 %	0,1 %
2018[1]	5.975	-	1.3178	280	50
	14,6 %	-	3,6 %	0,7 %	0,1 %

3 Allerdings ist der Organisationsgrad in den vergangenen Jahren ständig gesunken. Den höchsten Stand hatte er kurz nach der Wiedervereinigung erreicht. Im Jahre 2010 lag er netto (= nur aktiv tätige Arbeitnehmer, d.h. ohne Rentner, Arbeitslose, Studenten) nur noch bei 17,2 % im Westen und 18,0 % im Osten. Nach dem European Social Survey, dessen Daten international besser vergleichbar sind, weil sie Gewerkschaften und gewerkschaftsähnliche Organisationen berücksichtigen, lag der Organisationsgrad 2016 bei 20,7 %.[2]

4 Im umgekehrten Verhältnis zu der Bedeutung des Koalitionsrechts steht der Umfang der gesetzlichen Regelung. Kernstück ist Art. 9 Abs. 3 GG, der die Koalitionsfreiheit und damit die Tarifautonomie und nach h.L. auch die Arbeitskampffreiheit gewährleistet. Ein Verbändegesetz, das Verfassung und Organisation der Koalitionen, ihre Stellung im Recht und das Verhältnis zu ihren Mitgliedern regelt, gibt es nicht. Immerhin lässt sich aus den Gesetzen, die den Gewerkschaften und den Arbeitgeberverbänden Aufgaben zuweisen, wenigstens teilweise rückschließen, welche Anforderungen an diese Organisationen zu stellen sind. Im übrigen müssen Lösungen aus dem allgemeinen Recht, etwa dem Vereinsrecht, und aus allgemeinen Rechtsgrundsätzen gewonnen werden. Zur Lückenschließung stützt man sich vielfach auf funktionale Überlegungen vor dem geschichtlich-sozialen Hintergrund. Seinen (zweifelhaften) Ruf als Ersatzgesetzgeber „verdankt" das BAG nicht zuletzt den Entscheidungen zum Tarifrecht im allgemeinen und zum Koalitions- und Arbeitskampfrecht im besonderen.

3. Aufgaben

5 Der Zweck jeder Koalition i.S.d. Art. 9 Abs. 3 GG ist die Wahrung und Förderung der Arbeits- und Wirtschaftsbedingungen. Die Hauptaufgaben der Gewerkschaften und Arbeitgeberverbände zeigt folgende Übersicht.[3]

---

[1] Quellen: Internetseiten der Verbände, vgl. www.dgb.de/uber-uns/dgb-heute/mitgliederzahlen/2010; www.dbb.de/lexikon/themenartikel/d/dbb-mitglieder.html; www.cgb.info/aktuell/aktuelles.html; ULA Jahresbericht 2018, S. 3.

[2] IW-Gewerkschaftsspiegel 3/2011, S. 1; WSI Report Nr. 44, Nov. 2018, S. 6.

[3] Schaub/*Treber*, ArbR-Hdb., § 190 Rn. 19 ff.

Aufgaben außerhalb der staatlichen Verwaltung	Anhörungs- und Antragsrechte gegenüber Gesetzgebung, Verwaltung und Rechtsprechung	Benennungs- und Entsendungsrechte
– Abschluss von Tarifverträgen – Schlichtung – Arbeitskampfmaßnahmen – Mitwirkungsrechte im Rahmen der Betriebs- und Unternehmensverfassung – Festsetzung von Arbeitsschutzvorschriften	– Anhörung bei sozialpolitischen Gesetzentwürfen, auf der Ebene der Europäischen Union als Recht ausgestaltet – Antragsrechte bei der Allgemeinverbindlicherklärung von Tarifverträgen – Anhörungs- und Mitwirkungsrechte bei dem Erlass von Durchführungsverordnungen und Verwaltungsvorschriften – Prozessführungsbefugnis vor den Arbeitsgerichten – Mitwirkungsrechte bei der Errichtung und Organisation der Arbeitsgerichte	im Arbeitsrecht: – Benennung und Entsendung von ehrenamtlichen Richtern für die Arbeitsgerichte – Beratungsrecht bei der Bestellung der Arbeitsgerichtsvorsitzenden – Benennung der Beisitzer in den Schieds- und Schlichtungsausschüssen – Benennung und Entsendung von Mitgliedern für verschiedene arbeitsrechtliche Ausschüsse im Sozialversicherungsrecht: – Benennung und Entsendung von ehrenamtlichen Richtern für die Sozialgerichte – Entsendung von Mitgliedern in die Ausschüsse der Selbstverwaltungskörperschaften (Sozialversicherung, Arbeitsverwaltung) im Wirtschaftsrecht: – Benennung und Entsendung von Mitgliedern zur IAO und zum Wirtschafts- und Sozialausschuss der Europäischen Union

II. Koalitionen

1. Koalition – Arbeitgeberverband – Gewerkschaft

Die Begriffe Koalition[4] einerseits und Gewerkschaft und Arbeitgeberverband andererseits sind nicht identisch. Alle Arbeitgeberverbände und Gewerkschaften sind

---

[4] Von coalescere = sich vereinigen; con, cum = mit, alere = nähren, ernähren.

Koalitionen, nicht aber alle Koalitionen Arbeitgeberverbände oder Gewerkschaften. Die Anforderungen an Gruppierungen, die den Schutz der Koalitionsfreiheit genießen, sind geringer als die an Gewerkschaften (zu Arbeitgeberverbänden sogleich), die Tarifverträge aushandeln und ihre Durchführung überwachen und in staatlichen und nichtstaatlichen Institutionen mitwirken sollen.[5] Gewerkschaft ist nicht jede Arbeitnehmerkoalition, sondern nur die tariffähige Koalition.

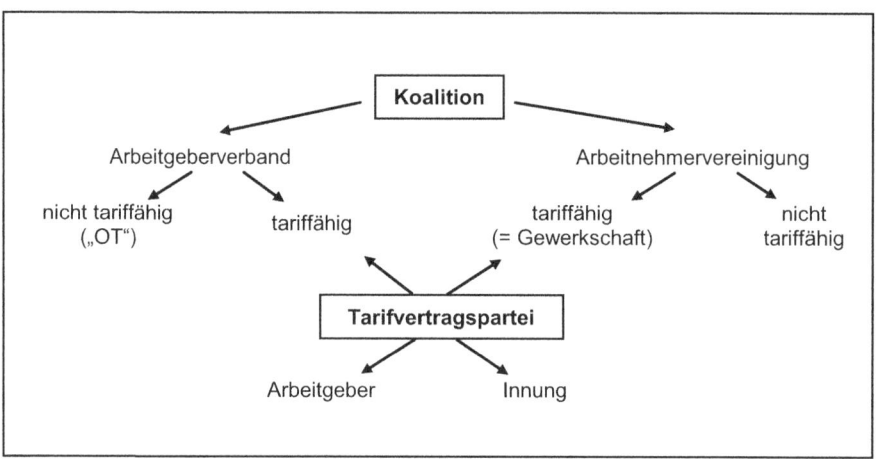

7 Theoretisch könnte man die Anforderungen an eine Koalition, die Tarifpartei sein will, anders bestimmen als die an eine Koalition, die vor den Arbeitsgerichten Arbeitnehmer vertreten kann (§ 11 ArbGG). Die Rechtsprechung tut das aber nicht; sie entnimmt den Gewerkschaftsbegriff dem Tarifrecht und verlangt für alle Rechtsbereiche Tariffähigkeit. Der Gesetzgeber dürfe aufgrund typisierender Betrachtung davon ausgehen, dass nicht tariffähige Arbeitnehmervereinigungen nicht in der Lage sind, bestimmte Aufgaben und Befugnisse wahrzunehmen.[6] Die Notwendigkeit der Unterscheidung zwischen tariffähigen und nicht tariffähigen Koalitionen ergibt sich aus der unterschiedlichen Zielrichtung von Art. 9 Abs. 3 GG und § 2 TVG. Der Schutz der Koalitionsfreiheit muss auch Arbeitnehmerkoalitionen zukommen, die auf anderem Wege als durch Tarifabschlüsse Arbeitnehmerinteressen wahrnehmen wollen, und vor allem auch Koalitionen, die noch nicht die Leistungsfähigkeit erreicht haben, die sie zu einem gleichgewichtigen Verhandlungspartner machen. Folgerichtig muss, wer den Koalitions- mit dem Gewerkschafts-

---

[5] BVerfG 13.9.2019, NZA 2019, 1649 Rn. 9 m.w.N.: „Es ist mit dem Grundrecht der Koalitionsfreiheit vereinbar, nur solche Koalitionen an der Tarifautonomie teilnehmen zu lassen, die in der Lage sind, den von der staatlichen Rechtsordnung freigelassenen Raum des Arbeitslebens durch Tarifverträge sinnvoll zu gestalten, um so die Gemeinschaft sozial zu befrieden"; ebenso BAG 9.7.1968, AP Nr. 25 zu § 2 TVG.

[6] So für die Betriebsverfassung BAG 19.9.2006, NZA 2007, 518, 520 ff.

begriff gleichsetzt,⁷ die Anforderungen an die Gewerkschaftseigenschaft herab- oder die an die Koalitionseigenschaft hinaufsetzen; im ersten Fall tut er sich schwer zu erklären, wie diese Koalitionen ihren Aufgaben im Arbeitsleben gerecht werden sollen, im zweiten verkürzt er den Grundrechtsschutz.

Auf Arbeitgeberseite werden sowohl tariffähige als auch nicht tariffähige Zusammenschlüsse als Arbeitgeberverbände bezeichnet. Waren nicht tariffähige Arbeitgeberverbände bis vor kurzem praktisch unbekannt, so gibt es mittlerweile in zahlreichen Tarifbereichen Verbände, die ihren Mitgliedern zwar die üblichen Dienstleistungen (Rechtsberatung, Information, Prozessvertretung) anbieten, aber keine Tarifverträge abschließen. Andere – tariffähige – Verbände bieten eine „OT (= ohne Tarifbindung)"-Mitgliedschaft an, d.h. eine Mitgliedschaft, die zur Inanspruchnahme der Verbandsleistungen, u.U. sogar zum Anspruch auf Unterstützung bei Firmentarifverhandlungen führt, nicht aber zur Bindung an den Verbandstarifvertrag,⁸ zu Einzelheiten s. § 13 Rn. 75 ff. **8**

2. Merkmale im einzelnen

Der Begriff Koalition ist aus Art. 9 Abs. 3 GG zu entwickeln, der von Vereinigungen zur Wahrung und Förderung der Arbeits- und Wirtschaftsbedingungen spricht. Weitere Voraussetzungen ergeben sich aus der Funktion als Interessenvertretung von Arbeitgebern und Arbeitnehmern. Im einzelnen ist fast alles streitig. Die Diskussion leidet darunter, dass nicht immer exakt nach den Voraussetzungen für eine Koalition und für eine tariffähige Koalition unterschieden wird. **9**

Die Anforderung der Tariffähigkeit stellt insoweit sicher, dass nicht jede Splittervereinigung Tarifverträge erkämpfen und abschließen kann, da nur diejenige Vereinigung als tariffähig anzusehen ist, die ein Mindestmaß an Verhandlungsgewicht und also eine gewisse Durchsetzungskraft gegenüber dem sozialen Gegenspieler aufweist. Durchsetzungsschwache Gewerkschaften werden durch diese Anforderung zwar aus dem Tarifgeschehen verdrängt. Es dürfen dabei aber keine Anforderungen an die Tariffähigkeit gestellt werden, die erheblich auf die Bildung und Betätigung einer Koalition zurückwirken, diese unverhältnismäßig einschränken und so zur Aushöhlung der durch Art. 9 Abs. 3 GG gesicherten freien Koalitionsbildung und -betätigung führen.⁹ **9a**

---

[7] So etwa Schaub/*Koch*, ArbR-Hdb., 13. Aufl. 2009, § 187 Rn. 1.
[8] Zur Zulässigkeit BAG 18.7.2006, NZA 2006, 1225, 1230 ff.
[9] St. Rspr., vgl. zuletzt BVerfG 13.9.2019, NZA 2019, 1649 Rn. 9 m.w.N.

Voraussetzungen für eine (tariffähige) Koalition[10]

Koalition	Tariffähige Koalition (= Tarifvertragspartei: Gewerkschaft oder Arbeitgeberverband)

1. Vereinigung von Arbeitnehmern oder Arbeitgebern
a) körperschaftliche Struktur
   aa) auf eine gewisse Dauer angelegt
   bb) unabhängig vom Mitgliederwechsel
   cc) eigene Organe
b) privatrechtlich organisiert
c) frei gebildet
	1. Vereinigung von Arbeitnehmern oder Arbeitgebern
	a) körperschaftliche Struktur
	   aa) auf eine gewisse Dauer angelegt
	   bb) unabhängig vom Mitgliederwechsel
	   cc) eigene Organe
	b) privatrechtlich organisiert
	c) frei gebildet

2. Zweck: Wahrung und Förderung von Arbeits- und Wirtschaftsbedingungen	2. Zweck: Wahrung und Förderung von Arbeits- und Wirtschaftsbedingungen

3. Geeignetes Mittel
a) unabhängig vom sozialen Gegenspieler
   aa) gegnerfrei
   bb) rechtlich und tatsächlich unabhängig
b) überbetrieblich organisiert
c) unabhängig von dritten Mächten (Staat, Kirche, Parteien)
	3. Geeignetes Mittel
	a) unabhängig vom sozialen Gegenspieler
	   aa) gegnerfrei
	   bb) rechtlich und tatsächlich unabhängig
	b) überbetrieblich organisiert
	c) unabhängig von dritten Mächten (Staat, Kirche, Parteien)

	4. Zusätzlich für Tariffähigkeit
	a) demokratisch organisiert
	b) tarifwillig
	c) bereit, das geltende Tarif-, Schlichtungs- und Arbeitskampfrecht anzuerkennen
	d) tauglich („soziale Mächtigkeit")
	   aa) Durchsetzungskraft
	   bb) Leistungsfähigkeit der Organisation
	e) Arbeitskampffähigkeit, nicht: -willigkeit

a) Vereinigung

10 **aa) Verein oder auch Gesellschaft?** Die h.L. liest „Vereinigung" als „Verein".[11] Der Grund dafür dürfte in der Annahme zu sehen sein, dass Vereinen die Gewähr für einen Zusammenschluss auf eine gewisse Dauer zugeschrieben wird, weil sie unabhängig vom Mitgliederbestand sind, und dass in ihnen eine organisierte Willensbildung sichergestellt ist.[12] Diese Überlegungen sind nicht zwingend. Auch Gesellschaften können auf Dauer angelegt sein, und § 709 BGB sichert auch bei ihnen eine gemeinschaftliche Willensbildung. Da Art. 9 Abs. 3 GG auf Abs. 1

---
[10] St. Rspr., vgl. zuletzt BVerfG 13.9.2019, NZA 2019, 1649; BAG, 26.6.2018, NZA 2019, 188; für die h.L. vgl. Schaub/*Treber*, ArbR-Hdb. § 188 Rn. 12 ff.
[11] *Zöllner/Loritz/Hergenröder*, Arbeitsrecht, § 10 III 2.
[12] Vgl. *Zöllner/Loritz/Hergenröder*, Arbeitsrecht, § 10 III 2.

Bezug nimmt, der von Vereinen und Gesellschaften spricht, liegt es näher, mit § 2 Abs. 1 VereinsG „jede Vereinigung, zu der sich eine Mehrheit natürlicher oder juristischer Personen für längere Zeit zu einem gemeinsamen Zweck freiwillig zusammengeschlossen und einer organisierten Willensbildung unterworfen hat,"[13] als durch Art. 9 Abs. 3 GG geschützt anzusehen. Anders ist es bei der Gewerkschaftseigenschaft. Hier reicht ein Zusammenschluss auf gesellschaftsrechtlicher Grundlage nicht aus.

bb) Auf eine gewisse Dauer angelegt. Der Zusammenschluss darf sich nicht in Einmalaktionen (z.B. Protestdemonstration) erschöpfen. Erforderlich ist ein Zusammenschluss für eine gewisse Dauer,[14] in jedem Fall über die Gründungsversammlung hinaus.[15] Das schließt ad-hoc-Koalitionen, d.h. Koalitionen zur Verfolgung bestimmter konkreter Ziele, nicht aus.[16]

11

cc) Korporative Verfassung oder organisierte Willensbildung? In der Lehre wird mehrheitlich eine korporative Verfassung (Unabhängigkeit vom Mitgliederwechsel, korporative Organe) verlangt.[17] Das deckt sich mit der Gleichsetzung von Vereinigung und Verein. Geht man davon aus, dass auch Gesellschaften Koalitionen sein können, dann muss die Möglichkeit einer Gesamtwillensbildung genügen.[18]

12

dd) Privatrechtlich organisiert. Koalitionen können nur privatrechtliche Vereinigungen sein. Sie sollen bei der Verfolgung von Arbeitgeber- und Arbeitnehmerinteressen frei sein von staatlichem Einfluss. Öffentlich-rechtliche Verbände bedürfen der Anerkennung durch Staatsakt, und sie unterliegen einer staatlichen Aufsicht.[19]

13

ee) Frei gebildet.[20] Der Zusammenschluss in Zwangsverbänden (öffentlichrechtlich: Kammern, privatrechtlich: Betriebsrat, Sprecherausschuss) würde die Arbeitnehmer und Arbeitgeber daran hindern, Koalitionen mit anderer Zielsetzung zu gründen.[21]

14

---

[13] *Löwisch/Rieble*, § 2 TVG Rn. 55 m.w.N.
[14] Schaub/*Treber*, ArbR-Hdb., § 188 Rn. 12, 13.
[15] Maunz/Dürig/*Scholz*, Art. 9 GG Rn. 65; v. Münch/Kunig/*Löwer*, Art. 9 GG Rn. 37.
[16] Die häufig anzutreffende gegenteilige Behauptung beruht darauf, dass unter einer ad-hoc-Koalition vielfach eine „Koalition" verstanden wird, die sich „in flüchtigem Zusammenwirken" erschöpft, so etwa *Dütz/Thüsing*, Arbeitsrecht, Rn. 530.
[17] Moll/*Hamacher*, MAH Arbeitsrecht, § 71 Rn. 7.
[18] *Löwisch/Rieble*, § 2 TVG Rn. 57 m.w.N.
[19] H.L., Schaub/*Treber*, ArbR-Hdb., § 188 Rn. 12.
[20] BVerfGE 4, 96; *Löwisch/Rieble*, § 2 TVG Rn. 58 ff.
[21] Schaub/*Treber*, ArbR-Hdb., § 188 Rn. 12.

b) Zweck: Wahrung und Förderung von Arbeits- und Wirtschaftsbedingungen

15 Arbeits- und Wirtschaftsbedingungen sind als einheitlicher Ausdruck zu lesen: Gemeint ist die Wahrnehmung sozialpolitischer Interessen der Arbeitnehmer gegenüber dem Arbeitgeber und umgekehrt (s. § 13 Rn. 144 ff.).[22] Keine Koalitionen sind also Konsumvereine oder Wirtschaftsverbände, die sich im wirtschaftspolitischen Bereich (Kartellrecht, Außenwirtschaftsrecht, Steuerrecht) betätigen. Die Wahrnehmung von Interessen im Bereich der Arbeits- und Wirtschaftsbedingungen muss zumindest der Hauptzweck sein.[23]

c) Folgerungen aus dem Zweck

16 Aus dem Zweck der Koalitionen, Wahrung und Förderung der Arbeits- und Wirtschaftsbedingungen, ergibt sich eine Reihe von rechtlichen Folgerungen:

16a **aa) Unabhängigkeit vom sozialen Gegenspieler.** Die Vereinigung darf nicht strukturell vom sozialen Gegenspieler abhängig sein. Die eigenständige Interessenwahrnehmung darf nicht durch personelle Verflechtungen, auf organisatorischem Weg oder durch wesentliche finanzielle Zuwendungen ernsthaft gefährdet werden.[24]

17 **(1) Gegnerfreiheit (= Gegnerreinheit).** Arbeitnehmer dürfen nicht an führender Stelle in einer Arbeitgeberkoalition, Arbeitgeber in dieser ihrer Eigenschaft nicht an führender Stelle in einer Arbeitnehmerkoalition tätig sein. Gemischte Verbände, sog. Harmonieverbände, sind keine Koalitionen; sie spielen auch schon lange keine Rolle mehr. Heute sind die Querverbindungen subtiler.

18 Arbeitsdirektoren, die im Montanbereich nicht gegen die Stimmen der Arbeitnehmervertreter bestellt werden können (§ 13 Abs. 1 MontanMitbestG) und die dort deshalb in der Regel einer Gewerkschaft angehören, sind u.a. zuständig für die Tarifpolitik. Infolgedessen sitzen bei Tarifverhandlungen im Montanbereich auf beiden Seiten des Tischs nicht selten Mitglieder derselben Gewerkschaft. Der AGV Eisen und Stahl ist darum nicht Mitglied der BDA.[25] Ähnliche Probleme gibt es bei kommunalen Arbeitgeberverbänden. Umgekehrt sind zahlreiche leitende Angestellte Mitglieder in Gewerkschaften. Ausschlaggebend ist, inwieweit sie am Entscheidungsprozess beteiligt sind.[26] Innerhalb der Gewerkschaften werden die Arbeitnehmerinteressen de facto von den Betriebsräten wahrgenommen. Einer 1994 gegründeten Koalition von Arbeitnehmern des DGB und seiner Mitgliedsgewerk-

---

[22] Dazu *Söllner*, Arbeitsrecht der Gegenwart 16 (1978), S. 19 m.w.N.
[23] *Zöllner/Loritz/Hergenröder*, Arbeitsrecht, § 10 III 1.
[24] Allg. M., BVerfGE 18, 18; BAG 14.12.2004, NZA 2005, 697.
[25] Zu den Auswirkungen der paritätischen Mitbestimmung auf die Tariffähigkeit, *Zöllner/Loritz/Hergenröder*, Arbeitsrecht, § 37 I 1.
[26] BAG 15.3.1977, AP Nr. 24 zu Art. 9 GG.

schaften, die „das bewährte Institut der Tarifautonomie auch im innergewerkschaftlichen Raum zur Geltung ... bringen will",[27] fehlt – noch – die Mächtigkeit.[28]

(2) Rechtliche und tatsächliche Unabhängigkeit. Unzulässig wäre die Gründung einer Gewerkschaft durch Arbeitgeber oder deren Finanzierung in einem Umfang, der befürchten lässt, dass eine Einstellung die Willensbildung der Organisation beeinflussen kann,[29] wie früher bei den sog. gelben Gewerkschaften oder vor einigen Jahren bei der Gewerkschaft Neue Brief- und Zustelldienste (GNBZ).[30] Eine gewisse – von der h.L. noch tolerierte – Abhängigkeit bedeutete die Einziehung der Gewerkschaftsbeiträge durch die Unternehmen.[31] Immerhin verlor die (damalige) IG Chemie-Papier-Keramik eine ganz beträchtliche Zahl von Mitgliedern, als die Unternehmen der chemischen Industrie den Einzug der Beiträge nach dem Streik im Jahre 1971 einstellten.

bb) Überbetrieblich organisiert.[32] Historisch gesehen ist die Forderung nach Überbetrieblichkeit – gemeint ist eine Organisation über das Unternehmen hinaus – ein Unterfall der Forderung nach Unabhängigkeit vom sozialen Gegenspieler. Als es noch keinen Kündigungsschutz gab, konnte der Arbeitgeber sog. Werksvereine einfach durch Kündigung seiner Mitglieder auflösen. Nachdem dieser Grund entfallen ist, wird teilweise auf das Merkmal der Überbetrieblichkeit verzichtet,[33] teilweise werden andere Gründe genannt: Koalitionen könnten ihrem Schutzauftrag nur gerecht werden, wenn sie sich für alle Arbeitnehmer einer Branche in der Region öffneten. Überbetriebliche Organisationen böten eine bessere Gewähr für ein gesamtwirtschaftliches und gesamtgesellschaftliches Verhalten. Und schließlich: Eine überbetriebliche Organisation führe zu einer besseren Abgrenzung gegenüber den betriebsverfassungsrechtlichen Organen.[34]

Für die Koalitionseigenschaft ist das Postulat der Überbetrieblichkeit nicht einzusehen; für die Tariffähigkeit hat das Argument der Konkurrenz zu Betriebsverfassungsorganen eine gewisse Plausibilität. Eine Teilmenge der Arbeitnehmer – die gewerkschaftlich organisierten – könnte Recht schaffen, das der für alle geltenden Betriebsvereinbarung übergeordnet ist. Zu bedenken ist aber, dass diese Teilmenge im Gegensatz zum Betriebsrat das Streikrecht hätte. Schon bisher wurden Ausnahmen für Arbeitnehmervereinigungen in besonders großen Unternehmen gemacht, nämlich für Post und Bahn.

---

[27] Vgl. Präambel der Satzung der „Gewerkschaft der Gewerkschaftsbeschäftigten (GdG)".
[28] Der DGB und seine Mitgliedsgewerkschaften dürfen die Mitgliedschaft in dieser Koalition nicht verbieten, vgl. BAG 17.2.1998, AP Nr. 87 zu Art. 9 GG.
[29] BAG 4.12.2004, NZA 2005, 697.
[30] LAG Köln 20.5.2009, AuR 2009, 316.
[31] *Löwisch/Rieble*, § 2 TVG Rn. 86 ff., hier auch zu anderen Finanzierungsformen.
[32] BAG 14.12.2004, NZA 2005, 697.
[33] BVerfGE 18, 18; anders aber bspw. BAG 25.11.1986, AP Nr. 36 zu § 2 TVG.
[34] *Zöllner/Loritz/Hergenröder*, Arbeitsrecht, § 10 III 7.

22 **cc) Unabhängigkeit von dritten Mächten, d.h. von Staat, Kirche und Parteien.** Die Koalitionen sollen die Ziele ihrer Mitglieder verfolgen, nicht die anderer Institutionen. Sie dürfen sich deshalb in ihren Satzungen nicht von Kirchen und Parteien abhängig machen, sei es durch personelle Verzahnung, sei es durch Unterwerfung unter die Ziele dieser Institutionen.[35] Eine freiwillige Anlehnung („Richtungsgewerkschaft") schadet dagegen nicht.[36] Die Gefahr der Behinderung beim Verfolgen eigener Ziele besteht natürlich auch und erst recht bei staatlicher Einflussnahme, und zwar gleichgültig, ob über organisatorische Regelungen (Einheitsgewerkschaft) oder über die Zuweisung von Mitteln.

d) Tariffähigkeit

23 **aa) Demokratisch organisiert.**[37] Die Mitglieder müssen die Möglichkeit haben, unmittelbar oder mittelbar an der Willensbildung der Koalition mitzuwirken, weil die Tarifbestimmungen für sie unmittelbar und zwingend gelten und damit ihre Berufsfreiheit beschränken.[38] Mittelbare Mitwirkung geschieht durch Wahl der Organe auf Zeit, unmittelbare durch Abstimmung insbesondere über Tarifforderungen, Arbeitskampf und Tarifabschluss. Die Wahl muss nach demokratischen Regeln durchgeführt werden; eine Gewichtung der Stimmen auf Arbeitgeberseite nach der Zahl der bei ihnen Beschäftigten und nach dem (ebenfalls beschäftigungsabhängigen) Beitrag schadet nicht.

24 **bb) Tauglichkeit („soziale Mächtigkeit").** Um ihre Aufgaben als Tarifpartner sinnvoll erfüllen zu können, muss eine **Arbeitnehmervereinigung** Durchsetzungskraft gegenüber dem sozialen Gegenspieler haben.[39] Sie muss zumindest so viel Druck ausüben können, dass sich die Arbeitgeberseite veranlasst sieht, sich auf Tarifverhandlungen einzulassen. Das bedeutet nicht, dass die Arbeitnehmerkoalition die Chance eines vollständigen Siegs hat. Es muss aber erwartet werden können, dass sie von ihrem sozialen Gegenspieler ernst genommen wird und dass vereinbarte Tarifbedingungen nicht allein den Vorstellungen der Arbeitgeberseite entsprechen. Darüber hinaus muss die Koalition von ihrem organisatorischen Aufbau her in der Lage sein, die ihr gestellten Aufgaben zu erfüllen. Der Tarifvertrag muss vorbereitet werden, und er muss tatsächlich durchgeführt werden. Deshalb müssen Organe vorhanden sein, die verantwortlich für die Koalition handeln. Das erfordert eine körperschaftliche Verfassung. Personengesellschaften sind für diese Aufgaben ungeeignet; die sachgerechte Rechtsform ist der rechtsfähige oder der

---

[35] *Löwisch/Rieble*, § 2 TVG Rn. 102 ff.
[36] BAG 21.11.1975, AP Nr. 6 zu § 118 BetrVG 1972; LAG Düsseldorf 14.12.1957, AP Nr. 2 zu Art. 9 GG; Schaub/*Treber*, ArbR-Hdb., § 188 Rn. 19.
[37] Dazu BAG 28.3.2006, NZA 2006, 1112, 1117.
[38] *Löwisch/Rieble*, § 2 TVG Rn. 112.
[39] BAG 16.1.1990, AP Nr. 38 zu § 2 TVG; BAG 14.12.2004, NZA 2005, 697; BAG 28.3.2006, NZA 2006, 1112; BAG 5.10.2010, NZA 2011, 300; dagegen u.a. *Zöllner/Loritz/Hergenröder*, Arbeitsrecht, § 37 I 2 a, dies erschwere die Bildung neuer Gewerkschaften übermäßig (Art. 9 Abs. 3 GG).

nicht rechtsfähige Verein. Daran werden in aller Regel ad-hoc-Koalitionen scheitern. Nicht erforderlich ist, dass die Koalition von Mitarbeitern getragen wird, die in einem Arbeitsverhältnis zu ihr stehen. Es muss lediglich gewährleistet sein, dass ihre Mitarbeiter nicht vom bestimmenden Einfluss Dritter abhängen. Bedient sie sich der Einrichtungen und des Personals einer anderen Arbeitnehmerorganisation, so muss sichergestellt sein, dass sie nicht zu deren verlängertem Arm wird.[40]

Kriterium für „Mächtigkeit" ist insbesondere die **Mitgliederzahl**. Von ihr hängen die finanzielle Ausstattung und damit die organisatorische Leistungsfähigkeit ab, und sie entscheidet darüber, ob die Vereinigung in der Lage ist, hinreichenden Druck aufzubauen.[41] Wie viele Mitglieder erforderlich sind, bestimmt sich nach deren Stellung im Arbeitsleben (z.B. schwer ersetzbare Spezialisten in Schlüsselstellungen).[42] Es genügt, wenn aufgrund von Mitgliederzahl oder -struktur in einem zumindest nicht unerheblichen Teil des Zuständigkeitsbereichs Durchsetzungsfähigkeit besteht. Die Tariffähigkeit ist einheitlich und unteilbar.[43] Dass eine Koalition, die in einem arbeitsgerichtlichen Beschlussverfahren nach § 97 ArbGG ihre Mitgliederstärke nicht offenlegt, Nachteile erleidet, ist zwar wegen der durch Art. 9 Abs. 3 GG geschützten Parität zwischen Gewerkschaft und Arbeitgeber möglichst zu vermeiden. Wenn dies jedoch nicht in allen Fällen gelingt, erscheint das mit Blick auf das vom Gesetzgeber verfolgte Ziel der Sicherung der Funktionsfähigkeit des Systems der Tarifautonomie insgesamt zumutbar.[44]

25

Verbleiben angesichts von Mitgliedsstärke und organisatorischem Aufbau Zweifel an der Durchsetzungs- und Leistungsfähigkeit, so kann eine langjährige Teilnahme am Tarifgeschehen in die Beurteilung einbezogen werden. Die Durchsetzungsfähigkeit ist regelmäßig belegt, wenn die Koalition schon in nennenswertem Umfang originär ausgehandelte, eigenständige Tarifverträge innerhalb ihrer satzungsmäßigen, für die beanspruchte Zuständigkeit repräsentativen Zuständigkeit abgeschlossen hat, sofern es sich dabei nicht um Gefälligkeitstarifverträge handelt oder um Tarifverträge, die auf einem Diktat der Arbeitgeberseite beruhen. Kein zuverlässiges Indiz sind Tarifverträge, die im Rahmen einer Tarifgemeinschaft abgeschlossen wurden. Eine junge Koalition kann allein durch die Anzahl der von ihr in zeitlichem Zusammenhang mit ihrer Gründung abgeschlossenen Tarifverträge ihre Tariffähigkeit nicht belegen. Sie muss vielmehr anhand von Mitgliederzahl und -struktur nachweisen, dass der Schluss gerechtfertigt ist, „die Arbeitgeberseite habe sie bereits beim erstmaligen Aushandeln von Tarifverträgen nicht ignorieren können". Damit soll verhindert werden, dass Arbeitgeber Koalitionen bei der Erlangung der Gewerkschaftseigenschaft helfen, um mit deren Hilfe gesetzliche Tarifvorbehalte oder -öffnungen zu ihren Gunsten zu nutzen oder Tarifbedingungen zu schaffen, auf die sie Bezug nehmen können, ohne dass

25a

---

[40] BAG 5.10.2010, NZA 2011, 300.
[41] BVerfG 13.9.2019, NZA 2019, 1649 Rn. 12 m.w.N.
[42] BAG 14.12.2004, NZA 2005, 697 für Flugbegleiter.
[43] BAG 28.3.2006, NZA 2006, 1112.
[44] BVerfG 13.9.2019, NZA 2019, 1649 Rn. 13.

diese Bedingungen auf Angemessenheit nach § 307 Abs. 1 S. 1 BGB geprüft werden können (§ 310 Abs. 4 S. 3 BGB).[45]

25b In dem der Entscheidung von 2010 zugrunde liegenden Fall der Gewerkschaft für Kunststoffgewerbe und Holzverarbeitung (GKH) im Christlichen Gewerkschaftsbund sah das BAG demgemäß in den 120 kurz nach ihrer Gründung im Jahr 2003 abgeschlossenen Tarifverträgen kein Indiz für Durchsetzungsfähigkeit, zumal diese Tarifverträge großenteils in Tarifgemeinschaft mit dem Deutschen Handels- und Industrieangestellten-Verband (DHV) vereinbart worden waren.

26 Das Erfordernis der Durchsetzungskraft sichert über **Gleichgewichtigkeit** bei den Verhandlungen eine sachgerechte Wahrnehmung der Arbeitnehmerinteressen und verstößt deshalb nicht gegen die positive Koalitionsfreiheit des Art. 9 Abs. 3 GG.[46] Aufgrund der Gleichgewichtigkeit erübrigen sich Überlegungen zu einem **Verhandlungsanspruch** der Gewerkschaften gegen die Arbeitgeberseite. Die Gleichgewichtigkeit erspart und verbietet eine **Inhaltskontrolle** von Tarifverträgen (§ 310 Abs. 4 S. 1 BGB); sie ist Grundlage der **Angemessenheitsvermutung**[47] der Tarifbedingungen.

27 Soziale „Mächtigkeit" ist nicht erforderlich für **Arbeitgeberverbände**. Wenn jeder einzelne Arbeitgeber ohne Rücksicht auf seine Durchsetzungskraft Tarifpartei sein kann, dann muss das auch für jeden Verband gelten.

28 cc) **Tarifwilligkeit.** Die Koalition muss **fähig**[48] und nach ihrer Satzung **bereit** sein, Tarifverträge abzuschließen.[49] Mitglieder müssen schon bei ihrem Beitritt wissen, ob sie sich der Tarifnormsetzung ausliefern[50] und ggf. Arbeitskampfmaßnahmen aussetzen. Teilweise wird angenommen, dass auch einzelne Sachbereiche nicht als Tabuzonen ausgegliedert werden dürften; das verhindere eine sinnvolle Ordnung der Arbeitsbedingungen und belaste den Gegenspieler mit erheblichen Arbeitskampfrisiken.[51] In der Vergangenheit haben die etablierten Gewerkschaften das Merkmal der Tarifwilligkeit benutzt, um den Organisationen der leitenden Angestellten die Gewerkschaftseigenschaft abzusprechen, die wegen der Möglichkeit des Rechts in der Weimarer Republik, Höchstarbeitsbedingungen festzusetzen, ihre Mitglieder aus Tarifverträgen herauszuhalten versuchten („AT").

---

[45] Zu Vorstehendem BAG 5.10.2010, NZA 2011, 300; BAG 26.6.2018, NZA 2019, 188.
[46] St. Rspr., vgl. BVerfG 13.9.2019, NZA 2019, 1649 Rn. 12 m.w.N.
[47] BAG 19.6.2012, NZA 2012, 1372.
[48] Nicht tariffähig sind deshalb Beamtenverbände und Verbände von Mitarbeitern der Kirchen, vgl. BAG 6.7.1956, AP Nr. 11 zu § 11 ArbGG 1953.
[49] Schaub/*Treber*, ArbR-Hdb., § 196 Rn. 5; *Zöllner/Loritz/Hergenröder*, Arbeitsrecht, § 37 I 2b.
[50] *Löwisch/Rieble*, § 2 TVG Rn. 216.
[51] *Däubler*, Tarifvertragsrecht, Rn. 75.

dd) Anerkennung des geltenden Tarif-, Schlichtungs- und Arbeitskampf- 29
rechts. Die Beteiligung am Tarifgeschehen setzt die Anerkennung der „Spielregeln" voraus.[52]

ee) Arbeitskampffähigkeit und -willigkeit. Eine Arbeitnehmerkoalition wird 30
i.d.R. nur dann tauglich für ihre Aufgaben im Tarifbereich sein, wenn sie streikfähig ist. Neben der Tauglichkeit zusätzlich Arbeitskampffähigkeit zu fordern, macht deshalb keinen Sinn. Ebensowenig wird man Arbeitskampfbereitschaft verlangen können. Ob eine Koalition von dem Mittel des Arbeitskampfs Gebrauch macht, muss ihr selbst überlassen bleiben.[53] Die Forderung nach Arbeitskampfwilligkeit verleitet nur zu Lippenbekenntnissen. Entgegen der Rechtsprechung fordert die wohl h.L. Streikbereitschaft, es sei denn, dass den Arbeitnehmern ein Streikrecht nicht zusteht oder dass sie aus berufsethischen Gründen nicht streiken können.[54]

ff) Handwerksinnungen. Kraft Gesetzes sind auch Handwerksinnungen tariffähig 31
(§§ 54 Abs. 3 Nr. 1, 82 Nr. 3 HandwO). Handwerksinnungen sind freiwillige Zusammenschlüsse von selbständigen Handwerkern gleicher oder ähnlicher Handwerke (§§ 52, 58 HandwO). Handwerksinnungen und deren Verbände sind zwar keine Koalitionen i.S.d. Art. 9 Abs. 3 GG, weil sie Körperschaften des öffentlichen Rechts sind; der Gesetzgeber hat ihnen aber gleichwohl Tariffähigkeit verliehen, damit auch im Bereich des Handwerks Tarifverträge geschlossen werden können. Die soziale Mächtigkeit spielt in diesem Fall keine Rolle.

gg) Spitzenorganisationen. Zusammenschlüsse von Gewerkschaften und von 31a
Vereinigungen von Arbeitgebern (Spitzenorganisationen) können im Namen der ihnen angeschlossenen Verbände Tarifverträge abschließen, wenn sie eine entsprechende Vollmacht haben. Sie können selbst Parteien eines Tarifvertrags sein, wenn der Abschluss von Tarifverträgen zu ihren satzungsgemäßen Aufgaben gehört (§ 2 Abs. 2 und 3 TVG). Das gilt gleichermaßen für oberste Spitzenorganisationen, zu denen sich Spitzenorganisationen ihrerseits zusammengeschlossen haben.[55]

Spitzenorganisationen von Arbeitnehmern können nur tariffähige Koalitionen 31b
angehören. Vereins- oder verbandsrechtlich können ihnen nicht tariffähige Koalitionen angehören, wenn sie satzungsgemäß von tarifpolitischen Entscheidungen ausgeschlossen sind. Die Spitzenorganisation darf die Geltung ihrer Tarifverträge nicht auf die Mitglieder nicht tariffähiger Koalitionen erstrecken. Nach Ansicht des BAG[56] müssen die Mitgliedsgewerkschaften des weiteren der Spitzenorganisa-

---

[52] BAG 25.11.1986, AP Nr. 36 zu § 2 TVG; *Löwisch/Rieble*, § 2 TVG Rn. 226 ff.
[53] BAG 9.7.1968, AP Nr. 25 zu § 2 TVG gegen BAG 19.1.1962, AP Nr. 13 zu § 2 TVG; str., vgl. etwa Kempen/Zachert-*Kempen*, § 2 TVG Rn. 61 ff. m.w.N.
[54] *Dütz/Thüsing*, Arbeitsrecht, Rn. 581; Schaub/*Treber*, ArbR-Hdb., § 196 Rn. 7 f.
[55] BAG 6.5.2003, NZA 2004, 562.
[56] BAG 14.12.2010, NZA 2011, 289; zu den Auswirkungen der Entscheidung *Lunk/Rodenbusch*, RdA 2011, 375; *Schlegel*, NZA 2011, 380 ff.

tion ihre Tariffähigkeit „vollständig vermitteln". Außerdem darf der Organisationsbereich der Spitzengewerkschaft nicht über den der Mitgliedsgewerkschaften hinausgehen.[57]

31c In dem vom BAG entschiedenen Fall ging es um die Tariffähigkeit der Tarifgemeinschaft Christlicher Gewerkschaften für Zeitarbeit und Personalserviceagenturen (CGZP). Zur CGZP hatten sich CGM, DHV und GÖD zusammengeschlossen, um mit Arbeitgebern und Arbeitgeberverbänden, die als gewerbsmäßige Verleiher tätig werden wollten, Tarifverträge abzuschließen. Die Arbeitsbedingungen in den abgeschlossenen Tarifverträgen wichen zugunsten der Arbeitgeber – teilweise nicht unerheblich, aber zulässigerweise (§ 3 Abs. 1 Nr. 3 S. 2 AÜG) – von dem eigentlich die Leiharbeit beherrschenden Equal-pay-Grundsatz ab. Das BAG[58] sprach der CGZP die Tariffähigkeit – auch für die Vergangenheit –[59] mit doppelter Begründung ab: Die Mitgliedsverbände hätten ihr ihre Tariffähigkeit nicht vollständig vermittelt; ihr Organisationsbereich sei nämlich nicht auf den Bereich der Arbeitnehmerüberlassung beschränkt. Und: Ihr Organisationsbereich gehe über den der CGZP hinaus; ihre Zuständigkeit beschränke sich auf die Bereiche Metall (CGM), kaufmännische und verwaltende Berufe (DHV) und öffentlicher Dienst (GÖD). Das BVerfG[60] bestätigte die Entscheidung des BAG und stellte ausdrücklich klar, dass die Tarifunfähigkeit der CGZP auch mit Wirkung für die Vergangenheit festgestellt werden konnte.

32 Das BAG pflegt die Voraussetzungen für die Gewerkschaftseigenschaft wie folgt zu umschreiben: „Die Arbeitnehmervereinigung muss sich als satzungsmäßige Aufgabe die Wahrnehmung der Interessen ihrer Mitglieder in ihrer Eigenschaft als Arbeitnehmer gesetzt haben und willens sein, Tarifverträge abzuschließen. Sie muss frei gebildet, gegnerfrei, unabhängig und auf überbetrieblicher Grundlage organisiert sein und das geltende Tarifrecht als verbindlich anerkennen. [Außerdem muss sie] ihre Aufgabe als Tarifpartner sinnvoll erfüllen [können]. Dazu gehören einmal Durchsetzungskraft gegenüber dem sozialen Gegenspieler, zum anderen aber auch Leistungsfähigkeit der Organisation".[61]

III. Koalitionsfreiheit

33 Die Koalitionsfreiheit ist durch **Art. 9 Abs. 3 GG** in Gestalt eines **Doppelgrundrechts** gewährleistet. Als **Individualgrundrecht** gewährleistet sie für jedermann das Recht, zur Wahrung und Förderung der Arbeits- und Wirtschaftsbedingungen Vereinigungen zu bilden und sich am Koalitionsleben zu beteiligen oder ihm fern-

---

[57] Krit. zu diesen beiden Voraussetzungen *Lembke*, FS Bepler, S. 345 ff.; *Löwisch*, SAE 2011, 61, 62 f.
[58] BAG 14.12.2010, NZA 2011, 289.
[59] Zur Zulässigkeit der rückwirkenden Feststellung § 13 Rn. 62.
[60] BVerfG 25.4.2015, NJW 2015, 1867.
[61] BAG 6.6.2000, NZA 2001, 160; BAG 28.3.2006, NZA 2006, 1112; BAG 19.9.2006, NZA 2007, 518, 520. Ähnlich A III 2 des Staatsvertrags über die Schaffung einer Wirtschafts-, Währungs- und Sozialunion zwischen der Bundesrepublik Deutschland und der DDR v. 18.5.1990.

zubleiben. Als **Kollektivgrundrecht** schützt sie den Bestand der Koalitionen und deren spezifisch koalitionsmäßige Betätigung.[62]

Wegen seiner Bedeutung für das kollektive Arbeitsrecht hat *Zöllner* Art. 9 Abs. 3 GG als „Magna Charta des kollektiven Arbeitsrechts"[63] bezeichnet, zugleich aber auch wegen der weitverbreiteten Neigung, gewünschte Ergebnisse aus dieser Vorschrift herzuleiten und sie mit ihrer Hilfe abzusichern, als „Wundertüte, aus der alles, aber auch das Gegenteil von allem hergeleitet werden kann".[64] An die Folge dieser Praxis denkt offenbar niemand: Die Ergebnisse könnten nur mit 2/3-Mehrheit im Bundestag geändert werden. **33a**

1. Individuelle Koalitionsfreiheit

a) Grundrechtsträger

Während die Vereinigungsfreiheit (Art. 9 Abs. 1 GG) nur den Deutschen zukommt, ist die Koalitionsfreiheit als Menschenrecht ausgestaltet. Sie steht „jedermann" zu. Auf die Koalitionsfreiheit können sich also Inländer wie Ausländer, Arbeitnehmer, Beamte, Richter, Soldaten, Auszubildende, Betriebsrentner[65] und Arbeitgeber[66] berufen. **34**

b) Positive Koalitionsfreiheit

aa) Gründungs- und Beitrittsfreiheit. Das Grundrecht der positiven Koalitionsfreiheit schützt das Recht des Einzelnen, eine Koalition zu gründen oder einer bereits bestehenden beizutreten, gegen Eingriffe des Staats.[67] Das gilt auch für den gewerkschaftlichen Zusammenschluss von Mitarbeitern einer Gewerkschaft.[68] **35**

Es hat darüber hinaus **unmittelbare Drittwirkung im Privatrecht**. Nach Art. 9 Abs. 3 S. 2 GG sind alle **Abreden** und **Maßnahmen**, durch die die Koalitionsfreiheit eingeschränkt oder durch die versucht wird, sie zu behindern, unwirksam. Unter **Abreden** sind Verträge zu verstehen. Unwirksam sind Verträge, durch die ein Arbeitnehmer verpflichtet werden soll, keiner Gewerkschaft oder nur einer im Betrieb vertretenen Gewerkschaft beizutreten, oder durch die sich ein Arbeitgeber verpflichtet, Mitglied in einem Arbeitgeberverband zu werden oder zu bleiben[69] oder keine gewerkschaftlich organisierten Arbeitnehmer einzustellen. Ein Vertrag, der eine Vereinbarung enthält, die nach Art. 9 Abs. 3 S. 2 GG, § 134 BGB nichtig ist, bleibt abweichend von § 139 BGB im übrigen wirksam, weil sonst der Arbeit- **36**

---

[62] BVerfGE 17, 319, 333 f.; 19, 303, 321 ff.; 28, 295, 304; 50, 290, 368; 57, 220, 245 f.
[63] *Zöllner*, AöR 1973, 71, 72.
[64] *Zöllner*, RdA 1969, 250, 254.
[65] BAG 17.6.2008, NZA 2008, 1244, 1246.
[66] BVerfGE 84, 212.
[67] St. Rspr., vgl. BVerfGE 84, 212, 224; 93, 352, 357.
[68] BAG 17.2.1998, SAE 1998, 237 m. Anm. *Rieble*.
[69] BAG 26.8.2009, NZA 2010, 891; s. auch BAG 18.10.2011, NZA 2012, 392.

nehmerschutz in sein Gegenteil verkehrt würde.[70] **Maßnahmen** i.S.d. Art. 9 Abs. 3 S. 2 GG können rechtlicher oder tatsächlicher Art sein:
- die Kündigung[71] oder die Versetzung eines Arbeitnehmers wegen seiner Gewerkschaftszugehörigkeit oder zur Durchsetzung eines nicht einschlägigen Tarifvertrags,[72]
- die Einstellung eines Bewerbers unter der Voraussetzung, dass er aus der Gewerkschaft austritt,[73]
- ein Arbeitskampf, durch den ein Arbeitgeber gezwungen werden soll, einem bestimmten Arbeitgeberverband beizutreten oder aus seinem Verband auszutreten.[74]

37 bb) **Betätigungsfreiheit.** Die positive Koalitionsfreiheit umfasst das Recht, sich koalitionsmäßig zu betätigen und am Koalitionsleben teilzunehmen.[75] Der Einzelne darf sich an Arbeitskampfmaßnahmen beteiligen[76] und sich werbend für seinen Verband einsetzen, etwa vor Betriebs- oder Personalratswahlen.[77]

38 cc) **Sanktionen.** Wer in seiner individuellen Koalitionsfreiheit beeinträchtigt wird, hat ohne Rücksicht auf Verschulden des Störers einen **Beseitigungsanspruch**, etwa auf Entfernung einer Abmahnung wegen Teilnahme an einem rechtmäßigen Arbeitskampf aus der Personalakte, bei Wiederholungsgefahr einen **Unterlassungsanspruch** (§ 1004 Abs. 1 BGB analog) und im Falle des Verschuldens einen **Schadensersatzanspruch** aus § 280 Abs. 1 BGB, aus § 823 Abs. 1 BGB (Verletzung des allgemeinen Persönlichkeitsrechts) oder aus § 823 Abs. 2 BGB i.V.m. Art. 9 Abs. 3 S. 2 GG.[78]

c) Negative Koalitionsfreiheit

39 Negative Koalitionsfreiheit ist das Recht, sich keiner Koalition anzuschließen oder aus ihr auszutreten. Die Rechtsprechung leitet die negative Koalitionsfreiheit aus Art. 9 Abs. 3 GG her.[79] Zwar sei nicht jeder Druck, einer Koalition beizutreten oder in ihr zu bleiben, bereits ein Eingriff in die negative Koalitionsfreiheit.[80] Die Koalitionsfreiheit sei aber nur dann in vollem Umfang gewährleistet, wenn der Einzelne bei seiner Entscheidung von jedem Zwang frei sei. Folgerichtig nimmt sie an, dass die Verpflichtung eines Unternehmers, dauerhaft Mitglied des zuständigen

---

[70] Schaub/*Treber*, ArbR-Hdb., § 189 Rn. 2.
[71] Drohung mit einer Kündigung BAG 17.2.1998, AP Nr. 87 zu Art. 9 Abs. 3 GG.
[72] BAG 15.2.1957, AP Nr. 33 zu § 1 KSchG.
[73] BAG 2.6.1987, AP Nr. 49 zu Art. 9 GG.
[74] BAG 10.12.2002, NZA 2003, 735.
[75] BVerfGE 93, 352, 357.
[76] BVerfGE 84, 212.
[77] BVerfGE 93, 352, 357 ff.
[78] BAG 17.2.1998, AP Nr. 87 zu Art. 9 GG.
[79] BVerfGE 20, 312, 321 f.; 44, 352; BAG GS 29.11.1967, AP Nr. 13 zu Art. 9 GG.
[80] Verneint für die Gewährung bestimmter Tarifleistungen allein an Gewerkschaftsmitglieder aufgrund einer (einfachen) Differenzierungsklausel, s. BAG 18.3.2009, NZA 2009, 1028.

Arbeitgeberverbands zu bleiben, wegen Verstoßes gegen Art. 9 Abs. 3 S. 2 GG unwirksam ist.[81] Die Literatur stützt die negative Koalitionsfreiheit überwiegend auf das Grundrecht der allgemeinen Handlungsfreiheit (Art. 2 Abs. 1 GG).[82] Das Recht, einer Koalition fernzubleiben, sei in der Vergangenheit niemals streitig gewesen. Daher habe verfassungsrechtlich nur das Bedürfnis bestanden, die positive Koalitionsfreiheit zu gewährleisten. Die negative Koalitionsfreiheit sei stets als Ausfluss der allgemeinen Handlungsfreiheit aufgefasst worden. Nach einer Mindermeinung ist die negative Koalitionsfreiheit überhaupt nicht verfassungsrechtlich geschützt.[83]

2. Kollektive Koalitionsfreiheit

a) Bestandsgarantie

Art. 9 Abs. 3 GG schützt neben dem Einzelnen auch die **Koalition als Verband** in ihrem Bestand und in ihrer organisatorischen Ausgestaltung. Dazu gehören die Selbstbestimmung der Koalition über die eigene Organisation, das Verfahren der Willensbildung und die Führung der Geschäfte sowie die innere Ordnung.[84] In den Schutzbereich des Art. 9 Abs. 3 GG fallen damit auch Maßnahmen zur Aufrechterhaltung der Geschlossenheit nach innen und außen.[85] Der Bestandsschutz ergibt sich nicht unmittelbar aus dem Wortlaut, sondern aus einer historischen und teleologischen Interpretation von Art. 9 Abs. 3 GG. Bereits Art. 165 der Weimarer Reichsverfassung hat die Verbände der Arbeitgeber und der Arbeitnehmer anerkannt. Das Bekenntnis des Grundgesetzes zum sozialen Rechtsstaat gebietet dieselbe Auslegung der Koalitionsfreiheit. Der Schutz der individuellen Koalitionsfreiheit muss notwendig den der Koalition umfassen, denn dieser Schutz wäre unvollkommen, wenn nicht auch die aufgrund des individuellen Koalitionsrechts gebildete Koalition geschützt wäre.[86] Die Bestandsgarantie erstreckt sich auch auf den Koalitionszweck, nämlich die Förderung der Arbeits- und Wirtschaftsbedingungen. **40**

Der **Bestand** der Koalitionen ist **gegenüber Dritten** geschützt. Abreden und Maßnahmen, durch die Dritte in den Bestand einer Koalition eingreifen, sind rechtswidrig. Eine Maßnahme gegen den Bestand der Koalition ist es etwa, wenn die Einstellung eines Bewerbers vom Austritt aus der Gewerkschaft abhängig gemacht wird. Die Koalition kann aus eigenem Recht Unterlassungs- oder Schadensersatzklage erheben.[87] Der Bestandsschutz der **41**

---

[81] BAG 10.12.2002, NZA 2003, 735; BAG 19.9.2006, NZA 2007, 277, 278. Kein unzulässiger Zwang oder Druck in Richtung auf eine Mitgliedschaft durch Erstreckung von Tarifnormen auf Außenseiter, BAG 19.9.2007, NZA 2008, 241, 243.
[82] *Hueck/Nipperdey*, Arbeitsrecht II/1, § 10 II 2; *Waltermann*, Arbeitsrecht, Rn. 512.
[83] *Biedenkopf*, Grenzen der Tarifautonomie, S. 93 ff.
[84] BVerfGE 4, 96, 101 f.; 50, 290, 367; 84, 212, 224; 94, 268, 282 f.
[85] BVerfG 9.1.2007, NZA 2007, 514, 515.
[86] BVerfGE 4, 101, 106; 17, 333; 19, 312; 28, 304; 50, 367; 58, 246.
[87] BAG 17.2.1998, NZA 1998 754; hierzu *Rieble*, SAE 1998, 243 ff.

Koalitionen besteht auch **gegenüber ihren Mitgliedern.** Die Koalitionen sind berechtigt, im Interesse der Verbandsdisziplin Sanktionen gegen ihre Mitglieder zu verhängen und den Austritt durch Kündigungsvorschriften zu beschränken. Die individuelle Koalitionsfreiheit steht dem nicht entgegen.[88] Schutz genießt der Bestand auch **gegenüber konkurrierenden Gewerkschaften** (§ 1004 Abs. 1 S. 2 BGB analog, § 823 Abs. 2 BGB, Art. 9 Abs. 3 S. 1 GG). Da bei einem Verbot der Mitglieder(ab)werbung aber auch deren Betätigungsfreiheit beeinträchtigt würde, ist im Wege praktischer Konkordanz zwischen den konkurrierenden Grundrechtspositionen davon auszugehen, dass Abwerbung nur insoweit unzulässig ist, als sie mit unlauteren Mitteln erfolgt (z.B. falsche Versprechen über sozialpolitische Leistungen) oder auf Existenzvernichtung der konkurrierenden Koalition gerichtet ist (z.B. Sonderkonditionen nur für Mitglieder anderer Gewerkschaften).[89]

b) Betätigungsgarantie

42   Art. 9 Abs. 3 GG schützt weiter die Betätigung, sofern diese der Förderung der Arbeits- und Wirtschaftsbedingungen dient.[90] Was darunter zu verstehen ist, ist umstritten. Ein Teil der Rechtslehre beschränkt den Schutz auf die Förderung der Arbeits- und Wirtschaftsbedingungen durch Abschluss von Tarifverträgen.[91] Damit genössen nur Gewerkschaften und (tarifwillige) Arbeitgeberverbände den Schutz des Art. 9 Abs. 3 GG. Die h.M. nimmt dagegen an, dass sich der Schutz auf jede Tätigkeit zur Erfüllung der in Art. 9 Abs. 3 GG gestellten Aufgaben bezieht. Er umfasst nicht nur Aktivitäten, die der Gestaltung der Arbeits- und Wirtschaftsbedingungen durch Tarifverträge dienen. Zur geschützten Betätigungsfreiheit gehört vielmehr auch das Recht, im gesamten Bereich der Arbeits- und Wirtschaftsbedingungen die organisierten Gruppeninteressen gegenüber dem Staat und den politischen Parteien darzustellen und zu verfolgen.[92] Soweit die Verfolgung des Koalitionszwecks, die Wahrung und Förderung der Arbeits- und Wirtschaftsbedingungen, von dem Einsatz bestimmter Mittel abhängt, werden auch diese vom Schutz des Grundrechts umfasst.[93] Zur verfassungsrechtlich geschützten Betätigung gehören daher
– der Abschluss, die Änderung und die Beendigung von Tarifverträgen und sonstigen Vereinbarungen mit Arbeitgebern und Arbeitgeberverbänden im Rahmen der Tarifautonomie,[94]
– die Schlichtung und der Arbeitskampf,[95]
– die Mitwirkung in Gesetzgebung, Verwaltung, Gerichtsverfahren, Betriebs- und Unternehmensverfassung und
– die Selbstdarstellung und Werbung vor Betriebs- und Personalratswahlen.[96]

---

[88] BVerfG 9.1.2007, NZA 2007, 514, 515; BAG 19.9.2006, NZA 2007, 277, 278.
[89] BAG 31.5.2005, NZA 2005, 1182.
[90] St. Rspr., vgl. nur BVerfG 6.2.2007, NZA 2007, 394, 395.
[91] *Nikisch*, Arbeitsrecht II, S. 58.
[92] BAG 25.1.2005, NZA 2005, 592.
[93] BVerfGE 50, 290, 373 f.; 84, 212, 224; 94, 268, 283.
[94] Zuletzt BVerfGE 94, 268, 283 ff.
[95] BVerfGE 84, 212.

III. Koalitionsfreiheit

Die Betätigungsgarantie umfasst vor allem das Recht, über die Gewerkschaftstätigkeit zu unterrichten und Mitgliederwerbung zu betreiben,[97] Vertrauensleute zu bestellen (s. § 16 Rn. 125 f.) und bei betrieblichen Wahlen für Mitgliederlisten zu werben (zu Werbung und Unterrichtung im Betrieb s. § 16 Rn. 122 f.). Die allgemein-politische Betätigung der Verbände ist dagegen nur im Rahmen der allgemeinen Handlungsfreiheit (Art. 2 Abs. 1 GG) geschützt. Dasselbe gilt für die politische Wahlwerbung.[98] Die Betätigungsgarantie gibt keinen Anspruch auf Teilnahme an Tarifverhandlungen.[99] Dieses „Manko" wird dadurch ausgeglichen, dass die Rechtsprechung eine Koalition nur dann als Gewerkschaft anerkennt, wenn sie so viel Druck ausüben kann, dass die Arbeitgeberseite sich veranlasst sieht, sich auf Tarifverhandlungen einzulassen (s. oben Rn. 24). Die Betätigungsfreiheit wird nicht erst dann verletzt, wenn eine Koalition gehindert wird, Tarifrecht zu schaffen. Eine Einschränkung oder Behinderung liegt bereits in Abreden oder Maßnahmen, die darauf gerichtet sind, die Wirkung von Tarifrecht zu vereiteln oder leerlaufen zu lassen, wie etwa tarifwidrige Regelungsabreden und deren arbeitsvertragliche Umsetzung.[100]

43

Tariffähige wie (noch) nicht tariffähige Koalitionen haben in beschränktem Umfang auch das **Recht zur Betätigung in Betrieb und Unternehmen**.[101] Da es generelle Regelungen nicht gibt, wägt die Rechtsprechung zwischen den Rechten und Interessen des Unternehmens und den Erfordernissen für den Bestand der Gewerkschaften ab. **Zulässig** sind die Verteilung von Werbe- und Informationsmaterial mit spezifisch koalitionsmäßigem Inhalt außerhalb der Arbeitszeit und während der Pausen, der Versand von E-Mails zu Zwecken der Werbung und Information an betriebliche E-Mail-Adressen der Beschäftigten,[102] die Benutzung von betrieblichen Anschlagbrettern[103] und die Werbung im Betrieb, soweit dem nicht überwiegende Interessen des Arbeitgebers entgegenstehen (Betriebsfrieden, Arbeitsablauf usw.).[104] **Unzulässig** sind die Verteilung von Gewerkschaftszeitungen im Betrieb[105] oder von Werbe- und Informationsmaterial während der Arbeitszeit,[106] das Auslegen von Unterschriftslisten in Polizeidienststellen,[107] die Benutzung des hausinternen Postverteilungssystems,[108] die Werbung durch betriebsfremde Beauftragte in kirchlichen Einrichtungen,[109] die Durchführung von Wahlen für gewerkschaftliche Vertrauensleute im Betrieb,[110]

43a

---

[96] Zuletzt BVerfGE 93, 352.
[97] BAG 14.2.1967, AP Nr. 10 zu Art. 9 GG.
[98] BVerfGE 42, 133.
[99] BAG 14.2.1989, 52 zu Art. 9 GG; dazu *Coester*, ZfA 1977, 87 ff.
[100] BAG 7.6.2017, NZA 2017, 1410.
[101] BAG 19.9.2006, NZA 2007, 518; BAG 22.5.2012, NZA 2012, 1176.
[102] BAG 20.1.2009, NZA 2009, 615; krit. *Dumke*, RdA 2009, 77 ff.; *Maschmann*, NZA 2008, 613.
[103] BVerfGE 93, 352.
[104] BAG 28.2.2006, NZA 2006, 798.
[105] BAG 23.2.1979, AP Nr. 29 zu Art. 9 GG.
[106] BGH 4.7.1977, AP Nr. 25 zu Art. 9 GG.
[107] BVerfG 6.2.2007, NZA 2007, 394, 395.
[108] BAG 23.9.1986, AP Nr. 45 zu Art. 9 GG; EuGH 18.1.1990, NZA 1991, 189.
[109] BAG 19.1.1982, AP Nr. 10 zu Art. 140 GG.
[110] BAG 8.12.1978, AP Nr. 28 zu Art. 9 GG.

das Versehen von Schutzhelmen, die dem Arbeitgeber gehören, mit Gewerkschaftsemblemen (Plaketten)[111] und die Nutzung eines für dienstliche Zwecke eingerichteten E-Mail Accounts zu Zwecken des Arbeitskampfs.[112] Natürlich ist dem Arbeitgeber die – auch stillschweigende – Gestattung nicht verboten; s. auch § 16 Rn. 122 ff.

43b Die Betätigungsfreiheit erlaubt es Gewerkschaften ferner, der Arbeitgeberseite während laufender Tarifverhandlungen Angaben über die Gewerkschaftszugehörigkeit der Arbeitnehmer der betroffenen Betrieben vorzuenthalten. Da die gewerkschaftliche Arbeitskampfstrategie nicht zuletzt durch den Organisationsgrad und die Zahl ihrer Mitglieder in den Betrieben bestimmt wird, könnte die Arbeitgeberseite bei Kenntnis dieser Daten ihre Verhandlungstaktik und im Falle eines Arbeitskampfs ihre Kampftaktik darauf einstellen.[113]

c) Grenzen der Betätigungsgarantie

44 Wie weit der Schutz von Koalitionszweck und Koalitionsmittel reicht, ist seit jeher umstritten. Art. 9 Abs. 3 GG ist ein **vorbehaltlos gewährleistetes Grundrecht**. Zwar besteht damit die Koalitionsfreiheit nicht schrankenlos; sie kann aber nur unter den Voraussetzungen eingeschränkt werden, die allgemein für die Beschränkung vorbehaltloser Grundrechte gelten. Solche Grundrechte können **zum Schutz von Rechtsgütern und Gemeinwohlbelangen eingeschränkt werden, denen gleichermaßen verfassungsrechtlicher Rang gebührt**. Dabei ist zwischen den widerstreitenden (Grund-)Rechtspositionen **praktische Konkordanz** herzustellen. Ob der Gesetzgeber weitergehende Regelungsbefugnisse zum Schutz sonstiger Rechtsgüter hat, wurde vom BVerfG offengelassen.[114] Früher ging die Rechtsprechung davon aus, dass Art. 9 Abs. 3 GG nur einen für die Erhaltung und die Sicherung der Koalition unerlässlichen **Kernbereich** koalitionsmäßiger Betätigungen schützt.[115] Seit 1995 nimmt das BVerfG an, dass der Schutzbereich des Art. 9 Abs. 3 GG nicht von vornherein auf den Bereich des für die Koalition Unerlässlichen beschränkt ist.[116] Vielmehr müssten in jedem Fall die Intensität der Grundrechtsbeeinträchtigung und das Gewicht der entgegenstehenden Rechtsgüter gegeneinander abgewogen werden.[117]

45 Die Koalitionsfreiheit bedarf der **Ausgestaltung durch den Gesetzgeber**, soweit das Verhältnis der Tarifvertragsparteien zueinander berührt wird.[118] Eine solche Ausgestaltung stellt das TVG dar (s. § 13 Rn. 48 ff.). Denkbar wäre auch die Regelung der Voraussetzungen für die Eigenschaft als Koalition oder für den Arbeitskampf. Der die Koalitionsfreiheit ausgestaltende Gesetzgeber bestimmt die Grund- und Rahmenbedingungen, damit Art. 9 Abs. 3 GG effektiv in Anspruch genommen werden kann. Die einfachrechtliche Ausgestal-

---

[111] BAG 23.2.1979, AP Nr. 30 zu Art. 9 GG.
[112] BAG 15.10.2013, NZA 2014, 319.
[113] BAG 18.11.2014, NZA 2015, 306.
[114] BVerfG 6.2.2007, NZA 2007, 394, 395.
[115] BVerfGE 17, 319, 333 f.; 19, 303, 321 ff.; 50, 290, 368; 57, 220, 245 f.
[116] BVerfGE 93, 362, 359 f.
[117] BVerfGE 93, 362, 359 f.; 100, 214, 222.
[118] BVerfGE 88, 103, 115; 92, 365, 394; 94, 268, 284.

tung der Koalitionsfreiheit geschieht also um ihrer selbst willen, insbesondere weil stets mehrere Grundrechtsträger gleichzeitig von der grundrechtlichen Gewährleistung Gebrauch machen und es damit zwangsläufig zu „Grundrechtskollisionen" kommt, deren Auflösung zuvorderst Sache des Gesetzgebers ist. Dagegen erfolgen **Eingriffe in die Koalitionsfreiheit** zur Durchsetzung anderer Rechte und Rechtsgüter.

IV. Mitgliedschaft in den Koalitionen

Die Mitgliedschaft in einer Koalition richtet sich nach deren Satzung. Wird die Koalition in der Rechtsform des Vereins geführt, ist das Vereinsrecht zu beachten, das allerdings verfassungskonform auszulegen ist. 46

1. Erwerb der Mitgliedschaft

a) Beitritt

Die Mitgliedschaft wird durch Vertrag erworben,[119] der durch Aufnahmeantrag und dessen Annahme durch das zuständige Verbandsorgan zustande kommt.[120] Die Aufnahmevoraussetzungen sind so zu gestalten, dass dem Verbandszweck genügt wird und dass sie von den Beitrittswilligen erfüllt werden können. Die Verbandssatzung kann für den Aufnahmeantrag die Schriftform, für die Annahme die Zustimmung bestimmter Verbandsorgane vorsehen. Die Gewerkschaften verlangen neben der Anerkennung der Satzung zumeist die Zahlung eines Eintrittsgelds. Bei den Arbeitgeberverbänden bedarf es zur Aufnahme des Mitglieds häufig eines Beschlusses des zuständigen Verbandsorgans. Durch Verbandssatzung kann bestimmt werden, dass nur solche Personen aufgenommen werden, die im räumlichen und fachlichen Tätigkeitsbereich des Verbands arbeiten. 47

Ist der Beitrittswillige in der Geschäftsfähigkeit beschränkt, so bedarf es zum Beitritt grundsätzlich der Zustimmung des gesetzlichen Vertreters. Eine Ausnahme gilt für Minderjährige, die ermächtigt sind, ein Erwerbsgeschäft zu führen (§ 112 BGB) oder in Arbeit zu treten (§ 113 BGB). Damit ist sichergestellt, dass sie den Schutz des Tarifvertrags erlangen können.[121] 48

Mitglied der Arbeitgeberverbände werden nicht die Betriebe, sondern deren Inhaber (= Rechtsträger), also die natürlichen oder juristischen Personen bzw. Personengesellschaften. Liegen Betriebe in mehr als einem Tarifbezirk, kommt auch die Mitgliedschaft in mehreren Arbeitgeberverbänden in Betracht. Die Mitgliedschaft entsteht mit Zugang der 49

---

[119] BGHZ 101, 96.
[120] LAG Hamm 11.5.1989, LAGE § 4 TVG Abschlussnormen Nr. 1, für die Aufnahme in eine Gewerkschaft.
[121] *Gitter/Westphal*, JuS 1981, 899; Palandt/*Ellenberger*, § 113 BGB Rn. 3.

Annahmeerklärung des Aufnahmeantrags.[122] Nach Vereinsrecht ist zwar auch ein rückwirkender Beitritt zum Verband möglich, tarifrechtlich hat er aber keine Bedeutung.[123]

b) Anspruch auf Aufnahme

50 Einen Aufnahmeanspruch sehen die Verbandssatzungen zumeist nicht vor. Er ergibt sich aber aus § 826 BGB i.V.m. Art. 9 Abs. 1 GG und speziell für die Aufnahme in eine Koalition aus Art. 9 Abs. 3 S. 2 GG. Das grundrechtlich gewährleistete Recht, einer Koalition beizutreten, kann nur dann effektiv ausgeübt werden, wenn der Einzelne vor der missbräuchlichen Versagung der Mitgliedschaft in einer mächtigen Koalition geschützt wird. Er kann nicht darauf verwiesen werden, einem konkurrierenden Verband beizutreten oder selbst einen solchen zu gründen.[124] Bislang hat die Rechtsprechung das zwar nur für die Aufnahme von Arbeitnehmern in eine Gewerkschaft ausgesprochen,[125] für die Aufnahme eines Arbeitgebers in einen Arbeitgeberverband muss aber dasselbe gelten, wenn der Verband eine überragende Machtstellung hat, ein wesentliches Interesse an der Mitgliedschaft besteht und kein sachlicher Grund für die Versagung vorliegt.[126] Freilich muss der Arbeitgeber die satzungsgemäßen Voraussetzungen für eine Aufnahme erfüllen.

50a Die Aufnahme in eine Tarifvertragspartei oder in eine Vereinigung, deren Mitglieder einer bestimmten Berufsgruppe angehören, darf nicht aus einem der in § 1 AGG genannten Gründen abgelehnt werden (§§ 18 Abs. 1, 2 Abs. 1, 2 AGG). Tarifvertragsparteien i.S.d. § 18 Abs. 1 AGG sind Gewerkschaften und Arbeitgeberverbände, Vereinigungen alle sonstigen Koalitionen; Art. 3 Abs. 1d RL 2000/78/EG spricht von „Arbeitnehmer- oder Arbeitgeberorganisationen". Bei Ablehnung wegen eines verpönten Merkmals hat der Bewerber einen Anspruch auf Aufnahme (§ 18 Abs. 2 AGG). Außerdem kommen Schadensersatz- und Entschädigungsansprüche in Betracht (§§ 18 Abs. 1, 15 Abs. 1, 2 AGG). Nicht verboten durch das AGG sind Altersgrenzen für Jugendorganisationen von Gewerkschaften (§ 10 AGG). Das Diskriminierungsverbot bei der Aufnahme von Mitgliedern wird angesichts des Mitgliederschwunds der Gewerkschaften kaum große Bedeutung erlangen.

c) Doppelmitgliedschaft

51 Gegen eine Doppelmitgliedschaft bestehen keine grundsätzlichen Bedenken. Gewährt Art. 9 Abs. 3 GG dem Einzelnen das Recht, einer bestimmten Koalition beizutreten, spricht nichts dagegen, sich zugleich in mehreren Koalitionen zu or-

---

[122] BGHZ 101, 193.
[123] BAG 20.12.1988, AP Nr. 9 zu § 87 BetrVG 1972 Auszahlung; Zöllner/Loritz/Hergenröder, Arbeitsrecht, § 40 I 1.
[124] *Löwisch/Rieble*, § 3 TVG Rn. 111 m.w.N.
[125] BGH 15.10.1990, EzA Art. 9 GG Nr. 50 für den Ausschluss eines Arbeitnehmers aus einer Gewerkschaft. Zuvor bereits BGH 10.12.1984, BGHZ 93, 151; BGH 1.10.1984, NJW 1985, 1214, anders aber BAG 21.5.2015, NZA 2015, 1319 Rn. 45.
[126] *Löwisch/Rieble*, § 3 TVG Rn. 113; vgl. allgemein BGHZ 93, 151.

ganisieren.[127] Ob die Satzung eine Doppelmitgliedschaft verbieten kann, ist offen. Zumindest besteht kein grundrechtlich verbürgter Anspruch auf Aufnahme in einen Verband, wenn bereits die Mitgliedschaft in einem anderen Verband besteht. Ein Interesse des Arbeitgebers an einer Doppel- oder Mehrfachmitgliedschaft ist zumindest dann zu bejahen, wenn zum Unternehmen Betriebe gehören, die im Zuständigkeitsbereich verschiedener Verbände tätig sind.

2. Pflichten der Mitglieder

a) Förderung

Die Verbandsmitglieder sind verpflichtet, im Rahmen der Satzung die Ausbreitung des Verbands und die Erreichung seiner Ziele zu fördern. Dabei haben sie die durch die zuständigen Verbandsstellen erteilten Weisungen zu befolgen. Die Förderungspflicht umfasst auch die Teilnahme an Arbeitskämpfen. Ob die Koalitionsmitglieder verpflichtet sind, ihrem Vertragspartner die Mitgliedschaft bekanntzugeben, ist umstritten.[128] 52

b) Beitrag

Die Hauptpflicht besteht in der Zahlung der **Verbandsbeiträge.** Diese sind bei den Gewerkschaften nach der Höhe der Vergütung gestaffelt; zumeist betragen sie 1 % des Bruttomonatsentgelts. Die Beiträge der Arbeitgeber werden nach den zu den Berufsgenossenschaften gemeldeten Entgeltsummen berechnet. Die Spitzenorganisationen erhalten von ihren Mitgliedern einen Prozentsatz des Beitragsaufkommens. 53

3. Rechte der Mitglieder

a) Mitwirkung und Teilhabe

Die Mitglieder sind berechtigt, an den grundlegenden Beschlüssen des Verbands mitzuwirken, und sie dürfen die Einrichtungen des Verbands in Anspruch nehmen, von denen neben der Unterstützung bei Arbeitskämpfen die Rechtsberatung die wichtigste ist. Gewährt der Verband Rechtsschutz, hat er die Mitglieder umfassend zu beraten und ggf. bei Gericht zu vertreten; die mit dem Rechtsschutz betrauten Verbandsvertreter sind vor den Arbeitsgerichten und den Landesarbeitsgerichten, nicht aber vor dem BAG postulationsfähig (§ 11 Abs. 2 S. 2 ArbGG). Eine Benachteiligung von Mitgliedern wegen eines nach § 1 AGG verpönten Merkmals ist verboten; das Mitglied hat in einem solchen Fall Anspruch auf Mitwirkung und auf 54

---

[127] BAG 17.2.1998, AP Nr. 87 zu Art. 9 Abs. 3 GG.
[128] *Boemke*, NZA 2004, 142; MünchArbR/*Buchner*, 2. Aufl., § 30 Rn. 326 f.

die Leistungen der Gewerkschaft sowie ggf. auf Schadensersatz und/oder Entschädigung (§ 18 i.V.m. §§ 2 Abs. 1 Nr. 4, 7 Abs. 1, 2 und 15 Abs. 1, 2 AGG). Das gilt auch für Betriebsrentner hinsichtlich der sie betreffenden Entscheidungen.[129]

b) Streitigkeiten

55 Für Streitigkeiten zwischen den Verbänden und ihren Mitgliedern ist zumeist die Zuständigkeit von Schiedsgerichten vereinbart. Ansonsten sind die ordentlichen Gerichte zuständig.

4. Beendigung der Mitgliedschaft

a) Grundsätze

56 Die Mitgliedschaft in einem Verband ist regelmäßig nicht befristet. Wann sie endet, ergibt sich aus der Verbandssatzung. Typische Beendigungsgründe für die Mitgliedschaft von Arbeitgebern sind
- Einstellung der Betätigung in dem Bereich, für den die Koalition zuständig ist,
- rechtskräftige behördliche Schließung des Betriebs,
- Eröffnung des Insolvenzverfahrens oder Abweisung des Eröffnungsantrags mangels Masse,
- Verbandsaustritt,
- Verbandsausschluss.

b) Austritt

57 aa) **Grundsätze.** Die durch Art. 9 Abs. 3 S. 1 GG geschützte Koalitionsfreiheit schließt das Recht ein, einer Koalition fernzubleiben. Mit diesem Recht ist der dauerhafte Ausschluss der Möglichkeit, aus dem Arbeitgeberverband oder einer Gewerkschaft auszutreten, unvereinbar. Privatrechtliche Abreden, die sich auf eine derartige Einschränkung der (negativen) Koalitionsfreiheit richten, sind nach Art. 9 Abs. 3 S. 2 GG nichtig.[130]

58 bb) **Form.** Die Austrittserklärung ist eine **einseitige empfangsbedürftige Willenserklärung**. Sie ist grundsätzlich **formfrei**. Die Satzung kann zwar Schriftform vorsehen,[131] die Einhaltung einer strengeren Form, beispielsweise die Erklärung durch eingeschriebenen Brief,[132] kann sie aber nicht verlangen. Sie darf weder eine Begründung für den Austritt fordern[133] noch „Austrittsgebühren" vorsehen.[134]

---

[129] BAG 17.6.2008, NZA 2008, 1244, 1246.
[130] Vgl. BAG 19.9.2006, NZA 2007, 277.
[131] BayObLGZ 86, 533.
[132] RGZ 77, 70.
[133] Palandt/*Ellenberger*, § 39 BGB Rn. 2.
[134] *Löwisch/Rieble*, § 3 TVG Rn. 142.

cc) Frist. § 39 Abs. 2 BGB gestattet es, in der Satzung den Austritt nur zum Schluss eines **59** Geschäftsjahres oder erst nach Ablauf einer Kündigungsfrist von höchstens zwei Jahren Dauer zuzulassen. § 39 Abs. 2 BGB ist bei Koalitionen verfassungskonform im Lichte der von Art. 9 Abs. 3 GG garantierten negativen Koalitionsfreiheit auszulegen. Danach darf das verfassungsmäßige Recht, aus einer Koalition auszutreten, nicht übermäßig beschränkt werden. Andererseits ist das legitime Interesse des Verbands an einem überschaubaren Mitgliederbestand mit einem kalkulierbaren Beitragsaufkommen zu berücksichtigen.[135]

Eine Austrittsfrist von zwei Jahren beim Austritt eines Arbeitnehmers aus der Gewerkschaft **60** hält der BGH für unverhältnismäßig; zulässig seien **Austrittsfristen von höchstens sechs Monaten**.[136] Dasselbe gilt nach Ansicht des BAG für den Austritt eines Arbeitgebers aus dem Arbeitgeberverband.[137] Letzteres ist nicht ganz unproblematisch, weil für den Arbeitgeberverband wegen der unterschiedlichen Größe der Mitgliedsunternehmen und der daraus folgenden unterschiedlichen Höhe der Beiträge das Problem des Mitgliedsbeitrags eine ganz andere Rolle spielt; der Austritt eines Großunternehmens kann für einen Verband existentielle Folgen haben. Folge einer zu langen Kündigungsfrist in der Satzung ist nicht die Unwirksamkeit der Bestimmung oder die Befugnis zur fristlosen Kündigung; es gilt vielmehr die kürzere verfassungsmäßige Kündigungsfrist.[138]

Aus **wichtigem Grund** ist ein **Austritt mit sofortiger Wirkung** möglich. Das gilt auch **61** ohne ausdrückliche Erwähnung in der Satzung. Ein wichtiger Grund ist gegeben, wenn Umstände vorliegen, die es dem Mitglied unzumutbar machen, die Mitgliedschaft bis zum Ablauf der satzungsmäßigen Austrittsfrist aufrechtzuerhalten. Eine Änderung des Tarifvertrags, die von einem Mitglied für unangemessen gehalten wird, genügt dafür schon deshalb nicht, weil der Tarifvertrag auch bei einem sofortigen Austritt bis zu seiner Beendigung weitergelten würde (§ 3 Abs. 3 TVG).[139]

Lässt die Satzung das zu, so können Arbeitgeberverband und Mitgliedsunternehmen auch **61a** eine vorzeitige Beendigung der Mitgliedschaft vereinbaren (**„Blitzaustritt"**). Nach Ansicht des 4. Senats können gegen ein solches Verfahren im Einzelfall Bedenken bestehen, insbesondere, „wenn durch (die vorzeitige Beendigung) die Grundlagen der Tarifverhandlungen und ihrer Ergebnisse nicht unerheblich verändert werden".[140] Solche Bedenken bestünden nicht, wenn der gegnerische Verband auf die kurzfristige Beendigung auch nach dem Beginn der Tarifverhandlungen reagieren kann. Das setze gegebenenfalls die Unterrichtung der Gewerkschaft über den vorzeitigen Austritt voraus. Bei pflichtwidrigem Unterlassen könne die tarifrechtliche Unwirksamkeit der Beendigung in Betracht kommen, d.h. trotz Austritts vor Tarifabschluss würde der Tarifvertrag auch für das ausgetretene Unternehmen

---

[135] *Löwisch/Rieble*, § 3 TVG Rn. 135 ff.
[136] BGH 4.7.1977, 22.9.1980, AP Nr. 25, 33 zu Art. 9 GG.
[137] BAG 29.7.2014, NZA 2014, 1352.
[138] BAG 29.7.2014, NZA, 2015, 1352.
[139] *Däubler*, ZTR 1994, 448, 449; *Feger*, AiB 1995, 490, 491.
[140] BAG 20.2.2008, NZA 2008, 946, 949 f.

gelten. Was für den Austritt gilt, gelte auch für den Wechsel in eine OT-Mitgliedschaft („**Blitzwechsel**").[141]

c) Ausschluss

62 **aa) Grundsätze.** Die Gründe, die zu einem Ausschluss führen können, richten sich nach der Satzung. Auf den Ausschluss als schwerste Verbandsstrafe darf nur erkannt werden, wenn andere Maßnahmen nicht ausreichen.[142] Als mildere Maßnahme kommt auch der zeitweise Ausschluss in Betracht. Ein Ausschluss aus wichtigem Grund ist immer zulässig.[143]

Beispiele: Mitgliedschaft in einer gewerkschaftsfeindlichen Partei,[144] Mitgliedschaft in einer undemokratischen Vereinigung,[145] grob illoyales Verhalten,[146] Streikbrecherarbeit,[147] Kandidatur zum Betriebsrat auf einer gewerkschaftsfremden Liste.[148]

63 **bb) Gerichtliche Überprüfung des Ausschlusses.** Nach der Rechtsprechung[149] kann bei einem Verbandsausschluss nur die formelle Gültigkeit des Ausschließungsbeschlusses nachgeprüft werden, d.h., ob das satzungsgemäße Verfahren eingehalten worden ist. Dagegen soll die Nachprüfung, ob ein satzungsgemäßer oder wichtiger Grund vorliegt, grundsätzlich nicht statthaft sein. Anderes gilt aber dann, wenn der Ausschluss offenbar unbillig ist oder wenn wichtige Vermögensinteressen des Mitglieds auf dem Spiel stehen.[150] Letzteres wird man bei der Mitgliedschaft in einer Koalition immer anzunehmen haben (Geltung von Tarifverträgen, Teilhabe an Unterstützungsleistungen usw.). Hinzu kommt, dass die Koalitionen heute wichtige Aufgaben im Rahmen der unmittelbaren und mittelbaren Staatsverwaltung ausüben. Der Ausschluss aus einer Koalition muss deshalb formell wie materiell der vollen richterlichen Nachprüfung unterliegen.[151]

V. Rechtstatsächliches zu den Koalitionen

1. Deutscher Gewerkschaftsbund (DGB)

64 Der DGB ist der Zusammenschluss von acht Einzelgewerkschaften. Er gliedert sich in neun Landesbezirke, 66 Regionen sowie in zahllose Zweigbüros und Orts-

---

[141] BAG 4.6.2008, NZA 2008, 1366, 1371 ff.; BAG 19.6.2012, NZA 2012, 1372; krit. dazu *Bauer/Haußmann*, RdA 2009, 99 ff.; *Rieble*, RdA 2009, 280; vgl. auch *Hensche*, NZA 2009, 815.
[142] So schon RGZ 169, 334.
[143] BGH 13.7.1972, NJW 1972, 1892, 1893; BGH 10.7.1989, NJW 1990, 40, 41.
[144] BGH 15.10.1990, NJW 1991, 485.
[145] OLG Düsseldorf 18.5.1994, NJW-RR 1994, 1402.
[146] BGH 4.3.1991, NJW-RR 1991, 888.
[147] BGH 19.1.1978, NJW 1978, 990.
[148] BVerfGE 100, 214; a.A. BGHZ 102, 265, 277.
[149] BGH 28.9.1972, AP Nr. 21 zu Art. 9 GG.
[150] BGHZ 102, 265, 277.
[151] Vgl. weiter *Säcker/Rancke*, AuR 1981, 1 ff.; *Wendeling-Schröder*, ZGR 1990, 107.

kartelle. Er ist Mitglied im Europäischen Gewerkschaftsbund (EGB). Der DGB und seine Mitgliedsverbände verstehen sich als Einheitsgewerkschaften. Sie organisieren alle Arbeitnehmer ohne Rücksicht auf ihre politische und weltanschauliche Ausrichtung. Das ist eine Absage an das Prinzip der Richtungsgewerkschaften der Vorkriegszeit. Der Grundsatz der Einheitsgewerkschaft schließt nicht aus, dass der DGB von seinen Zielen und von der Einstellung der Mehrheit seiner Mitglieder her sozialdemokratischen Gedanken nahesteht. Die Einzelgewerkschaften sind ganz überwiegend nach dem Industrieverbandsprinzip organisiert; die Gewerkschaften bezeichnen sich zum Teil selbst als Industriegewerkschaften (z.B. IG Metall). Beim Industrieverbandsprinzip, das eine bewusste Abkehr vom Grundsatz des Berufsverbands- (Berufsgruppen-, Fach-)prinzips der Vorkriegszeit bedeutet, sind alle Arbeitnehmer eines Wirtschaftszweigs gleich welchen Berufs in einer Gewerkschaft zusammengeschlossen. Der IG Metall gehören nicht nur Arbeitnehmer mit Metallberufen an, sondern auch Betriebswirte, Industrie- und Bürokaufleute. Es gilt der Grundsatz: Ein Betrieb, eine Gewerkschaft.

Hauptorgan des DGB ist der DGB-Bundeskongress. Auf diesem kommen alle vier Jahre die 400 Delegierten der DGB-Mitgliedsgewerkschaften zusammen, um die strategischen Entscheidungen zu treffen und den fünfköpfigen geschäftsführenden Bundesvorstand zu wählen, der zusammen mit den Vorsitzenden der acht Mitgliedsgewerkschaften den DGB-Bundesvorstand wählt. In der Zeit zwischen den Bundeskongressen werden die wichtigsten Entscheidungen vom Bundesausschuss getroffen. Ihm gehören 70 Vertreter der Mitgliedsgewerkschaften, die Mitglieder des DGB-Bundesvorstands und die neun Vorsitzenden der DGB-Landesbezirke an. 65

Seit 1989 gab es innerhalb des DGB einen Konzentrationsprozess. Die IG Druck und Papier fusionierte mit der Gewerkschaft Kunst zur IG Medien, die IG Chemie und die IG Bergbau mit der Gewerkschaft Leder zur IG Bergbau, Chemie, Energie. Die IG Bauen, Agrar, Umwelt übernahm 1995 die kleine Gewerkschaft Gartenbau, Land- und Forstwirtschaft, die IG Metall 1998 die Gewerkschaft Textil-Bekleidung. 2002 fusionierten die Deutsche Angestellten-Gewerkschaft (DAG), die Deutsche Post-Gewerkschaft (DPG), die Gewerkschaft Handel-, Banken- und Versicherungen (hbv), die Gewerkschaft Öffentliche Dienste, Transport und Verkehr (ÖTV) sowie die IG Medien zur vereinigten Dienstleistungsgewerkschaft (ver.di) mit Ende 2018 1,97 Mio. Mitgliedern. Von der Konzentration erhoffen sich die Gewerkschaften Kostenersparnisse, Effizienzgewinne und eine größere Schlagkraft. 66

2. Christlicher Gewerkschaftsbund (CGB)

Der CGB ist der Dachverband von 14 Gewerkschaften mit etwa 280.000 Mitgliedern. Größte Mitgliedsgewerkschaft ist die Christliche Gewerkschaft Metall (CGM) mit etwa 100.000 Mitgliedern. Die Tarifgemeinschaft Christlicher Gewerkschaften für Zeitarbeit und Personalserviceagenturen (CGZP), zu der sich CGM, GÖD und DHV zusammengeschlossen haben, ist Tarifpartner für den Be- 67 reich der Leiharbeit; allerdings fehlt ihr als Spitzenorganisation die Tariffähigkeit (s. oben Rn. 31c).[152] Der CGB strebt die Verwirklichung christlich-sozialer Wert- und Ordnungsvorstellungen im Arbeitsleben in Wirtschaft, Staat und Gesellschaft an. Organe sind der Bundeskongress, der Hauptausschuss und der Bundesvorstand. Der CGB ist Mitglied der Confédération Européenne des Syndicats Indépendants (CESI).

3. Deutscher Beamtenbund (dbb)

67a Der dbb ist die Spitzenorganisation von Gewerkschaften des öffentlichen Dienstes und von Gewerkschaften des privaten Dienstleistungssektors. Ihm gehören 16 Landesbünde, zwölf Gewerkschaften der im Bundesdienst oder im privaten Dienstleistungssektor Beschäftigten und 31 Bundesfachgewerkschaften an, in denen Beamte und Arbeitnehmer im öffentlichen Dienst und auf kommunaler und Länderebene organisiert sind. Die Mitgliedsgewerkschaften zählen 1,3 Mio. Mitglieder, davon etwa 0,9 Mio. Beamte und 0,4 Mio. Arbeitnehmer. Damit organisiert der dbb eine Mehrheit der Beamten und eine Minderheit der Arbeitnehmer in seinem Organisationsbereich (bei ver.di ist es umgekehrt). Der dbb versteht sich als konstruktiver Reformpartner von Politik, Verwaltung und Gesellschaft und als tatkräftiger Interessenvertreter seiner Mitglieder. Zuständig für die Tarifpolitik ist die dbb tarifunion. Sie führt die Tarifverhandlungen für die 43 Gewerkschaften und deren „nicht beamtete Mitglieder". Verhandlungspartner sind Bund, Länder und Kommunen, Träger der freien Wohlfahrtspflege und privatisierte Unternehmen der öffentlichen Hand. Die Tarifergebnisse, die diese Gewerkschaften für die Arbeitnehmer des öffentlichen Dienstes erzielen, bleiben in der Regel nicht ohne Auswirkung auf die Beamten, deren Arbeitsbedingungen durch Gesetze geregelt werden.

4. Führungskräfteverbände

68 Führungskräfte können grundsätzlich Mitglied in allen Arbeitnehmerkoalitionen werden. Einige Verbände haben sich auf Führungskräfte spezialisiert. Das sind die in dem „ULA Deutscher Führungskräfteverband" zusammengeschlossenen Verbände und der Berufsverband „Die Führungskräfte (DFK)". Alle diese Verbände sind Koalitionen; Gewerkschaft ist nur der VAA. Die **ULA** ist ein Zusammenschluss von 15 Verbänden mit insgesamt gut 60.000 Mitgliedern. Als Führungskräfte betrachtet er leitende Angestellte und AT-Angestellte mit Leitungsverantwortung. Größter Mitgliedsverband ist der Verband angestellter Akademiker und leitender Angestellter der chemischen Industrie e.V. (VAA) mit fast 29.000 Mitgliedern. Die ULA ist (Gründungs-)Mitglied der Confédération Européenne des

---

[152] BAG 14.12.2010, NZA 2011, 289; BVerfG 25.4.2015, NJW 2015, 1867.

Cadres (CEC). **Die Führungskräfte (dFK)**, bis 2009 Mitglied der ULA, versteht sich als Berufsverband, der die wirtschafts- und gesellschaftspolitischen Interessen von 25.000 Führungskräften in Deutschland vertritt. Er wendet sich an Fach- und Führungskräfte, Organvertreter und Beamte des gehobenen und höheren Dienstes in Privatwirtschaft und öffentlichem Dienst. Gegliedert ist der Verband in 22 Regionalgruppen und branchenspezifische Fachgruppen (ohne Chemie).

5. Sonstige Arbeitnehmerkoalitionen

Seit 2001 spielen **Berufs(gruppen)gewerkschaften** – in der Weimarer Zeit **Fach-** 68a **gewerkschaften** genannt, heute zumeist fälschlich als **Spartengewerkschaften** bezeichnet – zunehmend eine Rolle in der Tarifpolitik. Diese Gewerkschaften vertreten insbesondere Spezialisten an Schaltstellen im Bereich der Daseinsvorsorge und sind entsprechend durchsetzungsfähig. Schon länger tätig sind der Marburger Bund (MB), die Gewerkschaft Deutscher Lokomotivführer (GdL), die Vereinigung Cockpit (VC), die Unabhängige Flugbegleiter-Organisation (UFO) und die Gewerkschaft der Flugsicherung (GdF). Neu hinzu kamen seit 2008 u. a. im Flugverkehr die „Vereinigung Boden" sowie die „Technik Gewerkschaft Luftfahrt", im Krankenhausbereich die „Medsonet" und die „Gewerkschaft der Servicekräfte" (GDS), in sonstigen Bereichen die „Fachgewerkschaft Deutsche Seehäfen" (contterm), die „Neue Assekuranz Gewerkschaft" (NAG)[153] und die „Deutsche Feuerwehr-Gewerkschaft (DFeuG)".[154] **Keine Gewerkschaft**, sondern lediglich eine Koalition, ist der „Verband der Gewerkschaftsbeschäftigten" (VGB), ein Zusammenschluss von Arbeitnehmern des DGB.[155]

6. Arbeitgeberverbände

Die Arbeitgeberverbände sind branchenmäßig und regional gegliedert. Zum selben 69 Verband gehören daher Arbeitgeber,[156] die innerhalb einer bestimmten Region (Ort, Bezirk, Land usw.) im selben Wirtschaftszweig tätig sind (Chemie, Textil, Groß- und Außenhandel; Beispiel: Verband der Bayerischen Metall- und Elektroindustrie). Die regionalen Fachverbände sind, soweit sie nicht ohnedies auf Landesebene tätig werden, in der Regel zu Landesverbänden zusammengeschlossen Die Landesverbände sind zumeist Mitglied in zwei Verbänden:
– im **Fachspitzenverband,** d.h. im Gesamtverband einer Branche auf Bundesebene (z.B. „Gesamtmetall", Bundesarbeitgeberverband Chemie)

---

[153] Ihre Tariffähigkeit ist umstritten; die Gerichte haben sie abgelehnt, s. LAG Hessen 9.4.2015, NZA-RR 2015, 482; BAG, 15.5.2019, NZA 2019, 1595; BVerfG 13.9.2019, NZA 2019, 1649.
[154] *C. Meyer*, DB 2011, 1920, 1921.
[155] BAG 17.2.1998, NZA 1998, 754.
[156] Zum Begriff des Arbeitgebers § 13 Rn. 1; dazu zählen nicht Soloselbständige, BAG 31.1.2018, NZA 2018, 867.

– im **überfachlichen Landesverband,** d.h. in der Landesvereinigung aller Fachverbände auf Landesebene (z.B. Vereinigung der Bayerischen Wirtschaft).

70 Die Fachspitzenverbände und die überfachlichen Landesverbände sind Mitglieder der Bundesvereinigung der Deutschen Arbeitgeberverbände (BDA). Organe der Arbeitgeberverbände sind die Verbandsversammlung und der Vorstand, der die laufenden Geschäfte führt.

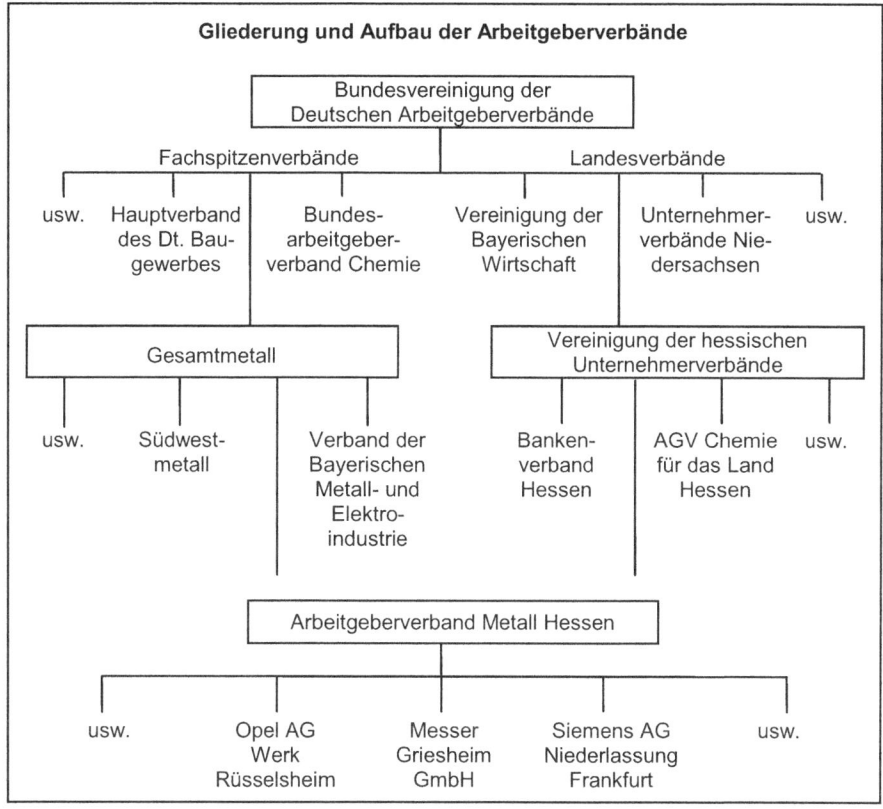

7. Bundesvereinigung der Deutschen Arbeitgeberverbände (BDA)

Die BDA ist die Spitzenorganisation der privaten Arbeitgeber aus Industrie, Handwerk, Handel, Banken, Versicherungen, Landwirtschaft, Verkehr und Zeitungsverlagen. Nicht Mitglied sind die öffentlichen Arbeitgeber (Tarifgemeinschaft der deutschen Länder, Vereinigung der kommunalen Arbeitgeberverbände) und die Organisationen der Freien Berufe. Die BDA ist sowohl fachlich als auch regional gegliedert. Sie ist ein Verband von Verbänden; Unternehmen können nicht unmittelbar Mitglied sein. Zur Zeit gehören der BDA 48 Bundesfachspitzenverbände und 14 Landesvereinigungen an. Über ihre Mitgliedsverbände sind ihr über 6.500 Facharbeitgeberverbände und regionale Arbeitgeberverbände angeschlossen, denen etwa 1 Mio. Betriebe mit ca. 20 Mio. Arbeitnehmern angehören. In Westdeutschland betreuen die Arbeitgeberverbände 75 % der Unternehmen mit 80 % der Arbeitnehmer. Die BDA hat die Aufgabe, solche gemeinschaftlichen sozialpolitischen Belange zu wahren, die über den Bereich eines Landes oder den Bereich eines Wirtschaftszweigs hinausgehen und die von grundsätzlicher Bedeutung sind (§ 2 BDA-Satzung). Die BDA ist Mitglied von BUSINESSEUROPE (bisher UNICE). BUSINESSEUROPE ist der europäische Dachverband für 40 Industrie- und Arbeitgeberverbände aus 34 Ländern.

§ 13 Tarifvertragsrecht

I. Grundlagen

1. Begriff und Inhalt des Tarifvertrags

a) Begriff

Was unter einem Tarifvertrag zu verstehen ist, ergibt sich aus einer Zusammenschau der §§ 1, 2 Abs. 1 und 4 Abs. 2 TVG. Tarifvertrag i.S.d. TVG ist danach der schriftliche Vertrag zwischen einem oder mehreren Arbeitgebern oder Arbeitgeberverbänden und einer oder mehreren Gewerkschaften zur Regelung von arbeitsrechtlichen Rechten und Pflichten der Tarifvertragsparteien und zur Festsetzung von Rechtsnormen über Inhalt, Abschluss und Beendigung von Arbeitsverhältnissen sowie über betriebliche und betriebsverfassungsrechtliche Fragen und gemeinsame Einrichtungen der Vertragsparteien.

1

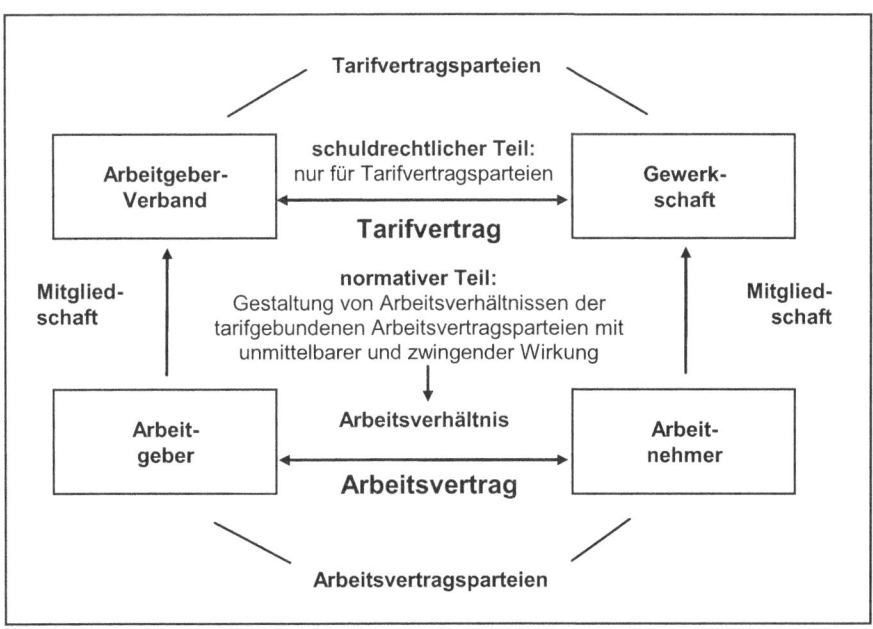

1a Arbeitgeber ist, wer einen oder mehrere Arbeitnehmer oder arbeitnehmerähnliche Personen beschäftigt oder wer das zumindest beabsichtigt.[1] Zum Begriff des Arbeitgeberverbands s. § 12 Rn. 69, zu dem der Gewerkschaft § 12 Rn. 32. Ob einer Ergebnisniederschrift Tarifvertragscharakter zukommt, hängt nicht davon ab, ob die Parteien sie als Tarifvertrag bezeichnet haben, sondern davon, ob diese von ihrer Normsetzungsbefugnis Gebrauch gemacht haben. Auch ein „Ergebnisprotokoll" oder eine „Protokollnotiz" kann also ein Tarifvertrag oder Teil eines Tarifvertrags sein.[2]

b) Inhalt

2 Der Tarifvertrag besteht aus zwei Teilen:
– dem **schuldrechtlichen Teil**, in dem die Rechtsbeziehungen der Tarifvertragsparteien zueinander geregelt sind,
– und dem **normativen Teil**, der Rechtsnormen für die Arbeitsverhältnisse der Arbeitnehmer und Arbeitgeber enthält, die an den Tarifvertrag gebunden sind.

2. Schuldrechtlicher Teil des Tarifvertrags

a) Rechtsnatur, Grenzen, Auslegung

3 Der Tarifvertrag regelt im schuldrechtlichen (= obligatorischen) Teil Rechte und Pflichten der Tarifvertragsparteien (§ 1 Abs. 1 TVG). Diese Bestimmungen gelten nur für die Tarifvertragsparteien selbst.

4 Ob die Tarifunterworfenen, d.h. die tarifgebundenen Arbeitgeber und Arbeitnehmer, eigene Ansprüche aus dem schuldrechtlichen Teil haben, ist durch Auslegung zu ermitteln. Dabei gelten die für Verträge maßgeblichen Auslegungsgrundsätze (Auslegung nach dem Wortlaut, dem übereinstimmenden Willen der Tarifvertragsparteien usw., §§ 133, 157 BGB).[3] Im Zweifel behalten sich die Tarifvertragsparteien vor, Ansprüche aus dem schuldrechtlichen Teil selbst geltend zu machen; das hindert aber nicht, dass er Schutzwirkungen zugunsten ihrer Mitglieder entfaltet.

5 Verletzt eine Partei ihre Pflichten aus dem Tarifvertrag, so kann sie auf **Erfüllung** in Anspruch genommen werden, d.h. auf Unterlassung des tarifwidrigen Verhaltens oder auf Vornahme der geschuldeten Handlung. Prozessual gelten dabei keine Besonderheiten. Da der schuldrechtliche Teil ein gegenseitiger Vertrag ist, beurteilen sich **Leistungsstörungen** nach den §§ 320-326 BGB. Das Verschulden der Handelnden wird den Tarifvertragsparteien über § 31 BGB oder über § 278 BGB

---

[1] BAG 31.1.2018, NZA 2018, 867.
[2] BAG 9.5.2007, NZA 2007, 1439, 1440.
[3] BAG 20.10.2010, NZA 2011, 468.

zugerechnet. Das Rücktrittsrecht ist bei dem Tarifvertrag als Dauerschuldverhältnis durch die Möglichkeit einer außerordentlichen Kündigung nach § 314 BGB ersetzt.[4]

b) Inhalt

Schuldrechtliche Verpflichtungen der Tarifvertragsparteien können ausdrücklich oder schlüssig vereinbart werden. Gewöhnlich werden geregelt 6
- die Friedens- und die Durchführungspflicht (s. § 14 Rn. 34 ff.),
- Inkrafttreten, Laufzeit und Kündigung von Tarifverträgen,
- die Errichtung und Unterhaltung von Sozialeinrichtungen,
- die Mitwirkung bei der Beantragung von Allgemeinverbindlicherklärungen,
- Schlichtung und Schiedsverfahren sowie
- sonstige vorvertragliche, vertragliche und nachvertragliche Verpflichtungen, die sich aus dem Charakter des Tarifvertrags als Dauerschuldverhältnis ergeben.[5]

Den Tarifvertragsparteien steht es frei, Verträge abzuschließen, die nur schuldrechtliche Bestimmungen enthalten. Solche Verträge sind z.B. die Schlichtungsabkommen. Das BAG nennt sie Koalitionsverträge[6] oder Koalitionsvereinbarungen[7], andere Bezeichnungen sind Sozialpartner-Vereinbarungen (so in der chemischen Industrie), soft agreements[8] oder einfach sonstige Kollektivverträge. Verträge zugunsten Dritter können individualrechtliche Ansprüche begründen. Diese unterliegen der Disposition der Arbeitsvertragsparteien. Tarifrechtliche Bestimmungen sind darauf nicht, auch nicht analog anwendbar.[9] 7

3. Normativer Teil des Tarifvertrags

a) Wirkung

aa) Begriff. In seinem normativen Teil ist der Tarifvertrag ein Normenvertrag, der die Arbeitsverhältnisse der tarifgebundenen Arbeitsvertragsparteien unmittelbar, d.h. wie ein Gesetz (= normativ), regelt (§ 4 Abs. 1 TVG). Die Geltung des Tarifvertrags muss zwischen den (tarifgebundenen) Arbeitsvertragsparteien nicht eigens vereinbart werden, und er wird nicht zum Bestandteil des Arbeitsvertrags, sondern er wirkt wie ein Gesetz auf die Arbeitsverhältnisse ein. Ändert sich der Tarifvertrag, so ändern sich die darin geregelten Arbeitsbedingungen von selbst. Tarifnormen enthalten grundsätzlich einseitig zwingendes Recht; von ihnen kann nur zu- 8

---

[4] BAG 18.12.1996, 18.2.1998, AP Nr. 1, 3 zu § 1 TVG Kündigung.
[5] Zur Pflicht des Verbands, die Mitglieder zur Einhaltung des Vertrages anzuhalten, BAG 18.2.1998, DB 1998, 1723 f.
[6] BAG 5.11.1997, NZA 1998, 654.
[7] BAG 28.3.2006, NZA 2006, 1112, 1115.
[8] *Däubler*, Tarifvertragsrecht, Rn. 1630.
[9] BAG 14.4.2004, NZA 2005, 178.

gunsten der Arbeitnehmer abgewichen werden (§ 4 Abs. 1, 3 TVG). Untertarifliche Arbeitsbedingungen werden von der normativen Kraft des Tarifvertrags verdrängt, sie können aber bei Wegfall der günstigeren Tarifnormen – etwa durch Betriebsübergang oder Ende des Tarifvertrags unter Ausschluss der Nachwirkung – wieder Wirksamkeit erlangen.[10] Zu den Voraussetzungen der normativen Wirkung im einzelnen s. unten Rn. 209 ff.

9 **bb) Dogmatische Konstruktion.** Wie die unmittelbare und zwingende Wirkung des Tarifvertrags dogmatisch zu erklären ist, ist nach wie vor umstritten.[11]

10 (1) **Rechtsgeschäftliche Theorien** gehen von der Rechtsfigur der Vertretung aus. Die Regelungsbefugnis für die Arbeitgeberverbände beruhe auf Vollmacht, die der Gewerkschaften auf „sozialrechtlicher" Vertretungsmacht; dabei sollen die Gewerkschaften die Arbeitnehmer in einer Art „sozialer Vormundschaft" vertreten.

11 (2) Nach der **Autonomietheorie** bildet der Tarifvertrag selbst eine Rechtsquelle, durch die objektives Recht geschaffen wird. Dieses Recht liege der staatlichen Rechtsetzung voraus und sei deshalb von ihr zu respektieren.

12 (3) Die **Integrationstheorie** betrachtet die Regelungsbefugnis der Tarifvertragsparteien als originäre Rechtsetzungsmacht, die sich unmittelbar aus Art. 9 Abs. 3 GG ergibt und nicht auf einer Delegation durch den einfachen Gesetzgeber beruht.

13 (4) Nach der herrschenden **Delegationstheorie** sind die Tarifvertragsparteien aufgrund staatlicher Delegation zur Rechtsetzung ermächtigt. Dabei behauptet die öffentlich-rechtliche Delegationstheorie, dass die Fähigkeit zur tariflichen Rechtsetzung eine öffentlich-rechtliche Normsetzungsbefugnis darstelle. Die h.M. rechnet den Tarifvertrag, obwohl Gesetz im materiellen Sinne, dem Privatrecht zu, weil er die Rechtsverhältnisse von Privatpersonen ordnet und von privaten Rechtssubjekten abgeschlossen wird.

14 (5) Nach der **Anerkennungstheorie** verläuft die tarifliche Rechtsetzung zweistufig: Die Tarifvertragsparteien vereinbaren Regelungen, die in einem zweiten Schritt von der Rechtsordnung – durch § 1 TVG – als verbindliches Recht anerkannt werden.

15 Der Wert dieser dogmatischen Erklärungsversuche ist beschränkt. Die Theorien werden im wesentlichen zur Entscheidung der Fragen herangezogen, ob und in welchem Umfang der Gesetzgeber in die Tarifautonomie eingreifen darf und in welchem Maße die Tarifvertragsparteien vorrangiges Recht, insbesondere die Grundrechte, zu beachten haben. Keinesfalls dürfen unter Hinweis auf eine bestimmte Theorie vorschnell Konsequenzen für die Rechtsfindung im Einzelfall gezogen werden.

---

[10] BAG 12.12.2007, NZA 2008, 649, 652.
[11] Dazu v. a. *Rieble*, ZfA 2000, 5 ff.; *Waltermann*, ZfA 2000, 53 ff.; Wiedemann/*Thüsing*, § 1 TVG Rn. 42 ff.

I. Grundlagen

b) Inhalt

Was im normativen Teil des Tarifvertrags geregelt werden kann, ergibt sich aus §§ 1 Abs. 1 und 4 Abs. 2 TVG. Danach kann der Tarifvertrag Vorschriften über den Inhalt, den Abschluss und die Beendigung von Arbeitsverhältnissen enthalten, und er kann betriebliche und betriebsverfassungsrechtliche Fragen regeln. Darüber hinaus kommen Normen zu gemeinsamen Einrichtungen der Tarifvertragsparteien in Betracht. Ein Muster eines Tarifvertrags findet sich hinter Rn. 52a.

16

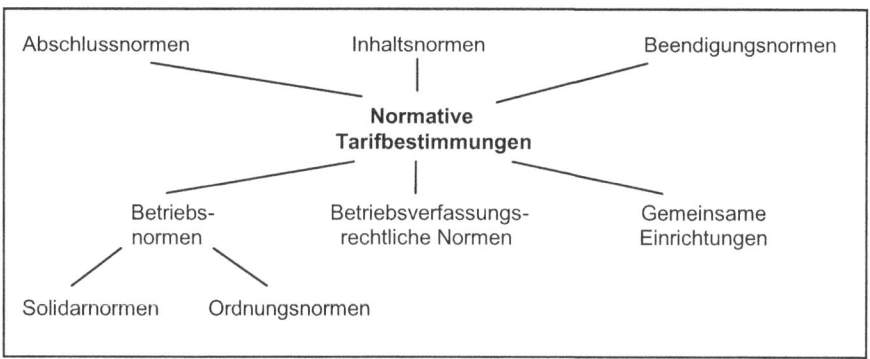

aa) Abschlussnormen regeln den Abschluss neuer, die Wiederaufnahme alter oder die Durchsetzung unterbrochener Arbeitsverhältnisse.

17

(1) **Abschlussverbote** untersagen die Einstellung bestimmter Arbeitnehmer auf bestimmten Arbeitsplätzen; bei einem Verstoß ist der Arbeitsvertrag ganz oder teilweise nichtig. Zur Zulässigkeit von Organisations- und Absperrklauseln (Closed-shop- bzw. Union-shop-Klauseln) s. unten Rn. 175.

18

(2) **Abschlussgebote** verpflichten den Arbeitgeber zur Einstellung bestimmter Arbeitnehmer auf bestimmten Arbeitsplätzen. Der Arbeitnehmer erlangt einen Anspruch auf Neu- oder Wiedereinstellung, etwa nach einer Entlassung wegen schlechter Witterung (vgl. § 2 Abs. 5 BRTV-Bau) oder nach einem Arbeitskampf. Abschlussgebote sind nur dann wirksam, wenn sie die berechtigten Personenkreise hinreichend genau bestimmen. Die Rechtsprechung hält qualitative und quantitative Besetzungsregelungen trotz der Bedenken aus Art. 12 Abs. 1 GG für zulässig. Zu Einzelheiten s. unten Rn. 180.

19

(3) **Formvorschriften** schreiben für den Abschluss von Arbeitsverträgen bestimmte Formen vor. Im allgemeinen haben sie nur deklaratorische Bedeutung, weil sonst die wirksame Begründung von Vereinbarungen behindert wird. Anders ist es i.d.R. bei Nebenabreden.[12]

20

bb) Inhaltsnormen regeln den Inhalt von Arbeitsverhältnissen. Regelbar sind auch die Rechtsverhältnisse von Auszubildenden, von in Heimarbeit Beschäftigten

21

---

[12] Vgl. z.B. § 2 Abs. 3 TVöD; dazu BAG 9.12.1981, AP Nr. 8 zu § 4 BAT.

(§ 17 HAG) und von Arbeitnehmerähnlichen (§ 12a TVG). Gegenstand einer Inhaltsnorm kann grundsätzlich alles sein, was in einem Arbeitsvertrag geregelt werden kann.[13] Durch Inhaltsnormen sind deshalb praktisch alle Rechte und Pflichten von Arbeitnehmer und Arbeitgeber regelbar.

Beispiele: Entgelt, Entgeltformen, vor allem Zeit- und Leistungslohn (Akkord, Prämie) und Entgeltgestaltung, Entgeltfortzahlung bei Krankheit, Unfall und sonstigen Arbeitsverhinderungen (Heirat, Tod, Umzug, Jubiläen, Arztbesuch usw.), Zulagen und Zuschläge für Erschwernisse, Mehrarbeit, Nachtarbeit, Sonn- und Feiertagsarbeit oder Schichtarbeit, Prämien, Erfolgsbeteiligungen, Jahresabschlussleistungen, 13. Monatseinkommen, vermögenswirksame Leistungen, Urlaub, Urlaubsentgelt und Urlaubsgeld, Arbeitszeit, Arbeitsbereitschaft, Kurz- und Mehrarbeit, Wettbewerbsabreden, Nebentätigkeit, Rationalisierungsschutz, Alterslohnsicherung, Haftungsbeschränkung, Arbeitsgestaltung.

22 cc) **Beendigungsnormen** regeln die Befristung, die Kündigung und den Aufhebungsvertrag sowie sonstige Fragen im Zusammenhang mit der Beendigung von Arbeitsverhältnissen. Sie finden ihre Grenze im zwingenden gesetzlichen Kündigungsschutzrecht. Die ordentliche Kündigung durch den Arbeitgeber kann erschwert oder ausgeschlossen werden, die außerordentliche nicht. Möglich ist es, die Gründe für eine außerordentliche Kündigung zu konkretisieren. Damit werden jedoch weder andere Kündigungsgründe ausgeschlossen, noch rechtfertigen die ausdrücklich genannten Gründe ohne weiteres die Kündigung. Bei befristeten Arbeitsverträgen kann die Anzahl der Verlängerungen oder die Höchstdauer der Befristung abweichend von der gesetzlichen Regelung festgelegt werden (§ 14 Abs. 2 S. 3 TzBfG). Da Regeln über die Beendigung zum Inhalt des Arbeitsverhältnisses gehören, sind Beendigungsnormen systematisch zu den Inhaltsnormen im weiteren Sinne zu rechnen.

23 dd) **Betriebsnormen** sind Normen über betriebliche Fragen. Sie erlangen bereits dann Geltung, wenn nur der Arbeitgeber tarifgebunden ist (§ 3 Abs. 2 TVG).

24 Da Betriebsnormen im Gegensatz zu (reinen) Inhaltsnormen auch für Außenseiter gelten, bedarf die Zulässigkeit einer besonderen Rechtfertigung. Unproblematisch sind begünstigende Normen sowie Normen mit Regelungen, die der Arbeitgeber einseitig treffen könnte. Belastende Normen sind dagegen nur zulässig, wenn es dafür eine Legitimation gibt; sie greifen in die Berufsfreiheit und in die negative Koalitionsfreiheit der Außenseiter ein. § 3 Abs. 2 TVG enthält diese Legitimation nicht. Rechtsprechung und Lehre haben Betriebsnormen bisher gegenständlich auf Tarifbestimmungen beschränkt, die aus tatsächlichen oder rechtlichen Gründen nur einheitlich für alle Arbeitnehmer des Betriebs gelten können, gleichgültig, ob sie

---

[13] BAG GS 16.9.1986, AP Nr. 17 zu § 77 BetrVG 1972.

I. Grundlagen

Gewerkschaftsmitglieder sind oder nicht.[14] Dabei wurden zwei Gruppen unterschieden: Solidarnormen und Ordnungsnormen.

Solidarnormen sollen Einrichtungen zugunsten der gesamten Belegschaft schaffen, wie etwa Waschräume oder eine Kantine. Im Regelfall erhält der einzelne Arbeitnehmer keinen eigenen Erfüllungsanspruch; vielmehr überwachen die Gewerkschaft und der Betriebsrat die Einhaltung der Vorschriften. **Ordnungsnormen** dienen der Aufrechterhaltung der Sicherheit und Ordnung im Betrieb (Zugangskontrollen, Arbeitszeiterfassung usw.). Solidarnormen sind unproblematisch, weil sie die Außenseiter begünstigen. Ordnungsnormen beschränken – zumindest in aller Regel – die einseitige Gestaltungsmacht des Arbeitgebers. 25

Seit einiger Zeit lässt das BAG es für eine Betriebsnorm ausreichen, dass eine individualrechtliche Regelung wegen evidenter sachlogischer Unzweckmäßigkeit ausscheidet.[15] Wäre das richtig, hätten die Tarifvertragsparteien es in der Hand, durch entsprechende Zielsetzung beliebig Betriebsnormen zu schaffen, die Außenseiter belasten, und damit die entsprechenden Normen auf kaltem Wege für allgemeinverbindlich zu erklären. 26

Beispiel: Eine Tarifbestimmung, die für alle Arbeitnehmer die 35-Stunden-Woche vorschreibt, gilt als Inhaltsnorm allenfalls[16] für die Arbeitnehmer, die in der tarifschließenden Gewerkschaft organisiert sind. Eine Vorschrift, die für einen bestimmten Prozentsatz der Belegschaften abweichende Vereinbarungen erlaubt, soll dagegen eine (zulässige) Betriebsnorm sein.[17]

Deshalb grenzt das BAG Betriebsnormen jetzt näher ein. Betriebliche Fragen i.S.d. § 3 Abs. 2 TVG seien nicht alle Fragen, die im weitesten Sinne durch die Existenz des Betriebs und durch die besonderen Bedingungen der betrieblichen Zusammenarbeit entstehen können. Gemeint seien nur solche Fragen, die unmittelbar die Organisation und die Gestaltung des Betriebs, also der Betriebsmittel und der Belegschaft, betreffen. Bei tariflichen Vergütungsordnungen handelt es sich deshalb nicht um Betriebsnormen, sondern um Inhaltsnormen.[18] Auch diese gegenständliche Begrenzung genügt dem BAG aber nicht. Um die Gefahr unzulässiger, durch die Ausübung kollektiver Privatautonomie nicht legitimierter Eingriffe in die Freiheitsrechte von Außenseitern zu minimieren, dürften Betriebsnormen nicht nur am Untermaßverbot gemessen werden, sondern sie müssten wie Maßnahmen des Gesetzgebers und anderer fremdbestimmender Normgeber nach Maßgabe des Übermaßverbots geprüft werden. Die Tarifvertragsparteien hätten demgemäß den 26a

---

[14] BAG 21.1.1987, 26.4.1990, AP Nr. 47, 57 zu Art. 9 GG; *Löwisch/Rieble*, § 1 TVG Rn. 277 ff., *Zöllner/Loritz/Hergenröder*, Arbeitsrecht, § 38 I 2.
[15] BAG 17.6.1997, AP Nr. 2 zu § 3 TVG Betriebsnorm.
[16] Es ist str., ob die Tarifvertragsparteien die Arbeitszeitdauer überhaupt verbindlich festlegen können, vgl. dazu *Hromadka*, DB 1992, 1042 m.w.N.; s. auch *Bergner*, Kollektivvertragliche Arbeitszeitregelungen, 1995, S. 120 ff. m.w.N.
[17] BAG 17.6.1997, AP Nr. 2 zu § 3 TVG Betriebsnorm; dazu *Hromadka*, AuA 1998, 73.
[18] BAG 14.4.2015, NZA 2015, 1077.

Verhältnismäßigkeitsgrundsatz und den Gleichheitssatz des Art. 3 Abs. 1 GG zu beachten.[19]

27 **ee) Betriebsverfassungsrechtliche Normen** regeln die betriebliche Mitbestimmung der Arbeitnehmer durch die von ihnen gewählten Organe der Betriebsverfassung. Sie gelten ebenfalls bereits dann, wenn nur der Arbeitgeber tarifgebunden ist. Zur Frage, ob und inwieweit das BetrVG einer Änderung durch Tarifvertrag zugänglich ist, s. § 16 Rn. 8 ff. Das Personalvertretungsrecht kann wegen § 97 BPersVG tarifvertraglich nicht abweichend vom Gesetz geregelt werden.

28 **ff) Normen über gemeinsame Einrichtungen der Tarifvertragsparteien.** Gemeinsame Einrichtungen sind von den Tarifvertragsparteien geschaffene und von ihnen abhängige Organisationen, deren Zweck und Struktur durch Tarifvertrag festgelegt wird.[20] Sie sollen Aufgaben übernehmen, die über ein einzelnes Unternehmen hinausreichen und dieses nicht selten überfordern. Hierzu gehören z.B. Leistungen der betrieblichen Altersversorgung oder Unterstützungszahlungen bei Arbeitslosigkeit.

29 Gemeinsame Einrichtungen haben vor allem im Baugewerbe Bedeutung (Urlaubs- und Lohnausgleichskasse (ULAK), Zusatzversorgungskasse (ZVK))[21]. Es gibt sie aber auch in anderen Branchen (z.B. Unterstützungsverein der chemischen Industrie für arbeitslos gewordene Chemie-Arbeitnehmer (UCI)). Die Tarifvertragsparteien können die Satzung von gemeinsamen Einrichtungen mit unmittelbarer und zwingender Wirkung ausstatten (§ 4 Abs. 2 TVG) und dabei zugleich das Verhältnis der Einrichtungen zu den tarifgebundenen Arbeitgebern und Arbeitnehmern regeln.

4. Arten und Anzahl von Tarifverträgen

30 Von 1949 bis 2019 sind mehr als 400.000 Tarifverträge abgeschlossen und in das beim Bundesarbeitsministerium geführte Tarifregister (§ 6 TVG) eingetragen worden. Am 31.12.2018 waren davon 77.316 gültig.[22] Tarifverträge regeln die Arbeitsverhältnisse von etwa 81 % der Arbeitnehmer, sei es unmittelbar tarifrechtlich (60 %), sei es mittelbar durch Bezugnahme im Arbeitsvertrag (21 %).[23] Nur für wenige Branchen, vor allem in Teilen des Dienstleistungssektors, gibt es keine Tarifverträge. Insgesamt ist die Tarifbindung rückläufig.[24]

---

[19] BAG 8.12.2010, NZA 2011, 751 m.w.N.: Ein Höchstalter von 32 für die Einstellung von anderen Luftfahrtunternehmen ausgebildeter Piloten verstößt gegen das Übermaßverbot (Art. 12 Abs. 1 GG), gegen Art. 3 Abs. 1 GG und § 7 Abs. 1 AGG.
[20] BAG 30.1.2018, NZA 2018, 876 Rn. 64; Wiedemann/*Thüsing*, § 1 TVG Rn. 749.
[21] *Sahl*, NZA-Beil. 2010, 8 ff.
[22] WSI Statistisches Taschenbuch Tarifpolitik 2019, Tab. 1.3.
[23] WSI Statistisches Taschenbuch Tarifpolitik 2019, Tab. 1.9 und 1.10.
[24] S. im Einzelnen WSI Statistisches Taschenbuch Tarifpolitik 2019, Tab. 1.6.

I. Grundlagen 51

Die Tarifverträge lassen sich u.a. nach ihrem Regelungsgegenstand, den Vertragsparteien, dem Geltungsbereich, dem Kreis der tarifgebundenen Arbeitsvertragsparteien und der Regelungsintensität systematisieren.[25]   31

Einteilung der Tarifverträge			
nach dem Inhalt	nach den Tarifvertragsparteien	nach den Tarifgebundenen	nach dem Verhältnis zu einem bestehenden TV
– Entgelt-TV – Entgeltrahmen-TV – Mantel-TV – TV über einzelne Materien	– Verbands-TV (= Flächen-TV) Sonderfall: unternehmensbezogener Verbands-TV – Firmen-TV (= Haus-TV, Unternehmens-TV, Werks-TV)	– „normaler" TV – allgemeinverbindlicher TV	– Ursprungs-TV – Änderungs-TV – Anschluss-TV – Parallel-TV

a) Einteilung nach dem Inhalt

Vom Regelungsgegenstand her unterscheidet man grundsätzlich vier Arten von Tarifverträgen: 32
– Der **Entgelttarifvertrag** enthält die Regelung der Vergütungen.
– Im **Entgeltrahmentarifvertrag** sind Fragen im Zusammenhang mit der Vergütung, vor allem die Entgeltarten und die Entgeltgruppen, geregelt.
– Der **Manteltarifvertrag**, manchmal als **Rahmentarifvertrag** bezeichnet, enthält alle übrigen Arbeitsbedingungen, wie Urlaub und Arbeitszeit, soweit sie nicht in sonstigen Tarifverträgen niedergelegt sind.
– **Tarifverträge über einzelne Materien** regeln beispielsweise die Gewährung vermögenswirksamer Leistungen oder Jahresabschlusszahlungen, den Rationalisierungsschutz, die Stellung der gewerkschaftlichen Vertrauensleute oder Fragen der Schlichtung.

Unter den am 31.12.2018 gültigen Tarifverträgen befanden sich 7.194 Manteltarifverträge, 36.733 Tarifverträge mit einzelnen Mantelbestimmungen und 9.971 Vergütungsstarifverträge.[26] Der Sache nach sind alle diese Vereinbarungen Tarifverträge und sie könnten theoretisch alle in einem einzigen Tarifvertrag enthalten sein. Dennoch schließt man verschiedene Tarifverträge ab, weil sie häufig unter-   33

---

[25] Zum folgenden *Hromadka*, Tariffibel, S. 55 ff.
[26] WSI Statistisches Taschenbuch Tarifpolitik 2019, Tab. 1.3.

§ 13 Tarifvertragsrecht

schiedliche Laufzeiten und nicht selten einen anderen räumlichen Geltungsbereich aufweisen.

34 – **Unterschiedliche Laufzeiten:** Tarifverträge über Vergütungen haben zumeist kürzere Laufzeiten als Tarifverträge über Entgeltgruppen, Arbeitszeit oder Urlaub. Das Entgelt wird in aller Regel jährlich neu vereinbart, während Urlaub und Arbeitszeit für einige Jahre festliegen. Auch Entgeltgruppen kann man nicht jedes Jahr ändern.

35 – **Unterschiedlicher räumlicher Geltungsbereich:** In vielen Branchen sind die Entgelte von Bundesland zu Bundesland verschieden. Dagegen sind die Regelungen über Urlaub und Arbeitszeit im allgemeinen für das Bundesgebiet gleich. Dementsprechend gibt es 1.500 Entgelttarifbezirke, aber nur 1.100 Bezirke für Manteltarifverträge.

b) Einteilung nach dem Geltungsbereich

36 Einen Tarifvertrag zwischen einem Arbeitgeber und einer Gewerkschaft nennt man **Firmentarifvertrag** (oder Haustarifvertrag, Werkstarifvertrag, Unternehmenstarifvertrag), zwischen einem Arbeitgeberverband und einer Gewerkschaft **Verbandstarifvertrag**. Da ein Verbandstarifvertrag Wirkungen innerhalb eines bestimmten räumlichen Geltungsbereichs entfalten kann (s. unten Rn. 215), nennt man ihn neuerdings auch **Flächentarifvertrag**. Soll der Tarifvertrag nur für ein Unternehmen gelten, spricht man von einem „**unternehmensbezogenen Verbandstarifvertrag**".[27] Diese Tarifverträge dienen zumeist dazu, in wirtschaftliche Schwierigkeiten geratenen Unternehmen Abweichungen vom Verbandstarifvertrag zu gestatten. Firmentarifverträge übernehmen häufig ganz oder teilweise Regelungen aus Verbandstarifverträgen (sog. **Anerkennungstarifverträge**). Dabei genügt ein einfacher Verweis auf jeweils geltende andere tarifliche Vorschriften, wenn deren Geltungsbereich in einem engen sachlichen Zusammenhang mit der verweisenden Tarifnorm steht.[28]

37 Der allergrößte Teil der Arbeitnehmer (rund 21 Mio.) ist im Bereich der mehr als 29.000 Verbandstarifverträge tätig, die für die mehr als 250 verschiedenen Wirtschaftszweige abgeschlossen werden. Im Bereich der über 48.000 Firmentarifverträge dürften es mittlerweile fast 4 Millionen sein.[29]

38 Das bekannteste Unternehmen mit Firmentarifverträgen ist VW. In den letzten Jahren haben Firmentarifverträge zulasten der Verbandstarifverträge nicht unerheblich zugenommen.[30] Die Verbände suchen dieser Entwicklung vor allem durch

---

[27] Zur Zulässigkeit BAG 24.4.2007, NZA 2007, 987, 992; gegen die h.M. *Lobinger*, RdA 2006, 12 ff.: Dem Verband fehle die Rechtsmacht. Bsp. eines zugleich unternehmensbezogenen Verbands- und Firmentarifvertrags in BAG 16.11.2011, NZA-RR 2012, 308.
[28] BAG 18.2.2003, NZA 2003, 866; Rechtsprechungsüberblick zu Firmentarifvertrag und firmenbezogenem Verbandstarifvertrag bei *Ahrendt*, RdA, 2012, 129.
[29] WSI Statistisches Taschenbuch Tarifpolitik 2019, Tab. 1.3.
[30] Zu Vor- und Nachteilen der beiden Vertragsformen *Schnabel*, NZA-Beil. 2011, 56.

sog. Öffnungsklauseln (dazu s. unten Rn. 278) in den Verbandstarifverträgen Herr zu werden.

Nach der Satzung bestimmt sich, welche Stelle innerhalb der Gewerkschaft oder 39
des Arbeitgeberverbands für den Abschluss eines Tarifvertrags zuständig ist. Meistens sind das sowohl die Bundes- als auch die Landes(Bezirks-)organisationen, häufig auch die örtliche Verwaltung. Die weitaus meisten Tarifverträge werden auf Landesebene abgeschlossen.

c) Einteilung nach dem Geltungsgrund

Tarifverträge gelten – normativ – nur für die beiderseits tarifgebundenen Arbeits- 40
vertragsparteien. Tarifgebunden sind die Arbeitsvertragsparteien, wenn sie Mitglieder der den Tarifvertrag abschließenden Verbände sind (§ 3 Abs. 1 TVG), d.h. wenn der Arbeitgeber Mitglied im zuständigen Arbeitgeberverband, der Arbeitnehmer Mitglied in der zuständigen Gewerkschaft ist.

Unter bestimmten Voraussetzungen (s. unten Rn. 250 f.) kann ein Tarifvertrag für 41
allgemeinverbindlich erklärt werden. Dann gilt er innerhalb seines Geltungsbereichs auch für Arbeitsvertragsparteien, die nicht bei den tarifschließenden Verbänden organisiert sind. Die Allgemeinverbindlicherklärung von Tarifverträgen ist zwar zahlenmäßig betrachtet die Ausnahme – von den über 70.000 Tarifverträgen sind nur 445 Tarifverträge allgemeinverbindlich[31] –, sie betrifft aber Tarifverträge für wichtige Branchen, wie etwa das Baugewerbe, in denen rund 5,5 Mio. Arbeitnehmer beschäftigt sind, darunter 1,2 Mio., für die die Tarifbindung erst durch die Allgemeinverbindlicherklärung entsteht. Allerdings sind auch in diesen Branchen häufig nicht sämtliche Tarifverträge allgemeinverbindlich, sondern nur solche über bestimmte Fragen, wie etwa über die Altersversorgung oder über Zusatz- und Ausgleichskassen.

d) Einteilung nach dem Verhältnis zu einem bestehenden Tarifvertrag

In den Branchen und Unternehmen, für die bereits Tarifverträge bestehen, werden 42
nach Ablauf des alten Tarifvertrags nicht Tarifverträge mit völlig neuem Inhalt geschlossen. Für gewöhnlich werden nur einzelne Regelungen geändert. Ein Großteil der neu abgeschlossenen Tarifverträge sind daher reine Änderungstarifverträge. Sind für eine Branche oder ein Unternehmen verschiedene Verbände zuständig, werden häufig Anschluss- oder Paralleltarifverträge vereinbart; das sind Tarifverträge gleichen Inhalts mit verschiedenen Gewerkschaften. Gut ein Drittel

---

[31] BMAS, Verzeichnis der für allgemeinverbindlich erklärten Tarifverträge, Stand: 1.4.2016, S. 3 zur Entwicklung BT-Drucks. 19/8626 v. 21.3.2019.

aller Tarifverträge – Ende 2018: 23.418[32] – sind Änderungs-, Anschluss- oder Paralleltarifverträge.

5. Funktionen von Tarifverträgen

Dem Tarifvertrag kommen im wesentlichen vier Funktionen zu:

43 – **Schutzfunktion.** Tarifverträge sollen den Arbeitnehmer davor schützen, dass der Arbeitgeber aufgrund seiner wirtschaftlichen Überlegenheit einseitig die Arbeitsvertragsbedingungen festsetzt. Tarifnormen müssen daher zum Nachteil des Arbeitnehmers unabdingbar sein.

44 – **Verteilungsfunktion.** Tarifverträge stellen die angemessene Beteiligung der Arbeitnehmer am Sozialprodukt sicher, und sie bestimmen mit ihrer Differenzierung in Entgeltgruppen die Einkommensverteilung zwischen den Arbeitnehmern.

45 – **Ordnungsfunktion.** Tarifverträge führen zu einer Typisierung der Arbeitsverträge und erleichtern damit wesentlich ihren Abschluss. Die Personalkosten bleiben für eine gewisse Zeit kalkulierbar.

46 – **Friedensfunktion.** Die Arbeitgeber können darauf vertrauen, dass sie während der Laufzeit des Tarifvertrags nicht mit Arbeitskämpfen überzogen werden.

6. Verfassungsrechtliche Gewährleistung der Tarifautonomie

a) Ableitung und Inhalt

47 **aa) Bestandteil der kollektiven Koalitionsfreiheit.** Unter **Tarifautonomie** versteht man das Recht der Tarifvertragsparteien, selbständig, d.h. im wesentlichen ohne staatliche Einflussnahme, die Arbeits- und Wirtschaftsbedingungen durch den Abschluss von Tarifverträgen zu regeln. Die Tarifautonomie ist durch Art. 9 Abs. 3 GG gewährleistet. Dort ist zwar nur das Recht des Einzelnen ausdrücklich erwähnt, zur Wahrung und Förderung der Arbeits- und Wirtschaftsbedingungen Vereinigungen zu bilden (**individuelle Koalitionsfreiheit**). Aus systematischen und historischen Gründen ist jedoch zugleich die **kollektive Koalitionsfreiheit**, d.h. die Befugnis der Koalitionen zu einer koalitionsgemäßen Tätigkeit, gewährleistet (s. § 12 Rn. 42). Zu deren verfassungsrechtlich absolut geschütztem **Kern** zählt der Abschluss von Tarifverträgen.

48 **bb) Ausgestaltung.** Die verfassungsrechtliche Gewährleistung der Tarifautonomie wirkt – anders als die natürlichen, dem Staate „vorausliegenden" Freiheiten (z.B. Meinungsfreiheit, Versammlungsfreiheit) – nicht von selbst, sondern sie bedarf der **Ausgestaltung durch den Gesetzgeber**. Er muss durch den Erlass einfachen

---

[32] WSI Statistisches Taschenbuch Tarifpolitik 2019, Tab. 1. 3.

Rechts erst die Instrumente bereitstellen, damit von ihr Gebrauch gemacht werden kann. Die Tarifautonomie ist insoweit, ähnlich wie die Vertragsfreiheit, eine **rechtlich konstituierte Freiheit**. Erst durch die Zuerkennung der unmittelbaren und zwingenden Wirkung für Dritte werden aus den Vereinbarungen zwischen den Koalitionären Tarifverträge. Im Hinblick auf die Verbürgung der Tarifautonomie entfaltet Art. 9 Abs. 3 GG insoweit also zunächst nicht eine abwehrende, d.h. das staatliche Handeln beschränkende Funktion, sondern enthält gerade umgekehrt eine Handlungsanweisung, nämlich das an den Gesetzgeber adressierte Gebot, ein leistungsfähiges Tarifvertragssystem bereitzustellen. Diesem Gebot ist der Gesetzgeber durch den Erlass des TVG im Jahre 1949 nachgekommen. Verfassungsrechtlich geschützt ist jedoch nicht das Tarifvertragssystem in seiner derzeitigen Gestalt, sondern nur als „Institution". Dem Gesetzgeber bleiben Änderungen des Tarifrechts erlaubt, um die Institution als solche funktionsfähig zu erhalten.

Bei der Ausgestaltung des Tarifvertragssystems hat der Gesetzgeber darauf zu achten, dass Tarifverträge darauf angelegt sind, die strukturelle Unterlegenheit des einzelnen Arbeitnehmers beim Abschluss von Arbeitsverträgen durch kollektives Handeln auszugleichen und damit ein annähernd gleichgewichtiges Aushandeln der Löhne und sonstigen Arbeitsbedingungen zu ermöglichen.[33] Die Tarifautonomie ist nur funktionsfähig, wenn zwischen den Tarifvertragsparteien ein **ungefähres Kräftegleichgewicht – Parität** – besteht. Unvereinbar mit Art. 9 Abs. 3 GG ist jede Regelung, die dazu führt, dass die Verhandlungsfähigkeit einer Tarifvertragspartei einschließlich der Fähigkeit, einen wirksamen Arbeitskampf zu führen, verloren geht und die koalitionsmäßige Betätigung weiter beschränkt wird, als es zum Ausgleich der beiderseitigen Grundrechtspositionen erforderlich ist.[34] 49

Der Gesetzgeber muss den Tarifvertragsparteien aber nicht nur Instrumente zur Normsetzung bereitstellen; er muss auch dafür Sorge tragen, dass es etwas zu regeln gibt. Er darf nicht durch eigene Vorschriften die Tarifautonomie aushöhlen. Den Tarifvertragsparteien muss schon von Verfassungs wegen die Regelung von Arbeitsentgelt und von sonstigen materiellen Arbeitsbedingungen verbleiben, wie etwa Arbeits- und Urlaubszeiten, sowie nach Maßgabe von Herkommen und Üblichkeit weitere Bereiche des Arbeitsverhältnisses.[35] 50

b) Grenzen

Die Grenzen der verfassungsrechtlichen Gewährleistung der Tarifautonomie können sich nur aus der Verfassung selbst ergeben. Art. 9 Abs. 3 GG gewährleistet die Koalitionsfreiheit und damit die Tarifautonomie vorbehaltlos. Ein Eingriff in ein vorbehaltlos gewährleistetes Grundrecht ist nur gerechtfertigt, soweit der Gesetzgeber damit den Grundrechten Dritter oder anderen mit Verfassungsrang ausge- 51

---

[33] BVerfGE 92, 365, 395.
[34] BVerfGE 84, 212, 228; 92, 365, 395.
[35] BVerfGE 94, 268, 283.

statteten Rechten Geltung verschaffen will. Dabei muss er den Grundsatz der Verhältnismäßigkeit beachten (s. auch § 12 Rn. 44 f.).

52 Im Rahmen der Verhältnismäßigkeitsprüfung kommt es nach zutreffender Ansicht des BVerfG auf den Gegenstand der gesetzlichen Regelung an: „Der Grundrechtsschutz ist nicht für alle koalitionsmäßigen Betätigungen gleich intensiv. Die Wirkkraft des Grundrechts nimmt vielmehr in dem Maße zu, in dem eine Materie aus Sachgründen am besten von den Tarifvertragsparteien selbst geregelt werden kann, weil sie nach der dem Art. 9 Abs. 3 GG zugrundeliegenden Vorstellung des Verfassungsgebers die gegenseitigen Interessen angemessener zum Ausgleich bringen können als der Staat. Das gilt vor allem für die Festsetzung der Löhne und der anderen materiellen Arbeitsbedingungen. Die sachliche Nähe einer Materie im Bereich von Arbeits- und Wirtschaftsbedingungen zur Tarifautonomie wird äußerlich in dem Umfang erkennbar, in dem die Tarifvertragsparteien in der Praxis von ihrer Regelungsmacht Gebrauch machen. Bestehende tarifvertragliche Regelungen genießen dabei einen grundsätzlich stärkeren Schutz als die Tarifautonomie in Bereichen, die die Koalitionen ungeregelt gelassen haben. Je gewichtiger der Schutz, den Art. 9 Abs. 3 GG insofern verleiht, desto schwerwiegender müssen die Gründe sein, die einen Eingriff rechtfertigen können".[36]

7. Gewährleistung der Tarifautonomie nach dem Recht der EU

52a Arbeitnehmer und Arbeitgeber sowie deren Organisationen „haben nach dem Gemeinschaftsrecht und den einzelstaatlichen Rechtsvorschriften und Gepflogenheiten das Recht, Tarifverträge auf den geeigneten Ebenen auszuhandeln ..." (Art. 28 GRC).[37] Dieses Grundrecht auf Kollektivverhandlungen, zu dem untrennbar die Tarifautonomie mit dem Recht, Tarifverträge abzuschließen, gehört,[38] muss im Geltungsbereich des Unionsrechts im Einklang mit diesem ausgeübt werden. Allerdings verfügen die Sozialpartner nicht nur bei der Entscheidung darüber, welches konkrete Ziel im Bereich der Arbeits- und Sozialpolitik sie verfolgen wollen, sondern auch bei der Festlegung der Maßnahmen zu seiner Erreichung über ein weites Ermessen.[39] Werden bei der tariflichen Rechtsetzung andere Grundrechte berührt, so sind sie mit dem Grundrecht aus Art. 28 GRC, das nach Art. 6 Abs. 1 EUV denselben rechtlichen Rang hat wie die Verträge,[40] in einen verhältnismäßigen Ausgleich zu bringen.[41]

---

[36] BVerfGE 94, 268, 283; 100, 271, 284.
[37] Die Kompetenz der EU für eine begrenzte Regelung des Tarifrechts ergibt sich aus Art. 153 Abs. 1 lit. f. AEUV, *Thüsing/Traut*, RdA 2012, 65, 67.
[38] BAG 20.5.2010, NZA 2010, 768; *Thüsing/Traut*, RdA 2012, 65.
[39] EuGH 8.12.2010, NZA 2011, 586; EuGH 8.9.2011, NZA 2011, 1100 - Hennigs.
[40] EuGH 13.9.2011, NZA 2011, 1039 - Prigge.
[41] EuGH 18.12.2007, NZA 2008, 159 - Laval; BAG 20.5.2010, NZA 2010, 768.

I. Grundlagen

8. Muster eines Tarifvertrags (Auszug)

Zwischen dem

Verband der Metallindustrie Baden-Württemberg e. V., Stuttgart
und der
Industriegewerkschaft Metall Bezirksleitung Stuttgart

wird folgender

Manteltarifvertrag
für Beschäftigte in der Metallindustrie
in Nordwürttemberg/Nordbaden
vereinbart:

§ 1 Geltungsbereich

1.1. Dieser Tarifvertrag gilt

1.1.1. räumlich: für die Regierungsbezirke Nordwürttemberg und Nordbaden des Landes Baden-Württemberg, nach dem Stand vom 31. Dezember 1969;

1.1.2. fachlich: für alle Betriebe, die selbst oder deren Inhaber Mitglied des Verbandes der Metallindustrie Baden-Württemberg e. V., Stuttgart, sind;

1.1.3. persönlich: für alle in diesen Betrieben beschäftigten Arbeiterinnen, Arbeiter und Angestellten, die Mitglied der IG Metall sind;

1.1.3.1. Angestellte im Sinne dieses Tarifvertrags sind alle Beschäftigten, die eine der im § 133 SGB VI in der jeweils gültigen Fassung angeführten Beschäftigungen gegen Entgelt ausüben. Nicht als Angestellte im Sinne dieses Tarifvertrags gelten die Vorstandsmitglieder und gesetzlichen Vertreter von juristischen Personen und von Personengesamtheiten des privaten Rechts, ferner die Geschäftsführer und deren Stellvertreter, alle Prokuristen und die leitenden Angestellten im Sinne des § 5 BetrVG.

1.1.3.3. Ausgenommen sind die nach dem Berufsbildungsgesetz Auszubildenden.

1.2.1. Der Tarifvertrag regelt die Mindestbedingungen der Arbeitsverhältnisse. Ergänzende Bestimmungen können durch Betriebsvereinbarung zwischen Arbeitgeber und Betriebsrat vereinbart werden. Derartige Bestimmungen können – auch in Einzelteilen – nicht zuungunsten von Beschäftigten vom Tarifvertrag abweichen.

1.2.2. Im Einzelarbeitsvertrag können für die Beschäftigten günstigere Regelungen vereinbart werden.

1.2.3. Die Rechte des Betriebsrates bleiben unberührt, soweit nicht durch diesen Tarifvertrag eine abschließende Regelung getroffen ist.

§ 2 Einstellung und Probezeit

2.1. Das Mitbestimmungsrecht des Betriebsrates bei Einstellung, Eingruppierung, Umgruppierung, Versetzung und Kündigung richtet sich nach den Bestimmungen des Betriebsverfassungsgesetzes und bleibt durch diesen Tarifvertrag unberührt.

2.2. Der Arbeitsvertrag ist schriftlich zu vereinbaren. Er ist grundsätzlich vor Beginn des Beschäftigungsverhältnisses abzuschließen...Arbeitsverhältnisse sollen grundsätzlich auf unbestimmte Zeit, sie können aber auch befristet abgeschlossen werden.

Protokollnotiz:
Die Tarifvertragsparteien sind übereinstimmend der Auffassung, es laufe dem Ziel des grundsätzlichen Abschlusses unbefristeter Arbeitsverhältnisse entgegen, wenn auf Arbeitsplätzen, die auf Dauer angelegt sind, regelmäßig nur befristet eingestellt würde.

2.3. Wird vom Arbeitgeber ausdrücklich persönliche Vorstellung vor der Einstellung gewünscht, so sind dem Bewerber die entstehenden Kosten für die Reise und den Aufenthalt in angemessener Höhe zu vergüten.

2.6. Eine Probezeit gilt nur dann als vereinbart, wenn eine schriftliche Vereinbarung der Parteien des Arbeitsvertrages vorliegt. Die Vereinbarung eines Probearbeitsverhältnisses als Arbeitsverhältnis auf Zeit ist unzulässig. Die Probezeit darf bei Arbeitern oder Arbeiterinnen 8 Wochen, bei Angestellten 3 Monate nicht überschreiten. In begründeten Einzelfällen kann für Angestellte mit besonderen Aufgaben eine höchstens sechsmonatige Probezeit mit Zustimmung des Betriebsrates vereinbart werden. Die Kündigung des Probearbeitsverhältnisses kann bis zum letzten Tage der Probezeit beiderseits, bei Arbeitern oder Arbeiterinnen innerhalb der ersten vier Wochen Betriebszugehörigkeit mit Wochenfrist zum Wochenschluss, danach bis zum Ende der Probezeit mit einer Frist von zwei Wochen zum Wochenschluss, bei Angestellten mit Monatsfrist zum Monatsende, schriftlich erklärt werden.

§ 4 Kündigung und Aufhebungsvertrag

4.1. Die Kündigung muss schriftlich erfolgen. Im Arbeitsvertrag ist hierauf hinzuweisen. Fehlt dieser Hinweis, so genügt für die Kündigung des Beschäftigten gegenüber dem Arbeitgeber eine mündliche Kündigung.

4.2. Die Kündigungsfrist beginnt frühestens mit dem Tag der vereinbarten Arbeitsaufnahme zu laufen. Eine hiervon abweichende Regelung muss schriftlich vereinbart sein.

4.3. Auf Wunsch ist dem Beschäftigten nach Kündigung unter Fortzahlung des Arbeitsentgelts angemessene Zeit zu gewähren, um sich eine neue Stelle zu suchen.

4.4. Einem Beschäftigten, der das 53., aber noch nicht das 65. Lebensjahr vollendet hat und dem Betrieb mindestens drei Jahre angehört, kann nur noch aus wichtigem Grund gekündigt werden. Dies gilt auch für eine Änderungskündigung.

4.7. Aufhebungsverträge bedürfen der Schriftform.

§ 7 Regelmäßige Arbeitszeit

7.1. Die tarifliche wöchentliche Arbeitszeit ohne Pausen beträgt 35 Stunden.

7.1.1. Soll für einzelne Beschäftigte die individuelle regelmäßige wöchentliche Arbeitszeit auf bis zu 40 Stunden verlängert werden, bedarf dies der Zustimmung des Beschäftigten. Lehnen Beschäftigte die Verlängerung ihrer individuellen regelmäßigen wöchentlichen Arbeitszeit ab, so darf ihnen daraus kein Nachteil entstehen. Bei der Vereinbarung einer solchen Arbeitszeit bis zu 40 Stunden erhalten Beschäftigte eine dieser Arbeitszeit entsprechende Bezahlung.

7.1.3. Die vereinbarte Arbeitszeit kann auf Wunsch des Beschäftigten oder des Arbeitgebers mit einer Ankündigungsfrist von 3 Monaten geändert werden, es sei denn, sie wird einvernehmlich früher geändert. Das Arbeitsentgelt wird entsprechend angepasst.

I. Grundlagen

7.1.4. Der Arbeitgeber teilt dem Betriebsrat jeweils zum Ende eines Kalenderhalbjahres die Beschäftigten mit verlängerter individueller regelmäßiger wöchentlicher Arbeitszeit mit, deren Anzahl 18 % aller Beschäftigten des Betriebes nicht übersteigen darf.

7.5. Die individuelle regelmäßige wöchentliche Arbeitszeit kann gleichmäßig oder ungleichmäßig auf Werktage von Montag bis Freitag verteilt werden. Die individuelle regelmäßige wöchentliche Arbeitszeit kann auch ungleichmäßig auf mehrere Wochen verteilt werden. Sie muss jedoch im Durchschnitt von längstens sechs Monaten erreicht werden.

7.5.2. Soll der Samstag für einzelne Beschäftigte oder für bestimmte Beschäftigtengruppen in die Verteilung der regelmäßigen Arbeitszeit einbezogen werden, so bedarf dies der Zustimmung des Betriebsrats, die nicht durch den Spruch der Einigungsstelle ersetzt werden kann. Die abgeschlossene Betriebsvereinbarung ist den Tarifparteien zur Kenntnis zu geben.

Protokollnotiz:
Die Tarifvertragsparteien erklären übereinstimmend, dass die Einbeziehung des Samstags in ein betriebliches Arbeitsmodell maßgeblich von den betrieblichen Belangen abhängt und unter Berücksichtigung der berechtigten Interessen der Beschäftigten im Rahmen der tariflich zulässigen Realisierungsmöglichkeiten zu erfolgen hat. Sie verpflichten sich daher, überbetriebliche Interessen bezüglich tariflich zulässiger Arbeitszeitgestaltungsmöglichkeiten nicht zum Gegenstand einer Einflussnahme auf die Betriebsparteien zu machen.

§ 8 Abweichende Arbeitszeit

8.1.1. Mehrarbeit soll nicht dauerhaft und nicht als Ersatz für mögliche Neueinstellungen genutzt werden.

8.1.2.1. Bei dringenden betrieblichen Erfordernissen kann Mehrarbeit mit Zustimmung des Betriebsrates bis zu 10 Mehrarbeitsstunden in der Woche und bis zu 20 Stunden im Monat vereinbart werden. Durch Betriebsvereinbarung kann für einzelne Beschäftigte oder Gruppen von Beschäftigten ein Mehrarbeitsvolumen von mehr als 20 Stunden im Monat zugelassen werden.

8.2. Kurzarbeit im Sinne des SGB III kann mit Zustimmung des Betriebsrates eingeführt werden. Einer Kündigung des Arbeitsverhältnisses bedarf es dazu nicht.

8.2.2. Die Einführung bedarf einer Ankündigungsfrist von drei Wochen zum Wochenschluss. Die Kurzarbeit gilt als eingeführt mit dem Beginn der Kalenderwoche, für die sie angekündigt wurde.

8.2.3. Eine Herabsetzung der regelmäßigen wöchentlichen Arbeitszeit bis zu 10 % einschließlich darf keine Lohn- oder Gehaltskürzung zur Folge haben. Bei einer Herabsetzung der Arbeitszeit um mehr als 10 % wird die gesamte ausfallende Arbeitszeit nicht bezahlt.

8.2.4. Der Arbeitgeber hat den Beschäftigten zum gekürzten Monatslohn/Gehalt und zum Kurzarbeitergeld einen Zuschuss zu gewähren. Dieser ist so bemessen, dass Beschäftigte bei einer um mehr als 10 % gekürzten wöchentlichen Arbeitszeit zum gekürzten Monatslohn/Gehalt und Kurzarbeitergeld einen Ausgleich bis zu 80 % des vereinbarten Bruttomonatsentgelts (ohne Mehrarbeit) einschließlich der leistungsabhängigen variablen Bestandteile des Monatslohns erhalten.

§ 10 Höhe der Zuschläge für Mehr-, Spät-, Nacht-, Sonntags- und Feiertagsarbeit

Folgende Zuschläge werden gezahlt:
10.1.1. für die ersten 10 Mehrarbeitsstunden in der Woche 25 %
10.1.2. für die weiteren Mehrarbeitsstunden in der Woche 50 %

10.1.3. für die dritte und jede weitere tägliche Mehrarbeitsstunde, die vor oder nach der regelmäßigen Arbeitszeit geleistet wird, 50 %

10.1.4 für Mehrarbeit an Samstagen nach 12.00 Uhr 50 %

10.3.1. für jede Nachtarbeitsstunde zwischen 19.00 Uhr und 6.00 Uhr 30 %

10.3.2. für Nachtarbeit von 19.00 Uhr bis 6.00 Uhr, soweit sie Mehrarbeit ist, 50 %

10.4. für die Arbeit an Sonntagen sowie am 24. und 31.12. 50 %.

§ 12 Arbeitsunfähigkeit infolge Krankheit

12.1. In Krankheitsfällen sind die Beschäftigten verpflichtet, dem Arbeitgeber unverzüglich, in der Regel an dem der Erkrankung folgenden Arbeitstage, die Arbeitsunfähigkeit mitzuteilen.

12.2. Bei Erkrankungen bis zu 3 Tagen Dauer hat der Arbeiter oder die Arbeiterin auf rechtzeitiges Verlangen des Arbeitgebers eine Arbeitsunfähigkeitsbescheinigung vorzulegen. Nach einer Betriebszugehörigkeit von 5 Jahren entfällt diese Verpflichtung. Bei Arbeitsunfähigkeit von über 3 Tagen Dauer ist vom Arbeiter oder von der Arbeiterin eine Arbeitsunfähigkeitsbescheinigung vorzulegen. Die Kosten der Arbeitsunfähigkeitsbescheinigung trägt der Arbeitgeber, sofern sie nicht von anderen Stellen ersetzt werden.

12.4.1. Beschäftigte erhalten über die Dauer der Entgeltfortzahlung hinaus nach 2jähriger Betriebszugehörigkeit für 1 Monat, nach 4jähriger Betriebszugehörigkeit für 2 Monate, nach 6jähriger Betriebszugehörigkeit für 3 Monate als Zuschuss den Unterschiedsbetrag zwischen den Leistungen der Sozialversicherungsträger (Krankengeld, Verletztengeld, Übergangsgeld) und 100 % der Nettoentgeltfortzahlung. Der Differenzbetrag wird in brutto gewährt und unterliegt den gesetzlichen Abzügen.

§ 13 Arbeitsausfall, Arbeitsverhinderung, Unterstützung bei Todesfall, Wiedereinstellung nach Zeiten der Kindererziehung

Soweit dieser Manteltarifvertrag oder ein Gesetz nichts anderes bestimmen, gelten von dem Grundsatz, dass nur geleistete Arbeit einschließlich Arbeitsbereitschaft bezahlt wird, folgende Ausnahmen:

13.1. Bei einer Betriebsstörung, die der Arbeitgeber zu vertreten hat, wird der durchschnittliche Arbeitsverdienst weiterbezahlt. Während dieser Betriebsstörung sind die Beschäftigten verpflichtet, eine andere zumutbare Arbeit zu verrichten.

13.1.2. Bei einer Betriebsstörung, die weder der Arbeitgeber noch die Arbeiter und/oder Arbeiterinnen zu vertreten haben, wird der Arbeitsverdienst, soweit kein Anspruch auf Ausgleich aus öffentlichen Mitteln besteht, bis zu fünf Stunden in der Woche weiterbezahlt. Während dieser Betriebsstörung ist der Arbeiter oder die Arbeiterin verpflichtet, andere zumutbare Arbeit zu verrichten. Ist dies nicht möglich, kann die ausgefallene Arbeitszeit unbeschadet der Lohnzahlungspflicht bis zu fünf Stunden in der Woche ohne Mehrarbeitszuschlag im Rahmen der arbeitszeitrechtlichen Bestimmungen nachgearbeitet werden. Bei Ausfallzeiten über fünf Stunden ist der Lohn in jedem Falle bis zu einem Zeitpunkt zu bezahlen, an welchem dem Arbeiter oder der Arbeiterin freigestellt wird, die Arbeitsstelle zu verlassen.

13.2. Bei notwendig werdendem Ausfall von regelmäßiger täglicher Arbeitszeit wird der Lohn/das Gehalt ohne Anrechnung auf den Jahresurlaub unter Freistellung von der Arbeit fortgezahlt, insbesondere in folgenden Fällen:

13.2.2. 3 Arbeitstage beim Tode des Ehegatten;

13.2.3. 2 Arbeitstage bei eigener Eheschließung, beim Tode eigener Kinder;

I. Grundlagen

13.2.4. 1 Arbeitstag bei Niederkunft der Ehefrau, beim Tode eines Elternteils oder Schwiegerelternteils, bei Wohnungswechsel, sofern ein eigener Haushalt besteht, bei Teilnahme an der Trauung oder Hochzeitsfeier der eigenen Kinder, bei Teilnahme an der goldenen Hochzeit der Eltern;

13.2.5. die notwendig ausgefallene Arbeitszeit für Arztbesuch und ärztlich verordnete Behandlung, die aufgrund ärztlichen Befundes unbedingt während der Arbeitszeit erfolgen mussten.

§ 16 Beschränkung der Haftung der Beschäftigten und Ausschussregelung

16.1. Die Beschäftigten haften nur bei Vorsatz und grober Fahrlässigkeit für den Schaden, den sie bei der Arbeitsleistung verursacht haben.

16.2. Bei grober Fahrlässigkeit des Beschäftigten ist zur Vermeidung einer unbilligen Belastung für ihn mit Rücksicht auf seine persönlichen und wirtschaftlichen Verhältnisse ein angemessener innerer Schadensausgleich vorzunehmen.

§ 18 Ausschlussfristen

18.1. Ansprüche der Beschäftigten aus dem Arbeitsverhältnis sind dem Arbeitgeber gegenüber folgendermaßen geltend zu machen:

18.1.1. Ansprüche auf Zuschläge aller Art innerhalb von 2 Monaten nach Fälligkeit;

18.1.2. alle übrigen Ansprüche innerhalb von 6 Monaten nach Fälligkeit, spätestens jedoch innerhalb von 3 Monaten nach Beendigung des Arbeitsverhältnisses. Ansprüche, die nicht innerhalb dieser Fristen geltend gemacht werden, sind verwirkt, es sei denn, dass der Beschäftigte durch unverschuldete Umstände nicht in der Lage war, diese Fristen einzuhalten.

18.2. Bleibt die Geltendmachung erfolglos, so tritt die Verwirkung nicht ein, vielmehr gilt alsdann die dreijährige Verjährungsfrist des § 195 BGB. Die dreijährige Frist beginnt mit dem Schluss des Kalenderjahres, in welchem der Anspruch entstanden ist.

§ 19 Beilegung von Streitigkeiten

19.1. Die vertragsschließenden Parteien setzen ihren ganzen Einfluss für die Durchführung und Einhaltung der in diesem Tarifvertrag vereinbarten Bestimmungen ein und verpflichten ihre Mitglieder zur genauen Einhaltung der Vertragsbestimmungen.

19.2. Streitigkeiten, die aus der Auslegung oder Durchführung eines zwischen den Tarifvertragsparteien abgeschlossenen Tarifvertrags entstehen, sind durch Verhandlungen zwischen Betriebsleitung und Betriebsrat zu regeln. Gelingt hierbei eine Verständigung nicht, so müssen die beiderseitigen Organisationsvertreter zugezogen werden.

19.3. Können zwischen den Tarifvertragsparteien entstandene Streitigkeiten über die Auslegung und Durchführung eines Tarifvertrags oder über das Bestehen oder Nichtbestehen eines Tarifvertrags durch Verhandlungen nicht beigelegt werden, so entscheidet auf Antrag einer Partei die ständige Schiedsstelle der Tarifvertragsparteien. Diese setzt sich aus je zwei Beisitzern und einem von den Tarifvertragsparteien zu wählenden unparteiischen Vorsitzenden zusammen. Falls keine Einigung über den Vorsitzenden erzielt wird, bestimmt ihn der Präsident des Landesarbeitsgerichtes. Die Schiedsstelle entscheidet verbindlich unter Ausschluss des Rechtsweges.

> **§ 20 Übergangsbestimmungen**
>
> 20.1. Bestehende günstigere betriebliche Regelungen werden durch das Inkrafttreten dieses Tarifvertrags nicht berührt.
>
> 20.2. Auf die sich aus diesem Tarifvertrag ergebenden Verdiensterhöhungen können aus dem gleichen Rechtsgrund betrieblich gewährte Zulagen bzw. Zuschläge aller Art ohne Rücksicht auf ihre jeweilige Rechtsgrundlage angerechnet werden.
>
> **§ 21 Inkrafttreten, Außerkrafttreten und Kündigung des Tarifvertrags**
>
> 21.1. Dieser Manteltarifvertrag tritt am 1. April 2005 in Kraft.
>
> 21.3. Dieser Manteltarifvertrag kann mit Monatsfrist zum Monatsende, erstmals zum 31.3.2007, gekündigt werden.
>
> 21.4. Bis zum Abschluss eines neuen Manteltarifvertrags gelten, soweit nichts anderes zwischen den Tarifvertragsparteien vereinbart wird, die Bestimmungen des gekündigten Manteltarifvertrags.
>
> Stuttgart, 14. Juni 2005
>
> **Verband der Metallindustrie Baden-Württemberg e. V., Stuttgart**
> Dr. Otmar Zwiebelhofer   Dr. Ulrich Brocker
>
> **Industriegewerkschaft Metall, Bezirksleitung Stuttgart**
> Jörg Hofmann   Hubert Dünnemeier

II. Abschluss und Beendigung des Tarifvertrags

1. Abschluss

a) Zustandekommen

53 **aa) Konsens der Vertragsparteien.** Der Tarifvertrag ist ein privatrechtlicher Vertrag. Dass er in seinem normativen Teil mit unmittelbarer und zwingender Wirkung die Arbeitsbedingungen für Dritte festlegt, ändert nichts daran, dass er wie alle anderen privatrechtlichen Verträge nach den Vorschriften der §§ 145 ff. BGB abgeschlossen wird. Erforderlich sind daher die übereinstimmenden Willenserklärungen der Parteien. Auch ein Schlichtungsspruch wird erst durch die Zustimmung der Parteien wirksam.

54 **bb) Abschlussfreiheit.** Art. 9 Abs. 3 GG gewährleistet jeder Tarifvertragspartei die freie Entscheidung, ob, wann und mit wem sie einen Tarifvertrag abschließt. Zum Abschluss eines Tarifvertrags darf sie mit rechtlichen Mitteln nur dann gezwungen werden, wenn sie sich hierzu bereits durch einen Vorvertrag, der selbst

noch keinen Tarifvertrag darstellt, verpflichtet hat.[42] Der soziale Gegenspieler darf allerdings mit zulässigen Arbeitskampfmaßnahmen Druck ausüben, um sie zum Vertragsabschluss zu bewegen.

Ob es sich bei einer Vereinbarung der Tarifvertragsparteien um einen Tarifvertrag handelt oder um eine andere Vereinbarung oder eine sonstige Erklärung, richtet sich nach den allgemeinen Regeln über das Zustandekommen und die Auslegung schuldrechtlicher Verträge (§§ 133, 157 BGB). Die Regeln über die Auslegung von Tarifverträgen gelten nur für den normativen Teil, nicht für die vorgeschaltete Frage, ob es sich um einen Tarifvertrag handelt. Von tariffähigen Parteien ist zu erwarten, dass sie eine Vereinbarung, der sie den Charakter eines Tarifvertrags beimessen wollen, als Tarifvertrag bezeichnen.[43] **54a**

cc) Verhandlungsanspruch? Streitig ist, ob eine Tarifpartei verpflichtet ist, mit dem Gegenspieler zumindest Verhandlungen zu führen. Ein Verhandlungsanspruch kann sich aus einer Vereinbarung oder dem Tarifvertrag selbst ergeben.[44] Ohne ausdrückliche Abrede kann er aus der Dauerrechtsbeziehung folgen, die der Tarifvertrag zwischen den Parteien begründet.[45] Vor einer außerordentlichen Kündigung folgt aus dem ultima-ratio-Prinzip eine Neuverhandlungspflicht.[46] **55**

In allen anderen Fällen ist ein Verhandlungsanspruch abzulehnen.[47] Er lässt sich weder sachgerecht konkretisieren noch zwangsweise durchsetzen. Der Verpflichtete müsste sich zwar an den Verhandlungstisch setzen, er könnte aber jede Forderung ablehnen und den Anspruch dadurch leerlaufen lassen. Auch Art. 9 Abs. 3 GG verlangt einen solchen Anspruch nicht. Die Tarifautonomie ist hinreichend geschützt, wenn nur diejenigen Koalitionen als Tarifparteien in Betracht kommen, die mächtig genug sind, durch die Androhung und Ausübung von Arbeitskampfmaßnahmen derart auf den sozialen Gegenspieler einzuwirken, dass er sich auf Verhandlungen einlässt. **56**

dd) Stellvertretung. Jede Partei kann sich beim Abschluss des Tarifvertrags vertreten lassen (§ 164 BGB). Die Vertretungsmacht kann als Vollmacht (§§ 166 ff. BGB, auch in Gestalt einer Duldungs- oder Anscheinsvollmacht[48]) rechtsgeschäftlich erteilt werden oder sich verbandsrechtlich aus der Satzung ergeben. Die Satzungen berechtigen zumeist besondere Tarifkommissionen zum Abschluss von Tarifverträgen. Nicht selten wird der von den Tarifkommissionen ausgehandelte Vertrag von der Zustimmung der Mitglieder oder besonderer Repräsentanten der beteiligten Verbände abhängig gemacht. Ist die Vertretungsmacht der Verhandeln- **57**

---

[42] BAG 19.10.1976, AP Nr. 6 zu § 1 TVG Form.
[43] BAG 19.9.2007, NZA 2008, 951, 952.
[44] BAG 18.12.1996, AP Nr. 1 zu § 1 TVG Kündigung.
[45] *Seiter*, ZfA 1989, 283, 289 ff.; *Zöllner/Loritz/Hergenröder*, Arbeitsrecht, § 36 IV 3.
[46] BAG 18.12.1996, AP Nr. 1 zu § 1 TVG Kündigung.
[47] Wie hier *Brox/Rüthers*, Arbeitskampfrecht, Rn. 182; *Coester*, ZfA 1977, 87; ErfK/*Franzen*, § 1 TVG Rn. 24; HWK/*Henssler*, § 1 TVG Rn. 12; *Stein*, Tarifvertragsrecht, Rn. 72; *Waas*, AuR 1991, 334; a.A. *Mayer-Maly*, FS Molitor, 1988, S. 239; *Wiedemann/Thüsing*, RdA 1985, 280, 284 ff.; *Zöllner/Loritz/Hergenröder*, Arbeitsrecht, § 36 IV 3.
[48] BAG 12.12.2007, NZA 2008, 892, 894; Thüsing/Braun/*von Steinau-Steinrück*, Kap. 3 Rn. 31.

den im Außenverhältnis beschränkt, so ergibt sich die Genehmigungsbedürftigkeit aus § 177 BGB; ist sie es nicht, so schließen die Verhandelnden den Vertrag zumeist aufschiebend oder auflösend bedingt.

57a Eine wirksame Vertretung bei Abschluss eines Firmentarifvertrags setzt voraus, dass der Vertreter erkennbar im Namen des Vertretenen gehandelt hat. Das kann sich zwar nach § 164 Abs. 2 BGB aus den Umständen ergeben. Diese müssen aber wegen des Normcharakters tariflicher Regelungen einen einer ausdrücklichen Nennung als Tarifvertragspartei gleichwertigen Grad an Klarheit und Eindeutigkeit erreichen und in einer § 1 Abs. 3 TVG genügenden Form niedergelegt sein. Ein Tarifvertrag, den ein herrschendes Unternehmen abschließt, gilt für die abhängigen Unternehmen nur, wenn die Muttergesellschaft erkennbar (auch) im Namen der Tochtergesellschaften handelt („mehrgliedriger Tarifvertrag"). Der Konzern als solcher ist, da weder Arbeitgeber der Mitarbeiter der Tochtergesellschaften noch Arbeitgeberverband dieser Gesellschaften, nicht tariffähig.[49]

58 ee) **Schriftform.** Der Tarifvertrag bedarf der Schriftform (§ 1 Abs. 2 TVG). Telefax genügt nicht. Es reicht auch nicht aus, dass eine Partei die Vertragsurkunde unterzeichnet und die andere in einer Form, die die Voraussetzungen des § 126 BGB nicht wahrt, darüber unterrichtet.[50] Ein ohne Beachtung der Schriftform geschlossener Tarifvertrag ist nichtig.[51] Die Schriftform ist notwendig, weil Tarifverträge Rechtsnormen setzen. Grundsätzlich zulässig sind Klauseln, mit denen („dynamisch") auf andere Tarifverträge in ihrer jeweils gültigen Fassung verwiesen wird, selbst wenn damit Tarifverträge in Bezug genommen werden, die noch gar nicht bestehen und deren Inhalt deshalb auch nicht schriftlich festliegen kann. In diesem Fall ist dem Schriftformerfordernis Rechnung getragen, weil zu jeder Zeit feststeht, welche tarifliche Regelung gelten soll.[52] Eine materiell-rechtliche Grenze finden tarifvertragliche Verweisungsklauseln in dem Gebot, nur auf Tarifverträge zu verweisen, deren Geltungsbereich mit dem Geltungsbereich der verweisenden Norm in einem engen sachlichen Zusammenhang steht,[53] und in dem Verbot, sich der tariflichen Regelungskompetenz vollständig zu entäußern (Grundsatz der Tarifverantwortung).[54]

59 ff) **Kundgabe.** Eine Reihe von Ordnungsvorschriften sichert die Kundgabe des Tarifvertrags. Die Tarifvertragsparteien sind verpflichtet, dem Bundesminister für Arbeit und Sozialordnung und den obersten Arbeitsbehörden der Länder, auf die sich der Tarifvertrag erstreckt, kostenfrei Abschriften zu übersenden. Der Bundesarbeitsminister führt ein Tarifregister (§ 6 TVG). Die Arbeitgeber haben die für ihren Betrieb maßgebenden Tarifverträge an geeigneter Stelle auszulegen (§ 8

---

[49] BAG 17.10.2007, NZA 2008, 713; BAG 18.11.2009, NZA 2010, 835.
[50] BAG 7.7.2010, NZA-RR 2011, 30, 31.
[51] BAG 13.6.1958, AP Nr. 2 zu § 4 TVG Effektivklausel.
[52] BAG 9.7.1980, 10.11.1982, AP Nr. 7, 8 zu § 1 TVG Form.
[53] BAG 25.7.2006, NZA 2007, 578, 579.
[54] BAG 20.10.1993, AP Nr. 10 zu § 1 TVG Tarifverträge: Bundesbahn; BAG 20.4.1994, AP Nr. 1 zu § 11 BAT-O.

TVG) und die Arbeitnehmer bei der Einstellung auf die Tarifverträge, die auf das Arbeitsverhältnis anzuwenden sind, hinzuweisen (§ 2 Abs. 1 S. 2 Nr. 10 NachwG).[55] Die Verletzung dieser Vorschriften wirkt sich auf die Gültigkeit des Tarifvertrags nicht aus.[56]

b) Tariffähigkeit

Einen wirksamen Tarifvertrag können nur tariffähige und zuständige Tarifvertragsparteien schließen. Ein von einer nicht tariffähigen Vereinigung abgeschlossener Tarifvertrag ist unwirksam und damit nichtig.[57]

aa) Tariffähigkeit ist die Fähigkeit, Partei eines Tarifvertrags zu sein.[58] Sie ist von der Rechtsfähigkeit (= Fähigkeit, Träger von Rechten und Pflichten zu sein) und von der Geschäftsfähigkeit (= Fähigkeit, Rechtsgeschäfte selbst vornehmen zu können) zu unterscheiden. Parteien eines Tarifvertrags können sein
- Gewerkschaften (§ 2 Abs. 1 TVG),
- einzelne Arbeitgeber (§ 2 Abs. 1 TVG),
- Vereinigungen von Arbeitgebern (§ 2 Abs. 1 TVG, z.B. Verband der Bayerischen Metall- und Elektro-Industrie e.V.),
- Spitzenorganisationen (§ 2 Abs. 3 TVG, z.B. Tarifgemeinschaft deutscher Länder),
- Handwerksinnungen (§ 54 Abs. 3 Nr. 1 HandwO, z.B. Innung des Bauhandwerks) sowie
- Innungsverbände (§§ 82 Nr. 3, 85 Abs. 2 HandwO).

bb) Tariffähigkeit der Verbände. Unter welchen Voraussetzungen eine Gewerkschaft oder ein Arbeitgeberverband tariffähig ist, ist nicht gesetzlich geregelt. Entscheidend ist nicht, ob sich ein Verband subjektiv für tariffähig hält, sondern ob er objektiv die Bedingungen erfüllt, die Art. 9 Abs. 3 GG für ein funktionsfähiges Tarifvertragssystem verlangt, s. hierzu bereits § 12 Rn. 23 ff.

Ob eine Vereinigung tariffähig oder tarifzuständig ist, kann im **arbeitsgerichtlichen Beschlussverfahren** nach § 2a Abs. 1 Nr. 4 ArbGG **auf Antrag** der in § 97 ArbGG Genannten festgestellt werden. Die rechtskräftige Entscheidung wirkt gegenüber jedermann, bis sich die rechtlichen oder tatsächlichen Verhältnisse erheblich ändern (§ 9 TVG).[59] Hängt die Entscheidung eines Rechtsstreits davon ab, ob eine Vereinigung tariffähig oder tarifzuständig ist, hat das Gericht das Verfahren bis zur Erledigung des Beschlussverfahrens nach

---

[55] Zur Frage, wie man sich Tarifverträge beschafft, *Diller*, FA 1999, 43 ff.
[56] *Löwisch/Rieble*, § 6 TVG Rn. 26 und § 8 TVG Rn. 6.
[57] BAG 15.11.2006, NZA 2007, 448, 450.
[58] BAG 27.11.1964, AP Nr. 1 zu § 2 TVG Tarifzuständigkeit; BVerfG 19.10.1966, AP Nr. 24 zu § 2 TVG.
[59] BAG 23.5.2012, NZA 2012, 625.

§ 2a Abs. 1 Nr. 4 ArbGG **von Amts wegen auszusetzen** (§ 97 Abs. 5 ArbGG).[60] Das gilt auch dann, wenn einer Gewerkschaft lediglich die Fähigkeit zum Abschluss von Firmentarifverträgen bestritten wird.[61]

63 **cc) Tariffähigkeit des einzelnen Arbeitgebers.** Jeder Arbeitgeber kann Partei eines Tarifvertrags sein (§ 2 Abs. 1 TVG) und ist damit tariffähig. Tarifverträge können also auch für einzelne Unternehmen oder Betriebe geschlossen werden. Die Tariffähigkeit geht nicht dadurch verloren, dass der Arbeitgeber einem Verband beitritt und dass möglicherweise eine Satzungsbestimmung den Abschluss von Firmentarifverträgen untersagt. Der Arbeitgeber kann also z.B. zur Sanierung seines Unternehmens einen Firmentarifvertrag abschließen, der zu seinen Gunsten vom Verbandstarifvertrag abweicht. Umgekehrt kann ihn eine Gewerkschaft aber auch auf Abschluss eines Tarifvertrags über Materien in Anspruch nehmen, die nicht im Verbandstarifvertrag geregelt sind und für die folglich keine Friedenspflicht besteht.[62]

c) Tarifzuständigkeit

64 **aa) Begriff.** Tarifzuständigkeit ist die Fähigkeit eines an sich tariffähigen Verbands, Tarifverträge mit einem bestimmten Geltungsbereich abzuschließen.[63] Die Tarifzuständigkeit legt den äußersten Umfang des Bereichs fest, innerhalb dessen eine tariffähige Partei wirksam Tarifverträge abschließen kann.[64] Der Geltungsbereich eines Tarifvertrags kann immer nur gleich dem von der Tarifzuständigkeit abgesteckten Bereich sein oder kleiner; er kann aber niemals darüber hinausgehen.

Beispiel: Der Verband der Bayerischen Metall- und Elektroindustrie (VBM) kann Tarifverträge nur für Betriebe der Metall- und Elektroindustrie in Bayern abschließen, nicht für Betriebe anderer Branchen oder in anderen Regionen.

65 **bb) Bedeutung.** Im Tarifrecht der Weimarer Republik wurde der Begriff der Tarifzuständigkeit zumeist nicht erkannt oder aber für bedeutungslos gehalten.[65] *Sinzheimer* war es, der 1927[66] forderte, dass die Koalition für den Abschluss eines Tarifvertrags die „Tarifzuständigkeit" haben müsse. Die Koalition müsse die Verhältnisse, die sie regeln wolle, als ihr Interessengebiet behandeln. Tarifautonomie sei „soziale Selbstbestimmung im Recht".[67]

66 Heute werden der Tarifzuständigkeit im wesentlichen zwei Aufgaben zugeschrieben: Sie soll eine sachnahe Tarifregelung ermöglichen und Streitigkeiten zwischen

---

[60] BAG 23.10.1996, AP Nr. 15 zu § 3 TVG Verbandszugehörigkeit.
[61] BAG 25.9.1996, AP Nr. 12 zu § 2 TVG Tarifzuständigkeit.
[62] BAG 10.12.2002, RdA 2003, 356.
[63] BAG 27.9.2005, NZA 2006, 273, 277; Thüsing/Braun/*Emmert*, Kap. 2 Rn. 82.
[64] BAG 15.11.2006, NZA 2007, 448, 451.
[65] RAG 1.3.1930, ARS 9, 272 f.; RAG 17.9.1930, ARS 10, 246.
[66] Grundzüge des Arbeitsrechts, 2. Aufl. 1927, S. 255.
[67] Ein Arbeitstarifgesetz – Die Idee der sozialen Selbstbestimmung im Recht, 1916, S. 179 ff.

gleichrangigen Organisationen vermeiden helfen. Und sie soll zu einer möglichst einheitlichen tariflichen Behandlung der Arbeitnehmer eines Betriebs beitragen.[68]

cc) Festlegung der Tarifzuständigkeit. Die Tarifzuständigkeit richtet sich nach dem in der Satzung des Verbands festgelegten Organisationsbereich. Die Ausgestaltung dieses Organisationsbereichs steht jedem Verband frei (Art. 9 Abs. 3 GG, kollektive Betätigungsfreiheit). Das sog. Industrieverbandsprinzip (s. § 12 Rn. 64) steht dem nicht entgegen.[69] 67

Der Verband kann seinen Organisationsbereich betriebs- oder unternehmensbezogen, branchen- oder berufsbezogen, regional- oder personenbezogen abgrenzen, mehrere Kriterien kombinieren oder die Zuständigkeit auf bestimmte konkrete Unternehmen beschränken.[70] Zulässig ist es auch, die Zuständigkeit auf ein einzelnes Unternehmen eines anderen Wirtschaftszweigs oder auf die fachgleichen Nebenbetriebe von Hauptbetrieben fremder Branchen zu erstrecken oder umgekehrt branchenfremde Nebenbetriebe von Hauptbetrieben, die seiner Zuständigkeit unterfallen, auszunehmen. 68

Beispiel: Die IG Metall kann ihre Zuständigkeit auf Vertriebsunternehmen erstrecken, die im Wege der Ausgliederung von Vertriebsabteilungen aus Metallunternehmen entstanden sind, auch wenn für Vertriebsunternehmen an sich die Gewerkschaft ver.di zuständig wäre.[71]

Die Zuständigkeit einer Gewerkschaft zum Abschluss eines **Firmentarifvertrags** setzt nicht voraus, dass das in Anspruch genommene Unternehmen schwerpunktmäßig in ihren Organisationsbereich fällt. Stellt die Satzung auf den Betrieb ab, so kann die Gewerkschaft auch mit überwiegend branchenfremden Unternehmen Firmentarifverträge für die Betriebe in ihrem Organisationsbereich abschließen.[72] 69

Beispiel: Die Satzung der IG Metall stellt auf die Betriebe der Metallindustrie, der Metallgewinnung, der eisen- und stahlerzeugenden Industrie, des Metallhandwerks und auf sonstige Metallbetriebe ab. Sie kann deshalb Firmentarifverträge für die Betriebe eines Unternehmens der chemischen Industrie verlangen, in denen im wesentlichen Metallbearbeitung erfolgt.[73]

Der Abschluss eines **Tarifvertrags über betriebsverfassungsrechtliche Normen** erfordert die Tarifzuständigkeit für sämtliche im Betrieb beschäftigten Arbeitnehmer.[74] 69a

---

[68] Wiedemann/*Oetker*, § 2 TVG Rn. 68.
[69] BAG 27.9.2005, NZA 2006, 273, 277.
[70] BAG 17.4.2012, NZA 2012, 1104; BAG 31.1.2018, NZA 2018, 876.
[71] BAG 14.12.1999, AP Nr. 14 zu § 2 TVG Tarifzuständigkeit.
[72] BAG 25.9.1996, 14.12.1999, AP Nr. 10, 14 zu § 2 TVG Tarifzuständigkeit.
[73] BAG 25.9.1996, AP Nr. 10 zu § 2 TVG Tarifzuständigkeit.
[74] BAG 29.7.2009, NZA 2009, 1424; BAG 14.1.2014, NZA 2014, 910.

§ 13 Tarifvertragsrecht

69b Nicht zulässig ist die Begrenzung der Tarifzuständigkeit **auf die jeweiligen Mitglieder**. Der Umfang der Tarifzuständigkeit des Verbands wäre dann von der Entscheidung einzelner Mitglieder über ihren Ein- und Austritt abhängig. Das wäre nach Ansicht des BAG nicht nur mit dem Selbstbestimmungsrecht des Verbands, sondern auch mit den Erfordernissen eines funktionierenden Tarifvertragssystems unvereinbar. Das Merkmal der Tarifgebundenheit verlöre seine konstitutive Bedeutung; bei Austritt aus dem Verband käme es nicht zu der vom Gesetz gewollten Weitergeltung des Tarifvertrags nach § 3 Abs. 1 TVG, sondern nur noch zur Nachwirkung nach § 4 Abs. 5 TVG. Eine Allgemeinverbindlicherklärung nach § 4 Abs. 5 TVG würde die Nichtmitglieder nicht erfassen. § 77 Abs. 3 BetrVG würde Betriebsvereinbarungen bei Nichtmitgliedern nicht sperren. Dritte könnten die Tarifzuständigkeit aus der Satzung nicht zuverlässig erkennen.[75]

70 Die Tarifzuständigkeit muss **ausdrücklich** in der Verbandssatzung geregelt sein, und zwar so bestimmt, dass sie für die handelnden Organe des Verbands, für den sozialen Gegenspieler und für Dritte zuverlässig zu ermitteln ist.[76] Sie wird weder dadurch begründet, dass der Verband rein tatsächlich außerhalb seiner satzungsmäßigen Aufgaben tätig wird, auch wenn das jahrelang geschieht, noch dadurch, dass sich ein an sich zuständiger Verband ausdrücklich für unzuständig erklärt.[77] Allerdings ist die Satzung auszulegen, wobei auch die tatsächliche Handhabung von Bedeutung sein kann.[78] Für die Auslegung gelten wegen der normähnlichen Wirkung der Satzung die Grundsätze der Gesetzesauslegung; abzustellen ist auf den objektivierten Willen des Satzungsgebers. Eine die danach ermittelten Zuständigkeitsgrenzen übersteigende Annexzuständigkeit besteht nicht.[79] Die Satzungsautonomie schließt das Recht ein, den Zuständigkeitsbereich des Verbands zu ändern, wenn das zweckmäßig erscheint.[80]

71 dd) **Konkurrierende Tarifzuständigkeiten.** Die Festlegung einer Gewerkschaft in ihrer Satzung auf Arbeitnehmer einer bestimmten Branche hindert eine andere Gewerkschaft nicht, sich für dieselbe Branche für zuständig zu erklären.[81] So sind DGB-Gewerkschaften und CGB in vielen Branchen Konkurrenten. Innerhalb des DGB werden die Zuständigkeitsbereiche der Einzelgewerkschaften nach § 15 der Satzung durch Richtlinien gegeneinander abgegrenzt. Kommt es zu Streitigkeiten und sind diese trotz Vermittlung des DGB-Bundesvorstands nicht zu schlichten, so wird die Zuständigkeit in einem Schiedsverfahren nach § 16 der Satzung bestimmt. Der Schiedsspruch ist für die betreffenden Gewerkschaften verbindlich, weil sie die Bestimmung ihrer Zuständigkeit auf den DGB delegiert haben. Die Schiedsstelle hat einen weiten Beurteilungsspielraum; sie darf nur nicht die Zuständigkeit

---

[75] BAG 18.7.2006, NZA 2006, 1225, 1227 ff. m.w.N.
[76] Deshalb ist das Merkmal der Repräsentativität ungeeignet, BAG 17.4.2012, NZA 2012, 1104.
[77] BAG 22.11.1988, 24.7.1990, AP Nr. 5, 7 zu § 2 TVG Tarifzuständigkeit.
[78] BAG 18.7.2006, NZA 2006, 1225, 1228.
[79] BAG 10.2.2009, NZA 2009, 908.
[80] BAG 27.9.2005, NZA 2006, 273, 277.
[81] BAG 27.9.2005, NZA 2006, 273, 277.

erweitern.[82] Der Schiedsspruch klärt die Frage der Tarifzuständigkeit auch für den tariflichen Gegenspieler verbindlich,[83] dasselbe gilt, wenn sich die konkurrierenden Gewerkschaften schon im vorgeschalteten förmlichen Vermittlungsverfahren einigen.[84] Ändert eine DGB-Gewerkschaft ihre Satzung, ohne das Verfahren nach §§ 15 f. der DGB-Satzung einzuhalten, so hindert das die Wirksamkeit der Satzungsänderung nicht.[85]

Die Tarifzuständigkeit kann vom Arbeitsgericht im Beschlussverfahren nach § 2a Abs. 1 Nr. 4 ArbGG festgestellt werden.[86] Antragsbefugt sind nur potentielle Tarifvertragsparteien, ein einzelner Arbeitgeber also nur im Hinblick auf einen möglichen Haustarifvertrag.[87] Die gerichtliche Entscheidung bindet entsprechend § 9 TVG alle, die von den Tarifnormen betroffen sind.[88] **72**

ee) Tarifzuständigkeit und Tarifvertrag. Wollen zwei tariffähige Verbände einen Tarifvertrag abschließen, müssen die Tarifzuständigkeiten beider Parteien für den Geltungsbereich korrespondieren. Die **Kongruenz** der Tarifzuständigkeiten ist nach Rechtsprechung[89] und herrschender Lehre[90] Wirksamkeitsvoraussetzung für den Tarifvertrag. **73**

Beispiel: Einen Tarifvertrag für einen Betrieb der bayerischen Metallindustrie können der Verband der Bayerischen Metall- und Elektroindustrie (VBM) und die IG Metall, nicht aber der VBM und die IG Bergbau, Chemie, Energie schließen.

In der Grenze des rechtlichen „Wollens" eines Verbands, die in seiner Satzung zum Ausdruck kommt, liegt zugleich die Grenze für sein rechtliches „Können". Da es die Aufgabe der Tarifvertragsparteien ist, durch Tarifnormen die Arbeitsverhältnisse ihrer Mitglieder zu regeln, können sie Arbeitsverhältnisse, für die sie nicht zuständig sind, auch nicht tariflich ordnen.[91] Nach anderer Ansicht soll eine Tarifvertragspartei, die ihre Zuständigkeit überschreitet, keine Vollmacht zum Abschluss von Tarifverträgen haben; insoweit sei von einer schwebenden Unwirksamkeit der Tarifverträge i.S.d. § 177 Abs. 1 BGB auszugehen.[92] **74**

---

[82] BAG 25.9.1996, AP Nr. 10 zu § 2 TVG Tarifzuständigkeit.
[83] BAG 17.2.1970, 22.11.1988, AP Nr. 3, 5 zu § 2 TVG Tarifzuständigkeit.
[84] BAG 14.12.1999, AP Nr. 14 zu § 2 TVG Tarifzuständigkeit.
[85] BAG 27.9.2005, NZA 2006, 273, 278.
[86] BAG 27.11.1964, 17.2.1970, AP Nr. 1, 3 zu § 2 TVG Tarifzuständigkeit.
[87] BAG 17.2.1970, AP Nr. 2 zu § 2 TVG Tarifzuständigkeit.
[88] BAG 10.5.1989, AP Nr. 6 zu § 2 TVG Tarifzuständigkeit.
[89] BAG 24.7.1990, AP Nr. 7 zu § 2 TVG Tarifzuständigkeit.
[90] *Buchner*, ZfA 1995, 95, 97; *Henssler/Moll/Bepler/Sittard*, Teil 2 Rn. 233; *Wiedemann/Oetker*, § 2 TVG Rn. 61; *Zöllner/Loritz/Hergenröder*, Arbeitsrecht, § 37 VI; a.A. *Däubler/Peter*, TVG, § 2 Rn. 174; *Kraft*, FS Schnorr von Carolsfeld, S. 255.
[91] BAG 19.12.1958, AP Nr. 3 zu § 2 TVG.
[92] Zu den verschiedenen Ansichten *Hromadka/Maschmann/Wallner*, Der Tarifwechsel, Rn. 31.

75 **ff) Mitgliedschaft in einem Arbeitgeberverband ohne Tarifbindung.** Die tarifpolitische Entwicklung der letzten Jahre hat vor allem in den neuen Bundesländern viele Arbeitgeber aus den Verbänden austreten oder ihnen fernbleiben lassen. Viele von ihnen möchten jedoch nicht auf die Dienstleistungen des Verbands verzichten: Rechtsberatung und Rechtsbeistand, Information und Erfahrungsaustausch und nicht selten die Vertretung der gemeinsamen Interessen. Die Verbände haben aus Sorge, weitere Mitglieder zu verlieren, auf diese Entwicklung mit dem Angebot einer „OT-Mitgliedschaft" reagiert, einer Mitgliedschaft ohne Tarifbindung.

76 Eine OT-Mitgliedschaft ist auf zweierlei Weise konstruierbar: „**Intern**" durch die Schaffung von zwei unterschiedlichen Mitgliedschaftsverhältnissen (eines mit, eines ohne Tarifbindung) innerhalb desselben Verbands; „**extern**" durch die Bildung von zwei selbständigen Verbänden, von denen der eine nur Dienstleistungen erbringt, der andere auch Tarifverträge abschließt. Der Erwerb einer OT-Mitgliedschaft nach dem internen Modell setzt voraus, dass es eine wirksame Grundlage in der Satzung gibt und dass die Satzungsbestimmung bei Erwerb der Mitgliedschaft im Vereinsregister eingetragen ist.[93]

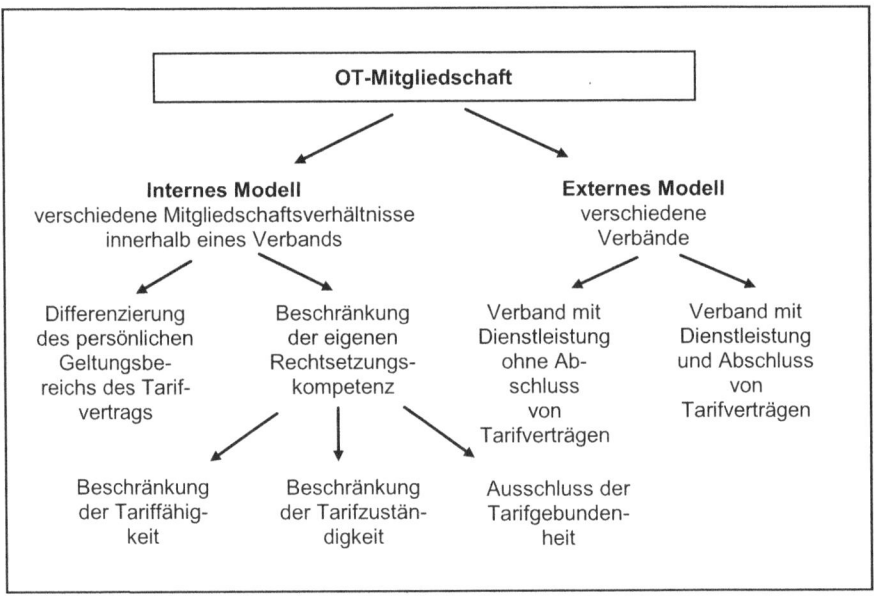

77 Beim „internen" Modell ist zwischen Lösungen zu unterscheiden, die ein Arbeitgeberverband nur im **Einvernehmen mit der Gewerkschaft** zu erreichen vermag, und solchen, die er **allein** bewerkstelligen kann. Im Einvernehmen mit der Gewerkschaft kann der **persönliche Geltungsbereich** eines Tarifvertrags auf diejenigen Arbeitgeber **beschränkt werden**,

---

[93] BAG 26.8.2009, NZA-RR 2010, 305.

II. Abschluss und Beendigung des Tarifvertrags

die mit den Tarifbedingungen einverstanden sind.[94] Hierzu wird sich aber eine Gewerkschaft nur dann bereit finden, wenn sie die Möglichkeit behält, mit den „ausgesparten" Arbeitgebern (Firmen-)Tarifverträge oder für sie firmenbezogene Verbandstarifverträge zu schließen.

Der Arbeitgeberverband wird es daher vorziehen, seinen Mitgliedern eine OT-Mitgliedschaft" dadurch zu ermöglichen, dass er den Umfang seiner Rechtsetzungskompetenz verringert (sog. **Stufenmodell**). Eine Beschränkung der **Tariffähigkeit** ist nach h.M. unzulässig. Die Tariffähigkeit ist unteilbar: Ein Verband kann sich nur für oder gegen den Abschluss von Tarifverträgen entscheiden, Zwischenformen sind nicht möglich.[95] Unzulässig ist auch die Begrenzung der Tarifzuständigkeit auf die jeweiligen Mitglieder (s. oben Rn. 69a). Die Koalitionsfreiheit erlaubt einem Verband jedoch, eine **Mitgliedschaft ohne Tarifbindung** vorzusehen, also die Folge der Tarifgebundenheit des § 3 Abs. 1 TVG auszuschließen. Die Tarifautonomie als kollektive Privatautonomie beruht auf mitgliedschaftlicher Legitimation. Sind Unternehmen nicht bereit, sich der tariflichen Normsetzungsbefugnis zu unterwerfen, so ist das zu respektieren.[96] Allerdings genügt es nicht, für die Mitglieder ohne Tarifbindung lediglich die Rechtsfolgen des § 3 Abs. 1 TVG abzubedingen. Zur Wahrung der Funktionsfähigkeit der Tarifautonomie ist ein „Gleichlauf von Verantwortlichkeit und Betroffenheit" erforderlich. Die Satzung muss deshalb für Tarifangelegenheiten eine eindeutige Trennung der Befugnisse von Mitgliedern mit und ohne Tarifbindung vorsehen. OT-Mitglieder dürfen keinen Einfluss auf tarifpolitische Entscheidungen nehmen können, sie dürfen also z.B. nicht Mitglied in Tarifkommissionen sein, den Verband nicht tarifpolitisch vertreten und nicht bei der Verwaltung von Streikfonds mitwirken.[97] Zulässig sind die Beteiligung bei der Erörterung tarifpolitischer Fragen mit beratender Stimme und die Unterstützung eines Arbeitskampfs durch Beiträge oder sonstige Mittel.[98] **Keine OT-Mitgliedschaft** einführen dürfen **Handwerksinnungen**. Nach der HandwerksO dürfen Innungen Tarifverträge abschließen, um im Handwerk mit seinen zumeist kleinen Betrieben eine tarifliche Ordnung herzustellen. Dieser Gesetzeszweck wäre gefährdet, wenn einzelne Innungsmitglieder die Bindung für sich ausschließen könnten.[99]

78

Ändert ein Mitglied seinen Status von „mit Tarifbindung" in „ohne Tarifbindung", so gilt dies tarifrechtlich als Verbandsaustritt. Das neue OT-Mitglied bleibt bis zum Ablauf oder bis zur Änderung des alten Verbandstarifvertrags an diesen gebunden (§ 3 Abs. 3 TVG analog); danach wirkt der Tarifvertrag (abdingbar) nach (§ 4 Abs. 5 TVG). Die Fristen für den Austritt oder für den Wechsel in eine Mitgliedschaft ohne Tarifbindung können die Verbände aufgrund ihrer Satzungsautonomie frei bestimmen.[100] Erfolgt ein Austritt oder ein Wechsel aber zwischen dem Beginn von Tarifverhandlungen und dem Abschluss eines

79

---

[94] BAG 24.2.1999, AP Nr. 17 zu § 3 TVG Verbandszugehörigkeit.
[95] *Hueck/Nipperdey*, Arbeitsrecht II/1, S. 107; *Löwisch*, ZfA 1974, 37; Wiedemann/*Oetker*, § 2 TVG Rn. 30; a.A. *Buchner*, NZA 1994, 4.
[96] BAG 18.7.2006, NZA 2006, 1225, 1230 ff.
[97] BAG 4.6.2008, NZA 2008, 1366, 1369 ff.; verfassungsrechtlich unbedenklich: BVerfG 1.12.2010, NZA 2011, 60.
[98] BAG 22.4.2009, NZA 2010, 105; BAG 20.5.2009, NZA 2010, 102; BAG 19.6.2012, NZA 2012, 1372.
[99] BVerwG 23.3.2016 - 10 C 23/14; BAG 23.3.2016, NZA 2016, 779.
[100] BAG 20.5.2009, NZA 2010, 102.

Tarifvertrags (sog. **Blitzwechsel**), so bedarf er nach Ansicht des BAG zu seiner tarifrechtlichen Wirksamkeit der Transparenz im Verhältnis zu der beteiligten Gewerkschaft. Unterbleibe die Offenlegung, so sei der Arbeitgeber nach § 3 Abs. 1 TVG an den Tarifvertrag gebunden, der Gegenstand der Verhandlungen war. Das erfordere die Funktionsfähigkeit der Tarifautonomie.[101]

79a Kommt es zwischen dem Verband und einer Gewerkschaft zu einem Streik, dann kann das OT-Mitglied unter dem Gesichtspunkt des Partizipationsstreiks in den Arbeitskampf einbezogen werden, wenn seine Arbeitsverträge generell auf den umkämpften Tarifvertrag Bezug nehmen.[102] Das wird aber im allgemeinen nicht der Fall sein, weil das Unternehmen gerade deshalb in den OT-Status gewechselt ist, weil es den Tarifbedingungen entgehen will. Ob ein Unterstützungsstreik zulässig ist, ist offen. Dagegen spricht, dass ein OT-Mitglied gerade keinen Einfluss auf die Tarifpolitik des Verbands haben darf.[103] Unabhängig davon kann das OT-Mitglied jederzeit auf Abschluss eines Firmentarifvertrags in Anspruch genommen werden. Der Verbandstarifvertrag entfaltet für OT-Mitglieder keine Schutzwirkung.

d) Mehrheit von Parteien

80 Sind an einem Tarifabschluss **auf einer Seite mehrere Tarifvertragsparteien** beteiligt (z.B. im Bereich der Leiharbeit der Tarifvertrag zwischen IGM, IG BCE, NGG, GEW, IG Bau, ver.di, GdP und IGZ), so spricht man von einem **mehrgliedrigen Tarifvertrag**. Die Tarifvertragsparteien entscheiden, ob es sich dabei um ein einheitliches Tarifwerk handelt (sog. **Einheitstarifvertrag**) oder um parallele Tarifverträge, die nur äußerlich in einer Urkunde zusammengefasst sind (**mehrgliedriger Tarifvertrag i.e.S.**). Beim Einheitstarifvertrag sind die Tarifvertragsparteien einer Seite bei der Ausübung von Rechten und der Erfüllung von Pflichten aus dem schuldrechtlichen Teil in der Weise aneinander gebunden, dass sie im Verhältnis zur Gegenseite eine „Einheit" darstellen. Sie können den Tarifvertrag nur gemeinsam kündigen, haften bei einer Vertragsverletzung als Gesamtschuldner und sind im Prozess notwendige Streitgenossen (§ 62 ZPO). Ob die Beteiligten einen Einheitstarifvertrag oder einen mehrgliedrigen Tarifvertrag i.w.S. vereinbart haben, ist durch Auslegung zu ermitteln (§§ 133, 157 BGB). Dabei ist von der Regel auszugehen, dass nur mehrere gleichlautende Tarifverträge in einer Urkunde äußerlich miteinander verknüpft werden sollen, weil die Parteien im Zweifel nicht ihre Tarifmacht beschränken wollen.[104] Das gilt insbesondere, wenn die Tarifverträge getrennt geschlossen, getrennt ausformuliert und mit unterschiedlichen Laufzeiten und Kündigungsmöglichkeiten versehen werden.[105] Beim Einheitstarifvertrag müssen – anders als beim mehrgliedrigen Tarifvertrag i.e.S. – alle beteiligten Arbeitnehmerkoalitionen tariffähig sein; sonst ist der Tarifvertrag unwirksam.

---

[101] BAG 26.8.2009, NZA 2010, 230; BAG 19.6.2012, NZA 2012, 1372, hier auch Einzelheiten zu den Anforderungen an die Information; krit. dazu *Franzen*, NZA-Beil. 2011, 108, 110 ff.
[102] BAG 19.6.2012, NZA 2012, 1372.
[103] *Willemsen/Mehrens*, NZA 2013, 79, 81 f.
[104] BAG 6.11.2006, NZA 2007, 576, 577.
[105] BAG 21.10.2009, NZA-RR 2010, 477.

Dagegen muss die satzungsmäßige Zuständigkeit der einzelnen Gewerkschaften den beanspruchten Geltungsbereich des Tarifvertrags nicht vollständig abdecken. Der Tarifvertrag gilt dann aber nur, soweit der Organisationsbereich der Einzelgewerkschaften reicht.[106]

2. Beginn des Tarifvertrags

a) Schuldrechtlicher Teil

Der Tarifvertrag begründet zwischen den Parteien ein **Dauerschuldverhältnis**.[107] 81
Das Tarifverhältnis beginnt mit dem schriftlichen Abschluss des Tarifvertrags. Ab diesem Zeitpunkt bestehen für die Tarifparteien die Friedenspflicht und die Einwirkungspflicht.

b) Normativer Teil

Ab welchem Zeitpunkt die Tarifnormen für Dritte Wirkung entfalten, richtet sich 82
nach der im Tarifvertrag vorgesehenen Regelung. Es kann vereinbart werden, dass die Tarifwirkung mit Abschluss des Tarifvertrags oder zu einem späteren Termin einsetzt.

c) Rückwirkung

Tarifverträge können sich grundsätzlich Rückwirkung beilegen. Voraussetzung ist, 83
dass die Rückwirkung eindeutig im Tarifvertrag geregelt ist.[108] Da der normative Teil als Gesetz im materiellen Sinne betrachtet wird, sind die für die Rückwirkung von Gesetzen entwickelten Grundsätze anzuwenden.[109] Dabei pflegt man zwischen echter und unechter Rückwirkung zu unterscheiden:

aa) Echte Rückwirkung. Bei einer echten Rückwirkung (= tatbestandliche Rück- 84
anknüpfung) greift ein Gesetz nachträglich in bereits abgeschlossene, der Vergangenheit angehörende Tatbestände ein. Eine echte Rückwirkung von belastenden Gesetzen ist grundsätzlich unzulässig. Ausnahmsweise gilt etwas anderes, wenn der Betroffene nicht auf das Fortbestehen der Rechtslage vertrauen durfte. Das ist der Fall, wenn
– er mit einer neuen Regelung rechnen musste,[110]
– geltendes Recht unklar und verworren ist,[111]

---

[106] BAG 15.11.2006, NZA 2007, 448; zu der Problematik bei der Leiharbeit s. nur *Bayreuther*, NZA 2012, 14 ff.; *Lembke*, NZA 2011, 1062, 1065 ff.
[107] BAG 18.12.1996, AP Nr. 1 zu § 1 TVG Kündigung.
[108] BAG 21.7.1988, AP Nr. 10 zu § 1 TVG Rückwirkung.
[109] BAG 23.11.1994, AP Nr. 12 zu § 1 TVG Rückwirkung; BAG 17.5.2000, DB 2000, 2481.
[110] BAG 22.10.2003, NZA 2004, 444; BAG 11.10.2006, NZA 2007, 634, 636.
[111] BAG 27.6.2006, NZA 2006, 1285, 1288.

§ 13 Tarifvertragsrecht

- der Betroffene sich nicht auf den Rechtsschein einer unwirksamen Norm verlassen durfte oder
- zwingende Gründe des Gemeinwohls den Vorrang vor der Rechtssicherheit haben.

85 Tarifverträge tragen auch während ihrer Laufzeit den immanenten Vorbehalt der rückwirkenden Abänderbarkeit durch Tarifvertrag in sich. Dies gilt auch für bereits entstandene und fällig gewordene, noch nicht abgewickelte Ansprüche, die aus einer Tarifnorm folgen (sog. **wohlerworbene Rechte**). Die Gestaltungsfreiheit der Tarifvertragsparteien zur rückwirkenden Änderung tariflicher Regelungen ist durch den **Grundsatz des Vertrauensschutzes** der Normunterworfenen begrenzt. Es gelten dieselben Regeln wie bei Gesetzen. Der Vertrauensschutz entfällt, wenn und sobald die Normunterworfenen mit einer Änderung rechnen müssen. Dabei muss nicht der einzelne Kenntnis von den zugrunde liegenden Umständen haben; entscheidend ist die Kenntnis der betroffenen Kreise. Voraussetzung für eine Rückwirkung ist allerdings immer, dass sowohl im Zeitpunkt des rückwirkenden Inkrafttretens als auch bei Abschluss des Tarifvertrags beidseitige Tarifbindung besteht.[112]

86 Die Grundsätze über die Rückwirkung von Gesetzen gelten auch für die **rückwirkende Allgemeinverbindlicherklärung** eines Tarifvertrags. Bei einer Erneuerung oder Änderung eines früheren allgemeinverbindlichen Tarifvertrags müssen die Tarifgebundenen nicht nur mit der Allgemeinverbindlicherklärung des Nachfolgetarifvertrags rechnen, sondern auch mit der Rückbeziehung der Allgemeinverbindlicherklärung auf den Zeitpunkt seines Inkrafttretens.[113]

87 **bb) Unechte Rückwirkung.** Bei einer unechten Rückwirkung wird in Sachverhalte, die in der Vergangenheit begonnen haben und die noch nicht abgeschlossen sind, mit Wirkung für die Zukunft eingegriffen (z.B. Kürzung einer Weihnachtsgratifikation im bereits laufenden Kalenderjahr). Die unechte Rückwirkung ist grundsätzlich zulässig. Sie muss aber durch besondere, legitimierende Gründe gerechtfertigt sein. Außerdem sind die Tarifvertragsparteien an die aus dem Rechtsstaatsprinzip folgenden Grundsätze des Vertrauensschutzes und der Verhältnismäßigkeit gebunden. Die an das Gewicht der Änderungsgründe zu stellenden Anforderungen hängen von den Nachteilen ab, die dem Arbeitnehmer durch die Änderung entstehen. Bei einer **Versorgungsregelung** kann nur im Falle einer Änderung der Geschäftsgrundlage (§ 313 BGB) in den erdienten Besitzstand eingegriffen werden, sofern nicht bereits vor Entstehung des Anspruchs besondere Anhaltspunkte für verschlechternde tarifliche Eingriffe bestanden. Für sonstige, nicht übermäßig belastende Eingriffe genügt ein sachlicher Grund (Abbau einer Überversorgung, geänderte Gerechtigkeitsvorstellungen der Tarifvertragsparteien, Änderungen im Sozialversicherungsrecht).

---

[112] BAG 24.10.2007, NZA 2008, 131, 132 f.
[113] BAG 21.8.2007, NZA 2008, 183, 186.

3. Beendigung des Tarifvertrags

Der Tarifvertrag begründet zwischen den Tarifvertragsparteien ein Dauerschuldverhältnis, das erst dann endet, wenn ein Beendigungstatbestand erfüllt ist. Die Beendigung kann Rechtsfolge einer Abrede sein, auf der Ausübung eines Gestaltungsrechts beruhen oder sich aus sonstigen Gründen ergeben.

88

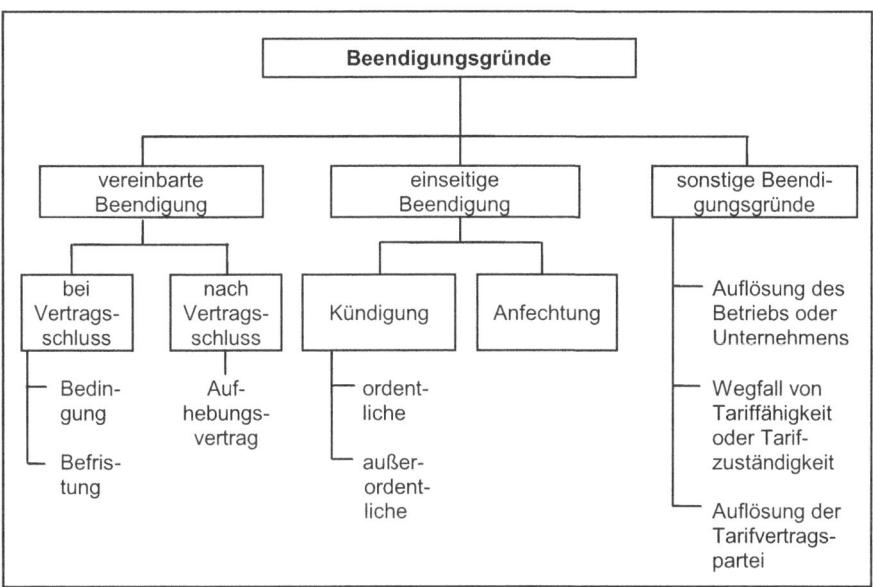

a) Befristung und Bedingung

aa) Befristeter Tarifvertrag. Tarifverträge können befristet abgeschlossen werden. Sie enden dann automatisch mit dem Ablauf der Zeit, für die sie eingegangen wurden, ohne dass es einer Kündigung oder eines Aufhebungsvertrags bedarf. Die ordentliche Kündigung eines befristet abgeschlossenen Tarifvertrags ist nur zulässig, wenn sie im Tarifvertrag ausdrücklich vereinbart ist. Die Möglichkeit einer außerordentlichen Kündigung besteht immer (§ 314 BGB). Nicht selten werden befristete Tarifverträge mit der Maßgabe abgeschlossen, dass sie nach einem vereinbarten Termin unter Einhaltung einer bestimmten Frist gekündigt werden können oder dass sie als für eine bestimmte Zeit verlängert gelten, wenn sie nicht rechtzeitig gekündigt werden. In beiden Fällen liegen der Sache nach Mindestfristen vor. Erst die Kündigung führt zur Beendigung des Tarifvertrags.

89

bb) Bedingter Tarifvertrag. Ebenfalls von selbst enden Tarifverträge unter einer auflösenden Bedingung (§ 158 Abs. 2 BGB), wenn die Bedingung eintritt (z.B. ein bestimmter Kaufkraftschwund seit Tarifabschluss, Abschluss eines neuen Tarifvertrags). Im Interesse der Rechtssicherheit muss der Eintritt der Bedingung ohne

90

weiteres feststellbar sein.[114] Zumeist wird aber nicht die automatische Beendigung des Tarifvertrags vereinbart, sondern ein Kündigungs- oder Anpassungsrecht („Revisionsklausel"), das es einer Vertragspartei ermöglicht, neue Tarifverhandlungen einzuleiten oder sich vom Tarifvertrag zu lösen.

b) Aufhebungsvertrag

91 Tarifverträge können auch einvernehmlich durch Aufhebungsvertrag beendet werden. Nach Ansicht der Rechtsprechung bedarf der Aufhebungsvertrag nicht der Schriftform.[115] Die Lehre lehnt das unter Hinweis auf § 1 Abs. 2 TVG, der die für Tarifnormen erforderliche Publizität bewirken will, ab.[116] Etwaige Kündigungsfristen müssen nicht eingehalten werden. Im Abschluss eines neuen Tarifvertrags über dieselben Regelungsgegenstände liegt die konkludente Aufhebung des ursprünglichen Vertrags.[117] Heben bei einem mehrgliedrigen Tarifvertrag nicht alle auf einer Seite stehenden Vertragsparteien den Tarifvertrag auf, so endet der Tarifvertrag nur für die Parteien, die ihn aufgehoben haben; den anderen kann aber ein Recht zur außerordentlichen Kündigung zustehen.[118]

c) Ordentliche Kündigung

92 Als Dauerschuldverhältnis kann der Tarifvertrag einseitig durch Kündigung beendet werden. Ihre Wirksamkeit richtet sich nach den Vorschriften des BGB. In der Erklärung muss deutlich zum Ausdruck kommen, dass der Tarifvertrag beendet werden soll.[119] **Schriftform** ist, soweit nichts anderes vereinbart ist, **nicht erforderlich**.[120] Kündigungsberechtigt sind nur die Tarifvertragsparteien. Tarifvertragspartei ist, wer im Tarifvertrag als solche angegeben ist. Hat beispielsweise ein Spitzenverband, etwa der Zentralverband des deutschen Baugewerbes, einen Tarifvertrag im eigenen Namen geschlossen, so kann ein regionaler Fachverband, der Mitglied des Spitzenverbands ist, den Tarifvertrag nicht selbst kündigen.[121]

93 Enthält der Tarifvertrag keine Kündigungsfristen oder -termine, so ist er nach h.M. entsprechend § 77 Abs. 5 BetrVG, § 28 Abs. 2 S. 3 SprAuG mit einer **Frist von drei Monaten** kündbar.[122] Beim mehrgliedrigen Tarifvertrag hat im Zweifel jede Vertragspartei das Recht zur Kündigung. Unter den übrigen Vertragsparteien bleibt der Tarifvertrag bestehen vorbehaltlich des dann möglicherweise gegebenen außerordentlichen Kündigungsrechts.

---

[114] *Löwisch/Rieble*, § 1 TVG Rn. 1363; Wiedemann/*Wank*, § 4 TVG Rn. 15.
[115] BAG 8.9.1976, AP Nr. 5 zu § 1 TVG Form.
[116] *Löwisch/Rieble*, § 1 TVG Rn. 1567; Schaub/*Treber*, ArbR-Hdb., § 208 Rn. 4.
[117] *Löwisch/Rieble*, § 1 TVG Rn. 1369; *Stein*, Tarifvertragsrecht, Rn. 125.
[118] Wiedemann/*Wank*, § 4 TVG Rn. 16.
[119] BAG 26.9.1984, AP Nr. 21 zu § 1 TVG.
[120] BAG 26.7.2016, NZA 2016, 1543 Rn. 35 m.w.N.
[121] BAG 26.4.2000, AP Nr. 4 zu § 1 TVG Kündigung.
[122] BAG 18.6.1997, NZA 1997, 1234, Schaub/*Treber*, ArbR-Hdb., § 208 Rn. 5.

Umstritten ist, ob der Tarifvertrag auch teilweise gekündigt werden kann. Das wird **94** zu Recht bejaht, wenn die Tarifvertragsparteien entsprechende Regelungen getroffen haben.[123] Der Sache nach handelt es sich dabei um einen Änderungsvorbehalt mit Ankündigungsfrist. Im übrigen ist die Teilkündigung abzulehnen, weil sonst die Gefahr besteht, dass im Wege des Kompromisses gefundene Gesamtregelungen auseinandergerissen werden.[124]

d) Außerordentliche Kündigung

Ein Tarifvertrag als Dauerschuldverhältnis ist außerordentlich kündbar,[125] wenn **95** seine Fortsetzung bis zum vereinbarten Ende oder bis zum Ablauf der ordentlichen Kündigungsfrist einer Seite nicht zugemutet werden kann (§ 314 BGB). Dabei gilt nach der Rechtsprechung das ultima-ratio-Prinzip. Die außerordentliche Kündigung ist nur dann zulässig, wenn es keine andere Möglichkeit gibt, die Unzumutbarkeit zu beseitigen. Ein weniger belastendes Mittel ist die Nach- oder Neuverhandlung des Tarifvertrags. Mitunter ergibt sich die Neuverhandlungspflicht bereits aus einer Revisionsklausel. Eine Kündigung ohne Nachverhandlung und ohne Unterbreitung eines zumutbaren Änderungsangebots ist grundsätzlich unwirksam.[126] Da Tarifverträge als Normenverträge die Arbeitsbedingungen von Dritten regeln, werden an den Grund für eine außerordentliche Kündigung mit Recht strenge Anforderungen gestellt.[127]

Beispiele: Schwere Pflichtverletzungen einer Tarifvertragspartei, insbesondere Verstöße gegen die tarifliche Friedenspflicht, Änderung der Rechtslage, Wegfall der Tariffähigkeit, Auflösung einer Tarifvertragspartei, ordentliche Kündigung eines mehrgliedrigen Tarifvertrags für die Parteien, die nicht selbst den Tarifvertrag gekündigt haben, sowie Wegfall der Geschäftsgrundlage.[128]

Welche Umstände bei der außerordentlichen Kündigung als wichtiger Grund zu berück- **96** sichtigen sind, richtet sich nach dem Vorbringen des Kündigenden.[129] Stets bedarf es einer Interessenabwägung im Einzelfall. Besonders umstritten ist die Frage, ob und inwieweit eine **Änderung der wirtschaftlichen Verhältnisse** zu einer außerordentlichen Kündigung berechtigt. Die Rechtsprechung hat bislang nicht abschließend Stellung bezogen.[130] Die Lehre gibt zu Recht zu bedenken, dass jeder Tarifvertrag als Dauerschuldverhältnis das Risiko einer falschen Einschätzung der wirtschaftlichen Rahmendaten (z.B. Konjunkturver-

---

[123] BAG 16.8.1990, AP Nr. 19 zu § 4 TVG Nachwirkung; BAG 26.7.2016, NZA 2016, 1543 Rn. 31; Kempen/Zachert/*Stein*, § 4 TVG Rn. 188; Wiedemann/*Wank*, § 4 TVG Rn. 26.
[124] BAG 26.7.2016, NZA 2016, 1543 Rn. 31; offengelassen in BAG 3.5.2006, NZA 2006, 1125; *Löwisch/Rieble*, § 1 TVG Rn. 1393; Wiedemann/*Wank*, § 4 TVG Rn. 26.
[125] St. Rspr., vgl. BAG 18.2.1998, AP Nr. 3 zu § 1 TVG Kündigung.
[126] BAG 18.12.1996, AP Nr. 1 zu § 1 TVG Kündigung; *Oetker*, RdA 1995, 82, 96.
[127] BAG 18.12.1996, 18.6.1997, AP Nr. 1, 2 zu § 1 TVG Kündigung.
[128] Im einzelnen str., vgl. *Löwisch/Rieble*, § 1 TVG Rn. 1604 ff.; Kempen/Zachert/*Stein*, § 4 TVG Rn. 182; Wiedemann/*Wank*, § 4 TVG Rn. 28 ff.
[129] BAG 18.2.1998, AP Nr. 3 zu § 1 TVG Kündigung.
[130] BAG 18.12.1996, 18.2.1998 AP Nr. 1, 3 zu § 1 TVG Kündigung.

lauf, Währungsverhältnisse, Entwicklung von Steuern und Sozialabgaben) in sich trägt. Die Tarifvertragsparteien haben die Möglichkeit, das Risiko von Fehleinschätzungen durch Vereinbarung angemessener Laufzeiten oder von Anpassungsklauseln zu verringern. Eine außerordentliche Kündigung wird im allgemeinen nur bei einer langen Laufzeit oder bei einer ganz einschneidenden Änderung in Betracht kommen.[131] Ein wichtiger Grund wird nur dann gegeben sein, wenn die wirtschaftliche Belastung, um deren Beseitigung oder Milderung es dem Kündigenden geht, aufgrund nicht vorhersehbarer Umstände wenigstens tendenziell zu wirtschaftlicher Existenzgefährdung führt.[132] Offen ist, ob der gekündigte Tarifvertrag nach § 4 Abs. 5 TVG nachwirkt.

e) Anfechtung

97 Der Tarifvertrag kann bei Irrtum, rechtswidriger Drohung oder arglistiger Täuschung nach den §§ 119, 123 BGB angefochten werden.[133] Jede Partei kann sich durch Anfechtung vom Tarifvertrag lösen, wenn der Anfechtungsgrund zur Zeit der Lossagung noch besteht.[134] Bei einem Verbandstarifvertrag steht das Recht zur Lossagung nur den Verbänden zu. Die Nichtigkeitsfolge (§ 142 Abs. 1 BGB) ist auf die Zukunft zu beschränken, da sich eine Rückabwicklung schon aus praktischen Gründen verbietet.

f) Sonstige Beendigungsgründe

98 Der Tarifvertrag endet, wenn er **gegenstandslos** wird. Das ist regelmäßig dann der Fall, wenn das Unternehmen oder der Betrieb, für den der Tarifvertrag gelten soll, aufgelöst wird. Bei **Wegfall der Tariffähigkeit oder Tarifzuständigkeit** entfällt die zwingende Wirkung des Tarifvertrags; er wirkt aber nach (§ 4 Abs. 5 TVG). Die **Auflösung eines Arbeitgeberverbands** berührt dagegen die Wirksamkeit eines Tarifvertrags **nicht**.[135] Dasselbe gilt für die **Insolvenz**; der Verband besteht fort, soweit dies der Abwicklungszweck erfordert. Zur Abwicklung gehört auch die Abwicklung von Tarifverträgen.[136] Bei einer **Verschmelzung** durch Aufnahme oder durch Neugründung (§ 2 Nr. 1, 2 UmwG) tritt der aufnehmende Rechtsträger in die vom verschmolzenen Rechtsträger abgeschlossenen Firmentarifverträge ein.[137]

---

[131] *Löwisch/Rieble*, § 1 TVG Rn. 1621 ff.; Kempen/Zachert/*Stein*, § 4 TVG Rn. 181.
[132] BAG 18.2.1998, AP Nr. 3 zu § 1 TVG Kündigung; Wiedemann/*Wank*, § 4 TVG Rn. 58.
[133] *Löwisch/Rieble*, § 1 TVG Rn. 1536 ff., 1540 ff.; Kempen/Zachert/*Stein*, § 4 TVG Rn. 193; Wiedemann/*Wank*, § 4 TVG Rn. 53; offengelassen von BAG, AP Nr. 6 zu § 1 TVG Form.
[134] Wiedemann/*Wank*, § 4 TVG Rn. 53; a.A. Kempen/Zachert/*Stein*, § 4 TVG Rn. 193; *Stein*, Tarifvertragsrecht, Rn. 97: Nur Recht zur außerordentlichen Kündigung.
[135] BAG 23.1.2008, NZA 2008, 771, 773.
[136] BAG 27.6.2000, NZA 2001, 334.
[137] BAG 4.7.2007, NZA 2008, 307, 310.

4. Auswirkungen der Beendigung auf den schuldrechtlichen Teil

Endet der Tarifvertrag, so erlöschen die **schuldrechtlichen Wirkungen**. Friedens- und Einwirkungspflicht enden, sofern ihre Fortwirkung nicht anderweitig, etwa in einem Schlichtungsabkommen, geregelt ist. **99**

5. Auswirkungen der Beendigung auf den normativen Teil: Nachwirkung

a) Inhalt der Regelung

Nach Ablauf des Tarifvertrags gelten seine Rechtsnormen **weiter**, bis sie durch eine andere Abmachung **ersetzt** werden (§ 4 Abs. 5 TVG). Das gilt auch für Tarifnormen, die nach § 3 Abs. 3 TVG weitergegolten hatten, und für Tarifnormen, die nur kraft Allgemeinverbindlichkeit auf Außenseiter anwendbar waren (§ 5 Abs. 5 S. 3 TVG).[138] Die Regelungen eines abgelaufenen Tarifvertrags bleiben Rechtsnormen, d.h. sie gelten weiter unmittelbar. Es entfällt lediglich die zwingende Wirkung.[139] Die Nachwirkung betrifft **alle Normenarten**. **100**

b) Sinn und Zweck

§ 4 Abs. 5 TVG ist eine **Schutznorm** zugunsten der Arbeitnehmer. Sie hat im wesentlichen **Überbrückungsfunktion**. Es soll verhindert werden, dass die Arbeitsverhältnisse „inhaltsleer" werden,[140] wenn die Arbeitsvertragsparteien von der Geltung des einschlägigen Tarifvertrags ausgegangen sind und deshalb auf eigene Regelungen verzichtet haben. Überdies versetzt die Nachwirkung die Tarifvertragsparteien in die Lage, ohne Zeitdruck über einen neuen Tarifvertrag zu verhandeln, da bis zur Vereinbarung eines neuen Tarifvertrags, d.h. während des – fälschlich – so genannten tariflosen Zustands, die alten Regelungen gültig bleiben.[141] Der Überbrückungsfunktion entspricht es, wenn die tarifliche Situation beim Ablauf des Tarifvertrags „eingefroren" wird. Enthält ein Tarifvertrag eine dynamische Verweisung auf andere Rechtsnormen, wirken die in Bezug genommenen Vorschriften deshalb nicht in ihrer jeweiligen, sondern nur in der bei Ablauf des Tarifvertrags geltenden Fassung fort.[142] § 4 Abs. 5 TVG ist tarifdispositiv; die Tarifvertragsparteien können ausdrücklich oder konkludent auf den Überbrückungsschutz verzichten.[143] **101**

---

[138] BAG 25.10.2000, NZA 2001, 1146.
[139] BAG 29.1.1975, 28.1.1987 AP Nr. 8, 16 zu § 4 TVG Nachwirkung.
[140] Genauer: sich vor noch nach den gesetzlichen Regelungen richten, BAG 3.4.2007, NZA 2007, 1045, 1047; Henssler/Moll/Bepler/*Höpfner*, Teil 9 Rn. 23.
[141] Allg. M., vgl. nur BAG 18.3.1992, 2.12.1992, AP Nr. 13, 14 zu § 3 TVG.
[142] BAG 29.1.2008, NZA 2008, 541 f.; BAG 22.3.2017, NZA 2017 587.
[143] BAG 21.8.2007, NZA 2008, 183, 185; BAG 22.10.2008, NZA 2009, 265, 266.

§ 13 Tarifvertragsrecht

c) Anwendungsbereich

102 **aa) Unmittelbarer Anwendungsbereich.** Die Normen eines Tarifvertrags wirken bei unmittelbarer Anwendung des § 4 Abs. 5 TVG nur dann nach, wenn der Tarifvertrag abgelaufen ist. Unter „Ablauf" ist die Beendigung des Tarifvertrags in zeitlicher Hinsicht zu verstehen.[144]

103 **bb) Entsprechende Anwendung.** Rechtsprechung und herrschende Lehre haben den Anwendungsbereich des § 4 Abs. 5 TVG weit über den eigentlichen Wortlaut hinaus ausgedehnt. Wenn § 4 Abs. 5 TVG eine Überbrückungsregelung zur Vermeidung inhaltsleerer Arbeitsverhältnisse darstellt, so ist es folgerichtig, § 4 Abs. 5 TVG analog anzuwenden, wenn die Arbeitsverhältnisse inhaltsleer zu werden drohen, weil eine andere Voraussetzung für die Tarifwirkung wegfällt.[145]

Beispiele: Vorzeitige Beendigung des Tarifvertrags wegen des Wegfalls einer Tarifvertragspartei; Herauswachsen eines Betriebs aus dem räumlichen oder fachlichen Geltungsbereich des Tarifvertrags, z.B. durch Produktionswechsel (statt Metall werden Kunststoffe verarbeitet) oder durch Änderung der Organisation; Übergang eines Betriebs, der unter einen Verbandstarifvertrag fällt, auf einen anderen Inhaber aufgrund eines Erbfalls.

104 Dagegen wird § 4 Abs. 5 TVG nicht, auch nicht entsprechend, angewendet,
– wenn ein Betrieb im Wege der **Einzelrechtsnachfolge** auf einen anderen Inhaber übergeht; in diesem Fall ist § 613a Abs. 1 S. 2-4 BGB die speziellere Norm;
– wenn ein Betrieb im Wege der **partiellen Gesamtrechtsnachfolge** nach den Vorschriften des UmwG auf einen anderen Inhaber übergeht; auch in diesem Fall ist § 613a Abs. 1 S. 2-4 BGB gegenüber § 4 Abs. 5 TVG die speziellere Norm (§ 324 UmwG);
– wenn ein Betrieb, für den ein **Firmentarifvertrag** gilt, im Wege der Gesamtrechtsnachfolge auf einen anderen Inhaber übergeht; hier rückt der neue Betriebsinhaber aufgrund der Gesamtrechtsnachfolge in die Rechtsstellung seines Vorgängers ein. Bei einer Umwandlung nach dem UmwG gilt ein Firmentarifvertrag als Verbindlichkeit i.S.d. § 20 Abs. 1 Nr. 1 UmwG,[146]
– bei einem Tarifvertrag über eine **gemeinsame Einrichtung** der Tarifvertragsparteien (§ 4 Abs. 2 TVG), wenn der Arbeitgeber die Branche wechselt.[147]

105 **cc) Nachwirkung auch gegenüber Neueingestellten?** Die Nachwirkung der alten Tarifnormen erstreckt sich nach der Rechtsprechung **nicht** auf Arbeitsverhältnisse, die erst während des Nachwirkungszeitraums begründet werden und nicht auf Arbeitsverhältnisse von Arbeitnehmern, die erst im Nachwirkungszeitraum der

---

[144] BAG 13.7.1994, AP Nr. 14 zu § 3 TVG Verbandszugehörigkeit.
[145] BAG 18.3.1992, 2.12.1992, AP Nr. 13, 14 zu § 3 TVG.
[146] BAG 24.6.1998, AP Nr. 1 zu § 20 UmwG.
[147] BAG 9.11.1999, AP Nr. 5 zu § 3 TVG Verbandsaustritt.

Gewerkschaft beitreten.[148] Die Nachwirkung setze voraus, dass der Tarifvertrag einmal mit den Wirkungen des § 4 Abs. 1 und 3 TVG gegolten hat. Sie solle nur gewährleisten, dass bestehende Arbeitsverhältnisse nicht inhaltsleer werden. Anderes soll nur bei Auszubildenden gelten, deren Ausbildungsverhältnis während des Nachwirkungszeitraums in ein Arbeitsverhältnis übergeht.[149]

Die Literatur hält dem entgegen, dass die Tarifbedingungen, anders als im Tarifrecht der Weimarer Republik, nicht mehr Teil des Arbeitsvertrags werden, sondern von außen auf ihn einwirken. Bleibe die normative Wirkung im Nachwirkungszeitraum des § 4 Abs. 5 TVG erhalten, müssten alle Arbeitsverhältnisse erfasst werden, bei denen die Voraussetzungen der Tarifbindung vorliegen.[150] In der Praxis kann man sich damit behelfen, dass in den Arbeitsverträgen auf die nachwirkenden Tarifbedingungen Bezug genommen wird. Die Bedingungen des alten Tarifvertrags gelten dann für Neueingetretene kraft Arbeitsvertrags. 106

d) Ende der Nachwirkung

aa) Grundsatz. Nach Ablauf des Tarifvertrags gelten dessen Bestimmungen solange weiter, bis sie durch eine **andere Abmachung** ersetzt werden (§ 4 Abs. 5 TVG). Eine „andere Abmachung" kann ein Tarifvertrag, eine Betriebsvereinbarung, eine Sprechervereinbarung oder eine vertragliche Abrede sein.[151] Eine zeitliche Begrenzung der Nachwirkung, wie sie teilweise in der Literatur[152] gefordert wird, lehnt die Rechtsprechung ab.[153] Art. 9 Abs. 3 GG stehe dem nicht entgegen. Nachwirkende Tarifnormen übten keinen unzulässigen Druck auf Arbeitgeber aus, die Mitgliedschaft in einem Verband (wieder) zu erwerben oder ihm fernzubleiben. Anders könne es sein, wenn eine unbegrenzte Nachwirkung nur durch einen Tarifvertrag beseitigt werden könne, der möglicherweise erst durch Kampfmaßnahmen erzwungen werden müsse, wie bei Betriebsnormen.[154] 107

bb) Ablösung durch Tarifvertrag. Die Nachwirkung des alten Tarifvertrags wird durch einen neuen Tarifvertrag beendet, wenn dieser konkret auf das Arbeitsverhältnis anwendbar ist und für dieses unmittelbar und zwingend gilt. Das ist der Fall, wenn beide Arbeitsvertragsparteien an den neuen Tarifvertrag gebunden sind (§ 4 Abs. 1 TVG) oder wenn der neue Tarifvertrag allgemeinverbindlich ist (§ 5 Abs. 4 TVG). In diesem Fall löst der neue Tarifvertrag den alten insoweit ab, als er denselben Regelungsbereich erfasst („Zeitkollisionsregel", vielfach auch Ablösungsprinzip genannt). Möglich ist auch eine stillschweigende Ablösung, wenn ein Tarifvertrag einen bestimmten Komplex von Arbeitsbedingungen insgesamt neu 108

---
[148] BAG 27.9.2017, NZA 2018, 177.; Henssler/Moll/Bepler/*Höpfner*, Teil 9 Rn. 36.
[149] BAG 7.5.2008, NZA 2008, 886, 887.
[150] Kempen/Zachert/*Kempen*, § 4 TVG Rn. 723; *Lieb/Jacobs*, Arbeitsrecht, Rn. 502.
[151] BAG 28.5.1997, AP Nr. 26 zu § 4 TVG Nachwirkung.
[152] *Diller/Bauer*, DB 1993, 1085, 1089; *Rieble*, Arbeitsmarkt und Wettbewerb, Rn. 1557: ein Jahr; Wiedemann/*Oetker*, § 3 TVG Rn. 102: zwei Jahre.
[153] BAG 15.10.2003, NZA 2004, 387.
[154] BAG 26.4.1990, NZA 1990, 850.

regelt. Der neue Tarifvertrag muss die ursprüngliche Regelung nicht aufgreifen, bestätigen, ändern oder ausdrücklich für beendet erklären.[155] Da beide Tarifverträge denselben Rang haben, findet auch **kein Günstigkeitsvergleich** zwischen ihnen statt. Zur Ablösung tariflicher Altersversorgungsregelungen bedarf es rechtfertigender Gründe. Wie gewichtig sie sein müssen, hängt von den Nachteilen für den Versorgungsberechtigten ab.[156]

109 Ist nur der Arbeitnehmer an den neuen Tarifvertrag gebunden, bleibt es bei der Nachwirkung des alten Tarifvertrags. Ist nur der Arbeitgeber an den neuen Tarifvertrag gebunden, so ist streitig, ob es zur **Tarifpluralität** (s. unten Rn. 272) kommt. Die Rechtsprechung verneint das.[157] Die Überbrückungsfunktion des § 4 Abs. 5 TVG sei hier unverzichtbar.

110 **cc) Ablösung durch Betriebsvereinbarung/Sprechervereinbarung.** Tarifrechtlich steht einer Ablösung nachwirkender Bedingungen durch eine Betriebs- oder Sprechervereinbarung nichts im Wege.[158] Die nicht mehr zwingende tarifliche Regelung kann grundsätzlich durch rangniedrigeres Recht beseitigt werden. Betriebs- und Sprechervereinbarung bieten für die Praxis den Vorteil einer betriebseinheitlichen Lösung.

111 Die Betriebsvereinbarung unterliegt jedoch – anders als die Sprechervereinbarung – der Schranke des § 77 Abs. 3 BetrVG. Arbeitsentgelte und sonstige Arbeitsbedingungen, die durch Tarifvertrag geregelt sind oder üblicherweise geregelt werden, können nicht Gegenstand einer Betriebsvereinbarung sein. Das schließt nicht aus, dass die Betriebsparteien bereits vor Ablauf des Tarifvertrags eine Abmachung über die Änderung derartiger Tarifbedingungen abschließen, wenn ihr Regelungswille darauf gerichtet ist, diese Regelungen in Anbetracht der bevorstehenden Beendigung und des darauffolgenden Eintritts der Nachwirkung abzuändern.[159] Eine Betriebsvereinbarung kommt deshalb nur in Betracht, wenn in dem Tarifbereich, zu dem der Betrieb gehört, keine Tarifverträge (mehr) abgeschlossen werden oder wenn der Tarifvertrag, der in dem Tarifbereich gilt oder üblicherweise vereinbart wird, eine Öffnungsklausel enthält (§ 77 Abs. 3 S. 2 BetrVG), s. im einzelnen § 16 Rn. 364 ff.

112 Ist ausnahmsweise der Abschluss einer Betriebsvereinbarung zulässig, so können mit ihrer Hilfe Tarifbedingungen nicht nur verbessert, sondern auch verschlechtert werden. Das Verbot der Ablösung von Arbeitsvertragsbedingungen durch Betriebsvereinbarung (s. § 16 Rn. 384 ff.) steht nicht entgegen. Die Tarifbestimmungen bleiben Tarifnormen; sie werden nicht Bestandteil des Arbeitsvertrags.

113 **dd) Ablösung durch Änderungsvertrag.** Tarifnormen, die den Inhalt und die Beendigung des Arbeitsverhältnisses nur noch kraft Nachwirkung regeln, können

---

[155] BAG 21.10.2009, NZA-RR 2010, 477.
[156] BAG 20.9.2016, NZA 2018, 64.
[157] BAG 28.5.1997, AP Nr. 26 zu § 4 TVG Nachwirkung.
[158] BAG 24.2.1987, AP Nr. 21 zu § 77 BetrVG 1972.
[159] BAG 15.5.2018, NZA 2018, 1151.

jederzeit arbeitsvertraglich abgeändert werden.[160] Der Änderungsvertrag unterliegt zwar unter Umständen einer Inhaltskontrolle (§ 310 Abs. 4 S. 1, 2 BGB); zur Unwirksamkeit von Änderungsvereinbarungen wird das aber in den seltensten Fällen führen. Das gilt vor allem dann, wenn gleichzeitig die Normen des nun einschlägigen Tarifvertrags vereinbart werden (§ 310 Abs. 4 S. 3 BGB). Nicht durch Vertrag abgeändert werden können Betriebsnormen und betriebsverfassungsrechtliche Normen.[161]

Die Nachwirkung kann trotz des Wortlauts von § 4 Abs. 5 TVG („... gelten seine Rechtsnormen weiter, bis sie durch eine andere Abmachung ersetzt werden") auch durch eine **vor dem Beginn der Nachwirkung getroffene Vereinbarung** ausgeschlossen werden. Von der Privatautonomie erfasst sind auch Verträge, die erst in Zukunft Wirkung entfalten sollen. Die Abrede muss jedoch darauf gerichtet sein, eine bestimmte bestehende Tarifregelung in Anbetracht ihrer bevorstehenden Beendigung und des darauf folgenden Eintritts der Nachwirkung abzuändern. Allein aus dem Umstand, dass eine vorher geschlossene Vereinbarung denselben Regelungsbereich betrifft und anders regelt als die Tarifbestimmung, kann nicht auf eine andere Abmachung i.S.d. § 4 Abs. 5 TVG geschlossen werden.[162] Das automatische Wiederaufleben untertariflicher Bedingungen würde die mit § 4 Abs. 5 TVG bezweckte Überbrückungsfunktion des Tarifvertrags unterlaufen.[163]

114

Für das **Zustandekommen** eines Änderungsvertrags gelten die **allgemeinen Grundsätze** (s. dazu ausf. Band 1, § 5 Rn. 170 ff.). Der Arbeitgeber unterbreitet ausdrücklich oder schlüssig ein Angebot auf Änderung, d.h. auf Ablösung der alten Bedingungen[164] und Einbeziehung von Normen des neuen Tarifvertrags in den Arbeitsvertrag.[165] Ein **konkludentes Angebot** auf Entlohnung nach dem neuen Tarifvertrag kann darin liegen, dass der Arbeitgeber die Arbeitnehmer in die Entgeltgruppen dieses Tarifvertrags eingruppiert und/oder ihnen das Entgelt entsprechend diesem Tarifvertrag zahlt. Das schlüssige Angebot, dem Arbeitsverhältnis künftig die Arbeitsbedingungen des einschlägigen Manteltarifvertrags zugrundezulegen, kann sich aus der Gewährung von Leistungen nach diesem Vertrag – Zulagen, Zuschläge, Urlaub – ergeben; ein starkes Indiz ist auch die Umstellung der Arbeitszeit auf die des neuen Tarifvertrags.

115

Der Arbeitnehmer kann das Angebot ausdrücklich oder stillschweigend annehmen. Eine **schlüssige Annahme** kann im **widerspruchslosen Weiterarbeiten** zu sehen sein. Da der Arbeitnehmer durch seine Arbeit zunächst nur seine vertragliche Hauptleistungspflicht erfüllt, verlangt das BAG zusätzlich, dass sich die Änderung **unmittelbar im Arbeitsverhältnis auswirkt**. Erst dadurch könne der Arbeitnehmer feststellen, welchen Einfluss die

116

---

[160] *Löwisch/Rieble*, § 4 TVG Rn. 854; Wiedemann/*Wank*, § 4 TVG Rn. 383.
[161] ErfK/*Franzen*, § 4 TVG Rn. 13.
[162] BAG 22.10.2008, 20.5.2009, NZA 2009, 265, 267, NZA-RR 2010, 591.
[163] BAG 1.7.2009, NZA 2010, 54.
[164] Für eine stillschweigende Abdingbarkeit nachwirkender Normen durch Individualvereinbarung BAG 28.6.1972, AP Nr. 55 zu §§ 22, 23 BAT; Wiedemann/*Wank*, § 4 TVG Rn. 383.
[165] LAG Bremen 3.2.1965, BB 1965, 495.

Änderung auf ihn hat, und nur unter diesen Umständen könne die widerspruchslose Weiterarbeit nach Treu und Glauben so verstanden werden, dass der Arbeitnehmer sich die nachteiligen Auswirkungen der Vertragsänderung gefallen lässt. Eine **Schriftformklausel** steht einer schlüssigen Annahme nicht im Wege. Sie kann mündlich und auch stillschweigend abbedungen werden. Es genügt, dass die Parteien die Maßgeblichkeit der neuen Vereinbarung übereinstimmend wollen. Bei **qualifizierten Schriftformklauseln** ist das nach Ansicht des BAG anders.[166]

117 ee) **Ablösung durch Änderungskündigung.** Nachwirkende Tarifbedingungen können auch mit Hilfe einer Änderungskündigung abgeändert werden. Die Bindung des Arbeitgebers würde ohne die Möglichkeit einer einseitigen Änderung unangemessen erweitert; das ist gerade dann problematisch, wenn man § 4 Abs. 5 TVG auf alle Fälle des Wegfalls der Tarifbindung ausdehnt. Im übrigen dient die Änderungskündigung nur der Durchsetzung eines Änderungsvertrags. Deshalb steht ihr der Wortlaut des § 4 Abs. 5 TVG nicht entgegen.

118 Die **Anforderungen an eine Änderungskündigung sind hoch**; eine Erleichterung für die Ablösung nachwirkender Tarifnormen gibt es nicht.[167] **Dringende betriebliche Erfordernisse** müssen das Änderungsangebot bedingen, und der Arbeitgeber darf **nur Änderungen vorschlagen, die der Arbeitnehmer billigerweise hinnehmen** muss.[168] Eine Änderung der Gegenleistung, d.h. des Entgelts im weitesten Sinne, um die es zumeist geht, kommt grundsätzlich nur in Betracht, wenn der Betrieb oder Arbeitsplätze gefährdet sind (s. ausf. Band 1, § 10 Rn. 404 ff.). Die Änderungskündigung ist an einem individuellen Maßstab zu prüfen.[169] Für jeden Einzelfall ist im Anwendungsbereich des Kündigungsschutzgesetzes zu untersuchen, ob die Änderung sozial gerechtfertigt ist (§ 2 KSchG). Ob bei einer Massenänderungskündigung etwas anderes gilt, ist nach der Konzeption des Kündigungsschutzgesetzes zweifelhaft. Nach h.L. sind auch die individuellen Kündigungsfristen zu beachten, und es gilt der besondere Kündigungsschutz.[170] Eine betriebseinheitliche Ablösung von Arbeitsbedingungen mit Hilfe der Änderungskündigung ist also nicht ganz einfach.

III. Auslegung des Tarifvertrags

1. Grundsätze

a) Auslegung des schuldrechtlichen Teils

119 Der schuldrechtliche Teil des Tarifvertrags ist nach den für empfangsbedürftige Willenserklärungen geltenden Grundsätzen auszulegen.[171] Manche nehmen aller-

---

[166] BAG 24.6.2003, NZA 2003, 1145.
[167] BAG 27.9.2001, DB 2002, 2169, 2170; a.A. BAG 25.10.2000, NZA 2001, 1146.
[168] BAG 20.3.1986, AP Nr. 14 zu § 2 KSchG 1969.
[169] Allg. M., vgl. nur Kittner/Däubler/Zwanziger/*Deinert*, KSchR, § 1 KSchG Rn. 581.
[170] Vgl. statt aller *Hromadka*, RdA 1992, 234, 257.
[171] Kempen/Zachert/*Zachert*, TVG, Grundl. Rn. 500; Wiedemann/*Wank*, § 1 TVG Rn. 952.

dings an, dass Bestimmungen über die Friedens- und Durchführungspflicht wie Gesetze auszulegen seien.[172]

b) Auslegung des normativen Teils

Während das Reichsarbeitsgericht auch auf die Tarifnormen die Grundsätze für Willenserklärungen anwandte,[173] legt das BAG[174] **Tarifnormen wie Gesetze aus**. Dabei ist vom **Wortlaut** auszugehen. Der **wirkliche Wille** der Tarifvertragsparteien ist nur insoweit zu berücksichtigen, als er sich im Wortlaut niedergeschlagen hat. Die den Normen des Tarifvertrags Unterworfenen müssen erkennen, welchen Regelungsgehalt die Normen haben; sie können nicht auf die Auskünfte ihrer Koalitionen verwiesen werden.[175] Dieselbe Folge ergibt sich aus dem Schriftformerfordernis des § 1 Abs. 2 TVG. Freilich kann eine Auslegung nicht beim reinen Wortlaut stehenbleiben. Vielmehr sind auch der **tarifliche Gesamtzusammenhang** und **der Sinn und Zweck** der Tarifnorm zu ermitteln. Bei der teleologischen Auslegung geht es um die Ermittlung der Regelungsziele, mithin um den „wirklichen Willen" der Tarifvertragsparteien. Bleiben noch Zweifel, so kann auf weitere Kriterien wie die **Tarifübung**, die **Tarifgeschichte** und die **Entstehungsgeschichte** zurückgegriffen werden, bei einem ablösenden auch auf den abgelösten Tarifvertrag.[176] Dabei besteht keine Bindung an eine bestimmte Reihenfolge der Auslegungsmittel.[177] Ferner soll die **Praktikabilität** denkbarer Auslegungsergebnisse Berücksichtigung finden.[178] Im Zweifel gebührt derjenigen Tarifauslegung der Vorzug, die zu einer **vernünftigen, sachgerechten, zweckorientierten und praktikablen** Regelung führt.[179] Dagegen ist die Auffassung der „beteiligten Berufskreise" kein selbständiges Kriterium, weil sie für sich allein keinen Schluss auf den Willen der Tarifvertragsparteien zulässt.[180] Auch die Einholung einer Auskunft der Tarifvertragsparteien ist jedenfalls dann kein zulässiges Hilfsmittel, wenn die Norm nach den vorstehenden Grundsätzen ausgelegt werden kann.[181] Für Tarifverträge gilt – wie für Gesetze – das Prinzip der **„verfassungskonformen Ausle-**

120

---

[172] *Hueck/Nipperdey*, Arbeitsrecht II/1, S. 360.
[173] Vgl. RAGE 2, 235, 239.
[174] Erstmals BAG 2.6.1961, AP Nr. 68 zu Art. 3 GG.
[175] BAG 19.9.2007, NZA 2008, 951, 953.
[176] BAG 14.7.2015, NZA 2015, 1152.
[177] BAG 12.9.1984, AP Nr. 135 zu § 1 TVG Auslegung. Mit diesem Urteil wurde die in der Entscheidung vom 26.4.1966, AP Nr. 117 zu § 1 TVG Auslegung, aufgestellte feste Reihenfolge von Auslegungsmethoden aufgegeben. Danach sollte in erster Linie der Tarifzusammenhang, in zweiter Linie die Tarifgeschichte und Tarifübung, drittens die Entstehungsgeschichte des streitigen Tarifvertrags sowie letztlich die Anschauung der beteiligten Berufskreise zur Zeit der Entstehung des Tarifvertrags herangezogen werden.
[178] BAG 12.9.1984, AP Nr. 135 zu § 1 TVG Auslegung.
[179] Zusammenfassend BAG 22.10.2003, NZA 2004, 444.
[180] BAG 12.9.1984, AP Nr. 135 zu § 1 TVG Auslegung.
[181] BAG 23.2.1994, AP Nr. 2 zu § 1 TVG Tarifverträge: Kirchen.

gung".[182] Lässt sich eine Tarifnorm unterschiedlich auslegen und führt die eine Auslegung zu einem verfassungsgemäßen, die andere zu einem verfassungswidrigen Ergebnis, so ist die verfassungsgemäße Auslegung zu wählen. Im Zweifel ist davon auszugehen, dass die Tarifvertragsparteien Regelungen treffen wollen, die mit zwingendem Recht in Einklang stehen und deshalb Bestand haben.[183]

120a Neuerdings hat das BAG eine weitere Auslegungsregel aufgestellt: Führen alle nach den anerkannten Auslegungsregeln heranzuziehenden Gesichtspunkte zu keinem eindeutigen Ergebnis, ist letztlich der Auslegung der Vorzug zu geben, die bei einem unbefangenen Durchlesen als **näherliegend** erscheint und folglich von den Normadressaten typischerweise als maßgeblich empfunden wird.[184]

2. Auslegungskriterien im einzelnen

a) Wortlaut

121 Der Wortsinn ist zunächst nach den Regeln von Grammatik und Semantik zu ermitteln, wozu Wörterbücher und Lexika herangezogen werden können.[185] Dabei ist vom **allgemeinen Sprachgebrauch** auszugehen. Juristischen Begriffen ist die allgemein gültige juristische Bedeutung zugrundezulegen, sofern die Tarifvertragsparteien nicht ausdrücklich etwas anderes bestimmt haben.[186] Hat sich der Sprachgebrauch zwischen dem Zeitpunkt des Tarifabschlusses und der Anwendung einer Tarifnorm geändert, so ist nach h.M. auf den Wortlaut im Zeitpunkt des Entstehens des Tarifvertrags abzustellen.[187]

122 Berücksichtigt werden müssen ferner **Protokollnotizen**, wenn sie den Formerfordernissen des Tarifvertrags (§ 1 Abs. 2 TVG) entsprechen,[188] sie sind dann selbst Bestandteil des Tarifvertrags. Protokollnotizen sollen die vereinbarte Regelung erläutern oder ergänzen. Ist die Schriftform nicht eingehalten, können sie als Auslegungshilfen herangezogen werden.[189] Sie können u.U. ein Gericht veranlassen, den wirklichen Willen der Tarifvertragsparteien – z.B. durch Zeugenvernehmung – zu erforschen. Der gemeinsame Wille der Tarifvertragsparteien kann sich weiterhin aus abgestimmten oder gemeinsamen **Rundschreiben** ergeben.[190] Für die historische Auslegung können **Verhandlungsprotokolle und Tarifgespräche** Anhaltspunkte liefern.

---

[182] BAG 21.1.1987, AP Nr. 47 zu Art. 9 GG; BAG 23.9.1992, AP Nr. 159 zu § 1 TVG Tarifverträge: Bau.
[183] BAG 20.6.2013, NZA 2014, 208.
[184] BAG 22.4.2010, NZA 2011, 1293.
[185] BAG 20.4.1994, AP Nr. 9 zu § 1 TVG Tarifverträge: DDR.
[186] BAG 19.8.1987, AP Nr. 3 zu § 1 TVG Tarifverträge: Fernverkehr.
[187] Kempen/Zachert/*Zachert*, TVG, Grundl. Rn. 511; *Schaub*, NZA 1994, 597, 598.
[188] BAG 29.8.1979, 9.10.1979, AP Nr. 103 und 105 zu § 611 BGB Gratifikation.
[189] BAG 27.8.1986, AP Nr. 28 zu § 7 BUrlG Abgeltung.
[190] BAG 27.4.1995, AP Nr. 22 zu § 1 TVG Tarifverträge: DDR.

Eine **authentische Interpretation** der Tarifvertragsparteien ist rechtsverbindlich, 123
wenn sie dem Formerfordernis des § 1 Abs. 2 TVG genügt, da sie damit Inhalt des
Tarifvertrags wird,[191] sie ist dann eine Art **„Legaldefinition"**. Die authentische
Interpretation kann **bestätigende** oder **novierende** Wirkung haben; im zweiten
Fall handelt es sich um eine Tarifvertragsänderung. Soll eine authentische Interpretation Rückwirkung haben, so sind die Grenzen der Rückwirkung von Tarifverträgen zu beachten. Fehlt es an der Schriftform, so kann die authentische Interpretation zwar bei der Auslegung des Tarifvertrags berücksichtigt werden, sie ist aber
nur ein Auslegungsmittel unter anderen.[192]

b) Gesamtzusammenhang

Bei eindeutigem Wortlaut ist der Rückgriff auf weitere Auslegungskriterien ent- 124
behrlich,[193] sie können das Auslegungsergebnis aber stützen und abrunden.[194] Bei
mehrdeutigem Wortlaut kommt es auf den Gesamtzusammenhang des Tarifvertrags an.

Die Bedeutung eines Begriffs ist von dem Kontext abhängig, in dem er verwendet 125
wird. Gewöhnlich ist davon auszugehen, dass Begriffe jeweils in der gleichen
Bedeutung benutzt werden.[195] Dabei ist allerdings zu berücksichtigen, dass Tarifverträge nicht so sorgfältig und zeitaufwendig wie staatliche Gesetze vorbereitet
und abgefasst werden können. Der Wille der Tarifvertragsparteien kann sich in
manchen Fällen erst durch das Zusammenwirken mehrerer nahe beieinander stehender Normen ergeben[196] oder aus dem Vergleich mehrerer Tarifverträge derselben Tarifvertragsparteien. So kann der Entgelttarifvertrag Auslegungshinweise für
den Manteltarifvertrag enthalten.[197] Ausnahmeregelungen sind nicht generell eng
auszulegen.[198]

c) Sinn und Zweck der Tarifnorm

Bei der teleologischen Auslegung ist nach dem Sinn und Zweck einer Tarifnorm 126
zu forschen.[199] Dabei kommt es nicht auf die subjektiven Vorstellungen der Tarifvertragsparteien an; Sinn und Zweck sind vielmehr **objektiv** anhand des Rege-

---

[191] BAG 13.4.1994, AP Nr. 45 zu § 1 TVG Tarifverträge: Einzelhandel.
[192] BAG 24.5.1978, AP Nr. 6 zu § 1 TVG Tarifverträge: Metallindustrie.
[193] BAG 24.3.1988, AP Nr. 1 zu § 27 MTL II.
[194] BAG 7.12.1989, AP Nr. 3 zu § 15 BErzGG.
[195] Kempen/Zachert/*Zachert*, TVG, Grundl. Rn. 531.
[196] BAG 23.9.1992, DB 1993, 489.
[197] BAG 29.1.1992, EzA § 4 TVG Geltungsbereich Nr. 2.
[198] BAG 24.11.1988, AP Nr. 127 zu § 611 BGB Gratifikation.
[199] BAG 15.11.1957, AP Nr. 1 zu § 8 TVG.

lungs- oder Normzusammenhangs zu bestimmen.[200] Es gibt keine Auslegungsregel, wonach Tarifnormen im Zweifel zugunsten der Arbeitnehmer auszulegen sind.[201]

d) Entstehungsgeschichte, Tarifentwicklung und Tarifübung

127 Wegen der normativen Wirkung von Tarifverträgen können **Entstehungsgeschichte und Tarifentwicklung nur ausnahmsweise** dann berücksichtigt werden, wenn sie im Wortlaut des Tarifvertrags unmittelbar ihren Niederschlag gefunden haben. Die Arbeitsvertragsparteien können regelmäßig nicht darauf verwiesen werden, sich über den Wortlaut und die Systematik hinaus Kenntnisse über weitere Auslegungsaspekte und -methoden zu verschaffen, etwa durch Einholung von Auskünften über die Entstehungsgeschichte oder durch Ermittlung der Existenz und des Inhalts von Vorgängertarifverträgen. Das gilt vor allem, wenn der Wortlaut zu Zweifeln keinerlei Anlass bietet.[202] Haben die **Gerichte** einen umstrittenen Wortlaut in bestimmter Weise ausgelegt, kann davon ausgegangen werden, dass die Tarifvertragsparteien diese Auslegung gebilligt haben, wenn die Tarifnorm nicht entsprechend geändert wurde.[203]

128 Eine **Tarifübung** kann zur Auslegung nur herangezogen werden, wenn sie in Kenntnis und mit Billigung der Tarifvertragsparteien praktiziert wird. Auf die Kenntnis des einzelnen Arbeitnehmers kommt es nicht an.[204] Es genügt auch nicht, dass Arbeitgeber einen Tarifvertrag in einem bestimmten Sinne verwenden, da dies auch auf eine fehlerhafte Auslegung zurückgehen kann. Eine Tarifübung ist unbeachtlich, wenn sie dem objektiven Inhalt einer Tarifnorm widerspricht.[205]

e) Übernahme von Gesetzesrecht

129 Klauseln, die auf gesetzliche Vorschriften verweisen oder sie wörtlich oder sinngemäß in den Tarifvertrag übernehmen, haben nach der Rechtsprechung **deklaratorische Bedeutung**, wenn der Wille der Tarifvertragsparteien zu einer gesetzesunabhängigen eigenständigen Tarifregelung im Tarifvertrag keinen hinreichend erkennbaren Ausdruck gefunden hat.[206] Der Tarifvertrag trifft keine Regelung, sondern verweist lediglich auf das Gesetz, und zwar in seiner jeweils gültigen

---

[200] Moll/*Hamacher*, MAH Arbeitsrecht, § 69 Rn. 60.
[201] *Löwisch/Rieble*, § 1 TVG Rn. 1728 ff.; *Schaub*, NZA 1994, 597, 599.
[202] BAG 10.12.2014, NZA 2015, 946.
[203] Schaub/*Treber*, ArbR-Hdb., § 202 Rn. 21.
[204] BAG 26.11.1964, 25.8.1982, AP Nr. 1, 2 zu § 1 TVG Tarifliche Übung.
[205] BAG 11.12.1974, AP Nr. 10 zu § 249 BGB.
[206] Etwa durch Formulierungen wie „unabhängig von der gesetzlichen Regelung" oder „auch bei Änderung der gesetzlichen Regelung"; vgl. BAG 16.9.1993, AP Nr. 42 zu § 622 BGB; BAG 10.5.1994, AP Nr. 3 zu § 1 TVG Tarifverträge: Verkehrsgewerbe, zur Übernahme der gesetzlichen Kündigungsfristen; zur wörtlichen oder sinngemäßen Übernahme des EfzG s. BAG 8.9.1999, NZA 2000, 489 und 661; BAG 12.4.2000, NZA 2002, 226; zu § 622 Abs. 2 S. 2 BGB BAG 29.9.2011, NZA 2012, 754.

Fassung. Ändert sich das Gesetz, wird der Hinweis im Tarifvertrag unrichtig; es gilt das Gesetz in seiner neuen Fassung.

Dagegen handelt es sich um eine **konstitutive Norm**, wenn die Tarifvertragsparteien eine im Gesetz **nicht oder anders** getroffene Regelung vereinbaren oder wenn sie eine gesetzliche Regelung übernehmen, die sonst **nicht für die betroffenen Arbeitsverhältnisse gelten** würde, etwa beamtenrechtliche Vorschriften für die Arbeitnehmer im öffentlichen Dienst. In diesem Fall lässt eine Gesetzesänderung die tarifliche Regelung unberührt. Ob die Zulassung abweichender tariflicher Regelungen in ansonsten zwingenden gesetzlichen Vorschriften eine dem Gesetz inhaltsgleiche eigenständige tarifliche Normsetzung ausschließt, hat die Rechtsprechung bislang offengelassen.[207] 130

Eine tarifliche Regelung kann **zugleich konstitutive und deklaratorische** Bestandteile enthalten. Dabei kann aus dem konstitutiven Teil eines einheitlichen Regelungsbereichs nicht auf einen entsprechenden Charakter des restlichen Teils geschlossen werden.[208] 131

Beispiel: Konstitutive tarifliche Grundkündigungsfrist und deklaratorische Übernahme der verlängerten gesetzlichen Kündigungsfristen – Berechnung der Grundkündigungsfrist nach § 622 Abs. 2 BGB und eigenständige Regelung zur Länge der Kündigungsfristen.

3. Ergänzende Auslegung

a) Problem

Die Auslegung eines Tarifvertrags mit den oben dargestellten Mitteln scheitert, wenn der Tarifvertrag eine Frage **überhaupt nicht regelt**. Eine „**tarifimmanente**" Tariflücke liegt vor, wenn eine Angelegenheit von vornherein offen geblieben ist, eine „**tarifexogene**", wenn Tarifnormen wegen Verstoßes gegen höherrangiges Recht unwirksam sind. Fraglich ist, ob und wie die Lücken zu schließen sind. 132

Dass die Gerichte grundsätzlich befugt sind, Tariflücken zu schließen, wird nicht ernstlich bestritten; den Gerichten ist es schon wegen des Justizgewährleistungsanspruchs nach Art. 2 Abs. 1 GG i.V.m. dem Rechtsstaatsprinzip[209] verwehrt, dem Bürger Rechtsschutz zu verweigern. Die Befugnis zur Lückenschließung findet allerdings ihre Grenze, wenn dadurch unzulässig in die durch Art. 9 Abs. 3 GG garantierte Tarifautonomie eingegriffen wird. Die Rechtsprechung hat sich bemüht, beiden Anforderungen gerecht zu werden. Sie unterscheidet deshalb zwischen bewussten und unbewussten Tariflücken. 133

---

[207] BAG 5.10.1995, AP Nr. 48 zu § 622 BGB m. Anm. *Bengelsdorf*.
[208] BAG 29.9.2011, NZA 2012, 754.
[209] Vgl. BVerfGE 54, 277, 291; 80, 103, 107.

b) Bewusste Tariflücke

134 Eine bewusste Tariflücke liegt vor, wenn die Tarifvertragsparteien eine regelungsbedürftige Frage **bewusst** ungeregelt gelassen haben oder wenn sie sich **nicht auf eine Regelung einigen konnten.**[210] Nach den Grundsätzen der allgemeinen Methodenlehre kann ein lückenhafter Vertrag oder ein unvollständiges Gesetz nur dann ergänzend ausgelegt werden, wenn die Regelungslücke planwidrig ist, d.h. wenn sie nicht gewollt war. Das ist bei bewussten Tariflücken gerade nicht der Fall. Folgerichtig nehmen Rspr.[211] und h.L.[212] an, dass derartige Lücken **nicht von den Gerichten geschlossen werden dürfen**. Eine bewusste Nichtregelung ist nichts anderes als eine negative Regelung, die von sämtlichen Normanwendern zu respektieren ist.

c) Unbewusste Tariflücke

135 Eine unbewusste Tariflücke liegt vor, wenn die Tarifvertragsparteien **bei Abschluss** des Tarifvertrags eine an sich regelungsbedürftige Sachfrage **nicht geregelt** haben oder wenn **nach Vertragsschluss** durch Änderung der äußeren Umstände eine Regelungslücke **entstanden** ist. Ob und wie eine unbewusste Tariflücke geschlossen werden kann, ist streitig.

136 Nach wohl h.M. muss die Tariflücke nach **Treu und Glauben** und unter Berücksichtigung dessen geschlossen werden, was die Tarifvertragsparteien bei **objektiver Betrachtung** der wirtschaftlichen und sozialen Zusammenhänge im Zeitpunkt des Vertragsschlusses mutmaßlich geregelt hätten, wenn sie an den nicht geregelten Fall gedacht hätten. Das BAG ist allerdings nur dann bereit, eine Tariflücke durch ergänzende Vertragsauslegung zu schließen, wenn **ausreichende Anhaltspunkte** dafür bestehen, welche Regelung die Tarifvertragsparteien getroffen hätten. Die Gerichte dürfen Tarifnormen nicht wegen neuer technischer Entwicklungen einengend oder ausdehnend auslegen, wenn Wortlaut und Gesamtzusammenhang hierfür keine Möglichkeit bieten.[213] Als Mittel der Lückenschließung kommen, wie beim Gesetz, Analogie, Umkehrschluss und teleologische Reduktion in Betracht; auch Ausnahmevorschriften sind in den Grenzen ihres Sinns und Zwecks analogiefähig. Sind verschiedene Regelungen denkbar, die billigem Ermessen entsprechen, und lässt sich ein mutmaßlicher Wille nicht feststellen, so muss die Lückenfüllung unterbleiben.[214]

d) Fallgruppen

137 **aa) Vergütungsgruppen.** In den Vergütungsgruppen sind nicht alle Tätigkeiten ausdrücklich aufgeführt. Die Rechtsprechung stuft Arbeitnehmer dann entspre-

---

[210] BAG 29.8.1984, 10.10.1984, AP Nr. 93, 95 zu §§ 22, 23 BAT 1975.
[211] BAG 29.4.2004, NZA 2005, 57, 60.
[212] Thüsing/Braun/*Wißmann*, Kap. 4 Rn. 165; *Schaub*, NZA 1994, 597, 601.
[213] BAG 16.3.2016, NZA 2017, 131.
[214] BAG 29.4.2004, 16.12.2010, NZA 2005, 57; NZA 2011, 421: Gleichbehandlung von Abfindungen nach dem (2003 eingefügten) § 1a KSchG mit vergleichsweise vereinbarten Abfindungen.

chend den artverwandten und vergleichbaren Tätigkeiten ein, wenn der Tarifvertrag – wenn auch unvollkommen – die Absicht zum Ausdruck bringt, auch die Vergütung von Arbeitnehmern zu regeln, die nicht ausdrücklich genannt sind.[215] In diesem Fall ist im Zweifel davon auszugehen, dass gleichartige Sachverhalte gleich behandelt werden sollen.[216] Gibt es dagegen mehrere Möglichkeiten, die festgestellte Tariflücke zu schließen, scheidet eine Eingruppierung nach dem tariflichen Vergütungsschema aus. Die Schließung der Tariflücke wäre ein unzulässiger Eingriff in die verfassungsrechtlich geschützte Tarifautonomie.[217] Keine Regelungslücke liegt vor, wenn eine Tarifnorm ausdrücklich einen bestimmten Personenkreis ausnimmt[218] oder wenn sich aus anderen Umständen ergibt, dass bestimmte Personengruppen der tariflichen Regelung nicht unterworfen werden sollen.[219] Von einer abschließenden Regelung ist auszugehen, wenn Entgeltstufen auf „das Gepräge der Gesamttätigkeit" abstellen.[220]

bb) Tarifnormen nach Gesetzesänderung. Nach der Änderung eines Gesetzes, auf dem eine Tarifnorm aufbaut, gibt es für die Tarifvertragsparteien zumeist eine Vielzahl von Regelungsmöglichkeiten, so dass ihre mutmaßliche Reaktion nicht mit hinreichender Sicherheit bestimmt werden kann. Folgerichtig hat es die Rechtsprechung abgelehnt, eine tarifliche Regelungslücke zu schließen, die dadurch entstanden war, dass der Gesetzgeber ein tarifliches Krankengeld der Sozialversicherungspflicht unterwarf.[221] Ebenso wenig war sie bereit, die Tariflücke zu schließen, die sich aus der Einführung des Dienstleistungsabends ergab.[222]

138

cc) Verstoß gegen den Gleichheitsgrundsatz. Eine Tarifnorm, die gegen den Gleichheitsgrundsatz verstößt, ist nichtig. Bestehen mehrere Regelungsmöglichkeiten, ist es Sache der Tarifvertragsparteien, die Lücke zu schließen. Bleibt kein Beurteilungsspielraum, schließt die neuere Rechtsprechung die Lücke selbst, und zwar, soweit es um gleichheitswidrige Vergütungsregelungen geht, im Zweifel durch Angleichung nach oben. Das war vor allem der Fall bei Vergütungsregelungen, die weibliche Arbeitskräfte diskriminierten.[223] Freilich werden damit Gelder umverteilt, die zu verteilen Sache der Tarifvertragsparteien und nicht der Gerichte ist.

139

---

[215] BAG 12.4.1957, AP Nr. 3 zu § 9 TVG; BAG 18.11.2015, NZA-RR 2016, 197.
[216] BAG 18.11.2015, NZA-RR 2016, 197; krit. *Löwisch/Rieble*, § 1 TVG Rn. 1739.
[217] BAG 18.11.2015, NZA-RR 2016, 197 Rn. 36 m.w.N.
[218] BAG 14.12.1982, AP Nr. 1 zu § 1 BetrAVG Besitzstand.
[219] BAG 10.11.1982, AP Nr. 69 zu §§ 22, 23 BAT 1975.
[220] BAG 27.1.1982, AP Nr. 3 zu § 1 TVG Tarifverträge: Banken.
[221] BAG 10.12.1986, AP Nr. 1 zu § 42 MTB II.
[222] BAG 27.6.1989, AP Nr. 113 zu Art. 9 GG Arbeitskampf.
[223] EuGH 27.6.1990, EzA Art. 119 EWGV Nr. 3; BAG 7.11.1991, AP Nr. 14 zu § 62 BAT; BAG 23.9.1992, AP Nr. 1 zu § 612 BGB Diskriminierung; BAG 28.7.1992, AP Nr. 18 zu § 1 BetrAVG Gleichbehandlung; zum Problem *Schaub*, RdA 1995, 65, 68 f.

4. Verfahrensfragen

140 In Rechtsstreitigkeiten über Ansprüche aus dem Arbeitsverhältnis müssen die Arbeitsgerichte nicht von Amts wegen prüfen, ob das Arbeitsverhältnis von Tarifnormen gestaltet wird. Enthält jedoch der Tatsachenvortrag der Parteien Anhaltspunkte für die Geltung von Tarifnormen, so haben sie nach § 293 ZPO den Inhalt des Tarifvertrags zu ermitteln.[224] Das gilt selbst noch in der Revisionsinstanz.[225] Das BAG ist nur an die tatsächlichen Feststellungen des Landesarbeitsgerichts, nicht an dessen rechtliche Bewertung von Tarifnormen gebunden.

141 Tarifnormen können bei Leistungs- oder Kündigungsschutzklagen der Arbeitsvertragsparteien **inzidenter** überprüft werden. Daneben besteht für beide **Tarifvertragsparteien** die Möglichkeit, die **Auslegung einer Tarifnorm im Wege der Feststellungsklage** klären zu lassen.[226] Ein Feststellungsurteil entfaltet dann nach § 9 TVG Rechtskraftwirkung auch für die tarifgebundenen Arbeitsvertragsparteien. Keine Feststellungsklage können Arbeitsvertragsparteien erheben, die nicht selbst Tarifvertragspartei sind.[227] Ebenso wenig können Arbeitgeber und Betriebsrat die richtige Auslegung einer Tarifnorm in einem Beschlussverfahren klären lassen. Es wird nämlich weder um das Bestehen oder Nichtbestehen eines Rechtsverhältnisses gestritten (§ 256 Abs. 1 ZPO), noch liegen die Voraussetzungen des § 2 Abs. 1 Nr. 1 ArbGG vor.[228]

IV. Inhalt und Grenzen der Tarifmacht

1. Binnenschranken

a) Grundsätze

142 Art. 9 Abs. 3 GG, der den Koalitionen ein Tätigwerden zur „Wahrung und Förderung der Arbeits- und Wirtschaftsbedingungen" gewährleistet, sichert durch die Garantie der (kollektiven) Koalitionsfreiheit die Tarifautonomie. Damit steckt der Schutzbereich dieser Norm zugleich das vom Grundgesetz geschützte Feld tarifautonomer Gestaltungsmöglichkeiten ab. Das Begriffspaar der Arbeits- und Wirtschaftsbedingungen umschreibt Inhalt und Grenzen tarifvertraglicher Regelungen. Regelungen, die diese Binnenschranke nicht beachten, sind verfassungswidrig und deshalb unwirksam. Sie können auch nicht mit Arbeitskampfmaßnahmen erzwungen werden.

---

[224] BAG 29.3.1957, AP Nr. 4 zu § 4 TVG Tarifkonkurrenz.
[225] BAG 25.8.1982, AP Nr. 55 zu § 616 BGB.
[226] BAG 23.3.1957, AP Nr. 18 zu Art. 3 GG; BAG 15.11.1957, AP Nr. 1 zu § 8 TVG.
[227] BAG 8.11.1957, AP Nr. 7 zu § 256 ZPO.
[228] BAG 24.2.1987, AP Nr. 28 zu § 80 BetrVG 1972.

Die Binnenschranken der Tarifmacht ergeben sich aber nicht nur aus der Verfassung, sondern **auch aus dem einfachen Recht**. Der einfache Gesetzgeber muss die Tarifautonomie nicht nur ausgestalten, d.h. die einfachrechtlichen Instrumente zur Schaffung von Tarifverträgen bereitstellen, sondern sie auch in die Rechtsordnung „einpassen", d.h. einen Ausgleich mit den der Tarifautonomie widerstreitenden staatlichen und privaten Interessen suchen. Dazu muss er den von der Verfassung „maximal" geschützten Bereich beschränken. Dass Art. 9 Abs. 3 GG keinen Vorbehalt enthält, steht dem nicht entgegen. Auch vorbehaltlose Grundrechte können begrenzt werden, wenn dies die Grundrechte Dritter oder andere mit Verfassungsrang ausgestattete Rechtsgüter zwingend erforderlich machen. Hat der Gesetzgeber eine ausgestaltungsfähige und -bedürftige grundrechtliche Gewährleistung in verfassungsmäßiger Weise einfachrechtlich geregelt (z.B. die Eigentumsgarantie des Art. 14 Abs. 1 GG durch das BGB und andere sachenrechtliche Vorschriften), so ist in erster Linie das einfache Recht verbindlich. Ein Rückgriff auf die Verfassung ist nur unter den Voraussetzungen einer verfassungskonformen Auslegung erlaubt. Das gilt auch für die Binnenschranke der Tarifmacht, die der Gesetzgeber durch §§ 1 Abs. 1, 4 Abs. 2 TVG errichtet hat.

143

b) Verfassungsrechtliche Binnenschranken

aa) „Arbeits- und Wirtschaftsbedingungen". Wie der durch das Begriffspaar der „Arbeits- und Wirtschaftsbedingungen" umschriebene Tätigkeitsbereich der Tarifvertragsparteien zu verstehen ist, ist streitig. Gestritten wird insbesondere darüber, ob dem Begriff der Wirtschaftsbedingungen eigenständige Bedeutung zukommt[229] oder ob er nur die „Kehrseite" der Arbeitsbedingungen ist[230]. Könnten Tarifvertragsparteien auch Wirtschaftsbedingungen regeln, die nichts mit Arbeitsbedingungen zu tun haben, so wären Tarifverträge denkbar, die massiv in die Führung von Unternehmen eingreifen. Das wird allgemein abgelehnt.[231] Die h.M. versteht „Arbeits- und Wirtschaftsbedingungen" zutreffend als die **Gesamtheit der wirtschaftlichen und sozialen Bedingungen**, unter denen **abhängige Arbeit** geleistet wird.[232]

144

Daraus lassen sich noch nicht ohne weiteres Rechte der Tarifvertragsparteien ableiten. Ihre Befugnisse sind über Jahrzehnte hinweg gewachsen. Die Schwerpunkte tariflicher Regelungen haben sich von materiellen Zielen (Vergütung) zu eher immateriellen Zielen, wie etwa der Beschäftigungssicherung oder der Arbeitsgestaltung, verschoben. Art. 9 Abs. 3 GG ist zeitlich und gegenständlich offen. Er will die „natürliche" Entwicklung der Tarifpolitik nicht behindern, sondern umschreibt einen konkretisierungsfähigen und -bedürftigen Rahmen. Gewährleistet ist nicht das Tarifvertragssystem, wie es hic et nunc besteht, sondern die Tarifautonomie als solche. Der Schutz **beschränkt sich nicht auf einen „Kernbereich"**

145

---

[229] Kempen/Zachert/*Kempen*, TVG, Grundl. Rn. 135 m.w.N.; *Säcker/Oetker*, Grundlagen und Grenzen der Tarifautonomie, S. 55 ff.
[230] *Zöllner/Loritz/Hergenröder*, Arbeitsrecht, § 9 III 1.
[231] Vgl. nur *Biedenkopf*, Grenzen der Tarifautonomie, S. 161 ff.
[232] Kempen/Zachert/*Kempen*, TVG, Grundl. Rn. 138 m.w.N.

im Sinne eines unentziehbaren Minimums von Regelungsbefugnissen.[233] Er umfasst nach Ansicht des BVerfG zumindest diejenigen Regelungsmaterien, die üblicherweise in Tarifverträgen normiert zu werden pflegen: „Das Arbeitsentgelt und die anderen materiellen Arbeitsbedingungen, wie etwa Arbeits- und Urlaubszeiten, sowie nach Maßgabe von Herkommen und Üblichkeit weitere Bereiche des Arbeitsverhältnisses, außerdem darauf bezogene soziale Leistungen und Einrichtungen".[234]

146 **bb) Derzeitige Streitfragen.** Während die Diskussion in den 1970er und 1980er Jahren um Fragen der Zulässigkeit von Zielen kreiste, die die Stellung der Tarifvertragsparteien sichern und verbessern sollten, wie Differenzierungs- und Ausschlussklauseln oder Erweiterung der Mitbestimmung, ging es angesichts der Beschäftigungskrise nach der „Wende" vor allem um „Beschäftigung durch Tarifvertrag". Fraglich war insbesondere, inwieweit auf die Beschäftigungspolitik der Unternehmen Einfluss genommen werden kann, etwa durch Kündigungsverbote, durch Vorschriften zur Arbeitszeit oder „Tarifsozialpläne".[235] Neuerdings stehen angesichts des Mitgliederschwunds der Gewerkschaften auch wieder Differenzierungsklauseln zur Debatte.[236]

c) Einfachrechtliche Binnenschranken

147 **aa) Regelungen im TVG.** Die einfachrechtlichen Binnenschranken der Tarifmacht ergeben sich für den normativen Teil des Tarifvertrags aus den §§ 1 Abs. 1, 4 Abs. 2 TVG. Tarifnormen, die diese Schranken überschreiten, sind unwirksam. Die weitaus meisten Normen sind durch die Generalklausel des § 1 Abs. 1 TVG gedeckt. Auch beschäftigungspolitische Regelungen werden sich gewöhnlich darunter subsumieren lassen.

148 Ob die einfachrechtlichen Binnenschranken der §§ 1 Abs. 1, 4 Abs. 2 TVG **auch für den schuldrechtlichen Teil** des Tarifvertrags gelten, ist umstritten.[237] Dagegen spricht, dass dieser nur die Tarifvertragsparteien selbst bindet; was diese einander versprechen, ist grundsätzlich ihre Sache. Allerdings sind §§ 1 Abs. 1, 4 Abs. 2 TVG zwingendes Recht, das durch schuldrechtliche Abmachungen nicht umgangen werden darf. Außerdem können um schuldrechtliche Bestimmungen Arbeitskämpfe geführt werden; wäre jede beliebige Frage schuldrechtlich regelbar, ließen sich mit Arbeitskampfmaßnahmen Ziele durchsetzen, die nicht von Art. 9 Abs. 3 GG gedeckt sind.

149 **bb) Tarifnormen, die die Binnenschranken überschreiten.** Tarifverträge dürfen nicht in das **Privatleben** der Tarifgebundenen eingreifen. Sie dürfen keine Regelungen über die Freizeit der Arbeitnehmer treffen, und sie dürfen nicht über die Verwendung von Arbeitseinkommen befinden. Solche Regelungen betreffen weder

---

[233] BVerfGE 93, 352, 358; 94, 268, 283; 100, 271, 282.
[234] BVerfGE 94, 268, 283; 100, 271, 282.
[235] Dazu *Kühling/Bertelsmann*, NZA 2005, 1017 m.w.N.
[236] Dazu *Greiner*, DB 2009, 398 ff.; *Richardi*, NZA 2010, 417.
[237] Bejahend *Beuthien*, ZfA 1983, 160 ff.; a.A. *Löwisch/Rieble*, § 1 TVG Rn. 1116 ff.

den Inhalt noch den Abschluss noch die Beendigung des Arbeitsverhältnisses. Sie können auch nicht als Betriebsnormen vereinbart werden, da es an einem konkreten Bezug zum betrieblichen Geschehen fehlt. Insoweit besteht eine **„tariffreie Individualsphäre"**.

Beispiele: Verpflichtung, einen tariflichen Bildungsurlaub zu nehmen, an Fortbildungslehrgängen teilzunehmen, beim Arbeitgeber Waren einzukaufen, Teile des Arbeitseinkommens zu sparen oder bestimmten Einrichtungen zukommen zu lassen; anderes gilt wegen § 4 Abs. 2 TVG für die Zahlung von Beiträgen an „Gemeinsame Einrichtungen" der Tarifvertragsparteien, wie Pensions-, Urlaubs- oder Soziallohnkassen.[238]

Die Tarifvertragsparteien können nicht vereinbaren, dass Tarifnormen Bestandteil des Arbeitsvertrags werden. Damit begäben sie sich ihrer Regelungsmacht. Wegen des Günstigkeitsprinzips (§ 4 Abs. 3 TVG, s. unten Rn. 279 ff., insbes. 283) wären sie nicht in der Lage, die in den Arbeitsvertrag aufgenommenen Bestimmungen wieder zu ändern.[239]   150

Durch Tarifvertrag kann auch **nicht** die Ausübung **höchstpersönlicher Rechte** oder von Gestaltungsrechten vorgeschrieben oder verboten werden. Zulässig sind Entgeltabtretungsverbote, Nebenbeschäftigungs- und Wettbewerbsverbote.   151

Unzulässig sind ferner Tarifbestimmungen, die die Arbeitsverhältnisse von **Außenseitern** zu regeln suchen. Das gilt insbesondere für **Differenzierungsklauseln**, die dem Arbeitgeber eine bestimmte Vertragsgestaltung mit nicht oder anders organisierten Arbeitnehmern verbieten wollen, insbesondere die Gewährung von tariflichen (Zusatz-)Leistungen untersagen.[240] Solche Klauseln verstoßen überdies gegen die negative Koalitionsfreiheit.   152

2. Außenschranken

a) Grundsätze

Tarifnormen dürfen **nicht gegen zwingendes höherrangiges** Recht verstoßen.[241] Dieses bildet die Außenschranke der Tarifmacht. Vorrangig ist jedes staatliche Recht mit Außenwirkung. Dazu gehören das supranationale Recht, etwa der Europäischen Union, soweit es unmittelbar anwendbar ist, das Grundgesetz und die Länderverfassungen, die einfachen Gesetze und die Rechtsverordnungen. Art. 9 Abs. 3 GG, der die Koalitionsfreiheit vorbehaltlos garantiert, steht dem nicht entgegen. Der Staat bleibt nach Art. 74 Abs. 1 Nr. 12 GG befugt, zum Schutz der Grundrechte Dritter und anderer mit Verfassungsrang ausgestatteter Belange das   153

---

[238] Vgl. *Löwisch/Rieble,* § 1 TVG Rn. 778.
[239] BAG 10.12.2002, NZA 2003, 735.
[240] BAG GS 29.11.1967, AP Nr. 13 zu Art. 9 GG.
[241] BAG 25.4.1979, AP Nr. 49 zu § 611 BGB Dienstordnungs-Angestellte.

Arbeitsrecht zu regeln. Damit verbundene Beeinträchtigungen der Tarifautonomie sind hinzunehmen.[242]

b) Verfassung

154 Verfassungsrechtlich von Bedeutung ist vor allem das **Rechtsstaatsprinzip** mit seinen Ausprägungen (Art. 20 Abs. 3, 28 Abs. 1 GG). Rechtsstaatlichkeit bedeutet zunächst **Rechtssicherheit**. Die Rechtssphäre der Normadressaten muss klar und verlässlich gestaltet sein, damit sie ihr Verhalten darauf einrichten können. Rechtssicherheit verlangt die **Bestimmtheit der Norm** im eigentlichen Sinne. Tarifnormen müssen mit ausreichender Sicherheit das von den Tarifvertragsparteien Gewollte erkennen lassen. Dazu sind auch Generalklauseln oder unbestimmte Rechtsbegriffe mit Beurteilungsspielraum geeignet. Unbestimmte Tarifnormen sind nur in Extremfällen unwirksam.[243] Rechtssicherheit verlangt darüber hinaus den **Schutz des berechtigten Vertrauens** in die Beständigkeit der Rechtsordnung und in die **Verhältnismäßigkeit** von Eingriffen in Rechte und Anwartschaften.[244] Das zieht vor allem der Rückwirkung von Tarifnormen Grenzen (s. oben Rn. 83 ff.).

c) Grundrechte

155 Nach allgemeiner Auffassung müssen Tarifverträge die **Grundrechte des Grundgesetzes beachten**. Streitig ist, wie diese Bindung zu begründen ist und wie weit sie reicht.[245]

156 **Ursprünglich** ging die Rechtsprechung von einer **unmittelbaren Bindung** der Tarifverträge an die Grundrechte aus.[246] Tarifverträge seien Gesetze im materiellen Sinne, weil sie für die Tarifgebundenen objektives Recht setzten. Deshalb gelte auch für die Tarifvertragsparteien Art. 1 Abs. 3 GG, der die unmittelbare Geltung der Grundrechte anordne. Deren Normsetzungsbefugnis beruhe auf **staatlicher Delegation** (Delegationstheorie). Der Staat könne nicht mehr Rechte delegieren, als er selbst habe. Sei er grundrechtsgebunden, dann seien es die Tarifvertragsparteien auch.[247]

157 Diese Rechtsprechung ist zunehmend auf **Kritik** gestoßen. Nach dem systematischen Zusammenhang betreffe die in Art. 1 Abs. 3 GG angeordnete Bindung allein die staatliche Gewalt und folglich nur Gesetzgebung, vollziehende Gewalt und

---

[242] BAG 8.12.2010, NZA 2011, 586.
[243] BAG 29.1.1986, AP Nr. 115 zu §§ 22, 23 BAT 1975.
[244] BAG 27.2.2007, NZA 2007, 1371, 1374.
[245] Gute Darstellung der Ansichten in BAG 30.8.2000, NZA 2001, 613; BAG 25.6.2003, NZA 2004, 215; BAG 27.5.2004, NZA 2004, 1399.
[246] So zuerst BAG 15.1.1955, AP Nr. 4 zu Art. 3 GG.
[247] BAG 15.1.1955, AP Nr. 4 zu Art. 3 GG; *Küchenhoff*, FS Nipperdey II, S. 317, 340.

IV. Inhalt und Grenzen der Tarifmacht

Rechtsprechung. Die Normsetzung durch Tarifverträge sei zwar Gesetzgebung im materiellen Sinne, aber **keine staatliche Rechtsetzung**. Eine entsprechende Anwendung von Art. 1 Abs. 3 GG i.S.d. Delegationstheorie scheitere daran, dass die Kompetenz der Tarifvertragsparteien aus Art. 9 Abs. 3 GG folge und damit nicht vom Staat auf sie delegiert werden könne. §§ 1, 4 Abs. 1 TVG gestalteten eine den Tarifvertragsparteien ohnehin zustehende Regelungsbefugnis aus und schützten lediglich die durch Kollektivvertrag gefundene Einigung durch die Zuerkennung einer normativen Wirkung vor individualrechtlichen Abweichungen.[248]

Die **Gegenansicht** nimmt an, dass die Grundrechte die Tarifvertragsparteien **nur mittelbar** binden.[249] Diese Lehre wird in zwei Varianten vertreten: 158

Die **ältere Lehre** geht davon aus, dass das Grundgesetz in seinem Grundrechtsteil eine objektive Wertordnung aufgerichtet hat, die als verfassungsrechtliche Grundentscheidung für alle Bereiche des Rechts Geltung beansprucht und damit auch das Privatrecht beeinflusst. Einbruchsstellen der Grundrechte in das Zivilrecht seien vor allem – aber nicht nur – die **wertausfüllungsfähigen und wertausfüllungsbedürftigen Begriffe und Generalklauseln des Privatrechts**. Da die Tarifvertragsparteien unmittelbar an das Privatrecht gebunden sind, wirkten die Grundrechte über dieses „Medium" auf die Tarifvertragsgestaltung ein. 159

Die **neuere Rechtsprechung** stellt auf die **Schutzgebotsfunktion der Grundrechte**[250] ab. Eine unmittelbare Grundrechtsbindung der Tarifvertragsparteien führe zu einer umfassenden Prüfung tarifvertraglicher Regelungen am Maßstab der Verhältnismäßigkeit und damit zu einer unzulässigen Tarifzensur durch die Arbeitsgerichte. Staatliche Grundrechtsadressaten seien verpflichtet, einzelne Grundrechtsträger vor einer unverhältnismäßigen Beschränkung ihrer Freiheitsrechte und einer gleichheitswidrigen Regelbildung auch durch privatautonom legitimierte Normsetzung zu bewahren.[251] Die Grundrechtsgewährung sei nicht auf die bloße Abwehr staatlicher Eingriffe beschränkt, sie verpflichte den Staat auch, die Rechtsordnung so zu gestalten, dass die einzelnen grundrechtlichen Gewährleistungen wirksam würden.[252] 160

Bei den **Freiheitsgrundrechten** hätten die Gerichte kollidierende Grundrechtspositionen so miteinander in Einklang zu bringen, dass es zu keiner unverhältnismäßigen Beschränkung des jeweiligen Grundrechts komme. Das jeweils betroffene Freiheitsrecht sei mit dem des Art. 9 Abs. 3 GG im Wege praktischer Konkordanz 161

---

[248] BAG 27.5.2004, NZA 2004, 1399 m.w.N.
[249] BAG 30.8.2000, NZA 2001, 613 m.w.N.; BAG 27.5.2004, NZA 2004, 1399; BAG 17.6.2009, NZA 2009, 1355; BAG 15.4.2015, NZA 2015, 1388.
[250] Dazu BVerfG 7.2.1990, NZA 1990, 389; BVerfG 19.10.1993, NJW 1994, 36.
[251] BAG 27.2.2002, NZA 2002, 1100; BAG 27.5.2004, NZA 2004, 1399; BAG 8.12.2010, NZA 2011, 586; BAG 15.4.2015, NZA 2015, 1388; BAG 3.7.2019, NZA 2019, 1440.
[252] BVerfG 7.2.1990, NZA 1990, 389; BVerfG 6.2.2001, NJW 2001, 957.

zum Ausgleich zu bringen. Der Ausgleich dürfe das eine Freiheitsrecht weder im Übermaß beschränken (Übermaßverbot) noch das andere völlig vernachlässigen (Untermaßverbot). Beim **Gleichheitssatz** gebe es keine den Freiheitsrechten entsprechende Gewährleistung, die im Wege einer Konkordanz auszugleichen wäre. Der allgemeine Gleichheitssatz als Ausdruck des Gerechtigkeitsgedankens im Grundgesetz und fundamentales Rechtsprinzip wolle eine Gleichbehandlung von Personen in vergleichbaren Sachverhalten sicherstellen und eine gleichheitswidrige Regelbildung ausschließen. Aus der Notwendigkeit gerichtlichen Eingreifens zum Schutz vor gleichheitswidriger Benachteiligung folge zwangsläufig eine einheitliche Prüfung unabhängig davon, ob die Diskriminierung auf staatlichem Handeln beruhe oder auf einer durch privatautonomen Verbandsbeitritt legitimierten Normsetzung. Trotz des von Art. 9 Abs. 3 GG vorausgesetzten Verhandlungsgleichgewichts und der Sachnähe der Tarifvertragsparteien gelte das auch für Tarifverträge, da Störungen der kollektiven Vertragsmechanismen zulasten einzelner Koalitionsmitglieder nicht völlig auszuschließen seien.[253]

162 Die Tarifvertragsparteien haben als selbständige Grundrechtsträger auf Grund der durch Art. 9 Abs. 3 GG geschützten Tarifautonomie einen weiten Gestaltungsspielraum. Ihnen kommt eine Einschätzungsprärogative zu, soweit die tatsächlichen Gegebenheiten, die betroffenen Interessen und die Regelungsfolgen zu beurteilen sind. Darüber hinaus verfügen sie über einen Beurteilungs- und Ermessensspielraum hinsichtlich der inhaltlichen Gestaltung der Regelung. Sie sind nicht verpflichtet, die jeweils zweckmäßigste, vernünftigste oder gerechteste Lösung zu wählen. Es genügt, wenn für die getroffene Regelung ein sachlicher Grund besteht.[254] Ihnen können sogar Regelungen erlaubt sein, die dem Gesetzgeber verwehrt sind, denn ihre Legitimation kann sich außer auf die Vertragsparität auch auf die Zustimmung der Betroffenen stützen.[255]. Eine AGB-Kontrolle findet nicht statt (§ 310 Abs. 4 S. 1 BGB).[256]

d) Bindung an einzelne Grundrechte

163 Hier können nur einige Hinweise zu bestimmten Grundrechten gegeben werden, die immer wieder mit Tarifnormen in Konflikt geraten. Im übrigen muss auf die einschlägigen Monographien verwiesen werden.[257]

164 **aa) Art. 3 Abs. 1 GG (Allgemeiner Gleichheitssatz).** Im Tarifvertrag dürfen wesentlich gleiche Sachverhalte nicht willkürlich verschieden behandelt werden.

---

[253] BAG 27.5.2004, NZA 2004, 1399.
[254] BAG 3.7.2019, NZA 2019, 1440.
[255] BAG 7.6.2006, NZA 2007, 343.
[256] BAG 3.7.2019, NZA 2019, 1440.
[257] Vgl. z.B. *Gamillscheg*, Grundrechte im Arbeitsrecht, 1989; *Waltermann*, Berufsfreiheit im Alter, 1989; *A. Wiedemann*, Die Bindung der Tarifnormen an Grundrechte 1994; *Belling*, ZfA 1999, 547 ff.; weitere Nachweise bei *Zöllner/Loritz/Hergenröder*, Arbeitsrecht, § 9 II.

IV. Inhalt und Grenzen der Tarifmacht

Bei der Frage, an welchen Kriterien eine tarifvertragliche Differenzierung anknüpfen darf, haben die Tarifvertragsparteien einen weiten Ermessensspielraum; insbesondere unterliegen sie nicht dem allgemeinen arbeitsrechtlichen Gleichbehandlungsgrundsatz. Sie können also auch dort noch differenzieren, wo dem Arbeitgeber bereits eine Ungleichbehandlung verboten ist. Den Tarifvertragsparteien steht als selbständigen Grundrechtsträgern[258] bei ihrer Normsetzung eine Einschätzungsprärogative zu, soweit es um die Beurteilung der tatsächlichen Gegebenheiten, der betroffenen Interessen und der Rechtsfolgen geht. Bei der inhaltlichen Gestaltung verfügen sie über einen Beurteilungs- und Ermessensspielraum. Die Gerichte haben nicht zu prüfen, ob sie die zweckmäßigste, vernünftigste und gerechteste Lösung gefunden haben. Wegen des Kompromisscharakters des Tarifvertrags dürfen auch an die Systemgerechtigkeit tariflicher Regelungen keine zu hohen Anforderungen gestellt werden. So können sie tarifvertragliche Ansprüche differenzierend festlegen und sachorientierte Stichtagsregelungen vereinbaren.[259] Die Grenze ist bei einer Ungleichbehandlung nach personenbezogenen Merkmalen dann erreicht, wenn zwischen beiden Gruppen keine Unterschiede von solcher Art und solchem Gewicht bestehen, dass sie die ungleiche Behandlung rechtfertigen könnten.[260] Eine sachbezogene Ungleichbehandlung verstößt erst dann gegen den Gleichheitssatz, wenn sie willkürlich ist, weil sich ein vernünftiger, aus der Natur der Sache sich ergebender oder sonstwie einleuchtender Grund für die jeweilige Differenzierung oder Gleichbehandlung nicht finden lässt,[261] wie etwa bei einem Nachtzuschlag nur für Arbeitnehmer, die außerhalb von Schichtsystemen Nachtarbeit leisten.[262]

Auch dort, wo an sich ein sachlicher Grund für eine Ungleichbehandlung besteht, muss die Ungleichbehandlung als solche **verhältnismäßig** sein,[263] sie muss einen legitimen Zweck verfolgen, zur Erreichung dieses Zwecks geeignet und notwendig sein und auch sonst in einem angemessenen Verhältnis zum Wert des Zwecks stehen.[264] Allerdings darf diese „kaschierte Verhältnismäßigkeitsprüfung" nicht dazu führen, dass die Gerichte an die Stelle der Tarifnormen ihre eigene Vorstellung von Angemessenheit setzen. Vielmehr ist nur zu prüfen, ob für die Regelung sachlich einleuchtende Gründe schlechterdings nicht mehr erkennbar sind.[265] Die Bindung an den Grundsatz der Verhältnismäßigkeit hindert die Tarifvertragsparteien nicht daran, tarifliche Leistungen aus Gründen der Praktikabilität zu generalisieren und zu typisieren. Eine Verallgemeinerung muss sich allerdings am Regelfall orientieren. Dabei entstehende unvermeidliche Ungerechtigkeiten und Härten

165

---

[258] BAG 27.6.2018, NZA 2018, 1344.
[259] BAG 3.7.2019, NZA 2019, 1440.
[260] Gute Zusammenfassung der Rspr. zu Art. 3 Abs. 1 GG in BAG 22.12.2009, NZA 2010, 521.
[261] BAG 27.5.2004, NZA 2004, 1399, 1403 m.w.N.
[262] BAG 21.3.2018, NZA 2019, 622.
[263] BVerfGE 63, 255, 263 ff.; BAG 9.12.2015, NZA 2016, 897; BAG 3.7.2019, NZA 2019, 1440.
[264] BAG 9.12.2015, NZA 2016, 897; BAG 3.7.2019, NZA 2019, 1440.
[265] BVerfGE 64, 158, 168 f.; 66, 84, 95; BAG 21.9.2011, NZA 2012, 271 („wenn plausible, einleuchtende Gründe nicht erkennbar sind").

in einzelnen, besonders gelagerten Fällen sind hinzunehmen, wenn sie nicht besonders schwer wiegen und nur unter Schwierigkeiten vermeidbar wären.[266]

166 Unzulässig, weil sachlich nicht mehr gerechtfertigt, sind **unterschiedliche Kündigungsfristen für Arbeiter und Angestellte**,[267] soweit nicht ausnahmsweise ein dringendes Bedürfnis nach kürzeren Kündigungsfristen bei den Arbeitern besteht (z.B. überwiegende Beschäftigung von Arbeitern in der Produktion, Bedürfnis nach flexibler Personalplanung im Bereich der produkt-, mode- und saisonabhängigen Textilindustrie, Witterungsabhängigkeit für bestimmte Tätigkeiten im Gartenbau und im Baugewerbe).[268] **Teilzeitbeschäftigte** und **ältere Mitarbeiter**, die die Rechtsprechung ursprünglich über Art. 3 Abs. 1 GG geschützt hatte,[269] schützen jetzt § 4 Abs. 1 TzBfG[270] und die §§ 7, 1 AGG.

167 Eine Ungleichbehandlung kann auch darin liegen, dass die Tarifvertragsparteien den **persönlichen Geltungsbereich** des Tarifvertrags sachwidrig auf bestimmte Arbeitnehmergruppen **beschränken**. Es macht keinen Unterschied, ob eine einzelne Tarifnorm bestimmte Arbeitnehmer bevorzugt oder ob der ganze Tarifvertrag eigens für sie geschaffen wird.[271] Allerdings können bei einem Verzicht auf eine Normsetzung auch typische Sachzwänge der kollektiven Vertragsform und koalitionsspezifische Interessen berücksichtigt werden.[272]

168 bb) **Art. 3 Abs. 2 GG (Gleichberechtigung von Mann und Frau).** Tarifverträge haben die Gleichberechtigung von Mann und Frau zu beachten,[273] vor allem das **Prinzip der Lohngleichheit**, das unionsrechtlich durch Art. 157 AEUV abgesichert ist. Gleiche oder gleichartige Arbeit darf nicht unterschiedlich vergütet werden. Unzulässig sind zunächst **offene Diskriminierungen** von Frauen oder Männern mit gleichem Arbeitsplatz, soweit es nicht sachliche Gründe dafür gibt, die nicht an die Geschlechtszugehörigkeit anknüpfen (vgl. auch §§ 1, 3 Abs. 1, 7 Abs. 1 AGG). Bestehen Anhaltspunkte dafür, dass Arbeitnehmerinnen für gleiche Arbeit ein geringerer Lohn gezahlt wird als ihren männlichen Kollegen, muss der Arbeitgeber darlegen und beweisen, dass die von den Männern geleistete Arbeit anders zu bewerten ist.[274]

Beispiele: Lohnabschlagsklauseln, die für Frauen nur einen bestimmten Prozentsatz des Männerlohns vorsehen; geringere Entlohnung wegen der Geltung von Arbeitsschutznormen, auch wenn dem Arbeitgeber wirtschaftliche Mehrbelastungen dadurch entstehen;

---

[266] BAG 15.2.2011, NZA-RR 2011, 467; BAG 13.6.2012, NZA 2012, 1052.
[267] BVerfGE 82, 126.
[268] Vgl. nur BAG 21.3.1991, 23.1.1992, 2.4.1992, AP Nr. 31, 37, 38 zu § 622 BGB.
[269] BAG 13.3.1997, NZA 1997, 842; BAG 16.3.1993, AP Nr. 6 zu § 1 BetrAVG Teilzeit; BAG 26.4.2000, AP Nr. 16 zu § 4 TVG Verdienstsicherung.
[270] BAG 23.7.2019, NZA 2019, 1588.
[271] BAG 17.10.1995, AP Nr. 132 zu § 242 BGB Gleichbehandlung.
[272] BAG 27.5.2004, NZA 2004, 1399.
[273] St. Rspr. seit BAG 15.1.1955, AP Nr. 4 zu Art. 3 GG.
[274] BAG 9.9.1981, AP Nr. 117 zu Art. 3 GG.

Zulagen nur für verheiratete Arbeitnehmer, nicht aber für verheiratete Arbeitnehmerinnen („Ehefrauenzulage").²⁷⁵

Verboten sind aber auch Tarifnormen, die zu einer verdeckten, **mittelbaren Diskriminierung** führen. Das ist der Fall, wenn eine tarifliche Regelung, die sowohl auf Frauen als auch auf Männer anwendbar ist, die also scheinbar neutral ist, im Ergebnis wesentlich mehr Frauen als Männer betrifft und dabei die Arbeitnehmerinnen schlechter als ihre männlichen Kollegen behandelt, ohne dass es hierfür eine sachliche Rechtfertigung gibt (vgl. § 3 Abs. 2 AGG).²⁷⁶ Besondere Bedeutung hat das Verbot der mittelbaren Diskriminierung für Teilzeitbeschäftigte, von denen 90 % Frauen sind. Bei ihnen verbietet bereits § 4 Abs. 1 TzBfG eine sachlich nicht gerechtfertigte Ungleichbehandlung gegenüber Vollzeitbeschäftigten. **169**

Beispiele für zulässige Differenzierungen: Zahlung von Überstundenzuschlägen für Teilzeitarbeitnehmer nur bei Überschreiten der tariflich für Vollzeitbeschäftigte festgelegten Regelarbeitszeit,²⁷⁷ bezahlte Freistellung am Nachmittag wegen eines örtlichen Brauchtums (z.B. Fastnacht) ohne Ausgleich für vormittägliche Teilzeitarbeitnehmer (z.B. § 4 BMT G II, § 6 Abs. 3 TVöD),²⁷⁸ Zulagen an männliche Arbeitskräfte in Nacht- oder Wechselschichtarbeit, die nicht bereit sind, für den normalen Lohn zu arbeiten,²⁷⁹ Zahlung unterschiedlicher Zulagen an Arbeitnehmer derselben Lohngruppe wegen unterschiedlicher Belastungen.²⁸⁰ **170**

Streitig ist, ob Frauen bis zum Erreichen einer tatsächlichen Gleichbehandlung durch **Quotenregelungen** partiell bevorzugt werden können („positive Diskriminierung"). Dagegen spricht, dass der einzelne Mann nicht für die jahrelangen gesellschaftlichen Benachteiligungen der Frau haftbar gemacht werden kann; dafür, dass **Art. 3 Abs. 2 S. 2 GG** in seiner neuen Fassung einen klaren **Schutz- und Förderungsauftrag** zugunsten von Frauen enthält (vgl. § 5 AGG).²⁸¹ **171**

Der EuGH hält Quotenregelungen für unzulässig, die Frauen bei Einstellungen, Ernennungen und Beförderungen einen absoluten und unbedingten Vorrang einräumen.²⁸² Erlaubt seien nur Quotenregelungen mit „Öffnungsklauseln", die Bewerberinnen bei gleicher Qualifikation einen – relativen – Vorrang vor den männlichen Konkurrenten einräumen, der aber entfällt, wenn bei der gebotenen objektiven Einzelfallprüfung die für den männlichen Bewerber sprechenden – geschlechtsneutralen – Merkmale überwiegen; zu diesen rechnen insbesondere Le- **172**

---

²⁷⁵ BAG 15.1.1955, 6.4.1955, 23.3. 1957, 13.11.1985, AP Nr. 4, 7, 18, 136 zu Art. 3 GG.
²⁷⁶ EuGH 13.5.1986, DB 1986, 1525; BAG 14.10.1986, AP Nr. 1 zu Art. 119 EWGV.
²⁷⁷ EuGH 15.12.1994, NZA 1995, 218; neuerdings abweichend BAG 19.12.2018, NZA 2019, 790.
²⁷⁸ BAG 26.5.1993, AP Nr. 42 zu Art. 119 EWGV.
²⁷⁹ BAG 25.8.1982, AP Nr. 53 zu § 242 BGB Gleichbehandlung.
²⁸⁰ BAG 6.4.1955, AP Nr. 7 zu Art. 3 GG.
²⁸¹ BAG 22.6.1993, AP Nr. 193 zu Art. 3 GG.
²⁸² EuGH 17.10.1994, NZA 1995, 1095 - Kalanke.

bensalter, Dienstalter und Unterhaltsverpflichtungen.[283] Nach neuerer Rechtsprechung sollen auch solche Kriterien zulässig sein, die zwar geschlechtsneutral formuliert sind, de facto aber Frauen begünstigen. So darf z.B. festgelegt werden, dass sich Teilzeitbeschäftigungen, Beurlaubungen und Verzögerungen beim Abschluss der Ausbildung aufgrund der Betreuung von Kindern oder Angehörigen nicht nachteilig auswirken.[284]

173 cc) **Art. 3 Abs. 3 GG (Allgemeines Diskriminierungsverbot).** Tarifverträge dürfen niemanden wegen seines Geschlechts, seiner Abstammung, seiner Rasse, seiner Sprache, seiner Heimat und Herkunft, seines Glaubens, seiner religiösen oder politischen Anschauungen benachteiligen oder bevorzugen (s. § 1 AGG).[285] Die Unterscheidung des Tarifrechts nach der Gewerkschaftszugehörigkeit ist allerdings zulässig, weil Art. 9 Abs. 3 GG als gegenüber dem Art. 3 Abs. 1 GG spezielleres Grundrecht die Geltung der Tarifnormen nur für die in Koalitionen organisierten Arbeitsvertragsparteien gerade voraussetzt. Das AGG hat das Diskriminierungsverbot jetzt einfachrechtlich auf Behinderungen, Alter und sexuelle Identität ausgedehnt (§ 1 AGG).

174 dd) **Art. 9 GG (Vereinigungs- und Koalitionsfreiheit).** Die Tarifvertragsparteien haben die positive Koalitionsfreiheit anders organisierter und das Fernbleiberecht nicht organisierter Arbeitnehmer zu beachten. Ob sich die negative Koalitionsfreiheit aus Art. 9 Abs. 3 GG ergibt, wie die h.M. annimmt, oder nur eine Ausprägung der allgemeinen Handlungsfreiheit nach Art. 2 Abs. 1 GG darstellt, kann hier dahinstehen (s. § 12 Rn. 39).

175 Unzulässig sind jedenfalls nach h.M. **Organisations- oder Absperrklauseln**, die den Arbeitgeber verpflichten, nur in einer **(closed shop)**[286] oder in einer bestimmten Gewerkschaft organisierte Arbeitnehmer **(union shop)** zu beschäftigen.[287] Das gilt naturgemäß nicht, wenn die Gewerkschaft selbst oder ein gewerkschaftseigenes Unternehmen Arbeitgeber ist und auf den erfassten Arbeitsplätzen die entsprechenden Koalitionszwecke verwirklicht werden.[288]

176 Unzulässig sind weiter **qualifizierte Differenzierungsklauseln**, d.h. Klauseln, mit denen erreicht werden soll, dass nur gewerkschaftsangehörige Arbeitnehmer bestimmte tarifliche Leistungen (Zulagen, Zusatzurlaub) erhalten.[289] Diese Klauseln gibt es in zwei Varianten: als **Tarifausschlussklauseln**, die es dem Arbeitgeber

---

[283] EuGH 11.11.1997, Slg. 1997 I, 6393 - Marschall; EuGH 6.7.2000, NZA 2000, 935.
[284] EuGH 28.3.2000, NZA 2000, 473; EuGH 6.7.2000, NZA 2000, 935.
[285] BAG 13.11.1985, AP Nr. 136 zu Art. 3 GG m.w.N.
[286] Wiedemann/*Jacobs*, TVG, Einl. Rn. 462.
[287] Zum Verstoß gegen Menschenrechte EGMR 23.6.1981, NJW 1982, 2714, 2717.
[288] Kempen/Zachert/*Kempen*, TVG, Grundl., Rn. 329.
[289] Grundlegend BAG GS 21.2.1967, AP Nr. 12 zu Art. 9 GG; für Spannenklauseln jetzt auch BAG 23.3.2011, NZA 2011, 920.

verbieten, die tariflichen Leistungen nicht oder anders organisierten Arbeitnehmern („Außenseitern") zu gewähren, und als **Spannen(sicherungs)- oder Abstandsklauseln**, die den Arbeitgeber verpflichten, Leistungen für die Organisierten aufzustocken, um ihnen dadurch einen bestimmten Vorsprung vor den Außenseitern zu sichern. Für qualifizierte Differenzierungsklauseln fehlt den Tarifvertragsparteien die Rechtsmacht. Da sie lediglich kollektiv Privatautonomie ausüben, können sie keine Vereinbarungen zulasten von nicht oder anders Organisierten abschließen. Auf die Höhe des Vorteils für die Gewerkschaftsmitglieder kommt es nicht an.[290] Unzulässig ist es auch – wie es manchmal zur Umgehung des Verbots qualifizierter Differenzierungsklauseln geschieht –, Leistungen aus **Gemeinsamen Einrichtungen** (§ 4 Abs. 2 TVG) nur für Angehörige der tarifschließenden Gewerkschaft vorzusehen.[291]

Zulässig sind dagegen **einfache Differenzierungsklauseln**, d.h. Klauseln, die eine tarifliche Leistung von der Zugehörigkeit zu der tarifschließenden Gewerkschaft abhängig machen, den Arbeitgeber aber nicht hindern, diese Leistung auch anderen Arbeitnehmern zu erbringen („erhalten die ver.di-Mitglieder in jedem Geschäftsjahr ... eine Ausgleichszahlung in Höhe von 535 € brutto").[292] Diese Klauseln geben nur die Rechtslage nach §§ 3 Abs. 1, 4 Abs. 1 TVG wieder. Dem Arbeitgeber bleibt es – anders als bei den qualifizierten Differenzierungsklauseln – unbenommen, den nicht und den anders organisierten Arbeitnehmern die tarifliche Leistung arbeitsvertraglich zuzusagen. Allerdings reicht für eine Zusage nach der umstrittenen Rechtsprechung des BAG eine bloße Bezugnahme auf den Tarifvertrag nicht aus, selbst wenn man sie als Gleichstellungsabrede auffasst.[293] Immerhin hat der Arbeitnehmer für die Zukunft die Möglichkeit, durch Gewerkschaftsbeitritt Anspruch auf die tarifliche Leistung zu erlangen. 176a

Um **keine (einfache) Differenzierungsklausel**, sondern um eine bloße **Binnendifferenzierung** handelt es sich nach Ansicht des vierten Senats bei einer Stichtagsregelung in einem Tarifvertrag, die zwischen verschiedenen Gruppen von Gewerkschaftsmitgliedern differenziert. Die negative Koalitionsfreiheit eines nicht tarifgebundenen Arbeitnehmers werde durch eine solche Differenzierung nicht verletzt; Handlungs- und insbesondere Vertragsfreiheit der Außenseiter und des Arbeitgebers würden nicht eingeschränkt.[294] Das ist zumindest bei nicht unerheblichen Leistungen fraglich. Liegt der Stichtag in der Vergangenheit, dann nützt ein Gewerkschaftsbeitritt für den konkreten Fall nichts. Die nicht organisierten Ar- 176b

---

[290] *Bauer/Arnold*, NZA 2011, 945, 947.
[291] *Bauer/Arnold*, NZA 2011, 945, 949; *Hartmann*, SAE 2011, 225, 231.
[292] BAG 18.3.2009, NZA 2009, 1028; ebenso BAG 13.6.2012, NZA 2012, 1052; aber auch *Löwisch*, NZA 2011, 182 f.: nicht zulässig im öffentlichen Dienst.
[293] BAG 18.3.2009, NZA 2009, 1028; krit. dazu *Bauer/Arnold*, NZA 2009, 1169, 1171; *dies.*, NZA 2011, 945, 948; *Franzen*, NZA-Beil. 2011, 108, 117 ff.; *Lobinger/Hartmann*, RdA 2010, 235 ff.; *Richardi*, NZA 2010, 417, 419.
[294] BAG 15.4.2015, NZA 2015, 1388.

beitnehmer werden sozusagen generalpräventiv zum Gewerkschaftsbeitritt angehalten.[295]

177 **ee) Art. 12 Abs. 1 GG (Berufsfreiheit).** Besondere dogmatische Schwierigkeiten bereitet die Frage, inwieweit die Tarifvertragsparteien auch an Art. 12 Abs. 1 GG gebunden sind, der die Berufswahl- und Berufsausübungsfreiheit des Arbeitgebers und des Arbeitnehmers schützt. Denn die Arbeitsvertragsparteien sind gerade deswegen den Koalitionen beigetreten, weil diese für sie Arbeitsbedingungen und damit Berufsausübungsregelungen aushandeln.

178 Tarifnormen, die die Freiheit des Berufs einschränken, sind nicht schon deshalb unwirksam, weil Art. 12 Abs. 1 S. 2 GG Eingriffe in die Berufsfreiheit nur „durch Gesetz oder aufgrund eines Gesetzes" zulässt. Die tarifliche Normsetzung beruht auf § 1 Abs. 1 TVG, der zugleich ihre sachliche Reichweite beschränkt. Damit hat der Gesetzgeber dem Wesentlichkeitsprinzip Genüge getan, da er die für eine Beschränkung der Berufsfreiheit maßgeblichen Entscheidungen in diesem Bereich selbst getroffen hat. Das heißt allerdings nicht, dass den Tarifvertragsparteien jede Beschränkung der Berufsfreiheit erlaubt wäre. Dazu haben sie weder von ihren Mitgliedern ein Mandat erhalten, noch wäre es dem Gesetzgeber von Verfassungs wegen erlaubt, einer parlamentarisch nicht verantwortlichen Macht derartige Befugnisse einzuräumen.

179 Nach der Rechtsprechung ist der Ausgleich der widerstreitenden Grundrechte aus Art. 9 Abs. 3 GG und Art. 12 GG im Wege praktischer Konkordanz nach dem Verhältnismäßigkeitsprinzip zu suchen. Im Rahmen des Verhältnismäßigkeitsprinzips könnten nicht nur Individualinteressen, sondern auch Belange der Koalition, z.B. unter dem Gesichtspunkt der Solidarität, und Gesamtinteressen, z.B. Schutz der Bevölkerung bei Versorgungsunternehmen, Krankenanstalten und Verkehrsgewerbe, sowie berechtigte Interessen der einzelnen Arbeitnehmer berücksichtigt werden.[296] Bei der Prüfung der Verhältnismäßigkeit hilft die Orientierung an der „3-Stufen-Theorie", die die Rechtsprechung zur Konkretisierung des Verhältnismäßigkeitsprinzips bei Art. 12 Abs. 1 GG aufgestellt hat,[297] nicht recht weiter. Richtiger erscheint es, auf das allgemeine Abwägungsgesetz abzustellen.[298] Je intensiver eine tarifliche Regelung in die Berufsfreiheit eingreift, desto gewichtiger müssen die Gründe für eine Beschränkung sein. Allerdings verbietet Art. 9 Abs. 3 GG die Prüfung, ob Tarifnormen die Berufsausübung „angemessen" oder „zweckmäßig" regeln. Wie bei Art. 3 GG, so kommt den Tarifvertragsparteien auch bei den Freiheitsrechten ein erheblicher Einschätzungs- und Prognosespielraum zu. Prüfungsgegenstand kann nur sein, ob die Tarifvertragsparteien im Rahmen ihrer durch § 1 Abs. 1 und 4 Abs. 2 TVG umrissenen Aufgabenbereiche tätig

---

[295] *Greiner*, NZA 2016, 10.
[296] BAG 25.10.2000, NZA 2001, 328.
[297] Erstmals im berühmten „Apothekenurteil", BVerfGE 7, 377.
[298] Vgl. allgemein *Alexy*, Theorie der Grundrechte, 2. Aufl. 1994, S. 146.

IV. Inhalt und Grenzen der Tarifmacht

geworden sind und ob die von ihnen eingesetzten Mittel nicht außer Verhältnis zum angestrebten Ziel stehen.

(1) Die Berufsausübungsfreiheit der Arbeitgeber wird vor allem durch **Besetzungs- oder Einstellungsklauseln** beeinträchtigt, die dem Schutz vor den Folgen der Rationalisierung dienen, und durch Normen, die die unternehmerische Entscheidungsfreiheit einschränken sollen. **Quantitative Besetzungsklauseln**, die dem Arbeitgeber vorschreiben, wie viele Arbeitnehmer bei einer bestimmten Tätigkeit zu beschäftigen sind, und **qualitative Besetzungsklauseln**, die die Qualifikation für die Ausübung eines Dienstes festlegen, sind nach der Rechtsprechung zulässig, soweit sie aus arbeitstechnischen, arbeitsorganisatorischen oder gesundheitsschützenden Gründen erforderlich sind; zulässig sei auch die Förderung von Arbeitsqualität und Ausbildung.[299]

180

Umstritten ist, ob mit Besetzungsklauseln auch **arbeitsmarktpolitische Ziele** verfolgt werden können, ob beispielsweise Arbeitgeber verpflichtet werden können, Arbeitnehmer bei einer Änderung der Produktionstechnologie (z.B. Umstellung von Bleisatz auf Lichtsatz) umzuschulen und weiterzubeschäftigen, um sie vor Arbeitslosigkeit zu bewahren. Nach der Rechtsprechung sind qualitative Besetzungsregeln, die für einen Übergangszeitraum zumindest auch sachnahe soziale Aspekte berücksichtigen, rechtmäßig, sofern die Einschränkung des freien Wettbewerbs um Arbeitsplätze nicht außer Verhältnis zum sozialen Schutzzweck steht.[300] Die wohl h.L.[301] lehnt demgegenüber qualitative Besetzungsklauseln, die allein auf beschäftigungspolitische Erwägungen gestützt sind, ab.

Das Recht des Arbeitgebers, betriebsbedingt zu kündigen, kann ausgeschlossen oder von der Zustimmung der Gewerkschaft oder des Betriebsrats abhängig gemacht werden.[302]

180a

(2) Die Berufsfreiheit der Arbeitnehmer wird insbesondere beschränkt durch Vorschriften zu Dauer und Lage der Arbeitszeit, durch tarifliche Nebenbeschäftigungs- und Wettbewerbsverbote, durch Bestimmungen zur Rückzahlung von Gratifikationen oder Aus- und Fortbildungskosten und durch Altersgrenzenregelungen:

181

– **Tarifbestimmungen zu Dauer und Lage der Arbeitszeit** beschränken die Berufsausübungsfreiheit. Nicht alle tariflichen Arbeitszeitregelungen sind jedoch verfassungswidrig.[303] Eine gesetzliche Einschränkung käme nur aus Gründen des Gemeinwohls in Betracht. Unstreitig können der Gesundheitsschutz und

182

---

[299] BAG 13.9.1983, AP Nr. 1 zu § 1 TVG Tarifverträge: Druckindustrie; BAG 26.4.1990, AP Nr. 57 zu Art. 9 GG; BAG 22.1.1991, AP Nr. 67 zu Art. 12 GG.
[300] BAG 26.4.1990, AP Nr. 57 zu Art. 9 GG.
[301] *Säcker/Oetker*, Grundlagen und Grenzen der Tarifautonomie, S. 25 ff. m.w.N.
[302] BAG 24.2.2011, NZA 2011, 708.
[303] BAG 25.10.2002, NZA 2001, 328.

der Schutz der Sonn- und Feiertagsruhe gesetzliche Arbeitszeitregelungen rechtfertigen. Nichts anderes kann für Tarifverträge gelten. Sehr fraglich ist aber, ob Höchstarbeitszeiten zur Bekämpfung der Arbeitslosigkeit geeignet, erforderlich und verhältnismäßig sind.[304] Manche nehmen an, dass es zur Auflösung des Spannungsverhältnisses zwischen individueller Entfaltungsfreiheit und sozialer Bindung des Rückgriffs auf Art. 12 GG nicht bedürfe. § 4 Abs. 3 TVG sichere bereits den einfachrechtlichen Ausgleich.[305] Das setzt aber voraus, dass es bei der Arbeitszeit ein Günstiger und Ungünstiger gibt (s. unten Rn. 291 ff.). Das BAG lässt die Vereinbarung von Höchstarbeitszeiten zu, die Absenkung einer tariflichen Arbeitszeit aus dem „sachbezogenen Grund" der Arbeitsplatzsicherung.[306]

183 – **Nebenbeschäftigungs- und Wettbewerbsverbote.** Art. 12 Abs. 1 GG schützt auch die Arbeitsaufnahme bei weiteren Arbeitgebern. Eine Einschränkung ist nur zulässig zum Schutz des Arbeitgebers vor unlauterer Konkurrenz und gegen die Beeinträchtigung der Arbeitsleistung im Hauptarbeitsverhältnis.[307]

184 – **Rückzahlungsklauseln** dürfen die freie Wahl eines neuen Arbeitsplatzes nicht unbillig erschweren.[308] Die Tarifvertragsparteien sind nicht an die Grundsätze gebunden, die die Rechtsprechung für arbeitsvertragliche Rückzahlungsbestimmungen aufgestellt hat,[309] ihnen kommt ein sehr viel weitergehender Gestaltungsspielraum zu. Da Tarifverträge zwischen gleich starken Parteien ausgehandelt werden, gilt für sie die Vermutung, dass sie den Interessen beider Seiten gleichermaßen entsprechen.[310]

185 – **Altersgrenzenregelungen** hat das BAG ursprünglich nicht als unangemessene Einschränkung der Berufswahlfreiheit des Arbeitnehmers angesehen, wenn dafür ein Sachgrund i.S.v. § 14 Abs. 1 TzBfG vorlag.[311] Als Sachgrund für eine Altersgrenze 60 beim Cockpitpersonal sah es das Risiko altersbedingter Ausfallerscheinungen und unerwarteter Fehlreaktionen für Leben und Gesundheit von Besatzungsmitgliedern und Passagieren. Heute prüfen BAG und EuGH unter dem Gesichtspunkt der Diskriminierung (s. unten Rn. 197a).

---

[304] Vgl. *Hromadka*, AuA 1998, 73; *Stein*, Tarifvertragsrecht, Rn. 439; *Zöllner*, DB 1989, 2121, 2122.
[305] *Bergner*, Die Zulässigkeit kollektivvertraglicher Arbeitszeitregelungen, 1995, S. 129; *Buchner*, DB 1990, 1715, 1719; *Käppler*, NZA 1991, 745, 750.
[306] BAG 28.6.2001, NZA 2002, 331.
[307] BAG 26.8.1976, AP Nr. 68 zu § 626 BGB.
[308] BAG 10.5.1962, AP Nr. 22 zu § 611 BGB Gratifikation.
[309] BAG 31.3.1966, AP Nr. 54 zu § 611 BGB Gratifikation.
[310] BAG 6.9.1995, BB 1995, 1961.
[311] BAG 27.11.2002, NZA 2003, 812; anders für Kabinenpersonal (Flugbegleiter), BAG 23.6.2010, NZA 2010, 1248.

ff) Art. 20 Abs. 3 GG (Rechtsstaatsprinzip). Die Tarifvertragsparteien sind an die aus dem Rechtsstaatsprinzip folgenden Grundsätze des Vertrauensschutzes und der Verhältnismäßigkeit gebunden. Das ist besonders für die betriebliche Altersversorgung von Bedeutung.[312] 185a

e) Gesetze

aa) Allgemeines. Nach dem Stufenbau der Rechtsordnung gehen auch Gesetze dem Tarifvertrag vor.[313] Dabei lässt sich im Hinblick auf ihre Abdingbarkeit wie folgt unterscheiden: 186

Abdingbarkeit eines (Arbeits-)Gesetzes			
zweiseitig zwingendes Gesetz	einseitig zwingendes Gesetz	dispositives Gesetz	tarifdispositives Gesetz
keine Abweichung möglich	Abweichung nur zugunsten des Arbeitnehmers	Abweichung zugunsten und zulasten des Arbeitnehmers	Abweichung zugunsten und zulasten des Arbeitnehmers durch Tarifvertrag

Der Sinn tarifdispositiver Rechtsnormen (sog. **gesetzliche Öffnungsklauseln**) liegt darin, den Tarifvertragsparteien, die über **spezifische Branchenkenntnisse** verfügen, sachnähere Regelungen zu ermöglichen. Zudem lassen sich Tarifverträge dem Wandel der Zeiten leichter anpassen. Den nicht tarifgebundenen Arbeitsvertragsparteien wird die Anwendung vom Gesetz abweichender tariflicher Regelungen durch gesetzliche „Zulassungsnormen" gestattet. 187

Beispiele: § 7 ArbZG, § 622 Abs. 4 S. 1 BGB, §§ 1 Abs. 3 Nr. 1, 3 Abs. 1 Nr. 3, 9 Nr. 2 AÜG, § 13 BUrlG, § 4 Abs. 4 S. 1 EfzG, § 17 Abs. 3 S. 1 BetrAVG, §§ 12 Abs. 3, 13 Abs. 4, 14 Abs. 2 S. 3-4 TzBfG.

Während Abweichungen zulasten der Arbeitnehmer früher selten waren, kam es in den letzten Jahren im Bereich der Leiharbeit zu einem „Unterbietungswettbewerb".[314] Mitgliederschwache christliche Gewerkschaften boten den Arbeitgebern günstigere Tarifbedingungen als die DGB-Gewerkschaften, die – da im Bereich der Leiharbeit ebenfalls mitgliederschwach – keine für die Arbeitnehmer günstigeren Tarifverträge erkämpfen konnten. Dadurch kam es weithin zur Abweichung vom Equal-pay-Prinzip (§ 3 Abs. 1 Nr. 3 AÜG). 187a

---

[312] BAG 27.2.2007, NZA 2007, 1371, 1374.
[313] BAG 29.9.2011, NZA 2012, 754 zu § 7 AGG.
[314] Zur Problematik *Schlachter*, AuR 2010, 354 ff. m.w.N.

Die Rechtsprechung reagierte, indem sie der Tarifgemeinschaft Christlicher Gewerkschaften für Zeitarbeit und Personalserviceagenturen (CGZP) die Tariffähigkeit aberkannte und deren Tarifverträge für (von Anfang an) unwirksam erklärte.[315]

188 Fraglich ist, ob es neben diesen Vorschriften auch **„verdeckt" dispositives Gesetzesrecht** gibt. Bei neueren Gesetzen ist das zu verneinen.[316] Dem älteren Gesetzgeber war die Figur des tarifdispositiven Rechts aber nicht bekannt. Kein tarifdispositives Recht liegt vor, wenn Gesetze durch Tarifvertrag konkretisierbare Generalklauseln oder unbestimmte Rechtsbegriffe enthalten.

189 Ob ein Gesetz zweiseitig oder einseitig zwingend, dispositiv oder tarifdispositiv ist, muss durch **Auslegung** ermittelt werden. Im Zweifel ist davon auszugehen, dass Gesetzen zum **Schutz des Arbeitnehmers einseitig zwingende** Geltung zukommt.[317] Sie wollen Verschlechterungen ausschließen, Verbesserungen aber nicht verhindern. **Organisationsvorschriften**, wie zur Grundstruktur der Betriebs- und Personalverfassung oder zum Unternehmensaufbau, gelten regelmäßig zweiseitig zwingend.[318]

190 Eine andere Frage ist, **ob und inwieweit der Gesetzgeber befugt** ist, seinen Vorschriften **zweiseitig zwingende** Geltung beizulegen und damit entsprechende **tarifliche Regelungen auszuschließen**. Dass der Gesetzgeber trotz der Regelungsbefugnisse, die Art. 9 Abs. 3 GG den Tarifvertragsparteien garantiert, zum Erlass arbeitsrechtlicher Vorschriften berechtigt ist, zeigt bereits Art. 74 Abs. 1 Nr. 12 GG, der dem Bund die Gesetzgebungszuständigkeit für das Arbeitsrecht zuweist. Die Tarifvertragsparteien haben ein **Normsetzungsrecht, aber kein Normsetzungsmonopol.** Der Gesetzgeber kann auch Vorschriften zu Fragen erlassen, die herkömmlich in Tarifverträgen geregelt werden. Dazu muss er sich aber auf **Grundrechte Dritter oder auf andere mit Verfassungsrang ausgestattete Rechte** berufen. Außerdem hat er den **Grundsatz der Verhältnismäßigkeit** zu beachten.[319] Der Eingriff in bestehende Tarifverträge durch zweiseitig zwingendes Gesetzesrecht stellt nach der Rechtsprechung höhere Anforderungen als der in Bereiche, in denen die Tarifvertragsparteien noch keine Regelung getroffen haben.[320] In diesem Sinn hat das BVerfG die zweiseitig zwingende Regelung über die Befristung von Arbeitsverträgen mit wissenschaftlichem Personal an Hochschulen (§§ 1 ff. WissZVG) für zulässig erachtet,[321] weil die Beschränkung der Tarifmacht zur Stärkung der durch Art. 5 Abs. 3 GG ebenfalls grundrechtlich geschützten Wissenschaftsfreiheit erforderlich und angemessen sei. Im übrigen hätten die Tarifvertragsparteien bis dahin keine entsprechenden Tarifregelungen vereinbart. Greift der Gesetzgeber durch einseitig zwingende oder dispositive Gesetze in laufende

---

[315] BAG 14.10.2010, NZA 2011, 289; BAG 23.5.2012, NZA 2012, 623.
[316] Kempen/Zachert/*Kempen*, TVG, Grundl. Rn 381.
[317] BAG 9.11.1994, AP Nr. 1 zu § 1 BeschFG 1985.
[318] Wiedemann/*Wiedemann*, TVG, 7. Aufl., Einl. Rn. 353; Ausnahme: § 3 BetrVG.
[319] BVerfGE 84, 212, 228; 94, 268, 284.
[320] BVerfGE 94, 268, 285.
[321] BVerfGE 94, 268.

Tarifverträge ein, so verbleiben den Tarifvertragsparteien Regelungsspielräume; die Anforderungen an die Zulässigkeit sind deshalb regelmäßig erfüllt.

bb) Bindung an zivilrechtliche Generalklauseln? Streitig ist, ob die Tarifvertragsparteien auch an zivilrechtliche Generalklauseln gebunden sind, vor allem an die §§ 138, 242, 315 BGB. 191

Das ist **grundsätzlich zu bejahen**, weil Tarifverträge auch das einfache Recht zu beachten haben. Das BAG hat die Frage offengelassen und stattdessen aus Art. 2 Abs. 1, 20 Abs. 1 GG gefolgert, dass das tarifliche Arbeitsentgelt nicht dem Anstandsgefühl aller billig und gerecht Denkenden widersprechen dürfe.[322] In keinem Fall darf die Bindung **zu einer gerichtlichen Angemessenheitskontrolle** von Tarifverträgen führen; das wäre mit Art. 9 Abs. 3 GG nicht zu vereinbaren[323] (vgl. § 310 Abs. 4 S. 1 BGB). Verpönt sind deshalb nur Tarifnormen, die offensichtlich nicht mit Grundgedanken des Arbeitsrechts zu vereinbaren sind. 192

cc) Kartellverbot für Tarifverträge? Tarifverträge unterliegen nach h.M. im Arbeitsrecht nicht dem Kartellverbot des § 1 GWB, obwohl von ihnen **kartellierende Wirkungen** auf den Arbeitsmarkt ausgehen.[324] Aus der Gesetzesbegründung ergibt sich, dass der Gesetzgeber das Kartellgesetz nicht auf Abreden über den Abschluss und den Inhalt von Arbeitsverhältnissen angewendet wissen wollte; im übrigen sind die Gewerkschaften auch keine Unternehmen i.S.d. § 1 Abs. 1 S. 1 GWB. Der Dienstleistungs- und Gütermarkt soll vom Wettbewerbsprinzip, der Arbeitsmarkt vom Gegengewichtsprinzip beherrscht werden.[325] Tarifverträge verstoßen auch nicht gegen europäisches Wettbewerbsrecht, weil sie aufgrund ihrer Art und ihres Gegenstands nicht unter das Kartellverbot des Art. 101 AEUV fallen; die Allgemeinverbindlicherklärung durch den Staat beeinträchtigt nicht die praktische Wirksamkeit des europäischen Wettbewerbsrechts.[326] Allerdings können gemeinsame Einrichtungen der Tarifvertragsparteien (z.B. tarifliche Versorgungs- oder Ausgleichskassen), die durch allgemeinverbindliche Tarifverträge errichtet wurden, Unternehmen im Sinne der Art. 101 ff. AEUV sein, die in Konkurrenz zu Versicherungsgesellschaften stehen; sie haben deshalb selbst dann europäisches Wettbewerbsrecht zu beachten, wenn sie ohne Gewinnerzielungsabsicht tätig werden. Eine Zwangsmitgliedschaft in diesen Einrichtungen, die aus der Allgemeinverbindlicherklärung des ihnen zugrundeliegenden Tarifvertrags folgt, kann jedoch als Maßnahme gerechtfertigt sein, die zur Erfüllung einer im allgemeinen Interesse liegenden besonderen sozialen Aufgabe erforderlich ist (Art. 106 Abs. 2 AEUV). 193

---

[322] BAG 24.3.2004, NZA 2004, 971.
[323] Allg. M., vgl. BAG 12.2.1992, AP Nr. 5 zu § 620 BGB Altersgrenze.
[324] BAG 27.6.1989, AP Nr. 113 zu Art. 9 GG Arbeitskampf; Wiedemann/*Jacobs*, TVG, Einl. Rn. 95 m.w.N.; a.A. im kartellrechtlichen Schrifttum *Kulka*, RdA 1988, 336.
[325] Wiedemann/*Jacobs*, TVG, Einl. Rn. 98.
[326] EuGH 21.9.1999, Slg. 1999 I, S. 5751 - Albany; a.A. Generalanwalt *Lenz* in ders. Sache.

Das hat der EuGH bei einem Betriebsrentenfonds für die Textilindustrie angenommen.[327]

193a **dd) Verstoß gegen §§ 111 f. BetrVG?** Tarifsozialpläne, d.h. Tarifverträge, die Sozialpläne i.S.d. §§ 111 ff. BetrVG enthalten, verstoßen nicht gegen Betriebsverfassungsrecht. Das gilt auch für Firmentarifsozialpläne. Die Betriebspartner haben kein Monopol für Sozialpläne (zum Sozialplan § 16 Rn. 621 ff.). Im Verhältnis tariflicher zu betrieblichen Sozialplänen gilt das Günstigkeitsprinzip (§ 4 Abs. 3 TVG).[328]

f) Recht der Europäischen Union

194 Wegen des **Vorrangs des Unionsrechts** vor dem nationalen Recht[329] sind die Tarifvertragsparteien auch zur Beachtung des Rechts der Europäischen Union verpflichtet.[330] Das gilt sowohl für das **primäre Unionsrecht**[331]

Beispiele: Art. 18 AEUV (Diskriminierungsverbot wegen Staatsangehörigkeit), Art. 45 AEUV (Arbeitnehmerfreizügigkeit), Art. 157 Abs. 1 AEUV (Verbot der Diskriminierung wegen des Geschlechts beim Entgelt)

als auch für das unmittelbar wirkende **sekundäre Unionsrecht**, wie Verordnungen (Art. 288 AEUV).

Beispiel: Art. 7 Abs. 4 der Freizügigkeitsverordnung (EWG-VO Nr. 1612/68) verbietet ausdrücklich die tarifliche Vereinbarung von Arbeitsbedingungen, die Staatsangehörige anderer Mitgliedstaaten diskriminieren.

195 **EU-Richtlinien** müssen erst durch Rechtsakte der Mitgliedstaaten (Gesetze, Verordnungen) in nationales Recht umgesetzt werden, damit sie auch im („horizontalen") Verhältnis der Bürger untereinander unmittelbar anwendbar sind, Art. 288 AEUV. Mit der Umsetzung entsteht eine innerstaatliche (deutsche) Norm, an die die (deutschen) Tarifvertragsparteien unmittelbar gebunden sind. Die Mitgliedstaaten sind darüber hinaus gegenüber der Gemeinschaft verpflichtet, dafür zu sorgen, dass richtlinienwidrige Bestimmungen aus Tarifverträgen entfernt oder für nichtig erklärt werden können.

196 Ob EU-Richtlinien die Tarifvertragsparteien auch unmittelbar, d.h. ohne vorherige Umsetzung durch den deutschen Gesetzgeber, verpflichten können, ist streitig. Bejaht wird das von denjenigen, die darauf abstellen, dass die Tarifvertragsparteien mit der Regelung von Arbeits- und Wirtschaftsbedingungen staatliche Aufgaben wahrnehmen und dass ihnen in

---

[327] EuGH 21.9.1999, Slg. 1999 I, S. 5751 - Albany.
[328] BAG 6.12.2006, NZA 2007, 821, 824.
[329] BVerfGE 73, 339; 89, 155.
[330] EuGH 15.7.2010, NZA 2011, 564 - Europäische Kommission; BAG 29.9.2011, NZA 2012, 754.
[331] *Däubler*, Tarifvertragsrecht, Rn. 506; Kempen/Zachert/*Kocher*, TVG, Grundl. Rn. 399; Löwisch/Rieble, § 1 TVG Rn. 605; Wiedemann/*Thüsing*, TVG Einl. Rn. 198 ff.

IV. Inhalt und Grenzen der Tarifmacht

den Verträgen von Maastricht und Amsterdam erhebliche Befugnisse zugebilligt worden sind.[332] Zu bedenken ist jedoch, dass auch die Tarifvertragsparteien Privatrechtssubjekte sind.

Der EuGH prüft die Rechtmäßigkeit von Tarifverträgen am Maßstab des unmittelbar geltenden Primärrechts, zu dem auch das Grundrecht auf Kollektivverhandlungen und Kollektivmaßnahmen nach Art. 28 GRC gehört, sowie an dem des Sekundärrechts. Nationale Regelungen, die europäische Richtlinien umsetzen, prüft er auf richtlinienkonforme Umsetzung. Schon vor Ablauf der Frist für die Umsetzung einer Richtlinie verbietet er nationalen Normgebern – d.h. auch den Sozialpartnern –, Vorschriften zu erlassen, die geeignet sind, das Richtlinienziel ernsthaft in Frage zu stellen.[333] Das BAG prüft zunächst, ob eine tarifliche Regelung nach deutschem Recht zulässig ist, sodann, ob sie dem europäischen Recht entspricht. Verstößt die tarifliche Regelung – auch bei richtlinienkonformer Auslegung, d.h. bei einer Auslegung, die anhand von Wortlaut und Zweck der Richtlinie unter Anwendung der anerkannten Auslegungsmethoden alles tut, um das mit der Richtlinie bezweckte Ergebnis zu erreichen[334] – bereits gegen deutsches Recht, dann endet die Prüfung damit. Andernfalls überprüft das BAG die Tarifregelung – und damit implizit auch das deutsche Recht – auf Vereinbarkeit mit dem europäischen Recht.[335]

197

Die Prüfung am europäischen Recht hat vor allem bei zwei Fragen eine Rolle gespielt: zuerst bei der **Gleichberechtigung von Männern und Frauen** (s. oben Rn. 168 ff. und Art. 23 GRC, Art. 8 AEUV) und in den letzten Jahren bei der **Diskriminierung wegen des Alters**. Altersregelungen hat der EuGH bereits vor der Umsetzung der Gleichbehandlungsrahmenrichtlinie vom 27.11.2000,[336] die Diskriminierungen wegen des Alters für den Bereich Beschäftigung und Beruf ausdrücklich verbietet, überprüft. Zum einen berief er sich darauf, dass die Mitgliedstaaten während der Umsetzungsfrist keine Vorschriften erlassen dürften, die geeignet sind, das Erreichen des Richtlinienziels ernsthaft in Frage zu stellen. Zum anderen gebe es einen allgemeinen Grundsatz des (primären) Unionsrechts, der die Altersdiskriminierung verbiete.[337] Inzwischen untersagt Art. 21 Abs. 1 GRC Diskriminierungen wegen des Alters, Art. 2 und 6 Abs. 1 der Richtlinie 2000/78/EG regeln das Nähere. Der deutsche Gesetzgeber hat die Richtlinie durch §§ 1, 7, 8 und 10 AGG am 14.8.2006 nahezu wörtlich in nationales Recht umgesetzt. Altersgrenzen, die an den Zeitpunkt anknüpfen, an dem die Regelaltersrente bezogen

197a

---

[332] *Stein*, Tarifvertragsrecht, Rn. 296.
[333] Streinz/*Schroeder*, Art. 288 AEUV Rn. 83.
[334] Zur Verpflichtung zu unionsrechtskonformer Auslegung EuGH 10.3.2011, NZA 2011, 397 - Deutsche Lufthansa AG; BAG 18.1.2012, NZA 2012, 575.
[335] S. etwa BAG 2.3.2010, NZA 2012, 803 einerseits und BAG 21.9.2011, NZA 2012, 271 andererseits.
[336] RL 2000/78/EG v. 27.11.2000, EG Abl. L 303/16.
[337] EuGH 22.11.2005, NZA 2005, 1345 - Mangold für § 14 Abs. 3 S. 1 TzBfG; ebenso für eine Tarifnorm BAG 15.2.2012, NZA 2012, 866 zur Altersgrenze für Piloten vor Inkrafttreten des AGG.

werden kann, hat der EuGH für zulässig erklärt,[338] Altersgrenzen, die auf einen früheren Zeitpunkt abstellen, dagegen grundsätzlich verworfen.[339] Verworfen hat er auch Vergütungsregelungen, die auf das Lebensalter abstellen; zulässig bleiben Vergütungsregelungen, die an das Dienstalter und damit an die Erfahrung anknüpfen.[340] Bestimmungen, die gegen das Diskriminierungsverbot verstoßen, sind unwirksam; das gilt auch für tarifliche Regelungen.[341]

197b Das BAG hat sich der Rechtsprechung des EuGH angeschlossen. Dementsprechend hat es auch **Urlaubsregelungen,** die an das Lebensalter anknüpfen, verworfen, sofern sie nicht einem altersbedingten erhöhten Erholungsbedürfnis Rechnung tragen.[342] Einen Erfahrungssatz, dass infolge einer Abnahme der physischen Belastbarkeit bei Beschäftigten, die das 50. Lebensjahr vollendet haben, generell von einem erhöhten Urlaubsbedürfnis und einer längeren Regenerationszeit auszugehen sei, existiere in dieser Allgemeinheit nicht.[343] Die Abnahme körperlicher Fähigkeiten, die auch mit dem Lebensalter zusammenhängen könne, bedeute nicht, dass diese unabhängig vom Berufsbild zu einem in bestimmtem Umfang erhöhten Erholungsbedürfnis führe, das zudem an bestimmten Altersstufen festgemacht werden könnte. Verstößt eine Regelung gegen ein Diskriminierungsverbot, so werden die Tarifbedingungen für die diskriminierten Mitarbeiter „nach oben" angeglichen.[344]

g) Richterrecht

198 **aa) Geltungsgrund des Richterrechts.** Die Tarifmacht wird schließlich durch das Richterrecht beschränkt. Freilich gibt es ein „Richterrecht" im Sinne eines Systems allgemein-abstrakter Rechtsregeln, die von der Rechtsprechung für eine unbestimmte Vielzahl von Fällen aufgestellt werden und die normativ, d.h. wie ein Gesetz gelten, im deutschen Recht nicht. Die Gerichte haben die ihnen unterbreiteten Rechtsfälle nur auf der Grundlage von Recht und Gesetz zu entscheiden (Art. 20 Abs. 3 GG), ohne an die höchstrichterliche Rechtsprechung gebunden zu sein. Nur wo aus „Richterrecht" Gewohnheitsrecht geworden ist, d.h. wo – wie etwa vor der Schuldrechtsreform bei den Instituten der „culpa in contrahendo" oder der „positiven Forderungsverletzung" – zur langjährigen Übung einer nicht kodifizierten, sondern von der Rechtsprechung aufgestellten Rechtsregel die Überzeugung der Rechtsgenossen von der Verbindlichkeit dieser Regel hinzutritt, gilt die Regel wie ein Gesetz. Ansonsten kommt dem „Richterrecht" nur eine faktische Bindung zu, deren praktische Bedeutung aber aus zwei Gründen nicht unterschätzt werden darf: Zum einen vertrauen die Rechtsgenossen auf die Kontinuität einer einmal formulierten Regel, weil sie berechtigterweise erwarten, dass die Gerichte

---

[338] EuGH 12.10.2010, NZA 2010, 1167 - Rosenbladt m. Anm. *Maschmann*, EuZA 2011, 372; ebenso BAG 21.9.2011, NZA 2012, 271; BAG 8.12.2010, NZA 2011, 586.
[339] EuGH 13.9.2011, NZA 2011, 1039 - Prigge.
[340] EuGH 8.9.2011, NZA 2011, 1100 - Hennigs.
[341] BAG 18.1.2012, NZA 2012, 575.
[342] BAG 11.12.2018, NZA 2019, 634.
[343] BAG 18.10.2016, NZA 2017, 267.
[344] BAG 10.11.2011, NZA 2012, 161; BAG 11.12.2018, NZA 2019, 634.

gleichgelagerte Sachverhalte nicht unterschiedlich entscheiden; zum anderen zeigt sich die Überzeugung des Gerichts von der Richtigkeit der von ihm aufgestellten Regel in nichts besser als in der Selbstbindung an eben diese Regel. „Richterrecht" ist **keine Rechtsquelle** im Sinne der rechtlichen Grundlage für die normative Geltung eines Rechtssatzes, sondern Erkenntnisquelle zur Auslegung oder Ergänzung einer Norm.

bb) Arten. Richterrecht im zuletzt beschriebenen Sinne gibt es in zwei Spielarten: als gesetzesausfüllendes und als gesetzesvertretendes (mitunter auch gesetzesübersteigendes Richterrecht genannt). Grundlage und Grenze des **gesetzesausfüllenden Richterrechts** ist der Wortlaut einer positiv-rechtlichen Norm, deren Bedeutung durch die Anwendung der klassischen Auslegungsmethoden von der Rechtsprechung erschlossen und dann als „richterrechtliche" Regel festgehalten wird. **Gesetzesvertretendes Richterrecht** entsteht, wenn die Rechtsprechung bei unzureichenden einfachrechtlichen Vorgaben die streitentscheidende Norm gleichsam als Ersatzgesetzgeber selbst aus den allgemeinen Rechtsgrundlagen, die für das betreffende Rechtsverhältnis maßgeblich sind, ableitet. Dass die Gerichte auch zu einer gesetzesvertretenden Rechtsfortbildung befugt sind, folgt aus Art. 20 Abs. 3 GG, der die Gerichte nicht nur an die Gesetze, sondern auch an das Recht bindet, d.h. an die die Gesetze übersteigenden Rechtsprinzipien der Rechtsordnung. Die Befugnis zur Rechtsfortbildung ergibt sich überdies aus dem Justizgewährleistungsanspruch, der die Gerichte verpflichtet, jeden vor sie gebrachten Rechtsstreit sachgerecht zu entscheiden.[345] Einfachrechtlich macht es § 45 Abs. 2 ArbGG dem Richter zur Aufgabe, das Recht fortzubilden.

199

cc) Tarifrecht und gesetzesausfüllendes Richterrecht. Konkretisiert die Rechtsprechung ausfüllungsbedürftige gesetzliche Vorgaben durch eigene Regeln, so sind Tarifverträge an diese Regeln genauso wie an das Gesetz selbst gebunden. Ist das Gesetz zwingender Natur, so sind es auch die richterlichen Regeln; ist das Gesetz dagegen (tarif-)dispositiv, kann der Tarifvertrag auch von den richterlichen Regeln abweichen.

200

dd) Tarifrecht und gesetzesvertretendes Richterrecht. Muss die Rechtsprechung wegen unzureichender einfachrechtlicher Vorgaben selbst die maßgeblichen Regeln aufstellen, so kann für das Verhältnis von Tarif- und Richterrecht nichts anderes gelten als für das Verhältnis von Tarif- und einfachem Gesetzesrecht.

201

Dabei dürfen zwei Probleme nicht miteinander vermengt werden. Zunächst fragt es sich, **ob und inwieweit die Rechtsprechung befugt** ist, ihren gesetzesvertretenden Regeln auch **zwingende Wirkung** beizulegen, um entgegenstehendes Tarifrecht auszuschließen. Im Grundsatz ist davon auszugehen, dass Art. 9 Abs. 3 GG den Tarifvertragsparteien ein Recht, aber kein Monopol zur Normsetzung garantiert. Die Tarifautonomie bedarf der

202

---

[345] BVerfGE 84, 212, 227.

114 § 13 Tarifvertragsrecht

Ausgestaltung, die nicht allein Sache des Gesetzgebers ist.[346] Die Aufstellung „richterlicher Rechtsgrundsätze" ist daher nicht ausgeschlossen. Allerdings bedarf es dort, wo die Tarifvertragsparteien von ihrer grundrechtlichen Normsetzungsgarantie Gebrauch gemacht haben, selbst dann keines „ordnenden Eingriffs der Gerichte", wenn die Tarifnormen nicht unerheblich von richterrechtlichen Regeln abweichen.[347] Die Tarifnormen haben die Vermutung der Richtigkeitsgewähr für sich. Nur soweit die Rechtsprechung elementare und unverzichtbare Prinzipien der Rechtsordnung konkretisiert, die auch für die Tarifvertragsparteien nicht zur Disposition stehen, darf zwingendes „Richterrecht" geschaffen werden.

203 Eine andere Frage ist, woran die Abdingbarkeit eines richterlich geprägten Rechtssatzes **erkennbar** ist. Eine Reihe von Grundsätzen hat die Rechtsprechung ausdrücklich für „tarifdispositiv" erklärt (**„offen tarifdispositives Richterrecht"**).

Beispiele: Rückzahlung von Gratifikationen, nachvertragliche Wettbewerbsverbote, Arbeitnehmerhaftung, Arbeitskampfrecht.

204 Ob es daneben auch **„verdeckt tarifdispositives Richterrecht"** gibt, ist streitig, aber zu bejahen. Art. 9 Abs. 3 GG verlangt insoweit eine eindeutige Aussage. Ist nichts angeordnet, muss ein richterlicher Rechtssatz, der in gesetzesübersteigender Rechtsfortbildung ergangen ist, stets tarifdispositiv sein, wenn dem nicht übergeordnete Prinzipien der Rechtsordnung – etwa besondere grundrechtliche Schutzpflichten – entgegenstehen, die nicht nur vom Gesetzgeber, sondern auch von der Rechtsprechung zu erfüllen sind.

3. Rechtsfolgen eines Verstoßes gegen die Schranken der Tarifmacht

205 Überschreiten die Tarifvertragsparteien die Binnenschranken der Tarifautonomie, d.h. schaffen sie Tarifnormen, für die sie sachlich oder persönlich keine Tarifmacht haben, geht der Tarifvertrag ins Leere; er hat keine Wirkung.[348]

206 Tarifnormen, die gegen höherrangiges Recht verstoßen, sind nichtig (§ 134 BGB). Eine ursprünglich wirksame Tarifnorm kann nichtig werden, wenn nach ihrem Inkrafttreten vorrangiges Recht gesetzt wird,[349] wie es etwa durch Erlass des AGG geschehen ist.[350] Eine nichtige Tarifnorm lebt nicht wieder auf, wenn der höherrangige Rechtssatz später wegfällt, es sei denn, dass der Tarifvertrag gerade im Hinblick darauf geschlossen wurde.

207 Sind nur **einzelne Tarifnormen unwirksam**, bleibt der **Tarifvertrag im übrigen wirksam**, weil sich bei Gesamtnichtigkeit der Schutz der Arbeitnehmer in sein

---

[346] BVerfGE 84, 212, 226.
[347] BAG 23.2.1967, AP Nr. 57 zu § 611 BGB Gratifikation.
[348] *Löwisch/Rieble*, § 1 TVG Rn. 579.
[349] BAG 5.11.1964, AP Nr. 1, 2 zu § 3 BUrlG.
[350] Schwierigkeiten bereitet vor allem das Alter als Anknüpfungspunkt für tarifliche Regelungen, vgl. dazu *Kamanabrou*, NZA 2006, Beil. 3, 138 ff.

Gegenteil verkehren würde. § 139 BGB kann also nicht angewandt werden. Vielmehr ist – wie bei Gesetzen – darauf abzustellen, ob der Tarifvertrag ohne die unwirksamen Tarifnormen noch eine sinnvolle und in sich geschlossene Regelung enthält.[351]

Verstößt ein Tarifvertrag gegen **Diskriminierungsverbote**, wie Art. 3 GG, Art. 157 AEUV, § 4 TzBfG, so haben nicht die Gerichte darüber zu befinden, wie dieser Verstoß beseitigt werden kann. Die Tarifvertragsparteien müssen selbst entscheiden, ob sie Gleichheit dadurch herstellen, dass sie die Vergünstigungen abbauen oder dass sie sie auf die zu Unrecht Benachteiligten erstrecken. Solange allerdings keine Regelung zur Herstellung von Gleichheit erfolgt ist, hat die benachteiligte Gruppe Anspruch auf dieselben Leistungen wie die privilegierte.[352] Auch der **EuGH** gewährt der benachteiligten Gruppe bei Verstoß gegen Art. 157 AEUV einen **Anspruch auf die besseren Arbeitsbedingungen**,[353] nicht zuletzt deshalb, weil Art. 156 AEUV die Mitgliedstaaten verpflichtet, auf die Verbesserung der Lebens- und Arbeitsbedingungen der Arbeitnehmer hinzuwirken. **208**

V. Voraussetzungen der normativen Wirkung des Tarifvertrags

1. Grundsatz

Die Rechtsnormen des Tarifvertrags gelten unmittelbar und zwingend zwischen den beiderseits **Tarifgebundenen**, die unter den **Geltungsbereich** des Tarifvertrags fallen (§ 4 Abs. 1 S. 1 TVG). **209**

---

[351] BAG 12.12.2007, NZA 2008, 892; BAG 16.11.2011, NZA-RR 2012, 308.
[352] Zu Vorst. BAG 18.2.2016, NZA 2016, 709; BAG 15.11.2016, NZA 2017, 339; BAG 23.7.2019, NZA 2019, 1588.
[353] EuGH 27.6.1990, AP Nr. 21 zu Art. 119 EWGV.

Unmittelbare und zwingende Geltung einer Tarifnorm (§ 4 Abs. 1 TVG)

1. **Bestehen eines Tarifvertrags**
   a) Vertrag
   b) zwischen tariffähigen Parteien
      - Gewerkschaften
      - Arbeitgeberverbände
      - einzelne Arbeitgeber
   c) zur Regelung
      - des Inhalts, des Abschlusses oder der Beendigung von Arbeitsverhältnissen
      - betrieblicher oder betriebsverfassungsrechtlicher Fragen
      - gemeinsamer Einrichtungen der Tarifvertragsparteien (§ 4 Abs. 2 TVG)

2. **Wirksamkeit des Tarifvertrags**
   a) Schriftform (§ 1 Abs. 2 TVG)
   b) Tarifzuständigkeit beider Tarifvertragsparteien (räumlich, fachlich)
   c) Regelung innerhalb der Grenzen der Tarifautonomie
      - Beachtung der Binnenschranken der Tarifautonomie (§§ 1 Abs. 1, 4 Abs. 2 TVG)
      - Beachtung der Außenschranken der Tarifautonomie
        (= kein Verstoß gegen höherrangiges zwingendes Recht: unmittelbar anwendbares Gemeinschaftsrecht, Verfassung, Gesetzesrecht)

3. **Arbeitsverhältnis innerhalb des Geltungsbereichs des Tarifvertrags**
   a) räumlicher Geltungsbereich
   b) betrieblich-branchenmäßiger (= fachlicher) Geltungsbereich
   c) persönlicher Geltungsbereich
   d) zeitlicher Geltungsbereich
      - bei Ablauf des Tarifvertrags Nachwirkung (§ 4 Abs. 5 TVG):
        Tarifvertrag gilt nur noch unmittelbar, aber nicht mehr zwingend;
        er kann durch eine andere Abmachung ersetzt werden

4. **Tarifbindung**
   a) Grundsatz: Tarifbindung beider Arbeitsvertragsparteien (§ 4 Abs. 1 TVG)
      - Mitgliedschaft beider Arbeitsvertragsparteien in den Verbänden, die den Tarifvertrag geschlossen haben (Verbandstarifvertrag)
      - Arbeitgeber selbst Partei des Tarifvertrags (Haustarifvertrag)
   b) bei betrieblichen und betriebsverfassungsrechtlichen Normen: Tarifbindung des Arbeitgebers (§ 3 Abs. 2 TVG)
   c) Tarifbindung von „Außenseitern" bei Allgemeinverbindlicherklärung des Tarifvertrags durch das Bundesministerium für Arbeit und Soziales (§ 5 Abs. 4 TVG) bzw. Tarifnormerstreckung nach § 7 bzw. § 7a AEntG
   d) bei arbeitsvertraglicher Bezugnahme auf Tarifbestimmung keine normative Wirkung; Tarifnorm wird Inhalt des Arbeitsvertrags

5. **Voraussetzungen der Tarifnorm erfüllt**

6. **Günstigkeitsvergleich mit (wirksamer) niederrangiger Rechtsnorm**

7. **kein Erlöschen des Rechts (z.B. wegen tariflicher Ausschlussfrist)**

8. **keine Undurchsetzbarkeit des Rechts**

2. Geltungsbereich des Tarifvertrags

a) Allgemeines

aa) Begriff und Festlegung. Während sich die Tarifgebundenheit aus dem Gesetz (§§ 3 Abs. 1, 2 Abs. 1, 3 TVG) ergibt, legen die Tarifvertragsparteien mit dem **Geltungsbereich** fest, für wen sie Normen setzen wollen. Die tarifliche Praxis grenzt nach vier Merkmalen ab:
- **räumlich** nach dem Tarifgebiet, z.B. Bundesgebiet, Bundesland, Bezirk, Ort
- **fachlich** nach dem Wirtschaftszweig, d.h. nach der Branche, oder bei einem Firmentarifvertrag nach dem Unternehmen
- **persönlich** nach der Art der vom Arbeitnehmer ausgeübten Tätigkeit, z.B. Arbeitnehmer, soweit sie nicht zu den sog. außertariflichen (= AT-)Angestellten gehören, Auszubildende
- **zeitlich** nach Beginn und Ende des Tarifvertrags („Laufzeit").

210

Die Tarifvertragsparteien können die räumlichen, fachlichen, persönlichen und zeitlichen Grenzen des Tarifvertrags grundsätzlich frei bestimmen.[354] Sie müssen dabei die Grundrechte der Tarifgebundenen und die allgemeinen Rechtsprinzipien beachten. Außerdem müssen beide Tarifvertragsparteien für den Abschluss des Tarifvertrags räumlich, fachlich und persönlich zuständig sein. Die gemeinsame Tarifzuständigkeit der Tarifvertragsparteien bestimmt den äußersten Geltungsbereich.

211

bb) Ermittlung. Maßgebend für den Geltungsbereich ist die **Vereinbarung der Tarifvertragsparteien**. Haben sie nichts ausdrücklich bestimmt, ist der Tarifvertrag **auszulegen**.

212

Regelt ein Lohntarifvertrag seinen Geltungsbereich nicht selbst, kann dieser u.U. dem entsprechenden Manteltarifvertrag entnommen werden.[355] Gilt ein Tarifvertrag für ein bestimmtes Gewerbe, ist der allgemeine verwaltungsrechtliche Gewerbebegriff maßgeblich.[356] Stellt der Tarifvertrag, wie üblich, auf die Unternehmen oder Betriebe einer bestimmten Branche und auf die ihnen zugeordneten Betriebsteile, Hilfs- oder Nebenbetriebe ab und gibt es keine Anhaltspunkte für einen bestimmten Sprachgebrauch – etwa aus den Satzungen der tarifschließenden Verbände[357]–, so ist davon auszugehen, dass die Tarifvertragsparteien die Begriffe im allgemeinen arbeitsrechtlichen Sinn verwendet haben.[358] Auch die Tarifzuständigkeit kann zur Auslegung herangezogen werden. Im Zweifel werden die

213

---

[354] BAG 9.11.1956, AP Nr. 1 zu § 3 TVG Verbandszugehörigkeit.
[355] BAG 13.6.1957, AP Nr. 6 zu § 4 TVG Geltungsbereich.
[356] *Löwisch/Rieble*, § 4 TVG Rn. 207.
[357] Vgl. auch § 13 Rn. 120.
[358] BAG 25.11.1987, AP Nr. 18 zu § 1 TVG Tarifverträge: Einzelhandel.

Tarifvertragsparteien nämlich den gesamten Spielraum, der ihnen durch ihre kongruente Tarifzuständigkeit eröffnet ist, ausschöpfen wollen.[359]

214 Die Frage, ob ein Arbeitsvertrag in den fachlichen Geltungsbereich eines Tarifvertrags fällt, kann vom Arbeitsgericht nicht aufgrund einer Feststellungsklage geklärt werden.[360] Die Klage muss auf die Feststellung eines Rechtsverhältnisses gerichtet sein. Daran fehlt es. Der fachliche Geltungsbereich eines Tarifvertrags betrifft lediglich die Frage, ob der Arbeitgeber mit seinem Unternehmen oder Betrieb von einem Tarifvertrag erfasst wird. Bei einer Ein- oder Umgruppierung ist der fachliche Geltungsbereich eine Vorfrage; dabei steht dem Betriebsrat ein Mitbeurteilungsrecht zu (§ 99 Abs. 1 BetrVG).[361]

b) Räumlicher Geltungsbereich

215 Der räumliche Geltungsbereich legt **die geographischen Grenzen** fest, innerhalb derer der Tarifvertrag gelten soll. Das kann das gesamte Bundesgebiet, ein Bundesland, ein Regierungsbezirk oder auch nur eine Stadt sein. Nach dem Tarifvertrag richtet sich auch, welches der **Anknüpfungspunkt** für den räumlichen Geltungsbereich ist: der **Sitz des Unternehmens** oder der Ort, in dem ein **Betrieb** oder **Betriebsteil** liegt.

216 Im Zweifel ist derjenige Tarifvertrag anwendbar, der am Erfüllungsort des Arbeitsverhältnisses gilt. Das ist zumeist der Sitz des Betriebs, weil sich dort der Schwerpunkt des Arbeitsverhältnisses befindet.[362] Gilt ein Tarifvertrag für einen bestimmten Bezirk und liegen Betriebe eines Unternehmens teils innerhalb, teils außerhalb des Bezirks, erfasst der Tarifvertrag nur die in dem Bezirk liegenden Betriebe.[363] Bei Außendienstmitarbeitern ist regelmäßig der Ort des Betriebs maßgebend, von dem aus sie ihre Tätigkeit verrichten und von wo aus der Arbeitseinsatz organisatorisch gesteuert wird.[364]

c) Fachlicher Geltungsbereich

217 aa) **Firmentarifverträge (= Haus- oder Unternehmenstarifverträge)** gelten, wenn nichts anderes vereinbart ist, für sämtliche Betriebe des Unternehmens. Nach der Branchenzugehörigkeit des Unternehmens bestimmt sich, welche Gewerkschaft zuständig ist. Betätigt sich das Unternehmen in mehreren Branchen, so ist der Geschäftsgegenstand maßgebend, der dem Unternehmen das **Gepräge** gibt. Entscheidend sind der arbeitstechnische Zweck, den das Unternehmen überwiegend verfolgt, die Zahl der einschlägig beschäftigten Arbeitnehmer sowie der

---

[359] Wiedemann/*Wank*, § 4 TVG Rn. 126.
[360] BAG 10.5.1989, AP Nr. 6 zu § 2 TVG Tarifzuständigkeit.
[361] BAG 27.1.1987, 30.1.1990, AP Nr. 42 und 78 zu § 99 BetrVG 1972.
[362] BAG 3.12.1985, AP Nr. 5 zu § 1 TVG Tarifverträge: Großhandel.
[363] BAG 13.6.1957, AP Nr. 6 zu § 4 TVG Geltungsbereich.
[364] *Löwisch/Rieble*, § 4 TVG Rn. 202.

V. Voraussetzungen der normativen Wirkung des Tarifvertrags   119

maßgebende Anteil am Umsatz und Gewinn. Auf den Geschäftsgegenstand einzelner Betriebe, Betriebsabteilungen oder Nebenbetriebe kommt es nicht an, da diese Untereinheiten nicht tariffähig sind.[365]

bb) Verbandstarifverträge sind Verträge zwischen einer oder mehreren Gewerkschaften und einem Arbeitgeberverband, die regelmäßig für eine bestimmte **Branche** oder für Teile davon vereinbart werden. Dabei stellen die Tarifvertragsparteien zumeist nicht auf die Branchenzugehörigkeit des Unternehmens ab, sondern auf die des einzelnen Betriebs („betrieblicher Geltungsbereich").[366] Der einschlägige Tarifvertrag gilt dann in den Betrieben, die in seinen Geltungsbereich fallen, für alle in der tarifschließenden Gewerkschaft organisierten Arbeitnehmer, und zwar unabhängig von der Tätigkeit, die sie dort ausüben. Ein Groß- und Außenhandelstarifvertrag ist deshalb in einem Großhandelsbetrieb auch auf die Arbeitnehmer anwendbar, die keine unmittelbar dem Handel dienende Tätigkeit verrichten, wie etwa die Putzfrau oder den Betriebsschlosser.   218

Stellt der Tarifvertrag auf die Branchenzugehörigkeit des Betriebs ab, so können in einem Unternehmen mehrere Tarifverträge gelten.[367] Auf den (Haupt-)Zweck des Unternehmens kommt es nicht an.[368] Unerheblich ist auch, dass nicht der Betrieb, sondern das Unternehmen tariffähig und tarifgebunden ist. Voraussetzung für die Geltung der Tarifverträge in den Betrieben ist aber immer die Mitgliedschaft des Unternehmens in den tarifschließenden Verbänden.   219

Die Tarifvertragsparteien können die Betriebe selbst dem Geltungsbereich zuordnen, sie können aber auch auf die Mitgliedschaft des Arbeitgebers im tarifschließenden Arbeitgeberverband abstellen oder auf die von einem anderen Verband, etwa einer Berufsgenossenschaft, getroffene Zuordnung Bezug nehmen.   220

Die Tarifvertragsparteien können Betriebe, die an sich unter den fachlichen Geltungsbereich des Tarifvertrags fallen, **von der Anwendung ausnehmen**.   221

Beispiel: Aus dem Bundesrahmentarifvertrag für das Bauwesen (BRTV Bau) sind die Kabelbau und Abbrucharbeiten ausführenden Betriebe ausgenommen.   222

Herausnehmen können die Tarifvertragsparteien auch branchenfremde Nebenbetriebe von Hauptbetrieben, die in den fachlichen Geltungsbereich fallen.   223

Beispiel: Der BRTV Bau gilt nicht für eine Bauschreinerei, wenn die überwiegende Arbeitsleistung im Betrieb und nicht auf einer Baustelle durchgeführt wird; er gilt auch nicht für das Herstellen von Material, das zur Verwendung am Bau bestimmt ist.   224

---

[365] BAG 22.11.1988, AP Nr. 5 zu § 2 TVG Tarifzuständigkeit.
[366] Anders z.B. in der chemischen Industrie, vgl. § 1 Nr. 3 MTV für die chemische Industrie.
[367] BAG 31.3.1955, 13.6.1957, AP Nr. 1, 6 zu § 4 TVG Geltungsbereich.
[368] BAG 13.6.1957, AP Nr. 6 zu § 4 TVG Geltungsbereich.

225 Klauseln, mit denen der Geltungsbereich eines Tarifvertrags eingeschränkt wird, sind zulässig, wenn sie den Erfordernissen des Bestimmtheitsgebots genügen und wenn für die Einschränkung ein sachlicher Grund vorliegt,[369] etwa wenn die Konkurrenz zweier Tarifverträge ausgeschlossen werden soll.[370] Die aus dem fachlichen Geltungsbereich ausgegrenzten Betriebe genießen i.d.R. Schutz durch einen anderen Tarifvertrag.

cc) Fachlicher Geltungsbereich bei Mischbetrieben

226 **(1) Begriff des Mischbetriebs.** Wenig Schwierigkeiten bereitet die Bestimmung des fachlichen Geltungsbereichs, wenn im Betrieb nur **ein einziger arbeitstechnischer Zweck** verfolgt wird. Das wird jedoch nicht allzu häufig vorkommen. Regelmäßig werden in und mit einem Betrieb gleichzeitig verschiedene arbeitstechnische Zwecke verfolgt. Dann liegt ein **Mischbetrieb** vor. In ihm werden Tätigkeiten unterschiedlicher Fachrichtungen verrichtet, die jeweils für sich genommen eine unterschiedliche Branchenzugehörigkeit des Betriebs begründen könnten.

227 **Beispiele:** Lebensmittelmarkt mit Backstube, Kaufhaus mit Restaurant oder Café, Radiogeschäft mit Kundenwerkstatt, herstellender Buchhandel, Verlag mit Druckerei, die auch verlagsfremde Serviceleistungen erbringt.[371]

228 **(2) Feststellung des einschlägigen Tarifvertrags.** Bei einem Mischbetrieb kommt es für die Bestimmung des einschlägigen Tarifvertrags darauf an, mit welchen Tätigkeiten die Arbeitnehmer überwiegend beschäftigt werden. Nicht entscheidend sind wirtschaftliche Gesichtspunkte wie Umsatz oder Verdienst oder handels- oder gewerberechtliche Kriterien. Der überwiegende **Betriebszweck** wird durch die **überwiegende Arbeitszeit** der Arbeitnehmer bestimmt.[372]

229 Verfolgt ein Betrieb mehrere Zwecke, so muss festgestellt werden, wie viele Stunden die Arbeitnehmer auf Tätigkeiten verwenden, die den einzelnen Betriebszwecken dienen. Das hat zur Folge, dass Betriebe, die sich mit der Herstellung von Gütern und mit deren Vertrieb befassen oder mit dem Vertrieb von Gütern und deren Montage eher den Industrietarifverträgen unterfallen als Tarifverträgen des Handels oder von Dienstleistungsbereichen, weil die Fertigung zumeist arbeitsintensiver ist. Eine zweite Folge ist, dass der Schwerpunkt hin und her wechseln kann, wenn zwei Betriebszwecke etwa gleichgewichtig sind. Die Prüfung der betrieblichen Verhältnisse muss sich auf einen längeren Zeitraum erstrecken, denn nur so kann festgestellt werden, wie die Arbeitsverhältnisse in ihrem gewöhnlichen Ablauf tatsächlich ausgestaltet sind.[373] Dabei sind den Tätigkeiten, die im Betrieb

---

[369] BAG 20.3.1991, AP Nr. 20 zu § 4 TVG Tarifkonkurrenz.
[370] BAG 26.10.1983, AP Nr. 3 zu § 3 TVG.
[371] *Hromadka/Maschmann/Wallner*, Der Tarifwechsel, Rn. 53.
[372] St. Rspr., vgl. nur BAG 18.10.2006, NZA 2006, 1111, 1113.
[373] BAG 22.2.1957, AP Nr. 2 zu § 4 TVG Tarifkonkurrenz.

überwiegend verrichtet werden, auch die „Nebenarbeiten" hinzuzurechnen. Nebenarbeiten sind betriebliche Verrichtungen, die zu einer sachgerechten Ausführung der Haupttätigkeit notwendig sind und nach der Verkehrssitte vom Betrieb üblicherweise miterledigt werden.[374]

Beispiele: Den eigentlichen baugewerblichen Arbeiten muss der Materialtransport als Nebenarbeit hinzugerechnet werden, dem Verkauf von Radio- und Fernsehgeräten deren Reparatur.

230

dd) Fachlicher Geltungsbereich bei Nebenbetrieben. Verfügt eine arbeitsorganisatorische Einheit über eine voll ausgebildete arbeitstechnische Betriebsorganisation, insbesondere über einen selbständigen, institutionell verankerten Leitungsapparat, so liegt ein Nebenbetrieb vor, wenn der arbeitstechnische Zweck der Organisationseinheit darin besteht, für einen anderen Betrieb, den Hauptbetrieb, eine **Hilfsleistung** zu erbringen.[375] Da Neben- und Hauptbetrieb selbständige Betriebe sind, können sie tarifrechtlich getrennte Wege gehen.

231

Gehört der Nebenbetrieb derselben Branche an wie der Hauptbetrieb, so ist der Tarifvertrag, der für den Hauptbetrieb gilt, auch für den Nebenbetrieb einschlägig. Bei einem branchenfremden Nebenbetrieb kommt es auf den fachlichen Geltungsbereich des im Hauptbetrieb anwendbaren Tarifvertrags an. Fehlt eine ausdrückliche Regelung, ist im Zweifel davon auszugehen, dass die Tarifvertragsparteien auch branchenfremde Nebenbetriebe einbeziehen wollten,[376] es sei denn, sie sind für branchenfremde Nebenbetriebe nicht zuständig.[377]

232

d) Persönlicher Geltungsbereich

Der persönliche Geltungsbereich legt fest, **für welche Arbeitnehmer** der Tarifvertrag gilt. Hierzu wird an persönliche Merkmale angeknüpft, wie etwa an die Art der geleisteten Tätigkeit (Tätigkeit mit „normalen" bzw. „höheren" Anforderungen), den Umfang der Beschäftigung (Voll- oder Teilzeitarbeit), die Einordnung als Arbeitnehmer, Auszubildender oder arbeitnehmerähnliche Person (vgl. § 12a TVG) oder die Art der Ausbildung („akademisch gebildete Angestellte"). Die Tarifvertragsparteien unterliegen bei der Vereinbarung des persönlichen Geltungsbereichs keiner unmittelbaren Bindung an Art. 3 Abs. 1 GG. Sie sind vielmehr im Hinblick auf das vorrangig zu beachtende Grundrecht der Koalitionsfreiheit (Art. 9 Abs. 3 GG) bis zur Grenze der Willkür frei, den persönlichen Geltungsbereich festzulegen.

233

---

[374] BAG 25.2.1987, AP Nr. 81 zu § 1 TVG Tarifverträge: Bau; BAG 25.11.1987, AP Nr. 18 zu § 1 TVG Tarifverträge: Einzelhandel.
[375] BAG 1.4.1987, AP Nr. 64 zu § 613a BGB.
[376] BAG 26.5.1965, AP Nr. 2 zu § 1 TVG Tarifverträge: Graphisches Gewerbe.
[377] *Hueck/Nipperdey*, Arbeitsrecht II/1, § 26 V 3c; Wiedemann/*Wank*, § 4 TVG Rn. 164.

234 Besondere Tarifverträge gibt es derzeit vor allem für Auszubildende, für Teilzeitbeschäftigte und für Arbeitnehmer, die atypische Leistungen erbringen (z.B. Montagearbeitnehmer). Ausdrücklich vom persönlichen Geltungsbereich eines Tarifvertrags ausgenommen sind die „**außertariflichen Angestellten**" (sog. AT-Angestellte, s. dazu Band 1, § 3 Rn. 85). Tariflich regelbar sind auch die Vertragsverhältnisse von **arbeitnehmerähnlichen Personen** i.S.v. § 12a TVG und von in **Heimarbeit** Beschäftigten (§ 17 HAG) sowie die Ruhestandsverhältnisse von **Betriebsrentnern**.[378]

e) Zeitlicher Geltungsbereich („Laufzeit")

235 Tarifnormen werden wirksam zu dem vereinbarten Termin; wenn nichts vereinbart ist, mit dem Abschluss des Tarifvertrags. Sie lösen nach der Zeitkollisionsregel die Normen eines vorhergehenden Tarifvertrags ab, jedenfalls soweit es dieselben Regelungsgegenstände (Vergütung, Arbeitszeit, Urlaub usw.) betrifft (s. oben Rn. 108). Bei einem Stufentarifvertrag, der sukzessive Lohnerhöhungen oder Arbeitszeitverkürzungen vorsieht, werden die Normwirkungen jeweils zu den vereinbarten Zeitpunkten ausgelöst. Zur Rückwirkung von Tarifnormen s. oben Rn. 83 ff. Der Tarifvertrag endet mit Eintritt eines Beendigungstatbestands (s. oben Rn. 88 ff.), i.d.R. durch Kündigung zu einem vereinbarten Termin.

236 Nach Aufgabe des Grundsatzes der Tarifeinheit wurde in der Lehre einer obligatorischen **Synchronisierung der Laufzeiten** konkurrierender Tarifverträge das Wort geredet. Damit sollte bei Tarifmehrheit verhindert werden, dass der Arbeitgeber ständigen Tarifverhandlungen und Arbeitskämpfen der in seinem Betrieb vertretenen Gewerkschaften ausgesetzt ist. Eine solche Lösung griffe erheblich in die Tarifautonomie ein. Die Laufzeit entscheidet mit über den Inhalt einer Tarifvereinbarung. Es ist ein Unterschied, ob ein Tarifvertrag mit einer Lohnerhöhung um 3 % eine Laufzeit von zwölf oder von 14 Monaten hat.

3. Tarifbindung

a) Überblick

237 Tarifnormen entfalten anders als staatliche Normen, die bereits gelten, wenn der Normunterworfene in den Geltungsbereich der Vorschrift fällt, erst dann Wirkung, wenn **beide Arbeitsvertragsparteien** an den einschlägigen Tarifvertrag **gebunden** sind (§ 4 Abs. 1 TVG). Wer an einen Tarifvertrag gebunden ist, ergibt sich nicht aus dem Tarifvertrag selbst, sondern aus § 3 TVG.

238 Verbindlichkeit kann der Tarifvertrag auch über eine **arbeitsvertragliche Bezugnahmeklausel** erlangen; in diesem Fall ist die Mitgliedschaft der Arbeitsvertrags-

---

[378] BAG 17.6.2008, NZA 2008, 1244; BAG 20.9.2016, NZA 2017, 64.

parteien in den tarifschließenden Verbänden nicht erforderlich. Die Tarifnormen gelten dann aber **nicht kraft Tarifrechts**, sondern aufgrund der Vereinbarung. Der Tarifvertrag wirkt in diesem Fall **nicht normativ** auf den Arbeitsvertrag ein, sondern sein Inhalt wird zu dessen Bestandteil.

Die gesetzlichen Vorschriften über die Tarifbindung sind **zwingendes** Recht. Eine Erweiterung ist unwirksam, weil den Tarifvertragsparteien gegenüber den Außenseitern grundsätzlich keine Rechtsetzungsbefugnis zukommt. Zu Möglichkeiten der Einschränkung s. oben Rn. 75 ff.   239

Bindung an den Tarifvertrag			
Verbands- tarifvertrag	**Firmen- tarifvertrag**	**betriebliche und betriebsverfas- sungsr. Normen**	**allgemeinver- bindlicher Tarif- vertrag**
§§ 3 Abs. 1 Alt. 1, 2 Abs. 1 Alt. 1 und 3 TVG	§§ 3 Abs. 1 Alt. 2, 2 Abs. 1 Alt. 2 TVG	§ 3 Abs. 2 TVG	§ 5 Abs. 4 TVG §§ 7, 7a AEntG
– Arbeitgeber Mitglied in tarif- schließendem Verband und – Arbeitnehmer Mitglied in tarif- schließender Gewerkschaft	– Arbeitgeber schließt TV mit der zuständigen Gewerkschaft und – Arbeitnehmer Mitglied in tarif- schließender Ge- werkschaft	– Arbeitgeber schließt TV mit der zuständigen Gewerkschaft oder ist Mitglied im tarifschlie- ßenden Verband	– sämtliche Ar- beitgeber und Arbeitnehmer im Geltungsbereich des TV, unab- hängig von der Mitgliedschaft in Verbänden

b) Abschluss-, Inhalts- und Beendigungsnormen

aa) Beginn der Tarifbindung. Abschluss-, Inhalts- und Beendigungsnormen gelten unmittelbar (und zwingend), wenn die Arbeitsvertragsparteien **Mitglieder** der Verbände sind, die den einschlägigen Tarifvertrag abgeschlossen haben, oder Mitglieder von Verbänden sind, deren Spitzenorganisationen den Tarifvertrag abgeschlossen haben.[379] Der Erwerb der Mitgliedschaft richtet sich nach der **Satzung** des jeweiligen Verbands und nach den Vorschriften des **Vereinsrechts**,[380] s. § 12 Rn. 47 ff. Die Tarifbindung beginnt mit der satzungsgemäß zustande gekom-   240

---

[379] BAG 6.5.2003, NZA 2004, 562.
[380] BAG 14.10.1960, AP Nr. 10 zu Art. 9 GG Arbeitskampf; *Dietz*, FS Nipperdey II, S. 141.

menen Mitgliedschaft. Die Vereinbarung eines rückwirkenden Beginns der Mitgliedschaft führt nicht zu einem rückwirkenden Beginn der Tarifbindung.[381]

241 Mitglied in einem Arbeitgeberverband können **natürliche und juristische Personen** sowie **Personenhandelsgesellschaften** sein.[382] Bei letzteren genügt die Mitgliedschaft der **Gesellschafter**, auch wenn ein Gesellschafter, wie bei der GmbH & Co KG, eine juristische Person ist.[383] Bei einem **Konzern** reicht die Tarifbindung der Konzernobergesellschaft („Konzernmutter") nicht aus. Da der Konzern nicht rechtsfähig und damit auch nicht tariffähig ist, muss jedes Konzernunternehmen („Tochter"- oder „Enkelunternehmen") tarifgebunden sein.

bb) Beendigung der Tarifgebundenheit und Nachbindung (§ 3 Abs. 3 TVG)

242 **(1) Bedeutung der Nachbindung.** Da die Tarifgebundenheit nach § 3 Abs. 1 TVG an die Mitgliedschaft der Arbeitsvertragsparteien in den tarifschließenden Verbänden anknüpft, müsste sie an sich bei Austritt oder Ausschluss einer Arbeitsvertragspartei aus dem Verband wegfallen. Nach § 3 Abs. 3 TVG bleibt sie aber bestehen, **bis der Tarifvertrag endet.**[384] § 3 Abs. 3 TVG **fingiert** die für die **Tarifgebundenheit** nach § 4 Abs. 1 TVG notwendige Mitgliedschaft bis zum Ablauf des Tarifvertrags[385] und stellt damit eine **atypische Tarifgebundenheit** für diesen Zeitraum her (sog. Nachbindung).[386] Tarifgebunden sind auch Arbeitnehmer, die im Fortwirkungszeitraum der tarifschließenden Gewerkschaft beitreten,[387] sowie Mitglieder dieser Gewerkschaft, die in dieser Zeit neu eingestellt werden.

243 Die Nachbindung nach § 3 Abs. 3 TVG will dem **Missbrauch privatrechtlicher Gestaltungsmöglichkeiten** begegnen. Die unmittelbare und zwingende Wirkung eines Tarifvertrags nach §§ 3 Abs. 1, 4 Abs. 1 TVG soll nicht durch einseitige Maßnahmen des Arbeitgebers oder des Arbeitnehmers, wie insbesondere durch einen Verbandsaustritt, beseitigt werden können.[388] Ursprünglich bezweckte die verlängerte Tarifgebundenheit den Bestandsschutz der Arbeitgeberverbände; Mitglieder, denen ein Tarifvertrag lästig war, sollten sich seinen Wirkungen nicht durch Austritt entziehen können. Heute ist der Schutz der Verbandskontinuität allenfalls noch eine Nebenwirkung.[389]

244 Gegen § 3 Abs. 3 TVG werden immer wieder verfassungsrechtliche Bedenken laut.[390] Der Verband habe kein Mandat des wirksam Ausgetretenen mehr. Die zeitliche Bindung an den alten Tarifvertrag, die bei Manteltarifverträgen vielfach

---
[381] BAG 22.11.2000, NZA 2001, 980.
[382] BAG 22.2.1957, AP Nr. 2 zu § 2 TVG.
[383] BAG 4.5.1994, AP Nr. 1 zu § 1 TVG Tarifverträge: Elektrohandwerk.
[384] BAG 20.5.2009, NZA-RR 2010, 591.
[385] BAG 15.10.1986, AP Nr. 4 zu § 3 TVG.
[386] BAG 17.5.2000, NZA 2001, 453.
[387] BAG 6.7.2011, NZA 2012, 281.
[388] BAG 26.10.1983, 15.10.1986, 2.12.1992, AP Nr. 3, 4, 14 zu § 3 TVG.
[389] *Herschel*, ZfA 1973, 183, 192; *Konzen*, ZfA 1975, 401, 411.
[390] *Bauer/Diller*, DB 1993, 1085; *Schwab*, BB 1994, 781.

fünf Jahre beträgt, sei unverhältnismäßig.[391] Rechtsprechung und h.L. haben die Bedenken bislang nicht geteilt.[392] So wie der Gesetzgeber einen Tarifvertrag für allgemeinverbindlich erklären und damit die Geltung der Tarifnormen von der Verbandsmitgliedschaft lösen könne, ohne damit gegen die Verfassung zu verstoßen,[393] könne er die Fortdauer der durch Verbandsmitgliedschaft begründeten Tarifbindung über das Ende der Mitgliedschaft hinaus bis zum Ablauf des Tarifvertrags anordnen. Darin liege auch kein Verstoß gegen das Übermaßverbot. Denn die Nachbindung ende mit jeder Änderung des Tarifvertrags, wobei es gleichgültig sei, ob die Änderung sich unmittelbar in einer Änderung des fraglichen Tarifvertrags selbst ausdrücke oder in der Vereinbarung einer neuen Tarifnorm in einem gesonderten Tarifvertrag. Die in der Literatur vertretene Auffassung, wonach die Nachbindung bei unbefristeten, aber kündbaren Tarifverträgen mit dem auf den Austritt folgenden nächsten Kündigungstermin oder in Anlehnung an § 613a Abs. 1 S. 2 BGB nach einem Jahr endet, lehnt das BAG ab.[394] Eine darüber hinausgehende Tarifbindung erscheint dem Gericht im Hinblick auf Art. 9 Abs. 3 GG allerdings bedenklich.[395]

(2) Anwendungsbereich. Die Nachbindung nach § 3 Abs. 3 TVG **gilt** beim Austritt des Arbeitgebers oder des Arbeitnehmers aus dem Verband, beim Wechsel in die OT-Mitgliedschaft,[396] beim Ausschluss einer oder beider Arbeitsvertragsparteien und beim automatischen Erlöschen der Mitgliedschaft, etwa wegen Beitragsrückstands. Sie **gilt nicht** beim Tode des Arbeitgebers oder des Arbeitnehmers und beim Herauswachsen des Betriebs aus dem Geltungsbereich eines Tarifvertrags, und zwar gleichgültig, ob der Arbeitgeber zugleich aus dem Verband austritt oder nicht.[397] **245**

cc) Ende der Nachbindung. Die Nachbindung nach § 3 Abs. 3 TVG bleibt bestehen, bis der Tarifvertrag endet. Beendigung meint zunächst Beendigung durch **Zeitablauf**, sei es durch Fristablauf, sei es durch Kündigung oder Aufhebungsvertrag. Sieht ein Tarifvertrag eine automatische Verlängerung vor, falls er nicht bis zu einem bestimmten Termin gekündigt wird, so bleibt es bei der Bindung, solange keine Partei kündigt.[398] **246**

---

[391] *Löwisch/Rieble*, § 3 TVG Rn. 272, befürworten ein Ende der Tarifbindung bis zu dem auf den Austritt folgenden nächsten Kündigungstermin, spätestens aber nach fünf Jahren.
[392] BAG 4.8.1993, AP Nr. 15 zu § 3 TVG; *Däubler*, ZTR 1994, 448, 450; Wiedemann/*Oetker*, § 3 TVG Rn. 68 m.w.N.
[393] BVerfG 24.5.1977, AP Nr. 15 zu § 5 TVG.
[394] BAG 1.7.2009, NZA 2010, 54 m.w.N.; dazu krit. *Willemsen/Mehrens*, NZA 2010, 307.
[395] BAG 26.10.1983, AP Nr. 3 zu § 3 TVG.
[396] BAG 20.5.2009, NZA-RR 2010, 591.
[397] *Hromadka/Maschmann/Wallner*, Der Tarifwechsel, Rn. 229 ff. m.w.N.
[398] *Hueck/Nipperdey*, Arbeitsrecht II/1, § 23 V 3; Wiedemann/*Oetker*, § 3 TVG Rn. 96 f.

247 Beendigung meint auch **jede Änderung oder Ergänzung des alten Tarifvertrags** nach Austritt des Arbeitgebers oder des Arbeitnehmers.[399] Der Verband hat nach dem Austritt kein Mandat mehr für Änderungen. Etwas anderes gilt für Klarstellungen durch Zusätze oder Protokollnotizen. Auch Zusätze und Protokollnotizen gelten aber nicht für ausgeschiedene Verbandsmitglieder.[400]

248 **dd) Friedenspflicht.** Umstritten ist, ob nach dem Verbandsaustritt eines Arbeitgebers oder nach dem Wechsel in eine OT-Mitgliedschaft die Friedenspflicht fortbesteht. Von einer Mindermeinung wird dies ohne nähere Begründung verneint; die Gewerkschaft könne versuchen, den fortwirkenden Verbandstarifvertrag durch Abschluss eines Firmentarifvertrags zu verbessern.[401] Das BAG folgt dem zu Recht nicht.[402] § 3 Abs. 3 TVG ersetzt die fehlende mitgliedschaftliche Tarifbindung. Damit gilt der Tarifvertrag in vollem Umfang fort; ein Arbeitskampf zur Erzwingung eines anderen Tarifvertrags ist unzulässig.

c) Betriebliche und betriebsverfassungsrechtliche Normen

249 Zur Geltung betrieblicher und betriebsverfassungsrechtlicher Normen genügt es, dass der Arbeitgeber dem tarifschließenden Verband angehört. Nicht nötig ist, dass zumindest ein Arbeitnehmer im Betrieb der zuständigen Gewerkschaft angehört.[403] Betriebliche und betriebsverfassungsrechtliche Normen sind dadurch gekennzeichnet, dass sie grundsätzlich nur einheitlich für alle betroffenen Arbeitnehmer gelten können und dass eine Differenzierung nach Gewerkschaftsmitgliedern und Außenseitern ausscheidet (s. oben Rn. 23 ff.).[404]

d) Allgemeinverbindlicherklärung (AVE)

250 **aa) Bedeutung.** Wird ein Tarifvertrag für allgemeinverbindlich erklärt, dann gelten seine Rechtsnormen auch für die Arbeitsvertragsparteien, die **bisher nicht tarifgebunden** waren, d.h. für die Außenseiter (§ 5 Abs. 4 TVG). Sinn und Zweck der AVE ist es, innerhalb eines Tarifgebiets für Organisierte und Nichtorganisierte **gleiche Arbeitsbedingungen** zu schaffen und damit einen „Wettbewerb nach unten" zu vermeiden. Des weiteren sollen **gemeinsame Einrichtungen der Tarifvertragsparteien** (§ 4 Abs. 2, § 5 Abs. 1a und 4 S. 2 TVG), wie etwa Urlaubskassen, Lohnausgleichskassen oder Zusatzversorgungskassen, funktionsfähig erhalten werden; das ist häufig nur bei Einbeziehung aller Beschäftigten eines Tarifgebiets gewährleistet. Die Voraussetzungen für eine AVE wurden 2014 durch das Gesetz

---

[399] BAG 7.11.2001, NZA 2002, 749.
[400] Wiedemann/*Oetker*, § 3 TVG Rn. 105.
[401] Kempen/Zachert/*Zachert*, § 1 TVG Rn. 921; *Konzen*, ZfA 1975, 418, 420 ff.
[402] BAG 4.5.1955, AP Nr. 2 zu Art. 9 GG Arbeitskampf; *Gamillscheg*, Koll ArbR I, § 17 I 5 f.; *Willemsen/Mehrens*, NZA 2009, 169, 171 m.w.N.
[403] BAG 20.3.1991, AP Nr. 20 zu § 4 TVG Tarifkonkurrenz; Wiedemann/*Oetker*, § 3 TVG Rn. 182; a.A. ErfK/*Franzen*, § 3 TVG Rn. 17; *Löwisch/Rieble*, § 3 TVG Rn. 223.
[404] Kempen/Zachert/*Kempen*, § 3 TVG Rn. 25.

zur Stärkung der Tarifautonomie erleichtert.⁴⁰⁵ Ob sich damit die vielfach beklagte „Erosion der Tarifstrukturen" wirksam eindämmen lässt, wird im Schrifttum mit Recht bezweifelt.⁴⁰⁶

bb) Verfahren. Die AVE erfolgt durch das Bundesministerium für Arbeit und Soziales im Einvernehmen mit einem aus je drei Vertretern der Spitzenorganisationen der Arbeitgeber und der Arbeitnehmer bestehenden Ausschuss (**„Tarifausschuss"**) auf gemeinsamen Antrag der Tarifvertragsparteien. Voraussetzung ist, dass die AVE **im öffentlichen Interesse geboten** erscheint (§ 5 Abs. 1 S. 1 TVG). Der Begriff des öffentlichen Interesseses wird durch die Regelbeispiele in § 5 Abs. 1 S. 2 TVG konkretisiert. Sind die Tatbestandsmerkmale eines Regelbeispiels erfüllt, dann wird das öffentliche Interesse vermutet. Verneint werden kann das öffentliche Interesse nur, wenn besondere Umstände oder gewichtige Interessen entgegenstehen.⁴⁰⁷ Nach § 5 Abs. 1 S. 2 Nr. 1 TVG kommt eine AVE in Betracht, wenn der fragliche Tarifvertrag in seinem (räumlichen, fachlichen und persönlichen) Geltungsbereich für die Gestaltung der Arbeitsbedingungen **überwiegende Bedeutung** erlangt hat. Das ist anzunehmen, wenn bereits vor der AVE die Anzahl der tarifgemäß ausgestalteten Arbeitsverhältnisse größer ist als die, bei denen das nicht der Fall ist. Tarifgemäß ausgestaltet sind Arbeitsverhältnisse, bei denen der fragliche Tarifvertrag kraft Verbandsmitgliedschaft (s. Rn. 240 ff.) oder Inbezugnahme (s. Rn. 252 ff.) gilt; selbst eine Orientierung an den tariflichen Regelungen soll genügen. Die antragstellenden Tarifparteien haben nachzuweisen, dass die Voraussetzungen der Nr. 1 „überwiegend wahrscheinlich" erfüllt sind,⁴⁰⁸ das Ministerium ist zur Schätzung der Zahlen berechtigt.⁴⁰⁹ Fehlt es an der überwiegenden Bedeutung des Tarifvertrags, ist eine AVE möglich, wenn sie zur „**Absicherung** der Wirksamkeit der tarifvertraglichen Normsetzung **gegen die Folgen wirtschaftlicher Fehlentwicklung**" notwendig erscheint (§ 5 Abs. 1 S. 2 Nr. 2 TVG). Davon soll nach der Gesetzesbegründung insbesondere dann ausgegangen werden, wenn die „Aushöhlung der tariflichen Ordnung den Arbeitsfrieden gefährdet"; allerdings sollen Tarifverträge „völlig unbedeutender Koalitionen" nicht für allgemeinverbindlich erklärt werden können.⁴¹⁰ Das Schrifttum hält diese Kriterien für kaum justitiabel.⁴¹¹ Tarifverträge, die die Einziehung von Beiträgen und die Gewährung von Leistungen durch eine gemeinsame Einrichtung der Tarifvertragsparteien (§ 4 Abs. 2 TVG) regeln, können bereits dann für allgemeinverbindlich erklärt werden, wenn sie der Sicherung der Funktionsfähigkeit der Einrichtung dienen (§ 5 Abs. 1a TVG); sie gehen mitgliedschaftlich legitimierten Tarifverträgen vor (vgl. § 5 Abs. 4 S. 2 TVG). Ein öffentliches Interesse an der Sicherung der Funktionsfähigkeit kann nur verneint werden, wenn besonders gewichtige Umstände oder überwiegende Interessen entgegenstehen.⁴¹² Dem Bundesarbeitsministerium kommt bei einer AVE ein gerichtlich nur beschränkt nachprüfbarer Beurteilungsspielraum zu.⁴¹³ Die AVE kann sich auf einen bestimmten Bereich oder auf bestimmte Inhalte beschränken.

251

---
⁴⁰⁵ V. 11.8.2014, BGBl. I S. 1348; dazu *Uber*, NZA-Beil. 2018, 3.
⁴⁰⁶ *Forst*, RdA 2015, 25; *Henssler*, RdA 2015, 43; *Picker*, RdA 2014, 25; *Reichold*, NJW 2014, 2534.
⁴⁰⁷ BAG 21.3.2018, NZA-Beil. 2018, 8.
⁴⁰⁸ BT-Drs. 18/1558, S. 49.
⁴⁰⁹ BAG 11.6.1975, AP TVG § 2 Nr. 29; *Zachert*, NZA 2003, 132 (134).
⁴¹⁰ BT-Drs. 18/1558, S. 49 im Anschluss an BVerfG 18.7.2000, NZA 2000, 948.
⁴¹¹ *Forst*, RdA 2015, 25, 30; BeckOK ArbR/*Giesen*, § 5 TVG Rn. 17; *Henssler*, RdA 2015, 43.
⁴¹² BAG 20.11.2018, NZA 2019, 628.
⁴¹³ BVerfG 24.5.1977, AP Nr. 15 zu § 5 TVG.

Ihrer Rechtsnatur nach ist die AVE ein Rechtssetzungsakt eigener Art, der seine verfassungsrechtliche Grundlage in Art. 9 Abs. 3 GG hat.[414] Zuständig für den Rechtsschutz waren früher die Verwaltungsgerichte,[415] seit 2014 sind es die Landesarbeitsgerichte (§ 2a Abs. 1 Nr. 5, § 98 Abs. 2 ArbGG), für eine AVE des Bundesarbeitsministeriums das LAG Berlin-Brandenburg.[416] Der Verwaltungsrechtsweg bleibt nach wie vor eröffnet, wenn ein Antrag auf Erlass einer AVE abgelehnt wird.[417] Die AVE endet mit Ablauf des für allgemeinverbindlich erklärten Tarifvertrags oder mit Aufhebung durch das Bundesarbeitsministerium im Einvernehmen mit dem Tarifausschuss. Allerdings wirken die Tarifnormen nach (§ 4 Abs. 5 TVG).[418]

251a **cc) Erstreckung von Tarifnormen** auf nicht oder anders tarifgebundene Arbeitnehmer nach dem **Arbeitnehmerentsendegesetz (AEntG)**. Das AEntG[419] erlaubt die Erstreckung bestimmter Tarifnormen, insbesondere über das Mindestentgelt, den bezahlten Mindesturlaub sowie über Höchstarbeits- und Mindestruhezeiten (s. § 5 AEntG), im Bauhaupt- und -nebengewerbe, in der Gebäudereinigung, bei Brief- und Sicherheitsdienstleistungen, für Bergbauspezialarbeiten, für Wäschereidienstleistungen im Objektkundengeschäft, in der Abfallwirtschaft samt Straßenreinigung und Winterdienst, für Aus- und Weiterbildungsmaßnahmen nach dem SGB II und III sowie im Bereich der Fleischwirtschaft (§ 4 Abs. 1 AEntG) auf alle in diesen Branchen tätigen nicht oder anders tarifgebundenen Arbeitnehmer. Ziel des AEntG – daher auch sein Name – war es ursprünglich, Entgelt- und Urlaubsregelungen in für allgemeinverbindlich erklärten Tarifverträgen des Bauhaupt- und -nebengewerbes auf Arbeitsverhältnisse zwischen Unternehmen mit Sitz im Ausland und ihren im Geltungsbereich eines für allgemeinverbindlich erklärten Tarifvertrags beschäftigten Arbeitnehmer auszudehnen. Dadurch sollten die Wettbewerbsvorteile neutralisiert werden, die ausländische Bauunternehmen gegenüber ihren deutschen Konkurrenten dadurch hatten, dass sie ihre auf deutsche Baustellen entsandten Mitarbeiter nur nach den weit geringeren ausländischen Tarifen bezahlen mussten.

251b Nunmehr hat der Gesetzgeber das AEntG zu einem Mindestarbeitsbedingungsgesetz für die in § 4 Abs. 1 AEntG genannten Branchen umgestaltet, das „flächendeckend" die Einführung von **Mindestarbeitsbedingungen** in Deutschland gestattet.[420] Über den neu geschaffenen § 7a AEntG können nämlich auch tarifliche Mindestarbeitsbedingungen anderer

---

[414] BAG 2.3.1965, AP Nr. 12 zu § 5 TVG; BVerfG AP Nr. 15 zu § 5 TVG; BVerwG 28.1.2010, NZA 2010, 1137.
[415] *Düwell*, NZA-Beil. 2011, 80 ff.; Wiedemann/*Wank*, 7. Aufl., § 5 TVG Rn. 167 ff.
[416] Zu den Neuerungen im Verfahren *Forst*, RdA 2015, 25, 34.
[417] ErfK/*Koch*, § 98 ArbGG Rn. 1.
[418] BAG 25.10.2000, NZA 2001, 1146; krit. dazu *Creutzfeldt*, FS Bepler, S. 45 ff.; *Sittard*, NZA 2012, 299, 302 f.
[419] Gesetz über zwingende Arbeitsbedingungen für grenzüberschreitend entsandte und für regelmäßig im Inland beschäftigte Arbeitnehmer und Arbeitnehmerinnen (Arbeitnehmer-Entsendegesetz – AEntG) v. 20.4.2009, BGBl. I S. 799.
[420] Das Gesetz über die Festsetzung von Mindestarbeitsbedingungen (Mindestarbeitsbedingungsgesetz – MiArbG) v. 11.1.1952 i.d.F. v. 22.4.2009, BGBl. I S. 818, wurde aufgehoben.

V. Voraussetzungen der normativen Wirkung des Tarifvertrags 129

Branchen für allgemeinverbindlich erklärt werden, um damit einem Verdrängungswettbewerb über die Lohnkosten entgegenzuwirken (§ 4 Abs. 2 AEntG).[421] Als Gesetzesziele nennt § 1 AEntG demgemäß jetzt „die Schaffung und Durchsetzung angemessener Mindestarbeitsbedingungen ... sowie die Gewährleistung fairer und funktionierender Wettbewerbsbedingungen ..." (§ 1 AEntG).

Das AEntG kennt – wie schon das bisherige Gesetz – **zwei Wege der Tarifnormerstreckung**: die **Allgemeinverbindlicherklärung** eines bundesweiten Tarifvertrags – ihm stehen tarifliche Regelungen gleich, die zusammengefasst das Bundesgebiet abdecken – **und** eine **Rechtsverordnung (RVO)**, § 3 AEntG. Für die AVE gelten die allgemeinen Regeln. Nach der Neuregelung durch das TarifautonomiestärkungsG soll diese nur noch für die tariflichen Mindestbedingungen in der Baubranche in Betracht kommen (§ 4 Abs. 1 Nr. 1 AEntG).[422] In allen anderen Branchen werden die tariflichen Mindestarbeitsbedingungen durch Rechtsverordnung erstreckt. Für die in § 4 Abs. 1 AEntG genannten Branchen richten sich die Voraussetzungen nach § 7 AEntG, für andere Branchen nach § 7a AEntG. Die Anforderungen sind weitgehend identisch. In beiden Fällen ist ein gemeinsamer Antrag der Tarifvertragsparteien auf Erlass einer Rechtsverordnung erforderlich. Sie kann vom Bundesministerium für Arbeit und Soziales ohne Zustimmung des Bundesrates erfolgen, wenn dies im öffentlichen Interesse geboten erscheint, um die in § 1 AEntG genannten Ziele zu erreichen (§ 7 Abs. 1 AEntG, § 7a Abs. 1 AEntG). Gibt es in einer Branche **mehrere Tarifverträge**, dann hat der Verordnungsgeber bei der Auswahl zusätzlich zu den Gesetzeszielen die **Repräsentativität** der jeweiligen Tarifverträge zu berücksichtigen (§ 7 Abs. 2 AEntG). Liegen für **mehrere Tarifverträge Anträge** auf AVE vor, so hat er mit besonderer Sorgfalt die von einer Auswahlentscheidung betroffenen Güter von Verfassungsrang abzuwägen und die widerstreitenden Grundrechtsinteressen zu einem **schonenden Ausgleich** zu bringen (§ 7 Abs. 3 AEntG). Das gilt auch für tarifliche Mindestarbeitsbedingungen in Branchen, die nicht in § 4 Abs. 1 AEntG genannt sind (§ 7a Abs. 2 AEntG). Mit dem ersten Antrag für eine Branche ist der **Tarifausschuss** (§ 5 Abs. 1 TVG) zu befassen. Stimmen nur zwei oder drei Mitglieder für den Antrag, so kann die RVO nur von der Bundesregierung erlassen werden (§ 7 Abs. 5 S. 3 AEntG). In den nicht in § 4 Abs. 1 AEntG genannten Branchen gibt das Bundesarbeitsministerium den in den Geltungsbereich der Rechtsverordnung fallenden und den möglicherweise von ihr Betroffenen Gelegenheit, zur Notwendigkeit einer Erstreckung der tariflichen Arbeitsbedingungen schriftlich Stellung zu nehmen. Hierfür haben sie drei Wochen Zeit, gerechnet ab dem Tag der Bekanntmachung des Verordnungsentwurfs (§ 7a Abs. 3 AEntG). Nach Ablauf dieser Frist wird ebenfalls der Tarifausschuss mit der Sache befasst. Stimmen mindestens vier Ausschussmitglieder für den Antrag oder gibt der Tarifausschuss innerhalb von zwei Monaten keine Stellungnahme ab, kann die Verordnung vom Bundesarbeitsministerium erlassen werden. Stimmen zwei oder drei Ausschussmitglieder für den Antrag, muss sie durch die Bundesregierung erlassen werden (§ 7a Abs. 4 AEntG).

251c

Die Arbeitgeber mit Sitz im In- oder im Ausland, die unter den Geltungsbereich des für allgemeinverbindlich erklärten Tarifvertrags oder der RVO fallen, müssen

251d

---
[421] Aktuelle Übersichten finden sich unter:
www.zoll.de/DE/Fachthemen/Arbeit/Mindestarbeits-bedingungen/mindestarbeitsbedingungen_node.html.
[422] BT-Drs. 18/1558, S. 50.

ihren Arbeitnehmern mindestens die durch AVE oder RVO erstreckten Arbeitsbedingungen gewähren (§ 8 Abs. 1 AEntG). Kommt es durch die AVE oder durch die RVO zu einer **Tarifkonkurrenz**, so ist sie zugunsten des erstreckten Tarifvertrags aufzulösen (§ 8 Abs. 2 AEntG). Damit trägt der Gesetzgeber der Rechtsprechung des EuGH[423] Rechnung, der in der Möglichkeit, einen ausländischen Tarifvertrag durch einen spezielleren deutschen zu verdrängen, eine Diskriminierung gesehen hatte. Die Nichtgewährung einer Mindestarbeitsbedingung ist eine Ordnungswidrigkeit, die mit einer Geldbuße von bis zu 500.000 € geahndet werden kann (§ 23 Abs. 1 S. 1, Abs. 3 AEntG). Wer mit einer Geldbuße von wenigstens 2.500 € belegt worden ist, soll für eine angemessene Zeit von der Vergabe öffentlicher Aufträge ausgeschlossen werden (§ 21 AEntG). Zuständig für die Prüfung der Einhaltung der Arbeitgeberpflichten ist die Zollverwaltung (§ 16 AEntG).

251e dd) Die Rechtsverordnung gilt bis zu ihrer Aufhebung. Sie hängt nicht von dem (unveränderten) Fortbestand des Tarifvertrags ab. Der Verordnungsgeber ist aber bei einer Änderung oder Beendigung des Tarifvertrags zu einer zeitnahen Anpassung oder Aufhebung verpflichtet („Ermessensreduzierung auf Null").[424] Die Verordnung wirkt – anders als ein nach § 5 TVG für allgemeinverbindlich erklärter Tarifvertrag – nicht nach.[425]

251f ee) § 5 TVG und das AEntG regeln die AVE von Tarifverträgen abschließend. Deshalb ist es unzulässig, wenn etwa die öffentliche Hand als marktbeherrschender Nachfrager von Straßenbauleistungen von nicht tarifgebundenen Unternehmen die Einhaltung der einschlägigen Tarifverträge im Wege von **Tariftreueerklärungen** verlangt.[426] Die Nichtvergabe von Bauaufträgen an untertariflich zahlende Unternehmen bedeutet eine unbillige und damit wettbewerbswidrige Behinderung und Diskriminierung (§ 20 GWB). Der Zweck der Tariftreueerklärung, weitere Arbeitslosigkeit zu vermeiden, darf nicht mit protektionistischen Mitteln verfolgt werden; diese widersprechen dem Ziel des GWB, die Freiheit des Wettbewerbs zu schützen. Das BVerfG sieht das anders: Eine gesetzliche Tariftreueregelung berühre das Grundrecht der Koalitionsfreiheit aus Art. 9 Abs. 3 GG nicht und verletze auch nicht das Grundrecht der Berufsfreiheit aus Art. 12 GG. Sie diene der Bekämpfung der Arbeitslosigkeit und der Gewährleistung der finanziellen Stabilität des Systems der sozialen Sicherung. Sei ein Vergabegesetz aber mit dem GG und Bundesrecht vereinbar, dann rechtfertige das auch eine Ungleichbehandlung i.S.v. § 20 GWB und schließe zugleich eine unbillige Behinderung nach dieser Vorschrift aus.[427] Im Jahre 2008 hatte auch der EuGH erstmals Tariftreueverpflichtungen für öffentliche Arbeitgeber auf ihre Vereinbarkeit mit dem europäischen Recht geprüft. In der Entscheidung Rüffert hatte er die Vereinbarkeit noch verneint. Sie verstießen gegen die Richtlinie 96/71/EG vom 16.12.1996 über die Entsendung von Arbeitnehmern, „ausgelegt im Lichte des Art. 49 EG (jetzt Art. 56 AEUV)". Erstens seien Tariftreueverlangen derart, wie sie das Niedersächsische Landesvergabegesetz vorsehe, nicht von der Entsenderichtlinie gedeckt, und zweitens sei eine Verpflichtung, die nur die öffentlichen Arbeitgeber treffe, nicht durch den Arbeitnehmer-

---

[423] EuGH 24.1.2002, NZA 2002, 207 - Portugaia Construcoes.
[424] *Sittard*, NZA 2012, 299, 303.
[425] BAG 20.4.2011, NZA 2011, 1105.
[426] BGH 18.1.2000, NZA 2000, 327.
[427] BVerfG 11.7.2006, NZA 2007, 42 m. Anm. *Rieble*, NZA 2007, 1.

schutz gerechtfertigt.[428] Seit 2014 zieht der EuGH als Prüfungsmaßstab nur noch die primärrechtliche Dienstleistungsfreiheit heran. Seitdem erkennt er die Zahlung von Mindestlöhnen grundsätzlich als Beschränkungsgrund an, weil diese dem Arbeitnehmerschutz dienen. Die einschlägigen Tariftreuegesetze müssen den Mindestlohnsatz aber selbst festlegen.[429] Unzulässig ist die pauschale Erstreckung der Mindestlohnpflicht auf Nachunternehmer aus anderen Mitgliedstaaten mit sehr viel niedrigeren Lebenshaltungskosten als in Deutschland, wenn die Mitarbeiter nie in Deutschland tätig werden.[430]

4. Arbeitsvertragliche Bezugnahme auf den Tarifvertrag

a) Bedeutung

In der Praxis ist es üblich, im Arbeitsvertrag die Anwendung der Tarifbestimmungen auch für die nichtorganisierten Arbeitnehmer zu vereinbaren. Die nichtorganisierten Arbeitnehmer gehen als selbstverständlich davon aus, dass sie mit den organisierten Arbeitnehmern gleichbehandelt werden. Der Arbeitgeberverband kann sich im schuldrechtlichen Teil des Tarifvertrags sogar zur Einwirkung auf seine Mitglieder verpflichten, dass sie allen Arbeitnehmern die tariflichen Bedingungen gewähren.[431] Eine Differenzierung nach der Gewerkschaftszugehörigkeit würde zu Spannungen in den Belegschaften führen und die Nichtorganisierten zum Eintritt in die Gewerkschaft veranlassen. Daran kann den Arbeitgebern schon mit Rücksicht auf die satzungsmäßige Pflicht zur Teilnahme an Streiks nicht gelegen sein. Bleibt ihnen aber ohnedies nichts anderes übrig als gleichzubehandeln, dann ist die vertragliche Zusage die elegantere Lösung.

252

b) Wirkung

Die rechtliche Zulässigkeit einer Bezugnahmeklausel beruht auf dem Grundsatz der Vertragsfreiheit (Art. 2 Abs. 1 GG, § 311 BGB). Der Gesetzgeber selbst hat die Bezugnahme in einigen Bestimmungen ausdrücklich gestattet[432] und in § 310 Abs. 4 S. 3 BGB sogar privilegiert. Die Bezugnahme führt dazu, dass der Inhalt des Tarifvertrags zum Inhalt des Arbeitsvertrags wird. Er wirkt dann schuldrechtlich, nicht normativ wie bei beiderseitiger Tarifbindung nach § 4 Abs. 1 TVG.[433] § 4 Abs. 3 und Abs. 4 TVG ist auf Tarifnormen, die durch Bezugnahme gelten, nicht anwendbar. Die Arbeitsvertragsparteien können die Bezugnahmeklausel

253

---

[428] EuGH 3.4.2008, NZA 2008, 537 – Rüffert; dazu *Bayreuther*, NZA 2008, 626 ff.
[429] EuGH 17.11.2015, NZA 2016, 155 m. Anm. *Siegel*, EuZW 2016, 101.
[430] EuGH 18.9.2014, NZA 2014, 1129 - Bundesdruckerei m. Anm. *Forst*, NJW 2014, 3755.
[431] *Löwisch/Rieble*, 1. Aufl. 1992, § 3 TVG Rn. 99.
[432] Vgl. §§ 613a Abs. 1 S. 4, 622 Abs. 4 S. 2 BGB; § 13 Abs. 1 S. 2 BUrlG; § 4 Abs. 4 S. 2 EfzG; §§ 48 Abs. 2 S. 2 und 101 Abs. 2 S. 3 ArbGG, §§ 8 Abs. 4 S. 4, 12 Abs. 3 S. 2, 13 Abs. 4 S. 2, 14 Abs. 2 S. 4 TzBfG.
[433] BAG 7.12.1977, AP Nr. 9 zu § 4 TVG Nachwirkung.

jederzeit wieder ändern, sie können sie mit einer Ausschlussfrist versehen, und der Arbeitnehmer kann auf Ansprüche aus der Vereinbarung verzichten.[434]

c) Inhalt und Formen

254 Für die Wirksamkeit der arbeitsvertraglichen Bezugnahme kommt es nicht darauf an, ob die Tarifregelung wirksam ist oder nicht. Die Tarifnormen werden Inhalt des Arbeitsvertrags und bleiben es, auch wenn der Tarifvertrag von vornherein unwirksam war, nur noch nachwirkt oder entfällt oder wenn er bei beiderseitiger Tarifbindung das Arbeitsverhältnis nicht erfassen würde, es sei denn, es gibt Anhaltspunkte dafür, dass die Parteien nur einen (noch) wirksamen oder bei Tarifbindung auf ihr Arbeitsverhältnis anwendbaren Tarifvertrag vereinbaren wollten.[435]

255 Bezugnahmeklauseln können verweisen auf
– den xy-Tarifvertrag in der Fassung vom ... (**statische Bezugnahmeklausel**) oder auf den xy-Tarifvertrag in seiner jeweiligen Fassung (**kleine dynamische Bezugnahmeklausel**) oder auf den jeweils fachlich oder betrieblich einschlägigen Tarifvertrag in seiner jeweiligen Fassung (**große dynamische Bezugnahmeklausel = Tarifwechselklausel**),
– einen anderen, konkret bezeichneten Tarifvertrag,
– den gesamten Tarifvertrag („Auf das Arbeitsverhältnis findet der Tarifvertrag ... Anwendung", **Globalverweisung**) oder auf
– einzelne Materien („Der Urlaub richtet sich nach den Vorschriften des ... Tarifvertrags"; „Für die Kündigung gelten die gesetzlichen und tariflichen Bestimmungen").

255a Das Tarifeinheitsgesetz (s. unten Rn. 272 ff.) hat für Bezugnahmeklauseln keine Änderung gebracht. In Bezug genommen werden kann sowohl der anwendbare als auch ein verdrängter Tarifvertrag. Wird auf den anwendbaren Tarifvertrag Bezug genommen und erstarkt der verdrängte Tarifvertrag zum Mehrheitstarifvertrag, dann bestimmt sich das Verhältnis zwischen den arbeitsvertraglich geltenden Normen des bisherigen Mehrheitstarifvertrags und den jetzt tarifrechtlich geltenden Normen des bisherigen Minderheitstarifvertrags nach dem Günstigkeitsprinzip. Die Arbeitsvertragsparteien können aber vereinbaren, dass in einem solchen Fall für die Mitglieder der Minderheitsgewerkschaft nur die Normen ihres Tarifvertrags gelten. Zu Auslegungsproblemen bei bestehenden Bezugnahmeklauseln s. unten Rn. 259.

256 Die Bezugnahme kann deklaratorisch oder konstitutiv gemeint sein.
– Eine **deklaratorische Bezugnahme** ist nichts anderes als ein **Hinweis** auf die geltende Rechtslage. Sie setzt deshalb voraus, dass die Tarifbedingungen schon aus einem anderen Grund gelten, und das setzt wiederum voraus, dass Arbeitgeber und Arbeitnehmer tarifgebunden sind.

---

[434] BAG 5.11.1963, AP Nr. 1 zu § 1 TVG Bezugnahme auf Tarifvertrag.
[435] BAG 20.6.2013, NZA 2014, 384.

– Eine **konstitutive Bezugnahme** bedeutet die **vertragliche Vereinbarung** der 257
einschlägigen tariflichen Bestimmungen. Sie kann sowohl dann erfolgen, wenn
Arbeitgeber und Arbeitnehmer tarifgebunden sind, als auch, wenn es an der Tarifbindung fehlt.

Ob eine Klausel deklaratorisch oder konstitutiv wirkt, entscheidet die Vereinbarung. Ist 258
nichts anderes gesagt, so wirkt die Bezugnahme bei beiderseitiger Tarifbindung nach einer
weit verbreiteten Ansicht deklaratorisch.[436] Das BAG geht zu Recht von der gegenteiligen
Ansicht aus.[437] Die Unterscheidung ist durchaus bedeutsam: Wirkt beispielsweise eine
dynamische Bezugnahmeklausel nur deklaratorisch, bleibt es bei Austritt aus der Gewerkschaft für die (nun ehemals) Organisierten beim nachwirkenden tariflichen Anspruch. Ist
sie aber, wie generell bei den Außenseitern, konstitutiver Art, so haben die (ehemals) Organisierten zusätzlich zu ihrem (statischen) tarifrechtlichen einen arbeitsvertraglichen Anspruch auf die jeweiligen tariflichen Bedingungen.

Verweist der Arbeitsvertrag auf die Tarifverträge einer **bestimmten Branche**, so kann 259
regelmäßig angenommen werden, die Tarifverträge sollten in der jeweiligen Fassung gelten.
Dasselbe gilt, wenn die vereinbarte Vergütung als Tarifgehalt bezeichnet oder pauschal auf
tarifliche Vergütungsbestimmungen ohne Nennung fester Beträge und ohne Angabe einer
konkret nach Datum festgelegten Fassung des in Bezug genommenen Tarifvertrags verwiesen wird, sofern nicht eindeutig Hinweise für eine statische Bezugnahme sprechen.[438] Anders ist es nur, wenn auf eine **bestimmte Fassung** verwiesen wird, die nach dem Datum des
Abschlusses oder des Inkrafttretens konkretisiert ist.[439] Verweist ein Arbeitsvertrag ohne
Einschränkung auf den Tarifvertrag einer **bestimmten Branche in seiner jeweiligen Fassung** (kleine dynamische Klausel), so bleibt der Arbeitgeber auch dann an die dynamische
Entwicklung dieses Tarifvertrags gebunden, wenn der Tarifvertrag nur noch statisch weiterwirkt (§ 4 Abs. 5 TVG), also auch bei Austritt aus dem Verband, bei Herausfallen des
Betriebs aus dem Geltungsbereich des Tarifvertrags oder beim Übergang des Betriebs auf
einen nicht tarifgebundenen Arbeitgeber (arg. § 305c Abs. 2 BGB).[440] Bis 2007 hatte das
BAG in einer solchen Klausel eine Gleichstellungsabrede gesehen – die nicht organisierten
Arbeitnehmer sollten mit den organisierten gleichgestellt werden – und angenommen, dass
die Anbindung an die dynamische Entwicklung ende, wenn sie für die tarifgebundenen
Arbeitnehmer endet.[441] Anderes sollte nur gelten, wenn der Arbeitgeber nicht tarifgebunden
war, weil dann eine Gleichstellung logisch nicht in Frage kam.[442] Diese Grundsätze wendet
das BAG im Interesse des Vertrauensschutzes nach wie vor auf Verträge an, die vor dem
1.1.2002 abgeschlossen wurden.[443] Gleichstellungsabreden sind auch nach neuer Rechtslage zulässig. Im Arbeitsvertrag muss nur deutlich genug zum Ausdruck kommen, dass die
Tarifgebundenheit des Arbeitgebers Bedingung für die Anwendbarkeit des Tarifvertrags

---

[436] Statt aller *Etzel*, NZA-Beil. 1987, 19, 25.
[437] BAG 22.10.2008, NZA 2009, 323, 326.
[438] BAG 21.8.2013, NZA 2014, 271; BAG 8.7.2015, NZA 2015, 1463.
[439] BAG 17.1.2006, NZA 2006, 923.
[440] BAG 18.4.2007, NZA 2007, 965; BAG 22.10.2008, NZA 2009, 151.
[441] So noch BAG 25.10.2000, NZA 2002, 100; BAG 23.3.2005, NZA 2005, 1003.
[442] BAG 1.12.2004, NZA 2005, 478.
[443] BAG 24.9.2008, NZA 2009, 154; BAG 11.12.2013, NZA 2014, 900.

ist.⁴⁴⁴ Als große dynamische Verweisung, d.h. als Bezugnahme auf den **jeweils fachlich oder betrieblich einschlägigen** Tarifvertrag, kann eine Bezugnahmeklausel über ihren Wortlaut hinaus nur ausgelegt werden, wenn sich das aus besonderen Umständen ergibt.⁴⁴⁵ Derartige Umstände nimmt die Rechtsprechung an, wenn ein Tarifwerk entfällt und durch ein anderes ersetzt wird. Die entstehende Lücke kann dann durch ergänzende Vertragsauslegung dahin geschlossen werden, dass das nachfolgende Regelungswerk an die Stelle des entfallenden Tarifwerks tritt.⁴⁴⁶ So tritt an die Stelle des im öffentlichen Dienst weithin in Bezug genommenen Bundesangestelltentarifvertrags (BAT) der nunmehr einschlägige Tarifvertrag für den öffentlichen Dienst (TVöD, TV-L). Kommen zwei nachfolgende Tarifregelungen in Betracht (z.B. TV-L und TV-Ärzte/TdL), kommt es darauf an, welchen Tarifvertrag die Parteien nach Treu und Glauben als redliche Vertragspartner vereinbart hätten. Sollten die Beschäftigten eines Krankenhauses beispielsweise einheitlich nach einem Tarifvertrag behandelt werden, so spricht das für die Anwendung des TV-L.⁴⁴⁷ Voraussetzung für eine ergänzende Auslegung ist eine planwidrige Lücke.⁴⁴⁸ Für **Tarifverträge, die vor Erlass des TEG** abgeschlossen wurden, gilt folgendes: Wird in der Bezugnahmeklausel ein Tarifvertrag ausdrücklich benannt, so hat es damit sein Bewenden. Wird nur auf den für das Unternehmen oder den Betrieb einschlägigen Tarifvertrag verwiesen, so ist das im Zweifel der Mehrheitstarifvertrag.⁴⁴⁹ Dasselbe gilt bei einer Gleichstellungsabrede.⁴⁵⁰ Wird auf den Tarifvertrag einer Branche (z.B. Metall) verwiesen und erringt in einem Betrieb eine andere Branchengewerkschaft die Mehrheit (IG Metall/CGB), dann kann die Auslegung zu einer gespaltenen Lösung führen. Für die Mitglieder der neuen Mehrheitsgewerkschaft gelten deren Normen, für die anderen Arbeitnehmer die des bisher angewandten Tarifvertrags.⁴⁵¹ Die Privilegierung für Altverträge endet mit Abschluss eines „Neuvertrags".⁴⁵²

d) Zustandekommen

260 Tarifbestimmungen können Inhalt des Arbeitsvertrags werden durch ausdrückliche Wiedergabe oder durch Verweisung auf einzelne Normen oder auf den Tarifvertrag insgesamt. Die Verweisung kann schriftlich, mündlich oder konkludent⁴⁵³ erfolgen, durch Einzelvereinbarung, Gesamtzusage oder betriebliche Übung.⁴⁵⁴ Eine stillschweigende Bezugnahme ist zulässig, weil der Arbeitsvertrag nicht formbedürftig ist. Allerdings will sich ein tarifgebundener Arbeitgeber, der die Tarifentgelterhöhungen an alle Arbeitnehmer weitergibt, im Regelfall nicht über

---

⁴⁴⁴ BAG 5.7.2017, NZA 2018, 47.
⁴⁴⁵ BAG 22.10.2008, NZA 2009, 151; BAG 11.7.2018, NZA 2018, 1486.
⁴⁴⁶ BAG 6.7.2011, NZA 2012, 100.
⁴⁴⁷ BAG 25.8.2010, NZA-RR 2011, 248; BAG 18.4.2012, NZA 2012, 1171; BAG 3.7.2013, NZA 2014, 102.
⁴⁴⁸ BAG 12.12.2018, NZA 2019, 543.
⁴⁴⁹ *Däubler/Bepler*, Tarifeinheit Rn. 173.
⁴⁵⁰ ErfK/*Franzen*, § 4a TVG Rn. 27.
⁴⁵¹ A.A. *Däubler/Bepler*, Tarifeinheit Rn. 173: Im Zweifel gilt der für die Arbeitnehmer günstigere Tarifvertrag.
⁴⁵² Zu dessen Voraussetzungen BAG 3.7.2019, NZA 2019, 1592.
⁴⁵³ BAG 19.1.1999, NZA 1999, 879.
⁴⁵⁴ BAG 11.7.2018, NZA 2018, 1630.

die Zeit seiner Tarifbindung hinaus ohne die Möglichkeit einer Kündigung des Tarifvertrags oder eines Verbandsaustritts dauerhaft binden. Ein nicht tarifgebundener Arbeitgeber, der wiederholt eine Tarifentgelterhöhung weitergibt, verspricht konkludent lediglich die Fortzahlung des erhöhten Entgelts, nicht aber die Weitergabe künftiger Tarifentgelterhöhungen. Für ein derartiges konkludentes Versprechen bedarf es deutlicher Anhaltspunkte.[455] Gewährt ein tarifgebundener Arbeitgeber tarifliche Leistungen, sollen im Zweifel alle einschlägigen Tarifbestimmungen gelten, also auch die tariflichen Ausschlussfristen.[456]

Eine dynamische Bezugnahmeklausel auf den einschlägigen Tarifvertrag ist **nicht überraschend** (§ 305c Abs. 1 BGB). Sie ist im Arbeitsleben als Gestaltungsinstrument weit verbreitet.[457] Sogar Tarifwechselklauseln (s. Rn. 255) hält die Rechtsprechung für an sich zulässig.[458]

260a

Eine Verweisung ist für sich genommen auch **weder unklar noch unverständlich**, und zwar gleichgültig, ob sie auf einen einschlägigen oder auf einen fremden Tarifvertrag erfolgt (§ 307 Abs. 1 S. 2 BGB). Ein Verstoß gegen das Transparenzgebot liegt nicht schon darin, dass der Arbeitnehmer keine oder nur eine erschwerte Möglichkeit hat, die betroffene Regelung zu verstehen oder einzusehen. Sinn des Transparenzgebots ist es, der Gefahr vorzubeugen, dass der Arbeitnehmer von der Durchsetzung bestehender Rechte abgehalten wird. Die Regelung ist auch dann nicht unverständlich, wenn sie dynamisch ausgestaltet ist. Die im Zeitpunkt der jeweiligen Anwendung geltenden, in Bezug genommenen Regelungen sind bestimmbar. Das reicht aus.[459] In keinem Fall ist Voraussetzung, dass dem Arbeitnehmer ein Abdruck dieses Tarifvertrags zur Verfügung gestellt wird oder dass der Tarifvertrag jederzeit ohne besondere Schwierigkeiten einsehbar ist.

260b

5. Bindung an mehrere Tarifverträge

a) Problem

Nicht selten beanspruchen in einem Betrieb oder sogar in einem Arbeitsverhältnis zwei oder mehr Tarifverträge Geltung. Das ist unproblematisch, solange deren **Normen einander ergänzen**. Zumeist vereinbaren die Tarifvertragsparteien ein ganzes **Tarifwerk,** das sich aus mehreren Tarifverträgen zusammensetzt (Entgelttarifvertrag, Entgeltrahmentarifvertrag, Manteltarifvertrag, Tarifverträge über einzelne Materien).[460] Anders ist es, wenn Tarifverträge verschiedener Gewerkschaf-

261

---

[455] BAG 24.2.2016, NZA 2016, 557.
[456] BAG 19.1.1999, NZA 1999, 879.
[457] BAG 24.9.2008, NZA 2009, 154; BAG 23.7.2014, NZA 2014, 1341.
[458] BAG 21.11.2012, NZA 2013, 512.
[459] BAG 24.9.2008, NZA 2009, 154; BAG 23.7.2014, NZA 2014, 1341.
[460] Dazu und zu den Gründen für die Aufspaltung *Hromadka*, Tariffibel, S. 55 ff.

ten Geltung im selben Arbeitsverhältnis (Tarifkonkurrenz) oder im selben Betrieb (Tarifkollision) beanspruchen. Bei der **Tarifkonkurrenz** sind Arbeitgeber und Arbeitnehmer an Tarifverträge verschiedener Gewerkschaften gebunden, bei der **Tarifkollision** (§ 4a TVG) ist nur der Arbeitgeber an zwei (nicht inhaltsgleiche) Tarifverträge, deren Geltungsbereich sich zumindest teilweise überschneidet, gebunden. Den Begriff Tarifkollision hat man bis zum Erlass des Tarifeinheitsgesetzes 2015 als Tarifpluralität bezeichnet. „**Tarifpluralität**" (Tarifmehrheit) wird nunmehr teils als Oberbegriff für Tarifkonkurrenz und Tarifkollision, teils für alle Fälle verwendet, in denen zwei oder mehr Tarifverträge verschiedener Gewerkschaften in einem Betrieb gelten.

262 Tarifkonkurrenz und Tarifkollision können darauf beruhen, dass der Arbeitgeber Mitglied eines Verbands ist, der mit der zuständigen Gewerkschaft einen Verbandstarifvertrag abgeschlossen hat, dass er mit derselben Gewerkschaft einen Haustarifvertrag abschließt und dass die Arbeitnehmer Mitglieder der tarifschließenden Gewerkschaft sind. Sie kann auch darauf beruhen, dass die Arbeitsvertragsparteien durch Mitgliedschaft in den tarifschließenden Verbänden an deren Tarifverträge gebunden sind und dass für das Arbeitsverhältnis zugleich ein für allgemeinverbindlich erklärter Vertrag gilt. Schließlich kann es zur Bindung an mehr als einen Tarifvertrag kommen, wenn die Arbeitsvertragsparteien die Verbände wechseln. Nach § 3 Abs. 3 TVG gilt der Tarifvertrag der Verbände weiter, aus denen die Arbeitsvertragsparteien ausgetreten sind („Nachbindung"); daneben beansprucht der Tarifvertrag der Verbände Geltung, dem die Arbeitsvertragsparteien nunmehr angehören. Hat nur der Arbeitgeber den Verband gewechselt, ist zumindest er gleichzeitig an diese beiden Tarifverträge gebunden.

b) Tarifkonkurrenz

263 Einigkeit besteht darin, dass eine Tarifkonkurrenz nicht hingenommen werden kann. Nur ein Tarifvertrag kann das Arbeitsverhältnis gestalten,[461] es gilt der **Grundsatz der Tarifeinheit**. Mitunter regeln Tarifverträge, deren Geltungsbereiche einander überschneiden, das Kollisionsproblem selbst, indem sie anordnen, dass der Tarifvertrag in bestimmten Fällen hinter einen anderen zurücktreten soll. Solche **Selbstbeschränkungsklauseln** sind zulässig, da die Tarifvertragsparteien den Geltungsbereich des Tarifvertrags im Rahmen ihrer Satzung autonom festlegen und deshalb auch für den Kollisionsfall einschränken können.[462] Hat der Tarifvertrag den Kollisionsfall nicht geregelt, so muss die Tarifkonkurrenz nach den kollisionsrechtlichen Grundsätzen aufgelöst werden.

---

[461] *Löwisch/Rieble*, § 4a TVG Rn. 313, 327 ff.; Wiedemann/*Jacobs*, § 4a TVG Rn. 477.
[462] BAG 20.3.1991, AP Nr. 20 zu § 4 TVG Tarifkonkurrenz.

Die Rechtsprechung[463] geht davon aus, dass nach dem **Grundsatz der Spezialität** 264
(genauer: **der Sachnähe**[464]) der sachnähere Tarifvertrag gilt. Sachnäher ist der
Tarifvertrag, der dem Betrieb räumlich, betrieblich, fachlich und persönlich am
nächsten steht und der deshalb den Erfordernissen und Eigenarten des Betriebs
und den Bedürfnissen der darin tätigen Arbeitnehmer am besten gerecht wird.[465]
Das ist der mit dem **engeren Geltungsbereich.**[466] Da es um die Regelung der im
Betrieb verrichteten Arbeiten geht, kommt dem Kriterium des fachlichen Geltungsbereichs der Vorrang vor den anderen Merkmalen zu.[467] Spezieller ist zwar
auch ein Tarifvertrag, der nur für einige betriebliche Tätigkeiten gilt (z.B. nur für
Lokführer oder Feuerwehrleute). Er ist aber nicht sachnäher. Sachnäher ist der
Tarifvertrag, der mehr betriebliche Tätigkeiten erfasst, i.d.R. also ein Branchentarifvertrag. Keine Kollision entsteht, wenn ein Tarifvertrag nur Arbeitnehmer erfasst, die ein anderer Tarifvertrag aus seinem Geltungsbereich ausnimmt (etwa die
AT-Angestellten).

Die geringste Reichweite haben **Firmentarifverträge**. Sie können den betrieblichen Belangen am besten gerecht werden. Deshalb gehen sie im Kollisionsfall 265
allen anderen Tarifverträgen vor.[468] Bei der Kollision von **Verbandstarifverträgen** ist darauf abzustellen, welcher Tarifvertrag von seinem Geltungsbereich her
die wenigsten unterschiedlichen Tätigkeiten erfasst und deshalb der speziellere
ist.

Beispiel: Der fachliche Geltungsbereich des **Bautarifvertrags** ist wegen der Vielfalt der im
Baugewerbe anfallenden Tätigkeiten weit gefasst. Er strahlt in andere Wirtschaftsbereiche
aus und überschneidet sich darum mit Tarifverträgen anderer Branchen. Demgegenüber
gelten mit dem Bautarifvertrag kollidierende Tarifverträge häufig nur für einen Teil der
durch den Bautarifvertrag geregelten Tätigkeiten, z.B. für Abbrucharbeiten, Schlosserarbeiten, Schreinerarbeiten, Glaserarbeiten oder für landwirtschaftliche Drainagearbeiten. Da all
diese Tarifverträge nur jeweils Ausschnitte aus den von den Bautarifverträgen geregelten
Materien erfassen, können sie diese spezieller regeln und damit den Eigenarten der Betriebe
und den Interessen der dort Beschäftigten besser gerecht werden. Sie gehen sämtlich dem
Bautarifvertrag vor.

---

[463] BAG 22.2.1957, 26.1.1994, 4.12.2002, AP Nr. 2, 22, 28 zu § 4 TVG Tarifkonkurrenz.
[464] Der Grundsatz der Spezialität löst die Konkurrenz zweier Normwerke desselben Normgebers. Bei Tarifkonkurrenz (und Tarifkollision) geht es um Normwerke verschiedener Normgeber.
[465] BAG 15.11.2006, NZA 2007, 448, 450.
[466] *Wiedemann/Arnold*, ZTR 1994, 399, 408; *Löwisch/Rieble*, § 4a TVG Rn. 339 stellen auf die engste Sachnähe der gemeinsamen Tarifzuständigkeit der Tarifvertragsparteien zu den normierten Rechtsverhältnissen ab.
[467] BAG 18.10.2006, NZA 2007, 1111, 1116.
[468] Das gilt auch, wenn der Firmentarifvertrag verbandswidrig ist und Regelungen des Verbandstarifvertrags zulasten der Arbeitnehmer verdrängt, BAG 24.1.2001, NZA 2001, 788.

266 **Regionale** Tarifverträge gehen **bundesweiten** Tarifverträgen vor,[469] es sei denn, dass der bundesweite Tarifvertrag fachlich oder persönlich enger ist als der Regionaltarifvertrag. Das Spezialitätskriterium versagt, wenn die **Geltungsbereiche** der Tarifverträge vollkommen oder nahezu **identisch** sind. Dann kommt demjenigen Tarifvertrag Vorrang zu, **der im Betrieb die meisten Arbeitsverhältnisse erfasst**. Nur dieses Kriterium lässt sich einfach und genau handhaben. Es führt zu Ergebnissen, die nicht manipulierbar sind und dem Ziel einer an Sachkriterien orientierten Lösung am nächsten kommen.[470]

c) Tarifpluralität

267 Das BAG hat die Tarifpluralität bis 2010 auf dieselbe Weise wie die Tarifkonkurrenz aufgelöst.[471] Der Grundsatz der **Tarifeinheit** gelte nicht nur für das Arbeitsverhältnis, sondern auch für den Betrieb. Die Gebote der Rechtsklarheit und der Rechtswahrheit ließen es nicht zu, dass in einem Betrieb mehrere Tarifverträge nebeneinander angewendet würden.[472] Das führte dazu, dass nur **der speziellere Tarifvertrag** im Betrieb galt. Dadurch wurden nicht nur beispielsweise Verbandstarifverträge durch Firmentarifverträge, sondern auch Tarifverträge mit sog. Spartengewerkschaften durch Tarifverträge mit Branchengewerkschaften verdrängt. Auch die Mitglieder der Gewerkschaften, deren Tarifvertrag verdrängt wurde, verloren ihren tariflichen Schutz.

268 In der Literatur wurde heftig gegen diese Rechtsprechung protestiert.[473] Einige Instanzgerichte verweigerten dem BAG offen die Gefolgschaft.[474] Das Tarifvertragsrecht sei nicht lückenhaft. Das Tarifvertragsgesetz habe es hinnehmen wollen, dass unterschiedliche Arbeitsverhältnisse im selben Betrieb unterschiedlichen Tarifverträgen unterliegen. Für die Gewerkschaft, deren Tarifvertrag verdrängt werde, bedeute die Nichtanwendung ihres Tarifvertrags einen **Verstoß gegen die Koalitionsfreiheit**, weil sie übermäßig in ihrer Tätigkeit eingeschränkt werde. Auch die Arbeitnehmer seien in ihrer Koalitionsfreiheit verletzt, weil sie tariflos gestellt würden.

269 2010 griff der 4. Senat die Kritik auf und erkannte, es gebe keinen Rechtsgrundsatz der Spezialität; Tarifverträge konkurrierender Gewerkschaften gälten nebeneinander.[475] Zur Begründung verwies er auf den **Gesetzeswortlaut**. §§ 3 Abs. 1, 4 Abs. 1 TVG enthielten keine Einschränkung für den Fall der Tarifpluralität. Eine richterrechtliche Rechtsfortbildung komme nicht in Frage. **Es fehle an einer planwidrigen Lücke** Im übrigen greife der Grundsatz der Tarifeinheit ungerechtfertigt in die **kollektive und** in die **positive individuelle Koalitionsfreiheit** ein.

---

[469] BAG 26.1.1994, AP Nr. 22 zu § 4 TVG Tarifkonkurrenz.
[470] BAG 22.2.1957, AP Nr. 2 zu § 4 TVG Tarifkonkurrenz.
[471] BAG 14.6.1989, 5.9.1990, 20.3.1991, AP Nr. 16, 19, 20 zu § 4 TVG Tarifkonkurrenz.
[472] BAG 20.3.1991, AP Nr. 20 zu § 4 TVG Tarifkonkurrenz.
[473] Ausf. Literaturübersicht in BAG 7.7.2010, NZA 2010, 1068.
[474] Z.B. LAG Niedersachsen 14.6.1990, 12.11.1999, LAGE Tarifpluralität Nr. 1, 3.
[475] BAG 7.7.2010, NZA 2010, 1068.

Das Urteil warf **eine Fülle von Fragen** auf.[476] Die Literatur befasste sich haupt- 270
sächlich mit dem Problem, wie sich verhindern lässt, dass es zu ständigen Tarifverhandlungen und Arbeitskämpfen kommt. Das für die Unternehmen zentrale
Problem, nämlich wie man angesichts unterschiedlicher Tarifverträge mit verschiedenen Gewerkschaften zu einem an Sachkriterien und nicht an der Gewerkschaftszugehörigkeit orientierten Entgeltsystem kommen kann, wurde dagegen
kaum zielorientiert erörtert.

d) Tarifeinheit bei Tarifkollision

Die zunehmende Gründung und Aktivität vor allem der Berufsgruppengewerk- 271
schaften etwa seit der Jahrtausendwende mit einer Reihe von Arbeitskämpfen, die
in der Öffentlichkeit teils wegen als unangemessen betrachteter Forderungen, teils
wegen der Auswirkungen im Bereich der Daseinsvorsorge auf wenig Verständnis
stießen, ließen den Ruf nach einer **Rückkehr zum Grundsatz der Tarifeinheit**
immer lauter werden.[477] 2015 gab der Gesetzgeber dem Drängen von BDA und
DGB nach und stellte im **Tarifeinheitsgesetz** (TEG)[478] – wenn auch mit einigen
Konzessionen an die Kritiker des „alten" Grundsatzes der Tarifeinheit – den Zustand quo ante wieder her.

Gegen dieses Gesetz legten, ver.di, dbb tarifunion und einige Berufsgruppenge- 272
werkschaften Verfassungsbeschwerde ein. Sie rügten vor allem einen Verstoß
gegen die Koalitionsfreiheit. Das BVerfG erklärte das Gesetz im Grundsatz für mit
Art. 9 Abs. 3 GG vereinbar, gab dem Gesetzgeber aber auf, bessere Vorkehrungen
zum Schutz der Interessen von Berufsgruppen zu treffen.[479] Der Gesetzgeber kam
dem Auftrag durch Einfügung eines HS 2 in § 4a Abs, 2 S. 1 TVG nach.[480] Danach
sind bei einer Tarifkollision auch die Rechtsnormen eines Minderheitstarifvertrags
anwendbar, wenn der Mehrheitstarifvertrag die Interessen der Minderheit nicht
ernsthaft und wirksam berücksichtigt.

Kern der Neuregelung ist § 4a TVG. Danach sind im Betrieb, soweit sich die 272a
Geltungsbereiche nicht inhaltsgleicher Tarifverträge verschiedener Gewerkschaften überschneiden (kollidierende Tarifverträge), nur die Rechtsnormen des Tarifvertrags der Gewerkschaft anwendbar, die zum Zeitpunkt des Abschlusses des

---

[476] Vgl. dazu etwa Henssler/Moll/Bepler/*Greiner*, Teil 9 Rn. 119 ff.; *B. Schmidt*, Tarifpluralität im System der Arbeitsrechtsordnung, 2011; *Willemsen/Mehrens*, NZA 2010, 1313.
[477] Eckpunktepapier von BDA/DGB, abgedr. in RdA 2010, 315 und AuR 2011, 60; Gesetzentwürfe von *Hromadka*, Entwurf eines Gesetzes zur Regelung der Tarifkollision, NZA 2008, 348 ff.; „Professorenentwurf". Tarifpluralität als Aufgabe des Gesetzgebers, 2010, im Anschluss an *Greiner*, Rechtsfragen der Koalitions-, Tarif- und Arbeitskampfpluralität, 2010; *Franzen/Thüsing/Waldhoff*, Arbeitskampf in der Daseinsvorsorge, 2012.
[478] Tarifeinheitsgesetz v. 3.7.2015, BGBl. I, S. 1130; dazu etwa *Greiner*, NZA 2015, 769; *Henssler*, RdA 2015, 222 ff.; *Konzen/Schliemann*, RdA 2015, 1 ff.
[479] BVerfG 17.7.2017, NZA 2017 915.
[480] Art. 4f Gesetz v. 18.12.2018, BGBl. I S. 2651.

zuletzt abgeschlossenen Tarifvertrags im Betrieb die meisten in einem Arbeitsverhältnis stehenden Mitglieder hat (Mehrheitsgewerkschaft).[481] Das bedeutet im einzelnen:

---

[481] § 4a TVG ist nicht auf Tarifverträge anzuwenden, die am 10.7.2015 galten (§ 13 Abs. 3 TVG). Hier bleibt es bei Tarifpluralität.

Auflösung der Tarifkollision nach 4a TVG

I. Voraussetzungen

1. **Tarifkollision im Betrieb: Geltungsbereiche unterschiedlicher Tarifverträge verschiedener Gewerkschaften überschneiden sich**
   - zumindest teilweise Überschneidung in zeitlicher, räumlicher, fachlicher und persönlicher Hinsicht
   - Arbeitgeber an beide Tarifverträge nach § 3 Abs. 1 oder Abs. 3 TVG gebunden

2. **keine autonome Auflösung der Kollision**
   - Vermeidung der Kollision durch Beschränkung der persönlichen Geltungsbereiche
   - Vereinbarung inhaltsgleicher Tarifverträge durch Tarifgemeinschaft, parallele Verhandlungen oder Nachzeichnung

3. **Auflösung nach dem Mehrheitsprinzip**
   a) Betrieb als maßgebliche Organisationseinheit
      - Betrieb i.S.d. § 1 Abs. 1 S. 1 BetrVG oder
      - Gemeinschaftsbetrieb i.S.d. § 1 Abs. 1 S. 2 BetrVG oder
      - nach § 3 Abs. 1 Nr. 1-3 BetrVG eingerichtete Organisationseinheit
      Ausnahme: Zuordnungstarifvertrag steht der Ordnungs- und Befriedungsfunktion des TEG entgegen
   b) Mehrheit
      - Gewerkschaft, die im Betrieb die meisten Mitglieder organisiert, die in einem Arbeitsverhältnis zu dem Inhaber stehen, der an den Tarifvertrag gebunden ist
      - Zeitpunkt: Abschluss des zuletzt abgeschlossenen, kollidierenden Tarifvertrags (Stichtagsprinzip)
      - Nachweis durch öffentliche Urkunde (z. B. notarielle Erklärung) möglich (§ 99 Abs. 3 ArbGG)

II. Rechtsfolgen

1. **Verdrängung des Tarifvertrags der Minderheitsgewerkschaft im Betrieb**
   (Verfassungsmäßigkeit streitig; u.U. unverhältnismäßiger Eingriff in Art. 9 Abs. 3 GG)

2. **Verbot des Arbeitskampfs der Minderheitsgewerkschaft um einen Tarifvertrag, der voraussichtlich verdrängt wird, wegen Unverhältnismäßigkeit**
   (streitig; a.A.: Kollisionsregel greift erst im Kollisionsfall und kann Arbeitskampf nicht vorweg ausschließen; Arbeitskampf in Betrieben mit abweichenden Mehrheiten bleibt zulässig)

3. **Gerichtliche Entscheidung über den nach § 4 Abs. 2 S. 2 TVG anwendbaren Tarifvertrag**
   - antragsbefugt jede Partei eines kollidierenden Tarifvertrags (§ 99 Abs. 2 ArbGG)
   - rechtskräftiger Beschluss wirkt für und gegen jedermann (§ 99 Abs. 3 ArbGG)

4. **Rechte der Minderheitsgewerkschaft**
   Nachzeichnung: Anspruch auf Abschluss eines die Rechtsnormen des kollidierenden Tarifvertrags enthaltenden Tarifvertrags, soweit sich die Geltungsbereiche der Tarifverträge überschneiden (§ 4a Abs. 4 TVG)

272b Mindestens zwei **unterschiedliche Tarifverträge verschiedener Gewerkschaften**,[482] an die der Arbeitgeber nach § 3 TVG, d.h. durch Haustarifvertrag, Verbandstarifvertrag (Abs. 1) oder Nachbindung (Abs. 3) gebunden ist – die Bindung kraft Bezugnahmeklausel genügt nicht –, müssen mindestens teilweise Geltung **im selben Betrieb** für dieselben Arbeitnehmer beanspruchen. Ihr räumlicher, fachlicher, persönlicher und zeitlicher **Geltungsbereich muss sich** also **überschneiden**,[483] und überdies dürfen die Tarifverträge **nicht inhaltsgleich** sein. Da der Arbeitgeber im Zeitraum der Nachwirkung (§ 4 Abs. 5 TVG) nicht nach § 3 TVG an den Tarifvertrag gebunden ist, führt das zu der vom Gesetzgeber wohl nicht gesehenen, für die Praxis schwer erträglichen Folge, dass ein gekündigter Tarifvertrag einer Mehrheitsgewerkschaft, wenn es – wie häufig – nicht gelingt, die Tarifverhandlungen bis zum Kündigungstermin abzuschließen, im Nachwirkungsstadium nicht mehr anwendbar ist, mit dem Tarifabschluss aber wieder Anwendung findet. Man wird deshalb annehmen müssen, dass der Mehrheitstarifvertrag den Minderheitstarifvertrag verdrängt, solange ihm eine Überbrückungsfunktion über den (fälschlich) so genannten tariflosen Zustand zukommt.[484] Anders ist es in dem (seltenen) Fall, dass die Mehrheitsgewerkschaft keinen neuen Tarifvertrag mehr abschließen will.

272c § 4a TVG verhindert nicht generell Tarifpluralität. In einem Betrieb können durchaus auch in Zukunft mehrere Tarifverträge verschiedener Gewerkschaften nebeneinander anwendbar sein; sie dürfen nur nicht miteinander kollidieren. Die Bezeichnung als „Tarifeinheitsgesetz", die den „klassischen" Sprachgebrauch aufgreift, ist also ungenau. Mit Rücksicht auf die Koalitionsbetätigungsfreiheit hebt der Gesetzgeber die **Möglichkeit der Tarifpluralität** in § 4a Abs. 2 S. 1 TVG sogar ausdrücklich hervor. In der Gesetzesbegründung nennt er zwei Fälle: 1. Die persönlichen Geltungsbereiche zweier Tarifverträge überschneiden sich nicht (Cockpit ist für die Piloten zuständig, ver.di für das übrige Flugpersonal), und 2. Die Gewerkschaften vereinbaren inhaltsgleiche Tarifverträge, sei es im Rahmen einer Tarifgemeinschaft, sei es in parallelen Verhandlungen oder im Wege der „Nachzeichnung" (dazu unten Rn. 272k).[485] Inhaltsgleichheit erfordert keine Wortlautidentität, wohl aber schaden selbst geringe Abweichungen. Nicht erforderlich ist dagegen, dass die Tarifverträge dieselben Gegenstände regeln. Auch eine punktuelle Regelung kann eine umfassende Regelung verdrängen. Es ist davon auszugehen, dass die Tarifvertragsparteien jeweils eine ganzheitliche Vertretung der Interessen ihrer Mitglieder bezwecken.[486] Bei Tarifverträgen über betriebsverfassungsrechtliche Fragen nach § 3 Abs. 1 und § 117 Abs. 2 BetrVG wird eine Tarifpluralität nur dann aufgelöst, wenn der Mehrheitstarifvertrag eine Rege-

---

[482] Zur Problematik kollidierender Tarifverträge zweier DGB-Gewerkschaften *Däubler/Bepler*, Tarifeinheit Rn. 53 f.
[483] BT-Drs. 18/4062, S. 13.
[484] A.A. *Däubler/Bepler*, Tarifeinheit Rn. 67 f.; ErfK/*Franzen*, § 4a TVG Rn. 8.
[485] BT-Drs. 18/4062, S. 9.
[486] BT-Drs. 18/4062, S. 13.

lung enthält. Damit soll die Kontinuität der Arbeitnehmervertretungen erhalten werden.[487]

Bei Tarifpluralität bleibt es auch, wenn der Arbeitgeber an einen der kollidierenden Tarifverträge durch **Allgemeinverbindlicherklärung** (§ 5 Abs. 4 TVG) gebunden ist (§ 4a Abs. 2 S. 1 TVG).[488] Dasselbe gilt, wenn der Arbeitgeber **freiwillig unterschiedliche Tarifverträge** mit verschiedenen Gewerkschaften für deren jeweilige Mitglieder abschließt.[489] Der Grundsatz der Tarifeinheit will nur verhindern, dass erzwungene abweichende Tarifverträge nebeneinander gelten. Geschützt werden soll nicht die Mehrheitsgewerkschaft, sondern der Arbeitgeber, die Öffentlichkeit allenfalls auf dem Umweg über diesen.[490] Zum Nebeneinander zweier Tarifverträge kommt es auch, wenn **beim Zustandekommen des Mehrheitstarifvertrags die Interessen von Arbeitnehmergruppen die von dem Minderheitstarifvertrag erfasst werden, nicht ernsthaft und wirksam berücksichtigt** wurden (§ 4a Abs. 2 S. 1 HS 2 TVG). Entscheidend ist, ob die Minderheitsgewerkschaft die Interessen ihrer Mitglieder in die Tarifverhandlungen der Mehrheitsgewerkschaft effektiv einbringen konnte (s. dazu Rn. 273c).[491] Denkbar ist schließlich, dass ein Arbeitgeber sich schuldrechtlich gegenüber einer Gewerkschaft verpflichtet, ihren Mitgliedern bestimmte Arbeitsbedingungen zu gewähren. Die Mitglieder hätten dann einen Anspruch aus § 328 BGB. Ein derartiger **schuldrechtlicher Tarifvertrag**[492] wäre ebenfalls nicht erstreikbar, weil sonst das Ziel des TEG unterlaufen würde.[493] Keine Tarifpluralität entsteht, wenn ein Tarifvertrag nach § 3 TVG gilt und ein anderer durch Arbeitsvertrag in Bezug genommen wird. Im Verhältnis der beiden Regelungen zueinander gilt bei tarifgebundenen Arbeitnehmern das Günstigkeitsprinzip (§ 4 Abs. 5 TVG).[494]

272d

Die Tarifverträge müssen „**im Betrieb**" kollidieren. Der Begriff Betrieb ist nach der Gesetzesbegründung[495] tarifrechtlich zu bestimmen; der tarifrechtliche entspreche „in seiner grundsätzlichen Ausrichtung" dem betriebsverfassungsrechtlichen Betriebsbegriff.[496] Anknüpfungspunkt für das Mehrheitsprinzip sei „die Solidargemeinschaft, die infolge der Zusammenfassung von Arbeitnehmerinnen und Arbeitnehmern zur Verfolgung arbeitstechnischer Zwecke entsteht." Als Betrieb gilt auch ein Gemeinschaftsbetrieb und ein durch Tarifvertrag nach § 3 Abs. 1 Nr. 1-3

272e

---

[487] BT-Drs. 18/4062, S. 14.
[488] BT-Drs. 18/4062, S. 12.
[489] Zur Dispositivität von § 4a Abs. 2 TVG *Bepler*, RdA 2015, 193 ff.; ErfK/*Franzen* § 4a TVG Rn. 21 f. m.w.N.
[490] A.A. wohl *Greiner*, NZA 2015, 769, 774 f.
[491] *Giesen*, NZA 2019, 577, 580; *Hromadka*, NZA 2019, 215 ff.
[492] *F.-W. Lehmann*, BB 2015, 2293, 2295 ff.: „Sozialpartnervertrag mit Drittwirkung".
[493] I.E. ebenso ErfK/*Franzen*, § 4a TVG Rn. 22 f.; *Greiner*, NZA 2015, 769, 776; a.A. *F.-W. Lehmann*, BB 2015, 2293, 2298.
[494] BAG 15.4.2015, NZA 2015, 1274.
[495] BT-Drs. 18/4062, S. 13.
[496] Kritisch dazu ErfK/*Franzen*, § 4a TVG Rn. 19 ff.

BetrVG errichteter Betrieb, es sei denn, dass dies den Zielen des TEG offensichtlich widerspricht wie bei der Zusammenfassung von Betrieben, die von Tarifvertragsparteien unterschiedlichen Wirtschaftszweigen oder deren Wertschöpfungsketten zugeordnet worden sind (§ 4a Abs. 2 S. 4, 5 TVG).[497]

272f Das Abstellen auf den Betrieb führt dazu, dass sich die Chancen kleinerer Gewerkschaften und von Berufsgruppengewerkschaften auf einen Tariferfolg erhöhen. Umgekehrt wird dem Arbeitgeber eine kohärente unternehmenseinheitliche Personal- und Entgeltpolitik, wie sie häufig im AT-Bereich oder zumindest im Bereich der leitenden Angestellten üblich ist, erschwert. Ein einheitlicher Flächentarifvertrag ist bei entsprechender Konstellation ausgeschlossen. Unter Bezug auf die „Solidargemeinschaft", auf die die Gesetzesbegründung abstellt, will *Franzen* deshalb „Betrieb" als „Unternehmen" oder „Konzern" lesen.[498] Das wäre zwar sinnvoll, widerspricht aber dem Anliegen des Gesetzgebers, das TEG durch Einräumen von Chancen für die Minderheitsgewerkschaften verfassungsfest zu machen.

272g Die Rechtsfolge einer Tarifkollision ergibt sich aus § 4a Abs. 2 TVG: Der Tarifvertrag der Gewerkschaft, die zum Zeitpunkt des zuletzt abgeschlossenen Tarifvertrags im Betrieb die meisten in einem Arbeitsverhältnis stehenden Mitglieder hat, verdrängt alle Tarifverträge aller anderen Gewerkschaften; nur er ist „anwendbar". Es gilt also das **(betriebsbezogene) Mehrheitsprinzip**, nicht mehr der Spezialitätsgrundsatz. Der Mehrheitsgrundsatz begünstigt größere Gewerkschaften mit weiter Tarifzuständigkeit. Als „in einem Arbeitsverhältnis stehend" sind alle Gewerkschaftsmitglieder anzusehen, die in einem Arbeitsverhältnis oder Ausbildungsverhältnis zu dem Arbeitgeber stehen, für den die Tarifverträge gelten sollen, gleichgültig, ob sie dem persönlichen Geltungsbereich unterfallen oder nicht. Bei einer Tarifgemeinschaft sind die Mitglieder der verbundenen Gewerkschaften zusammenzuzählen.[499] Mehrheit meint die meisten Mitglieder im Betrieb, nicht im Tarifbezirk. Bei einem Unternehmenstarifvertrag oder einem Flächentarifvertrag können in den einzelnen Betrieben eines Unternehmens oder eines Tarifbezirks also unterschiedliche Tarifverträge anwendbar sein. Auf die Anzahl der Mitglieder in den Betrieben kommt es nicht an.

272h **Maßgeblicher Zeitpunkt** für die Ermittlung der Mehrheit und damit für den anwendbaren Tarifvertrag ist der **Abschluss des zuletzt abgeschlossenen Tarifvertrags**. Der Tarifvertrag ist abgeschlossen, wenn er schriftlich vorliegt und von den Bevollmächtigten der Tarifvertragsparteien unterschrieben ist. Abgeschlossen wird ein Tarifvertrag auch dann, wenn ein Tarifvertrag geändert wird, nicht dagegen, wenn nur eine Auslegungsfrage etwa durch eine Protokollnotiz klargestellt wird. Tritt der Tarifvertrag erst später in Kraft, dann ist dieser Zeitpunkt maßgebend; kollidieren die Tarifverträge erst zu einem späteren Zeitpunkt, dann jener (§ 4a Abs. 2 S. 3 TVG).

---

[497] Dazu ein Beispiel bei *Däubler/Bepler*, Tarifeinheit Rn. 90.
[498] ErfK/*Franzen*, § 4a TVG Rn. 21.
[499] BT-Drs. 18/4062, S. 13.

Für die **Feststellung der Mehrheit** hat der Gesetzgeber ein eigenes Verfahren 272i
eingerichtet (§§ 2a Abs. 1 Nr. 6, 99 ArbGG). Auf Antrag einer Partei eines kollidierenden Tarifvertrags entscheidet das Arbeitsgericht in einem Beschlussverfahren. Die Entscheidung wirkt erga omnes. Zum Nachweis für die Zahl der in einem Betrieb beschäftigten Arbeitnehmer genügt eine **notarielle Erklärung** (§ 58 Abs. 3 ArbGG). Damit wird sichergestellt, dass die Gewerkschaften die Namen ihrer im Betrieb beschäftigten Mitglieder nicht preisgeben müssen. Der Notar muss theoretisch die Namen aller Arbeitnehmer des Betriebs mit denen der Gewerkschaftsmitglieder vergleichen und prüfen, ob die Angaben der Beteiligten zutreffen – in größeren Betrieben eine fast unlösbare Aufgabe. Im Prozess muss der Notar offenlegen, was er unternommen hat, um sich Gewissheit zu verschaffen, damit das Gericht über den Beweiswert der Urkunde und gegebenenfalls über die Notwendigkeit weiterer Beweiserhebung befinden kann.[500] Klagt ein Arbeitnehmer aus einem kollidierenden Tarifvertrag, dann muss das Gericht nach den Regeln des arbeitsgerichtlichen Beweisrechts entscheiden. Es kann den Rechtsstreit anders als nach §§ 97 Abs. 5, 98 Abs. 6 ArbGG nicht aussetzen. Die Entscheidung wirkt nur inter partes.

Liegen die Voraussetzungen des § 4 Abs. 2 S. 2 TVG vor, dann ist der Minderheitstarifvertrag „**nicht anwendbar**". Aus seinen Rechtsnormen können weder Rechte noch Pflichten abgeleitet werden. Der Minderheitstarifvertrag bleibt aber existent. Er wird wieder anwendbar, wenn der Mehrheitstarifvertrag seinerseits nicht mehr anwendbar ist, etwa wenn er gekündigt wird und nicht mehr erneuert werden soll oder wenn die tarifschließende Gewerkschaft ihre Tariffähigkeit verliert. Die Verdrängung des Minderheitstarifvertrags ist problematisch, wenn er längere Zeit gegolten hat und Arbeitnehmer daraus unentziehbare Rechte erworben haben, etwa einen besonderen Kündigungsschutz oder Ansprüche und Anwartschaften auf Altersversorgung. Hier wird man mit Vertrauensschutz helfen müssen.[501] 272j

Zum Ausgleich dafür, dass ihre Mitglieder durch die Verdrängung des Tarifvertrags tariflos werden, kann die Minderheitsgewerkschaft, der es gelingt, einen kollidierenden Tarifvertrag abzuschließen, von dem tarifschließenden Arbeitgeber oder Arbeitgeberverband „Nachzeichnung" der Rechtsnormen des Tarifvertrags der konkurrierenden Gewerkschaft verlangen (§ 4a Abs. 3 TVG).[502] Der Nachzeichnungsanspruch richtet sich auf Abschluss eines Tarifvertrags über die Rechtsnormen des kollidierenden Tarifvertrags im Überschneidungsbereich, denn nur insoweit wird der Tarifvertrag der Minderheitsgewerkschaft verdrängt. 272k

Beispiel: Bei dem hohen Organisationsgrad von Ärzten kann es vorkommen, dass der MB, der nur Ärzte organisiert, in einem Krankenhaus mehr Mitglieder hat als ver.di, die sowohl

---

[500] *Bayreuther,* NZA 2015, 1395, 1396.
[501] *Däubler/Bepler,* Tarifeinheit Rn. 164 ff.
[502] Dazu *Vielmeier,* NZA 2015, 1294, 1296 f.

146 § 13 Tarifvertragsrecht

Ärzte als auch das nichtärztliche Personal organisiert. Schließen in einem solchen Fall MB für die Ärzte und ver.di für Ärzte und nichtärztliches Personal Tarifverträge ab, dann verdrängt der Tarifvertrag mit MB bei den Ärzten den von ver.di mit der Folge, dass es für die bei ver.di organisierten Ärzte keinen Tarifvertrag gibt. Ver.di kann aber den MB-Tarifvertrag nachzeichnen. Dann gilt der MB-Tarifvertrag auch für die bei ver.di organisierten Ärzte. Für das nichtärztliche Personal bleibt es bei dem ver.di-Tarifvertrag.

272l Die nachzeichnende Gewerkschaft muss die Tarifnormen vollständig übernehmen (keine „Rosinenpickerei"). Hinsichtlich der schuldrechtlichen Rechte und Pflichten einschließlich der Friedenspflicht bleibt es bei den Regelungen in dem verdrängten Tarifvertrag. Kein Nachzeichnungsrecht hat die „Minderheitsgewerkschaft" in Betrieben, in denen sie die Mehrheit hat; Anwendung findet hier ihr eigener Tarifvertrag. Die Frage kann bei Flächentarifverträgen eine Rolle spielen. Zeichnet die Gewerkschaft, deren Tarifvertrag verdrängt wird, den Mehrheitstarifvertrag nicht nach, dann sind ihre Mitglieder tariflos. In der Praxis erhalten sie aber in aller Regel – zumeist über Bezugnahmeklauseln – dieselben Leistungen wie die Mitglieder der Mehrheitsgewerkschaft.

272m Nimmt ein Arbeitgeber oder Arbeitgeberverband Tarifverhandlungen mit einer Gewerkschaft auf, dann haben andere Gewerkschaften ein **Anhörungsrecht** (§ 4a Abs. 5 TVG).[503] Das soll ihnen Einfluss auf die Tarifverhandlungen verschaffen und einen gewissen Ausgleich dafür geben, dass ein eigener Tarifvertrag (möglicherweise) nicht anwendbar ist. Der Arbeitgeber oder der Arbeitgeberverband muss die Aufnahme der Tarifverhandlungen „rechtzeitig und in geeigneter Weise" bekanntgeben, damit die Gewerkschaften Tarifforderungen aufeinander abstimmen und Tarifkollisionen autonom vermeiden können. Rechtzeitig ist die Bekanntgabe, wenn sie unverzüglich nach Aufnahme von Tarifverhandlungen erfolgt. Die Bekanntgabe kann durch mündliche, elektronische oder schriftliche Mitteilung an die konkurrierende Gewerkschaft erfolgen; bei Verhandlungen über einen Haustarifvertrag genügt ein Aushang im Betrieb,[504] bei Verhandlungen über einen Verbandstarifvertrag die Bekanntgabe auf der Homepage des Verbands.[505]

272n Das Recht auf Anhörung hat jede Gewerkschaft, die für den Abschluss des von der konkurrierenden Gewerkschaft angestrebten Tarifvertrags nach ihrer Satzung zumindest teilweise zuständig wäre; das kann eine Minderheits- oder eine Mehrheitsgewerkschaft sein. Die Gewerkschaft ist berechtigt, dem Arbeitgeber oder Arbeitgeberverband ihre Vorstellungen und Forderungen mündlich vorzutragen. Der Arbeitgeber oder Arbeitgeberverband muss zu den Äußerungen nicht Stellung nehmen; erst recht muss er mit der Gewerkschaft nicht verhandeln. Die Gewerkschaft kann das Anhörungsrecht einklagen.[506] Die Anhörung ist weder Voraussetzung für den Abschluss des Tarifvertrags mit der konkurrierenden Ge-

---

[503] Dazu *Vielmeier*, NZA 2015, 1294 ff.
[504] Zu Vorstehendem BT-Drs. 18/4062.
[505] ErfK/*Franzen*, § 4a TVG Rn. 25.
[506] BT-Drs. 18/4062, S. 15.

werkschaft noch für dessen Durchsetzung im Wege des Arbeitskampfes noch für die Anwendung des Grundsatzes der Tarifeinheit.

Das **TEG** ist **ein Kompromissgesetz**, und das merkt man ihm an. Die meisten Probleme bereitet der Austausch des Spezialitätsgrundsatzes durch den Mehrheitsgrundsatz. Welcher Tarifvertrag spezieller sein würde, war bislang bereits bei der Aufnahme von Tarifverhandlungen feststellbar. Schon die Feststellung der Mehrheit wirft eine Fülle von Fragen auf. Noch schwerer wiegt, dass das Gesetz auf die Mehrheit im Betrieb abstellt. Diese Mehrheit kann in den einzelnen Betrieben des Unternehmens durchaus unterschiedlich sein. In dem einen Krankenhaus eines Betreibers kann ver.di, in dem anderen der MB die Mehrheit haben, in dem einen Bahnbetrieb die EVG, in dem anderen die GdL. Ein Verbands- oder Unternehmenstarifvertrag wirkt dann jeweils nur für die Betriebe, in denen die tarifschließende Gewerkschaft die Mehrheit hat. Eine unternehmensweite Sozial- und Entgeltpolitik ist zumindest erheblich erschwert. Unternehmen wie Arbeitgeberverband müssen mit zwei Gewerkschaften verhandeln und können trotz aller Bemühungen nicht sicher sein, dass die Regelungen nicht auseinanderlaufen. **Keine Lösung** enthält das Gesetz **für das Arbeitskampfrecht**, in dem der 4. Senat die meisten Probleme aus der Abschaffung des Grundsatzes der Tarifeinheit gesehen hatte (s. unten § 14 Rn. 74a, b). Der Hinweis in der Gesetzesbegründung, „über die Verhältnismäßigkeit von Arbeitskämpfen, mit denen ein kollektiver Tarifvertrag erwirkt werden soll, wird … im Einzelfall im Sinne des Prinzips der Tarifeinheit zu entscheiden sein",[507] hat die Gegner einer Regelung des Arbeitskampfrechts verärgert, ohne den Befürwortern greifbaren Nutzen zu bringen.

273

Dass eine gesetzliche Regelung des Grundsatzes der Tarifeinheit nicht einfach sein und eine Fülle von Fragen aufwerfen würde, war vorauszusehen. Der englische Gesetzgeber hat für seine Regelung 172 Paragraphen gebraucht. Der 4. Senat hat alle Warnungen[508] leichtfertig in den Wind geschlagen.

273a

Geblieben ist auch die Auseinandersetzung um die **Verfassungsmäßigkeit**,[509] obwohl der Gesetzgeber sich Mühe gegeben hat, den Berufsgewerkschaften ein Betätigungsfeld zu erhalten: Das Gesetz gilt subsidiär.[510] Minderheitsgewerkschaften können in Tarifverhandlungen mit Mehrheitsgewerkschaften ihre Vorstellungen einbringen (§ 4a Abs. 5 TVG). Verbands- und Unternehmenstarifverträge mit Mehrheitsgewerkschaften weichen Tarifverträgen mit Minderheitsgewerkschaften in den Betrieben, in denen diese die Mehrheit haben (§ 4a Abs. 2 S. 2 TVG). Das Streikrecht der Minderheitsgewerkschaften wird nicht eingeschränkt. Dennoch sehen viele und vor allem die Vertreter der kleineren Gewerkschaften die Koalitionsfreiheit beeinträchtigt. In der Tat hätte man sich eine stärkere Einbindung der

273b

---

[507] BT-Drs. 18/4062, S. 12.
[508] *Hromadka*, GS Heinze, 2004, 383 ff.
[509] Ausf. Literaturangaben z.B. bei *Linsenmaier*, RdA 2015, 369, 383.
[510] BT-Drs. 18/4062 S. 1.

Minderheitsgewerkschaften in die Verhandlungen mit der Mehrheitsgewerkschaft vorstellen können. Marburger Bund, Deutscher Journalisten-Verband und Vereinigung Cockpit haben gegen das Gesetz Verfassungsbeschwerde erhoben.[511]

273c Das BVerfG[512] hat die angegriffenen Regelungen des TEG – jedenfalls bei restriktiver Auslegung der Verdrängungsregelung und ihrer verfahrensrechtlichen Einbindung – für überwiegend mit den verfassungsrechtlichen Anforderungen vereinbar erklärt. Zwar erblickt auch das BVerfG in den neuen Vorschriften des § 4a TVG eine Beeinträchtigung der Koalitionsfreiheit, die aber verfassungsrechtlich gerechtfertigt sei. Das Gewicht der Beeinträchtigung werde bereits dadurch relativiert, dass der Gesetzgeber die Regelung des § 4a TVG tarifdispositiv ausgestaltet habe. Außerdem werde die Verdrängungswirkung des § 4a Abs. 2 TVG mehrfach beschränkt. Jedoch fehle es an gesetzlichen Vorkehrungen zum Schutz für die langfristig angelegten, die Lebensplanung der Beschäftigten betreffenden Ansprüche aus dem Minderheitstarifvertrag. Diese müssten von den Gerichten bei der Anwendung des hierfür maßgeblichen Rechts sichergestellt werden. Die Regelung des § 4a Abs. 4 TVG zur Nachzeichnungsoption bedürfe einer weiten Auslegung; insbesondere könnte ein Anspruch auf eine asymmetrische Teilnachzeichnung den Verlust der verfassungsrechtlich gesicherten Rechtspositionen derjenigen Gewerkschaft, deren Tarifvertrag verdrängt wird, nicht kompensieren. Vielmehr habe diese Gewerkschaft einen Anspruch auf Nachzeichnung des verdrängenden Tarifvertrags in seiner Gesamtheit. Außerdem dürften die aus § 4a Abs. 5 TVG folgenden Verfahrenspositionen nicht als bloße Formalitäten oder schlichte Obliegenheiten behandelt werden, sondern seien als echte Rechtspflichten zu verstehen, deren Verletzung nicht sanktionslos bleiben dürfe. Schließlich fehlten strukturelle Vorkehrungen, die verhindern, dass der Mehrheitstarifvertrag auch im Fall der Nachzeichnung die Arbeitsbedingungen und Interessen der Angehörigen einzelner Berufsgruppen oder Branchen, deren Tarifvertrag verdrängt wird, mangels wirksamer Vertretung dieser Gruppe in der Mehrheitsgewerkschaft in unzumutbarer Weise übergeht.

273d Der Gesetzgeber hat das TEG am 18.12.2018 nachgebessert.[513] § 4 Abs. 2 S. 2 TVG wurde um folgenden Halbsatz ergänzt: „wurden beim Zustandekommen des Mehrheitstarifvertrags die Interessen von Arbeitnehmergruppen, die auch von dem nach dem ersten Halbsatz nicht anzuwendenden Tarifvertrag erfasst werden, nicht ernsthaft und wirksam berücksichtigt, sind auch die Rechtsnormen dieses Tarifvertrags anwendbar." Die Neuregelung stellt für die ernsthafte und wirksame Berücksichtigung der Interessen der Arbeitnehmergruppe auf das Zustandekommen des Mehrheitstarifvertrags ab und wählt mithin einen prozeduralen Ansatz. Hierfür gibt das Gesetz bewusst kein bestimmtes Verfahren vor, um der Vielgestaltigkeit der schon jetzt in der Tarifpraxis bestehenden Verfahrensweisen Rechnung zu tragen und neuen Beteiligungsformen gegenüber entwicklungsoffen zu sein. Die Interessen der verschiedenen Arbeitnehmergruppen lassen sich z.B. durch bereits

---

[511] Ebenso die Gewerkschaft der Lokführer (GdL) und die Deutsche Feuerwehrgewerkschaft (DFeuG).
[512] BVerfG 11.7.2017, NZA 2017, 915.
[513] Vgl. Art. 4f QualifizierungschancenG, BGBl. I S. 2651.

im Vorfeld der Tarifverhandlungen liegende Beteiligungsverfahren oder durch Mitarbeit in den tarifschließenden Gremien berücksichtigen.[514]

VI. Tarifvertrag und niederrangige Rechtsquellen

1. Tarifvertrag und Arbeitsvertrag

a) Zwingende Tarifnormen

Das Verhältnis zwischen Tarifvertrag und Arbeitsvertrag bestimmt sich nach § 4 Abs. 1 S. 1, Abs. 3-5 TVG. Danach sind die Rechtsnormen des Tarifvertrags, die den Inhalt, den Abschluss oder die Beendigung von Arbeitsverhältnissen ordnen, im Zweifel unabdingbar. Vereinbarungen, die dem Tarifvertrag zuwiderlaufen, werden vom Tarifvertrag aber **nicht vernichtet, sondern nur verdrängt**.[515] Sie bleiben „latent" bestehen und leben wieder auf, wenn die Tarifnormen wegfallen. Das gilt allerdings nicht, wenn tarifvertragswidrige Klauseln darauf abzielen, tarifliche Regelungen zu verschlechtern, ohne selbst Ansprüche zu gewähren. **274**

Beispiele für Verdrängung: Der Tarifvertrag sieht ein Weihnachtsgeld in Höhe eines Monatsgehalts vor, der Arbeitsvertrag in Höhe eines halben. Fällt der Tarifvertrag weg, behält der Arbeitnehmer Anspruch auf ein halbes Monatsgehalt. **Für Vernichtung:** Arbeitgeber und Arbeitnehmer vereinbaren, dass der tarifliche Anspruch auf das Weihnachtsgeld um 50 % gekürzt wird.

Die Unwirksamkeit einer tarifwidrigen Vereinbarung macht den Arbeitsvertrag im übrigen entgegen § 139 BGB nicht unwirksam, weil das dem Schutzzweck des § 4 Abs. 1 TVG widersprechen würde. **275**

b) Nachgiebige Tarifnormen (Öffnungsklauseln)

Von dem Tarifvertrag abweichende Abmachungen sind zulässig, soweit sie durch den Tarifvertrag gestattet sind (§ 4 Abs. 3 Alt. 1 TVG). Die Gestattung macht die Tarifnormen abdingbar (**„vertragsdispositives Tarifrecht"**). Da die zwingende Wirkung der Normalfall ist, bedarf es für die Abweichungsbefugnis einer eindeutigen und unmissverständlichen Bestimmung.[516] Eine **Öffnungsklausel** kann nur von den Tarifvertragsparteien selbst vereinbart werden, d.h. bei einem Verbandstarifvertrag nur von den Verbänden, nicht von ihren Mitgliedern.[517] Die Tarifvertragsparteien können auch eine gegen § 77 Abs. 3 BetrVG verstoßende Betriebsverein- **276**

---

[514] Amtl. Begr. BT-Drs. 19/6146, S. 31 f.; *Giesen*, NZA 2019, 577; *Hromadka*, NZA 2019, 215.
[515] Offengelassen in BAG 23.2.2005, NZA 2005, 1320.
[516] LAG Düsseldorf 6.9.1998, 3 (4) Sa 2170/97; Wiedemann/*Wank*, § 4 TVG Rn. 658.
[517] BAG 2.4.1999, AP Nr. 12 zu § 77 BetrVG 1972 Tarifvorbehalt.

barung genehmigen, und zwar sogar rückwirkend,[518] die rückwirkende Kürzung tariflicher Ansprüche durch eine solche Betriebsvereinbarung findet allerdings ihre Grenze im Vertrauensschutz (s. oben Rn. 83 ff.).

c) Günstigkeitsprinzip

277 **aa) Inhalt.** Abweichende Abmachungen sind weiter zulässig, wenn sie die Regelung zugunsten der Arbeitnehmer ändern (§ 4 Abs. 3 Alt. 2 TVG). Tarifnormen sind **einseitig zwingend**. Die Tarifvertragsparteien sollen die Tarifnormen nicht gleichzeitig zu Mindest- und Höchstbedingungen erklären können.[519] Zugleich wird die Kartellwirkung des Tarifvertrags begrenzt. Die Vereinbarung über- und außertariflicher Arbeitsbedingungen bleibt dem freien Wettbewerb vorbehalten. Kollektivautonomie soll Privatautonomie sichern und nicht verdrängen. Das Günstigkeitsprinzip ist selbst **zwingender Natur**. Es kann von den Tarifvertragsparteien weder normativ noch schuldrechtlich abbedungen werden.[520]

bb) Anwendungsbereich

278 **(1) Im Hinblick auf die Tarifnormen.** Zum vorrangigen Anwendungsbereich von § 4 Abs. 3 TVG gehören die Tarifnormen über den Inhalt, den Abschluss und die Beendigung von Arbeitsverhältnissen,[521] § 4 Abs. 3 TVG gilt nach h.M. aber auch für betriebliche und betriebsverfassungsrechtliche Normen.[522] Gleichgültig ist, ob es sich um Ge- oder Verbotsnormen handelt.

279 **Keine Anwendung** findet § 4 Abs. 3 TVG nach h.M. auf Tarifvereinbarungen über **gemeinsame Einrichtungen** i.S.d. § 4 Abs. 2 TVG.[523] Damit soll verhindert werden, dass finanzkräftige Arbeitgeber aus der gemeinsamen Einrichtung ausscheren und ihren Arbeitnehmern zulasten der verbliebenen bessere Leistungen bieten.

280 **(2) Im Hinblick auf die günstigeren Vereinbarungen.** § 4 Abs. 3 TVG setzt eine „Abmachung" zugunsten des Arbeitnehmers voraus. Abmachungen in diesem Sinne können sein
- individuelle Vereinbarungen zwischen den Arbeitsvertragsparteien,
- allgemeine Arbeitsbedingungen,[524]
- Ansprüche aufgrund betrieblicher Übungen,[525]

---

[518] BAG 29.1.2002, NZA 2002, 927.
[519] St. Rspr. seit BAG 3.4.1957, AP Nr. 6 zu § 611 BGB Gratifikation.
[520] BAG 26.2.1986, AP Nr. 12 zu § 4 TVG Ordnungsprinzip.
[521] BAG 3.3.1993, EzA Nr. 28 zu § 4 TVG Tariflohnerhöhung.
[522] *Däubler*, Tarifvertragsrecht, Rn. 191 f.; Kempen/Zachert/*Schubert*/Zachert, § 4 TVG Rn. 368 f.
[523] BAG 5.12.1958, AP Nr. 1 zu § 1 TVG Ausgleichskasse.
[524] BAG GS 16.9.1986, AP Nr. 17 zu § 77 BetrVG 1972.
[525] BAG 10.12.1965, AP Nr. 1 zu § 4 TVG Tariflohn und Leistungsprämie.

– Ansprüche aufgrund eines Verstoßes gegen den allgemeinen Gleichbehandlungsgrundsatz[526] und
– Betriebsvereinbarungen.[527]

§ 4 Abs. 3 TVG ist nicht nur auf günstigere Abmachungen anzuwenden, die **nach** Abschluss des Tarifvertrags vereinbart werden, sondern auch auf Abreden, die **vor** seinem Abschluss getroffen worden sind. Das ist für **vortarifliche Individualvereinbarungen** unbestritten.[528] Bei **vortariflichen allgemeinen Arbeitsbedingungen** wollte die frühere Rspr. im Einklang mit der damals h.M. statt des Günstigkeitsprinzips das Ablösungsprinzip anwenden.[529] Traf eine kollektive arbeitsvertragliche Ordnung mit einer kollektivrechtlichen Ordnung zusammen, dann sollte nicht die günstigere, sondern die zeitlich spätere Regelung gelten. Die neuere Rspr.[530] und die h.L.[531] lehnen die Anwendung des Ablösungsprinzips ab, weil es weder eine gesetzliche Grundlage hat noch aus allgemeinen Rechtsüberlegungen ableitbar ist. Unanwendbar sind auch die Grundsätze über die Betriebsvereinbarungsoffenheit (s. § 16 Rn. 390). Der Tarifvertrag ist anders als die Betriebsvereinbarung nicht auf die Vereinheitlichung der Regelungsgegenstände im Betrieb gerichtet; er gilt nur für die Gewerkschaftsmitglieder.[532]

281

cc) Allgemeine Grundsätze des Günstigkeitsvergleichs

(1) Vorrang des Unabdingbarkeitsgrundsatzes. Zu vergleichen sind die Tarifnorm und die Regelung im Arbeitsvertrag; nicht zu berücksichtigen ist, ob der Arbeitnehmer zu tariflichen Bedingungen Arbeit finden würde. **Untertarifliche Arbeitsbedingungen sind stets ungünstiger**, und zwar auch dann, wenn der Arbeitgeber im Gegenzug eine Arbeitsplatzgarantie anbietet.[533] Bei einer anderen Sichtweise würde der Günstigkeitsvergleich und mit ihm die Tarifautonomie ausgehöhlt.[534]

282

(2) Individualvergleich. Das Günstigkeitsprinzip will den Vorrang der Individualautonomie vor der Kollektivautonomie sichern. Maßgebend ist deshalb, ob der einzelne Arbeitnehmer gegenüber dem Tarifvertrag begünstigt wird. Neuerdings wird vereinzelt ein **kollektiver Günstigkeitsvergleich** zumindest dann als zulässig

283

---

[526] BAG 22.8.1979, AP Nr. 11 zu § 4 TVG Übertariflicher Lohn und Tariflohnerhöhung.
[527] Insb. bei Bestehen einer Öffnungsklausel: BAG 26.4.1961, AP Nr. 5 zu § 4 TVG Effektivklausel.
[528] Statt aller Kempen/Zachert/*Schubert/Zachert*, § 4 TVG Rn. 377.
[529] BAG 4.2.1960, AP Nr. 7 zu § 4 TVG Günstigkeitsprinzip.
[530] BAG GS 16.9.1986, AP Nr. 17 zu § 77 BetrVG 1972.
[531] *Löwisch/Rieble*, § 4 TVG Rn. 548; Wiedemann/*Wank*, § 4 TVG Rn. 459.
[532] BAG 16.5.2018, NZA 2018, 1489.
[533] BAG 20.4.1999, AP Nr. 89 zu Art. 9 GG.
[534] Kempen/Zachert/*Zachert*, § 4 TVG Rn. 285; Wiedemann/*Wank*, § 4 TVG Rn. 475 ff.; a.A. *Adomeit*, NJW 1984, 26 f.

angesehen, wenn die Belegschaft als Ganze durch die Normen einer Betriebsvereinbarung gegenüber einem Tarifvertrag bessergestellt wird.[535]

284 **(3) Maßgebender Zeitpunkt.** Für den Günstigkeitsvergleich kommt es auf den Zeitpunkt an, zu dem Tarifnorm und abweichende Abmachung **erstmals konkurrieren**.[536] Nur wenn sich die Normen ändern, ist ein erneuter Günstigkeitsvergleich vorzunehmen.[537]

285 **(4) Non liquet.** Lässt sich nicht zweifelsfrei feststellen, dass die arbeitsvertragliche Regelung für den Arbeitnehmer günstiger ist – weil es sich um eine neutrale oder ambivalente Regelung handelt –, so bleibt es bei der tariflichen Regelung.[538]

286 **dd) Vergleichsgegenstand.** § 4 Abs. 3 TVG besagt nichts darüber, welche Arbeitsbedingungen in den Günstigkeitsvergleich einzubeziehen sind.

287 Nach allgemeiner Ansicht kommt ein **Gesamtvergleich** zwischen sämtlichen Bedingungen des Tarifvertrags und der anderen Abmachung **nicht in Betracht**. Ein solcher Vergleich ließe sich kaum durchführen, und die Arbeitsvertragsparteien hätten es in der Hand, tarifpolitische Ziele zu konterkarieren, indem sie missliebige Tarifnormen durch insgesamt gesehen günstigere Bedingungen kompensieren. **Unzulässig** ist auch ein **Vergleich einzelner Arbeitsbedingungen**, die **aus ihrem Regelungszusammenhang gerissen** werden. Das Günstigkeitsprinzip kann nicht im Sinne einer „Rosinentheorie" gehandhabt werden.

288 Der Günstigkeitsvergleich erfordert vielmehr einen **Sachgruppenvergleich**. Zu vergleichen sind die Bestimmungen, die offensichtlich in einem **sachlichen, inneren Zusammenhang zueinander stehen**. Ob ein solcher Zusammenhang besteht, bestimmen die Tarifvertragsparteien in freier Entscheidung. Haben sie nichts ausdrücklich geregelt, ist danach zu fragen, ob die Bestimmungen denselben Gegenstand betreffen. Ein Sachzusammenhang kann im allgemeinen bejaht werden, wenn die eine ohne die andere Regelung sinnlos oder nicht verständlich ist. Hilfsweise ist auf die Verkehrsanschauung abzustellen.[539]

Beispiele: Ein sachlicher Zusammenhang besteht zwischen der Arbeitszeit und dem Arbeitsentgelt,[540] der Dauer des Urlaubs, der Länge der Wartezeit und der Höhe des Urlaubsgelds, zwischen Grundlohn und Lohnzuschlägen sowie zwischen Stundenlohn und Auslö-

---

[535] *Löwisch/Rieble*, § 4 TVG Rn. 590 ff.; so bereits für das Verhältnis zwischen Betriebsvereinbarung und kollektiv gewährten Sozialleistungen auf individualvertraglicher Grundlage BAG GS 16.9.1986, AP Nr. 17 zu § 77 BetrVG.
[536] BAG 12.4.1972, AP Nr. 13 zu § 4 Günstigkeitsprinzip.
[537] *Löwisch/Rieble*, § 4 TVG Rn. 634.
[538] BAG 10.12.2014, NZA 2015, 947.
[539] BAG 24.5.1984, AP Nr. 9 zu § 339 BGB.
[540] BAG 22.8.2018, NZA 2019, 51; BAG 12.12.2018, NZA 2019, 543.

sung. Dagegen fehlt ein sachlicher Zusammenhang zwischen einer Urlaubs- und einer Vertragsstrafenregelung.

Für den Vergleich sind die abstrakten Regelungen und nicht das Ergebnis ihrer Anwendung im Einzelfall maßgebend.

ee) Vergleichsmaßstab. § 4 Abs. 3 TVG enthält auch keinen Maßstab für den Günstigkeitsvergleich. Nach allgemeiner Ansicht ist der Vergleichsmaßstab ein **objektiver**. Nicht entscheidend ist, ob die Arbeitsvertragsparteien ihre vom Tarifvertrag abweichende Regelung für günstiger halten, sondern wie ein verständiger Arbeitnehmer unter Berücksichtigung der Umstände im Einzelfall die abweichenden Bedingungen einschätzen würde.[541] 289

Eine im Vordringen befindliche Meinung will der Regelung den Vorzug geben, die dem Arbeitnehmer eine Wahlmöglichkeit einräumt.[542] 290

Beispiele: Nach dieser Ansicht ist eine arbeitsvertragliche Regelung günstiger, die dem Arbeitnehmer bei einer tariflichen Arbeitszeit von weniger als 40 Wochenstunden bei entsprechender Entlohnung die Möglichkeit bietet, über die tariflich festgelegte Wochenarbeitszeit hinaus tätig zu werden, wenn ihm das Recht eingeräumt ist, innerhalb angemessener Frist die tarifliche Regelung in Anspruch zu nehmen.[543] 291

Die neuere Lehre, der sich auch das BAG angeschlossen hat,[544] führt zu vernünftigen Ergebnissen. Sie ist aber nicht unproblematisch, weil das TVG von einem materiellen Günstigkeitsprinzip ausgeht. Dogmatisch nimmt diese Lehre eine teleologische Reduktion vor. Das Tarifrecht will den im allgemeinen schwächeren Arbeitnehmer schützen. Der Arbeitnehmer bedarf keines Schutzes, wenn es ihm gelingt, bessere Bedingungen zu erzielen. Keines Schutzes bedarf er auch, wenn zwei Bedingungen gleich gut sind, schon gar nicht, wenn er (jederzeit) zwischen ihnen wählen kann. Ungeklärt bleibt die Vorfrage, ob die Tarifvertragsparteien die Befugnis haben, zwingende neutrale Normen zu setzen. 292

d) „Anrechnung" über- und außertariflicher Leistungen auf Tariflohnerhöhungen

aa) Begriff. Übertarifliche Leistungen sind Leistungen des Arbeitgebers, die auf arbeitsvertraglicher Grundlage zusätzlich zu gleichartigen tariflichen Leistungen gewährt werden, außertarifliche sind Leistungen, die der Arbeitgeber auf arbeits- 293

---

[541] Kempen/Zachert/*Schubert/Zachert,* § 4 TVG Rn. 405; *Löwisch/Rieble,* § 4 TVG Rn. 626; Wiedemann/*Wank,* § 4 TVG Rn. 497.
[542] *Adomeit,* NJW 1984, 595; *Buchner,* DB 1990, 1715; *Fitting,* § 77 BetrVG Rn. 202; *Löwisch,* BB 1991, 59; *Richardi,* ZfA 1990, 211, 231.
[543] *Löwisch/Rieble,* § 4 TVG Rn. 557 m.w.N.
[544] BAG GS 7.11.1989, AP Nr. 46 zu § 77 BetrVG 1972.

vertraglicher Grundlage gewährt, ohne dass der Tarifvertrag eine gleichartige Leistung vorsieht.[545]

Beispiel: Eine übertarifliche Leistung ist eine Aufstockung des Tarifentgelts (sog. übertarifliche Zulage) oder der tariflichen Erschwerniszulage (5 % statt 3 % vom Tarifentgelt). Eine außertarifliche Leistung wäre dagegen ein Jubiläumsgeld, wenn der Tarifvertrag keine Leistungen anlässlich von Dienstjubiläen vorsieht.

294 **bb) Anrechnung.** Bei Tariferhöhungen stellt sich die Frage, ob übertarifliche Zulagen, bei Einführung sonstiger Leistungen, ob außertarifliche Leistungen angerechnet werden können. Die Antwort ergibt sich aus der Parteivereinbarung. Grundsätzlich ist davon auszugehen, dass der Arbeitgeber – für den Arbeitnehmer erkennbar – ein laufendes Entgelt, einen Zuschlag, eine Zulage oder eine Sonderzuwendung in einer bestimmten Höhe gewähren will, wobei ihm die Rechtsgrundlage gleichgültig ist. Zugesagt wird jeweils der Gesamtbetrag.[546] Ändert sich die tarifliche Leistung, dann ändert sich nur der tarifliche Anspruch, der arbeitsvertragliche bleibt unberührt. Die Rechtsprechung spricht in diesem Falle von einer **„Aufsaugung"** der übertariflichen Zulage, von einer „Anrechnung" oder „Verrechnung"[547] und lässt die Anrechnung selbst in Allgemeinen Arbeitsbedingungen auch ohne ausdrückliche Vereinbarung zu.[548]

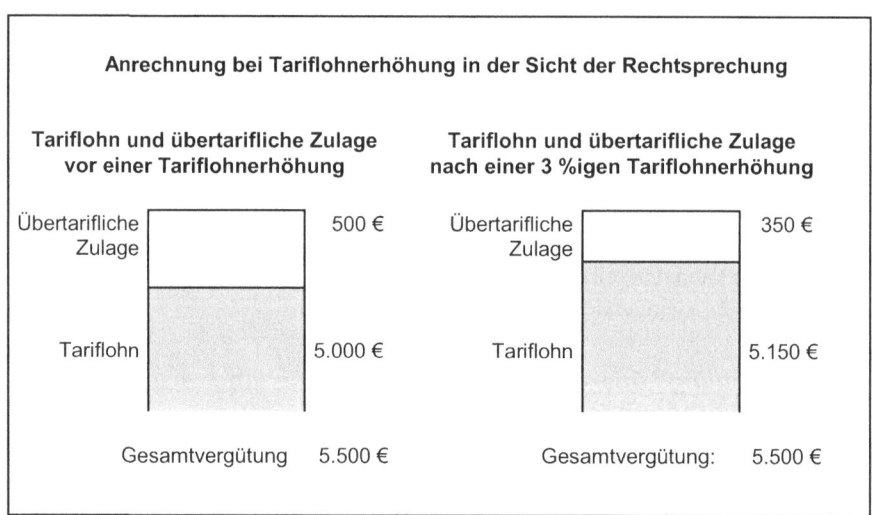

---
[545] BAG 7.2.2007, NZA 2007, 934, 936.
[546] Deshalb keine Anrechnung bei Verkürzung der Arbeitszeit mit vollem Lohnausgleich, BAG 7.2.1996, NZA 1996, 832; BAG 3.6.1998, NZA 1999, 208; BAG 15.3.2000, NZA 2001, 105.
[547] Vgl. z.B. BAG 10.12.1965, AP Nr. 1 zu § 4 TVG Tariflohn und Leistungsprämie; BAG 9.6.1967, AP Nr. 5 zu § 611 BGB Lohnzuschläge; BAG 6.9.1994, AP Nr. 45 zu § 242 BGB Betriebliche Übung; BAG 3.6.1998, NZA 1999, 208; BAG 15.3.2000, NZA 2001, 105.
[548] BAG 27.8.2007, NZA 2009, 49, 52.

Das Ergebnis ist richtig, das Bild schief. Am arbeitsvertraglichen Anspruch ändert sich nichts. Unterschiedlich vor und nach der Tariferhöhung sind nur die Beträge, in deren Höhe **Anspruchskonkurrenz** besteht.

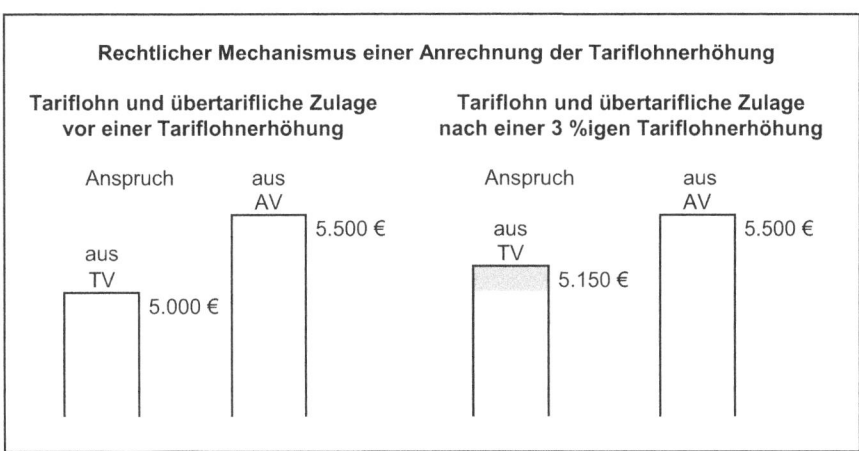

Nicht angerechnet werden dürfen Zulagen, die der Arbeitgeber ausdrücklich oder schlüssig zusätzlich zum jeweiligen Tarifentgelt zusagt. Diese Leistungen dienen nicht der bloßen Aufstockung eines als nicht ausreichend empfundenen Tarifentgelts; sie sollen vielmehr vom Tarifvertrag nicht berücksichtigte Umstände honorieren. Bei **tariffesten Leistungen** wird die Tariflohnerhöhung für den Arbeitnehmer voll wirksam: 295

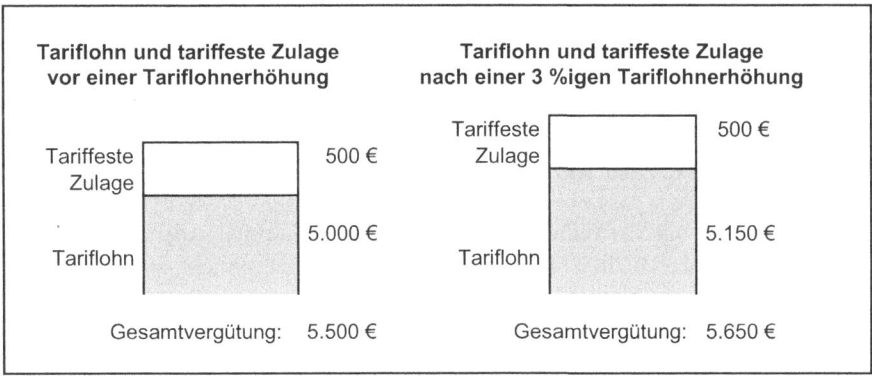

„Tariffeste" Leistungen wird man i.d.R. daran erkennen, dass sie eine eigene Bezeichnung haben (z.B. Schmutzzulage, Lärmzulage). Werden sie als „unbenannte" Zulagen gezahlt, ist auf den Grund für die Gewährung abzustellen. Auch wenn der Arbeitgeber anrechnen kann, ist er nicht völlig frei: In vielen Fällen hat der Betriebsrat mitzubestimmen (s. dazu § 16 Rn. 483 ff.). 296

e) Absicherung übertariflicher Leistungen im Tarifvertrag

297 In dem Bestreben, den Arbeitnehmern die Tariflohnerhöhung in voller Höhe zugute kommen zu lassen, haben die Gewerkschaften immer wieder versucht, die Anrechnung von über- oder außertariflichen Leistungen durch Effektiv-, Verdienstsicherungs- oder Besitzstandsklauseln zu verhindern.

298 **aa) Effektivklauseln** gibt es in der Form der Effektivgarantieklausel, auch allgemeine Effektivklausel genannt, und der begrenzten Effektivklauseln.

299 **(1) Allgemeine Effektivklauseln** sollen das Entgelt aus dem Arbeitsvertrag zum Tarifentgelt machen, das in der Zukunft um den tariflichen Erhöhungssatz wächst.

Formulierungsbeispiele: „Das augenblickliche Effektiveinkommen aller Arbeitnehmer wird tariflich garantiert" oder „Übertarifliche Zulagen sind dem Grundlohn hinzuzurechnen und gelten als Bestandteile des Tariflohns".

300 **(2) Begrenzte Effektivklauseln** wollen eine Aufstockung der Tariflohnerhöhung auf den Effektivlohn bewirken und damit eine Anrechnung auf übertarifliche Zulagen verhindern. Anders als bei der Effektivgarantieklausel wird die übertarifliche Zulage weiter kraft Arbeitsvertrags geschuldet, der Anspruch darauf soll aber durch den Tarifvertrag begründet werden.[549]

Formulierungsbeispiel: „Die Tariflohnerhöhung muss voll wirksam werden."

301 Effektivklauseln sind nach Ansicht des BAG unzulässig.[550] Sie widersprächen dem Gleichheitssatz (Art. 3 Abs. 1 GG) und dem Grundsatz, dass günstigere Arbeitsvertragsbedingungen der Regelung durch die Arbeitsvertragsparteien vorbehalten seien (§ 4 Abs. 1, 3 TVG), außerdem fehle es an der Schriftform (§ 1 Abs. 2 TVG). Aufgrund der Kritik aus dem Schrifttum[551] hat das BAG Zweifel an der Richtigkeit seiner Rechtsprechung geäußert,[552] geändert hat es sie bislang nicht.

302 **(3)** Unzulässig sind auch **Anrechnungs- oder Verrechnungsklauseln**. Mit ihnen soll erreicht werden, dass übertarifliche Entgelte entgegen der individualvertraglichen Absprache mit Tariflohnerhöhungen verrechnet werden, oder genauer: dass übertarifliche Zulagen im Umfang der Tariflohnerhöhung nicht mehr zusätzlich zum Tarifentgelt gezahlt werden.

Formulierungsbeispiele: „Die tarifliche Jahresleistung ist auf betriebliche Jahresleistungen anzurechnen" oder „Die Tariferhöhung ist kostenneutral durchzuführen."

---

[549] Zu diesem Widerspruch bereits *Nikisch*, BB 1956, 468.
[550] BAG 14.2.1968, 18.8.1971, AP Nr. 7, 8 zu § 4 TVG Effektivklausel; BAG 10.3.1982, AP Nr. 47 zu § 242 BGB Gleichbehandlung.
[551] Vgl. Kempen/Zachert/*Stein*, § 4 TVG Rn. 496 f.; Wiedemann/*Wank*, § 4 TVG Rn. 593 jeweils m.w.N.
[552] BAG 21.7.1993, AP Nr. 144 zu § 1 TVG Auslegung.

Anrechnungsklauseln verstoßen gegen das Günstigkeitsprinzip nach § 4 Abs. 3 **303**
TVG. Der Tarifvertrag kann keine Höchstlöhne festsetzen. Die günstigere Individualregelung bleibt infolgedessen bestehen.[553]

bb) Verdienstsicherungsklauseln sollen verhindern, dass Arbeitnehmer, die **304**
namentlich infolge Alters, Krankheit oder Rationalisierung versetzt werden, Einkommensminderungen hinnehmen müssen. Die Rechtsprechung sieht in solchen Bestimmungen keine Effektivklauseln, sondern lediglich eine Berechnungsgrundlage für die Verdienstsicherung.[554] Die vertraglich begründeten über- und außertariflichen Vergütungsbestandteile würden nicht in tarifliche Ansprüche umgewandelt. Die Gestaltungsmöglichkeiten der Arbeitsvertragsparteien blieben unberührt. Eine wirksame Änderung führe zu einer Änderung der Verdienstsicherung.

cc) Besitzstandsklauseln. Klauseln, wonach „bisherige günstigere Arbeitsbedingungen durch das Inkrafttreten der Tarifregelung nicht berührt werden" **305**
oder „aus Anlass dieses Tarifvertrags nicht verschlechtert werden dürfen", enthalten im Zweifel nur einen Verweis auf § 4 Abs. 3 TVG.[555] Die günstigeren Bedingungen sollen erhalten bleiben, aber nicht zu tariflichen Ansprüchen werden.

2. Tarifvertrag und Betriebsvereinbarung

Für das Verhältnis des Tarifvertrags zu betrieblichen kollektivrechtlichen Regelungen hat der Gesetzgeber einen anderen Weg gewählt. Arbeitsentgelte und sonstige Arbeitsbedingungen, die durch Tarifvertrag geregelt sind oder üblicherweise geregelt werden, können nicht Gegenstand einer Betriebsvereinbarung sein (§ 77 Abs. 3 S. 1 BetrVG). Tarifliche Regelungen sperren Betriebsvereinbarungen. Der Betriebsrat ist unzuständig, eine Betriebsvereinbarung schon deswegen und nicht erst wegen Verstoßes gegen den Tarifvertrag unwirksam. Es gilt nicht der Grundsatz des Tarifvorrangs, sondern der des Tarifvorbehalts. Das Günstigkeitsprinzip wird auf das Verhältnis zum Arbeitsvertrag beschränkt. § 77 Abs. 3 BetrVG ergänzt und überlagert also § 4 Abs. 3 TVG, zu Einzelheiten s. § 16 Rn. 364 ff. **306**

---

[553] BAG 18.8.1971, AP Nr. 8 zu § 4 TVG Effektivklausel.
[554] BAG 28.5.1980, AP Nr. 8 zu § 1 TVG Tarifverträge: Metallindustrie.
[555] BAG 11.8.1965, AP Nr. 9 zu § 4 TVG Übertariflicher Lohn und Tariflohnerhöhung.

VII. Ausschlussfristen

1. Grundsätze

307 Tarifliche Ausschlussfristen sind (rechtsvernichtende) Inhaltsnormen (§ 1 Abs. 1 TVG). Für sie gelten neben den allgemeinen Regeln (s. Band 1 § 7 Rn. 126 ff.) einige Besonderheiten.

a) Erfasste Rechte

308 Ausschlussfristen für die Geltendmachung tariflicher Rechte können nur im Tarifvertrag vereinbart werden (§ 4 Abs. 4 S. 3 TVG). Dasselbe gilt für die Verkürzung gesetzlicher und tariflicher Verjährungsfristen,[556] obwohl die Verjährung nicht zur Vernichtung des Anspruchs, sondern nur zu einem Leistungsverweigerungsrecht führt (§ 214 Abs. 1 BGB). Wirtschaftlich bedeutet das dasselbe. § 77 Abs. 4 S. 4 BetrVG, der die Verkürzung von Verjährungsfristen den Ausschlussfristen ausdrücklich gleichstellt, rechtfertigt keinen Umkehrschluss. Der Gesetzgeber wollte nur Unklarheiten beseitigen.[557]

309 Die Tarifvertragsparteien können trotz der Formulierung in § 4 Abs. 4 S. 3 TVG Ausschlussfristen nicht nur für tarifliche Rechte, sondern auch für Ansprüche aus Gesetz, Betriebsvereinbarung und Arbeitsvertrag vereinbaren. Die übliche Klausel, wonach sämtliche beiderseitigen Ansprüche aus dem Arbeitsverhältnis und solche, die mit dem Arbeitsverhältnis in Verbindung stehen, der Verfallfrist unterliegen („allgemeine Ausschlussklausel"), bezieht sich auf alle Ansprüche, gleichgültig, auf welcher Rechtsgrundlage, sofern nur ihr Entstehungsbereich im Arbeitsverhältnis liegt.[558]

310 Nicht unumstritten ist, ob die Tarifvertragsparteien Ausschlussfristen für Ansprüche aus zwingendem Gesetzesrecht vereinbaren können.[559] Das BAG bejaht.[560] Ausschlussfristen beschränken nicht das Recht, sondern nur die Dauer seiner Geltendmachung. Im übrigen beruhen gesetzliche Ansprüche im Arbeitsrecht nicht allein auf dem Gesetz, sondern auch auf dem durch das Gesetz gestalteten Arbeitsvertrag, und den könne der Tarifvertrag mit unmittelbarer und zwingender Wirkung regeln. Für vertragliche Ansprüche – einschließlich außer- und übertariflicher Leistungen – beruht die Befugnis, Verfallklauseln zu vereinbaren, auf § 4 Abs. 1 TVG, für Ansprüche aus einer Betriebsvereinbarung auf § 77 Abs. 4 S. 3 BetrVG.

---

[556] H.L., vgl. nur *Löwisch/Rieble*, § 4 TVG Rn. 724.
[557] Begr. RegE BetrVG 1972, BT-Drs. VI/1786, S. 47.
[558] BAG 26.2.1992, AP Nr. 18 zu § 46 BPersVG.
[559] Überblick über die krit. Stimmen bei Wiedemann/*Wank*, § 4 TVG Rn. 845 ff.
[560] St. Rspr. seit BAG 23.11.1954, AP Nr. 1 zu § 4 TVG Ausschlussfristen.

b) Länge der Frist

Im allgemeinen sehen Tarifverträge Ausschlussfristen von ein bis maximal sechs Monaten Dauer vor. Die Beschränkung auf Ausschlussfristen von drei Monaten, die die Rechtsprechung für Verfallklauseln in Allgemeinen Arbeitsbedingungen vornimmt, gilt für Tarifverträge nicht (§ 310 Abs. 4 S. 1 BGB). Aufgrund der Gleichgewichtigkeit (s. § 12 Rn. 24) ist davon auszugehen, dass die Tarifvertragsparteien selbst für angemessene Arbeitsbedingungen sorgen. Nichtig sind nur Ausschlussfristen, die dem Arbeitnehmer keine effektive Geltendmachung seines Anspruchs erlauben (§ 138 BGB). **311**

2. Geltendmachung

Nach dem Tarifvertrag bestimmt sich, wem gegenüber (Personalabteilung, Vorgesetzter) und in welcher Form (durch Telefax, schriftlich, gerichtlich) Ansprüche fristwahrend geltend zu machen sind. Nicht ausreichend ist die Geltendmachung gegenüber dem Betriebs- oder Personalrat.[561] Ein Mitglied des Betriebsrats kann einen Arbeitnehmer aber in seiner Eigenschaft als Arbeitnehmer gegenüber dem Arbeitgeber vertreten. Ausreichend ist die gerichtliche Geltendmachung, weil das Gericht der anderen Partei die Klageschrift zustellt. Zur Fristwahrung genügt es allerdings nicht, dass das Anspruchsschreiben vor Ablauf der Frist bei Gericht eingegangen ist und dem Anspruchsgegner ggf. später zugestellt wird. Entscheidend ist der Zugang beim Anspruchsgegner selbst. § 167 ZPO findet für die Wahrung einer einfachen tariflichen Ausschlussfrist bei der außergerichtlichen Geltendmachung keine Anwendung.[562] **312**

Der Tarifvertrag regelt auch, ob es sich um eine einstufige oder eine zweistufige Ausschlussfrist handelt, ob Geltendmachung gegenüber dem Arbeitnehmer innerhalb der tariflichen Frist also genügt oder ob der Anspruch innerhalb einer weiteren, im Tarifvertrag vorgesehenen Frist eingeklagt werden muss.[563] **313**

---

[561] BAG 10.1.1974, AP Nr. 54 zu § 4 TVG Ausschlussfristen.
[562] BAG 16.3.2016, AP Nr. 208 zu § 4 TVG Ausschlussfristen.
[563] Zu den Grenzen der Gestaltungsfreiheit bei zweistufigen Ausschlussfristen unter dem Gesichtspunkt effektiven Rechtsschutzes (Art. 2 Abs. 1 GG i.V.m. Art. 20 Abs. 3 GG), vgl. BVerfG 1.12.2010, NZA 2011, 354.

§ 14 Arbeitskampfrecht

I. Grundlagen

1. Gegenstand und Aufgabe des Arbeitskampfrechts

Gegenstand des Arbeitskampfrechts sind Zulässigkeit und Rechtsfolgen kollektiver Maßnahmen von Seiten der Arbeitnehmer oder der Arbeitgeber, mit denen diese das Arbeitsverhältnis zu stören versuchen, um bestimmte Ziele zu erreichen. Arbeitskämpfe müssen in einem freiheitlichen Tarifvertragssystem zum Ausgleich von Interessenkonflikten als ultima ratio zulässig sein. Sie sichern die Tarifautonomie, um derentwillen sie gewährleistet sind.[1] Die Grenzziehung zwischen rechtmäßigen und rechtswidrigen Arbeitskämpfen ist lebhaft umstritten und auch deshalb schwierig, weil die tatsächlichen Erscheinungsformen vielgestaltig sind und einem ständigen Wandel unterliegen. Eine gesetzliche Regelung fehlt.

2. Rechtstatsachen

In der Bundesrepublik Deutschland sind Arbeitskämpfe verhältnismäßig selten, und sie dauern i.d.R. nicht allzu lange. Die Zahl der durch Arbeitskämpfe ausgefallenen Arbeitstage schwankte 1951 bis 2018 zwischen rund 11.000 im Jahre 2000 und rund 6,4 Mio. im Jahre 1984. Die Zahl der beteiligten Arbeitnehmer war 1998 mit rund 4.000 am niedrigsten und 1955, 1992 und 2018 mit 600.000 bis knapp 700.000 am höchsten. Die geringsten Ausfallquoten gab es 1964, 1966, 1968, 1977, 1982, 1998, 2000, 2001, 2005 und 2010 mit weniger als einem Arbeitstag je 1.000 Arbeitnehmer, die höchsten 1971, 1978 und 1984 mit durchschnittlich 217, 207 und 269 Tagen. In jüngerer Zeit erregten vor allem Arbeitskämpfe von Berufsgewerkschaften im Bereich der Daseinsvorsorge (Bahn, Luftfahrt, Gesundheitswesen) Aufsehen; sie gaben den Anstoß zu dem Tarifeinheitsgesetz (§ 4a TVG). Streiks werden jetzt häufig in Form von Schwerpunktstreiks geführt, auf die die Arbeitgeber teilweise mit Aussperrungen antworten. Eine Angriffsaussperrung hat es seit Bestehen der Bundesrepublik nicht gegeben.[2]

---

[1] BAG GS 21.4.1971, AP Nr. 43 zu Art. 9 GG Arbeitskampf.
[2] Zahlenmaterial aus BMA, Statistisches Taschenbuch; WSI Statistisches Taschenbuch Tarifpolitik 2019, Tab. 4.2, abweichend Tab. 4.3.; zur Geschichte vgl. auch *Gamillscheg*, KollArbR I, § 20 I 2 und *Kittner*, Arbeitskampf, Geschichte. Recht. Gegenwart, 2005, S. 647 ff.

§ 14 Arbeitskampfrecht

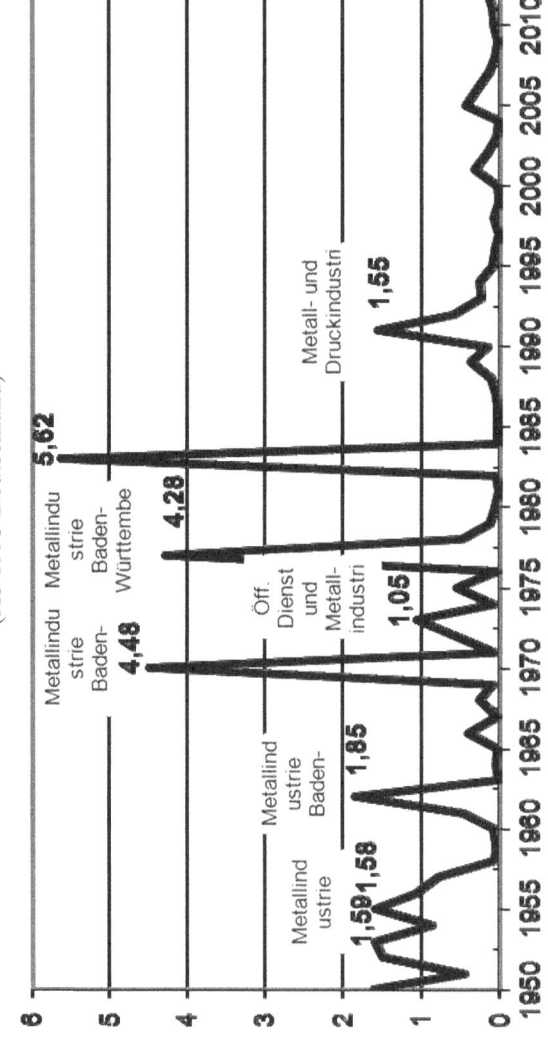

I. Grundlagen

Im Ausland sind Arbeitskämpfe teilweise wesentlich häufiger und dauern länger als in Deutschland. Zwischen 2008 und 2017 sind im Jahresdurchschnitt durch Arbeitskampf je 1.000 abhängig Beschäftigte folgende Arbeitstage verloren gegangen: Schweiz 1, Österreich 2, Polen 4, Schweden und USA je 5, Deutschland 6, Niederlande 12, Großbritannien 21, Finnland 37, Norwegen 55, Spanien 57, Kanada 76, Belgien 88, Dänemark 116, Frankreich 118.[3] Insgesamt nahm die Kampfbereitschaft in den letzten Jahren ab. Das dürfte nicht nur mit der Lage auf dem Arbeitsmarkt zusammenhängen, sondern auch mit der Änderung der Tätigkeiten. Die Zahl der eher kampfbereiten Industriearbeiter geht weltweit zugunsten der Angestellten vor allem im Dienstleistungsbereich zurück.

3

3. Rechtsgrundlagen

a) Innerstaatliches Recht

aa) Grundgesetz. Das Grundgesetz enthält keine ausdrückliche Garantie des Arbeitskampfs. Der Parlamentarische Rat hatte ursprünglich beabsichtigt, die Rechtmäßigkeit von Streik und Aussperrung im Grundgesetz selbst zu regeln. Man konnte sich aber nicht auf die Formulierung einigen. Zudem bestand die Gefahr einer Überfrachtung der Verfassungsnorm mit umfangreicher Kasuistik.[4] 1968 wurde im Zuge der **Notstandsgesetzgebung** Art. 9 Abs. 3 S. 3 in das Grundgesetz eingefügt, durch den der Arbeitskampf als eine im Notstandsfall geschützte Einrichtung anerkannt wird. Ob Art. 9 Abs. 3 S. 3 GG eine generelle Garantie für Arbeitskämpfe zu entnehmen ist, ist umstritten.[5] Rechtsprechung[6] und Lehre[7] leiten die verfassungsrechtliche Gewährleistung des Arbeitskampfs aus seiner Hilfsfunktion für ein freiheitliches Tarifvertragssystem her. Dieses steht als Teil der ausdrücklich von Art. 9 Abs. 3 GG gewährleisteten Koalitionsfreiheit selbst unter dem Schutz der Verfassung. Geschützt ist der Arbeitskampf aber nur in Gestalt einer Einrichtungsgarantie. Die nähere Ausgestaltung obliegt Gesetzgeber und Rechtsprechung.[8]

4

bb) Verfassungen der Länder. Im Unterschied zum GG enthalten die Verfassungen einiger Bundesländer ausdrückliche Vorschriften über den **Arbeitskampf**.[9] Art. 29 Abs. 5 der Hessischen Verfassung erklärt die **Aussperrung** für rechtswid-

5

---

[3] WSI Statistisches Taschenbuch Tarifpolitik 2019, Tab. 4.4.
[4] *Brox/Rüthers*, Arbeitskampfrecht, Rn. 80 m.w.N.
[5] Vgl. nur *Gamillscheg*, KollArbR I, § 20 III 2 e m.w.N.
[6] Grundl. BAG GS 21.4.1971, AP Nr. 43 zu Art. 9 GG Arbeitskampf; BVerfGE 84, 212.
[7] *Gamillscheg*, KollArbR I, § 20 III 2 d m.w.N.
[8] BVerfGE 84, 212; 88, 103; 92, 365; 94, 268.
[9] Berlin (Art. 27 Abs. 2), Brandenburg (Art. 51 Abs. 2 S. 3), Bremen (Art. 51 Abs. 3), Hessen (Art. 29 Abs. 4), Rheinland-Pfalz (Art. 66 Abs. 2), Saarland (Art. 56 S. 2) und Thüringen (Art. 37 Abs. 2).

rig. Diese Norm verstößt gegen höherrangiges Bundesrecht.[10] Zum Bundesrecht gehört auch die höchstrichterliche Rechtsprechung, die die Aussperrung als zulässige Arbeitskampfmaßnahme anerkennt. Trotz der unterschiedlichen Verfassungsbestimmungen gilt in ganz Deutschland ein einheitliches Arbeitskampfrecht. Landesrecht, das zum Nachteil eines Grundrechtsträgers von Art. 9 Abs. 3 GG und den daraus hergeleiteten Grundsätzen des Arbeitskampfrechts abweicht, ist nach Art. 20 Abs. 1, 28 Abs. 1, 31 GG unwirksam.[11]

6 **cc) Einfache Gesetze.** Eine Reihe einfachrechtlicher Vorschriften behandelt arbeitskampfrechtliche Fragen.

Beispiele: § 74 Abs. 2 BetrVG, § 66 Abs. 2 BPersVG (Kampfverbot im Bereich von Betriebsverfassung und Personalvertretung), § 25 KSchG (keine Anwendung des KSchG auf Arbeitskampfmaßnahmen), § 2 Abs. 1 Nr. 2 ArbGG (Zuständigkeit der Arbeitsgerichte für Streitigkeiten aus Kampfhandlungen), § 160 SGB III (Neutralitätspflicht der Bundesagentur für Arbeit), § 91 Abs. 6 SGB IX (Wiedereinstellungsanspruch Schwerbehinderter), § 11 Abs. 5 AÜG (Leistungsverweigerungsrecht des Leiharbeitnehmers).

7 Diese Vorschriften lassen auf den Willen des einfachrechtlichen Gesetzgebers schließen, dass zumindest tarifvertragsbezogene Arbeitskämpfe zulässig sein sollen. Nicht gesetzlich geregelt sind allerdings die Voraussetzungen, unter denen Arbeitskämpfe geführt werden dürfen.

8 **dd) Tarifliche Regelungen.** Art. 9 Abs. 3 GG gibt den Koalitionen das Recht, Vereinbarungen über die Austragung ihrer Interessengegensätze zu treffen. Die Rechtsprechung[12] hat ihnen sogar mehrfach den Abschluss solcher Regelungen nahegelegt. Darüber hinaus hat sie ihre eigenen Arbeitskampfregeln für tarifdispositiv erklärt. Nicht abdingbar ist der Grundsatz der Verhältnismäßigkeit. Die Tarifvertragsparteien dürfen dieses Prinzip lediglich konkretisieren.[13] Von der Möglichkeit, Arbeitskampfrecht durch Tarifvertrag zu schaffen, haben die Tarifvertragsparteien in unterschiedlicher Weise Gebrauch gemacht. Gesamtregelungen fehlen. Üblich sind Vereinbarungen zur Friedenspflicht, zum Schlichtungsverfahren und zu Notdienstarbeiten. Vielfach werden nach der Beendigung von Arbeitskämpfen Maßregelungsverbote und Wiedereinstellungsklauseln vereinbart.

9 **ee) Satzungsrecht.** Zu den Quellen des Arbeitskampfrechts zählen auch die Arbeitskampfrichtlinien von Gewerkschaften und Arbeitgeberverbänden. Satzungsrecht wirkt aber nur für und gegen die Verbandsmitglieder. Werden also

---

[10] BAG 26.4.1988, AP Nr. 101 zu Art. 9 GG Arbeitskampf.
[11] BAG 10.6.1980, 26.4.1988, AP Nr. 64, 101 zu Art. 9 GG Arbeitskampf; in der Lit. umstritten, vgl. *Brox/Rüthers*, Arbeitskampfrecht, Rn. 122; Schaub/*Treber*, ArbR-Hdb., § 191 Rn. 22.
[12] BAG GS 21.4.1971, AP Nr. 43 zu Art. 9 GG Arbeitskampf.
[13] *Otto*, Arbeitskampfrecht, § 3 Rn. 8, 10.

I. Grundlagen

beispielsweise die Satzungsbestimmungen über eine Urabstimmung nicht eingehalten, so macht das einen Arbeitskampf nicht rechtswidrig.

ff) „Richterrecht". Das Arbeitskampfrecht ist weitgehend „Richterrecht".[14] Das BAG wurde zum „Ersatzgesetzgeber", „der Richter ist der wahre Herr des Arbeitsrechts".[15] Das ist richtig und falsch zugleich. Richtig insofern, als damit trefflich der tatsächliche Zustand im Arbeitskampfrecht gekennzeichnet ist. Mangels einschlägiger Rechtsnormen richten Praxis und Instanzgerichte ihr Verhalten natürlich an der – vor allem ständigen – Rechtsprechung von BAG, BVerfG, EuGH und dem Europäischen Gerichtshof für Menschenrechte (EGMR) aus. Falsch, weil auch die Entscheidungen der Arbeitsgerichte Rechtsanwendung im Einzelfall bleiben. Sie sind keine Rechtsquelle, auch keine Präjudizien; die Gerichte können ihre Ansicht im Rahmen von Rechtssicherheit und Vertrauensschutz wieder ändern, sofern aus dem „Richterrecht" nicht ausnahmsweise Gewohnheitsrecht geworden ist.[16] Nach dem Wesentlichkeitsgrundsatz hätte an sich der Gesetzgeber tätig werden müssen. Das BVerfG hat das Vorgehen der Rechtsprechung nur deshalb gebilligt, weil der staatliche Justizgewährleistungsanspruch die Gerichte verpflichtet, die an sie herangetragenen Fälle zu entscheiden.[17]

10

b) Internationales und supranationales Recht

aa) Europäische Sozialcharta. Art. 6 Nr. 4 in Teil II der Europäischen Sozialcharta (ESC) erkennt das Recht der Arbeitnehmer und der Arbeitgeber auf Arbeitskampfmaßnahmen bei Interessenkonflikten an. Garantiert sind sowohl der Streik als auch die Aussperrung. Die ESC enthält jedoch nach h.M. nur völkerrechtliche Verpflichtungen Deutschlands, nicht aber unmittelbar anwendbares innerstaatliches Recht.[18] Allerdings müssen die Gerichte die ESC beachten, wenn sie die im Gesetzesrecht bezüglich der Ordnung des Arbeitskampfs bestehenden Lücken anhand von Wertentscheidungen der Verfassung ausfüllen.[19] Bei einer Begrenzung des Streikrechts dürfen sie nur solche Grundsätze aufstellen, die nach Teil III Art. 31 Abs. 1 ESC zulässig sind. Eine Einschränkung des Streikrechts kommt danach nur in Betracht, wenn es „in einer demokratischen Gesellschaft zum Schutz der Rechte und Freiheiten anderer oder zum Schutz der öffentlichen Sicherheit und Ordnung, der Sicherheit des Staats, der Volksgesundheit und der Sittlichkeit notwendig ist." Ferner kann das Streikrecht durch die tarifvertragliche Friedenspflicht beschränkt werden, weil es sich dabei um eine Verpflichtung aus

11

---

[14] Zur Entwicklung *Konzen*, 50 Jahre BAG, 2004, 515 ff.; *Otto*, RdA 2010, 135 ff.
[15] *Gamillscheg*, AcP 164 (1964), 445.
[16] Zu Vorstehendem ausführlich *Kissel*, Arbeitskampfrecht, § 21 Rn. 1 ff.
[17] BVerfG 26.6.1991, NZA 1991, 809; BVerfG 26.3.2014, NZA 2014, 493.
[18] BAG 10.6.1980, 5.3.1985, AP Nr. 65, 85 zu Art. 9 GG Arbeitskampf; *Zöllner/Loritz/Hergenröder*, Arbeitsrecht, § 10 IV 25.
[19] BAG 12.9.1984, NZA 1984, 393; BAG 10.12.2002, NZA 2003, 734.

einem Gesamtarbeitsvertrag i.S.d. Art. 6 Nr. 4 ESC handelt.[20] Nicht mehr mit den Garantien des Art. 6 Abs. 4 ESC vereinbar soll allerdings das Verbot aller Streiks sein, die nicht auf den Abschluss eines Tarifvertrags gerichtet sind oder nicht von einer Gewerkschaft ausgerufen oder übernommen wurden.[21] Zulässig sei aber das Verbot, Tarifverträge mit rechtswidrigem Inhalt zu erstreiken, da es sich um eine Begrenzung des Streikrechts i.S.d. Art. 31 ESC handele.[22] Auch die Beschränkung des Arbeitskampfrechts durch den Grundsatz der Verhältnismäßigkeit ist durch Art. 31 ESC gedeckt.[23]

12 bb) UN-Menschenrechtskonvention und IAO-Übereinkommen. Art. 23 Abs. 4 UN-Menschenrechtskonvention garantiert die Koalitionsfreiheit. Art. 2, 10 des Übereinkommens Nr. 87 der Internationalen Arbeitsorganisation vom 9.7.1948 erlaubt Arbeitnehmern und Arbeitgebern, ohne vorherige Genehmigung Organisationen ihrer Wahl zu gründen. Da beide Regelungen kein unmittelbar anwendbares innerstaatliches Recht enthalten,[24] mag dahinstehen, ob sie mittelbar den Arbeitskampf anerkennen.

13 cc) Europäische Menschenrechtskonvention. Unmittelbar geltendes Recht (im Range eines einfachen Gesetzes) enthält die Europäische Konvention zum Schutz der Menschenrechte und Grundfreiheiten vom 4.11.1950. Nach Art. 11 Abs. 1 EMRK haben alle Menschen das Recht, sich friedlich zu versammeln und frei mit anderen zusammenzuschließen sowie zum Schutz ihrer Interessen Gewerkschaften zu bilden und ihnen beizutreten. Dieses Recht, das auch die Arbeitskampffreiheit umfasst, geht nicht über die Gewährleistung von Art. 9 Abs. 3 GG hinaus.[25]

13a dd) Auf der Ebene der Europäischen Union garantiert Art. 28 der Charta der Grundrechte der Europäischen Union (GRC) Arbeitnehmern und Arbeitgebern sowie ihren jeweiligen Organisationen das Recht, Tarifverträge auf den geeigneten Ebenen auszuhandeln und abzuschließen sowie bei Interessenkonflikten kollektive Maßnahmen zur Verteidigung ihrer Interessen, einschließlich Streiks, zu ergreifen. Sie gehört zwar zum verbindlichen Primärrecht der EU (Art. 6 Abs. 1 EUV) und ist von deren Organen und den Mitgliedstaaten zu beachten, wenn sie Unionsrecht durchführen (Art. 51 Abs. 1 S. 1 GRC). Die GRC gilt aber nur im Rahmen der bestehenden Kompetenzen der EU (Art. 51 Abs. 2 GRC), die ihr für das Streik- und Aussperrungsrecht gerade entzogen sind (Art. 153 Abs. 5 AEUV). Folgerichtig bestimmt Art. 28 GRC, dass das Recht auf Kollektivverhandlungen und Kollektivmaßnahmen „nach den einzelstaatlichen Rechtsvorschriften und Gepflogenhei-

---

[20] BAG 10.12.2002, NZA 2003, 734.
[21] Regierungsausschuss der ESC, Bericht an das Ministerkomitee des Europarats, Ziff. 82, AuR 1998, 154 ff.; ihm folgend BAG 19.6.2007, NZA 2007, 1055.
[22] BAG 10.12.2002, NZA 2003, 734.
[23] BAG 19.6.2007, NZA 2007, 1055.
[24] Schaub/*Treber*, ArbR-Hdb., § 191 Rn. 31 f.
[25] BAG 10.6.1980, AP Nr. 65 zu Art. 9 GG Arbeitskampf.

ten" gewährt wird. Unionsrechtliche Relevanz erhält Art. 28 GRC als Schranke der im AEUV geregelten Grundfreiheiten, wie etwa der Niederlassungsfreiheit (Art. 49 AEUV), zu der auch das Recht gehört, einen Firmensitz ins EU-Ausland zu verlagern. Wird daher ein Unternehmen am Wegzug durch einen Arbeitskampf gehindert, müssen Streikrecht und Wegzugsfreiheit gegeneinander abgewogen und in ein Verhältnis praktischer Konkordanz gebracht werden.[26]

---

[26] EuGH 11.12.2007, NZA 2008, 124 - Viking.

Arbeitskampf

Parteien	Teilnehmer	Mittel	Ziele
Partei eines Arbeitskampfes kann nur sein, wer tariffähig ist: – Arbeitgeber – Arbeitgeberverband – Gewerkschaft.	Teilnahmeberechtigt sind alle organisierten und nicht organisierten Arbeitnehmer im Kampfgebiet einschließlich – AT-Angestellte – Angestellte und Arbeiter im öffentlichen Dienst – Arbeitnehmer mit Sonderkündigungsschutz – Auszubildende (str.). Nicht teilnahmeberechtigt sind: – Beamte – Richter – Soldaten – Arbeitnehmer im Notdienst. Im kirchlichen Bereich sind Arbeitskämpfe zulässig, wenn der kirchliche Arbeitgeber die Arbeitsverhältnisse dem staatlichen Arbeitsrecht unterstellt, unzulässig, wenn die Arbeitsbedingungen durch paritätisch besetzte Kommissionen festgesetzt werden.	Kampfmittel ist jede kollektive Maßnahme zur Störung der Arbeitsbeziehungen. Zulässig sind Kampfmittel nur, wenn sie die von der Rechtsprechung aufgestellten Voraussetzungen erfüllen. Auf Arbeitnehmerseite kommen in Betracht: – Streik – Nichtleistung von Arbeit – Schlechtleistung (einschl. Dienst nach Vorschrift) – Massenänderungskündigung – Boykott, Flashmob (str.) Auf Arbeitgeberseite kommen in Betracht: – (suspendierende und lösende) Aussperrung – Betriebs(teil)stilllegung – Streikprämien – Boykott. Generell unzulässig sind Betriebsbesetzungen und Betriebsblockaden.	Zulässig sind grundsätzlich nur auf Abschluss, Änderung oder Beseitigung von Tarifverträgen sowie auf Abwehr von rechtswidrigen Arbeitskämpfen gerichtete Arbeitskämpfe. Zulässig sind auch der Sympathiebzw. Unterstützungsstreik (sehr str.) sowie der Partizipationsstreik (str.). Unzulässig sind insbesondere der – politische Arbeitskampf – Generalstreik (Ausnahme: Widerstand nach Art. 20 IV GG) – Demonstrationsstreik – Kampf um die Durchsetzung bereits bestehender Ansprüche.

I. Grundlagen

4. Begriff des Arbeitskampfs

a) Definition

Der Arbeitskampf ist nicht gesetzlich definiert. In der Literatur wird eine Vielzahl von Begriffsbestimmungen angeboten. Eine weite Definition hat den Vorteil, dass die Entscheidung über Rechtmäßigkeit oder Rechtswidrigkeit nicht gegen den allgemeinen Sprachgebrauch über den Begriff erfolgt. Üblicherweise wird der Arbeitskampf umschrieben als **kollektive Maßnahme der Arbeitgeber- oder Arbeitnehmerseite zur Störung der Arbeitsbeziehungen, um ein bestimmtes Ziel zu erreichen.**[27]

aa) Kampfparteien. Parteien des Arbeitskampfs können nur Arbeitnehmer oder Arbeitgeber und deren Organisationen sein. Störungen, die von Lieferanten, Kunden oder Konkurrenten bewirkt werden, sind keine Arbeitskampfmaßnahmen. I.d.R. stehen im Arbeitskampf **Arbeitgeberverbände** und **Gewerkschaften** einander gegenüber. Begriffsnotwendig ist dies jedoch nicht. Auch einzelne **Arbeitgeber** oder **organisierte Gruppen von Arbeitnehmern**, die bewusst und gewollt gemeinsam handeln, können Kampfparteien sein.

bb) Kampfmittel. Kampfmittel ist **jede kollektive Maßnahme** zur Störung der Arbeitsbeziehungen. Zu den Kampfmaßnahmen gehören vor allem die **Nicht- oder Schlechtleistung** und die **Nichtannahme der Leistung**. Auch ein bloßer **wirtschaftlicher oder psychischer Druck** (Zahlung einer Streikprämie, Betriebsblockade, Flashmob) wird als Kampfmittel angesehen, sofern dadurch die Arbeitsbeziehungen gestört werden.

Es gibt **keinen numerus clausus zulässiger Kampfmittel.**[28] Die Koalitionen sollen beim Abschluss von Tarifverträgen frei sein. Dazu müssen sie die Mittel, die sie zur Erreichung dieses Ziels einsetzen, selbst wählen können.[29] Außer Streik und Aussperrung können also weitere Kampfmittel verwendet werden (s. unten Rn. 68 ff.). Dabei müssen aber die allgemeinen, für sämtliche Arbeitskampfmaßnahmen geltenden Voraussetzungen (s. unten Rn. 24 ff.) eingehalten werden, vor allem der Grundsatz der Verhältnismäßigkeit.[30] **Verfassungsrechtlich anerkannte Arbeitskampfmaßnahmen** sind jedenfalls der **Streik**[31] und die **Aussperrung**, zumindest als Abwehraussperrung.[32] Das Streikrecht umfasst auch Vorbereitungs-

14

15

16

17

---

[27] Vgl. *Zöllner/Loritz/Hergenröder*, Arbeitsrecht, § 43 II 3.
[28] BVerfGE 84, 212, 230.
[29] BVerfGE 88, 103, 114; 92, 365, 393; 94, 268, 283.
[30] BVerfGE 84, 212, 225; 88, 103, 114.
[31] BVerfGE 88, 103, 114; 92, 365, 394.
[32] BVerfGE 84, 212, 225.

und Mobilisierungsmaßnahmen einschließlich des Versuchs, arbeitswillige Arbeitnehmer durch gütliches Zureden und Appell an die Solidarität zur Teilnahme zu bewegen, nicht jedoch die Inanspruchnahme der Infrastruktur des Arbeitgebers.[33]

18 cc) **Kampfziel.** Kampfziel ist i.d.R. der Abschluss eines Tarifvertrags zu geänderten Bedingungen. Das braucht aber nicht zu sein. Von einem Arbeitskampf spricht man auch dann, wenn ein anderes (z.B. politisches) Ziel angestrebt wird. Freilich hält die h.M. Arbeitskämpfe, die nicht zur Erreichung tariflicher Ziele geführt werden, für unzulässig.[34] Der Arbeitskampf wird wegen seiner Hilfsfunktion für die Tarifautonomie gewährleistet.[35] Diese Funktion begrenzt zugleich seine Zulässigkeit.

b) Abgrenzung zu anderen kollektiven Erscheinungen

19 aa) **Kollektive Ausübung von Zurückbehaltungsrechten.** Mit dem Arbeitskampf sollen kollektive Arbeitsbedingungen für die Zukunft erzwungen werden. Der Arbeitskampf dient der Beilegung einer **Regelungsstreitigkeit.** Bei der kollektiven Ausübung von Leistungsverweigerungsrechten (Zurückbehaltungsrechten) geht es nicht um eine Regelung, sondern um die **Durchsetzung von Rechtsansprüchen**.

Beispiel für Regelungsstreit: Auseinandersetzung um eine Lohnerhöhung oder eine Arbeitszeitregelung; für Rechtsstreit: Streit um rückständiges Entgelt oder um die Einhaltung von Arbeitszeitbestimmungen.

20 Die kollektive Ausübung von Zurückbehaltungsrechten ist nach der Rechtsprechung nur zulässig, wenn die Arbeitnehmer unmissverständlich zum Ausdruck bringen, dass sie (kollektiv) einen ihnen bereits zustehenden Rechtsanspruch geltend machen und nicht eine Änderung bestehender Arbeitsbedingungen erzwingen wollen.[36]

21 bb) **Massenkündigungen.** Darunter versteht man Kündigungen, die von Arbeitnehmern oder Arbeitgebern planmäßig und organisiert ausgesprochen werden, um ein bestimmtes Ziel zu erreichen. Massenkündigungen sind als Beendigungs- und als Änderungskündigungen denkbar. Die Rechtsprechung wertet nur die von der **Arbeitnehmerseite** gleichlautend und organisiert erklärten Kündigungen als Arbeitskampfmaßnahme,[37] nicht die der **Arbeitgeberseite**.[38] Teile der Lehre behan-

---

[33] Zu einer Ausnahme BAG 20.11.2018, NZA 2019, 402; *Rudkowski*, RdA 2019, 308 ff..
[34] BAG 26.10.1971, 27.6.1989, AP Nr. 44, 113 zu Art. 9 GG Arbeitskampf; *Gamillscheg*, KollArbR I, § 20 III 2 d; MünchArbR/*Ricken*, § 272 Rn. 38.
[35] BVerfGE 84, 212; BAG 10.6.1980, 21.1.1988, AP Nr. 64, 90 zu Art. 9 GG Arbeitskampf.
[36] BAG 20.12.1963, AP Nr. 32 zu Art. 9 GG Arbeitskampf.
[37] BAG 28.4.1966, AP Nr. 37 zu Art. 9 GG Arbeitskampf.
[38] BAG 28.1.1955, 3.9.1968, AP Nr. 1, 39 zu Art. 9 GG Arbeitskampf.

deln jede Massenkündigung als Arbeitskampfmaßnahme.[39] Andere sehen in ihr rein individualrechtliche Erscheinungen, auf die die Grundsätze des Arbeitskampfrechts keine Anwendung finden;[40] eine Maßnahme, die individualrechtlich erlaubt sei, könne nicht dadurch rechtswidrig werden, dass hiervon kollektiv Gebrauch gemacht wird. Die differenzierende Lösung der Rechtsprechung verdient den Vorzug: Den Arbeitnehmern steht zur Regelung kollektiver Angelegenheiten immer das Mittel des Tarifvertrags zur Verfügung. Der Arbeitgeber kann kollektive individualrechtliche Regelungen nur individualrechtlich ändern. Im Arbeitsvertrag zugesagte Leistungen können nicht durch Tarifvertrag abgebaut werden (§ 4 Abs. 3 TVG).

5. Arten des Arbeitskampfs

Arbeitskämpfe erscheinen in vielfältigen Formen. Sie lassen sich nach unterschiedlichen Kriterien einteilen.[41]   22

nach dem Ziel und dem Adressaten	nach der zeitlichen Dauer	nach der Zahl der Teilnehmer	nach der Rolle als Angreifer	nach der verbandlichen Organisation
– tarifvertragsbezogener Arbeitskampf – politischer Arbeitskampf – Demonstrationsarbeitskampf – Hauptarbeitskampf – Sympathiearbeitskampf	– Erzwingungsarbeitskampf – Warn- oder Kurzarbeitskampf	– General-, Voll-, Teil-, Schwerpunktstreik – General-, Voll-, Teil-, Schwerpunktaussperrung	– Angriffsstreik – Angriffsaussperrung – Abwehrstreik – Abwehraussperrung	– „wilder" Abeitskampf – Koalitionsmäßig organisierter Arbeitskampf – von einer Koalition übernommener Arbeitskampf

Das Ziel **eines tarifvertragsbezogenen Arbeitskampfs (= Arbeitskampf i.e.S.)**   23
ist der Abschluss, die Änderung oder Beendigung eines Tarifvertrags. Die Kampfmaßnahmen richten sich demgemäß gegen die andere Tarifpartei, die in aller Regel zugleich der Adressat der Forderungen ist. Bei einem **politischen Arbeitskampf** richten sich die Kampfmaßnahmen gegen einen Hoheitsträger, der zu einem bestimmten Handeln gezwungen werden soll, etwa zum Erlass eines Gesetzes oder einer Verordnung. Einen nur für kurze Zeit geführten politischen Streik pflegt man als **Demonstrationsstreik** zu bezeichnen. Der **Sympathiearbeits-**

---

[39] *Ramm*, BB 1964, 1174; *Reuß*, JZ 1965, 348.
[40] *Kissel*, Arbeitskampfrecht, § 62 Rn. 22 m.w.N.
[41] Zu weiteren Einteilungsmöglichkeiten *Gamillscheg*, KollArbR I, § 20 I 1 a, b.

kampf dient der Unterstützung eines von einer anderen Tarifvertragspartei geführten **(Haupt-)Arbeitskampfs** (daher auch Unterstützungsarbeitskampf genannt). Gegner eines Sympathiestreiks ist der unmittelbar bestreikte Arbeitgeber, Adressat der Forderungen ist dagegen der Arbeitgeber oder der Arbeitgeberverband des Hauptarbeitskampfs. Der Normalfall eines Arbeitskampfs ist der **Erzwingungskampf**. Es wird solange gekämpft, bis das Kampfziel erreicht ist oder sich als unerreichbar herausstellt. Sollen Kampfmaßnahmen nur kurzfristig oder nur vorübergehend erfolgen, so handelt es sich um einen **Warnarbeitskampf** (Warnstreik, Warnaussperrung). Mit Warnstreiks versucht die Gewerkschaft, den Arbeitgebern und ihren Verbänden zu demonstrieren, dass sie entschlossen ist, ihre Forderungen notfalls auch mit Hilfe eines – möglicherweise länger dauernden – Erzwingungsstreiks durchzusetzen. Beim **Generalstreik** legen sämtliche Arbeitnehmer eines Landes ihre Arbeit nieder, beim **Voll- oder Flächenstreik** alle Arbeitnehmer eines Wirtschaftszweigs oder zumindest eines Tarifgebiets, beim **Teil- oder Schwerpunktstreik** die Arbeitnehmer einzelner Abteilungen oder Betriebe, denen zumeist eine Schlüsselfunktion zukommt (Energieversorgung, Zulieferbetriebe). Das Gegenstück sind General-, Voll-, Teil- und Schwerpunktaussperrungen. Ob Vollstreiks oder Schwerpunktstreiks durchgeführt werden, ist eine Frage der Kampftaktik. Teil- und Schwerpunktstreiks schonen die gewerkschaftliche Streikkasse und zwingen unter Umständen den Arbeitgeber oder den Arbeitgeberverband zur Aussperrung, bei der nicht nach Organisierten und Nichtorganisierten unterschieden werden darf. Ein **gewerkschaftlich oder von einem Arbeitgeberverband geführter Arbeitskampf** setzt den Beschluss der Koalition voraus, eine Arbeitskampfmaßnahme zu ergreifen. Fehlt es daran, spricht man von einem „**wilden**" oder „**spontanen**" **Arbeitskampf**. Je nachdem, ob einer bestimmten Kampfmaßnahme bereits eine Maßnahme der Gegenseite vorausgegangen ist, handelt es sich um einen **Angriffs- oder Abwehrstreik** bzw. eine **Angriffs- oder Abwehraussperrung**. Sog. **Flashmob-Aktionen** sind streikbegleitende Maßnahmen (s. unten Rn. 80 f.). Kein Streik ist der **kalte Streik** (s. unten Rn. 82 f.), keine Aussperrung die **Betriebs(teil)stilllegung** (s. unten Rn. 90 ff.).

II. Allgemeine Voraussetzungen für einen rechtmäßigen Arbeitskampf

1. Grundsätze

24   Art. 9 Abs. 3 GG schützt mit der Tarifautonomie auch den Arbeitskampf als deren notwendige Funktionsbedingung. Ohne die Möglichkeit, notfalls auch einen Arbeitskampf zu führen, wären Tarifverhandlungen nicht mehr als kollektives Betteln.[42] Die Wahl der Mittel, mit deren Hilfe die Koalitionen die Regelung der Ar-

---

[42] *Brox/Rüthers*, Arbeitskampfrecht, Rn. 183.

II. Allgemeine Voraussetzungen für einen rechtmäßigen Arbeitskampf 173

beitsbedingungen durch Tarifvertrag zu erreichen suchen und die sie hierfür für geeignet halten, überlässt Art. 9 Abs. 3 GG grundsätzlich ihnen selbst. Der Schutzbereich des Art. 9 Abs. 3 GG ist **nicht auf bestimmte Kampfformen und nicht auf das Unerlässliche beschränkt**. Er erstreckt sich vielmehr auf alle koalitionsspezifischen Verhaltensweisen. Ob eine koalitionsspezifische Betätigung für die Wahrnehmung der Koalitionsfreiheit unerlässlich ist – so das BAG[43] –, kann erst bei Einschränkung dieser Freiheit Bedeutung erlangen.

Arbeitskampfmaßnahmen können beträchtliche Auswirkungen auf den Gegner und auf Dritte haben. Da beide Tarifvertragsparteien den Schutz des Art. 9 Abs. 3 GG genießen, muss durch koordinierende Regelungen gewährleistet werden, dass die aufeinander bezogenen Grundrechtspositionen trotz ihres Gegensatzes nebeneinander bestehen können. Rechtliche Rahmenbedingungen müssen sicherstellen, dass Sinn und Zweck des Freiheitsrechts aus Art. 9 Abs. 3 GG sowie seine Einbettung in die verfassungsrechtliche Ordnung gewährleistet bleiben. In diesem Sinn hat das BAG[44] als „Ersatzgesetzgeber" (s. oben Rn. 10) befunden: „Bei der Ausgestaltung des Arbeitskampfrechts sind zunächst die Grenzen zu beachten, welche die Tarifvertragsparteien für etwaige Arbeitskämpfe selbst gezogen haben. Im übrigen haben die Gerichte darauf zu achten, dass ein vorhandenes Kräftegleichgewicht zwischen den Tarifvertragsparteien nicht gestört oder ein Ungleichgewicht verstärkt wird. Zentraler Bewertungsmaßstab ist dabei der Grundsatz der Verhältnismäßigkeit." Daraus ergeben sich die spezifischen Voraussetzungen für einen rechtmäßigen Arbeitskampf:

25

---

[43] BAG 19.6.2007, NZA 2007, 1055.
[44] BAG 19.6.2007, NZA 2007, 1055.

Voraussetzungen eines rechtmäßigen Arbeitskampfs

I. **Arbeitskampf**
   Gesamtregelungsstreitigkeit (Gegensatz: Rechtsstreitigkeit)

II. **Arbeitskampf nur durch befugte Kampfparteien**
   1. Tariffähigkeit der Kampfparteien
   2. Tarifzuständigkeit der Kampfparteien

III. **Kampf um eine zulässige Tarifregelung**
   1. Kampf um einen Tarifvertrag mit dem Gegner
   2. Tariflich regelbares Kampfziel
   3. Beachtung der Grenzen der Tarifmacht

IV. **Beachtung der tariflichen Friedenspflicht**
   1. Relative Friedenspflicht
      a) persönliche Reichweite
      b) sachliche Reichweite
      c) zeitliche Reichweite
   2. Absolute Friedenspflicht

V. **Gebot der Kampfparität**
   1. Das von der einen Kampfpartei eingesetzte Kampfmittel darf nicht zu einer „strukturellen Entwertung" der Kampfführung der Gegenseite führen („abstrakt-materieller Paritätsbegriff")
   2. Auch eng geführte Schwerpunktstreiks beeinträchtigen Kampfparität nicht, da der Arbeitgeber aussperren kann; Fernwirkungen des Arbeitskampfs sind bei der Paritätsprüfung zu berücksichtigen, vgl. die Wertungen in § 160 SGB III
   3. Abwehraussperrungen der Arbeitgeber müssen verhältnismäßig sein
   4. Streikprämien und Betriebsstilllegungen beeinträchtigen Kampfparität nicht

VI. **Ultima-ratio-Prinzip**
   1. Arbeitskampfmaßnahmen dürfen nur als letztes Mittel eingesetzt werden, wenn alle anderen Verständigungsmöglichkeiten ausgeschöpft sind
   2. Gilt auch für Warnstreiks; durch sie erklärt die Gewerkschaft konkludent die Verhandlungen für gescheitert
   3. Urabstimmung keine Rechtmäßigkeitsvoraussetzung

VII. **Grundsatz der Verhältnismäßigkeit**
   1. Bezogen nur auf das Kampfmittel, nicht auf die Art und Höhe der Forderung
   2. Einsatz eines Kampfmittels zur Erreichung eines rechtmäßigen Kampfziels
      a) geeignet (= nicht offensichtlich ungeeignet, das Kampfziel zu fördern)
      b) erforderlich (= offensichtlich kein milderes Mittel zur Erreichung d. Kampfziels)
      c) angemessen (= auch unter Berücksichtigung des Zwangscharakters einer Arbeitskampfmaßnahme keine unverhältnismäßige Zufügung von Nachteilen)

VIII. **Gebot fairer Kampfführung**
   1. Verpflichtung zur Organisation von Notdiensten während des Arbeitskampfs
   2. Beschränkung der Befugnisse von Streikposten
   3. Verbot von Betriebsblockaden
   4. Verbot der Existenzvernichtung des Gegners
   5. Gebot, nach Ende des Arbeitskampfs den Arbeitsfrieden wiederherzustellen

2. Arbeitskampf nur durch zuständige Tarifvertragsparteien

a) Tariffähigkeit

Aus der Funktion des Arbeitskampfs als **Hilfsinstrument der Tarifautonomie** 26 folgt, dass ein Arbeitskampf nur zwischen Tarifvertragsparteien geführt werden darf.[45] Arbeitskampffähig ist nur, wer tariffähig ist. Tariffähig sind Gewerkschaften, einzelne Arbeitgeber und Arbeitgebervereinigungen (§ 2 Abs. 1 TVG) sowie Spitzenorganisationen, also Zusammenschlüsse von Gewerkschaften und von Arbeitgebervereinigungen (§ 2 Abs. 2 TVG). Sonstige Koalitionen bieten keine ausreichende Gewähr für die Einhaltung und Durchführung von Tarifverträgen und für die Sicherung der Friedenspflicht.[46]

b) Tarifzuständigkeit

Die Kampfparteien müssen für den Abschluss des erstrebten Tarifvertrags **örtlich** 27 **und fachlich zuständig** sein.[47] Nach h.M. ist die Zuständigkeit beider Tarifvertragsparteien nämlich Voraussetzung für die Wirksamkeit des Tarifvertrags (s. § 13 Rn. 74). Die Tarifzuständigkeit ergibt sich aus den Satzungen der Koalitionen, beim Firmentarifvertrag aus dem Gegenstand des Unternehmens, für den der Tarifvertrag Geltung beansprucht.[48] Die Tarifvertragsparteien können ihre satzungsgemäße Zuständigkeit ohne weiteres ändern.[49] Unzulässig ist die Beschränkung der Tarifzuständigkeit auf einen Teil der Mitglieder (s. § 13 Rn. 69a). Mitglieder von OT-Verbänden und OT-Mitglieder in tarifvertragschließenden Verbänden können in ihrer Eigenschaft als Verbandsmitglieder nicht bestreikt werden, weil OT-Verbände nicht tarifwillig und weil OT-Mitglieder in tarifschließenden Verbänden nicht an Verbandstarifverträge gebunden sind; zulässig bleibt der Streik um einen Haustarifvertrag (zur OT-Mitgliedschaft s. § 13 Rn. 75 ff.).

c) Teilnahme am Arbeitskampf

Die Frage, wer einen Arbeitskampf führen kann, darf nicht mit dem Problem verwechselt werden, wer an einem von zuständigen Tarifvertragsparteien organisierten Arbeitskampf teilnehmen darf. Teilnahmeberechtigt sind zunächst Arbeitnehmer, die der streikführenden Gewerkschaft angehören. Das ergibt sich letztlich aus dem Grundrecht der individuellen Koalitionsfreiheit (Art. 9 Abs. 3 GG),[50] das dem Einzelnen auch ein Recht auf spezifisch koalitionsmäßige Betätigung gewährt. Aber **auch nicht organisierte Arbeitnehmer** dürfen an einem Arbeitskampf teil- 28

---

[45] BAG 20.12.1963, 14.2.1978, AP Nr. 32, 58 zu Art. 9 GG Arbeitskampf.
[46] *Lieb/Jacobs*, Arbeitsrecht, Rn. 554 ff.
[47] BAG 27.11.1964, 17.2.1970, AP Nr. 1, 3 zu § 2 TVG Tarifzuständigkeit.
[48] Vgl. im einzelnen *Hromadka/Maschmann/Wallner*, Der Tarifwechsel, Rn. 21 ff.
[49] BAG 19.11.1985, 22.11.1988, AP Nr. 4, 5 zu § 2 TVG Tarifzuständigkeit.
[50] Zu weiteren Ansätzen *Gamillscheg*, KollArbR I, § 21 II 4 a.

nehmen.⁵¹ Ihr Kampfrecht ist für das Funktionieren des Arbeitskampfsystems unverzichtbar, da nur eine Minderheit der Arbeitnehmer gewerkschaftlich organisiert ist. Umgekehrt kann sie der Arbeitgeber – schon aus Gründen der Kampfparität – mit Arbeitskampfmaßnahmen überziehen. Nach h.M. verstößt eine Selektivaussperrung der Gewerkschaftsmitglieder sogar gegen die positive Koalitionsfreiheit.⁵²

29 Ob **Auszubildende** streiken dürfen, ist umstritten; für den Warnstreik bejaht das BAG Streikfreiheit.⁵³ Auszubildende sind keine Arbeitnehmer, die eine Gegenleistung für Arbeit erhalten; die Weigerung, sich ausbilden zu lassen, ist keine Arbeitsniederlegung i.S.d. Arbeitskampfrechts. Andererseits können die Ausbildungsbedingungen tariflich geregelt werden. Nicht selten, vor allem, wenn sie nicht in Lehrwerkstätten ausgebildet werden, wird es Auszubildenden unmöglich oder unzumutbar sein, bei einem Streik die Ausbildung fortzusetzen.

29a **Richter, Beamte und Soldaten** dürfen nicht streiken. Zwar erfasst der Schutzbereich des Art. 9 Abs. 3 GG auch Beamte. Das Grundrecht der Koalitionsfreiheit kann aber durch kollidierende Grundrechte Dritter oder andere mit Verfassungsrang ausgestattete Rechte begrenzt werden. Dazu zählen die hergebrachten Grundsätze des Berufsbeamtentums i.S.d. Art. 33 Abs. 5 GG. Ein eigenständiger hergebrachter Grundsatz des Berufsbeamtentums ist das Streikverbot für Beamte. Er erfüllt die dafür notwendigen Voraussetzungen der Traditionalität und der Substantialität. Das Streikverbot für Beamte galt schon in der Weimarer Republik (Traditionalität); geschützt sind die Regelungen, die das Bild des Berufsbeamtentums in seiner überkommenen Gestalt maßgeblich prägen (Substantialität). Das Streikverbot weist eine enge Verbindung auf mit dem beamtenrechtlichen Alimentationsprinzip, der Treuepflicht, dem Lebenszeitprinzip sowie dem Grundsatz des beamtenrechtlichen Rechtsverhältnisses einschließlich der Besoldung durch den Gesetzgeber. Etwas anderes ergibt sich auch nicht aus der Rechtsprechung des EGMR,⁵⁴ wonach Art. 11 Abs. 1 EMRK Angehörigen des öffentlichen Dienstes (sc. einschließlich der Beamten), die keine hoheitlichen Funktionen (Streitkräfte, Polizei und Staatsverwaltung i.S.v. Art. 11 Abs. 2 S. 2 EMRK) wahrnehmen, Streikfreiheit garantiere. Die EMRK ist einfaches Bundesrecht. Zwar sind die Bestimmungen des Grundgesetzes völkerrechtsfreundlich auszulegen. Die Möglichkeit einer konventionsfreundlichen Auslegung endet aber dort, wo das nach den anerkannten Auslegungsmethoden nicht mehr vertretbar erscheint. Die Rechtsprechung des EMRK ist mit Art. 33 Abs. 5 GG unvereinbar.⁵⁵ **Arbeitnehmer im öffentlichen Dienst** dürfen streiken, auch wenn sie hoheitliche Funktionen ausüben oder in lebenswichtigen Versorgungsbetrieben tätig sind; der Schutz der Allgemeinheit ist mit Hilfe von Notdiensten sicherzustellen.⁵⁶

29b Ob Arbeitskämpfe **in kirchlichen Einrichtungen** zulässig sind, wenn den Beschäftigungsverhältnissen mit den Mitarbeitern Arbeitsverträge zugrunde liegen – als Körperschaften

---

⁵¹ BAG GS 21.4.1972, AP Nr. 43 zu Art. 9 GG Arbeitskampf; BVerfGE 84, 212.
⁵² BAG 10.6.1980, AP Nr. 66 Art. 9 GG Arbeitskampf; Schaub/*Treber*, ArbR-Hdb., § 193 Rn. 9; *Gamillscheg*, KollArbR I, § 21 III 7 b m.w.N.
⁵³ BAG 12.9.1984, AP Nr. 81 zu Art. 9 GG Arbeitskampf.
⁵⁴ EGMR 21.4.2009, NZA 2010, 1423 – Enerji Yapi-Yol Sen/Türkei.
⁵⁵ BVerfG 12.6.2018, NJW 2018, 2695; s. auch BVerwG 27.2.2014, NZA 2014, 616.
⁵⁶ *Kissel*, Arbeitskampfrecht, § 45 Rn. 44 ff. (str.).

des öffentlichen Rechts (Art. 140 GG i.V.m. Art. 137 Abs. 5 WRV) können die großen Religionsgemeinschaften ihre Dienstverhältnisse auch öffentlich-rechtlich regeln (so z.B. bei den Geistlichen) –, ist streitig.[57] Die wohl h.M. verneint. Ein Arbeitskampf widerspreche dem Gedanken der christlichen Dienstgemeinschaft.[58] Das BAG differenziert, indem es das Selbstbestimmungsrecht der Kirchen aus Art. 140 GG i.V.m. Art. 137 Abs. 3 WRV und die Arbeitskampffreiheit aus Art. 9 Abs. 3 GG nach dem Grundsatz praktischer Konkordanz zu einem schonenden Ausgleich zu bringen versucht. Die Kirchen können wählen:
– „**Erster Weg**": Sie können die Arbeitsverhältnisse ihrer Mitarbeiter ganz dem staatlichen Arbeitsrecht unterstellen. Folgerichtig kommen dann auch Arbeitskämpfe in Betracht. Diese Lösung lehnen sowohl die katholische als auch die evangelische Kirche als unvereinbar mit dem Selbstverständnis des kirchlichen Dienstes ab.[59]
– „**Zweiter Weg**": Sie können die Arbeitsbedingungen ihrer Mitarbeiter durch Tarifverträge ausgestalten, aber die Möglichkeit, Tarifbedingungen kampfweise durchzusetzen, ausschließen, indem sie Verhandlungen mit den Gewerkschaften davon abhängig machen, dass diese vorher eine absolute Friedenspflicht vereinbaren und einem Schlichtungsabkommen zustimmen.[60]
– „**Dritter Weg**": Sie können ein am Leitbild der Dienstgemeinschaft ausgerichtetes Verfahren einrichten, bei dem die Dienstnehmerseite und die Dienstgeberseite in einer paritätisch besetzten Kommission die Arbeitsbedingungen der Beschäftigten gemeinsam aushandeln und einen Konflikt durch den neutralen Vorsitzenden einer Schlichtungskommission lösen[61]. Arbeitskämpfe sind beim dritten Weg jedenfalls dann unzulässig, wenn die Gewerkschaften in diesen organisatorisch eingebunden sind und das Verhandlungsergebnis für die Dienstgeberseite als Mindestarbeitsbedingung verbindlich ist.[62]

3. Arbeitskampf um eine zulässige Tarifregelung

a) Tarifregelung

Die Parteien müssen eine Tarifregelung anstreben. Das ist beim **politischen Arbeitskampf** nicht der Fall; er ist deshalb unzulässig. Ganz abgesehen davon müssen in einer parlamentarischen Demokratie die politischen Entscheidungen durch die zuständigen Organe in dem vorgesehenen Verfahren und frei von Zwang getroffen werden können. Ob **Demonstrationsstreiks** für oder gegen politische Entscheidungen des Gesetzgebers zulässig sind, hat das BAG offen gelassen.[63]

30

---

[57] *Otto*, Arbeitskampfrecht, § 9 Rn. 20.
[58] Ausführliches Für und Wider bei *Otto*, Arbeitskampfrecht, § 9 Rn. 24 f.
[59] MünchArbR/*Richardi*, 3. Aufl., § 329 Rn. 14.
[60] BAG 20.11.2012, NZA 2013, 437; *Rehn*, NZA 2011, 1211.
[61] BAG 20.11.2012, NZA 2013, 448; *Reichold*, NZA 2013, 585.
[62] Dazu *Strake*, NZA 2019, 960.
[63] BAG 19.6.2007, NZA 2007, 1055.

b) Tariflich regelbares Kampfziel

31 Was nicht tariflich geregelt werden kann, darf erst recht nicht mit einem Arbeitskampf erzwungen werden.[64] Auf die Höhe der Forderungen kommt es grundsätzlich nicht an. Nicht ausschlaggebend sind auch etwaige Folgewirkungen, wie z.B. die Verhinderung einer Produktionsverlagerung oder die Unwirtschaftlichkeit der Fortführung eines Betriebs. Dagegen ist eine Forderung, die die Vornahme oder Unterlassung einer unternehmerischen Entscheidung zum Inhalt hat, nicht auf ein tariflich regelbares Ziel gerichtet. Eine solche Forderung muss nicht alleiniges Ziel sein; es genügt, dass sie nicht nur eine bloße Nebenforderung darstellt. Maßgeblich für die Streikziele sind die dem Verband oder dem Arbeitgeber aufgrund des Streikbeschlusses der zuständigen Gremien übermittelten Tarifforderungen.[65] Ausnahmsweise können auch sonstige Verlautbarungen der Gewerkschaft, insbesondere von deren vertretungsberechtigten Mitgliedern und/oder Pressesprechern, berücksichtigt werden. Die an sich zulässigen Forderungen dienen dann der Umgehung des Verbots von Streiks gegen unternehmerische Entscheidungen mit der Folge, dass der Streik rechtswidrig ist.[66]

32 Der Umfang der Tarifmacht ergibt sich für den normativen Teil des Tarifvertrags aus §§ 1 Abs. 1, 4 Abs. 2 TVG (zu dieser „Binnenschranke" s. § 13 Rn. 142 ff.). Erstreikt werden können auch **Tarifsozialpläne**. Die §§ 111 ff. BetrVG beschränken die Regelungsmacht der Tarifvertragsparteien nicht.[67] Nach Aufgabe des Grundsatzes der Tarifeinheit im Betrieb (s. § 13 Rn. 273 ff.) können konkurrierende Gewerkschaften tarifliche Regelungen auch dann für ihre Mitglieder erstreiken, wenn es bereits eine Tarifregelung für die gesamte Belegschaft oder Teile davon gibt. Der Vorschlag von *Henssler*,[68] die Friedenspflicht aus einem für die gesamte Belegschaft geltenden Tarifvertrag auf den Betrieb auszudehnen, führt zwar zu einem sinnvollen Ergebnis, bedürfte aber einer gesetzlichen Regelung.

c) Außenschranken der Tarifmacht

33 Eine weitere Schranke der Arbeitskampffreiheit ergibt sich aus den (äußeren) Grenzen der Tarifmacht. Die Regelungsmacht der Tarifvertragsparteien wird durch die Verfassung und durch zwingendes einfaches Recht beschränkt (s. im einzelnen § 13 Rn. 153 ff.). Ein Streik darf nicht darauf abzielen, den Arbeitgeber zum Austritt aus dem Verband zu veranlassen. Das würde die positive Koalitionsfreiheit des Arbeitgebers verletzen und einen gezielten Angriff auf den Mitgliederbestand des Arbeitgeberverbands darstellen. Umgekehrt kann der Arbeitgeber aber auch nicht gezwungen werden, seine Mitgliedschaft in einem Arbeitgeberverband aufrechtzuerhalten. Das wäre ein Verstoß gegen die negative Koalitionsfreiheit (Art. 9

---

[64] BAG 10.12.2002, NZA 2003, 735; BAG 26.7.2016, NZA 2016, 1543 Rn. 49 ff.
[65] BAG 26.7.2016, NZA 2016, 1543 Rn. 39.
[66] LAG Hessen 9.9.2015, NZA 2015, 1337 m. ausf. Nachw.; a.A. wohl BAG 24.4.2007, NZA 2007, 987.
[67] Zu Vorstehendem BAG 24.4.2007, NZA 2007, 987.
[68] *Henssler*, RdA 2011, 65, 74 f.

Abs. 3 S. 1 GG).[69] Ein Streik um einen **firmenbezogenen Verbandstarifvertrag** verletzt dagegen weder die kollektive Koalitionsfreiheit des Verbands noch die individuelle Koalitionsfreiheit des verbandsangehörigen Arbeitgebers.[70]

Umstritten ist, ob bei einem Streik, der um den Abschluss eines zahlreiche Regelungen umfassenden Tarifvertrags geführt wird, die **Rechtswidrigkeit schon einer einzigen Forderung zu dessen Rechtswidrigkeit führt.** Das hatte die frühere Rechtsprechung dann bejaht, wenn es sich bei einer die Friedenspflicht verletzenden oder sonstigen tarifwidrigen Forderung um eine zentrale Forderung handelte.[71] Dem hatten sich Teile des Schrifttums angeschlossen.[72] Andere Stimmen wollten darauf abstellen, ob auch der Streik ohne die unzulässige Forderung geführt worden wäre.[73] Wieder andere hielten den Streik bereits dann für rechtswidrig, wenn er sich auch auf die Durchsetzung einer einzelnen, unerlaubten Forderung richtet.[74] Dieser Ansicht hat sich das **BAG angeschlossen**.[75] Ob eine konkrete Tarifforderung für den angestrebten Tarifabschluss haupt- oder nebensächlich, bedeutend oder unbedeutend sei oder die Gesamtheit der aufgestellten Forderungen wirtschaftlich oder organisationspolitisch präge, sei in der konkreten Arbeitskampfsituation nicht erkennbar und entziehe sich wegen der nicht objektivierbaren Auswirkungen auf die Verhandlungsmacht und Kampfkraft der Gewerkschaft und den mit jeder Forderung geschaffenen Verhandlungsspielraum einer gerichtlichen Bewertung. Zu den Aufgaben einer tariffähigen Koalition gehöre jedenfalls die Überprüfung der Legitimität einer Tarifforderung als Voraussetzung der Rechtmäßigkeit des um ihre Durchsetzung geführten Arbeitskampfes. Unzumutbare, mit Art. 9 Abs. 3 GG unvereinbare Haftungsrisiken seien mit dieser Prüfungspflicht nicht verbunden. Bei Zweifeln über die Rechtmäßigkeit bestimmter Forderungen darf eine Gewerkschaft von ihrem Streikrecht nur in maßvollem Rahmen und vor allem auch nur dann Gebrauch machen, wenn für die Zulässigkeit des Streiks sehr beachtliche Gründe sprechen und des Weiteren eine endgültige Klärung der Rechtslage nicht anders zu erreichen ist.[76]

33a

4. Tarifliche Friedenspflicht

a) Begriff und Inhalt

aa) Begriff. Zu einem Arbeitskampf darf erst dann aufgerufen werden, wenn die Friedenspflicht aus dem Tarifvertrag abgelaufen ist. Unter Friedenspflicht versteht man die Verpflichtung, während der Dauer des Tarifvertrags von Arbeitskampfmaßnahmen in bestimmtem Umfang keinen Gebrauch zu machen.[77] Ein Streik, der

34

---

[69] BAG 10.12.2002, NZA 2003, 735 f. m.w.N.
[70] BAG 24.4.2007, NZA 2007, 987, 992 f.
[71] BAG 10.12.2002, NZA 2003, 734 zu B I 4.
[72] Däubler/*Reinfelder*, Arbeitskampfrecht, § 15 Rn. 25; Reuss, AuR 1966, 33, 34.
[73] *Brox/Rüthers*, Arbeitskampfrecht, Rn. 159; *Gamillscheg*, KollArbR I, § 22 I 2 a.
[74] *Rieble*, BB 2014, 949, 950; *Otto*, Arbeitskampf- und Schlichtungsrecht, § 5 Rn. 25; *Willemsen/Mehrens*, NZA 2013, 1400, 1401.
[75] BAG 26.7.2016, NZA 2016, 1543 Rn. 54 ff.
[76] BAG 19.6.2012, NZA 2012, 1372 Rn. 52; BAG 26.7.2016, NZA 2016, 1543 Rn. 58.
[77] BAG 27.6.1989, AP Nr. 113 zu Art. 9 GG Arbeitskampf.

auch der Durchsetzung einer friedenspflichtverletzenden oder tarifwidrigen Forderung dient, ist rechtswidrig. Die Gewerkschaft kann nicht einwenden, sie hätte den Streik auch ohne die inkriminierte Forderung mit denselben Streikfolgen geführt (rechtmäßiges Alternativverhalten).[78]

35 bb) Man unterscheidet zwischen absoluter und relativer Friedenspflicht:
– Die **absolute** Friedenspflicht verbietet schlechthin jeden Arbeitskampf.
– Die **relative** Friedenspflicht verbietet Arbeitskämpfe, die sich gegen bestehende Tarifverträge im ganzen oder gegen einzelne ihrer Bestimmungen richten, die also die Beseitigung oder Änderung laufender Tarifverträge anstreben.[79]

36 Die relative Friedenspflicht ist jedem Tarifvertrag immanent, sie **bedarf keiner besonderen Vereinbarung.**[80] Der Arbeitnehmer soll durch den Tarifvertrag gesicherte Arbeitsbedingungen, der Arbeitgeber eine feste Grundlage für seine betriebliche Kalkulation erhalten. Es verstieße gegen den Grundsatz, dass Verträge zu halten sind, wenn eine Partei versuchen würde, die Arbeitsbedingungen, die sie selbst vertraglich festgelegt hat, mit Mitteln des Arbeitskampfs zu verändern.[81] Die Tarifvertragsparteien können die relative Friedenspflicht inhaltlich, zeitlich und gegenständlich erweitern[82] oder beschränken. Sie sind die Herren der Tarifverträge. Unzulässig ist indes der völlige Ausschluss der Friedenspflicht.[83]

37 cc) Inhalt. Die Friedenspflicht führt zu Unterlassungs- und Handlungspflichten. Negativ verbietet sie den Tarifvertragsparteien, selbst einen Arbeitskampf zu führen. Positiv gebietet sie ihnen, die Mitglieder von der Eröffnung oder Weiterführung eines Arbeitskampfs abzuhalten.[84] Sie dürfen ihnen auch nicht zu wilden Arbeitskampfmaßnahmen raten oder wilde Streiks oder Aussperrungen unterstützen.[85] Eine Einwirkungspflicht auf nicht oder anders organisierte Arbeitgeber oder Arbeitnehmer besteht aber nicht.[86]

38 Streitig ist, ob Maßnahmen, die einen Arbeitskampf erst vorbereiten sollen – wie etwa die Urabstimmung –, bereits gegen die Friedenspflicht verstoßen. Früher wurde das überwiegend bejaht.[87] Nach neuerer Auffassung stellt erst die tatsächliche Störung der arbeitsver-

---

[78] BAG 26.7.2016, NZA 2016, 1542.
[79] BAG 21.12.1982, 27.6.1989, AP Nr. 76, 113 zu Art. 9 GG Arbeitskampf.
[80] So bereits RGZ 111, 105, 107 f.; 113, 197, 199.
[81] BAG 27.6.1989, AP Nr. 113 zu Art. 9 GG Arbeitskampf.
[82] Allg.M., vgl. Däubler/Reim/Ahrendt, TVG, § 1 Rn. 1135 ff.; Kempen/Zachert/Stein, § 1 TVG Rn. 908; Wiedemann/Thüsing, § 1 TVG Rn. 856. Streitig sind allerdings Umfang und Grenzen.
[83] Gamillscheg, KollArbR I, § 22 II 1 d; Löwisch/Rieble, § 1 TVG Rn. 1241.
[84] BAG 8.2.1957, AP Nr. 1 zu § 1 TVG Friedenspflicht.
[85] BAG 8.2.1957, AP Nr. 1 zu § 1 TVG Friedenspflicht; BAG 20.12.1963, AP Nr. 33 zu Art. 9 GG Arbeitskampf.
[86] Vgl. Wiedemann/Thüsing, § 1 TVG Rn. 881, 884.
[87] BAG 31.10.1958, AP Nr. 2 zu § 1 TVG Friedenspflicht; Hueck/Nipperdey, Arbeitsrecht II/1, S. 874.

traglichen Beziehungen eine Arbeitskampfmaßnahme dar. Vorbereitungshandlungen seien für die Friedenspflicht ohne Bedeutung.[88]

b) Reichweite

aa) Persönlich. Schuldner der Friedenspflicht sind nur die Tarifvertragsparteien – beim Firmentarifvertrag der Arbeitgeber und die Gewerkschaft, beim Verbandstarifvertrag der Arbeitgeberverband und die Gewerkschaft –, nicht die Mitglieder von Arbeitgeberverbänden und Gewerkschaften; Gläubiger sind auch die Mitglieder.[89] Streitig ist, ob die Vereinbarung über die Friedenspflicht ein Vertrag zugunsten Dritter[90] oder ein Vertrag mit Schutzwirkung für Dritte ist.[91] In jedem Fall können die Mitglieder selbst die Unterlassung von Kampfmaßnahmen verlangen und gegebenenfalls Schadensersatz geltend machen.[92] 39

Die Friedenspflicht schließt es nicht aus, dass eine **Gewerkschaft, die nicht selbst Partei des Tarifvertrags ist**, einen Arbeitgeber oder einen Arbeitgeberverband bestreikt, um ihn zum Abschluss eines Tarifvertrags zu bewegen. Ein zu diesem Zweck geführter Arbeitskampf ist rechtmäßig.[93] Denn die Friedenspflicht gilt, wie gesagt, nur (relativ) zwischen den Tarifvertragsparteien. Allerdings ist das ultima-ratio-Prinzip zu beachten,[94] vor dem Arbeitskampf muss die Gewerkschaft Verhandlungen mit dem Arbeitgeber geführt oder ihn zumindest dazu aufgefordert haben. Wird ein nicht tarifgebundener Arbeitgeber bestreikt, darf er aussperren.[95] 40

Während der Laufzeit eines Verbandstarifvertrags sind **Streiks gegen verbandsangehörige Arbeitgeber**, mit denen der Abschluss von Firmentarifverträgen erzwungen werden soll, nicht generell ausgeschlossen. Mit dem Beitritt zu einem Verband verlieren Arbeitgeber nicht ihre Tariffähigkeit.[96] Eine Satzungsbestimmung, die den Abschluss von Firmentarifverträgen untersagt, hat keine Außenwirkung. Allerdings darf nicht um Gegenstände gekämpft werden, die in dem Verbandstarifvertrag geregelt sind. Die für einen Verbandstarifvertrag geltende Friedenspflicht bindet die Gewerkschaft nicht nur gegenüber dem Arbeitgeberverband, 41

---

[88] BAG GS 28.1.1955, AP Nr. 1 zu Art. 9 GG Arbeitskampf. Die entscheidende rechtliche Kampfhandlung ist der gewerkschaftliche Streikbeschluss mit der Aufforderung zur Arbeitsniederlegung; so auch *Gamillscheg*, KollArbR I, § 22 II 5 b.
[89] *Otto*, Arbeitskampfrecht, § 7 Rn. 2; Wiedemann/*Thüsing*, § 1 TVG Rn. 879.
[90] So z.B. BAG 10.12.2002, NZA 2003, 735; BAG 25.8.2015, NZA 2016, 179; *Löwisch/Rieble,* § 1 TVG Rn. 1173 m.w.N.
[91] So z.B. *Kissel*, Arbeitskampfrecht, § 26 Rn. 51, 145.
[92] Ganz h.L., *Kissel*, Arbeitskampfrecht, § 26 Rn. 145 f.; *Otto*, Arbeitskampfrecht, § 15 Rn. 4 m.w.N. Wiedemann/*Thüsing*, § 1 TVG Rn. 879.
[93] BAG 4.5.1955, AP Nr. 2 zu Art. 9 GG Arbeitskampf.
[94] BAG 9.4.1991, AP Nr. 116 zu Art. 9 GG Arbeitskampf.
[95] BVerfGE 84, 212.
[96] BAG 10.12.2002, NZA 2003, 735 m. Darstellung des Streitstandes.

sondern auch gegenüber den Verbandsmitgliedern.[97] Firmentarifverträge können daher erst nach Erlöschen der Friedenspflicht aus einem Verbandstarifvertrag erstreikt werden.

42 Die Friedenspflicht wird nach Ansicht der Rechtsprechung[98] „regelmäßig" auch nicht durch einen **Unterstützungsstreik** verletzt. Die für die Streikenden geltenden Tarifverträge würden nicht in Frage gestellt. Das gelte – von ganz besonderen Ausnahmefällen vielleicht abgesehen – auch dann, wenn dem Hauptstreik „eine gewisse Signalwirkung" für etwaige spätere Tarifverträge zukomme. Die Begründung des BAG trägt nicht. Folgt man ihr, dann schließt die Vereinbarung einer absoluten Friedenspflicht Unterstützungsstreiks aus. Unterstützungsstreiks würden nämlich zu aufgedrängten Arbeitskämpfen, was sie nach der Rechtsprechung zu einem unangemessenen Mittel macht (s. unten Rn. 72).

43 **bb) Sachlich.** Die relative Friedenspflicht untersagt nur Kampfmaßnahmen, die sich gegen den Bestand des geltenden Tarifvertrags richten. Entscheidend für den Umfang der Friedenspflicht ist daher der konkrete Inhalt des jeweiligen Tarifvertrags. Er ist durch Auslegung zu ermitteln.

44 Ob eine Sachfrage im Tarifvertrag abschließend geregelt ist, beurteilt sich nach dem Willen der Tarifvertragsparteien. Sie können den gegenständlichen Bereich der relativen Friedenspflicht weiter oder enger ziehen. Schweigt der Tarifvertrag, so sind Arbeitskämpfe um tariflich nicht ausdrücklich geregelte Fragen verboten, wenn zwischen ihnen und den ausdrücklich im Tarifvertrag geregelten Fragen ein innerer sachlicher Zusammenhang besteht.[99] Neuartige Forderungen sind im Zweifel nicht Gegenstand des Tarifvertrags.

Beispiele: Führt ein Tarifvertrag mehrere Fälle auf, in denen dem Arbeitnehmer bei Arbeitsverhinderung aus Gründen in seiner Person das Entgelt fortzuzahlen ist (Familienfeste, Erscheinen vor Gericht usw.), so kann darin die Abbedingung des § 616 BGB im übrigen liegen. Legt ein Tarifvertrag den Urlaub für alle Arbeitnehmer gleichmäßig fest, kann für ältere Arbeitnehmer kein Zusatzurlaub erkämpft werden.

45 **Tariflich nicht geregelte Fragen,** die mit ausdrücklich geregelten Fragen in keinem Zusammenhang stehen, werden von der Friedenspflicht nur erfasst, wenn gerade der **Regelungsverzicht** zum **Vertragsinhalt** gemacht wurde.[100] Ob das der Fall ist, wird sich häufig aus dem Verlauf der Tarifverhandlungen ergeben. Wurde eine Forderung gestellt und konnte sie nicht durchgesetzt werden, so löst das für sich allein noch nicht die Friedenspflicht aus. War sie aber Bestandteil eines „Ver-

---

[97] Str., wie hier LAG SH 25.11.1999, AP Nr. 157 zu Art. 9 GG Arbeitskampf; *Lieb*, DB 1999, 2058 ff.; *Gamillscheg*, KollArbR I, § 22 II 3 a m.w.N.; a.A. *Otto*, Arbeitskampfrecht, § 7 Rn. 2; offengelassen von LAG Köln 14.6.1996, AP zu Nr. 149 Art. 9 GG Arbeitskampf; vgl. auch BAG 31.10.1958, AP Nr. 2 zu § 1 TVG Friedenspflicht.
[98] BAG 19.6.2007, NZA 2007, 1055.
[99] BAG 10.12.2002, NZA 2003, 735.
[100] *Waltermann*, Arbeitsrecht, Rn. 679.

handlungspakets" und fiel sie einem Kompromiss zum Opfer, so erfasst die Friedenspflicht den gesamten ursprünglichen Komplex und damit auch die nicht durchgesetzte Forderung.

cc) Zeitlich. Die relative Friedenspflicht verbietet Arbeitskämpfe nur während der **Laufzeit** eines Tarifvertrags. Ein nach § 4 Abs. 5 TVG **nachwirkender Tarifvertrag** löst die Friedenspflicht **nicht** mehr aus.[101] Das gilt auch dann, wenn der Tarifvertrag vorzeitig beendet wurde, etwa durch eine außerordentliche Kündigung. Die Verhandlungen über einen neuen Tarifvertrag stehen nach Ablauf des alten Tarifvertrags nicht unter dem Schutz der relativen Friedenspflicht. Sie können nach der Rechtsprechung von Arbeitskampfmaßnahmen „begleitet" werden.[102]

46

Tritt ein Arbeitgeber aus dem Verband aus oder wechselt er in eine OT-Mitgliedschaft, so gelten die Normen des Verbandstarifvertrags nach § 3 Abs. 3 TVG weiter. Damit bleibt auch die Friedenspflicht bestehen. Solange der Arbeitgeber die Tarifnormen einzuhalten hat, muss er von Kampfmaßnahmen zur Erzwingung eines Firmen- oder Anerkennungstarifvertrags verschont bleiben (s. § 13 Rn. 248).[103]

47

5. Gebot der Kampfparität

a) Grundgedanke

Das Gebot der Kampfparität oder der Waffengleichheit soll zwischen den Tarifparteien ein hinreichendes Verhandlungs- und Kampfgleichgewicht gewährleisten.[104] Könnte eine Partei allein das Kampfgeschehen bestimmen und wäre die andere Partei auf ein Dulden und Durchstehen des Kampfs beschränkt, könnten die Arbeitsbedingungen nicht wirklich frei ausgehandelt werden. Ein funktionierendes Tarifvertragssystem verlangt, dass nicht eine Partei der anderen von vornherein ihren Willen aufzwingen kann. Beide müssen möglichst gleiche Verhandlungschancen haben. Deshalb darf auch der **Staat** nicht einseitig eine Kampfpartei begünstigen.[105] Für ihn gilt der Grundsatz der **Neutralität**. Eine konkrete Ausgestaltung dieses Prinzips stellt § 160 SGB III dar, der es der Bundesagentur für Arbeit verbietet, durch die Gewährung von Arbeitslosen- oder Kurzarbeitergeld (§ 100 SGB III) in den Arbeitskampf einzugreifen (s. unten Rn. 192 ff.). Noch immer nicht geklärt ist allerdings, wie Parität zu bestimmen ist.

48

---

[101] *Gamillscheg*, KollArbR I, § 22 I 4 b; MünchArbR/*Ricken*, § 272 Rn. 50.
[102] BAG 21.6.1988, AP Nr. 108 zu Art. 9 GG Arbeitskampf.
[103] *Willemsen/Mehrens*, NZA 2009, 169 ff. m.w.N.
[104] BAG 10.6.1980, AP Nr. 64, 65 zu Art. 9 GG Arbeitskampf; BAG 19.6.2007, NZA 2007, 1055.
[105] BVerfGE 92, 365.

b) Inhalt

49 Früher wurde Parität rein formal definiert.[106] Streik und Aussperrung wurden als gleichwertige Waffen verstanden, für die auch gleiche Grundsätze gelten müssten. Zum selben Ergebnis kam die Lehre von der normativen Parität.[107] Die Rechtsordnung sehe Arbeitgeber- und Arbeitnehmerseite als gleichgewichtig an. Das Verhandlungsgleichgewicht lässt sich aber weder formal fingieren noch normativ anordnen; es muss tatsächlich bestehen und wenigstens in groben Zügen praktisch feststellbar sein. Zu Recht hat deshalb die Rechtsprechung 1971 den Grundsatz der formellen Parität aufgegeben.[108] Seitdem vertritt sie gemeinsam mit der h.L. im neueren Schrifttum ein materielles Paritätskonzept, und zwar in der Spielart der **abstrakt-materiellen Parität**[109] (Gegensatz: Gesamtparität[110]). Abgestellt wird auf die realen Kräfteverhältnisse der Tarifparteien. Es werden aber nicht alle Besonderheiten eines konkreten Arbeitskampfs berücksichtigt, wie beispielsweise die Wirtschaftslage oder der gewerkschaftliche Organisationsgrad. Die Kampfstärke hängt von einer kaum überschaubaren Fülle von Faktoren ab, die in ihren Wirkungen schwer abschätzbar sind. Situationsbedingte Vorteile müssen unberücksichtigt bleiben, auch wenn sie sich noch so sehr auswirken mögen.

50 Daraus folgt die neuere Rechtsprechung: Das Paritätsprinzip reicht wegen seiner Abstraktionshöhe als Maßstab für die konkrete gerichtliche Ausgestaltung des Arbeitskampfrechts allein i.d.R. nicht aus. Es bezeichnet aber zumindest eine **Grenze**, die nicht überschritten werden darf. Durch die Ausgestaltung darf die Parität, deren Bewahrung oder Herstellung sie gerade dienen soll, nicht beseitigt werden.[111] Bei neuen Arbeitskampfmitteln wird folgerichtig nur geprüft, ob sie zu einer „strukturellen Entwertung" der Kampfführung der Gegenseite führen können.[112]

c) Rechtsfolgen für die Arbeitnehmerseite

51 Für den **Streik** spielt das Problem der Kampfparität praktisch keine Rolle. Die Rechtsprechung geht davon aus, dass die Gewerkschaften bei Tarifverhandlungen regelmäßig unterlegen sind. Das Paritätsgebot setzt dem Streik zur Erzwingung zulässiger Kampfziele folglich keine Grenzen. Das gilt auch dann, wenn er als eng begrenzter Schwerpunktstreik geführt wird, der nur wenige, aber für eine ganze

---

[106] BAG GS 28.1.1955, AP Nr. 1 zu Art. 9 Arbeitskampf.
[107] *Mayer-Maly*, DB 1979, 95, 98.
[108] BAG GS 21.4.1971, AP Nr. 43 zu Art. 9 GG Arbeitskampf; BAG 10.6.1980, AP Nr. 64, 65 zu Art. 9 GG Arbeitskampf.
[109] BAG 10.6.1980, AP Nr. 64 zu Art. 9 GG Arbeitskampf; billigend BVerfGE 84, 212, 230; *Brox/Rüthers*, Arbeitskampfrecht, Rn. 168; *Gamillscheg*, KollArbR I, § 20 IV 2; MünchArbR/*Ricken*, § 272 Rn. 55 ff.
[110] *Däubler*, JuS 1972, 642, 645; *Kittner*, GMH 1973, 91, 10 ff.
[111] BAG 19.6.2007, NZA 2007, 1055.
[112] BAG 13.7.1993, AP Nr. 127 zu Art. 9 GG Arbeitskampf.

Branche entscheidende Betriebe betrifft. Die Engführung berechtigt die Arbeitgeberseite lediglich zu einer den Arbeitskampf ausweitenden Aussperrung (s. unten Rn. 53 ff.).

Bedeutung hat der Grundsatz der Kampfparität für die Arbeitnehmer allerdings bei der **Verteilung des Arbeitskampfrisikos**, d.h. bei der Frage, ob Arbeitnehmer, deren Arbeit aufgrund eines Arbeitskampfs ausfällt, ihren Anspruch auf Vergütung behalten (s. unten Rn. 123 ff.).[113]

52

d) Rechtsfolgen für die Arbeitgeberseite

aa) Aussperrung. Ein generelles Aussperrungsverbot ist nach h.M. mit den tragenden Grundsätzen des geltenden Tarifrechts unvereinbar und deshalb unzulässig.[114]

53

(1) Eine **Angriffsaussperrung** kann unter dem Gesichtspunkt der Kampfparität nicht schlechthin unzulässig sein. Die Rechtsprechung schwankt. Der Große Senat des BAG hat die Angriffsaussperrung 1971 ausdrücklich für zulässig erklärt.[115] Das BVerfG hat die Frage 1991 offengelassen.[116] Der für das Arbeitskampfrecht zuständige 1. Senat des BAG stellt bereits an Abwehraussperrungen erhebliche Anforderungen.[117] Zu folgen ist dem Großen Senat. Nur mit Hilfe von Angriffsaussperrungen kann die Arbeitgeberseite in Krisensituationen den Abbau tariflicher Leistungen erkämpfen.[118] Große praktische Bedeutung kommt der Frage freilich nicht zu, weil die Arbeitgeber schon aus psychologischen Gründen einen solchen Arbeitskampf kaum durchstehen könnten. Sie haben deshalb in der Vergangenheit Lösungen an den Tarifverträgen vorbei gesucht, in die die Belegschaften und ihre (betrieblichen) Vertretungen eingebunden waren: über die sog. Bündnisse für Arbeit (s. § 16 Rn. 383 ff.).

54

(2) **Abwehraussperrungen** sind nach der Rechtsprechung jedenfalls insoweit gerechtfertigt, als die angreifende Gewerkschaft durch besondere Kampftaktiken ein Verhandlungsübergewicht erzielen kann. Das ist vor allem **bei eng begrenzten Teil- und Schwerpunktstreiks** der Fall.[119] Denn die im Arbeitgeberverband organisierten Arbeitgeber, gegen die Teil- oder Schwerpunktstreiks geführt werden, könnten sich aus Wettbewerbsgründen allzu schnell genötigt sehen, den Streikforderungen nachzugeben. Dadurch kann die für Verbandstarifverträge notwendige Solidarität nachhaltig gestört werden.

55

---

[113] BAG 22.12.1980, AP Nr. 70 zu Art. 9 GG Arbeitskampf.
[114] BAG 10.6.1980, AP Nr. 65 zu Art. 9 GG Arbeitskampf.
[115] BAG GS 21.4.1971, AP Nr. 43 zu Art. 9 GG Arbeitskampf.
[116] BVerfGE 84, 212.
[117] BAG 10.6.1980, AP Nr. 64, 65 zu Art. 9 GG Arbeitskampf.
[118] *Brox/Rüthers*, Arbeitskampfrecht, Rn. 187 m.w.N.; *Gamillscheg*, KollArbR I, § 21 III 5 (2) m.w.N.; a.A. *Otto*, Arbeitskampfrecht, § 10 Rn. 53 ff.
[119] BAG 10.6.1980, AP Nr. 64, 65 zu Art. 9 GG Arbeitskampf.

56 **(3) Im öffentlichen Dienst** verstößt es weder gegen das Paritätsgebot noch gegen den Grundsatz der Neutralität des Staats im Arbeitskampf, wenn Beamte auf Arbeitsplätzen streikender Arbeitnehmer eingesetzt werden.[120] Nach Ansicht des BVerfG bedarf es wegen des verfassungsrechtlichen Wesentlichkeitsprinzips dafür aber einer gesetzlichen Regelung.[121] Diese gibt es derzeit nicht.

57 **bb) Streikprämien.** Die Zahlung einer Streikprämie durch den Arbeitgeber stellt die Kampfparität der Gewerkschaft nicht in Frage. Sie führt zu keiner strukturellen Entwertung der gewerkschaftlichen Arbeitskampfführung. Insbesondere zwingt sie die Gewerkschaft nicht ohne weiteres zu einer Ausweitung des Arbeitskampfs. Allerdings müssen Streikprämien dem Grundsatz der Verhältnismäßigkeit genügen. (s. unten Rn. 93).

6. Ultima-ratio-Grundsatz

a) Bedeutung

58 1971 hatte der Große Senat des BAG entschieden: Arbeitskampfmaßnahmen dürfen nur als letztes Mittel („ultima ratio") eingesetzt werden. Ein Arbeitskampf kommt erst in Betracht, wenn alle anderen Verständigungsmöglichkeiten zwischen den Tarifvertragsparteien ausgeschöpft sind.[122]

b) Warnstreik und „neue Beweglichkeit"

59 Bereits 1976 machte das BAG eine Ausnahme für den **Warnstreik.**[123] Kurze Warnstreiks sollten schon vor dem Scheitern von Tarifverhandlungen erlaubt sein, damit die Gewerkschaft der Arbeitgeberseite ihre Kampfbereitschaft demonstrieren konnte. Ein Warnstreik sei mit dem Grundsatz der Verhältnismäßigkeit vereinbar, weil von ihm wegen der kurzen Dauer nur ein „milder Druck" ausgehe und weil durch den Druck möglicherweise der Ausbruch eines unbefristeten (Erzwingungs-)Streiks verhindert werden könne. Die Gewerkschaften nutzten die Privilegierung des Warnstreiks und entwickelten die Taktik der **„neuen Beweglichkeit"** und des **„Wellenstreiks".** Sie erzeugten durch für die Arbeitgeberseite nicht im einzelnen voraussehbare rasch aufeinanderfolgende kurzzeitige Arbeitsniederlegungen in verschiedenen Betrieben, die je für sich das Privileg des Warnstreiks genossen, einen beträchtlichen, vom Erzwingungsstreik kaum mehr zu unterscheidenden Kampfdruck. Das war insbesondere dann der Fall, wenn es gelang, durch Kampfmaßnahmen in wenigen Schlüsselbetrieben die ganze Branche lahmzulegen.

---

[120] BAG 10.9.1985, AP Nr. 86 zu Art. 9 GG Arbeitskampf.
[121] BVerfG 2.3.1993, AP Nr. 126 zu Art. 9 GG Arbeitskampf.
[122] Allg.M. seit BAG GS 28.1.1955, AP Nr. 1 zu Art. 9 GG Arbeitskampf.
[123] BAG, 17.12.1976, 12.9.1984, AP Nr. 51, 81 zu Art. 9 GG Arbeitskampf.

1988 gab deshalb das BAG die Privilegierung des Warnstreiks auf.[124] Seitdem gilt auch für den Warnstreik das ultima-ratio-Prinzip. Allerdings verzichtet das BAG auf eine förmliche Erklärung, dass die Verhandlungen gescheitert seien. Die Erklärung des Scheiterns der Verhandlungen werde konkludent durch die Arbeitsniederlegung zum Ausdruck gebracht. De facto hat es den Grundsatz damit aufgegeben. Warnstreiks sind seitdem zu ständigen Begleitern von Tarifverhandlungen geworden. Die Kehrseite dieser Rechtsprechung ist, dass jetzt gegen Warn- oder Kurzstreiks Kurzaussperrungen zulässig sind.[125]

Die Auffassung des BAG ist in sich widersprüchlich. Aus dem ultima-ratio-Prinzip ergibt sich eine deutliche Trennung von Verhandlungs- und Kampfphase. Dem steht auch nicht entgegen, dass nach Ausbruch des Arbeitskampfs die Verhandlungen wieder aufgenommen werden können.[126] **60**

c) Schlichtungszwang?

Aus dem ultima-ratio-Grundsatz folgt nach wohl h.L. die Verpflichtung der Tarifvertragsparteien, vor Einleitung eines Arbeitskampfs ein Schlichtungsverfahren durchzuführen.[127] Das BAG selbst hat das ursprünglich verlangt[128], ist später auf dieses Erfordernis aber nicht mehr zurückgekommen.[129] Das Gericht hat die Tarifvertragsparteien jedoch nachdrücklich aufgefordert, Schlichtungsverfahren tarifvertraglich zu regeln.[130] Ist das geschehen, kann sich die Verpflichtung zur Anrufung der Schlichtungsstelle aus dem Tarifvertrag ergeben. Ein Verstoß gegen eine solche tarifliche Verpflichtung macht den Arbeitskampf aber nicht rechtswidrig, es sei denn, dass die Friedenspflicht entsprechend erweitert wurde. Eine staatliche Zwangsschlichtung verstößt nach h.M. gegen die Garantie einer staatsfreien Tarifautonomie.[131] **61**

d) Urabstimmung?

Nach einer Mindermeinung im Schrifttum folgt aus dem ultima-ratio-Grundsatz weiter die Pflicht der Gewerkschaften zur Urabstimmung vor einem Streikaufruf.[132] Die h.M. lehnt dies zu Recht ab.[133] Die Urabstimmung ist ein Teil der verbandsinternen Willensbildung. Eine Verletzung interner Regeln stellt eine Verbandswid- **62**

---

[124] BAG 21.6.1988, AP Nr. 108 zu Art. 9 GG Arbeitskampf.
[125] BAG 11.8.1992, AP Nr. 124 zu Art. 9 GG Arbeitskampf.
[126] Nachweis der Kritik bei *Gamillscheg*, KollArbR I, § 24 IV 2 a, b.
[127] *Löwisch/Löwisch/Rieble*, Arbeitskampfrecht, II Rn. 57; a.A. *Kissel*, Arbeitskampfrecht, § 69 Rn. 28 f.; MünchArbR/*Ricken*, § 272 Rn. 72.
[128] BAG GS 21.4.1971, AP Nr. 43 zu Art. 9 GG Arbeitskampf.
[129] BAG 12.9.1984, AP Nr. 81 zu Art. 9 GG Arbeitskampf.
[130] BAG GS 21.4.1971, AP Nr. 43 zu Art. 9 GG Arbeitskampf.
[131] *Kissel*, Arbeitskampfrecht, § 70 Rn. 24-36.
[132] *Hanau/Adomeit*, Arbeitsrecht, Rn. 294; *Hueck/Nipperdey*, Arbeitsrecht II/2, § 49 B II 7 d.
[133] *Brox/Rüthers*, Arbeitskampfrecht, Rn. 203; *Löwisch/Rieble,* TVG, Grund. Rn. 263.

rigkeit dar, berührt aber nicht die Rechtmäßigkeit von Kampfmaßnahmen. Zuzugeben ist allerdings, dass die Urabstimmung für die nicht organisierten Arbeitnehmer die einzige Möglichkeit darstellt, über ihre organisierten Kollegen Einfluss auf die Ausrufung eines Streiks zu nehmen.

7. Grundsatz der Verhältnismäßigkeit

63 Arbeitskampfmaßnahmen stehen unter dem Gebot der Verhältnismäßigkeit. Der Verhältnismäßigkeitsgrundsatz ist nach der Rechtsprechung[134] **der zentrale und angemessene Maßstab** für die Beurteilung der unterschiedlichen Formen des Arbeitskampfs. Als Maßstab für die rechtliche Beurteilung des Arbeitskampfs eigne er sich deshalb, weil durch die Ausübung der verfassungsrechtlich gewährleisteten Betätigungsfreiheit regelmäßig in ebenfalls verfassungsrechtlich geschützte Rechtspositionen des unmittelbaren Kampfgegners oder von Dritten eingegriffen werde. „Das Abwägungspostulat der Verhältnismäßigkeit erfordert stets eine Würdigung, ob ein Kampfmittel zur Erreichung eines rechtmäßigen Kampfziels **geeignet** und **erforderlich** und bezogen auf das Kampfziel **angemessen** (proportional bzw. verhältnismäßig i.e.S.) eingesetzt worden ist."

64 **Geeignet** ist ein Kampfmittel, wenn durch seinen Einsatz die Durchsetzung des Kampfziels gefördert werden kann. Dabei kommt den Kampfparteien eine Einschätzungsprärogative zu. Sie haben einen Beurteilungsspielraum bei der Frage, ob eine Arbeitskampfmaßnahme geeignet ist, Druck auf den sozialen Gegenspieler auszuüben. Die Einschätzungsprärogative ist Teil der durch Art. 9 Abs. 3 GG geschützten Freiheit in der Wahl der Arbeitskampfmittel. Sie betrifft nicht nur die Frage, welches Kampfmittel eingesetzt wird, sondern auch, wem gegenüber das geschieht. Nur wenn das Kampfmittel zur Erreichung des zulässigen Kampfziels offenbar ungeeignet ist, kann eine Arbeitskampfmaßnahme aus diesem Grund für rechtswidrig erachtet werden.[135] Die Freiheit in der Wahl der Kampfmittel steht auch dem einzelnen Arbeitgeber zu.[136]

65 **Erforderlich** ist ein Kampfmittel, wenn mildere Mittel zur Erreichung des angestrebten Ziels nach der Beurteilung der kampfführenden Partei nicht zur Verfügung stehen. Auch insoweit umfasst deren Betätigungsfreiheit grundsätzlich die Einschätzung, ob sie zur Erreichung des verfolgten Ziels das gewählte Mittel für erforderlich oder andere Mittel für ausreichend erachtet. Die Grenze bildet auch hier der Rechtsmissbrauch.[137]

---

[134] BAG 19.6.2007, NZA 2007, 1055.
[135] BAG 19.6.2007, NZA 2007, 1055.
[136] BAG 14.8.2018, NZA 2019, 100.
[137] BAG 19.6.2007, NZA 2007, 1055; BAG 14.8.2018, NZA 2019, 100.

II. Allgemeine Voraussetzungen für einen rechtmäßigen Arbeitskampf 189

Verhältnismäßig i.e.S. (proportional) ist ein Arbeitskampfmittel, das sich unter 66
hinreichender Würdigung der grundrechtlich gewährleisteten Betätigungsfreiheit
zur Erreichung des angestrebten Kampfziels unter Berücksichtigung der Rechtspositionen der von der Kampfmaßnahme unmittelbar oder mittelbar Betroffenen als
angemessen darstellt. Hier steht den Arbeitskampfparteien keine Einschätzungsprärogative zu, weil es nicht um eine tatsächliche Einschätzung, sondern um eine
rechtliche Abwägung geht. Da es das Wesen einer Arbeitskampfmaßnahme ist,
durch Zufügung von Nachteilen Druck auszuüben, ist ein Kampfmittel erst dann
unverhältnismäßig, wenn es sich auch unter Berücksichtigung dieses Umstands als
unangemessene Beeinträchtigung gegenläufiger, ebenfalls verfassungsrechtlich
geschützter Rechtspositionen darstellt.[138] Dabei kann von Bedeutung sein, ob das
Kampfmittel mit eigenen Opfern verbunden ist und ob dem Gegner effektive Verteidigungsmöglichkeiten zur Verfügung stehen. Ein Kampfmittel, das frei von
eigenen Risiken eingesetzt werden kann und zugleich dem Gegner keine Verteidigungsmöglichkeiten lässt, gefährdet typischerweise die Kampfparität.[139]

Der Grundsatz der Verhältnismäßigkeit **bezieht sich** nur **auf den Arbeitskampf** 67
als Verfahren, nicht auf Art und Umfang der Tarifforderungen,[140] hierfür fehlt
es an konkreten Maßstäben, an denen sich eine richterliche Inhaltskontrolle orientieren könnte. Aus demselben Grund ist eine Bindung der Tarifvertragsparteien an
staatliche Lohnleitlinien oder an das Gemeinwohl abzulehnen. Der Begriff des
Gemeinwohls ist viel zu vage, als dass daraus präzise Grenzen für Tarifforderungen abgeleitet werden könnten. Dem steht nicht entgegen, dass es dem Gesetzgeber in Ausnahmesituationen erlaubt ist, Tarifverhandlungen einzuschränken, etwa
um durch einen Lohnstopp volkswirtschaftlich schädliche Lohnsteigerungen zu
verhindern.[141]

Das BVerfG hat die Rechtsprechung des BAG zum Grundsatz der Verhältnis- 67a
mäßigkeit gebilligt. Der Grundsatz der Verhältnismäßigkeit sei zwar inhaltlich
unbestimmt, aber dogmatisch detailliert durchgeformt. Die Verhältnismäßigkeit strukturiere die gerichtliche Überprüfung der Grenzen, die einer grundrechtlich geschützten Freiheit gesetzt seien. Das genüge den Anforderungen, die sich aus der Verfassung für die auf das Recht bezogene Handlungsorientierung der Arbeitskampfparteien stellten.[142]

---

[138] BAG 19.6.2007, NZA 2007, 1055.
[139] BAG 14.8.2018, NZA 2019, 100.
[140] BAG 24.4.2007, NZA 2007, 987 (exorbitante Forderungen für einen Tarifsozialplan).
[141] *Lieb/Jacobs*, Arbeitsrecht, Rn. 606.
[142] BVerfG 26.3.2014, NZA 2014, 493.

III. Mittel des Arbeitskampfs

1. Arbeitskampfmaßnahmen der Arbeitnehmerseite[143]

a) Streik

68 **aa) Begriff.** Streik (von engl. „to strike") ist die von einer größeren Anzahl von Arbeitnehmern planmäßig und gemeinschaftlich durchgeführte Verletzung der Arbeitspflicht zur Erreichung eines gemeinschaftlichen Ziels. Der Streik kann im wesentlichen in drei Formen geführt werden:
- durch **Arbeitseinstellung**. Eine Arbeitseinstellung liegt vor, wenn die Arbeitnehmer nicht an der Arbeitsstelle erscheinen oder wenn sie sich zwar einfinden, aber nicht arbeiten (Sitzstreik). Nicht (mehr) erforderlich ist die vorherige Kündigung durch die Arbeitnehmer;[144] § 25 KSchG ist deshalb gegenstandslos geworden,
- durch **Schlechterfüllung** der Arbeitspflicht (Bummelstreik) oder
- durch **übergenaue Befolgung von Ordnungs- oder Sicherheitsbestimmungen**, die den Betrieb stören oder zum Erliegen bringen („Dienst nach Vorschrift").

„**Kollektive Krankmeldungen**" als Druckmittel gegen den Arbeitgeber („**Go Sick**") stellen demgegenüber keine Streikmaßnahme dar.[145]

69 **bb) Durchführung.** Die Durchführung des Streiks bestimmt sich nach den Arbeitskampfrichtlinien der Gewerkschaften.[146] Sie unterscheiden sieben Phasen:
1. **Beschluss der Gewerkschaft zur Einleitung des Streiks**. Die Gegenseite ist über diesen Beschluss zu unterrichten. An Inhalt und Form der Unterrichtung sind keine hohen Anforderungen zu stellen. Die Gegenseite muss aber wissen, woran sie ist und was von ihr verlangt wird, damit sie ihr Verhalten danach einrichten kann. Formell genügt ein von der Gewerkschaft im zu bestreikenden Betrieb verteiltes Flugblatt, aus dem sich die Arbeitskampfmaßnahme und der Beginn des Streiks ergeben.[147]
2. **Beschluss zur Durchführung der Urabstimmung** aller Gewerkschaftsmitglieder über den Streik.
3. **Aufforderung an alle Mitglieder**, an der Urabstimmung teilzunehmen.
4. **Urabstimmung**. I.d.R. müssen 75 % der an der Abstimmung teilnehmenden Mitglieder einem Arbeitskampf zustimmen. Ob ein Streik, der ohne die erforderliche Urabstimmung durchgeführt wird, zulässig ist, ist umstritten; die h.L. verneint (s. oben Rn. 62).

---

[143] Zum Arbeitskampf in der digitalisierten Arbeitswelt *Giesen/Kersten*, NZA 2018, 1 ff.
[144] BAG GS 28.1.1955, AP Nr. 1 zu Art. 9 GG Arbeitskampf.
[145] *Beckerle/Stolzenberg*, NZA 2016, 1313.
[146] Vgl. z.B. für den DGB die Arbeitskampfrichtlinien vom 5.6.1974, abgedr. in RdA 1974, 306.
[147] BAG 19.6.2012, NZA 2012, 1372.

III. Mittel des Arbeitskampfs   191

5. **Genehmigung des Streikbeschlusses** durch das zuständige Organ der Gewerkschaft, zumeist durch den Hauptvorstand. Das Organ ist an das Ergebnis der Urabstimmung nicht gebunden.
6. **Streikbefehl der Gewerkschaft** an die Mitglieder und Aufforderung an die Nichtmitglieder, sich am Streik zu beteiligen. Gewerkschaftsmitglieder sind verbandsrechtlich zur Streikteilnahme verpflichtet; Zuwiderhandlung kann zum Ausschluss aus der Gewerkschaft und zum Verlust des Anspruchs auf Unterstützung bei einer eventuellen Aussperrung führen.
7. **Tatsächliche Arbeitsniederlegung.** Die Teilnahme des einzelnen Arbeitnehmers am Streik und die damit verbundene Suspendierung der arbeitsvertraglichen Hauptleistungspflichten setzt eine entsprechende Erklärung voraus.[148]

Zur Durchführung des Arbeitskampfs wird eine **Streikleitung** gebildet. Sie organisiert und überwacht die Kampfmaßnahmen und informiert die Öffentlichkeit. Ihre Zusammensetzung richtet sich nach dem Kampfbereich. Bei einem Streik in einem größeren Bereich werden regelmäßig eine **zentrale Streikleitung** und **örtliche Streikleitungen** gebildet. **Streikposten** werden aufgestellt, um Arbeitswillige („Streikbrecher") zur Teilnahme am Streik zu veranlassen. Das darf nur durch Überredung und ähnliche „geistig-ideelle" Maßnahmen geschehen.[149]   70

cc) **Beendigung.** Über die Beendigung eines Streiks entscheiden die zuständigen Organe. Die Beendigung muss dem Arbeitgeber von der streikführenden Gewerkschaft oder den streikbeteiligten Arbeitnehmern mitgeteilt werden. Der Beschluss der streikführenden Gewerkschaft allein genügt nicht. Im Konflikt um einen Verbandstarifvertrag kann die Mitteilung auch gegenüber dem Arbeitgeberverband erfolgen. Eine öffentliche Verlautbarung über die Medien kann eine unmittelbare Mitteilung nur ersetzen, wenn sie zur Kenntnis des betroffenen Arbeitgebers gelangt. Die Meldung muss hinreichend genau darüber informieren, wann, wo und inwieweit der Streik enden soll, und sie muss klar zum Ausdruck bringen, dass der Beschluss von der streikführenden Gewerkschaft stammt.[150]   71

b) Sympathiestreiks (= Unterstützungsstreiks)

Sympathiestreiks (= Unterstützungsstreiks) galten bislang als unzulässig, denn sie richten sich nicht gegen den Tarifpartner, mit dem der umstrittene Tarifvertrag geschlossen werden soll. Eine Ausnahme wurde nur bei einer engen wirtschaftlichen Verflechtung mit einem bestreikten Unternehmen – insbesondere in einem Konzern – und bei einer Verletzung der Neutralität im Hauptarbeitskampf gemacht.[151] Nunmehr lässt das BAG[152] Unterstützungsstreiks aus dem Gesichtspunkt   72

---

[148] St. Rspr., vgl. BAG 7.4.1992, AP Nr. 122 zu Art. 9 GG Arbeitskampf.
[149] St. Rspr., vgl. BAG 29.3.1957, 11.7.1995, AP Nr. 5, 139 zu Art. 9 GG Arbeitskampf.
[150] BAG 23.10.1996, AP Nr. 146 zu Art. 9 GG Arbeitskampf.
[151] BAG 5.3.1985, 12.1.1988, AP Nr. 85, 90 zu Art. 9 GG Arbeitskampf.
[152] BAG 19.6.2007, NZA 2007, 1055.

der **Kampfmittelfreiheit** grundsätzlich zu. Sie verstießen auch nicht gegen den Grundsatz der Verhältnismäßigkeit. Ein Unterstützungsstreik sei nicht generell ungeeignet. Mit ihm könne wirtschaftlicher oder psychischer Druck auf den Gegenspieler ausgeübt werden. Die Erforderlichkeit könne nicht mit der Begründung verneint werden, es müsse zuvor der Hauptarbeitskampf intensiviert werden. Die Gewerkschaft könne selbst entscheiden, „wann und wem gegenüber sie welches Arbeitskampfmittel für erforderlich erachtet." Für die Beurteilung der Angemessenheit sei die Nähe oder Ferne zu dem Hauptarbeitskampf von wesentlicher Bedeutung. Hierbei komme es darauf an, inwieweit der mit dem Unterstützungsstreik überzogene Arbeitgeber mit dem Adressaten des Hauptarbeitskampfs wirtschaftlich verflochten sei (Konzern, Produktions-, Dienstleistungs- oder Lieferbeziehungen), ob er sich in den Hauptarbeitskampf eingemischt und seine „Neutralität" verletzt habe, ob beide Streiks von derselben Gewerkschaft geführt würden und schließlich auf Dauer und Umfang des Unterstützungsstreiks. Unangemessen könne ein Unterstützungsstreik sein, wenn er der kämpfenden Gewerkschaft gleichsam aufgedrängt werde oder wenn sich der Schwerpunkt vom Hauptarbeitskampf auf den Unterstützungsstreik verlagere.[153]

73 Diese Rechtsprechung ist zu Recht kritisiert worden.[154] Das BAG subsumiert den Kampfgegner fälschlich unter die Kampfmittel und damit unter die Kampfmittelfreiheit. Was unter einem zulässigen Kampfmittel zu verstehen ist, ist eine Rechtsfrage, die nicht die Tarifvertragsparteien zu entscheiden haben, sondern die sich aus dem Gesetz ergibt. Art. 9 Abs. 3 GG schützt den Arbeitskampf nur als Annex des Tarifvertragssystems. Folglich muss ein Arbeitskampf auf Abschluss eines Tarifvertrags mit einem tariflich regelbaren Inhalt und gegen einen Gegner gerichtet sein, der die Tarifforderungen auch erfüllen kann. Der EGMR sieht in dem Schutz der Wirtschaft gegen „die zerstörerischen Auswirkungen" von Sympathiestreiks ein berechtigtes Ziel i.S.v. Art. 11 Abs. 2 EMRK, das ein generelles gesetzliches Verbot rechtfertigt.[155]

74 Vom Unterstützungsstreik zu unterscheiden ist der sog. **Partizipationsstreik**. Ein Außenseiter kann in einen Arbeitskampf um einen Verbandstarifvertrag einbezogen werden, wenn er an dem Ergebnis der Auseinandersetzungen partizipiert. Außenseiter-Arbeitgeber ist, wer zwar keinem Arbeitgeberverband angehört, aber aus Rechtsgründen an dem Ergebnis eines Verbandsarbeitskampfs teilhat. Das ist dann der Fall, wenn ein Firmentarifvertrag oder die Arbeitsverträge eines Arbeitgebers generell dynamisch auf den Verbandstarifvertrag verweisen oder wenn die

---

[153] Letzteres nahm das ArbG Frankfurt a.M. in seiner Entscheidung vom 28.2.2012, NZA 2012, 579, im Frankfurter Flughafenstreik an: Durch den Hauptstreik waren im Tagesdurchschnitt 183 Flüge ausgefallen, während durch den Unterstützungsstreik mit 500 Ausfällen zu rechnen war.
[154] *Buchner*, FS Hromadka, 2008, S. 39, 44: „eine sehr bedauerliche Rechtsprechungsänderung"; *Otto*, RdA 2010, 135, 143 f. (139: „Geiselhaft"); *Wank*, RdA 2009, 1, 2 ff.
[155] EGMR 8.4.2014, NZA 2015, 1270.

Übernahme der Verhandlungsergebnisse des Verbands der Praxis des Außenseiters entspricht.[156]

c) Streiks von Minderheitsgewerkschaften

Zu den wichtigsten Beweggründen für die Forderung nach Tarifeinheit gehörte es, ständige Tarifverhandlungen und Arbeitskämpfe zu verhindern. Der Entwurf von BDA und DGB aus dem Jahre 2010 sah folgerichtig eine Erstreckung der Friedenspflicht aus dem Tarifvertrag der Mehrheitsgewerkschaft auf die Minderheitsgewerkschaft vor. Nachdem der DGB 2014 aber jede gesetzliche Regelung des Streikrechts abgelehnt hatte, verzichtete der Gesetzgeber auf eine Vorschrift zum Arbeitskampf. Lediglich in der Gesetzesbegründung[157] äußert er die Ansicht, dass ein Streik für einen Tarifvertrag, der voraussichtlich nicht anwendbar ist, nicht der Sicherung der Tarifautonomie dient, und dass er damit – so ist zu folgern - unverhältnismäßig ist. Damit hat er die Entscheidung wieder auf die Gerichte verschoben. Das ist nicht nur deshalb unerfreulich, weil diese zumeist im Eilverfahren entscheiden müssen, sondern auch, weil das TEG das Arbeitskampfrecht nicht gerade vereinfacht hat.

74a

Am Streikrecht der Mehrheitsgewerkschaft hat sich gegenüber der bisherigen Rechtslage nichts geändert. Da es auf die Mehrheit im Betrieb ankommt, darf auch eine Gewerkschaft, die in einem Tarifbezirk in der Minderheit ist, zumindest um einen Tarifvertrag für die Betriebe streiken, in denen sie die Mehrheit hat. Ein Streik um einen unanwendbaren Tarifvertrag ist in der Regel unverhältnismäßig und damit unzulässig.[158] Dennoch wird man der Gewerkschaft das Streikrecht auch da, wo sie in der Minderheit ist, nicht generell absprechen können. Vielfach wird sich kaum feststellen lassen, „ob sowie ggf. wo, wann und wie lange" ein kollidierender Tarifvertrag ihren Tarifvertrag verdrängen wird.[159] Mitunter wird schon nicht klar sein, wer Mehrheits- und wer Minderheitsgewerkschaft ist. Im Verfahren des einstweiligen Rechtsschutzes wird sich die Frage nicht immer klären lassen.[160] Bei knappen Mehrheitsverhältnissen können sich auch bis zum Abschluss des kollidierenden Tarifvertrags (§ 4a Abs. 2 S. 2 TVG) die Mehrheitsverhältnisse ändern. Nicht völlig auszuschließen ist, dass die Minderheitsgewerkschaft sogar dann ein Streikrecht haben muss, wenn ihr Tarifvertrag offensichtlich verdrängt würde. Von ihrem Nachzeichnungsrecht kann sie nämlich nur Gebrauch machen, wenn sie einen eigenen Tarifvertrag hat.[161] In der Praxis dürfte diese Frage allerdings keine große Rolle spielen, denn für einen Kampf um einen nachgezeichneten Tarifvertrag werden sich die Mitglieder kaum mobilisieren lassen.[162]

74b

---

[156] BAG 19.6.2012, NZA 2012, 1372.
[157] BT-Drucks. 18/4062 S. 12.
[158] *Linsenmaier*, RdA 2015, 369, 384 m.w.N.
[159] *Linsenmaier*, RdA 2015, 369, 385.
[160] *Däubler/Bepler*, Tarifeinheit Rn. 195; *Linsenmaier*, RdA 2015, 369, 386 f.
[161] *Däubler/Bepler*, Tarifeinheit Rn. 198; ErfK/*Franzen* § 4a TVG Rn. 26; *Greiner*, NZA 2015, 769, 776 f.; *Linsenmaier*, RdA 2015, 369, 386.
[162] *Richardi/Bayreuther*, Koll ArbR § 10 Rn. 79; *Däubler/Bepler*, Tarifeinheit, Rn. 197.

d) Boykott

75 Ein Boykott liegt vor, wenn jemand (der Boykottierer) einen bestimmten Personenkreis (Boykottanten) auffordert, die Beziehungen zu einem Arbeitgeber ganz oder teilweise abzubrechen. Kampfmittel ist der Ausschluss des Gegners vom rechtsgeschäftlichen Verkehr. Dabei kann die kämpfende Partei selbst jeden geschäftlichen Kontakt zum Gegner verweigern oder Dritte zu einem entsprechenden Verhalten veranlassen. Der Boykott kann die Arbeitsverträge betreffen (Zuzugssperre) oder andere Verträge. Beispielsweise können die Arbeitnehmer andere Arbeitnehmer oder Dritte auffordern, Waren oder sonstige Leistungen bestimmter Arbeitgeber nicht zu beziehen. Auch die Arbeitgeber können die Arbeitnehmerseite boykottieren, etwa indem sie „schwarze Listen" von Personen aufstellen, die nicht eingestellt werden sollen.

76 Namensgeber für den Boykott war der englische Gutsverwalter Ch. C. Boycott, der Mitte des 19. Jahrhunderts seine (irischen) Pächter schlecht behandelte und daraufhin in Irland „boykottiert" wurde.

77 Der Boykott gehört zu den klassischen Arbeitskampfmitteln (was nichts über seine Rechtmäßigkeit aussagt). In der Weimarer Zeit erfreute er sich einer gewissen Beliebtheit; in der Bundesrepublik ist er praktisch außer Gebrauch gekommen. Seine Grenzen sind heftig umstritten.[163]

e) Betriebsblockade und Betriebsbesetzung

78 **aa) Betriebsblockaden** bezwecken eine Zugangssperre für arbeitswillige Arbeitnehmer und Kunden sowie i.d.R. auch die Verhinderung von Zu- und Auslieferungen. Das geht weit über eine bloße Arbeitsniederlegung hinaus. Die Rechtsprechung betrachtet Betriebsblockaden als einen rechtswidrigen Eingriff in den eingerichteten und ausgeübten Gewerbebetrieb.[164] Werden Arbeitswillige oder sonstige Personen durch Gewalt (Festhalten) oder durch Drohung mit Gewalt am Betreten des Betriebs gehindert, so liegt darin eine Nötigung (§ 240 StGB). Der Arbeitgeber kann sich der in der Blockade liegenden verbotenen Eigenmacht nach § 859 BGB (theoretisch) mit Gewalt erwehren. Auf Unterstützung durch die Polizei kann er allerdings kaum zählen; ein Einschreiten liegt in ihrem Ermessen.[165]

79 **bb)** Unter einer **Betriebsbesetzung** versteht man das Besetzen des Arbeitsplatzes nach Eindringen in den Betrieb oder das Verbleiben am Arbeitsplatz trotz Aufforderung, ihn zu verlassen. Die überwiegende Meinung hält Betriebsbesetzungen für rechtswidrig, da sie es dem Arbeitgeber unmöglich machen, die Produktion mit

---

[163] S. dazu etwa *Kissel*, Arbeitskampfrecht, § 61 Rn. 124 ff.; *Otto*, Arbeitskampfrecht, § 11 Rn. 25 ff.
[164] BAG 8.11.1988, AP Nr. 111 zu Art. 9 GG Arbeitskampf; *Kissel*, Arbeitskampfrecht, § 61 Rn. 104 (überdies in das Eigentums- und Besitzrecht, Rn. 103).
[165] Zu Vorstehendem *Kissel*, Arbeitskampfrecht, § 61 Rn. 107 f., 112 f.

Hilfe Arbeitswilliger fortzusetzen.¹⁶⁶ Darin liegt nicht nur ein Eingriff in das Eigentum und den eingerichteten und ausgeübten Gewerbebetrieb, sondern auch eine Störung der Kampfparität. Außerdem wird in das Recht arbeitswilliger Arbeitnehmer eingegriffen, dem Arbeitskampf fernzubleiben. Betriebsbesetzungen erfüllen in aller Regel den Tatbestand des Hausfriedensbruchs (§ 123 StGB). Die Rechtsprechung hat allerdings offen gelassen, ob nach dem Grundsatz der freien Wahl der Kampfmittel Betriebsbesetzungen ausnahmsweise dann zulässig sind, wenn aufgrund neuer technologischer Entwicklungen ein Streik leerliefe.¹⁶⁷

f) Flashmob

Flashmob¹⁶⁸ ist eine Kampfform, bei der Aktivisten einer Gewerkschaft, die nicht Arbeitnehmer des betroffenen Betriebs sind, den Ablauf eines öffentlich zugänglichen Betriebs systematisch stören. In Handelsgeschäften, die vor allem in Frage kommen, werden beispielsweise Einkaufswagen mit Waren gefüllt und dann stehen gelassen, Verkäufer ohne Kaufabsicht in lange Beratungsgespräche verwickelt, Waren an der Kasse vorgelegt und sodann mit der Begründung, man habe das Portemonnaie vergessen, zurückgegeben. Flashmob-Aktionen zur gezielten Sabotage von Betriebsabläufen (Produktion, Absatz) können nach Ansicht des BAG¹⁶⁹ aus Gründen des Arbeitskampfs gerechtfertigt sein, wenn dem Arbeitgeber wirksame Verteidigungsmöglichkeiten zur Verfügung stehen. Sie seien weder stets offensichtlich ungeeignet noch offensichtlich nicht erforderlich zur Erreichung der tarifpolitischen Ziele. Und sie seien auch nicht generell unverhältnismäßig. Zwar unterschieden sie sich nicht unbeträchtlich von herkömmlichen Streiks: Die Betriebsstörung erfolge nicht passiv, sondern aktiv, nicht notwendigerweise durch Arbeitnehmer, sondern auch durch andere Personen, sie seien mit keinen wirtschaftlichen Nachteilen für die Aktionsteilnehmer verbunden, und sie seien auch nicht zuverlässig durch die Gewerkschaft beherrschbar. Könne der Arbeitgeber aber die Art des Kampfmittels und die dafür verantwortliche Gewerkschaft erkennen, dann sei er den Aktionen nicht wehrlos ausgeliefert. Er könne gegenüber den Teilnehmern von seinem Hausrecht Gebrauch machen und er könne aufgrund seines Rechts zur Betriebsstilllegung seinen Betrieb vorübergehend schließen mit der Folge, dass die arbeitswilligen Arbeitnehmer ihren Entgeltanspruch verlören. **80**

Diese Argumentation ist in sich nicht stimmig. Sind Flashmob-Aktionen rechtmäßig, dann kann sich der Arbeitgeber nicht mit Hilfe des Hausrechts dagegen wehren. Überdies ist es schlechterdings nicht vorstellbar, wie ein Geschäftsinhaber „mit körperlicher Gewalt"¹⁷⁰ **81**

---

¹⁶⁶ BAG 8.11.1988, AP Nr. 111 zu Art. 9 GG Arbeitskampf; *Gamillscheg*, KollArbR I, § 21 V 1 m.w.N.; *Kissel*, Arbeitskampfrecht, § 61 Rn. 68 ff.
¹⁶⁷ BAG 21.6.1988, 8.11.1988, AP Nr. 108, 111 zu Art. 9 GG Arbeitskampf.
¹⁶⁸ Flash = Blitz; mob von mobilisieren.
¹⁶⁹ BAG 22.9.2009, NZA 2009, 1347; zustimmend BVerfG 26.3.2014, NZA 2014, 493; krit. bspw. *Rieble*, NZA 2008, 796. ff.; *Krieger/Günther*, NZA 2010, 20; *Rieth*, SAE 2010, 37 ff.; *Lembke*, NZA 2014, 471 ff.
¹⁷⁰ *Löwisch*, NZA 2010, 209, 210.

eine Besitzstörung durch die Aktionsteilnehmer abwehren können soll. Und eine vorübergehende Betriebsschließung, sofern überhaupt durchführbar, führt genau zu dem von der Gewerkschaft gewünschten Ergebnis. Im übrigen kann es sich kein Arbeitgeber leisten, den arbeitswilligen Arbeitnehmern, die zusätzlich zu ihrer Tagesarbeit die Hinterlassenschaft der Aktionsteilnehmer aufzuräumen haben, das Entgelt zu kürzen. Damit fällt die Argumentation des BAG in sich zusammen.[171]

g) „Kalter Streik"

82   Unter einem „kalten Streik" werden Schädigungen des Arbeitgebers verstanden, die durch Streikdrohung oder Streikankündigung entstehen, der keine oder keine Arbeitsniederlegung im angekündigten Umfang folgt. Betroffen sind vor allem Dienstleistungsunternehmen, deren Leistung nicht nachholbar ist (Bahn, Fluggesellschaften usw.). Potentielle Kunden stellen sich auf Arbeitskampfmaßnahmen ein und weichen auf andere Lösungen aus. Die betroffenen Unternehmen stellen Notfallpläne mit einem geringeren Leistungsangebot auf, die sie erst nach einiger Zeit wieder rückgängig machen können.[172] So hat die Lufthansa vier Tage für die Rückkehr zum Normalfahrplan gebraucht, obwohl der Streik aufgrund eines Vergleichs bereits am ersten Tag ausgesetzt wurde.[173] Die Gewerkschaften üben damit Druck aus, der sie nichts kostet. Die Unternehmen haben nicht nur die Mühen zu tragen, die mit der Vorbereitung einer Streikabwehr verbunden sind, sie verlieren an den streikbedrohten Tagen auch ein Gutteil ihrer Kunden (Fahr- und Fluggäste) und sie müssen die Mitarbeiter bezahlen, die nach dem Notfallplan nicht benötigt werden.

83   Hält man gezielt eingesetzte kalte Streiks nicht bereits für unzulässig – damit wird sich die Rechtsprechung angesichts ihres Postulats von der Kampfmittelfreiheit der Gewerkschaften schwer tun –, dann wird man zur Wahrung des Kampfgleichgewichts den nach dem Notfallplan nicht benötigten Mitarbeitern den Entgeltanspruch versagen müssen.[174] *Willemsen/Mehrens* empfehlen eine Lösung aus dem Grundsatz der Verhältnismäßigkeit und unter Umständen ein Eingreifen des Gesetzgebers.[175]

---

[171] Krit. etwa *Otto*, RdA 2010, 135, 141 ff., 144 ff. m.w.N.
[172] *Fritz/C. Meyer*, NZA-Beil. 2010, 111, 112; *Meik*, NZA-Beil. 2010, 116, 118; *Willemsen/Mehrens*, NZA 2010, 1313, 1322.
[173] Süddeutsche Zeitung v. 23.2.2010.
[174] *Hromadka*, NJW Editorial, H. 32/2010.
[175] *Willemsen/Mehrens*, NZA 2010, 1313, 1322.

2. Arbeitskampfmaßnahmen und sonstige Reaktionsmöglichkeiten der Arbeitgeberseite

a) Aussperrung

aa) Begriff. Aussperrung (Übersetzung von engl. „lock-out") ist die planmäßige 84 Ausschließung mehrerer Arbeitnehmer von der Arbeit unter Verweigerung der Lohnfortzahlung zur Erreichung bestimmter Ziele durch einen oder mehrere Arbeitgeber. Die Aussperrung kann uno actu oder sukzessive erfolgen.[176] In jedem Fall bedarf sie einer eindeutigen Erklärung;[177] es genügt nicht, wenn der Arbeitgeber Arbeitnehmer ohne jede Erläuterung nach Hause schickt. Ermächtigt der Arbeitgeberverband die Verbandsmitglieder zur Aussperrung, bedarf es der Mitteilung der Ermächtigung.[178]

bb) Formen. Ergreift die Arbeitgeberseite die Initiative zum Arbeitskampf, liegt 85 eine **Angriffsaussperrung** vor, reagiert sie auf den Streik einer Gewerkschaft, so spricht man von einer **Abwehraussperrung**. Während die allgemeine Meinung die Abwehraussperrung als solche für grundrechtlich garantiert hält, ist die Zulässigkeit von Angriffsaussperrungen umstritten (s. oben Rn. 54).

Bei einer **suspendierenden Abwehraussperrung** weigert sich der Arbeitgeber, 86 streikende und/oder weitere Arbeitnehmer seines Betriebs zu beschäftigen und zu bezahlen, ohne dass es zu einer Beendigung des Arbeitsverhältnisses kommt. Bei der **lösenden Abwehraussperrung** reagiert der Arbeitgeber nicht nur durch Suspendierung der arbeitsvertraglichen Hauptpflichten, sondern durch Auflösung des Arbeitsverhältnisses. Eine lösende Abwehraussperrung ist nur selten erforderlich, da der Arbeitgeber sein Ziel in aller Regel mit einer Suspensivaussperrung erreichen kann. Lösende Aussperrungen sind deshalb im allgemeinen unzulässig. Etwas anderes kann ausnahmsweise gelten bei besonders lang andauernden oder intensiv geführten Arbeitskämpfen, ferner, wenn bestreikte Arbeitsplätze durch Rationalisierungsmaßnahmen wegfallen und daher nicht wiederbesetzt werden können, oder als Antwort auf einen rechtswidrigen Streik. Unzulässig ist die lösende Aussperrung sozial besonders geschützter Personen, wie von Schwangeren oder Schwerbehinderten, und von Mitgliedern der Arbeitnehmervertretungen (Betriebsrat, Aufsichtsrat).[179] Unzulässig ist auch die Selektivaussperrung von Gewerkschaftsmitgliedern.[180] Ist ein Arbeitnehmer ausnahmsweise lösend ausgesperrt worden, hat er nach der Beendigung des Arbeitskampfs einen Anspruch auf Wiedereinstellung,

---

[176] BAG 14.10.1960, AP Nr. 10 zu Art. 9 GG Arbeitskampf.
[177] BAG 27.6.1995, AP Nr. 137 zu Art. 9 GG Arbeitskampf.
[178] BAG 31.10.1995, AP Nr. 140 zu Art. 9 GG Arbeitskampf.
[179] Zu Vorstehendem BAG GS 21.4.1971, AP Nr. 43 zu Art. 9 GG Arbeitskampf.
[180] BAG 10.6.1980, AP Nr. 66 zu Art. 9 GG Arbeitskampf.

es sei denn, dass dieses Verlangen billigem Ermessen widerspricht oder dass der Arbeitsplatz weggefallen ist.[181]

87 cc) Umfang. Der **zulässige Umfang** von Abwehraussperrungen richtet sich nach dem **Grundsatz der Verhältnismäßigkeit.** Unverhältnismäßig wäre es, einen eng begrenzten Teilstreik mit einer unbefristeten Aussperrung aller Arbeitnehmer des Tarifgebiets – etwa innerhalb der gesamten Branche in der gesamten Bundesrepublik – zu beantworten.[182] **Maßgebend ist der Umfang des Angriffsstreiks.** Je enger der Streik geführt wird, desto größer ist das Bedürfnis der Arbeitgeberseite, den Arbeitskampf auszuweiten, weil durch die Unterstützungsleistungen an Streikende und Ausgesperrte ein finanzieller Druck auf die Gewerkschaft entsteht. Die Rechtsprechung setzt dem jedoch Grenzen. Um ein Übergewicht der Arbeitgeberseite und ein Ausufern des Kampfgeschehens zu vermeiden, darf nur in dem Tarifgebiet ausgesperrt werden, in dem der Streikangriff geführt wird.[183]

88 1980 hat das BAG das Kampfgeschehen weiter eingeschränkt, und zwar durch eine **Quotenregelung.** Je weniger Arbeitnehmer die Gewerkschaft zum Streik aufruft, desto weniger darf die Arbeitgeberseite aussperren. Streiken weniger als 25 % der Arbeitnehmer, so soll die Arbeitgeberseite bis zu weiteren 25 % aussperren können; bei 25 bis 50 % soll die Arbeitgeberseite auf 50 % „auffüllen" können; ab 50 % soll keine Aussperrung mehr in Betracht kommen.[184]

89 Diese Rechtsprechung ist stark kritisiert worden.[185] Sie trägt den Bedürfnissen der Arbeitgeberseite bei Teil- und Schwerpunktstreiks in keiner Weise Rechnung, und sie wirft überdies eine Reihe ungelöster Folgeprobleme auf. In neuerer Zeit hat sich das BAG von seiner strengen Arithmetik gelöst. Nach wie vor hält es aber an der Begrenzung des Umfangs von Abwehraussperrungen fest.[186]

b) Betriebs(teil-)stilllegung

90 aa) Bedeutung. Das Arbeitskampfrecht kennt keine Pflicht zur aktiven Abwehr von Kampfmaßnahmen. Der Arbeitgeber ist nicht gehindert, sich dem Streik zu beugen. Er kann deshalb nach neuerer Rechtsprechung den bestreikten **Betrieb oder Betriebsteil** selbst dann **stilllegen**,[187] wenn ihm die Aufrechterhaltung technisch möglich und wirtschaftlich zumutbar wäre. Etwas anderes ergebe sich auch nicht aus der arbeitsvertraglichen Beschäftigungspflicht. Denn der Arbeitgeber könne nicht sicher sein, dass die Arbeitswilligen uneingeschränkt und jederzeit

---
[181] BAG GS 21.4.1971, AP Nr. 43 zu Art. 9 GG Arbeitskampf.
[182] BAG 10.6.1980, AP Nr. 64, 67 zu Art. 9 GG Arbeitskampf.
[183] BAG 10.6.1980, AP Nr. 64, 65 zu Art. 9 GG Arbeitskampf.
[184] BAG 10.6.1980, AP Nr. 65 zu Art. 9 GG Arbeitskampf.
[185] *Gamillscheg*, KollArbR I, § 24 III 2 a, b m.w.N.
[186] BAG 12.3.1985, 11.8.1992, AP Nr. 84, 124 zu Art. 9 GG Arbeitskampf.
[187] BAG 22.3.1994, 31.1.1995, 17.2.1998, AP Nr. 130, 135, 152 zu Art. 9 GG Arbeitskampf.

darauf verzichten, sich dem Arbeitskampf anzuschließen. Er müsse deshalb die Möglichkeit haben, seine arbeitsvertraglichen Pflichten der arbeitskampfrechtlichen Lage anzupassen. Die Stilllegung führt zur **Suspendierung der Hauptleistungspflichten**. Das BAG sieht darin keine Arbeitskampfmaßnahme, da der Arbeitgeber nicht aktiv in das Geschehen eingreife und erst recht nicht den Kampf ausweite, sofern sich die Stilllegung im Rahmen des gewerkschaftlichen Streikbeschlusses hält.

bb) Erklärung der Betriebsstilllegung. Der Arbeitgeber muss das Recht, den Betrieb ganz oder teilweise stillzulegen, durch eine Erklärung an die betroffenen Arbeitnehmer geltend machen.[188] Eine Erklärung gegenüber der kampfführenden Gewerkschaft ist weder notwendig noch hinreichend, da die Stilllegung gerade keine Arbeitskampfmaßnahme darstellt. Die Erklärung kann auch schlüssig erfolgen. Von einer schlüssigen Stilllegung ist auszugehen, wenn das gesamte Verhalten des Arbeitgebers deutlich macht, dass er sich dem Streik beugen und den Betrieb deshalb nicht weiterführen will. Nicht ausreichend ist es, dass der Betrieb zwar zum Erliegen kommt, der Arbeitgeber aber den Eindruck erweckt, er wolle die Arbeitnehmer so bald und so weit wie möglich wieder zur Arbeit heranziehen.[189] Versucht der Arbeitgeber, den Betrieb weiterzuführen, so gelten die allgemeinen Grundsätze über das Arbeitskampfrisiko (s. unten Rn. 127 ff.). Arbeitswillige verlieren ihren Entgeltanspruch nur, wenn die Beschäftigung infolge des Streiks unmöglich oder unzumutbar wird.[190]

91

cc) Kritik. Die Sicht des BAG ist recht vordergründig, denn tatsächlich bezieht der Arbeitgeber – wie bei der Aussperrung – nichtstreikende Arbeitnehmer in die Auseinandersetzung ein. Die Lehre von der Betriebsstilllegung verwischt die Grenzen zwischen Arbeitskampfrisikolehre und Aussperrung. Sie wird zu Recht weithin abgelehnt.[191] Der Eingriff in den Arbeitsvertrag ist für die Funktionsfähigkeit der Tarifautonomie nicht erforderlich und damit ungerechtfertigt.[192] Die Begründung mit der möglichen Begünstigung der mittelbar Betroffenen – könnten sich alle Arbeitnehmer am Arbeitskampf beteiligen und profitierten sie von seinen Ergebnissen, so müssten sie auch die mit der möglichen Suspendierung ihrer Arbeitsverhältnisse verbundenen Nachteile tragen – hat das BAG in seiner Entscheidung zur Arbeitskampfrisikolehre selbst verworfen.[193]

92

c) Streikprämien

Streikprämien, auch Streikbruchprämien genannt, sind Zuwendungen, die der Arbeitgeber an Arbeitnehmer allein dafür zahlt, dass sie während eines Streiks weiter ihrer Arbeit nachgehen. Die Zahlung von Streikprämien **während des Ar-**

93

---

[188] BAG 31.1.1995, 11.7.1995, AP Nr. 135, 138, 139 zu Art. 9 GG Arbeitskampf.
[189] BAG 11.7.1995, AP Nr. 138 zu Art. 9 GG Arbeitskampf.
[190] BAG 11.7.1995, AP Nr. 138, 139 zu Art. 9 GG Arbeitskampf.
[191] S. nur *Kissel*, Arbeitskampfrecht, § 33 Rn. 113 ff. m.w.N.
[192] Vgl. vor allem *Konzen*, Anm. zu BAG AP Nr. 137 bis 139 zu Art. 9 GG Arbeitskampf m.w.N.
[193] BAG 22.12.1980, AP Nr. 70 zu Art. 9 GG Arbeitskampf.

beitskampfs wertet die Rechtsprechung[194] als Arbeitskampfmaßnahme. Der Arbeitgeber nimmt Einfluss auf das Arbeitskampfgeschehen, um die Auswirkungen des Streiks zu mindern. Die Streikprämie ist nach dem Grundsatz der freien Wahl der Kampfmittel grundsätzlich zulässig. Sie widerspricht weder Art. 9 Abs. 3 Satz 2 GG noch Art. 11 EMRK. Allerdings müssen auch Streikprämien dem Grundsatz der Verhältnismäßigkeit genügen. Dabei ist die Höhe der Prämie und deren Verhältnis zum Verdienst der zum Streik aufgerufenen Arbeitnehmer regelmäßig kein geeignetes Kriterium für die Angemessenheitsprüfung.[195] Der Arbeitgeber muss sie außerdem allen arbeitswilligen Arbeitnehmern anbieten, gleichgültig, ob sie der kämpfenden Gewerkschaft angehören oder nicht. Dagegen verstoßen Streikprämien, die Arbeitnehmern **nach Beendigung des Arbeitskampfs** gewährt werden, gegen das Maßregelungsverbot des § 612a BGB mit der Folge, dass auch die nicht bedachten Arbeitnehmer einen Anspruch auf die Zuwendung haben.[196] Anders ist es, wenn die von der Prämienzahlung Begünstigten während des Streiks Belastungen ausgesetzt waren, die erheblich über das normale Maß der mit jeder Streikarbeit verbundenen Erschwerungen hinausgingen. In diesem Fall wird zulässigerweise die besondere Belastung vergütet.

d) Weiterarbeit

94 Dem bestreikten Arbeitgeber ist es grundsätzlich erlaubt, einem Streik dadurch zu begegnen, dass er durch organisatorische oder sonstige Maßnahmen die Auswirkungen auf seinen Betrieb zu mindern versucht. Er kann die durch Streik ausgefallene Arbeit durch arbeitswillige Arbeitnehmer verrichten lassen, neue Arbeitnehmer einstellen oder durch den Streik ausfallende Arbeit an Dritte vergeben.[197]

94a **Leiharbeitnehmer** einsetzen darf der Arbeitgeber jedenfalls dann nicht, wenn sein Betrieb unmittelbar von einem Arbeitskampf betroffen ist (§ 11 Abs. 5 S. 1 AÜG). Das ist der Fall, wenn sich die Arbeitskampfmaßnahme direkt gegen diesen Betrieb richtet, er also z.B. vom Streikaufruf einer Gewerkschaft erfasst wird.[198] Ausgenommen vom Einsatzverbot sind Leiharbeitnehmer, die Aufgaben übernehmen, die zuvor nicht von den am Arbeitskampf beteiligten Arbeitnehmern erledigt wurden (§ 11 Abs. 5 S. 2 Nr. 1 AÜG). Jedoch muss der Arbeitgeber dafür sorgen, dass Leiharbeitnehmer nicht solche Stammkräfte ersetzen, die im Arbeitskampf die Tätigkeiten der daran beteiligten Arbeitnehmer übernehmen (§ 11 Abs. 5 S. 2 Nr. 2 AÜG). Ein Verstoß gegen § 11 Abs. 5 AÜG ist nach § 16 Abs. 1 Nr. 8a AÜG bußgeldbewehrt. Die wohl h.L.[199] hält die 2017 eingeführte Regelung mit Recht für verfassungswidrig. Sie verstößt u.a. gegen die durch Art. 9 Abs. 3 GG gebotene staatliche Neutra-

---

[194] BAG 11.8.1992, 13.7.1993, AP Nr. 124, 127 zu Art. 9 GG Arbeitskampf.
[195] BAG 14.8.2018, NZA 2019, 100.
[196] BAG 11.8.1992, AP Nr. 124 zu Art. 9 GG Arbeitskampf.
[197] BAG 22.3.1994, NZA 1994, 1097; BAG 13.12.2011, NZA 2012, 995.
[198] *Boemke*, ZfA 2017, 1, 13.
[199] *Franzen*, RdA 2015, 141, 151; *Schüren/Hamann*, § 11 AÜG § 11 Rn. 170 ff.; ErfK/*Wank*, § 11 AÜG Rn. 21; a.A. *Deinert*, RdA 2017, 65, 78 m.w.N.

litätspflicht. Das BVerfG hat allerdings eine vorläufige Aussetzung des Vollzugs des Gesetzes abgelehnt.[200]

IV. Rechtsfolgen rechtmäßiger Arbeitskampfmaßnahmen

Arbeitskämpfe haben Rechtsfolgen für die kämpfenden Verbände, die kampfbeteiligten Arbeitsvertragsparteien und nicht am Arbeitskampf beteiligte Dritte. 95

1. Rechtsfolgen für die kämpfenden Verbände

Zu unterscheiden sind das Verhältnis der kämpfenden Verbände zueinander und die Rechtsbeziehungen zwischen Verband und Mitglied. 96

a) Verhältnis der kämpfenden Verbände zueinander

Mit dem Ablauf des Tarifvertrags erlöschen nicht alle Verpflichtungen der Tarifvertragsparteien. Aus dem schuldrechtlichen Teil ergeben sich nachvertragliche Schutz- und Verhaltenspflichten. Werden sie verletzt, können Schadensersatzansprüche wegen Pflichtverletzung entstehen. Weitere Pflichten ergeben sich aus dem Grundsatz der Verhältnismäßigkeit. Dabei kommt es nicht darauf an, welche Partei der Angreifer ist.[201] 97

aa) Pflicht zur Organisation von Erhaltungs- und Notstandsarbeiten (Notdienste). Erhaltungsarbeiten sind Tätigkeiten, die erforderlich sind, um das Unbrauchbarwerden der sächlichen Betriebsmittel zu verhindern.[202] Die Kampfparteien haben Sorge dafür zu tragen, dass die Betriebsmittel in einem Zustand erhalten werden, der es erlaubt, unmittelbar nach Beendigung des Arbeitskampfs den Betrieb fortzusetzen.[203] Der Arbeitskampf darf nicht zur Vernichtung der Produktionsmittel führen. **Notstandsarbeiten** sind demgegenüber Arbeiten, die die Versorgung der Bevölkerung mit lebensnotwendigen Diensten und Gütern (Nahrung, Gesundheit, Energie, Wasser, Verkehr, Post, Telekommunikation, Feuerwehr, 98

---

[200] BVerfG 25.2.2019, NZA 2019, 415.
[201] Die Gewerkschaften verneinen für sich eine Pflicht zur Organisation von Erhaltungsarbeiten im Falle einer Aussperrung. Das ist aber schon deshalb nicht hinnehmbar, weil auch das Verhalten der passiven Kampfpartei fair sein muss, vgl. *Brox/Rüthers*, Arbeitskampfrecht, Rn. 355 m.w.N.; *Zöllner/Loritz/Hergenröder*, Arbeitsrecht, § 44 VII Rn. 91 ff.
[202] BAG 30.3.1982, 31.1.1995, AP Nr. 74, 135 zu Art. 9 GG Arbeitskampf.
[203] LAG Frankfurt a.M. 22.4.1969, AP Nr. 40 zu Art. 9 GG Arbeitskampf; *Brox/Rüthers*, Arbeitskampfrecht, Rn. 349; *Gamillscheg*, KollArbR I, § 24 V 3 a.

Landesverteidigung, innere Sicherheit) während eines Arbeitskampfs sicherstellen sollen.[204]

99 Der Umfang der Erhaltungs- und Notstandsarbeiten ist von den Kampfparteien gemeinsam festzulegen. Sie haben auch die Auswahl der Arbeitnehmer zu treffen, die diese Dienste zu leisten haben. Dabei kommt ihnen ein weiter Beurteilungsspielraum zu.[205] Gelingt eine Vereinbarung, so ist sie die maßgebliche Grundlage für den Notdienst, und zwar auch gegenüber Dritten. Mitunter versuchen die Gewerkschaften, den Abschluss von Notdienstvereinbarungen von der Zusage abhängig zu machen, dass keine Arbeitnehmer außer den in der Vereinbarung genannten beschäftigt werden. Während die frühere Rechtsprechung das als unzulässigen Vertrag zulasten Dritter gewertet hatte,[206] hält das BAG solche Vereinbarungen nunmehr für rechtens.[207] Ein Arbeitnehmer habe nicht allein deshalb Anspruch auf Einsatz im Notdienst, weil er sich nicht am Streik beteiligen wolle. In der Praxis arbeiten Arbeitgeber und Betriebsrat einen Einsatzplan aus, der von den Kampfparteien gebilligt wird. Die Gewerkschaft ist zur Duldung der für die Sicherung und die Erhaltung der Funktionsfähigkeit des Betriebs unerlässlichen Arbeiten aber auch ohne entsprechende Vereinbarung verpflichtet.[208] Der Arbeitgeber kann den Notdienst im Wege einer einstweiligen Verfügung durchsetzen.[209] Die Weigerung, Erhaltungsarbeiten zu organisieren, macht den Arbeitskampf rechtswidrig[210] und führt zur Schadensersatzpflicht.[211]

100 **bb) Pflicht zur Beachtung der allgemeinen Kampfgrenzen.** Der Verband hat die allgemeinen Kampfgrenzen einzuhalten. Er muss das Kampfverhalten seiner Mitglieder beobachten und notfalls durch verbandsinterne Sanktionen (z.B. Entziehung der Unterstützung, Verbandsstrafen bis hin zum Ausschluss) darauf hinwirken, dass auch sie die Kampfgrenzen beachten.[212]

b) Verhältnis zwischen Verband und Mitglied

101 Die Satzungen der meisten Verbände sehen eine **finanzielle Unterstützung** der Mitglieder bei einem Arbeitskampf vor. Die Höhe der gewerkschaftlichen Unterstützung richtet sich vor allem nach dem Einkommen, daneben mitunter nach der Dauer der Gewerkschaftszugehörigkeit. Sie liegt etwa bei 50 % des Bruttoentgelts. Von den Leistungen müssen keine Sozialversicherungsbeiträge abgeführt werden,[213]

---

[204] BAG 30.3.1982, 31.1.1995, AP Nr. 74, 135 zu Art. 9 GG Arbeitskampf; *Gamillscheg*, KollArbR I, § 24 V 4.
[205] BAG 31.1.1995, AP Nr. 135 zu Art. 9 GG Arbeitskampf.
[206] BAG 14.12.1993, AP Nr. 129 zu Art. 9 GG Arbeitskampf.
[207] BAG 22.3.1994, 31.1.1995, AP Nr. 130, 135 zu Art. 9 GG Arbeitskampf; krit. *Lieb/Jacobs*, Arbeitsrecht, Rn. 608; MünchArbR/*Ricken* § 272 Rn. 61.
[208] BAG 30.3.1982, AP Nr. 74 zu Art. 9 GG Arbeitskampf.
[209] BAG 14.12.1993, AP Nr. 129 zu Art. 9 GG Arbeitskampf.
[210] LAG Frankfurt a.M. 22.4.1969, AP Nr. 40 zu Art. 9 GG Arbeitskampf; *Brox/Rüthers*, Arbeitskampfrecht, Rn. 349; *Otto*, Arbeitskampfrecht, § 8 Rn. 35 ff.
[211] BAG 14.12.1993, AP Nr. 129 zu Art. 9 GG Arbeitskampf.
[212] *Brox/Rüthers*, Arbeitskampfrecht, Rn. 353; *Dütz/Thüsing*, Arbeitsrecht, Rn. 755.
[213] *Küttner/Voelzke*, Personalbuch, Stichwort Arbeitskampf Rn. 45.

und sie unterliegen nicht der Einkommensteuer.[214] Bei streikwidrigem Verhalten können sie entfallen.[215] Auch die Arbeitgeberverbände unterstützen ihre Mitglieder. Die Einzelheiten ergeben sich aus den Satzungen und den Arbeitskampfrichtlinien.

2. Rechtsfolgen für die kampfbeteiligten Arbeitsvertragsparteien

a) Hauptleistungspflichten

Der rechtmäßige Streik und die rechtmäßige Aussperrung führen nach h.M. zum **Ruhen (Suspendierung) der Hauptleistungspflichten.**[216] Der Arbeitnehmer ist von seiner Arbeitspflicht, der Arbeitgeber von seiner Beschäftigungs- und Vergütungspflicht befreit. Das Arbeitsverhältnis bleibt bestehen. Das war nicht immer so.

102

Früher gingen Rechtsprechung und Lehre von einer **individualrechtlichen Betrachtungsweise** aus. Arbeitskampfmaßnahmen waren erst nach Beendigung des Arbeitsverhältnisses erlaubt (s. § 25 KSchG). Die Teilnahme an einem Streik ohne vorherige Kündigung war rechtswidrig. Die Notwendigkeit der Kündigung erschwerte Streiks. Wegen unterschiedlich langer Kündigungsfristen war es nicht leicht, die Arbeit gleichzeitig niederzulegen; der Arbeitgeber erhielt die Möglichkeit, sich ohne weiteres von missliebigen Arbeitnehmern zu trennen. Die Auflösung des Arbeitsverhältnisses lag nicht im Interesse der Streikwilligen; ihnen ging es nur um die Verbesserung der Arbeitsbedingungen.[217]

103

1955 ersetzte die Rechtsprechung die individualrechtliche Sichtweise durch eine **kollektivrechtliche.**[218] Seitdem wird die Rechtmäßigkeit eines Streiks auf individualrechtlicher und auf kollektivrechtlicher Ebene einheitlich bewertet. Der Arbeitnehmer kann sich auch ohne vorherige Kündigung an einem Streik beteiligen.

104

Da der Streik die arbeitsvertraglichen Pflichten nur suspendiert, leben diese mit dem Ende des Arbeitskampfs wieder auf. Damit haben die früher weit verbreiteten tarifvertraglichen Wiedereinstellungsklauseln ihre Bedeutung verloren. Nimmt der Arbeitgeber die Arbeitsleistung nicht an, gerät er in Annahmeverzug (§ 615 S. 1 BGB). Das erforderliche Angebot kann auch durch die Streikleitung erfolgen.[219]

105

Der Streikaufruf der Gewerkschaft rechtfertigt auch **die Teilnahme nicht und anders organisierter Arbeitnehmer am Arbeitskampf**. Privatrechtlich lässt sich dieses – im Ergebnis unstreitige[220] – Streikrecht kaum begründen.[221] Jedenfalls

106

---

[214] BFH 24.10.1990, AP Nr. 115 zu Art. 9 GG Arbeitskampf.
[215] *Brox/Rüthers*, Arbeitskampfrecht, Rn. 350 m.w.N.
[216] BAG 10.6.1980, AP Nr. 64, 65 zu Art. 9 GG Arbeitskampf; MünchArbR/*Ricken*, § 276 Rn. 1.
[217] *Gamillscheg*, KollArbR I, § 25 I 1 a; *Waltermann*, Arbeitsrecht, Rn. 711.
[218] BAG GS 28.1.1955, AP Nr. 1 zu Art. 9 GG Arbeitskampf.
[219] BAG 26.10.1971, AP Nr. 44 zu Art. 9 GG Arbeitskampf.
[220] *Kissel*, Arbeitskampfrecht, § 42 Rn. 55.
[221] Löwisch/*Löwisch/Rieble*, Arbeitskampfrecht, II Rn. 85 ff.; *Otto*, Arbeitskampfrecht, § 285 Rn. 58.

würde die durch Art. 9 Abs. 3 GG garantierte Streikfreiheit empfindlich beeinträchtigt, wenn sich die „Außenseiter" nicht an einem Streik beteiligen dürften, zumal in Branchen mit niedrigem Organisationsgrad.[222] Überdies wäre es ihnen kaum zumutbar, als Streikbrecher aufzutreten. Und schließlich kommt das Ergebnis des Arbeitskampfs in der sozialen Wirklichkeit in aller Regel auch den Nichtorganisierten zugute, vielfach über Bezugnahmeklauseln (s. § 13 Rn. 252 ff.). Das Streikrecht hat allerdings seinen Preis: der Arbeitgeber darf auch die Nichtorganisierten aussperren.[223]

107 Die **Suspendierung** tritt nicht schon durch den Kampfaufruf der Verbände ein, sondern erst **durch** die einseitige empfangsbedürftige **Willenserklärung** eines Arbeitnehmers oder Arbeitgebers, nicht arbeiten oder nicht beschäftigen zu wollen. Der Arbeitnehmer erklärt seine Streikteilnahme konkludent dadurch, dass er seine Arbeitspflicht nach einem Streikaufruf nicht mehr oder nicht mehr gehörig erfüllt.[224] Vom Arbeitgeber verlangt die Rechtsprechung eine hinreichend deutliche Aussperrungserklärung.[225]

b) Nebenpflichten

108 Die arbeitsvertraglichen Nebenpflichten bleiben vom Arbeitskampf unberührt. Der Arbeitnehmer muss auch in dieser Zeit Geschäftsgeheimnisse wahren und Wettbewerb unterlassen. Darüber hinaus ist er zur Verrichtung der erforderlichen Erhaltungs- und Notstandsarbeiten verpflichtet; dafür erhält er weiter die vereinbarte Vergütung. Streikende müssen dem Arbeitgeber drohende Schäden anzeigen, soweit sie dadurch nicht die Kampfstrategie ihres Verbands durchkreuzen. Der Arbeitgeber ist gehalten, eingebrachte und zurückgelassene Gegenstände streikender Arbeitnehmer zu verwahren. Arbeitnehmern, die Erhaltungsarbeiten durchführen, schuldet er Schutz und Fürsorge.

c) Sonderzahlungen

109 aa) **Anwesenheitsprämie.** Anwesenheitsprämien setzen im allgemeinen voraus, dass der Arbeitnehmer während eines bestimmten Zeitraums tatsächlich gearbeitet hat. Die streikbedingte Nichtarbeit führt demgemäß zur Kürzung oder zum Wegfall der Prämie.[226] Zwar hat die neuere Rechtsprechung vereinzelt angenommen, dass berechtigte Fehlzeiten sich nicht prämienmindernd auswirken dürfen.[227] Das

---

[222] *Brox/Rüthers*, Arbeitskampfrecht, Rn. 289.
[223] BAG 21.4.1971, AP Nr. 43 zu Art. 9 GG Arbeitskampf.
[224] BAG 1.3.1995, AP Nr. 68 zu § 1 FeiertagslohnzahlungsG.
[225] BAG 27.6.1995, AP Nr. 137 zu Art. 9 GG Arbeitskampf.
[226] BAG 15.5.1964, AP Nr. 35 zu § 611 BGB Gratifikation.
[227] BAG 28.3.1963, AP Nr. 24 zu § 1 HausArbTag NRW.

gilt aber nicht für den Streik, da hier der Arbeitnehmer jegliches Entgeltrisiko trägt.[228]

bb) Sonstige Gratifikationen. Gratifikationen, die als Belohnung für Betriebstreue oder als Anreiz für künftige Dienste gewährt werden, setzen den Bestand des Arbeitsverhältnisses, nicht aber eine tatsächliche Arbeitsleistung voraus. Deshalb dürfen sie für Zeiten berechtigter Nichtarbeit grundsätzlich nicht gekürzt werden.[229] Zulässig sind aber Vereinbarungen über die Kürzung für Streikzeiten.[230] Bei Leistungen der betrieblichen Altersversorgung bleiben streikbedingte Unterbrechungen der Wartezeiten außer Betracht, weil sie im Verhältnis zur Länge der Fristen nicht ins Gewicht fallen.[231] 110

d) Urlaub

aa) Auf Wartezeiten für die Entstehung des Urlaubs und auf die Urlaubsdauer hat der Arbeitskampf keinen Einfluss.[232] §§ 3, 4 BUrlG knüpfen nur an das Bestehen des Arbeitsverhältnisses an, und die Zeit eines Streiks ist keine Ausfallzeit i.S.d. § 11 Abs. 1 S. 3 BurlG.[233] 111

bb) Die Erfüllung von Urlaub, der bereits vor Beginn des Arbeitskampfs bewilligt oder sogar schon angetreten war, kann der Arbeitgeber nicht mehr verweigern.[234] War vor Kampfbeginn noch kein Urlaub bewilligt, scheidet ein urlaubsrechtlicher Anspruch auf Freistellung aus, weil der Arbeitnehmer schon wegen des Arbeitskampfs von der Arbeitspflicht befreit ist.[235] Außerdem ist es keinem Arbeitgeber zuzumuten, die andere Seite im Arbeitskampf durch Zahlung von Urlaubsentgelt zu unterstützen.[236] Streikende Arbeitnehmer, die während eines Arbeitskampfs ohne Urlaubsgewährung in Urlaub fahren und bei Streikende nicht zurück sind, verletzen den Arbeitsvertrag und riskieren Sanktionen wegen unerlaubten Fehlens. 112

e) Entgeltfortzahlung im Krankheitsfall, bei Arbeitsverhinderung aus persönlichen Gründen, an Feiertagen und wegen Betriebsratstätigkeit

aa) Grundsatz. Für Arbeitnehmer, die am Arbeitskampf teilnehmen, ruhen die gegenseitigen Hauptpflichten. Sie erhalten deshalb auch für Zeiten der krankheits- 113

---

[228] BAG 31.10.1995, AP Nr. 140 zu Art. 9 GG Arbeitskampf.
[229] BAG 20.12.1995, AP Nr. 141 zu Art. 9 GG Arbeitskampf.
[230] BAG 20.12.1995, AP Nr. 141 zu Art. 9 GG Arbeitskampf.
[231] *Heubeck/Höhne/Paulsdorff/Rau/Weinert*, § 1 BetrAVG Rn. 186.
[232] BAG 15.6.1964, AP Nr. 35, 36 zu Art. 9 GG Arbeitskampf.
[233] BAG 27.7.1956, AP Nr. 12 zu § 611 BGB Urlaubsrecht.
[234] BAG 20.12.1963, 15.6.1964, AP Nr. 33, 36 zu Art. 9 GG Arbeitskampf.
[235] BAG 15.6.1964, AP Nr. 35 zu Art. 9 GG Arbeitskampf.
[236] *Dütz/Thüsing*, Arbeitsrecht, Rn. 761; *Hueck/Nipperdey*, Arbeitsrecht II/1 47 B IX; a.A. *Brox/Rüthers*, Arbeitskampfrecht, Rn. 304.

bedingten Arbeitsunfähigkeit, der Arbeitsverhinderung aus persönlichen Gründen, an Feiertagen und bei Betriebsratstätigkeit kein Entgelt. Für arbeitswillige Arbeitnehmer verbleibt es bei den allgemeinen Regeln, es sei denn, dass der Arbeitgeber sie aussperrt, den Betrieb oder Betriebsteil stilllegt oder dass die Grundsätze des Arbeitskampfrisikos eingreifen.

114 **bb) Krankheit.** Der Arbeitnehmer hat nach § 3 EfzG nur dann Anspruch auf Entgeltfortzahlung im Krankheitsfall, wenn die **Arbeitsunfähigkeit** die **alleinige Ursache** der Arbeitsverhinderung ist.

115 Erkrankt ein Arbeitnehmer während eines Arbeitskampfs, an dem er beteiligt ist, so hat er keinen Anspruch auf Entgeltfortzahlung. Der Anspruchszeitraum wird auch nicht um die Dauer des Arbeitskampfs verlängert.[237] War er bereits bei Beginn des Streiks erkrankt, so erhält er die Entgeltfortzahlung ohne Rücksicht darauf, ob er sich am Arbeitskampf beteiligt hätte oder nicht, solange er nicht seine Teilnahme am Streik erklärt oder sich tatsächlich am Streik beteiligt.[238] Dem Arbeitgeber bleibt es unbenommen, erkrankte Arbeitnehmer auszusperren[239] und damit deren Entgeltfortzahlungsanspruch zu suspendieren.

116 **cc) Arbeitsverhinderung aus persönlichen Gründen.** Bei Arbeitsverhinderung aus persönlichen Gründen hat der Arbeitnehmer dann keinen Anspruch auf Entgeltfortzahlung, wenn er sich ohne die Arbeitsverhinderung am Arbeitskampf beteiligt hätte.[240]

117 **dd) Feiertag.** Anspruch auf Feiertagslohnzahlung nach § 2 EfzG besteht, wenn der Feiertag die alleinige Ursache der Arbeitsverhinderung ist.

118 Erklärt eine Gewerkschaft einen Streik am letzten Arbeitstag für beendet und nehmen die Arbeitnehmer am Tag nach dem Feiertag die Arbeit wieder auf, dann ist die Arbeitszeit am Feiertag nicht infolge des Streiks, sondern infolge des Feiertags ausgefallen, und zwar selbst dann, wenn die Gewerkschaft am Tage nach Wiederaufnahme der Arbeit erneut zu einem Streik aufruft.[241] Allerdings muss die Wiederaufnahme der Arbeit dem Arbeitgeber von der streikführenden Gewerkschaft oder den streikbeteiligten Arbeitnehmern mitgeteilt werden. Im Konflikt um einen Verbandstarifvertrag genügt die Mitteilung gegenüber dem Arbeitgeberverband. Eine öffentliche Verlautbarung über die Medien kann eine unmittelbare Mitteilung nur ersetzen, wenn sie den Arbeitgeber vor dem Feiertag erreicht, hinreichend genau darüber informiert, wann, wo und inwieweit der Streik enden soll, und klar zum

---

[237] BAG 8.3.1973, AP Nr. 29 zu § 1 LohnFZG.
[238] BAG 15.1.1991, 1.10.1991, AP Nr. 114, 121 zu Art. 9 GG Arbeitskampf; Schaub/*Treber*, ArbR-Hdb., § 194 Rn. 10; a.A. LAG Berlin 12.12.1990, BB 1991, 1492; LAG Hamburg 27.10.1994, AuR 1995, 376, welche darauf abstellen, ob sich der Arbeitnehmer ohne die Erkrankung am Arbeitskampf beteiligt hätte.
[239] Selbst wenn sie schwerbehindert sind, vgl. BAG 7.6.1988, AP Nr. 107 zu Art. 9 GG Arbeitskampf.
[240] *Kissel*, Arbeitskampfrecht, § 46 Rn. 9.
[241] BAG 23.10.1996, AP Nr. 146 zu Art. 9 GG Arbeitskampf.

Ausdruck bringt, dass der Beschluss von der streikführenden Gewerkschaft stammt. Der Arbeitgeber kann aber aussperren und damit den Anspruch beseitigen.[242]

ee) Betriebsratstätigkeit. Betriebsräte, die an einem Arbeitskampf beteiligt sind, verlieren ihren Entgeltanspruch. Das gilt auch dann, wenn sie während des Arbeitskampfs Betriebsratstätigkeit wahrnehmen[243] oder an einer Schulung teilnehmen.[244] 119

f) Kündigung

Das Recht, das Arbeitsverhältnis zu kündigen, wird durch den Arbeitskampf nicht berührt. Kein Kündigungsgrund ist die rechtmäßige Teilnahme an einem zulässigen Arbeitskampf. Der Arbeitskampf hat auch keine Auswirkungen auf den Lauf der Fristen nach § 622 Abs. 2 BGB, denn für sie kommt es allein auf den Bestand des Arbeitsverhältnisses an. 120

3. Rechtsfolgen für nicht am Arbeitskampf beteiligte Dritte

a) Arbeitswillige Arbeitnehmer des umkämpften Betriebs

Arbeitnehmer, die nicht am Arbeitskampf teilnehmen, haben, soweit möglich, die vereinbarten Dienste zu verrichten. Gegen ihren Willen darf sie der Arbeitgeber nicht mit Arbeiten betrauen, die sonst von Streikenden verrichtet werden („Streikbrecherarbeit"). Es ist ihnen nicht zuzumuten, den streikenden Kollegen in den Rücken zu fallen.[245] Für ihre Arbeit erhalten sie die vereinbarte Vergütung. 121

b) Arbeitskampfrisiko

aa) Kann der Arbeitgeber Arbeitswillige arbeitskampfbedingt nicht beschäftigen, etwa weil Energie oder Material fehlen, oder ist ihm eine Beschäftigung nicht zumutbar, weil Produkte nicht abgesetzt werden können, da eine Produktion auf Halde wirtschaftlich nicht vertretbar wäre, so entfällt die Vergütungspflicht. Die Arbeitnehmer haben entgegen § 615 S. 1 BGB das Arbeitskampfrisiko zu tragen. Das ist seit der **„Kieler Straßenbahner-Entscheidung"** von 1923[246] allgemeine Meinung. 122

---

[242] BAG 11.5.1993, AP Nr. 63 zu § 1 FeiertagsLZG; BAG 23.10.1996, AP Nr. 146 zu Art. 9 GG Arbeitskampf.
[243] BAG 25.10.1988, AP Nr. 110 zu Art. 9 GG Arbeitskampf.
[244] BAG GS 21.4.1971, AP Nr. 43 zu Art. 9 GG Arbeitskampf; BAG 15.1.1991, AP Nr. 114 zu Art. 9 GG Arbeitskampf.
[245] *Dütz/Thüsing*, Arbeitsrecht, Rn. 767; *Gamillscheg*, KollArbR I, § 21 II 7 d.
[246] RG 6.2.1923, RGZ 106, 272 ff.

§ 14 Arbeitskampfrecht

123 Die Allgemeine Lokal- und Straßenbahn-Gesellschaft, die in Kiel die „elektrische Bahn" betrieb, hatte „diesen Betrieb in der Zeit vom 9. bis zum 20. Mai 1920 einstellen" müssen, „weil infolge eines die Erlangung höherer Gehalts- und Lohnbezüge bezweckenden Streiks ihrer Angestellten und ihrer dem Metallarbeiterverband angehörigen Arbeiter das Kraftwerk des Betriebs stillgelegt und von anderer Seite elektrische Kraft nicht zu erhalten war." Das RG befand, man dürfe, „um zu einer befriedigenden Lösung des Streits zu gelangen, überhaupt nicht von den Vorschriften des Bürgerlichen Gesetzbuchs ausgehen ..." Das BGB stehe auf einem individualistischen Standpunkt, während mittlerweile der Gedanke der sozialen Arbeits- und Betriebsgemeinschaft Anerkennung gefunden habe. Es gehe nicht mehr nur um das Verhältnis des einzelnen Arbeiters zum Arbeitgeber, sondern um eine Regelung zwischen zwei Gruppen der Gesellschaft, dem Unternehmertum und der Arbeiterschaft. Sei aber „der einzelne Arbeiter ein Glied der Arbeiterschaft und der zwischen diesem und dem Unternehmer bestehenden, die Grundlage des Betriebs bildenden Arbeitsgemeinschaft, dann [sei] es selbstverständlich, dass, wenn infolge von Handlungen der Arbeiterschaft der Betrieb stillgelegt wird und die Betriebseinnahmen versiegen, es dem Unternehmer nicht zugemutet werden kann, für die Lohnzahlungen aus anderen Mitteln zu sorgen." Damit bleibe es bei der „Anwendung des § 323 BGB (a.F.) zu ihren Gunsten."

124 Damit war eine **Sphärentheorie**[247] geboren, die für das Entgeltrisiko nicht auf die konkreten Arbeitsvertragsparteien, sondern auf Unternehmertum und Arbeitnehmerschaft, oder, wie man später sagte, auf die Klassen der Arbeitnehmer und der Unternehmer abstellte. Das RAG[248] und das BAG[249] übernahmen diese Rechtsprechung. Auch die Literatur schloss sich an; das Ergebnis wurde lediglich teilweise anders begründet. Außer auf die Solidarität der Arbeitnehmer wurde abgestellt auf die Möglichkeit der Einflussnahme auf die streikende Gruppe, eine mögliche Teilhabe an den Streikergebnissen und die Notwendigkeit, das Kampfgleichgewicht zu wahren.[250]

125 Die vom RG begründete Rechtsprechung hatte Bestand bis 1980. In jenem Jahr befand das BAG, die Sphärentheorie sei nicht geeignet, die Grundlagen des Arbeitskampfrisikos überzeugend zu kennzeichnen; die Vorstellung der Solidarität der Arbeitnehmer, die in die Nähe „klassenkämpferischen Denkens" führe, laufe auf eine reine Fiktion hinaus. Das BAG entwickelte stattdessen eine neue Arbeitskampfrisikolehre, die auf dem Grundsatz der **Kampfparität** beruht.[251] Die Kampfstellung der bestreikten Arbeitgeber würde vor allem bei Teil- oder Schwerpunktstreiks geschwächt, wenn sie die arbeitswilligen, aber durch einen Streik arbeitslos gewordenen Arbeitnehmer entlohnen müssten. Außerdem gelangten später in aller

---

[247] Ausdruck schon bei *Oertmann*, AcP 116, 1918, S. 1, 33.
[248] RAG 20.6.1928, ARS 3, 116.
[249] BAG 8.2.1957, 25.7.1957, AP Nr. 2, 3 zu § 615 BGB Betriebsrisiko.
[250] *Picker*, JZ 1979, 285, 287; krit. zu den Argumenten Staudinger/*Richardi*/*Fischinger*, § 615 BGB Rn. 206 ff.
[251] BAG 22.12.1980, AP Nr. 70, 71 zu Art. 9 GG Arbeitskampf; BAG 10.6.1980, 12.11.1996, AP Nr. 65, 147 zu Art. 9 GG Arbeitskampf.

Regel auch die Arbeitswilligen in den Genuss der umkämpften Leistung.[252] Diese Lehre wird heute allgemein zugrunde gelegt.

Nach der **Arbeitskampfrisikolehre** tragen beide Seiten das je auf sie entfallende 126 Arbeitskampfrisiko – die Arbeitgeber die Leistungsgefahr (§ 275 BGB), die Arbeitnehmer die Vergütungsgefahr (§ 326 Abs. 1 S. 1 BGB) –, wenn ein rechtmäßiger Arbeitskampf in einem Betrieb oder Betriebsteil (mittelbar) zu Störungen in einem anderen Betrieb oder Betriebsteil führt und wenn diese Störungen die Fortführung der Betriebstätigkeit ganz oder teilweise unmöglich oder unzumutbar machen, sofern die Fernwirkungen des Arbeitskampfs das Kräfteverhältnis der kampfführenden Parteien beeinflussen können. Das gilt auch dann, wenn die Kampfmaßnahme die Wiederaufnahme der Arbeit nach dem Arbeitskampf unmöglich oder unzumutbar macht, etwa weil der Arbeitgeber die Arbeit anderweitig hat verrichten lassen.[253] Die Gewerkschaften sprechen, wenn der Arbeitgeber die Entgeltzahlung nach den Grundsätzen der Arbeitskampfrisikolehre einstellt, zumindest dann von einer **„kalten Aussperrung"**[254], wenn sie den Verdacht haben, dass er die Arbeitnehmer hätte weiterbeschäftigen können.

bb) Voraussetzungen der Arbeitskampfrisikolehre. Die Vergütungspflicht 127 entfällt bei Arbeitskämpfen unter drei Voraussetzungen:
– Es findet ein Arbeitskampf statt.
– Der Arbeitskampf macht die Aufrechterhaltung der Betriebstätigkeit unmöglich oder wirtschaftlich unzumutbar.
– Die Fortzahlung der Vergütung würde die Kampfparität beeinflussen.

(1) Als **Arbeitskampf** kommt sowohl der (rechtmäßige oder rechtswidrige)[255] 128 Streik als auch die rechtmäßige Abwehraussperrung in Betracht.[256]

(2) Die Arbeitsleistung muss unmöglich (technische Betriebsstörung) **oder wirt-** 129 **schaftlich unzumutbar** geworden sein. Die Vergütungspflicht entfällt also auch, wenn die Fortsetzung des Betriebs wegen Auftrags- oder Absatzmangels wirtschaftlich sinnlos wird, d.h. wenn der Arbeitgeber für die technisch mögliche Leistung keine Verwendung hat. Ihm wird somit nicht nur das Betriebsrisiko, sondern auch das kampfbedingte Wirtschaftsrisiko (= Verwendungsrisiko) abgenommen. Ohne die Gleichstellung der beiden Risiken könnten die Gewerkschaften durch entsprechende Kampftaktik die Folgen der Arbeitskampfrisikolehre unterlaufen.

---

[252] BAG 22.3.1996, AP Nr. 130 zu Art. 9 GG Arbeitskampf.
[253] BAG 12.1.1996, AP Nr. 147 zu Art. 9 GG Arbeitskampf.
[254] *Kissel*, Arbeitskampfrecht, § 53 Rn. 30.
[255] BAG 25.7.1957, AP Nr. 3 zu § 615 BGB Betriebsrisiko; MünchArbR/*Ricken*, § 279 Rn. 10; MüKoBGB/*Henssler* § 615 Rn. 110 f.; nur der rechtmäßige Streik: *Kissel*, Arbeitskampfrecht, § 72 Rn. 7; *Otto*, Arbeitskampfrecht, § 16 Rn. 56.
[256] *Gamillscheg*, KollArbR I, § 27 I 9 m.w.N.; *Kissel*, Arbeitskampfrecht, § 33 Rn. 156; § 72 Rn. 8, 12; MüKoBGB/*Henssler* § 615 Rn. 109.

Wird ein Zulieferbetrieb – z.B. ein Hersteller von Kraftfahrzeugschiebedächern – bestreikt, dann kann im Abnehmerbetrieb – Kraftfahrzeughersteller – nicht gearbeitet werden (Unmöglichkeit). Wird der Abnehmerbetrieb bestreikt, dann bleibt dem Zulieferbetrieb die Produktion möglich; die Produkte können aber nicht abgesetzt werden (Unzumutbarkeit).

130   Da die Arbeitsleistung aufgrund eines Arbeitskampfs unmöglich oder unzumutbar geworden sein muss, gerät der Arbeitgeber in Annahmeverzug, wenn die Arbeit ruht, weil er falsch disponiert hat. Anderseits ist er nicht verpflichtet, im Hinblick auf einen Arbeitskampf besondere Vorkehrungen zu treffen.[257]

131   **(3) Die Fortzahlung der Vergütung muss die Kampfparität beeinflussen können.** Bloße Ursächlichkeit, d.h. die Herkunft der Störung aus der Sphäre der Arbeitnehmer, genügt nicht. Hinzu kommen muss ein Zurechnungsgrund. Der Verlust des Entgeltanspruchs lässt sich nur dadurch rechtfertigen, dass er zur Herstellung von Kampfparität und damit für die Funktionsfähigkeit der Tarifautonomie erforderlich ist[258]. „Würde dem Arbeitgeber, der durch die Fernwirkungen eines Streiks betroffen ist, in jedem Fall das Lohnrisiko auferlegt, so könnte das im Ergebnis die kampfführenden Arbeitgeber schwächen und die gegnerische Gewerkschaft einseitig begünstigen, weil sie diese mittelbaren Wirkungen des Streiks nicht durch entsprechende Lohneinbußen der Arbeitnehmer erkaufen muss."[259] Die Kampfparität wird nicht nur durch Schäden in unmittelbar kampfbetroffenen Betrieben beeinträchtigt; „auch die Fernwirkungen in Drittbetrieben können das Verhandlungsgleichgewicht wesentlich beeinflussen."[260]

132   Die Möglichkeit von **Fernwirkungen** für den Kampfverlauf muss bei einer im Interesse der Rechtssicherheit typisierenden Betrachtung feststellbar sein. Die bloß abstrakte Möglichkeit einer Beeinflussung des Kampfgleichgewichts genügt nicht. Die Kampfparität kann vor allem dann beeinflusst werden, wenn es auf Arbeitgeber- und Arbeitnehmerseite koalitionspolitische Verbindungen zwischen Kämpfenden und Kampfbetroffenen gibt, oder wenn wirtschaftliche Abhängigkeiten bestehen, etwa wenn ein Betrieb bestreikt wird, der zu einem aus mehreren Betrieben bestehenden Unternehmen oder Konzern gehört. Koalitionspolitische Verbindungen bestehen, wenn unmittelbar und mittelbar kampfbetroffene Unternehmen demselben Arbeitgeberverband und unmittelbar und mittelbar kampfbetroffene Arbeitnehmer derselben Gewerkschaft angehören, weil hier durch Erzeugung von Binnendruck auf die verbandspolitische Willensbildung Einfluss genommen werden kann.

133   Dasselbe gilt, wenn der zuständige Verband einer **Spitzenorganisation** angehört, die die Kampftaktik und die Verhandlungspolitik in der Branche koordiniert. Wirtschaftliche Hilfeleistung über Kampffonds genügt nicht. Bei Betrieben, die mit anderen zusammen zur

---
[257] *Kissel*, Arbeitskampfrecht, § 33 Rn. 87 ff. m.w.N.
[258] MünchArbR/*Ricken*, § 279 Rn. 2 ff.; vgl. BVerfG 4.7.1995, AP Nr. 4 zu § 116 AFG.
[259] BAG 12.11.1996, AP Nr. 147 zu Art. 9 GG Arbeitskampf.
[260] BAG 22.12.1980, AP Nr. 70 zu Art. 9 GG Arbeitskampf; zum folgenden auch *Kissel*, Arbeitskampf, § 33 Rn. 20 f. m.w.N.

IV. Rechtsfolgen rechtmäßiger Arbeitskampfmaßnahmen 211

selben wirtschaftlichen Einheit gehören, liegt die Paritätsstörung auf der Hand. Die Kosten, denen keine Arbeitsleistung gegenübersteht, schwächen naturgemäß das Durchhaltevermögen des Arbeitgebers. Das gilt bei einem Arbeitskampf um einen Firmentarifvertrag ebenso wie bei einem Kampf um einen Verbandstarifvertrag. Die Entgeltzahlungspflicht bleibt bestehen, wenn die Kampfparität nicht beeinflusst werden kann, also beispielsweise in Unternehmen, die keinem Arbeitgeberverband angehören, oder beim Kampf um einen Firmentarifvertrag in Unternehmen, die mit dem betroffenen Unternehmen nicht wirtschaftlich verbunden sind, oder bei nicht gewerkschaftlich geführten (= wilden) Streiks.

cc) Aus der Arbeitskampfrisikolehre ergibt sich für die nicht am Arbeitskampf teilnehmenden Arbeitnehmer – gleichgültig ob gewerkschaftlich organisiert oder nicht[261] –, deren Beschäftigung wegen eines Arbeitskampfs unmöglich oder unzumutbar wird, Folgendes: **134**

(1) Im unmittelbar kampfbetroffenen Betrieb entfällt der Vergütungsanspruch bei einem Teilstreik für die Zeit der Unmöglichkeit oder Unzumutbarkeit der Arbeitsleistung. Dasselbe muss gelten, wenn in einem **gewerkschaftspluralen Betrieb nur eine Gewerkschaft streikt** – sei es eine Gewerkschaft, deren Organisationsbereich die Gesamtheit oder zumindest die Mehrheit der Arbeitnehmer umfasst, sei es eine Berufsgewerkschaft (Spartengewerkschaft) –, und zwar gleichgültig, ob für die nicht kämpfenden Arbeitnehmer ein Tarifvertrag mit einer anderen Gewerkschaft gilt oder nicht.[262] Streiken zwei oder mehr Gewerkschaften nacheinander, dann können nicht am Streik beteiligte Arbeitnehmer, deren Leistung unmöglich oder unzumutbar wird, mehrfach ihren Entgeltanspruch verlieren. Kampfparität lässt sich nur dadurch herstellen, dass Arbeitgeber und Arbeitnehmer einigermaßen gleichmäßig mit den wirtschaftlichen Folgen des Arbeitskampfs belastet werden: der Arbeitgeber mit den Remanenzkosten und dem Entgang des Gewinns, die Arbeitnehmer mit dem Entgeltrisiko. Zu bedenken ist auch, dass sich bei mehreren aufeinanderfolgenden Arbeitskämpfen die arbeitskampfbedingten Schäden des Arbeitgebers nicht nur akkumulieren, sondern möglicherweise exponentiell steigen. Dagegen kann man nicht einwenden, die Arbeitnehmer, die in einer anderen Gewerkschaft oder gar nicht organisiert sind, partizipierten nicht an dem Ergebnis des Arbeitskampfs. Ganz abgesehen davon, dass man das nicht generell so sagen kann, ist das auch nicht der entscheidende Gesichtspunkt, wie die Rechtsprechung zu den Unterstützungsstreiks zeigt. Im übrigen können diese Arbeitnehmer auf ihre kämpfenden Kollegen und deren Gewerkschaft einwirken und damit gegebenenfalls Arbeitskämpfen um unangemessene Arbeitsbedingungen Grenzen setzen. **135**

Bei einer **Betriebs(teil)stilllegung** (s. oben Rn. 23, 90 ff.), bei der sich der Arbeitgeber dem Streikbeschluss der Gewerkschaft beugt, kommt es auf Unmöglichkeit oder Unzumutbar- **136**

---

[261] BAG 22.3.1994, AP Nr. 130 zu Art. 9 GG Arbeitskampf.
[262] I.E. ebenso *Franzen*, RdA 2008, 193, 203; *Jacobs*, FS Buchner, S. 342, 349 f.; *Kamanabrou*, ZfA 2008, 260 f.; *B. Schmidt*, Tarifpluralität, S. 652 f.

keit der Arbeitsleistung nicht an. Voraussetzung für den Fortfall der Entgeltzahlungspflicht ist lediglich, dass der Arbeitgeber – ausdrücklich oder stillschweigend – gegenüber den betroffenen Arbeitnehmern die kampfbedingte Stilllegung erklärt. Allerdings darf er den Rahmen des Arbeitskampfs nicht erweitern. Erlaubt ist nur die **Abwehr** streikbedingter Störungen. Der Arbeitgeber kann sich also der Lohnzahlungspflicht nicht dadurch entziehen, dass er eine Ersatzmannschaft einstellt, um mögliche Arbeitsniederlegungen seiner Stammbelegschaft vorzubeugen. Ebenso wenig entfallen die Entgeltansprüche, wenn er auf einen einzelnen, von vornherein begrenzten Kurzstreik mit dem Einsatz einer Ersatzmannschaft für die gesamte betroffene Schicht reagiert, obwohl die Wirkungen der Arbeitsniederlegung einer sinnvollen Beschäftigung der Streikenden nach Wiederaufnahme der Arbeit nicht entgegenstehen. Aktiv werden darf der Arbeitgeber nur unter den Voraussetzungen und in der Form einer Aussperrung.[263]

137 **(2) In mittelbar kampfbetroffenen Betrieben** entfällt der Vergütungsanspruch, wenn aufgrund eines Arbeitskampfs in dem umkämpften Tarifbezirk, d.h. im fachlichen und räumlichen Geltungsbereich des angestrebten Tarifvertrags, oder – darüber hinaus – in dessen fachlichem Geltungsbereich die Beschäftigung unmöglich oder unzumutbar wird,[264] d.h. also beispielsweise bei einem Schwerpunktstreik in einem Metallbetrieb in Nordwürttemberg-Nordbaden in der gesamten Metallindustrie dieses Bundeslandes und in der gesamten Metallindustrie der Bundesrepublik Deutschland. Sie bleibt aber z.B. bestehen, wenn ein Energieversorger bestreikt wird und deshalb in Metallbetrieben nicht gearbeitet werden kann.[265] Der Wegfall der Lohnzahlungspflicht im gesamten fachlichen Geltungsbereich eines Tarifvertrags rechtfertigt sich daraus, dass die Mitglieder des Arbeitgeberverbands Einfluss auf dessen Tarifpolitik und damit auch auf die Verhandlungsführung der regionalen Tarifkommissionen nehmen können. Hinzu kommt, dass Tarifabschlüsse heute weitgehend Pilotfunktion haben mit der Folge, dass Abweichungen in anderen Tarifbezirken kaum noch durchsetzbar sind.[266]

c) Kunden und Zulieferer

138 Können wegen eines Arbeitskampfs Liefer-, Abnahme- oder sonstige Verpflichtungen nicht erfüllt werden, dann stellt sich die Frage, ob Schadensersatzansprüche wegen Unmöglichkeit oder Verzugs (§ 280 BGB) entstehen. Bei einem rechtmäßigen Arbeitskampf darf es dem Arbeitgeber nicht zum Nachteil gereichen, dass er mit der Aussperrung von einem verfassungsmäßigen Recht Gebrauch macht oder bei einem Streik mit der Ausübung eines solchen Rechts konfrontiert wird. Das Recht der Leistungsstörungen hat deshalb hinter dem durch Art. 9 Abs. 3 GG ga-

---

[263] BAG 12.11.1996, AP Nr. 147 zu Art. 9 GG Arbeitskampf; krit. *Kalb*, FS Stahlhacke, 1995, S. 213 ff.; *Konzen*, Gem. Anm. zu BAG, AP Nr. 137-139; *Lieb*, SAE 1995, 257 und 1995, 182; *Löwisch*, FS Gitter, 1995, S. 533 ff.; *Thüsing*, DB 1995, 2607.
[264] BAG 22.12.1980, AP Nr. 70 zu Art. 9 GG Arbeitskampf.
[265] *Kissel*, Arbeitskampfrecht, § 33 Rn. 147.
[266] *Kissel*, Arbeitskampfrecht, § 33 Rn. 136 ff.

rantierten Arbeitskampfrecht zurückzustehen.[267] Anderes gilt nach h.M. nur für den Annahmeverzug, da dieser verschuldensunabhängig eintritt und die daraus entstehenden Ersatzansprüche (§§ 304, 326 Abs. 2 BGB) die Arbeitskampffreiheit nicht entscheidend beeinträchtigen.[268] Schadensersatzansprüche eines kampfunbeteiligten Unternehmens gegen die kämpfende Gewerkschaft wegen Eingriffs in den eingerichteten und ausgeübten Gewerbebetrieb scheiden regelmäßig aus, weil es an einem unmittelbaren, betriebsbezogenen Eingriff fehlt.[269] Der schuldrechtliche Teil eines Tarifvertrags ist regelmäßig auch kein Vertrag mit Schutzwirkung zugunsten Dritter. Dritte können deshalb keine Rechte aus der Verletzung der Friedenspflicht herleiten.[270]

V. Rechtsfolgen rechtswidriger Arbeitskämpfe

Arbeitskämpfe, die die oben dargestellten Grundsätze verletzen, sind rechtswidrig. Einzelne unzulässige Handlungen machen einen Arbeitskampf im allgemeinen nicht rechtswidrig,[271] können aber Folgen für den Handelnden haben und für den Verband, für den er tätig war. Rechtsfolgen aus rechtswidrigen Arbeitskämpfen können sich ergeben für die kämpfenden Verbände, für die betroffenen Arbeitgeber und Arbeitnehmer sowie für (unbeteiligte) Dritte. In erster Linie geht es dabei um Unterlassungsansprüche und, wenn sich diese nicht (mehr) realisieren lassen, um Schadensersatzansprüche. Zu denken ist aber auch an spezifisch kollektivrechtliche Gegenmaßnahmen.

139

---

[267] *Brox/Rüthers*, Arbeitskampfrecht, Rn. 384.
[268] *Brox/Rüthers*, Arbeitskampfrecht, Rn. 393; *Dütz/Thüsing*, Arbeitsrecht, Rn. 769.
[269] BAG 26.7.2016, NZA 2016, 1543.
[270] BAG 25.8.2015, NZA 2016, 47; BAG 25.8.2015, NZA 2016, 179; krit. *Green*, NZA 2016, 274.
[271] BAG 8.11.1988, NZA 1989, 475.

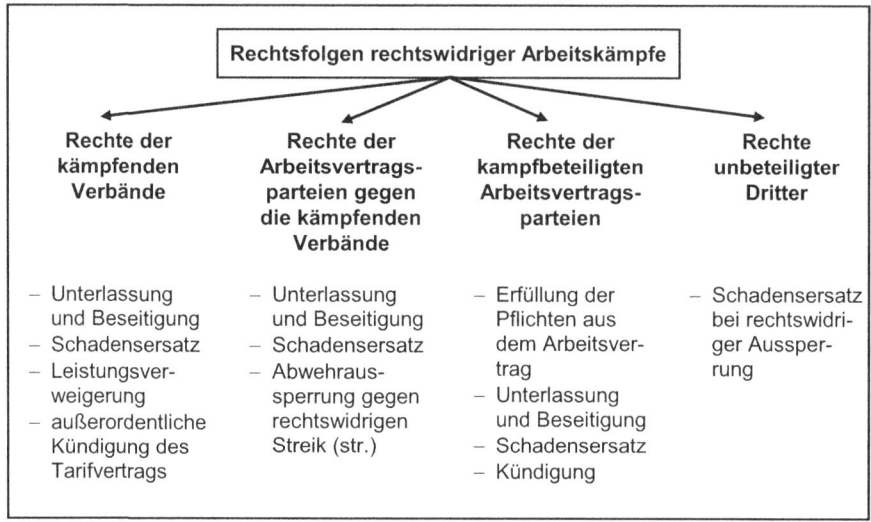

1. Rechtsfolgen für die kämpfenden Verbände

a) Überblick

140 Führt ein Verband einen rechtswidrigen Arbeitskampf, so kommt für den Gegner außer einem Unterlassungs- und einem Schadensersatzanspruch auch das Recht zur Leistungsverweigerung, zu eigenen Arbeitskampfmaßnahmen sowie zur außerordentlichen Kündigung des Tarifvertrags in Betracht.

141 Unterlassungs- und Schadensersatzansprüche können sich aus einem Tarifvertrag zwischen den Kampfparteien ergeben oder deliktsrechtlich-negatorisch begründet sein. Leistungsverweigerungsrechte kommen aus dem schuldrechtlichen Teil in Betracht: Verletzt der eine Vertragsteil die Friedenspflicht, so braucht der andere sie auch nicht zu beachten. Außerdem ist eine außerordentliche Kündigung des Tarifvertrags nach § 314 BGB denkbar.

b) Unterlassungs- und Beseitigungsanspruch

142 **aa) Erfüllung der tarifvertraglichen Friedenspflicht.** Verstößt die Gewerkschaft gegen die Friedenspflicht, steht dem Arbeitgeberverband aus dem Tarifvertrag ein Unterlassungsanspruch zu. Der Gewerkschaft kann ferner verboten werden, Kampfmaßnahmen etwa durch Zahlung von Streikgeldern zu unterstützen. Bei wilden Streiks ist sie verpflichtet, mit allen zumutbaren Mitteln auf ihre Mitglieder einzuwirken, dass diese ihre Arbeitspflicht erfüllen.[272] Dieser Anspruch ist

---

[272] Schaub/*Treber*, ArbR-Hdb., § 192 Rn. 19, § 200 Rn. 8 f.; s. a. BAG 8.11.1988, NZA 1989, 475.

vor den Arbeitsgerichten (§ 2 Abs. 1 Nr. 1, 2 ArbGG) durchsetzbar, notfalls im Wege des einstweiligen Rechtsschutzes.

Die Erfüllung der Friedenspflicht schulden nur die Tarifvertragsparteien selbst, nicht ihre Mitglieder. Bei einem Firmentarifvertrag trifft den Arbeitgeber die Friedenspflicht unmittelbar. **143**

bb) Deliktisch-negatorische Ansprüche. Ein deliktisch-negatorischer Unterlassungsanspruch kann sich aus § 1004 Abs. 1 BGB analog i.V.m. § 823 Abs. 1 BGB, Art. 9 Abs. 3 S. 1 GG ergeben. Das Recht des gegnerischen Verbands auf koalitionsmäßige Betätigung aus Art. 9 Abs. 3 GG ist ein sonstiges Recht i.S.d. § 823 Abs. 1 BGB. Dass sich Arbeitskampfmaßnahmen unmittelbar nur gegen die Mitglieder der Tarifvertragsparteien richten, spielt keine Rolle.[273] Zwar hängt der negatorische Unterlassungsanspruch nicht von einem Verschulden des Handelnden ab; auf Unterlassung kann die Gewerkschaft aber nur dann in Anspruch genommen werden, wenn ihre Vorstandsmitglieder oder die örtlichen Streikleiter die nicht vom Streikrecht gedeckten Handlungen geplant, organisiert oder sonstwie gefördert haben (§ 1004 BGB analog i.V.m. § 31 BGB).[274] **144**

Darüber hinaus kommt ein Anspruch nach § 1004 Abs. 1 BGB analog i.V.m. § 823 Abs. 2 BGB, Art. 9 Abs. 3 GG in Betracht. Art. 9 Abs. 3 GG ist im Hinblick auf die Drittschutzklausel in S. 2 zugunsten der Koalitionen und ihrer Mitglieder insoweit als Schutzgesetz anzusehen, als es um die Gewährleistung einer koalitionsspezifischen Betätigung geht. Die Koalition wird gegen den Abschluss eines Tarifvertrags durch rechtswidrige Arbeitskampfhandlungen geschützt.[275] Weitere Schutzgesetze sind die richterrechtlich geschaffenen Grundsätze der Arbeitskampfordnung,[276] § 74 Abs. 2 BetrVG (Verbot des Arbeitskampfs der Betriebsparteien) sowie die Straftatbestände der Nötigung und Erpressung (§§ 240, 253 StGB). **145**

c) Schadensersatzanspruch

Schadensersatzansprüche gegen rechtswidrig kämpfende Verbände können sich aus § 280 Abs. 1 BGB (wegen Pflichtverletzung) und aus Deliktsrecht ergeben.[277] Bei Verletzung der tariflichen Friedenspflicht kommt nur ein Anspruch wegen Pflichtverletzung aus § 280 Abs. 1 BGB in Betracht. Ist der Gegenspieler ein Verband, so kann es am Vermögensschaden fehlen. Die Haftung setzt schuldhaftes Verhalten voraus sowie die Zurechnung des Verschuldens auf den Verband (§§ 278, 31 BGB analog). **146**

---

[273] BAG 24.4.2007, NZA 2007, 987, 992.
[274] BAG 21.6.1988, 8.11.1988, AP Nr. 108, 111 zu Art. 9 GG Arbeitskampf.
[275] *Waltermann*, Arbeitsrecht, Rn. 709.
[276] *Dütz*, Anm. zu BAG 21.12.1982, EzA § 1 TVG Friedenspflicht Nr. 1; *Loritz*, ZfA 1985, 194 f.
[277] *Däubler/Öğüt*, Arbeitskampfrecht, § 22 Rn. 8, 43, 96, 147; AR/*Krebber*, TVG Anhang Arbeitskampfrecht Rn. 34.

d) Leistungsverweigerung und Recht zu Kampfmaßnahmen

147 Verletzt eine Partei durch rechtswidrige Kampfmaßnahmen ihre schuldrechtlichen Verpflichtungen aus dem Tarifvertrag, so kann die andere ihre tarifvertraglichen Leistungen nach § 320 Abs. 1 BGB so lange verweigern, bis sie sich wieder vertragsgemäß verhält.[278] Die vertragstreue Partei ist insbesondere berechtigt, die Erfüllung ihrer eigenen Friedenspflicht zu verweigern. Sie braucht nicht mehr auf ihre Mitglieder einzuwirken, dass sie Kampfhandlungen unterlassen. Dabei ist der Grundsatz der Verhältnismäßigkeit zu beachten (vgl. § 320 Abs. 2 BGB).

e) Recht zur außerordentlichen Kündigung des Tarifvertrags

148 Der Tarifvertrag als Dauerschuldverhältnis kann aus wichtigem Grund außerordentlich fristlos gekündigt werden (§ 314 BGB).[279] Ein wichtiger Grund liegt vor, wenn es der vertragstreuen Partei wegen der Verletzung des Tarifvertrags durch die andere Partei unter Berücksichtigung aller Umstände nach Treu und Glauben nicht mehr zuzumuten ist, den Vertrag bis zur vereinbarten Beendigung oder bis zum Ablauf der Kündigungsfrist fortzusetzen. Bedeutung und Zweck des Tarifvertrags lassen eine außerordentliche Kündigung allerdings nur unter engen Voraussetzungen zu.[280] I.d.R. gibt nur eine grob fahrlässige oder vorsätzliche Verletzung der Friedenspflicht ein Recht zur außerordentlichen Kündigung.[281] Einer Aufforderung zu tarifgemäßem Verhalten bedarf es nicht, wenn ein Teil ernsthaft die Erfüllung verweigert (§ 314 Abs. 2 S. 2, § 323 Abs. 2 Nr. 1 BGB). Dagegen geben Verletzungen der Einwirkungspflicht nur bei Hinzutreten erschwerender Umstände ein Kündigungsrecht. I.d.R. ist zunächst eine Abmahnung erforderlich (§ 314 Abs. 2 S. 1 BGB).

2. Rechte der Arbeitsvertragsparteien gegen die Tarifvertragsparteien

a) Unterlassung

149 Der einzelne Arbeitgeber oder Arbeitnehmer hat gegenüber dem tariflichen Gegenspieler einen vertraglichen Anspruch auf Einhaltung der Friedenspflicht; der Verbandstarifvertrag ist ein Vertrag zugunsten Dritter.[282]

150 Dagegen steht dem **Arbeitgeber** ein **Unterlassungsanspruch** nach § 1004 Abs. 1 BGB analog i.V.m. § 823 Abs. 1 BGB zu, wenn er von der Gewerkschaft rechtswidrig bestreikt wird. Ein rechtswidriger Streik ist ein unmittelbarer **Eingriff** in

---

[278] *Brox/Rüthers*, Arbeitskampfrecht, Rn. 362; *Hueck/Nipperdey*, Arbeitsrecht II/1 § 40 II.
[279] BAG 5.3.1957, AP Nr. 1 zu § 1 TVG Rückwirkung; BAG 18.12.1996, NZA 1997, 830.
[280] BAG 18.12.1996, NZA 1997, 830, 833.
[281] BAG 14.11.1958, AP Nr. 4 zu § 1 TVG Friedenspflicht.
[282] *Kissel*, Arbeitskampfrecht, § 26 Rn. 51 m.w.N.

das Recht am **eingerichteten und ausgeübten Gewerbebetrieb**.[283] Der bestreikte Arbeitgeber trägt die Beweislast für die Rechtswidrigkeit, weil diese durch eine Interessenabwägung im Einzelfall festgestellt werden muss. Dabei ist zu beachten, dass der gewerkschaftlich organisierte Streik nach der Rechtsprechung die Vermutung der Rechtmäßigkeit genießt.[284]

Ob auch der **Arbeitnehmer**, dessen Arbeitsplatz durch rechtswidrige Arbeitskampfmaßnahmen betroffen ist, einen deliktsrechtlichen Unterlassungsanspruch gegen den kämpfenden Verband hat, hängt davon ab, ob ihm entsprechend dem Recht am eingerichteten und ausgeübten Gewerbebetrieb ein **Recht am Arbeitsplatz** zusteht. Das ist umstritten, die bislang h.M. **verneint**.[285] **151**

Sowohl für Arbeitgeber als auch für Arbeitnehmer kommen Unterlassungsansprüche gegen die gegnerischen Verbände nach § 1004 Abs. 1 analog i.V.m. § 823 Abs. 2 BGB in Betracht. Schutzgesetze i.S.d. § 823 Abs. 2 BGB sind für alle Koalitionsmitglieder Art. 9 Abs. 3 GG, die richterrechtlichen Arbeitskampfgrundsätze[286] und §§ 240, 253 StGB. **152**

b) Schadensersatz

Verstößt ein Verband gegen die Friedenspflicht, so kann der betroffene Arbeitgeber oder Arbeitnehmer einen Schadensersatzanspruch aus Verletzung des Verbandstarifvertrags haben (§ 280 Abs. 1 BGB). Der **Verbandstarifvertrag** entfaltet **Schutzwirkung zugunsten der Mitglieder**.[287] Der Schaden liegt für den Arbeitgeber in dem durch die Arbeitsniederlegung verursachten Produktionsausfall, für den Arbeitnehmer im Ausfall der Arbeitsvergütung. **153**

Der Anspruch setzt Verschulden voraus. Das Verschulden natürlicher Personen, die für die Koalition handeln, wird dieser über § 31 BGB oder § 278 BGB zugerechnet. Nach der Rechtsprechung ist nicht jedes rechtswidrige Verhalten im Rahmen des Art. 9 Abs. 3 GG als schuldhaft zu bewerten, weil dadurch unzumutbare Haftungsrisiken entstünden.[288] Bei zweifelhafter Rechtslage darf von dem äußersten Mittel des Streiks nur in maßvollem Rahmen und vor allem nur dann Gebrauch gemacht werden, wenn für die Zulässigkeit der tariflichen Regelung sehr beachtliche Gründe sprechen und eine endgültige Klärung der Rechtslage anders nicht zu erreichen ist. Dabei ist zu beachten, dass schon die Rechtswidrigkeit einer Hauptforderung zur Rechtswidrigkeit des gesamten Streiks führt.[289] Als Haftungsmasse steht nur das Verbandsvermögen, nicht das Privatvermögen der Mitglieder zur **154**

---

[283] BAG 21.6.1988, AP Nr. 108 zu Art. 9 GG Arbeitskampf.
[284] BAG 19.6.1973, AP Nr. 47 zu Art. 9 GG Arbeitskampf; anders für den Sympathiestreik noch BAG 12.1.1988, AP Nr. 90 zu Art. 9 GG Arbeitskampf.
[285] *Brox/Rüthers*, Arbeitskampfrecht, Rn. 346; *Gamillscheg*, KollArbR I, S. 1213; Münch-Komm/*Wagner*, § 823 BGB Rn. 176.; a.A. BAG 4.6.1998, AP Nr. 7 zu § 823 BGB; *Löwisch*, RdA 1987, 222; vgl. auch BVerfGE 84, 133 (Warteschleifen-Urteil).
[286] *Dütz/Thüsing*, Arbeitsrecht, Rn. 786.
[287] *Zöllner/Loritz/Hergenröder*, Arbeitsrecht, § 42 V 1.
[288] BAG 19.6.2012, NZA 2012, 1372.
[289] BAG 10.12.2002, NZA 2003, 735.

Verfügung; dies gilt wegen der restriktiven Auslegung des § 54 S. 1 BGB auch für die Mitglieder der Gewerkschaften.[290] Deliktische Schadensersatzansprüche können sich aus §§ 31, 276, 823 Abs. 1 u. 2 BGB und § 831 Abs. 1 S. 1 BGB ergeben.

c) Leistungsverweigerung und Kündigung

155 Da der einzelne Arbeitgeber oder Arbeitnehmer bei einem Verbandstarifvertrag nicht Vertragspartei ist, kann er auf rechtswidrige Kampfmaßnahmen weder Leistungen aus dem Tarifvertrag verweigern noch den Vertrag kündigen.

d) Abwehraussperrung?

156 Ob der Arbeitgeber einen rechtswidrigen Streik mit der Abwehraussperrung beantworten darf, ist streitig. Die **Rechtsprechung bejaht** mit dem Argument, der Arbeitgeber dürfe bei einem rechtswidrigen Streik nicht schlechter stehen als bei einem rechtmäßigen.[291] Dagegen spricht, dass Arbeitskämpfe grundsätzlich nur dann zulässig sind, wenn sie um ein tariflich regelbares Ziel geführt werden. Für die Abwehr rechtswidriger Eingriffe sind die Gerichte zuständig.[292] Eine Abwehraussperrung kann nur unter dem Gesichtspunkt der Notwehr (§ 227 BGB) gerechtfertigt sein. Sie ist als Verteidigungshandlung dann erforderlich, wenn der Angegriffene nicht rechtzeitig ausreichende staatliche Hilfe erlangen kann.[293] Der Arbeitgeber muss deshalb grundsätzlich zunächst den Rechtsweg beschreiten und in Eilfällen eine einstweilige Verfügung beantragen.[294]

3. Rechtsfolgen für die kampfbeteiligten Arbeitsvertragsparteien

a) Überblick

157 Nur der rechtmäßige Arbeitskampf suspendiert die Hauptpflichten aus dem Arbeitsvertrag. Die Beteiligung an einem rechtswidrigen Arbeitskampf stellt eine Vertragsverletzung dar. Sie kann darüber hinaus einen Eingriff in den eingerichteten und ausgeübten Gewerbebetrieb oder in das Recht auf den konkreten Arbeitsplatz bedeuten, soweit man ein solches anerkennt.

---

[290] *Brox/Rüthers*, Arbeitskampfrecht, Rn. 375.
[291] BAG GS 21.4.1971, AP Nr. 43 zu Art. 9 GG Arbeitskampf.
[292] *Brox/Rüthers*, Arbeitskampfrecht, Rn. 341 m.w.N.; *Löwisch/Rieble*, DB 1993, 882; *Walker*, NZA 1993, 769 ff.
[293] *Brox/Rüthers*, Arbeitskampfrecht, Rn. 341 m.w.N.
[294] *Brox/Rüthers*, Arbeitskampfrecht, Rn. 764 ff.

b) Ordnungsgemäße Erfüllung des Arbeitsvertrags

Der rechtswidrige Arbeitskampf lässt die Erfüllungsansprüche aus dem Arbeitsvertrag unberührt.[295] Kommt der Arbeitnehmer seiner Arbeitspflicht nicht nach, wird der Arbeitgeber von seiner Lohnzahlungspflicht nach § 326 Abs. 1 BGB frei. Für den Fortbestand von Anwartschaften und sonstigen Leistungen gilt das beim rechtmäßigen Arbeitskampf Ausgeführte sinngemäß. Der rechtswidrig ausgesperrte Arbeitnehmer kann aufgrund seines Arbeitsvertrags i.V.m. § 242 BGB, Art. 1 Abs. 1, 2 Abs. 1 GG vom Arbeitgeber verlangen, beschäftigt und bezahlt zu werden; er behält trotz Nichtarbeit seinen Vergütungsanspruch (§ 615 S. 1 BGB).[296] Der Arbeitnehmer muss sich nach § 615 S. 2 BGB aber anrechnen lassen, was er erspart hat, weil die Arbeit unterblieben ist (Fahrtkosten usw.).

158

c) Unterlassung

Durch die Teilnahme an einem rechtswidrigen Arbeitskampf verletzt der Arbeitnehmer die Nebenpflicht, den Arbeitgeber nicht zu schädigen. Der Arbeitgeber kann auf Unterlassung klagen. Der Anspruch kann durch Androhung von Ordnungsgeld oder Ordnungshaft nach § 890 ZPO durchgesetzt werden. Auch eine einstweilige Verfügung kommt in Betracht.[297]

159

d) Schadensersatz

Ein **Schadensersatzanspruch des Arbeitgebers** gegen rechtswidrig streikende Arbeitnehmer kann sich aus §§ 280 Abs. 1, 3, 283 BGB oder aus § 823 Abs. 1 BGB wegen Eingriffs in den eingerichteten und ausgeübten Gewerbebetrieb ergeben. Allerdings werden sich die Arbeitnehmer, wenn sie einem Streikaufruf der Gewerkschaft folgen, regelmäßig in einem **unverschuldeten Rechtsirrtum** befinden, der den Anspruch ausschließt.[298] Mehrere verantwortliche Arbeitnehmer haften als Gesamtschuldner.[299] Tatsächlich gehen Ansprüche häufig ins Leere, weil die Arbeitnehmer Streikschäden, die durchweg große Summen ausmachen, kaum je ersetzen können.

160

Schadensersatzansprüche der Arbeitnehmer bei rechtswidriger Aussperrung können sich aus Verletzung des Arbeitsvertrags ergeben. Ein deliktsrechtlicher Anspruch besteht nur, wenn man ein Recht am Arbeitsplatz anerkennt. In beiden Fällen werden Ansprüche aber zumeist daran scheitern, dass es nicht zu einem über die Arbeitsvergütung hinausgehenden Schaden kommt. Die Arbeitsvergütung

161

---

[295] *Gamillscheg*, KollArbR I, § 26 I 1.
[296] BAG 10.6.1980, AP Nr. 64 zu Art. 9 GG Arbeitskampf.
[297] Däubler/*Bertzbach*, Arbeitskampfrecht, § 21 Rn. 147 ff.; AR/*Krebber*, TVG Anhang Arbeitskampfrecht Rn. 35.
[298] BAG 21.3.1978, AP Nr. 62 zu Art. 9 GG Arbeitskampf.
[299] BAG 17.12.1958, AP Nr. 3 zu § 1 TVG Friedenspflicht.

selbst steht dem Arbeitnehmer bereits nach dem Arbeitsvertrag i.V.m. § 615 S. 1 BGB zu, und zwar unabhängig von einem Verschulden des Arbeitgebers.

e) Kündigung

162 Eine rechtswidrige Arbeitskampfmaßnahme stellt i.d.R. eine **schwere Verletzung arbeitsvertraglicher Pflichten** dar und kann deshalb eine Kündigung rechtfertigen.[300] Im allgemeinen muss der Arbeitgeber aber vorher abmahnen.[301] Ein Verschulden ist nur für die im Rahmen des § 1 Abs. 2 KSchG oder § 626 BGB erforderliche Interessenabwägung von Belang.

163 Der Arbeitgeber ist berechtigt, nicht allen, sondern nur einzelnen am rechtswidrigen Streik beteiligten Arbeitnehmern zu kündigen.[302] Eine **selektive Kampfkündigung** stellt keine Verletzung des arbeitsrechtlichen Gleichbehandlungsgrundsatzes dar. Der Arbeitgeber stünde sonst vor der Alternative, allen beteiligten Arbeitnehmern zu kündigen oder gar keinem. Die Auswahl darf allerdings nicht willkürlich erfolgen. Zulässig ist es, auf die herausgehobene Kampfbeteiligung abzustellen und beispielsweise den Anstifter oder Organisator zu entlassen.

f) Ausschluss der Rechte durch tarifliche Folgeregelung

164 Zur Wiederherstellung des Arbeitsfriedens werden in dem neuen, den Arbeitskampf beendenden Tarifvertrag häufig Wiedereinstellungsklauseln und Maßregelungsverbote vereinbart. **Wiedereinstellungsklauseln** verpflichten den Arbeitgeber, mit den lösend ausgesperrten oder gekündigten Arbeitnehmern neue Arbeitsverträge zu den bisherigen Bedingungen abzuschließen. **Maßregelungsverbote** verpflichten ihn zum Verzicht auf Sanktionen und/oder auf Schadensersatzansprüche. Normativ wirkende Verzichtsregelungen sind nach der Rechtsprechung unzulässig,[303] da sie die Grenzen der Tarifmacht überschreiten.

4. Rechtsfolgen für unbeteiligte Dritte

165 Kann ein Arbeitgeber Vertragspflichten gegenüber seinen Kunden oder Lieferanten wegen einer rechtswidrigen Aussperrung nicht erfüllen, so hat er dies nach § 276 Abs. 1 BGB zu vertreten. Das Verhalten seiner Arbeitnehmer muss er sich bei einem rechtswidrigen Streik nicht nach § 278 BGB zurechnen lassen. Er haftet für sie auch nicht nach § 831 Abs. 1 BGB, weil die Delikte nicht in einem engen und unmittelbaren Zusammenhang mit der Arbeitsleistung stehen. Die geschädig-

---

[300] BAG 21.10.1969, 14.2.1978, AP Nr. 41, 59 zu Art. 9 GG Arbeitskampf.
[301] Beispiel: Teilnahme von Lehrern an einem politischen Streik, der zugleich gegen die Friedenspflicht verstößt und 4 Stunden Unterrichtsausfall zur Folge hat, ArbG Marburg, 10.12.2010, NZA-RR 2011, 140.
[302] BAG 21.10.1969, AP Nr. 41 zu Art. 9 GG Arbeitskampf.
[303] BAG 8.11.1988, AP Nr. 111 zu Art. 9 GG Arbeitskampf.

ten Kunden und Lieferanten können sich auch nicht an die Arbeitnehmer halten. Ein deliktischer Anspruch scheitert regelmäßig daran, dass es an einem unmittelbaren Eingriff in ihren eingerichteten und ausgeübten Gewerbebetrieb fehlt.

VI. Arbeitskampf und Betriebsverfassungsrecht

1. Arbeitskampfverbot für die Betriebspartner

Die Rechtsfolgen eines Arbeitskampfs für die Betriebsverfassung sind nicht gesetzlich geregelt. § 74 Abs. 2 S. 1 BetrVG untersagt lediglich den Arbeitskampf der Betriebspartner gegeneinander. Nach § 74 Abs. 2 S. 1 HS 2 BetrVG werden die Arbeitskämpfe tariffähiger Parteien dadurch nicht berührt. An diesen Arbeitskämpfen dürfen sich auch Betriebsratsmitglieder beteiligen. § 74 Abs. 3 BetrVG erklärt ausdrücklich, dass die Wahrnehmung betriebsverfassungsrechtlicher Funktionen die gewerkschaftliche Betätigung von Arbeitnehmern nicht beschränkt.

166

Im Gegensatz zum Betriebsrat ist der Arbeitgeber bei tarifvertragsbezogenen Arbeitskämpfen immer Kampfpartei, sei es als Verbandsmitglied, sei es als Partei des Tarifvertrags. Daran wird er durch § 74 Abs. 2 BetrVG nicht gehindert. Er darf auch Mitglieder des Betriebsrats aussperren.[304] Seine Kampfmaßnahmen dürfen sich nur nicht gezielt gegen den Betriebsrat als Organ der Betriebsverfassung richten.[305]

167

2. Betriebsrat und Arbeitskampf

a) Betriebsratsamt

Das Amt des Betriebsrats wird durch einen Arbeitskampf nicht berührt, gleichviel, ob sich seine Mitglieder an einem Arbeitskampf beteiligen oder nicht.[306] Selbst die Aussperrung eines Betriebsratsmitglieds hat auf den Fortbestand des Amts keine Auswirkungen, da sie nur die vertraglichen Hauptleistungspflichten suspendiert.[307] Der Betriebsrat wird durch den Arbeitskampf auch nicht funktionsunfähig. Er behält seine Initiativ- und Beteiligungsrechte jedenfalls insoweit, als sie keinen Bezug zum Arbeitskampf haben.[308] Maßnahmen des Arbeitgebers, die nicht wegen, sondern nur während des Arbeitskampfs durchgeführt werden, bleiben mitbestimmungspflichtig.[309]

168

---

[304] BAG 14.2.1978, 25.10.1988, AP Nr. 57, 110 zu Art. 9 GG Arbeitskampf.
[305] *Brox/Rüthers*, Arbeitskampfrecht, Rn. 414.
[306] Allg.M., vgl. *Fitting*, § 74 BetrVG Rn. 17 m.w.N.
[307] BAG 25.10.1988, AP Nr. 110 zu Art. 9 GG Arbeitskampf.
[308] BAG 14.2.1978, AP Nr. 57 zu Art. 9 GG Arbeitskampf.
[309] BAG 6.3.1979, AP Nr. 20 zu § 102 BetrVG 1972.

Beispiele für fortbestehende Beteiligungsrechte: Mitbestimmung in betrieblichen Sozialeinrichtungen und bei Werkswohnungen, Einführung von Personalfragebögen, Beurteilungsgrundsätzen oder Auswahlrichtlinien, Einstellung eines seit langem gesuchten Mitarbeiters, Kündigung eines Arbeitnehmers wegen krankheitsbedingter Fehlzeiten,[310] Eingruppierungen und Umgruppierungen.[311]

b) Beteiligungsrechte

169 **aa) Grundsatz.** Heftig umstritten ist, ob, unter welchen Voraussetzungen und inwieweit betriebliche Beteiligungsrechte eingeschränkt sind, wenn eine an sich mitbestimmungspflichtige Maßnahme des Arbeitgebers direkt oder indirekt mit dem Arbeitskampf zusammenhängt. Eine Mindermeinung lehnt jede Einschränkung von Mitbestimmungsrechten ab.[312] Die h.M. bejaht dagegen. Sie geht zu Recht davon aus, dass der verfassungsrechtlich garantierten Tarifautonomie und dem als Hilfsinstrument mit geschützten Arbeitskampfrecht der Vorrang vor den Mitbestimmungsrechten des Betriebsrats zukommt.[313] Ausgangspunkt ist die Parität der Arbeitskampfparteien.[314] Beteiligungsrechte des Betriebsrats, die geeignet sind, die Kampffähigkeit des Arbeitgebers zu beeinträchtigen, müssen während des Arbeitskampfs eingeschränkt sein oder ruhen. Andere leiten die Einschränkung von Mitbestimmungsrechten aus dem Neutralitätsgebot der Betriebspartner her (§ 74 Abs. 2 S. 1 BetrVG). Mitbestimmungsrechte sollen entfallen, soweit ihre Ausübung eine konkrete Arbeitskampfmaßnahme gegenüber dem Arbeitgeber bedeuten würde.[315] Nach beiden Ansichten ist jeweils im Einzelfall zu prüfen, ob und inwieweit eine Maßnahme des Arbeitgebers mit Arbeitskampfbezug die Einschränkung eines Beteiligungsrechts erfordert.[316] Unterrichtungs- und Beratungsrechte bleiben im allgemeinen erhalten.[317]

bb) Einschränkung einzelner Beteiligungsrechte

170 **(1) Kündigungen.** Nach der Rechtsprechung entfällt bei arbeitskampfbedingten Kündigungen jedes Beteiligungsrecht;[318] nach Teilen der Lehre bleibt die Anhörung erforderlich.[319] Wird einem Betriebsratsmitglied wegen Beteiligung an einem rechtswidrigen Arbeitskampf außerordentlich gekündigt, entfällt nach der Rechtsprechung die Zustimmungspflicht des Betriebsrats nach § 103 Abs. 1 BetrVG, der Arbeitgeber muss aber die Zustimmung des

---

[310] BAG 14.2.1978, AP Nr. 60 zu Art. 9 GG Arbeitskampf.
[311] LAG Köln 22.6.1992, DB 1993, 838.
[312] LAG Hamm 3.11.1978, DB 1979, 216; LAG Bremen 9.2.1989, AiB 1989, 316.
[313] BAG 14.2.1978, 22.12.1980, AP Nr. 57, 71 zu Art. 9 GG Arbeitskampf.
[314] BAG 24.4.1979, AP Nr. 63 zu Art. 9 GG Arbeitskampf.
[315] *Fitting*, § 74 BetrVG Rn. 19 f.; Richardi/*Richardi*/*Maschmann*, § 74 BetrVG Rn. 32 ff.
[316] BAG 19.2.1991, AP Nr. 26 zu § 95 BetrVG 1972.
[317] LAG Köln 22.6.1992, DB 1993, 838.
[318] BAG 14.2.1978, AP Nr. 58 zu Art. 9 GG Arbeitskampf.
[319] *Brox/Rüthers*, Arbeitskampfrecht, Rn. 446.

Arbeitsgerichts nach § 103 Abs. 2 BetrVG einholen.[320] Nicht mitbestimmungspflichtig ist die Aussperrung. Bei einer suspendierenden Aussperrung liegt keine Kündigung vor; bei einer lösenden Aussperrung würde das Mitbestimmungsrecht die Kampfkraft des Arbeitgebers schwächen.[321]

(2) **Einstellungen und Versetzungen.** Bei der Einstellung und Versetzung Arbeitswilliger 171 auf Arbeitsplätze streikender Arbeitnehmer entfällt das Mitbestimmungsrecht nach § 99 BetrVG.[322] Der Arbeitgeber muss nicht zuletzt angesichts der internationalen Wettbewerbssituation frei sein, trotz des arbeitskampfbedingten Arbeitsausfalls die Produktion aufrechtzuerhalten.[323] Entsendet allerdings ein nicht von einer Arbeitskampfmaßnahme betroffenes Unternehmen einen Arbeitnehmer in ein bestreiktes Tochterunternehmen, so soll diese Maßnahme in dem abgebenden Unternehmen mitbestimmungspflichtig sein.[324]

(3) **Mehrarbeit und Kurzarbeit.** Will der Arbeitgeber während eines laufenden Streiks für 172 die arbeitswilligen und zur Ableistung von Mehrarbeit bereiten Arbeitnehmer für die Dauer der konkreten Arbeitsniederlegung deren betriebliche Arbeitszeit verlängern, so bedarf es nicht der Zustimmung des Betriebsrats. Der Arbeitgeber würde sonst in seiner Kampffähigkeit beeinträchtigt. Für Mehrarbeit, die unabhängig vom Arbeitskampf anfällt, bleibt es dagegen bei dem Zustimmungserfordernis nach § 87 Abs. 1 Nr. 3 BetrVG. Auch arbeitswillige Arbeitnehmer sind nicht verpflichtet, die Arbeitsleistung auf Arbeitsplätzen zu erbringen, die durch die Streikteilnahme anderer Arbeitnehmer unbesetzt sind.[325] Dasselbe wie für Mehrarbeit gilt grundsätzlich auch für die Einführung von Kurzarbeit in einem unmittelbar vom Arbeitskampf betroffenen Betrieb.[326] Kurzarbeit ist auch der zeitweilige Ausfall ganzer Schichten.[327] Muss in einem mittelbar betroffenen Betrieb Kurzarbeit eingeführt werden, dann ist das „Ob" mitbestimmungsfrei, wenn die Arbeitnehmer nach den Grundsätzen des Arbeitskampfrisikos das Entgeltrisiko zu tragen haben,[328] nicht aber das „Wie".

(4) **Unterrichtung über personelle Maßnahmen, Mehr- und Kurzarbeit.** Der Arbeitge- 173 ber hat den Betriebsrat über Einstellungen, Versetzungen, Kündigungen, Mehr- und Kurzarbeit zu unterrichten, (auch) soweit dessen Beteiligungsrechte nach §§ 87 Abs. 1 Nr. 2, 3, 99, 102 f. BetrVG entfallen. Das folgt aus der „gebotenen Rücksichtnahme des Arbeitskampfrechts auf das Betriebsverfassungsrecht". Der Betriebsrat würde allerdings seine Amtspflichten verletzen, wenn er die Informationen an die Gewerkschaft weitergäbe oder wenn er sie nutzte, um auf arbeitswillige Arbeitnehmer Einfluss zu nehmen.[329]

cc) **Grenzen der Einschränkung.** In einem teilweise bestreikten Betrieb bleiben 174 die Mitbestimmungsrechte für den nicht bestreikten Teil erhalten, soweit sich die

---

[320] BAG 14.2.1978, AP Nr. 57 zu Art. 9 GG Arbeitskampf.
[321] BAG 16.12.1986, AP Nr. 13 zu § 87 BetrVG Ordnung des Betriebes.
[322] BAG 26.10.1971, AP Nr. 44 zu Art. 9 GG Arbeitskampf.
[323] Wie hier HSWGNR/*Worzalla*, § 74 Rn. 30; *Reuter*, AuR 1973, 6.
[324] BAG 19.2.1991, AP Nr. 26 zu § 95 BetrVG 1972.
[325] BAG 20.3.2018, NZA 2018, 1081.
[326] BAG 22.12.1980, AP Nr. 70, 71 zu Art. 9 GG Arbeitskampf.
[327] BAG 13.7.1977, AP Nr. 2 zu § 87 BetrVG 1972 Kurzarbeit.
[328] BAG 22.12.1980, AP Nr. 70, 71 zu Art. 9 GG Arbeitskampf.
[329] BAG 10.12.2002, NZA 2004, 223.

Maßnahmen des Arbeitgebers auch nicht mittelbar auf das Kampfgeschehen beziehen.[330]

175 Die Beteiligungsrechte sind nur für die Dauer des Arbeitskampfs eingeschränkt.[331] Der Arbeitgeber muss die Beteiligung des Betriebsrats nachholen, wenn er eine an sich mitbestimmungspflichtige Maßnahme nach dem Ende des Arbeitskampfs aufrechterhalten will. So muss er nach dem Kampfende die Zustimmung des Betriebsrats gemäß § 99 Abs. 2 BetrVG einholen, wenn er Arbeitnehmer, die er zur Erledigung von Streikarbeit eingestellt hat, weiterbeschäftigen will.

c) Neutralitätspflicht

176 Der Betriebsrat als Organ hat sich bei einem Arbeitskampf neutral zu verhalten. Er darf sich in keiner Weise am Arbeitskampf beteiligen. Es ist ihm verboten, zur Beteiligung oder Nichtbeteiligung aufzurufen, Streikversammlungen oder Urabstimmungen durchzuführen, Geld für die Streikenden zu sammeln oder den Streikenden Räume oder sonstige Einrichtungen zur Verfügung zu stellen.[332] Er darf keine Betriebs- oder Abteilungsversammlungen abhalten, um dort Maßnahmen des Arbeitskampfs zu erörtern, vorzubereiten oder durchzuführen.

177 Die verbliebenen Beteiligungsrechte hat der Betriebsrat so auszuüben, dass kein zusätzlicher Druck auf den Arbeitgeber entsteht, etwa indem er von diesen Rechten in zögerlicher Weise Gebrauch macht.[333] Ob der Betriebsrat verpflichtet ist, bei rechtswidrigen, insbesondere bei nicht gewerkschaftlich organisierten Arbeitskämpfen mäßigend auf die Belegschaft einzuwirken, ist umstritten, aber wohl zu verneinen;[334] § 74 Abs. 2 S. 1 BetrVG verpflichtet lediglich zur Unterlassung, nicht zu aktivem Handeln.

3. Betriebsratsmitglied und Arbeitskampf

a) Doppelstellung

178 Für die Beteiligung des einzelnen Betriebsratsmitglieds an einem Arbeitskampf ist seine Doppelstellung als Mitglied eines Organs der Betriebsverfassung und als Arbeitnehmer zu berücksichtigen.

179 **aa) Betriebsratsmitglied als Teil eines Organs der Betriebsverfassung.** In seiner Eigenschaft als Betriebsratsmitglied darf sich das einzelne Mitglied nicht an einem Arbeitskampf

---

[330] *Fitting*, § 74 BetrVG Rn. 18.
[331] *Kissel*, Arbeitskampfrecht, § 36 Rn. 57.
[332] *Brox/Rüthers*, Arbeitskampfrecht, Rn. 412; GK-BetrVG/*Kreutz*, § 74 BetrVG Rn. 68.
[333] *Fitting*, § 74 BetrVG Rn. 21 f.
[334] BAG 5.12.1978, 6 AZR 485/76 n.v.; a.A. *Brox/Rüthers*, Arbeitskampfrecht, Rn. 415.

beteiligen.³³⁵ Das würde gegen das Arbeitskampfverbot des § 74 Abs. 2 BetrVG und die daraus folgende Neutralitätspflicht des Betriebsrats verstoßen. Dem Betriebsratsmitglied ist es auch untersagt, die Autorität seines Amts auszuspielen. Deshalb darf es weder Streikaufrufe noch sonstige Verlautbarungen unter ausdrücklicher Erwähnung der Mitgliedschaft unterzeichnen.³³⁶ Betriebsratsmittel dürfen nicht zur Kampfführung eingesetzt werden.

bb) Betriebsratsmitglied als Arbeitnehmer. In seiner Eigenschaft als Arbeitnehmer darf **180** ein Betriebsratsmitglied – auch ein freigestelltes³³⁷ – wie jeder andere Angehörige des Betriebs an einem rechtmäßigen Arbeitskampf teilnehmen.³³⁸ Gleichgültig ist, ob es gewerkschaftlich organisiert ist oder nicht. Teilweise wird vertreten, ein Betriebsratsmitglied müsse sich bei Arbeitskämpfen zurückhalten; es dürfe nicht die Initiative ergreifen und sich auch nicht an der Organisation oder der Leitung des Arbeitskampfs beteiligen (vgl. § 2 Abs. 1 BetrVG).³³⁹ Diese Ansicht ist nicht mit § 74 Abs. 3 BetrVG zu vereinbaren.³⁴⁰ Häufig werden die Arbeitgeber sogar daran interessiert sein, dass ein Arbeitskampf in den Händen „ihrer" Betriebsräte liegt.

b) Folgen einer betriebsverfassungswidrigen Kampfbeteiligung

Die Beteiligung von Betriebsratsmitgliedern unter Verletzung des § 74 Abs. 2 **181** BetrVG an einem Arbeitskampf kann zu amtsrechtlichen und individualarbeitsrechtlichen Folgen führen.

aa) Amtsrechtliche Folgen. Ein grober Verstoß eines Betriebsratsmitglieds kann mit dem **182** Ausschluss aus dem Betriebsrat geahndet werden. Trifft den Betriebsrat als Gremium dieser Vorwurf, so kann er aufgelöst werden (§ 23 Abs. 1 BetrVG, s. im einzelnen § 16 Rn. 84 f., 87 f.). Der Arbeitgeber kann vom Betriebsrat und seinen Mitgliedern Unterlassung von Maßnahmen, die gegen § 74 Abs. 2 BetrVG verstoßen, verlangen und diesen Anspruch im Wege des arbeitsgerichtlichen Beschlussverfahrens durchsetzen (s. § 16 Rn. 83).

bb) Individualrechtliche Folgen. Verletzt ein einzelnes Betriebsratsmitglied schuldhaft die **183** betriebliche Friedenspflicht, so kann es sich nach § 823 Abs. 2 BGB, § 74 Abs. 2 BetrVG schadensersatzpflichtig machen. § 74 Abs. 2 BetrVG ist Schutzgesetz i.S.d. § 823 Abs. 2 BGB. Eine weitergehende Haftung aus der Stellung als Organ der Betriebsverfassung oder aus einem gesetzlichen Sozialrechtsverhältnis ist abzulehnen. Daneben kommen Ansprüche aus § 280 Abs. 1 BGB in Betracht, weil das Betriebsratsmitglied zugleich Pflichten aus dem Arbeitsvertrag verletzt. Nicht ausgeschlossen ist auch eine außerordentliche Kündigung; hierbei bedarf es aber einer besonders sorgfältigen Abwägung aller Umstände des

---

³³⁵ BAG 5.12.1975, AP Nr. 1 zu § 87 BetrVG 1972 Betriebsbuße; BAG 21.2.1978, AP Nr. 1 zu § 74 BetrVG 1972.
³³⁶ *Brox/Rüthers*, Arbeitskampfrecht, Rn. 413 m.w.N.
³³⁷ LAG Düsseldorf 5.7.1994, AuR 1995, 107.
³³⁸ *Brox/Rüthers*, Arbeitskampfrecht, Rn. 413 m.w.N.; *Fitting*, § 74 BetrVG Rn. 16.
³³⁹ *Rolfs/Bütefisch*, NZA 1996, 17, 20.
³⁴⁰ *Fitting*, § 74 BetrVG Rn. 16; GK-BetrVG/*Kreutz*, § 74 BetrVG Rn. 65.

Einzelfalls. Für Betriebsratsmitglieder, die den Streik nicht angezettelt oder organisiert und keine Exzesse begangen haben, genügt i.d.R. die Amtsenthebung.[341]

VII. Arbeitskampf und Sozialversicherung

1. Grundsätze

a) Versicherungsverhältnis

184 In der gesetzlichen Kranken-, Pflege-, Renten- und Arbeitslosenversicherung ist pflichtversichert, wer einer entgeltlichen Beschäftigung nachgeht.[342] Beschäftigung ist die nichtselbständige Arbeit, insbesondere in einem Arbeitsverhältnis (§ 7 Abs. 1 SGB IV). Entgeltlich ist die Beschäftigung, wenn ein Vergütungsanspruch besteht. Da Arbeitnehmer im Normalfall in einem entgeltlichen Beschäftigungsverhältnis tätig werden, sind sie sozialversicherungspflichtig. Nimmt der Arbeitnehmer an einem Arbeitskampf teil oder entfällt die Arbeit kampfbedingt, bleibt das Arbeitsverhältnis und damit das Beschäftigungsverhältnis aufrechterhalten. Entfällt der Vergütungsanspruch, sei es, weil der Arbeitnehmer streikt oder ausgesperrt wird, sei es, weil er das Arbeitskampfrisiko trägt, sei es, weil der Arbeitgeber den Betrieb ganz oder teilweise stilllegt, so müsste das Versicherungsverhältnis mangels Entgeltlichkeit der Beschäftigung an sich unterbrochen werden. § 7 Abs. 3 S. 1 SGB IV fingiert jedoch das Fortbestehen einer entgeltlichen Beschäftigung für längstens einen Monat.[343] Erst danach wird das Versicherungsverhältnis unterbrochen, es sei denn, der Arbeitnehmer bezieht bestimmte Ersatzleistungen (vgl. § 7 Abs. 3 S. 3 SGB IV). Zu Abweichungen von diesem Grundsatz in einzelnen Versicherungszweigen s. unten Rn. 186 ff.

b) Beitragspflicht

185 Da streikende und rechtmäßig ausgesperrte Arbeitnehmer keinen Vergütungsanspruch haben, entfällt für die Dauer des Arbeitskampfs die Pflicht zur Entrichtung von Sozialversicherungsbeiträgen. Dasselbe gilt für mittelbar von einem Arbeitskampf betroffene Arbeitnehmer, wenn sie den Vergütungsanspruch verlieren und kein Kurzarbeitergeld erhalten. Die Beitragspflicht erlischt dagegen nicht für rechtswidrig ausgesperrte Arbeitnehmer, weil sie weiterhin Anspruch auf Vergütung haben (§ 615 S. 1 BGB). Arbeitskampfunterstützungen, die Gewerkschaften ihren streikenden oder ausgesperrten Mitgliedern zahlen, sind nicht beitragspflich-

---

[341] *Brox/Rüthers*, Arbeitskampfrecht, Rn. 421.
[342] § 5 Abs. 1 Nr. 1 SGB V, § 20 Abs. 1 S. 2 Nr. 1, S. 1 SGB XI, § 1 Abs. 1 Nr. 1 SGB VI, § 25 Abs. 1 SGB III.
[343] Zur „Suspendierung" des Beschäftigungsverhältnisses bei Teilnahme an einem rechtmäßigen Streik bereits BSGE 33, 254, 258 m.w.N.; vgl. auch BSGE 37, 10.

tig.³⁴⁴ Sie sind weder Arbeitslohn noch Ersatz für entgangene Einnahmen. Deshalb unterliegen sie auch nicht der Einkommensteuer.³⁴⁵

2. Gesetzliche Krankenversicherung und Soziale Pflegeversicherung

a) Kampfbeteiligte Arbeitnehmer

aa) Rechtmäßiger Arbeitskampf. Während eines rechtmäßigen Arbeitskampfs bleibt das Versicherungsverhältnis („die Mitgliedschaft") bei einer gesetzlichen Kranken- oder Pflegekasse erhalten (§ 192 Abs. 1 Nr. 1 SGB V, § 20 Abs. 1 S. 2 Nr. 1 SGB XI); die Monatsgrenze des § 7 Abs. 3 SGB IV gilt hier nicht. 186

Streikende und ausgesperrte Arbeitnehmer haben bei Eintritt eines Versicherungsfalls also Anspruch auf Leistungen. Dazu gehört bei Arbeitsunfähigkeit auch ein Anspruch auf Krankengeld (§§ 44 ff. SGB V).³⁴⁶ Dem steht nicht entgegen, dass damit eine Lohnersatzleistung gewährt wird. Die Krankenkassen können einer missbräuchlichen Inanspruchnahme durch Anordnung einer Begutachtung durch den medizinischen Dienst begegnen (§ 275 Abs. 1 Nr. 3b SGB V). 187

bb) Rechtswidriger Arbeitskampf. Beteiligen sich die Arbeitnehmer an einem rechtswidrigen Streik, entfällt der Vergütungsanspruch. Das Versicherungsverhältnis gilt dennoch für längstens einen Monat als fortbestehend (§ 7 Abs. 3 SGB IV). Rechtswidrig ausgesperrte Arbeitnehmer behalten den Vergütungsanspruch (§ 615 S. 1 BGB) und bleiben damit pflichtversichert. 188

b) Mittelbar vom Arbeitskampf betroffene Arbeitnehmer

Für mittelbar von einem Arbeitskampf betroffene Arbeitnehmer, die keinen Anspruch auf Arbeitsentgelt haben, weil sie das Arbeitskampfrisiko tragen oder weil der Arbeitgeber den Betrieb ganz oder teilweise stilllegt, und die auch keine Leistungen der Bundesagentur für Arbeit erhalten, gilt dasselbe wie für streikende und ausgesperrte Arbeitnehmer.³⁴⁷ Während eines rechtmäßigen Arbeitskampfs und einer rechtswidrigen Aussperrung bleibt das Versicherungsverhältnis erhalten; bei einem rechtswidrigen Streik wird es nach Ablauf der Monatsfrist unterbrochen. Mittelbar von einem Arbeitskampf betroffene Arbeitnehmer, die Kurzarbeitergeld beziehen (s. unten Rn. 194 f.), bleiben zwar ebenfalls Mitglied der Kranken- oder Pflegekasse (§ 192 Abs. 1 Nr. 4 SGB V, § 20 Abs. 1 S. 2 Nr. 1 SGB XI); die Versicherungsbeiträge muss aber der Arbeitgeber tragen (§ 249 Abs. 2 SGB V). 189

---

³⁴⁴ Küttner/*Voelzke*, Personalbuch, Arbeitskampf Rn. 45.
³⁴⁵ BFH 24.10.1990, USK 9085.
³⁴⁶ BSG 15.12.1971, AP Nr. 46 zu Art. 9 GG Arbeitskampf.
³⁴⁷ *Otto*, Arbeitskampfrecht, § 18 Rn. 94.

3. Gesetzliche Unfallversicherung

190 In der gesetzlichen Unfallversicherung kommt es nicht auf die Entgeltlichkeit der Beschäftigung an; es genügt das Bestehen des Arbeitsverhältnisses (§ 2 Abs. 1 Nr. 1 SGB VII). Leistungen erhält der Arbeitnehmer, der bei einer versicherten Tätigkeit einen Unfall oder eine Berufskrankheit erleidet (§ 8 SGB VII). Die Teilnahme an einem Arbeitskampf ist keine versicherte Tätigkeit. Versichert sind jedoch Notdienstarbeiten und die Tätigkeit arbeitswilliger Arbeitnehmer.[348] Streikhelfer üben eine der Gewerkschaft dienende Tätigkeit aus und sind deshalb bei der für die Gewerkschaft zuständigen Berufsgenossenschaft versichert (§ 2 Abs. 2, Abs. 1 Nr. 1 SGB VII).

4. Gesetzliche Rentenversicherung

191 Die Versicherungspflicht in der gesetzlichen Rentenversicherung erlischt, wenn die Teilnahme am Arbeitskampf oder der arbeitskampfbedingte Vergütungsausfall länger als einen Monat dauern (§ 1 Abs. 1 Nr. 1 SGB VI, § 7 Abs. 3 SGB IV). Nach der Rechtsprechung des BSG wird das Versicherungsverhältnis für die Zeit des Arbeitskampfs suspendiert.[349] Nachteile für die rentenversicherungsrechtliche „Erwerbsbiographie" entstehen allerdings nur dann, wenn der Arbeitskampf länger als einen Kalendermonat dauert (§ 122 Abs. 1 SGB VI). Dem können Arbeitnehmer durch eine freiwillige Versicherung (§§ 7, 171, 173 SGB VI) entgehen; die Beiträge haben sie aber allein zu tragen und selbst einzuzahlen. Mittelbar vom Arbeitskampf betroffene Arbeitnehmer, die Kurzarbeitergeld erhalten, bleiben während des Bezugs dieser Leistungen versichert (§ 1 Abs. 1 Nr. 1 HS 2 SGB VI).

5. Arbeitslosenversicherung

a) Versicherungsverhältnis

192 Zu einer Unterbrechung des Versicherungsverhältnisses in der Arbeitslosenversicherung kommt es nur dann, wenn die Teilnahme am Arbeitskampf oder der arbeitskampfbedingte Vergütungsausfall länger als einen Monat dauert (§§ 24 Abs. 1, 25 Abs. 1 SGB III, § 7 Abs. 3 SGB IV). Mittelbar vom Arbeitskampf betroffene Arbeitnehmer, die Kurzarbeitergeld erhalten, bleiben während des Bezugs dieser Leistungen versichert (§ 24 Abs. 3 SGB III).

---

[348] *Otto*, Arbeitskampfrecht, § 18 Rn. 5.
[349] BSG GS 11.12.1973, AP Nr. 48 zu Art. 9 GG Arbeitskampf.

b) Leistungen an streikende oder ausgesperrte Arbeitnehmer

Durch die Gewährung von Arbeitslosengeld darf nicht in Arbeitskämpfe eingegriffen werden (§ 160 Abs. 1 S. 1 SGB III). Deshalb ruht der Anspruch auf Arbeitslosengeld, wenn der Arbeitnehmer durch Beteiligung an einem inländischen Arbeitskampf arbeitslos geworden ist, bis zu dessen Beendigung (§ 160 Abs. 2 SGB III). Gleiches gilt, wenn der Arbeitnehmer ausgesperrt wird oder wenn der Arbeitgeber den Betrieb stilllegt oder wenn der Arbeitnehmer das Arbeitskampfrisiko zu tragen hat (§ 160 Abs. 3 SGB III). Für die Gewährung von Kurzarbeitergeld gilt Entsprechendes (§ 100 SGB III).[350]

193

c) Leistungen an mittelbar vom Arbeitskampf betroffene Arbeitnehmer

Auch bei Fernarbeitskämpfen darf der Staat durch die Gewährung von Arbeitslosen- oder Kurzarbeitergeld nicht in die Tarifauseinandersetzung eingreifen (§§ 160 Abs. 1, 100 SGB III). Den Arbeitnehmern ist ein Solidaritätsopfer zumutbar, wenn der Tarifvertrag sozusagen stellvertretend für sie mit erkämpft wird. Sie erhalten deshalb **keine Leistungen**, wenn sie in einem Betrieb beschäftigt sind,

194

- der dem **räumlichen und fachlichen Geltungsbereich** des umkämpften Tarifvertrags zuzuordnen ist (§ 160 Abs. 3 S. 1 Nr. 1 SGB III) oder
- der zwar **nicht dem räumlichen, wohl aber dem fachlichen Geltungsbereich** des umkämpften Tarifvertrags zuzuordnen ist, wenn dort
- eine Forderung erhoben wurde, die einer Hauptforderung des Arbeitskampfs nach Art und Umfang gleich ist, ohne mit ihr übereinstimmen zu müssen,
- und wenn das Ergebnis des Arbeitskampfs aller Voraussicht nach in dem räumlichen Geltungsbereich des nicht umkämpften Tarifvertrags im wesentlichen übernommen wird (§ 160 Abs. 3 S. 1 Nr. 2 SGB III, „Stellvertreterarbeitskampf").[351]

Beispiel (vgl. Schaubild unten): Die IG Metall verlangt für die Metall- und Elektroindustrie in Hessen 4,2 % mehr Lohn, in Bayern 4,0 %. Zulieferer Z in Frankfurt a.M. wird bestreikt. Bei den Kunden K1 und K2 kann daraufhin nicht gearbeitet werden. K1, ein Metallunternehmen, hat Betriebe in Kassel und in Nürnberg. K2 gehört der chemischen Industrie an und ist in Darmstadt und Fürth tätig. Die Arbeitnehmer von Z und von K1, die wegen des Streiks nicht arbeiten können, erhalten kein Kurzarbeitergeld: die von Z und K1 im Kasseler Betrieb wegen § 160 Abs. 3 Nr. 1 SGB III, die von K1 im Nürnberger Betrieb wegen § 160 Abs. 3 Nr. 2 SGB III. Die Arbeitnehmer von K2 hätten an sich Anspruch auf Kurzarbeitergeld, und zwar sowohl im Darmstädter als auch im Fürther Werk. Nach der Arbeitskampfrisikolehre muss K2 diesen Arbeitnehmern aber das Entgelt fortzahlen, weil die Fernwirkungen das Kräftegleichgewicht nicht beeinflussen (keine organisatorische

195

---

[350] BSG 5.6.1991, NZA 1991, 982; BVerfG, DB 1995, 1464.
[351] Zur Entstehungsgeschichte dieser Vorschrift *Glaubitz*, AuR 2011, 410 ff.

Verbindung zwischen den Arbeitgeberverbänden Metall und Chemie). Damit kommt es zu keinem Anspruch gegen die Bundesagentur.

VII. Arbeitskampf und Sozialversicherung 231

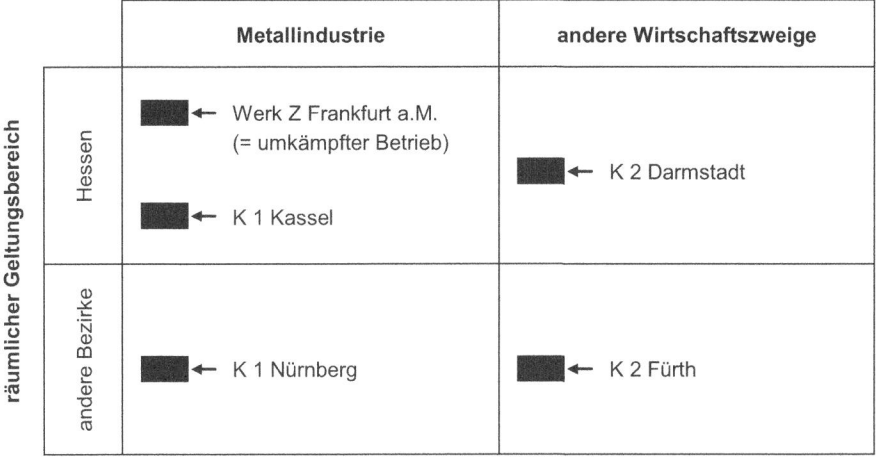

System der Leistungen bei Arbeitskämpfen

Teilnahme am Arbeitskampf	tätig in	Grund für die Nichtleistung der Arbeit	Arbeitgeber	Agentur für Arbeit	Gewerkschaft
ja	bestreikter Betrieb oder Betriebsteil	Teilnahme am Arbeitskampf	-	-	+
nein	bestreikter Betrieb oder Betriebsteil	Arbeitgeber legt Betrieb oder Betriebsteil still („beugt sich dem Streik"), oder Arbeitnehmer kann wegen des Arbeitskampfes nicht arbeiten (technisch unmöglich oder wirtschaftlich unzumutbar)	-	-	+
nein	nicht bestreikter Betrieb im räumlichen und fachlichen Geltungsbereich des umkämpften Tarifvertrages – Stellvertreterarbeitskampf – kein Stellvertreterarbeitskampf	Arbeitnehmer kann wegen des Arbeitskampfes nicht arbeiten (technisch unmöglich oder wirtschaftlich unzumutbar)	- -	- +	- -
nein	nicht bestreikter Betrieb in einem anderen fachlichen Geltungsbereich	Arbeitnehmer kann wegen des Arbeitskampfes nicht arbeiten (technisch unmöglich oder wirtschaftlich unzumutbar)	+	-	-

Eine Forderung ist erhoben, wenn sie in der zur Entscheidung befugten Stelle beschlossen **196** wurde oder aufgrund des Verhaltens der Tarifvertragspartei im Zusammenhang mit dem angestrebten Abschluss als beschlossen anzusehen ist (§ 160 Abs. 3 S. 2 SGB III). Als beschlossen anzusehen ist eine Forderung nur dann, wenn sie missbräuchlich zurückgehalten wird, d.h. wenn der interne Willensbildungsprozess der Koalition abgeschlossen ist und nur die förmliche Beschlussfassung und ihre Verlautbarung fehlen.[352] Hauptforderungen sind solche, mit denen die Gewerkschaft ihre Mitglieder für den Arbeitskampf mobilisiert, die die Tarifauseinandersetzungen nachhaltig prägen und die im allgemeinen auch von ihrem Gewicht her im Vordergrund stehen. Der Art nach gleich sind zwei unterschiedliche Lohnforderungen, nicht aber beispielsweise die Forderung nach Einführung der 35-Stunden-Woche in einem Tarifbezirk und die nach Vorruhestand in einem anderen; dem Umfang nach annähernd gleich sind Forderungen nach Einführung der 35- beziehungsweise 36-Stunden-Woche oder nach Verlängerung des Urlaubs um eine Woche auf einmal oder in einem Stufenplan, nicht dagegen Lohnerhöhungen um denselben Prozentsatz bei unterschiedlicher Lohnstruktur.[353] Ob die Voraussetzungen eines Stellvertreterarbeitskampfes erfüllt sind und damit die Leistungen der Arbeitslosenversicherung entfallen, wird vom sog. Neutralitätsausschuss mit bindender Wirkung für alle Betroffenen[354] festgestellt (§ 160 Abs. 5 SGB III). Der Neutralitätsausschuss besteht aus Vertretern der Arbeitgeber und der Arbeitnehmer, die dem Verwaltungsrat der Bundesagentur für Arbeit angehören, sowie dem Vorsitzenden des Vorstands (§ 380 Abs. 1 SGB III). Vor seiner Entscheidung hat er die Fachspitzenverbände der am Arbeitskampf beteiligten Tarifvertragsparteien anzuhören; nur sie können die Entscheidung vor dem Bundessozialgericht anfechten (§ 160 Abs. 6 SGB III).

VIII. Einstweilige Verfügung im Arbeitskampf

1. Statthaftigkeit

Während die Gerichte regelmäßig einstweilige Verfügungen gegen rechtswidrige **197** Streiks erlassen,[355] wird in der Literatur teilweise die Ansicht vertreten, derartige Verfügungen seien im Arbeitskampf unzulässig;[356] teilweise wird verlangt, dass die Rechtswidrigkeit der Arbeitskampfmaßnahme offenkundig sein[357] oder dass die Maßnahme die Existenz des Gegners gefährden müsse.[358]

---

[352] BVerfGE 92, 26; Löwisch/*Löwisch*/*Bittner*, Arbeitskampfrecht, V Rn. 80 f.
[353] LSG Frankfurt a. M. 22.6.1984, DB 1984, 1582.
[354] BSG 4.10.1994, NZA 1995, 327.
[355] Schaub/*Treber* ArbRHdb § 194 Rn. 51 f. m.w.N.
[356] *Hoffmann*, AuR 1968, 33.
[357] *Hesse*, DB 1967, 2072; *Scholz/Konzen*, Die Aussperrung im System von Arbeitsverfassung und kollektivem Arbeitsrecht, S. 229 ff.; *Zeuner*, RdA 1971, 7.
[358] *Faupel*, DB 1971, 868; *Heckelmann*, AuR 1970, 177; *Zeuner*, RdA 1971, 1.

198 Es gibt keinen Grund, für die einstweilige Verfügung im Arbeitskampf andere Voraussetzungen als sonst aufzustellen.[359] Nach §§ 62 Abs. 2, 85 Abs. 2 ArbGG sind einstweilige Verfügungen im arbeitsgerichtlichen Urteils- und Beschlussverfahren grundsätzlich zulässig. Art. 9 Abs. 3 GG garantiert nur den rechtmäßigen Arbeitskampf. Zwar mag es schwierig sein, die Rechtswidrigkeit der Kampfmaßnahme festzustellen. Würde man aber die Entscheidung dem Hauptverfahren vorbehalten, würde man dem Angegriffenen den Rechtsschutz nehmen. Gestattet man ihm nicht, einen rechtswidrigen Angriff im Wege der Notwehr abzuwehren, weil er gerichtliche Hilfe in Anspruch nehmen kann, dann muss man ihm einen effektiven Rechtsschutz geben. Zwar werden mit einer einstweiligen Verfügung auf Unterlassung – den Streik oder die Aussperrung nicht zu beginnen oder nicht fortzuführen – bis zu ihrer Aufhebung endgültige Verhältnisse geschaffen; das geschieht aber auch sonst. Allerdings sind an die Glaubhaftmachung des Verfügungsgrunds strenge Anforderungen zu stellen. Das gilt auch für alle anderen Leistungsverfügungen.[360]

2. Zuständiges Gericht

199 Ausschließlich zuständig ist das Gericht der Hauptsache (§ 62 Abs. 2 ArbGG, § 937 Abs. 1 ZPO), d.h. das Arbeitsgericht, das im Urteilsverfahren zu entscheiden hat.

200 Der Rechtsweg zu den Arbeitsgerichten ergibt sich aus § 2 Abs. 1 Nr. 2 ArbGG, die örtliche Zuständigkeit aus § 46 Abs. 2 S. 1 ArbGG, §§ 495, 12 ff. ZPO. Ob in dringenden Fällen auch das Amtsgericht angerufen werden kann (§ 942 ZPO), ist streitig, aber zu verneinen.[361] Zwar verweist § 62 Abs. 2 ArbGG für das Verfahren der einstweiligen Verfügung allgemein auf die §§ 935 ff. ZPO und damit auch auf § 942 ZPO; diese Vorschrift regelt aber lediglich eine örtliche Notzuständigkeit, die Rechtswegzuständigkeit folgt allein aus § 2 ArbGG.

3. Materielle Voraussetzungen

a) Verfügungsanspruch

201 Für die beantragte Verfügung muss der Antragsteller einen materiell-rechtlichen Anspruch gegen den Antragsgegner auf ein Tun oder Unterlassen haben (sog. Verfügungsanspruch).

202 In Betracht kommen Ansprüche aus dem Arbeitsvertrag auf Arbeitsleistung, Beschäftigung, Lohnzahlung und auf Unterlassen einer Beteiligung an Arbeitskampfmaßnahmen. Ansprüche können sich auch aus einem Tarifvertrag ergeben, etwa aus der Friedenspflicht, die zur Unterlassung von Arbeitskämpfen und zur Einwirkung des Verbands auf seine Mitglieder

---

[359] GMP/*Schleusener*, § 62 ArbGG Rn. 113; GK-ArbGG/*Vossen* § 62 Rn. 81; Schwab/Weth/*Walker* § 62 ArbGG Rn. 168.
[360] *Brox/Rüthers*, Arbeitskampfrecht, Rn. 766 ff.
[361] Wie hier GMP/*Schleusener*, § 62 ArbGG Rn. 81; a.A. *Vollkommer*, FS Kissel, S. 1201.

verpflichtet, oder aus § 1004 Abs. 1 S. 2 i.V.m. § 823 Abs. 1, 2 BGB. Der Antragsteller muss die Voraussetzungen des Verfügungsanspruchs darlegen und glaubhaft machen; dazu gehört bei einem Unterlassungsanspruch die Störungs- bzw. Wiederholungsgefahr. Zur Glaubhaftmachung kann er sich aller Beweismittel bedienen und auch zur Versicherung an Eides Statt zugelassen werden (§ 294 Abs. 1 ZPO).

b) Verfügungsgrund

Ein Verfügungsgrund liegt vor, wenn die einstweilige Verfügung notwendig ist, um von dem Antragsteller wesentliche Nachteile abzuwenden. 203

Die Dringlichkeit überschneidet sich zum Teil mit der zum materiellen Recht gehörenden Störungs- bzw. Wiederholungsgefahr. Da die Leistungsverfügung endgültige Verhältnisse schafft, sind an die Darlegung und Glaubhaftmachung des Verfügungsgrunds strenge Anforderungen zu stellen.[362] Erforderlich ist eine Interessenabwägung, bei der sämtliche in Betracht kommenden materiell-rechtlichen und vollstreckungsrechtlichen Erwägungen sowie die wirtschaftlichen Auswirkungen für beide Parteien einzubeziehen sind.[363] Besonders hoch sind die Anforderungen an den Verfügungsgrund bei einer zweifelhaften und bislang nicht höchstrichterlich geklärten Rechtslage. 204

4. Antrag und Entscheidungstenor

Nach §§ 936, 920 ZPO soll das Gesuch des Antragstellers den Anspruch bezeichnen. Erforderlich ist also ein Antrag, aus dem das Begehren klar zu entnehmen ist. Jedoch ist das Gericht daran nicht gebunden. Es bestimmt nach freiem Ermessen, welche Anordnungen zur Erreichung des Zwecks erforderlich sind (§ 938 ZPO); allerdings darf es nicht über den Antrag hinausgehen. 205

Der Entscheidungstenor macht bei Unterlassungsansprüchen Schwierigkeiten. Wird er eng gefasst, besteht die Gefahr, dass der Antragsgegner andere Handlungen vornimmt, um das Unterlassungsgebot zu umgehen. Wenn ihm z.B. nur verboten ist, Flugblätter, die zu einem rechtswidrigen Arbeitskampf auffordern, zu verteilen, so kann er durch Lautsprecher mit einem anderen Text für den Kampf werben. Wird der Tenor zu weit gefasst, entstehen Schwierigkeiten bei der Zwangsvollstreckung. 206

Beispiel für einen Verfügungsantrag: „Dem Antragsgegner wird bei Vermeidung eines Ordnungsgeldes in Höhe von ... verboten, bis zum Ablauf der Friedenspflicht am ... einen Streik bei der Firma ... in ... durchzuführen und zu unterstützen, insbesondere Arbeitnehmer der Firma ... zur Niederlegung der Arbeit aufzufordern und streikenden Arbeitnehmern für die Zeit des Arbeitskampfs Unterstützung zu versprechen oder zu gewähren."[364]

---

[362] GMP/*Schleusener*, § 62 ArbGG Rn. 97.
[363] LAG Köln 14.6.1996, AP Nr. 149 zu Art. 9 GG Arbeitskampf; *Isenhardt*, FS Stahlhacke, S. 195 ff.; *Walter*, ZfA 1985, 185 ff.
[364] *Brox/Rüthers*, Arbeitskampfrecht, Rn. 775.

5. Vollziehung der einstweiligen Verfügung

207 Bei einem Verstoß gegen eine einstweilige Verfügung, die vom Schuldner ein Unterlassen verlangt, ist § 890 ZPO anwendbar. Voraussetzung für die Verhängung eines Ordnungsmittels ist neben der richterlichen Androhung eine zeitlich nachfolgende, schuldhafte Zuwiderhandlung des Schuldners. Die Vollziehung einer einstweiligen Verfügung auf eine unvertretbare Arbeitsleistung scheidet wegen § 888 Abs. 3 ZPO aus. War die einstweilige Verfügung von Anfang an ungerechtfertigt, muss der Gläubiger dem Schuldner den daraus entstandenen Schaden ersetzen (§ 945 ZPO).

§ 15 Mitbestimmung in Unternehmen und Betrieb

I. Allgemeines

1. Begriff und Zweck

Mitbestimmung meint die Beteiligung der Beschäftigten an Entscheidungen in Betrieb, Unternehmen und Verwaltung durch gewählte Repräsentanten. Ziel ist die Einbringung ihrer Interessen sowohl bei Maßnahmen, die sie unmittelbar betreffen, als auch bei solchen, die sie mittelbar berühren, weil sie über kurz oder lang Auswirkungen auf ihre Arbeitsbedingungen haben oder haben können. Eingeschränkt werden die Handlungsfreiheit des Unternehmers sowie seine Rechte aus dem Arbeitsvertrag, d.h. seine Freiheit bei tatsächlichen Entscheidungen, bei Vereinbarungen mit den Arbeitnehmern oder zumindest bei deren Umsetzung sowie bei der Ausübung von Leistungsbestimmungsrechten.

Beispiele für tatsächliche Maßnahmen: Investitionen, Veräußerung von Unternehmensteilen, Einführung neuer Arbeitsmethoden, Einrichtung von Bildschirmarbeitsplätzen; für Vereinbarungen: Einstellung oder Versetzung von Arbeitnehmern, Vereinbarung von Überstunden oder Kurzarbeit, Gewährung übertariflicher Zulagen; für die Ausübung von Leistungsbestimmungsrechten: Änderung der Lage der Arbeitszeit, (vorbehaltene) Kürzung von Gratifikationen.

Kein Ziel ist die Einschränkung unternehmerischer Macht an sich; die Repräsentanten der Belegschaften sind nicht Sachwalter der Allgemeinheit. Unternehmens- und Betriebsverfassung sind auch nicht, wie ursprünglich in der Weimarer Verfassung[1] vorgesehen, Teil staatlicher Verfassung. Sie sollen das Übergewicht des Arbeitgebers ausgleichen, das trotz gesetzlicher und tariflicher Regelungen verbleibt, und sie sollen die Interessen der gesamten Belegschaft und von Belegschaftsgruppen einbringen, die naturgemäß im Arbeitsvertrag nicht von den einzelnen Arbeitnehmern wahrgenommen werden können. Insoweit kann man davon sprechen, dass die Belegschaftsvertretungen eine Art innerbetriebliche Inhaltskontrolle ausüben.[2] Sie wirken mit bei der Aufstellung von Arbeitsbedingungen, die die gesamte Belegschaft oder Belegschaftsgruppen betreffen, z.B. von Lohnsystemen, und sie sind beteiligt an der Durchsetzung angemessener Arbeitsbedingungen im Einzelfall. Bei welchen Arbeitsbedingungen sie mitwirken, wie das geschieht und in welchem Umfang, bestimmen abschließend die Mitbestimmungsgesetze.

---

[1] Art. 165 WRV v. 11.8.1919, RGBl. S. 1383.
[2] *Reichold*, Betriebsverfasssung als Sozialprivatrecht, 1995, S. 543.

2. Rechtsquellen

3 Die Mitbestimmungsrechte sind in einer Vielzahl von Gesetzen geregelt:

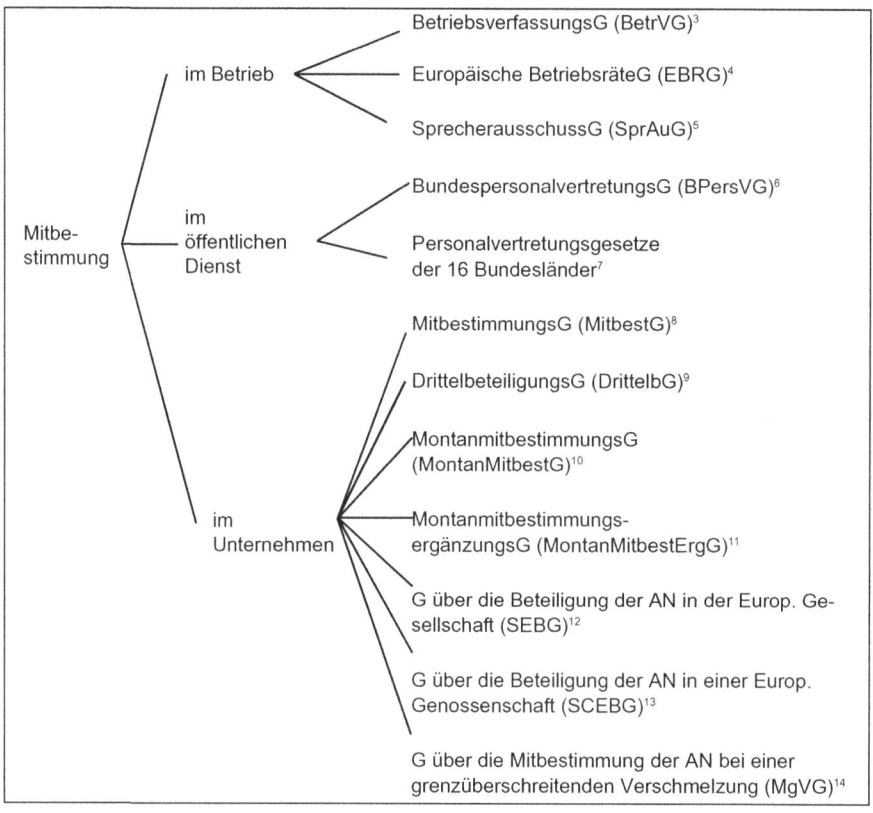

---

[3] V. 25.9.2001, BGBl. I S. 2518 (Neubekanntmachung des BetrVG v. 15.1.1972, BGBl. I S. 13).
[4] V. 28.10.1996, BGBl. I S. 1548, ber. S. 2022.
[5] V. 20.12.1988, BGBl. I S. 2312.
[6] V. 15.3.1974, BGBl. I S. 693.
[7] Nachweise bei *Grabendorff/Ilbertz/Widmaier*, Einl. BPersVG Rn. 58 ff.
[8] G über die Mitbestimmung der Arbeitnehmer (MitbestimmungsG) vom 4.5.1976, BGBl. I S. 1153.
[9] G über die Drittelbeteiligung der Arbeitnehmer im Aufsichtsrat v. 18.5.2004, BGBl. I S. 974.
[10] G über die Mitbestimmung der Arbeitnehmer in den Aufsichtsräten und Vorständen der Unternehmen des Bergbaus und der Eisen und Stahl erzeugenden Industrie (Montan-MitbestimmungsG) v. 21.5.1951, BGBl. I S. 347.
[11] G zur Ergänzung des Gesetzes über die Mitbestimmung der Arbeitnehmer in den Aufsichtsräten und Vorständen der Unternehmen des Bergbaus und der Eisen und Stahl erzeugenden Industrie (Montan-Mitbestimmungsergänzungsgesetz) v. 7.8.1956, BGBl. I S. 707.
[12] V. 22.12.2004, BGBl. I S. 2675, 3686 zur Umsetzung der RL 2001/86/EG v. 8.10.2001.
[13] V. 14.8.2006, BGBl. I S. 1911, zur Umsetzung der RL 2003/72/EG v. 22.3.2003.

I. Allgemeines

Sind die Voraussetzungen gegeben, so gelten mehrere Gesetze nebeneinander, im 4
Extremfall vier gleichzeitig: eines der Mitbestimmungsgesetze, das BetrVG, das
EBRG und das SprAuG. Nur im öffentlichen Dienst kommt immer lediglich eines
der Personalvertretungsgesetze in Betracht.

3. Betriebs- und Unternehmensverfassung

Mitbestimmung im Betrieb meint die Betriebsverfassung, Mitbestimmung im Un- 5
ternehmen die Unternehmensverfassung oder, anders ausgedrückt, die Mitbestimmung durch Betriebsrat, Europäischen Betriebsrat und Sprecherausschuss einerseits und die Mitbestimmung durch Arbeitnehmervertreter im Aufsichtsrat und einen Arbeitsdirektor in Vorstand oder Geschäftsführung andererseits.

Die gängige und eingängige Gegenüberstellung von **Mitbestimmung im Betrieb** 6
und **Mitbestimmung im Unternehmen** ist nicht ganz korrekt. Zwar liegt der Schwerpunkt der Betriebsverfassung im Betrieb; Gesamtbetriebsrat, Wirtschaftsausschuss, Europäischer Betriebsrat, Unternehmenssprecherausschuss und Gesamtsprecherausschuss, Gesamtjugend- und Auszubildendenvertretung und Betriebsräteversammlung sind aber Einrichtungen auf Unternehmensebene. Der eigentliche Gegensatz besteht darin, dass sich die sog. **Unternehmensmitbestimmung innerhalb der Unternehmensorgane** abspielt, während die **Betriebsverfassung** auf dem Gedanken der Zweipoligkeit, der Wahrnehmung der Beteiligungsrechte durch **eigene Belegschaftsorgane** beruht. Mitbestimmung im Unternehmen ist Mitwirkung bei der internen Willensbildung der Unternehmensorgane. Die Arbeitnehmervertreter sind Mitglieder des Aufsichtsrats, der Arbeitsdirektor ist Mitglied des Vorstands oder der Geschäftsführung, und sie wirken an deren Entscheidungen gleichberechtigt mit. Die Betriebsverfassungsorgane wirken dagegen von außen auf die Entscheidungen der Unternehmensorgane und ihrer Beauftragten ein.

Im Ergebnis bedeuten Betriebs- und Unternehmensverfassung eine Kumulation von Mitbe- 7
stimmung in mittleren und größeren Unternehmen.[15] Inhaltlich liegt der Schwerpunkt der Unternehmensmitbestimmung bei den unternehmerischen Entscheidungen, der der Betriebsverfassung bei den Folgewirkungen auf die Belegschaft, d.h. vor allem bei den sozialen, technisch-organisatorischen und personellen Maßnahmen.

4. Betriebsverfassung und Personalvertretung

Das BetrVG gilt nur in Betrieben, deren Inhaber eine natürliche oder eine juristi- 8
sche Person oder eine Gesellschaft des Privatrechts ist (§ 130 BetrVG). In Verwal-

---

[14] V. 21.12.2006, BGBl. I S. 3332 zur Umsetzung der RL 2005/56/EG v. 26.10.2005.
[15] Zur Zulässigkeit BVerfG 1.3.1979, AP Nr. 1 zu § 1 MitbestG.

tungen und unmittelbar von der öffentlichen Hand geführten Betrieben (sog. Eigenbetrieben) sowie in Körperschaften, Anstalten und Stiftungen des öffentlichen Rechts gelten die Personalvertretungsgesetze des Bundes und der Länder. Abgegrenzt wird nach der Rechtsform.[16] Es kommt nicht darauf an, wem die Anteile gehören. Betriebsverfassungsrecht ist auch anzuwenden, wenn die öffentliche Hand alleiniger Gesellschafter ist.[17]

9 Außer dem BetrVG sind im öffentlichen Dienst auch das SprAuG (§ 1 Abs. 3 Nr. 1) und die Mitbestimmungsgesetze nicht anwendbar. Die „unternehmerischen" Entscheidungen treffen hier die Parlamente. Die Beteiligungsrechte der Personalräte sind vom Umfang her teilweise weiter als die der Betriebsräte, sie sind aber inhaltlich vielfach schwächer; das Verfahren ist stärker formalisiert.

5. Würdigung

10 Die Mitbestimmung in Unternehmensorganen ist eine deutsche Besonderheit. Bei allen unterschiedlichen Motiven, die ihr zugrunde liegen, ist sie wohl am ehesten zu verstehen als Ersatz für unterbliebene Sozialisierung (Verstaatlichung der Großunternehmen) in den Zusammenbrüchen nach den beiden Weltkriegen. Inwieweit sich die Mitbestimmung zum Vorteil der Arbeitnehmer auf die Unternehmenspolitik ausgewirkt hat, ist umstritten und schwer messbar. Verbessert hat sich in jedem Fall der Informationsstand der Arbeitnehmervertreter, d.h. in der Praxis der Gewerkschaften und der Betriebsräte. Nicht zu unterschätzen ist auch der Prestigegewinn der betrieblichen Arbeitnehmervertreter. Der Arbeitsdirektor (Personalvorstand) und die anderen Mitglieder des Vertretungsorgans werden von ihnen kontrolliert und sind bei der Verlängerung ihrer Verträge sowie der Regelung ihrer Vergütung auf ihre Zustimmung angewiesen. Das bedeutet eine nicht unerhebliche Stärkung ihrer Position auch bei Verhandlungen im Rahmen der Betriebsverfassung.

11 Eine Unternehmensmitbestimmung ist unter ordnungspolitischen Gesichtspunkten nicht unproblematisch. Die Anteilseigner tragen das finanzielle Risiko und müssen dann auch selbstverantwortlich Entscheidungen treffen können. Das Arbeitsplatzrisiko der Arbeitnehmer, das dem mitunter gegenübergestellt wird, muss mit Hilfe arbeitsrechtlicher Vorschriften abgemildert werden.

12 Im Gegensatz dazu beruht das Tarifvertragssystem auf dem Gedanken von Macht und Gegenmacht. Haben die Gewerkschaften Teil an der unternehmerischen „Macht", dann hat das Einfluss auf das Kampfgleichgewicht. Das zeigt sich im Montanbereich, in dem der Arbeitsdirektor nicht gegen die Stimmen der Mehrheit der Arbeitnehmervertreter bestellt werden kann. Die hohen Löhne im Bergbau, die

---

[16] BAG 7.11.1975, AP Nr. 1 zu § 130 BetrVG 1972.
[17] BAG 28.4.1964, AP Nr. 3 zu § 4 BetrVG.

nicht nur die wenigen Bergleute, sondern auch die anderen Arbeitnehmer erhalten, liegen über den Marktpreisen und sind nur über Subventionen finanzierbar.

Das BVerfG[18] hat die Mitbestimmung in der Form des MitbestG von 1976 sozusagen auf Bewährung gebilligt. Das MitbestG bewirke wesentliche Veränderungen auf dem Gebiet der Wirtschaftsordnung. Die mitgliedschaftsrechtliche Position der Anteilseigner werde zwar teilweise weitgehend eingeschränkt. Das sei aber durch die soziale Funktion des Anteilseigentums gerechtfertigt, weil es zu seiner Nutzung immer der Mitwirkung der Arbeitnehmer bedürfe. Ob und inwieweit die Koalitionen der Arbeitgeber durch die Mitbestimmung einem Einfluss der Gewerkschaften oder der Arbeitnehmerseite insgesamt geöffnet würden mit der Folge, dass die für das Tarifvertragssystem unabdingbare Gegnerunabhängigkeit gefährdet werde, lasse sich nicht mit Sicherheit bestimmen. Die Einschränkung, zu der die gesetzliche Regelung führe, greife jedenfalls nicht in den Kernbereich des Art. 9 Abs. 3 GG ein. „Sollte sich allerdings ergeben, dass die bestehenden rechtlichen Regelungen nicht ausreichen, die prinzipielle Gegnerunabhängigkeit der Koalitionen wirksam zu sichern, und dass deshalb die nachhaltige Vertretung der Interessen ihrer Mitglieder nicht mehr gewährleistet ist, so ist es Sache des Gesetzgebers, für Abhilfe zu sorgen."   13

II. Unternehmensmitbestimmung nach deutschem Recht

1. Zweck und Anwendungsbereich

In Kapitalgesellschaften und Genossenschaften mit mindestens 500 Arbeitnehmern wirken Arbeitnehmervertreter gleichberechtigt im Aufsichtsrat mit; in Kapitalgesellschaften mit i.d.R. mehr als 2000 Arbeitnehmern und in Montanunternehmen mit mehr als 1000 Arbeitnehmern[19] sind als gleichberechtigte Mitglieder des Vorstands oder der Geschäftsführung Arbeitsdirektoren zu bestellen.   14

Mitbestimmung in Unternehmensorganen gibt es also nur in Kapitalgesellschaften und Genossenschaften, nicht in Unternehmen, deren Träger ein Einzelkaufmann, eine Personengesellschaft, eine Stiftung oder ein Verein ist. Die Differenzierung hat ihre Ursache darin, dass Personengesellschaften, BGB-Gesellschaften und Einzelkaufleute auf der persönlichen Mitarbeit und der vollen persönlichen Haftung zumindest eines Teils der Gesellschafter aufgebaut sind und dass sich damit Mitbestimmungsrechte, die in die Unternehmensleitung oder in die Zusammensetzung des Vertretungsorgans eingreifen, nicht vereinbaren lassen. Bei anderen – seltenen – Unternehmensformen wie dem Verein ist eine Mitbestimmung aus organisatorischen Gründen kaum zu verwirklichen.[20]   15

---

[18] BVerfG 1.3.1979, AP Nr. 1 zu § 1 MitbestG.
[19] Oder „Einheitsgesellschaft"; das ist keine Gesellschaftsform, sondern meint besondere Umstände bei der Entflechtung.
[20] MünchArbR/*Wißmann*, 3. Aufl., § 278 Rn. 6 f.

2. Die vier Mitbestimmungsgesetze

16 Die Mitbestimmung ist unterschiedlich ausgestaltet in mittleren und größeren Kapitalgesellschaften, in Montanunternehmen und in ehemaligen Montanunternehmen. Die Schaubilder nach Rn. 31 geben einen Überblick über die wichtigsten Regelungen. Die Gesetze unterscheiden sich voneinander vor allem nach der Intensität der Mitbestimmung und nach dem Gewerkschaftseinfluss.

a) Intensität der Mitbestimmung

17 Am intensivsten ist die Mitbestimmung in Montanunternehmen, am schwächsten in kleineren Kapitalgesellschaften. In Montanunternehmen und in ehemaligen Montanunternehmen stellen die Arbeitnehmer die Hälfte der **Aufsichtsratsmitglieder** (§ 4 MontanMitbestG). Ein mögliches Patt bei Entscheidungen wird durch ein „weiteres" Mitglied aufgelöst, auf das sich beide Seiten einigen müssen (§ 8 MontanMitbestG); dieser sog. Neutrale muss nicht Aufsichtsratsvorsitzender sein, und in der Praxis ist er es i.d.R. auch nicht.[21] In Großunternehmen, die nicht zum Montanbereich gehören, stellen die Arbeitnehmer ebenfalls die Hälfte der Aufsichtsratsmitglieder (§ 7 MitbestG). Der Aufsichtsratsvorsitzende hat aber ein Doppelstimmrecht, wenn in einer ersten Abstimmung keine Einigung erzielt wird (§ 29 Abs. 2 MitbestG), und den Aufsichtsratsvorsitzenden können die Anteilseigner stellen; sie wählen ihn nämlich allein, wenn kein Kandidat im ersten Wahlgang mindestens zwei Drittel der Stimmen auf sich vereint (§ 27 Abs. 2 MitbestG). In kleineren Kapitalgesellschaften stellen die Arbeitnehmer ein Drittel der Aufsichtsratsmitglieder (§ 4 Abs. 1 DrittelbG).

18 Eine ähnliche Abstufung gibt es bei der Bestellung des für Personalfragen zuständigen Mitglieds des Vertretungsorgans. In Montanunternehmen kann dieses Mitglied, der **Arbeitsdirektor**, nicht gegen die Stimmen der Mehrheit der Arbeitnehmervertreter bestellt und abberufen werden (§ 13 MontanMitbestG). In ehemaligen Montanunternehmen und in größeren Kapitalgesellschaften ist zwar auch ein Arbeitsdirektor zu bestellen; er wird aber bestellt wie alle anderen Mitglieder des Vertretungsorgans (§ 33 MitbestG). In kleineren Kapitalgesellschaften gibt es einen Arbeitsdirektor nicht.

b) Gewerkschaftseinfluss

19 Dieselbe Reihung wie bei der Intensität der Mitbestimmung findet sich beim Einfluss der Gewerkschaften. In Montanunternehmen stellen die Gewerkschaften drei von fünf Arbeitnehmervertretern (§ 6 MontanMitbestG), in ehemaligen Montanunternehmen zwei von sieben (§ 6 Abs. 1 MitbestErgG) und in größeren Kapitalgesellschaften zwei von sechs oder acht bzw. drei von zehn (§ 7 Abs. 2 MitbestG). In Montanunternehmen muss sich der Betriebsrat überdies wegen der Vertreter,

---

[21] *Zöllner/Loritz/Hergenröder*, Arbeitsrecht, § 53 II 2.

die aus dem Unternehmen kommen, mit den Gewerkschaften beraten (§ 6 Abs. 3 MontanMitbestG). Die Gewerkschaftsvertreter sind i.d.R. externe Funktionäre. Die Gewerkschaften können aber auch Betriebsangehörige vorschlagen. In kleineren Kapitalgesellschaften können externe Gewerkschaftsfunktionäre nur bestellt werden, wenn dem Aufsichtsrat mindestens zwei Arbeitnehmervertreter aus dem Unternehmen angehören (§ 4 Abs. 2 S. 2 DrittelbG).

Einen Minderheitenschutz für Arbeiter und Angestellte gibt es seit 2001 nicht mehr; für leitende Angestellte gibt es ihn nur nach dem MitbestG in Großunternehmen (§ 15 Abs. 1 S. 2 MitbestG). Dafür haben börsennotierte Unternehmen, die unter das MitbestG, das MontanMitbestG oder das MitbestErgG fallen, seit 2015 eine geschlechtsspezifische Quotenregel zu erfüllen, wonach mindestens 30 % der Aufsichtsratsmandate auf Frauen entfallen müssen (s. im einzelnen Rn. 22a).

3. Ursachen für die Unterschiede

Intensität der Mitbestimmung und Gewerkschaftseinfluss spiegeln die Pendelschwünge der historischen Entwicklung wider.

Am Anfang steht die Montanmitbestimmung, entstanden in der Zeit des Koreakriegs unter der Drohung eines Generalstreiks der Gewerkschaften, die einen in den Besatzungsjahren erworbenen Besitzstand verteidigten.[22] Ein Jahr später folgte in der drittelparitätischen Lösung des BetrVG 1952, die zunächst für alle mittleren und größeren Kapitalgesellschaften außerhalb des Montanbereichs galt, die Antithese. Die Synthese versuchte die sozialliberale Koalition 1976 im Gesetz über die Mitbestimmung der Arbeitnehmer [in Großunternehmen]. Die zahlenmäßige Parität wurde ausbalanciert durch das Zweitstimmrecht des Aufsichtsratsvorsitzenden, den im Nicht-Einigungsfall die Anteilseigner stellen können. Der Wunsch der Gewerkschaften, die Montanmitbestimmung in den einmal davon erfassten Unternehmen über alle Diversifizierung dieser Unternehmen hinweg zu erhalten, führte zu einer Reihe von Mitbestimmungsergänzungsgesetzen, die teils die Voraussetzungen für die Anwendbarkeit senkten,[23] teils Übergangszeiträume vorschrieben.[24] Nicht verhindern konnten die Gewerkschaften, dass ihr Einfluss im Rahmen der Mitbestimmung zurückgedrängt wurde. Die praktische Bedeutung der Mitbestimmungsergänzungsgesetze war und ist gering; nach der Nichtigerklärung von § 3 Abs. 2 S. 1 Nr. 2[25] unterfällt dem Gesetz in seiner einstweilen letzten Fassung zur Zeit kein einziges Unternehmen. Auch die Bedeutung der Montanmitbestimmung ist mit der Schrumpfung von Bergbau und Eisen- und Stahlerzeugung zurückge-

---

[22] Zur Vorgeschichte *Badura*, Paritätische Mitbestimmung und Verfassung, 1985, S. 18 f., 23 m.w.N.
[23] G zur Änderung des MitbestErgG („lex Rheinstahl") v. 27.4.1967, BGBl. I S. 505; G zur Änderung des BetrVG über Sprecherausschüsse der leitenden Angestellten und zur Sicherung der Montan-Mitbestimmung („lex Mannesmann") v. 20.12.1988, BGBl. I S. 2312.
[24] G über die befristete Fortgeltung der Mitbestimmung der bisher den Mitbestimmungsgesetzen unterliegenden Unternehmen (MitbestimmungsfortgeltungsG) v. 29.11.1971, BGBl. I S. 1857.
[25] BVerfG, 2.3.1999, NZA 1999, 435.

gangen. Aus den 130 montanmitbestimmten Unternehmen waren vor der Wiedervereinigung 31 geworden; die Zunahme um 15 Unternehmen auf dem Gebiet der ehemaligen DDR dürfte im Wesentlichen eine eher kurzlebige Erscheinung sein.[26] Im Jahr 2011 unterlagen noch 31 Unternehmen der Montanmitbestimmung.[27] Dagegen hat die Zahl der Unternehmen, die unter das MitbestG fallen, von 462 im Jahre 1977 auf 746 im Jahre 2004 zugenommen,[28] ist Ende 2016 aber wieder auf 641 Gesellschaften gesunken.[29] Ein Aufsichtsrat nach dem DrittelbG bestand zum 31.12.2009 in 1477 Unternehmen.[30]

4. Geschlechterquote für den Aufsichtsrat

a) Hintergrund und Inhalt des „Frauenfördergesetzes"

22a Um den bislang geringen Anteil von Frauen in den Aufsichtsräten zu erhöhen – er lag 2010 bei den 200 größten Unternehmen in Deutschland bei 18 %, nur 5 von 160 Aufsichtsratsvorsitzenden sind weiblich[31] –, wurde zum 1. Mai 2015 mit dem Gesetz für die gleichberechtigte Teilhabe von Frauen und Männern an Führungspositionen in der Privatwirtschaft und im öffentlichen Dienst[32] eine zwingende Quotenregelung eingeführt. Sie gilt für börsennotierte Aktiengesellschaften, die unter das MitbestG, das MontanMitbestG oder das MitbestErgG fallen. Bei ihnen muss sich der Aufsichtsrat zu jeweils **mindestens 30 % aus Frauen und Männern zusammensetzen** (§ 96 Abs. 2 Satz 1 AktG n.F.). Das betrifft derzeit rund 100 Unternehmen. Entsprechendes gilt für börsennotierte Gesellschaften, die unter das MgVG fallen (§ 96 Abs. 3 AktG n.F.), und für börsennotierte Europäische Aktiengesellschaften (SE), wenn deren Aufsichts- oder Verwaltungsorgan aus derselben Zahl von Anteilseigner- und Arbeitnehmervertretern besteht (§ 17 Abs. 2 SEAG). Die fixe Geschlechterquote gilt ab dem 1. Januar 2016. Sie ist für dann neu zu besetzende Aufsichtsratsposten zu beachten. Bestehende Mandate – auch die der Ersatzmitglieder – können bis zu ihrem regulären Ende auslaufen.

22b Die Geschlechterquote hat der Aufsichtsrat grundsätzlich insgesamt als Organ zu erfüllen (§ 96 Abs. 2 Satz 2 AktG n.F.). Bei dieser **„Gesamterfüllung"** spielt es keine Rolle, ob die Anteilseigner- oder die Arbeitnehmerseite mehr oder weniger weibliche Mitglieder hat. Ein 12köpfiger Aufsichtsrat, bei dem insgesamt mindestens vier Mitglieder weiblich sein müssen, hätte die Quote z.B. erfüllt, wenn drei der sechs Arbeitnehmervertreter weiblich wären und der Anteilseignerseite nur eine Frau angehörte. Vor jeder Neuwahl des Aufsichtsrats kann die Anteilseigner-

---

[26] Vgl. Max-Planck-Institut für Gesellschaftsforschung, Mitbestimmung und neue Unternehmenskulturen – Bilanz und Perspektiven, Bericht der Mitbestimmungskommission, 1998.
[27] http://www.boeckler.de/pdf/magmb_2011_05_molitor1.pdf
[28] Iwd Nr. 35 v. 31.12.2006.
[29] www.boeckler.de/34620.html
[30] Böckler impuls 2/2010, S. 6.
[31] Bundesfamilienministerium FAQ zum FrauenförderungsG v. 13.5.2015, S. 1.
[32] V. 24.4.2015, BGBl. I S. 642; zur Genese des Gesetzes Seibert, NZG 2016, 16.

oder die Arbeitnehmerseite dieser Gesamterfüllung gegenüber dem Aufsichtsratsvorsitzenden durch Mehrheitsbeschluss widersprechen. Dann muss jede Seite die Mindestquote **getrennt erfüllen** (§ 96 Abs. 2 S. 3 AktG n.F.). Für die SE kommt nur die Gesamterfüllung in Betracht, weil die Besetzung des Aufsichtsrats regelmäßig zwischen der zentralen Leitung und der Arbeitnehmerseite ausgehandelt wird. Die Zahl der mindestens zu bestellenden Frauen und Männer errechnet sich durch mathematische Auf- bzw. Abrundung (§ 96 Abs. 2 S. 4 AktG n.F.). Bei Gesamterfüllung richtet sich die Quote nach der Gesamtzahl der Aufsichtsratsmitglieder. Bei Getrennterfüllung wird die Quote für die jeweilige Seite berechnet und getrennt gerundet.

Aufsichtsrat (Mitglieder insgesamt)	Mitglieder der Arbeitnehmer- bzw. der Anteilseignerseite	Geschlechterquote von 30% bei Getrennt- bzw Gesamterfüllung	Mitglieder bei Getrennterfüllung	Mitglieder bei Gesamterfüllung
12 Mitglieder	6 Mitglieder	1,8 / 3,6 Mitglieder	2 Mitglieder	4 Mitglieder
16 Mitglieder	8 Mitglieder	2,4 / 4,8 Mitglieder	2 Mitglieder	5 Mitglieder
20 Mitglieder	10 Mitglieder	3,0 / 6,0 Mitglieder	3 Mitglieder	6 Mitglieder

Hat eine Seite die Quote übererfüllt und der Gesamterfüllung nicht widersprochen, kann im späteren Zeitverlauf die Übererfüllung entfallen, etwa wenn eines ihrer Mitglieder aus dem Aufsichtsrat ausscheidet. In diesem Fall ist die übererfüllende Seite nicht gezwungen, selbst wieder überzuerfüllen (vgl. § 96 Abs. 2 S. 5 AktG n.F.). Stattdessen kann sie Widerspruch gegen die Gesamterfüllung einlegen und unter Einhaltung der getrennt berechneten 30-Prozent-Quote z.B. anstelle einer ausgeschiedenen Frau einen Mann in den Aufsichtsrat aufnehmen. Die Wahl des Aufsichtsratsmitglieds auf der anderen Seite, das unter Inanspruchnahme der Anrechnungsregelung gewählt worden ist, bleibt bis zum Ablauf der Wahlperiode wirksam. Scheidet dieses Aufsichtsratsmitglied aber vor dem regulären Ablauf der Wahlperiode aus anderen Gründen aus, so entfällt auch die Anrechnungswirkung. Für eine Ersatzbestellung oder Neuwahl ist dann wieder die 30-Prozent-Quote zu beachten.

22c

b) Folgen bei Verfehlung der Quote

aa) Anteilseignerseite. Die Aufsichtsratsmitglieder der Anteilseignerseite werden durch die Hauptversammlung gewählt oder durch einzelne Aktionäre entsandt. Wird die Mindestquote verfehlt, ist die Wahl bzw. Entsendung von Anfang an ohne Rechtswirkung, gleichviel ob eine Nichtigkeitsklage erhoben oder die Nichtigkeit „auf andere Weise" (vgl. § 250 Abs. 3 AktG n.F.) geltend gemacht wird (§ 96 Abs. 2 S. 6 AktG, § 250 Abs. 1 Nr. 5 AktG n.F.). Damit bleiben die für das unterrepräsentierte Geschlecht vorgesehenen Plätze rechtlich unbesetzt (**„leerer Stuhl"**). Der Gewählte bzw. Entsandte wird kein Aufsichtsratsmitglied. Der unterbesetzte Aufsichtsrat bleibt beschlussfähig, wenn mindestens die Hälfte der Mitglieder an der Beschlussfassung teilnimmt (§ 108 Abs. 2 AktG).

22d

246 § 15 Mitbestimmung in Unternehmen und Betrieb

22e Bei der Einzelwahl von Personen zum Aufsichtsrat ist der Wahlbeschluss nichtig, der in der chronologischen Abfolge als erster das Mindestanteilsgebot verletzt. Entscheidend ist dafür die zeitliche Verkündung der Beschlüsse durch den Versammlungsleiter.[33] Im Falle einer Blockwahl, bei der alle vakanten Mandate zusammengefasst zur Abstimmung gestellt werden und diese nur einheitlich abgelehnt oder angenommen werden können, ist die gesamte Wahl hinsichtlich des überrepräsentierten Geschlechts nichtig, wenn sie nicht zur Erfüllung der Mindestquote führt.[34] Der dem unterrepräsentierten Geschlecht angehörige Kandidat ist hingegen wirksam gewählt. In der Praxis empfiehlt sich deshalb die Einzelwahl.

22f **bb) Arbeitnehmerseite.** Die Aufsichtsratsmitglieder der Arbeitnehmerseite werden von den Wahlberechtigten oder ihren Delegierten in einer freien, gleichen und geheimen Wahl gewählt. Ergibt im Fall der Getrennterfüllung (§ 96 Abs. 2 S. 3 AktG) die Auszählung der Stimmen und ihre Verteilung auf die Bewerber, dass die Mindestquote (s. Rn. 22b) nicht erreicht wurde,[35] ist nach § 18a Abs. 1 MitbestG folgendes Geschlechterverhältnis für die Aufsichtsratssitze der Arbeitnehmer herzustellen:

Aufsichtsrat (Mitglieder insgesamt)	Unternehmensangehörige Arbeitnehmervertreter		Gewerkschaftsvertreter		Vertreter der leitenden Angestellten	
	Personen	G-Quote	Personen	G-Quote	Personen	G-Quote
12 Mitglieder	3	1	2	1	1	-
16 Mitglieder	5	1	2	1	1	-
20 Mitglieder	6	2	3	1	1	-

Dieses Ergebnis wird dadurch erreicht, dass die Wahl eines Bewerbers, das an sich erfolgreich ein Mandat im Aufsichtsrat errungen hat, aber dem Mehrheitsgeschlecht angehört, als unwirksam gilt. Bei einer Personen(= Mehrheits)wahl ist hiervon der Bewerber betroffen, der die wenigsten Stimmen erzielt hat, bei einer Listen(= Verhältnis)wahl derjenige mit der niedrigsten Höchstzahl (§ 18a Abs. 2 S. 1 MitbestG). Die durch eine unwirksame Wahl nicht besetzten Sitze im Aufsichtsrat werden im Wege der gerichtlichen Ersatzbestellung nach § 104 AktG oder durch Nachwahl besetzt (§ 18a Abs. 2 S. 2 MitbestG), wobei das Gericht natürlich die Geschlechterquote zu beachten hat (§ 104 Abs. 5 AktG). Durch das Instrument des nur **„vorübergehend leeren Stuhls"** wird vermieden, dass auf der

---

[33] Röder/Arnold, NZA 2015, 279, 280.
[34] Ausf. Wasmann/Rothenburg, DB 2015, 291, 292.
[35] Zur Verfehlung der Quote bei Gesamterfüllung Röder/Arnold, NZA 2015, 279, 282 ff.

Arbeitnehmerseite – anders als auf der Anteilseignerseite – Aufsichtsratsmandate dauerhaft frei bleiben, weil das die Parität im Aufsichtsrat verletzen würde.

5. Reichweite der Mitbestimmung im Aufsichtsrat

Die Arbeitnehmervertreter im Aufsichtsrat haben dieselbe Rechtsstellung wie die 23 Anteilseignervertreter.[36] Die Reichweite der Mitbestimmung hängt deshalb von der Zuständigkeit des Aufsichtsrats ab. In allen in Frage kommenden Gesellschaften haben die Aufsichtsräte Kontrollrechte. Im übrigen ist ihre Zuständigkeit am umfangreichsten bei der Aktiengesellschaft, am geringsten bei der KGaA.

Bei der Aktiengesellschaft bestellt der Aufsichtsrat den Vorstand (§ 84 Abs. 1 AktG). Der 24 Vorstand hat die Gesellschaft zwar in eigener Verantwortung zu leiten (§ 76 Abs. 1 AktG). Da seine Amtszeit aber auf höchstens fünf Jahre begrenzt ist, eröffnen sich den Arbeitnehmervertretern mit Rücksicht auf die Wiederbestellung tatsächliche Einflussmöglichkeiten. Entsprechendes gilt für das Recht, die Vergütung des Vorstands zu bestimmen (§ 87 Abs. 1 AktG), die nach dem am 5.8.2009 in Kraft getretenen VorstAG[37] durch das Aufsichtsratsplenum (§ 107 Abs. 3 S. 3 AktG) und nicht mehr durch den Personalausschuss erfolgt. Außerdem kann der Aufsichtsrat bestimmte Arten von Geschäften an seine Zustimmung binden (§ 111 Abs. 4 AktG). Die Feststellung des Jahresabschlusses, über die Einfluss auf die Dividendenpolitik genommen werden kann, obliegt Vorstand und Aufsichtsrat gemeinsam (§ 172 AktG i.V.m. § 264 Abs. 1 S. 2 HGB).

Bei der GmbH bestellt an sich die Gesellschafterversammlung die Geschäftsführung (§ 46 25 Nr. 5 GmbHG). Dabei bleibt es in den drittelparitätisch mitbestimmten Unternehmen (vgl. § 77 Abs. 1 S. 2 BetrVG 1952). In Montanunternehmen und in Großunternehmen hat der Aufsichtsrat dagegen wie in Aktiengesellschaften die Geschäftsführung zu bestellen (§ 12 MontanMitbestG, § 31 MitbestG); außerdem bestimmt er auch über deren Vergütung.[38] Ob er dabei die Vorschriften des VorstAG zu beachten hat, ist streitig,[39] aber abzulehnen; weder das MitbesG noch das GmbHG verweisen auf den § 87 AktG n.F. Die Feststellung des Jahresabschlusses obliegt der Gesellschafterversammlung (§ 46 Nr. 1 GmbHG); das gilt nach h.M. auch im Montanbereich.[40] Auch bei der GmbH, die ein Montanunternehmen betreibt, kann der Aufsichtsrat Maßnahmen der Geschäftsführung an seine Zustimmung binden (§ 3 MontanMitbestG i.V.m. § 111 Abs. 4 AktG). Die Gesellschafterversammlung kann dem Geschäftsführer aber bindende Weisungen erteilen und damit Beschlüsse des Aufsichtsrats überspielen.[41]

---

[36] H.M., vgl. BAG 27.9.1957, AP Nr. 7 zu § 13 KSchG; BGH 25.2.1982, AP Nr. 2 zu § 25 MitbestG; *Wissmann/Kleinesorge/Schubert*, § 25 MitbestG Rn. 230; *Habersack/Henssler* § 25 Rn. 76.
[37] G zur Angemessenheit der Vorstandsvergütung, BGBl. I S. 2509.
[38] BGH 14.11.1983, NJW 1984, 733, der dieses Recht auf eine Annexkompetenz zu § 31 stützt.
[39] Zum Streitstand *Rieble/Schmittlein*, Vergütung von Vorständen, 2011, Rn. 32 ff.
[40] Rowedder/*Koppensteiner*, § 52 GmbHG Rn. 89; *Scholz/Schmidt*, § 46 GmbHG Rn. 6.
[41] *Zöllner/Loritz/Hergenröder*, Arbeitsrecht, § 53 III 3.

§ 15 Mitbestimmung in Unternehmen und Betrieb

26 Bei der KGaA ist der persönlich haftende Gesellschafter kraft Gesetzes zur Geschäftsführung und Vertretung der Gesellschaft berufen (§ 278 Abs. 2 AktG i.V.m. §§ 161 Abs. 2, 114 ff., 125 ff. HGB). Einer Bestellung durch den Aufsichtsrat bedarf es nicht. Wegen seiner persönlichen Haftung scheidet eine abweichende Lösung aus.[42] Bei der Feststellung des Jahresabschlusses wirkt der Aufsichtsrat nicht mit (§ 286 Abs. 1 S. 1 AktG). Sein Einfluss auf die Geschäftsführung über § 111 Abs. 4 AktG ist gering.

6. Zwingendes Recht

a) Inhalt und Grenzen der Unabdingbarkeit

27 Das Mitbestimmungsrecht ist zwingendes Recht. Es kann auch nicht durch Tarifvertrag abbedungen oder geändert werden.[43] Zulässig sind Vereinbarungen über Arbeitnehmervertreter in Unternehmen, die nicht der Mitbestimmung unterliegen, und über die Aufstockung der Arbeitnehmersitze in GmbHs mit drittelparitätischer Beteiligung. Die Umsetzung erfolgt durch den Gesellschaftsvertrag.[44] In AGs hält die h.M. wegen § 23 Abs. 5 AktG derartige Verträge zwar für unwirksam, sie lässt aber Stimmbindungsverträge[45] und die Wahl von Arbeitnehmervertretern auf Sitzen der Anteilseigner.[46] Streitig ist, inwieweit die öffentliche Hand Mitbestimmungsregelungen ausweiten darf. Aufgrund des Demokratieprinzips muss sie jedenfalls die Möglichkeit behalten, entscheidenden Einfluss zu nehmen.[47]

b) Unanwendbarkeit auf Auslandsgesellschaften

28 Da das Mitbestimmungsrecht nur für Kapitalgesellschaften gilt, die nach deutschem Recht verfasst sind, können sie sich seiner Anwendung allein dadurch entziehen, dass sie einen Rechtsträger im Ausland gründen und mit diesem in Deutschland tätig werden. Das ist nach der Rechtsprechung der EuGH[48] wegen der Niederlassungsfreiheit (Art. 49, 54 AEUV) ohne weiteres zulässig. Wollen solche Unternehmen ihren Sitz in Deutschland nehmen, müssen sie sich nicht mehr – wie nach der früher vertretenen „Sitztheorie"[49] – in einer deutschen Rechtsform neu gründen, sondern können nach der nun herrschenden „Gründungstheorie" ihre Geschäftstätigkeit nach dem Gesellschaftsrecht des Gründungsstaats und damit frei von den Vorschriften der Unternehmensmitbestimmung einrichten. Von dieser Möglichkeit wird zunehmend Gebrauch gemacht. Waren im Jahre 2006 erst 17 in Deutschland tätige Großunternehmen in einer ausländischen Rechtsform verfasst,

---

[42] *Wilhelm*, Kapitalgesellschaftsrecht, Rn. 885; *Zöllner/Loritz/Hergenröder*, Arbeitsrecht, § 53 III 3.
[43] *Raiser/Veil*, Einl. MitbestG Rn. 55.
[44] *Scholz/Schneider*, § 52 GmbHG Rn. 214.
[45] *Hoffmann/Lehmann/Weinmann*, § 25 AktG Rn. 100 f., § 26 AktG Rn. 11.
[46] *Raiser/Veil*, § 1 MitbestG Rn. 51; *Zöllner/Loritz/Hergenröder*, Arbeitsrecht, § 52 VI.
[47] MünchArbR/*Wißmann*, 3. Aufl., § 278 Rn. 11; *Zöllner/Loritz/Hergenröder*, Arbeitsrecht, § 51 VI.
[48] EuGH 5.11.2002, NJW 2002, 3614 – Überseering; EuGH 30.9.2003, NJW 2003, 3331 – Inspire Art.
[49] BGHZ 97, 269, 271; BGH 1.7.2002, ZIP 2002, 1763, 1764; *Habersack/Henssler*, § 1 MitbestG Rn. 7.

waren es Mitte 2014 bereits 94, davon 69 in Form einer Kommanditgesellschaft mit einem ausländischen Komplementär (z.B. einer britischen Limited, einer niederländischen B.V. oder einer US-amerikanischen Incorporated), darunter namhafte Firmen wie United Parcel Service Deutschland Inc. & Co OHG (15.000 Beschäftigte), Drogerie Müller Ltd. & Co. KG (15.000 Beschäftigte) H & M B.V. & Co. KG (9.500 Beschäftigte) und Air Berlin PLC & Co Luftverkehrs KG (8.000 Beschäftigte).[50]

Eine analoge Anwendung der Mitbestimmungsgesetze scheidet nach h.M. wegen der enumerativen Aufzählung der unter sie fallenden Unternehmen aus.[51] Aus diesem Grunde wird schon seit längerem ein Mitbestimmungserstreckungsgesetz gefordert.[52] Zweifelhaft ist allerdings die Vereinbarkeit eines solchen Gesetzes mit Art. 49 AEUV. Zwar gestattet auch die Niederlassungsfreiheit dem „Zuzugsstaat", auf ein nach ausländischem Recht verfasstes Unternehmen sein nationales Gesellschaftsrecht anzuwenden, soweit dies erforderlich ist, um einer missbräuchlichen oder betrügerischen Berufung auf das Unionsrecht zu begegnen;[53] überdies kann die Niederlassungsfreiheit nach Art. 52 AEUV aus Gründen der öffentlichen Ordnung, Sicherheit und Gesundheit beschränkt werden, wozu auch der Schutz von Arbeitnehmerbelangen gehört. Ob eine solche Regelung verhältnismäßig wäre, ist jedoch heftig umstritten.[54] Zu bejahen ist das allenfalls für „Scheinauslandsgesellschaften" oder für die Verlegung des Verwaltungssitzes unter gleichzeitiger Änderung des anwendbaren Rechts.[55] Auch dann bleibt aber das Problem, dass es bei monistisch strukturierten Auslandsgesellschaften keinen Aufsichtsrat gibt, sondern Verwaltungsräte („boards"), die neben ihrer Überwachungsaufgabe auch Leitungsfunktionen im Unternehmen erfüllen. 29

7. Vereinbarkeit der Unternehmensmitbestimmung mit EU-Recht?

Seit einiger Zeit wird in der Literatur die Unionsrechtskonformität der deutschen Unternehmensmitbestimmung bezweifelt.[56] Stein des Anstoßes ist der Ausschluss der im Ausland beschäftigten Arbeitnehmer von der Teilnahme an den Aufsichtsratswahlen in unionsweit tätigen Unternehmen und Konzernen. In der Tat verfügen nur solche Arbeitnehmer über das aktive und passive Wahlrecht, die Angehörige von inländischen Betrieben eines Unternehmens bzw. Konzerns sind. Dagegen sind Angehörige von im Ausland belegenen Betrieben nach h.M. weder wahl- 30

---

[50] Böckler impuls 3/2015, S. 4 f.; *Sick*, Report der Mitbestimmungsförderung in der Hans-Böckler-Stiftung Nr. 8, Februar 2015.
[51] AR/*Dornbusch*, § 1 MitbestG Rn. 7; HWK/*Seibt*, § 1 MitbestG Rn. 8; *Habersack/Henssler*, § 1 MitbestG Rn. 8; a.A. *Seyboth*, AuR 2005, 132.
[52] Vgl. die Gesetzesanträge der SPD-Fraktion v. 16.6.2010 (BT-Drs. 17/2122); dazu *Merkt*, ZIP 2011, 1237 ff.; *Schockenhoff*, AG 2012, 185 ff.; *Sick*, GmbHR 2011, 1196 ff.
[53] EuGH 30.9.2003, NJW 2003, 3331 - Inspire Art.
[54] Zum Streitstand *Habersack/Henssler*, § 1 MitbestG Rn. 8, 8a.
[55] Vgl. auch *Franzen*, RdA 2004, 252; *Weiss/Seifert*, ZGR 2009, 549.
[56] Zum Streitstand *Habersack/Henssler*, § 3 MitbestG Rn. 52.

berechtigt noch wählbar, noch zählen sie bei den relevanten Schwellenwerten mit.[57] Darin erblicken manche einen Verstoß gegen die Arbeitnehmerfreizügigkeit (Art. 45 AEUV), weil Angehörige inländischer Betriebe bei einem Wegzug ins Ausland ihr Wahlrecht verlieren.[58] Mittelbar würden auch Angehörige im Ausland belegener Betriebe diskriminiert.[59] Zwar klammere die deutsche Mitbestimmung Ausländer nicht als solche aus – das wäre ein direkter Verstoß gegen Art. 45 AEUV –; wegen der Anknüpfung des Wahlrechts an die Betriebszugehörigkeit würden ausländische Arbeitnehmer hiervon aber überproportional betroffen. Da die Arbeitnehmervertreter im Aufsichtsrat überwiegend aus deutschen Betrieben stammten, bestehe zudem die Gefahr, dass Unternehmensentscheidungen – wie z.B. Standortschließungen – zulasten der ausländischen Betriebe gefällt würden. *Rieble*[60] spricht plakativ von einer „deutschtümelnden Mitbestimmungsunwucht" und plädiert wegen des Anwendungsvorrangs des EU-Rechts analog Art. 264 Abs. 2 AEUV sogar für eine Aussetzung des Mitbestimmungsrechts in transnationalen Unternehmen, bis der deutsche Gesetzgeber die Unternehmensmitbestimmung unionsrechtskonform ausgestaltet hat; nach *Henssler* soll den Angehörigen ausländischer Betriebe bei unionsrechtskonformer Auslegung des Mitbestimmungsrechts schon de lege lata das aktive und passive Wahlrecht zustehen.[61]

31 Dies kann freilich nicht überzeugen.[62] Die Arbeitnehmerfreizügigkeit inländischer Beschäftigter wäre nur dann beeinträchtigt, wenn der Verlust des Wahlrechts infolge eines grenzüberschreitenden Arbeitsplatzwechsels einer „Wegzugssperre" gleichkäme.[63] Niemand kommt aber ernsthaft auf die Idee, die Tätigkeit in einem Auslandsbetrieb nur deshalb zu verweigern, weil er sein Wahlrecht verliert. Eine mittelbare Benachteiligung der in Auslandsbetrieben beschäftigten Unternehmensangehörigen scheitert bereits an ihrer Vergleichbarkeit mit den in Deutschland beschäftigten Kollegen. Die Zugehörigkeit zum selben Unternehmen genügt hierfür jedenfalls nicht. Über das Diskriminierungsverbot können die Mitgliedstaaten nicht dazu gezwungen werden, einzelne Vorschriften ihres Arbeitsrechts zu exportieren, damit Arbeitnehmer anderer Mitgliedstaaten in den Genuss eines höheren Schutzniveaus gelangen.[64] Vielmehr verbleibt es für grenzüberschreitend tätige Unternehmen bei den von der EU selbst zur Verfügung gestellten Mitbestimmungsregelungen. Zur Klärung der Rechtsfrage hat das Berliner Kammergericht in einem Statusverfahren, das ein Aktionär der TUI AG gegen das Unter-

---

[57] KG 16.10.2015. NZG 2015, 1311 m.w.N.; AR/*Dornbusch*, § 1 MitbestG Rn. 7; *Fischer*, NZG 2014, 737; *Krause*, ZIP 2015, 636; *Thüsing*, ZIP 2004, 381, 382; *Habersack/Henssler*, § 3 MitbestG Rn. 43; *Winter/Marx/De Decker*, NZA 2015, 1111; a.A. OLG Zweibrücken 20.2.2014, NZG 2014, 740; LG Frankfurt a. M. 16.2.2015, NZG 2015, 683.
[58] *Hellwig/Behme*, AG 2009, 261, 265 ff; *Rieble/Latzel*, EuZA 2011, 145, 155 ff.
[59] *Habersack*, AG 2007, 641, 648; *Hellwig/Behme*, AG 2009, 261, 265; *Wansleben*, NZA 2014, 213.
[60] *Rieble/Latzel*, EuZA 2011, 145, 162, 166.
[61] Zu Vorschlägen *Habersack/Henssler*, § 3 MitbestG Rn. 56 ff.
[62] Ebenso LG Landau 18.9.2013, NZG 2014, 229; LG Berlin 1.6.2015, DB 2015, 1588.
[63] Vgl. EuGH 27.1.2000, NZA 2000, 413 - Graf; Grabitz/Hilf/*Forsthoff*, Art. 45 AEUV Rn. 227.
[64] LG Landau 18.9.2013, NZG 2014, 229; LG Berlin 1.6.2015, DB 2015, 1588; LG München 27.8.2015, ZIP 2015, 1929; *Krause*, AG 2012, 485, 494 f; *Winstel*, EWiR 2015, 635.

nehmen wegen fehlerhafter Besetzung des Aufsichtsrats angestrengt hat, den EuGH angerufen.[65]

Der EuGH hat die hier vertretene Ansicht bestätigt.[66] Art. 45 AEUV gewähre einem Arbeitnehmer nicht das Recht, sich im Aufnahmemitgliedstaat auf die Arbeitsbedingungen zu berufen, die ihm im Herkunftsmitgliedstaat nach den dortigen nationalen Rechtsvorschriften zustanden. Die Mitgliedstaaten könnten mangels einschlägiger Harmonisierungs- oder Koordinierungsmaßnahmen der EU den Anwendungsbereich mitbestimmungsrechtlicher Vorschriften frei bestimmen, sofern sie hierfür objektive, und nicht diskriminierende Kriterien verwenden. Zulässig sei es deshalb, Mitbestimmungsrechte nur für die Arbeitnehmer inländischer Betriebe vorzusehen. Dass Arbeitnehmervertreter im Aufsichtsrat bei einem Wegzug aus Deutschland ihr Mandat verlören, sei nur die Folge der legitimen Entscheidung der Bundesrepublik Deutschland, die Anwendung ihrer nationalen Vorschriften im Bereich der Mitbestimmung auf die bei einem inländischen Betrieb tätigen Arbeitnehmer zu beschränken.

31a

---

[65] KG 16.10.2015, NZG 2015, 1311
[66] EuGH 18.7.2017, NZA 2017, 1000 - Erzberger.

Überblick über die Unternehmensverfassung

	MitbestG (1976)	MontanmitbestG (1951)	MitbestErgG (1956)	DrittelbG (2004)
1. Erfasste Unternehmen				
a) Rechtsform	AG, KGaA, GmbH, eG (§ 1 I Nr. 1)	AG, GmbH (§ 1 II)	AG, GmbH (§ 1)	AG, KGaA, GmbH, VVaG, eG (§ 1 I)
b) Größe	mehr als 2000 AN (§ 1 I Nr. 2)	mehr als 1000 AN oder „Einheitsgesellschaft" (§ 1 II)	mehr als 1000 AN im Konzern (§ 1)	mehr als 500 AN (§ 1 I)
c) Anwendungsbereich	gilt nicht für Tendenzunternehmen und Religionsgemeinschaften (§ 1 IV)	gilt nur für Unternehmen der Montanindustrie (§ 1 I 1, 2)	gilt nur in herrschenden Unternehmen, die nicht unter das Montanmitbestg fallen, sofern der Konzernzweck durch montanmitbestimmte Unternehmen gekennzeichnet ist (§ 3 I)	gilt nicht für Tendenzunternehmen und Religionsgemeinschaften und ihre karitativen und erzieherischen Einrichtungen (1 II)
2. Aufsichtsrat				
a) Zusammensetzung	bis 10.000 AN: je 6 Mitglieder der AE und der AN mehr als 10.000 bis 20.000 AN: je 8 Mitglieder der AE und der AN über 20.000 AN: je 10 Mitglieder der AE und der AN (§ 7 I) Parität	4 Vertreter der AE und 1 weiteres Mitglied 4 Vertreter der AN und 1 weiteres Mitglied (§ 4 I) in Gesellschaften mit Nennkapital von mehr als – 10 Mio €: fakult. 15 Mitglieder – 25 Mio €: fakult. 21 Mitglieder (§ 9) Parität und neutrales Mitglied	7 Vertreter der AE 7 Vertreter der AN 1 weiteres Mitglied (§ 5 I 2) in Unternehmen mit Gesellschaftskapital von mehr als 25 Mio € fakult. 21 Mitglieder (§ 5 I 3) Parität und neutrales Mitglied	1/3 Vertreter der AN (§ 4 I) „1/3"-Parität

Überblick über die Unternehmensverfassung

	MitbestG (1976)	MontanmitbestG (1951)	MitbestErgG (1956)	DrittelbG (2004)
2. Aufsichtsrat				
b) Vorsitz	1. Wahlgang: 2/3-Mehrh. 2. Wahlgang: Vertreter der AE wählen Vorsitzenden, Vertreter der AN wählen stellv. Vorsitzenden (§ 27 I, II)	allgemeine Regeln	allgemeine Regeln	allgemeine Regeln
c) Schranken der Mitwirkung der AN-Vertreter	1. Abstimmung: Mehrheit 2. Abstimmung: Zweitstimmrecht des Vorsitzenden (§ 29, s. auch § 32 I)	keine Beschränkung	§ 15	keine Beschränkung
d) AN-Vertreter	bei 6 Mitgliedern: 4 AN des Unternehmens 2 Vertr. der Gewerksch. bei 8 Mitgliedern: 6 AN des Unternehmens 2 Vertr. der Gewerksch. bei 10 Mitgliedern: 7 AN des Unternehmens 3 Vertr. der Gewerksch. (§ 7 II)	2 AN des Unternehmens 2 Mitglieder und 1 weiteres Mitglied auf Vorschlag der Spitzenorganisationen (Schranke: § 4 II) (§§ 4 I 2 lit. b, 6 I 1, bei Erhöhung § 9)	5 AN von Konzernunternehmen 2 Vertreter der Gewerkschaften (§ 6 I 1) bzw 7 AN von Konzernunternehmen 3 Vertreter der Gewerkschaften (§ 6 I 2)	mind. 2 AN des Unternehmens (§ 4 II)
e) Belegschaftsgruppen	mindestens 1 leitender Angestellter (§ 15 I 2)			Männer und Frauen sollen entsprechend dem zahlenmäßigen Verhältnis im Unternehmen vertreten sein (§ 4 IV)

Überblick über die Unternehmensverfassung

2. Aufsichtsrat	MitbestG (1976)	MontanmitbestG (1951)	MitbestErgG (1956)	DrittelbG (2004)
f) Wahl	bis 8.000 AN: unmittelbar, auf Wunsch der Delegierte mehr als 8.000 AN: durch Delegierte, auf Wunsch unmittelbar (§ 9 I, II, zu Einzelheiten vgl. §§ 10 - 18)	1. Vorschläge 2 Vertreter der AN: Vorschlag der Betriebsräte nach Beratung mit Gewerkschaften und Spitzenorganisationen 2 Vertreter der AN und weiteres Mitglied: Vorschlag der Spitzenorganisationen nach Beratung mit Gewerkschaften; Auswahl durch Betriebsräte (§ 6 I-V) 2. Wahl durch Wahlorgan; dieses ist an die Vorschläge der Betriebsräte gebunden (§§ 5, 6 VI)	bis 8.000 AN: unmittelbar, auf Wunsch durch Delegierte mehr als 8.000 AN: durch Delegierte, auf Wunsch unmittelbar (§ 7 I 1, II 1, zu Einzelheiten vgl. §§ 8 - 10)	unmittelbar (§ 5 I, zu Einzelheiten vgl. §§ 6-11)

3. Vertretungsorgan	MitbestG (1976)	MontanmitbestG (1951)	MitbestErgG (1956)	DrittelbG (2004)
Arbeitsdirektor	Bestellung nach allgemeinen Grundsätzen (§ 33 I 1)	keine Bestellung gegen die Mehrheit der AN-Vertreter (§ 13 I 2)	Bestellung nach allgemeinen Grundsätzen (§ 13)	nicht vorgesehen

III. Unternehmensmitbestimmung nach EU-Recht

1. Ausgangslage

Die Mitgliedstaaten der EU lehnen eine Unternehmensmitbestimmung nach deutschem Vorbild ab. Über eine europäische Aktiengesellschaft, die sog. Societas Europaea (SE), wurde 35 Jahre verhandelt, weil man sich über die Mitbestimmungsregelung nicht einigen konnte. Bezeichnenderweise hatte sich die deutsche Regierung lange gegen einen Vorschlag[67] gesträubt, der – ähnlich wie beim Europäischen Betriebsrat – eine einvernehmliche Regelung zwischen Unternehmensleitung und Belegschaft vorsah und der es im Falle der Nichteinigung bei der nationalen Regelung am Sitz des Unternehmens beließ. Sie befürchtete, dass ausländische Standorte Wettbewerbsvorteile erlangen könnten. Auf dem Gipfeltreffen in Nizza Ende 2000 hatte man sich endlich auf einen Kompromiss geeinigt, der diesen Vorschlag in modifizierter Form aufgriff. Im Oktober 2001 erließ die EG dann eine Verordnung über das Statut der Europäischen Gesellschaft (SE)[68] und eine Richtlinie zur Ergänzung des Statuts der Europäischen Gesellschaft hinsichtlich der Beteiligung der Arbeitnehmer,[69] die 2004 durch das Gesetz über die Beteiligung der Arbeitnehmer in einer Europäischen Gesellschaft (SEBG)[70] in deutsches Recht umgesetzt wurde. 2003 ergingen nach dem Vorbild der SE eine Verordnung über das Statut der Europäischen Genossenschaft sowie eine Richtlinie über die dortige Arbeitnehmerbeteiligung,[71] 2005 erließ die EU eine Richtlinie über die Mitbestimmung bei grenzüberschreitenden Verschmelzungen.[72] Geplant ist überdies die Einführung einer der deutschen GmbH entsprechenden Europäischen Privatgesellschaft, der sog. Societas Privata Europaea (SPE). Ein entsprechender Verordnungsentwurf wurde von der Europäischen Kommission am 25.6.2008 vorgelegt.[73] Angesichts der erheblichen Unstimmigkeiten über die Mitbestimmung in der SPE[74] dürfte mit einer baldigen Einführung dieser neuen europäischen Gesellschaftsform nicht zu rechnen sein.

32

2. Mitbestimmung bei der Europäischen Gesellschaft (SE)

Das SEBG gestattet der SE eine dualistische Unternehmensverfassung mit Vorstand und Aufsichtsrat oder ein „Board"-System nach dem monistischen Modell ausländischer Rechtsformen. Die Beteiligungsrechte in der SE können zwischen der Unternehmensleitung und einem besonderen Verhandlungsgremium, das sich

33

---

[67] Abgedr. in RdA 1998, 239.
[68] VO 2157/2001/EG v. 8.10.2001, ABl. Nr. .L 294 v. 10.11.2001, S. 1.
[69] RL 2001/86/EG v. 8.10.2001, ABl. Nr. L 294 v. 10.11.2001, S. 22.
[70] V. 22.12.2004, BGBl. I S. 3675, 3686.
[71] RL 2003/72/EG v. 22.3.2003.
[72] RL 2005/56/EG v. 26.10.2005.
[73] KOM (2008), 396, abrufbar unter www.europeanprivatecompany.eu.
[74] Vgl. etwa *Hommelhoff/Teichmann*, GmbHR 2008, 1193; *Koperski/Heuschmid*, RdA 2010, 207.

nach den §§ 4-20 SEBG konstituiert, vereinbart werden (§ 21 SEBG). Gelingt das nicht, ist ein SE-Betriebsrat kraft Gesetzes zu errichten (§§ 22-33 SEBG); überdies sieht § 34 SEBG eine Auffangregelung zum Erhalt der bisherigen Mitbestimmungsrechte vor („Mitbestimmung kraft Gesetzes"). Bei einer durch Umwandlung gegründeten SE gilt immer das am Sitz des Unternehmens einschlägige Mitbestimmungsrecht (§§ 34 Abs. 1 Nr. 1, 35 Abs. 1 SEBG). Bei einer Verschmelzung (§ 34 Abs. 1 Nr. 2 SEBG) und bei der Errichtung einer Holding- oder einer Tochtergesellschaft (§ 34 Abs. 1 Nr. 3 SEBG) bedarf es zunächst eines 25 %- bzw. 50 %-Quorums der Arbeitnehmer aller beteiligten Gesellschaften und Tochtergesellschaften für die Mitbestimmung kraft Gesetzes. Sodann besteht die Möglichkeit, dass die Arbeitnehmer der SE, ihrer Tochtergesellschaften und Betriebe einen Teil der Mitglieder des Aufsichts- oder Vertretungsorgans wählen bzw. bestellen (§ 35 Abs. 2 SEBG). Alternativ dazu kann das besondere Verhandlungsgremium entscheiden, welche Mitbestimmungsform aus den beteiligten Gesellschaften in der SE eingeführt werden soll (§ 34 Abs. 2 S. 1 SEBG). Trifft das Gremium keinen entsprechenden Beschluss und ist eine inländische Gesellschaft, deren Arbeitnehmern Mitbestimmungsrechte zustehen, an der Gründung beteiligt, ist diese Mitbestimmung maßgeblich (§ 34 Abs. 2 S. 2 SEBG). Ist keine inländische Gesellschaft, deren Arbeitnehmern Mitbestimmungsrechte zustehen, beteiligt, findet die Form der Mitbestimmung Anwendung, die sich auf die höchste Zahl der in den beteiligten Gesellschaften beschäftigten Arbeitnehmer erstreckt (§ 34 Abs. 2 S. 3 SEBG). Wegen der Einzelheiten der überaus differenzierten und komplexen Regelung, die in keinem Verhältnis zu der prognostizierten Bedeutung der SE steht,[75] muss auf die einschlägige Literatur[76] verwiesen werden. Einen Überblick geben die folgenden Schaubilder.

---

[75] Eine empirische Erhebung zur Akzeptanz der SE in Europa findet sich bei *Eidenmüller/Engert/Hornuf*, AG 2009, 845.
[76] *Gey/Ziegler*, BB 2009, 1750; *Krause*, BB 2005, 1221; *Nagel/Freis/Kleinsorge*, Die Beteiligung der Arbeitnehmer in der SE, 2005; *Oetker*, BB-Special 1/2005; *Rieble*, BB 2006, 2018.

SE-Mitbestimmung: Verhandlungsverfahren

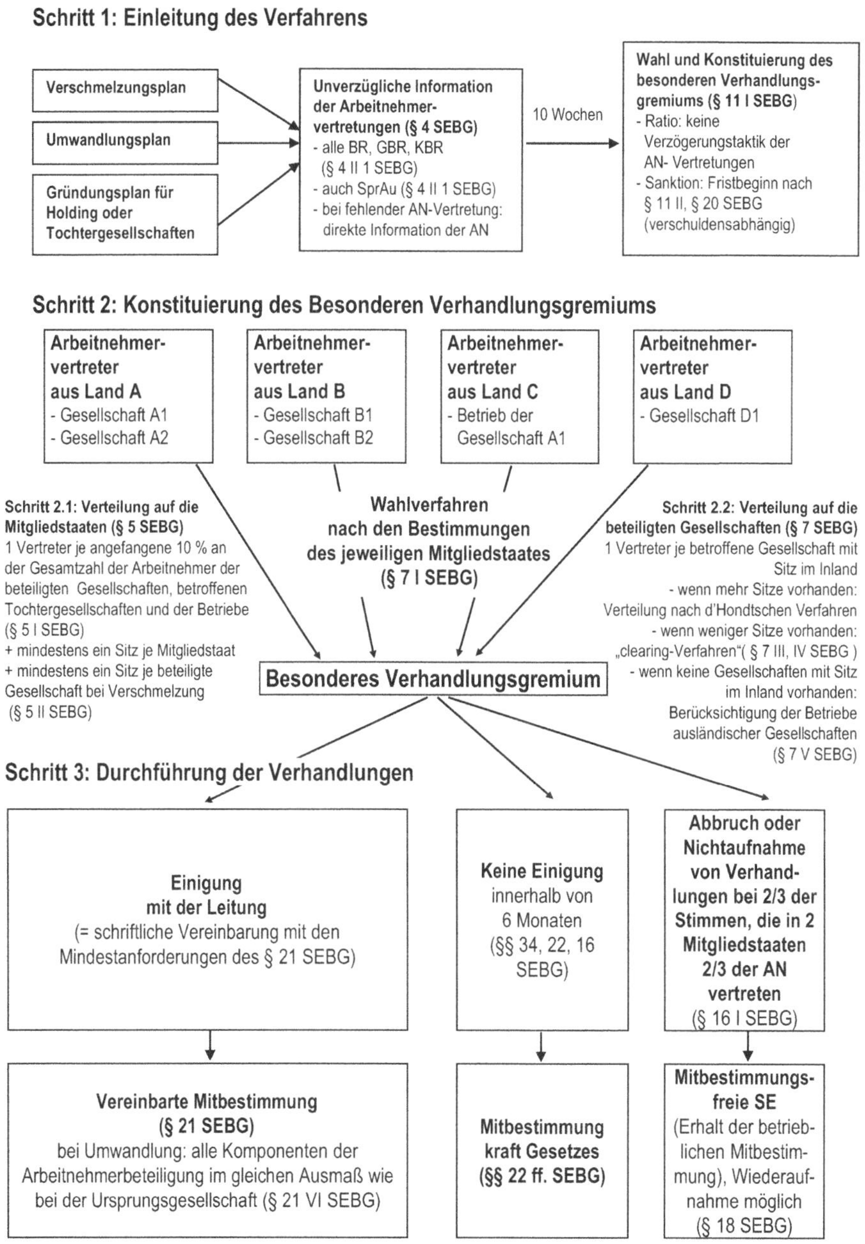

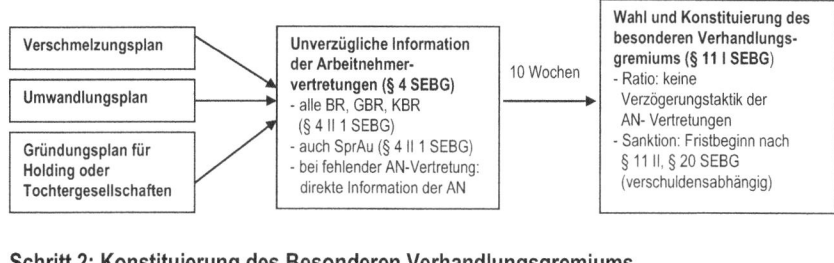

§ 15 Mitbestimmung in Unternehmen und Betrieb

Errichtung des SE-Betriebsrats kraft Gesetzes (§ 23 SEBG)

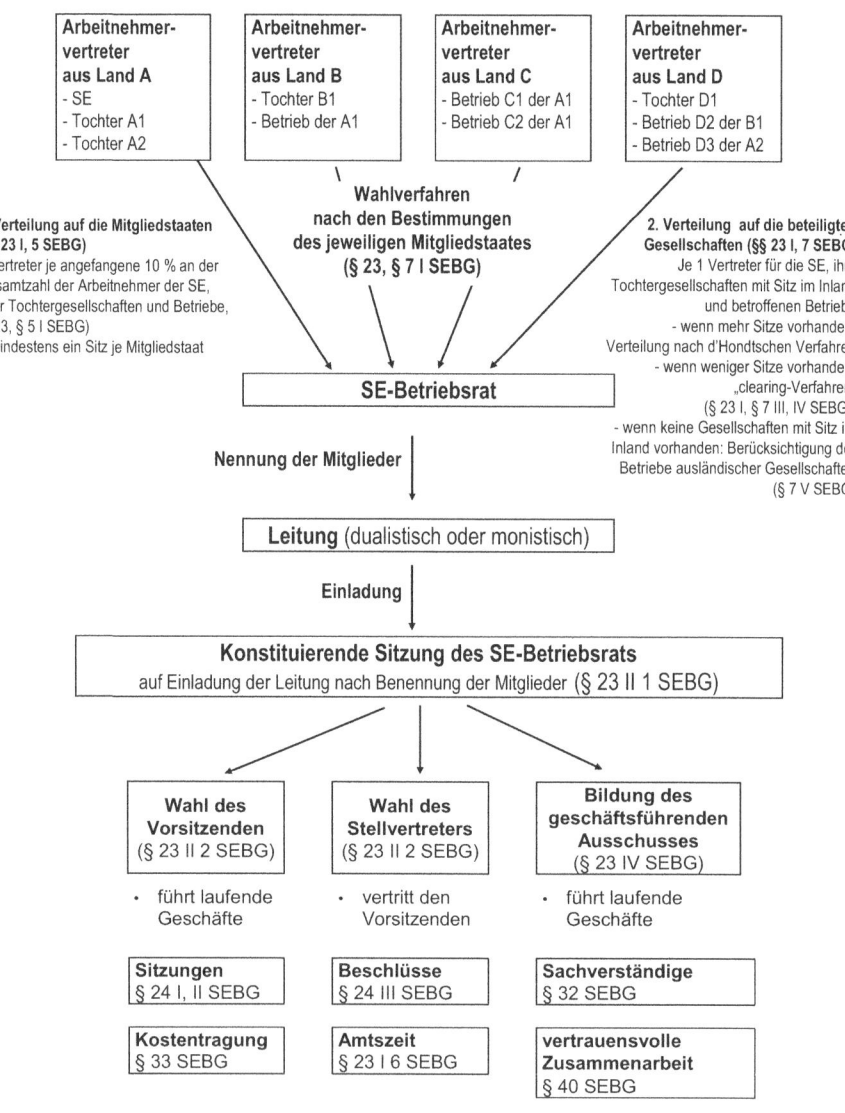

3. Mitbestimmung bei der Europäischen Genossenschaft (SCE)

Neben der SE besteht auf europäischer Ebene als weitere Gesellschaftsform die Europäische Genossenschaft, die sog. Societas Cooperativa Europaea (SCE). Die SCE ist ein Zusammenschluss mehrerer natürlicher und/oder juristischer Personen zu einer Körperschaft mit eigener Rechtspersönlichkeit (Art. 1 Abs. 5 SCE-VO). Ihre innere Verfassung entspricht nahezu derjenigen der SE. Auch bei der SCE besteht die Wahlmöglichkeit zwischen dem dualistischen und dem monistischen System (Art. 36, 41 Abs. 1 SCEBG). Die Beteiligungsrechte sind im Gesetz über die Beteiligung der Arbeitnehmer und Arbeitnehmerinnen in einer Europäischen Genossenschaft (SCEBG)[77] normiert. Wie bei der SE gilt auch bei der SCE der Vorrang der Verhandlungslösung. Für die Unterrichtung und Anhörung auf Arbeitnehmerseite wird ein „besonderes Verhandlungsgremium" eingesetzt (§ 5 SCEBG). Kommt eine Vereinbarung nicht innerhalb eines Jahres zustande, greifen die Auffangregelungen in §§ 34 ff. SCEBG. Diese sehen eine Mitbestimmung der Arbeitnehmerseite im Aufsichtsrat oder im Verwaltungsrat vor (§§ 34 ff., 2 Abs. 12 SCEBG).[78]

34

4. Mitbestimmung bei grenzüberschreitenden Verschmelzungen

Im Gesetz über die Mitbestimmung der Arbeitnehmer bei einer grenzüberschreitenden Verschmelzung (MgVG) ist die Mitbestimmung der Arbeitnehmer in Gesellschaften, die aus einer grenzüberschreitenden Verschmelzung hervorgehen, geregelt. Nach § 1 Abs. 1 S. 2 MgVG sollen den Arbeitnehmern die in den an der Verschmelzung beteiligten Gesellschaften erworbenen Mitbestimmungsrechte gesichert werden. Das MgVG gilt gemäß § 3 Abs. 1 S. 1 für eine aus einer grenzüberschreitenden Verschmelzung hervorgehende Gesellschaft mit Sitz im Inland. Grundsätzlich finden auf die Gesellschaft die Mitbestimmungsregelungen des Staats Anwendung, in dem die Gesellschaft ihren Sitz hat (§ 4 MgVG). Dieser Grundsatz kann zur Sicherung der Unternehmensmitbestimmung gemäß § 5 MgVG durchbrochen werden.[79] Wie das SEBG und das SCEBG sieht auch das MgVG den Vorrang der Verhandlungslösung vor (§ 22 MgVG), subsidiär gelten die Auffangregelungen in den §§ 23 ff. MgVG. Vorschriften zum „besonderen Verhandlungsgremium" finden sich in den §§ 6 ff. MgVG. Die §§ 31 ff. MgVG enthalten Schutzbestimmungen zugunsten der Arbeitnehmervertreter. Gemäß § 32 S. 1 Nr. 2 MgVG bleibt etwa ein vor der Verschmelzung bestehender Kündigungsschutz bestehen.

35

---

[77] V. 14.8.2006, BGBl. I, S. 1911, 1917.
[78] Vgl. zur SCE etwa *Kisker*, RdA 2006, 206.
[79] Zu den einzelnen Voraussetzungen vgl. § 5 MgVG; vgl. weiterführend etwa *Müller-Bonanni/Müntefering*, NJW 2009, 2347.

§ 16 Betriebsverfassungsrecht

I. Grundlagen der Betriebsverfassung

1. Rechtsquellen

a) Überblick

aa) BetrVG, SprAuG, EBRG, WahlO. Die Mitbestimmung im Betrieb – die Betriebsverfassung – regeln drei Gesetze und zwei Verordnungen. Die wichtigsten Vorschriften enthält das Betriebsverfassungsgesetz (BetrVG). Es wird ergänzt durch die Wahlordnung, die die Einzelheiten der Betriebsratswahlen regelt. Das Sprecherausschussgesetz (SprAuG) behandelt die Betriebsverfassung für die leitenden Angestellten. Auch dazu gibt es eine Wahlordnung. Für die Beteiligung der Arbeitnehmer in Unternehmen, die in verschiedenen Mitgliedstaaten der Europäischen Union tätig sind, gilt zusätzlich das Gesetz über Europäische Betriebsräte (EBRG).

bb) Betriebsverfassungsrechtliche Bestimmungen finden sich ferner in nicht spezifisch mitbestimmungsrechtlichen Gesetzen, so in
- § 15 KSchG (Sonderkündigungsschutz für Mitglieder der Belegschaftsvertretungen und Wahlvorstände);
- § 17 Abs. 2 und 3 KSchG (Mitwirkung bei Massenentlassungen);
- §§ 5 Abs. 3, 17 Abs. 1, 126 Abs. 3, 194 Abs. 2, 321, 322 UmwG (Mitwirkung bei Unternehmensumwandlungen);
- § 9 Abs. 3 ASiG (Mitwirkung bei der Bestellung und Abberufung von Betriebsärzten und Fachkräften für Arbeitssicherheit);
- § 22 Abs. 1 SGB VII (Mitwirkung bei der Bestellung und Abberufung von Sicherheitsbeauftragten und Beauftragten für betriebliche Notfallmaßnahmen);
- § 17 Abs. 2 AGG (Durchsetzung des Diskriminierungsverbots nach § 1 AGG);
- §§ 122-126 InsO (Mitwirkung bei Insolvenz des Arbeitgebers).

cc) Auch **Einrichtungen der Betriebsverfassung** sind außerhalb des eigentlichen Betriebsverfassungsrechts geregelt, wie etwa die Schwerbehindertenvertretung (§§ 94 ff. SGB IX).

b) Gliederung des BetrVG

4 Das BetrVG zerfällt in drei Hauptabschnitte: das Organisationsrecht, die Beteiligungsrechte und die Sondervorschriften.

5 **aa) Organisationsrecht.** Die §§ 1-73 BetrVG behandeln das Organisationsrecht. Der erste Teil (§§ 1-6 BetrVG) enthält allgemeine Vorschriften über die Betriebsratsfähigkeit von Betrieben und über die verschiedenen Belegschaftsgruppen. Im zweiten Teil (§§ 7-59 BetrVG) werden die Zusammensetzung, die Wahl, die Amtszeit und die Geschäftsführung des Betriebsrats, des Gesamtbetriebsrats und des Konzernbetriebsrats behandelt. Außerdem enthält es Vorschriften über die Betriebsversammlung und – auf Unternehmensebene – die Betriebsräteversammlung. Der organisationsrechtliche Teil endet mit den §§ 60-73b BetrVG, die die Vertretung der jugendlichen Arbeitnehmer und der Auszubildenden regeln.

6 **bb) Beteiligungsrechte.** Den materiellen Kern des Betriebsverfassungsrechts bilden die Vorschriften über die Beteiligungsrechte (§§ 74-113 BetrVG). Das Gesetz beginnt mit den Grundsätzen der Zusammenarbeit und den allgemeinen Aufgaben des Betriebsrats (§§ 2, 74-80 BetrVG). Die §§ 81-86a BetrVG enthalten die Mitwirkungs- und Beschwerderechte des einzelnen Arbeitnehmers, die systematisch zum Arbeitsvertragsrecht gehören. Die eigentlichen Beteiligungsrechte sind dann in vier Abschnitten geregelt: die Beteiligung in sozialen Angelegenheiten in den §§ 87-89 BetrVG, bei der Gestaltung von Arbeitsplatz, Arbeitsablauf und Arbeitsumgebung in §§ 90, 91 BetrVG, bei personellen Angelegenheiten in §§ 92-105 BetrVG (allgemeine personelle Angelegenheiten, §§ 92-95 BetrVG, Berufsbildung, §§ 96-98 BetrVG, personelle Einzelmaßnahmen, §§ 99-105 BetrVG) und bei wirtschaftlichen Angelegenheiten in §§ 106-113 BetrVG.

7 **cc) Sonstige Regelungen.** Das BetrVG schließt mit Sondervorschriften für einzelne Betriebsarten, nämlich Seeschifffahrt (§§ 114-116 BetrVG), Luftfahrt (§ 117 BetrVG), Tendenzbetriebe und Religionsgemeinschaften (§ 118 BetrVG), mit Straf- und Bußgeldvorschriften (§§ 119-121 BetrVG) und einer Reihe von Übergangs- und Schlussvorschriften (§§ 125-132 BetrVG).

2. Abdingbarkeit des BetrVG?

8 Der Gesetzgeber hat die Frage, ob und inwieweit von Vorschriften des BetrVG durch Tarifvertrag oder Betriebsvereinbarung abgewichen werden kann, nicht abschließend geregelt. § 1 Abs. 1 TVG deutet darauf hin, dass tarifliches Betriebsverfassungsrecht jedenfalls im Grundsatz zulässig ist. Allerdings stammt die Vorschrift aus einer Zeit, als die Betriebsverfassung noch nicht derart umfassend geregelt war wie heute. Die Meinungen sind deshalb geteilt. Eine wichtige Rolle spielt bei der Diskussion, dass das BetrVG das Ergebnis eines genau ausgehandelten politischen Kompromisses ist.

I. Grundlagen der Betriebsverfassung

a) Wahl- und Organisationsrecht

Die Bestimmungen über die Wahl und die Organisation der Betriebsverfassungsorgane können nach allgemeiner Meinung nur abbedungen werden, soweit das vom Gesetz ausdrücklich zugelassen wird (vgl. §§ 3, 38 Abs. 1 S. 5, 47 Abs. 4-5, 55 Abs. 4, 72 Abs. 4-5, 76 Abs. 1 S. 2, Abs. 4 und 8, 86, 117 Abs. 2 BetrVG).[1] Die gesetzlichen Begriffsbestimmungen, wie etwa die des Betriebs oder der Belegschaftsgruppen, stehen nicht zur Disposition.

9

Nach § 3 BetrVG können zusätzliche oder andere betriebsverfassungsrechtliche Vertretungen errichtet werden (s. unten Rn. 62 ff.). Für Unternehmen mit Betrieben in verschiedenen Mitgliedstaaten der Europäischen Union eröffnet § 17 EBRG die Möglichkeit einer „maßgeschneiderten" Betriebsverfassung auf europäischer Ebene. § 17 EBRG könnte auch ein Vorbild für den deutschen Gesetzgeber sein (s. unten Rn. 294 ff.).

10

b) Beteiligungsrechte

aa) Einschränkungen der Beteiligungsrechte in sozialen, technisch-organisatorischen, personellen und wirtschaftlichen Angelegenheiten sind nach h.M. nicht möglich. Das BetrVG enthält Mindestnormen, die nicht zum Nachteil der Arbeitnehmer geändert werden können.[2]

11

bb) Ob eine **Erweiterung** der Beteiligungsrechte möglich ist, ist umstritten. In **sozialen und personellen Angelegenheiten** wird das von der Rechtsprechung und Teilen der Literatur sowohl für tarifliche[3] als auch für betriebliche[4] Regelungen bejaht. Dafür sprechen § 1 TVG und § 88 BetrVG; in personellen Angelegenheiten sehen §§ 99 Abs. 2 Nr. 1, 102 Abs. 6 BetrVG die Erweiterung der Beteiligung ausdrücklich vor. In **wirtschaftlichen Angelegenheiten** verneint die herrschende Ansicht in der Literatur.[5] Mit den §§ 106 ff. BetrVG habe der Gesetzgeber einen angemessenen Ausgleich zwischen den berechtigten Belangen von Unternehmen und Belegschaft geschaffen. Eine Erweiterung der Mitbestimmungsrechte durch Arbeitsvertrag ist nicht möglich; eine solche Befugnis der Arbeitsvertragsparteien widerspräche dem System der Betriebsverfassung.[6]

12

---

[1] BAG 29.7.2009, NZA 2009, 1424, 1426; HWGNRH/*Rose*, Einl. Rn. 259 ff.; *Richardi*, BetrVG, Einl. Rn. 136; vgl. auch amtl. Begr., BT-Drs. VI/1786, S. 36.

[2] BAG 16.4.1957, AP Nr. 8 zu § 56 BetrVG; *Fitting*, § 1 BetrVG Rn. 247; *Richardi*, BetrVG, Einl. Rn. 139.

[3] Für soziale Angelegenheiten BAG 18.8.1987, AP Nr. 23 zu § 77 BetrVG; für personelle Angelegenheiten BAG 10.2.1988, AP Nr. 53 zu § 99 BetrVG 1972 m.w.N.

[4] BAG 13.7.1962, AP Nr. 3 zu § 57 BetrVG; *Fitting*, § 1 BetrVG Rn. 252; *Hanau*, RdA 1973, 293; a.A. HWGNRH/*Rose*, § 92 Rn. 11.

[5] *Fitting*, § 1 BetrVG Rn. 260; *Galperin/Löwisch*, Vor § 106 BetrVG Rn. 7 ff.; HWGNRH/*Hess*, § 106 Rn. 1 f.

[6] BAG 23.4.2009, NZA 2009, 915.

3. Räumlicher Geltungsbereich

a) Territorialitätsprinzip

13　Das BetrVG ist grundsätzlich auf alle Betriebe in der Bundesrepublik Deutschland anwendbar; es gilt das Territorialitätsprinzip.[7] Auf die Staatsangehörigkeit des Arbeitgebers kommt es nicht an. Das Gesetz gilt auch für inländische Betriebe ausländischer Unternehmen. Ebenso wenig spielt die Staatsangehörigkeit der Arbeitnehmer eine Rolle. Unerheblich ist schließlich die Vereinbarung ausländischen Arbeitsrechts.[8]

b) Ausstrahlung in das Ausland

14　Das BetrVG gilt nicht für Betriebe deutscher Unternehmen im Ausland.[9] Davon zu unterscheiden ist die Frage, ob das BetrVG auf Arbeitnehmer eines im Inland gelegenen Betriebs anwendbar ist, die im Ausland tätig werden. Die „Ausstrahlung" eines inländischen Betriebs ins Ausland ist keine Frage des räumlichen, sondern des persönlichen Geltungsbereichs. Es kommt darauf an, ob ein Arbeitnehmer trotz Auslandstätigkeit weiterhin einem inländischen Betrieb angehört. Das ist zu bejahen, wenn er nur vorübergehend und außerhalb einer betrieblichen Organisation beschäftigt wird, etwa als Montagearbeiter, Vertreter oder Fahrer.[10] Wird er in eine betriebliche Organisation im Ausland eingegliedert, dann bleibt er Angehöriger des inländischen Betriebs, wenn die Auslandstätigkeit von vornherein befristet ist oder wenn sich der Arbeitgeber das Recht vorbehalten hat, den Arbeitnehmer jederzeit zurückzurufen. Nicht zu einem inländischen Betrieb gehört, wer befristet für einen einmaligen Auslandseinsatz eingestellt wird und zu keiner Zeit dem inländischen Betrieb angehört hat. Im Ausland tätige Arbeitnehmer, für die das BetrVG gilt, haben grundsätzlich dieselben Rechte wie die Arbeitnehmer im Inland. Sie haben insbesondere das aktive und passive Wahlrecht. Betriebsversammlungen können allerdings nicht im Ausland abgehalten werden.[11]

4. Ausnahmen vom Anwendungsbereich

15　Eine Reihe inländischer Betriebe ist ganz oder teilweise vom Anwendungsbereich des BetrVG ausgenommen. Für einige gelten Sondervorschriften.

a) Öffentlicher Dienst

16　Keine Anwendung findet das BetrVG auf Verwaltungen und Betriebe des Bun-

---

[7]　BAG 7.12.1989, AP Nr. 27 zu Internat. Privatrecht, Arbeitsrecht.
[8]　Zu Vorstehendem BAG 9.1.1977, AP Nr. 13 zu Internat. Privatrecht, Arbeitsrecht.
[9]　BAG 10.9.1985, AP Nr. 3 zu § 117 BetrVG 1972.
[10]　BAG 27.5.1982, 7.12.1989, AP Nr. 3, 27 zu Internat. Privatrecht, Arbeitsrecht.
[11]　BAG 27.5.1982, AP Nr. 3 zu § 42 BetrVG 1972; anders für Teilversammlungen *Fitting*, § 1 BetrVG Rn. 30.

I. Grundlagen der Betriebsverfassung

des, der Länder, der Gemeinden und sonstiger Körperschaften, Anstalten und Stiftungen des öffentlichen Rechts (§ 130 BetrVG). Für sie gelten die Personalvertretungsgesetze des Bundes und der Länder. Die Abgrenzung erfolgt nach der Rechtsform des Trägers; ob hoheitliche oder fiskalische Angelegenheiten erfüllt werden, spielt keine Rolle.

Beispiel: Stadtwerke in der Rechtsform einer GmbH: BetrVG; Wasserwerk als rechtlich unselbständiger „Eigenbetrieb" einer Gemeinde: Landespersonalvertretungsrecht; Arbeitsagentur: BPersVG.

Eine andere Frage ist, ob § 130 BetrVG der Errichtung von Betriebsräten in einem sog. öffentlich-privatrechtlichen Mischkonzern entgegensteht. Das hat das BAG verneint.[12] Es sei sogar möglich, einen Konzernbetriebsrat für den privatrechtlich organisierten Teil des Konzerns einzurichten, wenn die Konzernspitze öffentlich-rechtlich verfasst ist; nur für diese gilt § 130 BetrVG. **16a**

b) Religionsgemeinschaften

Religionsgemeinschaften und deren Einrichtungen (z.B. Orden), die öffentlich-rechtlich organisiert sind (katholische und evangelische Kirche), unterfallen schon aufgrund ihrer Rechtsform nicht dem BetrVG; das gilt auch für ihre nicht verselbständigten Einrichtungen, wie etwa eine Klosterbrauerei (§ 130 BetrVG).[13] Das BetrVG gilt aber auch nicht für sonstige Religionsgemeinschaften (israelitische Kultusgemeinde, Sekten) und für karitative und erzieherische Einrichtungen von Religionsgemeinschaften, gleichgültig in welcher (privatrechtlichen) Form sie betrieben werden, wenn ihre Aufgaben sich als Wesens- und Lebensäußerung der Kirche darstellen (§ 118 Abs. 2 BetrVG).[14] **17**

Beispiele: Krankenhäuser, Pflege- und Altersheime, Caritasverband, Diakonisches Werk und seine rechtlich selbständigen Mitglieder,[15] Kindergärten, Schulen.

Der Begriff der Religionsgemeinschaft ist weit auszulegen. Die Religionsgemeinschaft muss aber über ein Mindestmaß an inhaltlichem und personellem Einfluss bei der Einrichtung verfügen, das gewährleistet, dass sich diese in Übereinstimmung mit den Vorstellungen der Religionsgemeinschaft betätigt.[16] Keine Religionsgemeinschaft ist die Scientology-Sekte, deren Lehren nur als Vorwand für die Verfolgung wirtschaftlicher Ziele dienen.[17] **18**

---

[12] BAG 27.10.2010, NZA 2011, 524.
[13] BAG 30.7.1987, AP Nr. 3 zu § 130 BetrVG 1972; vgl. auch § 3 Abs. 3 S. 1 SprAuG.
[14] BAG 31.7.2002, NZA 2002, 1409.
[15] BAG 30.4.1997, AP Nr. 60 zu § 118 BetrVG 1972.
[16] BAG 5.12.2007, NZA 2008, 653.
[17] So BAG 22.3.1995, AP Nr. 21 zu § 5 ArbGG 1979.

c) Seeschifffahrt und Luftfahrt

19 **aa) Für Seeschifffahrtsunternehmen,** d.h. für Unternehmen mit Sitz in der Bundesrepublik Deutschland, die Handelsschifffahrt betreiben, sieht das Gesetz Bordvertretungen und Seebetriebsräte vor (§§ 114-116 BetrVG). Bordvertretungen werden auf (betriebsratsfähigen) Kauffahrteischiffen gewählt, die nach dem Flaggenrechtsgesetz die Bundesflagge führen, es sei denn, dass sie i.d.R. binnen 24 Stunden nach dem Auslaufen an den Sitz eines Landbetriebs zurückkehren (§§ 115 Abs. 1, 114 Abs. 4 BetrVG). Seebetriebsräte vertreten die Mitarbeiter in den Seebetrieben, d.h. in der Gesamtheit aller Schiffe eines Seeschifffahrtsunternehmens (§§ 116, 114 Abs. 3 BetrVG). Für Bord- und Seebetriebsräte gilt das BetrVG mit einigen Abweichungen.

20 **bb) Auf Landbetriebe von Luftfahrtunternehmen** ist das BetrVG unverändert anwendbar (§ 117 Abs. 1 BetrVG). Für im Flugbetrieb beschäftigte Arbeitnehmer kann durch Tarifvertrag eine Vertretung errichtet werden. Der Tarifvertrag kann für die Zusammenarbeit dieser Vertretung mit den Betriebsräten in den Landbetrieben besondere Regelungen treffen (§ 117 Abs. 2 BetrVG).

d) Tendenzunternehmen und -betriebe

21 **aa) Grundsatz.** Unternehmensziele, die unter dem besonderen Schutz der Grundrechte stehen (Glaubensfreiheit, Pressefreiheit, Freiheit von Wissenschaft und Kunst, Koalitionsfreiheit usw.), dürfen durch die Beteiligungsrechte nicht ernsthaft beeinträchtigt werden.[18] Deshalb findet das BetrVG in „Tendenzunternehmen und -betrieben" insoweit keine Anwendung, als die Eigenart des Unternehmens oder des Betriebs dem entgegensteht (§ 118 Abs. 1 S. 1 BetrVG).

22 **bb) Zu den tendenzgeschützten** Unternehmen und Betrieben gehören nach der abschließenden Regelung des § 118 Abs. 1 BetrVG Unternehmen und Betriebe, die unmittelbar und überwiegend
- **politischen** (Parteien und deren Stiftungen, freie Wählervereinigungen, wirtschafts- und sozialpolitische Vereinigungen, wie BDI, VDK),
- **koalitionspolitischen** (Gewerkschaften und Arbeitgeberverbände einschließlich ihrer Einrichtungen und Institute),
- **konfessionellen** (Männer-, Frauen- und Jugendverbände von Religionsgemeinschaften),
- **karitativen** (Unternehmen, die unmittelbar körperlichen oder seelisch leidenden Menschen helfen,[19] wie Rotes Kreuz, Wohlfahrtsverbände, Behindertenwerkstätten,[20] DLRG, Bergwacht, nicht aber Blutspendedienste),
- **erzieherischen** (Privatschulen, private Kindergärten, überbetriebliche Lehrwerkstätten),

---

[18] BAG 20.4.2010, NZA 2010, 902; BAG 14.9.2010, NZA 2011, 225; BAG 22.5.2012, DB 2012, 2468.
[19] BAG 22.5.2012, DB 2012, 2468.
[20] BAG 22.7.2014, NZA 2014, 1417.

I. Grundlagen der Betriebsverfassung

- **wissenschaftlichen** (private Forschungsinstitute, wie die Max-Planck-Gesellschaften oder die Fraunhofer-Institute, Wirtschafts- und Meinungsforschungsinstitute, wissenschaftliche Bibliotheken und private Hochschulen, nicht: wissenschaftliche Buchhandlungen),
- **künstlerischen** Bestimmungen (Einrichtungen zur Darbietung und Verbreitung von Kunstwerken, wie Theater, Orchester, Filmhersteller und -verleiher, Konzertagenturen, Veranstalter von Kunstausstellungen, Schallplattenunternehmen, nicht dagegen Verwertungsgesellschaften wie die GEMA) oder
- **Zwecken der Berichterstattung oder Meinungsäußerung,** für die die Pressefreiheit und die Freiheit der Berichterstattung durch Rundfunk und Fernsehen des Art. 5 Abs. 1 S. 2 GG gelten (Buch-, Zeitungs- und Zeitschriftenverlage, private Rundfunk- und Fernsehanstalten), dienen.

Das Unternehmen oder der Betrieb muss **unmittelbar** einer geschützten Tendenz dienen. Die Arbeitnehmer müssen die Tendenz selbst erarbeiten und damit beeinflussen können.[21] Es reicht nicht aus, dass ein fremder Tendenzzweck durch die wirtschaftliche Tätigkeit unterstützt wird. Dagegen schadet Gewinnerzielungsabsicht nicht. 23

Beispiel: Eine rechtlich selbständige Druckerei, die ihre Gewinne an ein Presseunternehmen abführt, ist kein Tendenzunternehmen; anders die verlagseigene Druckerei, in der die vom Presseunternehmen herausgegebene Tageszeitung gedruckt wird.

Die Tendenz muss von dem Unternehmen oder Betrieb überwiegend verfolgt werden. Zu prüfen ist, ob mehr als die Hälfte der Gesamtarbeitszeit des Personals zur Tendenzverwirklichung eingesetzt wird. Dabei kommt es auf die Arbeitszeit aller Arbeitnehmer an, die an der Tendenzverwirklichung mitwirken.[22] Keine Rolle spielt das „Gepräge" des Unternehmens. Sind mehrere Unternehmen in einem Konzern oder in anderer Weise verbunden, kommt es ausschließlich auf das Unternehmen an, dessen Tendenzeigenschaft zu prüfen ist.[23] 24

cc) Einschränkung der Beteiligungsrechte. Der Eigenart des Unternehmens oder Betriebs steht eine Vorschrift des BetrVG dann entgegen, wenn deren Anwendung die geistig-ideelle Zielsetzung ernstlich beeinträchtigen könnte.[24] 25

Die organisatorischen Bestimmungen des BetrVG bleiben unberührt. Es ist lediglich kein Wirtschaftsausschuss zu bilden (§ 118 Abs. 1 S. 2 BetrVG).[25] Unberührt bleiben auch die allgemeinen Grundsätze: vertrauensvolle Zusammenarbeit, Friedenspflicht, Verbot partei- 26

---

[21] BAG 30.6.1981, AP Nr. 20 zu § 118 BetrVG 1972; BAG 22.5.2012, DB 2012, 2468.
[22] BAG 21.6.1989, AP Nr. 43 zu § 118 BetrVG 1972.
[23] BAG 22.7.2014, NZA 2014, 1417.
[24] BAG 20.4.2010, NZA 2010, 902; BAG 14.9.2010, NZA 2011, 225.
[25] BAG 22.5.2012, DB 2012, 2468.

politischer Betätigung, Trennung von Betriebsrat und Gewerkschaft. Das Verbot parteipolitischer Betätigung gilt natürlich nicht für Parteien. Ein Gewerkschaftsvertreter hat keinen Zutritt zu einem Arbeitgeberverband oder zu einer anderen Gewerkschaft. In sozialen Angelegenheiten kommt eine Einschränkung der Mitbestimmung vor allem in Betracht bei Fragen der Ordnung des Betriebs[26] und des Verhaltens der Arbeitnehmer im Betrieb und in Arbeitszeitfragen (Nachmittagsunterricht in Ganztagsschulen,[27] Aktualität der Berichterstattung in Presseunternehmen[28]), u.U. aber auch bei der Entgeltgestaltung. In technisch-organisatorischen Angelegenheiten sind Beteiligungsrechte des Betriebsrats durch die Tendenz kaum einmal betroffen. Ähnliches gilt für allgemeine personelle Angelegenheiten und für Berufsbildungsmaßnahmen. Nicht anwendbar sind die Vorschriften über die wirtschaftlichen Angelegenheiten einschließlich der Unterrichtung der Belegschaft in der Betriebsversammlung; eine Ausnahme gilt nur für den Sozialplan, der aber, obwohl er unter den wirtschaftlichen Angelegenheiten geregelt ist, zu den sozialen Angelegenheiten zählt (§ 118 Abs. 1 S. 2 BetrVG). In tendenzgeschützten Unternehmen können auch Europäische Betriebsräte gebildet werden (s. unten Rn. 294 ff.); allerdings sind die gesetzlich vorgesehenen Unterrichtungs- und Anhörungsrechte nach Maßgabe von § 31 EBRG eingeschränkt.

27 Eingeschränkt sind ferner die Beteiligungsrechte bei personellen Einzelmaßnahmen gegenüber **Tendenzträgern.** Tendenzträger sind Arbeitnehmer, deren Arbeit inhaltlich von den unter Tendenzschutz stehenden Unternehmenszielen geprägt wird. Unterliegen diese Ziele einem besonderen Grundrechtsschutz, ist Tendenzträger bereits derjenige, dem in nicht völlig unbedeutendem Umfang Arbeiten übertragen wurden, durch die er Einfluss auf die Tendenzverwirklichung nehmen kann.[29]

Beispiele: Schriftleiter, Redakteure mit eigenem Verantwortungsbereich,[30] Musiker eines Theaterorchesters, hauptamtliche Funktionäre der Gewerkschaften, Wissenschaftler mit Forschungsaufgaben; nicht Arbeitnehmer mit Tätigkeiten, die in jedem Betrieb anfallen, wie Sekretärinnen, Buchhalter oder Lagerarbeiter.

Bei Unternehmen mit karitativer oder erzieherischer Tendenz, bei denen der durch § 118 BetrVG vermittelte Grundrechtsbezug keine so weitreichende Beschränkung der Beteiligungsrechte erfordert, sind Tendenzträger regelmäßig nur solche Arbeitnehmer, die bei tendenzbezogenen Tätigkeitsinhalten im wesentlichen frei über die Aufgabenerledigung entscheiden können und bei denen diese Tätigkeiten einen bedeutenden Anteil an ihrer Gesamtarbeitszeit ausmachen. Pädagogische Mitarbeiter in karitativen Wohnheimen gehören nicht dazu,[31] wohl aber Psychologen in Tagesförderstätten.[32]

---

[26] Vgl. z.B. BAG 28.5.2002, NZA 2003, 166.
[27] BAG 13.1.1987, AP Nr. 33 zu § 118 BetrVG 1972.
[28] BAG 11.2.1992, AP Nr. 50 zu § 118 BetrVG 1972; BAG 15.12.1999, NZA 2000, 217.
[29] BAG 13.2.2007, NZA 2007, 1121; BAG 14.9.2010, NZA 2011, 225; BAG 14.5.2013, NZA 2014, 336.
[30] Sogar Anzeigenredakteure eines Zeitungsverlags, die eigene Texte verfassen und Beiträge Dritter auswählen und redigieren, s. BAG 20.4.2010, NZA 2010, 902.
[31] BAG 14.9.2010, NZA 2011, 225.
[32] BAG 14.9.2010, BeckRS 2011, 67712.

Dass ein Arbeitnehmer Tendenzträger ist, reicht aber nicht aus. Hinzukommen **28** muss der **Tendenzcharakter der Maßnahme**. Dabei genügt es nicht, dass die geistig-ideelle Zielsetzung irgendwie berührt wird; entscheidend ist, dass die Ausübung des Beteiligungsrechts die Tendenzverwirklichung ernstlich beeinträchtigen kann.[33]

Bei **Einstellungen und Versetzungen** aus tendenzbedingten Gründen hat der Betriebsrat **29** nur ein Unterrichtungs- und Beratungsrecht.[34] Verstößt der Arbeitgeber dagegen, so kann der Betriebsrat verlangen, dass der Arbeitgeber die Maßnahme aufhebt. Bei **Ein- und Umgruppierungen** hat der Betriebsrat das Zustimmungsverweigerungsrecht. Vor **Kündigungen** ist er anzuhören.[35] Einer Kündigung aus tendenzbedingten Gründen kann er allerdings nicht widersprechen, weil der Arbeitgeber den Arbeitnehmer sonst u.U. bis zum Abschluss des Kündigungsrechtsstreits weiterbeschäftigen müsste. Der Betriebsrat hat also beispielsweise ein Widerspruchsrecht, wenn der Arbeitgeber einem Solo- und ersten Hornisten in einem Symphonieorchester kündigt, weil er schlecht spielt, nicht aber, wenn der Hornist einen anderen „Sound" für richtig hält.[36] Nicht mitzubestimmen hat der Betriebsrat bei der Entsendung eines Tendenzträgers zu einer Berufsbildungsmaßnahme, weil die Entscheidung, welche Kenntnisse dieser zur Berufsausübung besitzen soll, tendenzgeschützt ist.[37] Nach Ansicht des BAG ist es nicht ausgeschlossen, dass ein Tarifvertrag dem Betriebsrat weitergehende Mitbestimmungsrechte einräumt.[38] Für Tendenzträger kann ohne Verstoß gegen §§ 3, 118 Abs. 1 BetrVG durch Arbeitsvertrag ein eigenes Repräsentationsorgan – zum Beispiel ein Redaktionsrat – geschaffen werden, das Beteiligungsrechte bei tendenzbezogenen Maßnahmen wahrnimmt.[39]

II. Organisation der Betriebsverfassung

1. Die Belegschaftsgruppen

a) Arbeitnehmer

Die Betriebsverfassung gilt für die Arbeitnehmer des Betriebs (§ 5 **30** Abs. 1 BetrVG). Das BetrVG definiert den Arbeitnehmer nicht selbst, sondern knüpft an den Begriff im allgemeinen arbeitsrechtlichen Sinne an.[40] **Arbeitnehmer** des Betriebs sind demzufolge alle Betriebsangehörigen, die in einem Arbeitsverhältnis zu dem Betriebsinhaber stehen.[41] Das sind die leitenden Angestellten (§ 1 SprAuG, § 5 Abs. 3 BetrVG), die Angestellten und die Arbeiter ein-

---

[33] BAG 13.2.2007, NZA 2007, 1121; BAG 23.10.2008, NZA 2009, 1376.
[34] BAG 19.5.1981, 8.5.1990, AP Nr. 21, 46 zu § 118 BetrVG 1972.
[35] BAG 6.11.1990, AP Nr. 4 zu § 91 BetrVG 1972.
[36] BAG 3.11.1982, AP Nr. 12 zu § 15 KSchG 1969.
[37] BAG 30.5.2006, NZA 2006, 1291, 1293; BAG 20.4.2010, NZA 2010, 902.
[38] BAG 31.1.1995, AP Nr. 56 zu § 118 BetrVG 1972.
[39] BAG 19.6.2001, NZA 2002, 397.
[40] BAG 12.2.1992, AP Nr. 52 zu § 5 BetrVG 1972.
[41] BAG 9.6.1993, AP Nr. 66 zu § 611 BGB Abhängigkeit.

schließlich der zu ihrer Berufsausbildung Beschäftigten (§ 5 Abs. 1 BetrVG).[42] Ob Arbeitnehmer in Voll- oder Teilzeitarbeit tätig sind, kurzfristig oder auf Dauer beschäftigt werden, ist gleichgültig. Voraussetzung ist außer dem Arbeitsverhältnis zum Betriebsinhaber lediglich die Betriebszugehörigkeit, d. h. die faktische Eingliederung in die betriebliche Organisation.[43] Durch die Neufassung des § 5 Abs. 1 S. 1 BetrVG hat der Gesetzgeber ausdrücklich klargestellt, dass auch Arbeitnehmer im Außendienst oder in Telearbeit zu den Arbeitnehmern i.S.d. BetrVG gehören, obwohl sie nicht örtlich, sondern nur funktional in den Betrieb eingegliedert sind. Den Arbeitnehmern werden im Wege einer Fiktion Heimarbeiter gleichgestellt, die in der Hauptsache für den Betrieb arbeiten (§ 5 Abs. 1 S. 2 BetrVG), nicht jedoch sonstige Arbeitnehmerähnliche und auch nicht in Telearbeit Beschäftigte, die nicht Arbeitnehmer sind. Die Kennzeichnung als Angestellte und Arbeiter erklärt sich nur historisch. Sie hat für den Begriff „Arbeitnehmer" keinerlei Erkenntniswert (s. auch Band 1, § 3 Rn. 7 ff.).

31 **Keine Arbeitnehmer** des Betriebs sind vor allem Vorstandsmitglieder, Geschäftsführer und vertretungsberechtigte Gesellschafter von Personenhandelsgesellschaften (§ 5 Abs. 2 Nr. 1, 2 BetrVG), aber auch freie Mitarbeiter[44] – sie werden aufgrund von Dienst- oder Werkverträgen tätig –, Leiharbeitnehmer im Betrieb des Entleihers[45] und Arbeitnehmer, die für Fremdfirmen arbeiten[46] (z.B. Personal von Bewachungs- oder Reinigungsunternehmen). Kein Arbeitnehmer ist auch, wessen Beschäftigung nicht in erster Linie aus Erwerbszwecken erfolgt, sondern vorwiegend durch Gründe karitativer oder religiöser Art bestimmt ist (z.B. Mönche, Ordensschwestern, Diakonissen, Rot-Kreuz-Schwestern[47]) oder – wie bei Behinderten, Drogenkranken, Geisteskranken – der Heilung, Wiedereingewöhnung, sittlichen Besserung oder Erziehung dient (§ 5 Abs. 2 Nr. 3, 4 BetrVG). Auf Ehegatten, Verwandte und Verschwägerte ersten Grades, die in häuslicher Gemeinschaft mit dem Arbeitgeber leben, findet das BetrVG selbst dann keine Anwendung, wenn sie aufgrund eines Arbeitsvertrags tätig werden (§ 5 Abs. 2 Nr. 5 BetrVG). Auszubildende in reinen Ausbildungsbetrieben gelten ebenfalls nicht als Arbeitnehmer i.S.d. § 5 BetrVG.[48] Für sie kann eine besondere Interessenvertretung nach § 51 Abs. 1 BBiG gebildet werden. Absolvieren sie ihre praktische Ausbildung vollständig oder teilweise in einem anderen Betrieb des Konzerns, dürfen sie dort an Betriebsversammlungen teilnehmen.[49]

31a Seit dem 4.8.2009 gelten **Beamte, Soldaten sowie Arbeitnehmer und Auszubildende des öffentlichen Dienstes** als Arbeitnehmer i.S.d. BetrVG, wenn sie in Betrieben privatrechtlich verfasster Unternehmen tätig sind (§ 5 Abs. 1 S. 3 BetrVG), d.h. zur Arbeitsleis-

---

[42] BAG 3.10.1978, AP Nr. 18 zu § 5 BetrVG 1972; zu Umschülern in einer Bildungseinrichtung für Erwachsene BAG 21.7.1993, AP Nr. 8 zu § 5 BetrVG 1972 Ausbildung.
[43] BAG 29.1.1992, AP Nr. 1 zu § 7 BetrVG 1972.
[44] BAG 15.3.1978, AP Nr. 26 zu § 611 BGB Abhängigkeit.
[45] Der Betriebsrat kann vor der Übernahme zur Arbeitsleistung (§ 14 Abs. 4 AÜG) und bei der Festlegung ihrer Arbeitszeit mitbestimmen, vgl. BAG 15.12.1992, AP Nr. 7 zu § 14 AÜG.
[46] BAG 18.1.1989, AP Nr. 1 zu § 9 BetrVG.
[47] BAG 22.4.1997, BB 1997, 1205; LAG Düsseldorf 6.7.2012, ZTR 2012, 650.
[48] BAG, 13.6.2007, NZA-RR 2008, 19; BAG 16.11.2011, AP Nr. 14 zu § 5 BetrVG 1972 Ausbildung.
[49] BAG 24.8.2011, NZA 2012, 223.

II. Organisation der Betriebsverfassung

tung überlassen werden. Gleichgültig ist, worauf die Überlassung beruht: Zuweisung aufgrund beamtenrechtlicher Vorschriften, Personalgestellung (§ 4 Abs. 3 TVöD), Vereinbarung zwischen dem öffentlichen Arbeitgeber und dem Beamten oder Arbeitnehmer. Die Überlassung setzt nicht notwendig einen dauerhaften oder auch nur langfristigen Einsatz voraus. Sie kann auch vorübergehend und projektbezogen erfolgen.[50] Die Überlassenen verfügen im Ergebnis regelmäßig über eine **doppelte Interessenvertretung** und ein doppeltes aktives und passives Wahlrecht: Zum Personalrat der abgebenden Dienststelle sowie zum Betriebsrat des aufnehmenden Unternehmens;[51] dort sind sie bei den Schwellenwerten der §§ 9, 38 BetrVG zu berücksichtigen.[52] Soweit der private Arbeitgeber entscheiden kann, ist der dortige Betriebsrat zuständig.[53] Leiharbeitnehmer gehören auch während der Zeit der Arbeitsleistung im Entleiherbetrieb zum Betrieb des Vertragsarbeitgebers (§ 14 Abs. 1 AÜG). Für die betriebsverfassungsrechtlichen Rechtsbeziehungen ist daher grundsätzlich ein dort gebildeter Betriebsrat zuständig. Von dem konkreten Normzweck der jeweiligen betriebsverfassungsrechtlichen Vorschrift hängt es ab, inwieweit davon abweichend Beteiligungs- und Mitbestimmungsrechte des beim Entleiher gebildeten Betriebsrats bestehen.[54] Dieser ist dann zuständig, wenn Mitbestimmungsrechte (nur) an die tatsächliche Eingliederung des Leiharbeitnehmers in den Betrieb des Entleihers anknüpfen (s. Rn. 450).

Von der Zahl der Arbeitnehmer im Betrieb hängt es ab, ob und ggf. welche Betriebsverfassungsorgane gebildet werden, wie ihre Mitbestimmungsrechte aussehen und welche Pflichten dem Arbeitgeber obliegen. Obwohl das BetrVG immer generell von Arbeitnehmern (= einschließlich der Jugendlichen) oder wahlberechtigten Arbeitnehmern (= ohne die Jugendlichen) spricht, zählen die leitenden Angestellten bei der Errechnung der Zahlen nicht mit, weil sie nicht vom Betriebsrat vertreten werden. Dafür stellt das SprAuG auf die Zahl der leitenden Angestellten ab. Leiharbeitnehmer zählen im Einsatzbetrieb bei allen Schwellenwerten mit.[55]

32

---

[50] BAG 5.12.2012, NZA 2013, 690.
[51] BAG 15.12.2011, NZA 2012, 519; BAG 15.8.2012, BB 2012, 2239.
[52] BAG 15.12.2011, NZA 2012, 519.
[53] BAG 23.6.2009, NZA 2009, 1162.
[54] BAG 24.8.2016, NZA 2017, 269.
[55] Für § 9 BetrVG s. BAG 13.3.2013, NZA 2013, 789 unter Aufgabe von BAG 10.3.2004, NZA 2004, 1340; für § 111 BetrVG s. BAG 18.10.2011, NZA 2012, 221; vgl. weiter *Haas/Hoppe*, NZA 2013, 297.

Betriebsverfassung und Betriebsgröße

Größe	Regelung	Vorschrift
5 wahlberechtigte Arbeitnehmer	Ein Betriebsrat kann gewählt werden.	§ 1 BetrVG
5 Jugendliche oder Auszubildende	Eine Jugend- und Auszubildendenvertretung kann gewählt werden.	§ 60 Abs. 1 BetrVG
10 leitende Angestellte	Ein Sprecherausschuss kann gewählt werden.	§ 1 SprAuG
20 wahlberechtigte Arbeitnehmer	Der Betriebsrat hat ein Mitbestimmungsrecht bei Einstellungen, Eingruppierungen, Umgruppierung und Versetzungen.	§ 99 BetrVG
	Der Arbeitgeber hat jährlich schriftlich oder mündlich über die wirtschaftliche Entwicklung des Unternehmens zu berichten.	§ 110 Abs. 2 BetrVG
	Der Betriebsrat ist über geplante Betriebsänderungen zu unterrichten.	§ 111 BetrVG
101 Arbeitnehmer	Ein Wirtschaftsausschuss ist zu bilden.	§ 106 BetrVG
200 Arbeitnehmer	Ein Betriebsratsmitglied ist für seine Tätigkeit von der Arbeit freizustellen.	§ 38 BetrVG
201 Arbeitnehmer	Der Betriebsrat kann einen Betriebsausschuss bilden.	§§ 9, 27 BetrVG
501 Arbeitnehmer	Der Betriebsrat kann die Aufstellung von Auswahlrichtlinien verlangen.	§ 95 Abs. 2 BetrVG
1000 Arbeitnehmer, davon jeweils mindestens 150 in 2 EU-Staaten	Ein Europäischer Betriebsrat kann gebildet werden.	§§ 1-3 EBRG
1001 Arbeitnehmer	Der Arbeitgeber hat jährlich schriftlich über die wirtschaftliche und soziale Entwicklung des Unternehmens zu berichten.	§ 110 Abs. 1 BetrVG

33 Bei der Ermittlung der Betriebsgröße ist zu beachten, dass das BetrVG bei höheren Beschäftigtenzahlen auf Arbeitnehmer abstellt (= Arbeiter und Angestellte ohne leitende Angestellte), bei niedrigeren auf wahlberechtigte Arbeitnehmer (= Arbeiter und Angestellte ohne leitende Angestellte und Jugendliche); für die Betriebsratsfähigkeit (§ 1 BetrVG) verlangt es zusätzlich, dass drei der fünf Arbeitnehmer wählbar sind (§ 8 BetrVG).

34 Für die Vertretung unterscheidet das BetrVG drei Gruppen:
- die leitenden Angestellten,
- die Angestellten und Arbeiter und
- die jugendlichen Arbeitnehmer und die Auszubildenden unter 25 Jahren.

35 Während das BRG 1920 noch getrennte Arbeiter- und Angestelltenräte vorsah, kannte das BetrVG 1952 nur noch den für beide gemeinsamen Betriebsrat. Die jeweils schwächere Gruppe genoss Minderheitenschutz: 2001 hat der Gesetzgeber auch den Minderheitenschutz beseitigt. Arbeiter und Angestellte wählen jetzt gemeinsam den Betriebsrat. Eine Abgrenzung der beiden Gruppen, wie sie die Aufzählung in § 5 Abs. 1 S. 1 BetrVG nahelegt, ist nicht mehr erforderlich. Jugendliche und Auszubildende wählen die Jugend- und Auszubildendenvertretung, leitende Angestellte können Sprecherausschüsse errichten.

b) Leitende Angestellte

aa) Nach § 5 Abs. 3 S. 2 BetrVG ist leitender Angestellter, wer nach Arbeitsvertrag und Stellung im Unternehmen oder im Betrieb   36

– zur selbständigen Einstellung und Entlassung von im Betrieb oder in der Betriebsabteilung beschäftigten Arbeitnehmern berechtigt ist (Nr. 1) oder   37

– Generalvollmacht oder Prokura hat und die Prokura auch im Verhältnis zum Arbeitgeber nicht unbedeutend ist (Nr. 2) oder   38

– regelmäßig sonstige Aufgaben wahrnimmt, die für den Bestand und die Entwicklung des Unternehmens oder eines Betriebs von Bedeutung sind und deren Erfüllung besondere Erfahrungen und Kenntnisse voraussetzen, wenn er dabei entweder die Entscheidungen im wesentlichen frei von Weisungen trifft oder sie maßgeblich beeinflusst; dies kann auch bei Vorgaben insbesondere aufgrund von Rechtsvorschriften, Plänen oder Richtlinien sowie bei Zusammenarbeit mit anderen leitenden Angestellten gegeben sein (Nr. 3).   39

bb) Rechtlich und tatsächlich leitende Funktion. Der leitende Angestellte muss seine Funktion nach Arbeitsvertrag und Stellung im Unternehmen oder im Betrieb wahrnehmen. Er muss dazu berechtigt sein und er muss sie tatsächlich ausüben. Obwohl leitende Angestellte durch Teilhabe an der Unternehmensleitung gekennzeichnet sind, kann eine leitende Funktion im Betrieb ausreichen.   40

cc) Einstellungs- und Entlassungsberechtigung i.S.d. Nr. 1 hat, wer intern die Entscheidung über die Einstellung von Bewerbern trifft und wer den Arbeitsvertrag und die Kündigung oder den Aufhebungsvertrag mit unterzeichnen darf. Dass andere Stellen, etwa die Personalabteilung, beratend mitwirken, schadet nicht; auch nicht das Erfordernis einer zweiten Unterschrift. Anders ist es, wenn die Entscheidung über Einstellung oder Entlassung inhaltlich nur gemeinsam mit einer anderen Stelle getroffen werden kann oder wenn der Vorgesetzte sich die Letztentscheidung vorbehält. Unter Nr. 1 fällt praktisch immer der Personalleiter. Die Personalverantwortung muss von erheblicher unternehmerischer Bedeutung sein. Diese kann sich aus der Zahl der Arbeitnehmer, für die Einstellungs- und Entlassungsbefugnis besteht, oder aus der Bedeutung von deren Tätigkeit für das Unternehmen ergeben.[56]   41

dd) Generalvollmacht ist eine umfassende bürgerlich-rechtliche Vollmacht, die nur in wenigen Unternehmen und auch da nur wenigen Arbeitnehmern auf der Ebene unterhalb des Vorstands oder der Geschäftsführung verliehen wird. **Prokura** ist die Vollmacht nach §§ 48 ff. HGB. Honorarprokura und Zeichnungsbefugnis ohne entsprechendes Aufgabengebiet reichen nicht aus.[57] Das will der sprachlich missglückte Satzteil „und die Prokura auch im Verhältnis zum Arbeitgeber nicht unbedeutend ist" ausdrücken. Die dem Proku-   42

---

[56] Zu Vorstehendem BAG 16.4.2002, NZA 2003, 56.
[57] BAG 11.1.1991, AP Nr. 55 zu § 5 BetrVG 1972.

risten obliegenden Führungsaufgaben dürfen sich nicht in der Wahrnehmung von Stabsfunktionen erschöpfen, da der Einfluss von Angestellten in Stabsfunktionen auf das Innenverhältnis zum Unternehmer beschränkt ist und die Prokura deshalb für die Tätigkeit keine sachliche Bedeutung hat.[58] Handlungsbevollmächtigte (§§ 54 ff. HGB) und Angestellte in Stabsfunktionen können bei Vorliegen der gesetzlichen Voraussetzungen leitende Angestellte nach Nr. 3 sein. Angestellte Wirtschaftsprüfer gelten gemäß § 45 S. 2 WiPrO als leitende Angestellte; laut BAG[59] müssen sie aber über Prokura verfügen. Die Vorschrift sei auch nicht analogiefähig.[60]

43 **ee) Sonstige Aufgaben mit Bedeutung für Bestand und Entwicklung des Betriebs und des Unternehmens** sind Tätigkeiten, die mit einem nicht unbeträchtlichen Einfluss auf die wirtschaftliche, technische, kaufmännische, organisatorische, personelle oder wissenschaftliche Führung des Unternehmens oder des Betriebs verbunden sind, also die gehobenen Angestelltentätigkeiten.[61] Ob eine Tätigkeit für ein Unternehmen wichtig ist, richtet sich nach dessen Struktur. In High-Tech-Unternehmen haben Forschung und Produktion eine andere Bedeutung als in einem Unternehmen, das Massenartikel herstellt; hier sind Marketing, Vertrieb und vielleicht die Anwendungstechnik für das Unternehmen zentrale Aufgaben. Ob die Tätigkeit in der Linie oder im Stab wahrgenommen wird, ist gleichgültig. Es reicht auch aus, dass sie für den Betrieb wichtig ist. Der Betriebsleiter in betriebsratsfähigen Betrieben wird deshalb in aller Regel leitender Angestellter sein.[62] Die Erfüllung der Aufgaben setzt besondere Erfahrungen und Kenntnisse voraus. Entscheidend ist das Anforderungsprofil der Stelle, nicht die Qualifikation des Angestellten. Wem eine leitende Tätigkeit übertragen wird, der hat im allgemeinen auch die notwendigen Erfahrungen und Kenntnisse.[63] Ein Chefarzt ist nicht bereits aufgrund seiner formalen Stellung leitender Angestellter, sondern nur dann, wenn er maßgeblichen Einfluss auf die Unternehmensführung nehmen kann.[64]

44 Der Angestellte trifft seine Entscheidungen im wesentlichen frei von Weisungen, wenn er im Normalfall ohne verbindliche Weisung und ohne Einholung einer Zustimmung über Ziele und Wege in seinem Zuständigkeitsbereich selbst bestimmt. Maßgeblich beeinflusst sind Entscheidungen, wenn sie von einem Angestellten so vorbereitet werden, dass der Entscheidungsträger das Ergebnis der Überlegungen nicht unbeachtet lassen kann, d.h. wenn er es in seine Überlegungen einbeziehen muss. Der Tatbestand ist in erster Linie auf Stabsangestellte zugeschnitten; er ist aber durchaus auch offen für Linienvorgesetzte, denen formell die Entscheidungsbefugnis fehlt.[65] Verbleiben dem Angestellten wichtige Entscheidungen, dann schaden Vorgaben aufgrund von Rechtsvorschriften, Richtlinien und Plänen oder durch Zusammenarbeit mit anderen leitenden Angestellten nicht.[66] Je tiefer aber der Angestellte in der Unternehmenshierarchie steht, desto eher werden wesentliche unternehmerische Entscheidungen bereits vorbestimmt sein. Am maßgeblichen

---

[58] BAG 25.3.2009, NZA 2009, 1296, BAG 29.6.2011, NZA-RR 2011, 647.
[59] BAG 29.6.2011, NZA 2012, 408 m. krit. Anm. *Diller*, ArbR 2012, 124.
[60] BAG 29.6.2011, NZA-RR 2011, 647: keine Geltung für Steuerberater oder Rechtsanwälte.
[61] BAG 23.1.1986, AP Nr. 32 zu § 5 BetrVG 1972.
[62] *Hromadka/Sieg*, SprAuG, § 5 Abs. 3, 4 BetrVG Rn. 21, str.
[63] *Fitting*, § 5 BetrVG Rn. 408.
[64] BAG 5.5.2010, NZA 2010, 955; BAG 5.6.2014, NZA 2015, 40.
[65] *Hromadka/Sieg*, SprAuG, § 5 Abs. 3, 4 BetrVG Rn. 40.
[66] BAG 19.11.1974, AP Nr. 2 zu § 5 BetrVG 1972.

Einfluss fehlt es, wenn er nur bei der reinen arbeitstechnischen, vorbestimmten Durchführung unternehmerischer Entscheidungen eingeschaltet wird, etwa im Rahmen von Aufsichts- oder Überwachungsfunktionen.[67] Die Aufgaben müssen regelmäßig anfallen, nicht nur gelegentlich.[68] Regelmäßig ist nicht gleichzusetzen mit überwiegend im Sinne eines Zeitanteils;[69] die dauernde latente Notwendigkeit, unternehmerische Entscheidungen vorzubereiten, zu treffen oder in der Durchführung zu überwachen, genügt, wenn sie sich immer wieder konkretisiert.[70]

ff) § 5 Abs. 4 BetrVG enthält für den Fall, dass Zweifel bei der Anwendung der Nr. 3 verbleiben, Auslegungsregeln. Leitender Angestellter nach § 5 Abs. 3 Nr. 3 BetrVG ist im Zweifel, wer   45

1. aus Anlass der letzten Wahl des Betriebsrats, des Sprecherausschusses oder von Aufsichtsratsmitgliedern der Arbeitnehmer oder durch rechtskräftige gerichtliche Entscheidung den leitenden Angestellten zugeordnet worden ist oder
2. einer Leitungsebene angehört, auf der in dem Unternehmen überwiegend leitende Angestellte vertreten sind, oder
3. ein regelmäßiges Jahresarbeitsentgelt erhält, das für leitende Angestellte in dem Unternehmen üblich ist, oder,
4. falls auch bei der Anwendung der Nr. 3 noch Zweifel bleiben, ein regelmäßiges Jahresarbeitsentgelt erhält, das das Dreifache der Bezugsgröße nach § 18 SGB IV überschreitet.

Die Regeln gelten vor allem, wenn sich nicht genau feststellen lässt, ob diese Aufgaben für dieses Unternehmen oder diesen Betrieb von Bedeutung sind, ob die Erfüllung dieser Aufgaben besondere Erfahrungen und Kenntnisse voraussetzt und ob dieser Angestellte die Entscheidungen im wesentlichen frei von Weisungen trifft oder maßgeblich beeinflusst. Die Regeln gelten für die Betriebsverfassungsorgane ebenso wie für die Gerichte. Vorausgesetzt ist immer, dass die Tatsachen voll aufgeklärt sind. Es geht um Rechtszweifel, nicht um tatsächliche Zweifel.   46

Nr. 1 enthält eine Art **Besitzstandsklausel**. Sie gilt nicht, wenn sich die Tätigkeit seit den letzten Wahlen oder seit der gerichtlichen Entscheidung derart geändert hat, dass die Voraussetzungen für die Zurechnung zu den leitenden Angestellten offensichtlich entfallen sind. Derselben **Leitungsebene** i.S.d. Nr. 2 gehört an, wer auf einer Stufe gleicher Wertigkeit tätig ist. Nicht entscheidend ist die Delegationsebene, d.h. die Zahl der hierarchischen Stufen. Überwiegend bedeutet mehr als 50 %.[71] Regelmäßig ist ein **Jahresarbeitsverdienst,** von dem anzunehmen ist, dass er bei normalem Verlauf voraussichtlich ein Jahr anhalten wird; üblich ist er, wenn die leitenden Angestellten ihn im Normalfall, d.h. nach voller Einarbeitung bei Vollzeitarbeit, erhalten. Es kommt nicht darauf an, ob in   47

---

[67] BAG 25.3.2009, NZA 2009, 1296, BAG 5.5.2010, NZA 2010, 955.
[68] LAG Hamm 16.12.1977, DB 1978, 400.
[69] LAG Baden-Württemberg 25.6.1991, DB 1992, 744.
[70] *Hromadka/Sieg*, SprAuG, § 5 Abs. 3, 4 BetrVG Rn. 42.
[71] *Fitting*, § 5 BetrVG Rn. 434.

dem betreffenden Bereich mehr leitende Angestellte oder sonstige AT-Angestellte tätig sind; das Kriterium des „überwiegend" fehlt hier.

48 Bleiben Zweifel, ob ein Jahresarbeitsverdienst in einem Unternehmen für leitende Angestellte üblich ist, dann ist leitender Angestellter, wer mehr als das **Dreifache der Bezugsgröße des § 18 SGB IV** verdient (2020: mehr als 114.660 € in den alten bzw. 108.360 € in den neuen Bundesländern). Die Bezugsgröße wird jeweils durch Verordnung für das Folgejahr neu festgesetzt; sie entspricht dem Durchschnittsverdienst aller sozialversicherungspflichtig Beschäftigten im vorvergangenen Kalenderjahr. Trotz allen möglichen Auslegungsstreitigkeiten begegnet der Gesetzgeber mit einem eigenen Zuordnungsverfahren für die Wahlen (§ 18a BetrVG).

c) Jugendliche und Auszubildende

49 Jugendliche Arbeitnehmer sind Arbeitnehmer, die das 18. Lebensjahr noch nicht vollendet haben. Ihnen stehen Auszubildende gleich, die das 25. Lebensjahr noch nicht vollendet haben (§ 60 Abs. 1 BetrVG). Für sie ist die Jugendlichen- und Auszubildendenvertretung zuständig (s. unten Rn. 313 ff.).

2. Arbeitgeber und Vertreter des Arbeitgebers

a) Begriff des Arbeitgebers

50 Arbeitgeber i.S.d. Arbeitsvertragsrechts ist jede natürliche oder juristische Person, die mindestens einen Arbeitnehmer beschäftigt. Da das Betriebsverfassungsgesetz nur für Betriebe gilt, kann Arbeitgeber i.S.d. Betriebsverfassungsrechts nur sein, wer zugleich Unternehmer ist. Das BetrVG nennt den Partner der Belegschaftsvertretung im allgemeinen Arbeitgeber; im Bereich der wirtschaftlichen Angelegenheiten, d.h. der unternehmerischen Entscheidungen i.e.S., nennt es ihn Unternehmer.

b) Vertreter des Arbeitgebers

51 Der Arbeitgeber kann seine Rechte und Pflichten im Rahmen der Betriebsverfassung selbst wahrnehmen – die juristische Person durch ihre Organe (Vorstand, Geschäftsführer) –, er kann sich aber auch vertreten lassen. Für die rechtsgeschäftliche Vertretung, d.h. vor allem beim Abschluss, bei der Änderung und Beendigung von Vereinbarungen, gelten die allgemeinen Regeln. Der Vertreter muss Vollmacht (Generalvollmacht, Prokura, Handlungsvollmacht) haben. Wird ein Arbeitnehmer mit dem Abschluss einer Vereinbarung betraut, so erteilt ihm der Arbeitgeber im allgemeinen zumindest schlüssig (Einzel-)Handlungsvollmacht. Keine Vollmacht benötigen Personen, die die Verhandlung nur leiten oder nur an ihr teilnehmen.

52 Der Arbeitgeber ist **frei**, wen er mit seiner Vertretung im Rahmen der Betriebsverfassung betraut. Der Vertreter braucht weder leitender Angestellter zu sein, noch muss er entschei-

dungsbefugt oder sachkundig hinsichtlich der gesamten geplanten Maßnahme sein. Es genügt, dass er die erforderliche Sachkenntnis besitzt, um mit der Belegschaftsvertretung die in Frage stehende konkrete Maßnahme zu besprechen.[72] Die erforderliche Sachkunde ist natürlich eine andere, wenn es um den Bericht in der Betriebsversammlung über das Personal- und Sozialwesen und die wirtschaftliche Lage und Entwicklung des Betriebs (§ 43 Abs. 2 S. 3 BetrVG) oder um die Erläuterung des Jahresabschlusses im Wirtschaftsausschuss (§ 108 Abs. 5 BetrVG) geht, als wenn über die Einführung eines Arbeitszeiterfassungssystems (§ 87 Abs. 1 Nr. 1 BetrVG) oder über Änderungen in der Werksverpflegung (§ 87 Abs. 1 Nr. 8, 10 BetrVG) verhandelt wird.

3. Organisatorische Ebenen

Das Betriebsverfassungsrecht unterscheidet für die Bildung von Betriebsverfassungsorganen vier Ebenen: den Betrieb, in dem sich das konkrete tägliche Arbeitsleben abspielt, als Zentralebene, das Unternehmen als Zusammenfassung aller Betriebe desselben Inhabers, den Konzern als Zusammenfassung mehrerer Unternehmen unter einheitlicher Leitung und die Abteilung als Untergliederung des Betriebs. Durch das EBRG ist als weitere Einheit die Unternehmensgruppe hinzugekommen. Das BetrVG definiert die Ebenen nicht selbst; es knüpft an die Begriffe im allgemeinen arbeitsrechtlichen Sinne an (vgl. Band 1, § 3 Rn. 49 ff.). 53

a) Betrieb

aa) Definition. Der Betrieb ist die organisatorische Einheit, mit der ein Unternehmer allein oder in Gemeinschaft mit seinen Mitarbeitern mit sächlichen und immateriellen Mitteln bestimmte arbeitstechnische Zwecke fortgesetzt verfolgt, die sich nicht in der Befriedigung von Eigenbedarf erschöpfen.[73] In erster Linie kommt es dabei auf die Einheit der Organisation, weniger auf die Einheit der arbeitstechnischen Zweckbestimmung an. So liegt regelmäßig ein Betrieb vor, wenn die in einer Betriebsstätte vorhandenen materiellen und immateriellen Betriebsmittel für den oder die verfolgten arbeitstechnischen Zwecke zusammengefasst, geordnet und gezielt eingesetzt werden und der Einsatz der menschlichen Arbeitskraft von einem einheitlichen Leitungsapparat gesteuert wird.[74] Der Betrieb ist also, kurz gesagt, eine vom arbeitstechnischen Zweck her bestimmte **räumlich-organisatorische Einheit** mit eigener Leitung: das Werk, die Verkaufsniederlassung, die Hauptverwaltung. Die Art des verfolgten Zwecks (Produktion, Vertrieb, Verwaltung, Dienstleistung usw.) spielt dabei ebenso wenig eine Rolle wie das Motiv, mit dem er verfolgt wird (Gewinnerzielung, Gemeinnützigkeit usw.).[75] 54

---

[72] BAG 11.12.1991, AP Nr. 2 zu § 90 BetrVG 1972.
[73] St. Rspr., BAG 9.12.2009, NZA 2010, 906; BAG 15.12.2011, DB 2012, 1690; BAG 18.1.2012, EzA § 1 BetrVG 2001 Nr. 9.
[74] BAG 1.8.2001, NZA 2002, 41; BAG 9.12.2009, NZA 2010, 906.
[75] *Fitting*, § 1 BetrVG Rn. 65 f.

55 bb) Gemeinsamer Betrieb. Mehrere rechtlich selbständige Unternehmen können einen gemeinsamen Betrieb („Gemeinschaftsbetrieb") haben (§ 1 Abs. 1 S. 2 BetrVG).[76] Die Mitbestimmungsrechte werden dann von dessen Betriebsrat wahrgenommen.

Beispiel: Ein Unternehmen mit einem Betrieb wird aufgespalten in eine Produktions-AG, eine Vertriebs-GmbH und eine Verwaltungs-GmbH. Die drei neuen Unternehmen können den Betrieb als gemeinsamen Betrieb weiterführen.

56 Voraussetzung für einen gemeinsamen Betrieb ist eine **einheitliche Leitung.** Sie muss sich auf die wesentlichen Funktionen eines Arbeitgebers in personellen und sozialen Angelegenheiten erstrecken. Die beteiligten Unternehmen müssen hierzu eine **Führungsvereinbarung** schließen; die bloße unternehmerische Zusammenarbeit genügt ebenso wenig[77] wie die mit einem Konzernverhältnis verbundene Beherrschung eines Unternehmens durch ein anderes[78] oder die schlichte Personalgestellung, wenn das personalstellende Unternehmen nicht an der Erreichung des arbeitstechnischen Zwecks des anderen Unternehmens mitwirkt.[79] Die Führungsvereinbarung kann sich aus den tatsächlichen Umständen ergeben, wie etwa aus der gemeinsamen Nutzung von Betriebsmitteln, der gemeinsamen räumlichen Unterbringung, der Verknüpfung von Arbeitsabläufen in personeller, technischer oder organisatorischer Hinsicht, der gemeinsamen Nutzung von Lohnbuchhaltung, Sekretariat oder Kantine,[80] aber auch aus personellen Verflechtungen[81] oder gleichlautenden Weisungen einer Konzernspitze. Entscheidend ist, ob ein „arbeitgeberübergreifender" Personaleinsatz charakteristisch für den normalen Betriebsablauf ist.[82] Da der Nachweis, dass zwei Unternehmen einen Betrieb gemeinsam führen, mitunter schwierig ist, wird nach § 1 Abs. 2 Nr. 1 BetrVG ein gemeinsamer Betrieb (widerlegbar) vermutet, wenn zur Verfolgung arbeitstechnischer Zwecke die Betriebsmittel und die Arbeitnehmer von den Unternehmen gemeinsam eingesetzt werden, nach § 1 Abs. 2 Nr. 2 BetrVG, wenn die Spaltung eines Unternehmens zur Folge hat, dass von einem Betrieb ein oder mehrere Betriebsteile einem an der Spaltung beteiligten Unternehmen zugeordnet werden, ohne dass sich dabei die Organisation des betroffenen Betriebs wesentlich ändert. Unternehmensspaltung meint hier Aufspaltung, Abspaltung und Ausgliederung von Unternehmen bzw. Unternehmensteilen, sei es in der Form der Gesamtrechtsnachfolge, sei es durch Einzelrechtsnachfolge. Steht fest, dass die organisatorischen Voraussetzungen für einen Gemeinschaftsbetrieb nicht vorliegen, kommt es auf die Vermutungsregel des § 1 Abs 2 BetrVG nicht mehr an.[83] Führen mehrere Unternehmen gemeinsam mehrere Betriebe, werden die Betriebe durch die gemeinsame Führung nicht zu einem einheitlichen Betrieb. Die Unternehmen führen dann vielmehr mehrere gemeinsame Betriebe. § 1 Abs. 1 S. 2, Abs. 2 BetrVG ist nicht geeignet, mehrere betriebsratsfähige Einheiten eines Arbeitgebers zu einem Betrieb zu machen.[84]

---

[76] BAG 18.1.2002, DB 2012, 1754; BAG 13.8.2008, NZA-RR 2009, 255.
[77] BAG 21.2.2001, NZA 2002, 56; BAG 13.8.2008, NZA-RR 2009, 255.
[78] BAG 11.12.2007, NZA-RR 2008, 298.
[79] BAG 16.4.2008, NZA-RR 2008, 583.
[80] BAG 23.3.1984, AP Nr. 4 zu § 23 KSchG 1969.
[81] LAG Düsseldorf 7.5.1986, BB 1986, 1851.
[82] BAG 13.8.2008, NZA-RR 2009, 255.
[83] BAG 13.2.2013, NZA-RR 2013, 521.
[84] BAG 18.1.2012, EzA § 1 BetrVG 2001 Nr. 9.

b) Betriebsteil und Nebenbetrieb

aa) **Betriebsteile** sind **räumlich und organisatorisch abgrenzbare und relativ verselbständigte Teile des Betriebs,** d.h. in die Organisation eines Betriebs eingegliederte und auf den Zweck des Betriebs ausgerichtete Einheiten.[85] Betrieb und Betriebsteil unterscheiden sich durch den Grad der Verselbständigung, der im Umfang der Leitungsmacht zum Ausdruck kommt. Während sich die Leitungsmacht beim Betrieb auf die wesentlichen Funktionen des Arbeitgebers in den personellen und sozialen Angelegenheiten erstreckt, genügt für einen Betriebsteil das Bestehen einer eigenen Leitung, die Weisungsrechte des Arbeitgebers ausübt.[86] Für das BetrVG gelten sie als selbständige Betriebe, wenn sie mindestens fünf ständige wahlberechtigte Arbeitnehmer haben, von denen drei wählbar sind, und wenn sie entweder räumlich weit vom Hauptbetrieb entfernt oder durch Aufgabenbereich und Organisation selbständig sind (§ 4 Abs. 1 S. 1 BetrVG). **Hauptbetrieb** ist der Betrieb, in dem die Leitungsfunktionen des Arbeitgebers für den Betriebsteil wahrgenommen werden.[87]

57

Die Begriffe „räumlich weit entfernt" und „durch Aufgabenbereich und Organisation selbständig" sind aus der Zweckrichtung der Vorschrift auszulegen. Eine einheitliche Vertretung durch den Betriebsrat des Hauptbetriebs soll nur dann durch eine eigene Vertretung ersetzt werden, wenn entweder der Betriebsrat des Hauptbetriebs dazu nicht in der Lage ist (weite Entfernung) oder wenn in der Einheit durch eine eigene Leitung Arbeitgeberfunktionen (Weisungen, Arbeitseinsatz) ausgeübt werden.[88] Auf die objektive Entfernung kommt es nicht entscheidend an, sondern auf die Verkehrsverbindungen.[89] Von einer räumlich weiten Entfernung ist auszugehen, wenn wegen dieser Entfernung die persönliche Kontaktaufnahme zwischen dem Betriebsrat im Hauptbetrieb und den Arbeitnehmern im Betriebsteil so erschwert ist, dass eine ordnungsgemäße Betreuung dieser Belegschaft durch einen beim Hauptbetrieb ansässigen Betriebsrat nicht mehr gewährleistet ist.[90] Bei guter Verbindung muss ein Betrieb bei 65 km noch nicht weit entfernt sein; bei einer Fahrtzeit von einer Stunde wird es anders aussehen.[91] Erforderlich ist eine Gesamtwürdigung aller für die Erreichbarkeit des Hauptbetriebs in Betracht kommenden Umstände. Dabei ist auf die regelmäßigen Verkehrsverhältnisse abzustellen.[92] Selbständig kann ein Betriebsteil sein, wenn er zwar nur 1,5 km vom Hauptbetrieb entfernt ist, aber etwas anderes herstellt als dieser, und wenn er eine eigene Leitung hat, insbesondere in sozialpolitischen Angelegenheiten, die der Mitbestimmung unterliegen.[93] Nicht erforderlich ist,

58

---

[85] BAG 7.5.2008, NZA 2009, 328, 330 m.w.N.; BAG 9.12.2009, NZA 2010, 906.
[86] BAG 15.12.2011, DB 2012, 1690.
[87] BAG 7.5.2008, NZA 2009, 328, 330.
[88] BAG 29.5.1991, AP Nr. 5 zu § 4 BetrVG 1972.
[89] BAG 21.6.1995, AP Nr. 16 zu § 1 BetrVG 1972.
[90] BAG 17.5.2017, NZA 2017, 1282.
[91] BAG 7.5.2008, NZA 2009, 328, 330 m. Anm. *Haas/Salamon*, NZA 2009, 299.
[92] BAG 17.5.2017, NZA 2017, 1282.
[93] BAG 17.2.1983, AP Nr. 4 zu § 4 BetrVG 1972.

dass die Leitungsmacht den vollen Umfang oder den Kern der Arbeitgeberfunktion im sozialen oder personellen Bereich umfasst.[94] Unschädlich ist, wenn die kaufmännische Leitung sich im Hauptbetrieb befindet.[95] Kommen aber alle wesentlichen technischen und personellen Anweisungen vom Hauptbetrieb, dann ist ein Betriebsteil nicht selbständig. So liegt z.B. ein einheitlicher Betrieb vor, wenn ein Arbeitgeber in zwei 17 km voneinander entfernt liegenden Niederlassungen den Großhandel von Eisen und Glas unter einheitlicher Leitung betreibt, die sich insbesondere auf personelle Angelegenheiten erstreckt, und wenn bei Bedarf die Arbeitnehmer der einen Niederlassung auch in der anderen beschäftigt werden.[96] Organisatorisch abgegrenzte, vom Hauptbetrieb weit entfernte Teile eines Betriebs können bei räumlicher Nähe zueinander einen einheitlichen Betriebsteil bilden, wenn der eine Betriebsteil dem anderen, räumlich nahegelegenen Betriebsteil organisatorisch untergeordnet ist und von dessen Leitung gleichsam mitgeführt wird (z.B. zwei Serviceniederlassungen eines Nutzfahrzeugherstellers bei gemeinsamer Leitung durch den Leiter einer der beiden Niederlassungen; anders bei einem im selben Hause untergebrachten Dialysezentrum und einer Zentrale für Techniker, die die Dialysegeräte zu warten haben, wegen getrennter Leitung).[97]

59 Arbeitnehmer in selbständigen Betriebsteilen können, statt einen eigenen Betriebsrat zu wählen, mit Stimmenmehrheit formlos beschließen, an der Wahl des Betriebsrats im Hauptbetrieb teilzunehmen (§ 4 Abs. 1 S. 2 BetrVG). Die Abstimmung dazu kann von drei wahlberechtigten Arbeitnehmern des Betriebsteils, von einer dort vertretenen Gewerkschaft oder vom Betriebsrat des Hauptbetriebs ergriffen werden (§ 4 Abs. 1 S. 2, 3, § 3 Abs. 3 S. 2 BetrVG). Der Beschluss ist dem Betriebsrat des Hauptbetriebs spätestens zehn Wochen vor Ablauf seiner Amtszeit mitzuteilen (§ 4 Abs. 1 S. 4 BetrVG), damit er bei der Wahlvorbereitung berücksichtigt werden kann. Die getroffene Zuordnung gilt so lange, bis sie von den Arbeitnehmern durch Mehrheitsbeschluss widerrufen wird (§ 4 Abs. 1 S. 5 BetrVG). Eine Zuordnung durch Tarifvertrag oder Betriebsvereinbarung nach § 3 Abs. 1, 2 BetrVG geht dieser Regelung vor. Durch den Beschluss über die Teilnahme an der Wahl im Hauptbetrieb wird die durch § 4 Abs. 1 S. 1 BetrVG fingierte Eigenständigkeit des Betriebsteils aufgehoben. Die aus einer gemeinsamen Wahl hervorgegangene Arbeitnehmervertretung nimmt das Betriebsratsamt einheitlich wahr und nicht in einer Doppelfunktion für den Hauptbetrieb und zugleich für den betriebsverfassungsrechtlich weiterhin als eigenständig geltenden Betriebsteil.[98]

60 bb) (Kleinst-)Betriebe mit weniger als fünf Arbeitnehmern sind dem Hauptbetrieb zuzuordnen (§ 4 Abs. 2 BetrVG). Darauf, ob der Kleinstbetrieb ein „Nebenbetrieb" ist, kommt es nicht an. Eine andere Zuordnung kann durch Tarifvertrag (§ 3 Abs. 1 Nr. 1b BetrVG) oder unter den Voraussetzungen des § 3 Abs. 2 BetrVG durch Betriebsvereinbarung getroffen werden.

---

[94] BAG 29.5.1991, AP Nr. 5 zu § 4 BetrVG 1972.
[95] BAG 1.2.1963, AP Nr. 5 zu § 3 BetrVG.
[96] LAG Hamm 9.12.1977, DB 1978, 1282.
[97] BAG 29.5.1991, AP Nr. 5 zu § 4 BetrVG 1972.
[98] BAG 17.9.2013, NZA 2014, 269.

II. Organisation der Betriebsverfassung

cc) Gerichtliches Zuordnungsverfahren. Ist zweifelhaft, ob ein Betriebsteil selbständig **61** oder dem Hauptbetrieb zuzuordnen ist oder ob mehrere Unternehmen einen gemeinsamen Betrieb unterhalten, so können (nur) der Arbeitgeber, die beteiligten Betriebsräte und Wahlvorstände sowie die im Betrieb vertretenen Gewerkschaften die Klärung durch das Arbeitsgericht beantragen (§ 18 Abs. 2 BetrVG).[99] Da die Zuordnung nicht nur für die Wahl des Betriebsrats, sondern auch im Hinblick auf die Reichweite von Mitbestimmungsrechten bedeutsam ist, kann die Entscheidung auch außerhalb des Wahlverfahrens herbeigeführt werden.[100] Sie entfaltet Bindungswirkung auch im Verhältnis zwischen Arbeitnehmer und Arbeitgeber.[101]

Beispiel: Wurde im Verfahren nach § 18 Abs. 2 BetrVG rechtskräftig festgestellt, dass ein Betriebsteil selbständig ist, und wird für diesen Betriebsteil kein Betriebsrat gewählt, so kann ein Arbeitnehmer aus diesem Betriebsteil nicht geltend machen, seine Kündigung sei mangels Anhörung des Betriebsrats des Hauptbetriebs unwirksam.

dd) Regelung durch Tarifvertrag. § 3 BetrVG will den „Beteiligten vor Ort" **62** – vorrangig den Tarifvertragsparteien, bei Fehlen einer tariflichen Regelung (ein Entgelttarifvertrag genügt) auch den Betriebsparteien – ermöglichen, Vertretungen zu schaffen, die auf die besondere Struktur des jeweiligen Betriebs, Unternehmens oder Konzerns zugeschnitten sind. Dadurch können die Vertretungen dort gebildet werden, wo sich unternehmerische Leitungsmacht konkret entfaltet.[102] § 3 BetrVG nennt abschließend fünf Möglichkeiten:

(1) In Unternehmen mit mehreren Betrieben kann anstelle mehrerer Betriebsräte und eines **62a** Gesamtbetriebsrats ein **unternehmenseinheitlicher Betriebsrat** gebildet werden (lit. a). Das bietet sich an, wenn die Entscheidungskompetenzen in beteiligungspflichtigen Angelegenheiten zentral auf der Unternehmensebene angesiedelt sind. Fehlt es an einer entsprechenden tariflichen Regelung und besteht in dem Unternehmen auch kein Betriebsrat, können die Arbeitnehmer selbst die Wahl eines unternehmenseinheitlichen Betriebsrats beschließen. Die Abstimmung kann von mindestens drei wahlberechtigten Arbeitnehmern des Unternehmens oder einer im Unternehmen vertretenen Gewerkschaft veranlasst werden (§ 3 Abs. 3 BetrVG). Möglich ist es auch, **mehrere Betriebe zusammenzufassen** (lit. b), um beispielsweise **Regionalbetriebsräte** in Unternehmen mit bundesweiten Filialnetzen zu errichten.[103] Voraussetzung ist immer, dass die Bildung von Betriebsräten erleichtert wird oder dass die Regelung der sachgerechten Wahrnehmung der Interessen der Arbeitnehmer dient. Die kraft Kollektivvertrags zusammengefassten Betriebe oder Betriebsteile bleiben – falls der Arbeitgeber die Organisations- und Leitungsstruktur beibehält – organisatorisch klar abgrenzbare Teile des nach § 3 Abs. 5 BetrVG fingierten Einheitsbetriebs,[104] in denen die dort bisher geltenden Betriebsvereinbarungen fortwirken.[105]

---

[99] § 18 Abs. 2 BetrVG regelt die Antragsbefugnis abschließend, s. BAG 18.1.2012, DB 2012, 1754.
[100] BAG 23.11.2016, NZA 2017, 1003.
[101] BAG 9.4.1991, AP Nr. 8 zu § 18 BetrVG 1972.
[102] BAG 21.9.2011, DB 2012, 867.
[103] BAG 21.9.2011, DB 2012, 867.
[104] BAG 18.3.2008, NZA 2008, 1259.
[105] BAG 7.6.2011, NZA 2012, 110; BAG 21.9.2011, DB 2012, 867.

Ändert er die Struktur, kann der Zuordnungstarifvertrag unwirksam werden. Eine auf einer solchen Grundlage durchgeführte Betriebsratswahl ist anfechtbar.[106]

62b (2) Für Unternehmen und Konzerne können, soweit sie nach produkt- oder projektbezogenen Geschäftsbereichen („Sparten") organisiert sind und die Leitung der Sparte Entscheidungen in beteiligungspflichtigen Angelegenheiten trifft, **Spartenbetriebsräte** gebildet werden, wenn dies der sachgerechten Wahrnehmung der Aufgaben des Betriebsrats dient (Nr. 2). Spartenbetriebsräte können auch für mehrere Sparten gemeinsam gebildet werden. Gehören einer Sparte mehrere Unternehmen an, kommen unternehmensübergreifende Spartenbetriebsräte und Spartengesamtbetriebsräte in Betracht.

62c (3) Nr. 3 bietet die Möglichkeit, andere Arbeitnehmervertretungen zu schaffen, wenn dies aufgrund der Organisation des Betriebs, Unternehmens oder Konzerns oder aufgrund anderer Formen der Zusammenarbeit von Unternehmen einer wirksamen und zweckmäßigen Interessenvertretung der Arbeitnehmer dient. Beispielsweise kann für einen mittelständischen Konzern mit wenigen, kleinen Konzernunternehmen statt einer dreistufigen eine zwei- oder sogar nur einstufige Interessenvertretung gebildet werden. Auch können Arbeitnehmervertretungen „entlang der Produktionskette", d.h. für Großunternehmen und ihre selbständigen „just-in-time"-Zulieferer, geschaffen werden.

62d (4) Während die nach den Nr. 1-3 durch Kollektivvertrag geschaffenen Arbeitnehmervertretungen als Betriebe i.S.d. BetrVG gelten, auf die die Vorschriften über die Rechte und Pflichten des Betriebsrats und die Rechtsstellung seiner Mitglieder Anwendung finden (vgl. § 3 Abs. 5 BetrVG), erlaubt § 3 Abs. 1 Nr. 4 BetrVG die Einrichtung zusätzlicher Gremien („Arbeitsgemeinschaften"), die keine „echten" Mitbestimmungsorgane i.S.d. BetrVG sind, sondern nur der unternehmensübergreifenden Zusammenarbeit zwischen den Betriebsräten einzelner Unternehmen dienen. Solche Arbeitsgemeinschaften bieten sich an, wenn Unternehmen in Netzwerken zusammenarbeiten („just in time", „fraktale Fabrik", „Shop in Shop"), aber keine unternehmensübergreifenden Arbeitnehmervertretungen nach Nr. 3 errichtet werden, oder für Betriebsräte aus Unternehmen und Konzernen einer bestimmten Region oder Branche.

62e (5) Nach Nr. 5 können **zusätzliche betriebsverfassungsrechtliche Arbeitnehmervertretungen** gebildet werden, die die Zusammenarbeit zwischen Betriebsrat und Arbeitnehmern erleichtern. Zu denken ist dabei etwa an die betrieblichen Vertrauensleute in der chemischen Industrie. Zusätzliche Vertretungen bieten sich immer dann an, wenn kein ausreichender Kontakt zwischen Betriebsrat und Belegschaft besteht.

62f Der nach § 3 Abs. 1 Nr. 1-3 BetrVG erforderliche Tarifvertrag kann nur mit einer Gewerkschaft abgeschlossen werden, die für alle Arbeitsverhältnisse im Geltungsbereich dieses Tarifvertrags tarifzuständig ist. Sind mehrere konkurrierende Gewerkschaften zuständig, ist der Arbeitgeber nicht gehalten, den Tarifvertrag mit allen oder der mitgliederstärksten abzuschließen. Die übergangene Gewerkschaft kann den ihr verweigerten Vertrag mit Mitteln des Arbeitskampfs erzwin-

---

[106] BAG 13.3.2013, NZA 2013, 738.

gen.[107] Durch Strukturveränderungen kann das Substrat für eine kraft Tarifvertrags errichtete betriebsverfassungsrechtliche Organisationseinheit entfallen, so etwa wenn die Aufgabe der Spartenorganisation einem Spartenbetriebsrat die Grundlage entzieht. Um das zu verhindern, kann der Tarifvertrag dynamische Regelungen enthalten, z.B. dass Betriebsräte jeweils in den Regionen zu wählen sind, in denen nach den organisatorischen Vorgaben des Arbeitgebers Bezirksleitungen bestehen.[108] Die tarifliche Regelungsbefugnis erlaubt nur die Bildung von betrieblichen Einheiten, die an die Stelle der nach § 1 Abs. 1 S. 2, Abs. 2 und § 4 BetrVG bestehenden Betriebe treten. Unzulässig ist der Entzug betriebsverfassungsrechtlicher Befugnisse der gewählten Betriebsräte und deren Zuweisung an die durch Tarifvertrag bestimmten Organisationseinheiten.[109]

c) Unternehmen

Das Unternehmen ist die Einheit, mit der der Unternehmer entferntere wirtschaftliche oder ideelle Zwecke verfolgt; es ist die **rechtlich-wirtschaftliche Einheit**: die Aktiengesellschaft, die GmbH, der Einzelunternehmer.

63

d) Konzern

Der Konzern ist die **Zusammenfassung von** mindestens zwei **rechtlich selbständigen Unternehmen unter einheitlicher Leitung**: Muttergesellschaft und Tochtergesellschaft (§ 18 Abs. 1 AktG). Unternehmen, zwischen denen ein Beherrschungsvertrag besteht oder von denen das eine in das andere eingegliedert ist, sind als unter einheitlicher Leitung zusammengefasst anzusehen.[110] Fehlt es an einem Beherrschungsvertrag oder an einer Eingliederung, so müssen Umstände vorliegen, die es dem beherrschenden Unternehmen ermöglichen, auf die Unternehmens- und Geschäftspolitik sowie auf grundsätzliche Fragen der Geschäftsführung des oder der beherrschten Unternehmen Einfluss zu nehmen (sog. faktischer Konzern[111]). Wichtigste Beherrschungsmittel sind Stimmrechte, insbesondere aufgrund Mehrheitsbeteiligung, oder aufgrund von Stimmbindungs- oder Treuhandverträgen gebundene Stimmenmacht. Ob es geboten sein kann, unter bestimmten Voraussetzungen auch eine andere als eine gesellschaftsrechtlich vermittelte Abhängigkeit für die Annahme eines Konzerns genügen zu lassen, um dort einen Konzernbetriebsrat nach § 54 Abs. 1 BetrVG zu errichten, ist offen. Eine anderweitig begründete Abhängigkeit dürfte jedenfalls nicht hinter einer gesellschaftsrechtlich vermittelten zurückstehen. Dazu müsste das herrschende Unternehmen über die rechtlich verstetigte Möglichkeit verfügen, grundsätzlich alle unternehmensrelevanten Entscheidungen des abhängigen Unternehmens zu steuern und nicht nur bestimme Teilbereiche zu beeinflussen.[112]

64

---

[107] Zu Vorstehendem BAG 29.7.2009, NZA 2009, 1424.
[108] BAG 21.9.2011, DB 2012, 867.
[109] BAG 18.11.2014, NZA 2015, 694.
[110] BAG 22.11.1995, AP Nr. 7 zu § 54 BetrVG 1972.
[111] *Fitting*, § 54 BetrVG Rn. 25 ff.
[112] BAG 9.2.2011, NZA 2011, 866.

65 Sind in einem mehrstufigen Konzern Entscheidungskompetenzen, vor allem in personellen und sozialen Angelegenheiten, auf eine untere Ebene verlagert (**Konzern im Konzern**), so können auch dort Konzernsprecherausschuss und Konzernbetriebsrat gebildet werden.[113] Bedeutung hat das vor allem für Konzerne, deren Spitze ihren Sitz im Ausland hat.[114] Die Bildung mehrerer nebeneinander bestehender Konzernbetriebsräte ist gesetzlich ebenso wenig vorgesehen wie die Errichtung eines Konzernbetriebsrats für einen Teil des Konzerns. Die gesetzliche Betriebsverfassung kennt keinen Sparten-Konzernbetriebsrat.[115] In „öffentlich-privatrechtlichen Mischkonzernen" kann trotz der öffentlich-rechtlichen Organisation des herrschenden Unternehmens für die privatrechtlich organisierten beherrschten Unternehmen ein Konzernbetriebsrat errichtet werden.[116]

e) Unternehmensgruppe

66 Eine Unternehmensgruppe besteht aus mindestens zwei **rechtlich selbständigen Unternehmen**, von denen eines, das **herrschende Unternehmen**, auf das oder die anderen – abhängige Unternehmen – unmittelbar oder mittelbar **einen beherrschenden Einfluss ausüben kann** (§ 17 AktG, § 6 Abs. 1 EBRG). Ein beherrschender Einfluss wird vermutet, wenn ein Unternehmen in Bezug auf ein anderes Unternehmen unmittelbar oder mittelbar
1. mehr als die Hälfte der Mitglieder des Verwaltungs-, Leitungs- oder Aufsichtsorgans des anderen Unternehmens bestellen kann oder
2. über die Mehrheit der mit den Anteilen am anderen Unternehmen verbundenen Stimmrechte verfügt oder
3. die Mehrheit des gezeichneten Kapitals dieses Unternehmens besitzt (§ 6 Abs. 2 EBRG).

67 An einem beherrschenden Einfluss fehlt es bei Gleichordnungskonzernen i.S.d. § 18 Abs. 2 AktG und bei Gemeinschaftsunternehmen („joint ventures"), die den Muttergesellschaften jeweils zu gleichen Teilen gehören. Anders als beim Konzern wird bei der Unternehmensgruppe nicht vorausgesetzt, dass eine einheitliche Leitung besteht, sondern nur, dass eine einheitliche Leitung ausgeübt werden kann. Die Unternehmensgruppe ist also sozusagen ein **potentieller Konzern**.[117]

f) Abteilung

68 Die Abteilung ist eine räumliche und/oder organisatorische Einheit innerhalb eines Betriebs, mit der bestimmte Teilzwecke verfolgt werden: der Einkauf, der

---

[113] BAG 21.10.1980, AP Nr. 1 zu § 54 BetrVG 1972.
[114] BAG 14.2.2007, NZA 2007, 999; BAG 16.5.2007, NZA 2008, 320.
[115] BAG 9.2.2011, NZA 2011, 866.
[116] BAG 27.10.2010, NZA 2011, 524.
[117] Kölner Kommentar/*Koppensteiner*, § 17 AktG Rn. 16.

Vertrieb, das Lager, eine Einheit in der Produktion (in der Praxis häufig Betrieb genannt). Das BetrVG verwendet den Begriff „Betriebsteil" und meint damit dasselbe.[118]

III. System der Betriebsverfassung

1. Struktur der gesetzlichen Regelung

Theoretisch könnte man sich auf jeder Ebene für jede der drei Belegschaftsgruppen je ein Betriebsverfassungsorgan vorstellen und dazu zumindest auf Abteilungs- und Betriebsebene auch noch die unmittelbare Beteiligung der Arbeitnehmer. Im Grundsatz ist der Gesetzgeber auch so vorgegangen, allerdings mit kleinen Modifikationen: Belegschaftsversammlungen finden verständlicherweise grundsätzlich nur auf Betriebs- und Abteilungsebene statt. Ausnahmsweise kennt das Gesetz für leitende Angestellte, die einen Unternehmenssprecherausschuss gewählt haben, auch eine Unternehmensversammlung. Für die übrigen Arbeitnehmer gibt es auf Unternehmensebene anstelle der technisch kaum durchführbaren Unternehmensversammlung die Betriebsräteversammlung.

69

Für alle Betriebsverfassungsorgane hatte der Gesetzgeber vier Fragen zu regeln: Wie sie sich zusammensetzen, wie sie gebildet werden, wie sie handeln und welche Aufgaben sie haben. Er hat das unter den Stichworten Zusammensetzung, Wahl/Errichtung, Geschäftsführung und Aufgaben getan. Dabei hat er vor allem bei den organisationstechnischen Fragen möglichst inhaltsgleiche Regelungen getroffen. Abweichungen ergeben sich, soweit die Konzeption des Vertretungsorgans anders ist.

70

Die umfassendsten Rechte hat der Betriebsrat. Folgerichtig ist die Regelung für ihn die ausgefeilteste. Den weitgehenden Mitbestimmungsrechten entspricht eine starke Stellung des Gremiums und seiner Mitglieder. Die Jugendlichen und Auszubildenden werden vom Betriebsrat vertreten, die Jugend- und Auszubildendenvertretung (s. unten Rn. 313 ff.) ist kein eigentliches Vertretungsorgan; sie kann nur über den Betriebsrat tätig werden.[119] Das prägt die Regelung für dieses Gremium. Die Sprecherausschüsse der leitenden Angestellten, die eine verhältnismäßig kleine Gruppe vertreten, haben nur Mitwirkungsrechte. Die Rechtsstellung ihrer Mitglieder ist eine erheblich schwächere. Die Sprecherverfassung hat der Gesetzgeber in einem eigenen Gesetz, dem SprAuG, geregelt (s. unten Rn. 665 ff.).

71

---

[118] BAG 9.12.2009, NZA 2010, 906.
[119] BAG 21.1.1982, AP Nr. 1 zu § 70 BetrVG 1972 m. Anm. *Natzel*.

Betriebsverfassungsorgane

Gruppe / Ebene	Leitende Angestellte		Arbeitnehmer	Jugendliche und Auszubildende
Konzern	(Konzernsprecherausschuss)		(Konzernbetriebsrat)	(Konzernjugend- und Auszubildendenvertretung)
Unternehmen	Gesamtsprecherausschuss	Unternehmenssprecherausschuss	Gesamtbetriebsrat und Wirtschaftsausschuss Betriebsräteversammlung	Gesamtjugend- und Auszubildendenvertretung
Betrieb	Sprecherausschuss Versammlung der ltd. Angestellten	(Unternehmens-)Versammlung der leitenden Angestellten	Betriebsrat Betriebsversammlung	Jugend- und Auszubildendenvertretung Jugend- und Auszubildendenversammlung
Abteilung	-		Arbeitsgruppensprecher Abteilungsversammlung	Arbeitsgruppensprecher Abteilungsversammlung

Einrichtungen in ( ) sind fakultativ. Zur Entscheidung von Streitigkeiten zwischen Arbeitgeber und Betriebsrat, Gesamtbetriebsrat und Konzernbetriebsrat können bei Bedarf ständige (unüblich) oder ad hoc-Einigungsstellen gebildet werden.

2. Rechtsstellung des Betriebsrats

a) Repräsentant der Belegschaft

72 Eine allseits anerkannte Umschreibung der Rechtsnatur des Betriebsrats ist bis heute nicht gelungen. Überwiegend wird er – mitunter auch gleichzeitig[120] – als Repräsentant der Belegschaft, als Amtswalter oder als Organ der Belegschaft bezeichnet. Die früher vorherrschende Kennzeichnung als gesetzlicher Vertreter ist außer Gebrauch gekommen; der Betriebsrat übt die Beteiligungsrechte zwar im Interesse der Belegschaft, aber nicht in ihrem Namen aus. Gegen die Kennzeichnung als Repräsentant wird eingewandt, sie verallgemeinere unzulässig die Legitimation kraft Wahl und verdecke die privatautonome Legitimation kraft Arbeitsvertrags,[121] gegen die Kennzeichnung als Amtswalter, der Betriebsrat nehme im Gegensatz zu einer Partei kraft Amtes nicht fremde Rechte, sondern kraft eigenen Rechts fremde Interessen wahr,[122] gegen die Charakterisierung als Organ außerdem, dass die Belegschaft nicht als Verband an der Betriebsverfassung beteiligt sei.[123] Während die Einwände gegen die Kennzeichnung als Organ und als Amtswalter zutreffen, geht der gegen die Charakterisierung als Repräsentant fehl. Auch wenn die Tätigkeit des Betriebsrats auf „Sozialverträglichkeit

---

[120] *Fitting*, § 1 BetrVG Rn. 188, 195; *Richardi*, BetrVG, Einl. Rn. 102.
[121] *Reichold*, Betriebsverfassung als Sozialprivatrecht, S. 548 f.
[122] *Richardi*, Einl. BetrVG Rn. 102.
[123] *Richardi*, Einl. BetrVG Rn. 100.

betrieblicher Arbeitsbedingungen" gerichtet ist,[124] beruht die Legitimation für seine Tätigkeit nicht auf dem Arbeitsvertrag.

Der Streit sollte nicht überbewertet werden. Folgerungen werden aus der Einordnung im allgemeinen nicht gezogen. Es geht hauptsächlich darum, rechtliche Erscheinungen mit einem passenden Begriff zu kennzeichnen.[125] Mit der h.L.[126] empfiehlt es sich, den Betriebsrat als Repräsentanten der Belegschaft, als deren gewählte Interessenvertretung anzusehen. Nichts spricht dagegen, seine Tätigkeit als ehrenamtlich zu bezeichnen und von einer Amtszeit zu sprechen und ihn und die anderen Belegschaftsvertretungen als Organe der Betriebsverfassung – nicht der Belegschaft – aufzufassen. 73

b) Teilrechtsfähigkeit

aa) Rechtsfähigkeit im Innenverhältnis. Der Streit setzt sich fort in der Auseinandersetzung über Rechtsfähigkeit und Vermögensfähigkeit des Betriebsrats.[127] Einigkeit besteht darin, dass der Betriebsrat (als Gremium) keine juristische Person ist.[128] Er ist aber Rechtssubjekt und kann Träger von Rechten und Pflichten sein. Der Betriebsrat kann Regelungsabreden und Betriebsvereinbarungen abschließen, im Beschlussverfahren Beteiligter (§§ 10, 83 Abs. 3 ArbGG) und in der Zwangsvollstreckung Vollstreckungsschuldner und -gläubiger sein (§ 85 ArbGG). Die Rechte und Pflichten können sogar vermögensrechtlicher Natur sein. Insofern ist es durchaus gerechtfertigt, von Teilrechtsfähigkeit[129] und Teilvermögensfähigkeit[130] zu sprechen. Man muss sich nur klar darüber sein, dass dem Betriebsrat Rechte und Pflichten lediglich im Rahmen der Betriebsverfassung zustehen können,[131] er aber keine generelle Rechts- und Vermögensfähigkeit besitzt.[132] Der Betriebsrat kann vermögensrechtliche Forderungen nur „im Innenverhältnis" gegenüber dem Arbeitgeber haben, und diese Forderungen müssen unmittelbar betriebsverfassungsrechtlichen Zwecken dienen. Der Hauptfall eines solchen Forderungsrechts ergibt sich aus der Pflicht des Arbeitgebers, die Kosten der Betriebsratsarbeit zu tragen. § 40 BetrVG begründet insoweit ein gesetzliches Schuldverhältnis, das dem Betriebsrat einen vermögensrechtlichen Anspruch gegen den Arbeitgeber einräumt.[133] Unwirksam sind allerdings Vereinbarungen zwischen den Betriebsparteien, die den Arbeitgeber bei einer Verletzung von Mitbestimmungsrechten verpflichten, eine Vertragsstrafe an den Betriebsrat zu zahlen.[134] Der Betriebsrat kann auch kein Vermögen ansammeln, das mittelbar seiner Amtsführung zugute käme (vgl. § 41 BetrVG). Der Betriebsrat kann nicht 74

---

[124] *Reichold*, Betriebsverfassung als Sozialprivatrecht, S. 548.
[125] *Zöllner/Loritz/Hergenröder*, Arbeitsrecht, § 49 III 13: „Streit um Worte".
[126] GK-BetrVG/*Franzen*, § 1 Rn. 63 f. m.w.N.
[127] BAG 26.4.1986, NZA 1987, 100; BGH 25.10.2012, NZA 2012, 1382 jeweils m.w.N.
[128] BAG 24.10.2001, NZA 2003, 53; BGH 25.10.2012, NZA 2012, 1382.
[129] GK-BetrVG/*Franzen*, § 1 Rn. 73.
[130] BAG 13.5.1998, AP Nr. 55 zu § 80 BetrVG 1972.
[131] GK-BetrVG/*Franzen*, § 1 Rn. 73; so nun auch BGH 25.10.2012, NZA 2012, 1382.
[132] BAG 29.9.2004, NZA 2005, 123; BAG 22.5.2012, NZA 2012, 1176.
[133] BAG 24.10.2001, DB 2002, 849.
[134] BAG 29.9.2004, NZA 2005, 123, 124.

Eigentümer sein. Das gilt selbst dann, wenn der Arbeitgeber ihm einen Geldbetrag zur Verfügung stellt, aus dem er Aufwendungen bestreiten soll. Eigentümer bleibt auch hier der Arbeitgeber.[135] Der Betriebsrat kann für den Arbeitgeber lediglich wie ein Besitzdiener die Rechte nach § 860 BGB geltend machen.

75 **bb) Rechtsfähigkeit im Außenverhältnis.** Außerhalb der Betriebsverfassung kann der Betriebsrat (als Gremium) grundsätzlich keine Verträge abschließen, weder mit dem Arbeitgeber noch mit Arbeitnehmern noch mit Dritten.[136] Man kann also nicht annehmen, dass ein Vertrag zugunsten Dritter zustande kommt oder die Arbeitnehmer vertreten werden, wenn eine Betriebsvereinbarung beispielsweise wegen Verstoßes gegen § 77 Abs. 3 BetrVG nichtig ist.[137] Bei Rechtsgeschäften mit Dritten macht die Rechtsprechung neuerdings eine Ausnahme, wenn sie sich im Rahmen des § 40 BetrVG halten (s. unten Rn. 229b). Im übrigen kommt eine Vertretung oder ein Vertragsschluss allenfalls durch einzelne Betriebsratsmitglieder in ihrer Eigenschaft als natürliche Personen in Betracht; dagegen spricht aber beim Handeln als Betriebsratsmitglied eine Vermutung.[138]

c) „Betriebsverhältnis"

76 Zwischen Arbeitgeber und Betriebsrat besteht nach Ansicht des BAG „eine besondere Rechtsbeziehung", die „einem gesetzlichen Dauerschuldverhältnis ähnlich" ist. Dieses Rechtsverhältnis, das das Gericht mit *von Hoyningen-Huene*[139] als Betriebsverhältnis bezeichnet, werde bestimmt durch die Rechte und Pflichten, die in den einzelnen Mitwirkungstatbeständen normiert seien, sowie durch wechselseitige Rücksichtspflichten, die sich aus § 2 BetrVG ergäben.[140] Der Gedanke des Betriebsverhältnisses – auch wenn „eigentümlich schwebenden Charakters"[141] – hat zunehmend Anhänger gefunden.[142] Es mag für das Verständnis mancher Erscheinungen hilfreich sein, die Rechtsbeziehungen zwischen Arbeitgeber und Betriebsrat unter einem Oberbegriff zusammenzufassen. Man sollte sich nur davor hüten, aus dem „Betriebsverhältnis" Folgerungen zu ziehen, die im Gesetz nicht angelegt sind.

d) Haftung

77 **aa) Haftung des Betriebsrats.** Da der Betriebsrat – abgesehen von seiner aus § 40 Abs. 1 BetrVG abgeleiteten Rechtsposition (s. oben Rn. 75) – nicht vermögensfähig ist, haftet er nicht. Auch das Gesetz erlegt ihm keine Schadensersatzpflichten auf.[143]

---

[135] GK-BetrVG/*Weber*, § 40 Rn. 204 m.w.N.
[136] BGH 25.10.2012, NZA 2012, 1382; GK-BetrVG/*Franzen*, § 1 Rn. 74.
[137] BAG 24.1.1996, 5.3.1997, 28.6.2005, AP Nr. 8, 10, 25 zu § 77 BetrVG 1972.
[138] BAG 24.4.1986, NZA 1987, 100.
[139] *Von Hoyningen-Huene*, NZA 1989, 121 ff.
[140] BAG 3.5.1994, AP Nr. 23 zu § 23 BetrVG 1972.
[141] *Zöllner/Loritz/Hergenröder*, Arbeitsrecht, § 14 II Nr. 10.
[142] GK-BetrVG/*Franzen*, § 1 BetrVG Rn. 78.
[143] Ganz h.M., vgl. nur GK-BetrVG /*Franzen*, § 1 Rn. 77.

bb) Haftung der Betriebsratsmitglieder.
Handeln Betriebsratsmitglieder innerhalb ihrer betriebsverfassungsrechtlichen Befugnisse, so gilt für sie dasselbe wie für den Betriebsrat: Sie haften nicht. Eine Haftung gegenüber Arbeitnehmern kommt in Frage, wenn (personelle) Mitbestimmungsrechte missbräuchlich ausgeübt werden; offen ist eine Haftung unter denselben Umständen gegenüber dem Arbeitgeber. Schadensersatzpflichtig machen sich Betriebsratsmitglieder, wenn sie Schutzgesetze zugunsten des Arbeitgebers oder anderer Arbeitnehmer verletzen, etwa die Schweigepflicht brechen oder das Kampfverbot missachten (§ 823 Abs. 2 BGB i.V.m. §§ 79, 74 Abs. 2 BetrVG).[144]

e) Betriebsrat und Arbeitnehmer

Die Befugnis, die Interessen der Arbeitnehmer insgesamt und darüber hinaus die Interessen einzelner Arbeitnehmer wahrzunehmen, gibt dem Betriebsrat nicht die Befugnis, Rechte der Arbeitnehmer, etwa in Form einer Prozessstandschaft, geltend zu machen.[145] Arbeitnehmer können den Betriebsrat auch nicht mit ihrer Vertretung beauftragen; das würde voraussetzen, dass der Betriebsrat rechtsfähig wäre. Umgekehrt haben die Arbeitnehmer kein Recht, vom Betriebsrat ein bestimmtes Tätigwerden zu verlangen.[146] Sie können sich auch nicht gegen Fehler des Betriebsrats bei der Wahrnehmung seiner Beteiligungsrechte wehren,[147] etwa dagegen, dass der Betriebsrat eine Frist verstreichen lässt. Außer einem Vorgehen nach § 23 Abs. 1 BetrVG bleibt ihnen nur die Möglichkeit, das nächste Mal einen anderen Betriebsrat zu wählen.[148]

3. Rechtsdurchsetzung und Sanktionen

a) Überblick

Der Gesetzgeber hat die Frage der Durchsetzung der betriebsverfassungsrechtlichen Rechte und Pflichten und der Sanktionen bei Nichtbeachtung nicht umfassend geregelt. Das BetrVG enthält nur eine Reihe von Einzelvorschriften. Ob sie die Frage abschließend regeln, ist streitig. Die Palette möglicher Sanktionen reicht von Leistungs- und Unterlassungsansprüchen über die Amtsenthebung von Betriebsratsmitgliedern bis hin zur Auflösung des Betriebsrats. Daneben kommen Sanktionen auf der Ebene des Individualarbeitsrechts in Betracht (Unwirksamkeit mitbestimmungswidriger Maßnahmen, Kündigung von Betriebsratsmitgliedern usw.). Manche Pflichten stellen sich als unvollkommene Verbindlichkei-

---

[144] GK-BetrVG/*Franzen*, § 1 Rn. 81 ff.
[145] BAG 10.6.1986, 24.2.1987, AP Nr. 26, 28 zu § 80 BetrVG 1972.
[146] BAG 27.6.1989, AP Nr. 5 zu § 42 BetrVG 1972.
[147] BAG 4.8.1975, AP Nr. 4 zu § 102 BetrVG 1972.
[148] Zu Vorstehendem *von Hoyningen-Huene*, Betriebsverfassungsrecht, § 4 III 3.

ten dar; sie können gerichtlich nicht erzwungen werden. Eine weitere Komplikation ergibt sich daraus, dass für Rechtsfragen die Arbeitsgerichte, für Regelungsfragen die betrieblichen Einigungsstellen zuständig sind, deren Spruch wiederum arbeitsgerichtlich überprüft werden kann. Die Rechtsdurchsetzung hängt nicht zuletzt davon ab, welche der beiden Betriebsparteien in Anspruch genommen wird.

b) Rechtsdurchsetzung gegenüber dem Betriebsrat

81 **aa) Feststellungsanträge.** Der Arbeitgeber kann im Wege des arbeitsgerichtlichen Beschlussverfahrens feststellen lassen, **ob** dem Betriebsrat bei einer geplanten Maßnahme ein Beteiligungsrecht zusteht, wenn dies zwischen den Betriebsparteien streitig ist. Das Rechtsschutzbedürfnis fehlt, sobald der Vorgang abgeschlossen ist.[149] Ist streitig, **wie** eine mitbestimmungspflichtige Angelegenheit geregelt werden soll, muss die Einigungsstelle angerufen werden. Diese entscheidet als Vorfrage auch über das Bestehen des Mitbestimmungsrechts; der Spruch kann seinerseits gerichtlich überprüft werden. Eine einstweilige Verfügung zur vorläufigen Regelung einer mitbestimmungspflichtigen Maßnahme ist unzulässig, da es am Verfügungsanspruch fehlt.[150] Der Arbeitgeber kann nur auf rasche Verhandlung drängen. In Notfällen kann er ohne Zustimmung des Betriebsrats handeln.

82 **bb) Vornahme von Handlungen.** Verweigert der Betriebsrat unberechtigt die Zustimmung zu einer mitbestimmungspflichtigen Maßnahme, kann der Arbeitgeber die Zustimmung bei personellen Einzelmaßnahmen (§§ 99 Abs. 4, 100 Abs. 2 BetrVG) und bei der außerordentlichen Kündigung eines Betriebsratsmitglieds (§ 103 Abs. 2 BetrVG) durch das Arbeitsgericht ersetzen lassen; in den übrigen Fällen muss er die Einigungsstelle anrufen. Bei grober Verletzung der gesetzlichen Pflichten kommt ein Amtsenthebungs- oder Auflösungsverfahren nach § 23 Abs. 1 BetrVG in Betracht.

83 **cc) Unterlassung von Handlungen.** Der Arbeitgeber kann verlangen, dass der Betriebsrat Maßnahmen, die den Arbeitsablauf oder den Betriebsfrieden beeinträchtigen oder die Ausdruck einer parteipolitischen Betätigung sind, unterlässt (§ 74 Abs. 2 S. 2, 3 BetrVG); davon wird aber nicht jede allgemeinpolitische Äußerung erfasst (z.B. Erklärung zum Krieg im Irak).[151] Dasselbe gilt, wenn der Betriebsrat durch einseitige Handlungen in die Leitung des Betriebs eingreift (§ 77 Abs. 1 S. 2 BetrVG) oder wenn er gegen seine Geheimhaltungspflichten verstößt (§ 79 BetrVG).

---

[149] BAG 16.8.1983, AP Nr. 2 zu § 81 ArbGG 1979; BAG 17.3.2010, NZA 2010, 1133.
[150] BAG 28.8.1991, AP Nr. 2 zu § 85 ArbGG 1979.
[151] BAG 17.3.2010, NZA 2010, 1133; vgl. auch BAG 28.5.2014, NZA 2014, 1213.

III. System der Betriebsverfassung   291

Verstößt der Betriebsrat gegen das parteipolitische Neutralitätsgebot, begründet dies laut   **83a**
BAG[152] keinen Unterlassungsanspruch des Arbeitgebers; dieser sei gesetzlich nicht vorgesehen und könne wegen der Vermögenslosigkeit des Betriebsrats nicht vollstreckt werden; dem Arbeitgeber bleibe es unbenommen, beim Arbeitsgericht die Feststellung der Pflichtwidrigkeit oder bei groben Verstößen die Auflösung des Betriebsrats (s. unten Rn. 87 ff.) zu beantragen. Voraussetzung für einen Feststellungsantrag sei allerdings, dass der Arbeitgeber zum Zeitpunkt der begehrten gerichtlichen Entscheidung noch ein berechtigtes Interesse an der Klärung der Streitfrage habe. Anders liegt es, wenn einzelne Mitglieder des Betriebsrats gegen das Neutralitätsverbot verstoßen, weil gegen sie als natürliche Personen ein Ordnungsgeld festgesetzt und vollstreckt werden kann.[153]

Unterlassungsansprüche können sich daneben auch aus **§ 1004 Abs. 1 S. 2 BGB** ergeben,   **83b**
wenn Betriebsratsmitglieder das Eigentum des Arbeitgebers stören. Das hat die Rechtsprechung für den Fall bejaht, dass Betriebsratsmitglieder den Email-Account des Arbeitgebers für Streikaufrufe der Gewerkschaft nutzen. Der Anwendbarkeit dieser Norm steht nicht entgegen, dass der Arbeitgeber nach § 23 Abs. 1 BetrVG auch ein Auflösungs- oder Amtsenthebungsverfahren gegen den Betriebsrat betreiben könnte (s. unten Rn. 84 ff.). Beide Vorschriften konkurrieren miteinander, weil sie unterschiedlichen Zwecken dienen. Während § 23 Abs. 1 BetrVG die betriebsverfassungsrechtliche Ordnung im Verhältnis des Arbeitgebers zum Betriebsrat und seiner Mitglieder gewährleistet, dient § 1004 Abs. 1 S. 2 BGB dem privatrechtlichen Schutz des Eigentums gegenüber jedermann. Beide Normen unterscheiden sich darüber hinaus in ihren Voraussetzungen: Ein Unterlassungsanspruch aus § 1004 Abs. 1 S. 2 BGB setzt ein Verschulden des Störers nicht voraus; demgegenüber erfordert § 23 Abs. 1 BetrVG eine grobe Verletzung betriebsverfassungsrechtlicher Pflichten, d.h. regelmäßig ein vorwerfbares Verhalten.[154]

dd) Amtsenthebung. Verletzt ein Betriebsratsmitglied grob seine gesetzlichen   **84**
Pflichten, so kann es durch Beschluss des Arbeitsgerichts aus dem Betriebsrat ausgeschlossen werden (§ 23 Abs. 1 BetrVG). Die Mitgliedschaft endet mit der Rechtskraft der gerichtlichen Entscheidung; zugleich enden alle anderen betriebsverfassungsrechtlichen Funktionen. Außerdem verliert das Mitglied den Sonderkündigungsschutz nach § 15 KSchG. Für den Ausgeschiedenen rückt das Ersatzmitglied nach (§ 25 Abs. 1 BetrVG). Nach einer Neuwahl des Betriebsrats kann eine Pflichtverletzung, die während einer vorangegangenen Amtszeit begangen wurde, den Ausschluss des Betriebsratsmitglieds aus dem neu gewählten Betriebsrat nicht rechtfertigen.[155]

Das Amtsenthebungsverfahren wird nur auf Antrag eingeleitet. Antragsberechtigt sind   **85**
mindestens ein Viertel der wahlberechtigten Arbeitnehmer, der Arbeitgeber oder eine im Betrieb vertretene Gewerkschaft (§ 23 Abs. 1 S. 1 BetrVG). Außerdem kann der Betriebsrat selbst das Verfahren betreiben (§ 23 Abs. 1 S. 2 BetrVG); dazu ist ein einfacher Mehr-

---

[152] BAG 17.3.2010, NZA 2010, 1133.
[153] LAG Berl.-Brbg, 31.1.2012, DB 2012, 1392 n. rkr.
[154] BAG 15.10.2013, NZA 2014, 319.
[155] BAG 27.7.2016, NZA 2017, 136.

heitsbeschluss erforderlich, an dem das auszuschließende Mitglied nicht mitwirken darf.[156] Nicht antragsberechtigt ist eine Minderheitengruppe des Betriebsrats.[157] Mit dem Ende der Amtszeit des Betriebsrats entfällt das Rechtsschutzinteresse für den Antrag auf Ausschließung des Mitglieds aus diesem Betriebsrat.[158] Der Ausschluss kann nur auf die Verletzung von Amtspflichten, nicht auf die sonstiger arbeitsvertraglicher Verpflichtungen gestützt werden.[159] Erforderlich ist ein objektiv erheblicher und offensichtlich schwerwiegender Verstoß,[160] der vorsätzlich oder zumindest grob fahrlässig begangen wurde.[161] Ein einmaliges Vorkommnis genügt.[162]

Beispiele: Verletzung der Geheimhaltungspflicht, Diffamierung oder Verunglimpfung des Arbeitgebers oder von Betriebsratskollegen, Aufruf zu unzulässigen Arbeitskampfmaßnahmen; nicht die schuldlose Verletzung betriebsverfassungsrechtlicher Pflichten, mangelnde Kompromissbereitschaft gegenüber dem Arbeitgeber oder Mitgliedern des Betriebsrats oder zulässige Werbung für die Gewerkschaft.[163]

86 ee) **Arbeitsvertragliche Sanktionen.** Verstößt ein Betriebsratsmitglied ausschließlich gegen Amtspflichten, darf der Arbeitgeber nur das Amtsenthebungsverfahren betreiben; zu individualrechtlichen Sanktionen (Abmahnung, Kündigung) ist er nicht befugt.[164] Nur das Mitglied kann verlangen, dass eine entsprechende Abmahnung aus seiner Personalakte entfernt wird, nicht dagegen das Gremium, weil es sich um einen im Persönlichkeitsrecht wurzelnden Anspruch handelt.[165] Umgekehrt rechtfertigt eine bloße Arbeitsvertragsverletzung nicht die Amtsenthebung. Verletzt ein Betriebsratsmitglied zugleich Amts- und Vertragspflichten, etwa indem es sich unter dem Vorwand von Betriebsratstätigkeit unerlaubt vom Arbeitsplatz entfernt, hat der Arbeitgeber die Wahl zwischen dem Amtsenthebungsverfahren und arbeitsvertraglichen Sanktionen. An eine außerordentliche Kündigung ist jedoch ein strenger Maßstab anzulegen; der Amtsenthebung gebührt grundsätzlich der Vorrang. Stets ist die exponierte Stellung des Betriebsratsmitglieds zu berücksichtigen, die es in eine Pflichtenkollision bringen kann.[166]

87 ff) **Eine Auflösung des Betriebsrats** wegen grober Verletzung seiner gesetzlichen Pflichten (§ 23 Abs. 1 BetrVG) kommt angesichts der Schwere der Sanktion nur dann in Betracht, wenn die weitere Amtsausübung untragbar ist,[167] etwa

---

[156] *Fitting*, § 23 BetrVG Rn. 13; *Richardi/Thüsing*, § 23 BetrVG Rn. 38.
[157] LAG Düsseldorf 24.10.1989, BB 1990, 283.
[158] BAG 18.5.2016, NZA 2016, 1423.
[159] *Fitting*, § 23 BetrVG Rn. 14 f.; *Löwisch/Kaiser*, § 23 BetrVG Rn. 6.
[160] BAG 21.2.1978, AP Nr. 1 zu § 74 BetrVG 1972.
[161] *Fitting*, § 23 BetrVG Rn. 16; *Galperin/Löwisch*, § 23 BetrVG Rn. 12.
[162] BAG 4.5.1955, AP Nr. 1 zu § 44 BetrVG.
[163] *Fitting*, § 23 BetrVG Rn. 19 f. m.w.N.
[164] St. Rspr., vgl. nur BAG 9.9.2015, NZA 2016, 57.
[165] BAG 9.9.2015, NZA 2016, 57.
[166] BAG 22.8.1974, AP Nr. 1 zu § 103 BetrVG 1972; BAG 16.10.1986, AP Nr. 95 zu § 626 BGB; BAG 15.7.1992, AP Nr. 9 zu § 611 BGB Abmahnung.
[167] BAG 22.6.1993, AP Nr. 22 zu § 23 BetrVG 1972.

weil sie zur Störung von Ordnung und Frieden im Betrieb führt oder weil Rechte und Befugnisse wiederholt oder dauernd nicht wahrgenommen werden.

Beispiele: Nichtbestellung des Betriebsratsvorsitzenden, wiederholte Unterlassung von Betriebsratssitzungen, Nichteinberufung von Betriebsversammlungen, Abschluss offensichtlich tarifwidriger Betriebsvereinbarungen, insbesondere gegen den ausdrücklich erklärten Willen einer Tarifpartei; kein Auflösungsgrund ist die konsequente Ausschöpfung der betriebsverfassungsrechtlichen Befugnisse.[168]

Die Auflösung des Betriebsrats setzt – anders als die Amtsenthebung einzelner Betriebsratsmitglieder – **kein Verschulden** voraus; es handelt keine natürliche Person, sondern ein Organ der Betriebsverfassung. Maßgeblich ist die objektive Erheblichkeit des Verstoßes.[169] Mit Rechtskraft des Auflösungsbeschlusses hat das Arbeitsgericht von Amts wegen einen Wahlvorstand zu bestellen, der die Neuwahl des Betriebsrats einleitet und durchführt (§ 23 Abs. 2 BetrVG). 88

gg) **Strafrechtliche Sanktionen.** Offenbart ein Betriebsratsmitglied unbefugt ein Betriebs- oder Geschäftsgeheimnis, das vom Arbeitgeber ausdrücklich als geheimhaltungsbedürftig bezeichnet worden ist, oder gibt es ein Geheimnis eines Arbeitnehmers preis, über das Stillschweigen zu bewahren ist, macht es sich nach § 120 BetrVG strafbar. Die Tat wird nur auf Antrag des Verletzten verfolgt. 89

c) Rechtsdurchsetzung gegenüber dem Arbeitgeber

aa) **Feststellungsanträge.** Der Betriebsrat kann durch Feststellungsantrag gerichtlich klären lassen, ob ihm in einem konkreten Fall ein Mitbestimmungsrecht zusteht. Hierfür gilt sinngemäß das Gleiche wie für den Feststellungsantrag des Arbeitgebers. 90

bb) **Vornahme von Handlungen.** Das BetrVG gewährt dem Betriebsrat eine Reihe von Leistungsansprüchen, etwa auf Information und Einblick in Unterlagen,[170] Beratung,[171] Kostentragung[172] oder Befreiung von der Arbeitspflicht.[173] Ferner kann der Betriebsrat die Durchführung von mit ihm abgeschlossenen Betriebsvereinbarungen verlangen.[174] Der Arbeitgeber kann auf Antrag des Betriebsrats zur Erfüllung dieser Ansprüche durch Leistungsverfügung angehalten werden; die Verfügung ist nach § 85 ArbGG vollstreckungsfähig. 91

---

[168] *Fitting*, § 23 BetrVG Rn. 37 f. m.w.N.
[169] BAG 8.8.1989, AP Nr. 18 zu § 95 BetrVG 1972; BAG 22.6.1993, NZA 1994, 184.
[170] §§ 80 Abs. 2, 89 Abs. 2 S. 2, 90 Abs. 1, 92 Abs. 1 S. 1, 99 Abs. 1, 106 Abs. 2, 110, 111 S. 1 BetrVG, 17 Abs. 2 S. 1 KSchG.
[171] §§ 90 Abs. 1, 92 Abs. 1 S. 2, 96 Abs. 1 S. 2, 97, 106 Abs. 1 S. 2, 111 S. 1 BetrVG.
[172] §§ 20 Abs. 3 S. 1, 40 Abs. 1 BetrVG.
[173] §§ 37 Abs. 2, 3, 38 BetrVG; zu weiteren Ansprüchen s. §§ 93, 98 Abs. 5, 101 S. 1, 104 S. 1 BetrVG.
[174] BAG 18.5.2010, NZA 2010, 1433.

92 **cc) Unterlassungsanspruch.** In einer Reihe von Fällen hat der Betriebsrat gegen den Arbeitgeber einen Unterlassungsanspruch:

93 **(1) Bei groben Verstößen** des Arbeitgebers gegen seine Pflichten aus dem BetrVG kann der Betriebsrat oder eine im Betrieb vertretene Gewerkschaft beim Arbeitsgericht beantragen, dem Arbeitgeber aufzugeben, dass er eine konkret anzugebende Handlung unterlässt (§ 23 Abs. 3 S. 1 BetrVG). Entsprechendes gilt über die Verweisung des § 17 Abs. 2 AGG für Verstöße gegen das AGG. Beachtet der Arbeitgeber die Unterlassungsverfügung schuldhaft nicht, so ist er auf Antrag vom Arbeitsgericht wegen jeder Zuwiderhandlung nach vorheriger Androhung zu einem Ordnungsgeld zu verurteilen, das bis zu 10.000 € betragen kann (§ 23 Abs. 3 S. 2, 4, 5 BetrVG). Der Sache nach handelt es sich um eine „kollektivrechtliche Abmahnung" des Arbeitgebers;[175] sie soll eine gewisse „Gleichgewichtigkeit" zu den Sanktionsmöglichkeiten gegen den Betriebsrat herstellen.[176] Ein grober Verstoß des Arbeitgebers gegen seine Pflichten aus dem BetrVG ist gegeben, wenn eine objektiv erhebliche und offensichtlich schwerwiegende Pflichtverletzung vorliegt,[177] das kann auch dann der Fall sein, wenn der Arbeitgeber mehrfach und erkennbar gegen seine Pflichten aus dem BetrVG verstoßen hat.[178] Auch eine einmalige Pflichtverletzung kann grob sein, wenn sie nur schwerwiegend genug ist.[179]

Beispiele: Beharrliche Missachtung von Beteiligungsrechten, planmäßiger Abschluss von offensichtlich tarifwidrigen Betriebsvereinbarungen; Weigerung, Betriebsvereinbarungen durchzuführen; innerbetriebliche Ausschreibung einer Stelle unter Verstoß gegen das Diskriminierungsverbot des § 7 Abs. 1 AGG;[180] Entsendung eines Arbeitnehmers zu einer Bildungsveranstaltung ohne vorherige Einigung nach § 98 Abs. 4 BetrVG;[181] kein grober Verstoß i.S.d. § 23 Abs. 3 BetrVG liegt vor, wenn der Arbeitgeber in einer schwierigen und ungeklärten Rechtsfrage nach einer vertretbaren Rechtsansicht handelt.[182]

94 Ein **Verschulden ist nicht erforderlich,** der Arbeitgeber handelt als Organ der Betriebsverfassung und nicht als Einzelperson;[183] entscheidend ist die objektive Erheblichkeit des Verstoßes. Der Unterlassungsanspruch setzt auch **keine Wiederholungsgefahr** voraus.[184] Eine grobe Pflichtverletzung kann diese aber indizieren. Sie ist nur dann ausgeschlossen, wenn aus faktischen oder rechtlichen Gründen eine Wiederholung ausscheidet. Die Zusicherung, sich künftig betriebsverfassungskonform zu verhalten, genügt nicht.[185] Zu allge-

---

[175] BAG 18.4.1985, AP Nr. 5 zu § 23 BetrVG 1972.
[176] Vgl. Bericht des BT-Ausschusses für Arbeit und Soziales, zu BT-Drs. VI/2729, S. 21.
[177] BAG 7.2.2012, DB 2012, 1575.
[178] BAG 18.8.2009, NZA 2010, 222.
[179] BAG 18.3.2014, NZA 2014, 987.
[180] BAG 18.8.2009, NZA 2010, 222.
[181] BAG 18.3.2014, NZA 2014, 987.
[182] BAG 16.7.1991, NZA 1992, NZA 1992, 70; BAG 18.8.2009, NZA 2010, 222.
[183] BAG 23.6.1992, AP Nr. 20 zu § 23 BetrVG 1972; BAG 18.8.2009, NZA 2010, 222.
[184] BAG 18.4.1985, AP Nr. 5 zu § 23 BetrVG 1972; BAG 18.8.2009, NZA 2010, 222.
[185] BAG 7.7.2012, NZA-RR 2012, 359.

III. System der Betriebsverfassung 295

mein gehaltene Unterlassungsanträge sind wegen Unvollstreckbarkeit unzulässig.[186] Anderes gilt für „Globalanträge", mit denen für einen bestimmten Vorgang ein Mitbestimmungsrecht geltend gemacht wird (z.B. Änderung von Zulagen); ob für sämtliche vom Globalantrag umfassten Fallgestaltungen ein Mitbestimmungsrecht besteht, ist eine Frage der Begründetheit des Antrags.[187]

(2) Sonderregelungen, die in ihrem Anwendungsbereich den Unterlassungsanspruch nach § 23 Abs. 3 BetrVG verdrängen, sind § 98 Abs. 5 BetrVG (Bestellung einer ungeeigneten Lehrkraft für die betriebliche Berufsbildung), § 101 BetrVG (Mitbestimmungssicherungsverfahren bei zustimmungspflichtigen Einstellungen, Eingruppierungen, Umgruppierungen und Versetzungen)[188] und § 104 BetrVG (Entfernung betriebsstörender Arbeitnehmer). 95

(3) Ob es weitere mit § 23 Abs. 3 BetrVG konkurrierende Unterlassungsansprüche gibt, ist umstritten. Das ist von Bedeutung für Fälle, in denen der Arbeitgeber nicht grob gegen Betriebsverfassungsrecht verstoßen hat. Nach wohl h.M. ist § 23 Abs. 3 BetrVG keine abschließende Regelung;[189] dafür sprechen Wortlaut (es fehlt das Wort „nur"), Systematik und Entstehungsgeschichte der Norm. Ausdrückliche Unterlassungsansprüche enthält § 74 Abs. 2 S. 2, 3 BetrVG. Fraglich ist, ob sich Unterlassungsansprüche auch auf Vorschriften stützen lassen, die insoweit nichts ausdrücklich bestimmen. Die Rechtsprechung hat das bejaht bei einer unzulässigen Störung oder Behinderung der Betriebsratsarbeit (§ 78 BetrVG),[190] bei einer Verletzung der Mitbestimmungsrechte in sozialen Angelegenheiten nach § 87 BetrVG (s. unten Rn. 435) und zur Sicherung des Anspruchs auf Beratung über einen Interessenausgleich bei einer geplanten Betriebsänderung nach §§ 111, 112 Abs. 1 S. 1 BetrVG (s. unten Rn. 614a).[191] In diesen Fällen wird eine Wiederholungsgefahr verlangt.[192] 96

Rechtsgrundlage für die Unterlassungsansprüche sei das „Betriebsverhältnis" zwischen dem Arbeitgeber und dem Betriebsrat (s. oben Rn. 76). Aus der Nebenpflicht zur Rücksichtnahme könne das Gebot abgeleitet werden, alles zu unterlassen, was der Wahrnehmung von Mitbestimmungsrechten entgegensteht. Ein Anspruch auf Unterlassung und gegebenenfalls auf Rückgängigmachung (Beseitigungsanspruch)[193] sei insbesondere zur 97

---

[186] BAG 6.12.1994, AP Nr. 24 zu § 23 BetrVG 1972.
[187] BAG 3.5.1994, AP Nr. 23 zu § 23 BetrVG 1972.
[188] § 101 BetrVG zielt auf Beseitigung der mitbestimmungswidrig durchgeführten Maßnahmen, § 23 Abs. 3 BetrVG auf künftige Beachtung der Beteiligungsrechte, vgl. BAG 23.6.2009, NZA 2009, 1430.
[189] BAG 3.5.1994, 6.12.1994, 12.11.1997, AP Nr. 23, 24, 27 zu § 23 BetrVG 1972; anders noch BAG 22.2.1983, AP Nr. 2 zu § 23 BetrVG 1972; *Fitting*, § 23 BetrVG Rn. 97 ff.; Richardi/*Thüsing*, § 23 BetrVG Rn. 79 ff.; a.A. HWGNRH/*Huke*, § 23 BetrVG Rn. 86 ff.
[190] BAG 19.7.1995, 12.11.1997, AP Nr. 25, 27 zu § 23 BetrVG 1972.
[191] Bejahend LAG Berlin 7.9.1995, AP Nr. 36 zu § 111 BetrVG 1972; LAG Hamburg 26.6.1997, NZA 1997, 296; verneinend LAG Rheinland-Pfalz 28.3.1989, NZA 1989, 863; ArbG Bonn 23.8.1995, BB 1995, 2115.
[192] BAG 19.7.1995, AP Nr. 25 zu § 23 BetrVG 1972.
[193] BAG 16.6.1998, NZA 1999, 49 ff.

Sicherung der erzwingbaren Mitbestimmung nach § 87 BetrVG erforderlich. Die individualrechtliche Unwirksamkeit einer mitbestimmungswidrigen Maßnahme genüge nicht; der Betriebsrat brauche eigene Sanktionsmittel. Durch Anrufung der Einigungsstelle ließen sich nicht in jedem Fall Rechtsnachteile abwenden, beispielsweise bei kurzfristigen Maßnahmen oder wenn durch den betriebsverfassungswidrigen Vollzug Tatsachen geschaffen würden, die nachträglich nur schwer zu beseitigen seien. Die Anrufung der Einigungsstelle sei an sich Sache des Arbeitgebers, da von ihm und nicht vom Betriebsrat die Initiative für die mitbestimmungspflichtige Maßnahme ausgehe; die Einhaltung dieses Verfahrens werde durch § 23 Abs. 3 BetrVG aber nicht hinreichend gesichert. Da § 87 BetrVG nicht einmal die zeitweise oder vorläufige Übergehung des Betriebsrats bei mitbestimmungspflichtigen sozialen Angelegenheiten zulasse, sei ein selbständiger Unterlassungsanspruch gerechtfertigt und geboten. Die Arbeitgeberinteressen könnten im einstweiligen Verfügungsverfahren angemessen berücksichtigt werden.[194] Allerdings kann einem Unterlassungsanspruch des Betriebsrats in besonders schwerwiegenden und eng begrenzten Ausnahmefällen der Einwand der unzulässigen Rechtsausübung entgegenstehen, wenn dieser sich gegenüber dem Arbeitgeber auf eine formale Rechtsposition beruft, die er durch ein besonders schwerwiegendes betriebsverfassungswidriges Verhalten erlangt hat.[195]

97a (4) **Der Betriebsrat ist nicht verpflichtet,** bei jedwedem mitbestimmungswidrigen Verhalten des Arbeitgebers einzugreifen; vielmehr stellt das BetrVG die Durchsetzung und Herstellung der betriebsverfassungsrechtlichen Ordnung in sein pflichtgemäßes Ermessen. Allerdings darf sich der Betriebsrat nicht darauf beschränken, mit dem Arbeitgeber eine Vertragsstrafevereinbarung abzuschließen, in der sich jener verpflichtet, bei einer Verletzung von Mitbestimmungsrechten ein Ordnungsgeld an einen Dritten (z.B. Rotes Kreuz) zu zahlen; solche Versprechen sind mit zwingenden Grundsätzen des Betriebsverfassungsgesetzes nicht zu vereinbaren.[196]

98 dd) **Strafrechtliche Sanktionen.** Behindert oder stört der Arbeitgeber die Wahl oder die Tätigkeit des Betriebsrats, kann er sich strafbar machen (§ 119 BetrVG); die Tat wird nur auf Antrag des Betriebsrats verfolgt. Bußgeldpflichtig macht sich der Arbeitgeber, wenn er eine in § 121 BetrVG näher bezeichnete Aufklärungs- oder Auskunftspflicht nicht, wahrheitswidrig, unvollständig oder verspätet erfüllt; das Bußgeld kann bis zu 10.000 € betragen. In der Praxis wird von den strafrechtlichen Sanktionen nur äußerst selten Gebrauch gemacht; angesichts des Gebots der vertrauensvollen Zusammenarbeit muss sich ihr Einsatz auf Ausnahmefälle beschränken.

---

[194] Zu Vorstehendem BAG 3.5.1994, AP Nr. 23 zu § 23 BetrVG 1972; zur Kritik *von Hoyningen-Huene*, Betriebsverfassungsrecht, § 4 V 4 c; *Konzen*, NZA 1995, 865 ff.
[195] BAG 12.3.2019, NZA 2019, 843.
[196] BAG 19.1.2010, NZA 2010, 592.

IV. Grundsätze der Betriebsverfassung

1. Übersicht

Das Verhältnis zwischen Arbeitgeber und Belegschaft ist geprägt von Gemeinsa- 99
mem und Trennendem. Gemeinsam sind beide interessiert am Wohlergehen des
Unternehmens, denn es bietet ihnen Arbeit und Brot. Gegensätzlich sind die
Interessen vor allem hinsichtlich der Verteilung des Erlöses und bei betriebs- und
arbeitsleitenden Entscheidungen, die sich aus der arbeitsteiligen Organisation
ergeben. Die Aufteilung des Erlöses auf Anteilseigner – sei es in Form von Divi-
denden, sei es als werterhaltende oder -steigernde Investition – und Arbeitnehmer
fällt im wesentlichen in die Zuständigkeit der Tarifpartner. Damit sind die am
stärksten emotionsgeladenen Konflikte auf die überbetriebliche Ebene hinausver-
lagert. Das Beteiligungsrecht des Betriebsrats betrifft im wesentlichen die übrigen betrieblichen und unternehmerischen Entscheidungen. Zwar hat der Gesetzgeber dem Unternehmer als Träger des Risikos die Letztverantwortung bei den
wirtschaftlichen Entscheidungen belassen. Die vielen Mitbestimmungsrechte vor
allem bei sozialen und personellen Maßnahmen bleiben aber nicht ohne Rückwirkung. Für ein Unternehmen ist es von lebenswichtiger Bedeutung, ob und
inwieweit Überstunden angeordnet, Versetzungen vorgenommen oder die Arbeitszeit gestaltet werden können. Gulliver kann auch durch Zwirnsfäden gebunden werden.

Entscheidend ist daher, auf welche Art und Weise die Beteiligungsrechte wahr- 100
genommen werden. Für die Zusammenarbeit von Arbeitgeber und Betriebsrat hat
das BetrVG folgende Grundsätze aufgestellt:
- die Pflicht zu vertrauensvoller Zusammenarbeit (§§ 2, 74 Abs. 1 BetrVG),
- die betriebliche Friedenspflicht (§ 74 Abs. 2 S. 1, 2 BetrVG),
- das Verbot der parteipolitischen Betätigung (§ 74 Abs. 2 S. 3 BetrVG),
- das Gebot, die im Betrieb Tätigen nach Recht und Billigkeit zu behandeln (§ 75 Abs. 1 BetrVG),
- das Diskriminierungsverbot (§ 75 Abs. 1 BetrVG, § 17 Abs. 2 AGG) und
- das Gebot, die freie Entfaltung der Persönlichkeit der betriebsangehörigen Arbeitnehmer zu schützen (§ 75 Abs. 2 BetrVG).

Große Bedeutung hat auch das Verhältnis zu den Gewerkschaften. Das BetrVG 101
gewährt ihnen eine Reihe von Rechten. Zusätzlichen Einfluss haben sie aufgrund
mannigfacher personeller Verflechtung.

2. Vertrauensvolle Zusammenarbeit

a) Bedeutung

Die Lösung aus dem Dilemma: möglichst viel Mitbestimmung einerseits, keine 102
Lähmung des Unternehmens andererseits, sah der Gesetzgeber im Grundsatz der

vertrauensvoller Zusammenarbeit. Deshalb heißt es in § 2 BetrVG: „Arbeitgeber und Betriebsrat arbeiten ... vertrauensvoll ... zum Wohle der Arbeitnehmer und des Betriebs zusammen". Das ist eine dem Grundsatz von Treu und Glauben vergleichbare Konkretisierung des Gebots partnerschaftlicher Zusammenarbeit.[197] Mögliche Konflikte sollen frühzeitig erkannt und bereinigt werden.[198] Darum hat der Arbeitgeber von sich aus den Betriebsrat rechtzeitig über alle Vorgänge von Bedeutung für die Arbeitnehmer zu unterrichten.[199] Arbeitgeber und Betriebsrat haben ehrlich und offen mit dem ernsten Willen zur Einigung zu verhandeln, ehe die Einigungsstelle oder ein Gericht bemüht wird;[200] das gilt nicht nur für die Gremien selbst, sondern auch für ihre Mitglieder.[201] Dabei genügt es nicht, einander die unterschiedlichen Standpunkte klarzumachen, sondern jeder muss zu vernünftigen Kompromissen bereit sein. Der Betriebsrat darf nicht in die Unternehmensleitung eingreifen (§ 77 Abs. 1 S. 2 BetrVG); er hat die im Gesetz vorgezeichneten Wege, d.h. in erster Linie Gespräche mit dem Arbeitgeber, einzuhalten.

b) Rechtspflicht

103 Die Pflicht zu vertrauensvoller Zusammenarbeit ist eine Rechtspflicht.[202] Zwar lassen sich aus der Vorschrift keine Beteiligungsrechte ableiten, die im Gesetz nicht vorgesehen sind. § 2 BetrVG ist aber bei der Auslegung der einzelnen Tatbestände des BetrVG zu berücksichtigen.[203] Aus § 2 BetrVG kann auch das Gebot abgeleitet werden, alles zu unterlassen, was der Wahrnehmung des konkreten Beteiligungsrechts entgegensteht. Allerdings führt nicht jede Verletzung von Beteiligungsrechten ohne weiteres zu einem Unterlassungsanspruch (s. oben Rn. 92 ff.).[204]

3. Friedenspflicht

a) Grundsatz

104 Arbeitgeber und Betriebsrat haben Betätigungen zu unterlassen, durch die der Arbeitsablauf oder der Frieden des Betriebs beeinträchtigt wird (§ 74 Abs. 2 S. 2 BetrVG). **Arbeitsablauf** meint die Organisation und Durchführung der Arbeiten, **Betriebsfrieden** die Atmosphäre der Zusammenarbeit und des Zusammenlebens im Betrieb. Der Arbeitsablauf wäre etwa beeinträchtigt, wenn der Betriebsrat in die Betriebsleitung eingriffe, etwa indem er Arbeitnehmer aufforderte, Weisun-

---

[197] BAG 3.5.1994, AP Nr. 23 zu § 23 BetrVG 1972.
[198] BAG 8.2.1977, AP Nr. 10 zu § 80 BetrVG 1972.
[199] BAG 2.11.1983, AP Nr. 29 zu § 102 BetrVG 1972.
[200] BAG 22.5.1959, AP Nr. 3 zu § 23 BetrVG.
[201] BAG 21.2.1978, AP Nr. 1 zu § 74 BetrVG 1972.
[202] BAG 21.2.1978, AP Nr. 1 zu § 74 BetrVG 1972.
[203] BAG 21.4.1983, AP Nr. 20 zu § 40 BetrVG 1972.
[204] Zu Vorstehendem BAG 3.5.1994, AP Nr. 23 zu § 23 BetrVG 1972.

gen des Arbeitgebers zuwiderzuhandeln. Der Betriebsfrieden ist gestört, wenn Arbeitgeber und Betriebsrat über die Presse oder über Anschläge am Schwarzen Brett miteinander verkehren, wenn der eine die Anschläge des anderen unerlaubt entfernt[205] oder wenn sie einander in einer Betriebsversammlung unsachlich angreifen.

b) Verbot des betrieblichen Arbeitskampfs

Maßnahmen des Arbeitskampfs zwischen Arbeitgeber und Betriebsrat sind unzulässig (§ 74 Abs. 2 S. 1 BetrVG). Die Belegschaftsvertretungen dürfen weder zum Streik aufrufen noch sonstige Arbeitskampfmaßnahmen ergreifen, etwa zur Verweigerung von Überstunden oder Akkordarbeit auffordern. Können sie sich mit dem Arbeitgeber über betriebliche Fragen nicht einigen, dann müssen sie die Gerichte oder die Einigungsstelle anrufen.[206] Diese entscheiden als neutrale Dritte verbindlich. **105**

c) Teilnahme am Arbeitskampf der Tarifvertragsparteien

Arbeitskämpfe tariffähiger Parteien bleiben von dem Arbeitskampfverbot **unberührt** (§ 74 Abs. 2 S. 1 BetrVG). Mitglieder der Betriebsverfassungsorgane dürfen also an Arbeitskampfmaßnahmen ihrer Gewerkschaft teilnehmen. Betriebsratsmitglieder können im Rahmen des Arbeitskampfs auch leitende Funktionen übernehmen. Sie dürfen nur nicht ihr Amt für Kampfmaßnahmen missbrauchen,[207] etwa als Betriebsrat zum Streik auffordern, zur Unterstützung eines Streiks in einem anderen Unternehmen Überstunden verweigern,[208] Betriebsversammlungen zur Erörterung von Arbeitskampffragen einberufen,[209] Betriebsratsmittel – Telefon, PC, E-Mail-Account,[210] Kopierer – für den Arbeitskampf einsetzen[211] oder sich bei der Belegschaft für die Streikunterstützung bedanken.[212] Das Betriebsratsamt wird durch einen Arbeitskampf nicht beeinträchtigt. Die Beteiligungsrechte sind aber eingeschränkt oder ruhen, soweit das Kampfgleichgewicht beeinflusst werden könnte (s. im einzelnen § 14 Rn. 170 ff.). **106**

4. Verbot parteipolitischer Betätigung

a) Parteipolitik

Arbeitgeber und Betriebsrat haben jede parteipolitische Betätigung im Betrieb **zu** **107**

---

[205] BAG 22.7.1980, AP Nr. 3 zu § 74 BetrVG 1972.
[206] BAG 17.12.1976, AP Nr. 52 zu Art. 9 GG Arbeitskampf.
[207] ArbG Göttingen 16.6.1981, DB 1982, 334.
[208] ArbG Elmshorn 3.3.1978, DB 1978, 1695.
[209] ArbG Oldenburg 31.5.1979, 3 BV/GA 15/79.
[210] BAG 15.10.2013, NZA 2014, 319.
[211] *Fitting*, § 74 BetrVG Rn. 15; *Richardi*, § 74 BetrVG Rn. 24.
[212] LAG Düsseldorf 14.12.2010, NZA-RR 2011, 132.

unterlassen (§ 74 Abs. 2 S. 3 BetrVG). Das gilt ohne Rücksicht darauf, ob der Betriebsfrieden und/oder der Arbeitsablauf gestört werden.[213] Meinungs- und Wahlfreiheit der Arbeitnehmer sollen geschützt werden.

108 Den Begriff Parteipolitik hatte die Rechtsprechung früher weit gefasst und angenommen, dass er sich mit dem der allgemeinen Politik decke, weil letztlich jedes Thema zum Gegenstand parteipolitischer Auseinandersetzung gemacht werden könne; von solchen Auseinandersetzungen solle der Betrieb aber freigehalten werden.[214] Die neuere Rechtsprechung ist deutlich großzügiger und erlaubt sogar allgemeinpolitische Äußerungen, wie etwa Plakate gegen den Krieg im Irak und Aufrufe an die Belegschaft zur Teilnahme an politischen Wahlen oder Abstimmungen.[215] Betätigung setzt mehr voraus als ein gelegentliches politisches Gespräch.[216] Gemeint sind Information und Werbung durch Zeitschriften, Flugblätter, Artikel in der Werkszeitung oder in einem Informationsblatt des Betriebsrats,[217] Tragen von Plaketten,[218] aber auch politische Abstimmungen und Umfragen oder das Referat eines Spitzenpolitikers in der Betriebsversammlung zu Wahlkampfzeiten, selbst wenn er über ein „neutrales" Thema reden will.[219] Betätigung im Betrieb liegt auch vor, wenn sie in ihn hineingetragen wird, wie etwa bei einem Verteilen von Flugblättern vor dem Werkstor.[220]

b) Behandlung von tarifpolitischen, sozialpolitischen, umweltpolitischen und wirtschaftlichen Angelegenheiten

109 **Nicht verboten** ist die Behandlung von Angelegenheiten tarifpolitischer, sozialpolitischer, umweltpolitischer und wirtschaftlicher Art, die den Betrieb oder seine Arbeitnehmer unmittelbar betreffen. In Betriebsversammlungen können also beispielsweise das Verhältnis von tariflichen Bestimmungen zu betrieblichen Sozialleistungen oder die Auswirkungen von sozialpolitischen Gesetzen etwa über Arbeitsschutz, Vermögens- oder Berufsbildung auf das Arbeitsverhältnis oder die Folgen währungspolitischer Maßnahmen der Regierung auf den Betrieb erörtert werden. Allerdings darf die Behandlung solcher Themen nicht zu einer Beeinträchtigung des Betriebsfriedens führen. Bei der Behandlung tarifpolitischer Themen während laufender Tarifverhandlungen oder gar nach ihrem Scheitern ist deshalb Zurückhaltung angebracht. Unzulässig ist die abstrakte Erörterung gesellschaftspolitischer Probleme.

---

[213] BVerfG 28.4.1976, DB 1976, 1485.
[214] BAG 21.2.1978, AP Nr. 1 zu § 74 BetrVG 1972.
[215] BAG 17.3.2010, NZA 2010, 1133.
[216] BAG 18.1.1968, AP Nr. 28 zu § 66 BetrVG.
[217] BAG 12.6.1986, AP Nr. 5 zu § 74 BetrVG 1972.
[218] BAG 9.12.1982, AP Nr. 73 zu § 626 BGB.
[219] BAG 13.9.1977, AP Nr. 1 zu § 42 BetrVG 1972.
[220] BAG 21.2.1978, AP Nr. 1 zu § 74 BetrVG 1972.

5. Grundsätze für die Behandlung von Betriebsangehörigen

a) Behandlung nach Recht und Billigkeit

aa) Geschützter Personenkreis. Arbeitgeber und Betriebsrat haben darüber zu 110 wachen, dass **alle im Betrieb tätigen Personen** nach den Grundsätzen von Recht und Billigkeit behandelt werden (§ 75 Abs. 1 HS 1 BetrVG). Die Vorschrift ist kein bloßer Programmsatz. Ihr kommt unmittelbare Geltung zu; darüber hinaus enthält sie eine wichtige Auslegungsregel.[221] § 75 Abs. 1 BetrVG wendet sich an die Betriebsparteien,[222] die Einhaltung kann nur von ihnen, nicht von den im Betrieb Tätigen verlangt werden.[223]

bb) „Grundsätze des Rechts" meint die geltende Rechtsordnung, so wie sie auf das 111 Arbeitsverhältnis einwirkt (Gesetze, Tarifverträge, Betriebsvereinbarungen usw.). Gefordert wird eine Behandlung, die dem geltenden Recht entspricht, insbesondere die Anerkennung und Erfüllung von Rechtsansprüchen der Arbeitnehmer und die Beachtung des allgemeinen arbeitsrechtlichen Gleichbehandlungsgrundsatzes.[224] Zur Bindung der Betriebsparteien an die Grundrechte s. Rn. 400.

cc) Durch **Behandlung nach „Billigkeit"** soll die Gerechtigkeit im Einzelfall verwirklicht 112 werden. Das setzt eine Norm voraus, die die Beachtung von Billigkeit verlangt, wie etwa bei einseitigen Leistungsbestimmungsrechten. Die Rechtsprechung hat aus § 75 Abs. 1 BetrVG darüber hinaus bisher eine allgemeine Billigkeitskontrolle von Betriebsvereinbarungen und Einzelarbeitsverträgen (s. jetzt § 310 Abs. 4 S. 1 BGB) hergeleitet.[225]

b) Diskriminierungsverbot

aa) Die Betriebsparteien haben die absoluten Diskriminierungsverbote zu 113 **beachten.** Sie sind dafür verantwortlich, dass niemand, der im Betrieb tätig wird, (allein) wegen seiner Rasse, ethnischen Herkunft, Abstammung, sonstigen Herkunft, Nationalität, Religion, Weltanschauung, Behinderung, seines Alters, seiner politischen oder gewerkschaftlichen Einstellung und Betätigung, seines Geschlechts oder seiner sexuelle Identität ungleich behandelt wird (absolute Diskriminierungsverbote, § 75 Abs. 1 S. 1 HS 2 BetrVG).

Soweit sich die in § 75 Abs. 1 BetrVG genannten Verbote mit den in § 1 AGG 114 aufgeführten verpönten Merkmalen decken, richten sich der Begriff der Benachteiligung und die Zulässigkeit einer unterschiedlichen Behandlung nach den insoweit spezielleren Vorschriften des AGG. § 75 Abs. 1 BetrVG verpflichtet den Arbeitgeber nicht, bei diskriminierenden Maßnahmen Dritter gegenüber bei

---

[221] *Fitting*, § 75 BetrVG Rn. 4.
[222] BAG 12.6.1975, AP Nr. 1 zu § 87 BetrVG 1972 Altersversorgung.
[223] BAG 14.1.1986, AP Nr. 5 zu § 1 BetrAVG Gleichbehandlung.
[224] BAG 30.9.2014, NZA 2015, 121.
[225] BAG 11.6.1975, AP Nr. 1 zu § 7 BetrVG.

ihm beschäftigten Arbeitnehmern Schutzmaßnahmen zu ergreifen, wenn die Maßnahmen bei Durchführung eines zwischen dem Arbeitnehmer und dem Dritten bestehenden Vertragsverhältnisses erfolgen. Die Arbeitnehmer handeln dabei nicht „bei Ausübung ihrer Tätigkeit" für den Arbeitgeber. Für eine diskriminierende Zuteilung von Aktienoptionen der Konzernmutter an Arbeitnehmer einer Tochtergesellschaft ist diese – jedenfalls soweit sie an der Zuteilungsentscheidung nicht aktiv beteiligt war – nicht verantwortlich und muss die Ungleichbehandlung deshalb auch nicht ausgleichen.[226]

115 **bb) Reichweite.** Das Diskriminierungsverbot ist insbesondere beim Abschluss von Betriebsvereinbarungen zu beachten.[227] Regelungen, die dagegen verstoßen, sind nach § 134 BGB bzw. § 7 Abs. 2 AGG nichtig.[228] Die Benachteiligten können grundsätzlich verlangen, künftig genauso wie die Begünstigten behandelt zu werden, es sei denn, dass dadurch der Betrieb zum Erliegen käme und der Arbeitgeber die ihm angebotene Arbeitsleistung nicht mehr annehmen könnte. Letzteres hat die Rechtsprechung im Fall einer (alters-)diskriminierenden Dienstplanregelung angenommen.[229]

c) Schutz der freien Entfaltung der Persönlichkeit

116 Arbeitgeber und Betriebsrat haben die freie Entfaltung der Persönlichkeit der im Betrieb beschäftigten Arbeitnehmer zu schützen und zu fördern (§ 75 Abs. 2 BetrVG). Sie haben ferner die Selbständigkeit und Eigeninitiative der Arbeitnehmer und Arbeitsgruppen zu fördern. Die Betriebsparteien haben nicht nur selbst alles zu unterlassen, was die allgemeinen Persönlichkeitsrechte von Betriebsangehörigen beeinträchtigt, sondern sie müssen sie auch vor Verletzungen durch Kollegen schützen.

Beispiel: Betriebliche Regelungen über Rauchverbote (§ 87 Abs. 1 Nr. 1, 7 BetrVG) haben die Interessen von rauchenden und nichtrauchenden Arbeitnehmern unter Berücksichtigung von § 75 Abs. 2 BetrVG angemessen auszugleichen.[230]

117 Persönlichkeitsrechte dürfen nur insoweit eingeschränkt werden, als dies aufgrund überwiegender betrieblicher Interessen, insbesondere im Interesse eines ungestörten Arbeitsablaufs, erforderlich und geboten ist.[231] Es stellt einen schwerwiegenden Eingriff in das allgemeine Persönlichkeitsrecht der betroffenen Arbeitnehmer dar, wenn ohne zeitliche Begrenzung sämtliche Arbeitsschritte ihrer wesentlichen Arbeitsleistung durch eine technische Überwachungseinrichtung erfasst, gespeichert und einer Auswertung nach quantitativen Kennzahlen

---

[226] BAG 20.3.2018, NZA 2018, 1017.
[227] BAG 17.11.2015, NZA 2016, 501.
[228] *Fitting*, § 75 BetrVG Rn. 177.
[229] BAG 14.5.2013, NZA 2013, 1160.
[230] BAG 21.8.1990, AP Nr. 17 zu § 87 BetrVG 1972 Ordnung des Betriebes.
[231] BAG 29.6.2004, NZA 2004, 1278 (Videoüberwachung); *Fitting*, § 75 BetrVG Rn. 144 ff.

zugeführt werden. Das berechtigte Interesse des Arbeitgebers, die Belastungssituation der einzelnen Arbeitnehmer analysieren zu können, um Arbeitsabläufe effektiver zu gestalten, rechtfertigt einen solchen Eingriff nicht.[232] Aus § 75 Abs. 2 BetrVG können keine über das Gesetz hinausgehenden Beteiligungsrechte des Betriebsrats hergeleitet werden; die bestehenden sind aber im Lichte der Schutz- und Förderpflicht auszulegen.[233]

6. Gewerkschaften im Betrieb

a) Trennung von Betriebsrat und Gewerkschaft

Aufgaben und Funktionen von Gewerkschaften und Betriebsverfassungsorganen sind streng voneinander geschieden.[234] Der Betriebsrat ist nicht der verlängerte Arm der Gewerkschaften im Betrieb. Gewerkschaften vertreten nur ihre Mitglieder; das sind zurzeit etwa als 20 % der „abhängigen Erwerbspersonen".[235] **118**

Damit gelten auch die Tarifverträge nur für die Gewerkschaftsmitglieder (§ 4 Abs. 2 TVG), sofern sie nicht für allgemeinverbindlich erklärt sind (§ 5 Abs. 4 TVG) oder dem Arbeitsvertrag zugrunde gelegt werden. Der Betriebsrat dagegen vertritt die gesamte Belegschaft; Betriebsvereinbarungen gelten ohne Rücksicht auf Gewerkschaftszugehörigkeit für alle Arbeitnehmer des Betriebs mit Ausnahme der leitenden Angestellten. Die Gewerkschaften sind grundsätzlich für alle Fragen des Arbeits- und Wirtschaftslebens zuständig, und zwar auch für Fragen, die nur einzelne Betriebe oder Unternehmen betreffen. Sie können in diesem Fall Haus-(= Firmen)tarifverträge abschließen (vgl. § 2 Abs. 1 TVG). Die Aufgaben der Betriebsverfassungsorgane sind im BetrVG geregelt; sie können praktisch in allen Fragen der betrieblichen Sozialpolitik tätig werden. Tarifliche Regelungen gehen betrieblichen allerdings grundsätzlich vor, es sei denn, dass Öffnungsklauseln etwas anderes vorsehen (vgl. § 4 Abs. 1, 3 TVG, § 77 Abs. 3 BetrVG). **119**

b) Rechte der Gewerkschaften im Rahmen der Betriebsverfassung

Nach dem Betriebsverfassungsgesetz haben die Gewerkschaften vor allem Unterstützungs- und Überwachungsrechte. Sie sollen dafür sorgen, dass Betriebsräte gebildet und Betriebsversammlungen abgehalten werden und sie sollen die Betriebsräte, wenn diese es wünschen, bei ihrer Arbeit unterstützen. Zu diesem Zweck können Gewerkschaften beim Arbeitsgericht die Bestellung eines Wahlvorstands beantragen, wenn acht Wochen vor Ablauf der Amtszeit des Betriebsrats noch keiner besteht (§ 16 Abs. 2 BetrVG). Sie können die Einberufung von Betriebsversammlungen (§ 43 BetrVG) beantragen und an Betriebsversammlun- **120**

---

[232] BAG 25.4.2017, NZA 2017, 1205.
[233] *Fitting*, § 75 BetrVG Rn. 169; Richardi/*Maschmann*, § 75 BetrVG Rn. 46.
[234] BAG 16.2.1973, AP Nr. 1 zu § 19 BetrVG 1972.
[235] Zur Mitgliederentwicklung der DGB-Gewerkschaften WSI Report Nr. 44, Nov. 2018, S.6.

gen (§ 46 Abs. 1 BetrVG), Betriebsräteversammlungen (§§ 53 Abs. 3 S. 2, 46 Abs. 1 BetrVG) und Jugend- und Auszubildendenversammlungen (§§ 71 S. 3, 46 Abs. 1 BetrVG) teilnehmen. Auf Einladung haben sie das Recht zur Teilnahme an Betriebsratssitzungen (§ 31 BetrVG), Sitzungen des Wirtschaftsausschusses[236] und der Jugend- und Auszubildendenvertretung (§§ 65 Abs. 1, 31 BetrVG). Sie können die betrieblichen Wahlen anfechten (§ 19 Abs. 2 S. 1 BetrVG), die Auflösung von Betriebsverfassungsorganen oder den Ausschluss einzelner Mitglieder betreiben (§ 23 Abs. 1 S. 1 BetrVG), ein Zwangsverfahren gegen den Arbeitgeber nach § 23 Abs. 3 BetrVG wegen groben Verstoßes gegen betriebsverfassungsrechtliche Pflichten in Gang bringen und Strafantrag stellen (§ 119 Abs. 2 BetrVG). Darüber hinaus haben sie sogar ein Vorschlagsrecht für Betriebsratswahlen (§ 14 Abs. 5 BetrVG). Voraussetzung ist immer, dass mindestens ein vom Betriebsrat vertretener Arbeitnehmer des Betriebs der Gewerkschaft angehört („im Betrieb vertretene Gewerkschaft"). Der Nachweis kann ohne Namensnennung durch notarielle Erklärung geführt werden.[237] Die Tarifzuständigkeit der Gewerkschaft ist nicht erforderlich,[238] wohl aber ihre Tariffähigkeit.[239]

c) Originäre Rechte der Gewerkschaften

121 Unabhängig davon stehen den Gewerkschaften aufgrund der Koalitionsfreiheit (Art. 9 Abs. 3 GG) originäre Rechte zu (vgl. § 2 Abs. 3 BetrVG und oben § 12 Rn. 43a).

d) Zugang zum Betrieb

122 Ein allgemeines Zutrittsrecht für betriebsfremde Beauftragte von Gewerkschaften zum Betrieb gibt es nicht.[240] Es ist vielmehr zu unterscheiden:

123 **aa) Wahrnehmung von Aufgaben nach dem BetrVG.** Die Gewerkschaftsvertreter haben Zugang zum Betrieb, soweit sie Aufgaben nach dem BetrVG wahrnehmen (§ 2 Abs. 2 BetrVG). Inwieweit Beauftragte der Gewerkschaften einzelne Mitarbeiter aufsuchen dürfen, ist sehr umstritten. Sie werden das Recht jedenfalls dann haben, wenn sich nur auf diese Weise ein Betriebsrat bilden lässt oder wenn der Betriebsrat ein Gewerkschaftsmitglied zur Erfüllung seiner Aufgaben hinzuzieht. Vor Betreten des Betriebs ist der Arbeitgeber so rechtzeitig zu unterrichten, dass er sich darauf einstellen, also beispielsweise Rechtsrat über das Zutrittsrecht einholen kann.[241] Einen Tag vorher wird im allgemeinen ausreichend und notwendig sein.[242] Dem Arbeitgeber sind Zeitpunkt und Zweck des Besuchs zu nennen.[243] Die Auswahl des Vertreters liegt bei den Gewerkschaf-

---

[236] BAG 25.6.1987, AP Nr. 6 zu § 108 BetrVG 1972.
[237] BAG 25.3.1992, AP Nr. 4 zu § 2 BetrVG 1972.
[238] BAG 10.11.2004, NZA 2005, 426.
[239] BAG 19.6.2006, NZA 2007, 518.
[240] BAG 26.6.1973, AP Nr. 2 zu § 2 BetrVG 1972; BAG 22.5.2012, NZA 2012, 1176.
[241] BAG 28.2.2006, NZA 2006, 798; BAG 22.6.2010, NZA 2010, 1365.
[242] Löwisch/Kaiser/*Löwisch*, § 2 Rn. 39; Schaub/*Koch*, Arb-Hdb., § 215 Rn. 4.
[243] LAG Hamm 9.3.1972, DB 1972, 777.

IV. Grundsätze der Betriebsverfassung 305

ten. Der Arbeitgeber kann ihn zurückweisen, wenn die Ausübung des Zutrittsrechts gerade durch diesen Beauftragten etwa wegen früherer Diffamierung des Arbeitgebers oder wegen konkreter Anhaltspunkte für Störungen des Betriebsfriedens für ihn unzumutbar ist.[244] Das Zugangsrecht besteht nicht, wenn ihm unumgängliche Notwendigkeiten des Betriebsablaufs, zwingende Sicherheitsvorschriften oder der Schutz von Betriebsgeheimnissen entgegenstehen.

bb) Ein Zugangsrecht betriebsfremder Gewerkschaftsbeauftragter aufgrund der Koalitionsfreiheit zum Zwecke der Mitgliederwerbung während der Pausenzeiten kommt auch dann in Betracht, wenn die Koalition durch Mitglieder im Betrieb vertreten ist.[245] Ihm können aber durch Art. 12 und 14 GG geschützte Belange des Arbeitgebers entgegenstehen (störungsfreier Arbeitsablauf, Wahrung des Betriebsfriedens, Geheimhaltungs- und Sicherheitsinteressen usw.). Die Gewerkschaft hat deshalb den Arbeitgeber rechtzeitig über den Zeitpunkt des Besuchs und über die Person des Beauftragten zu unterrichten.[246] Ohne nähere Begründung kann sie den Zugang einmal im Kalenderhalbjahr verlangen, weil sie dann auch die Einberufung einer Betriebsversammlung fordern kann (§ 43 Abs. 4 BetrVG), an der sie teilnehmen darf (§ 46 Abs. 1 BetrVG).[247] Verlangt sie häufiger und unabhängig von Pausenzeiten Zutritt, hat sie die Notwendigkeit weiterer betrieblicher Werbemaßnahmen im einzelnen aufzuzeigen. Der Anspruch steht auch einer nicht tariffähigen Arbeitnehmerkoalition zu. Er richtet sich gegen den Arbeitgeber und nicht gegen den Betriebsrat.[248]

124

e) Gewerkschaftliche und betriebliche Vertrauensleute

aa) Die gewerkschaftlichen Vertrauensleute sind der verlängerte Arm der Gewerkschaften im Betrieb. Sie werden von den organisierten Arbeitnehmern – i.d.R. abteilungsweise – aus ihrer Mitte gewählt. Sie sind ehrenamtliche Funktionäre der Gewerkschaft und haben die allgemeine Aufgabe, an der Gestaltung und Festigung ihrer Organisation mitzuwirken und die Politik ihrer Gewerkschaft im Betrieb zu vertreten.

125

Zu ihren Aufgaben gehört es, die Mitglieder über die Gewerkschaft und ihre Ziele, umgekehrt die Gewerkschaft über alle wichtigen Vorgänge im Betrieb, die ihre Interessen berühren, zu informieren. Sie haben für die Einhaltung von Gewerkschaftsbeschlüssen zu sorgen, Informationsmaterial zu verteilen, für den Gewerkschaftsbeitritt zu werben und Austritten entgegenzuwirken. Besondere Aufgaben haben sie im Rahmen der Tarifbewegung (Diskussion der Forderungen, Organisation des Arbeitskampfs). Betriebsverfassungsrechtliche Funktionen stehen ihnen nicht zu. Dennoch ist ihr Einfluss häufig groß. Sie stellen die Vorschlagslisten für die Wahlen zu Betriebsrat, Aufsichtsrat und Jugend- und Auszubildendenvertretung auf. Die Vertrauensleute genießen keine Vorrechte

126

---

[244] LAG Hamm 30.9.1977, DB 1978, 844.
[245] BAG 28.2.2006, NZA 2006, 798; anders noch BAG 14.2.1978, AP Nr. 26 zu Art. 9 GG.
[246] BAG 28.2.2006, NZA 2006, 798; BAG 22.6.2010, NZA 2010, 1365.
[247] BAG 22.6.2010, NZA 2010, 1365; BAG 22.5.2012, NZA 2012, 1176.
[248] BAG 22.5.2012, NZA 2012, 1176.

im Betrieb, vor allem keinen besonderen (Kündigungs-)Schutz.[249] Die Gewerkschaft kann nicht verlangen, dass die Vertrauensleutewahlen während der Arbeitszeit und im Betrieb durchgeführt werden. Umgekehrt dürfen die Vertrauensleute wegen ihrer Tätigkeit aber auch nicht benachteiligt werden.[250]

127 **bb) Betriebliche Vertrauensleute** (vgl. § 3 Abs. 1 Nr. 5 BetrVG) sind der Unterbau des Betriebsrats und i.d.R. zugleich Gesprächspartner des Abteilungsleiters, vor allem im Bereich der chemischen Industrie. Gewählt werden sie in den Betrieben von allen Arbeitnehmern (mit Ausnahme der leitenden Angestellten); ihre Zusammenkünfte finden unter der Leitung des Betriebsrats während der Arbeitszeit im Betrieb statt. Soweit sie gewerkschaftlich organisiert sind, sind sie nicht selten in Personalunion gewerkschaftliche Vertrauensleute. Zu sog. betrieblichen Kommunikationsbeauftragten s. Rn. 232a.

f) Die personelle Verflechtung

128 Die Querverbindungen zwischen Gewerkschaft und Betriebsrat sind enger, als die gesetzliche Regelung vermuten lässt. Die Mehrzahl der Betriebsratsmitglieder gehört der zuständigen Gewerkschaft an.

129 Viele Betriebsratsmitglieder sind gleichzeitig ehrenamtliche Gewerkschaftsfunktionäre. Das führt zu der Frage, wie sich Betriebsratsamt und gewerkschaftliche Funktionen vereinbaren lassen. Die Grenzen sind schwer zu ziehen. Grundsätzlich schließt die Wahl zum Betriebsrat die gewerkschaftliche Betätigung im Betrieb nicht aus (§ 74 Abs. 3 BetrVG); allerdings darf das Betriebsratsmitglied nicht in amtlicher Eigenschaft tätig werden. Unzulässig wäre es etwa, wenn der Betriebsrat in dieser Eigenschaft zum Streik auffordern oder die Unterstützung von Anträgen, z.B. auf Werkswohnungen, vom Beitritt zu einer Gewerkschaft abhängig machen würde.

Regelmäßige Betriebsratswahlen 2002-2018[251]

in %	Wahl 2002		Wahl 2006		Wahl 2010		Wahl 2014		Wahl 2018	
	BR-Mitgl.	BR-Vors.	BR-Mitgl.	BR-Vors.	BR-Mitgl.	BR-Vors.	BR-Mitgl.	BR-Vors.	BR-Mitgl.	BR-Vors.
DGB	57,8	68,1	48,7	56,1	55,3	70,2	63,8	73,9	39,6	68,8
CGB	0,5	0,2	0,8	0,1	2,0	2,8	63,8	0,9	39,6	68,8
Sonstige	1,0	0,4	3,0	1,1	2,0	2,8	63,8	0,9	1,4	68,8
Nicht-organis.	40,7	31,3	47,5	42,7	42,7	27,0	36,2	25,2	41,0	31,2

---

[249] BAG 8.12.1978, AP Nr. 28 zu Art. 9 GG.
[250] *Fitting*, § 2 BetrVG Rn. 88 f.
[251] *Niedenhoff*, Betriebsratswahlen. IW-Analysen Nr. 24, 2007, S. 46; *Kestermann/Lesch/Stettes*, Betriebsratswahlen 2018 -Trends 4/2018, S. 82.

Es ist verständlich, dass die Gewerkschaften versuchen, Einfluss auf die Belegschaft und **130** ihre gewählten Vertreter zu nehmen. Zum Teil ist ihnen dieser Einfluss durch das BetrVG vom Gesetzgeber eingeräumt worden. Erwähnt wurde bereits das Zugangsrecht (§ 2 Abs. 2 BetrVG). Zu nennen sind aber auch das Verbot, tariflich geregelte Arbeitsbedingungen durch Betriebsvereinbarung zu regeln, also z.B. auf Nichtorganisierte auszudehnen (§ 77 Abs. 3 BetrVG), das den Betriebsräten gute Möglichkeiten der Selbstdarstellung nimmt, oder die Bildungs- und Schulungsveranstaltungen für Betriebsrats- und Jugend- und Auszubildendenvertreter (§ 37 Abs. 6 und 7 BetrVG), die großenteils von Gewerkschaften durchgeführt werden. Auch die Aufstellung von Wahllisten durch die gewerkschaftlichen Vertrauensleute wirkt in dieser Richtung. Dabei darf allerdings nicht übersehen werden, dass mancher Betriebsrat, wenn er sich gegenüber „seinem" Arbeitgeber durchsetzen will, in der Tat einer gewissen Unterstützung von außen bedarf, und dass es manchen Betriebsrat nicht gäbe, wenn die Gewerkschaften seine Errichtung nicht durchgesetzt hätten.

V. Betriebsratswahl

1. Wahlrecht

a) Wahlberechtigung

131 **aa) Wahlberechtigt** sind grundsätzlich alle Arbeitnehmer des Betriebs, die am Wahltag, d.h. am letzten Tag der Stimmabgabe, das 18. Lebensjahr vollendet haben (§ 7 S. 1 BetrVG); ausgenommen sind die leitenden Angestellten (§ 5 Abs. 3 BetrVG), die gegebenenfalls den Sprecherausschuss wählen (s. unten Rn. 670 ff.). Wahlberechtigt sind auch Beamte, Soldaten und Arbeitnehmer des öffentlichen Dienstes, die einem privatrechtlich verfassten Unternehmen überlassen sind (§ 5 Abs. 1 S. 3 BetrVG).[252] Da es allein auf den rechtlichen Bestand des Arbeitsverhältnisses ankommt, sind auch Arbeitnehmer, die krank oder beurlaubt sind oder sich in Mutterschaftsurlaub oder Elternzeit befinden, wahlberechtigt. Gekündigte sind wahlberechtigt, solange die Kündigungsfrist noch nicht abgelaufen ist; sie bleiben wahlberechtigt, wenn sie für die Dauer des Kündigungsschutzverfahrens weiterbeschäftigt werden[253]. Wahlberechtigt sind auch Teilzeitkräfte,[254] Aushilfen und die zu ihrer Berufsausbildung Beschäftigten, soweit sie nicht in reinen Ausbildungsbetrieben tätig sind.[255] Formelle Voraussetzung für die Ausübung des Wahlrechts ist die Eintragung in die Wählerliste (§ 2 Abs. 3 WahlO).

132 Wahlberechtigt sind nur **betriebsangehörige** Arbeitnehmer. Betriebsangehörig ist, wem aufgrund eines Arbeitsvertrags innerhalb der betrieblichen Organisation, für die der Betriebsrat gewählt wird, ein Arbeitsbereich zugewiesen ist.[256] Gleichgültig ist, ob der Arbeitnehmer im Betrieb oder im Außendienst oder in Telearbeit beschäftigt wird. Nicht betriebsangehörig sind Mitarbeiter anderer Unternehmen, auch wenn sie tatsächlich im Betrieb tätig werden. Leiharbeitnehmer wählen im Betrieb des Verleihers (§ 14 Abs. 1 AÜG); zusätzlich dürfen sie im Betrieb des Entleihers mitwählen, wenn sie dort länger als drei Monate eingesetzt sind (§ 7 S. 2 BetrVG). Freie Mitarbeiter sind keine Arbeitnehmer. Wer in mehreren Betrieben beschäftigt ist, wählt in allen diesen Betrieben. Maßgeblich für die Wahlberechtigung ist die Betriebsangehörigkeit am Wahltag; auf eine bestimmte Dauer kommt es nicht an.

133 **bb) Die Wahlbeteiligung** ist seit jeher hoch. Sie hängt ab von der Branche (z.B. niedrig im Dienstleistungsbereich, hoch im verarbeitenden Gewerbe) und sinkt mit zunehmender Größe des Betriebs.

---

[252] Vgl. weiter BAG 16.1.2008, AP Nr. 12, 14 zu § 7 BetrVG 1972.
[253] BAG 14.5.1997, AP Nr. 6 zu § 8 BetrVG 1972.
[254] BAG 29.1.1992, AP Nr. 1 zu § 7 BetrVG 1972.
[255] BAG 13.6.2007, NZA-RR 2008, 19; BAG 16.11.2011, AP Nr. 14 zu § 5 BetrVG 1972 Ausbildung.
[256] BAG 22.3.2000, NZA 2000, 1119.

Wahlbeteiligung von 1975 bis 2018 (in %)[257]

	1975	1978	1981	1984	1987	1990	1994	1998	2002	2006	2010	2014	2018
Arb.	82,6	81,9	79,9	82,6	82,5	79,1	78,8	64,6	77,9	74,9	79,1	76,7	74,8
Ang.	72,7	80,8	79,3	82,5	83,6	75,9	76,6	68,4					

b) Wählbarkeit

Wählbar sind alle Wahlberechtigten, die dem Betrieb **mindestens sechs Monate** angehören oder die als in Heimarbeit Beschäftigte in der Hauptsache für den Betrieb gearbeitet haben (§ 8 Abs. 1 S. 1 BetrVG). Um das Betriebsratsamt soll sich nur bewerben können, wer den Betrieb wenigstens einigermaßen kennt.

134

Kürzere Unterbrechungen der Betriebsangehörigkeit schaden nicht. Zeiten, in denen der Arbeitnehmer unmittelbar vorher einem anderen Betrieb desselben Unternehmens oder Konzerns angehört hat, werden auf die Betriebsangehörigkeit angerechnet (§ 8 Abs. 1 S. 2 BetrVG). Dasselbe gilt für Beschäftigungszeiten als Leiharbeitnehmer im entleihenden Betrieb, wenn der Arbeitnehmer im unmittelbaren Anschluss an die Überlassung ein Arbeitsverhältnis mit dem Entleiher begründet[258]. Besteht der Betrieb noch keine sechs Monate, so ist wählbar, wer bei Einleitung der Betriebsratswahl wahlberechtigt ist (§ 8 Abs. 2 BetrVG). Ausländer sind gleichermaßen wählbar wie Deutsche. Nicht wählbar ist, wer infolge strafgerichtlicher Verurteilung die Fähigkeit, Rechte aus öffentlichen Wahlen zu erlangen, nicht besitzt (§ 8 Abs. 1 S. 3 BetrVG). Formelle Voraussetzung für das passive Wahlrecht sind die Eintragung in die Wählerliste (§ 2 Abs. 3 WahlO) und die Benennung auf einem ordnungsgemäß eingereichten Wahlvorschlag (§ 6 WahlO). Wählbar ist auch ein gekündigter Arbeitnehmer, wenn er Kündigungsschutzklage erhoben hat; keine Rolle spielt dabei, ob er nach Ablauf der Kündigungsfrist weiterbeschäftigt wird.[259] Leiharbeitnehmer sind nur im Betrieb des Verleihers wählbar (§ 14 Abs. 2 S. 1 AÜG),[260] zugewiesene Arbeitnehmer des öffentlichen Dienstes i.S.d. § 5 Abs. 1 S. 3 BetrVG auch im Einsatzbetrieb.[261]

135

2. Größe und Zusammensetzung des Betriebsrats

a) Größe

Betriebsräte können nur in Betrieben mit mindestens fünf Arbeitnehmern gebildet werden (§ 1 BetrVG). Die Größe des Betriebsrats hängt von der Beschäftigtenzahl ab. Nach der zwingenden Staffel des § 9 S. 1 BetrVG besteht der Betriebsrat in Betrieben mit i.d.R.

136

---

[257] *Niedenhoff*, Betriebsratswahlen, IW-Analysen Nr. 24, 2007, S. 24; *Kestermann/Lesch/Stettes*, Betriebsratswahlen 2018 -Trends 4/2018, S. 82.
[258] BAG 10.10.2012, BB 2013, 243.
[259] BAG 10.11.2004, NZA 2005, 707.
[260] BAG 17.2.2010, NZA 2010, 832: gilt auch für nicht gewerbsmäßig Überlassene.
[261] BAG 15.8.2012, NZA 2013, 107.

5 - 20	wahlberechtigten Arbeitnehmern	aus	einer Person
21 - 50	wahlberechtigten Arbeitnehmern	aus	3 Mitgliedern
51 - 100	Arbeitnehmern	aus	5 Mitgliedern
101 - 200	Arbeitnehmern	aus	7 Mitgliedern
201 - 400	Arbeitnehmern	aus	9 Mitgliedern
401 - 700	Arbeitnehmern	aus	11 Mitgliedern
701 - 1000	Arbeitnehmern	aus	13 Mitgliedern
1001 - 1500	Arbeitnehmern	aus	15 Mitgliedern
1501 - 2000	Arbeitnehmern	aus	17 Mitgliedern
2001 - 2500	Arbeitnehmern	aus	19 Mitgliedern
2501 - 3000	Arbeitnehmern	aus	21 Mitgliedern
3001 - 3500	Arbeitnehmern	aus	23 Mitgliedern
3501 - 4000	Arbeitnehmern	aus	25 Mitgliedern
4001 - 4500	Arbeitnehmern	aus	27 Mitgliedern
4501 - 5000	Arbeitnehmern	aus	29 Mitgliedern
5001 - 6000	Arbeitnehmern	aus	31 Mitgliedern
6001 - 7000	Arbeitnehmern	aus	33 Mitgliedern
7001 - 9000	Arbeitnehmern	aus	35 Mitgliedern.

137 In Betrieben mit mehr als 9000 Arbeitnehmern erhöht sich die Zahl der Mitglieder des Betriebsrats für je angefangene weitere 3000 Arbeitnehmer um zwei Mitglieder (§ 9 S. 2 BetrVG). In Betrieben mit 5-20 Arbeitnehmern besteht der Betriebsrat aus einer Person, in größeren ist er ein Gremium.

138 Entscheidend ist die Zahl der Arbeitnehmer (ohne die leitenden Angestellten) zum Zeitpunkt der Wahl, so wie sie vom Wahlvorstand bei Erlass des Wahlausschreibens nach pflichtgemäßem Ermessen eingeschätzt wird (§ 3 Abs. 2 Nr. 4 WahlO).[262] Dabei kommt es nicht auf die Zahl der tatsächlich, sondern der regelmäßig Beschäftigten an. Es ist auf die Beschäftigtenlage abzustellen, die im allgemeinen für den Betrieb kennzeichnend ist. Zugrunde zu legen sind die bisherige Stärke des Betriebs und die voraussichtliche Entwicklung.[263] Dabei ist eine rückblickende Betrachtung anzustellen, für die ein Zeitraum zwischen sechs Monaten bis zwei Jahren als angemessen erachtet wird, wie auch eine Prognose, bei der konkrete Veränderungsentscheidungen zu berücksichtigen sind.[264] Künftige, aufgrund konkreter Unternehmerentscheidungen zu erwartende Entwicklungen sind nur dann zu berücksichtigen, wenn sie unmittelbar bevorstehen.[265] Steht fest, dass die Belegschaft aufgestockt oder verringert wird, so ist von der neuen Zahl auszugehen; die bloße Befürchtung, dass Arbeitnehmer entlassen werden müssen, genügt nicht. Teilzeitkräfte sind grundsätzlich (voll) mitzuzählen.[266] Werden Arbeitnehmer nicht ständig, sondern lediglich zeitweilig beschäftigt, kommt es für die Frage der regelmäßigen Beschäftigung darauf an, ob sie normalerweise während des größten Teils eines Jahres, das heißt länger als sechs Monate, beschäftigt werden.[267] Aushilfen zählen folglich mit, wenn sie mindestens sechs Monate im Jahr beschäftigt werden und wenn auch in Zukunft mit

---

[262] BAG 12.10.1976, AP Nr. 1 zu § 8 BetrVG 1972.
[263] BAG 29.5.1991, AP Nr. 1 zu § 17 BPersVG.
[264] BAG 18.1.2017, NZA 2017, 865.
[265] BAG 2.8.2017, NZA 2017, 1343.
[266] BAG 29.5.1991, AP Nr. 1 zu § 17 BPersVG.
[267] BAG 18.1.2017, NZA 2017, 865.

ihrer Beschäftigung zu rechnen ist.[268] Eine Ausnahme gilt lediglich für reine Kampagnebetriebe, die überhaupt nur während eines Teils des Jahres arbeiten; in diesen ist die Beschäftigtenzahl während der Kampagne maßgebend.[269] Werden regelmäßig Aushilfskräfte tätig, mit denen der Arbeitgeber bei Bedarf jeweils für einen Tag befristete Arbeitsverträge abschließt, ist die durchschnittliche Anzahl der an einem Arbeitstag Beschäftigten maßgeblich.[270] Leiharbeitnehmer zählen ebenfalls mit, wenn sie zu dem regelmäßigen Personalbestand des Betriebs gehören. Das hat der Gesetzgeber mit § 14 Abs. 2 S. 4 AÜG in der seit dem 1.4.2017 geltenden Fassung klargestellt.[271] Nicht berücksichtigt werden Arbeitnehmer in der Freistellungsphase der „verblockten" Altersteilzeit[272] sowie in Elternzeit, solange für sie ein Vertreter eingestellt ist (§ 21 Abs. 7 BEEG). Ändert sich nach der Wahl die Belegschaftsstärke, so hat das nur dann Auswirkungen, wenn binnen 24 Monaten nach dem Wahltag die Zahl der regelmäßig beschäftigten Arbeitnehmer um die Hälfte, mindestens aber um 50 steigt oder sinkt; dann ist ein neuer Betriebsrat zu wählen (§ 13 Abs. 2 Nr. 1 BetrVG). Fehlt es in einem Betrieb an einer ausreichenden Zahl von wählbaren Arbeitnehmern, so ist die Zahl der Betriebsratsmitglieder der nächstniedrigeren Betriebsgröße zugrundezulegen (§ 11 BetrVG). Entsprechendes gilt bei einem Mangel an Wahlbewerbern oder wenn gewählte Mitglieder die Übernahme des Amtes ablehnen.[273]

b) Zusammensetzung

aa) Berücksichtigung der Organisationsbereiche und Beschäftigungsarten. 139
Der Betriebsrat soll sich möglichst aus Arbeitnehmern der einzelnen Organisationsbereiche und der verschiedenen Beschäftigungsarten der im Betrieb tätigen Arbeitnehmer zusammensetzen. **Organisationsbereiche** sind organisatorische Untergliederungen eines Betriebs oder einer anderen in § 3 BetrVG vorgesehenen Organisationseinheit. **Beschäftigungsarten** sind beispielsweise Wechselschichtarbeit, Telearbeit oder wissenschaftliche Tätigkeit. § 15 Abs. 1 BetrVG ist nicht zwingend. Die Vorschrift will nur dazu auffordern, die Wahlvorschläge so zu gestalten, dass sich der Betriebsrat entsprechend der Organisation des Betriebs und der Struktur der Arbeitnehmerschaft zusammensetzt.

bb) Berücksichtigung der Geschlechter. Besteht der Betriebsrat aus mindestens 140
drei Mitgliedern, muss das Geschlecht, das in der Belegschaft in der Minderheit ist, mindestens entsprechend seinem zahlenmäßigen Verhältnis im Betriebsrat vertreten sein (§ 15 Abs. 2 BetrVG). Das in der Minderheit befindliche Geschlecht kann also mehr Sitze haben, als seinem Anteil an der Belegschaft entspricht. Dieser Geschlechterproporz beeinträchtigt zwar den Grundsatz der Wahlrechtsgleichheit; er ist aber nach Ansicht des BAG durch Art. 3 Abs. 2 GG gerechtfertigt.[274] Obwohl die Vorschrift geschlechtsneutral gestaltet ist, zielt sie auf

---

[268] BAG 12.10.1976, AP Nr. 1 zu § 8 BetrVG 1972.
[269] BAG 16.11.2004, AP Nr. 58 zu § 111 BetrVG 1972.
[270] BAG 7.5.2008, AP Nr. 12 zu § 9 BetrVG 1972.
[271] BAG 18.1.2017, NZA 2017, 865; BAG 2.8.2017, NZA 2017, 1343.
[272] BAG 16.4.2003, AP Nr. 1 zu § 9 BetrVG 2002 m. Anm. *Maschmann.*
[273] *Fitting,* § 11 BetrVG Rn. 8; *Löwisch/Kaiser,* § 11 BetrVG Rn. 2.
[274] BAG 16.3.2005, NZA 2005, 1252.

eine Erhöhung des Anteils weiblicher Betriebsratsmitglieder. Die Vorschrift ist zwingend; Fehler machen die Wahl anfechtbar.[275] Eine Zwangskandidatur von Angehörigen des Geschlechts in der Minderheit folgt daraus aber nicht, so dass auch reine Frauen- oder Männerlisten möglich sind.[276]

141 In größeren Betrieben werden keine Personen, sondern Listen gewählt. Diese werden von den im Betrieb vertretenen Gewerkschaften oder von freien Wählerinitiativen aufgestellt. Betriebsratsmitglieder, die über dieselbe Vorschlagsliste gewählt werden, bilden die **„Fraktionen"** des Betriebsrats (z.B. IG Metall, CGB, AUB). Die Mehrheitsfraktion vermag zwar im Regelfall ihre Interessen gegenüber den übrigen Fraktionen durchzusetzen (§ 33 Abs. 1 BetrVG). Die Mitglieder der „Minderheitsfraktionen" müssen aber bei der Besetzung von betrieblichen Ausschüssen (§ 27 Abs. 1 S. 3, Abs. 2 S. 4, 28 Abs. 1 S. 1 BetrVG) und bei der Freistellung von Betriebsratsmitgliedern (§ 38 Abs. 2 S. 3 BetrVG) verhältnismäßig berücksichtigt werden.

3. Zeitpunkt der Wahlen

a) Regelmäßige Betriebsratswahlen

142 Die regelmäßigen Betriebsratswahlen finden seit 1990 alle vier Jahre in der Zeit vom 1. März bis 31. Mai statt (2014, 2018, 2022 usw.). Sie sind zeitgleich mit den regelmäßigen Wahlen zum Sprecherausschuss einzuleiten (§§ 13 Abs. 1 S. 2 BetrVG, § 5 Abs. 1 S. 2 SprAuG).

b) Außerordentliche Betriebsratswahlen

143 Außerhalb dieses Zeitraums ist der Betriebsrat nur dann zu wählen, wenn
– mit Ablauf von 24 Monaten, vom (letzten) Tage der Wahl an gerechnet, die Zahl der regelmäßig beschäftigten Arbeitnehmer um die Hälfte, mindestens aber um fünfzig, gestiegen oder gesunken ist,
– die Gesamtzahl der Betriebsratsmitglieder nach Eintreten sämtlicher Ersatzmitglieder unter die vorgeschriebene Zahl der Betriebsratsmitglieder gesunken ist,
– der Betriebsrat mit der Mehrheit seiner Mitglieder seinen Rücktritt beschlossen hat,
– die Betriebsratswahl mit Erfolg angefochten worden ist,
– der Betriebsrat durch eine gerichtliche Entscheidung aufgelöst ist oder
– im Betrieb ein Betriebsrat nicht besteht (vgl. § 13 Abs. 2 BetrVG).

144 Führt der Betriebsrat keine Neuwahl durch, obwohl die Zahl seiner Mitglieder unter die vorgesehene Mindestzahl gesunken ist, bleibt er dennoch bis zum Ablauf seiner regulären Amtszeit im Amt, es sei denn, dass das Arbeitsgericht ihn nach § 23 Abs. 1 BetrVG auflöst

---

[275] BAG 13.3.2013, NZA-RR 2013, 575.
[276] *Fitting*, § 15 BetrVG Rn. 13.

oder nach § 16 Abs. 2 BetrVG einen Wahlvorstand bestellt, der dann die Neuwahl einleitet.[277] Um den Anschluss an die regelmäßige Wahlzeit zu gewinnen, finden die nächsten Wahlen ohne Rücksicht auf die Amtszeit zum nächsten und, wenn der Betriebsrat am folgenden 1. März noch nicht ein Jahr im Amt ist, zum übernächsten regelmäßigen Termin statt (§ 13 Abs. 3 S. 2 BetrVG). Dementsprechend verlängert oder verkürzt sich die Amtszeit des gewählten Betriebsrats (§ 21 S. 4 BetrVG).

4. Wahlverfahren

a) Wahlvorstand

aa) Bestellung. Die Wahl beginnt mit der Bestellung des Wahlvorstands, dem die Leitung und Durchführung der Wahl obliegt (§ 1 Abs. 1 WahlO). Die Bestellung geschieht **durch den Betriebsrat**, und zwar spätestens zehn Wochen vor Ablauf seiner Amtszeit (§ 16 Abs. 1 BetrVG). Hat er acht Wochen vor Ablauf seiner Amtszeit noch keinen Wahlvorstand berufen, bestellt ihn das Arbeitsgericht auf Antrag von mindestens drei Wahlberechtigten oder einer im Betrieb vertretenen Gewerkschaft (§ 16 Abs. 2 BetrVG). Zur Bestellung des Wahlvorstands berechtigt ist in diesem Fall auch der Gesamtbetriebsrat oder, falls ein solcher nicht besteht, der Konzernbetriebsrat (§ 16 Abs. 3 BetrVG). 145

Besteht in einem betriebsratsfähigen Betrieb kein Betriebsrat oder ist seine Amtszeit bereits vor Bestellung eines Wahlvorstand abgelaufen[278], so bestellt der Gesamtbetriebsrat (s. unten Rn. 274 ff.) oder, falls ein solcher nicht besteht, der Konzernbetriebsrat (s. unten Rn. 293) den Wahlvorstand (§ 17 Abs. 1 BetrVG). Besteht weder ein Gesamt- noch ein Konzernbetriebsrat oder unterlässt dieser die Bestellung eines Wahlvorstands, so wird der Wahlvorstand in einer Betriebsversammlung von der Mehrheit der anwesenden Arbeitnehmer gewählt (§ 17 Abs. 2 BetrVG). Zu dieser Betriebsversammlung können drei wahlberechtigte Arbeitnehmer des Betriebs oder eine im Betrieb vertretene Gewerkschaft einladen. Sie können dabei Vorschläge für die Zusammensetzung des Wahlvorstands unterbreiten (§ 17 Abs. 3 BetrVG); zuvor vom Gesamtbetriebsrat durchgeführte Informationsveranstaltungen sind unzulässig.[279] Findet trotz ordnungsgemäßer Einladung keine Betriebsversammlung statt oder wählt die Betriebsversammlung keinen Wahlvorstand, so bestellt ihn das Arbeitsgericht auf Antrag von mindestens drei wahlberechtigten Arbeitnehmern oder einer im Betrieb vertretenen Gewerkschaft (§ 17 Abs. 4 BetrVG). Dass das selbst dann zu geschehen hat, wenn die Mehrheit der Belegschaft keinen Betriebsrat wünscht, begegnet laut BAG „keinen durchgreifenden verfassungsrechtlichen Bedenken".[280] Der Antrag setzt auch nicht voraus, dass in der Betriebsversammlung mehrere Wahlgänge ohne Erfolg geblieben sind. Es genügt, dass in einem Wahlgang keine erforderli- 146

---

[277] LAG Düsseldorf 15.4.2011, LAGE § 13 BetrVG 2001 Nr. 1.
[278] BAG 23.11.2016, NZA 2017, 589.
[279] BAG 16.11.2011, NZA 2012, 404.
[280] BAG 20.2.2019, NZA 2019, 1147.

che Mehrheit zustande gekommen ist. Die Übernahme des Amts eines Wahlvorstandsmitglieds erfordert dessen Einverständnis. Der Wahlvorstand darf erst dann tätig werden, wenn der Bestellungsbeschluss rechtskräftig ist.[281] Verstöße gegen diese Vorschriften machen die Wahl anfechtbar. Bei offensichtlich groben Verstößen kann der Arbeitgeber die Wahl gerichtlich abbrechen lassen.[282]

147 **bb) Größe und Zusammensetzung.** Der Wahlvorstand besteht ohne Rücksicht auf die Größe des Betriebs aus drei Wahlberechtigten. Er kann bei Bedarf größer sein, muss aber immer eine ungerade Zahl von Mitgliedern haben. In Betrieben mit weiblichen und männlichen Arbeitnehmern sollen dem Wahlvorstand Frauen und Männer angehören. Jede im Betrieb vertretene Gewerkschaft kann zusätzlich, wenn sie nicht ohnedies durch ein Mitglied im Wahlvorstand vertreten ist, einen dem Betrieb angehörenden Beauftragten als nicht stimmberechtigtes Mitglied entsenden. Für jedes Wahlvorstandsmitglied kann ein Ersatzmitglied bestellt werden. Ein Mitglied ist vom Betriebsrat zum Vorsitzenden zu bestimmen (§ 16 Abs. 1 BetrVG). Innerhalb dieses Rahmens kann der Betriebsrat frei entscheiden, wen er beruft. Nach Möglichkeit wird er sachkundige Arbeitnehmer aussuchen, die Betriebsratswahlen schon einmal durchgeführt haben, im allgemeinen Betriebsratsmitglieder. Mitglieder des Wahlvorstands können bei der Betriebsratswahl kandidieren.[283]

148 **cc) Beginn und Ende der Amtszeit.** Das Amt der Wahlvorstandsmitglieder beginnt mit der – wirksamen[284] – Bestellung durch den Betriebsrat oder das Arbeitsgericht. Es endet regelmäßig mit der Einberufung der konstituierenden Sitzung des neu gewählten Betriebsrats (§ 29 Abs. 1 S. 1 BetrVG).[285] Das Amt endet vorzeitig, wenn ein Mitglied zurücktritt oder wenn das Arbeitsgericht den Wahlvorstand ersetzt, weil die Wahl nicht unverzüglich eingeleitet oder durchgeführt oder das Wahlergebnis nicht festgestellt wurde (§ 18 Abs. 1 S. 2 BetrVG); das Ersetzungsverfahren wird auf Antrag von mindestens drei wahlberechtigten Arbeitnehmern oder einer im Betrieb vertretenen Gewerkschaft eingeleitet. Eine Abberufung des Wahlvorstands oder einzelner seiner Mitglieder durch den Betriebsrat ist nicht möglich.[286]

149 **dd) Rechtsstellung der Mitglieder.** Das Amt des Wahlvorstands ist ein **unentgeltliches Ehrenamt**. Allerdings behalten die Vorstandsmitglieder, wenn sie wegen Ausübung ihrer Amtsgeschäfte an der Arbeitsleistung verhindert sind, den Anspruch auf das Arbeitsentgelt (§ 20 Abs. 3 S. 2 BetrVG). Müssen sie ihre Amtsgeschäfte aus betrieblichen Gründen außerhalb der Arbeitszeit verrichten, haben sie einen **Ausgleichsanspruch** entsprechend § 37 Abs. 3 BetrVG.[287] Fehlen einem Wahlvorstandsmitglied die für die Durchführung der

---

[281] LAG Hamm 14.8.2009, NZA-RR 2010, 191.
[282] BAG 27.7.2011, NZA 2012, 345.
[283] BAG 4.10.1977, AP Nr. 2 zu § 18 BetrVG 1972.
[284] Zum Unterschied rechtswidrige/nichtige Bestellung s. BAG 15.10.2014, NZA 2015, 1014.
[285] BAG 14.11.1975, AP Nr. 1 zu § 18 BetrVG 1972.
[286] ArbG Berlin 3.4.1974, DB 1974, 830.
[287] Zu Vorstehendem BAG 26.4.1995, AP Nr. 17 zu § 20 BetrVG 1972.

Wahl erforderlichen Kenntnisse, so hat es **Anspruch auf Schulung** entsprechend § 37 Abs. 6 BetrVG, wenn es sich die Kenntnisse nicht bei anderen Wahlvorstandsmitgliedern oder sonstigen Kollegen verschaffen kann.[288] Bei der Durchführung seiner Aufgaben kann der Wahlvorstand einen Rechtsanwalt als Sachverständigen hinzuziehen. Hierzu bedarf es entsprechend § 80 Abs. 3 BetrVG einer vorherigen Vereinbarung mit dem Arbeitgeber. Der Arbeitgeber ist zur Kostentragung nur verpflichtet, wenn die Vereinbarung zumindest den Gegenstand der gutachterlichen Tätigkeit, die Person des Sachverständigen und die Vergütung umfasst (§ 20 Abs. 3 BetrVG).[289] Wahlvorstände genießen **Sonderkündigungsschutz** nach § 15 Abs. 3 KSchG; ihnen kann von der Bestellung bis sechs Monate nach Bekanntgabe des Wahlergebnisses nur aus wichtigem Grund gekündigt werden; überdies ist die Zustimmung des Betriebsrats erforderlich. Gekündigt werden kann ihnen aber bei der Stilllegung des gesamten Betriebs oder von Betriebsabteilungen, wenn die Übernahme in eine andere Abteilung des Betriebs oder in einen anderen Betrieb des Unternehmens nicht möglich ist (§ 15 Abs. 4, 5 KSchG). Wird der Wahlvorstand gerichtlich bestellt, beginnt der Kündigungsschutz mit der Verkündung des Einsetzungsbeschlusses; auf die formelle Rechtskraft des Beschlusses kommt es nicht an.[290] Keinen Sonderkündigungsschutz genießen Bewerber für das Amt des Wahlvorstands.[291]

ee) **Entscheidungen** trifft der Wahlvorstand nach pflichtgemäßem Ermessen durch Beschluss mit einfacher Mehrheit. Die Entscheidungen können während der Wahl beim Arbeitsgericht angefochten werden.[292] Antragsberechtigt sind außer dem in seinem aktiven oder passiven Wahlrecht Betroffenen die nach § 19 BetrVG Antragsberechtigten, z.B. eine im Betrieb vertretene Gewerkschaft.[293] Das Arbeitsgericht kann im Wege der einstweiligen Verfügung berichtigend in das Wahlverfahren eingreifen. Die Wahl abbrechen kann es nur, wenn sich der Rechtsmangel nicht korrigieren lässt und die Weiterführung mit Sicherheit eine erfolgreiche Anfechtung oder gar die Nichtigkeit der Wahl zur Folge hätte.[294]   150

b) Vorbereitung der Wahl

aa) **Rechtsvorschriften.** Das BetrVG enthält in den §§ 14 und 18 nur einige wenigen Anweisungen zur Vorbereitung und Durchführung der Wahl. Die Einzelheiten ergeben sich aus der Wahlordnung, die im Jahre 1972 auf der Grundlage des § 126 BetrVG erlassen wurde.[295]   151

bb) **Die Wählerliste.** Der Wahlvorstand beginnt seine Tätigkeit mit der Aufstellung der Wählerliste. Sie enthält Familiennamen, Vornamen und Geburtsdatum der Wahlberechtigten (§ 2 Abs. 1 WahlO). Der Arbeitgeber unterstützt ihn bei der Aufstellung, indem er ihm Auskünfte erteilt, die erforderlichen Unterlagen   152

---

[288] Dieser Anspruch besteht aber nur in Ausnahmefällen, vgl. BAG 26.6.1973, AP Nr. 3 zu § 20 BetrVG 1972; LAG Hamburg 14.3.2012, AuR 2012, 325.
[289] BAG 11.11.2009, NZA 2010, 353.
[290] BAG 26.11.2009, NZA 2010, 443.
[291] BAG 31.7.2014, NZA 2015, 245.
[292] BAG 15.12.1972, AP Nr. 1 zu § 14 BetrVG 1972.
[293] BAG 5.4.1974, AP Nr. 1 zu § 5 BetrVG 1972.
[294] BAG 27.7.2011, NZA 2012, 345.
[295] 1. VO zur Durchführung des BetrVG v. 16.1.1972, BGBl. I S. 49.

zur Verfügung stellt und bei der Feststellung der leitenden Angestellten hilft (§ 2 Abs. 2 WahlO). Die Wählerliste muss spätestens sechs Wochen vor dem ersten Tag der Stimmabgabe und somit, da dieser Tag spätestens eine Woche vor dem Ende der Amtszeit des Betriebsrats liegen soll, spätestens sieben Wochen vor dem Tag, an dem die Amtszeit des alten Betriebsrats abläuft, fertig sein (§ 3 Abs. 1 S. 3, Abs. 2 Nr. 2 WahlO). Änderungen und Ergänzungen der Wählerliste sind nur bis zum Tag vor Beginn der Stimmabgabe zulässig (§ 4 Abs. 3 S. 2 WahlO), nicht jedoch am Wahltag selbst. Wird die Wählerliste durch den Wahlvorstand noch am Wahltag um bislang nicht aufgeführte wahlberechtigte Arbeitnehmer ergänzt und nehmen diese Arbeitnehmer an der Wahl teil, kann dies die Anfechtung der Wahl rechtfertigen, wenn dadurch das Wahlergebnis beeinflusst werden konnte.[296]

Zeitplan für die Betriebsratswahlen

Bestellung des Wahlvorstands	spätestens 10 Wochen vor Ablauf der Amtszeit
- wenn kein Betriebsrat besteht: Wahl des Wahlvorstands	- jederzeit
Aufstellung der Wählerliste und Auslegung mit einem Abdruck der Wahlordnung	spätestens 6 Wochen vor dem ersten Tag der Stimmabgabe
- Abstimmung über abweichende Sitzverteilung	- vor Erlass des Wahlausschreibens
Erlass des Wahlausschreibens (= Einleitung der Wahl)	spätestens 6 Wochen vor dem ersten Tag der Stimmabgabe
Einsprüche gegen die Richtigkeit der Wählerliste	vor Ablauf von 2 Wochen seit Erlass des Wahlausschreibens
- Bekanntgabe der Entscheidung über Einsprüche gegen Wählerliste	- unverzüglich, spätestens am Tage vor Beginn der Stimmabgabe
Einreichung von Wahlvorschlägen	vor Ablauf von 2 Wochen seit Erlass des Wahlausschreibens
- Prüfung der Wahlvorschläge	- unverzüglich, möglichst innerhalb von 2 Arbeitstagen
- Nachfrist zur Mängelbeseitigung	- 3 Arbeitstage
- wenn kein Wahlvorschlag: Nachfrist	- 1 Woche
- kein gültiger Vorschlag für Betriebsrat oder eine Gruppe: Bekanntmachung	- sofort
Bekanntmachung der eingereichten Wahlvorschläge	spätestens 1 Woche vor Beginn der Stimmabgabe
Stimmabgabe	spätestens 1 Woche vor Ablauf der Amtszeit
Stimmauszählung	unverzüglich nach Abschluss der Wahl
- Benachrichtigung des Gewählten	- unverzüglich
- Bekanntgabe des endgültigen Wahlergebnisses	- sobald die Namen der Betriebsratsmitglieder endgültig feststehen
Wahlanfechtung	vor Ablauf von 2 Wochen ab Bekanntgabe des endgültigen Wahlergebnisses

---

[296] BAG 21.3.2017, NZA 2017, 1075.

V. Betriebsratswahl   317

In Betrieben, in denen zeitgleich eine **Wahl zum Sprecherausschuss** stattfindet oder in 153
denen ein Sprecherausschuss besteht, gilt folgende Besonderheit: Hat der Wahlvorstand
die Wählerliste aufgestellt, dann unterrichtet er den Wahlvorstand für die Sprecherausschusswahl darüber, wen er den leitenden Angestellten zugeordnet hat; finden die Wahlen
nicht zeitgleich statt, so unterrichtet er den Sprecherausschuss. Wenn die Zuordnungen
übereinstimmen, sind die Wählerlisten endgültig aufgestellt. Gibt es Abweichungen, so
haben beide Wahlvorstände oder – bei zeitgleicher Wahl – der Wahlvorstand für die Betriebsratswahl und vom Sprecherausschuss benannte Mitglieder in einer gemeinsamen
Sitzung eine Einigung zu versuchen. Gelingt das nicht, wird ein Vermittler eingeschaltet.
Vermittler kann jeder Beschäftigte des Unternehmens oder des Konzerns oder der Arbeitgeber sein. Können die Wahlvorstände sich nicht auf einen Vermittler einigen, so schlägt
jeder eine Person vor und das Los entscheidet. Der Vermittler hat spätestens eine Woche
vor Einleitung der Wahlen erneut eine Verständigung zu versuchen. Bleibt der Versuch
erfolglos, dann trifft er die Entscheidung nach Beratung mit dem Arbeitgeber. Der
Rechtsweg wird durch die Zuordnung nicht ausgeschlossen; allerdings kann eine spätere
Wahlanfechtung nur auf eine offensichtlich fehlerhafte Zuordnung gestützt werden. Zu
Einzelheiten vgl. § 18a BetrVG.

cc) Wahlausschreiben. Spätestens sechs Wochen vor dem ersten Tag der Stimmabgabe, 154
d.h. am selben Tag, an dem die Wählerliste fertig sein muss, hat der Wahlvorstand das
Wahlausschreiben zu erlassen (§ 3 Abs. 1 S. 1 WahlO). Das Wahlausschreiben enthält die
näheren Umstände der Wahl (§ 3 Abs. 2 WahlO). Es ist im Betrieb an gut zugänglicher
Stelle, d.h. im allgemeinen an den Schwarzen Brettern, auszuhängen (§ 3 Abs. 4 WahlO).
Das Wahlausschreiben kann auch in elektronischer Form – z.B. im Intranet – bekanntgemacht werden; ausschließlich elektronisch bekanntgemacht werden darf es aber nur, wenn
alle Arbeitnehmer von der Bekanntmachung Kenntnis erlangen können und Vorkehrungen
getroffen werden, dass nur der Wahlvorstand das Wahlausschreiben ändern kann (§§ 3
Abs. 4 S. 3, 2 Abs. 4 S. 4 WahlO).[297] Ferner sind die Wählerliste und die Wahlordnung an
geeigneten Stellen, am besten im Betriebsratsbüro und/oder in der Personalabteilung, bis
zum Abschluss der Stimmabgabe auszulegen (§ 2 Abs. 4 WahlO). Schließlich hat der
Wahlvorstand dafür Sorge zu tragen, dass ausländische Arbeitnehmer, die der deutschen
Sprache nicht mächtig sind, vor Einleitung der Betriebsratswahl über Wahlverfahren,
Aufstellung der Wähler- und Vorschlagslisten, Wahlvorgang und Stimmabgabe in geeig-
neter Weise unterrichtet werden (§ 2 Abs. 5 WahlO). Unterlässt er dies, macht das die
Wahl anfechtbar.[298] Im Zweifelsfall muss der Wahlvorstand von unzureichenden deutschen
Sprachkenntnissen ausgehen; dass ausländische Arbeitnehmer sich bei der täglichen Ar-
beit hinreichend verständigen können, genügt nicht.[299]

dd) Einspruch gegen die Wählerliste. Bis zwei Wochen nach Erlass des Wahlausschrei- 155
bens können beim Wahlvorstand Einsprüche gegen die Richtigkeit der Wählerliste eingelegt werden (§ 4 Abs. 1 WahlO). Ausgeschlossen ist ein Einspruch mit der Begründung,

---

[297] BAG 21.1.2009, NZA-RR 2009, 481.
[298] BAG 13.10.2004, DB 2005, 675.
[299] LAG Köln 8.3.2012, BeckRS 2012, 70128 für die Wahl der Schwerbehindertenvertretung.

§ 16 Betriebsverfassungsrecht

die Zuordnung zu den leitenden Angestellten sei fehlerhaft erfolgt, es sei denn, beide Wahlvorstände oder – bei nicht zeitgleicher Wahl – der Wahlvorstand für die Betriebsratswahl und die vom Sprecherausschuss benannten Mitglieder hielten die Zuordnung übereinstimmend für offensichtlich fehlerhaft (§ 4 Abs. 2 S. 2, 3 WahlO). Will sich ein leitender Angestellter gegen die Zuordnung wehren, so muss er beim Arbeitsgericht ein Statusverfahren anhängig machen. Ansonsten entscheidet über den Einspruch der Wahlvorstand (§ 4 Abs. 2 WahlO), über dessen Entscheidung notfalls das Arbeitsgericht. Der Wahlvorstand ist verpflichtet, über Einsprüche unverzüglich zu entscheiden. Der Einspruch gegen die Wählerliste während des Wahlverfahrens ist allerdings keine Voraussetzung dafür, dass in einem späteren Wahlanfechtungsverfahren die Aufnahme nicht Wahlberechtigter in die Wählerliste gerügt werden kann.[300]

156 **ee) Wahlvorschläge.** Ebenfalls vor Ablauf von zwei Wochen nach Erlass des Wahlausschreibens sind die Wahlvorschläge einzureichen. Wahlvorschläge können sowohl die wahlberechtigten Arbeitnehmer als auch die im Betrieb vertretenen Gewerkschaften unterbreiten (§ 14 Abs. 3 BetrVG). Die Vorschläge müssen jeweils von einem Zwanzigstel der wahlberechtigten Arbeitnehmer, mindestens aber von drei Wahlberechtigten unterzeichnet sein, wobei sich die Bewerber auch selbst unterstützen können.[301] Die Unterschrift von 50 Wahlberechtigten genügt in jedem Fall (§ 14 Abs. 4 BetrVG). Vorschläge einer Gewerkschaft müssen von zwei Beauftragten unterschrieben sein (§ 14 Abs. 5 BetrVG).[302] Die Wahlvorschläge müssen innerhalb der Einreichungsfrist mit der erforderlichen Anzahl von Stützunterschriften im Original beim Wahlvorstand eingehen. Ein Fax genügt nicht.[303] Wird der Wahlvorschlag um weitere Kandidaten ergänzt, nachdem bereits Stützunterschriften angebracht wurden, führt dies auch dann zur Ungültigkeit des Wahlvorschlags, wenn zwar nach der Ergänzung der Vorschlagsliste noch die nach § 14 Abs. 4 BetrVG erforderliche Anzahl von Stützunterschriften geleistet wurde, aus der Vorschlagsliste aber nicht zweifelsfrei hervorgeht, welche Kandidaten nachträglich auf die Liste gesetzt wurden.[304] Der Wahlvorstand muss eingehende Wahlvorschläge unverzüglich, möglichst innerhalb von zwei Arbeitstagen nach ihrem Eingang, prüfen und den Listenvertreter bei Mängeln sofort unterrichten (§ 7 Abs. 2 S. 2 WahlO). Am letzten Tag der Einreichungsfrist hat er hierfür besondere Vorkehrungen zu treffen. Unterlässt er dies, ist die Wahl anfechtbar, wenn nicht auszuschließen ist, dass bei unverzüglicher Prüfung des eingereichten Wahlvorschlags rechtzeitig noch ein ordnungsgemäßer anderer eingereicht worden wäre; unerheblich ist, ob das Wahlergebnis dadurch geändert oder beeinflusst werden konnte.[305] Der Wahlvorstand kann aber die Einreichungsfrist auf das Ende seiner Dienststunden oder das Ende der (betriebsüblichen) Arbeitszeit im Betrieb begrenzen.[306] Der Wahlvorstand genügt seiner Prüfungspflicht grundsätzlich, wenn er die eingereichten Listen auf „erkennbare" Mängel untersucht, um eine Anfechtbarkeit der Wahl durch den

---

[300] BAG 2.8.2017, NZA 2018, 182.
[301] BAG 6.11.2013, DB 2014, 1267.
[302] BAG 15.5.2013, NZA 2013, 1095.
[303] BAG 20.1.2010, NZA 2010, 1435 für die Wahl der Schwerbehindertenvertretung.
[304] BAG 16.1.2018, NZA 2018, 797.
[305] BAG 25.5.2005, NZA 2006, 116; BAG 18.7.2012, DB 2012, 2816.
[306] Hessisches LAG 12.1.2012, BeckRS 2012, 71404.

Ausschluss objektiv ungültiger Vorschlagslisten zu vermeiden. Es ist dem Wahlvorstand aber auch gestattet, das ordnungsgemäße Zustandekommen aller Vorschlagslisten stichprobenartig durch weitere Nachforschungen auf ihre Gültigkeit hin zu überprüfen, soweit die Nachforschungen unverzüglich und nicht nur bezogen auf eine bestimmte Liste angestellt werden.[307]

c) Durchführung der Wahl

aa) **Wahlgrundsätze.** Der Betriebsrat wird in **geheimer** Wahl gewählt (§ 14 Abs. 1 BetrVG). Unzulässig ist deshalb die Einsetzung eines Betriebsrats durch Zuruf in einer Betriebsversammlung oder durch öffentliche Abstimmung. Eine Briefwahl ist nur unter den Voraussetzungen des § 26 WahlO möglich.[308] Welche Vorkehrungen der Wahlvorstand zum Schutze des Wahlgeheimnisses treffen muss, ergibt sich aus den §§ 11 Abs. 1, 12 Abs. 1 WahlO. Die Wahl erfolgt **unmittelbar** (§ 14 Abs. 1 BetrVG), d.h. ohne Zwischenschaltung von Wahlmännern. **157**

bb) **Wahlart.** Gewählt wird nach den Grundsätzen der **Verhältniswahl**. Die Grundsätze der **Mehrheitswahl** sind anzuwenden, wenn der Betriebsrat nur aus einer Person besteht oder eine Gruppe nur einen Vertreter stellt oder wenn nur eine Vorschlagsliste eingereicht wird (§ 14 Abs. 2 BetrVG). Die Verhältniswahl erfolgt als **Listenwahl** (§ 6 Abs. 1 S. 1 WahlO). Der Wahlberechtigte kann nur die Liste als solche wählen, nicht einzelne auf der Liste stehende Bewerber. Die Sitze werden beim Verhältniswahlsystem nach dem d'Hondtschen Höchstzahlverfahren verteilt (§§ 15, 16 WahlO).[309] **158**

Beispiel: Der Betrieb hat 110 Angestellte. Der Betriebsrat besteht damit aus sieben Mitgliedern. Angenommen, es seien die Listen A, B und C eingereicht worden. Dabei seien auf die Liste A 60, auf die Liste B 30 und auf die Liste C 20 Stimmen entfallen. **159**

Liste A			Liste B			Liste C		
Stimmen	Höchstzahl	Sitz	Stimmen	Höchstzahl	Sitz	Stimmen	Höchstzahl	Sitz
60 : 1 =	60	1.	30 : 1 =	30	2.	20 : 1 =	20	4.
: 2 =	30	3.	: 2 =	15	6.	: 2 =	10	
: 3 =	20	5.	: 3 =	10		: 3 =	6,7	
: 4 =	15	7.	: 4 =	7,5		: 4 =	5	

Die Sitze verteilen sich wie folgt: Von der Liste A sind vier Kandidaten gewählt, von der Liste B zwei und von der Liste C einer. Beim **Mehrheitswahlsystem** ist gewählt, wer die meisten Stimmen erhält (Persönlichkeitswahl, § 25 Abs. 4 WahlO).

cc) **Feststellung des Wahlergebnisses und Einberufung der konstituierenden Betriebsratssitzung.** Unverzüglich nach Abschluss der Wahl zählt der Wahlvor- **160**

---
[307] BAG 16.1.2018, NZA 2018, 797.
[308] BAG 27.1.1993, AP Nr. 29 zu § 76 BetrVG 1952.
[309] Zur Verfassungsmäßigkeit BAG 22.11.2017, NZA 2018, 604.

stand öffentlich die Stimmen aus[310] und gibt das vorläufige Wahlergebnis bekannt (§ 18 Abs. 3 BetrVG, § 13 WahlO). Wiederum unverzüglich unterrichtet er die gewählten Betriebsratsmitglieder schriftlich von der Wahl. Die Wahl gilt als angenommen, wenn der Gewählte dem Wahlvorstand nicht binnen drei Arbeitstagen erklärt, dass er die Wahl ablehne (§ 17 Abs. 1 WahlO). Sobald die Namen der Gewählten endgültig feststehen, hat der Wahlvorstand sie durch zweiwöchigen Aushang bekanntzumachen (§ 18 WahlO); damit läuft die Frist für eine Wahlanfechtung nach § 19 BetrVG. Binnen einer Woche nach dem Wahltag hat der Wahlvorstand die gewählten Mitglieder zur konstituierenden Sitzung des Betriebsrats einzuberufen (§ 29 Abs. 1 S. 1 BetrVG).

d) Vereinfachtes Wahlverfahren für Kleinbetriebe

160a **aa) Erstwahl.** Um die Wahl von Betriebsräten in Kleinbetrieben zu erleichtern, kann die Erstwahl eines Betriebsrats in Betrieben mit i.d.R. 5 bis 50 Arbeitnehmern stets, in solchen mit i.d.R. 51 bis 100 dann, wenn dies zwischen Wahlvorstand und Arbeitgeber vereinbart ist, in einem vereinfachten Verfahren erfolgen (§ 14a Abs. 1 S. 1, Abs. 5 BetrVG).

160b **(1)** Auf einer **ersten Wahlversammlung** wird der Wahlvorstand, soweit er nicht bereits vom zuständigen Gesamt- oder Konzernbetriebsrat (§ 17a Nr. 3, § 17 Abs. 2 BetrVG) bestellt worden ist, von der Mehrheit der anwesenden Arbeitnehmer gewählt (§ 14a Abs. 1 S. 1 BetrVG). Zu dieser Wahlversammlung können drei wahlberechtigte Arbeitnehmer des Betriebs oder eine im Betrieb vertretene Gewerkschaft einladen und Vorschläge für die Zusammensetzung des Wahlvorstands machen (§ 17a Nr. 3 S. 2, § 17 Abs. 3 BetrVG). Der Wahlvorstand besteht zwingend aus drei Personen (§ 17a Nr. 2 BetrVG).

160c **(2)** Auf einer **zweiten Wahlversammlung**, eine Woche nach der ersten Wahlversammlung (§ 14a Abs. 1 S. 4 BetrVG), wird dann der Betriebsrat in geheimer und unmittelbarer Wahl gewählt (§ 14a Abs. 1 S. 3 BetrVG). Ein Quorum ist hierfür nicht vorgesehen; es genügt die Mehrheit der abgegebenen Stimmen. Wahlvorschläge können bis zum Ende der ersten Wahlversammlung unterbreitet werden (§ 14a Abs. 2 HS 1 BetrVG). Vorschlagsberechtigt sind die wahlberechtigten Arbeitnehmer und die im Betrieb vertretenen Gewerkschaften (§ 14 Abs. 3 BetrVG). Wahlvorschläge der Arbeitnehmer müssen von mindestens einem Zwanzigstel der Wahlberechtigten, mindestens jedoch von drei, in Betrieben mit bis zu 20 Arbeitnehmern von zwei Arbeitnehmern unterstützt werden (§ 14 Abs. 4 BetrVG). Wahlvorschläge, die erst auf der ersten Wahlversammlung unterbreitet werden, bedürfen nicht der Schriftform (§ 14a Abs. 2 HS 2 BetrVG). Unterstützung durch Handzeichen genügt also. Wahlberechtigten, die nicht an der zweiten Wahlversammlung teilnehmen können, ist Gelegenheit zur schriftlichen Stimmabgabe zu geben (§ 14a Abs. 4 BetrVG). Die Einzelheiten regelt die WahlO.

---

[310] Verstöße machen die Wahl anfechtbar, vgl. BAG 10.7.2013, AP Nr. 6 zu § 94 SGB IX.

bb) Erstwahl im einstufigen Verfahren. Für die Erstwahl des Betriebsrats kann auch der Gesamtbetriebsrat oder, wenn ein solcher nicht besteht, der Konzernbetriebsrat den Wahlvorstand bestellen (§ 17 Abs. 1 BetrVG). In diesem Fall wird der Betriebsrat nur in einer Wahlversammlung gewählt (§ 14a Abs. 3 S. 1 BetrVG). Wahlvorschläge können bis eine Woche vor der Wahlversammlung unterbreitet werden (§ 14a Abs. 3 S. 2 BetrVG). Das einstufige Verfahren findet auch statt, wenn trotz Einladung keine Wahlversammlung stattfindet oder kein Wahlvorstand gewählt wird und daher das Arbeitsgericht den Wahlvorstand bestellen muss.

160d

cc) Neuwahl des Betriebsrats. Besteht in einem Kleinbetrieb ein Betriebsrat, so hat dieser vier Wochen vor Ablauf seiner Amtszeit (§ 17a Nr. 1 BetrVG; in größeren Betrieben zehn Wochen, § 16 Abs. 1 BetrVG) einen Wahlvorstand zu bestellen. Besteht drei Wochen vor dem Ende seiner Amtszeit noch kein Wahlvorstand, so kann ihn der zuständige Gesamt- oder Konzernbetriebsrat bestellen (§§ 17a Nr. 1, 16 Abs. 3 BetrVG). Zur Bestellung durch das Arbeitsgericht s. §§ 17a Nr. 1, 16 Abs. 2 S. 1 BetrVG; zum weiteren Verfahren s. § 14a BetrVG.

160e

dd) Sonderkündigungsschutz. Arbeitnehmer, die zur Wahl des Wahlvorstands einladen oder beim Arbeitsgericht die Bestellung eines Wahlvorstands beantragen, sind vom Zeitpunkt der Einladung oder Antragstellung bis zur Bekanntgabe des Wahlergebnisses gegen Entlassungen geschützt, es sei denn, dass Tatsachen vorliegen, die den Arbeitgeber zur Kündigung aus wichtigem Grund ohne Einhaltung einer Kündigungsfrist berechtigen (§ 15 Abs. 3a S. 1 HS 1 KSchG). Der Kündigungsschutz gilt für die ersten drei in der Einladung oder Antragstellung aufgeführten Arbeitnehmer (§ 15 Abs. 3a S. 1 HS 2 KSchG). Kommt es nicht zur Wahl eines Betriebsrats, endet der Kündigungsschutz drei Monate nach dem Zeitpunkt der Einladung oder Antragstellung (§ 15 Abs. 3a S. 2 KSchG).

160f

5. Wahlschutz und Wahlkosten

a) Wahlschutz

aa) Allgemeines Behinderungsverbot. Niemand darf Betriebsratswahlen behindern (§ 20 Abs. 1 S. 1 BetrVG). Das Verbot richtet sich gegen jedermann, nicht nur gegen den Arbeitgeber oder gegen betriebsangehörige Arbeitnehmer. Geschützt sind außer dem eigentlichen Wahlakt sämtliche mit der Wahl zusammenhängenden oder ihr dienenden Handlungen.[311] Dazu gehört auch die Wahlwerbung durch eine im Betrieb vertretene Gewerkschaft. Sie genießt sogar den Schutz des Art. 9 Abs. 3 GG, da sie Teil der koalitionsmäßigen Betätigung ist

161

---

[311] *Fitting*, § 20 BetrVG Rn. 7; Richardi/*Thüsing*, § 20 BetrVG Rn. 3, 5.

und damit – so die frühere Terminologie des BVerfG[312] – in den Kernbereich der Koalitionsfreiheit fällt. Zulässig sind insbesondere der Aushang von Wahlplakaten und die Verteilung von Handzetteln während der Arbeitspausen.[313]

162 **bb) Verbot der Behinderung einzelner Arbeitnehmer.** Kein Arbeitnehmer darf in der Ausübung seines aktiven oder passiven Wahlrechts beschränkt werden (§ 20 Abs. 1 S. 2 BetrVG). Geschützt wird die äußere Freiheit der ungestörten Ausübung von Wahlbefugnissen. Unzulässig ist jede rechtliche oder tatsächliche Maßnahme, die es dem Arbeitnehmer unmöglich macht, sich an der Wahl zu beteiligen.

Beispiele: Weisung des Arbeitgebers, eine Geschäftsreise ohne zwingenden Grund gerade am Wahltag anzutreten; Nichtgewährung von Arbeitsbefreiung für die Stimmabgabe; Versetzung oder Kündigung, um die Teilnahme an der Wahl zu verhindern; Maßregelung nach einer erfolgten Wahl.

163 Dem Schutz der Arbeitnehmer vor Behinderung dient nicht zuletzt der Ausschluss der ordentlichen Kündigung von Mitgliedern des Wahlvorstands und von Wahlbewerbern bis zum Ablauf von sechs Monaten nach Bekanntgabe des Wahlergebnisses (§ 15 Abs. 3 KSchG). Für Wahlbewerber beginnt der Sonderkündigungsschutz, sobald ein Wahlvorstand bestellt ist und ein Wahlvorschlag für den Kandidaten vorliegt, der die erforderliche Mindestzahl von Stützunterschriften aufweist. Auf die Einreichung beim Wahlvorstand kommt es nicht an. Es genügt, dass der Kandidat im Zeitpunkt der Wahl die Voraussetzungen nach § 8 BetrVG erfüllt.[314] Der von § 15 Abs. 3 KSchG bezweckte Schutz der Unabhängigkeit des Wahlbewerbers verlangt allerdings nicht, dass während der Zeit des Sonderkündigungsschutzes entstandene Sachverhalte bei einer Kündigung nach dessen Ablauf gar nicht oder nur dann zu berücksichtigen sind, wenn sie geeignet wären, einen wichtigen Grund i.S.v. § 626 Abs. 1 BGB abzugeben.[315]

164 **cc) Beeinflussungsverbot.** Niemand darf die Wahlen durch Zufügung oder Androhung von Nachteilen oder durch Gewährung oder Versprechen von Vorteilen beeinflussen (§ 20 Abs. 2 BetrVG). Damit soll die Freiheit der inneren Willensbildung geschützt werden.[316] Unzulässig ist jede Einwirkung auf einen Wahlbeteiligten (Wähler, Wahlbewerber, Wahlvorstand, Unterzeichner einer Vorschlagsliste usw.), die darauf abzielt, dass dieser Wahlbefugnisse nicht nach seinem eigenen, sondern nach dem Willen eines Dritten wahrnimmt.

Beispiele: Androhung der Kündigung für den Fall, dass sich ein Arbeitnehmer als Wahlbewerber aufstellen lässt; Versetzung auf einen schlechteren oder besseren Arbeitsplatz im Hinblick auf die Wahl eines bestimmten Kandidaten; Zusage einer Zulage, wenn sich ein Arbeitnehmer zum Wahlvorstand bestellen lässt.

---

[312] BVerfG 30.11.1965, AP Nr. 7 zu Art. 9 GG.
[313] Das BVerfG hält auch die Verteilung von Flugblättern während der Arbeitszeit für verfassungsrechtlich zulässig, vgl. BVerfG 30.11.1965, AP Nr. 7 zu Art. 9 GG.
[314] BAG 7.7.2011, NZA 2012, 107; BAG 19.4.2012, NZA 2013, 112.
[315] BAG 29.8.2013, NZA 2014, 660.
[316] BGH 13.9.2010, NJW 2011, 88.

Keine unzulässige Wahlbeeinflussung ist die Werbung für einen bestimmten Kandidaten **165** oder für eine bestimmte Liste. Das gilt allerdings nicht für den Arbeitgeber. Als sozialer Gegenspieler darf er sich nicht in die (Neu-)Konstituierung des Betriebsrats einmischen, etwa dadurch, dass er es einer bestimmten Liste durch die (verschleierte) Zuwendung von Geldmitteln ermöglicht, sich im Zusammenhang mit der Wahl nachhaltiger als bisher zu präsentieren.[317] § 20 Abs. 2 BetrVG verbietet dem Arbeitgeber allerdings nicht, sich jeder kritischen Äußerung über den bestehenden Betriebsrat oder einzelne seiner Mitglieder im Hinblick auf eine zukünftige Wahl zu enthalten.[318] Das Verbot unzulässiger Wahlbeeinflussung gilt zwar auch für die Gewerkschaften. Zur Aufrechterhaltung ihrer Geschlossenheit nach innen und außen dürfen sie aber ihren Mitgliedern unter Androhung des Ausschlusses aus der Organisation verbieten, auf konkurrierenden Listen zu kandidieren oder solche Listen zu unterzeichnen.[319]

dd) Rechtsfolgen unzulässiger Wahlbehinderung oder -beeinflussung. Ein **166** Verstoß gegen das Behinderungs- oder Beeinflussungsverbot kann strafrechtliche, betriebsverfassungsrechtliche, individualarbeitsrechtliche und allgemein zivilrechtliche Folgen nach sich ziehen.

– Wer vorsätzlich eine Betriebsratswahl behindert oder durch Zufügung oder Androhung von Nachteilen oder durch Gewährung oder Versprechen von Vorteilen beeinflusst, macht sich nach § 119 Abs. 1 Nr. 1 BetrVG **strafbar**. Die Tat wird aber nur auf Antrag verfolgt.
– Die Behinderung oder unzulässige Beeinflussung kann einen **Grund zur Anfechtung der Wahl** abgeben (§ 19 Abs. 2 BetrVG).
– Rechtsgeschäftliche Maßnahmen mit dem Ziel der Behinderung oder unzulässiger Beeinflussung sind **unwirksam** (§ 134 BGB i.V.m. § 20 BetrVG).
– § 20 Abs. 1 und 2 BetrVG sind Schutzgesetze i.S.d. § 823 Abs. 2 BGB; der Verstoß macht **schadensersatzpflichtig**.

b) Wahlkosten

aa) Sach- und Personalkosten. Die Kosten der Wahl (Unterlagen des Wahlvor- **167** stands, Wahlurnen, Vordrucke, Stimmzettel, Porto für Briefwahl usw.) trägt der Arbeitgeber. Zu den Kosten der Wahl zählen auch Aufwendungen für ein erforderlich werdendes Beschlussverfahren,[320] für ein Vermittlungsverfahren nach § 18a BetrVG sowie für die anwaltliche Vertretung des Wahlvorstands.[321] Die Kostentragungspflicht setzt voraus, dass die Aufwendungen für eine ordnungsgemäße Durchführung der Wahl objektiv erforderlich sind. Die Kosten einer nichtigen Betriebsratswahl hat der Arbeitgeber zumindest dann zu tragen, wenn der Nichtigkeitsgrund nicht geradezu auf der Hand lag, etwa weil die Rechtslage schwierig zu beurteilen war.[322]

---

[317] BGH 13.9.2010, NJW 2011, 88; ausf. *Maschmann*, BB 2010, 245.
[318] BAG 25.10.2017, NZA 2018, 458.
[319] BVerfGE 100, 214; a.A. BGHZ 45, 314; 102, 265; BGH 15.10.1990, NJW 1991, 485.
[320] Auch die Kosten einer Gewerkschaft für die Beauftragung eines Rechtsanwalts im Verfahren zur Bestellung eines Wahlvorstands, vgl. BAG 31.5.2000, NZA 2001, 114.
[321] BAG 8.4.1992, AP Nr. 15 zu § 20 BetrVG 1972; BAG 11.11.2009, NZA 2010, 353.
[322] BAG 29.4.1998, AP Nr. 58 zu § 40 BetrVG 1972.

168 bb) Versäumnis von Arbeitszeit. Die Wahl findet grundsätzlich während der Arbeitszeit statt. Für Arbeitszeit, die zur Ausübung der Wahl versäumt wird, darf das Arbeitsentgelt nicht gemindert werden (§ 20 Abs. 3 BetrVG).[323] Dasselbe gilt für die Teilnahme an einer Wahlversammlung nach § 17 BetrVG (§ 44 Abs. 1 BetrVG). Unberechtigt vorenthaltene Vergütung kann der Arbeitnehmer durch Zahlungsklage geltend machen, über die im Urteilsverfahren entschieden wird.[324]

6. Mängel der Wahl

a) Anfechtung

169 aa) Allgemeines. Schon aus Gründen der Rechtssicherheit kann nicht jeder Verfahrensfehler zur Unwirksamkeit der Wahl führen. Im allgemeinen berechtigen Wahlmängel nur zur Anfechtung der Wahl. Zur Anfechtung reicht eine bloße Anfechtungserklärung nicht aus. Sie muss in einem förmlichen arbeitsgerichtlichen Beschlussverfahren geltend gemacht werden. Das geschieht durch einen Antrag an das Arbeitsgericht. Angefochten werden kann die Wahl des gesamten Betriebsrats, bei Gruppenwahl auch die Wahl einer Gruppe. Die Anfechtung kann auf die Wahl eines oder mehrerer Betriebsratsmitglieder beschränkt werden, wenn nur ihre Wahl fehlerhaft war und wenn dieser Fehler keine Auswirkungen auf die Wahl der übrigen Mitglieder hatte.[325] In einem Gemeinschaftsbetrieb mehrerer Unternehmen (s. Rn. 55 ff.) ist ein einzelner Arbeitgeber befugt, die ausschließlich für seine Arbeitnehmerschaft durchgeführte Betriebsratswahl auch dann allein anzufechten, wenn er die Anfechtung darauf stützt, dass ein einheitlicher Betriebsrat für einen mit einem anderen Unternehmen geführten Gemeinschaftsbetrieb hätte gewählt werden müssen. Die Anfechtung muss in einem solchen Fall nicht durch alle an dem behaupteten Gemeinschaftsbetrieb beteiligten Arbeitgeber gemeinsam erfolgen.[326].

---

[323] *Fitting*, § 20 BetrVG Rn. 43.
[324] BAG 5.3.1974, AP Nr. 5 zu § 20 BetrVG 1972.
[325] BAG 16.3.2005, NZA 2005, 1252; BAG 16.11.2005, NZA 2006, 445; BAG 29.7.2009, NZA-RR 2010, 76, 77.
[326] BAG 22.11.2017, NZA 2018, 724; BAG 16.1.2018, NZA 2018, 675.

	Übersicht zur Geltendmachung von Wahlmängeln	
	Anfechtung	Nichtigkeit
Art der Geltendmachung	nur als Hauptfrage in einem förmlichen Beschlussverfahren (§ 19 BetrVG)	als Hauptfrage in einem förmlichen Beschlussverfahren oder als Vorfrage in einem anderen Verfahren
Frist zur Geltendmachung	2 Wochen ab dem Tage der Bekanntmachung des Wahlergebnisses (§ 19 II 2 BetrVG, materielle Ausschlussfrist)	jederzeit; Grenze: Verwirkung (§ 242 BGB)
Befugnis zur Geltendmachung	mindestens 3 am Tag der Wahl wahlberechtigte Arbeitnehmer, eine im Betrieb vertretene Gewerkschaft oder der Arbeitgeber (§ 19 II 1 BetrVG)	jedermann
Art des Mangels	Verstoß gegen wesentliche Vorschriften über das Wahlrecht oder das Wahlverfahren, der nicht rechtzeitig berichtigt wurde und durch den das Wahlergebnis geändert oder beeinflusst werden konnte (§ 19 I BetrVG)	so grober und offensichtlicher Verstoß gegen Wahlvorschriften, dass nicht einmal der Anschein einer dem Gesetz entsprechenden Wahl besteht
Bedeutung der Entscheidung des Gerichts	Auflösung des Betriebsrats (konstitutiv)	Feststellung (deklaratorisch)
Entscheidung wirkt	ex nunc	ex tunc
Rechtsfolgen	Handlungen des Betriebsrats aus der Zeit vor der rechtskräftigen Gerichtsentscheidung bleiben wirksam; Sonderkündigungsschutz für Betriebsratsmitglieder entfällt ex nunc	alle Handlungen des Betriebsrats sind unwirksam; kein Sonderkündigungsschutz für Betriebsratsmitglieder

bb) Anfechtungsberechtigt sind ausschließlich die in § 19 Abs. 2 S. 1 BetrVG 170 Genannten, d.h.
- mindestens drei am Tag der Wahl wahlberechtigte Arbeitnehmer. Der spätere Wegfall der Wahlberechtigung, etwa wegen Ausscheidens aus dem Betrieb, hat grundsätzlich keine Auswirkung auf die Antragsbefugnis; allerdings entfällt das Rechtsschutzbedürfnis, wenn keiner der Arbeitnehmer, die das Anfechtungsverfahren eingeleitet haben, mehr dem Betrieb angehört,
- eine im Betrieb vertretene Gewerkschaft (s. oben Rn. 120),
- der Arbeitgeber, in dessen Betrieb die Wahl durchgeführt worden ist.

Nicht anfechtungsberechtigt sind einzelne Arbeitnehmer, der Betriebsrat und 171 der Wahlvorstand; Mitglieder des Betriebsrats oder des Wahlvorstands können das Anfechtungsverfahren jedoch als Wahlberechtigte betreiben.

cc) Anfechtungsfrist. Die Wahlanfechtung ist nur binnen einer – nicht verlän- 172 gerbaren – Frist von zwei Wochen, vom Tage der Bekanntgabe des Wahlergebnisses (§ 18 WahlO) an gerechnet, zulässig (§ 19 Abs. 2 S. 2 BetrVG). Beginn und Ende der Frist berechnen sich nach den §§ 187 ff. BGB.

Beispiel: Das Wahlergebnis ist an einem Donnerstag ausgehängt worden; die Frist beginnt am darauf folgenden Freitag (§ 187 Abs. 1 BGB) und endet mit Ablauf des Donnerstags der übernächsten Woche (§ 188 Abs. 2 Alt. 1 BGB). Ist dieser ein Feiertag, endet die Frist mit Ablauf des Freitags (§ 193 BGB).

173 Die Anfechtungsfrist ist eine **materielle Ausschlussfrist**. Nach ihrem Ablauf erlischt das Anfechtungsrecht, selbst wenn die Wahl rechtsfehlerhaft war. Voraussetzung für den Lauf der Frist ist die ordnungsgemäße Bekanntgabe des Wahlergebnisses (§ 18 WahlO). Zur Wahrung der Frist genügt ein Antrag beim Arbeitsgericht, der schriftlich oder zur Niederschrift des Urkundsbeamten der Geschäftsstelle angebracht werden kann (§ 81 Abs. 1 ArbGG). Der Antrag ist zu begründen. Es muss deutlich werden, auf welche tatsächlichen Anhaltspunkte die Anfechtung gestützt wird.

174 **dd) Anfechtungsgrund.** Die Wahl kann nur dann angefochten werden, wenn
- gegen wesentliche Vorschriften über das Wahlrecht (§ 7 BetrVG), die Wählbarkeit (§ 8 BetrVG) oder das Wahlverfahren (§§ 9-18 BetrVG, §§ 1 ff. WahlO) verstoßen wurde,
- eine – rechtzeitige – Berichtigung nicht erfolgt ist und
- durch den Verstoß das Wahlergebnis geändert oder beeinflusst werden konnte (§ 19 Abs. 1 BetrVG).

175 **Wesentliche Wahlvorschriften** sind Vorschriften, die Grundprinzipien der Betriebsratswahl zum Ausdruck bringen. Das sind vor allem die Mussvorschriften.[327] Der Verstoß gegen Ordnungs- oder Sollvorschriften reicht im allgemeinen nicht aus.

Beispiele für die Verletzung wesentlicher Wahlvorschriften: Zulassung von Nichtberechtigten zur Wahl oder von nicht Wählbaren als Wahlbewerber; Verkennung des Betriebsbegriffs oder der Größe des zu wählenden Betriebsrats; rechtswidrige Wahlbeeinflussung.[328]

176 Der Verstoß bleibt **folgenlos, wenn** er im Laufe des Wahlverfahrens **rechtzeitig berichtigt** wird, so dass danach die Wahl noch ordnungsgemäß ablaufen kann.[329] Er berechtigt auch dann nicht zur Wahlanfechtung, wenn die Verstöße das Wahlergebnis objektiv weder ändern noch beeinflussen konnten. Dafür ist entscheidend, ob bei einer hypothetischen Betrachtungsweise eine Wahl ohne den Verstoß unter Berücksichtigung der konkreten Umstände zwingend zu demselben Wahlergebnis geführt hätte. Eine verfahrensfehlerhafte Betriebsratswahl muss nur dann nicht wiederholt werden, wenn sich konkret feststellen lässt, dass auch bei der Einhaltung der Wahlvorschriften kein anderes Wahlergebnis erzielt wor-

---
[327] BAG 14.9.1988, AP Nr. 1 zu § 16 BetrVG 1972.
[328] Beispiele bei *Fitting*, § 19 BetrVG Rn. 12; GK-BetrVG/*Kreutz*, § 19 Rn. 17-33.
[329] *Fitting*, § 19 BetrVG Rn. 23.

den wäre. Kann diese Feststellung nicht getroffen werden, wie z.B. bei einer fehlerhaften Bestellung des Wahlvorstands,[330] bleibt es bei der Unwirksamkeit der Wahl.[331] Dagegen begründet die Verkennung der Wählbarkeit einer bestimmten Person nicht die Anfechtbarkeit, wenn der Betreffende weder kandidiert hat noch gewählt wurde.[332]

ee) **Rechtsfolgen.** Hält das Gericht die Wahlanfechtung für begründet, steht mit der Rechtskraft der Entscheidung die Ungültigkeit der Wahl fest.[333] Der Betriebsrat ist neu zu wählen. Erklärt das Gericht die Wahl eines einzelnen Betriebsratsmitglieds für ungültig, so scheidet dieses mit Rechtskraft des Gerichtsbeschlusses aus dem Betriebsrat aus, und es rückt das Ersatzmitglied nach (§ 25 Abs. 1 BetrVG). Wird nur die Berichtigung des Wahlergebnisses beantragt, stellt das Gericht durch Beschluss das richtige Wahlergebnis fest. Die erfolgreiche Anfechtung der Wahl hat **keine rückwirkende Kraft.**[334] Handlungen des Betriebsrats aus der Zeit vor der rechtskräftigen Beendigung des Anfechtungsverfahrens bleiben wirksam; die Betriebsratsmitglieder genießen bis dahin den Sonderkündigungsschutz nach § 15 KSchG. Die isolierte Anfechtung einer für einen Teil eines Gemeinschaftsbetriebs durchgeführten Betriebsratswahl führt nicht dazu, dass die von diesem Betriebsrat repräsentierte Belegschaft für die restliche Dauer der Wahlperiode betriebsratslos bleibt. Analog § 21a Abs. 2 BetrVG ist in diesem Fall nach Rechtskraft einer erfolgreichen Wahlanfechtung für eine sechsmonatige Übergangszeit der größte der für die anderen Betriebsteile bestandskräftig gewählten Betriebsräte für diejenigen Arbeitnehmer zuständig, die infolge der Anfechtung nicht mehr durch einen Betriebsrat repräsentiert sind. Er hat in dieser Zeit eine der zutreffenden Betriebsstruktur entsprechende Wahl eines einheitlichen Betriebsrats für den Gemeinschaftsbetrieb einzuleiten.[335] 177

b) Nichtigkeit

aa) **Voraussetzungen.** Aus Gründen der Rechtssicherheit haben nicht rechtzeitig geltend gemachte Mängel grundsätzlich keine Folgen für die Wirksamkeit der Wahl. Ist jedoch so grob und offensichtlich gegen Wahlvorschriften verstoßen worden, dass **nicht einmal der Anschein einer dem Gesetz entsprechenden Wahl** besteht, so ist die Wahl nicht nur anfechtbar, sondern nichtig;[336] sie ist auch ohne Gerichtsentscheidung als rechtlich nicht vorhanden anzusehen.[337] 178

Beispiele: Wahl eines Betriebsrats in einem nicht betriebsratsfähigen Betrieb; Wahl eines Betriebsrats für einen Betriebsteil, für den bereits im Hauptbetrieb ein Betriebsrat besteht; Wahl ohne Wahlvorstand; Wahl durch Akklamation.[338]

---

[330] LAG Köln 2.8.2011, NZA-RR 2012, 23; LAG Hamm 13.4.2012, LAGE § 19 BetrVG 2001 Nr. 5.
[331] BAG 25.5.2005, NZA 2006, 116; BAG 21.9.2009, NZA-RR 2009, 481, 485.
[332] BAG 12.9.2012, NZA-RR 2013, 197.
[333] BAG 29.4.1998, AP Nr. 58 zu § 40 BetrVG 1972.
[334] BAG 13.3.1991, AP Nr. 20 zu § 19 BetrVG 1972.
[335] BAG 22.11.2017, NZA 2018, 724.
[336] BAG 27.7.2011, NZA 2012, 345.
[337] BAG 19.11.2003, NZA 2004, 395, 397.
[338] Weitere Bsp. bei *Fitting*, § 19 BetrVG Rn. 5.

179 Ob ein Verstoß offensichtlich ist, beurteilt sich vom Standpunkt desjenigen, der mit den Betriebsinterna vertraut ist. Verstöße gegen mehrere wesentliche Wahlvorschriften, die für sich allein nur die Anfechtbarkeit einer Betriebsratswahl begründen, können auch in ihrer Gesamtheit nicht zur Nichtigkeit der Wahl führen.[339]

180 **bb) Geltendmachung.** Die Nichtigkeit einer Betriebsratswahl kann von jedermann zu jeder Zeit in jeder Form und in jedem Zusammenhang gerichtlich und außergerichtlich geltend gemacht werden. Über sie kann auch als Vorfrage, etwa im Rahmen einer Zahlungs- oder Kündigungsschutzklage, entschieden werden.[340] Steht von vornherein fest, dass die Wahl nichtig ist, kann der Arbeitgeber den Abbruch verlangen und dem Wahlvorstand per einstweiliger Verfügung gerichtlich verbieten, die Wahl weiter durchzuführen.[341] Wird beantragt, die Wahl für unwirksam zu erklären, so soll die Gültigkeit der Wahl unter jedem rechtlichen Gesichtspunkt, d.h. sowohl der Anfechtbarkeit als auch der Nichtigkeit, überprüft werden.[342]

181 **cc) Rechtsfolgen.** Die Feststellung der Nichtigkeit hat nur deklaratorische Wirkung.[343] Bei nichtiger Wahl hat ein Betriebsrat rechtlich niemals bestanden, alle seine Handlungen sind unwirksam, seine Mitglieder genießen nicht den Sonderkündigungsschutz nach § 15 KSchG. Ein Vertrauensschutz zugunsten des Betriebsrats oder einzelner seiner Mitglieder besteht nicht. Der Arbeitgeber braucht den Betriebsrat, der aus einer nichtigen Wahl hervorgegangen ist, nicht zu beteiligen, Widersprüche nicht zu beachten, er muss die Mitglieder nicht von der Arbeit freistellen und braucht keine Kosten zu erstatten.

VI. Geschäftsführung des Betriebsrats

1. Amtszeit

a) Amtszeit des Betriebsrats

182 **aa) Dauer.** Die Amtszeit des Betriebsrats dauert regelmäßig **vier Jahre** (§ 21 S. 1 BetrVG). Wird vor Ablauf der Amtszeit kein neuer Betriebsrat gewählt, wird der Betrieb „vertretungslos";[344] es gibt keine Beteiligungsrechte mehr, die der Arbeitgeber beachten müsste.[345]

183 In der Praxis werden über zwei Drittel aller Betriebsräte und über 70 % der Betriebsratsvorsitzenden wiedergewählt. Ein hoher Prozentsatz scheidet nicht durch Abwahl, sondern durch Pensionierung aus dem Betrieb und damit aus dem Betriebsrat aus.[346]

---

[339] BAG 19.11.2003, NZA 2004, 395; anders noch BAG 27.4.1975, AP Nr. 4 zu § 19 BetrVG 1972.
[340] BAG 27.4.1975, AP Nr. 4 zu § 19 BetrVG 1972.
[341] BAG 27.7.2011, NZA 2012, 345: Die bloße Anfechtbarkeit genügt nicht.
[342] BAG 12.10.1976, AP Nr. 1 zu § 8 BetrVG 1972.
[343] BAG 29.4.1998, AP Nr. 58 zu § 40 BetrVG 1972.
[344] *Löwisch/Kaiser*, § 21 BetrVG Rn. 7.
[345] BAG 20.4.1982, 28.10.1992, AP Nr. 15, 63 zu § 112 BetrVG 1972.
[346] *Niedenhoff*, Betriebsratswahlen, IW-Analysen Nr. 24, 2007, S. 33.

bb) **Beginn.** Die Amtszeit eines neugewählten Betriebsrats beginnt **regelmäßig** 184
mit Ablauf der vierjährigen Amtsperiode des bisherigen Betriebsrats (§ 21 S. 2
Alt. 2 BGB), spätestens am 31. Mai des Jahres, in dem die regelmäßigen Betriebsratswahlen nach § 13 Abs. 1 BetrVG stattfinden (§ 21 S. 3 BetrVG). Sie
beginnt automatisch, ohne dass es einer besonderen Handlung, etwa der Einberufung zur konstituierenden Sitzung nach § 29 Abs. 1 BetrVG, bedarf.[347] Wird in
einem Betrieb **erstmals oder außerplanmäßig** (vgl. § 13 Abs. 2 BetrVG) ein
Betriebsrat gewählt, so beginnt die Amtszeit mit der endgültigen Bekanntgabe
des Wahlergebnisses (§ 21 S. 2 BetrVG, § 19 S. 1 WahlO). Wird das Ergebnis
einer solchen Betriebsratswahl nicht förmlich bekanntgegeben, beginnt die
Amtszeit mit der konstituierenden Sitzung des neu gewählten Gremiums.[348]

cc) **Ende.** Die Amtszeit endet **regelmäßig** mit Ablauf von vier Jahren, spätestens 185
am 31. Mai des Jahres, in dem die regelmäßigen Betriebsratswahlen stattfinden
(2010, 2014, 2018 usw., § 21 S. 3 BetrVG). Ist wegen der Veränderung der Belegschaftsstärke oder wegen des Absinkens der Mitgliederzahl des Betriebsrats
der Betriebsrat **außerplanmäßig** neu zu wählen, so endet die Amtszeit des bisherigen Betriebsrats mit der Bekanntgabe des Wahlergebnisses (§ 21 S. 5 BetrVG,
§ 19 S. 1 WahlO).[349] Ein Betriebsrat, der aus einem der in § 13 Abs. 2 Nr. 1-3
BetrVG genannten Gründen nicht mehr funktionsfähig ist, führt die Geschäfte
weiter, bis der neue Betriebsrat gewählt und das Wahlergebnis bekanntgegeben
ist (§ 22 BetrVG), oder – falls die Bekanntgabe unterbleibt – mit der konstituierenden Sitzung des neu gewählten Gremiums, auch wenn die reguläre Amtszeit
zu diesem Zeitpunkt noch nicht abgelaufen ist. Damit endet auch der Sonderkündigungsschutz für Mitglieder des Wahlvorstands und Wahlbewerber nach § 15
Abs. 3 KSchG.[350]

Bei Untergang eines Betriebs durch Stilllegung, Spaltung oder Zusammenlegung kann 186
dem Betriebsrat ein **Restmandat** zur Wahrnehmung der damit im Zusammenhang stehenden Befugnisse – etwa zum Abschluss eines Sozialplans – verbleiben (§ 21b BetrVG).[351]
Die Mitgliedschaft in einem Betriebsrat mit Restmandat endet – anders als nach § 24 Nr. 3
BetrVG bei Vollmandat – nicht mehr mit Beendigung des Arbeitsverhältnisses, sondern
erst mit dem vollständigen Abschluss der Maßnahme. Das gilt auch dann, wenn Betriebsratsmitglieder mittlerweile im Ruhestand oder bei einem anderen Arbeitgeber beschäftigt
sind. Das Ehrenamtsprinzip (§ 37 Abs. 1 BetrVG, s. unten Rn. 233) verbietet es, ihnen
nach ihrem Ausscheiden eine Vergütung zu zahlen.[352] Das Restmandat setzt einen funktionalen Bezug zu den durch die Stilllegung, Spaltung oder Zusammenlegung eines Betriebs

---

[347] *Fitting*, § 21 BetrVG Rn. 14.
[348] BAG 5.11.2009, NZA-RR 2010, 236.
[349] BAG 28.9.1983, AP Nr. 1 zu § 23 BetrVG 1972.
[350] BAG 5.11.2009, NZA-RR 2010, 236.
[351] BAG 30.10.1979, 16.6.1987, AP Nr. 9, 20 zu § 111 BetrVG 1972.
[352] BAG 5.5.2010, NZA 2010, 1025.

ausgelösten Aufgaben voraus. Dieser folgt nicht bereits aus einer vorangegangenen Verletzung eines Mitbestimmungsrechts des Betriebsrats. Das Restmandat dient nicht der Sanktion eines betriebsverfassungswidrigen Verhaltens des Arbeitgebers.[353] Ein Betriebsinhaberwechsel lässt das Amt des Betriebsrats unberührt. Bei einer Verschmelzung, Spaltung oder Ausgliederung von Betrieben oder Betriebsteilen endet das Betriebsratsamt, wenn der Betrieb seine Identität verliert. Dem bisherigen Betriebsrat kann aber ein zeitlich befristetes **Übergangsmandat** (s. § 21a BetrVG) zukommen (s. dazu im einzelnen § 19 Rn. 107 ff.).

b) Amtszeit des Mitglieds

187 I.d.R. fallen die Amtszeit des Betriebsrats als Kollegialorgan und die Amtszeit seiner Mitglieder zusammen; nach Ablauf der Amtszeit des Betriebsrats oder bei dessen Auflösung aufgrund einer gerichtlichen Entscheidung erlischt auch die Mitgliedschaft im Betriebsrat (§ 24 Abs. 1 Nr. 1, 5 BetrVG). Die Mitgliedschaft kann aber schon vorher erlöschen, namentlich durch Niederlegung des Amts, Beendigung des Arbeitsverhältnisses, Verlust der Wählbarkeit (§ 8 BetrVG), Ausschluss aus dem Betriebsrat nach § 23 Abs. 1 BetrVG und rechtskräftige Feststellung der Nichtwählbarkeit. Die Aufzählung in § 24 Abs. 1 BetrVG ist nicht abschließend.[354]

c) Ersatzmitglieder

188 **aa) Rechtliche Stellung.** Scheidet ein Mitglied aus dem Betriebsrat aus oder ist es zeitweilig an der Ausübung von Amtsgeschäften verhindert, so tritt an seine Stelle ein Ersatzmitglied (§ 25 Abs. 1 BetrVG). Zeitweilig verhindert ist ein Betriebsratsmitglied, wenn es objektiv nicht in der Lage ist, sein Amt auszuüben.[355]

Beispiele: Urlaub, Krankheit, längere auswärtige Schulung, aber auch unmittelbare Betroffenheit in eigenen Angelegenheiten, z.B. bei Kündigung oder Ausschluss aus dem Betriebsrat, Umgruppierung mit daraus folgendem erhöhtem Entgelt, nicht aber bei der Beschlussfassung über die Versetzung eines Arbeitnehmers auf eine Stelle, auf die sich auch das Ersatzmitglied beworben hatte.[356]

189 Eine gewillkürte Stellvertretung ist dagegen nicht möglich.[357] Für die Zeit eines Erholungsurlaubs gilt das ordentliche Mitglied so lange als verhindert, wie es nicht seine Bereitschaft, während des Urlaubs Betriebsratstätigkeiten zu verrichten, positiv angezeigt hat.[358] Dagegen ist ein Mitglied nicht bereits dann verhindert, wenn es arbeitsfrei hat, weil ihm – anders als im Falle eines bewilligten

---

[353] BAG 11.10.2016, NZA 2017, 68.
[354] *Fitting*, § 24 BetrVG Rn. 2.
[355] BAG 15.11.1984, AP Nr. 2 zu § 25 BetrVG 1972; BAG 10.11.2009, DB 2010, 455.
[356] BAG 24.4.2013, NZA 2013, 857.
[357] BAG 5.9.1986, AP Nr. 26 zu § 15 KSchG 1969.
[358] BAG 8.9.2011, NZA 2012, 400.

Erholungsurlaubs – die Wahrnehmung von Betriebsratsaufgaben außerhalb der persönlichen Arbeitszeit nicht grundsätzlich unzumutbar ist.[359] Das Ersatzmitglied tritt bei Ausscheiden für den Rest der Amtszeit, sonst für die Dauer der Verhinderung ohne weiteres und selbsttätig in die Rechtsstellung des ausgeschiedenen oder verhinderten Betriebsratsmitglieds ein; ob dem Ersatzmitglied die Verhinderung bekannt ist, spielt keine Rolle.[360] Es hat die vollen Rechte und Pflichten eines Betriebsratsmitglieds. Allerdings fallen ihm nicht die Ämter und Funktionen des ausgeschiedenen oder verhinderten Mitglieds zu.[361] Ersatzmitglieder sind – in der durch § 25 Abs. 2 BetrVG strikt vorgegebenen[362] Reihenfolge – zu den Betriebsratssitzungen zu laden (§ 29 Abs. 2 S. 6 BetrVG). Sie genießen mit Eintritt in den Betriebsrat, dazu für die Vorbereitungszeit, höchstens für drei Tage, und nach Beendigung der Tätigkeit den nachwirkenden Kündigungsschutz nach § 15 Abs. 1 KSchG.

bb) Auswahl. Erfolgte die Betriebsratswahl durch Listenwahl, so wird das Ersatzmitglied **190** der Vorschlagsliste entnommen, dem das zu ersetzende Mitglied angehört; ist diese erschöpft, ist das Ersatzmitglied der Liste zu entnehmen, auf die nach den Grundsätzen der Verhältniswahl der nächste Sitz entfallen wäre (§ 25 Abs. 2 S. 1, 2 BetrVG). Sind alle Listen erschöpft, muss ein neuer Betriebsrat gewählt werden, wenn die Gesamtzahl der Mitglieder unter die in § 9 BetrVG vorgeschriebene Zahl sinkt (§ 13 Abs. 2 Nr. 2 BetrVG). Erfolgte die Betriebsratswahl durch Mehrheitswahl, bestimmt sich die Reihenfolge der Ersatzmitglieder nach der Höhe der Stimmenzahlen unter Berücksichtigung des Schutzes für das Geschlecht in der Minderheit (§ 25 Abs. 2 S. 3 BetrVG). Die durch § 25 Abs. 2 BetrVG vorgegebene Reihenfolge ist nicht dispositiv.[363]

2. Betriebsratsvorsitzender und Stellvertreter

a) Wahl

Besteht der Betriebsrat aus mindestens drei Personen, so werden aus seiner Mitte **191** der Vorsitzende und dessen Stellvertreter gewählt (§ 26 Abs. 1 BetrVG). Das geschieht in der vom Wahlvorstand einzuberufenden konstituierenden (ersten) Sitzung (§ 29 Abs. 1 BetrVG); zuvor ist der Betriebsrat nicht funktionsfähig.[364]

Vorsitzender wird, wer die meisten der abgegebenen Stimmen erhält, der Unterlegene **192** wird Stellvertreter.[365] Die Rechtmäßigkeit der Wahl ist gerichtlich überprüfbar, aus Gründen der Rechtssicherheit jedoch nur binnen einer Frist von zwei Wochen seit Bekanntgabe der Wahl (§ 19 BetrVG entsprechend).[366] Die Wahl gilt für die gesamte Wahlperiode, der Vorsitzende kann aber durch Mehrheitsbeschluss abberufen werden.[367]

---

[359] BAG 27.9.2012, NZA 2013, 425.
[360] BAG 8.9.2011, NZA 2012, 400.
[361] *Fitting*, § 25 BetrVG Rn. 14, 16 m.w.N.
[362] BAG 1.11.2012, DB 2012, 2814.
[363] BAG 1.11.2012, DB 2012, 2814.
[364] BAG 23.8.1984, AP Nr. 36 zu § 102 BetrVG 1972.
[365] BAG 19.3.1974, 15.1.1992, AP Nr. 1, 10 zu § 26 BetrVG 1972.
[366] BAG 12.10.1976, 8.4.1992, AP Nr. 2, 11 zu § 26 BetrVG 1972.
[367] BAG 26.1.1962, AP Nr. 8 zu § 626 BGB Druckkündigung.

b) Aufgaben und Befugnisse

193 **aa) Allgemeines.** Der Betriebsratsvorsitzende ist mit seinen Kollegen gleichberechtigtes Mitglied des Betriebsrats. Das Gesetz weist ihm jedoch folgende Aufgaben und Befugnisse als eigene Rechte zu:
- Vertretung des Betriebsrats nach außen (§ 26 Abs. 2 BetrVG, dazu unter bb),
- Mitgliedschaft im Betriebsausschuss (§ 27 Abs. 1 S. 2 BetrVG),
- Führung der laufenden Geschäfte in Betriebsräten mit weniger als neun Mitgliedern (§ 27 Abs. 3, 4 BetrVG),
- Einberufung der Betriebsratssitzungen unter Bestimmung der Tagesordnung und Ladung der Mitglieder (§ 29 Abs. 2 BetrVG),
- Leitung der Betriebsratssitzungen (§ 29 Abs. 2 BetrVG),
- Unterzeichnung der Sitzungsniederschriften (§ 34 Abs. 1 S. 2 BetrVG),
- Leitung der Betriebsversammlungen (§ 42 Abs. 1 S. 1 BetrVG),
- Teilnahme an den Sitzungen und Sprechstunden der Jugend- und Auszubildendenvertretung, falls kein anderes Betriebsratsmitglied damit beauftragt ist (§§ 62 Abs. 2, 69 S. 4 BetrVG).

194 Neben den gesetzlich zugewiesenen Aufgaben und Befugnissen können dem Vorsitzenden durch Geschäftsordnung (§ 36 BetrVG) oder Einzelauftrag weitere Funktionen übertragen werden.

195 **bb) Vertretungsbefugnis.** Der Betriebsratsvorsitzende ist nicht das gesetzliche Vertretungsorgan des Betriebsrats. Deshalb kann er nicht an dessen Stelle handeln. Er vertritt den Betriebsrat nur im Rahmen von Beschlüssen, die dieser als Kollegialorgan gefasst hat (§ 26 Abs. 2 S. 1 BetrVG). Der Vorsitzende ist nicht Vertreter im Willen, sondern **Vertreter in der Erklärung**.[368]

196 Handelt der Vorsitzende ohne wirksamen Beschluss des Betriebsrats, so ist die Erklärung **schwebend unwirksam**; sie wird wirksam, wenn sie vom Betriebsrat nachträglich durch Beschluss genehmigt wird.[369] Die Genehmigung wirkt auf den Zeitpunkt der Vornahme des Rechtsgeschäfts zurück (§ 184 Abs. 1 BGB). Eine Genehmigung ist ausgeschlossen, wenn die Beschlussfassung erst nach dem für die Beurteilung eines Sachverhalts maßgeblichen Zeitpunkt erfolgt. Das gilt insbesondere für rechtsgeschäftliche Vereinbarungen, durch die dem Arbeitgeber eine Kostentragungspflicht auferlegt wird (z.B. Teilnahme des Vorsitzenden an einer kostenpflichtigen Betriebsratsschulung ohne vorherigen Beschluss des Betriebsrats).[370] Der Betriebsrat muss die Erklärung des Vorsitzenden **kraft Rechtsscheins** gegen sich gelten lassen, wenn er in einer ihm zurechenbaren Weise den Anschein erweckt hat, die Erklärung sei durch einen Beschluss gedeckt, und wenn er trotz Kenntnis

---

[368] BAG 17.2.1981, AP Nr. 11 zu § 112 BetrVG 1972.
[369] BAG 8.3.2000, NZA 2000, 838; BAG 10.10.2007, NZA 2008, 369.
[370] BAG 10.10.2007, NZA 2008, 369.

vom eigenmächtigen Verhalten des Vorsitzenden nicht einschreitet. Im Regelfall spricht eine widerlegbare Vermutung dafür, dass Erklärungen des Vorsitzenden auf der Grundlage eines ordnungsgemäßen Beschlusses abgegeben werden.[371] Der gute Glaube des Arbeitgebers, dass sich der Vorsitzende an einen ordnungsgemäßen Betriebsratsbeschluss hält, ist dagegen nicht geschützt.[372] Im übrigen kann der Betriebsrat auch jedem anderen seiner Mitglieder die Ausführung seiner Beschlüsse übertragen;[373] es handelt sich dann um eine rechtsgeschäftliche Vertretung.

cc) Entgegennahme von Erklärungen. Der Betriebsratsvorsitzende und bei Verhinderung sein Stellvertreter[374] sind nach § 26 Abs. 2 S. 2 BetrVG ermächtigt, Erklärungen entgegenzunehmen, die dem Betriebsrat gegenüber abzugeben sind. Erklärungen meint Willenserklärungen i.e.S. sowie alle anderen Mitteilungen und Äußerungen (z.B. Beschwerden). Wird ein anderes Betriebsratsmitglied um Weitergabe einer Erklärung an den Vorsitzenden oder an den Betriebsrat gebeten, so ist es i.d.R. Erklärungs- und nicht Empfangsbote; die Erklärung ist erst mit der Möglichkeit der Kenntnisnahme durch den Vorsitzenden oder den Betriebsrat zugegangen;[375] die Gefahr der Nichtweiterleitung trägt der Erklärende. Anderes gilt, wenn das um Weiterleitung gebetene Mitglied vom Betriebsrat ausdrücklich zur Entgegennahme von Erklärungen ermächtigt ist oder als ermächtigt gilt; Letzteres ist vor allem bei Vorsitzenden von Ausschüssen anzunehmen, denen der Betriebsrat Angelegenheiten zur selbständigen Erledigung übertragen hat.[376] Das Wissen der Personen, die zur Entgegennahme von Erklärungen gemäß § 26 Abs. 2 S. 2 BetrVG berechtigt sind, muss sich der Betriebsrat zurechnen lassen.[377]

197

dd) Die Unterlagen des Betriebsrats und seiner Ausschüsse dürfen von jedem Betriebsratsmitglied jederzeit eingesehen werden (§ 34 Abs. 3 BetrVG). Dazu gehören nicht nur die in Papierform verkörperten Aufzeichnungen, sondern auch sämtliche auf Datenträgern gespeicherten Dateien sowie die Korrespondenz des Betriebsrats unter dessen E-Mail-Anschrift. Liegen die Unterlagen in elektronischer Form vor, haben die Mitglieder das unabdingbare Recht, die Dateien und die E-Mail-Korrespondenz zu lesen.[378]

197a

ee) Funktion des Stellvertreters. Der Stellvertreter ist kein „zweiter Vorsitzender". Er nimmt die Aufgaben und Befugnisse des Vorsitzenden nur wahr, wenn und solange der Vorsitzende selbst verhindert ist, etwa wegen Urlaubs oder Krankheit. Scheidet der Vorsitzende aus dem Amt, so wird der Stellvertreter nicht automatisch sein Nachfolger, sondern es ist ein neuer Vorsitzender zu wählen.

198

---

[371] BAG 17.2.1981, AP Nr. 11 zu § 112 BetrVG 1972.
[372] GK-BetrVG/*Raab*, § 26 BetrVG Rn. 43; Richardi/*Thüsing*, § 26 BetrVG Rn. 38.
[373] *Fitting*, § 26 BetrVG Rn. 36; Richardi/*Thüsing*, § 26 BetrVG Rn. 39.
[374] BAG 7.7.2011, NZA 2011, 1108.
[375] BAG 28.4.1974, 27.6.1985, AP Nr. 2, 37 zu § 102 BetrVG 1972.
[376] BAG 4.8.1975, AP Nr. 4 zu § 102 BetrVG 1972.
[377] BAG 23.10.2008, BB 2009, 1758.
[378] BAG 12.8.2009, NZA 2009, 1218.

3. Betriebliche Ausschüsse

a) Betriebsausschuss

199 **aa) Bildung und Zusammensetzung.** Hat der Betriebsrat neun oder mehr Mitglieder, so ist ein Betriebsausschuss zu bilden (§ 27 Abs. 1 S. 1 BetrVG). Der Betriebsausschuss besteht bei
- 9-15 Betriebsratsmitgliedern aus 5 Mitgliedern,
- 17-23 Betriebsratsmitgliedern aus 7 Mitgliedern,
- 25-35 Betriebsratsmitgliedern aus 9 Mitgliedern,
- 37 und mehr Betriebsratsmitgliedern aus 11 Mitgliedern (§ 27 Abs. 1 S. 2 BetrVG).

200 Der Betriebsratsvorsitzende und sein Stellvertreter gehören dem Betriebsausschuss kraft Amtes an (§ 27 Abs. 1 S. 2 BetrVG). Die übrigen Mitglieder werden – mehrere Wahlvorschläge vorausgesetzt – nach den Grundsätzen der Verhältniswahl gewählt, so dass die im Betriebsrat vertretenen Listen die Möglichkeit der Vertretung auch im Betriebsausschuss haben (§ 27 Abs. 1 S. 3-5 BetrVG). Der Betriebsausschuss ist sozusagen ein verkleinertes Spiegelbild des Betriebsrats. Die Ausschussmitglieder können durch Betriebsratsbeschluss wieder abberufen werden; wurden sie in Verhältniswahl gewählt, bedarf der Beschluss, der in geheimer Abstimmung zu fassen ist, der qualifizierten Mehrheit von drei Vierteln der Stimmen der Mitglieder des Betriebsrats (§ 27 Abs. 1 S. 5 BetrVG).

201 **bb) Aufgaben.** Der Betriebsausschuss führt die **laufenden Geschäfte** des Betriebsrats (§ 27 Abs. 2 S. 1 BetrVG). Zu den laufenden Geschäften gehören alle internen, verwaltungsmäßigen, organisatorischen und ggf. wiederkehrenden Aufgaben des Betriebsrats, also etwa die Erledigung des Schriftverkehrs, die Entgegennahme von Anträgen von Arbeitnehmern, die Einholung von Auskünften, die Vorbereitung von Betriebsratssitzungen sowie von Betriebs-, Teil- und Abteilungsversammlungen.[379] **Nicht** zu den laufenden Geschäften gehören die **Wahrnehmung von Beteiligungsrechten** sowie Besprechungen mit dem Arbeitgeber nach § 74 Abs. 1 BetrVG.

202 Der Betriebsrat kann dem Betriebsausschuss **weitere Aufgaben zur selbständigen Erledigung** übertragen, die nicht schon als laufende Geschäfte zu seiner originären Zuständigkeit gehören. Die Übertragung muss schriftlich erfolgen; Voraussetzung ist ein Beschluss, der mit den Stimmen der Mehrheit seiner Mitglieder (§ 9 BetrVG) zu fassen ist. Im Beschluss müssen die übertragenen Befugnisse so genau umschrieben werden, dass zweifelsfrei feststellbar ist, in welchen Angelegenheiten der Betriebsausschuss anstelle des Betriebsrats rechtsverbindliche Beschlüsse fassen kann. Nicht übertragbar sind der Abschluss von Betriebsvereinbarungen (§ 27 Abs. 2 S. 2, 3 BetrVG) und die Entscheidung über organisatorische Grundfragen. Darüber hinaus muss dem Betriebsrat stets ein Kernbereich von Mitbestimmungsrechten verbleiben;[380] dieser bleibt (noch) gewahrt, wenn dem Aus-

---
[379] BAG 15.8.2012, NZA 2013, 284.
[380] BAG 1.6.1976, 20.10.1993, AP Nr. 1, 5 zu § 28 BetrVG 1972.

schuss „alle mitbestimmungsrelevanten Personalmaßnahmen der §§ 99-103 BetrVG" übertragen werden.³⁸¹ Innerhalb dieser Grenzen ist der übertragbare Aufgabenbereich gegenständlich nicht beschränkt. Für die Geschäftsführung des Betriebsausschusses gelten die §§ 30 ff. BetrVG sinngemäß.

cc) Kleinbetriebe. Da Betriebsräte mit weniger als neun Mitgliedern keinen Betriebsausschuss bilden können,³⁸² gewährt ihnen § 27 Abs. 3 BetrVG die Möglichkeit, die Führung der laufenden Geschäfte auf den Vorsitzenden oder seinen Stellvertreter zu übertragen; eine Übertragung von Angelegenheiten zur selbständigen Erledigung i.S.d. § 27 Abs. 2 S. 2 BetrVG ist nicht möglich. **203**

b) Ausschüsse und paritätische Kommissionen

In Betrieben mit mehr als 100 Arbeitnehmern kann der Betriebsrat zur wirksamen Gestaltung seiner Arbeit (Fach-)Ausschüsse bilden und ihnen bestimmte Aufgaben übertragen (§ 28 Abs. 1 S. 1 BetrVG). Ist ein Betriebsausschuss nach § 27 BetrVG gebildet, kann der Betriebsrat den Ausschüssen nach § 28 BetrVG mit der Mehrheit der Stimmen seiner Mitglieder Aufgaben zur selbständigen Erledigung übertragen; das gilt nicht für den Abschluss von Betriebsvereinbarungen. Die Übertragung bedarf der Schriftform. Für den Widerruf der Übertragung gilt Entsprechendes (§ 28 Abs. 2 S. 3 BetrVG). Sämtliche Mitglieder der Ausschüsse werden vom Betriebsrat aus seiner Mitte nach den Grundsätzen der Verhältniswahl geheim gewählt (§ 28 Abs. 1 S. 3 BetrVG). Die Geschäftsordnung kann weder den Betriebsratsvorsitzenden noch dessen Stellvertreter zu „geborenen Ausschussmitgliedern" bestimmen.³⁸³ Zulässig ist die Bildung paritätischer Kommissionen (§ 28 Abs. 2 BetrVG). Für die Größe der Ausschüsse und Kommissionen enthält das Gesetz keine Vorgaben. **204**

Denkbar ist, dass der Betriebsrat dem Betriebsausschuss wichtige Angelegenheiten wie Kündigungen und Disziplinarmaßnahmen überträgt und dass er für sonstige Personalangelegenheiten einen kleineren Personalausschuss bildet. Daneben kann man sich beispielsweise Ausschüsse vorstellen für Entgeltfragen, für Arbeitszeitprobleme, für Berufsbildung, für Parkplatzangelegenheiten oder für Arbeitssicherheit. Gemeinsame Kommissionen kommen vor allem für die Verwaltung von Sozialeinrichtungen (Kantine, Pensionskasse, Unterstützungskasse) in Betracht. Über die Größe der weiteren Ausschüsse entscheidet der Betriebsrat allein, über die der gemeinsamen Ausschüsse befinden Betriebsrat und Arbeitgeber gemeinsam. Der Betriebsrat entscheidet nach Zweckmäßigkeitsgesichtspunkten, welche Befugnisse er auf Ausschüsse übertragen will. § 28 Abs. 1 S. 1 BetrVG ermöglicht aber nicht die Bildung eines „geschäftsführenden Ausschusses", der – i.S.v. § 27 Abs. 2 S. 1 BetrVG – die laufenden Geschäfte des Betriebsrats führt oder auch nur die Sitzungen vorbereitet.³⁸⁴ **205**

---

³⁸¹ BAG 17.3.2005, NZA 2005, 1064.
³⁸² Auch nicht auf freiwilliger Basis, vgl. BAG 14.8.2013, NZA 2014, 161.
³⁸³ BAG 16.11.2005, NZA 2006, 446, 447.
³⁸⁴ BAG 14.8.2013, NZA 2014, 161.

c) Arbeitsgruppen

205a **aa) Grundsatz.** In Betrieben mit mehr als 100 Arbeitnehmern kann der Betriebsrat mit der Mehrheit der Stimmen seiner Mitglieder bestimmte Aufgaben auf Arbeitsgruppen übertragen (§ 28a Abs. 1 S. 1 BetrVG). Ob eine Arbeitsgruppe gebildet wird, zu welchem Zweck und in welcher Zusammensetzung, liegt in der Organisationsgewalt des Arbeitgebers. In Betracht kommen insbesondere Gruppenarbeit i.S.v. § 87 Abs. 1 Nr. 13 BetrVG, Team- und Projektarbeit, aber auch die Zusammenfassung bestimmter Beschäftigungsarten und Arbeitsbereiche. Grundlage für die Übertragung ist eine zwischen Arbeitgeber und Betriebsrat schriftlich abzuschließende Rahmenvereinbarung (§ 28a Abs. 1 S. 1 HS 2, S. 3 BetrVG), in der festzulegen ist, in welchem Umfang Aufgaben übertragen werden sollen. Die Aufgaben müssen im Zusammenhang mit den von der Arbeitsgruppe zu erledigenden Tätigkeiten stehen, wie etwa Arbeitszeitfragen, Pausenregelungen, Urlaubsplanung, Arbeitszeitgestaltung (§ 28a Abs. 1 S. 2 BetrVG).

205b Im Rahmen der Übertragung übt die Arbeitsgruppe die Beteiligungsrechte anstelle des Betriebsrats aus. Kann sie sich in einer Angelegenheit nicht mit dem Arbeitgeber einigen, nimmt der Betriebsrat das Beteiligungsrecht wahr (§ 28a Abs. 2 S. 3 BetrVG). Der Betriebsrat kann überdies jede delegierte Aufgabe jederzeit und ohne besonderen Grund wieder an sich ziehen, wenn sich die Mehrheit seiner Mitglieder dafür ausspricht. Der Widerruf der Delegation bedarf der Schriftform (§ 28a Abs. 1 S. 4 BetrVG).

205c **bb) Gruppenvereinbarungen.** Die Arbeitsgruppe kann im Rahmen der ihr übertragenen Aufgaben Vereinbarungen schließen; die Vereinbarung bedarf der Mehrheit der Stimmen der Gruppenmitglieder (§ 28a Abs. 2 S. 1 BetrVG). Hinsichtlich Voraussetzungen und Rechtsfolgen gelten die Vorschriften über die Betriebsvereinbarung (§§ 28a Abs. 2 S. 2, 77 BetrVG). Die Gruppenvereinbarung hat also unmittelbare und zwingende Wirkung; sie ist schriftlich abzuschließen (§ 77 Abs. 2 BetrVG) und hat den Tarifvorbehalt (§ 77 Abs. 3 BetrVG) zu beachten. Sie geht einer allgemeineren Betriebsvereinbarung vor und entfaltet in mitbestimmungspflichtigen Angelegenheiten Nachwirkung.

4. Geschäftsordnung

a) Inhalt und Grenzen

206 Da das Gesetz die Geschäftsführung des Betriebsrats nicht weiter geregelt hat, soll sich der Betriebsrat eine Geschäftsordnung geben (§ 36 BetrVG) und darin insbesondere die Einzelheiten zur Durchführung von Sitzungen bestimmen. Die Geschäftsordnung darf dem Betriebsrat keine Aufgaben und Befugnisse übertragen, die ihm nicht aufgrund gesetzlicher oder tariflicher Vorschriften zustehen. Ebenso wenig dürfen Angelegenheiten geregelt werden, über die die Betriebsparteien nur gemeinsam entscheiden können (z.B. Zurverfügungstellung von Geschäftsräumen, Zeit und Ort von Sprechstunden); erforderlich ist hier eine Regelungsabrede oder eine Betriebsvereinbarung.

b) Erlass und Wirkung

aa) Erlass. Der Erlass einer Geschäftsordnung bedarf der Mehrheit der Stimmen der Mitglieder des Betriebsrats (§ 9 BetrVG). Die Geschäftsordnung ist schriftlich abzufassen; eine Veröffentlichung ist nicht erforderlich.

207

bb) Wirkung. Die Geschäftsordnung regelt die inneren Angelegenheiten des Betriebsrats. Sie bindet nur die Betriebsratsmitglieder. Eine Außenwirkung, etwa gegenüber dem Arbeitgeber, kommt ihr nicht zu. Sie gilt grundsätzlich für die Dauer der Amtszeit des Betriebsrats; durch Mehrheitsbeschluss kann jedoch von ihr abgewichen werden. Verstöße gegen die Geschäftsordnung führen nur bei schweren Verfahrensfehlern zur Unwirksamkeit von Betriebsratsbeschlüssen.

208

5. Betriebsratssitzung

a) Einberufung

aa) Reguläre Sitzungen. Die regulären Sitzungen des Betriebsrats werden vom Betriebsratsvorsitzenden nach pflichtgemäßem Ermessen einberufen (§ 29 Abs. 2 S. 1 BetrVG). Dazu hat er die Betriebsratsmitglieder und die Schwerbehindertenvertretung (§ 32 BetrVG) rechtzeitig und unter Mitteilung der Tagesordnung (formlos) zu laden. Dadurch soll den Mitgliedern eine sachgerechte Vorbereitung ermöglicht werden.[385] Haben die Mitglieder der Jugend- und Auszubildendenvertretung ein Teilnahmerecht (§ 67 Abs. 1 BetrVG), so sind auch sie zu laden. Ist ein Mitglied an der Teilnahme verhindert, so soll es dies dem Vorsitzenden unverzüglich und unter Angabe der Gründe mitteilen, damit dieser das Ersatzmitglied (§ 25 BetrVG) laden kann. Die Reihenfolge der zu ladenden Ersatzmitglieder folgt aus § 25 Abs. 2 BetrVG und ist nicht dispositiv.[386] **Ohne ordnungsgemäße Ladung** können **keine wirksamen Beschlüsse** gefasst werden.[387] War nur die Tagesordnung fehlerhaft, kann dieser Mangel geheilt werden, wenn die im übrigen ordnungsgemäß geladenen und anwesenden Mitglieder und Ersatzmitglieder in der Betriebsratssitzung einstimmig beschließen, über einen Regelungsgegenstand zu beraten und abzustimmen. Nicht erforderlich ist, dass an dieser Sitzung alle Betriebsratsmitglieder teilnehmen;[388] es genügt die Beschlussfähigkeit des Gremiums i.S.d. § 33 Abs. 2 BetrVG.[389] Unter denselben Voraussetzungen ist auch eine nachträgliche Ergänzung der Tagesordnung möglich. Die anwesenden, ordnungsgemäß geladenen Betriebsratsmitglieder können mit der Ergänzung der Tagesordnung zugleich auch einen bereits vor der Beschlussfassung über die Tagesordnung gefassten Beschluss genehmigen.[390] Sieht die Geschäfts-

209

---

[385] BAG 24.5.2006, NZA 2006, 1364, 1366 m.w.N.
[386] BAG 1.11.2012, DB 2012, 2814.
[387] BAG 22.1.2014, NZA 2014, 441; BAG 15.4.2014, NZA 2014, 551.
[388] So aber BAG 24.5.2006, NZA 2006, 1364, 1366 m.w.N.
[389] BAG 22.1.2014, NZA 2014, 441; BAG 15.4.2014, NZA 2014, 551.
[390] BAG 22.11.2017, NZA 2018, 732.

ordnung turnusmäßige Sitzungen vor, so entfällt damit zwar die Pflicht zur Ladung, nicht aber die zur rechtzeitigen Mitteilung der Tagesordnung. Anderes gilt, wenn den Mitgliedern die Tagesordnung bekannt ist, weil sie bereits auf der vorangegangenen Sitzung festgelegt wurde.

210 **bb) Verpflichtung zur Einberufung und zur Behandlung von Themen.** Der Betriebsratsvorsitzende muss eine Sitzung einberufen und einen Gegenstand, dessen Beratung beantragt ist, auf die Tagesordnung setzen, wenn ein Viertel der Mitglieder des Betriebsrats oder der Arbeitgeber dies beantragt. Auch jeder Arbeitnehmer hat das Recht, dem Betriebsrat Themen zur Beratung vorzuschlagen (§ 86a S. 1 BetrVG). Wird ein Vorschlag von mindestens 5 % der Arbeitnehmer des Betriebs unterstützt, so hat der Betriebsrat diesen innerhalb von zwei Monaten auf die Tagesordnung einer Betriebsratssitzung zu setzen (§ 86a S. 2 BetrVG). Ein Anspruch auf Weiterverfolgung ist damit nicht verbunden. Verweigert der Vorsitzende die Einberufung, so handelt er zwar pflichtwidrig, der Antragsteller kann aber nicht selbst den Betriebsrat einberufen.[391]

b) Durchführung

211 **aa) Zeit der Sitzung.** Die Sitzungen des Betriebsrats finden i.d.R. während der Arbeitszeit statt (§ 30 S. 1 BetrVG). Ob die Betriebsratstätigkeit als Arbeitszeit i.S.d. ArbZG gilt, ist umstritten, aber zu verneinen.[392] Der Betriebsrat hat bei der Einberufung auf die betrieblichen Notwendigkeiten Rücksicht zu nehmen (§ 30 S. 2 BetrVG). Dringende Arbeiten sind zu erledigen, der Arbeitsablauf darf nicht mehr als nötig beeinträchtigt werden. Betriebsratssitzungen sollten also tunlichst nicht mitten in der Arbeitszeit stattfinden. Der Arbeitgeber ist vom Zeitpunkt zu unterrichten (§ 30 S. 3 BetrVG).

212 **bb) Teilnahmerecht.** Die Sitzungen sind grundsätzlich nicht öffentlich (§ 30 S. 4 BetrVG). Auf Antrag eines Viertels der Mitglieder kann je ein Beauftragter einer im Betriebsrat vertretenen **Gewerkschaft** beratend teilnehmen (§ 31 BetrVG). Der Betriebsrat kann den im Betriebsrat vertretenen Gewerkschaften in seiner Geschäftsordnung ein generelles Teilnahmerecht einräumen.[393] Teilnahmerecht haben auch die **Schwerbehindertenvertretung** (§ 32 BetrVG, § 94 SGB IX) und ein Mitglied der **Jugend- und Auszubildendenvertretung** (§ 67 Abs. 1 S. 1 BetrVG), **nicht** dagegen **der Arbeitgeber**; er nimmt nur an Sitzungen teil, die entweder auf sein Verlangen anberaumt sind oder zu denen er ausdrücklich eingeladen ist. Dabei kann er einen Vertreter des Arbeitgeberverbands, dem er angehört, hinzuziehen (§ 29 Abs. 4 BetrVG). Der Betriebsrat kann auch dem **Sprecher- bzw. Unternehmenssprecherausschuss** oder einzelnen seiner Mitglieder die Teilnahme an Sitzungen gestatten (§ 2 Abs. 2 S. 2 SprAuG). Die Beachtung des Gebots der Nichtöffentlichkeit ist für die Wirksam-

---

[391] H.M., vgl. *Fitting*, § 29 BetrVG Rn. 32; GK-BetrVG/*Raab*, § 29 Rn. 31.
[392] LAG Hamm, 20.2.2015, AuR 2015, 415; LAG Nds 20.4.2015, NZA-RR 2015, 476.
[393] BAG 28.2.1990, AP Nr. 1 zu § 31 BetrVG 1972.

keit eines in der Sitzung gefassten Betriebsratsbeschlusses wesentlich. Denn damit sollen die unbefangene Aussprache unter den Betriebsratsmitgliedern und eine Beschlussfassung frei von Einflüssen Dritter gesichert werden. Allerdings können die Mitglieder selbst darüber befinden, ob sie die Anwesenheit einer nicht teilnahmeberechtigten Person stört. Deren Anwesenheit führt deshalb nur dann zur Unwirksamkeit des gefassten Beschlusses, wenn sie zumindest von einem Betriebsratsmitglied vor der Behandlung eines Tagesordnungspunkts (vergeblich) beanstandet wurde.[394]

cc) Leitung. Die Leitung der Sitzungen obliegt dem Betriebsratsvorsitzenden (§ 29 Abs. 2 S. 2 BetrVG). Er eröffnet und schließt die Sitzungen, führt die Anwesenheitsliste (§ 34 Abs. 1 S. 3 BetrVG), erteilt und entzieht das Wort, leitet die Abstimmungen, stellt deren Ergebnis fest und sorgt für die Niederschrift, die mindestens den Wortlaut der Beschlüsse und die Stimmenmehrheit, mit der sie gefasst sind, enthalten muss (§ 34 Abs. 1 S. 2 BetrVG). Während der Sitzungen übt der Betriebsratsvorsitzende im Sitzungsraum das **Hausrecht** aus. Streitig ist, ob er ein Betriebsratsmitglied von einer Sitzung ausschließen kann.[395]

c) Beschlussfassung

aa) Mehrheitsprinzip. Die Willensbildung im Betriebsrat erfolgt durch Beschluss. Im Regelfall werden die Beschlüsse mit der Mehrheit der Stimmen der anwesenden Mitglieder gefasst (§ 33 Abs. 1 S. 1 BetrVG); manchmal stellt das Gesetz aber auch auf die Mehrheit der Mitglieder des Betriebsrats (§ 9 BetrVG) ab.[396] Bei Stimmengleichheit ist ein Antrag abgelehnt (§ 33 Abs. 1 S. 2 BetrVG).

Stimmenthaltung ist ebenso zulässig wie die (ausdrückliche) Erklärung, nicht an der Beschlussfassung teilzunehmen. Die Stimmen von Jugend- und Auszubildendenvertretern, die an der Beschlussfassung teilnehmen (§ 67 Abs. 2 BetrVG), werden bei der Feststellung der Stimmenmehrheit mitgezählt (§ 33 Abs. 3 BetrVG). Ist ein Betriebsratsmitglied von einem Beschluss persönlich betroffen, so darf es weder an der Beratung über diese Angelegenheit teilnehmen noch mit abstimmen.[397] Wirkt es trotzdem mit, leidet der Beschluss an einem erheblichen Mangel und ist grundsätzlich unwirksam.[398] Für ein zeitweilig verhindertes oder aus dem Betriebsrat ausgeschiedenes Mitglied stimmt das Ersatzmitglied ab, das an seiner Stelle in den Betriebsrat nachgerückt ist (§§ 25, 33 Abs. 2 HS 2 BetrVG). Einzelheiten der Beschlussfassung können in der Geschäftsordnung geregelt werden.

Bei der Abstimmung steht einem einzelnen Mitglied keine eigene betriebsverfassungsrechtliche Rechtsposition darauf zu, von der Sitzungsleitung die Beachtung eines von ihm

---

[394] BAG 30.9.2014, NZA 2015, 370; noch offengelassen von BAG 6.11.2013, NZA-RR 2014, 196.
[395] Zum Streitstand *Fitting*, § 29 BetrVG Rn. 50 m.w.N.
[396] Vgl. etwa §§ 13 Abs. 2 Nr. 3, 27 Abs. 2 S. 2, 28 Abs. 1 S. 3, Abs. 2, 36, 50 Abs. 2, 107 Abs. 3 BetrVG.
[397] BAG 3.8.1999, NZA 2000, 440.
[398] BAG 3.8.1999, NZA 2000, 440; BAG 10.11.2009, DB 2010, 455.

für zutreffend gehaltenen Verfahrens zur Feststellung der Stimmenmehrheit zu verlangen. Ob der jeweilige Leiter der Betriebsratssitzung das Abstimmungsverhalten anderer Betriebsratsmitglieder zutreffend gewürdigt und in der Folge die nach § 33 Abs. 1 S. BetrVG erforderliche Mehrheit der Stimmen richtig festgestellt hat, kann es gerichtlich nicht überprüfen lassen; hierfür fehlt ihm die Antragsbefugnis.[399] Solange ein Beschluss weder ausgeführt ist noch Außenwirkung entfaltet hat – etwa durch Kundgabe an den Arbeitgeber –, kann er jederzeit durch einen entgegenstehenden Beschluss aufgehoben oder geändert werden.[400]

217 **bb) Beschlussfähigkeit.** Die Wirksamkeit von Beschlüssen setzt voraus, dass mindestens die Hälfte der Betriebsratsmitglieder an der Beschlussfassung teilnimmt (§ 33 Abs. 2 BetrVG). Ferner sind die ordnungsgemäße Ladung aller Mitglieder einschließlich eventueller Ersatzmitglieder und die rechtzeitige Mitteilung der Tagesordnung erforderlich;[401] eine Ausnahme gilt nur bei plötzlicher Verhinderung eines Mitglieds und Unmöglichkeit rechtzeitiger Ladung des Ersatzmitglieds.[402] Unter dem Tagesordnungspunkt „Verschiedenes" können grundsätzlich keine Beschlüsse gefasst werden (zur Heilung s. oben Rn. 209). Umlaufbeschlüsse sind allenfalls bei einfach gelagerten Sachverhalten zulässig; alle Betriebsratsmitglieder müssen Gelegenheit zur Stellungnahme erhalten und dürfen dem Verfahren nicht widersprochen haben.[403]

217a **Im Prozess** kann der Arbeitgeber die tatsächlichen Voraussetzungen für einen wirksamen Beschluss solange mit schlichtem Nichtwissen bestreiten, bis sie vom Betriebsrat näher dargelegt werden.[404] Dazu genügt es, wenn der Betriebsrat ein den Anforderungen des § 34 BetrVG genügendes **Protokoll** der Betriebsratssitzung vorlegt, aus dem die vom Arbeitgeber bestrittene Beschlussfassung ersichtlich ist.[405] Ein solches Protokoll begründet zwar keine gesetzliche Vermutung im Sinne des § 292 ZPO dafür, dass ein dort wiedergegebener Beschluss von den anwesenden Betriebsratsmitgliedern gefasst wurde. Ihm kommt jedoch bei der nach § 286 Abs. 1 ZPO gebotenen gerichtlichen Würdigung ein hoher Beweiswert zu. Ergibt sich die Beschlussfassung aus dem Protokoll, obliegt es dem Arbeitgeber, den Beweiswert zu erschüttern oder einen für den Gegenbeweis geeigneten Vortrag zu halten.[406]

218 **cc) Aussetzung von Beschlüssen.** Sieht die Mehrheit der Vertreter der Jugend- und Auszubildendenvertretung oder der Schwerbehindertenvertretung in einem Beschluss eine **erhebliche Beeinträchtigung wichtiger Interessen der durch sie vertretenen Gruppe**, so ist auf ihren Antrag hin der Beschluss für eine Woche auszusetzen, damit in dieser Zeit eine Verständigung unter den Beteiligten versucht werden kann, notfalls mit Hilfe der

---

[399] BAG 7.6.2016, NZA 2016, 1350.
[400] LAG Hamm 22.10.1991, LAGE § 611 BGB Direktionsrecht Nr. 11.
[401] BAG 24.5.2006, NZA 2006, 1364; BAG 10.10.2007, NZA 2008, 369, 370.
[402] BAG 3.8.1999, NZA 2000, 440.
[403] LAG München 6.8.1974, DB 1975, 1228.
[404] BAG 9.12.2003, NZA 2004, 746, 748.
[405] S. zur Begründung im einzelnen BAG 30.9.2014, NZA 2015, 370.
[406] BAG 22.11.2017, NZA 2018, 732.

Gewerkschaften (§ 35 Abs. 1 BetrVG). Nach Ablauf der Frist ist über die Angelegenheit erneut zu beschließen. Eine weitere Aussetzung kann nicht verlangt werden, wenn der erste Beschluss bestätigt oder nur unerheblich geändert wird (§ 35 Abs. 2 BetrVG).

6. Sprechstunden

a) Einrichtung

Der Betriebsrat kann Sprechstunden einrichten, die die Arbeitnehmer während der Arbeitszeit aufsuchen dürfen (§ 39 Abs. 1 S. 1 BetrVG). Dasselbe gilt für die Jugend- und Auszubildendenvertretung; will sie dies nicht, kann sie stattdessen einen Vertreter zur Sprechstunde des Betriebsrats entsenden (§ 39 Abs. 2 BetrVG). Ob und in welcher Form eine Sprechstunde eingerichtet wird, entscheidet der Betriebsrat nach pflichtgemäßem Ermessen. Für die Festlegung von Zeit (Dauer, Lage, Häufigkeit) und Ort ist eine Vereinbarung mit dem Arbeitgeber erforderlich (§ 39 Abs. 1 S. 2 BetrVG). Kommt eine Einigung nicht zustande, so entscheidet die Einigungsstelle (§§ 39 Abs. 1 S. 3, 76 BetrVG). **219**

b) Besuch der Sprechstunden

Zum Besuch der Sprechstunden sind bei entsprechendem sachlichem Grund[407] alle Arbeitnehmer des Betriebs berechtigt, ebenso die im Betrieb tätigen Leiharbeitnehmer (§ 14 Abs. 2 S. 2 AÜG). Vorgebracht werden dürfen alle Angelegenheiten, die mit der Stellung als Mitarbeiter des Betriebs zusammenhängen und in den Aufgabenbereich des Betriebsrats fallen.[408] Vor dem Besuch der Sprechstunde muss sich der Arbeitnehmer bei seinem Vorgesetzten ordnungsgemäß ab- und danach wieder zurückmelden.[409] Die durch den Besuch der Sprechstunde versäumte Arbeitszeit hat der Arbeitnehmer nicht nachzuholen; sie ist vom Arbeitgeber wie Arbeitszeit zu vergüten (§ 39 Abs. 3 BetrVG), wenn der Besuch der Sprechstunde erforderlich war. **220**

Der Arbeitnehmer darf den Betriebsrat auch außerhalb der Sprechstunden in Anspruch nehmen. Dazu muss er ihn nicht unbedingt aufsuchen. Er kann ihn anrufen, oder der Betriebsrat kann umgekehrt, wenn konkrete Umstände das erforderlich machen, den Arbeitnehmer am Arbeitsplatz aufsuchen. Jedenfalls muss ein Betriebsratsmitglied einen Arbeitnehmer nicht auf die Sprechstunde verweisen.[410] **221**

---

[407] H.M., vgl. GK-BetrVG/*Weber*, § 39 BetrVG Rn. 8; Richardi/*Thüsing*, § 39 BetrVG Rn. 24.
[408] *Fitting*, § 39 BetrVG Rn. 22; Richardi/*Thüsing*, § 39 BetrVG Rn. 2.
[409] BAG 23.6.1983, AP Nr. 45 zu § 37 BetrVG 1972.
[410] BAG 23.6.1983, AP Nr. 45 zu § 37 BetrVG 1972.

7. Kosten und Sachaufwand des Betriebsrats

a) Kostentragung durch den Arbeitgeber

222 **aa) Grundsatz.** Mit den – nicht unerheblichen[411] – Kosten der Betriebsratsarbeit sollen weder die Belegschaft noch der Betriebsrat selbst belastet werden. Den Betriebsratsmitgliedern dürfen aus ihrer Tätigkeit keine Nachteile entstehen (§ 78 S. 2 BetrVG). Folglich sind die Kosten vom Arbeitgeber zu bestreiten (§ 40 Abs. 1 BetrVG); außerdem hat er die für die Betriebsratsarbeit erforderlichen Sachmittel, die Informations- und Kommunikationstechnik sowie das Büropersonal bereitzustellen (§ 40 Abs. 2 BetrVG). Der Arbeitgeber darf die Kosten nicht durch die Erhebung von Beiträgen oder Leistungen auf die Arbeitnehmer umlegen (§ 41 BetrVG). Die Kostentragungspflicht trifft den Arbeitgeber als Inhaber des Betriebs. Bei einem Betriebsübergang i.S.d. § 613a BGB geht diese Verpflichtung auf den Betriebserwerber über. Der bisherige Betriebsinhaber haftet nicht neben dem neuen Betriebsinhaber gesamtschuldnerisch.[412]

223 Für die Kosten der Betriebsratswahl hat der Arbeitgeber nach § 20 Abs. 3 BetrVG aufzukommen, für die der Einigungsstelle nach § 76a Abs. 1 BetrVG und für die von Sachverständigen nach § 80 Abs. 3 BetrVG. Sachverständige – wie z.B. Rechtsanwälte[413] oder Unternehmensberater – kann der Betriebsrat nur mit Einverständnis des Arbeitgebers hinzuziehen. Zur Erteilung seiner Zustimmung kann der Arbeitgeber verurteilt werden, wenn die Heranziehung eines Sachverständigen konkret erforderlich ist. Das ist nicht der Fall, wenn sich der Betriebsrat die erforderliche Sachkunde kostengünstiger durch die Erschließung von innerbetrieblichen Erkenntnisquellen verschaffen kann, z.B. durch sachkundige Arbeitnehmer (§ 80 Abs. 2 S. 3 BetrVG).[414] Dagegen kann dem Betriebsrat nicht entgegenhalten werden, dass er statt einen Sachverständigen zu beauftragen ein Mitglied an einer Schulung teilnehmen lassen könne.[415] Bei einer Betriebsänderung kann der Betriebsrat in Unternehmen mit mehr als 300 Arbeitnehmern einen Sachverständigen auch ohne Einverständnis des Arbeitgebers hinzuziehen (§ 111 S. 2 BetrVG; zum Abschluss eines Beratervertrags im eigenen Namen s. unten Rn. 229).[416] Entsprechendes gilt, wenn die Betriebsparteien über das Bestehen und den Umfang von Mitbestimmungsrechten streiten und der Betriebsrat die Beauftragung eines Rechtsanwalts für erforderlich halten durfte, um diese Fragen prüfen zu lassen.[417] Entgeltfortzahlung für Arbeit, die wegen Betriebsratstätigkeit oder Teilnahme an einer Schulungs- und Bildungsveranstaltung versäumt wird, schuldet der Arbeitgeber nach § 37 Abs. 2, 3, 6, 7 BetrVG.

224 **bb) Erforderlichkeit und Verhältnismäßigkeit.** Der Arbeitgeber hat nur die für

---

[411] Sie belaufen sich nach einer Umfrage des Instituts der deutschen Wirtschaft auf 650 € jährlich für jeden Arbeitnehmer, vgl. iwd v. 23.2.2006, S. 4 f.; dort auch zu anderen Umfragen.
[412] BAG 20.8.2014, NZA 2015, 1530.
[413] BAG 25.6.2014, NZA 2015, 629.
[414] BAG 16.11.2005, NZA 2006, 553, 556.
[415] BAG 25.6.2014, NZA 2015, 629.
[416] Vgl. BGH 25.10.2012, DB 2012, 2752.
[417] BAG 25.6.2014, NZA 2015, 629.

die Betriebsratsarbeit **erforderlichen Kosten** zu tragen.[418] Die Erforderlichkeit bestimmt sich unter Berücksichtigung aller Umstände des Einzelfalls anhand der konkreten Verhältnisse des Betriebs und der sich daraus ergebenden Betriebsratsaufgaben. Der Betriebsrat kann nicht stets verlangen, genauso wie der Arbeitgeber mit Sachmitteln ausgestattet zu werden. Dessen Ausstattungsniveau kann aber im Rahmen der Erforderlichkeitsprüfung zumindest mitberücksichtigt werden.[419] Dem Betriebsrat kommt bei seiner Entscheidung ein gerichtlich nicht vollständig nachprüfbarer **Beurteilungsspielraum** zu. Allerdings darf er nicht rein subjektiv entscheiden, sondern muss sich auf den Standpunkt eines vernünftigen Dritten stellen, der die Interessen des Betriebs, der Arbeitnehmerschaft und ihrer Vertretung gegeneinander abzuwägen hat.[420] Für die Kosten der Teilnahme an Schulungs- und Bildungsveranstaltungen gilt nach der Rechtsprechung als **zusätzliches Kriterium der Grundsatz der Verhältnismäßigkeit**. Der Betriebsrat hat zu prüfen, ob Inhalt und Umfang der Veranstaltung im Hinblick auf die Größe und Leistungsfähigkeit des Betriebs angemessen sind.[421] Soweit sie das nicht sind, haben die Betriebsratsmitglieder die Kosten selbst zu tragen;[422] s. im einzelnen unten Rn. 266 f.

b) Kosten des Betriebsrats

aa) Sachliche Kosten. Hierzu gehören die Kosten der Geschäftsführung mit Ausnahme des Sachaufwands, der nach § 40 Abs. 2 BetrVG zu erstatten ist. 225

Beispiele: Dolmetscher- und Übersetzerkosten, Kosten eines Sachverständigen, soweit die Betriebspartner zuvor über dessen Hinzuziehung einig waren oder die Einigung durch Gerichtsbeschluss ersetzt worden ist (§ 80 Abs. 3 BetrVG), Druckkosten für Rundschreiben.

Erstattungsfähig sind auch die **Kosten eines Gerichtsverfahrens** zur Verfolgung oder Verteidigung von Rechten, sofern nicht die Einleitung des Verfahrens von vornherein offensichtlich aussichtslos oder mutwillig ist,[423] sowie die **Aufwendungen für einen Rechtsanwalt**, wenn der Betriebsrat die Hinzuziehung nach pflichtgemäßer Prüfung der Sach- und Rechtslage für erforderlich halten durfte.[424] Maßgeblich ist, ob es sich um einen rechtlich schwierigen Fall handelt; in zweiter und dritter Instanz besteht ohnedies Anwaltszwang (§ 11 Abs. 4 ArbGG). Die Hinzuziehung bedarf eines wirksamen Betriebsratsbeschlusses.[425] Mutwilligkeit kann auch vorliegen, wenn das Interesse des Arbeitgebers an der Begrenzung seiner Kostentragungspflicht missachtet wird. Der Betriebsrat darf bei der Wahl der Rechtsdurchsetzung unter mehreren gleich geeigneten Möglichkeiten nur die 226

---

[418] BAG 3.9.2003, NZA 2004, 278; BGH 25.10.2012, DB 2012, 2752.
[419] BAG 3.9.2003, NZA 2004, 278, 279; BAG 3.9.2003, NZA 2004, 280, 281.
[420] BAG 9.12.2009, NZA 2010, 662; BAG 18.7.2012, DB 2012, 2524.
[421] BAG 31.10.1972, 28.6.1995, AP Nr. 2, 48 zu § 40 BetrVG 1972.
[422] Vgl. BGH 25.10.2012, DB 2012, 2752; *Löwisch/Kaiser*, § 40 BetrVG Rn. 3.
[423] BAG 18.1.2012, NZA 2012, 683; BAG 22.11.2017, NZA 2018, 461.
[424] BAG 10.10.1999, NZA 2000, 556.
[425] BAG 9.12.2003, NZA 2004, 746, 748.

für den Arbeitgeber kostengünstigere Lösung für erforderlich halten.[426] Dies kann dazu führen, dass er bei der Einleitung eines Beschlussverfahrens an Stelle von mehreren Einzelverfahren die Durchführung eines Gruppenverfahrens in Betracht ziehen muss.[427] Der Arbeitgeber ist regelmäßig nicht nach §§ 280 Abs. 1 und 2, 286 Abs. 1 BGB verpflichtet, einem Rechtsanwalt des Betriebsrats die Gebühren und Kosten als Verzugsschaden zu erstatten, die diesem zur Durchsetzung eines an ihn abgetretenen Anspruchs des Betriebsrats auf Freistellung von Kosten einer erforderlichen Rechtsverfolgung entstanden sind.[428]

227 **bb) Aufwendungen der Betriebsratsmitglieder**, die diesen im Rahmen und in Erfüllung ihrer Betriebsratstätigkeit entstehen, hat der Arbeitgeber ebenfalls zu ersetzen.

Beispiele: Telefonkosten, Briefporto, Spesen beim Besuch auswärtiger Betriebsstätten oder zur Teilnahme an Sitzungen des Gesamt-, Konzern- oder Europäischen Betriebsrats oder an Gerichtsverhandlungen; zur Erstattung der Kosten von Schulungs- und Bildungsveranstaltungen s. oben Rn. 224 sowie unten Rn. 257, 266.

227a Erstattungsfähig sind laut BAG[429] sogar die Aufwendungen, die einem alleinerziehenden Betriebsratsmitglied durch die erforderliche Fremdbetreuung seines minderjährigen Kindes während einer mehrtägigen auswärtigen Betriebsratstätigkeit entstehen. § 40 BetrVG erfasse nämlich nicht nur die direkten Kosten der Betriebsratsarbeit, sondern auch solche, die ein Mitglied aufwende, um die Pflichtenkollision zwischen seiner Betriebsratstätigkeit und anderweitigen Verpflichtungen – wie etwa (Rechts-)Pflicht zur Pflege, Erziehung und Beaufsichtigung seiner minderjährigen Kinder (Art. 6 Abs. 2 S. 1 GG, §§ 1626 Abs. 1, 1631 Abs. 1 BGB) – in für ihn zumutbarer Weise zu lösen. Das Mitglied könne nicht darauf verwiesen werden, sich durch das zuständige Ersatzmitglied vertreten zu lassen, weil die Erfüllung von Betriebsratsaufgaben nicht in seinem Belieben stehe. Erstattungsfähig seien aber nur Kosten, die das Mitglied der Sache nach für angemessen halten durfte.

228 **cc) Erfüllung der Kostentragungspflicht.** § 40 Abs. 1 BetrVG sagt nicht ausdrücklich, wie der Arbeitgeber seine Kostentragungspflicht zu erfüllen hat. Nach h.M.[430] begründet die Vorschrift zwischen den Betriebsparteien ein gesetzliches Schuldverhältnis, aus dem sich ein Anspruch auf Zahlung eines angemessenen Vorschusses, auf Freistellung von einer Verbindlichkeit oder auf Aufwendungsersatz ergeben kann.

229 Da der Betriebsrat außerhalb der Betriebsverfassung weder rechts- noch vermögensfähig ist, geht der Anspruch aus § 40 Abs. 1 BetrVG dahin, dass der **Arbeitgeber entsprechende Verträge abschließt**.

229a Rechtsgeschäftliche Erklärungen, die ein Betriebsratsmitglied gegenüber einem Dritten

---

[426] BAG 18.1.2012, NZA 2012, 683.
[427] BAG 29.7.2009, NZA 2009, 1223.
[428] BAG 1.8.2018, NZA 2018, 1574.
[429] BAG 23.6.2010, NZA 2010, 1298.
[430] ErfK/*Koch*, § 40 BetrVG Rn. 14; Richardi/*Thüsing*, § 40 BetrVG Rn. 43.

abgibt, wirken unmittelbar für und gegen den Arbeitgeber, wenn sie in seinem Namen und mit seiner Vollmacht abgegeben werden (§ 164 Abs. 1 BGB); ein Handeln ohne Vertretungsmacht kann dem Arbeitgeber nach Rechtsscheinsgrundsätzen zugerechnet werden.[431] Gehen die Betriebsratsmitglieder im eigenen Namen Verbindlichkeiten ein, die sie zur Erfüllung der Betriebsratstätigkeit für erforderlich halten dürfen, so können sie **Aufwendungsersatz** (§ 40 Abs. 1 BetrVG, §§ 670, 683 BGB) oder **Freistellung** (§ 257 BGB) verlangen.[432]

Neuerdings geht die Rechtsprechung[433] davon aus, dass der Betriebsrat (als Gremium) **229b** **auch im eigenen Namen** Verträge schließen kann. Beauftragt er z.B. zu seiner Beratung einen Rechtsanwalt, hat er gegen den Arbeitgeber einen Anspruch auf Freistellung von den Beratungskosten,[434] den er abtreten kann und der sich dann in einen Zahlungsanspruch gegen den Arbeitgeber verwandelt.[435] Ein Freistellungsanspruch setzt logisch voraus, dass der Betriebsrat dem Dritten verpflichtet ist. Deshalb geht der BGH[436] davon aus, dass der Betriebsrat selbst Vertragspartner des von ihm Beauftragten wird. Ohne vertragliche Grundlage werde kein Berater tätig. Käme der Betriebsrat als Vertragspartei nicht in Betracht, müsste sich der Berater direkt an den Arbeitgeber halten, weil der Betriebsrat den Arbeitgeber nicht vertreten könne; das könne zu unzumutbaren Interessenkonflikten führen. Laut BGH kann der Betriebsrat derartige Hilfsgeschäfte nur insoweit im eigenen Namen schließen, wie er vom Arbeitgeber eine Freistellung nach § 40 Abs. 1 BetrVG verlangen kann, also nur in Höhe der Kosten, die der Betriebsrat bei pflichtgemäßer Prüfung ex ante für erforderlich halten durfte. Die Teilrechtsfähigkeit im Außenverhältnis werde durch die Vermögensfähigkeit im Innenverhältnis begrenzt, d.h. durch den Freistellungsanspruch gegen den Arbeitgeber. Folglich ist ein Beratervertrag, den der Betriebsrat im eigenen Namen schließt, unwirksam, wenn die Beratung nicht erforderlich oder überteuert war. Der Berater kann sich dann nur an das Betriebsratsmitglied halten, das ihn – in seiner Eigenschaft als Vertreter des Betriebsrats (als Gremium) – beauftragt hat. Der BGH wendet hier § 179 BGB entsprechend an. Das Betriebsratsmitglied kann seiner Inanspruchnahme die Erforderlichkeit und Angemessenheit der Beauftragung entgegenhalten. Überdies ist seine persönliche Haftung nach § 179 Abs. 3 BGB ausgeschlossen, wenn dem Vertragspartner bekannt oder infolge Fahrlässigkeit unbekannt war, dass seine Beauftragung nicht erforderlich oder überteuert war. Dass der Betriebsrat ehrenamtlich tätig wird (§ 37 Abs. 1 BetrVG), befreit ihn nicht von der Haftung gegenüber Dritten. Das Betriebsratsmitglied muss in Zweifelsfällen Rechtsrat einholen oder im Vertrag mit dem Dritten die persönliche Haftung ausdrücklich ausschließen.[437]

c) Sachmittel und Büropersonal

aa) **Überlassungsanspruch.** Der Arbeitgeber hat den Sachaufwand des Betriebs- **230**

---

[431] BAG 13.3.1964, AP Nr. 34 zu § 611 BGB Gratifikation.
[432] BAG 27.3.1979, AP Nr. 7 zu § 80 ArbGG.
[433] BGH 25.10.2012, NZA 2012, 1382; dazu *Dzida*, NJW 2013, 433; *Bergmann*, NZA 2013, 57.
[434] GK-BetrVG/*Franzen*, § 1 Rn. 74; Richardi/*Thüsing* § 40 Rn. 23.
[435] BAG 29.7.2009, 9.12.2009, AP Nr. 93, 96 zu § 40 BetrVG.
[436] BGH 25.10.2012, NZA 2012, 1382; zuvor für das BPersVG bereits BVerwGE 90, 76, 79 ff.; BVerwG 29.4.2011, NZA-RR 2011, 446.
[437] BGH 25.10.2012, NZA 2012, 1382.

rats zu bestreiten. Er hat die für die Sitzungen, die Sprechstunden und die laufende Geschäftsführung erforderlichen Räume, Sachmittel und Mitarbeiter zur Verfügung zu stellen (§ 40 Abs. 2 BetrVG). Der Betriebsrat kann lediglich Überlassung verlangen; er ist grundsätzlich nicht berechtigt, sich die Sachmittel oder das Personal selbst zu beschaffen.[438]

231 **bb) Zu den Sachmitteln**, die der Arbeitgeber zur Verfügung stellen muss, gehören die Räume – in ihnen hat der Betriebsrat das Hausrecht[439] – samt der erforderlichen Ausstattung (Mobiliar, Schreibmaterial, Briefpapier und Briefmarken, Telefon, u.U. auch Telefax und Kopiergerät). Bereitzustellen sind ferner die wichtigsten arbeits- und sozialrechtlichen Gesetzestexte,[440] ein aktueller Kommentar zum BetrVG,[441] auch wenn dieser in einem gewerkschaftseigenen Verlag erscheint, sowie arbeits- und sozialrechtliche Zeitschriften, nicht jedoch Tageszeitungen.[442] Schließlich kann der Betriebsrat Sachmittel verlangen, die ihm eine ordnungsgemäße Unterrichtung der Mitarbeiter ermöglichen, etwa ein „schwarzes Brett" oder Mittel für ein Rundschreiben, wenn das aus konkretem Anlass erforderlich ist, andere Informationsmittel nicht in Betracht kommen und keine überhöhten Kosten entstehen. Bei der Einschätzung der Erforderlichkeit hat der Betriebsrat einen Beurteilungsspielraum.[443]

232 **cc) Informations- und Kommunikationstechnik.** Der Arbeitgeber muss dem Betriebsrat auch Informations- und Kommunikationstechnik zur Verfügung zu stellen (§ 40 Abs. 2 BetrVG), d.h. ihm – im Rahmen der betrieblichen Erforderlichkeit – auch einen Computer mit entsprechender Software überlassen und die im Betrieb oder Unternehmen vorhandenen Kommunikationsmöglichkeiten zugänglich machen.[444] Dazu gehört auch der Zugang zum Internet, falls dieses im Betrieb genutzt wird und der Betriebsrat mit einem PC ausgerüstet ist.[445] Der Betriebsrat kann die Einrichtung eigener E-Mail-Adressen für die einzelnen Betriebsratsmitglieder[446] oder einen nicht personalisierten Gruppenaccount[447] verlangen, ohne deren Erforderlichkeit zur Wahrnehmung konkret anstehender betriebsverfassungsrechtlicher Aufgaben darlegen zu müssen. Es genügt, wenn der Arbeitgeber dem Betriebsrat den Internetzugang über ein Netzwerk erschließt, das für alle Arbeitsplätze des Unternehmens einheitlich genutzt wird, selbst wenn damit die Möglichkeit besteht, den Betriebsrat zu überwachen.[448] Ferner kann der Betriebsrat die Einrichtung und Unterhaltung einer eigenen Homepage im Intranet des Arbeitgebers verlangen,[449] wenn dadurch keine besonderen Kosten entstehen. Sogar Mobiltelefone kann der Betriebsrat beanspru-

---

[438] BAG 21.4.1983, AP Nr. 20 zu § 40 BetrVG 1972.
[439] BAG 18.9.1991, AP Nr. 40 zu § 40 BetrVG 1972.
[440] BAG 24.1.1996, AP Nr. 52 zu § 40 BetrVG 1972.
[441] BAG 26.10.1994, AP Nr. 43 zu § 40 BetrVG 1972.
[442] BAG 29.11.1989, 25.1.1995, AP Nr. 32, 46 zu § 40 BetrVG 1972.
[443] BAG 11.11.1998, NZA 1998, 945; BAG 12.5.1999, NZA 1999, 1280.
[444] BAG 16.5.2007, NZA 2007, 1117.
[445] BAG 3.9.2003, NZA 2004, 280, 282; BAG 20.1.2010, NZA 2010, 709.
[446] BAG 14.7.2010, DB 2010, 2731.
[447] BAG 18.7.2012, DB 2012, 2524.
[448] BAG 20.4.2016, NZA 2016, 1033.
[449] BAG 3.9.2003, NZA 2004, 278, 280.

chen, falls dies im Einzelfall erforderlich ist.⁴⁵⁰ Der Gesamtbetriebsrat kann verlangen, dass in betriebsratslosen Betrieben, die räumlich weit voneinander entfernt liegen, Telefone freigeschaltet werden, die es ihm ermöglichen, sich hinsichtlich seiner originären Aufgaben (§ 50 Abs. 1 S. 1 HS 1 BetrVG) jederzeit ein Bild über die Situation zu machen, mit den Betrieben in Kontakt zu treten und von diesen angerufen zu werden; die Arbeitnehmer können nicht auf ihren Privatanschluss, auf Mobiltelefon oder öffentliche Fernsprecher verwiesen werden.⁴⁵¹ Dem Arbeitgeber ist der Zugriff auf elektronisch gespeicherte Betriebsratsdaten verwehrt; insoweit besteht auch ein Verwertungsverbot.⁴⁵² Das gilt sogar dann, wenn der Arbeitgeber die Einhaltung der datenschutzrechtlichen Vorschriften überwachen will und muss. Verantwortlicher i.S.d. Art. 4 Nr. 7 Ds-GVO ist der Betriebsrat selbst; es ist nicht Sache des Arbeitgebers, ihm hierzu Vorschriften zu machen.⁴⁵³

dd) Bei **Bürokräften**, deren Überlassung der Arbeitgeber schuldet, wird es sich zumeist um Schreibkräfte handeln. Vom Arbeitsanfall hängt es ab, in welchem Umfang die Bürokraft zu überlassen ist. Ob und welche Büroarbeiten auf eine Bürokraft übertragen werden, entscheidet der Betriebsrat nach pflichtgemäßem Ermessen, wobei er das Interesse des Arbeitgebers, Kosten zu sparen, angemessen berücksichtigen muss. Eine Bürokraft steht dem Betriebsrat auch dann zu, wenn der Arbeitgeber ihm einen PC überlassen hat, den er selbst bedienen könnte.⁴⁵⁴ Der Betriebsrat kann im allgemeinen nicht verlangen, dass ihm ein bestimmter Arbeitnehmer zugewiesen wird.⁴⁵⁵ Er ist der Bürokraft gegenüber weisungsberechtigt. Im Rahmen von § 40 BetrVG kann der Betriebsrat auch Hilfspersonen hinzuziehen, die ihn bei der Kommunikation mit der Belegschaft unterstützen sollen **(sog. Kommunikationsbeauftragte)**. Allerdings muss der Einsatz dieser Hilfspersonen auf die Hilfstätigkeit der Informationsvermittlung zwischen Betriebsrat und Belegschaft beschränkt sein und darf eine direkte Kommunikation zwischen Betriebsrat und Belegschaft nicht verhindern. Solche Hilfspersonen kann der Betriebsrat durch einfachen Mehrheitsbeschluss bestellen; eine Verhältniswahl ist nicht erforderlich. Für die Auswahl darf es wegen des Diskriminierungsverbots nach § 75 Abs. 1 BetrVG keine Rolle spielen, ob die Hilfsperson organisiert ist und welcher Gewerkschaft sie angehört.⁴⁵⁶ **232a**

VII. Rechtsstellung der Betriebsratsmitglieder

1. Ehrenamtliche Tätigkeit

Das Amt des Betriebsrats ist ein **privates Ehrenamt** (§ 37 Abs. 1 BetrVG). Kein Arbeitnehmer ist zur Übernahme dieses Amts verpflichtet, auch nicht aufgrund des Arbeitsvertrags. **233**

---

⁴⁵⁰ Hessisches LAG 28.11.2011, NZA-RR 2012, 307.
⁴⁵¹ BAG 9.12.2009, NZA 2010, 662.
⁴⁵² LAG Düsseldorf 7.3.2012, RDV 2012, 310.
⁴⁵³ BAG 18.7.2012, DB 2012, 2524, zu § 3 Abs. 7 BDSG a.F.
⁴⁵⁴ BAG 20.4.2005, NZA 2005, 1010.
⁴⁵⁵ BAG 5.3.1997, AP Nr. 56 zu § 40 BetrVG 1972.
⁴⁵⁶ BAG 29.4.2015, NZA 2015, 1397.

234 Das Ehrenamt wird **unentgeltlich** geführt (§ 37 Abs. 1 BetrVG). Der Arbeitgeber darf Betriebsratsmitgliedern für ihre Amtsführung weder unmittelbar noch mittelbar finanzielle Vorteile gewähren (§ 78 S. 2 BetrVG). Die Zahlung von Sitzungsgeldern oder „Funktionszulagen" ist ebenso unzulässig wie die Gewährung eines höheren Lohns oder längerer Freizeit. Die strikte Unentgeltlichkeit wahrt die **Unabhängigkeit des Betriebsrats** gegenüber dem Arbeitgeber. Zugleich stärkt sie die Akzeptanz seiner Entscheidungen; die Belegschaft kann davon ausgehen, dass Vereinbarungen zwischen den Betriebsparteien nicht durch die Gewährung oder den Entzug materieller Vorteile beeinflussbar sind.[457] Ein solches Unterfangen wäre sogar strafbar (§ 119 Abs. 1 Nr. 3 BetrVG). Betriebsratsmitglieder sollen durch ihre Tätigkeit aber auch **keine Nachteile** erleiden. Notwendige Aufwendungen sind ihnen deshalb zu ersetzen (§ 40 Abs. 1 BetrVG); regelmäßig entstehende Auslagen können pauschal abgegolten werden,[458] soweit es sich dabei nicht um verdeckte Vergütungen oder sonstige begünstigende Zahlungen handelt.[459]

2. Arbeitsbefreiung, Entgeltfortzahlung und Freizeitausgleich

a) Arbeitsbefreiung

235 aa) **Bedeutung.** Die Übernahme des Betriebsratsamts lässt die Arbeitspflicht grundsätzlich unberührt. Betriebsratsmitglieder sind jedoch von ihrer beruflichen Tätigkeit freizustellen, wenn und soweit das nach Art und Umfang des Betriebs zur ordnungsgemäßen Durchführung ihrer Aufgaben erforderlich ist (§ 37 Abs. 2 BetrVG). Mit der Betriebsratstätigkeit erfüllt das Betriebsratsmitglied zugleich seine vertraglichen Pflichten.

236 Die Freistellungspflicht erschöpft sich nicht in der Gewährung freier Zeit; dem Betriebsratsmitglied muss auch die Wahrnehmung seiner Aufgaben ermöglicht werden. Der Arbeitgeber hat bei der Zuteilung des Arbeitspensums angemessen Rücksicht zu nehmen; u.U. muss er ein Betriebsratsmitglied aus der Wechselschicht in die Normalschicht versetzen.[460] Ob die im Betrieb verrichtete Tätigkeit als Betriebsratsmitglied als Arbeitszeit i.S.d. § 2 ArbZG gilt, weil sie weder Ruhepause noch Ruhezeit darstellt und überdies die Kriterien nach Art. 2 Nr. 1 der Arbeitszeit-Richtlinie 2003/88/GG erfüllt sind,[461] hat das BAG bislang offengelassen. Allerdings ist es der Ansicht, dass das Mitglied auch dann von der Arbeitsleistung zu befreien ist, wenn es eine Betriebsratstätigkeit außerhalb der Arbeitszeit wahrzunehmen hat und deswegen die Arbeitsleistung davor oder danach unmöglich oder unzumutbar ist. Bei der Beurteilung der Zumutbarkeit ist – unabhängig davon, ob solche Zeiten als Arbeitszeit im Sinne von § 2 Abs. 1 ArbZG zu betrachten sind – die in § 5

---

[457] BAG 5.3.1997, AP Nr. 123 zu § 37 BetrVG 1972.
[458] BAG 9.11.1955, AP Nr. 1 zu Art. IX KRG Nr. 22 Betriebsrätegesetz.
[459] *Bayreuther* NZA 2013, 758; *Bittmann/Mujahn*, BB 2012, 637; *Moll/Roebers*, NZA 2012, 57; *Rieble*, NZA 2008, 276.
[460] BAG 27.6.1990, AP Nr. 9, 78 zu § 37 BetrVG 1972.
[461] Vgl. OVG NRW 10.5.2011, NWVBl 2012, 112 für die Teilnahme an Betriebsversammlungen.

Abs. 1 ArbZG zum Ausdruck kommende Wertung zu berücksichtigen. Hat ein Mitglied zwischen zwei Nachtschichten an einer Betriebsratssitzung teilzunehmen, kann es seine Arbeit vor dem Ende einer Schicht einstellen, wenn nur dadurch eine ununterbrochene Erholungszeit von elf Stunden am Tag gewährleistet ist.[462]

Das Betriebsratsmitglied hat einen Anspruch auf **Arbeitsbefreiung**, wenn Betriebsratsaufgaben wahrgenommen werden und soweit die Befreiung zur Erfüllung der Aufgaben erforderlich ist. 237

bb) Betriebsratsaufgaben sind vor allem die Teilnahme an Betriebsratssitzungen, an Besprechungen mit dem Arbeitgeber, an Unfalluntersuchungen der Berufsgenossenschaft und an Betriebsbesichtigungen der Gewerbeaufsicht sowie die Abhaltung von Sprechstunden.[463] Nicht dazu gehören die Teilnahme an Gewerkschaftsveranstaltungen[464] und an Tarifverhandlungen sowie Gespräche mit Betriebsräten anderer Unternehmen. Besprechungen mit Gewerkschaftsvertretern sind dann Betriebsratstätigkeit, wenn es um konkrete betriebliche Fragen geht;[465] dasselbe gilt für die Teilnahme an Arbeitsmarktgesprächen der Arbeitsagentur.[466] An Gerichtsverfahren können Betriebsratsmitglieder teilnehmen, wenn der Betriebsrat selbst Beteiligter ist,[467] an Verfahren von Arbeitnehmern dann, wenn der Rechtsstreit grundsätzliche Bedeutung für den Betrieb hat.[468] Ist ein Betriebsratsmitglied der objektiv fehlerhaften Ansicht, eine Betriebsratsaufgabe wahrzunehmen, darf es nicht wegen der dadurch bedingten Arbeitsversäumnis abgemahnt oder gekündigt werden, wenn es schwierige oder ungeklärte Rechtsfragen verkannt hat.[469] 238

cc) Erforderlichkeit. Die Arbeitsbefreiung muss sachlich notwendig sein. Das ist der Fall, wenn das Betriebsratsmitglied bei gewissenhafter Überlegung und bei ruhiger, vernünftiger Würdigung aller Umstände die Arbeitsversäumnis für erforderlich halten durfte.[470] Es genießt einen gewissen Beurteilungsspielraum.[471] Bei der Beurteilung können weder Erfahrungswerte anderer Betriebsräte noch Richtwerte in Anlehnung an die Freistellungsstaffel zugrunde gelegt werden.[472] Der Betriebsrat ist frei in der Entscheidung, welche Mitglieder er mit welchen Aufgaben betraut. Zeitaufwendige Tätigkeiten sind aber in erster Linie auf freigestellte Mitglieder zu übertragen. Am Grundsatz der Erforderlichkeit ist auch zu messen, ob die Begleitung eines Betriebsratsmitglieds zu einem Gespräch mit der Gewerkschaft oder mit einem Anwalt oder zu einer Gerichtsverhandlung durch ein anderes Mitglied gerechtfertigt ist.[473] 239

dd) Abmeldepflicht. Betriebsratsmitglieder bedürfen zur Arbeitsbefreiung kei- 240

---

[462] BAG 18.1.2017, NZA 2017, 791.
[463] *Löwisch/Kaiser*, § 37 BetrVG Rn. 7.
[464] BAG 21.6.2006, AuA 2007, 120.
[465] *Fitting*, § 37 Rn. 23; *Löwisch/Kaiser*, § 37 BetrVG Rn. 8.
[466] BAG 23.9.1982, AP Nr. 42 zu § 37 BetrVG 1972.
[467] LAG Düsseldorf 3.1.1975, DB 1975, 651.
[468] BAG 19.5.1983, AP Nr. 44 zu § 37 BetrVG 1972.
[469] BAG 10.11.1993, 31.8.1994, AP Nr. 96, 98 zu § 37 BetrVG 1972.
[470] BAG 6.8.1981, AP Nr. 40 zu § 37 BetrVG 1972 m. Anm. *Joachim*.
[471] BAG 16.10.1986, AP Nr. 58 zu § 37 BetrVG 1972.
[472] BAG 21.11.1978, AP Nr. 34 zu § 37 BetrVG 1972 m. Anm. *Jülicher*.
[473] BAG 23.6.1983, AP Nr. 45 zu § 37 BetrVG 1972.

ner Zustimmung des Arbeitgebers. Sie haben sich aber wie jeder andere Arbeitnehmer bei Verlassen des Arbeitsplatzes ab- und bei Wiederaufnahme der Arbeit rückzumelden.[474] Der Arbeitgeber muss in der Lage sein, einen störungsfreien Betriebsablauf sicherzustellen. Bei der Abmeldung müssen die voraussichtliche Dauer der Abwesenheit und der Ort der beabsichtigten Betriebsratstätigkeit angegeben werden. Eine konkrete Schilderung der Tätigkeit, etwa die Angabe des Namens eines Mitarbeiters, mit dem ein Gespräch geführt werden soll, ist nicht erforderlich; der Arbeitgeber soll keine Kontrolle über die Betriebsratstätigkeit ausüben können.[475] Es genügt die Mitteilung, dass der Arbeitsplatz zur Wahrnehmung betriebsverfassungsrechtlicher Aufgaben verlassen werden muss. Die Abmeldung braucht nicht höchstpersönlich zu erfolgen.[476] Die Pflicht zur Abmeldung entfällt, wenn nach den Umständen des Einzelfalls eine Umorganisation der Arbeitseinteilung nicht ernsthaft in Betracht kommt, z.B. wenn ein ausschließlich mit einem langfristig angelegten Projekt befasster Entwicklungsingenieur seine Tätigkeit kurzfristig unterbricht, um an seinem Arbeitsplatz Betriebsratsaufgaben wahrzunehmen. Der Arbeitgeber kann dann aber verlangen, dass ihm die Gesamtdauer der in einem bestimmten Zeitraum ausgeübten Betriebsratstätigkeit nachträglich mitgeteilt wird.[477] Da der Arbeitgeber keinen Spielraum für die nähere Ausgestaltung der Abmeldepflicht hat, ist das Verfahren mitbestimmungsfrei.[478]

b) Entgeltfortzahlung nach dem Lohnausfallprinzip

241 Nimmt das Betriebsratsmitglied berechtigterweise während der Arbeitszeit Betriebsratsaufgaben wahr, so hat es Anspruch auf das Arbeitsentgelt, das es erzielt hätte, wenn es gearbeitet hätte.[479] Dazu gehören das laufende Entgelt und alle sonstigen Leistungen (z.B. Zuschläge für Sonn-, Feiertags- und Nachtarbeit) mit Ausnahme von Aufwendungsersatz.[480] Es gilt das Lohnausfallprinzip.[481] Anspruchsgrundlage ist der Arbeitsvertrag. § 37 Abs. 2 BetrVG erhält den Anspruch in Ausnahme von dem Grundsatz „ohne Arbeit kein Lohn" (§ 326 Abs. 1 S. 1 HS 1 BGB) aufrecht. Verlangt ein Betriebsratsmitglied Entgeltfortzahlung, muss es deshalb die Voraussetzungen des § 37 Abs. 2 BetrVG darlegen und, wenn sie streitig sind, beweisen. Der Arbeitgeber kann, wenn er überhaupt oder hinsichtlich des Zeitaufwands erhebliche Zweifel an der Erforderlichkeit der Betriebsratstätigkeit hat, im Streit um die Entgeltfortzahlung – anders als bei der Abmeldepflicht – auch Angaben zur Art der Betriebsratstätigkeit verlangen. Hierzu hat die Rechtsprechung eine abgestufte Darlegungs- und Beweislast entwickelt.[482]

---

[474] BAG 6.8.1981, 13.5.1997, AP Nr. 39, 119 zu § 37 BetrVG 1972.
[475] BAG 15.3.1995, AP Nr. 105 zu § 37 BetrVG 1972; zur Abmeldepflicht freigestellter Betriebsratsmitglieder s. BAG 24.2.2016, NZA 2016, 831.
[476] BAG 13.5.1997, AP Nr. 119 zu § 37 BetrVG 1972.
[477] BAG 29.6.2011, NZA 2012, 47.
[478] BAG 23.6.1983, 13.5.1997, AP Nr. 45, 119 zu § 37 BetrVG 1972.
[479] BAG 29.4.2015, NZA 2015, 1328 (zur Zahlung eines Jahresbonus an ein Betriebsratsmitglied).
[480] BAG 12.8.2009, NZA 2009, 1284; BAG 29.8.2018, NZA 2019, 253.
[481] BAG 5.3.1997, AP Nr. 123 zu § 37 BetrVG 1972.
[482] BAG 15.3.1995, AP Nr. 105 zu § 37 BetrVG 1972; LAG Hamm 10.2.2012, NZA-RR 2012, 305.

§ 37 Abs. 2 BetrVG gilt nur, wenn die Arbeit nicht bereits aus anderen Gründen ausfällt. **242**
Sind die gegenseitigen Hauptleistungspflichten aus dem Arbeitsverhältnis suspendiert, etwa weil das Betriebsratsmitglied an einem rechtmäßigen Streik teilnimmt, so kann der Arbeitgeber das Betriebsratsmitglied nicht von der Arbeit freistellen, weil der Anspruch auf die Arbeitsleistung vorübergehend nicht erfüllbar ist; damit entfällt der Anspruch auf Entgeltfortzahlung nach § 37 Abs. 2 BetrVG.[483] Anderes gilt, wenn das Betriebsratsmitglied aufgrund einer Notdienstvereinbarung tätig wird oder bei einem wilden Streik auf Wunsch des Arbeitgebers vermittelt. Vereinbart der Arbeitgeber mit einem Betriebsratsmitglied wegen seines Mandats die Zahlung einer Vergütung, die über das nach § 37 Abs. 2 BetrVG zulässige Maß hinausgeht, liegt darin eine unzulässige Begünstigung i.S.d. § 78 S. 2 BetrVG, die zur Nichtigkeit der Vereinbarung nach § 134 BGB führt.[484]

c) Ausgleich für Betriebsratstätigkeit außerhalb der Arbeitszeit

aa) Voraussetzungen. Aus dem Lohnausfallprinzip folgt, dass das Betriebsrats- **243** mitglied für Betriebsratsarbeit, die es außerhalb seiner Arbeitszeit leistet, keine Vergütung verlangen kann.[485] Das „Sonderopfer an Freizeit" ist jedoch dann vom Arbeitgeber auszugleichen, wenn die Amtsgeschäfte aus **betriebsbedingten Gründen** außerhalb der Arbeitszeit wahrgenommen werden müssen (§ 37 Abs. 3 BetrVG). Betriebsbedingt sind Gründe, wenn sie sich aus der Eigenart des Betriebs oder seiner Abläufe ergeben.[486] Ein im Betrieb selbst vorhandener Sachzwang muss dazu führen, dass die Betriebsratstätigkeit nicht während der Arbeitszeit durchgeführt werden kann; entscheidend ist die Einflussnahme des Arbeitgebers.[487]

Beispiele: Teilnahme von Wechselschichtlern an Betriebsratssitzungen in schichtfreien Zeiten; Beschäftigung von Arbeitnehmern an Arbeitsplätzen, die aus technischen oder organisatorischen Gründen nicht während der Arbeitszeit verlassen werden können (Fließbandarbeit, Telefondienst usw.). Reisezeiten, die ein Betriebsratsmitglied außerhalb seiner Arbeitszeit im Zusammenhang mit betriebsverfassungsrechtlichen Aufgaben aufwendet, können einen Anspruch auf Freizeitausgleich auslösen, wenn eine im Betrieb geltende tarifliche oder betriebliche Regelung über Dienstreisen die Bewertung von Reisezeiten der Arbeitnehmer als Arbeitszeit vorsieht.[488] Allerdings können wegen des Begünstigungsverbots (§ 78 S. 2 BetrVG) keine anderen Maßstäbe gelten als für Fahrtzeiten, die ein Arbeitnehmer im Zusammenhang mit der Erfüllung seiner Arbeitspflicht aufwendet. Deshalb kann ein Betriebsmitglied für seine Fahrten zwischen Wohnung und Betrieb, die es allein zur Wahrnehmung von Amtgeschäften unternimmt, nichts verlangen.[489]

---

[483] BAG 25.10.1988, AP Nr. 110 zu Art. 9 GG Arbeitskampf.
[484] BAG 29.8.2018, NZA 2019, 253.
[485] BAG 5.3.1997, AP Nr. 123 zu § 37 BetrVG 1972.
[486] BAG 27.6.1990, 5.3.1997, AP Nr. 76, 123 zu § 37 BetrVG 1972.
[487] BAG 26.1.1994, AP Nr. 93 zu § 37 BetrVG 1972; BAG 19.3.2014, DB 2014, 1558.
[488] BAG 12.8.2009, NZA 2009, 1284.
[489] BAG 27.7.2016, NZA 2016, 1418.

244 Der Arbeitgeber schuldet keinen Ausgleich, wenn die Betriebsratstätigkeit aus **betriebsratsbedingten Gründen** außerhalb der regelmäßigen Arbeitszeit erfolgt, d.h. aus Gründen, die im Verantwortungsbereich des Betriebsrats und seiner Mitglieder liegen und die sich der Einflussnahme durch den Arbeitgeber entziehen.

Beispiele: Teilnahme an einer Betriebsratssitzung, die länger als die reguläre individuelle Arbeitszeit dauert; Fahrt zu und Teilnahme an einer Sitzung des Gesamt- oder Konzernbetriebsrats am Abend und/oder an einem arbeitsfreien Freitagnachmittag, Betriebsratsarbeit während der Urlaubszeit.[490]

245 **Teilzeitbeschäftigte Betriebsratsmitglieder** haben einen Ausgleichsanspruch für Betriebsratstätigkeit, die sie außerhalb ihrer persönlichen Arbeitszeit, aber innerhalb der betriebsüblichen Normalarbeitszeit verrichten; der Anspruch ist begrenzt auf die betriebsübliche Arbeitszeit eines vollzeitbeschäftigten Arbeitnehmers (§ 37 Abs. 3 S. 2 BetrVG); ist diese nicht einheitlich, kommt es auf die Arbeitszeit eines Vollzeitbeschäftigten in der Abteilung der Teilzeitkraft an.[491] Reisezeiten zur Teilnahme an einer Schulungsmaßnahme sind nur auszugleichen, wenn die Reise auch dann außerhalb der Arbeitszeit stattgefunden hätte, wenn das Betriebsratsmitglied vollzeitbeschäftigt gewesen wäre.[492] Betriebsratsmitglieder, die in **Gleitzeit** arbeiten und damit ganz oder teilweise selbst über die zeitliche Lage ihrer Arbeit entscheiden, müssen, um den Ausgleichsanspruch zu erlangen, den Arbeitgeber vor Aufnahme ihrer Amtsgeschäfte davon in Kenntnis setzen, dass sie die Betriebsratsarbeit aus betriebsbedingten Gründen nicht während ihrer Arbeitszeit erledigen können.[493]

246 **bb) Rechtsfolgen.** Der Ausgleich ist grundsätzlich in natura zu gewähren, d.h. durch bezahlte Freistellung von der Arbeit im Umfang der außerhalb der Arbeitszeit geleisteten Betriebsratstätigkeit. Die Freistellung bedarf keiner Einigung, sondern erfolgt einseitig durch Weisung des Arbeitgebers, der dadurch auf seinen Anspruch auf die geschuldete Arbeitsleistung verzichtet. Bei der zeitlichen Lage hat er die Wünsche des Betriebsrats im Rahmen billigen Ermessens (§ 106 GewO) zu berücksichtigen.[494] Kann er die Freistellung aus betriebsbedingten Gründen nicht binnen eines Monats vom Zeitpunkt der Tätigkeit an gerechnet gewähren, hat er die aufgewendete Zeit wie Mehrarbeit zu vergüten (§ 37 Abs. 3 S. 3 BetrVG).[495] Bloßer Zeitablauf genügt nicht; das Betriebsratsmitglied muss den Freistellungsanspruch geltend gemacht, der Arbeitgeber ihn unter Hinweis auf entgegenstehende betriebsbedingte Gründe abgelehnt haben. Das gilt selbst dann, wenn sich bereits hohe Freizeitausgleichsansprüche angesammelt haben.[496] Aller-

---

[490] BAG 28.5.2015, NZA 2015, 564.
[491] BAG 16.2.2005, NZA 2005, 936.
[492] BAG 10.11.2004, NZA 2005, 704.
[493] BAG 31.10.1985, AP Nr. 52 zu § 37 BetrVG 1972.
[494] BAG 15.2.2012, NZA 2012, 1112.
[495] BAG 25.8.1999, NZA 2000, 554.
[496] BAG 28.5.2015, NZA 2015, 564.

dings ist der Arbeitgeber an die gesetzliche Monatsfrist nicht im Sinne einer Ausschlussfrist gebunden. Er kann umfangreiche Freizeitausgleichsansprüche auch zeitlich nachfolgend erfüllen.[497] Damit kann es zu lang andauernden Arbeitsbefreiungen ähnlich einer Freistellung nach § 38 BetrVG kommen, nicht aber zu einer Ansammlung von Ausgleichsansprüchen. Im Ergebnis handelt es sich bei § 37 Abs. 3 BetrVG um ein zeitlich verschobenes Arbeitsentgelt für eine sonst in der persönlichen Arbeitszeit anfallende Betriebsratsarbeit, die infolge eines dem Arbeitgeber zurechenbaren Umstands in die Freizeit verlegt worden ist.[498]

3. Freistellung

a) Allgemeines

aa) Grundsatz. In Betrieben mit i.d.R. mindestens 200 Arbeitnehmern sind ein oder mehrere Betriebsratsmitglieder unter Fortzahlung ihrer Bezüge völlig von der beruflichen Tätigkeit für Betriebsratsarbeit freizustellen. „Freigestellte" brauchen nicht mehr in jedem Einzelfall nachzuweisen, dass die Arbeitsversäumnis zur Durchführung von Betriebsratsarbeit erforderlich war.[499] Die Freistellung dient der Wahrnehmung von Betriebsratsaufgaben; sie berechtigt deshalb nicht dazu, während der Arbeitszeit anderen als den Amtsgeschäften nachzugehen.[500] Haben Freigestellte ein Interesse daran, ihre Anwesenheit im Betrieb zu dokumentieren, dann gibt es keinen Grund, sie von der betrieblichen Zeiterfassung auszunehmen.[501]

247

bb) Rechte und Pflichten. Das freigestellte Betriebsratsmitglied ist lediglich von der Arbeitspflicht befreit; nur insoweit unterliegt es nicht mehr dem Direktionsrecht des Arbeitgebers. Da seine sonstigen Pflichten aus dem Arbeitsverhältnis unberührt bleiben, muss es die betriebsübliche Arbeitszeit beachten, im Umfang seiner vertraglichen Arbeitszeit im Betrieb anwesend sein und sich dort zur Verfügung halten,[502] soweit nicht seine Abwesenheit vom Betrieb zur Erfüllung der Amtsgeschäfte erforderlich ist.[503] Für den Freigestellten gilt das Lohnausfallprinzip. Er hat Anspruch auf das Arbeitsentgelt, das er erhalten hätte, wenn er nicht freigestellt worden wäre. Dazu gehört auch die Zahlung von Zeitzuschlägen, die das Betriebsratsmitglied beanspruchen könnte, wenn es nicht freigestellt wäre, sondern arbeiten würde. Zur Abgeltung kann eine Pauschale gewährt werden, wenn sie im Wesentlichen dem Durchschnitt der tatsächlichen hypothetischen Zuschlagsansprüche entspricht.[504] Ganz allgemein gilt: Das Begünstigungsverbot des § 78 S. 2 BetrVG lässt die Vereinbarung einer pauschalen Stundenvergütung zur Abgeltung von Be-

248

---

[497] BAG 19.4.2014, DB 2014, 1558.
[498] BAG 5.3.1997, AP Nr. 123 zu § 37 BetrVG 1972.
[499] BAG 26.7.1989, AP Nr. 10 zu § 38 BetrVG 1972.
[500] BAG 19. 5.1983, AP Nr. 44 zu § 37 BetrVG 1972.
[501] BAG 10.7.2013, NZA 2013, 1221.
[502] BAG 25.10.2017, NZA 2018, 538.
[503] Zur Abmeldepflicht BAG 24.2.2016, NZA 2016, 831.
[504] BAG 29.8.2018, NZA 2019, 253.

triebsratstätigkeiten nicht zu, wenn sie ohne sachlichen Grund wegen der Betriebsratstätigkeit gewährt wird und zu einer Verdiensterhöhung führt. Entsprechende Vereinbarungen sind gemäß § 134 BGB nichtig. Die Rückforderung geleisteten Entgelts richtet sich in diesen Fällen nicht nach § 812 Abs. 1 S. 1 Alt. 1 BGB, sondern nach § 817 S. 1 BGB. Dieser schließt die Anwendung des § 814 BGB aus.[505] Wird über die vertraglich geschuldete Arbeitszeit hinaus Betriebsratsarbeit aus betrieblichen Gründen geleistet, kommen Ausgleichsansprüche nach § 37 Abs. 3 BetrVG in Betracht.

249 Freigestellte genießen wie die übrigen Betriebsratsmitglieder nach der Beendigung ihrer Amtszeit Entgelt- und Berufsschutz; waren sie für drei volle aufeinanderfolgende Amtszeiten befreit, so erhöht er sich auf zwei Jahre. Sie dürfen von Maßnahmen der Berufsbildung nicht ausgeschlossen werden. Nach Beendigung der Freistellung ist ihnen, soweit betrieblich möglich, Gelegenheit zu geben, eine berufliche Entwicklung, die wegen der Freistellung unterblieben ist, binnen Jahresfrist nachzuholen (§ 38 Abs. 4 BetrVG).

b) Zahl der freizustellenden Betriebsratsmitglieder

250 **aa) Gesetzliche Mindestzahl.** Ob und in welchem Umfang Betriebsratsmitglieder freizustellen sind, hängt vom Umfang der Betriebsratstätigkeit ab. § 38 BetrVG enthält eine pauschalierende Mindestregelung. Sie beruht auf der Vermutung, dass in Betrieben der in § 38 BetrVG genannten Größenklassen regelmäßig Amtsgeschäfte in einem solchen Umfang anfallen, dass sie die Arbeitszeit eines oder mehrerer Betriebsratsmitglieder in vollem Umfang in Anspruch nehmen.[506] Mindestens freizustellen sind:

Betriebsgröße	Freistellungen
200 - 500 Arbeitnehmer	1 Betriebsratsmitglied
501 - 900 Arbeitnehmer	2 Betriebsratsmitglieder
901 - 1500 Arbeitnehmer	3 Betriebsratsmitglieder
1501 - 2000 Arbeitnehmer	4 Betriebsratsmitglieder
2001 - 3000 Arbeitnehmer	5 Betriebsratsmitglieder
3001 - 4000 Arbeitnehmer	6 Betriebsratsmitglieder
4001 - 5000 Arbeitnehmer	7 Betriebsratsmitglieder
5001 - 6000 Arbeitnehmer	8 Betriebsratsmitglieder
6001 - 7000 Arbeitnehmer	9 Betriebsratsmitglieder
7001 - 8000 Arbeitnehmer	10 Betriebsratsmitglieder.
8001 - 9000 Arbeitnehmer	11 Betriebsratsmitglieder.
9001 - 10000 Arbeitnehmer	12 Betriebsratsmitglieder.

251 In Betrieben mit über 10.000 Arbeitnehmern ist für je angefangene 2.000 Arbeitnehmer ein weiteres Betriebsratsmitglied freizustellen (§ 38 Abs. 1 S. 2 BetrVG). Abzustellen ist auf die Zahl der „in der Regel" im Betrieb beschäftigten Arbeitnehmer (s. oben Rn. 138). Bei der Ermittlung der regelmäßigen Beschäftigtenzahl sind künftige, aufgrund konkreter Unternehmerentscheidungen zu erwartende Entwicklungen nur dann zu berücksichtigen, wenn sie unmittelbar bevorstehen. Änderungen, die nicht unmittelbar bevorstehen, können

---

[505] BAG 8.11.2017, NZA 2018, 528.
[506] BAG 12.2.1997, AP Nr. 19 zu § 38 BetrVG 1972.

aber später zu einer Anpassung der Zahl der Freizustellenden führen.[507] Durch Kollektivvertrag können andere als die gesetzlichen Zahlenwerte bestimmt werden (§ 38 Abs. 1 S. 5 BetrVG), auch geringere.[508]

bb) Weitere Freistellungen. Da § 38 BetrVG die allgemeine Regelung des § 37 Abs. 2 BetrVG konkretisiert, aber nicht verdrängt, können weitere Betriebsratsmitglieder von ihrer Arbeitspflicht freigestellt werden, wenn dies zur ordnungsgemäßen Durchführung der Amtsgeschäfte des Betriebsrats erforderlich ist und weder die Arbeitsbefreiung weiterer Betriebsratsmitglieder aus konkretem Anlass (§ 37 Abs. 2 BetrVG) noch die Vertretung durch Ersatzmitglieder (§ 25 Abs. 1 S. 2 BetrVG) genügen.[509]   252

Beispiele: Zahlreiche oder weit verstreut liegende Betriebsteile, Wechselschichtbetrieb, längerfristige Beurlaubung freigestellter Betriebsratsmitglieder, Tätigkeit von Betriebsratsmitgliedern im Gesamtbetriebsrat, wenn deren Amtsgeschäfte nicht von Kollegen übernommen werden können und auch eine Befreiung aus konkretem Anlass nicht genügt; nicht die bloße Einrichtung und Abhaltung von Sprechstunden.

Unter den gleichen Voraussetzungen kommt auch in Betrieben mit weniger als 200 Arbeitnehmern eine Freistellung von Betriebsratsmitgliedern in Betracht. Allerdings müssen die Amtsgeschäfte in einem bestimmten, einer Pauschalierung zugänglichen Mindestumfang anfallen.[510] Einer kollektivvertraglichen Regelung bedarf es nicht.[511]   253

cc) Teilfreistellung, Ersatzfreistellung. Freistellungen können auch in Form von Teilfreistellungen erfolgen. Diese dürfen zusammengenommen nicht den Umfang der Freistellungen nach § 38 Abs. 1 S. 1 BetrVG überschreiten (s. oben Rn. 250). Zu einer Ersatzfreistellung wegen urlaubs-, krankheits- oder schulungsbedingter Verhinderung eines freigestellten Betriebsratsmitglieds ist der Betriebsrat nur bei konkreter Darlegung der Erforderlichkeit berechtigt;[512] Anspruchsgrundlage ist § 37 Abs. 2 BetrVG.   254

c) Person des freizustellenden Betriebsratsmitglieds

aa) Grundsatz. Welches Betriebsratsmitglied freizustellen ist, bestimmt der Betriebsrat nach Beratung mit dem Arbeitgeber[513] in einer geheimen Wahl. Sie erfolgt im Interesse des „Listenschutzes" nach den Grundsätzen der Verhältniswahl gemäß dem d'Hondtschen Höchstzahlverfahren, es sei denn, dass nur ein Wahlvorschlag unterbreitet wird oder nur ein Betriebsratsmitglied freizustellen   255

---

[507] BAG 2.8.2017, NZA 2017, 1343.
[508] BAG 11.6.1997, AP Nr. 22 zu § 38 BetrVG 1972; LAG Köln 7.20.2011, NZA-RR 2012, 135.
[509] BAG 26.7.1989, 26.6.1996, 12.2.1997, AP Nr. 10, 17, 19 zu § 38 BetrVG 1972.
[510] BAG 2.4.1974, 13.11.1991, AP Nr. 10, 80 zu § 37 BetrVG 1972.
[511] BAG 26.6.1996, AP Nr. 17 zu § 38 BetrVG 1972.
[512] BAG 9.7.1997, AP Nr. 23 zu § 38 BetrVG 1972.
[513] Zur Frage, ob es sich hierbei um eine Wirksamkeitsvoraussetzung handelt, vgl. BAG 29.4.1992, AP Nr. 15 zu § 38 BetrVG 1972.

ist (§ 38 Abs. 2 S. 1, 2 BetrVG). Selbst wenn mehrere Mitglieder freizustellen sind, ist in einem einzigen, einheitlichen Wahlgang zu wählen. Sollen Vollfreistellungen durch Teilfreistellungen ersetzt werden, ist darüber vorher zu befinden.[514]

256 bb) **Einzelheiten.** Die Freistellung erfolgt durch den Arbeitgeber als Gläubiger des Anspruchs auf die Arbeitsleistung. Sind die gesetzlichen Voraussetzungen erfüllt, ist er zur Freistellung des vom Betriebsrat Benannten verpflichtet (§ 38 Abs. 2 S. 3 BetrVG). Der Betriebsrat ist verpflichtet, vor der Wahl der freizustellenden Mitglieder mit dem Arbeitgeber über die Freistellungen zu beraten (§ 38 Abs. 2 S. 1 BetrVG). Unterlässt er dies, hat das weder die Nichtigkeit noch die Anfechtbarkeit der Freistellungswahl zur Folge. Die Beratungspflicht schützt allein die Belange des Arbeitgebers.[515] Hält er die Freistellung eines bestimmten Arbeitnehmers – etwa wegen besonderer Fachkenntnisse – für sachlich nicht vertretbar, kann er innerhalb von zwei Wochen nach der Bekanntgabe die Einigungsstelle anrufen (§ 38 Abs. 2 S. 4 BetrVG). Unterlässt er dies, gilt sein Einverständnis als erteilt (§ 38 Abs. 2 S. 7 BetrVG). Bestätigt die Einigungsstelle die Bedenken des Arbeitgebers, so hat sie bei der Bestimmung eines anderen Betriebsratsmitglieds auch den Minderheitenschutz nach § 38 Abs. 2 S. 1 BetrVG zu beachten (§ 38 Abs. 2 S. 6 BetrVG). Die Abberufung freigestellter Mitglieder erfolgt durch Beschluss, der in geheimer Abstimmung gefasst wird und einer Mehrheit von drei Vierteln der Stimmen der Mitglieder des Betriebsrats bedarf (§§ 38 Abs. 2 S. 8, 27 Abs. 1 S. 5 BetrVG). Erhöht sich während der Amtszeit die Zahl der Freizustellenden, müssen alle Freizustellenden neu gewählt werden.[516] Bei **Fehlern** kann die Wahl entsprechend § 19 BetrVG **angefochten** werden.[517] Zur Anfechtung ist ein einzelnes Betriebsratsmitglied berechtigt. Die Anfechtungsfrist des § 19 Abs. 2 S. 2 BetrVG beginnt mit der Feststellung des Wahlergebnisses durch den Betriebsrat.[518] Allerdings fehlt das Rechtsschutzinteresse für ein solches Anfechtungsverfahren mit dem Ende der Amtszeit des Betriebsrats, der die Freistellungswahl durchgeführt hat. Der Wahlanfechtungsantrag wird damit unzulässig.[519] Endet die Freistellung eines Betriebsratsmitglieds während der Amtszeit des Betriebsrats, ist das **ersatzweise freizustellende Mitglied** derjenigen Vorschlagsliste zu entnehmen, der das zu ersetzende Mitglied angehörte (vgl. § 25 Abs. 2 S. 1 BetrVG). Ist diese Vorschlagsliste erschöpft, ist das ersatzweise freizustellende Mitglied nach den Grundsätzen der Mehrheitswahl zu wählen und nicht der Vorschlagsliste zu entnehmen, auf die bei der ursprünglichen Freistellungswahl die nächste Höchstzahl entfallen wäre.[520]

---

[514] LAG Baden-Württemberg, 18.1.2012, BeckRS 2012, 68729.
[515] BAG 22.11.2017, NZA 2018, 523.
[516] BAG 20.4.2005, NZA 2005, 1013.
[517] BAG 20.4.2005, NZA 2005, 1426.
[518] BAG 21.2.2018, NZA 2018, 951.
[519] BAG 20.6.2018, NZA 2018, 1633.
[520] BAG 21.2.2018, NZA 2018, 951.

4. Teilnahme an Schulungs- und Bildungsveranstaltungen

a) Allgemeines

aa) Erforderliche und geeignete Veranstaltungen. Die ordnungsgemäße 257
Wahrnehmung von Betriebsratsaufgaben erfordert ein hohes Maß an Kenntnissen. Um den Erwerb dieser Kenntnisse zu gewährleisten, haben Betriebsratsmitglieder Anspruch auf bezahlte Freistellung zur Teilnahme an Schulungs- und Bildungsveranstaltungen. Diese werden von den unterschiedlichsten Trägern angeboten, vor allem von Gewerkschaften und Arbeitgeberverbänden sowie diesen nahestehenden Einrichtungen. Das Gesetz unterscheidet zwischen Schulungsveranstaltungen, die für die Betriebsratsarbeit erforderliche Kenntnisse vermitteln (§ 37 Abs. 6 BetrVG), und solchen, die von der zuständigen obersten Arbeitsbehörde als geeignet anerkannt worden sind (§ 37 Abs. 7 BetrVG), weil sie für die Betriebsratsarbeit nützliche Kenntnisse anbieten.

	Schulungs- und Bildungsveranstaltungen	
	nach § 37 Abs. 6 BetrVG	nach § 37 Abs. 7 BetrVG
Anspruch des	Betriebsrats	Betriebsratsmitglieds
Voraussetzung für Freistellungsanspruch	Vermittlung erforderlicher Kenntnisse	Vermittlung geeigneter Kenntnisse
Umfang des Freistellungsanspruchs	soweit erforderlich und verhältnismäßig	3 Wochen je Amtszeit, 4 Wochen in der ersten Amtszeit
Entgeltfortzahlung	entsprechend dem Lohnausfallprinzip	entsprechend dem Lohnausfallprinzip
Kosten der Veranstaltung (einschl. Reisekosten)	trägt Arbeitgeber	trägt Arbeitgeber nicht, außer wenn zugleich Vermittlung erforderlicher Kenntnisse (Kosten werden i.d.R. von Gewerkschaften oder Arbeitgeberverbänden übernommen)

258 Der Anspruch auf Teilnahme an erforderlichen Schulungsveranstaltungen i.S.d. § 37 Abs. 6 BetrVG steht dem Betriebsrat als Kollegialorgan zu, der auf Teilnahme an nützlichen Veranstaltungen nach § 37 Abs. 7 BetrVG jedem einzelnen Betriebsratsmitglied. Der Anspruch auf Teilnahme an einer Veranstaltung nach § 37 Abs. 6 BetrVG besteht, wenn der Erwerb von Kenntnissen für die Betriebsratsarbeit erforderlich ist, und zwar dann in erforderlichem Umfang. Zur Teilnahme an Veranstaltungen nach § 37 Abs. 7 BetrVG ist jedes Betriebsratsmitglied in jeder Amtszeit für drei Wochen freizustellen, in der ersten Amtszeit für vier Wochen. In beiden Fällen hat der Arbeitgeber während der Freistellung das Entgelt fortzuzahlen. Bei Teilnahme an Veranstaltungen, die für die Betriebsratsarbeit erforderliche Kenntnisse vermitteln, hat der Arbeitgeber nach § 40 BetrVG zusätzlich die notwendigen Kosten zu tragen. Die Ansprüche nach § 37 Abs. 6, 7 BetrVG stehen nebeneinander. Die Teilnahme an Veranstaltungen nach § 37 Abs. 6 BetrVG kommt zu dem Drei-Wochen-Kontingent hinzu.[521] Besuchen Betriebsräte im Rahmen ihres Kontingents Veranstaltungen, die nicht nur nützliches, sondern notwendiges Wissen vermitteln, dann hat der Arbeitgeber insoweit die Kosten zu tragen.

259 **bb) Verfahren.** Der Betriebsrat bestimmt durch Beschluss, zu welchem Zeitpunkt ein Mitglied an einer Schulungsmaßnahme teilnimmt; bei Schulungen nach § 37 Abs. 6 BetrVG befindet er auch über die Person des Teilnehmers und den Ort der Schulung, nicht aber über die Art und Weise der Anreise und die Frage der Übernachtung.[522] Nimmt ein Betriebsratsmitglied ohne vorherigen Beschluss des Betriebsrats an einer Schulungsveranstaltung teil, so hat es weder Anspruch auf Entgeltfortzahlung noch auf Kostenerstattung.[523] Bei der Festlegung des Teilnahmezeitpunkts muss der Betriebsrat die betrieblichen

---

[521] BAG 5.4.1984, AP Nr. 46 zu § 37 BetrVG 1972.
[522] BAG 27.5.2015, NZA 2015, 1141.
[523] BAG 8.3.2000, NZA 2000, 838.

Notwendigkeiten berücksichtigen (§ 37 Abs. 6 S. 2 BetrVG); die schulungsbedingte Abwesenheit von Betriebsratsmitgliedern darf zu keinen unzumutbaren Störungen im normalen Betriebsablauf führen. Der Arbeitgeber ist von der beabsichtigten Schulung so rechtzeitig zu unterrichten, dass er prüfen kann, ob die Voraussetzungen für eine bezahlte Freistellung vorliegen und ob der Teilnahmezeitpunkt betrieblich möglich ist (§ 37 Abs. 6 S. 3 BetrVG);[524] verneint er Letzteres, kann er die Einigungsstelle anrufen, deren Spruch die Einigung zwischen den Betriebsparteien ersetzt (§ 37 Abs. 6 S. 4, 5 BetrVG). Ob die unterbliebene oder verspätete Unterrichtung des Arbeitgebers den Freistellungsanspruch entfallen lässt oder eine bloße Amtspflichtverletzung i.S.d. § 23 Abs. 1 BetrVG darstellt, ist streitig.[525] Umstritten ist auch, ob der Arbeitgeber die Befreiung zur Teilnahme konkret erteilen muss oder ob es wie bei der Freistellung zur Erledigung von gewöhnlichen Amtsgeschäften (§ 37 Abs. 2 BetrVG) genügt, dass sich das Betriebsratsmitglied bei seinem Vorgesetzten ordnungsgemäß zur Schulung ab- und später wieder zurückmeldet.[526]

b) Notwendige Schulungen

aa) Zulässiger Schulungsinhalt. Schulungen nach § 37 Abs. 6 BetrVG müssen Kenntnisse vermitteln, die für die Betriebsratsarbeit erforderlich sind. Die Schulung ist erforderlich, wenn sie unter Berücksichtigung der konkreten Verhältnisse im Betrieb und im Betriebsrat notwendig ist, damit der Betriebsrat seine gegenwärtigen oder in naher Zukunft anstehenden Aufgaben sach- und fachgerecht erfüllen kann.[527]

260

Zu den gesetzlichen Aufgaben gehören alle Angelegenheiten, bei denen der Betriebsrat Beteiligungsrechte hat, nicht dagegen rechts- oder gesellschaftspolitische, allgemeinbildende[528] oder gewerkschaftliche Themen,[529] auch nicht Sozialversicherungs-[530] und Steuerrecht.[531] In aller Regel erforderlich sind für neugewählte Betriebsratsmitglieder Grundkenntnisse im Arbeits- und Betriebsverfassungsrecht.[532] Im übrigen kommt es auf die konkrete Situation an. Die vermittelten Kenntnisse müssen, wenn auch nicht sofort, so doch voraussichtlich in absehbarer Zeit benötigt werden. Stets ist ein konkreter betriebsbezogener Anlass erforderlich. Ein gegenwärtiges Bedürfnis kann z.B. bestehen, wenn der Betriebsrat aufgrund ihm bekanntgewordener Mobbingfälle initiativ werden will, um durch Verhandlungen mit dem Arbeitgeber über den Abschluss einer Betriebsvereinbarung weiteren Mobbingfällen entgegenzuwirken.[533] Zur Frage der Erforderlichkeit von Schulungsveranstaltungen gibt es eine umfangreiche Kasuistik.[534] Behandelt eine an sich erforderliche Schulung gelegentlich für die Betriebsratsarbeit unwichtige Gegenstände, so

261

---

[524] BAG 18.3.1977, AP Nr. 27 zu § 37 BetrVG 1972.
[525] Zum Streitstand GK-BetrVG/*Weber*, § 37 BetrVG Rn. 286; Richardi/*Thüsing*, § 37 BetrVG Rn. 142, 143.
[526] Vgl. *Fitting*, § 37 BetrVG Rn. 42 ff.
[527] St. Rspr., vgl. BAG 17.11.2010, NZA 2011, 816; BAG 18.1.2012, NZA 2012, 813.
[528] BAG 20.10.1993, AP Nr. 31 zu § 37 BetrVG 1972.
[529] BAG 28.1.1975, AP Nr. 20 zu § 37 BetrVG 1972.
[530] BAG 4.6.2002, NZA 2003, 1284.
[531] BAG 11.12.1973, AP Nr. 5 zu § 80 BetrVG 1972.
[532] BAG 15.5.1986, 16.10.1986, AP Nr. 54, 58 zu § 37 BetrVG 1972.
[533] BAG 14.1.2015, NZA 2015, 632.
[534] Vgl. *Fitting*, § 37 BetrVG Rn. 149 ff.; AR/*Maschmann*, § 37 BetrVG Rn. 19 ff.

bleibt die Schulung im ganzen erforderlich.⁵³⁵ Lassen sich erforderliche und nicht erforderliche Schulungsteile so klar voneinander abgrenzen, dass auch eine vorübergehende Seminarteilnahme möglich ist, so besteht der Freistellungsanspruch nur für den Besuch der notwendigen Teile.⁵³⁶ Ist eine Abgrenzung nicht möglich, gilt die Schulung als erforderlich, wenn in mehr als der Hälfte der Zeit notwendige Themen behandelt werden.⁵³⁷

262 Bei der Beurteilung des Schulungsbedarfs kommt dem Betriebsrat ein gewisser Spielraum zu.⁵³⁸ Warum eine Schulung noch kurz vor Ende der Amtszeit eines Betriebsrats notwendig ist, muss allerdings besonders dargelegt werden.⁵³⁹ Dasselbe gilt für Schulungen zur Vertiefung von Grundkenntnissen und für Schulungen zur Auffrischung von Kenntnissen. Einer Schulung bedarf es nicht, wenn sich der Betriebsrat vergleichbare Kenntnisse zumutbar und kostengünstiger auf andere Weise verschaffen kann. Auf ein Selbststudium von Fachzeitschriften können Betriebsratsmitglieder ohne juristische Vorbildung allerdings nicht verwiesen werden.⁵⁴⁰ Auch die Dauer der Schulung bestimmt sich nach der Erforderlichkeit.⁵⁴¹ Maßgeblicher Zeitpunkt für die Beurteilung der Erforderlichkeit ist der Zeitpunkt der Beschlussfassung. Etwas anderes gilt ausnahmsweise dann, wenn sich die für die Entscheidung maßgeblichen Umstände nachträglich erheblich geändert haben und das Betriebsratsmitglied die Kosten unter den geänderten Umständen für erforderlich halten durfte.⁵⁴²

263 **bb) Kollektivanspruch.** Das Recht auf Teilnahme an Schulungs- und Bildungsveranstaltungen will die Funktionsfähigkeit des Betriebsrats sichern; der Anspruch steht daher nicht dem einzelnen Betriebsratsmitglied, sondern dem Betriebsrat als Kollegialorgan zu. Ein Betriebsratsmitglied erwirbt erst dann einen – abgeleiteten – Individualanspruch, wenn der Betriebsrat durch Beschluss ein bestimmtes Mitglied für eine Schulungsmaßnahme auswählt.⁵⁴³ Die Erforderlichkeit der Schulung bezieht sich auch darauf, dass gerade dieses Mitglied geschickt werden muss, damit der Betriebsrat seine gesetzlichen Aufgaben wahrnehmen kann.⁵⁴⁴ Grundkenntnisse benötigt jedes Mitglied, bei Spezialkenntnissen reicht es im allgemeinen aus, wenn sich der zuständige Ausschuss informiert oder wenn das eines oder einige seiner Mitglieder tun.⁵⁴⁵ Eine Grundschulung ist ausnahmsweise dann nicht erforderlich, wenn sie erst kurz vor dem Ende der Amtszeit des Betriebsrats stattfindet und der Betriebsrat zum Zeitpunkt seiner Beschlussfassung absehen kann, dass das erstmals gewählte Mitglied die in der Schulungsveranstaltung vermittelten Grundkenntnisse bis zum Ende der Amtszeit nicht einset-

---

⁵³⁵ BAG 29.1.1974, AP Nr. 5 zu § 40 BetrVG 1972.
⁵³⁶ BAG 21.7.1978, AP Nr. 4 zu § 38 BetrVG 1972.
⁵³⁷ BAG 28.5.1976, AP Nr. 24 zu § 37 BetrVG 1972; BAG 28.9.2016, NZA 2017, 69.
⁵³⁸ BAG 16.10.1986, AP Nr. 58 zu § 37 BetrVG 1972; BAG 28.9.2016, NZA 2017, 69.
⁵³⁹ BAG 7.5.2008, NZA-RR 2009, 195.
⁵⁴⁰ BAG 20.12.1995, AP Nr. 113 zu § 37 BetrVG 1972.
⁵⁴¹ BAG 27.9.1974, 28.5.1976, AP Nr. 18, 24 zu § 37 BetrVG 1972.
⁵⁴² BAG 27.5.2015, NZA 2015, 1141.
⁵⁴³ St. Rspr., vgl. BAG 27.5.2015, NZA 2015, 1141.
⁵⁴⁴ BAG 16.10.1986, 20.12.1995, AP Nr. 58, 113 zu § 37 BetrVG 1972.
⁵⁴⁵ BAG 20.12.1995, AP Nr. 113 zu § 37 BetrVG 1972.

zen kann.⁵⁴⁶ Ersatzmitglieder haben, solange sie nicht nach § 25 Abs. 1 S. 1 BetrVG nachgerückt sind, keinen Schulungsanspruch.⁵⁴⁷

cc) Entgeltfortzahlung. Damit Betriebsratsmitglieder durch die Schulungsteilnahme keine Vergütungsnachteile erleiden (§ 78 S. 2 BetrVG), ist das Entgelt wie bei § 37 Abs. 2 BetrVG nach dem **Lohnausfallprinzip** fortzuzahlen.⁵⁴⁸ Das Betriebsratsmitglied hat Anspruch auf die Vergütung, die es erhalten hätte, wenn es nicht an der Schulungsveranstaltung teilgenommen, sondern im Betrieb gearbeitet hätte. Fällt die Arbeit dort arbeitskampfbedingt aus, verliert es den Anspruch auf Entgeltfortzahlung, wenn es sich am Streik beteiligt⁵⁴⁹ oder vom Arbeitgeber ausgesperrt wird oder wenn der Arbeitgeber den Betrieb vorübergehend stilllegt. Bei Kurzarbeit verringert sich sein Entgelt im selben Ausmaß wie bei den anderen Arbeitnehmern, gleichgültig wie lange das Programm an den betreffenden Tagen dauert. 264

Betriebsratsmitglieder, die wegen der Besonderheiten der betrieblichen Arbeitszeitgestaltung an einer Schulung außerhalb ihrer persönlichen Arbeitszeit teilnehmen, haben auch für diese Zeit Anspruch auf Vergütung. Der Umfang des Ausgleichsanspruchs einschließlich der Arbeitsbefreiung ist auf die Arbeitszeit eines vollzeitbeschäftigten Arbeitnehmers begrenzt (§ 37 Abs. 6 S. 2 BetrVG). Diese Regelung begünstigt Arbeitnehmer, die etwa im Rahmen eines rollierenden Systems oder aufgrund von Vorarbeiten im Zeitpunkt der Schulung arbeitsfrei haben. 265

dd) Kostenerstattung. Der Arbeitgeber trägt nach § 40 Abs. 1 BetrVG auch die Teilnahmekosten.⁵⁵⁰ Dazu gehören insbesondere die Fahrt-, Verpflegungs- und Übernachtungskosten, soweit der Teilnehmer nicht eigene Aufwendungen erspart, sowie die Teilnahmegebühren, nicht dagegen die Kosten der persönlichen Lebensführung (Getränke, Tabakwaren usw.).⁵⁵¹ Für angefallene Spesen muss die betriebliche Reisekostenordnung zugrunde gelegt werden,⁵⁵² hilfsweise kann man nach den Lohnsteuerrichtlinien abrechnen.⁵⁵³ 266

Der Erstattungsanspruch wird durch den Grundsatz der Verhältnismäßigkeit beschränkt.⁵⁵⁴ Im Rahmen seines Beurteilungsspielraums hat der Betriebsrat nach pflichtgemäßem Ermessen zu prüfen, ob die zu erwartenden Kosten mit der Größe und der Leistungsfähigkeit des Betriebs vereinbar sind und ob der Schulungszweck in vertretbarem Verhältnis zu den 267

---

⁵⁴⁶ BAG 17.11.2010, NZA 2011, 816.
⁵⁴⁷ BAG 14.12.1994, AP Nr. 100 zu § 37 BetrVG 1972.
⁵⁴⁸ BAG 20.10.1993, 5.3.1997, AP Nr. 90, 123 zu § 37 BetrVG 1972.
⁵⁴⁹ BAG 15.1.1991, AP Nr. 114 zu Art. 9 GG Arbeitskampf.
⁵⁵⁰ BAG 28.6.1995, AP Nr. 48 zu § 40 BetrVG 1972.
⁵⁵¹ BAG 29.1.1974, 15.6.1976, AP Nr. 5, 12 zu § 40 BetrVG 1972.
⁵⁵² BAG 28.3.2007, AP Nr. 89 zu § 40 BetrVG 1972.
⁵⁵³ BAG 17.9.1974, 23.6.1975, AP Nr. 6, 10 zu § 40 BetrVG 1972.
⁵⁵⁴ St. Rspr., vgl. BAG 28.6.1995, AP Nr. 48 zu § 40 BetrVG 1972.

aufgewandten Mitteln steht.[555] Er braucht nicht den günstigsten Anbieter auszuwählen, sondern kann seine Entscheidung bei vergleichbaren Schulungsinhalten vom Veranstalter abhängig machen.[556] Erst recht nicht ist er zu einer umfassenden Marktanalyse verpflichtet.[557] Wählt er, was zulässig ist,[558] einen gewerkschaftlichen oder gewerkschaftsnahen Anbieter – etwa eine GmbH, an der die Gewerkschaft beteiligt ist und bei der sie einen bestimmenden Einfluss auf die Schulungsinhalte hat[559] –, darf der Arbeitgeber aus koalitionsrechtlichen Gründen die Erstattung von Kosten insoweit verweigern, als sie zur Finanzierung des gegnerischen Verbands geeignet sind.[560] Nicht erstattungsfähig sind die Vorhaltekosten (Gemeinkosten) gewerkschaftlicher Einrichtungen (Strom, Wasser, Heizung, Reinigung, Personalaufwand), soweit sie sich nicht exakt einer konkreten Schulungsveranstaltung zuordnen lassen.[561] Dasselbe gilt für gewerkschaftseigene Referenten, wenn es zu deren Pflichten gehört, Schulungen zu betreuen und im Rahmen der Schulungen Vorträge zu halten.[562] In keinem Fall darf die Gewerkschaft aus den Schulungen einen Gewinn erzielen.[563] Pauschbeträge, in denen möglicherweise Gewinne enthalten sind, braucht der Arbeitgeber ohne Aufschlüsselung nicht zu erstatten (arg. e § 666 BGB).[564] Zulässig ist allerdings eine Mischkalkulation, nach der alle künftig zu erwartenden Kosten für die Durchführung betriebsverfassungsrechtlicher Schulungen gemeinsam ermittelt und in Durchschnittswerten unabhängig von der konkreten Teilnehmerzahl einer Schulung teilnehmerbezogen zugeordnet werden.[565] Sind Betriebsratsmitglieder für den Besuch von Schulungsveranstaltungen Zahlungsverpflichtungen eingegangen, so können sie oder der Betriebsrat den Arbeitgeber auf Freistellung in Anspruch nehmen.[566] Die Erstattungsforderung ist bei Verzug oder nach Eintritt der Rechtshängigkeit zu verzinsen (§§ 286 Abs. 1, 288, 291 BGB).[567] Die gerichtliche Geltendmachung erfolgt im Wege des arbeitsgerichtlichen Beschlussverfahrens, da der Anspruch im Betriebsverfassungsrecht wurzelt.[568] Für Reisen zu Schulungsveranstaltungen hat das Betriebsratsmitglied grundsätzlich das kostengünstigste zumutbare Verkehrsmittel zu benutzen. Eine Pflicht, seinen privaten Pkw einzusetzen, besteht nicht. Wollen mehrere Mitglieder mit ihrem Pkw anreisen, ist es zumutbar, dass sie eine Fahrgemeinschaft bilden, es sei denn, es besteht die begründete Besorgnis, dass Mitfahrende sich dadurch in eine besondere Gefahr begeben.[569]

c) Nützliche Schulungen

268 Unabhängig vom Schulungsanspruch nach § 37 Abs. 6 BetrVG haben alle Be-

---

[555] BAG 8.2.1977, 28.6.1995, AP Nr. 26, 48 zu § 37 BetrVG 1972.
[556] BAG 28.6.1995, AP Nr. 48 zu § 40 BetrVG 1972.
[557] Hessisches LAG 14.5.2012, NZA-RR 2012, 475.
[558] BAG 31.10.1972, AP Nr. 2 zu § 40 BetrVG 1972.
[559] BAG 28.6.1995, AP Nr. 47 und 48 zu § 40 BetrVG 1972.
[560] BAG 31.10.1972, 15.1.1992, 30.3.1994, AP Nr. 2, 41, 42 zu § 40 BetrVG 1972.
[561] BAG 28.6.1995, AP Nr. 48 zu § 40 BetrVG 1972.
[562] BAG 28.6.1995, AP Nr. 48 zu § 40 BetrVG 1972.
[563] BAG 31.10.1972, 15.1.1992, 30.3.1994, AP Nr. 2, 41, 42 zu § 40 BetrVG 1972.
[564] BAG 30.3.1994, 28.6.1995, AP Nr. 42, 48 zu § 40 BetrVG 1972.
[565] BAG 17.6.1998, AP Nr. 63 zu § 40 BetrVG 1972.
[566] BAG 28.6.1995, AP Nr. 47 zu § 40 BetrVG 1972.
[567] BAG 18.1.1989, AP Nr. 28 zu § 40 BetrVG 1972.
[568] BAG 28.6.1995, AP Nr. 47 und 48 zu § 40 BetrVG 1972.
[569] BAG 24.10.2018, NZA 2019, 407.

triebsratsmitglieder während ihrer Amtszeit Anspruch auf bezahlte Freistellung für insgesamt drei Wochen – in der ersten Amtszeit: vier Wochen – zur Teilnahme an Schulungs- und Bildungsveranstaltungen, die der Landesarbeitsminister (in den Stadtstaaten: Der Senator für Arbeit) **als geeignet anerkannt** hat (§ 37 Abs. 7 BetrVG).

Geeignet sind Veranstaltungen, die der Betriebsratsarbeit „dienlich und förderlich sind",[570] die also nach Zielsetzung und Inhalt darauf angelegt sind, für eine sach- und fachgerechte Ausübung der Betriebsratstätigkeit zu sorgen. Für die Betriebsratstätigkeit müssen nennenswerte Vorteile zu erwarten sein; der Nutzen darf kein Nebeneffekt von untergeordneter Bedeutung sein. Die Veranstaltung darf nicht vornehmlich anderen Zwecken, wie etwa einer gewerkschaftspolitischen, einer allgemeinpolitischen oder allgemeinbildenden Schulung dienen. § 37 Abs. 7 BetrVG dient nicht dazu, Rückstände an Allgemeinwissen abzubauen, allgemeine staatsbürgerliche Fortbildung zu vermitteln oder eine intellektuelle Parität oder Chancengleichheit mit dem Arbeitgeber herzustellen. Geeignet sind z.B. Seminare über Arbeits- und Sozialrecht, über volks- und betriebswirtschaftliche Fragen oder über Arbeitswissenschaft, nicht dagegen ein Seminar zur Rolle der Arbeiterbewegung vor dem Ersten Weltkrieg.[571] Im Gegensatz zu den Bildungsveranstaltungen nach § 37 Abs. 6 BetrVG hat der Arbeitgeber hier nur das Entgelt fortzuzahlen, sofern die Teilnahme nicht ausnahmsweise dem Erwerb erforderlicher Kenntnisse dient.

269

5. Finanzielle und berufliche Absicherung

a) Entgeltschutz

Das Entgelt von Betriebsräten darf während ihrer Amtszeit nicht geringer bemessen werden als das vergleichbarer Arbeitnehmer mit berufsüblicher Entwicklung. Das gilt auch in einem Zeitraum von einem Jahr, bei Betriebsräten, die drei volle aufeinanderfolgende Amtsperioden freigestellt waren, von zwei Jahren nach Ablauf der Amtszeit (§§ 37 Abs. 4, 38 Abs. 3 BetrVG). Vergleichbar sind die Arbeitnehmer, die im Zeitpunkt der Übernahme des Betriebsratsamts eine im wesentlichen gleich qualifizierte Tätigkeit ausgeübt haben und dafür in gleicher Weise wie dieser fachlich und persönlich qualifiziert waren. Bei der Beurteilung der Vergleichbarkeit ist nicht auf den Zeitpunkt der Freistellung, sondern auf den Zeitpunkt der Übernahme des Betriebsratsamts abzustellen.[572] Betriebsüblich ist eine Entwicklung, wenn aufgrund eines gleichförmigen Verhaltens des Arbeitgebers und einer Regel grundsätzlich, d.h. wenigstens in der überwiegenden Mehrzahl der vergleichbaren Fälle, mit ihr gerechnet werden kann.[573]

270

Für das Betriebsratsmitglied können nicht unerhebliche Schwierigkeiten bestehen, diese Anspruchsvoraussetzungen schlüssig darzulegen, weil es keinen vollständigen Überblick

270a

---
[570] BAG 11.8.1993, AP Nr. 92 zu § 37 BetrVG 1972.
[571] BAG 11.8.1993, AP Nr. 92 zu § 37 BetrVG 1972.
[572] BAG 18.1.2017, NZA 2017, 935.
[573] BAG 15.1.1992, AP Nr. 84 zu § 37 BetrVG 1972.

über die ihm vergleichbaren Arbeitnehmer und deren Gehaltsentwicklungen hat. Kann es das Bestehen eines Anspruchs auf Gehaltsanpassung nur prüfen, wenn es Auskunft über die Gehaltsentwicklung vergleichbarer Arbeitnehmer mit betriebsüblicher beruflicher Entwicklung erhält, kommt daher ein Anspruch auf Auskunft nach §§ 611, 242 BGB iVm § 37 Abs. 4 BetrVG in Betracht. Das gilt für die Gehaltshöhe vergleichbarer Arbeitnehmer, deren Kenntnis sich dem betroffenen Betriebsratsmitglied entzieht, und über die der Arbeitgeber unschwer Auskunft geben kann. In diesem Fall hat das Mitglied unter Berücksichtigung der ihm zugänglichen Tatsachen vorzutragen, mit welchen Arbeitnehmern es aus seiner Sicht vergleichbar ist und aus welchen Umständen zu schließen ist, dass die Mehrzahl der mit ihm vergleichbaren Arbeitnehmer die behauptete Beförderung erfahren hat. Fehlen ihm – etwa wegen der Größe des Betriebs und der Vielzahl vergleichbarer Arbeitnehmer – ausreichende Kenntnisse, kann es genügen, Referenzfälle darzulegen, aus denen sich mit hinreichender Wahrscheinlichkeit auf eine betriebsübliche Beförderungspraxis in dem Zeitraum seiner Zugehörigkeit zum Betriebsrat schließen lässt. Die abstrakte – gleichsam „ins Blaue" zielende – Behauptung einer Beförderungspraxis ohne jeden konkreten Beispielfall genügt nicht.[574]

270b Vergütungserhöhungen vergleichbarer Arbeitnehmer, die das Betriebsratsmitglied ohne sein Mandat nicht beanspruchen könnte, bleiben außer Betracht. Hatte das Mitglied bei der Amtsübernahme bereits die höchste tarifliche Vergütungsgruppe erreicht, kann es höhere Vergütung nur dann verlangen, wenn ein Aufstieg der bei Amtsübernahme vergleichbaren Arbeitnehmer in den Kreis der außertariflichen Mitarbeiter betriebsüblich ist.[575] Gemäß § 37 Abs. 4 S. 2 BetrVG gilt der Entgeltschutz auch für allgemeine Zuwendungen des Arbeitgebers einschließlich der vom Arbeitgeber zugesagten Leistungen der betrieblichen Altersversorgung.[576] Bei einer **kleinen Vergleichsgruppe** und unterschiedlich ausfallenden Gehaltserhöhungen kann für den Gehaltsanpassungsanspruch des Betriebsratsmitglieds der Durchschnitt der den Angehörigen der Vergleichsgruppe im gesamten Betrachtungszeitraum gewährten Gehaltserhöhungen maßgebend sein, wenn nur auf diese Weise eine nach § 78 S. 2 BetrVG unzulässige Begünstigung oder Benachteiligung des Betriebsratsmitglieds vermieden werden kann. Dabei sind Gehaltserhöhungen der Vergleichspersonen nicht nur dann berücksichtigungsfähig, wenn die Mehrheit der Vergleichspersonen in einem bestimmten Zeitraum – etwa in einem Kalenderjahr – eine solche erhalten hat.[577]

b) Tätigkeitsschutz

271 Soweit nicht zwingende betriebliche Notwendigkeiten entgegenstehen, dürfen Betriebsratsmitglieder einschließlich eines Zeitraums von einem Jahr – bei Freistellungen für drei aufeinanderfolgende Amtszeiten von zwei Jahren – nach Beendigung der Amtszeit nur mit Tätigkeiten beschäftigt werden, die den Tätigkeiten vergleichbarer Arbeitnehmer mit betriebsüblicher Entwicklung gleichwertig sind (§§ 37 Abs. 5, 38 Abs. 3 BetrVG). Zwingende betriebliche Notwendigkeiten stehen insbesondere dann entgegen, wenn ein entsprechender Arbeitsplatz fehlt –

---

[574] BAG 4.11.2015, NZA 2016, 1339.
[575] BAG 18.1.2017, NZA 2017, 935.
[576] BAG 10.11.2015, NJOZ 2016, 509.
[577] BAG 21.2.2018, NZA 2018, 1012.

es besteht kein Anspruch auf Schaffung eines neuen Arbeitsplatzes – oder wenn für den Arbeitsplatz besondere Kenntnisse erforderlich sind, das Betriebsratsmitglied an einer notwendigen Fortbildungsveranstaltung aber nicht teilgenommen hat.[578] Allerdings wird man es bevorzugt bei Weiterbildungsmaßnahmen berücksichtigen müssen.

Freigestellte Betriebsratsmitglieder dürfen von inner- und außerbetrieblichen Maßnahmen der Berufsbildung nicht ausgeschlossen werden. Innerhalb eines Jahres nach Beendigung der Freistellung ist ihnen im Rahmen der Möglichkeiten des Betriebs Gelegenheit zu geben, eine wegen der Freistellung unterbliebene betriebsübliche berufliche Entwicklung nachzuholen. Bei Freistellung für drei aufeinanderfolgende Amtszeiten gilt wieder ein Zeitraum von zwei Jahren (§ 38 Abs. 4 BetrVG). 272

c) Kündigungs- und Versetzungsschutz

aa) Kündigungsschutz. Schließlich genießen Betriebsratsmitglieder einen besonderen Kündigungsschutz. Die ordentliche Kündigung ist nur zulässig, wenn der Betrieb stillgelegt, die Abteilung geschlossen[579] oder unternehmensweit eine Hierarchieebene komplett abgebaut wird[580] und der Betriebsrat aus betriebsbedingten Gründen nicht in eine andere Abteilung des Betriebs oder eines anderen Betriebs des Unternehmens übernommen werden kann (§ 15 Abs. 1, 4, 5 KSchG).[581] Der Arbeitgeber hat mit allen zur Verfügung stehenden Mitteln für die Weiterbeschäftigung des Betriebsratsmitglieds zu möglichst gleichwertigen Bedingungen zu sorgen. Kann dem Betriebsratsmitglied die Stelle in einer anderen Abteilung nicht per Direktionsrecht zugewiesen werden, muss der Arbeitgeber eine Änderungskündigung erklären, wenn es zu keiner einvernehmlichen Regelung kommt. Der gleichwertige Arbeitsplatz in einer anderen Abteilung braucht nicht frei zu sein. Ist er mit einem nicht durch § 15 Abs. 1 KSchG geschützten Arbeitnehmer besetzt, hat der Arbeitgeber zu versuchen, den Arbeitsplatz durch Umverteilung der Arbeit, Ausübung seines Direktionsrechts oder gegebenenfalls auch durch den Ausspruch einer Kündigung für den Mandatsträger freizumachen. Die Übernahmepflicht gilt ohne Einschränkung sogar für Wahlbewerber.[582] Die außerordentliche Kündigung aus wichtigem Grund bedarf der Zustimmung des Betriebsrats (§ 103 Abs. 1 BetrVG). Der Betriebsrat muss bei groben Verstößen gegen den Arbeitsvertrag zustimmen; notfalls ersetzt das Arbeitsgericht seine Zustimmung (§ 103 Abs. 2 BetrVG). Die Kündigung ist unzulässig, wenn das Betriebsratsmitglied ausschließlich eine Amtspflicht verletzt hat. Hat es zugleich eine Vertragspflicht verletzt (z.B. in einem Beschlussverfahren gegen den Arbeitgeber vorsätzlich falsch ausgesagt), ist an den wichtigen Grund ein strengerer Maßstab anzulegen als bei einem Nichtmitglied. Den Sonderkündigungsschutz 273

---

[578] *Löwisch/Kaiser*, § 37 BetrVG Rn. 42.
[579] BAG 20.1.1984, AP Nr. 16 zu § 15 KSchG 1969.
[580] BAG 17.3.2005, NZA 2005, 949.
[581] BAG 13.8.1992, AP Nr. 32 zu § 15 KSchG 1969.
[582] Zu Vorstehendem BAG 12.3.2009, NZA 2009, 1264.

nach § 15 Abs. 1 KSchG genießen auch Ersatzmitglieder. Das Zustimmungserfordernis nach § 103 Abs. 1 BetrVG besteht aber nur, wenn das Ersatzmitglied endgültig für ein ausgeschiedenes Mitglied eingerückt ist oder wenn es ein zeitweilig verhindertes Mitglied vertritt. Ersatzmitglieder, die nach Beendigung der Vertretungszeit wieder aus dem Betriebsrat ausscheiden, haben nur noch nachwirkenden Kündigungsschutz (§ 15 Abs. 1 S. 2 KSchG).[583] Der Sonderkündigungsschutz nach § 15 KSchG gilt uneingeschränkt auch für sog. Massenänderungskündigungen, die der Arbeitgeber allen oder der Mehrzahl der Arbeitnehmer erklärt.[584]

273a Wurde ein befristet beschäftigter Arbeitnehmer zum Betriebsrat gewählt, endet sein Arbeitsverhältnis mit Erreichen der vereinbarten Laufzeit. Das gilt sogar im Falle einer sachgrundlosen Befristung. § 14 Abs. 2 TzBfG bedarf auch im Lichte von Art. 7 Konsultations-RL 2002/14/EG[585] keiner teleologischen Reduktion.[586] Danach haben die Mitgliedstaaten zwar dafür Sorge zu tragen, dass die Arbeitnehmervertreter bei der Ausübung ihrer Funktion einen ausreichenden Schutz und ausreichende Sicherheiten genießen, die es ihnen ermöglichen, die ihnen übertragenen Aufgaben in angemessener Weise wahrzunehmen. Im deutschen Recht wird dem aber durch § 78 S. 2 BetrVG hinreichend Rechnung getragen, der es verbietet, Mitglieder des Betriebsrats wegen ihrer Amtstätigkeit zu benachteiligen. Die Nichtübernahme eines befristet beschäftigten Betriebsratsmitglieds in ein unbefristetes oder in ein weiteres befristetes Arbeitsverhältnis kann eine solche unzulässige Benachteiligung darstellen, wenn sie gerade wegen der Betriebsratstätigkeit erfolgt: dafür trägt das benachteiligte Mitglied die Darlegungs- und Beweislast. Einen dementsprechenden Erfahrungssatz gibt es allerdings nicht. Daher ist weder Raum für eine entsprechende tatsächliche Vermutung noch für die Grundsätze des Anscheinsbeweises. Auch die Beweislastregel des § 22 AGG findet weder unmittelbar noch entsprechend Anwendung.[587] Ist ein Arbeitnehmer bereits bei Abschluss der Befristungsabrede Betriebsratsmitglied – das wird regelmäßig nur bei Vertragsverlängerungen in Betracht kommen – kann auch die Befristungsabrede als solche unwirksam sein, wenn der Arbeitgeber dem Arbeitnehmer nur wegen seiner Betriebsratsmitgliedschaft lediglich ein befristetes statt eines unbefristeten Arbeitsverhältnisses anbietet.[588]

273b bb) **Versetzungsschutz.** Die Versetzung eines Betriebsratsmitglieds, die zu einem Verlust des Amtes führen würde – d.h. vor allem die Versetzung in einen anderen Betrieb –, bedarf auch dann der Zustimmung des Betriebsrats, wenn sie nicht durch Änderungskündigung, sondern durch Weisung erfolgt. Etwas anderes

---

[583] Zu Vorstehendem BAG 5.1.2009, NZA-RR 2010, 236.
[584] BAG 7.10.2004, NZA 2005, 156 auch zu einer außerordentlichen Massenänderungskündigung.
[585] Vom 11.3.2002, ABl. EG Nr. L 80 S. 29.
[586] BAG 25.6.2014, NZA 2014, 1209.
[587] Allerdings muss sich der Arbeitgeber zu den vom Betriebsratsmitglied vorgetragenen Indizien für eine Benachteiligung konkret erklären, s. im einzelnen BAG 25.6.2014, NZA 2014, 1209.
[588] BAG 5.12.2012, NZA 2013, 515, 521; zur personellen Identität der Betriebsratstätigkeit als Befristungsgrund s. BAG 20.1.2016, NZA 2016, 755.

gilt nur, wenn der betroffene Arbeitnehmer damit einverstanden ist (§ 103 Abs. 3 S. 1 BetrVG). Hat der Betriebsrat die Zustimmung verweigert, kann der Arbeitgeber sie vom Arbeitsgericht im Beschlussverfahren ersetzen lassen. Das Arbeitsgericht hat sie zu ersetzen, wenn die Versetzung auch unter Berücksichtigung der betriebsverfassungsrechtlichen Stellung des Betroffenen aus dringenden betrieblichen Gründen notwendig ist (§ 103 Abs. 3 S. 2 BetrVG).

Solche dringenden Gründe liegen vor, wenn die Arbeitskraft des Mandatsträgers im Beschäftigungsbetrieb nicht mehr erforderlich ist. Das kann Folge einer unternehmerischen Organisationsentscheidung sein. Der Arbeitgeber ist dann zwar verpflichtet, die Versetzung des Mandatsträgers soweit wie möglich zu vermeiden. Dazu muss er aber keine neuen Arbeitsplätze schaffen. Es kommt allein darauf an, ob der Mandatsträger im Betrieb nach der Organisationsentscheidung noch sinnvoll weiterbeschäftigt werden kann. Ist die beabsichtigte Versetzung individualrechtlich unzulässig oder aus anderen Gründen unwirksam, fehlt regelmäßig das berechtigte Interesse an einer Zustimmungsersetzung.[589] **273c**

VIII. Weitere Einrichtungen der Betriebsverfassung

1. Gesamtbetriebsrat

a) Errichtung

Bestehen in einem Unternehmen[590] mehrere Betriebsräte, so ist ein Gesamtbetriebsrat zu errichten (§ 47 Abs. 1 BetrVG). Dessen Mitglieder werden nicht von den Arbeitnehmern des Unternehmens gewählt, sondern von den Betriebsräten der verschiedenen Betriebe entsandt. **274**

In den Gesamtbetriebsrat entsendet jeder Betriebsrat mit bis zu drei Mitgliedern eines seiner Mitglieder, jeder Betriebsrat mit mehr als drei Mitgliedern entsendet zwei seiner Mitglieder. Die Entsendung erfolgt durch Beschluss (§ 33 Abs. 1 BetrVG), nicht durch Wahl.[591] Die Geschlechter sollen angemessen berücksichtigt werden (§ 47 Abs. 2 BetrVG). Die Mitgliederzahl des Gesamtbetriebsrats kann durch Tarifvertrag oder Betriebsvereinbarung abweichend geregelt werden; sie ist durch Betriebsvereinbarung zu verringern, wenn dem Gesamtbetriebsrat mehr als 40 Mitglieder angehören (§ 47 Abs. 4-6 BetrVG). Der Gesamtbetriebsrat ist eine Dauereinrichtung. Er hat – anders als der Betriebsrat – keine Amtszeit. Der Gesamtbetriebsrat bleibt über die Wahlperiode der einzelnen Betriebsräte hinaus bestehen. Das Amt des Gesamtbetriebsrats als Gremium endet jedoch, wenn die Voraussetzungen für seine Errichtung nicht mehr vorliegen, etwa wenn in dem Unternehmen nicht mehr mindestens zwei Betriebsräte bestehen.[592] **275**

---

[589] BAG 27.7.2016, NZA 2017, 200.
[590] Betriebsräte aus verschiedenen Unternehmen können keinen gemeinsamen Gesamtbetriebsrat bilden, vgl. BAG 17.3.2010, DB 2010, 2812; BAG 17.4.2012, BB 2013, 57.
[591] BAG 21.7.2004, NZA 2005, 170, 172.
[592] BAG 5.6.2002, NZA 2003, 336.

b) Geschäftsführung

276 Für die Geschäftsführung des Gesamtbetriebsrats gelten im wesentlichen dieselben Grundsätze wie für den Betriebsrat (§ 51 Abs. 1 BetrVG). Der Gesamtbetriebsrat muss einen Vorsitzenden und dessen Stellvertreter wählen (§§ 51 Abs. 1 S. 1, Abs. 2 S. 1 und 2, 26 Abs. 1 BetrVG); Gesamtbetriebsräte mit neun oder mehr Mitgliedern haben zur Erledigung der laufenden Geschäfte Gesamtbetriebsausschüsse zu bilden (§§ 51 Abs. 1 S. 2, 27 BetrVG), deren Mitglieder vom Gesamtbetriebsrat nach den Grundsätzen der Verhältniswahl gewählt werden.[593]

277 Entsprechend anzuwenden sind auch die Vorschriften über die Rechte und Pflichten des Betriebsrats (§ 51 Abs. 5 BetrVG), also der Grundsatz der vertrauensvollen Zusammenarbeit, die Friedenspflicht, das Verbot parteipolitischer Betätigung, die Pflicht, die Betriebsangehörigen recht und billig zu behandeln, usw. § 51 Abs. 5 BetrVG regelt aber nicht die Zuständigkeit des Gesamtbetriebsrats, sondern nur seine Geschäftsführung.[594] An den Sitzungen des Gesamtbetriebsrats kann auf Antrag eines Viertels der Mitglieder oder der Mehrheit einer Gruppe ein Gewerkschaftsbeauftragter teilnehmen, wenn die Gewerkschaft im Gesamtbetriebsrat vertreten ist (§§ 51 Abs. 1, 31 BetrVG). Teilnahmeberechtigt sind auch die Gesamtschwerbehindertenvertretung (§ 52 BetrVG) und ein Vertreter der Gesamtjugend- und Auszubildendenvertretung (§§ 73 Abs. 2, 67 Abs. 1 S. 1 BetrVG). Der Gesamtbetriebsrat muss seine Sitzungen nicht immer am Ort der Hauptverwaltung abhalten.[595] Er kann auch in anderen Betrieben des Unternehmens tagen. Die Information der Belegschaft über das Ergebnis seiner Sitzungen erfolgt i.d.R. durch die einzelnen Betriebsräte. Im Gesamtbetriebsrat wird nicht nach Köpfen abgestimmt, sondern jedes Mitglied hat so viele Stimmen, wie in dem Betrieb, in dem es gewählt wurde, wahlberechtigte Arbeitnehmer in die Wählerliste eingetragen sind (§ 47 Abs. 7 BetrVG). Ist ein Mitglied des Gesamtbetriebsrats für mehrere Betriebe entsandt worden, so hat es so viele Stimmen, wie in den Betrieben, für die es entsandt ist, wahlberechtigte Arbeitnehmer in den Wählerlisten eingetragen sind; sind mehrere Mitglieder entsandt worden, so stehen ihnen die Stimmen anteilig zu (§ 47 Abs. 8 BetrVG). Beschlussfähig ist der Gesamtbetriebsrat, wenn mindestens die Hälfte seiner Mitglieder an der Beschlussfassung teilnimmt und die Teilnehmenden mindestens die Hälfte aller Stimmen vertreten (§ 51 Abs. 3 BetrVG). Eine generelle (Teil-)Freistellung seiner Mitglieder entsprechend § 38 BetrVG kann der Gesamtbetriebsrat nicht verlangen, weil § 51 BetrVG auf diese Vorschrift nicht verweist. Da § 51 Abs. 1 aber § 37 Abs. 2 BetrVG erwähnt, kommt eine Freistellung in Betracht, wenn der Gesamtbetriebsrat diese für die ordnungsgemäße Durchführung seiner Aufgaben für erforderlich halten darf.[596] Für den Konzernbetriebsrat (s. Rn. 293) gilt Entsprechendes, weil § 59 BetrVG ebenfalls nur auf § 37 BetrVG, nicht aber auf § 38 BetrVG verweist.[597]

c) Zuständigkeit

278 **aa) Originäre Zuständigkeit.** Die Befugnisse des Gesamtbetriebsrats sind ver-

---

[593] BAG 21.7.2004, NZA 2005, 173, 174.
[594] BAG 16.8.2012, NZA 2012, 342.
[595] BAG 24.7.1979, AP Nr. 1 zu § 51 BetrVG 1972.
[596] BAG 26.9.2018, NZA 2019, 117.
[597] BAG 23.5.2018, NZA 2018, 1281.

VIII. Weitere Einrichtungen der Betriebsverfassung   369

hältnismäßig gering. Er ist den einzelnen Betriebsräten nicht übergeordnet (§ 50 Abs. 1 S. 2 BetrVG), sondern nur zuständig für die Behandlung von Angelegenheiten, die das gesamte Unternehmen oder mehrere Betriebe betreffen und die nicht durch die einzelnen Betriebsräte innerhalb ihrer Betriebe geregelt werden können (§ 50 Abs. 1 S. 1 HS 1 BetrVG). Es gibt also keinen Instanzenzug von den Betriebsräten zum Gesamtbetriebsrat, sondern die Zuständigkeit der Betriebsräte schließt die des Gesamtbetriebsrats aus und umgekehrt.[598]

§ 50 BetrVG gilt nur für die im Gesetz geregelten Mitwirkungs- und Mitbestimmungsrechte, bei denen Arbeitgeber und Betriebsrat eine Regelungsbefugnis eröffnet ist, nicht jedoch dort, wo ein Beteiligungssachverhalt keiner weiteren Ausgestaltung durch die Betriebsparteien bedarf. Letzteres ist insbesondere bei der Geltendmachung von Rechtsansprüchen der Fall, die allein vom Vorliegen der im Gesetz bestimmten Tatbestandsvoraussetzungen abhängig sind, wie z.B. die Pflicht zur Ausschreibung von Arbeitsplätzen nach § 93 BetrVG[599] oder die Wahrnehmung des Überwachungsrechts nach § 80 Abs. 1 BetrVG.[600] Da die Ausübung dieser Rechte nicht von einer Vereinbarung oder einem Einvernehmen mit dem Arbeitgeber abhängt, bleibt der örtliche Betriebsrat zuständig.   278a

Die Angelegenheit muss zunächst **überbetrieblicher Natur** sein. Fragen, die ausschließlich einen Betrieb betreffen, fallen in die Zuständigkeit des Betriebsrats dieses Betriebs. Aber auch bei einem überbetrieblichen Problem ist der Gesamtbetriebsrat nur zuständig, wenn eine Regelung auf Betriebsebene **unmöglich** ist oder eine **zwingende sachliche Notwendigkeit für eine unternehmenseinheitliche oder zumindest betriebsübergreifende Regelung** besteht.[601] Die Notwendigkeit kann sich aus der Struktur des Unternehmens ergeben – zentralistisch geführt – oder aus wirtschaftlichen, technischen oder sozialpolitischen Bedürfnissen. Bloße Zweckmäßigkeitserwägungen oder der Wunsch der Unternehmensleitung nach Vereinheitlichung reichen nicht aus. Maßgebend ist der Gegenstand des jeweiligen Beteiligungsrechts.[602] Betreffen Regelungsmaterien unterschiedliche Mitbestimmungstatbestände, folgt aus der Zuständigkeit des Gesamtbetriebsrats für die eine Angelegenheit keine solche für die andere.[603]   279

Soziale Angelegenheiten fallen zumeist in die Zuständigkeit der Einzelbetriebsräte, es sei denn, dass mehrere Betriebe arbeitstechnisch verzahnt oder auf sonstige Weise organisatorisch verbunden sind und diesem Umstand Rechnung getragen werden soll.[604] Bei freiwilligen Leistungen begründet ausnahmsweise bereits der Wunsch des Arbeitgebers nach einer unternehmenseinheitlichen Regelung die Zuständigkeit des Gesamtbetriebsrats.[605]   280

---
[598] BAG 16.8.1983, AP Nr. 5 zu § 50 BetrVG 1972.
[599] BAG 1.2.2011, EzA BetrVG 2001 § 93 Nr. 1.
[600] BAG 16.8.2011, NZA 2012, 342.
[601] BAG 17.1.2012, NZA 2012, 687; BAG 19.6.2012, NZA 2012, 1237.
[602] BAG 6.12.1988, AP Nr. 37 zu § 87 BetrVG 1972 Lohngestaltung; BAG 26.1.1993, AP Nr. 102 zu § 99 BetrVG 1972.
[603] BAG 18.7.2017, NZA 2017, 1615.
[604] BAG 19.6.2012, NZA 2012, 1237: Zuständigkeit des Gesamtbetriebsrats für einen in mehreren miteinander verzahnten Betrieben gültigen Rahmenschichtplan.
[605] BAG 26.4.2005, NZA 2005, 892.

Hier beruht die Zuständigkeit auf einer Art „subjektiven Unmöglichkeit", weil der Arbeitgeber entschieden hat, die Leistung nicht zu erbringen, wenn sie nicht unternehmenseinheitlich erfolgen kann. Diese mitbestimmungsfreie Vorgabe ist hinzunehmen, weil es dem Arbeitgeber freisteht, ob er eine Leistung, zu der er weder kollektiv- noch individualvertraglich verpflichtet ist, überhaupt erbringt.[606] Die Beteiligung des Gesamtbetriebsrats wird deshalb hauptsächlich in Frage kommen bei unternehmensweiten Sozialleistungen und -einrichtungen (Sonderzuwendungen, Darlehen, Altersversorgung[607]), bei Entgeltsystemen, Personalinformationssystemen und EDV-Systemen mit Leistungs- und Verhaltenskontrollmöglichkeiten,[608] unternehmenseinheitlicher Dienstkleidung,[609] aber auch in **allgemeinen personellen Angelegenheiten** (Personalfragebogen, Beurteilungsgrundsätze, Berufsbildung usw.), die etwa aus Markt- und Konkurrenzgründen unternehmenseinheitlich durchgeführt werden sollen.[610] An einer mitbestimmungsfreien Vorgabe fehlt es, wenn der Arbeitgeber eine Leistung, die den Arbeitnehmern zusteht, reduzieren will oder wenn er eine ähnlich belastende Regelung plant; folglich kann hier der Arbeitgeber auch nicht durch Vorgabe des Adressatenkreises zugleich das Mitbestimmungsgremium festlegen.[611] Liegen keine technisch oder rechtlich zwingenden Gründe für eine unternehmenseinheitliche Regelung vor, sind die örtlichen Betriebsräte zuständig. Auch der Gleichbehandlungsgrundsatz begründet keine Notwendigkeit für eine einheitliche Regelung.[612] **Personelle Einzelmaßnahmen** (vgl. § 99 BetrVG) betreffen zumeist nur die Einzelbetriebe und fallen deshalb nicht in die Zuständigkeit des Gesamtbetriebsrats. Selbst bei der betriebsübergreifenden Versetzung eines Arbeitnehmers sind nur die Betriebsräte des abgebenden und des aufnehmenden Betriebs zu beteiligen, nicht aber der Gesamtbetriebsrat.[613] Das ist nur dann anders, wenn das Arbeitsverhältnis mehreren Betrieben gleichzeitig zugeordnet ist.[614] In **wirtschaftlichen Angelegenheiten** ist der Gesamtbetriebsrat zuständig für Angelegenheiten, die die Errichtung und die Aufgaben des Wirtschaftsausschusses und des Europäischen Betriebsrats betreffen; deren Mitglieder werden vom Gesamtbetriebsrat bestellt (§ 107 Abs. 2 S. 2 BetrVG, § 23 Abs. 1 EBRG), aber auch bei der Stilllegung sämtlicher Betriebe eines Unternehmens[615] oder wenn ein geplanter Personalabbau auf der Grundlage eines unternehmenseinheitlichen Konzepts durchgeführt wird und hiervon mehrere Betriebe betroffen sind.[616] Aus der Zuständigkeit für einen Interessenausgleich folgt aber nicht ohne weiteres die Zuständigkeit für den Abschluss eines Sozialplans.[617]

281 Der Gesamtbetriebsrat ist nicht nur zuständig für Betriebe, in denen ein Betriebsrat besteht und die deshalb in ihm repräsentiert sind, sondern auch für **betriebsratslose Betriebe** des Unternehmens (§ 50 Abs. 1 S. 1 HS 2 BetrVG). Er hat aber

---

[606] BAG 26.4.2005, NZA 2005, 892; BAG 10.10.2006, NZA 2007, 523, 524.
[607] BAG 5.5.1977, AP Nr. 3 zu § 50 BetrVG 1972.
[608] BAG 14.11.2006, NZA 2007, 399.
[609] BAG 17.1.2012, NZA 2012, 687; BAG 30.9.2014, NZA 2015, 121.
[610] BAG 5.5.1977, AP Nr. 3 zu § 50 BetrVG 1972.
[611] Vgl. BAG 18.5.2010, NZA 2011, 171.
[612] BAG 19.6.2007, NZA 2007, 1184.
[613] BAG 26.1.1993, AP Nr. 102 zu § 99 BetrVG 1972.
[614] BAG 21.3.1996, NZA 1996, 974; BAG 16.12.2010, NZA 2011, 1247.
[615] BAG 17.2.1981, AP Nr. 11 zu § 112 BetrVG 1972.
[616] BAG 7.7.2011, NZA 2011, 1108; hier kann der Gesamtbetriebsrat sogar einen Interessenausgleich mit Namensliste i.S.d. § 1 Abs. 5 KSchG vereinbaren.
[617] BAG 3.5.2006, NZA 2007, 1245.

nicht das Recht, in solchen Betrieben die Rolle des örtlichen Betriebsrats zu übernehmen und rein betriebsbezogene Angelegenheiten zu regeln; dazu fehlt ihm die Legitimation der dortigen Belegschaft.[618] Auch die Durchführung von Belegschaftsversammlungen zum Zwecke der Bestellung eines Wahlvorstands für die Durchführung einer Betriebsratswahl ist ihm verboten, weil § 17 Abs. 1 BetrVG hier als lex specialis vorgeht.[619]

bb) Zuständigkeit kraft Beauftragung. Die Einzelbetriebsräte können den Gesamtbetriebsrat, wenn er nicht zuständig ist, beauftragen, für sie tätig zu werden (§ 50 Abs. 2 S. 1 BetrVG). Damit kann sich der Betriebsrat die Verhandlungsstärke des Gesamtbetriebsrats, die möglicherweise größer ist als die eigene, zunutze machen. Ferner kann der Gesamtbetriebsrat mit Aufgaben betraut werden, deren unternehmenseinheitliche oder betriebsübergreifende Regelung zwar nicht zwingend erforderlich ist, aber doch nützlich oder zweckmäßig erscheint. 282

Die Beauftragung erfordert einen Beschluss, den der Betriebsrat mit der Mehrheit seiner Mitglieder zu fassen hat; er bedarf der Schriftform (§§ 50 Abs. 2 S. 3, 27 Abs. 3 S. 3, 4 BetrVG). Übertragen werden kann nur die Behandlung einzelner, konkreter Angelegenheiten, nicht ein ganzer Sachbereich.[620] Art und Umfang der Übertragung liegen beim Betriebsrat; er kann sich die Entscheidungsbefugnis, beispielsweise etwa den Abschluss einer Betriebsvereinbarung, vorbehalten (§ 50 Abs. 2 S. 2 BetrVG). Soll der Gesamtbetriebsrat mit verbindlicher Wirkung für alle Betriebe eine Angelegenheit behandeln, die in die Zuständigkeit der Einzelbetriebsräte fällt, dann bedarf es entsprechender Beschlüsse sämtlicher Betriebsräte. 283

2. Wirtschaftsausschuss

a) Errichtung

aa) Voraussetzungen. Auf Unternehmensebene gibt es ein zweites Betriebsverfassungsorgan: Den Wirtschaftsausschuss. Der Sache nach ist er ein Ausschuss des Gesamtbetriebsrats – in Unternehmen mit zwei oder mehr Betrieben – oder des Betriebsrats – in Unternehmen, die nur aus einem Betrieb bestehen –, der für die meisten Beteiligungsrechte in wirtschaftlichen Angelegenheiten zuständig ist. Zu bilden ist er in allen Unternehmen mit i.d.R. mehr als 100 ständig beschäftigten Arbeitnehmern (§ 106 Abs. 1 S. 1 BetrVG), soweit diese nicht nach § 118 BetrVG tendenzgeschützt sind (§ 118 Abs. 1 S. 2 BetrVG, s. oben Rn. 21 ff.). Ist ein Wirtschaftsausschuss nicht zu bilden, weil ein Unternehmen nicht mehr als 100 ständig beschäftigte Arbeitnehmer hat, dann stehen seine Rechte auch nicht dem Betriebsrat oder dem Gesamtbetriebsrat zu.[621] Sinkt die Belegschaftsstärke in dem Unternehmen dauerhaft auf weniger als 101 Arbeitnehmer ab, endet das 284

---

[618] BAG 16.8.1993, AP Nr. 5 zu § 50 BetrVG 1972.
[619] BAG 16.11.2011, NZA 2012, 404.
[620] BAG 26.1.1993, AP Nr. 102 zu § 99 BetrVG 1972.
[621] BAG 5.2.1991, AP Nr. 10 zu § 106 BetrVG 1972.

Amt des Wirtschaftsausschusses unabhängig davon, ob die Amtszeit des Betriebsrats, der ihn bestellt hat, noch andauert.[622] Bilden zwei Unternehmen, von denen lediglich eines in der Regel mehr als 100 Arbeitnehmer ständig beschäftigt, und ist dieses zugleich Alleineigentümer des anderen beteiligten Unternehmens, einen Gemeinschaftsbetrieb, so ist der Wirtschaftsausschuss ausschließlich bei dem herrschenden Unternehmen zu errichten.[623]

285 **bb) Größe und Errichtung.** Der Wirtschaftsausschuss besteht aus drei bis sieben Mitgliedern. Sie werden vom Betriebsrat für die Dauer seiner Amtszeit bestimmt und müssen dem Unternehmen angehören; eines von ihnen muss Betriebsratsmitglied sein. Besteht ein Gesamtbetriebsrat, so bestimmt dieser die Mitglieder des Wirtschaftsausschusses. Zu Mitgliedern können auch leitende Angestellte berufen werden. Alle Mitglieder sollen die zur Erfüllung ihrer Aufgaben erforderliche fachliche und persönliche Eignung besitzen. Sie können jederzeit abberufen werden (§ 107 Abs. 1, 2 BetrVG).

286 Da der Wirtschaftsausschuss nur ein Hilfsorgan des Betriebsrats ist, das allein der Erfüllung von Betriebsratsaufgaben dient,[624] kann dieser die Aufgaben des Wirtschaftsausschusses auch einem Betriebsratsausschuss übertragen. Der Ausschuss darf nicht größer sein als der Betriebsausschuss. Allerdings kann der Betriebsrat noch einmal die gleiche Zahl von Arbeitnehmern hinzuberufen. Berufen werden können auch leitende Angestellte (§ 107 Abs. 3 S. 1-3 BetrVG). Bestellt der Betriebsrat die Mitglieder des Sprecherausschusses zu Mitgliedern des Wirtschaftsausschusses, dann kann eine gemeinsame Unterrichtung beider Arbeitnehmervertretungen und eine gemeinsame Beratung erreicht werden, wie sie dem Gesetzgeber ja auch vorschwebt. Auf Beschluss des Wirtschaftsausschusses muss der Arbeitgeber einen Protokollführer zur Verfügung stellen; Wirtschaftsausschuss und Betriebsrat haben nicht das Recht, ein weiteres Betriebsratsmitglied mit dieser Aufgabe zu betrauen.[625]

b) Geschäftsführung

287 Der Wirtschaftsausschuss soll einmal monatlich zusammentreten (§ 108 Abs. 1 BetrVG). Ein Bedürfnis dafür wird allerdings zumeist nur in größeren Unternehmen bestehen. Der Unternehmer oder sein Vertreter hat an den Sitzungen teilzunehmen. Er kann sachkundige Arbeitnehmer des Unternehmens einschließlich leitender Angestellter hinzuziehen (§ 108 Abs. 2 BetrVG). Das können auch einzelne Mitglieder des Sprecherausschusses sein, nicht aber der Sprecherausschuss als Gremium. Zwar haben die leitenden Angestellten per definitionem Unternehmerfunktion, der Sprecherausschuss ist aber Vertretungsorgan und kein Hilfsorgan des Arbeitgebers. Bei Bedarf kann der Wirtschaftsausschuss Vorbesprechungen ohne Teilnahme des Arbeitgebers durchführen. Die (Gesamt-) Schwerbehindertenvertretung kann an den Sitzungen beratend teilnehmen.[626] Gewerkschaftsbeauftragte

---

[622] BAG 7.4.2004, NZA 2005, 311.
[623] BAG 22.3.2016, NZA 2016, 969.
[624] BAG 8.3.1983, AP Nr. 26 zu § 118 BetrVG 1972.
[625] BAG 17.10.1990, AP Nr. 3 zu § 108 BetrVG 1972.
[626] BAG 4.6.1987, AP Nr. 2 zu § 22 SchwbG.

können auf Antrag eines Viertels der Mitglieder des Wirtschaftsausschusses oder der Mehrheit einer Gruppe eingeladen werden,[627] Sachverständige dann, wenn ohne sie der Wirtschaftsausschuss seine Aufgaben nicht ordnungsgemäß erfüllen könnte. Dabei ist zu beachten, dass die Mitglieder selbst über die erforderliche Sachkunde verfügen sollen.[628] Der Wirtschaftsausschuss hat dem Betriebsrat über jede Sitzung unverzüglich und vollständig zu berichten (§ 108 Abs. 4 BetrVG).

c) Aufgaben

aa) Aufgabe des Wirtschaftsausschusses ist es, **wirtschaftliche Angelegenheiten mit dem Unternehmer zu beraten und den Betriebsrat zu unterrichten** (§ 106 Abs. 1 S. 2 BetrVG). Zu diesem Zweck ist er vom Unternehmer rechtzeitig und umfassend über die wirtschaftlichen Angelegenheiten des Unternehmens unter Vorlage der erforderlichen Unterlagen zu informieren, soweit dadurch nicht Betriebs- und Geschäftsgeheimnisse des Unternehmens gefährdet werden. Außerdem sind die Auswirkungen auf die Personalplanung darzustellen (§ 106 Abs. 2 BetrVG), damit der Betriebsrat seine Aufgaben nach den §§ 92 ff. BetrVG wahrnehmen kann. Ferner ist dem Wirtschaftsausschuss der Jahresabschluss, d.h. die Handelsbilanz sowie die Gewinn- und Verlustrechnung (§ 242 Abs. 3 HGB), unter Beteiligung des Betriebsrats zu erläutern (§ 108 Abs. 5 BetrVG).

288

Rechtzeitig ist der Wirtschaftsausschuss dann unterrichtet, wenn er und der Betriebsrat Initiativen auf wirtschaftlichem und sozialem Gebiet noch in den Entscheidungsprozess einbringen können.[629] Die Mitglieder des Wirtschaftsausschusses müssen die Möglichkeit haben, sich gründlich auf die Sitzungen vorzubereiten.[630] Bei umfassenden Daten und Zahlen kann der Unternehmer deshalb verpflichtet sein, dem Wirtschaftsausschuss bereits vor der Sitzung Unterlagen vorzulegen und ggf. zur Einsicht zu überlassen (§ 108 Abs. 3 BetrVG). Zu den Unterlagen gehören Materialien unternehmerischer Planung und Entscheidung aller Art, soweit sie sich auf wirtschaftliche Angelegenheiten beziehen, wie Berichte, Pläne, Statistiken, Gutachten, Analysen, Organisationsmodelle, Rentabilitätsberechnungen, Vorschläge, Zeichnungen, Tabellen und Geschäftsbücher.[631] Ohne Zustimmung des Unternehmers dürfen die Mitglieder die Unterlagen nicht ablichten.[632]

289

bb) Gegenstand des Unterrichtungs- und Beratungsanspruchs sind wirtschaftliche Angelegenheiten des Unternehmens. Was der Gesetzgeber darunter versteht, zeigt der Auffangtatbestand des § 106 Abs. 3 Nr. 10 BetrVG: Vorgänge und Vorhaben, die Interessen der Arbeitnehmer des Unternehmens wesentlich berühren können. Das Gesetz nennt selbst die wichtigsten Fälle:
1. die wirtschaftliche und finanzielle Lage des Unternehmens,
2. die Produktions- und Absatzlage,

290

---

[627] BAG 18.11.1980, AP Nr. 2 zu § 108 BetrVG 1972.
[628] BAG 11.11.1998, NZA 1998, 1119: Deshalb auch kein Anspruch nach § 37 Abs. 6 BetrVG.
[629] KG Berlin 25.9.1978, DB 1979, 112.
[630] BAG 20.11.1984, AP Nr. 3 zu § 106 BetrVG 1972.
[631] BAG 17.9.1991, AP Nr. 13 zu § 106 BetrVG 1972.
[632] LAG Düsseldorf 21.7.1982, DB 1982, 2711.

3. das Produktions- und Investitionsprogramm,
4. Rationalisierungsvorhaben,
5. Fabrikations- und Arbeitsmethoden, insbesondere die Einführung neuer Arbeitsmethoden,
5a. Fragen des betrieblichen Umweltschutzes,
6. die Einschränkung oder Stilllegung von Betrieben oder von Betriebsteilen,
7. die Verlegung von Betrieben oder Betriebsteilen,
8. den Zusammenschluss oder die Spaltung von Unternehmen oder Betrieben,
9. die Änderung der Betriebsorganisation oder des Betriebszwecks,
9a. die Übernahme des Unternehmens, wenn hiermit der Erwerb der Kontrolle verbunden ist,
10. sonstige Vorgänge und Vorhaben, welche die Interessen der Arbeitnehmer des Unternehmens wesentlich berühren können.

291 Zum **Auffangtatbestand der Nr. 10** gehören Auswirkungen veränderter wirtschaftlicher Rahmenbedingungen, wie der Steuer-, Wirtschafts- und Sozialgesetzgebung auf das Unternehmen, die wirtschaftliche Lage in der Branche, die Zusammenarbeit mit anderen Unternehmen, Unternehmenszusammenschlüsse oder -aufspaltungen, der Übergang des Unternehmens, eines Betriebs oder Betriebsteils auf einen anderen Inhaber, die Veräußerung aller Anteile einer GmbH,[633] Art und Umfang des Sozialaufwands, wichtige Rechtsstreitigkeiten, nicht dagegen die laufende Geschäftsführung: Der Wirtschaftsausschuss ist kein Kontrollorgan für die Unternehmensleitung.

292 **cc) Erzwingbarkeit des Informationsanspruchs.** Wird eine Auskunft über eine wirtschaftliche Angelegenheit des Unternehmens i.S.d. § 106 BetrVG entgegen dem Verlangen des Wirtschaftsausschusses nicht, nicht rechtzeitig oder nur ungenügend erteilt und kommt hierüber zwischen den Betriebsparteien keine Einigung zustande, so entscheidet die Einigungsstelle, die, wenn sie es für erforderlich hält, Sachverständige anhören kann (§§ 109, 76 BetrVG). Die Einigungsstelle hat nur über den Umfang und über die Art und Weise der Erteilung von Auskünften[634] zu befinden, nicht darüber, ob der Wirtschaftsausschuss überhaupt zuständig ist.

3. Konzernbetriebsrat

293 In Unterordnungskonzernen (zum Begriff s. oben Rn. 64) können Konzernbetriebsräte gebildet werden, wenn dies von den Gesamtbetriebsräten der dem Konzern angehörenden Unternehmen oder – sofern in einem Konzernunternehmen ein Gesamtbetriebsrat nicht besteht – von den Betriebsräten beschlossen wird, in deren Unternehmen mehr als 50 % der Arbeitnehmer der Konzernunternehmen beschäftigt sind (§ 54 BetrVG). Voraussetzung ist weiter, dass das den Konzern

---
[633] BAG 22.1.1991, AP Nr. 9 zu § 106 BetrVG 1972.
[634] BAG 12.2.2019, NZA 2019, 787.

VIII. Weitere Einrichtungen der Betriebsverfassung

beherrschende Unternehmen in Deutschland liegt. Hat die **Konzernspitze ihren Sitz im Ausland**, kann ein Konzernbetriebsrat nur dann gebildet werden, wenn es in Deutschland eine „**Teilkonzernspitze**" gibt, die trotz der Leitungsfunktion der ausländischen Konzernobergesellschaft noch wesentliche Leitungsmacht gegenüber den ihr nachgeordneten Unternehmen in personellen, sozialen und wirtschaftlichen Angelegenheiten ausübt.[635] In einem **mehrstufigen Konzern** („Konzern im Konzern") kann ein Konzernbetriebsrat mit einer im Inland ansässigen abhängigen Tochtergesellschaft als Konzernspitze gebildet werden, wenn der Tochtergesellschaft wesentliche Leitungsaufgaben zur eigenständigen Ausübung gegenüber den ihr nachgeordneten Unternehmen verbleiben und sie über einen wesentlichen Entscheidungsspielraum in mitbestimmungspflichtigen Angelegenheiten in Bezug auf die ihr nachgeordneten Unternehmen verfügt.[636] In Konzernen, in denen öffentlich-rechtlich und privatrechtlich verfasste Einheiten unter einer einheitlichen Leitung stehen, kann für den privatrechtlich organisierten Teil des Konzerns ein Konzernbetriebsrat eingerichtet werden.[637] Konzernbetriebsräte können auch für „**Gemeinschaftsunternehmen**" gebildet werden, an denen zwei Unternehmen zu jeweils 50 % beteiligt sind. Da sie allein aufgrund der von ihnen gehaltenen Anteile keinen beherrschenden Einfluss ausüben können, müssen ihre Einflussmöglichkeiten koordiniert werden, etwa durch vertragliche oder organisatorische Bindungen.[638] In den Konzernbetriebsrat entsendet jeder Gesamtbetriebsrat zwei seiner Mitglieder. Die Geschlechter sollen angemessen berücksichtigt werden (§ 55 Abs. 1 BetrVG). Jedem Mitglied des Konzernbetriebsrats stehen die Stimmen der Mitglieder des entsendenden Gesamtbetriebsrats je zur Hälfte zu (§ 55 Abs. 3 BetrVG). Im übrigen gelten die Bestimmungen über den Gesamtbetriebsrat sinngemäß (§§ 55-59 BetrVG).

Der Konzernbetriebsrat ist originär **zuständig** für die Behandlung von Angelegenheiten, die den Konzern oder mehrere Konzernunternehmen betreffen und nicht durch die einzelnen Gesamtbetriebsräte innerhalb ihrer Unternehmen geregelt werden können. Das beurteilt sich nach denselben Kriterien wie bei § 50 BetrVG (s. Rn. 278 ff.).[639] Die Zuständigkeit des Konzernbetriebsrats erstreckt sich insoweit auch auf Unternehmen, die einen Gesamtbetriebsrat nicht gebildet haben, sowie auf Betriebe der Konzernunternehmen ohne Betriebsrat. Er ist den einzelnen Gesamtbetriebsräten nicht übergeordnet (§ 58 Abs. 1 BetrVG). Der Gesamtbetriebsrat kann mit der Mehrheit der Stimmen seiner Mitglieder den Konzernbetriebsrat **beauftragen**, eine Angelegenheit für ihn zu behandeln (§ 58 Abs. 2 BetrVG). Entsprechendes gilt für den Einzelbetriebsrat (§ 54 Abs. 2 BetrVG). Die fragliche Angelegenheit muss aber in den Zuständigkeitsbereich des beauftragenden Gesamt- bzw. Einzelbetriebsrats fallen. Mit der Beauftragung erhält der Konzernbetriebsrat lediglich die Befugnis, anstelle des originär zuständigen Betriebsverfassungsorgans tätig zu werden. Verhandlungspartner des Gesamt- bzw. Betriebsrats bleibt deshalb der jeweils betroffene konzernangehörige Arbeitgeber, nicht die Konzernobergesellschaft.[640]

293a

---

[635] BAG 14.2.2007, NZA 2007, 999.
[636] BAG 23.5.2018, NZA 2018, 1562.
[637] BAG 27.10.2010, NZA 2011, 524.
[638] BAG 11.2.2015, EzA § 54 BetrVG 2001 Nr. 6.
[639] BAG 26.1.2016, NZA 2016, 498.
[640] BAG 17.3.2015, AP Nr. 6 zu § 58 BetrVG 1972.

§ 16 Betriebsverfassungsrecht

4. Europäischer Betriebsrat

a) Überblick

294 Seit 1996 gibt es mit dem Europäischen Betriebsrat ein erstes transnationales Betriebsverfassungsorgan. Der Gesetzgeber der Europäischen Union[641] und ihm folgend die Gesetzgeber der Mitgliedstaaten[642] haben damit die Folgerung aus der zunehmenden grenzübergreifenden Tätigkeit von Unternehmen und Unternehmensgruppen gezogen. Das EBRG enthält eine sehr flexible Lösung. Sicherstellen will es die Unterrichtung und Anhörung der Arbeitnehmer bei Angelegenheiten, die Auswirkungen auf Betriebe in anderen Mitgliedstaaten der Europäischen Union haben (z.B. Betriebsverlegungen und -stilllegungen, Massenentlassungen, vgl. § 30 Abs. 1 EBRG). Eine grenzübergreifende Mitbestimmung i.e.S. ist nicht vorgesehen. Unterrichtung und Anhörung können durch einen **Europäischen Betriebsrat** oder durch ein **dezentrales Konsultationsverfahren** geschehen. Für den Europäischen Betriebsrat enthält das Gesetz nicht weniger als drei Alternativen: Europäische Betriebsräte, die vor Inkrafttreten des Gesetzes bestanden und bestimmte Mindestanforderungen erfüllen, können bestehen bleiben (§ 41 Abs. 1 EBRG). Europäische Betriebsräte, die danach errichtet werden, können die Parteien maßgeschneidert ausgestalten, wobei wiederum lediglich gewisse Mindeststandards zu wahren sind. Erst wenn es nicht gelingt, einen maßgeschneiderten Europäischen Betriebsrat zu errichten oder ein hauseigenes Informations- und Konsultationsverfahren zu schaffen, kommt es zu dem Europäischen Betriebsrat in der Ausgestaltung der §§ 21 ff. EBRG.

295 In Deutschland gibt es in über 200 Unternehmen und Unternehmensgruppen einen Europäischen Betriebsrat. Etwa 90 besaßen bereits vor 1996 auf freiwilliger Grundlage Europäische Betriebsräte oder zumindest Verfahren zur grenzübergreifenden Konsultation der Arbeitnehmer. Europaweit gibt es (2016) in rund einem Drittel der EBR-pflichtigen Unternehmen und Unternehmensgruppen knapp 1.100 Europäische Betriebsräte.[643]

---

[641] RL 94/45/EG v. 22.9.1994 über die Einsetzung eines Europäischen Betriebsrats, ABl. Nr. L 254, S. 64, novelliert durch RL 2009/39/EG v. 6.5.2009, ABl. Nr. L 122 v. 16.5.2009, S. 28.
[642] Für Deutschland: G über Europäische Betriebsräte (EBRG) v. 28.10.1996, BGBl I S. 1548. novelliert durch das 2. EBRG-ÄndG v. 7.12.2011, BGBl I S. 2650.
[643] Europäisches Gewerkschaftsinstitut, EBR-Datenbank, März 2016, vgl. http://www.ewcdb.eu/.

VIII. Weitere Einrichtungen der Betriebsverfassung 377

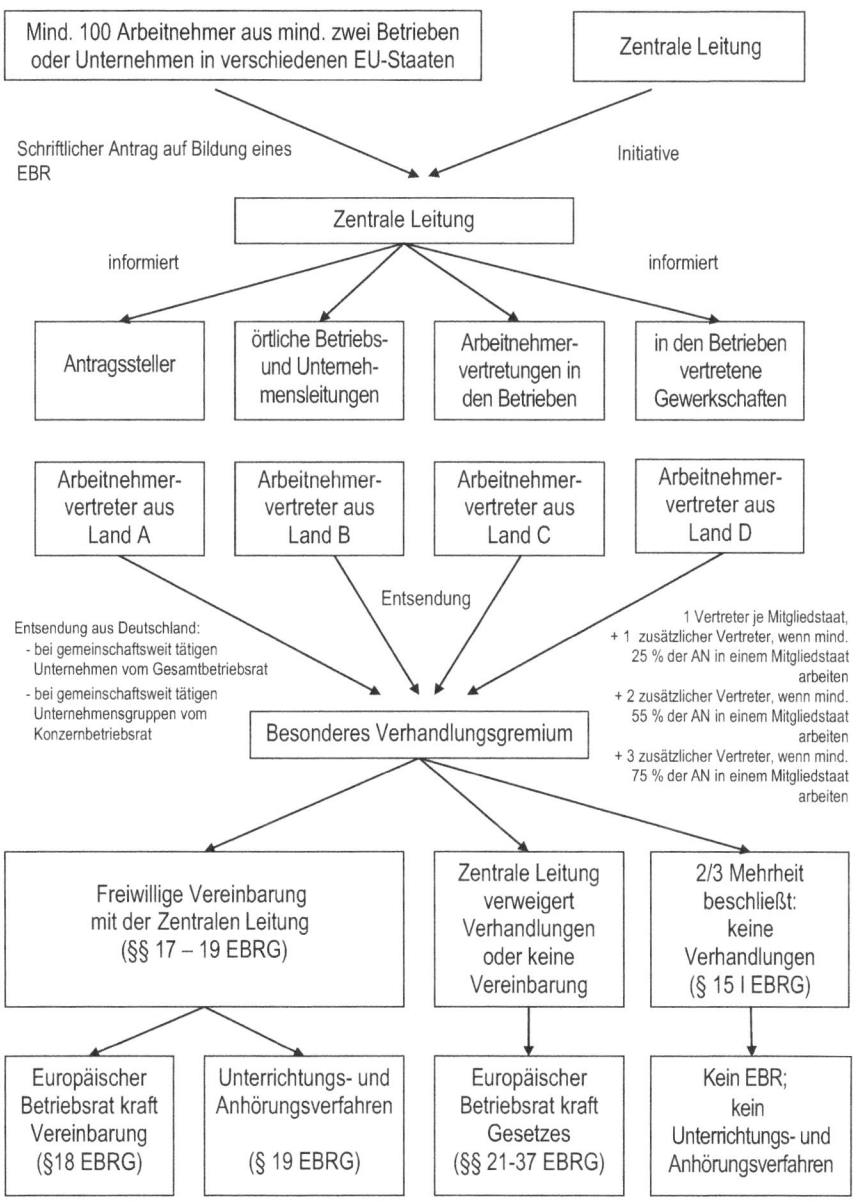

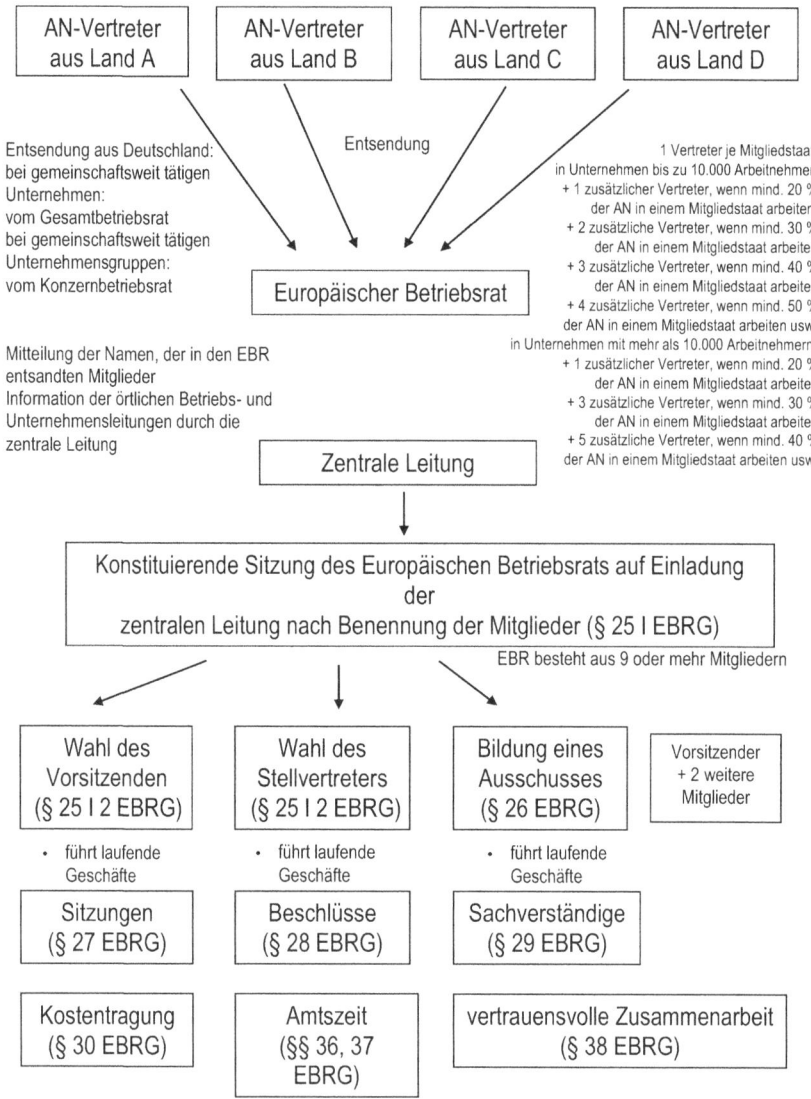

b) Geltungsbereich des EBRG

aa) Gemeinschaftsweit tätige Unternehmen. Das EBRG gilt für gemeinschaftsweit tätige Unternehmen mit Sitz in Deutschland (§ 2 Abs. 1 EBRG). Ein Unternehmen ist gemeinschaftsweit tätig, wenn es **mindestens 1000 Arbeitnehmer** in den Mitgliedstaaten der Europäischen Union oder den Vertragsstaaten des Abkommens über den Europäischen Wirtschaftsraum (Island, Liechtenstein, Norwegen) beschäftigt und **davon jeweils mindestens 150 in mindestens zwei Mitgliedstaaten** (§§ 2 Abs. 1 und 3, 3 Abs. 1 EBRG).

296

Beispiele: Unternehmen A beschäftigt in Deutschland 850 Arbeitnehmer, in Frankreich 200; das EBRG findet Anwendung; Unternehmen B beschäftigt in Deutschland 2000 Arbeitnehmer, in Frankreich, Belgien, Luxemburg je 100 und in der Schweiz 200; das EBRG findet keine Anwendung, da nicht in mindestens zwei Mitgliedstaaten mindestens 150 Arbeitnehmer beschäftigt sind.[644]

Abgestellt wird nicht, wie beim BetrVG, auf die Zahl der in der Regel beschäftigten Arbeitnehmer, sondern darauf, wie viele Arbeitnehmer im Durchschnitt während der letzten zwei Jahre vor der Einleitung eines Verfahrens zur Bildung einer europäischen Arbeitnehmervertretung beschäftigt wurden. Dabei ist für die Unternehmen und Betriebe in Deutschland der Arbeitnehmerbegriff nach § 5 Abs. 1 BetrVG maßgeblich (§ 4 S. 1 EBRG); leitende Angestellte zählen aber nicht mit.[645]

297

Hat ein gemeinschaftsweit tätiges Unternehmen seinen Hauptsitz nicht in Deutschland, sondern in einem anderen EU-Mitgliedstaat, so richtet sich die gemeinschaftsweite Konsultationspflicht grundsätzlich nach dem Umsetzungsrecht des Sitzstaats (z.B. französisches Recht für ein Unternehmen mit Zentrale in Paris); zur Ermittlung der Zahl der Beschäftigten in Deutschland gilt aber § 4 EBRG. Liegt die Zentrale eines gemeinschaftsweit tätigen Unternehmens in einem Drittstaat (z.B. in Japan), so gilt das EBRG, wenn es in Deutschland eine der Zentrale nachgeordnete Leitung für die Unternehmen oder Betriebe in den EU-Mitgliedstaaten gibt oder wenn die Zentrale ein Unternehmen oder einen Betrieb in Deutschland ausdrücklich als ihren Vertreter benennt oder, falls keine Benennung erfolgt, wenn das Unternehmen oder der Betrieb mit den meisten Arbeitnehmern in Deutschland liegt (§ 2 Abs. 2 EBRG).

298

bb) Für **Unternehmensgruppen** (s. oben Rn. 66) gilt das EBRG, wenn sie gemeinschaftsweit tätig sind, d.h. mindestens 1000 Arbeitnehmer in den Mitgliedstaaten beschäftigen und ihnen mindestens zwei Unternehmen mit Sitz in verschiedenen Mitgliedstaaten angehören, die jeweils mindestens 150 Arbeitnehmer in verschiedenen Mitgliedstaaten beschäftigen (§ 3 Abs. 2 EBRG), und wenn der Sitz des herrschenden Unternehmens in Deutschland liegt. In einer gemeinschaftsweit tätigen Unternehmensgruppe ist ein Europäischer Betriebsrat nur beim herrschenden Unternehmen (§ 6 Abs. 1 EBRG) zu errichten; das gilt auch,

299

---

[644] Weitere Fallbeispiele bei *Müller*, § 3 EBRG Rn. 5 ff.
[645] *Fitting*, Übersicht EBRG Rn. 22.

wenn einzelne Gruppenunternehmen die Voraussetzungen erfüllen, nach denen bei ihnen Europäische Betriebsräte gebildet werden müssten (§ 7 EBRG).

300 cc) Auskunftsanspruch. Um zu beurteilen, ob die Bildung eines Europäischen Betriebsrats in Betracht kommt, kann ein deutscher Betriebs- oder Gesamtbetriebsrat bei der örtlichen Betriebs- oder Unternehmensleitung Auskünfte über die durchschnittliche Gesamtzahl der Arbeitnehmer und ihre Verteilung auf die Mitgliedstaaten, die Unternehmen und Betriebe sowie über die Struktur des Unternehmens oder der Unternehmensgruppe verlangen. Die örtliche Leitung ist verpflichtet, die erforderlichen Informationen und Unterlagen bei der zentralen Leitung (§ 2 Abs. 6 EBRG) einzuholen; diese hat die für die Aufnahme von Verhandlungen zur Bildung eines Europäischen Betriebsrats erforderlichen Informationen zu erheben und an die Arbeitnehmervertretung weiterzuleiten (§ 5 Abs. 1, 2 EBRG). § 5 Abs. 3 EBRG stellt sicher, dass die nach § 5 Abs. 1, 2 EBRG in Anspruch Genommenen die notwendigen Informationen erhalten, selbst wenn die Entscheidungsträger ihren Sitz im Ausland haben.[646] Erforderlich, aber auch ausreichend ist eine gewisse tatsächliche Wahrscheinlichkeit dafür, dass die Voraussetzungen des EBRG erfüllt sind.[647] Dann sind auf Verlangen auch genaue Daten und Unterlagen über die Struktur und die Organisation einer Unternehmensgruppe zur Verfügung zu stellen.[648]

c) Besonderes Verhandlungsgremium

301 aa) Aufgabe. Das EBRG sieht einen Europäischen Betriebsrat in der gesetzlichen Ausgestaltung, wie gesagt, erst für den Fall vor, dass zentrale Unternehmensleitung und Belegschaft sich nicht auf ein für das Unternehmen passendes Modell einigen können. Für die Verhandlungen mit der zentralen Unternehmensleitung ist auf Arbeitnehmerseite ein „besonderes Verhandlungsgremium" zu bilden.

302 bb) Zusammensetzung. In dieses Gremium ist für jeden Anteil der in einem Mitgliedstaat beschäftigten Arbeitnehmer, der 10 % der Gesamtzahl der in allen Mitgliedstaaten beschäftigten Arbeitnehmer des Unternehmens bzw. der Unternehmensgruppe beträgt, ein Mitglied zu entsenden (§ 10 Abs. 1 EBRG).

Beispiel: Eine EU-weit tätige Unternehmensgruppe beschäftigt insgesamt 4.500 Arbeitnehmer, davon 2.000 (= 44,4 %) in Deutschland, 1.100 (24,4 %) in Italien, 900 (= 20 %) in Frankreich und 500 (= 11,1 %) in Polen. Damit besteht das besondere Verhandlungsgremium aus insgesamt zwölf Mitgliedern: Fünf aus Deutschland, drei aus Italien und je zwei aus Frankreich und Polen.[649]

---

[646] Vgl. EuGH 13.4.2004, NZA 2004, 160 - Kühne & Nagel; BAG 29.6.2004, NZA 2005, 118.
[647] BAG 30.3.2004, AP Nr. 3 zu § 5 EBRG.
[648] Vgl. EuGH 29.3.2001, NZA 2001, 506 - Bofrost; EuGH 13.4.2004, NZA 2004, 160 - Kühne & Nagel; EuGH 13.7.2004, NZA 2004, 1167 - ADS Anker.
[649] Bsp. nach Begr. RegE, BT-Drs. 17/4808, S. 10.

VIII. Weitere Einrichtungen der Betriebsverfassung

Mitgliedstaaten, in denen weniger als 10 % aller unternehmensangehörigen Arbeitnehmer beschäftigt sind, entsenden einen Vertreter.[650] Die Zahl der Mitglieder des Gremiums wird durch das EBRG nicht nach oben hin begrenzt. Als Vertreter können auch leitende Angestellte berufen werden (§ 11 Abs. 4 EBRG); Frauen und Männer sollen entsprechend ihrem zahlenmäßigen Verhältnis in dem Gremium vertreten sein (§ 11 Abs. 5 EBRG). Für die Unternehmen in Deutschland werden die Vertreter vom Gesamtbetriebsrat oder, wenn ein solcher nicht besteht, vom Betriebsrat bestellt; für Unternehmensgruppen ist der Konzernbetriebsrat zuständig (§ 11 Abs. 1-3 EBRG).

cc) Bildung und Geschäftsführung. Die Bildung des besonderen Verhandlungsgremiums erfolgt auf Initiative der zentralen Leitung. Sie kann aber auch von mindestens 100 Arbeitnehmern aus mindestens zwei Betrieben oder Unternehmen in verschiedenen Mitgliedstaaten schriftlich bei der zentralen Leitung beantragt werden. Der Antrag kann auch von den Arbeitnehmervertretern gestellt werden. Unterschriften auf mehreren Anträgen werden zusammengezählt (§ 9 Abs. 1, 2 EBRG). Die zentrale Leitung hat die in § 9 Abs. 3 EBRG genannten Beteiligten rechtzeitig über die Bildung, Größe und Zusammensetzung des besonderen Verhandlungsgremiums zu informieren. Nach Benennung der Mitglieder lädt die zentrale Leitung zur konstituierenden Sitzung ein, auf der der Vorsitzende des besonderen Verhandlungsgremiums gewählt wird (§ 13 Abs. 1 S. 1 EBRG), und unterrichtet die zuständigen europäischen Gewerkschaften und Arbeitgeberverbände (§ 13 Abs. 1 S. 2 EBRG). Zu den weiteren Sitzungen lädt der Vorsitzende ein. Sie können insbesondere zur Vorbereitung von Verhandlungen mit der zentralen Leitung abgehalten werden (§ 13 Abs. 2 EBRG). An diesen können auf Wunsch des Gremiums auch Sachverständige und Gewerkschaftsvertreter teilnehmen (§ 13 Abs. 4 EBRG). Zeitpunkt, Häufigkeit und Ort der Sitzungen des besonderen Verhandlungsgremiums sowie der Verhandlungen mit der zentralen Leitung sind einvernehmlich festzulegen (§ 8 Abs. 3 S. 2 EBRG). Die Kosten trägt die zentrale Leitung (§ 16 EBRG).

dd) Rechte. Das besondere Verhandlungsgremium hat die Aufgabe, für die Arbeitnehmerseite mit der zentralen Leitung eine Vereinbarung über eine grenzübergreifende Unterrichtung und Anhörung der Arbeitnehmer abzuschließen (§ 8 Abs. 1 EBRG). Hierzu sind ihm von der zentralen Leitung alle erforderlichen Auskünfte zu erteilen und die erforderlichen Unterlagen zur Verfügung zu stellen (§ 8 Abs. 2 EBRG). Eine Verpflichtung zum Abschluss einer Vereinbarung besteht nicht. Beschließt das Verhandlungsgremium mit Zwei-Drittel-Mehrheit, dass keine Verhandlungen aufgenommen oder die bereits begonnenen abgebrochen werden, so wird weder ein Europäischer Betriebsrat gebildet noch ein Unterrichtungsverfahren eingerichtet (§ 15 Abs. 1 EBRG). Verweigert die zentrale Leitung die Verhandlungen oder kommt keine Vereinbarung zustande, so wird ein Europäischer Betriebsrat kraft Gesetzes (§§ 21-30 EBRG) gebildet.

---

[650] AR/*Heckelmann/Wolff*, § 10 EBRG Rn. 1; *Hohenstatt/Kröpelin/Bertke*, NZA 2011, 1313, 1315.

d) Grenzübergreifende Unterrichtung und Anhörung kraft freiwilliger Vereinbarung

305 Wie die grenzübergreifende Unterrichtung und Anhörung der Arbeitnehmer im einzelnen ausgestaltet wird, ist Sache freier Übereinkunft zwischen der zentralen Leitung und dem besonderen Verhandlungsgremium (§ 17 EBRG). Die Parteien können einen Europäischen Betriebsrat bilden (§ 18 EBRG) oder ein dezentrales Konsultationsverfahren einrichten (§ 19 EBRG). Mindestvoraussetzung ist, dass alle in den Mitgliedstaaten beschäftigten Arbeitnehmer, in denen das Unternehmen oder die Unternehmensgruppe einen Betrieb hat, in das Verfahren einbezogen werden. Soll ein Europäischer Betriebsrat gebildet werden, enthält § 18 EBRG als Orientierungshilfe einen Katalog von Gegenständen, über die sinnvollerweise Regelungen getroffen werden; einigen sich die Parteien auf ein dezentrales Konsultationsverfahren, ist schriftlich zu vereinbaren, unter welchen Voraussetzungen die Arbeitnehmervertreter das Recht haben, Informationen gemeinsam mit der zentralen Leitung zu beraten, und wie sie ihre Vorschläge und Bedenken mit der zentralen Leitung oder einer anderen geeigneten Leitungsebene erörtern können. Auch nach dem EBRG gilt für alle Beteiligten der Grundsatz der vertrauensvollen Zusammenarbeit (§ 34 EBRG).

e) Europäischer Betriebsrat kraft Gesetzes

306 **aa) Voraussetzungen.** Freiwillige Vereinbarungen genießen Vorrang vor einem Europäischen Betriebsrat in der gesetzlichen Form. Ein solcher wird nur gebildet, wenn
– sich die zentrale Leitung weigert, binnen **sechs Monaten** nach Einleitung des Verfahrens zur Bildung des besonderen Verhandlungsgremiums mit diesem zu verhandeln oder
– binnen **drei Jahren** nach Einleitung des Verfahrens zur Bildung des besonderen Verhandlungsgremiums noch immer keine freiwillige Vereinbarung über die grenzübergreifende Unterrichtung und Anhörung nach den §§ 17-19 EBRG getroffen worden ist oder
– die zentrale Leitung und das besondere Verhandlungsgremium das vorzeitige Scheitern der Verhandlungen erklärt haben (§ 21 Abs. 1 EBRG).

307 **bb) Zusammensetzung und Bestellung der Arbeitnehmervertreter deutscher Unternehmen.** Der Europäische Betriebsrat kraft Gesetzes besteht aus Arbeitnehmern des Unternehmens bzw. der Unternehmensgruppe (§ 22 Abs. 1 EBRG). Aus jedem Mitgliedstaat wird je Anteil von 10 % der Gesamtzahl der in allen Mitgliedstaaten beschäftigten Arbeitnehmer des Unternehmens ein Mitglied entsandt (§ 22 Abs. 2 EBRG). Mitgliedstaaten, in denen weniger als 10 % aller zum Unternehmen oder zur Unternehmensgruppe gehörenden Arbeitnehmer beschäftigt sind, entsenden einen Vertreter. Die Mitglieder des Europäischen Betriebsrats von Unternehmen in Deutschland werden in derselben Weise bestellt wie die Mitglieder des besonderen Verhandlungsgremiums (vgl. § 23 EBRG). Die Gesamtzahl seiner Mitglieder ist nicht (mehr) nach oben hin begrenzt. Dafür ist zwingend ein **Ausschuss** zu bilden, der aus dem Vorsitzenden des Europäischen Betriebsrats und mindestens zwei, höchstens vier weiteren, aus dem Kreise der Mitglieder des Europäischen

Betriebsrats zu wählenden Personen besteht und der die laufenden Geschäfte führt (§ 26 EBRG).

cc) Geschäftsführung. Nach der Benennung der Mitglieder (§ 24 EBRG) lädt die zentrale Leitung zur konstituierenden Sitzung, auf der der Vorsitzende und dessen Stellvertreter gewählt werden (§ 25 Abs. 1 EBRG). Der Vorsitzende vertritt den Europäischen Betriebsrat im Rahmen der von ihm gefassten Beschlüsse (§ 25 Abs. 2 S. 1 EBRG); er ist zur Entgegennahme von Erklärungen gegenüber dem Europäischen Betriebsrat berechtigt (§ 25 Abs. 2 S. 2 EBRG). Ferner lädt er zu den weiteren nicht öffentlichen Sitzungen ein, die insbesondere im Zusammenhang mit der jährlichen Unterrichtung durch die zentrale Leitung stattfinden. Zeitpunkt und Ort der Sitzungen sind mit der zentralen Leitung abzustimmen; mit ihrem Einverständnis können auch weitere Sitzungen abgehalten werden (§ 27 Abs. 1 EBRG). Die Kosten trägt die zentrale Leitung (§ 39 EBRG). Der Europäische Betriebsrat kraft Gesetzes hat wie der Gesamt- und der Konzernbetriebsrat keine feste Amtszeit. Er entfällt jedoch sofort und ersatzlos, wenn eine der in § 3 EBRG genannten Voraussetzungen nicht mehr erfüllt ist oder eine freiwillige Vereinbarung über die grenzübergreifende Unterrichtung und Anhörung abgeschlossen wird. Darüber, ob eine solche Vereinbarung geschlossen werden soll, hat der Europäische Betriebsrat vier Jahre nach seiner konstituierenden Sitzung zu beschließen (§ 33 EBRG). Die Dauer der Mitgliedschaft im Europäischen Betriebsrat ist dagegen auf vier Jahre begrenzt, es sei denn, sie endet vorzeitig, etwa durch Abberufung (§ 32 Abs. 1 EBRG).

dd) Beteiligungsrechte. Der Europäische Betriebsrat ist zuständig in Angelegenheiten, die gemeinschaftsweit tätige Unternehmen bzw. Unternehmensgruppen insgesamt betreffen oder mindestens zwei Betriebe oder zwei Unternehmen in verschiedenen Mitgliedstaaten berühren (§ 1 Abs. 2 S. 1 EBRG). Dabei genügt es, dass in einem Mitgliedstaat unternehmerische Entscheidungen getroffen werden, die sich auf einen Betrieb oder ein Unternehmen in einem anderen Mitgliedstaat auswirken.[651]

Beispiel: Die Kölner Zentrale eines gemeinschaftsweit tätigen Unternehmens beschließt, ein Werk in Belgien zu schließen.

Das Beteiligungsrecht besteht in einem Anspruch auf Unterrichtung und Anhörung. Unterrichtung meint die Übermittlung von Informationen durch die zentrale Leitung oder eine andere Leitungsebene, um den Arbeitnehmervertretern Gelegenheit zur Kenntnisnahme und Prüfung der behandelten Frage zu geben. Sie muss so rechtzeitig und umfassend erfolgen, dass die Auswirkungen einer Maßnahme eingehend bewertet und ggf. Anhörungen mit dem zuständigen Organ des Unternehmens oder der Unternehmensgruppe vorbereitet werden können (§ 1 Abs. 4 EBRG). Unter Anhörung versteht das EBRG den Meinungsaustausch und Dialog zwischen den Arbeitnehmervertretern und der zentralen Leitung bzw. einer anderen Leitungsebene. Sie muss zu einem Zeitpunkt, in einer Weise und in einer inhaltlichen Ausgestaltung erfolgen, die es den Arbeitnehmervertretern

---

[651] AR/*Heckelmann/Wolff*, § 1 EBRG Rn. 2; *Hohenstatt/Kröpelin/Bertke*, NZA 2011, 1313, 1314.

ermöglicht, auf der Grundlage der erhaltenen Informationen innerhalb einer angemessenen Frist zu den vorgeschlagenen Maßnahmen Stellung zu nehmen, die vom Unternehmen noch berücksichtigt werden kann. Außerdem muss sie es den Arbeitnehmervertretern erlauben, mit der zentralen Leitung zusammenzukommen und eine mit Gründen versehene Antwort auf ihre etwaige Stellungnahme zu erhalten (§ 1 Abs. 5 EBRG). Der Europäische Betriebsrat darf nicht später als die nationalen Arbeitnehmervertretungen unterrichtet und angehört werden (§ 1 Abs. 7 EBRG). Er oder der Ausschuss hat den örtlichen Arbeitnehmervertretungen oder den Arbeitnehmern Bericht über die Unterrichtung und Anhörung zu erstatten (§ 36 EBRG).

311 Die zentrale Leitung hat den Europäischen Betriebsrat grundsätzlich einmal im Kalenderjahr über die Entwicklung der Geschäftslage und die Perspektiven des gemeinschaftsweit tätigen Unternehmens oder der gemeinschaftsweit tätigen Unternehmensgruppe zu unterrichten und ihn anzuhören (§ 29 Abs. 1 EBRG). § 29 Abs. 2 EBRG zählt beispielhaft die Gegenstände auf, über die der Europäische Betriebsrat zu informieren ist; die Angelegenheiten entsprechen im wesentlichen den wirtschaftlichen Angelegenheiten i.S.d. § 106 Abs. 3 BetrVG.

312 Bei **außergewöhnlichen Umständen**, die erhebliche Auswirkungen auf die Interessen der Arbeitnehmer haben, besteht eine zusätzliche Konsultationspflicht. Als außergewöhnliche Umstände gelten insbesondere die Verlegung oder Stilllegung von Unternehmen, Betrieben oder wesentlichen Betriebsteilen sowie Massenentlassungen (§ 30 Abs. 1 EBRG). Die Unterrichtung hat so rechtzeitig zu geschehen, dass das Unternehmen die Vorschläge und Bedenken des Europäischen Betriebsrats noch berücksichtigen kann. Bei Tendenzunternehmen i.S.d. § 118 Abs. 1 BetrVG ist die Konsultationspflicht nach Maßgabe des § 31 EBRG eingeschränkt. Sanktionen für eine nicht rechtzeitige Konsultation sieht das EBRG nicht vor. Insbesondere besteht kein Anspruch auf Unterlassung einer beabsichtigten Betriebsstilllegung. Mangels einer planwidrigen Regelungslücke im EBRG kommt auch keine analoge Anwendung von § 23 Abs. 3 BetrVG in Betracht.[652] Ändert sich die Struktur des Unternehmens bzw. der Unternehmensgruppe wesentlich, etwa durch Zusammenschlüsse, Spaltungen, Verlegungen oder Stilllegungen, die Auswirkungen auf die Zusammensetzung des (amtierenden) Europäischen Betriebsrats nach § 22 Abs. 2 EBRG haben, sind Verhandlungen über einen freiwilligen Europäischen Betriebsrat (§ 18 EBRG) oder ein dezentrales Konsultationsverfahren (§ 19 EBRG) aufzunehmen (§ 37 Abs. 1 EBRG). Hierfür ist auf Seiten der Arbeitnehmervertreter wieder ein besonderes Verhandlungsgremium zu bilden, in das jeder von einer Strukturänderung betroffene Europäische Betriebsrat aus seiner Mitte drei weitere Mitglieder entsendet (§ 37 Abs. 2 EBRG). Scheitern die Verhandlungen, ist ein (neuer) Europäischer Betriebsrat kraft Gesetzes (§§ 22, 23 EBRG) zu bilden (§ 37 Abs. 4 EBRG).

---

[652] LAG Köln 8.9.2011, BB 2012, 197; ArbG Köln 25.5.2012, AiB 2012, 688; AR/*Heckelmann/Wolff*, Vorbem. EBRG Rn. 12 m.w.N.

5. Jugend- und Auszubildendenvertretung

a) Errichtung, Größe und Zusammensetzung

aa) Errichtung. In Betrieben mit i.d.R. mindestens fünf Arbeitnehmern, die das 18. Lebensjahr noch nicht vollendet haben (= jugendliche Arbeitnehmer) oder die zu ihrer Berufsausbildung beschäftigt sind und das 25. Lebensjahr noch nicht vollendet haben, werden Jugend- und Auszubildendenvertretungen gewählt (§ 60 Abs. 1 BetrVG). Die Jugendvertretung, bis 1988 die Vorläuferin der Jugend- und Auszubildendenvertretung, war ursprünglich als Institution zur Einübung in die Betriebsdemokratie gedacht. Im Laufe der Zeit wurde sie zu einer Beinahe-Gruppenvertretung aufgewertet. Sie nimmt jetzt die besonderen Belange der (nur noch wenigen) jugendlichen Arbeitnehmer und der Auszubildenden wahr. Nach wie vor ist sie aber kein selbständiges Betriebsverfassungsorgan, dem eigene Mitbestimmungsrechte zustehen; der Betriebsrat vertritt auch die jugendlichen Arbeitnehmer und die Auszubildenden.[653] Die Jugend- und Auszubildendenvertretung kann nur über den Betriebsrat tätig werden. Es gibt also keine eigenen Besprechungen der Jugend- und Auszubildendenvertretung mit dem Arbeitgeber, und in Betrieben ohne Betriebsrat kann keine Jugend- und Auszubildendenvertretung gebildet werden.[654] Zur Erfüllung ihrer Aufgaben kann die Jugend- und Auszubildendenvertretung an der Betriebsratsarbeit teilnehmen (vgl. §§ 66 f. BetrVG). 313

bb) Zahl der Jugend- und Auszubildendenvertreter. Die Jugend- und Auszubildendenvertretung besteht in Betrieben mit i.d.R. 314

5 - 20	Jugendlichen und Auszubildenden unter 25	aus einer Person
21 - 50	Jugendlichen und Auszubildenden unter 25	aus 3 Mitgliedern
51 - 150	Jugendlichen und Auszubildenden unter 25	aus 5 Mitgliedern
151 - 300	Jugendlichen und Auszubildenden unter 25	aus 7 Mitgliedern
301 - 500	Jugendlichen und Auszubildenden unter 25	aus 9 Mitgliedern
501 - 700	Jugendlichen und Auszubildenden unter 25	aus 11 Mitgliedern
701 - 1000	Jugendlichen und Auszubildenden unter 25	aus 13 Mitgliedern
mehr als 1000	Jugendlichen und Auszubildenden unter 25	aus 15 Mitgliedern.

cc) Zusammensetzung. Die Jugend- und Auszubildendenvertretung soll sich möglichst aus Vertretern der verschiedenen Beschäftigungsarten und Ausbildungsberufe zusammensetzen (§ 62 Abs. 2 BetrVG). Außerdem sollen die Geschlechter entsprechend ihrem zahlenmäßigen Verhältnis vertreten sein. Besteht die Vertretung aus mindestens drei Mitgliedern, so muss das Geschlecht, das unter den Jugendlichen und Auszubildenden in der Minderheit ist, mindestens entsprechend seinem zahlenmäßigen Verhältnis vertreten sein (§ 62 Abs. 2, 3 BetrVG). 315

---

[653] BAG 21.1.1982, AP Nr. 1 zu § 70 BetrVG 1972; BAG 18.1.2012, NZA 2012, 683.
[654] *Fitting*, § 60 BetrVG Rn. 22; *Löwisch/Kaiser*, § 60 BetrVG Rn. 7.

b) Wahl

316 aa) Zeitpunkt. Die regelmäßigen Wahlen zur Jugend- und Auszubildendenvertretung finden alle zwei Jahre in der Zeit vom 1. Oktober bis zum 30. November statt (§ 64 Abs. 1 S. 1 BetrVG), und zwar jeweils in den Jahren mit gerader Endziffer (2016, 2018 usw.). Außerhalb dieses Zeitraums wird unter denselben Voraussetzungen gewählt wie beim Betriebsrat (§ 64 Abs. 1 S. 2 BetrVG). Die regelmäßige Amtszeit beträgt zwei Jahre (§ 64 Abs. 2 S. 1 BetrVG).

317 bb) Wahlrecht. Wahlberechtigt sind alle Arbeitnehmer, die am Wahltag das 18. Lebensjahr noch nicht vollendet haben, sowie alle Auszubildenden, die an diesem Tag noch nicht 25 Jahre alt sind (§§ 60 Abs. 1, 61 Abs. 1 BetrVG). Wählbar sind alle Arbeitnehmer, die bei Beginn der Amtszeit das 25. Lebensjahr noch nicht vollendet haben. Auf die Dauer der Betriebszugehörigkeit kommt es nicht an. Allerdings dürfen die Arbeitnehmer nicht Betriebsratsmitglied sein (§ 61 Abs. 2 S. 2 BetrVG).

318 cc) Wahlverfahren. Für die Wahl gelten dieselben Grundsätze wie für die Betriebsratswahlen (§ 63 Abs. 2 S. 2 BetrVG, § 30 S. 1 WahlO) mit folgenden Abweichungen: Den Wahlvorstand und seinen Vorsitzenden bestellt der Betriebsrat spätestens acht Wochen vor Ablauf der Amtszeit der Jugend- und Auszubildendenvertretung (§ 63 Abs. 2 S. 1 BetrVG). Wahlvorschläge können nur jugendliche Arbeitnehmer des Betriebs und Auszubildende unter 25 Jahre sowie im Betrieb vertretene Gewerkschaften einreichen. Die Vorschläge müssen von einem Zwanzigstel, mindestens aber von drei Wahlberechtigten unterzeichnet sein. Die Jugend- und Auszubildendenvertretung wird nach den Grundsätzen der Verhältniswahl in geheimer und unmittelbarer Wahl gewählt, es sei denn, dass nur ein Wahlvorschlag eingereicht wird; dann findet eine Mehrheitswahl statt (§ 63 Abs. 1, 2 BetrVG). Mitglieder des Wahlvorstands können Jugendliche, Auszubildende und sonstige Arbeitnehmer sein. Kommt der Betriebsrat seiner Pflicht zur Bestellung des Wahlvorstands nicht nach, so können drei Arbeitnehmer des Betriebs, die ebenfalls Jugendliche oder Auszubildende sein können, oder eine im Betrieb vertretene Gewerkschaft beim Arbeitsgericht die Bestellung eines Wahlvorstands beantragen. Alternativ kann auch der Gesamtbetriebsrat oder, falls ein solcher nicht besteht, der Konzernbetriebsrat den Wahlvorstand bestellen (§ 63 Abs. 3 BetrVG). In Betrieben mit i.d.R. 5 bis 100 Jugendlichen und Auszubildenden gelten die Vorschriften über das vereinfachte Wahlverfahren für Kleinbetriebe nach § 14a BetrVG entsprechend (§ 63 Abs. 4, 5 BetrVG).

c) Geschäftsführung

319 aa) Grundsatz. Für die Geschäftsführung gelten dieselben Grundsätze wie für den Betriebsrat (§ 65 Abs. 1 BetrVG), allerdings ebenfalls mit einigen Abweichungen.

320 Die Jugend- und Auszubildendenvertretung kann keine Ausschüsse bilden, die gesetzliche Aufgaben wahrnehmen. Sie kann **eigene Sitzungen** abhalten, soweit das zur Erledigung ihrer Aufgaben erforderlich ist. Der Betriebsrat ist vorher zu verständigen; seiner Zustimmung bedarf es nicht. Der Betriebsratsvorsitzende oder ein beauftragtes Betriebsratsmitglied kann an den Sitzungen teilnehmen (§ 65 Abs. 2 BetrVG). In Betrieben mit i.d.R. mehr als 50 jugendlichen Arbeitnehmern und Auszubildenden kann die Jugend- und Auszubildendenvertretung **Sprechstunden** einrichten. Zeit und Ort sind durch Betriebsrat und Arbeitgeber zu vereinbaren. An den Sprechstunden kann der Betriebsratsvorsitzende oder ein beauftragtes Betriebsratsmitglied beratend teilnehmen (§ 69 S. 4 BetrVG). Führt die Jugend- und Auszubildendenvertretung keine eigenen Sprechstunden durch, so kann eines ihrer Mitglieder an den Sprechstunden des Betriebsrats zur Beratung jugendlicher Arbeitnehmer und Auszubildender mitwirken (§ 39 Abs. 2 BetrVG). Auch die Mitglieder der Jugend- und Auszubildendenvertretung sind **ehrenamtlich tätig** (§§ 65 Abs. 1, 37 Abs. 1 BetrVG). Sie sind unter Fortzahlung der Vergütung von ihrer Arbeit freizustellen, soweit das für die Wahrnehmung ihrer Aufgaben erforderlich ist (§§ 65 Abs. 1, 37 Abs. 2 BetrVG). Eine generelle Freistellung ist nicht vorgesehen. Jugend- und Auszubildendenvertreter haben genau wie Betriebsratsmitglieder Anspruch auf Teilnahme an Schulungs- und Bildungsveranstaltungen, und zwar trotz der kürzeren Amtszeit ebenfalls auf drei und in der ersten Amtszeit auf vier Wochen (§§ 65 Abs. 1, 37 Abs. 6 und 7 BetrVG).

bb) Teilnahme an Betriebsratssitzungen und Besprechungen mit dem Arbeitgeber. Die Jugend- und Auszubildendenvertretung kann zu allen Betriebsratssitzungen einen Vertreter entsenden (§ 67 Abs. 1 S. 1 BetrVG). Werden Angelegenheiten behandelt, die besonders jugendliche Arbeitnehmer und Auszubildende unter 25 Jahren betreffen (z.B. Jugendarbeitsschutz, Berufsschulfragen), so hat zu diesen Tagesordnungspunkten die gesamte Jugend- und Auszubildendenvertretung ein Teilnahmerecht (§ 67 Abs. 1 S. 2 BetrVG). Sie hat ein Stimmrecht, wenn jugendliche Arbeitnehmer und Auszubildende unter 25 Jahren überwiegend betroffen sind, d.h. wenn der Beschluss zahlenmäßig mehr jugendliche als andere Arbeitnehmer betrifft (§ 67 Abs. 2 BetrVG). Die Jugend- und Auszubildendenvertretung kann beim Betriebsrat beantragen, dass er Angelegenheiten, die jugendliche Arbeitnehmer und Auszubildende betreffen und über die sie beraten hat, auf die Tagesordnung setzt (§ 67 Abs. 3 S. 1 BetrVG). In Fragen, die jugendliche Arbeitnehmer und Auszubildende unter 25 Jahren besonders betreffen, hat die Jugend- und Auszubildendenvertretung ein Teilnahmerecht an den Besprechungen des Betriebsrats mit dem Arbeitgeber (§ 68 BetrVG).

cc) Aussetzung von Betriebsratsbeschlüssen. Eines der wichtigsten Rechte der Jugend- und Auszubildendenvertretung ist das Recht, die Aussetzung von Betriebsratsbeschlüssen zu verlangen. Ist die Mehrheit der Jugend- und Auszubildendenvertreter der Ansicht, dass ein Beschluss des Betriebsrats Interessen der jugendlichen Arbeitnehmer und der Auszubildenden unter 25 Jahren erheblich beeinträchtigt, so ist der Beschluss auf ihren Antrag für die Dauer einer Woche auszusetzen, damit in der Zwischenzeit eine Verständigung versucht werden kann (§ 66 Abs. 1 BetrVG). Gelingt das nicht, so entscheidet der Betriebsrat danach endgültig (§ 66 Abs. 2 BetrVG).

d) Aufgaben

§ 70 Abs. 1 BetrVG weist der Jugend- und Auszubildendenvertretung folgende allgemeine Aufgaben zu:

- Maßnahmen, die den jugendlichen Arbeitnehmern und den Auszubildenden dienen, insbesondere in Fragen der Berufsbildung, beim Betriebsrat zu beantragen,
- Maßnahmen zur Durchsetzung der tatsächlichen Gleichstellung männlicher und weiblicher jugendlicher Arbeitnehmer und Auszubildender beim Betriebsrat zu beantragen,
- darüber zu wachen, dass die zugunsten der jugendlichen Arbeitnehmer und der Auszubildenden geltenden Gesetze, Verordnungen, Unfallverhütungsvorschriften, Tarifverträge und Betriebsvereinbarungen durchgeführt werden,
- Anregungen von jugendlichen Arbeitnehmern und Auszubildenden, insbesondere in Fragen der Berufsbildung, entgegenzunehmen und, falls sie berechtigt erscheinen, beim Betriebsrat auf eine Erledigung hinzuwirken,
- die Integration ausländischer jugendlicher Arbeitnehmer und Auszubildender im Betrieb zu fördern und entsprechende Maßnahmen beim Betriebsrat zu beantragen.

324 Zur Durchführung ihrer Aufgaben ist die Jugend- und Auszubildendenvertretung durch den Betriebsrat rechtzeitig und umfassend zu unterrichten. Der Betriebsrat hat ihr auf Verlangen die erforderlichen Unterlagen zur Verfügung zu stellen (§ 70 Abs. 2 BetrVG).

e) Schutz der Jugend- und Auszubildendenvertreter

325 Jugend- und Auszubildendenvertreter genießen einen ähnlichen Schutz wie Betriebsratsmitglieder (§§ 65 Abs. 1, 37 Abs. 4 und 5 BetrVG). Darüber hinaus kommt mit Jugend- und Auszubildendenvertretern nach Abschluss der Ausbildung ein **Arbeitsverhältnis auf unbestimmte Zeit zustande**, wenn der Auszubildende das innerhalb der letzten drei Monate des Ausbildungsverhältnisses schriftlich vom Arbeitgeber verlangt (§ 78a Abs. 1, 2 BetrVG). Entsprechendes gilt für Personen i.S.d. § 26 BBiG, die – ohne Arbeitnehmer zu sein – eingestellt werden, um berufliche Fertigkeiten, Kenntnisse, Fähigkeiten oder Erfahrungen zu erwerben, ohne dass es sich um eine (geregelte) Berufsausbildung i.S.d. § 1 Abs. 3 BBiG handelt.[655] Die Übernahme erfolgt nicht, wenn Tatsachen vorliegen, aufgrund derer dem Arbeitgeber unter Berücksichtigung aller Umstände die **Weiterbeschäftigung nicht zugemutet** werden kann, und wenn der Arbeitgeber beim Arbeitsgericht die Feststellung beantragt, dass ein Arbeitsverhältnis nicht begründet wird, oder wenn er – nach Begründung eines Arbeitsverhältnisses – dessen Auflösung beantragt. Der Antrag muss spätestens zwei Wochen nach Beendigung der Ausbildung schriftlich gestellt werden (§ 78a Abs. 4 BetrVG). Anträge, die früher als drei Monate vor Beendigung des Berufsausbildungsverhältnisses oder nicht formgerecht gestellt werden (vgl. § 78a Abs. 2 BetrVG), sind unwirksam.[656] **Unzumutbar** ist die Beschäftigung vor allem, wenn in der Person des Jugend- und Auszubildendenvertreters schwerwiegende Gründe vorliegen, die auch eine außerordentliche Kündigung nach § 626 BGB rechtfertigen könnten.[657] Der Arbeitgeber kann die Übernahme eines Amtsträgers ablehnen, wenn ausgelernte Mitbewerber objektiv wesentlich fähiger oder geeigneter sind und wenn kein offenkundiger schwerwiegender Qualifikationsmangel vorliegt.[658] Ferner ist die Übernahme unzumutbar, wenn im Zeitpunkt der Beendigung des Ausbildungsverhältnisses kein freier, auf Dauer

---

[655] Zu Einzelheiten BAG 1.12.2004, NZA 2005, 780 (zu § 19 BBiG a.F. = § 26 BBiG n.F.).
[656] BAG 15.12.2011, DB 2012, 1693.
[657] *Fitting*, § 78a BetrVG Rn. 46; *Löwisch/Kaiser*, § 78a BetrVG Rn. 13; a.A. offenbar BAG 6.11.1996, 12.11.1997, AP Nr. 26, 31 zu § 78a BetrVG 1972.
[658] BVerwG 9.9.1999, NZA 2000, 443, zu § 9 Abs. 4 BPersVG.

angelegter Vollzeitarbeitsplatz vorhanden ist, auf dem der Jugendvertreter mit seiner durch die Ausbildung erworbenen Qualifikation beschäftigt werden kann.[659]

Der Schutzzweck des § 78a BetrVG verlangt nicht, dass der Arbeitgeber neue Arbeitsplätze schafft – etwa durch den Abbau von Überstunden –[660] oder vorhandene freikündigt. Frei sind Arbeitsplätze allerdings dann, wenn der Arbeitgeber darauf Leiharbeitnehmer beschäftigt.[661] Fällt der Arbeitsplatz erst nach Abschluss der Ausbildung weg, ist die Übernahme nicht unzumutbar.[662] Dasselbe gilt, wenn der Arbeitgeber einen innerhalb von drei Monaten vor der vertraglich vereinbarten Beendigung des Ausbildungsverhältnisses frei werdenden Arbeitsplatz besetzt und die sofortige Neubesetzung nicht durch dringende betriebliche Erfordernisse geboten ist;[663] anders, wenn ein Arbeitsplatz über fünf Monate vor Beendigung der Ausbildung frei wird.[664] Hat der Auszubildende rechtzeitig erklärt,[665] gegebenenfalls auch zu anderen Bedingungen zu arbeiten, muss der Arbeitgeber prüfen, ob die anderweitige Beschäftigung möglich und zumutbar ist; unterlässt er dies, kann er sich nicht auf § 78a Abs. 4 BetrVG berufen.[666] **326**

6. Gesamt- und Konzernjugend- und Auszubildendenvertretung

a) Gesamtjugend- und Auszubildendenvertretung

Das Gegenstück zum Gesamtbetriebsrat ist die Gesamtjugend- und Auszubildendenvertretung. Bestehen in einem Unternehmen zwei oder mehr Jugend- und Auszubildendenvertretungen, so ist eine Gesamtjugend- und Auszubildendenvertretung zu errichten (§ 72 Abs. 1 BetrVG). Der Gesamtjugend- und Auszubildendenvertretung gehört je ein Mitglied der Jugend- und Auszubildendenvertretungen an (§ 72 Abs. 2 BetrVG). Die Zahl kann durch Tarifvertrag oder Betriebsvereinbarung abweichend geregelt werden; sie ist durch Betriebsvereinbarung zu verringern, wenn sie mehr als 20 beträgt und keine tarifliche Regelung besteht (§ 72 Abs. 4, 5 BetrVG). Die Gesamtjugend- und Auszubildendenvertretung kann nach Verständigung des Gesamtbetriebsrats Sitzungen abhalten. An den Sitzungen kann der Vorsitzende des Gesamtbetriebsrats oder ein beauftragtes Mitglied des Gesamtbetriebsrats teilnehmen (§ 73 Abs. 1 BetrVG). Bei Abstimmungen hat jedes Mitglied der Gesamtjugend- und Auszubildendenvertretung so viele Stimmen, wie in dem Betrieb, in dem es gewählt wurde, wahlberechtigte Angehörige in die Wählerliste eingetragen sind (§ 72 Abs. 7 BetrVG). Im übrigen gilt im wesentlichen Entsprechendes wie für den Gesamtbetriebsrat (§ 73 Abs. 2 BetrVG). **327**

---

[659] BAG 15.11.2006, 8.8.2007, AP Nr. 38, 42 zu § 78a BetrVG 1972.
[660] BAG 8.9.2010, NZA 2011, 221.
[661] BAG 16.7.2008, NZA 2009, 202.
[662] BAG 16.8.1995, AP Nr. 25 zu § 78a BetrVG 1972.
[663] BAG 12.11.1997, AP Nr. 30 zu § 78a BetrVG 1972.
[664] BAG 12.11.1997, AP Nr. 31 zu § 78a BetrVG 1972.
[665] Eine Einverständniserklärung erst im gerichtlichen Verfahren genügt nicht, s. BAG 8.9.2010, NZA 2011, 221.
[666] BAG 6.11.1996, AP Nr. 26 zu § 78a BetrVG 1972; BAG 15.11.2006, NZA 2007, 1381.

b) Konzernjugend- und Auszubildendenvertretung

327a Bestehen in einem (Unterordnungs-)Konzern mehrere Gesamtjugend- und Auszubildendenvertretungen, kann durch Beschlüsse der einzelnen Gesamtjugend- und Auszubildendenvertretungen eine Konzernjugend- und Auszubildendenvertretung errichtet werden. Die Errichtung erfordert die Zustimmung der Gesamtjugend- und Auszubildendenvertretungen der Konzernunternehmen, in denen insgesamt 75 % der jugendlichen Arbeitnehmer und Auszubildenden beschäftigt sind (§ 73a Abs. 1 BetrVG). In die Konzernjugend- und Auszubildendenvertretung entsendet jede Gesamtjugend- und Auszubildendenvertretung eines ihrer Mitglieder, das so viele Stimmen hat, wie die Mitglieder der entsendenden Gesamtjugend- und Auszubildendenvertretungen insgesamt Stimmen haben (§ 73a Abs. 3 BetrVG). Die Konzernjugend- und Auszubildendenvertretung kann nach Verständigung des Konzernbetriebsrats Sitzungen abhalten, an denen der Vorsitzende des Konzernbetriebsrats oder ein von ihm beauftragtes Mitglied teilnehmen darf (§ 73b Abs. 1 BetrVG). Zur Geschäftsführung und Zuständigkeit siehe § 73b Abs. 2 BetrVG.

7. Versammlungen

a) Betriebsversammlung

328 **aa) Ordentliche Betriebsversammlung.** Viermal jährlich, und zwar einmal in jedem Kalendervierteljahr, hat der Betriebsrat eine Betriebsversammlung einzuberufen (§ 43 Abs. 1 S. 1 BetrVG). Können wegen der Eigenart des Betriebs keine **Vollversammlungen** durchgeführt werden (z.B. zu große Belegschaft, räumlich weit auseinanderliegende Betriebsstätten, durchlaufender Betrieb), so sind **Teilversammlungen** abzuhalten (§ 42 Abs. 1 S. 3 BetrVG). Zwei der vier Betriebsversammlungen sind als **Abteilungsversammlungen** durchzuführen, wenn das zur Erörterung der besonderen Belange der Arbeitnehmer erforderlich ist (§ 43 Abs. 1 S. 2 BetrVG). Als Abteilungen gelten organisatorisch (z.B. Verwaltung, Verkauf, Produktion) oder räumlich (z.B. Verkaufskontor, sofern es nicht als eigener Betrieb gilt) abgegrenzte Betriebsteile (§ 42 Abs. 2 S. 1 BetrVG). Hat im vorhergehenden Kalenderhalbjahr weder eine Betriebs- noch eine Abteilungsversammlung stattgefunden, muss der Betriebsrat auf Antrag einer im Betrieb vertretenen Gewerkschaft binnen zwei Wochen nach Eingang des Antrags eine Versammlung einberufen (§ 43 Abs. 4 BetrVG). Die Gewerkschaft darf nicht selbst zur Betriebsversammlung einladen.

329 **bb) Außerordentliche und zusätzliche Betriebsversammlungen.** Der Betriebsrat kann in jedem Kalenderhalbjahr eine dritte, „außerordentliche" Betriebsversammlung oder unter den Voraussetzungen des § 42 Abs. 2 S. 1 BetrVG eine weitere Abteilungsversammlung durchführen, wenn das **aus besonderen Gründen zweckmäßig** erscheint (§ 43 Abs. 1 S. 4 BetrVG), d.h. wenn in einer wichtigen Angelegenheit außergewöhnliche Vorkommnisse zu einem Bedürfnis nach zusätzlichen Informationen und zusätzlichem Meinungsaustausch mit der Belegschaft geführt haben, dem nicht erst in der nächsten ordentlichen Betriebsversammlung Rechnung getragen werden kann.[667]

---

[667] BAG 23.10.1991, AP Nr. 5 zu § 43 BetrVG 1972.

VIII. Weitere Einrichtungen der Betriebsverfassung   391

Darüber hinaus darf der Betriebsrat nach pflichtgemäßem Ermessen eine **zusätzliche** 330
Betriebsversammlung einberufen, die als Voll-, Teil- oder Abteilungsversammlung durchgeführt werden kann. Zur Einberufung ist er verpflichtet, wenn das der Arbeitgeber oder mindestens ein Viertel der wahlberechtigten Arbeitnehmer verlangen (§ 43 Abs. 3 BetrVG). Eine besondere Betriebsversammlung in betriebsratslosen Betrieben ist die Versammlung zur **Wahl eines Wahlvorstands** (§ 17 Abs. 2 BetrVG); sie kann von drei wahlberechtigten Arbeitnehmern des Betriebs oder von einer im Betrieb vertretenen Gewerkschaft einberufen werden (§ 17 Abs. 3 BetrVG).

cc) Zeitliche Lage. Die ordentlichen und außerordentlichen Betriebsversamm- 331
lungen finden während der Arbeitszeit statt, sofern nicht die (technisch-organisatorische) Eigenart des Betriebs eine andere Regelung zwingend erfordert (§ 44 Abs. 1 S. 1 BetrVG).[668] Der Betriebsrat hat die Versammlungen so zu legen, dass möglichst viele Arbeitnehmer ohne Schwierigkeiten daran teilnehmen können und dass der Arbeitsablauf so wenig wie möglich beeinträchtigt wird.

Betriebsversammlungen sind also grundsätzlich im Anschluss an Pausen oder am Ende 332
der Arbeitszeit abzuhalten, in Kaufhäusern in den stilleren Zeiten, in Zwei-Schicht-Betrieben ggf. von der einen in die andere Schicht überlappend.[669] Der Arbeitgeber ist rechtzeitig – etwa 14 Tage vorher – von dem Termin zu verständigen. Die Teilnahme an Betriebsversammlungen gilt als Arbeitszeit i.S.d. § 2 ArbZG.[670] Zusätzliche Betriebs- und Abteilungsversammlungen (§ 43 Abs. 3 S. 1 BetrVG) finden außerhalb der Arbeitszeit statt (§ 44 Abs. 2 S. 1 BetrVG), es sei denn, die Betriebsparteien bestimmen einvernehmlich etwas anderes; in diesem Fall darf der Arbeitgeber die Vergütung für die Zeit der Teilnahme an der Versammlung nicht mindern (§ 44 Abs. 2 S. 2 BetrVG).

dd) Teilnahmeberechtigt an den Versammlungen sind alle Arbeitnehmer des 333
Betriebs (§ 42 Abs. 1 S. 1 BetrVG) mit Ausnahme der leitenden Angestellten, auch die Jugendlichen und Auszubildenden,[671] und darüber hinaus der Arbeitgeber (§ 43 Abs. 2 S. 1 BetrVG). Der Arbeitgeber kann sich durch einen leitenden Angestellten, etwa den Betriebs- oder Personalleiter, vertreten lassen (vgl. § 43 Abs. 2 S. 3 BetrVG), und er kann leitende Angestellte zu seiner Unterstützung mitbringen. Teilnahmerecht haben auch Beauftragte im Betrieb vertretener Gewerkschaften, Koalitionen müssen also tariffähig sein;[672] der Arbeitgeber kann, wenn er an der Sitzung teilnimmt, einen Vertreter seines Verbands hinzuziehen (§ 46 Abs. 1 S. 2 BetrVG). Die Sitzung ist nicht öffentlich (§ 42 Abs. 1 S. 2 BetrVG). Das schließt natürlich nicht aus, dass der Betriebsrat einen betriebsfrem-

---

[668] BAG 9.3.1976, AP Nr. 3 zu § 44 BetrVG 1972.
[669] LAG Niedersachsen 30.8.1984, DB 1983, 1312.
[670] OVG NRW 10.5.2011, NWVBl 2012, 112.
[671] BAG 24.8.2011, NZA 2012, 223 für Versammlungen außerhalb reiner Ausbildungsbetriebe; vgl. weiter BAG 5.12.2013, NZA 2013, 793.
[672] BAG 19.9.2006, NZA 2007, 518.

den Referenten einlädt,[673] auch nicht die Zulassung betriebsfremder Gesamtbetriebsratsmitglieder,[674] wohl auch nicht die von leitenden Angestellten des Betriebs. Ausgeschlossen sind die Vertreter von Massenmedien.

334 **ee) Vergütung.** Die Zeit der Teilnahme an Betriebsversammlungen einschließlich der zusätzlichen Wegezeiten ist wie Arbeitszeit zu vergüten (§ 44 Abs. 1 S. 2 BetrVG). Das gilt auch für Arbeitnehmer, die im Urlaub, in Elternzeit,[675] während Kurzarbeit[676] oder Arbeitskampf (str.) an einer Betriebsversammlung teilnehmen. Zu bezahlen sind bei Teilnahme außerhalb der Arbeitszeit auch die Fahrtkosten, nicht aber Mehrarbeits- oder Feiertagszuschläge (§ 44 Abs. 1 S. 2, 3 BetrVG). Bei rechtswidrig abgehaltenen Versammlungen entfällt der Vergütungsanspruch.[677] Die Rechtswidrigkeit kann sich insbesondere aus einem unzulässigen Zeitpunkt, Ort oder Thema der Versammlung ergeben. Die Kosten einer Bewirtung der Teilnehmer an einer Betriebsversammlung hat der Arbeitgeber nicht zu übernehmen.[678]

335 **ff) Themen.** Über die Tagesordnung beschließt der Betriebsrat. Er hat in den regelmäßigen Versammlungen einen Tätigkeitsbericht zu erstatten (§ 43 Abs. 1 S. 1 BetrVG). Der Arbeitgeber muss mindestens einmal in jedem Kalenderjahr über das Personal- und Sozialwesen und über die wirtschaftliche Lage und Entwicklung des Betriebs berichten, soweit dadurch nicht Betriebs- oder Geschäftsgeheimnisse gefährdet werden (§ 43 Abs. 2 S. 3 BetrVG). Häufig wird auch der Beauftragte der zuständigen Gewerkschaft einen Beitrag zu einem aktuellen Thema leisten. Jeder Teilnehmer hat Rederecht. **Behandelt werden können** alle Angelegenheiten, die den Betrieb oder seine Arbeitnehmer unmittelbar betreffen,[679] auch Angelegenheiten tarifpolitischer, sozialpolitischer und wirtschaftlicher Art sowie Fragen der Frauenförderung, der Vereinbarkeit von Familie und Beruf, der (betrieblichen) Umweltpolitik sowie der Integration der im Betrieb beschäftigten ausländischen Arbeitnehmer (§ 45 BetrVG). Der Betriebsrat hat darauf zu achten, dass keine unzulässigen Themen besprochen werden, insbesondere darauf, dass die Friedenspflicht gewahrt bleibt. **Unzulässig** wäre beispielsweise die Besprechung von Warnstreiks. Verboten ist auch jede parteipolitische Betätigung, wie etwa das Referat eines Spitzenpolitikers zu Wahlkampfzeiten.[680] Die Arbeitnehmer haben das Recht, zu allen betrieblichen Angelegenheiten ihre Meinung frei zu äußern. Kritik darf allerdings nicht in unsachlicher oder ehrverletzender Form vorgetragen werden. Beschlüsse und Anträge der Betriebsversammlung binden weder den Betriebsrat noch den Arbeitgeber.

336 **gg) Durchführung.** Die Versammlung wird vom Betriebsratsvorsitzenden geleitet (§ 42 Abs. 1 S. 1 HS 2 BetrVG). Er führt die Rednerliste, erteilt das Wort, führt Abstimmungen durch, und ihm steht das Hausrecht zu. Der Arbeitgeber kann stichwortartige Aufzeichnungen über den Inhalt der Betriebsversammlung fertigen; Namen von Mitarbeitern darf er nur vermerken, wenn diese das ausdrücklich wollen.

---

[673] BAG 19.5.1978, AP Nr. 3 zu § 43 BetrVG 1972.
[674] BAG 28.11.1978, AP Nr. 2 zu § 42 BetrVG 1972.
[675] LAG Hamm 19.8.1988, DB 1988, 2570.
[676] BAG 5.5.1987, AP Nr. 5 zu § 44 BetrVG 1972 m. Anm. *Kraft/Raab*.
[677] BAG 23.10.1991, AP Nr. 5 zu § 43 BetrVG 1972.
[678] LAG Nürnberg 25.4.2012, NZA-RR 2012, 524.
[679] BAG 4.5.1955, AP Nr. 1 zu § 44 BetrVG.
[680] BAG 13.9.1977, AP Nr. 1 zu § 42 BetrVG 1972.

VIII. Weitere Einrichtungen der Betriebsverfassung

b) Belegschaftsversammlungen

Keine Betriebsversammlung sind vom Arbeitgeber einberufene Mitarbeiterversammlungen und -besprechungen.[681] Der Betriebsrat hat weder ein Teilnahme- noch ein sonstwie geartetes Mitwirkungsrecht. Er kann aber grundsätzlich dasselbe Thema zum Gegenstand einer Betriebsversammlung machen.[682]

337

c) Betriebsräteversammlung

Betriebsversammlungen auf Unternehmensebene (genauer: Unternehmensversammlungen) sind aus organisatorischen Gründen praktisch ausgeschlossen. Deshalb hat der Gesetzgeber als Ersatz die sog. Betriebsräteversammlung geschaffen. Mindestens einmal jährlich kommen alle Vorsitzenden, Stellvertreter und aus größeren Betrieben die sonstigen Mitglieder der Betriebsausschüsse zu einer gemeinsamen Sitzung zusammen (§ 53 Abs. 1 BetrVG). Auf der Betriebsräteversammlung haben der Gesamtbetriebsrat einen Tätigkeitsbericht und der Unternehmer einen Bericht über das Personal- und Sozialwesen und über die wirtschaftliche Lage und Entwicklung des Unternehmens zu erstatten (§ 53 Abs. 2 BetrVG).[683] Hinsichtlich der Leitung der Versammlung, der Nicht-Öffentlichkeit, der Einladung des Arbeitgebers und seines Rederechts, der Teilnahme von Verbandsvertretern und der zugelassenen Themen gelten die Vorschriften über die Betriebsversammlung entsprechend (§ 53 Abs. 3 BetrVG).

338

d) Jugend- und Auszubildendenversammlung

Die Jugend- und Auszubildendenvertretung kann im Einvernehmen mit dem Betriebsrat vor oder nach jeder Betriebsversammlung – gemeint ist: am Tage der Betriebsversammlung[684] – eine Jugend- und Auszubildendenversammlung einberufen (§ 71 S. 1 BetrVG). Die Einberufung zu einem anderen Zeitpunkt bedarf der Zustimmung von Betriebsrat und Arbeitgeber (§ 71 S. 2 BetrVG). Zur Teilnahme berechtigt sind alle jugendlichen Arbeitnehmer und alle Auszubildenden bis 25, gleichgültig ob sie an der entsprechenden Betriebsversammlung teilgenommen haben oder nicht, der Betriebsratsvorsitzende und der Arbeitgeber oder ein von ihnen Beauftragter sowie die Vertreter der Verbände. Die Leitung der Versammlung liegt bei dem Vorsitzenden der Jugend- und Auszubildendenvertretung; er übt auch das Hausrecht aus. Besprochen werden dürfen alle Fragen, die Thema einer Betriebsversammlung sein können, vorausgesetzt, dass sie die jugendlichen Arbeitnehmer oder die Auszubildenden unmittelbar betreffen. Im übrigen gelten die Grundsätze über Betriebsversammlungen entsprechend (§ 71 S. 3 BetrVG).

339

---

[681] BAG 27.6.1989, NZA 1990, 113; BAG 13.3.2001, NZA 2001, 976.
[682] LAG Düsseldorf 15.2.1985, DB 1985, 872.
[683] LAG Frankfurt 26.1.1989, DB 1989, 1473.
[684] BAG 15.8.1978, AP Nr. 1 zu § 23 BetrVG 1972.

8. Einigungsstelle

340 Die Einigungsstelle ist eine betriebliche Schlichtungsstelle, der die Beilegung von Meinungsverschiedenheiten zwischen Arbeitgeber und Betriebsrat, Gesamtbetriebsrat und Konzernbetriebsrat in Regelungsstreitigkeiten obliegt (s. § 20).

IX. Aufgaben und Beteiligungsrechte des Betriebsrats

1. Aufgaben des Betriebsrats

341 Der Gesetzgeber hat dem Betriebsrat umfassende Aufgaben zugewiesen. Seine Zuständigkeit geht weit über die Wahrnehmung der Beteiligungsrechte hinaus.

342 Nach § 80 BetrVG hat der Betriebsrat
1. darüber zu wachen, dass die zugunsten der Arbeitnehmer geltenden Gesetze, Verordnungen, Unfallverhütungsvorschriften, Tarifverträge und Betriebsvereinbarungen durchgeführt werden,
2. Maßnahmen, die dem Betrieb und der Belegschaft dienen, beim Arbeitgeber zu beantragen,
2a. die Durchsetzung der tatsächlichen Gleichberechtigung von Frauen und Männern, insbesondere bei der Einstellung, Beschäftigung, Aus-, Fort- und Weiterbildung und dem beruflichen Aufstieg, zu fördern,
2b. die Vereinbarkeit von Familie und Erwerbstätigkeit zu fördern,
3. Anregungen von Arbeitnehmern und der Jugend- und Auszubildendenvertretung entgegenzunehmen und, falls sie berechtigt erscheinen, durch Verhandlungen mit dem Arbeitgeber auf eine Erledigung hinzuwirken; er hat die betreffenden Arbeitnehmer über den Stand und das Ergebnis der Verhandlungen zu unterrichten,
4. die Eingliederung Schwerbehinderter und sonstiger besonders schutzbedürftiger Personen zu fördern,
5. die Wahl einer Jugend- und Auszubildendenvertretung vorzubereiten und durchzuführen und mit dieser zur Förderung der Belange der in § 60 Abs. 1 BetrVG genannten Arbeitnehmer eng zusammenzuarbeiten; er kann von der Jugend- und Auszubildendenvertretung Vorschläge und Stellungnahmen anfordern,
6. die Beschäftigung älterer Arbeitnehmer im Betrieb zu fördern,
7. die Eingliederung ausländischer Arbeitnehmer im Betrieb und das Verständnis zwischen ihnen und den deutschen Arbeitnehmern zu fördern sowie Maßnahmen zur Bekämpfung von Rassismus und Fremdenfeindlichkeit im Betrieb zu beantragen,
8. die Beschäftigung im Betrieb zu fördern und zu sichern,

IX. Aufgaben und Beteiligungsrechte des Betriebsrats   395

9. Maßnahmen des Arbeitsschutzes und des betrieblichen Umweltschutzes zu fördern.

Da zur sachgerechten Wahrnehmung aller Aufgaben des Betriebsrats eine vollständige und rechtzeitige Unterrichtung notwendig ist, ordnet § 80 Abs. 2 BetrVG eine allgemeine Auskunftspflicht des Arbeitgebers an, mit der ein entsprechender **Unterrichtungsanspruch** des Betriebsrats korrespondiert.[685] Die Informationspflicht ist eine Bringschuld; der Betriebsrat kann nicht darauf verwiesen werden, sich Informationen selbst zu beschaffen, auch wenn er dazu faktisch in der Lage ist.[686] Der Arbeitgeber muss ihm jederzeit **Unterlagen,** die zur Durchführung seiner Aufgaben erforderlich sind, auf sein Verlangen zur Verfügung stellen (§ 80 Abs. 2 S. 2 BetrVG). Allerdings muss der Arbeitgeber nur vorhandene Unterlagen überlassen, er braucht sie nicht eigens für den Betriebsrat zu erstellen; jedoch darf er nicht – wie bei der Vertrauensarbeitszeit – auf Zeitaufschreibungen verzichten.[687]   342a

Die Vorlage schriftlicher Abmahnungen – selbst in anonymisierter Form – kann der Betriebsrat nicht verlangen, weil sich aus § 80 BetrVG keine Aufgabe ergibt, die dies erfordern würde; seine Rechte beschränken sich auf die Anhörung im Rahmen von § 102 BetrVG.[688] Notwendige Auskünfte kann der Arbeitgeber nicht unter Hinweis auf Betriebs- oder Geschäftsgeheimnisse[689] oder das BDSG[690] verweigern. Verlangt der Betriebsrat Auskunft über sensitive Daten i.S.d. Art. 9 DS-GVO (z.B. welche Arbeitnehmerin dem Arbeitgeber ihre Schwangerschaft offenbart hat), muss er nicht nur mitteilen, welche konkrete (Arbeitsschutz-)Vorgabe er überwachen will[691] und warum er die erstrebte Auskunft für die Wahrnehmung dieser Aufgabe benötigt, sondern er muss darüber hinaus darlegen, dass er zur Wahrung der Interessen der von der Datenverarbeitung betroffenen Person angemessene und spezifische Schutzmaßnahmen trifft. Fehlen diese oder sind sie unzulänglich, steht das seinem Auskunftsbegehren entgegen.[692] Über komplexe Sachverhalte muss der Arbeitgeber den Betriebsrat ggf. schriftlich informieren.[693] Stützt der Betriebsrat sein Auskunftsbegehren, darauf, dass er die **Durchführung einer gesetzlichen Bestimmung** nach § 80 Abs. 1 Nr. 1 BetrVG **überwachen** will, muss es sich um eine *„zugunsten der Arbeitnehmer"* geltende gesetzliche Regelung handeln. Daran fehlt es bei der Pflicht zur Beschäftigung schwerbehinderter Menschen nach § 154 Abs. 1 SGB IX; es handelt sich um eine öffentlich-rechtliche Verpflichtung.[694] Bei Löhnen und Gehältern ist das vom Lohnausschuss des Betriebsrats wahrzunehmende Auskunftsrecht auf ein **Einblicksrecht in die Bruttolohn- und -gehaltslisten** beschränkt (§ 80 Abs. 2 S. 2 HS 2 BetrVG). Dieses umfasst alle Lohn- und Gehaltsbestandteile tariflicher wie außertariflicher   342b

---

[685] BAG 19.2.2008, NZA 2008, 1078; BAG 7.2.2012, NZA 2012, 744.
[686] BAG 21.10.2003, NZA 2004, 936; BAG 15.4.2008, AP Nr. 70 zu § 80 BetrVG 1972.
[687] BAG 6.5.2003, NZA 2003, 1348.
[688] BAG 17.9.2013, NZA 2014, 269.
[689] BAG 5.2.1991, AP Nr. 10 zu § 106 BetrVG 1972.
[690] Vgl. BAG 12.8.2009, NZA 2009, 1218, 1220; BAG 7.2.2012, NZA 2012, 744.
[691] Vgl dazu allgemein BAG 20.3.2018, NZA 2018, 1420; BAG 24.4.2018, NZA 2018, 1565.
[692] BAG 9.4.2019, NZA 2019, 1055.
[693] BAG 30.9.2008, NZA 2009, 502.
[694] BAG 20.3.2018, NZA 2018, 1420.

Art, unabhängig davon, ob es sich um einmalige oder wiederkehrende Leistungen des Arbeitgebers handelt und auf welcher Rechtsgrundlage sie beruhen. Eines besonderen Anlasses für die Einsichtnahme bedarf es selbst im Hinblick auf individuell vereinbarte übertarifliche Vergütungen nicht, weil sich der Betriebsrat ein Urteil darüber bilden können muss, ob im Betrieb innerbetriebliche Lohngerechtigkeit herrscht.[695] Soll mit dem Einsichtsrecht die Wahrung der unternehmenseinheitlichen Lohngerechtigkeit in Ausübung des Mitbestimmungsrechts nach § 87 I Nr. 10 BetrVG überprüft werden, ist nicht der örtliche Betriebsrat, sondern der Gesamtbetriebsrat zuständig.[696] Die Entgeltlisten müssen nicht anonymisiert werden. Die mit der Einsichtnahme verbundene Verarbeitung personenbezogener Daten ist nach § 26 Abs. 1 S. 1 BDSG erlaubt. Sie ist auch nicht aus verfassungsrechtlichen Gründen ausgeschlossen.[697] Zur Erfüllung der allgemeinen Überwachungsaufgaben nach § 80 Abs. 1 Nr. 1 BetrVG hat der Betriebsrat ein **Recht auf Zugang zu den Arbeitsplätzen** der Belegschaft.[698] Dieses besteht gegenüber dem Arbeitgeber des Betriebs, für den der Betriebsrat gebildet ist, nicht aber gegenüber Dritten. Der Betriebsrat des Verleihers hat also kein anlassunabhängiges Zutrittsrecht zu den Betriebsräumen des Entleihers; Leiharbeitnehmer bleiben während der Dauer ihrer Arbeitsleistung beim Entleiher; nach § 14 Abs. 1 AÜG Angehörige des Verleiherbetriebs.[699] Allerdings kann der Betriebsrat verlangen, über Arbeitsunfälle unterrichtet zu werden, die Beschäftigte eines anderen Unternehmens im Zusammenhang mit der Nutzung der betrieblichen Infrastruktur des Arbeitgebers erleiden.[700]

342c Ferner darf der Betriebsrat sachkundige Kollegen als **betriebliche Auskunftsperson** erbitten (§ 80 Abs. 2 S. 3 BetrVG). Die Wahrnehmung der Aufgaben einer Auskunftsperson kann der Arbeitgeber kraft Direktionsrechts (§ 106 S. 1 GewO) anordnen. Auskunftspersonen kann der Betriebsrat auch in Abwesenheit des Arbeitgebers oder von ihm bestimmter Personen befragen. Der Arbeitgeber kann aber den Gegenstand und den Umfang der zu erteilenden Auskünfte durch Weisung einseitig festlegen. Daran ist der Arbeitnehmer bei der Beantwortung der ihm vom Betriebsrat gestellten Fragen gebunden.[701]

2. Beteiligungsrechte des Betriebsrats

343 Der Betriebsrat hat Beteiligungsrechte in vier großen Bereichen:
– In sozialen Angelegenheiten (§§ 87 ff., 112 ff. BetrVG),
– in technisch-organisatorischen Angelegenheiten (§§ 90 f. BetrVG),
– in personellen Angelegenheiten (§§ 92 ff. BetrVG), und zwar
– bei allgemeinen personellen Maßnahmen (§§ 92 ff. BetrVG),
– bei der Berufsbildung (§§ 96 ff. BetrVG),
– bei personellen Einzelmaßnahmen (§§ 99 ff. BetrVG),
– in wirtschaftlichen Angelegenheiten (§§ 106 ff. BetrVG).

---

[695] BAG 14.1.2014, NZA 2014, 738.
[696] BAG 26.9.2017, NZA 2018, 108.
[697] BAG 7.5.2019, NZA 2019, 1218.
[698] BAG 15.10.2014, NZA 2015, 560.
[699] BAG 15.10.2014, NZA 2015, 560.
[700] BAG 12.3.2019, NZA 2019, 850.
[701] BAG 20.1.2015, NZA 2015, 696.

Die Beteiligungsrechte folgen keinem ausgefeilten System. Um einen Kern, der 344
aus dem obligatorischen Inhalt der Arbeitsordnung erwuchs, haben sich im Verlauf von mehr als einem Jahrhundert Jahresringe angelagert. Personelle Angelegenheiten meinten ursprünglich Abschluss und Beendigung des Arbeitsvertrags
(= Einstellung und Entlassung, vgl. § 5 Abs. 3 S. 2 Nr. 1 BetrVG, § 14 Abs. 2
S. 1 KSchG), soziale Angelegenheiten die Arbeitsbedingungen, d.h. den Inhalt
des Arbeitsvertrags im weitesten Sinne, wirtschaftliche Angelegenheiten die
unternehmerischen Entscheidungen, die den Arbeitsvertrag nicht unmittelbar
betreffen. 1972 ist zur Beteiligung bei den personellen Einzelmaßnahmen die
Einschaltung des Betriebsrats in die (vorgelagerte) systematische Personalarbeit
und die Beteiligung bei der Berufsbildung hinzugekommen. Ersteres war eine
Folge der Krise von 1966/67 mit den ersten Massenentlassungen in der Nachkriegszeit, auf die die Unternehmen mit stärkerer Einbeziehung der Personalarbeit in die Unternehmensplanung geantwortet hatten, letzteres eine Antwort auf
die gewachsene Bedeutung von Ausbildung, Fortbildung und Umschulung. Zu
den sozialen Angelegenheiten zählt auch der Sozialplan, der wegen des Sachzusammenhangs mit dem Interessenausgleich unter den wirtschaftlichen Angelegenheiten geregelt ist (§§ 112 f. BetrVG).

3. Beteiligungsarten

a) Allgemeines

Die Beteiligungsrechte der Belegschaftsvertretungen werden nicht selten unter 345
dem Oberbegriff Mitbestimmung zusammengefasst. Mitunter spricht man aber
auch von Mitwirkung und betrachtet die Mitbestimmung dann als Unterfall. In
der Literatur geht man in Anlehnung an die Terminologie des Bundespersonalvertretungsgesetzes von dem neutralen Begriff der „Beteiligung" aus[702] und betrachtet die Mitbestimmung und die Mitwirkung, die das BetrVG als Überschrift
für den vierten Teil verwendet, als Unterfälle, die ihrerseits in Mitbestimmung
i.e.S. und eingeschränktes Zustimmungsverweigerungsrecht (so die Mitbestimmung) und in Beratung, Anhörung und Unterrichtung (so die Mitwirkung) untergliedert werden. Die Mitbestimmung ist dadurch gekennzeichnet, dass eine Maßnahme des Arbeitgebers nicht ohne Zustimmung des Betriebsrats getroffen werden kann und dass bei Nichteinigung eine dritte Stelle, das Arbeitsgericht oder
die Einigungsstelle, entscheidet. Der Einigungsstelle hat der Gesetzgeber die
Entscheidung übertragen, wenn es um Regelungsstreitigkeiten geht, dem Arbeitsgericht bei Rechtsstreitigkeiten. Bei der Mitwirkung behält der Arbeitgeber
das Entscheidungsrecht.

---

[702] *Richardi*, Vorb. z. 4. Teil BetrVG Rn. 21 m.w.N.

Beteiligungsarten		wichtigste Fälle	Entscheidung bei Nicht-Einigung
Mitbestimmung	Mitbestimmung i.e.S.	§§ 87, 91, 98, 112	Einigungsstelle
	eingeschränktes Zustimmungs- verweigerungsrecht	§ 99	Arbeitsgericht
Mitwirkung	Beratung mit dem Arbeitgeber	§§ 90, 96, 106, 111 und SprAuG	
	Anhörung	§ 102	
	Unterrichtung	§§ 80 Abs. 2, 105	

b) Mitbestimmung

346 Der Arbeitgeber kann nicht ohne Zustimmung des Betriebsrats handeln. Der Betriebsrat trifft seine Entscheidung nach billigem Ermessen. Entsprechend dem Grundsatz der vertrauensvollen Zusammenarbeit hat er die Belange des Betriebs und der betroffenen Arbeitnehmer angemessen zu berücksichtigen. Im Streitfalle entscheidet die Einigungsstelle. Mitbestimmungsrechte i.e.S. erkennt man daran, dass es im Gesetz heißt: „Kommt eine Einigung nicht zustande, so entscheidet die Einigungsstelle. Der Spruch der Einigungsstelle ersetzt die Einigung zwischen Arbeitgeber und Betriebsrat" (vgl. z.B. § 87 Abs. 2 BetrVG).

c) Zustimmungsverweigerungsrecht

347 Auch hier kann der Arbeitgeber nicht ohne Zustimmung des Betriebsrats handeln. Der Betriebsrat kann seine Zustimmung aber nur aus den im Gesetz genannten Gründen verweigern. Stützt er sich auf andere Gründe, so ist die Verweigerung oder der Widerspruch unbeachtlich; er hat also eine Art eingeschränktes Vetorecht. Im Streitfall entscheidet das Arbeitsgericht.

d) Beratung

348 Der Arbeitgeber hat dem Betriebsrat oder dem Sprecherausschuss von sich aus Gründe und Gegengründe darzulegen und sie in einem Gespräch mit ihm gegeneinander abzuwägen. Die Entscheidung trifft er nach der Beratung allein. Bei einer Betriebsänderung muss der Arbeitgeber die Einigungsstelle anrufen, wenn er sich mit dem Betriebsrat nicht einigen kann. Allerdings kann die Einigungsstelle nur einen Vorschlag für einen Interessenausgleich unterbreiten; im Ergebnis entscheidet auch hier der Arbeitgeber allein (§§ 111 f. BetrVG).

e) Anhörung

349 Der Arbeitgeber muss dem Vertretungsorgan die Möglichkeit geben, sich zu äußern, d.h. Wünsche, Anregungen oder Einwendungen vorzubringen, und er muss sich mit seinem Vorbringen auseinandersetzen. Der Unterschied zur Beratung liegt darin, dass die Initiative zu einem Gespräch über Gründe und Gegen-

gründe dem Betriebsrat überlassen bleibt. Im EBRG hat der Begriff „Anhörung" eine etwas andere Bedeutung. Hier sind darunter der Meinungsaustausch und die Einrichtung eines Dialogs zwischen den Arbeitnehmern und der Unternehmensleitung zu verstehen (§ 1 Abs. 5 EBRG).

f) Unterrichtung

Sie kann selbständiges Informationsrecht sein (§ 105 BetrVG) oder Vorstufe einer weitergehenden Beteiligung (z.B. § 106 BetrVG). 350

g) Initiativrecht

Von der Frage der Mitwirkung ist die nach dem Initiativrecht zu unterscheiden. Hier geht es darum, ob der Arbeitgeber auf Wunsch des Betriebsrats oder des Sprecherausschusses tätig werden muss. Der Betriebsrat hat ein Initiativrecht grundsätzlich in allen sozialen Angelegenheiten,[703] aber auch vor allem in einer Reihe personeller Angelegenheiten: Bei Personalplanung (§ 92 Abs. 2 BetrVG) und interner Stellenausschreibung (§ 93 S. 1 BetrVG), Auswahlrichtlinien (§ 95 Abs. 2 BetrVG) und Berufsbildung (§ 96 Abs. 1 S. 2 BetrVG); ja er kann die Entfernung von Arbeitnehmern aus dem Betrieb verlangen, die den Betriebsfrieden stören (§ 104 BetrVG). Darüber hinaus kann er alle Maßnahmen beantragen, die dem Betrieb und der Belegschaft dienen (§ 80 Abs. 1 Nr. 2, 3, 7 BetrVG); die Art der Erledigung steht in diesem Fall allerdings im Ermessen des Arbeitgebers. 351

X. Beteiligungsformen

1. Überblick

Der Arbeitgeber kann mit dem Betriebsrat **Vereinbarungen** abschließen (§ 77 BetrVG). Die Vereinbarungen können sich beschränken auf die Begründung von Rechten und Pflichten zwischen den Betriebspartnern. Sie können aber zusätzlich oder stattdessen auch unmittelbar Rechte und Pflichten zwischen Arbeitgeber und Arbeitnehmern schaffen. Im ersten Fall, d.h. wenn es nur um Rechtsbeziehungen zwischen Arbeitgeber und Betriebsrat geht, spricht man von Regelungsabreden, von betrieblichen Einigungen, Betriebsabsprachen oder auch schlicht von Vereinbarungen, im zweiten von Betriebsvereinbarungen. Eine dritte Form ist die Zustimmung. 352

Regelungsabrede wie Betriebsvereinbarung sind privatrechtliche Verträge. Die Zustimmung ist ein einseitiges Rechtsgeschäft. Die Erwähnung „gemeinsamer Beschlüsse" in der Überschrift zu § 77 BetrVG ist eine redaktionelle Fehlleistung.[704] Dass Betriebsvereinba- 353

---

[703] St. Rspr., BAG 21.7.2009, NZA 2009, 1049; BAG 23.3.2010, NZA 2011, 642.
[704] Richardi, § 77 BetrVG Rn. 4.

rungen in der Weimarer Zeit als öffentlichrechtliche Vereinbarungen angesehen wurden, liegt daran, dass die Betriebsräte seinerzeit als Teil der Räteverfassung gedacht waren.[705]

2. Betriebsvereinbarung

a) Begriff und Charakteristik

354 Betriebsvereinbarung ist der schriftliche Vertrag zwischen dem Arbeitgeber und dem Betriebsrat, Gesamtbetriebsrat oder Konzernbetriebsrat zur Regelung von Rechten und Pflichten der Betriebsparteien und zur Festlegung von Rechtsnormen über Inhalt, Abschluss und Beendigung von Arbeitsverhältnissen sowie über betriebliche und betriebsverfassungsrechtliche Fragen.

b) Abschluss

355 aa) Zustandekommen. Die Betriebsvereinbarung kommt als Vertrag durch Angebot und Annahme zustande. Wenn § 77 Abs. 1 BetrVG von gemeinsamem Beschluss spricht, so wollte er damit nur sagen, dass Betriebsvereinbarungen im Gegensatz zur Betriebsordnung nach dem Gesetz zur Ordnung der nationalen Arbeit von 1934 nicht vom Arbeitgeber allein erlassen werden können, sondern dass er mit dem Betriebsrat zusammenwirken muss.[706] Vertragspartner sind der Arbeitgeber auf der einen, der Betriebsrat, der Gesamtbetriebsrat („Gesamtbetriebsvereinbarung") oder der Konzernbetriebsrat („Konzernbetriebsvereinbarung") auf der anderen Seite.

---

[705] *Reichhold*, Betriebsverfassung als Sozialprivatrecht, 1995, S. 241 ff.
[706] *Richardi*, § 77 BetrVG Rn. 30.

X. Beteiligungsformen

Muster einer Betriebsvereinbarung

Betriebsvereinbarung über die Nutzung elektronischer Kommunikationssysteme am Arbeitsplatz

§ 1 Geltungsbereich
Diese Betriebsvereinbarung regelt die Grundsätze für den Zugang und die Nutzung der Internetdienste bei der Müller AG. Sie gilt für alle Beschäftigten mit Ausnahme der leitenden Angestellten.

§ 2 Organisatorische Grundsätze
(1) Die elektronischen Kommunikationssysteme stehen den Beschäftigten als Arbeitsmittel im Rahmen der Aufgabenerfüllung zur Verfügung.
(2) Arbeitsplätze mit einem Internetzugang müssen wirksam durch Virenschutzprogramme vor Schadsoftware gesichert werden. Diese Programme dürfen durch Beschäftigte nicht eigenständig manipuliert oder deaktiviert werden. Gleiches gilt für den Einsatz von Filterprogrammen, die den Zugriff auf Angebote mit rechtswidrigen oder strafbaren Inhalten sperren, sowie für alle Sicherheitsprogramme und -einstellungen.

§ 3 Zulässigkeit der Nutzung
(1) Der Internetzugang und das E-Mail-System werden nur für die dienstliche Nutzung zur Verfügung gestellt. Jegliche private Nutzung ist untersagt.
(2) Über die dienstlichen E-Mail-Adressen eingehende private E-Mails sind wie private schriftliche Post zu behandeln. Eingehende private, aber fälschlich als Dienstpost behandelte E-Mails sind den betreffenden Beschäftigten unverzüglich nach Bekanntwerden ihres privaten Charakters zur alleinigen Kenntnis zu geben. Private E-Mails sind von Beschäftigten nach Kenntnisnahme des privaten Charakters unverzüglich zu löschen.

§ 4 Verhaltensgrundsätze
(1) Die Beschäftigten haben jede Nutzung des Internets zu unterlassen, die geeignet ist, den Interessen der Müller AG oder deren Ansehen in der Öffentlichkeit zu schaden oder die Sicherheit des Unternehmensnetzes zu beeinträchtigen. Dies gilt vor allem für
- das Abrufen oder Verbreiten von Inhalten, die gegen persönlichkeitsrechtliche, urheberrechtliche oder strafrechtliche Bestimmungen verstoßen,
- das Abrufen oder Verbreiten von beleidigenden, verleumderischen, verfassungsfeindlichen, rassistischen, sexistischen, gewaltverherrlichenden oder pornografischen Äußerungen oder Abbildungen.
(2) Zur Überprüfung der Einhaltung dieser Vereinbarung werden regelmäßige Stichproben in den Protokolldateien durchgeführt.
(3) Die bei der Nutzung der Internetdienste anfallenden personenbezogenen Daten werden nicht zur Leistungs- und Verhaltenskontrolle verwendet. Sie unterliegen der Zweckbindung dieser Vereinbarung und den einschlägigen datenschutzrechtlichen Vorschriften.

§ 5 Protokollierung und Kontrolle
(1) Alle ein- und ausgehenden E-Mails werden geprüft.
(2) Die Inhalte der von den Beschäftigten aufgerufenen Websites werden protokolliert und stichprobenhaft durch einen von der Müller AG schriftlich beauftragten Mitarbeiter gesichtet.

§ 6 Maßnahmen bei Verstößen
(1) Bei Verdacht auf missbräuchliche oder unerlaubte Nutzung des Internetzugangs wird ein Bericht erstellt, der dem Betroffenen auszuhändigen ist. Dieser wird anschließend angehört.
(2) Ein Verstoß gegen diese Betriebsvereinbarung kann neben den arbeitsrechtlichen Folgen auch strafrechtliche Konsequenzen haben.

§ 7 Inkrafttreten
Diese Vereinbarung tritt mit ihrer Unterzeichnung in Kraft. Sie kann mit einer Frist von drei Monaten zum Monatsende, frühestens jedoch zum ____ gekündigt werden. Im Falle einer Kündigung bleibt sie bis zum Abschluss einer neuen Vereinbarung gültig.

Geschäftsleitung   **Betriebsrat**

356 bb) Zuständigkeit und Verfahren. Auf Betriebsratsseite setzt der Abschluss einer Betriebsvereinbarung zunächst die Zuständigkeit des jeweiligen Gremiums auf der entsprechenden Ebene (Betrieb – Unternehmen – Konzern) voraus. Eine von einem unzuständigen Gremium getroffene Vereinbarung ist unwirksam.[707] Notwendig ist ein förmlicher Beschluss. Der Betriebsrat kann dem Vorsitzenden nicht die Entscheidung überlassen; der Vorsitzende vertritt ihn nur im Rahmen seiner Beschlüsse.[708] Der Abschluss von Betriebsvereinbarungen kann auch nicht auf den Betriebsausschuss oder einen sonstigen Ausschuss delegiert werden (§§ 27 Abs. 2 S. 2, 28 Abs. 1 S. 3 BetrVG). Der Arbeitgeber hat vor Abschluss einer Vereinbarung mit dem Betriebsrat, die rechtliche Interessen der leitenden Angestellten berührt, den Sprecherausschuss rechtzeitig anzuhören (§ 2 Abs. 1 S. 2 SprAuG).

356a cc) Gebot der Rechtsquellenklarheit. Betriebsvereinbarungen unterliegen dem für normative Regelungen geltenden Gebot der Rechtsquellenklarheit.[709] Das folgt aus den Erfordernissen der Rechtssicherheit, die im Schriftformgebot des § 77 Abs. 2 BetrVG zum Ausdruck kommen. Es stellt sicher, dass für die Normunterworfenen die Urheberschaft eindeutig ist. Erst aufgrund dessen kann beurteilt werden, wer für die Normsetzung wem gegenüber verantwortlich ist, ob sie von der Normsetzungskompetenz gedeckt und wer zu ihrer Ablösung berechtigt ist sowie wem entsprechende Durchführungs- und Einwir-

---

[707] BAG 5.3.2013, DB 2013, 1423.
[708] BAG 17.2.1981, AP Nr. 11 zu § 112 BetrVG 1972; BAG 9.12.2014, NZA 2015, 368.
[709] BAG 15.4.2008, AP Nr. 1 zu § 32 SprAuG m. Anm. *Hromadka* Rn. 17 ff.

kungspflichten obliegen.[710] Bei einem **Standortsicherungsvertrag**, der von Arbeitgeber, Gewerkschaft und Betriebsrat gemeinsam vereinbart wird, kann zweifelhaft sein, wer Urheber der einzelnen Regelungskomplexe ist und um welche Rechtsquelle – Tarifvertrag oder Betriebsvereinbarung – es sich folglich handelt.[711] Das Gebot der Rechtsquellenklarheit gilt auch für **Betriebsvereinbarungen**, die ein Arbeitgeber **gemeinsam mit dem Gesamtbetriebsrat und den Einzelbetriebsräten** abschließt.[712] Zwar steht in einem solchen Fall fest, dass es sich um eine betriebsverfassungsrechtliche Rechtsquelle handelt, die für betriebszugehörige Arbeitnehmer unmittelbar und zwingend gilt. Ob die jeweiligen Parteien im Rahmen ihrer betriebsverfassungsrechtlichen Zuständigkeiten im Verhältnis zueinander und gegenüber ihren vom Betriebsverfassungsgesetz zwingend vorgegebenen Vertragspartnern gehandelt haben, folgt daraus jedoch nicht ohne Weiteres.

dd) Schriftform. Betriebsvereinbarungen sind schriftlich niederzulegen und von beiden Seiten auf derselben Urkunde (§ 126 Abs. 1 S. 1 BGB) zu unterzeichnen (§ 77 Abs. 2 S. 1, 2 BetrVG). Anlagen müssen, wenn sie nicht ebenfalls unterschrieben sind, fest an den Haupttext angeheftet sein.[713] Die Schriftform ist auch gewahrt, wenn auf eine andere Norm, etwa einen Tarifvertrag, Bezug genommen wird.[714] Allerdings ist die Bezugnahme auf den jeweiligen Inhalt einer anderen Betriebsvereinbarung oder eines anderen Tarifvertrags nur zulässig, wenn die Interessen ähnlich liegen und der in Bezug genommene Vertrag deshalb auch den Interessenkonflikt, der dem verweisenden Vertrag zugrunde liegt, sachgerecht löst.[715] Unwirksam ist eine dynamische Blankettverweisung, die auf die „jeweils gültigen Betriebsvereinbarungen" eines anderen Unternehmens verweist, selbst wenn es sich um die der Konzernmutter handelt.[716] Der Arbeitgeber hat die Betriebsvereinbarung an geeigneter Stelle im Betrieb auszulegen (§ 77 Abs. 2 S. 3 BetrVG). Die Bekanntmachung hat keine konstitutive Wirkung.[717]

357

ee) Mängel. Die Betriebsvereinbarung kann wegen Formmangels, wegen Verstoßes gegen ein Gesetz oder gegen die guten Sitten nichtig sein. Ist nur ein Teil der Bestimmungen unwirksam, so berührt das die Wirksamkeit der anderen Bestimmungen entgegen § 139 BGB nur, wenn sie mit den nichtigen in einem unlösbaren Zusammenhang stehen und durch den Wegfall der nichtigen Bestimmungen einen ganz anderen Sinn erhielten.[718] Eine – grundsätzlich zulässige – Anfechtung wirkt entgegen § 142 Abs. 1 BGB nur für die Zukunft.[719] Ebenfalls unwirksam ist eine von einem unzuständigen Gremium abgeschlossene Betriebsvereinbarung. Diesen Mangel kann auch die Belegschaftsvertretung geltend machen, in deren Zuständigkeit betriebsverfassungswidrig eingegriffen wurde. Dagegen sehen weder das BetrVG noch das ArbGG ein inhaltliches Normenkontrollrecht des Be-

358

---

[710] BAG 30.1.2019, NZA 2019, 1065 Rn. 90 m.w.N.
[711] BAG 15.4.2008, AP Nr. 1 zu § 32 SprAuG.
[712] BAG 26.9.2017, NZA 2018, 803 Rn. 40; BAG 30.1.2019, NZA 2019, 1065.
[713] BAG 11.11.1986, AP Nr. 4 zu § 1 BetrAVG Gleichberechtigung.
[714] BAG 9.7.1980, AP Nr. 7 zu § 1 TVG Form.
[715] BAG 23.6.1992, AP Nr. 55 zu § 77 BetrVG 1972.
[716] BAG 22.8.2006, NZA 2007, 1187.
[717] BAG 17.4.2012, BB 2013, 57.
[718] BAG 12.10.1994, AP Nr. 66 zu § 87 BetrVG 1972 Arbeitszeit.
[719] BAG 15.12.1961, AP Nr. 1 zu § 615 BGB Kurzarbeit.

triebsrat vor, mit dem dieser eine von ihm nicht selbst abgeschlossene Betriebsvereinbarung überprüfen lassen könnte, die nicht in seine eigene (betriebsverfassungsrechtliche) Rechtsposition eingreift.[720]

c) Inhalt

359 **aa) Allgemeines.** Betriebsvereinbarungen können wie Tarifverträge einen schuldrechtlichen und einen normativen Teil haben. Für den normativen Teil ist das unbestritten; das Gesetz selbst sieht die unmittelbare Wirkung vor (§ 77 Abs. 4 S. 1 BetrVG). Es gibt aber keinen vernünftigen Grund, warum nicht auch schuldrechtliche Abreden in Betriebsvereinbarungen enthalten sein könnten, nur weil das Gesetz sie nicht erwähnt;[721] es wäre reine Förmelei, wollte man eigens eine Betriebsabsprache verlangen. Sowohl im normativen als auch im schuldrechtlichen Teil können allerdings nur Fragen geregelt werden, für die die Betriebspartner funktionell zuständig sind. Nur insoweit gilt der Grundsatz der Vertragsfreiheit.[722]

360 **bb) Insbesondere: Normativer Teil.** Gegenstand des normativen Teils kann alles sein, was Gegenstand des Arbeitsvertrags sein kann. Die Betriebspartner haben eine umfassende Regelungskompetenz.[723] Sie ergibt sich mittelbar aus § 77 Abs. 3 BetrVG, der ihre Regelungskompetenz voraussetzt und sie nur dort beschränkt, wo es zur Sicherung der ausgeübten und aktualisierten Tarifautonomie notwendig ist, sowie aus § 88 BetrVG, der freiwillige (= nicht über die Einigungsstelle erzwingbare) Betriebsvereinbarungen nicht auf die dort ausdrücklich genannten Gegenstände beschränkt (…„insbesondere"…).[724]

361 Betriebsvereinbarungen können Regelungen enthalten über den Abschluss, den Inhalt und die Beendigung von Arbeitsverträgen sowie über betriebliche und betriebsverfassungsrechtliche Fragen. Vorschriften über den Abschluss von Arbeitsverträgen, wie z.B. Auswahlrichtlinien nach § 95 Abs. 1 BetrVG, binden nur den Arbeitgeber, weil der Betriebsrat nur für die Arbeitnehmer des Betriebs zuständig ist, nicht für Bewerber. Regelungen für bereits ausgeschiedene Arbeitnehmer – insbesondere für Ruheständler – können die Betriebsparteien nicht mehr treffen.[725] Zu den betrieblichen Fragen gehören Ordnungsvorschriften, wie Regelungen zur Gleitzeit oder zur Anwesenheitskontrolle, sowie Vereinbarungen über betriebliche Einrichtungen für die Belegschaft. Betriebsverfassungsrechtliche Fragen können nur geregelt werden, soweit das Gesetz das vorsieht (z.B. §§ 3 Abs. 2, 38 Abs. 1 S. 5, 47 Abs. 4, 102 Abs. 6 BetrVG, § 325 Abs. 2 UmwG). Der Betriebsrat kann vom Arbeitgeber die Durchführung einer Be-

---

[720] BAG 5.3.2013, DB 2013, 1423.
[721] *Waltermann*, Arbeitsrecht, Rn. 876.
[722] *Richardi*, § 77 BetrVG Rn. 50.
[723] St. Rspr., BAG 12.12.2006, NZA 2007, 453 m.w.N.; BAG 26.8.2008, NZA 2008, 1187, in der Lehre sehr str., vgl. nur *Picker*, NZA 2002, 761, 769.
[724] BAG 12.4.2011, NZA 2011, 989.
[725] BAG 13.5.1997, NZA 1998; 160; BAG 14.12.2010, AuR 2011, 41.

triebsvereinbarung verlangen; bei Gesamt- bzw. Konzernbetriebsvereinbarungen steht dieses Recht nur dem Gesamt- bzw. Konzernbetriebsrat zu.[726]

cc) Die Grenzen der Regelungsmacht ergeben sich aus dem höherrangigen Recht (staatliche Gesetze, Tarifverträge); Betriebsvereinbarungen dürfen aber auch nicht in geschützte Individualrechte eingreifen. Im Einzelnen: 362

d) Betriebsvereinbarung und Gesetz

Betriebsvereinbarungen dürfen nicht gegen zwingendes Gesetzesrecht oder gegen gesetzesvertretendes Richterrecht verstoßen (s. unten Rn. 399).[727] Die Grundsätze des § 75 BetrVG sind zu beachten (Behandlung der Mitarbeiter nach Recht und Billigkeit, keine diskriminierende Behandlung). Über § 75 Abs. 1, Abs. 2 S. 1 BetrVG werden die Betriebsparteien auch an die Grundrechte des Grundgesetzes gebunden (s. Rn. 400). Soweit Gesetze nicht zweiseitig zwingend sind, können die Betriebspartner für die Arbeitnehmer günstigere Regelungen treffen. Betriebsvereinbarungsoffenes Gesetzesrecht, d.h. Gesetzesrecht, das eine Abweichung durch Betriebsvereinbarung auch zuungunsten der Arbeitnehmer erlauben würde, gibt es zurzeit nicht. Tarifdispositives Recht kann nicht durch Betriebsvereinbarung abbedungen werden. Die Tarifvertragsparteien können die Betriebspartner aber in einigen Fällen durch Tarifvertrag zur Abweichung vom Gesetzesrecht ermächtigen (§§ 7 Abs. 1, 2, 12 ArbZG); im Geltungsbereich eines solchen Tarifvertrags können abweichende tarifliche Regelungen in Betrieben nicht tarifgebundener Arbeitgeber durch Betriebsvereinbarung übernommen werden (§ 7 Abs. 3 ArbZG). 363

e) Betriebsvereinbarung und Tarifvertrag

aa) Grundsatz. Arbeitsentgelte und sonstige Arbeitsbedingungen, die durch Tarifvertrag geregelt sind oder üblicherweise geregelt werden, können nicht Gegenstand einer Betriebsvereinbarung sein (§ 77 Abs. 3 BetrVG). Im Verhältnis zwischen Tarifvertrag und Betriebsvereinbarung gilt nicht das Günstigkeitsprinzip (§ 4 Abs. 3 TVG), die Betriebspartner können vielmehr keine Betriebsvereinbarungen abschließen, wenn die Voraussetzungen des § 77 Abs. 3 BetrVG vorliegen.[728] Betriebsvereinbarungen sind unwirksam, weil Arbeitgeber und Betriebsrat unzuständig sind, nicht wegen Verstoßes gegen § 4 Abs. 1 TVG (s. § 13 Rn. 308). 364

bb) Ratio des § 77 Abs. 3 BetrVG. Normzweck ist nach Ansicht des BAG der Schutz der ausgeübten und aktualisierten Tarifautonomie; die Funktionsfähigkeit der Tarifautonomie solle gewährleistet werden. Betriebliche Regelungen sollten 365

---

[726] BAG 18.5.2010, NZA 2010, 1433.
[727] BAG 16.11.1967, 22.2.1968, 17.10.1968, 9.10.1969, AP Nr. 63, 64, 66, 68 zu § 611 BGB Gratifikation (Rückzahlungsklauseln bei Gratifikationen).
[728] St. Rspr., vgl. BAG 25.2.2015, NZA 2015, 943.

tarifliche Regelungen nicht präjudizieren und in möglicherweise nicht gewollte Bahnen lenken.[729] Der Gesetzgeber habe eine „klare Scheidung zwischen den Zuständigkeiten der Gewerkschaften und denen der Betriebsräte" vornehmen wollen,[730] um die latente Rivalität zwischen den Gewerkschaften und den Betriebsräten zugunsten der Ersteren aufzulösen.[731]

366 § 77 Abs. 3 BetrVG schützt also nicht den Tarifvertrag, dafür hätte § 4 Abs. 1, 3 TVG ausgereicht. § 77 Abs. 3 BetrVG schützt die Gewerkschaften, die Betriebsräte sollen ihnen nicht ins Gehege kommen. Die Betriebsräte, von denen viele ehrenamtliche Gewerkschaftsfunktionäre sind, sollen nicht die Möglichkeit der Selbstdarstellung in einer dem Tarifvertrag vergleichbaren Kollektivvereinbarung haben. Deshalb nimmt der Gesetzgeber ihnen die Regelungskompetenz. Die Gewerkschaften genießen Vorrang; ihr Vorrang wird zum **Tarifvorbehalt** oder, was dasselbe ist, zur **Tarifsperre**. Gesperrt sind aber nur Betriebsvereinbarungen, nicht andere Vereinbarungen mit dem Betriebsrat (Regelungsabreden)[732] oder mit den Arbeitnehmern (Arbeitsverträge); nur Betriebsvereinbarungen haben eine ähnliche Dignität wie Tarifverträge. Über den Schutz der Gewerkschaften dient § 77 Abs. 3 BetrVG, so zu Recht das BAG, in der Tat dem Schutz der Tarifautonomie.

367 **cc) Arbeitsentgelte und sonstige Arbeitsbedingungen.** Mit den „Arbeitsentgelten und den sonstigen Arbeitsbedingungen" sind nach Rechtsprechung und heute h.L. alle Arbeitsbedingungen gemeint.[733] Der Begriff deckt sich mit den Inhaltsnormen, zu denen auch die Normen über die Beendigung des Arbeitsverhältnisses zählen. Nicht gesperrt sind Abschlussnormen, betriebliche und betriebsverfassungsrechtliche Normen.[734]

368 Bis 1991 hatte die Rechtsprechung zwischen materiellen und formellen Arbeitsbedingungen unterschieden und nur die materiellen Arbeitsbedingungen in § 77 Abs. 3 BetrVG geregelt gesehen. Dieser Unterscheidung hatte die Vorstellung einer funktionalen Aufgabenteilung von Gewerkschaften und Betriebsräten zugrunde gelegen. Die Gewerkschaften waren zuständig für Regelungen zu Inhalt und Umfang der Hauptpflichten aus dem Arbeitsverhältnis, die Betriebsräte für die Umstände, unter denen die Arbeit zu leisten war, wie vor allem Fragen der Ordnung und des Verhaltens der Arbeitnehmer im Betrieb. Eine Stütze hatte diese Ansicht nicht nur in der tatsächlichen klassischen Arbeitsteilung von Gewerkschaften und Betriebsräten gehabt, sondern auch in § 56 BetrVG 1952, der anders als die Nachfolgevorschrift des § 87 BetrVG den Betriebsräten nur bei formellen Arbeitsbedingungen Mitbestimmungsrechte eingeräumt hatte. Zudem legt die Gleichsetzung von Arbeitsentgelten und sonstigen Arbeitsbedingungen

---

[729] BAG 30.5.2006, NZA 2006, 1170, 1171 m.w.N.
[730] Begr. zu § 65 E eines G über die Neuordnung der Beziehungen von Arbeitnehmern und Arbeitgebern in den Betrieben (BetrVG), BT-Drs. I/1546 S. 55.
[731] *Fitting*, § 77 BetrVG Rn. 67; *Heyer*, Betriebliche Normsetzung und Tarifautonomie, Diss. Berlin, 1983, S. 146; *Säcker*, SAE 1968, 16, 18.
[732] BAG 20.4.1999, NZA 1999, 887.
[733] BAG 9.4.1991, AP Nr. 1 zu § 77 BetrVG 1972 Tarifvorbehalt; BAG 25.2.2015, NZA 2015, 943.
[734] *Fitting*, § 77 BetrVG Rn. 73; *Wiedemann*, § 4 TVG Rn. 569 ff.

eine Einschränkung nahe; *Zöllner/Loritz/Hergenröder* verweisen mit Recht auf die Parallele in § 823 Abs. 1 BGB (Eigentum – sonstige Rechte).[735]

dd) Tarifliche Regelung. Gemeint ist jede tarifliche Regelung, gleichgültig, ob sich die Tarifvertragsparteien der Materie zum ersten Mal angenommen haben oder – so schon nach früherem Recht – ob eine Regelung üblich ist. Weder der Arbeitgeber noch der Arbeitnehmer muss an den Tarifvertrag gebunden sein.[736] § 77 Abs. 3 BetrVG ist eine Kompetenz- und keine Kollisionsnorm. Dass sie auch für nicht tarifgebundene Arbeitsvertragsparteien gilt, bedeutet nach Ansicht der Rechtsprechung weder einen unzulässigen Eingriff in deren negative Koalitionsfreiheit noch in deren Berufsausübungsfreiheit.[737] Nach h.L. ist nicht einmal Repräsentativität des Tarifvertrags erforderlich, d.h. die bei tarifgebundenen Arbeitgebern beschäftigten Arbeitnehmer müssen nicht in der Mehrzahl sein.[738] Voraussetzung ist allerdings, dass das konkrete Arbeitsverhältnis in den räumlichen, fachlichen und persönlichen Geltungsbereich des Tarifvertrags fällt.[739]

369

Beispiel: Ein Metalltarifvertrag für Arbeiter und Angestellte in Hessen schließt nicht aus, dass für Metallarbeitnehmer in Baden-Württemberg oder für Chemiearbeiter in Hessen oder für AT-Angestellte der Metallindustrie Hessen, die der Tarifvertrag aus seinem persönlichen Geltungsbereich ausnimmt, Betriebsvereinbarungen über tariflich geregelte Fragen abgeschlossen werden.

Ausreichend ist auch ein Firmentarifvertrag.[740] Keine tarifliche Regelung liegt vor, wenn Tarifbestimmungen lediglich aufgrund einer Bezugnahme im Arbeitsvertrag gelten.[741] **Keine Sperrwirkung** entfalten auch Tarifnormen, die nur noch nachwirken. Sie können durch jede andere Abmachung, auch durch eine Betriebsvereinbarung, ersetzt werden (§ 4 Abs. 5 TVG). Allerdings bleibt die Sperrwirkung unter dem Gesichtspunkt der Tarifüblichkeit erhalten, wenn die Tarifvertragsparteien eine neue tarifliche Regelung anstreben.

370

Bestehen in einem **tarifpluralen Betrieb** (s. § 13 Rn. 272 ff.) Tarifverträge mit verschiedenen Gewerkschaften, so löst jeder Tarifvertrag, der den Betrieb räumlich, persönlich und betrieblich/fachlich erfasst, die Sperrwirkung aus.[742] Auf die Repräsentativität der tariflichen Regelung kommt es – wie in einem tarifeinheitlichen Betrieb – nicht an. Wenn der Sinn des Tarifvorbehalts darin liegt, die Gewerkschaften vor der Regelungskonkurrenz durch die Betriebsräte zu bewahren, spielt es für die Tarifsperre keine Rolle, ob eine bestimmte Sachfrage nur in ei-

370a

---

[735] *Zöllner/Loritz/Hergenröder*, Arbeitsrecht, § 50 II 6 a.
[736] BAG 24.1.1996, 5.3.1997, AP Nr. 8, 10 zu § 77 BetrVG 1972 Tarifvorbehalt; BAG 25.2.2015, NZA 2015, 943.
[737] BAG 13.3.2012, NZA 2012, 990 m.w.N.
[738] *Fitting*, § 77 BetrVG Rn. 79 m.w.N.
[739] BAG 1.4.1987, AP Nr. 64 zu § 613a BGB.
[740] *Fitting*, § 77 BetrVG Rn. 80.
[741] BAG 27.1.1987, AP Nr. 42 zu § 99 BetrVG 1972.
[742] H.M., *Fitting*, § 77 BetrVG Rn. 81; *Franzen*, RdA 2008, 193, 200; *Jacobs*, NZA 2008, 325, 328.

nem Tarifvertrag geregelt ist oder in allen. Enthält **nur einer von mehreren Tarifverträgen eine Öffnungsklausel** (s. unten Rn. 376), ist die Lösung umstritten. Nach einer Ansicht sind zur Aufhebung der Sperrwirkung Öffnungsklauseln in allen Tarifverträgen erforderlich.[743] Andere wollen danach unterscheiden, ob die Öffnungsklausel nur ergänzende oder auch abweichende Betriebsvereinbarungen zulässt.[744] Abweichungen könnten – insbesondere bei Regelungen zum Nachteil der Arbeitnehmer – nur mit Zustimmung der Parteien des ohne Öffnungsklausel geschlossenen Tarifvertrags vereinbart werden. Wieder andere lassen die Tarifsperre entfallen, wenn die Öffnungsklausel Materien betrifft, die nicht in einem konkurrierenden Tarifvertrag geregelt sind.[745] Enthalte dieser eine Regelung, bedürfte es einer Kollisionsregel. *Franzen* hält nach dem Gedanken der „Autonomienähe" den Tarifvertrag für vorrangig, an den der Arbeitgeber kraft Verbandsmitgliedschaft gebunden ist; ist er an mehrere Tarifverträge gebunden, soll sich der repräsentativere Tarifvertrag durchsetzen. *Schmitt* will die Öffnungsklausel auf die an diesen Tarifvertrag gebundenen Arbeitnehmer beschränken;[746] das wiederum hält *Richardi* betriebsverfassungsrechtlich für unannehmbar.[747] Geht man davon aus, dass jeder einschlägige Tarifvertrag die Sperrwirkung des § 77 Abs. 3 BetrVG auslöst, dann können Öffnungsklauseln die Sperrwirkung nur aufheben, wenn sie in allen Tarifverträgen enthalten sind oder wenn konkurrierende Tarifverträge die Materie nicht regeln.

370b Die Sperrwirkung besteht insoweit, als der Tarifvertrag eine Sachregelung enthält. Entscheidend ist, ob die Frage nach dem Willen der Tarifvertragsparteien abschließend geregelt sein soll.[748] Zulässig sind die Ausfüllung von Rahmenvorschriften

Beispiel: Nach einem Tarifvertrag können bis zu acht Überstunden je Woche angeordnet werden. Durch Betriebsvereinbarung kann die Zahl der Überstunden verringert oder an bestimmte Voraussetzungen geknüpft werden.[749]

und die Gewährung von Leistungen, die an andere tatbestandliche Voraussetzungen geknüpft sind als die tariflichen.

---

[743] *Fitting*, § 77 BetrVG Rn. 81; in diese Richtung auch BAG 20.4.1999, NZA 1999, 1059.
[744] *Willemsen/Mehrens*, NZA 2010, 1313, 1318.
[745] Richardi/*Richardi*, § 77 BetrVG Rn. 300.
[746] *Schmitt*, Tarifpluralität, S. 508; ders., NZA-Beilage 2012, 123, 128.
[747] Richardi/*Richardi*, § 77 BetrVG Rn. 300.
[748] BAG 3.4.1979, AP Nr. 2 zu § 87 BetrVG 1972.
[749] Vgl. BAG 18.4.1989, AP Nr. 18 zu § 87 BetrVG Tarifvorrang.

X. Beteiligungsformen 409

Nicht ausgeschlossen werden

durch Tarifbestimmungen über	Betriebsvereinbarungen über
das laufende Entgelt	Sonderzuwendungen oder Funktionszulagen[750]
den Zeitlohn	Akkord oder Prämie[751]
Nachtarbeitszuschläge	Wechselschichtprämien[752]
den Erholungsurlaub	Zusatzurlaub bei längerer Betriebsangehörigkeit[753]
die Arbeitszeit	Überstunden und Kurzarbeit.[754]

Ausgeschlossen ist die bloße Aufstockung tariflicher Leistungen durch Betriebsvereinbarung, etwa die Gewährung übertariflicher Zulagen[755] oder die Verlängerung des Erholungsurlaubs,[756] die Vorwegnahme einer Tariferhöhung[757] oder die Zahlung von Anwesenheits- oder Pünktlichkeitsprämien, weil es sich bei ihnen um versteckte Zuschläge zum Tarifentgelt handelt.[758] Zulässig sind dagegen betriebliche Regelungen zur Frage, ob und inwieweit Tariferhöhungen auf übertarifliche Zulagen angerechnet werden; mit einem etwaigen Anrechnungsverbot wird nämlich nicht das Schicksal der Tariferhöhung, sondern das der übertariflichen Zulage bestimmt.[759] Fehlt es an einer Regelung im Tarifvertrag, so bleiben Betriebsvereinbarungen ebenfalls zulässig. Die Tarifparteien können Betriebsvereinbarungen auch nicht ausschließen.[760]

371

ee) Tarifübliche Regelung. Arbeitsentgelte und sonstige Arbeitsbedingungen werden üblicherweise durch Tarifvertrag geregelt, wenn das Arbeitsverhältnis in den räumlichen, fachlichen und persönlichen Geltungsbereich eines Tarifvertrags fällt, der diese Arbeitsbedingungen geregelt hatte, und wenn die Tarifvertragsparteien erneut eine Regelung treffen wollen.[761] War eine Angelegenheit in der Vergangenheit nicht Gegenstand eines Tarifvertrags, ist sie nicht deshalb als üblicherweise tariflich geregelt anzusehen, weil Tarifvertragsparteien darüber bereits – erfolglos – Tarifverhandlungen geführt haben.[762] Die Regelung in einem Verbandstarifvertrag sperrt nicht eine Betriebsvereinbarung in einem Unternehmen mit Haustarifvertrag, der die Arbeitsbedingungen nicht regelt. Mehrere Haustarifverträge in einer Branche ohne Verbandstarifvertrag hindern nicht eine Betriebsvereinbarung in Unternehmen oder Betrieben ohne Haustarifvertrag.[763] Die Tarifüblichkeit entfällt, wenn eine Tarifvertragspartei tarifunfähig wird[764] oder sich auflöst. Keine Auswirkungen hat der Austritt aus der Koalition.[765]

372

---

[750] BAG 29.5.1964, AP Nr. 24 zu § 59 BetrVG.
[751] BAG 18.3.1964, AP Nr. 4 zu § 56 BetrVG Entlohnung.
[752] BAG 23.10.1985, AP Nr. 33 zu § 1 TVG Tarifverträge: Metallindustrie.
[753] LAG Hamm 8.8.1979, DB 1979, 2236.
[754] BAG 3.6.2003, NZA 2003, 1159.
[755] BAG 30.5.2006, NZA 2006, 1170, 1172.
[756] BAG 22.6.1993, AP Nr. 22 zu § 23 BetrVG 1972.
[757] BAG 7.12.1962, AP Nr. 28 zu Art. 12 GG.
[758] BAG 29.5.1964, AP Nr. 24 zu § 59 BetrVG.
[759] BAG 30.5.2006, NZA 2006, 1170, 1172.
[760] BAG 1.12.1992, AP Nr. 3 zu § 77 BetrVG 1972 Tarifvorbehalt.
[761] *Fitting*, § 77 BetrVG Rn. 90.
[762] BAG 26.8.2008, NZA 2008, 1426.
[763] BAG 27.1.1987, AP Nr. 42 zu § 99 BetrVG 1972.
[764] BAG 16.9.1960, AP Nr. 1 zu § 2 ArbGG 1953 Betriebsvereinbarung.
[765] Zu Vorstehendem *Fitting*, § 77 BetrVG Rn. 95.

373 **ff) Sperre.** Tariflich geregelte oder üblicherweise geregelte Arbeitsentgelte und sonstige Arbeitsbedingungen können nicht Gegenstand einer Betriebsvereinbarung sein.

374 **(1) Gesperrt** sind **nur Betriebsvereinbarungen.** Das folgt aus der ratio: Dem Betriebsrat soll die Selbstdarstellungsmöglichkeit des „Betriebsgesetzes" genommen werden. Zulässig bleiben also Regelungsabreden und individualrechtliche Vereinbarungen, auch in der Form von Einheitsarbeitsbedingungen.[766]

375 **(2) Gesperrt sind alle Betriebsvereinbarungen über den tariflichen Regelungsgegenstand,** gleichgültig, ob sie die tarifliche Regelung verschlechtern – eine solche Vereinbarung wäre ohne § 77 Abs. 3 BetrVG nach § 4 Abs. 1 TVG unwirksam –, verbessern, inhaltsgleich übernehmen oder auf Nichtorganisierte ausdehnen.

Beispiel: Ein Tarifvertrag sieht vermögenswirksame Leistungen in Höhe von 156 € jährlich vor. Durch Betriebsvereinbarung können diese Leistungen weder aufgestockt noch auf Nichtorganisierte ausgedehnt noch abgesenkt oder gar abgeschafft werden.

gg) Ausnahmen. Von dem Grundsatz der Tarifsperre gibt es drei Ausnahmen:

376 **(1) Öffnungsklausel.** Der Tarifvertrag kann den Abschluss ergänzender Betriebsvereinbarungen zulassen (§ 77 Abs. 3 S. 2 BetrVG). Über den Wortlaut hinaus können die Tarifvertragsparteien auch – zugunsten oder zulasten der Arbeitnehmer – abweichende Betriebsvereinbarungen zulassen.[767] Das folgt daraus, dass sie auf eine Regelung ganz verzichten können. Die Zulassung muss aber ausdrücklich geschehen (vgl. Gesetzestext). Ausdrücklich geschieht sie auch, wenn die Ausnahmen dem Tarifvertrag beispielsweise in Form einer Fußnote beigefügt sind. Gegenstand und Umfang ergänzender oder abweichender Betriebsvereinbarungen müssen genau umschrieben sein. Die Tarifvertragsparteien können den Abschluss von Beschränkungen abhängig machen, beispielsweise die Einholung ihrer Zustimmung,[768] Unterrichtung vor Abschluss der Vereinbarung oder Einhaltung der Ankündigungsfrist bei Einführung von Kurzarbeit[769] verlangen. Auch eine rückwirkende Tariföffnung ist möglich; durch sie wird eine zunächst unwirksame Betriebsvereinbarung nachträglich gültig.[770] Bei einer generellen Öffnungsklausel sind den Betriebsparteien grundsätzlich rückwirkende Regelungen erlaubt, soweit die Tarifvertragsparteien diese nicht ausdrücklich ausgeschlossen haben.[771]

377 **(2) Sozialplan.** § 77 Abs. 3 BetrVG ist auf den Sozialplan nicht anzuwenden (§ 112 Abs. 1 S. 4 BetrVG). Sozialpläne können auch dann abgeschlossen werden, wenn der Tarifvertrag eine Regelung enthält oder wenn eine Regelung tarifüblich ist. Vor allem Rationalisierungsschutzabkommen hindern also einen Sozialplan nicht. Im Verhältnis zwischen Tarifvertrag und Sozialplan gilt das Günstigkeitsprinzip.[772]

---

[766] BAG 20.4.1999, AP Nr. 89 zu Art. 9 GG.
[767] GK-BetrVG/*Kreutz*, § 77 BetrVG Rn. 166; *Richardi*, § 77 BetrVG Rn. 299.
[768] BAG 20.10.2010, NZA 2011, 468.
[769] BAG 12.10.1994, AP Nr. 66 zu § 87 BetrVG 1972 Arbeitszeit.
[770] BAG 20.4.1999, 20.10.2002, AP Nr. 12, 28 zu § 77 BetrVG 1972 Tarifvorbehalt.
[771] BAG 22.5.2012, NZA 2012, 1110.
[772] Allg. M., vgl. Richardi/*Annuß*, § 112 BetrVG Rn. 181 m.w.N.

(3) **Soziale Angelegenheiten.** Nach der Rechtsprechung[773] und einem Teil der Lehre[774] ist § 77 Abs. 3 BetrVG auch auf die in § 87 BetrVG geregelten sozialen Angelegenheiten nicht anwendbar. Auch § 87 BetrVG sei lex specialis (**sog. Vorrangtheorie**), eine Betriebsvereinbarung sei über die in § 77 Abs. 3 BetrVG genannten Arbeitsbedingungen nur ausgeschlossen, wenn eine abschließende und zwingende tarifliche Regelung bestehe (§ 87 Abs. 1 ES BetrVG). Dagegen vertritt die zumindest bis zur Entscheidung des Großen Senats[775] h.L.[776] die Ansicht, dass § 77 Abs. 3 BetrVG und § 87 BetrVG nebeneinander gelten (**sog. Zwei-Schranken-Theorie**). Eine Betriebsvereinbarung sei auch dann gesperrt, wenn eine Regelung nur tarifüblich sei. **378**

Beispiel: Bestimmt der Tarifvertrag, dass die Arbeitnehmer nicht mehr als acht Überstunden je Woche leisten dürfen, dann bleibt nach der Rechtsprechung ein ausfüllungsbedürftiger Regelungsspielraum, bei dessen Ausfüllung dem Betriebsrat ein erzwingbares Mitbestimmungsrecht zusteht (§ 87 Abs. 1 Nr. 3 BetrVG).[777] Nach der Vorrangtheorie können die Betriebspartner diesen Spielraum durch eine Betriebsvereinbarung ausfüllen; nach der Zwei-Schranken-Theorie kommt nur eine Regelungsabrede in Betracht, die der Arbeitgeber individualrechtlich beachten und umsetzen muss.

Zur Begründung führt das BAG an, der Schutz der Arbeitnehmer sei nur durch eine Tarifregelung gewährleistet, die für den Arbeitgeber verbindlich sei. Fehle es daran, bleibe das Mitbestimmungsrecht des Betriebsrats bestehen, und da die Betriebsvereinbarung das Mittel zur Regelung mitbestimmungspflichtiger Angelegenheiten sei, müsse auch sie ihm zur Verfügung stehen. Die Entscheidung widerspricht dem Willen des historischen Gesetzgebers, der sich schon darin äußert, dass § 77 Abs. 3 BetrVG unter „Allgemeines" steht und dass das BetrVG bei Sondertatbeständen nur eine Ausnahme kennt, nämlich den Sozialplan (§ 112 Abs. 1 BetrVG).[778] Sie ergibt sich aber auch aus der ratio legis: § 77 Abs. 3 BetrVG dient durch den Schutz der Gewerkschaften dem Schutz der Tarifautonomie, § 87 BetrVG dem Schutz der Arbeitnehmer vor einer einseitig an den Bedürfnissen des Arbeitgebers ausgerichteten Gestaltung der Arbeitsbedingungen. Den Betriebsräten sollte unter den Voraussetzungen des § 77 Abs. 3 BetrVG die Betriebsvereinbarung als Mittel der Selbstdarstellung gegenüber den Gewerkschaften genommen werden, und zwar in der Fassung des BetrVG 1952 gerade bei Betriebsüblichkeit.[779] Schließlich ist es unrichtig anzunehmen, der Betriebsrat brauche unbedingt die Betriebsvereinbarung; er kann genauso gut mit Hilfe von Regelungsabreden mitbestimmen.[780] Die Rechtsprechung ist aber inzwischen gefestigt,[781] mit einer Änderung ist nicht zu rechnen. **379**

---

[773] BAG 22.3.2005, AP Nr. 26 zu § 4 TVG Geltungsbereich; BAG 13.3.2012, NZA 2012, 990.
[774] *Ehmann/Schmidt*, NZA 1995, 197; *Farthmann*, RdA 1974, 71; *Gast*, BB 1987, 1249; *Löwisch/Kaiser*, § 77 BetrVG Rn. 130; *Reuter*, SAE 1976, 17.
[775] BAG GS 3.12.1991, AP Nr. 51 zu § 87 BetrVG 1972 Lohngestaltung.
[776] GK-BetrVG/*Kreutz*, § 77 BetrVG Rn. 145; *Hromadka*, DB 1987, 1994; *Konzen*, BB 1987, 1311.
[777] BAG 18.4.1989, AP Nr. 18 zu § 87 BetrVG 1972 Tarifvorrang.
[778] Begr. RegE, BT-Drs. VI/1786 S. 47.
[779] Vgl. dazu *Hromadka*, DB 1987, 1991 ff.
[780] BAG 24.2.1987, AP Nr. 21 zu § 77 BetrVG 1972, dazu *Hromadka*, DB 1987, 1991 ff.
[781] Vgl. zuletzt BAG 13.3.2012, NZA 2012, 990 m.w.N.

380 hh) Rechtsfolgen. Betriebsvereinbarungen, die gegen § 77 Abs. 3 BetrVG verstoßen, sind per se und nicht erst auf dem Umweg über § 134 BGB unwirksam, weil den Betriebspartnern die Regelungsmacht fehlt („können nicht Gegenstand einer Betriebsvereinbarung sein"). Gleichgültig ist, ob sie günstigere oder ungünstigere Bedingungen enthalten als der Tarifvertrag oder den Tarifinhalt nur wiederholen;[782] gleichgültig ist auch, ob sie für organisierte oder für nicht organisierte Arbeitnehmer gelten sollen oder für beide.[783] Gleichgültig ist auch, ob die Betriebsvereinbarung oder der Tarifvertrag zuerst abgeschlossen wurde.[784] Folgt der Tarifvertrag der Betriebsvereinbarung nach, dann werden die in der Betriebsvereinbarung geregelten Arbeitsbedingungen durch die tariflichen abgelöst; die Arbeitnehmer verlieren gegebenenfalls bisherige günstigere Bedingungen.[785] Eine Bezugnahme in einer Betriebsvereinbarung auf einen einschlägigen Tarifvertrag kann also nur klarstellende Funktion haben. Recht schaffen kann nur die Bezugnahme auf einen Tarifvertrag mit einem anderen Geltungsbereich.[786] Der Verstoß gegen § 77 Abs. 3 BetrVG macht eine Betriebsvereinbarung endgültig unwirksam. Weder ein späterer Eintritt der Nachwirkung des einschlägigen Tarifvertrags noch eine nachfolgende fehlende Tarifwilligkeit des tarifschließenden Arbeitgeberverbandes bewirken nachträglich die erforderliche Kompetenz der Betriebsparteien beim Abschluss dieser Betriebsvereinbarung.[787]

381 Verstoßen nur einzelne Bestimmungen gegen einen Tarifvertrag, so bleibt die Betriebsvereinbarung entgegen § 139 BGB im übrigen wirksam, es sei denn, dass der nichtige Teil mit dem übrigen Teil in einem unlösbaren Zusammenhang steht und die Betriebsvereinbarung einen anderen Inhalt gewinnt.[788] Regelungsabreden und Vereinbarungen zwischen den Arbeitsvertragsparteien werden durch § 77 Abs. 3 BetrVG nicht berührt; zur Umdeutung einer unwirksamen Betriebsvereinbarung s. unten Rn. 408 ff.

382 ii) Rechtspolitisches. § 77 Abs. 3 BetrVG ist die rechtspolitisch umstrittenste und zugleich die von der Praxis am häufigsten missachtete Vorschrift des Betriebsverfassungsrechts. Die ratio der Vorschrift erschließt sich nicht jedem, ihre Notwendigkeit wird bestritten – es ist kein Fall bekannt geworden, dass eine Gewerkschaft oder die Gewerkschaftsbewegung insgesamt durch Betriebsvereinbarungen, die unter Verstoß gegen § 77 Abs. 3 BetrVG abgeschlossen wurden, Schaden genommen hätten –, das Ziel, den Vorrang der Gewerkschaften vor den Betriebsräten zu sichern, wird nicht allgemein geteilt. Teilweise wird die Vor-

---

[782] BAG 15.5.2018, NZA 2018, 1150.
[783] BAG 13.8.1980, AP Nr. 2 zu § 77 BetrVG 1972.
[784] BAG 26.2.1986, AP Nr. 12 zu § 4 TVG Ordnungsprinzip.
[785] BAG 13.3.2012, NZA 2012, 990: kein Verstoß gegen die negative Koalitionsfreiheit.
[786] BAG 9.7.1980, 10.11.1982, AP Nr. 7, 8 zu § 1 TVG Form; BAG 23.6.1992, AP Nr. 55 zu § 77 BetrVG 1972 m. Anm. *Wiedemann/Arnold*.
[787] BAG 15.5.2018, NZA 2018, 1150.
[788] BAG 22.3.2005, AP Nr. 26 zu § 4 TVG Geltungsbereich.

schrift sogar für gewohnheitsrechtlich derogiert[789] oder wegen Verstoßes gegen das Übermaßverbot für unwirksam gehalten.[790] Einen Kläger, der die Unwirksamkeit geltend machen würde, gibt es praktisch nicht.

Die Diskussion über § 77 Abs. 3 BetrVG (und über § 4 TVG) spitzte sich zu, als die übertariflichen Leistungen in der Anpassungskrise der 90er Jahre abgeschmolzen waren, eine Senkung des Tarifniveaus notwendig wurde, die Zustimmung der Gewerkschaften nicht in der erforderlichen Zeit und nicht im erforderlichen Umfang zu erreichen war und Betriebsräte aus der Kenntnis der betrieblichen Lage heraus sich bereit erklärten – zumeist gegen die Zusage der Sicherung von Arbeitsplätzen –, der Absenkung von Tarifleistungen zuzustimmen (sog. **Bündnisse für Arbeit**). Der 61. Deutsche Juristentag (DJT) empfahl 1996: „Den Betriebsparteien sollte durch Novellierung des § 4 Abs. 3 TVG und des § 77 Abs. 3 BetrVG gestattet werden, in einer konkret festzustellenden Notsituation durch Betriebsvereinbarung tarifliche Leistungen vorübergehend herabzusetzen, wobei ein solcher Notfall nur anzunehmen ist, wenn das Unternehmen in seiner Existenz bedroht ist oder erhebliche Teile der Belegschaft ihren Arbeitsplatz zu verlieren drohen.[791]" Der Gesetzgeber mochte sich mit dem Gedanken aber nicht anfreunden. 383

Entgegen dem Votum des 61. DJT und den Bedürfnissen der Praxis hat das BAG den bisherigen Rechtszustand noch zementiert.[792] Abweichend von eigenen früheren Entscheidungen erkennt es den Gewerkschaften einen **Unterlassungsanspruch** gegen eine betriebliche Regelung zu, „die einheitlich wirken und an die Stelle der Tarifnorm treten soll". Letzteres sei nicht nur bei tarifnormwidrigen Betriebsvereinbarungen anzunehmen, sondern auch bei vertraglichen Einheitsregelungen, die auf einer Regelungsabrede beruhten und die – wie bei betrieblichen Bündnissen für Arbeit üblich – vom Betriebsrat unterstützt würden. Solche Regelungen verletzten das Recht auf koalitionsmäßige Betätigung nach Art. 9 Abs. 3 GG. Dieses Recht werde nicht erst dann beeinträchtigt, wenn eine Koalition daran gehindert werde, Tarifrecht zu schaffen, sondern auch durch Abreden und Maßnahmen, die darauf gerichtet sind, die Wirkung eines Tarifvertrags zu vereiteln oder leerlaufen zu lassen. Deshalb seien derartige Maßnahmen rechtswidrig und mit Rechtsbehelfen zu verhindern (§§ 1004, 823 BGB i.V.m. Art. 9 Abs. 3 GG). 383a

Die Entscheidung ist weitgehend auf Widerspruch gestoßen:[793] Ein Bedarf schafft noch kein Recht. Rechtssubjekte haben nur die Rechte, die der Gesetzgeber ihnen einräumt. Im 383b

---

[789] In diese Richtung *Ehmann/Schmidt*, NZA 1995, 193, 197.
[790] *Reuter*, RdA 1991, 193, 199 f.
[791] Abgedr. in: NZA 1996, 1277; vgl. dazu *Hromadka*, NZA 1996, 1233 ff.
[792] BAG 20.4.1999, NZA 1999, 887; LAG Hamm 29.7.2011, AuR 2011, 504.
[793] *Bepler*, AuA 1999, 558; *Buchner*, NZA 1999, 897; *Löwisch*, BB 1999, 2080; *Reuter*, SAE 1999, 262; *Richardi*, DB 2000, 42; *Rieble*, ZTR 1999, 483; *Thüsing*, DB 1999, 1552; *Trappehl/Lambrich*, NJW 1999, 3217; a.A. *Berg/Platow*, DB 1999, 2362; *Wohlfarth*, NZA 1999, 962.

Fall des § 77 Abs. 3 BetrVG hat sich der Gesetzgeber mit Nichtigkeit begnügt. Zwar ist anerkannt, dass das Recht auf koalitionsmäßige Betätigung ein Recht i.S.d. § 823 Abs. 1 BGB ist. Zu prüfen wäre aber gewesen, ob Art. 9 Abs. 3 GG verletzt ist. Hier hätte es eines Ausgleichs in praktischer Konkordanz mit der Berufsfreiheit nach Art. 12 GG bedurft. Fraglich ist auch, ob ein Bündnis für Arbeit als unerlaubte Handlung in Betracht kommt. Bei einem Firmentarifvertrag wäre eine betriebliche Vereinbarung über die Nichterfüllung tariflicher Ansprüche eine Vertragsverletzung; diese Vertragsverletzung soll bei einem Verbandstarifvertrag in ein Delikt umschlagen. Schließlich führt auch eine generelle Anerkennung des Betätigungsrechts der Koalitionen als absolutes Recht i.S.d. § 823 Abs. 1 BGB noch nicht dazu, dass jede einzelne Behinderung eine unerlaubte Handlung darstellt. Ein Recht der Koalitionen auf ungestörte Betätigung kann nichts anderes sein als ein Rahmenrecht, d.h. ein Bündel von Schutzpflichten unter einer einheitlichen Bezeichnung. Bei der Aufstellung von Schutzpflichten ist aber eine offene Interessenabwägung vorzunehmen, und es muss der persönliche Schutzbereich der Norm eröffnet sein.[794] Jedenfalls gewährt der aus § 1004 Abs. 1 S. 1 BGB hergeleitete Beseitigungsanspruch auch nach Ansicht des BAG kein Recht auf Wiederherstellung des tarifkonformen Zustands, etwa durch Nachzahlung der tariflichen Leistungen an die Arbeitnehmer. Die Beeinträchtigung der kollektiven Koalitionsfreiheit liege nicht in der Nichtzahlung der tariflichen Leistungen für tarifwidrig geleistete Arbeitszeit, sondern in der Vereinbarung einer tarifwidrigen betrieblichen Regelung, welche die tariflichen Vorschriften als kollektive Ordnung im Betrieb zu verdrängen versuche. Diese Beeinträchtigung könne bereits durch die Nichtanwendung der (ohnehin rechtsunwirksamen) Betriebsvereinbarung und eine darauf gerichtete, gegenüber den Arbeitnehmern abzugebende ausdrückliche Erklärung des Arbeitgebers beseitigt werden.[795]

f) Betriebsvereinbarung und Arbeitsvertrag

384 aa) **Grundsätze.** Im Verhältnis zum Arbeitsvertrag gilt das **Günstigkeitsprinzip.**[796] Mit dieser Kollisionsregel ist das Verhältnis von Betriebsvereinbarung und Arbeitsvertrag aber nicht ausreichend erfasst. Zu fragen ist auch, inwieweit die Betriebspartner Vereinbarungen über Arbeitsbedingungen treffen können, die nicht im Arbeitsvertrag geregelt sind, und inwieweit sie sonstige, dem Arbeitnehmer nachteilige Regelungen vereinbaren können. Das Günstigkeitsprinzip regelt nur einen Ausschnitt aus einer umfassenderen Problematik, nämlich inwieweit die Betriebspartner in die Privatautonomie eingreifen, d.h. inwieweit sie zulasten des Einzelnen Regelungen treffen und seine Freiheit zur Vereinbarung abweichender Regelungen beschneiden können:

---

[794] Zu Vorstehendem näher *Hromadka*, ZTR 2000, 253.
[795] BAG 17.5.2011, NZA 2011, 1169.
[796] BAG 5.8.2009, NZA 2009, 1105.

X. Beteiligungsformen 415

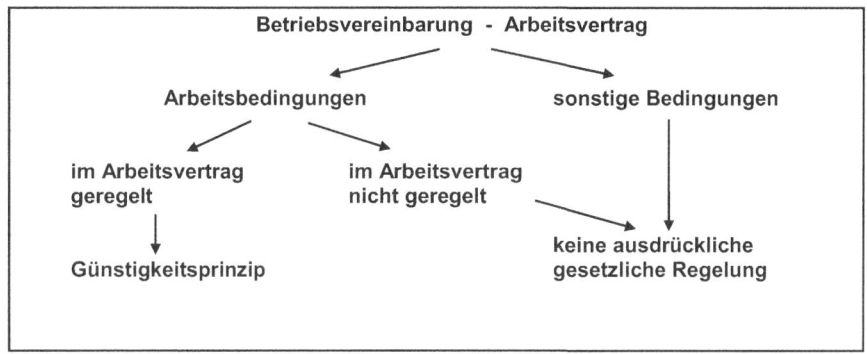

Rspr. und h.L. verwenden ein anderes Einteilungsschema. Im Verhältnis Kollek- 385
tivvertrag/Arbeitsvertrag gehen sie ebenfalls vom Günstigkeitsprinzip aus; im
übrigen untersagen sie den Betriebspartnern Eingriffe in die Privatsphäre[797] („kollektivfreie Individualsphäre") und rein belastende Vereinbarungen.

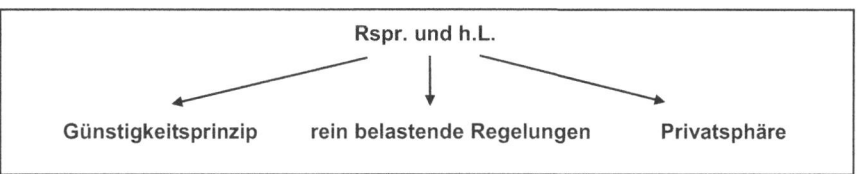

Diese Einteilung hat den Nachteil, dass sie das gestaltende Prinzip nicht erkennen
lässt und deshalb in ihren Ergebnissen unsicher ist.

bb) Günstigkeitsprinzip. Günstigere Arbeitsvertragsbedingungen gehen den in 386
einer Betriebsvereinbarung geregelten Bedingungen vor.[798] Das gilt nach Rechtsprechung und h.L. sowohl, wenn die Regelung in der Betriebsvereinbarung –
wie zumeist – der arbeitsvertraglichen Regelung nachfolgt, als auch umgekehrt,
wenn die Arbeitsvertragsparteien später von der Betriebsvereinbarung abweichen.[799] Gleichgültig ist, ob die Arbeitsbedingungen im einzelnen ausgehandelt
sind oder ob es sich um Einheitsarbeitsbedingungen handelt,[800] ob sie also individuell vereinbart wurden, ob ihnen ein Musterarbeitsvertrag zugrunde liegt oder
ob sie auf einer Gesamtzusage oder auf einer betrieblichen Übung[801] beruhen. Im
Verhältnis eines Arbeitsvertrags zu einer nachfolgenden Betriebsvereinbarung

---

[797] *Fitting*, § 77 BetrVG Rn. 55 ff.; *Richardi*, § 77 BetrVG Rn. 97.
[798] BAG 5.8.2009, NZA 2009, 1105.
[799] BAG GS 16.9.1986, AP Nr. 17 zu § 77 BetrVG 1972.
[800] BAG GS 16.9.1986, AP Nr. 17 zu § 77 BetrVG 1972.
[801] BAG 5.8.2009, NZA 2009, 1105.

beruht dieses Ergebnis allerdings nicht auf dem Günstigkeitsprinzip, sondern darauf, dass ein Dritter nicht in einen fremden Vertrag eingreifen kann. Das Günstigkeitsprinzip gilt nur im umgekehrten Verhältnis (vgl. § 4 Abs. 3 TVG, § 28 Abs. 2 S. 2 SprAuG).

387 Bei **Einheitsarbeitsbedingungen** bringt das den Arbeitgeber in eine schwierige Situation. Er kann zwar ohne weiteres – die Arbeitnehmer begünstigende – Einheitsarbeitsbedingungen begründen, er kann sie aber, wenn er nicht einen Widerrufsvorbehalt vereinbart, kaum wieder ändern. Einen Änderungsvertrag abzuschließen wird nicht jeder Mitarbeiter bereit sein, und eine (Massen-)Änderungskündigung setzt voraus, dass ohne die Änderungen der Bestand des Unternehmens gefährdet ist oder zumindest Arbeitsplätze (in größerem Umfang) wegzufallen drohen; überdies sind Änderungskündigungen an einem individuellen Maßstab zu messen. Die Rechtsprechung hatte deshalb früher **ablösende (= verschlechternde) Betriebsvereinbarungen** zugelassen.[802] Das tertium comparationis war ihr die Kollektivität der Regelung. Seit der Entscheidung des Großen Senats vom 16.9.1986[803] stellt sie statt auf Kollektivität auf die Rechtsnatur des Vertrags ab. Die Kollektivität einer individualrechtlichen Regelung reiche nicht aus für eine Abänderung durch Kollektivvertrag.

	Individualarbeitsvertrag	Allgemeine Arbeitsbedingungen	Betriebsvereinbarung/ Sprechervereinbarung
Wirkung	Individuell	kollektiv	kollektiv
Rechtsnatur	individualrechtlich	individualrechtlich	kollektivrechtlich

388 Um wenigstens in besonders krassen Fällen zu helfen – zu denken ist vor allem an die Umverteilungen, die das BAG unter dem Stichwort Gleichbehandlung von Angestellten und Arbeitern, von Vollzeitbeschäftigten auf Teilzeitbeschäftigte usw. vorgenommen hat –, hat der Große Senat ein „**kollektives Günstigkeitsprinzip**" erfunden. Sozialleistungen, die für den Arbeitnehmer erkennbar einen sozialen Bezug hätten, könne der Arbeitgeber umstrukturieren, wenn die Summe, die er für Sozialleistungen ausgibt, insgesamt nicht geringer werde; in diesem Fall sei ein kollektiver Günstigkeitsvergleich durchzuführen.[804] Der Arbeitgeber kann danach z.B. eine Sozialleistung zugunsten einer anderen einschränken oder einstellen (Weihnachtsgeld → Altersversorgung) oder auf bestimmte Mitarbeitergruppen beschränkte Sozialleistungen auf andere ausdehnen (Angestellte → Arbeiter; ein Betrieb → alle Betriebe des Unternehmens).

389 Die „**umstrukturierende" Betriebsvereinbarung** ist der Sache nach eine ablösende Betriebsvereinbarung; der Arbeitnehmer verliert im Umfang der Umstrukturierung seinen individualrechtlichen Anspruch. Der Unterschied zur klassischen ablösenden Betriebsvereinbarung besteht nur darin, dass er den Anspruch nicht zugunsten des Arbeitgebers, sondern zugunsten von Kollegen einbüßt.

---

[802] BAG 30.10.1962, AP Nr. 1 zu § 4 TVG Ordnungsprinzip.
[803] BAG GS 16.9.1986, AP Nr. 17 zu § 77 BetrVG 1972.
[804] BAG GS 16.9.1986, AP Nr. 17 zu § 77 BetrVG 1972; BAG 23.10.2001, NZA 2003, 986; zur Problematik *Hromadka*, NZA 1987, Beil. 3 S. 2, 4 ff.

Gegen die umstrukturierende Betriebsvereinbarung sprechen deshalb alle Gründe, die gegen die ablösende Betriebsvereinbarung allgemein sprechen; das Günstigkeitsprinzip des Gesetzes ist kein kollektives, sondern ein individuelles. Dem Arbeitnehmer ist es gleichgültig, zu wessen Gunsten ihm Ansprüche genommen werden. Für den Arbeitgeber bringt die umstrukturierende Betriebsvereinbarung im übrigen keine Kostenentlastung und deshalb im Normalfall auch keinen Vorteil. Die umstrukturierende Betriebsvereinbarung hat demgemäß keine größere Bedeutung gewonnen und scheint inzwischen außer Gebrauch gekommen zu sein. Ob die Rechtsprechung noch daran festhält, ist offen; neuere Entscheidungen sind nicht bekannt geworden.

„**Betriebsvereinbarungsoffenheit**". Mittlerweile hat das BAG auf anderem **390** Wege geholfen. 2013 erklärte der 1. Senat[805] in einer Grundsatzentscheidung: „Die Arbeitsvertragsparteien können ihre Absprachen dahingehend gestalten, dass sie einer Abänderung durch betriebliche Normen unterliegen. Das kann ausdrücklich oder bei entsprechenden Begleitumständen konkludent erfolgen und ist nicht nur bei betrieblichen Einheitsregelungen und Gesamtzusagen möglich, sondern auch bei einzelvertraglichen Abreden. Eine solche konkludente Vereinbarung ist regelmäßig anzunehmen, wenn der Vertragsgegenstand in Allgemeinen Geschäftsbedingungen enthalten ist und einen kollektiven Bezug hat." Da Allgemeine Geschäftsbedingungen ebenso wie Betriebsvereinbarungen auf eine Vereinheitlichung der Regelungsgegenstände gerichtet seien, könne aus Sicht eines verständigen und redlichen Arbeitnehmers nicht zweifelhaft sein, dass diese Arbeitsbedingungen einer Änderung durch Betriebsvereinbarung zugänglich seien. „Entsprechende Begleitumstände" sah der Senat in einem Hinweis darauf, dass eine Gesamtzusage mit dem Betriebsrat abgestimmt war; der 5. Senat[806] ließ es genügen, dass der Kläger von der Existenz des Betriebsrats wusste, der 3.,[807] dass ein Betriebsrat bestand; der 1.[808] verzichtete ganz darauf. Der 4.[809] Senat hielt diese Rechtsprechung für unvereinbar mit dem Transparenzgebot des § 307 Abs. 1 S. 2 BGB. Der 5. Senat widersprach. Der Kläger habe erkennen können, dass er die Leistung nicht aus mit seiner Individualität in Zusammenhang stehenden Gründen, sondern als Mitglied des Betriebs erhalte und dass die auf lange Dauer angelegte Leistung nicht dauerhaft unverändert bleiben sollte. Im Übrigen sei die Besonderheit des Arbeitsrechts – in concreto § 87 Abs. 1 Nr. 10 BetrVG – sachgerecht mit den allgemeinen Grundsätzen des AGB-Rechts auszugleichen (§ 310 Abs. 4 S. 2 BGB). Einen Verstoß gegen die Unklarheitenregelung des § 305c Abs. 2 BGB hatte schon der 1. Senat verneint. § 305c Abs. 2 BGB setze – so der 3.[810] Senat – erhebliche Zweifel voraus; daran fehle es.

---

[805] BAG 5.3.2013, NZA 2013, 916; zuvor schon 6. Senat, s. BAG 12.8.1982, NJW 1983, 68.
[806] BAG 30.1.2019, NZA 2019, 1065.
[807] BAG 10.3.2015, NZA 2015, 1215.
[808] BAG 5.3.2013, NZA 2013, 916.
[809] BAG 11.4.2018, NZA 2018, 1273.
[810] BAG 11.12.2018, NZA 2019, 1082.

§ 16 Betriebsverfassungsrecht

391 Die Einwände gegen diese Rechtsprechung[811] sind sowohl unter dem Gesichtspunkt der Vertragsauslegung als auch unter dem des AGB-Rechts nicht von der Hand zu weisen. Die Rechtsprechung kommt, wie schon die verschiedenen Lösungsversuche über die Jahrzehnte hinweg zeigen, einem Bedürfnis der Praxis entgegen. Unser Recht kennt kein Instrument zur Anpassung kollektiver Arbeitsbedingungen. Die Änderungskündigung taugt nicht; sie ist auf individuelle Verhältnisse zugeschnitten. Da der Gesetzgeber nicht tätig wird, hat das BAG die Lücke als Ersatzgesetzgeber gefüllt. Um Wertungswidersprüche zu vermeiden, sollte es sich dabei an dem zweistufigen Verfahren der §§ 1 ff. KSchG orientieren und jeweils prüfen, ob ein anerkennenswerter Grund für eine kollektive Änderung vorliegt, und bejahendenfalls, ob die Änderung sozial gerechtfertigt ist.[812]

391a Die **neuere Rechtsprechung**[813] verfährt anders. Sie **bindet** die Betriebsparteien über § 75 Abs. 1, Abs. 2 S. 1 BetrVG an die **Grundrechte** und prüft, ob ablösende Betriebsvereinbarungen einen unzulässigen Eingriff in die durch Art. 14 Abs. 1 GG geschützte Eigentumsgarantie oder die allgemeine Handlungsfreiheit der betriebsangehörigen Arbeitnehmer (Art. 2 Abs. 1 GG) darstellt. Die **Einschränkung oder Einstellung von Sozialleistungen**, wie z.B. Krankengeldzuschüsse, Jubiläumsgelder und Freifahrscheine für die Ehegatten der bei einem kommunalen Verkehrsunternehmen beschäftigten Arbeitnehmer, über die das BAG zu entscheiden hatte, **berührt nicht einmal den Schutzbereich der Eigentumsgarantie**. Art. 14 Abs. 1 GG schützt nur bereits entstandene vermögenswerte Rechte, nicht aber erst künftig entstehende Ansprüche auf Zahlung bestimmter Leistungen.[814] Gegen Art. 2 Abs. 1 GG verstößt die Einschränkung von Sozialleistungen dann nicht, wenn sie einem **legitimen Ziel** dient, eine **geeignete und erforderliche Maßnahme darstellt, den angestrebten Erfolg zu fördern**, und – gemessen am Regelungszweck – sich auch als angemessen erweist, wenn sie also dem **Grundsatz der Verhältnismäßigkeit** genügt.[815] Als legitimes Ziel, das das Entfallen von Freifahrmöglichkeiten rechtfertigen kann, hat die Rechtsprechung bspw. die strengen Sparvorgaben der Kommune als Hauptaktionärin anerkannt, mit denen sie den haushaltsrechtlichen Grundsätzen der „Wirtschaftlichkeit und Sparsamkeit" Rechnung tragen wollte.[816] Bei der Einschätzung, welche Maßnahmen geeignet und erforderlich sind, den angestrebten Erfolg zu fördern, komme den Betriebsparteien ein gewisser Beurteilungsspielraum zu. Die Aufhebung oder Einschränkung von Sozialleistungen wäre nur dann unverhältnismäßig, wenn den Betriebsparteien ein anderes gleich wirksames, die Grundrechte der betroffenen Arbeitnehmer nicht oder doch fühlbar weniger einschränkendes Mittel zur Verfügung stünde.[817] Das hat die Rechtsprechung in den von ihr entschiedenen Fällen stets verneint.

391b Schließlich dürfen die Betriebsparteien, wenn sie Sozialleistungen beseitigen oder beschränken das **schutzwürdige Vertrauen der bislang Begünstigten in das Fortbestehen**

---

[811] S. etwa *Creutzfeld*, NZA 2018, 1111.
[812] Vgl. BAG 11.12.2018, NZA 2019, 1082; dazu *Hromadka*, NZA 2019, 1336, 1338.
[813] BAG 30.1.2019, NZA 2019, 1065 Rn. 71 ff.
[814] BAG 17.7.2012, NZA 2013, 338 Rn. 39; BAG 30.1.2019, NZA 2019, 1065 Rn. 72.
[815] BAG 30.1.2019, NZA 2019, 1065 Rn. 73.
[816] BAG 30.1.2019, NZA 2019, 1065 Rn. 74.
[817] BAG 17.7.2012, NZA 2013, 338 Rn. 47.

einer Regelung nicht verletzen.[818] Allerdings ist dieser Schutz nur sehr gering ausgeprägt. Nach der Rechtsprechung kann ein Arbeitnehmer nämlich grundsätzlich nicht auf den unveränderten Fortbestand von betriebsvereinbarungsoffen ausgestalteten Sozialleistungen, die ihm bei Vertragsbeginn oder im Verlauf seines Arbeitsverhältnisses gewährt werden, vertrauen.[819] Ohne Hinzutreten von besonderen Umständen muss er mit ihrer Verschlechterung oder ihrem völligen Fortfall rechnen. Dispositionen, die er auf der Grundlage einer ihm zunächst erbrachten Leistungen trifft, sind daher regelmäßig nicht schutzwürdig, da sonst die Anpassungsfähigkeit von betrieblichen Regelungen unvertretbar begrenzt würde. Etwas anderes kann allerdings gelten, wenn ausnahmsweise besondere Momente der Schutzwürdigkeit hinzutreten. Will der Arbeitnehmer eine solche Enttäuschung vermeiden, ist er deshalb gehalten, die entsprechende Leistung entweder im Arbeitsvertrag gesondert zu vereinbaren oder sie darin betriebsvereinbarungsfest auszugestalten.[820] Musste er umgekehrt – wie im Fall der Zusage kostenfreier Fahrscheine für den Ehegatten des Arbeiternehmers – erkennen, dass die Gewährung auf einer einseitigen, dynamisch ausgestalteten Erklärung des Arbeitgebers beruht, bei der ihm ein Leistungsbestimmungsrecht nach § 315 BGB zusteht, hat er damit zu rechnen, dass die Betriebsparteien gemeinsam auf eine Veränderung der rechtlichen oder tatsächlichen Umstände reagieren und die Bezugsbedingungen durch eine ablösende Betriebsvereinbarung ändern.[821]

cc) Kollektivfreier Individualbereich. Diesem Bereich werden im wesentlichen 392 zwei Fallgruppen zugeordnet: Eingriffe in die Freiheit des Einzelnen, insbesondere durch Begründung von Verpflichtungen, die nicht durch arbeitsvertragliche Notwendigkeiten gedeckt sind, und Eingriffe in arbeitsvertragliche Rechtspositionen. Zur ersten Gruppe zählen Entgeltverwendungsabreden,[822] Vorschriften zur Gestaltung der Freizeit (Verpflichtung zur Teilnahme an Betriebsausflügen oder Betriebsfeiern)[823] oder des Urlaubs,[824] zur zweiten Erlass verdienten Lohns[825] oder Beseitigung der Unkündbarkeit.[826] In den letztgenannten Fällen geht es der Sache nach um das Verhältnis Betriebsvereinbarung/Arbeitsvertrag.[827]

dd) Belastende Betriebsvereinbarungen. Betriebsvereinbarungen, die aus- 393 schließlich in einer Belastung des Arbeitnehmers zugunsten des Arbeitgebers bestehen, sollen unwirksam sein. Der Betriebsrat sei für derartige Regelungen nicht legitimiert. Als unzulässig angesehen hat das BAG deshalb den Ausschluss der Haftung für einen firmeneigenen Parkplatz,[828] die Herabsetzung der Alters-

---

[818] BAG 23.1.2008, NZA 2008, 709 Rn. 28.
[819] BAG 17.7.2012, NZA 2013, 338 Rn. 53; BAG 24.10.2017, NJOZ 2018, 1278 Rn. 27 m.w.N.; BAG 30.1.2019, NZA 2019, 1065 Rn. 77.
[820] Ebenso *Linsenmeier* FS Kreutz, 285, 296.
[821] BAG 30.1.2019, NZA 2019, 1065 Rn. 64.
[822] BAG 20.12.1957, AP Nr. 1 zu § 399 BGB; BAG 11.7.2000, NZA 2001, 462.
[823] BAG 4.12.1970, AP Nr. 5 zu § 7 BUrlG.
[824] GK-BetrVG/*Kreutz*, § 77 Rn. 359; *Richardi*, § 77 BetrVG Rn. 104.
[825] LAG Baden-Württemberg 27.4.1977, BB 1977, 996.
[826] BAG 1.2.1962, AP Nr. 11 zu § 4 TVG Günstigkeitsprinzip für den Tarifvertrag.
[827] *Von Hoyningen-Huene*, Betriebsverfassungsrecht, § 11 III 5 d.
[828] BAG 5.3.1959, AP Nr. 26 zu § 611 BGB Fürsorgepflicht.

grenze von 65 ½ auf 65 Jahre,[829] eine Beteiligung der Arbeitnehmer an den Kosten für eine einheitliche Arbeitskleidung,[830] das Gebot, Annahmeverzugsansprüche während eines laufenden Kündigungsschutzprozesses bereits in diesem Verfahren gerichtlich geltend zu machen,[831] sowie eine Stichtagsregelung, die den Anspruch auf eine im Synallagma stehende variable Erfolgsvergütung davon abhängig macht, dass das Arbeitsverhältnis zu einem Auszahlungstag außerhalb des Bezugszeitraums vom Arbeitnehmer nicht gekündigt wird;[832] als zulässig dagegen die Einführung von Kurzarbeit,[833] Lohnabtretungsverbote,[834] Ausschlussfristen,[835] Vertragsstrafen,[836] Kleiderordnungen[837] und Altersgrenzen, die eine Beendigung des Arbeitsverhältnisses zu einem Zeitpunkt vorsehen, zu dem eine Rente wegen Alters beantragt werden kann.[838]

394 Bei der Prüfung, ob eine belastende Regelung vorliegt, wird vielfach danach unterschieden, ob eine Frage im Arbeitsvertrag geregelt ist oder nicht.[839] Das ist nicht sachgerecht. Es kann keinem Arbeitnehmer einsichtig gemacht werden, dass die Altersgrenze nicht von 65 ½ auf 65 Jahre herabgesetzt werden darf, dass der Arbeitgeber aber eine Altersgrenze 65 durch Betriebsvereinbarung einführen kann, wenn die Arbeitsverträge keine Regelung enthalten.[840] Ohne Altersgrenze hat der Arbeitnehmer das Recht, so lange zu arbeiten, bis der Arbeitgeber den Arbeitsvertrag aus einem der in § 1 KSchG genannten Gründen kündigen kann. Überdies kann auch eine – scheinbare – Nichtregelung eine – stillschweigende – Regelung sein.[841] Hilfreich ist auch nicht die Unterscheidung zwischen Betriebsvereinbarungen, die nur belastende, und solchen, die auch belastende Regelungen enthalten. Hätte der Arbeitgeber im Parkplatzfall die Rechtsprechung des 8. Senats gekannt, dann hätte er sie ohne weiteres unterlaufen können. Statt in § 1 zu schreiben: „Die Haftung ... wird ausgeschlossen", hätte er nur zu sagen brauchen: § 1 „Die Firma stellt ihren Mitarbeitern kostenlos einen Parkplatz zur Verfügung. § 2 Die Haftung ... wird ausgeschlossen". Im Übrigen muss der Arbeitgeber eine Leistung gewähren können, die mit einer ungünstigen Regelung belastet ist. Eine Sonderleistung muss mit einer Verfallklausel versehen werden können, das Zurverfügungstellen eines Parkplatzes mit einer Haftungsbeschränkung. Der Arbeitnehmer erhält von vornherein nur einen mit einer Last versehenen Vorteil. Den mag er insgesamt annehmen oder nicht; die Rosinen kann er sich nicht herauspicken.

---

[829] BAG GS 7.11.1989, AP Nr. 46 zu § 77 BetrVG 1972.
[830] BAG 1.12.1992, AP Nr. 20 zu § 87 BetrVG 1972 Ordnung des Betriebes.
[831] BAG 12.12.2006, NZA 2007, 453.
[832] BAG 12.4.2011, NZA 2011, 909 m. Anm. *Baeck*, NZG, 2012, 657; *Grau*, BB 2011, 2815; *Köhler*, SAE 2012, 59; *Salamon*, NZA 2011, 1328; *Wiese*, AP Nr. 57 zu § 75 BetrVG 1972.
[833] BAG 15.12.1961, 14.2.1991, AP Nr. 1, 4 zu § 615 BGB Kurzarbeit; BAG 18.11.2015, NZA 2016, 565.
[834] BAG 20.12.1957, 5.9.1960, AP Nr. 1, 4 zu § 399 BGB; einschränkend BAG 26.1.1966, AP Nr. 8 zu § 399 BGB.
[835] BAG 9.4.1991, AP Nr 1 zu § 77 BetrVG 1972 Tarifvorbehalt.
[836] BAG 6.8.1991, AP Nr. 52 zu § 77 BetrVG 1972.
[837] BAG 13.2.2007, NZA 2007, 640.
[838] EuGH 16.10.2007, NZA 2007, 1219 - Palacios; BAG 13.10.2015, NZA 2016, 54.
[839] So z.B. *Blomeyer*, NZA 1996, 337, 340 ff.; *Waltermann*, NZA 1996, 357, 362 f.; i.E. auch BAG 5.3.2013, NZA 2013, 916, wo es an einer Regelung im Arbeitsvertrag fehlte.
[840] Vgl. einerseits BAG GS 7.11.1989, AP Nr. 46 zu § 77 BetrVG 1972 und andererseits BAG 6.3.1986, 20.11.1987 12.2.1992, AP Nr. 1, 2, 5 zu § 620 BGB Altersgrenze; BAG 5.3.2013, NZA 2013, 916.
[841] *Hromadka*, NZA 2013, 1061; *ders.*, NZA-Beil. 2014 Nr. 4, 136.

ee) Stellungnahme. Mit der neueren Lehre[842] ist davon auszugehen, dass dem Betriebsrat die Legitimation fehlt, dem Einzelnen nachteilige Regelungen zu vereinbaren, es sei denn, dass der Arbeitsvertrag das gestattet („betriebsvereinbarungsoffen" ist). Im Gegensatz zur Gewerkschaft ist der Betriebsrat nicht durch den Beitritt legitimiert. Der Abschluss des Arbeitsvertrags bedeutet nicht gleichzeitig eine Anerkennung der Rechtsetzungsmacht des Betriebsrats. Auch das Wahlrecht ändert an der fehlenden Legitimation nichts. Mit der Wahl entscheidet der Arbeitnehmer lediglich über die Zusammensetzung des Betriebsrats mit, nicht über seine Existenz; im Übrigen ist der Betriebsrat nicht an das Votum der Wähler gebunden. Das BetrVG ist auch keine generelle Grundlage für Eingriffe in die Rechtsstellung der Arbeitnehmer. Mitbestimmung soll überschießende tatsächliche und rechtliche Gestaltungsfreiheit des Arbeitgebers bändigen; sie soll ihm aber keine Rechte einräumen, die er nicht bereits hat. An eine gewohnheitsrechtliche Begründung von Rechtsetzungsbefugnis kann man allenfalls bei der Einführung von Kurzarbeit denken;[843] selbst das ist angesichts der kritischen Stimmen fraglich.

395

Zulässig sind Betriebsvereinbarungen,[844] wenn sie
- **für den Arbeitnehmer günstigere Regelungen** enthalten als der Arbeitsvertrag[845] – die Praxis macht von dieser Möglichkeit vor allem Gebrauch bei betrieblichen Sozialleistungen – oder zwar
- **für den Arbeitnehmer belastend sind**,
  - der Arbeitgeber die Regelung aber auch individualrechtlich treffen könnte, d.h. wenn er ein **Leistungsbestimmungsrecht** hat.[846] Auf dem Weisungsrecht beruhen vor allem die Arbeitsordnungen, soweit sie Fragen der Ordnung des Betriebs, des Verhaltens der Arbeitnehmer im Betrieb, der Lage der Arbeitszeit usw. regeln, sowie Betriebsvereinbarungen zu einzelnen Ordnungsfragen, wie zur Gleitzeit oder zu Kontrollen, auf einem sonstigen Leistungsbestimmungsrecht (Änderungsvorbehalt), z.B. Betriebsvereinbarungen zur Umgestaltung arbeitsvertraglich vereinbarter Gratifikationsregelungen;
  - eine arbeitsvertragliche Einheitsregelung **betriebsvereinbarungsoffen** ist,

396

---

[842] V.a. *H. Hanau*, Individualautonomie und Mitbestimmung in sozialen Angelegenheiten, 1994, S. 61 f.; *Kreutz*, Grenzen der Betriebsautonomie, 1979, S. 66 ff.; *Waltermann*, Rechtsetzung durch Betriebsvereinbarung, 1996, S. 91 f.
[843] BAG 18.11.2015, NZA 2016, 565.
[844] Zu Folgendem *Hromadka*, NZA 1996, 1234 ff.
[845] BAG GS 7.11.1989, AP Nr. 46 zu § 77 BetrVG; *Fitting*, § 88 BetrVG Rn. 8 ff.
[846] *Käppler*, FS Kissel, 1994, S. 475, 481 f.; *Söllner*, Einseitige Leistungsbestimmung im Arbeitsrecht, 1966, S. 117 f.; *ders.*, in: Hromadka (Hg.), Änderung von Arbeitsbedingungen, 1990, S. 27.

d.h. wenn der Arbeitgeber sich in allgemeinen Arbeitsbedingungen eine abweichende Regelung durch Betriebsvereinbarung vorbehalten hat[847] (s. oben Rn. 389);
- die **ungünstigere Regelung** lediglich **Teil einer begünstigenden Regelung** ist:[848] Etwa wenn eine Sozialleistung mit einer Verfallklausel versehen wird oder – im Parkplatzfall – das zur Verfügung stellen eines Parkplatzes mit einer Haftungsbeschränkung. Der Arbeitnehmer erhält von vornherein nur einen mit einer Last versehenen Vorteil.

397 Bezüglich der Günstigkeit gelten dieselben Grundsätze wie für Tarifverträge. Bei formellen Arbeitsbedingungen, bei denen es häufig kein Besser oder Schlechter gibt (z.B. Arbeitsbeginn 7.00 Uhr oder 7.30 Uhr), wird man eine günstigere Regelung bereits dann anzunehmen haben, wenn der Arbeitnehmer für seinen Wunsch auf Abweichung einen Sachgrund hat (z.B. günstigere Zugverbindung).[849] Die Lehre vom kollektiven Günstigkeitsvergleich bedeutet einen Eingriff in die Privatautonomie, der keine Stütze im Gesetz findet; sie ist deshalb abzulehnen.

g) Auslegung und Vertragskontrolle

398 **aa) Auslegung.** Zu unterscheiden ist zwischen dem normativen und dem schuldrechtlichen Teil der Betriebsvereinbarung. Für die obligatorischen Regelungen gelten die Grundsätze über die Auslegung von Rechtsgeschäften, für die normativen die für Tarifverträge.[850] Im ersten Fall ist aus der Gesamtheit des Verhaltens der wirkliche Wille der Betriebspartner zu erforschen, im zweiten ist der objektive Inhalt aus der Sicht der Normunterworfenen zu ermitteln.[851] Der subjektive Regelungswille der Betriebsparteien kann nur insoweit berücksichtigt werden, wie er in der betreffenden Regelung erkennbaren Ausdruck gefunden hat.[852] Haben die Betriebsparteien vereinbart, bei Meinungsverschiedenheiten über die Auslegung einer Betriebsvereinbarung zunächst ein obligatorisches innerbetriebliches Konfliktlösungsverfahren durchzuführen, sind vor den Gerichten für Arbeitssachen erhobene Anträge unzulässig, wenn das vereinbarte Verfahren unterbleibt.[853]

399 **bb) Vertragskontrolle.** Die Rechtsprechung hat Betriebsvereinbarungen früher unter Berufung auf § 75 Abs. 1 BetrVG einer „abstrakten" und „konkreten" Billigkeitskontrolle unterzogen. Sie hat geprüft, ob in der Vereinbarung die Interes-

---

[847] BAG 17.7.2012, NZA 2013, 338; BAG 18.2.2014, NZA 2014, 1036; BAG 17.2.2015, ArbR 2015, 311.
[848] So die h.L., vgl. nur GK-BetrVG/*Kreutz*, § 77 Rn. 249; a.A. BAG 5.3.1959 AP Nr. 26 zu § 611 BGB Fürsorgepflicht.
[849] *Zöllner/Loritz/Hergenröder*, Arbeitsrecht, § 50 II 3.
[850] BAG 14.12.2010, NZA 2011, 705; BAG 27.4.2012, BB 2013, 57.
[851] *Richardi*, § 77 BetrVG Rn. 116.
[852] BAG 11.10.2016, NZA 2017, 135.
[853] BAG 23.2.2016, NZA 2016, 972.

sen des Arbeitgebers und der Belegschaft angemessen gegeneinander abgewogen waren und ob sie nicht im Einzelfall unbillige Wirkungen entfaltet, die nach dem Regelungsplan nicht beabsichtigt sein konnten.[854] Eine **Angemessenheitskontrolle** der Betriebsvereinbarung, die mit der abstrakten Billigkeitskontrolle gemeint ist, kommt nach der Schuldrechtsreform nicht mehr in Betracht (§ 310 Abs. 4 S. 1 BGB).[855] Allerdings können die Betriebspartner auch in Zukunft nicht in bereits entstandene Ansprüche eingreifen; für bedingte Ansprüche gilt Vertrauensschutz.[856] Widerrufsvorbehalte, kraft derer der Arbeitgeber Mitarbeitern zulagenpflichtige Sonderfunktionen entziehen kann (Ausbildung von Kollegen usw.), unterliegen der Ausübungskontrolle.[857]

Neuerdings stellt das BAG darauf ab, dass die Betriebsparteien beim Abschluss **400** von Betriebsvereinbarungen zur Wahrung der grundrechtlich geschützten Freiheitsrechte verpflichtet seien.[858] Nach § 75 Abs. 1, Abs. 2 S. 1 BetrVG hätten sie die durch Art. 14 Abs. 1 GG geschützte Eigentumsgarantie der betriebsangehörigen Arbeitnehmer ebenso zu beachten wie die allgemeine Handlungsfreiheit (Art. 2 Abs. 1 GG)[859] und die Berufsfreiheit (Art. 12 Abs. 1 GG).[860] Eingriffe seien nur dann erlaubt, wenn die Regelung zur Erreichung des von den Betriebsparteien verfolgten Zwecks geeignet, erforderlich und verhältnismäßig sei.[861] Außerdem haben sie den Grundsatz des Vertrauensschutzes[862] zu wahren, der sich aus Art. 2 Abs. 1 GG i.V.m. dem in Art. 20 GG normierten Rechtsstaatsprinzip ergibt. Dieser verlangt z.B. bei der Einführung von Altersgrenzen, die die Berufsfreiheit beschränken, auf die besondere Situation rentennaher Arbeitnehmer Rücksicht zu nehmen. Notwendig seien deshalb Übergangsregelungen. Die Betriebsparteien könnten für diese Personengruppe die Altergrenze hinausschieben, finanzielle Kompensationen vereinbaren, von der Einführung einer Altersgrenze gänzlich absehen oder individuelle Verlängerungsmöglichkeiten bestimmen.[863] Auch bei Altersversorgungsregelungen verweist das Gericht auf die Grundsätze des Vertrauensschutzes.[864]

h) Rechtswirkungen

Betriebsvereinbarungen gelten unmittelbar und zwingend (§ 77 Abs. 4 S. 1 **401** BetrVG).

---

[854] BAG 8.12.1981, AP Nr. 1 zu § 1 BetrAVG Unterstützungskassen.
[855] BAG 1.2.2006, NZA 2006, 565; BAG 12.4.2011, NZA 2011, 989; BAG 17.7.2012, DB 2012, 2873.
[856] *Richardi*, § 77 BetrVG Rn. 121 ff.
[857] BAG 1.2.2006, NZA 2006, 563, 565.
[858] BAG 12.4.2011, NZA 2011, 989; BAG 30.1.2019, NZA 2019, 1065 Rn. 71 ff.
[859] BAG 12.12.2006, NZA 2007, 453; BAG 17.7.2012, DB 2012, 2873.
[860] BAG 12.4.2011, NZA 2011, 989; BAG 5.3.2013, NZA 2013, 916.
[861] BAG 12.12.2006, NZA 2007, 453.
[862] BAG 24.10.2017, NJOZ 2018, 1278 Rn. 24; BAG 30.1.2019, NZA 2019, 1065 Rn. 71 ff.
[863] BAG 21.2.2017, NZA 2017, 738.
[864] BAG 21.4.2009, NZA-RR 2009, 548; BAG 24.10.2017, NJOZ 2018, 1278 Rn. 24.

402 **aa) Unmittelbar heißt:** ohne dass das im Arbeitsvertrag vereinbart werden müsste, und selbst dann, wenn etwas anderes vereinbart ist.[865] Nicht einmal Kenntnis des Arbeitnehmers ist erforderlich. Betriebsvereinbarungen haben also wie Tarifverträge die Wirkung (materieller) Gesetze, sie sind Normenverträge.[866] Allerdings gilt das nur, soweit die Betriebspartner eine unmittelbare Wirkung wollen. Der Wille der Betriebspartner steckt den normativen Teil der Betriebsvereinbarung ab. Die unmittelbare Wirkung muss nicht immer in der Begründung von Ansprüchen für einzelne Arbeitnehmer bestehen. Betriebsnormen verpflichten den Arbeitgeber gegenüber der Belegschaft z.B. zum Betrieb einer Kantine oder zur Errichtung eines Parkplatzes, betriebsverfassungsrechtliche Normen gestalten die Betriebsverfassung.[867]

403 **bb) Zwingend bedeutet:** Abweichende einzelvertragliche Abmachungen sind unwirksam. Von diesem Grundsatz gelten wie im Tarifrecht zwei Ausnahmen: Günstigere arbeitsvertragliche Abreden sind immer zulässig.[868] Auch im Betriebsverfassungsrecht gilt also das Günstigkeitsprinzip, die Betriebsvereinbarung ist nur einseitig zwingend. Der Gesetzgeber hat es seinerzeit nicht für nötig gehalten, das Günstigkeitsprinzip eigens zu regeln (anders im SprAuG: § 28 Abs. 2 S. 2). Und den Betriebsparteien steht es frei, abweichende Abmachungen zu gestatten. Sie können Öffnungsklauseln vereinbaren, d.h. eine Regelung dispositiv gestalten.

i) Verzicht, Verwirkung, Ausschlussfrist und Verjährung

404 **aa) Ein Verzicht** auf Rechte aus einer Betriebsvereinbarung ist nur mit Zustimmung des Betriebsrats zulässig (§ 77 Abs. 4 S. 2 BetrVG); das gilt auch, wenn er in einer Ausgleichsquittung oder in einem Vergleich erklärt wird.[869] Der Verzicht auf einen Anspruch erfolgt durch Erlassvertrag (§ 397 Abs. 1 BGB) oder negatives Schuldanerkenntnis (§ 397 Abs. 2 BGB); eine einseitige Erklärung genügt nicht. Die Zustimmung des Betriebsrats kann formlos erteilt werden,[870] setzt aber einen ordnungsgemäßen Beschluss voraus (vgl. § 33 BetrVG). Die Betriebsparteien können auch gemeinsam – etwa in einer späteren Betriebsvereinbarung – Regelungen treffen, nach denen Arbeitnehmer unter bestimmten Voraussetzungen auf Ansprüche aus einer Betriebsvereinbarung verzichten können.[871] Keiner Zustimmung bedarf ein Vergleich über die tatsächlichen Voraussetzungen eines Anspruchs **(sog. Tatsachenvergleich)**, z.B. über die Anzahl von Überstunden.

---

[865] BAG GS 7.11.1989, AP Nr. 46 zu § 77 BetrVG 1972.
[866] GK-BetrVG/*Kreutz*, § 77 BetrVG Rn. 180.
[867] *Zöllner/Loritz/Hergenröder*, Arbeitsrecht, § 50 II.
[868] Für Betriebsvereinbarungen vgl. BAG GS 16.9.1986, AP Nr. 17 zu § 77 BetrVG 1972; für Sprechervereinbarungen vgl. § 28 Abs. 2 S. 2 SprAuG.
[869] GK-BetrVG/*Kreutz*, § 77 Rn. 293 ff.
[870] BAG 3.6.1997, AP Nr. 69 zu § 77 BetrVG 1972.
[871] BAG 12.12.2007, NZA-RR 2008, 298.

bb) Die Verwirkung von Rechten aus einer Betriebsvereinbarung ist ausgeschlossen (§ 77 Abs. 4 S. 3 BetrVG). Anders als nach § 4 Abs. 4 S. 2 TVG gilt das allerdings nur für Rechte der Arbeitnehmer. **Ausschlussfristen** für ihre Geltendmachung sind nur zulässig, wenn sie in einem Tarifvertrag oder in einer Betriebsvereinbarung vereinbart werden; dasselbe gilt für die Abkürzung von **Verjährungsfristen** (§ 77 Abs. 4 S. 4 BetrVG). Ob tarifliche Ausschlussfristen auch für Betriebsvereinbarungen gelten, ist durch Auslegung zu ermitteln.[872] Durch Betriebsvereinbarung können keine Ausschlussfristen für gesetzliche, tarifliche und einzelvertragliche Ansprüche vereinbart werden.[873]

405

j) Beendigung

Die Betriebsvereinbarung endet durch

406

- **Fristablauf oder Zweckerreichung** (z.B. Beendigung der Kurzarbeit).
- **ordentliche oder außerordentliche Kündigung.** Ist nichts anderes vereinbart, kann eine Betriebsvereinbarung mit einer Frist von drei Monaten gekündigt werden (§ 77 Abs. 5 BetrVG). Die Kündigungsfrist kann verkürzt, verlängert oder um einen Termin ergänzt werden. Zulässig ist es auch, die Kündigung auszuschließen;[874] das kann konkludent geschehen[875] und ist anzunehmen, wenn die Vereinbarung einen konkreten einmaligen Sachverhalt regelt[876] (Sozialplan für eine bestimmte Betriebsänderung, Gratifikation aus einem bestimmten Anlass). Die Kündigung bedarf keines sachlichen Grunds.[877] Nach dem klaren Wortlaut des Gesetzes ist es hinzunehmen, dass es im Betriebsverfassungsrecht keinen Kündigungsschutz gibt.[878] Außerordentlich gekündigt werden kann jede Betriebsvereinbarung, wenn ein wichtiger Grund vorliegt.[879] Zulässig ist auch eine **Teilkündigung,** wenn der gekündigte Teil einen selbständigen Regelungskomplex betrifft, der ebenso in einer eigenständigen Betriebsvereinbarung geregelt werden könnte. Wollen die Betriebsparteien in einem solchen Fall die Teilkündigung ausschließen, müssen sie dies in der Betriebsvereinbarung deutlich zum Ausdruck bringen.[880]
- **Wegfall der Geschäftsgrundlage** (z.B. Sozialplan wegen beabsichtigter Be-

---

[872] BAG 3.4.1990, EzA § 4 TVG Ausschlussfristen Nr. 94.
[873] Str., wie hier GK-BetrVG/*Kreutz*, § 77 Rn. 306; *Richardi*, § 77 BetrVG Rn. 186 ff; a.A. BAG 9.4.1991, AP Nr. 1 zu § 77 BetrVG Tarifvorbehalt; *Fitting*, § 77 BetrVG Rn. 64, 139.
[874] BAG 10.3.1992, AP Nr. 5 zu § 1 BetrAVG Betriebsvereinbarung.
[875] BAG 17.1.1995, AP Nr. 7 zu § 77 BetrVG 1972 Nachwirkung.
[876] BAG 10.8.1994, AP Nr. 86 zu § 112 BetrVG 1972.
[877] BAG 18.4.1989, AP Nr. 2 zu § 1 BetrAVG; BAG 26.4.1990, AP Nr. 4 zu § 77 BetrVG 1972 Nachwirkung; BAG 10.3.1992, AP Nr. 5 zu § 1 BetrAVG; a.A. *Hanau/Preis*, NZA 1991, 81; *Schaub*, BB 1990, 289.
[878] BAG 10.3.1992, AP Nr. 5 zu § 1 BetrAVG; BAG 17.1.1995, AP Nr. 7 zu § 77 BetrVG 1972 Nachwirkung.
[879] BAG 19.7.1957, AP Nr. 1 zu § 52 BetrVG; BAG 29.5.1964, AP Nr. 24 zu § 59 BetrVG.
[880] BAG 6.11.2007, NZA 2008, 422; vgl. ausführl. *Fuhrmann*, Teilkündigung von Betriebvereinbarungen, 2013.

triebsstilllegung, dann aber Betriebsübernahme).[881] Erforderlich ist hier eine „Lossagung", was einer außerordentlichen Kündigung im Ergebnis gleichkommt.
- **Aufhebungsvertrag.** Die h.L. verlangt Schriftform.[882] Das ist angesichts der Möglichkeit einer formlosen Kündigung nicht zwingend. Nach der Rechtsprechung soll eine Betriebsvereinbarung auch nicht durch eine Regelungsabrede aufgehoben werden können.[883]
- **Inkrafttreten einer anderen Betriebsvereinbarung** über denselben Gegenstand.[884]
- **endgültigen Wegfall des Betriebsrats**[885] oder **Verlust der Betriebsratsfähigkeit.**[886]
- **Stilllegung des Betriebs**, sofern die Vereinbarung nicht gerade für diesen Fall gedacht ist (Sozialplan, Altersversorgung);[887] nicht durch Betriebsübergang, wenn die Identität des Betriebs gewahrt bleibt;[888] verliert er seine Identität, so werden die Rechte und Pflichten aus der Betriebsvereinbarung Inhalt des Arbeitsvertrags zwischen Arbeitnehmer und Erwerber (§ 613a Abs. 1 S. 2 BGB).

k) Nachwirkung

407 Betriebsvereinbarungen über Angelegenheiten, die nicht der Mitbestimmung unterliegen, wirken nicht nach. Eine Analogie zu § 4 Abs. 5 TVG kommt nicht in Betracht, weil keine Gefahr besteht, dass die Arbeitsverträge beim Wegfall inhaltsleer werden.[889] Die Betriebsparteien können eine Nachwirkung vereinbaren. Dafür gelten dann dieselben Grundsätze wie für die gesetzliche Nachwirkung, d.h. die Vereinbarung kann nur durch eine neue Vereinbarung oder durch Entscheidung der Einigungsstelle geändert oder aufgehoben werden.[890] Betriebsvereinbarungen in mitbestimmungspflichtigen Angelegenheiten, gleichgültig ob durch Vereinbarung zwischen Arbeitgeber und Betriebsrat oder durch Spruch der Einigungsstelle begründet, gelten weiter, bis sie durch eine andere Abmachung ersetzt werden (§ 77 Abs. 6 BetrVG).

407a Eine Betriebsvereinbarung, welche ausschließlich bestimmte Verhandlungspflichten der Betriebsparteien mit dem Ziel zeitnaher Einigung über einen der zwingenden Mitbestimmung unterliegenden Gegenstand festlegt, regelt eine freiwillige Angelegenheit. Sie wirkt

---

[881] BAG 28.8.1996, AP Nr. 104 zu § 113 BetrVG 1972.
[882] *Fitting*, § 77 BetrVG Rn. 143 m.w.N.
[883] BAG 23.10.1985, AP Nr. 13 zu § 77 BetrVG 1972.
[884] BAG 10.8.1994, AP Nr. 86 zu § 112 BetrVG 1972.
[885] *D. Gaul*, NZA 1986, 628, 631; a.A. *Fitting*, § 77 BetrVG Rn. 175; GK-BetrVG/*Kreutz*, § 77 Rn. 409; *Richardi*, § 77 BetrVG Rn. 209.
[886] A.A. *Fitting*, § 77 BetrVG Rn. 175; GK-BetrVG/*Kreutz*, § 77 Rn. 409; differenzierend *Richardi*, § 77 BetrVG Rn. 209.
[887] BAG 24.3.1981, AP Nr. 12 zu § 112 BetrVG 1972.
[888] BAG 18.9.2002, NZA 2003, 670, hier auch zur Rechtslage bei Gesamtbetriebsvereinbarungen.
[889] GK-BetrVG/*Kreutz*, § 77 Rn. 423.
[890] *Fitting*, § 77 BetrVG Rn. 187.

deshalb nicht nach.[891] Enthält eine Vereinbarung Regelungen sowohl über mitbestimmungspflichtige als auch über andere Angelegenheiten, so wirken die Bestimmungen über mitbestimmungspflichtige Angelegenheiten nach, sofern sie eine aus sich heraus handhabbare Regelung enthalten.[892] Regelt eine Betriebsvereinbarung eine Angelegenheit, bei der das Wie mitbestimmungspflichtig, das Ob aber mitbestimmungsfrei ist **(sog. teilmitbestimmte Betriebsvereinbarung),** dann gibt es keine Nachwirkung, wenn der Arbeitgeber die Vereinbarung insgesamt kündigt.[893] Dasselbe gilt, wenn der Arbeitgeber den mitbestimmungsfreien Teil verändert und den mitbestimmungspflichtigen unverändert lässt, wenn also beispielsweise eine freiwillige Leistung gekürzt und der Verteilungsplan beibehalten wird.[894] Eine Änderung des mitbestimmungspflichtigen Teils hat grundsätzlich die Nachwirkung zur Folge.[895] Da zuweilen unklar bleibt, ob der Arbeitgeber eine freiwillige Leistung (mitbestimmungspflichtig) kürzt oder (mitbestimmungsfrei) einstellt, soll eine Betriebsvereinbarung, die allein die Gewährung einer solchen freiwilligen Leistung regelt, aus Gründen der Rechtssicherheit so lange nachwirken, bis der Arbeitgeber gegenüber dem Betriebsrat oder den Arbeitnehmern erklärt, dass er für den bisherigen Leistungszweck keine Mittel mehr zur Verfügung stellt.[896] Lässt sich die Betriebsvereinbarung nicht eindeutig in einen nachwirkenden und einen nachwirkungslosen Teil trennen, wirkt sie insgesamt nach.[897]

l) Umdeutung einer nichtigen Betriebsvereinbarung

aa) Voraussetzungen. Eine unwirksame Betriebsvereinbarung kann als schuldrechtlicher Vertrag bei Nichtigkeit grundsätzlich nach § 140 BGB in ein anderes Rechtsgeschäft umgedeutet werden.[898] Tatsächlich kommt eine Umdeutung aber in den seltensten Fällen in Betracht. § 140 BGB setzt voraus, dass das nichtige Rechtsgeschäft den Erfordernissen eines anderen entspricht und dass die Parteien bei Kenntnis der Nichtigkeit dessen Geltung gewollt hätten.

408

bb) Umdeutung in eine Regelungsabrede. An dem ersten Erfordernis scheitert nach h.M. die Umdeutung in eine Regelungsabrede. Die Betriebsvereinbarung gewährt den Arbeitnehmern Ansprüche, die Regelungsabrede ist auf ein bestimmtes Verhalten des Arbeitgebers gerichtet.[899] Anders sieht es aus, wenn man eine Regelungsabrede zugunsten Dritter für zulässig hält (s. unten Rn. 415).[900]

409

---

[891] BAG 23.10.2018, NZA 2019, 186.
[892] BAG 30.10.1979, AP Nr. 9 zu § 112 BetrVG 1972.
[893] BAG 21.8.1990, AP Nr. 5 zu § 77 BetrVG 1972 Nachwirkung; BAG 10.11.2009, NZA 2011, 475; BAG 29.4.2015, NZA 2015, 1204.
[894] BAG 26.8.2008, NZA 2008, 1426.
[895] BAG 26.8.2008, NZA 2008, 1426; BAG 23.6.2009, NZA 2009, 1159; BAG 10.11.2009, NZA 2011, 475.
[896] BAG 5.10.2010, NZA 2011, 598 m. Anm. *Schmitt-Rolfes*, AuA 2011, 391; *Ahrendt*, NZA 2011, 774; *Salamon*, NZA 2011, 549; *Worzalla*, AP Nr. 53 zu § 77 BetrVG 1972 Betriebsvereinbarung.
[897] BAG 10.11.2009, NZA 2011, 475.
[898] BAG 23.8.1989, AP Nr. 42 zu § 77 BetrVG 1972 m. Anm. *Hromadka*.
[899] BAG 24.1.1996, AP Nr. 8 zu § 77 BetrVG 1972 Tarifvorbehalt; *Fitting*, § 77 BetrVG Rn. 104; GK-BetrVG/*Kreutz*, § 77 Rn. 30.
[900] So *Birk*, ZfA 1986, 73, 107; für den „Koalitionsvertrag" im Tarifrecht vgl. auch BAG 5.11.1997, NZA 1998, 654.

Allerdings führt auch das in den zwei wichtigsten Fällen nicht weiter. Für eine Regelungsabrede, die Arbeitnehmern Ansprüche gewährt, wird man im Interesse der Rechtsklarheit Schriftform verlangen müssen;[901] die Umdeutung einer Betriebsvereinbarung, die der Schriftform ermangelt, kommt also nicht in Frage. Ausgeschlossen ist erst recht die Umdeutung einer Betriebsvereinbarung, die gegen § 77 Abs. 3 BetrVG verstößt; damit würde § 77 Abs. 3 BetrVG umgangen.

410 cc) **Eine Umdeutung in einen bürgerlich-rechtlichen Vertrag zugunsten Dritter** scheitert schon daran, dass der Betriebsrat im Zweifel als Organ der Betriebsverfassung tätig wird.[902] Deshalb kann man im Normalfall auch nicht annehmen, dass der Betriebsrat als Vertreter der Arbeitnehmer handelt.[903] Eine Vertretung und als weitere Möglichkeit eine Gesamtzusage scheiden (auch) deshalb aus, weil der Vertragspartner ein anderer ist. Überdies kann ein hypothetischer Wille des Arbeitgebers, sich unabhängig von der Wirksamkeit einer Betriebsvereinbarung auf Dauer einzelvertraglich zu binden, nur in Ausnahmefällen angenommen werden.[904] Eine Betriebsvereinbarung ist mit einer Frist von drei Monaten kündbar, ohne dass es eines sachlichen Grunds bedarf; eine Änderungskündigung müsste dagegen sozial gerechtfertigt sein (§ 2 KSchG).[905] Ausnahmsweise kommt nach Ansicht des BAG eine Umdeutung in eine individualrechtliche Abmachung in Frage, wenn in der nichtigen Betriebsvereinbarung die ordentliche Kündigung ausgeschlossen[906] ist oder wenn sie einen einmaligen konkreten Sachverhalt regelt, für den eine ordentliche Kündigung aus Sachgründen ausscheidet.[907] Der Umdeutung von Betriebsvereinbarungen über Leistungen der betrieblichen Altersversorgung in eine Gesamtzusage ist möglich, weil auch diese sich nur erschwert ändern lässt.[908]

411 dd) **Ein arbeitsvertraglicher Anspruch** entsteht schließlich auch nicht durch Erfüllung einer nichtigen Betriebsvereinbarung. Aus dem Verhalten des Arbeitgebers können die Arbeitnehmer nicht schließen, dass der Arbeitgeber sich arbeitsvertraglich binden, sondern nur, dass er seine Verpflichtungen aus der Betriebsvereinbarung erfüllen will.[909] Anders ist es, wenn der Arbeitgeber für die Arbeitnehmer erkennbar um die Nichtigkeit der Betriebsvereinbarung weiß.[910] Hier kann ein Anspruch aus betrieblicher Übung entstehen.[911] Da die Arbeitnehmer aber nicht damit rechnen können, dass der Arbeitgeber sich stärker binden will als in einer Betriebsvereinbarung, steht der Anspruch aus betrieblicher

---

[901] *Hanau*, RdA 1989, 207, 209.
[902] GK-BetrVG/*Kreutz*, § 77 Rn. 62; *Zöllner/Loritz/Hergenröder*, Arbeitsrecht, § 50 II 9.
[903] *Fitting*, § 77 BetrVG Rn. 105.
[904] BAG 30.5.2006, NZA 2006, 1170; BAG 19.6.2012, AP Nr. 4 zu § 4 TV SozSich.
[905] BAG 23.2.2016, NZA 2016, 642; BAG 26.1.2017, NZA 2017, 522.
[906] Vgl. BAG 26.1.2017, NZA 2017, 522.
[907] BAG 23.8.1989, AP Nr. 42 zu § 77 BetrVG 1972 m. Anm. *Hromadka*.
[908] BAG 23.2.2016, NZA 2016, 642.
[909] BAG 29.5.1964, AP Nr. 24 zu § 59 BetrVG.
[910] BAG 24.1.1996, AP Nr. 8 zu § 77 BetrVG 1972 Tarifvorbehalt.
[911] BAG 13.8.1980, 23.8.1989, AP Nr. 2, 42 zu § 77 BetrVG 1972.

Übung unter einem Widerrufsvorbehalt des Arbeitgebers, der wegen des kollektiven Charakters der Vereinbarung aus sachlichem Grund ohne Berücksichtigung der Besonderheiten des Einzelfalls unter Einhaltung einer Frist von drei Monaten ausgeübt werden kann.[912] Aus denselben Gründen können Arbeitnehmer, die bei Leistungen aus einer nichtigen Betriebsvereinbarung diskriminiert wurden, nicht die Einhaltung des allgemeinen Gleichbehandlungsgrundsatzes verlangen. Einen Anspruch auf „Gleichbehandlung im Irrtum" gibt es nicht.[913] Misslingt der Abschluss einer Betriebsvereinbarung, gewährt der Arbeitgeber aber trotzdem vorbehaltlos Leistungen in der vorgesehenen Höhe, so kann er damit eine betriebliche Übung begründen; diese steht nicht schon wegen der ursprünglich ins Auge gefassten Kündigungsmöglichkeit unter einem Freiwilligkeits- oder Widerrufsvorbehalt.[914]

m) Streitigkeiten

aa) Einigungsstelle. Können Arbeitgeber und Arbeitnehmer sich über eine mitbestimmungspflichtige Angelegenheit nicht einigen, dann entscheidet die Einigungsstelle. Der Spruch der Einigungsstelle ersetzt ihre Einigung, d.h. es kommt, soweit eine Regelung durch Betriebsvereinbarung notwendig ist, gegen den Willen von Arbeitgeber und Betriebsrat zu einer Betriebsvereinbarung.[915] **412**

bb) Arbeitsgericht. Das Arbeitsgericht entscheidet im Beschlussverfahren (§ 2a Abs. 1 Nr. 1 ArbGG) über die Frage, ob eine Betriebsvereinbarung wirksam zustande gekommen ist und, wenn ja, welchen Inhalt sie hat. Antragsbefugt sind Arbeitgeber und Betriebsrat, nicht die Gewerkschaften.[916] Der Betriebsrat kann den Arbeitgeber auf Durchführung einer wirksamen Betriebsvereinbarung verklagen, beispielsweise verlangen, dass er Leistungen nach § 40 BetrVG erbringt oder betriebsvereinbarungswidrige Maßnahmen unterlässt.[917] Eine zwischen den Betriebspartnern ergangene rechtskräftige Entscheidung über den Inhalt einer Betriebsvereinbarung wirkt auch gegenüber den Arbeitnehmern.[918] Der Betriebsrat kann aber nicht verlangen, dass der Arbeitgeber Ansprüche von Arbeitnehmern aus Betriebsvereinbarungen erfüllt.[919] **413**

---

[912] BAG 24.1.1996, AP Nr. 8 zu § 77 BetrVG 1972 Tarifvorbehalt.
[913] BAG 26.4.2005, NZA 2005, 892, 894.
[914] BAG 28.6.2006, NZA 2006, 1174.
[915] BAG 30.10.1979, AP Nr. 9 zu § 112 BetrVG 1972.
[916] BAG 18.8.1987, AP Nr. 6 zu § 81 ArbGG 1979.
[917] BAG 18.10.1988, AP Nr. 68 zu § 1 TVG Tarifverträge: Metallindustrie; BAG 10.11.1987, AP Nr. 24 zu § 77 BetrVG 1972.
[918] BAG 17.2.1992, AP Nr. 1 zu § 84 ArbGG 1979.
[919] BAG 17.10.1989, AP Nr. 53 zu § 112 BetrVG 1972.

3. Regelungsabrede

a) Begriff

414 Unter Regelungsabrede (= betriebliche Einigung oder Betriebsabsprache) verstehen Rechtsprechung und Lehre zwei weitere Arten von Rechtsgeschäften zwischen Betriebsrat und Arbeitgeber: (Schuldrechtliche) Vereinbarungen ohne normative Wirkung und die Zustimmung des Betriebsrats zu Rechtsgeschäften und tatsächlichen Maßnahmen des Arbeitgebers.[920] Zwischen beiden wird im allgemeinen nicht unterschieden. In der Tat führen sie zum selben Ergebnis. Die rechtliche Konstruktion ist aber unterschiedlich:

b) Regelungsabrede i.e.S.

415 Regelungsabreden i.e.S. sind schuldrechtliche Vereinbarungen zwischen Arbeitgeber und Betriebsrat, die eine Verpflichtung mindestens einer der beiden Parteien begründen. Sie setzen auf Seiten des Betriebsrats einen ordnungsgemäßen Beschluss (§ 33 BetrVG, s. oben Rn. 214 ff.) und die Verlautbarung gegenüber dem Arbeitgeber voraus. Die bloße Hinnahme eines mitbestimmungswidrigen Verhaltens des Arbeitgebers durch den Betriebsrat genügt nicht.[921] Regelungsabreden sind formlos gültig. Rechte und Pflichten entstehen nur zwischen Arbeitgeber und Betriebsrat, nicht zwischen Arbeitgeber und Arbeitnehmern. Verpflichtet sich der Arbeitgeber, den Arbeitnehmern bestimmte Leistungen zu erbringen, so muss er ihnen arbeitsvertragliche Angebote machen. Ein Verstoß gegen eine Regelungsabrede hat keine Wirkung gegenüber Dritten.[922] Der Betriebsrat kann die Einhaltung von Verpflichtungen aus Regelungsabreden im Beschlussverfahren durchsetzen.[923] Fraglich ist, ob Regelungsabreden als Vertrag zugunsten Dritter abgeschlossen werden können.[924] Das ist jedenfalls in dem praktisch wichtigsten Fall zu verneinen, dass eine Betriebsvereinbarung wegen Verstoßes gegen § 77 Abs. 3 BetrVG unwirksam ist. Durch eine Regelungsabrede zugunsten der Arbeitnehmer wird das erreicht, was § 77 Abs. 3 BetrVG verbieten will: Der Betriebsrat könnte sich als der bessere Schutzherr darstellen.

416 Regelungsabreden können über alle Angelegenheiten abgeschlossen werden, die zum Zuständigkeitsbereich des Betriebsrats gehören. Sie können organisatorische Fragen betreffen, aber auch Fragen der Mitwirkung oder der Mitbestimmung.[925]

Beispiel: Der Arbeitgeber kann sich verpflichten, für den Betriebsrat eine Fachzeitschrift zu abonnieren, Bücher zu bestellen, eine Schreibkraft zur Verfügung zu stellen, der Be-

---

[920] *Fitting*, § 77 BetrVG Rn. 217; GK-BetrVG/*Kreutz*, § 77 BetrVG Rn. 9.
[921] BAG 18.3.2014, NZA 2014, 984; BAG 23.10.2018, NZA 2019, 483.
[922] BAG 14.8.2001, NZA 2002, 342.
[923] *Fitting*, § 77 BetrVG Rn. 221 m.w.N.
[924] Dafür GK-BetrVG/*Kreutz*, § 77 Rn. 13; *Hanau*, RdA 1989, 207, 209; *Peterek*, FS D. Gaul, S. 471, 485 f.
[925] Zu Vorstehendem eingehend GK-BetrVG/*Kreutz*, § 77 Rn. 12 ff.

triebsrat umgekehrt, Betriebsversammlungen oder Betriebsratssitzungen zu bestimmten Zeiten abzuhalten oder nicht abzuhalten. Der Arbeitgeber kann sich auch verpflichten, Kurzarbeitergeld aufzustocken, eine Zeitlang keine Entlassungen vorzunehmen, die Weihnachtsgratifikation nicht zu kürzen, der Betriebsrat, einer bestimmten Zahl von Überstunden zuzustimmen oder den Antrag des Arbeitgebers auf Kurzarbeitergeld zu unterstützen.

Der Tarifvorbehalt des § 77 Abs. 3 BetrVG gilt für Regelungsabreden nicht;[926] gesperrt ist nach dem Normzweck nur die Betriebsvereinbarung als „Betriebsgesetz" (s. oben Rn. 374). In mitbestimmungspflichtigen Angelegenheiten kann der Betriebsrat verlangen, dass der Inhalt einer Regelungsabrede in eine Betriebsvereinbarung übernommen wird, wenn das die sachgerechtere Lösung ist.[927] Die Regelungsabrede endet durch Zweckerreichung, Zeitablauf, Aufhebung oder Ersetzung durch eine andere Regelungsabrede oder durch Betriebsvereinbarung, durch Wegfall der Geschäftsgrundlage, bei längerer Laufzeit auch durch ordentliche Kündigung, und zwar analog § 77 Abs. 5 BetrVG mit einer Frist von drei Monaten,[928] sowie durch außerordentliche Kündigung. Eine Regelungsabrede wirkt nicht entsprechend § 77 Abs. 6 BetrVG nach. Das gilt auch, soweit sie eine mitbestimmungspflichtige Angelegenheit betrifft.[929] **417**

c) Zustimmung

Die Zustimmung ist eine einseitige, empfangsbedürftige, rechtsgestaltende Willenserklärung des Betriebsrats, die dem Arbeitgeber die Durchführung einer mitbestimmungspflichtigen Maßnahme erlaubt oder die zur Wirksamkeit eines mitbestimmungspflichtigen Rechtsgeschäfts des Arbeitgebers erforderlich ist. **418**

Beispiele: Die Verhängung einer Betriebsbuße (§ 87 Abs. 1 Nr. 1 BetrVG) ist unwirksam, wenn der Betriebsrat nicht zugestimmt hat; der Arbeitgeber darf einen Arbeitnehmer nicht beschäftigen, wenn die Zustimmung des Betriebsrats zur Einstellung fehlt (§ 99 BetrVG); der Arbeitnehmer braucht der Weisung des Arbeitgebers, eine andere Tätigkeit zu übernehmen (§§ 99, 95 Abs. 3 BetrVG), nicht nachzukommen, wenn der Betriebsrat der Versetzung nicht zugestimmt hat.

Die Zustimmung unterscheidet sich von einer Vereinbarung außer durch die Einseitigkeit der Erklärung dadurch, dass weder Betriebsrat noch Arbeitgeber eine Verpflichtung übernehmen. Der Arbeitgeber muss keine Betriebsbuße verhängen, nicht versetzen, nicht einstellen. Die Zustimmung ist formlos gültig; für die Willensbildung des Betriebsrats gilt dasselbe wie für die Vereinbarung. Die Zustimmung ist grundsätzlich unwiderruflich; sie ist widerruflich, wenn eine Vereinbarung kündbar wäre. **419**

---

[926] BAG 20.4.1999, NZA 1999, 887; *Richardi*, § 77 BetrVG Rn. 292 ff.
[927] BAG 8.8.1989, AP Nr. 3 zu § 87 BetrVG 1972 Initiativrecht.
[928] BAG 10.3.1992, NZA 1992, 952; LAG Köln 7.20.2011, NZA-RR 2012, 135.
[929] BAG 13.8.2019, NZA 2019, 1651.

XI. Mitbestimmung in sozialen Angelegenheiten

1. Überblick

a) Begriff der sozialen Angelegenheit

420 In zahlreichen sozialen Angelegenheiten hat der Betriebsrat ein erzwingbares Mitbestimmungsrecht. Soziale Angelegenheiten meint die Arbeitsbedingungen, und zwar hauptsächlich formelle Arbeitsbedingungen, teilweise aber auch materielle. Die formellen Arbeitsbedingungen regeln die Art und Weise von Leistung und Gegenleistung, das Wie (Beginn und Ende der Arbeitszeit, die Lohngestaltung, das Verhalten der Arbeitnehmer), die materiellen Arbeitsbedingungen Leistung und Gegenleistung, das Ob (Überstunden, Kurzarbeit, Akkord, Prämie). Kern des § 87 BetrVG sind die Fragen, die früher, d.h. bevor Gesetzgeber und Gerichte ihr umfassendes Regelwerk geschaffen hatten, in der Arbeitsordnung geregelt waren und die heute noch vielfach in der Arbeitsordnung geregelt sind.[930] Arbeitsordnung und soziale Angelegenheiten sind aber nicht deckungsgleich. In der Arbeitsordnung geregelte Fragen sind nicht notwendig mitbestimmungspflichtig; umgekehrt gibt es soziale Angelegenheiten, die üblicherweise nicht in der Arbeitsordnung geregelt werden.

b) Normzweck

421 Normzweck ist nach Ansicht des BAG, Direktionsrechte des Arbeitgebers zu beschränken, einzelvertragliche Vereinbarungen, insbesondere hinsichtlich betriebseinheitlicher Arbeitsbedingungen, wegen der dabei gestörten Vertragsparität zurückzudrängen, gesetzliche Pflichten des Arbeitgebers, etwa im Unfall- und Gesundheitsschutz, zu konkretisieren und allgemeine Grundsätze über die gleichmäßige Behandlung der Arbeitnehmer oder über die Angemessenheit und Durchsichtigkeit des innerbetrieblichen Lohngefüges und die innerbetriebliche Lohngerechtigkeit zum Tragen kommen zu lassen.[931] Der Betriebsrat hat also nicht nur mitzubestimmen, wenn der Arbeitgeber eine soziale Angelegenheit i.S.d. § 87 BetrVG durch Leistungsbestimmung regelt, sondern auch bei vertraglichen Regelungen.[932]

422 Die Aufzählung der mitbestimmungspflichtigen Arbeitsbedingungen in § 87 BetrVG ist abschließend. Der Katalog kann nur durch Gesetz oder Tarifvertrag,[933]

---

[930] Der Reichsarbeitsminister hatte 1920 „unter Mitwirkung der großen Berufsvereinigungen der Arbeitgeber und Arbeitnehmer" eine Musterarbeitsordnung erstellt, die in 25 Paragraphen im wesentlichen die in der Gewerbeordnung und im Betriebsrätegesetz angesprochenen Punkte wiedergab: Beginn und Ende des Arbeitsverhältnisses, Arbeitszeit, Lohnzahlung, Verhalten bei der Arbeit, Unfälle, Kontrolleinrichtungen und Bekanntmachungen (ZBlDR 1920, 1351 ff.; zur Geschichte der Arbeitsordnung *Hromadka*, ZfA 1979, 203 ff.).
[931] BAG 24.2.1987, AP Nr. 21 zu § 77 BetrVG 1972.
[932] BAG 24.4.2007, NZA 2007, 818.
[933] BAG 9.5.1995, AP Nr. 2 zu § 76 BetrVG 1972 Einigungsstelle.

XI. Mitbestimmung in sozialen Angelegenheiten   433

nicht im Wege der Analogie[934] erweitert werden. Den Betriebspartnern ist es aber unbenommen, über § 87 BetrVG hinaus freiwillige Vereinbarungen über sonstige soziale Angelegenheiten zu treffen (§ 88 BetrVG). Die einzelnen Tatbestände des § 87 BetrVG sind aus sich heraus auszulegen.[935] Unabhängig davon gibt es einige Grundsätze, die für alle sozialen Angelegenheiten oder zumindest einen Teil von ihnen gelten.

2. Allgemeine Grundsätze

a) Keine gesetzliche oder tarifliche Regelung

Der Betriebsrat hat kein Mitbestimmungsrecht, wenn und soweit eine gesetzliche oder tarifliche Regelung besteht (§ 87 Abs. 1 ES BetrVG). Mitbestimmung setzt voraus, dass der Arbeitgeber eine Entscheidungsmöglichkeit hat.[936]   **423**

aa) Gesetz i.S.d. § 87 BetrVG ist jede zwingende Rechtsnorm, neben den Gesetzen also Verordnungen[937] – auch solche der EU[938] – und Satzungen öffentlich-rechtlicher Einrichtungen.[939] Aufgrund von Gesetzen ergehende Verwaltungsanordnungen sind bei der Ausübung des Mitbestimmungsrechts als Vorgabe zu beachten.[940] Ausländische Vorschriften schließen die Mitbestimmung nicht aus, solange es an einer wirksamen völkerrechtlichen Transformation in das deutsche Arbeitsrecht fehlt.[941] Die ausländischen Bestimmungen können aber als betriebliche Belange zu berücksichtigen sein.   **424**

bb) Tarifvertrag i.S.d. § 87 BetrVG ist jeder Tarifvertrag, an den der Arbeitgeber kraft Tarifrechts gebunden ist, d.h. jeder Tarifvertrag, den er selbst abgeschlossen hat (Haustarifvertrag), und jeder Tarifvertrag, den der zuständige Arbeitgeberverband mit Wirkung für ihn vereinbart hat.[942] Auf die Tarifbindung von Arbeitnehmern kommt es nicht an;[943] es ist also ohne Bedeutung, ob oder gar wie viele Arbeitnehmer der tarifschließenden Gewerkschaft angehören.[944] Ist der Arbeitgeber in einem tarifpluralen Betrieb an Tarifverträge unterschiedlicher Tarifvertragsparteien gebunden, ist das Mitbestimmungsrecht bereits dann ausgeschlossen, wenn einer der konkurrierenden Tarifverträge eine mitbestimmungsre-   **425**

---

[934] *Löwisch/Kaiser*, § 87 BetrVG Rn. 4.
[935] BAG 8.3.1977, AP Nr. 1 zu § 87 BetrVG 1972 Auszahlung.
[936] BAG 26.5.1988, AP Nr. 14 zu § 87 BetrVG 1972 Ordnung des Betriebes.
[937] BAG 22.7.2014, NZA 2014 1151 zur Sperrwirkung einer Fälligkeitsregelung in einer Mindestlohnverordnung für die Mitbestimmung bei der Auszahlung des Entgelts (§ 87 Abs. 1 Nr. 4 BetrVG).
[938] BAG 7.2.2012, NZA 2012, 685.
[939] BAG 29.3.1977, AP Nr. 1 zu § 87 BetrVG 1972 Provision.
[940] BAG 9.7.1991, AP Nr. 19 zu § 87 BetrVG 1972 Ordnung des Betriebes.
[941] BAG 22.7.2008, NZA 2008, 1248, 1254.
[942] BAG 23.10.2018, NZA 2019, 483 Rn. 20.
[943] BAG 28.3.2017, NZA 2017, 1137.
[944] BAG 24.2.1987, AP Nr. 21 zu § 77 BetrVG 1972.

levante Frage für den gesamten Betrieb abschließend regelt.⁹⁴⁵ Fehlt es an einer abschließenden Regelung, besteht das Mitbestimmungsrecht, soweit sich der verbleibende Gestaltungsspielraum in den konkurrierenden Tarifverträgen deckt. Ist das nicht der Fall, kommt es darauf an, ob die mitbestimmungspflichtige Materie in einer tariflichen Betriebs- oder Inhaltsnorm geregelt ist. Bei Betriebsnormen entscheidet die Repräsentativität: Nur der Tarifvertrag sperrt die Mitbestimmungsrechte, an den die meisten Arbeitnehmer gebunden sind. Bei Inhaltsnormen bemisst sich die Reichweite der Mitbestimmungsrechte nach der Gewerkschaftszugehörigkeit der jeweiligen Arbeitnehmer.⁹⁴⁶ Betriebsvereinbarungen können dann nicht mehr betriebsweit abgeschlossen werden, sondern nur für Mitglieder derjenigen Gewerkschaft, die eine bestimmte Sachfrage in ihrem Tarifvertrag nicht abschließend geregelt hat.⁹⁴⁷

425a Stets entfällt das Mitbestimmungsrecht nur so weit, wie der fachliche und persönliche Geltungsbereich des Tarifvertrags reicht; z.B. fallen die AT-Angestellten nicht unter den persönlichen Geltungsbereich.⁹⁴⁸ Der Tarifvertrag muss auch noch in Kraft sein. Ein lediglich nachwirkender Tarifvertrag schließt das Mitbestimmungsrecht nicht aus.⁹⁴⁹ Schon gar nicht genügt Tarifüblichkeit (vgl. § 77 Abs. 3 BetrVG). Das Mitbestimmungsrecht entfällt auch nur, soweit die Tarifvertragsparteien eine abschließende und zwingende tarifliche Regelung getroffen haben. Besteht eine solche, wird der Tarifvorbehalt durch eine tarifwidrige Maßnahme des Arbeitgebers nicht aufgehoben.⁹⁵⁰

425b Das Mitbestimmungsrecht entfällt nicht nur für die in der Gewerkschaft organisierten Arbeitnehmer, deren Tarifvertrag die Rechtsfolge des § 87 Abs. 1 ES BetrVG auslöst, sondern auch für die nicht oder anders organisierten. Zwar gelten Betriebsnormen für alle Arbeitnehmer, die dem persönlichen Geltungsbereich des Tarifvertrags unterfallen, nicht aber die viel wichtigeren Inhaltsnormen. Insoweit entsteht eine Schutzlücke. Der Tarifvertrag gilt nicht, der Betriebsrat kann aber auch nicht mitbestimmen. Das BAG schließt die Lücke, indem es die tarifliche Regelung auf die betroffenen Arbeitnehmer ausdehnt, soweit das erzwingbare Mitbestimmungsrecht des Betriebsrats reicht. Für den Bereich des § 87 Abs. 1 Nr. 10 BetrVG heißt das: Der Arbeitgeber ist verpflichtet, auch auf die nicht oder anders organisierten Arbeitnehmer die tarifliche Entgeltstruktur anzuwenden. Nicht verpflichtet ist er allerdings, ihnen auch das tarifliche Entgelt zu zahlen. § 87 Abs. 1 Nr. 10 BetrVG gilt nicht für die Höhe des Entgelts.⁹⁵¹

426 **cc) Verhältnis zu § 77 Abs. 3 BetrVG.** Nach Ansicht des BAG ist § 87 BetrVG lex specialis zu § 77 Abs. 3 BetrVG.⁹⁵² Der Betriebsrat kann sein Mitbe-

---

⁹⁴⁵ *Franzen*, RdA 2008, 193, 200; *Willemsen/Mehrens*, NZA 2010, 1313, 1318.
⁹⁴⁶ *Thüsing/v. Medem*, ZIP 2007, 510, 513; *Reichold*, ZfA 2007, 321, 327.
⁹⁴⁷ *Franzen*, RdA 2008, 193, 200; *Schmitt*, NZA-Beilage 2012, 123, 128.
⁹⁴⁸ BAG 11.2.1992, AP Nr. 50 zu § 76 BetrVG 1972.
⁹⁴⁹ BAG 24.2.1987, AP Nr. 21 zu § 77 BetrVG 1972.
⁹⁵⁰ BAG 28.3.2017, NZA 2017, 1137.
⁹⁵¹ BAG 18.10.2011, NZA 2012, 392.
⁹⁵² St. Rspr., vgl. BAG 24.2.1987, NZA 1987, 639; BAG 18.10.2011, NZA 2012, 392.

stimmungsrecht in sozialen Angelegenheiten immer dann durch Betriebsvereinbarung ausüben, wenn die Voraussetzungen des § 87 Abs. 1 ES BetrVG nicht vorliegen; § 77 Abs. 3 BetrVG enthält keine zweite Schranke (Vorrangtheorie). Zu Begründung und Kritik s. oben Rn. 378.

Gesetz[953] und Tarifvertrag müssen die Angelegenheit selbst abschließend regeln.[954] Behält der Arbeitgeber einen Spielraum, so bleibt das Mitbestimmungsrecht bestehen.[955] Die Tarifpartner können das Mitbestimmungsrecht auch nicht ausschließen. Deshalb hat der Betriebsrat z.B. ein Mitbestimmungsrecht bei der Gestaltung der AT-Gehälter, obwohl die AT-Angestellten bewusst aus dem Tarifvertrag ausgenommen sind,[956] und bei der Gestaltung übertariflicher Zulagen, obwohl das Entgelt im Tarifvertrag geregelt ist.[957] Zulässig ist es aber, dem Arbeitgeber ein Anordnungsrecht für den Fall einzuräumen, dass er die Zustimmung des Betriebsrats zu kurzfristig notwendigen und unaufschiebbaren Maßnahmen nicht erreichen kann. Dieses Recht muss jedoch an nachprüfbare Voraussetzungen gebunden und zeitlich eng begrenzt sein.[958] Auch wenn ein Tarifvertrag eine Angelegenheit nicht abschließend regelt, ist eine Betriebsvereinbarung nur insoweit zulässig, wie das Mitbestimmungsrecht reicht. In den wichtigsten Fragen, bei der Höhe des Entgelts und der Dauer der Arbeitszeit, hat der Betriebsrat kein Mitbestimmungsrecht; die Mitbestimmung beim „Wie" (§ 87 Abs. 1 Nr. 2, 10 BetrVG) reicht nicht aus.[959] Durch **„teilmitbestimmte"** Betriebsvereinbarungen kann also beispielsweise nicht eine tarifübliche Regelung über die Dauer der Arbeitszeit geändert werden.[960]

427

b) Unternehmerische Freiheit

Die Mitbestimmung steht nicht generell unter dem Vorbehalt, dass nicht in die unternehmerische Freiheit eingegriffen werden darf.[961] Ob und inwieweit ein Eingriff zulässig ist, ergibt sich aus den einzelnen Tatbeständen. Die Interessen des Unternehmers sind von der Einigungsstelle gegen die der Belegschaft abzuwägen. Nach Ansicht des BAG kann das dazu führen, dass ein Kaufhaus um 18.00 Uhr schließen muss, wenn die Belegschaft einen Frühschluss wünscht und die Einigungsstelle ihn beschließt. Damit unterwirft das BAG die Betriebsnutzungszeit indirekt der Mitbestimmung.[962]

428

---

[953] BAG 7.2.2012, NZA 2012, 685.
[954] BAG 18.4.1989, AP Nr. 8 zu § 87 BetrVG 1972 Akkord; BAG 10.11.1992 AP Nr. 58 zu § 87 BetrVG 1972 Lohngestaltung.
[955] BAG 18.4.1989, AP Nr. 18 zu § 87 BetrVG 1972 Tarifvorrang.
[956] BAG 22.1.1980, AP Nr. 3 zu § 87 BetrVG 1972 Lohngestaltung.
[957] BAG 10.2.1988, AP Nr. 33 zu § 87 BetrVG 1972 Lohngestaltung.
[958] BAG 17.11.1998, DB 1998, 2422; im konkreten Fall wurde dem Arbeitgeber die Anordnung von Überstunden bis zur Entscheidung der tariflichen Schlichtungsstelle, höchstens für sechs Tage, gestattet.
[959] BAG 24.1.1996, NZA 1996, 948; BAG 5.3.1997, NZA 1997, 951.
[960] *Hromadka*, FS Schaub, S. 337 ff.
[961] Anders Begr. RegE, BT-Drs. VI/1786 S. 31.
[962] BAG 31.8.1982, 13.10.1987, AP Nr. 8, 24 zu § 87 BetrVG 1972 Arbeitszeit; dagegen zu Recht *Richardi*, § 87 BetrVG Rn. 315 m.w.N.

c) Kollektive Regelung

429 Außer in den Fällen der Nr. 5 und 9 sind nur kollektive Regelungen mitbestimmungspflichtig.[963] Das BAG vertritt seit der Entscheidung des Großen Senats vom 3.12.1991[964] die Lehre vom **qualitativen Kollektiv**. Die Zahl der betroffenen Arbeitnehmer (quantitatives Kollektiv) sei allenfalls ein Indiz für einen kollektiven Tatbestand.[965] Individuelle Sonderregelungen auf Wunsch der betroffenen Arbeitnehmer könnten gehäuft auftreten und doch nur zufällig zeitlich zusammentreffen, während umgekehrt generelle Regelungen nur einen Arbeitnehmer betreffen könnten. Kollektive Regelungen seien darum solche, die nicht durch die konkreten Umstände des einzelnen Arbeitsverhältnisses bedingt seien und die sich folgerichtig nicht auf dieses Arbeitsverhältnis beschränkten. Darunter fallen alle Maßnahmen und Vereinbarungen, die sich auf mehrere Arbeitnehmer – sei es sogleich, sei es im Laufe der Zeit – auswirken oder auswirken können.[966] Gleichgültig ist, ob ein konkreter, einmaliger Sachverhalt geregelt oder ob eine Dauerregelung geschaffen wird.[967]

Beispiele: Ordnet der Arbeitgeber für seine Sekretärin eine Überstunde an, so ist die Anordnung mitbestimmungsfrei. Hat er zwei Sekretärinnen, die die Überstunde gleichermaßen leisten könnten, so ist die Anordnung mitbestimmungspflichtig. Das gleiche gilt, wenn er eine Überstundenregelung für sein Sekretariat trifft, also etwa anordnet, dass Überstunden grundsätzlich abzufeiern sind. Das Mitbestimmungsrecht kann nicht durch gleichlautende Maßnahmen oder Vereinbarungen mit einzelnen Arbeitnehmern ausgeschlossen werden.[968]

430 Eine überzeugende Abgrenzung des Kollektivtatbestands von der Einzelmaßnahme ist bislang nicht gelungen. Bei übertariflichen Zulagen nimmt das BAG einen kollektiven Bezug bereits deshalb an, weil der Arbeitgeber dabei die Leistungen der Arbeitnehmer miteinander vergleiche.[969] Damit verliert der Begriff jegliche Kontur. In der Unschärfe spiegelt sich die Unsicherheit über die ratio des Merkmals wieder. Ist Zweck des Mitbestimmungsrechts der Schutz des Einzelnen vor einseitig an den Interessen des Arbeitgebers ausgerichteten Maßnahmen, Weisungen und Vertragsänderungen, dann macht das Merkmal der Kollektivität keinen Sinn.[970] Eine generelle Ausdehnung auf Einzelfälle kommt umgekehrt nicht in Betracht, wenn mitbestimmungspflichtige Einzelmaßnahmen ohne Zustimmung des Betriebsrats unwirksam sind.[971] Denn damit würde die zum Schutz des Arbeitnehmers gedachte Mitbestimmung in Bevormundung umschlagen.

---

[963] Bundestagsausschuss für Arbeit und Sozialordnung, BT-Drs. VI/2729, S. 4.
[964] BAG GS 3.12.1991, AP Nr. 51 zu § 87 BetrVG 1972 Lohngestaltung.
[965] BAG 24.4.2007, NZA 2007, 818.
[966] GK-BetrVG/*Wiese*, § 87 Rn. 15 f.
[967] BAG 7.5.1956, 25.10.1957, AP Nr. 2, 6 zu § 56 BetrVG 1952.
[968] BAG 20.8.1991, AP Nr. 50 zu § 87 BetrVG 1972 Lohngestaltung.
[969] BAG 22.9.1992, 19.9.1995, AP Nr. 56, 81 zu § 87 BetrVG 1972 Lohngestaltung.
[970] So mit Recht *Richardi*, § 87 BetrVG Rn. 23.
[971] GK-BetrVG/*Wiese*, § 87 Rn. 13 f.; *Jahnke*, Tarifautonomie und Mitbestimmung, 1984, S. 21; a.A. *Däubler*, Grundrecht auf Mitbestimmung, 1973, S. 201.

Nähme der Betriebsrat sein Mitbestimmungsrecht durch Betriebsvereinbarung wahr, so könnte der Arbeitnehmer günstigere Bedingungen aushandeln; bei Mitbestimmung durch Regelungsabrede wäre ihm das verwehrt. Die Regelung muss deshalb nicht nur mitbestimmungsfrei bleiben, wenn sie durch die konkreten Umstände des Arbeitsverhältnisses bedingt ist, sondern auch, wenn sie dem Wunsch des Arbeitnehmers entspricht.[972] Anderes kann nur dann gelten, wenn ein Konflikt zwischen zwei Arbeitnehmern zu entscheiden ist, wenn der Arbeitgeber also beispielsweise einen „Topf" für Sozialleistungen zur Verfügung stellt oder wenn beide Arbeitnehmer die Überstunde leisten möchten (vgl. § 87 Abs. 1 Nr. 5 BetrVG).

d) Einwilligung des Arbeitnehmers

Die Einwilligung des Arbeitnehmers oder der Arbeitnehmer – etwa zur Mehrarbeit – schließt das Mitbestimmungsrecht nicht aus.[973] Der Betriebsrat soll die Interessen der übrigen Arbeitnehmer mitberücksichtigen und die betroffenen Arbeitnehmer notfalls gegen sich selbst schützen. Nach der Rechtsprechung entfällt das Mitbestimmungsrecht nicht einmal, wenn der Arbeitgeber die Regelung auf Wunsch eines Arbeitnehmers trifft. Der Wunsch kann aber ein Anzeichen dafür sein, dass es an einem Kollektivbezug fehlt.

431

e) Eil- und Notfälle

Das Mitbestimmungsrecht besteht auch in Eilfällen,[974] nicht dagegen in Notfällen, in denen sofort gehandelt werden muss, um von dem Betrieb oder den Arbeitnehmern Schaden abzuwenden, und in denen der Betriebsrat entweder nicht erreichbar ist oder keinen ordnungsgemäßen Beschluss fassen kann. Schaden kann auch der Verlust eines Auftrags oder die Verwirkung einer Vertragsstrafe bei nicht rechtzeitiger Erfüllung sein.[975] In Notfällen hat der Arbeitgeber das Recht, vorläufig zur Abwendung akuter Gefahren oder Schäden Maßnahmen durchzuführen, wenn er unverzüglich die Beteiligung des Betriebsrats nachholt.[976] Für Eilfälle muss Vorsorge getroffen werden. Arbeitgeber und Betriebsrat können vorbeugend Regelungen treffen. Im Übrigen muss der Betriebsrat an einer raschen Regelung mitwirken. Unterlässt er das, so verlieren Arbeitnehmer, die deswegen nicht arbeiten können, ihre Entgeltansprüche.[977]

432

---

[972] So mit Recht *Richardi*, § 87 BetrVG Rn. 25.
[973] BAG 8.8.1989, AP Nr. 18 zu § 95 BetrVG 1972; BAG 24.4.2007, NZA 2007, 818; BAG 30.6.2015, AuA 2015, 728.
[974] BAG 19.2.1991, AP Nr. 42 zu § 87 BetrVG 1972 Arbeitszeit.
[975] Vgl. *Zöllner/Loritz/Hergenröder*, Arbeitsrecht, § 51 IV 4.
[976] Allg. M., vgl. *Fitting*, § 87 BetrVG Rn. 25 m.w.N.
[977] *Löwisch/Kaiser*, § 87 BetrVG Rn. 20.

f) Initiativrecht

433 Der Betriebsrat hat in mitbestimmungspflichtigen Angelegenheiten grundsätzlich ein Initiativrecht.[978] Er kann also beispielsweise eine Änderung der Arbeitszeit, etwa in Form der Einführung von Gleitzeit, verlangen und gegebenenfalls über die Einigungsstelle durchsetzen. Kein Initiativrecht hat er vor allem zur Einführung oder Beibehaltung von Maßnahmen, die für die Arbeitnehmer nachteilig sind, wie etwa Kontrolleinrichtungen.[979]

g) Folgen fehlender Mitbestimmung

434 Die Folgen sind sowohl im kollektivrechtlichen als auch im individualrechtlichen Bereich umstritten.

435 **aa) Kollektivrechtlicher Bereich.** Beabsichtigt der Arbeitgeber, eine mitbestimmungspflichtige Maßnahme oder Regelung ohne Zustimmung des Betriebsrats zu treffen, so kann der Betriebsrat nach Ansicht des 1. Senats des BAG **Unterlassung** verlangen und notfalls durch einstweilige Verfügung durchsetzen (§§ 85 Abs. 2 ArbGG, 940 ZPO, s. oben Rn. 96 f.).[980] Der Anspruch auf Unterlassung nach § 23 Abs. 3 S. 1 BetrVG hat damit im Bereich der sozialen Angelegenheiten seine Bedeutung verloren. Statt auf Unterlassung zu klagen, kann der Betriebsrat die Einigungsstelle anrufen. Das kann auch parallel zur Klage geschehen. Unwirksam ist allerdings die betriebliche Vereinbarung einer Vertragsstrafe für den Fall einer Verletzung von Mitbestimmungsrechten.[981]

436 **bb) Individualrechtlicher Bereich.** Maßnahmen oder Regelungen, die der Arbeitgeber ohne Zustimmung des Betriebsrats trifft, sind nach Rspr. und h.L. unwirksam **(Theorie der Wirksamkeitsvoraussetzung** oder **der notwendigen Mitbestimmung)**;[982] auch die nachträgliche Beteiligung des Betriebsrats könne die Unwirksamkeit nicht heilen.[983]

437 Eine Mindermeinung geht von der Wirksamkeit der Maßnahme aus und nimmt an, dass sie endet, wenn der Betriebsrat die Einigungsstelle anruft und wenn diese eine andere Entscheidung trifft **(Theorie vom Regelungsanspruch** oder **von der erzwingbaren Mitbestimmung)**.[984] Die h.M. geht davon aus, dass nur durch Unwirksamkeit der individualrechtlichen Maßnahme die Effizienz der Mitbestimmung gesichert werden könne. Die Mindermeinung hält dem entgegen, dass die Theorie von der Wirksamkeitsvoraussetzung dogmatisch falsch sei; sie widerspreche dem Zweck einer notwendigen Beteiligung des

---

[978] BAG 21.7.2009, NZA 2009, 1049.
[979] BAG 28.11.1989, AP Nr. 4 zu § 87 BetrVG 1972 Initiativrecht.
[980] BAG 3.5.1994, AP Nr. 23 zu § 23 BetrVG 1972; BAG 27.1.2004, NZA 2004, 556, 557.
[981] BAG 29.9.2004, NZA 2005, 123, 124; BAG 19.1.2010, NZA 2010, 592.
[982] BAG GS 3.12.1991, AP Nr. 51, 52 zu § 87 BetrVG 1972 Lohngestaltung; BAG 10.3.2009, NZA 2009, 684; *Fitting*, § 87 BetrVG Rn. 599; GK-BetrVG/*Wiese*, § 87 Rn. 98.
[983] GK-BetrVG/*Wiese*, § 87 Rn. 100.
[984] HWGNRH/*Worzalla*, § 87 BetrVG Rn. 103 ff.; *Richardi*, § 87 BetrVG Rn. 101 ff.

Betriebsrats, weil nach ihr nicht nur eine Verschlechterung der Rechtsstellung des Arbeitnehmers, sondern auch eine Verbesserung unwirksam sei.[985] Die h.L. versucht diesen Bedenken vor allem durch zwei Vorkehrungen Rechnung zu tragen: Begünstigende individualrechtliche Abmachungen sind wirksam, auch wenn der Betriebsrat nicht zugestimmt hat (für Vergangenheit und Zukunft). Und: Der Betriebsrat hat nur ein Mitbestimmungsrecht bei Kollektivmaßnahmen, so dass günstigere individualrechtliche Abmachungen möglich bleiben (zur Problematik s. oben Rn. 429). Nicht unwirksam sind auch Rechtsgeschäfte mit Dritten, etwa die Gründung einer rechtlich selbständigen Sozialeinrichtung und deren Rechtsgeschäfte[986] oder der Abschluss eines Pachtvertrags über die Kantine.

Beispiele: Eine Weisung, durch die ein Arbeitnehmer ohne Zustimmung des Betriebsrats **438** zur Ableistung einer Überstunde verpflichtet wird, ist unwirksam. Der Arbeitnehmer braucht die Überstunde nicht zu leisten. Leistet er sie, hat er Anspruch auf Vergütung.[987] Unwirksam ist auch die Einführung von Kurzarbeit ohne Zustimmung des Betriebsrats. Der Arbeitgeber schuldet den Arbeitnehmern bei Zuwiderhandlung Verzugslohn aus § 615 BGB.[988] Wirksam ist die Zusage von übertariflichen Zulagen, und zwar nicht nur für die Vergangenheit, sondern auch für die Zukunft.[989] Erzwingt der Betriebsrat aufgrund seines Mitbestimmungsrechts ein anderes Verteilungskonzept, dann kann der Arbeitgeber die Zulage nur widerrufen, wenn er sich das vorbehalten hat. Unwirksam ist eine nicht mitbestimmte Anrechnung von übertariflichen Zulagen, es sei denn, dass der Verteilungsschlüssel unverändert bleibt.[990]

Die Verletzung des Mitbestimmungsrechts führt nicht eo ipso zu einem individu- **439** alrechtlichen Anspruch. Wird ein Arbeitnehmer von einer Regulierung ausgenommen, der der Betriebsrat nicht zugestimmt hat, so hat er nicht schon deswegen Anspruch auf die höhere Vergütung.[991] Ein Anspruch kann sich allerdings aus der dann gemeinsam mit dem Betriebsrat getroffenen Regelung ergeben oder – unabhängig von der Mitbestimmung – aus dem Gleichbehandlungsgrundsatz. Bei einer unter Verstoß gegen das Beteiligungsrecht aus § 87 Abs. 1 Nr. 10 BetrVG vorgenommenen Änderung der im Betrieb geltenden Entlohnungsgrundsätze kann der Arbeitnehmer laut BAG[992] eine Vergütung auf der Grundlage der bis dahin geltenden Entlohnungsgrundsätze fordern. Die im Arbeitsvertrag getroffene Vereinbarung über die Vergütungshöhe werde von Gesetzes wegen ergänzt durch die Verpflichtung des Arbeitgebers, den Arbeitnehmer nach den im Betrieb geltenden Entlohnungsgrundsätzen zu vergüten (zur Kritik s. unten Rn. 488a).

cc) Teilmitbestimmte Maßnahmen. Ist eine Maßnahme teils mitbestimmungs- **440** pflichtig, teils mitbestimmungsfrei, also z.B. die Gewährung einer Sozialleistung oder Kurzarbeit beim Arbeitskampf – mitbestimmungsfrei ist das Ob, mitbe-

---

[985] *Richardi*, § 87 BetrVG Rn. 104, 109.
[986] BAG 13.7.1978, AP Nr. 5 zu § 87 BetrVG 1972 Altersversorgung.
[987] Vgl. BAG 5.7.1976, AP Nr. 10 zu § 12 AZO.
[988] BAG 18.11.2015, NZA 2016, 565.
[989] *Richardi*, § 87 BetrVG Rn. 125.
[990] BAG GS 3.12.1991, AP Nr. 51, 52 zu § 87 BetrVG 1972 Lohngestaltung.
[991] BAG 20.8.1991, AP Nr. 50 zu § 87 BetrVG 1972 Lohngestaltung.
[992] BAG 22.6.2010, NZA 2010, 1243; BAG 11.1.2011, BeckRS 2011, 72469.

stimmungspflichtig das Wie –, dann darf der Arbeitgeber die Maßnahme erst durchführen, wenn er sich mit dem Betriebsrat über das Wie geeinigt hat.[993] Der Betriebsrat kann sein Mitbestimmungsrecht noch nachträglich ausüben und eine Änderung der Gestaltung verlangen und durchsetzen.[994]

441 **dd) Umgehungsverbot.** Der Arbeitgeber kann einem Mitbestimmungsrecht nicht dadurch entgehen, dass er kollektive Regelungen durch individualrechtliche Absprachen trifft. Derartige Vereinbarungen sind unwirksam, und zwar nach Ansicht des BAG wegen Gesetzesumgehung;[995] dieser Konstruktion bedarf es bei folgerichtiger Anwendung der Theorie der Wirksamkeitsvoraussetzung nicht.[996]

h) Missbrauch des Mitbestimmungsrechts

442 Der Betriebsrat entscheidet nach der gesetzlichen Konzeption nach pflichtgemäßem Ermessen, ob er einer Maßnahme zustimmt oder nicht. Zwar ist er zur vertrauensvollen Zusammenarbeit mit dem Arbeitgeber verpflichtet (§ 2 BetrVG), eine Pflicht, unter angemessener Berücksichtigung der Belange des Betriebs und der betroffenen Arbeitnehmer nach billigem Ermessen zu entscheiden, wie sie für die Einigungsstelle besteht (§ 76 Abs. 5 S. 3 BetrVG), hat er jedoch nicht. Dem Arbeitgeber bleibt nur die Möglichkeit, die Einigungsstelle anzurufen oder bei Obstruktion nach § 23 BetrVG vorzugehen. Ob die Zustimmung bei rechtsmissbräuchlicher Verweigerung als erteilt gilt, ist streitig.[997] Besondere Bedeutung für die Praxis hat das Verlangen von Betriebsräten nach Gegenleistungen (**„Koppelungsgeschäften"**). *Hanau/Reitze* schlagen vor, ein solches Verlangen als schlüssige Zustimmung unter einer unwirksamen Bedingung anzusehen und die Zustimmung als wirksam zu betrachten, sofern der Betriebsrat bei der gewünschten Gegenleistung nicht ebenfalls ein erzwingbares, mit Initiativrecht versehenes Mitbestimmungsrecht nach § 87 Abs. 1 BetrVG hat.[998] Das könnte vor allem bei der Mitbestimmung bei Überstunden helfen.[999]

i) Streitigkeiten

443 Können Arbeitgeber und Betriebsrat sich in einer mitbestimmungspflichtigen sozialen Angelegenheit nicht einigen, so kann jede Seite die Einigungsstelle anrufen, die dann verbindlich entscheidet (§ 87 Abs. 2 BetrVG). Streiten Arbeitgeber und Betriebsrat über die Frage, ob ein Mitbestimmungsrecht besteht, so

---

[993] BAG 22.12.1980, AP Nr. 70, 71 zu Art. 9 GG Arbeitskampf.
[994] *Käppler*, SAE 1993, 340, 345.
[995] BAG 19.4.1963, 31.1.1969, AP Nr. 2, 5 zu § 56 BetrVG Entlohnung.
[996] So mit Recht *Richardi*, § 87 BetrVG Rn. 127.
[997] Dafür *Hanau*, NZA 1985, Beil. 2 S. 9; *Jahnke*, ZfA 1984, 106; *Heinze*, DB 1992, Beil. 23 S. 12; dagegen MünchArbR/*Matthes*, 3. Aufl., § 242 Rn. 43 ff.
[998] *Hanau/Reitze*, FS Wiese, 1998, S. 149, 152 ff., unter Hinweis auf BAG 10.2.1988, AP Nr. 33 zu § 87 BetrVG 1972 Lohngestaltung.
[999] Vgl. z.B. Hessisches LAG 13.10.2005, AuR 2009, 315; LAG Düsseldorf 12.12.2007, AuR 2008, 270.

entscheidet auf Antrag eines der beiden das Arbeitsgericht im Beschlussverfahren (§ 2a Abs. 1 Nr. 1, Abs. 2 ArbGG). Das erforderliche Feststellungsinteresse fehlt, wenn der Arbeitgeber das Mitbestimmungsrecht zwar bestreitet, aber gleichwohl eine Vereinbarung über die streitige Frage abschließt,[1000] oder wenn die Maßnahme abgeschlossen ist und die Frage des Mitbestimmungsrechts keine Rolle mehr spielt.[1001] Einigungsstellenverfahren und Arbeitsgerichtsverfahren können nebeneinander geführt werden.

3. Art und Weise der Regelung

Eine kollektive Regelung kann durch Betriebsvereinbarung oder Regelungsabrede, eine Einzelregelung in den Fällen der Nr. 5 und 9 durch Regelungsabrede getroffen werden. Die Entscheidung für die eine oder andere Form hängt davon ab, ob für die Arbeitnehmer unmittelbar Rechte und Pflichten begründet werden sollen – dann Betriebsvereinbarung – oder nicht – dann Regelungsabrede. Vorausgehen muss immer die Prüfung, ob die Änderung der Arbeitsbedingungen überhaupt zulässig ist und wenn ja, ob sie nur individualrechtlich oder ob sie auch durch Betriebsvereinbarung vorgenommen werden kann. **444**

Inhaltlich haben die Betriebspartner einen großen Spielraum. Sie können alle Einzelheiten regeln oder sich auf Rahmenregelungen beschränken und die Ausfüllung dem Arbeitgeber überlassen.[1002] Sie können mit der Regelung warten, bis ein mitbestimmungspflichtiger Tatbestand eingetreten ist, oder sie können Regelungen im voraus treffen; das empfiehlt sich vor allem für Eilfälle.[1003] Dabei kann dann z.B. vereinbart werden, dass der Betriebsrat wenigstens nachträglich über mitbestimmungspflichtige Entscheidungen zu unterrichten ist (z.B. über Überstunden). Unzulässig ist es lediglich, dem Arbeitgeber das alleinige Gestaltungsrecht über den mitbestimmungspflichtigen Tatbestand zu eröffnen.[1004] **445**

4. Die mitbestimmungspflichtigen Tatbestände

a) Fragen der Ordnung des Betriebs und des Verhaltens der Arbeitnehmer im Betrieb (Nr. 1)

aa) Ordnungsverhalten. Mitbestimmungspflichtig sind Maßnahmen, die das sog. Ordnungsverhalten betreffen, d.h. die Gestaltung des Zusammenlebens und Zusammenwirkens der Arbeitnehmer im Betrieb.[1005] Mitbestimmungsfrei sind **446**

[1000] Vgl. BAG 12.1.1988, AP Nr. 8 zu § 81 ArbGG 1979.
[1001] BAG 19.2.1991, AP Nr. 26 zu § 95 BetrVG 1972.
[1002] BAG 10.3.1992, AP Nr. 1 zu § 77 BetrVG 1972 Regelungsabrede.
[1003] BAG 8.8.1989, AP Nr. 11 zu § 23 BetrVG 1972; *Fitting*, § 87 BetrVG Rn. 23 f.; MünchArbR/*Matthes*, § 242 Rn. 29.
[1004] BAG 3.6.2003, NZA 2002, 1155.
[1005] St. Rspr., vgl. BAG 17.1.2012, NZA 2012, 687; BAG 7.2.2012, NZA 2012, 685.

Maßnahmen bezüglich des **Arbeitsverhaltens**, d.h. der Erbringung der Arbeitsleistung.[1006] Das gilt nicht nur für Weisungen zur Ausführung der Arbeit, sondern auch für die Erfassung und Kontrolle,[1007] sofern die Kontrolle nicht ausnahmsweise durch technische Überwachungseinrichtungen erfolgt; dann besteht ein Mitbestimmungsrecht nach Nr. 6. Der Begriff des Betriebs i.S.d. Nr. 1 ist nicht räumlich, sondern funktional zu verstehen. Das Mitbestimmungsrecht besteht deshalb auch dann, wenn der Arbeitgeber seinen Arbeitnehmern Anweisungen hinsichtlich ihres Ordnungsverhaltens in einem Kundenbetrieb erteilt;[1008] ein Zugangsrecht zum Kundenbetrieb erwächst daraus allerdings nicht.[1009] Ist das Ordnungsverhalten betroffen, wird das Mitbestimmungsrecht nicht dadurch ausgeschlossen, dass der Arbeitgeber den Arbeitnehmern den Abschluss einer zweiseitigen Vereinbarung anträgt und nicht einseitige Anordnungen erlassen will.[1010]

447 **bb) Einzelheiten.** Der Mitbestimmung des Betriebsrats unterliegen damit vor allem Vorschriften über Torkontrollen,[1011] Arbeitszeiterfassungssysteme,[1012] Werksausweise,[1013] Telefonkontrollen,[1014] Parkplatzordnungen,[1015] Kleiderordnungen,[1016] Alkohol- und Rauchverbote,[1017] Radiohören,[1018] Regelungen über die Einsicht in Personalakten,[1019] die allgemeine Anordnung, eine ärztliche Arbeitsunfähigkeitbescheinigung bereits zu einem früheren Zeitpunkt als dem in § 5 Abs. 1 S. 2 EFZG genannten vorzulegen[1020], die Durchführung von Sicherheitswettbewerben,[1021] Verfahrensregelungen über das betriebliche Eingliederungsmanagement nach § 84 Abs. 2 SGB IX[1022] sowie die Einführung einer Beschwerdestelle nach §§ 13 Abs. 1 S. 1, 12 Abs. 5 S. 1 AGG und die Ausgestaltung ihres Verfahrens; mitbestimmungsfrei ist die Entscheidung des Arbeitgebers, wo er die Stelle einrichtet und wie er sie besetzt.[1023] Bei Betriebsbußen ist sowohl die Aufstellung der Bußordnung als auch die Verhängung einer Buße (Verwarnung, Verweis, Geldbuße) im Einzelfall mitbestimmungspflichtig.[1024] Bei „Ethikrichtlinien" zur Regelung des Mitarbeiterverhaltens und der betrieblichen Ordnung kommt es auf die jeweilige Vorschrift an; dass einzelne Bestimmungen mitbestimmungspflichtig sind, begründet kein Mitbestimmungsrecht an dem Gesamtwerk;[1025] Ethikrichtlinien dürfen nicht in die private Lebensführung eingreifen.

[1006] BAG 11.6.2002, NZA 2002, 1299; BAG 10.3.2009, NZA 2010, 180.
[1007] BAG 10.3.2009, NZA 2010, 180.
[1008] BAG 27.1.2004, NZA 2004, 556, 557.
[1009] BAG 15.10.2014, NZA 2015, 560.
[1010] BAG 24.4.2007, NZA 2007, 818; BAG 10.3.2009, NZA 2010, 180.
[1011] BAG 26.5.1988, AP Nr. 14 zu § 87 BetrVG 1972 Ordnung des Betriebes.
[1012] *Fitting*, § 87 BetrVG Rn. 71.
[1013] BAG 16.12.1986, AP Nr. 13 zu § 87 BetrVG 1972 Ordnung des Betriebes.
[1014] LAG Nürnberg 29.1.1987, NZA 1987, 572.
[1015] BAG 7.2.2012, NZA 2012, 685.
[1016] BAG 13.2.2007, NZA 2007, 640; BAG 17.1.2012, NZA 2012, 687.
[1017] LAG Baden-Württemberg 9.12.1977, DB 1978, 213.
[1018] BAG 14.1.1986, AP Nr. 10 zu § 87 BetrVG 1972 Ordnung des Betriebes.
[1019] LAG Saarland 30.1.1974, AuR 1974, 217.
[1020] BAG 23.8.2016, NZA 2016, 1483.
[1021] BAG 24.3.1981, AP Nr. 2 zu § 87 BetrVG 1972 Arbeitssicherheit.
[1022] BAG 13.3.2012, NZA 2012, 748.
[1023] BAG 21.7.2009, NZA 2009, 1049.
[1024] BAG 5.12.1975, AP Nr. 1 zu § 87 BetrVG 1972 Betriebsbuße.
[1025] BAG 22.7.2008, NZA 2008, 1248; keinesfalls dürfen sie in die private Lebensführung eingreifen.

XI. Mitbestimmung in sozialen Angelegenheiten

Nicht mitbestimmungspflichtig sind u.a. der Einsatz von Privatdetektiven,[1026] Schaltertests zur Verbesserung der Beratungsqualität,[1027] Führungsrichtlinien,[1028] codierte Ausweise, die lediglich dazu dienen, den Zugang zum Betrieb oder zu bestimmten Räumen freizugeben,[1029] Dienstreiseordnungen,[1030] die Anordnung, Kopfhauben bei der Verpackung und Fertigung medizinischer Artikel zu tragen,[1031] Erfassungsbögen zu Kalkulationszwecken,[1032] arbeitsbegleitende Papiere,[1033] Tätigkeitsberichte,[1034] Formulare zur Erfassung von Abwesenheit[1035] oder Überstunden, formalisierte Krankengespräche zur Aufklärung von Krankheitsursachen,[1036] Verschwiegenheitsvereinbarungen, wenn die Schweigepflicht das Arbeitsverhalten betrifft oder gesetzlich geregelt ist,[1037] sowie Abmahnungen.[1038] Kein Mitbestimmungsrecht besteht auch bei Maßnahmen, die der Arbeitgeber aufgrund gesetzlicher Vorschriften durchführen muss, weil ihm insoweit kein Ermessensspielraum verbleibt (z.B. Rauchverbot in feuergefährdetem Betrieb).[1039] Dasselbe gilt für die Klarstellung, dass mit der Ausgabe eines mobilen Arbeitsmittels nicht die Erwartung verbunden ist, dieses in der Freizeit zu dienstlichen Zwecken zu nutzen.[1040]

b) Beginn und Ende der täglichen Arbeitszeit einschließlich der Pausen sowie Verteilung der Arbeitszeit auf die einzelnen Wochentage (Nr. 2)

aa) Lage der Arbeitszeit. Mitbestimmungspflichtig ist die Lage der Arbeitszeit, nicht die Dauer. Das folgt nicht nur aus der Gesetzessystematik – Nr. 3 erklärt (nur) vorübergehende Änderungen der Arbeitszeitdauer für mitbestimmungspflichtig –, sondern vor allem aus dem Grundsatz der Vertragsfreiheit. Die Dauer der Arbeitszeit bestimmt den Umfang des Leistungsversprechens des Arbeitnehmers. Dauer meint die Arbeitszeit, die im Arbeitsvertrag (oder Tarifvertrag) für den dort zugrunde gelegten Zeitraum (Woche, Monat, Jahr) vereinbart ist. Stellt der Arbeitsvertrag (Tarifvertrag), wie (noch) üblich, auf die Woche ab, dann ist die Wochenarbeitszeit mitbestimmungsfrei, die tägliche Arbeitszeit hinsichtlich Dauer (= Verteilung der Arbeitszeit auf die einzelnen Wochentage) und Lage (Beginn und Ende der täglichen Arbeitszeit) mitbestimmungspflichtig.[1041] Arbeitszeit i.S.d. Nr. 2 ist die Zeit, in der der Arbeitnehmer die von ihm vertraglich

448

[1026] BAG 26.3.1991, AP Nr. 21 zu § 87 BetrVG 1972 Überwachung.
[1027] BAG 18.4.2000, NZA 2000, 1176.
[1028] BAG 23.10.1984, AP Nr. 8 zu § 87 BetrVG 1972 Ordnung des Betriebes.
[1029] BAG 10.4.1984, AP Nr. 7 zu § 87 BetrVG 1972 Ordnung des Betriebes.
[1030] BAG 8.12.1981, AP Nr. 6 zu § 87 BetrVG 1972 Lohngestaltung.
[1031] LAG Baden-Württemberg 8.12.1983, 4 TaBV 8/83.
[1032] BAG 24.11.1981, AP Nr. 3 zu § 87 BetrVG 1972 Ordnung des Betriebes.
[1033] BAG 25.9.2012, NZA 2013, 467: Laufzettel über ausgegebene Betriebsmittel.
[1034] BAG 24.11.1987, AP Nr. 3 zu § 87 BetrVG 1972 Ordnung des Betriebes.
[1035] BVerwG 19.6.1990, NJW 1990, 3033.
[1036] *Richardi*, § 87 BetrVG Rn. 192; a.A. BAG 8.11.1994, AP Nr. 24 zu § 87 BetrVG 1972 Ordnung des Betriebes.
[1037] BAG 10.3.2009, NZA 2010, 180.
[1038] BAG 23.9.1975, DB 1975, 1946; zur Abmahnung allgemein s. Band 1, § 6 Rn. 157 ff.
[1039] BAG 10.3.2009, NZA 2010, 180.
[1040] BAG 22.8.2017, NZA 2018, 50.
[1041] BAG 18.4.1989, AP Nr. 33 zu § 87 BetrVG 1972 Arbeitszeit.

geschuldete Arbeitsleistung tatsächlich erbringen soll. Dementsprechend betrifft das Mitbestimmungsrecht die Lage der Grenze zwischen Arbeitszeit und Freizeit.[1042] Zur Arbeitszeit i.S.d. Betriebsverfassungsrechts gehören auch Arbeitsbereitschaft als Zeit minderer Inanspruchnahme, Bereitschaftsdienst und Rufbereitschaft[1043] sowie Umkleidezeiten, wenn die vorgeschriebene Dienstkleidung nicht bereits zu Hause angelegt oder wegen ihrer Auffälligkeit nicht auf dem Weg zur Arbeitsstätte getragen werden kann,[1044] nicht dagegen Reisezeiten außerhalb der vereinbarten Arbeitszeit, es sei denn, dass während der Reise Arbeitsleistungen zu erbringen sind.[1045]

449 bb) Einzelheiten. Mitbestimmungspflichtig sind damit die Festlegung von Arbeits- und arbeitsfreien Tagen in der Woche,[1046] die Einführung von gleitender und/oder variabler Arbeitszeit,[1047] die Festlegung der Rahmenbedingungen für Abrufarbeit und Teilzeitarbeit,[1048] die Einführung,[1049] Ausgestaltung („Schichtplan"),[1050] Änderung und Abschaffung von Schichtarbeit.[1051] Ein Mitbestimmungsrecht besteht auch über die Grundsätze für die Zuordnung der Arbeitnehmer zu den einzelnen Schichten,[1052] nicht dagegen bei der Versetzung eines Arbeitnehmers von einer Schicht in eine andere[1053] oder bei der Zuweisung der in einer Schicht zu verrichtenden Tätigkeiten.[1054] Das Mitbestimmungsrecht bei Dauer und Lage der Pausen bezieht sich nur auf Ruhepausen, nicht auf Pausen, die als Arbeitszeit gelten, wie Lärmpausen,[1055] wohl aber auf unbezahlte Ruhepausen, die über die in § 4 Satz 1 ArbZG bestimmte Dauer hinausgehen.[1056] Es erstreckt sich auch auf Vertretungsregelungen während der Pausen.

Beispiel: Vier Arbeitnehmerinnen vertreten in einer bestimmten Reihenfolge die Telefonistin während der halbstündigen Mittagspause und holen ihre Pause zu einer anderen Zeit nach.[1057]

450 Arbeitgeber und Betriebsrat haben bei allen Regelungen die gesetzlichen Bestimmungen einzuhalten, insbesondere das Arbeitszeitgesetz, §§ 8 ff. JArbSchG, § 8 MuSchG, das LadSchlG und § 12 TzBfG. Aus der Verpflichtung des Betriebsrats, bei der Ausübung seiner Rechte darauf zu achten, dass die Vereinbarkeit von Familie und Erwerbstätigkeit gefördert wird (§ 80 I Nr. 2 lit. b BetrVG)

[1042] BAG 10.11.2009, NZA-RR 2010, 301.
[1043] BAG 21.12.1982, AP Nr. 9 zu § 87 BetrVG 1972 Arbeitszeit.
[1044] BAG 12.11.2013, NZA 2014, 557; BAG 17.11.2015, NZA 2016, 247.
[1045] BAG 23.7.1996, AP Nr. 26 zu § 87 BetrVG 1972 Ordnung des Betriebes.
[1046] BAG 26.10.2004, NZA 2005, 538 zur Arbeit am Karnevalsdienstag.
[1047] BAG 18.4.1989, AP Nr. 33 zu § 87 BetrVG 1972 Arbeitszeit.
[1048] BAG 13.10.1987, 28.9.1988, 16.7.1991, AP Nr. 24, 29, 44 zu § 87 BetrVG Arbeitszeit.
[1049] BAG 28.10.1986, AP Nr. 20 zu § 87 BetrVG 1972 Arbeitszeit.
[1050] BAG 19.6.2012, NZA 2012, 1237.
[1051] *Fitting*, § 87 BetrVG Rn. 120 ff. m.w.N.
[1052] BAG 27.6.1989, AP Nr. 35 zu § 87 BetrVG 1972 Arbeitszeit; BAG 19.6.2012, NZA 2012, 1237.
[1053] *Fitting*, § 87 BetrVG Rn. 123 m. N.; a.A. BAG 8.8.1989, AP Nr. 11 zu § 23 BetrVG 1972.
[1054] BAG 29.9.2004, NZA 2005, 313, 315.
[1055] BAG 28.7.1981, AP Nr. 3 zu § 87 BetrVG 1972 Arbeitssicherheit.
[1056] BAG 25.2.2015, NZA 2015, 442; BAG 25.2.2015, NZA 2015, 494.
[1057] LAG Düsseldorf 23.8.1983, BB 1983, 2052.

folgt kein zwingender Vorrang der Interessen einzelner Arbeitnehmer, die Familienpflichten zu erfüllen haben. Den Betriebsparteien steht bei der Abwägung von Einzel- und Kollektivinteresse ein Beurteilungsspielraum zu.[1058] Das Mitbestimmungsrecht knüpft an die tatsächliche Eingliederung eines Arbeitnehmers in den Betrieb an. Es gilt daher auch hinsichtlich dem Arbeitgeber überlassener Leiharbeitnehmer oder aufgrund einer Personalgestellung eingesetzter Arbeitnehmer. Zuständig für die Wahrnehmung der Mitbestimmungsrechte ist deshalb der Betriebsrat des Eingliederungsbetriebs, nicht der des Vertragsarbeitgebers. Daran ändert auch eine etwaige Unwirksamkeit des Gestellungsvertrags oder der der Gestellung zugrunde liegenden Tarifregelung nichts.[1059]

c) Vorübergehende Verkürzung oder Verlängerung der betriebsüblichen Arbeitszeit (Nr. 3)

aa) Überstunden und Kurzarbeit. Hier geht es um die Anordnung oder Vereinbarung von Überstunden[1060] und um die Einführung von Kurzarbeit;[1061] die Duldung von Überstunden (Entgegennahme und Bezahlung) steht der Anordnung gleich.[1062] Mit der betriebsüblichen ist die jeweils vom einzelnen Arbeitnehmer geschuldete Arbeitszeit gemeint;[1063] deshalb sind auch Überstunden von Teilzeitarbeitnehmern mitbestimmungspflichtig.[1064] Der Betriebsrat hat ein Mitbestimmungsrecht sowohl beim Ob als auch beim Wie. Ein kollektiver Bezug kann nach der Rechtsprechung schon dann vorliegen, wenn auch nur ein Arbeitnehmer Überstunden leistet; Voraussetzung ist, dass auch ein anderer Arbeitnehmer an seiner Stelle in Frage gekommen wäre.[1065] Es gehe darum, Belastungen und Verdienstchancen gerecht zu verteilen.[1066] 451

bb) Einzelheiten. Mitbestimmungspflichtig ist danach im allgemeinen die Anordnung von Überstunden aus Anlass von Schlussverkäufen und saisonbedingten Bestandsaufnahmen in einem Warenhaus,[1067] zur Aufnahme des Bestands in einer EDV-Abteilung außerhalb der Arbeitszeit in regelmäßigen Abständen,[1068] bei organisatorisch oder technisch bedingter Mehrarbeit im Rechenzentrum,[1069] zur Beseitigung immer wieder auftauchender technischer Störungen an Betriebsanlagen[1070] oder zur termingerechten Erbringung von Leistungen an Dritte.[1071] Mitbestimmungspflichtig ist nach Ansicht des BAG weiter die 452

[1058] BAG 16.12.2008, NZA 2009, 565.
[1059] BAG 18.7.2017, NZA 2017, 1542.
[1060] BAG 12.1.1988, AP Nr. 8 zu § 81 ArbGG 1979.
[1061] BAG 18.11.2015, NZA 2016, 565.
[1062] BAG 27.11.1990, 16.7.1991, AP Nr. 41, 44 zu § 87 BetrVG 1972 Arbeitszeit.
[1063] BAG 16.7.1991, AP Nr. 44 zu § 87 BetrVG 1972 Arbeitszeit.
[1064] BAG 24.4.2007, NZA 2007, 818.
[1065] BAG 10.6.1986, AP Nr. 18 zu § 87 BetrVG 1972 Arbeitszeit.
[1066] BAG 23.7.1996, AP Nr. 26 zu § 87 BetrVG 1972 Ordnung des Betriebes.
[1067] BAG 18.11.1980, AP Nr. 3 zu § 87 BetrVG 1972 Arbeitszeit.
[1068] BAG 8.6.1982, AP Nr. 7 zu § 87 BetrVG 1972 Arbeitszeit.
[1069] BAG 22.2.1983, AP Nr. 2 zu § 23 BetrVG 1972.
[1070] BAG 2.3.1982, 21.12.1982, AP Nr. 6, 9 zu § 87 BetrVG 1972 Arbeitszeit.
[1071] BAG 11.11.1986, AP Nr. 21 zu § 87 BetrVG 1972 Arbeitszeit.

Einführung von Bereitschaftsdienst; hier gehe es im Kern um eine vorsorgliche Regelung der Leistung von Überstunden.[1072] Eine vorübergehende Verkürzung der betriebsüblichen Arbeitszeit liegt auch in der Verringerung der Arbeitszeit aufgrund von Fernwirkungen eines Arbeitskampfs. Der Betriebsrat hat hier aber kein Mitbestimmungsrecht beim Ob, weil er sonst Einfluss auf das Kräfteverhältnis der Kampfparteien nehmen könnte, sondern nur beim Wie.[1073] Die zur Einführung von Kurzarbeit erforderliche Betriebsvereinbarung muss mindestens die Bestimmung von Beginn und Dauer der Kurzarbeit, die Regelung der Lage und Verteilung der Arbeitszeit sowie die Auswahl der betroffenen Arbeitnehmer regeln.[1074] Kein Mitbestimmungsrecht besteht beim Abbau von Überstunden oder bei der Rückkehr von der Kurzarbeit zur Normalarbeitszeit,[1075] kein Mitbestimmungsrecht auch bei der Abgeltung von Überstunden oder Freizeitansprüchen[1076] und bei der Höhe des Entgeltausfalls bei Kurzarbeit.[1077]

d) Zeit, Art und Ort der Auszahlung der Arbeitsentgelte (Nr. 4)

453 Arbeitsentgelte sind über das laufende Entgelt hinaus alle Geld- und geldwerten Leistungen, die der Arbeitgeber dem Arbeitnehmer für die geleistete Arbeit erbringt. „Zeit" meint Tag und Stunde der Auszahlung, nach h.M. auch den Entgeltzahlungszeitraum (Monat, Woche),[1078] „Ort" vor allem die Frage, ob im Betrieb oder außerhalb – der Betrieb ist der Erfüllungsort –, „Art" bargeldlose oder Barzahlung. Das Mitbestimmungsrecht erstreckt sich auf die Kosten, die dem Arbeitnehmer zwangsläufig durch die gewählte Art der Entgeltzahlung entstehen,[1079] also bei bargeldloser Zahlung auf die Gebühr für die Überweisung und eine Abbuchung – sofern der Arbeitnehmer kein Konto hat, auch auf die Kontoführungsgebühr[1080] –, und auf die Zeitversäumnis für das Aufsuchen der Bank.[1081] Die Kosten können pauschaliert werden.[1082]

e) Aufstellung allgemeiner Urlaubsgrundsätze und des Urlaubsplans sowie die Festsetzung der zeitlichen Lage des Urlaubs für einzelne Arbeitnehmer, wenn zwischen dem Arbeitgeber und den beteiligten Arbeitnehmern kein Einverständnis erzielt wird (Nr. 5)

454 Diese Bestimmung geht von folgendem Modell aus: Arbeitgeber und Betriebsrat stellen allgemeine Urlaubsgrundsätze auf, d.h. Richtlinien für die Erteilung von

---

[1072] BAG 29.1.2000, NZA 2000, 1243.
[1073] BAG 22.12.1980, AP Nr. 70, 71 zu Art. 9 GG Arbeitskampf.
[1074] BAG 18.11.2015, NZA 2016, 565.
[1075] BAG 21.11.1978, AP Nr. 2 zu § 87 BetrVG 1972 Arbeitszeit.
[1076] BAG 22.8.2017, NZA 2018, 115.
[1077] GK-BetrVG/*Wiese*, § 87 BetrVG Rn. 360.
[1078] *Fitting*, § 87 BetrVG Rn. 181 f.; *Richardi*, § 87 BetrVG Rn. 414.
[1079] BAG 24.11.1987, 10.8.1993, AP Nr. 6, 12 zu § 87 BetrVG 1972 Auszahlung.
[1080] BAG 8.3.1977, 10.8.1993, AP Nr. 1, 12 zu § 87 BetrVG 1972 Auszahlung.
[1081] BAG 20.12.1988, AP Nr. 9 zu § 87 BetrVG 1972 Auszahlung.
[1082] *Fitting*, § 87 BetrVG Rn. 187.

Urlaub gleich welcher Art (Erholungsurlaub, Schwerbehindertenurlaub,[1083] Sonderurlaub für ausländische Arbeitnehmer,[1084] Bildungsurlaub[1085]). Beispielsweise wird festgelegt, dass Arbeitnehmer mit schulpflichtigen Kindern vorzugsweise in den Ferien in Urlaub gehen dürfen und dass der Urlaub auf günstige und weniger günstige Monate aufzuteilen ist oder dass Betriebsferien gemacht werden.[1086] Die Arbeitnehmer tragen ihre Urlaubswünsche sodann entsprechend den Richtlinien jährlich in die Urlaubsliste ein. Widerspricht der Arbeitgeber innerhalb einer angemessenen Frist – etwa ein Monat – nicht, dann steht der Urlaub fest; aus der Urlaubsliste wird der i.d.R. verbindliche Urlaubsplan. Überschneiden sich die Wünsche mehrerer Arbeitnehmer, wollen also z.B. mehrere Mütter mit schulpflichtigen Kindern während der Schulferien in Urlaub gehen und ist das aus betrieblichen Gründen nicht möglich, dann entscheiden Arbeitgeber und Betriebsrat gemeinsam. Der Betriebsrat hat kein Mitbestimmungsrecht bei der Dauer des Urlaubs und bei Urlaubsentgelt und Urlaubsgeld.

f) Einführung und Anwendung von technischen Einrichtungen, die dazu bestimmt sind, das Verhalten oder die Leistung der Arbeitnehmer zu überwachen (Nr. 6)

aa) Schutzgut. Damit werden Eingriffe in den Persönlichkeitsbereich der Arbeitnehmer durch Verwendung anonymer Kontrolleinrichtungen der Mitbestimmung unterworfen. Die Arbeitnehmer sollen vor Gefahren technischer Überwachung geschützt werden, die ihre Abwehrreaktionen und -mechanismen unterlaufen. Dabei ist es nicht erforderlich, dass Daten über das Verhalten oder die Leistung des einzelnen Arbeitnehmers durch die technische Einrichtung selbst und „automatisch" generiert werden. Es genügt deren manuelle Eingabe, wenn die Daten anschließend gespeichert werden und auf sie zugegriffen werden kann.[1087] Als „Überwachung" iSd § 87 Abs. 1 Nr. 6 BetrVG gilt auch nicht erst das Auswerten oder die weitere Verarbeitung schon vorliegender Informationen, sondern bereits das Sammeln.[1088] Mitbestimmungspflichtig sind optische, akustische und sonstige Kontrollgeräte.

455

Beispiele: Multimoment-Filmkameras, die in regelmäßigen Abständen Aufnahmen von Arbeitsplätzen machen,[1089] Filmkameras, mit denen die Tätigkeit von Arbeitnehmern an ihren Arbeitsplätzen zum Zwecke des Zeitstudiums gefilmt wird, auch wenn jeweils nur ganz kurze Aufnahmen gemacht werden (vier bis zwölf Minuten),[1090] Videoüberwachung,[1091] Produktographen, d.h. Geräte, die Daten über Lauf und Ausnutzung von Ma-

---

[1083] LAG Frankfurt 16.2.1987, BB 1987, 1461.
[1084] BAG 18.6.1974, AP Nr. 1 zu § 87 BetrVG 1972 Urlaub.
[1085] BAG 18.5.2002, NZA 2002, 171.
[1086] BAG 28.7.1981, AP Nr. 2 zu § 87 BetrVG 1972 Urlaub.
[1087] BAG 13.12.2016, NZA 2017, 657.
[1088] BAG 11.12.2018, NZA 2019, 1009.
[1089] BAG 14.5.1974, AP Nr. 1 zu § 87 BetrVG 1972 Überwachung.
[1090] BAG 10.7.1979, AP Nr. 4 zu § 87 BetrVG 1972 Überwachung.
[1091] BAG 29.6.2004, NZA 2004, 1278, 1279.

448 § 16 Betriebsverfassungsrecht

schinen aufzeichnen,[1092] Stechuhren und sonstige automatische Zeiterfassungsgeräte, mit denen Beginn und Ende einzelner Arbeitsvorgänge festgehalten werden,[1093] Anlagen zur Telefondatenerfassung[1094] und Telefonabhöranlagen,[1095] biometrische Zugangskontrollen mittels Fingerabdruckerfassung,[1096] Facebookseite des Arbeitgebers, die es den Nutzern von Facebook ermöglicht, über die Funktion „Besucher-Beiträge" Postings zum Verhalten und zur Leistung der beschäftigten Arbeitnehmer einzustellen.[1097]

456 bb) **Nicht mitbestimmungspflichtig** sind technische Einrichtungen, die nur den Lauf oder die Ausnutzung von Maschinen oder sonstiger technischer Vorgänge kontrollieren, ohne dass daraus Rückschlüsse auf Verhalten oder Leistung gezogen werden können, wie Druckzähler, Drehzahlmesser, Warnlampen und i.d.R. auch Stückzähler.[1098] Dasselbe gilt, wenn der Arbeitgeber im Wege der elektronischen Datenverarbeitung Vor- und Nachnamen der bei ihm beschäftigten Arbeitnehmer mit den auf Grundlage der sog. Anti-Terror-Verordnungen der Europäischen Union erstellten Namenslisten abgleicht. Die durch die technische Einrichtung erzeugten Ergebnisse über einzelne Arbeitnehmer enthalten keine Aussage über ein tatsächliches betriebliches oder außerbetriebliches Verhalten mit Bezug zum Arbeitsverhältnis.[1099] Ebenfalls kein Mitbestimmungsrecht besteht, wenn der Arbeitgeber zur Verwendung von Kontrolleinrichtungen verpflichtet ist, wie bei Fahrtenschreibern in LKWs und Bussen, sofern er nicht zusätzliche Auswertungen vornimmt.[1100] Nicht mitbestimmungspflichtig ist schließlich die Erfassung von Verhaltens- und Leistungsdaten, die nicht unmittelbar durch eine Kontrolleinrichtung erfolgt, sondern – zwar u.U. auch mit Hilfe technischer Einrichtungen, aber doch entscheidend – durch die Tätigkeit des Betroffenen selbst oder durch die anderer Personen (Vorgesetzter, Werkschutz, Detektiv).

Beispiele: Durchführung einer Organisationsuntersuchung (Arbeitsmängelüberprüfung) mit Hilfe einer Uhr,[1101] Zeitmessung bestimmter Arbeitsschritte mittels Stoppuhr durch einen REFA-Fachmann für die Kalkulation,[1102] Durchführung von Multimomentaufnahmen durch Mitarbeiter der Arbeitsvorbereitung mit Hilfe von Uhr, Bleistift und Papier,[1103] Einführung von Arbeitsbelegen in Form von Lochkarten, in die die Arbeitnehmer den Aufwand für eine bestimmte Arbeit selbst eintragen, auch wenn diese Belege später durch EDV für die betriebliche Kalkulation ausgewertet werden;[1104] Überprüfung der Entfernungsangaben in Reisekostenabrechnungen der Mitarbeiter mittels des internetbasierten Routenplaners „Google Maps".[1105]

[1092] ArbG Berlin 25.1.1973, DB 1973, 387.
[1093] LAG Düsseldorf 21.11.1978, DB 1979, 459.
[1094] BAG 27.5.1986, AP Nr. 15 zu § 87 BetrVG 1972 Überwachung.
[1095] BAG 30.8.1995, AP Nr. 29 zu § 87 BetrVG 1972 Überwachung.
[1096] BAG 27.1.2004, NZA 2004, 556, 557.
[1097] BAG 13.12.2016, NZA 2017, 657.
[1098] *Fitting*, § 87 BetrVG Rn. 228 m.w.N.
[1099] BAG 19.12.2017, NZA 2018, 673.
[1100] BAG 10.7.1979, AP Nr. 3 zu § 87 BetrVG 1972 Überwachung.
[1101] LAG Hamm 17.3.1978, DB 1978, 1987.
[1102] BAG 8.11.1994, AP Nr. 27 zu § 87 BetrVG 1972 Überwachung.
[1103] LAG Schleswig-Holstein 4.7.1985, BB 1985, 1791.
[1104] BAG 23.1.1979, DB 1981, 1144.
[1105] BAG 10.12.2013, NZA 2014, 439.

XI. Mitbestimmung in sozialen Angelegenheiten   449

Der Betriebsrat hat mitzubestimmen bei der Einführung von Kontrolleinrichtun- **457**
gen und bei der Anwendung; er hat kein Initiativrecht und er kann sich der Abschaffung nicht widersetzen. Bei seinen Überlegungen hat er die berechtigten Belange des Arbeitgebers, wie Abwehr von Gefahren, Sicherung des Eigentums, rationelle Arbeitsgestaltung oder Kosten gegen das Interesse der Arbeitnehmer auf Schutz ihrer Persönlichkeit abzuwägen.[1106]

cc) Mitbestimmung bei EDV. Gestützt auf den von ihm erweiterten Normzweck **458**
der Gewährleistung der freien Entfaltung der Persönlichkeit und auf das vom Bundesverfassungsgericht aus dem Persönlichkeitsrecht abgeleitete informationelle Selbstbestimmungsrecht hat das BAG Nr. 6 schrittweise ausgedehnt[1107] und damit EDV-Programme weitgehend der Mitbestimmung unterworfen.

Nach Ansicht des BAG   **459**
– reicht es aus, wenn ein Teil des Überwachungsvorgangs mittels einer technischen Einrichtung erfolgt. Danach ist sowohl die bloße Erhebung verhaltens- und leistungsbezogener Daten durch eine technische Einrichtung mitbestimmungspflichtig[1108] als auch die bloße Auswertung manuell erhobener Daten durch EDV.[1109]
– müssen Überwachungsmaßnahmen zwar einzelnen Arbeitnehmern zugeordnet werden können; es genügt aber, wenn das durch Rückschlüsse aus anderen Informationsmitteln geschieht (Anwesenheitsliste, mit deren Hilfe festgestellt werden kann, wer welche Maschine bedient hat[1110]).
– genügt es nicht, wenn Kontrolldaten nur einer Gruppe von Arbeitnehmern zugeordnet werden können, der von den Daten ausgehende Überwachungsdruck jedoch auf die Gruppe durchschlägt, weil sie klein und überschaubar ist (z.B. eine Akkordgruppe[1111]).
– muss sich die Überwachung zwar auf Leistung und Verhalten beziehen. Leistung ist aber nicht im naturwissenschaftlichen Sinne als Arbeit pro Zeiteinheit zu verstehen, sondern als Arbeiten zur Erfüllung des Arbeitsvertrags.[1112] Verhalten soll jedes Tun oder Unterlassen sein, das für das Arbeitsverhältnis von Bedeutung sein kann[1113] (sonst kommen eine Aufzeichnung und Speicherung nach § 26 BDSG ohnedies nicht in Frage). Auch hier soll es ausreichen, wenn die Daten erst i.V.m. anderen Daten eine Aussage zulassen. Mitbestimmungspflichtig sind damit grundsätzlich Aufzeichnung und Auswertung der Einzelheiten der Vertragserfüllung, vor allem der Arbeitszeiten und der Fehlzeiten einschließlich der Krankheitszeiten durch EDV. Mitbestimmungsfrei sind die Aufzeichnung und Auswertung von Stammdaten.[1114]
– ist es nicht erforderlich, dass das Programm die Überwachung der Arbeitnehmer bezweckt. Es genügt, dass es zur Überwachung geeignet ist; es kommt nicht darauf an, ob der Arbeitgeber von der Möglichkeit Gebrauch macht. Nicht einmal die Erklärung des

---

[1106] Vgl. BAG 11.3.1986, 27.5.1986, AP Nr. 14, 15 zu § 87 BetrVG 1972 Überwachung.
[1107] BVerfGE 61, 1; BAG 14.9.1984, AP Nr. 9 zu § 87 BetrVG 1972 Überwachung.
[1108] BAG 6.12.1983, AP Nr. 7 zu § 87 BetrVG 1972 Überwachung.
[1109] BAG 10.7.1979, 14.9.1984, AP Nr. 1, 9 zu § 87 BetrVG 1972 Überwachung.
[1110] BAG 10.4.1984, AP Nr. 7 zu § 87 BetrVG 1972 Ordnung des Betriebes.
[1111] BAG 26.7.1994, AP Nr. 26 zu § 87 BetrVG 1972 Überwachung.
[1112] BAG 23.4.1985, 18.2.1986, AP Nr. 12, 13 zu § 87 BetrVG 1972 Überwachung.
[1113] *Fitting*, § 87 BetrVG Rn. 221 m.w.N.
[1114] BAG 22.10.1986, AP Nr. 2 zu § 23 BDSG; zum Streitstand *Fitting*, § 87 BetrVG Rn. 236.

Arbeitgebers, er wolle die Überwachungsmöglichkeit nicht nutzen, schließt das Mitbestimmungsrecht aus.[1115]

460 Daraus folgt: Nicht mitbestimmungspflichtig nach Nr. 6 sind die Installierung von EDV-Anlagen und die Einrichtung von Bildschirmarbeitsplätzen an sich.[1116] Hier hat der Betriebsrat allenfalls Mitwirkungsrechte nach anderen Vorschriften (v.a. nach § 90 BetrVG). Die Mitbestimmungspflicht wird erst ausgelöst durch die Verwendung von Programmen, die eine Verhaltens- oder Leistungsüberwachung zulassen.[1117] Das können sowohl Anwendungs- als auch Betriebsprogramme sein.[1118] Gerade Betriebsprogramme werden häufig schon im Interesse der Fehlersuche so gestaltet sein, dass sie Rückschlüsse auf die Leistung der Arbeitnehmer gestatten.

g) Regelungen über die Verhütung von Arbeitsunfällen und Berufskrankheiten sowie über den Gesundheitsschutz im Rahmen der gesetzlichen Vorschriften oder der Unfallverhütungsvorschriften (Nr. 7)

461 Das Mitbestimmungsrecht beschränkt sich auf Maßnahmen des Arbeitgebers, die er zur Ausfüllung gesetzlicher Vorschriften[1119] und von Unfallverhütungsvorschriften (UVV) trifft. Voraussetzung ist, dass sie ihm eine Wahlmöglichkeit lassen.[1120] Bei Ausfüllungsfähigkeit und Ausfüllungsbedürftigkeit sind auch Rahmenschutzvorschriften wie § 2 Abs. 1 VBG 1 (Allgemeine UVV) gesetzliche Vorschriften i.S.d. Nr. 7.[1121]

462 Beispiele: Der Betriebsrat kann darüber mitbestimmen, ob die betriebsärztliche Versorgung durch einen eigenen Betriebsarzt, durch einen überbetrieblichen Dienst oder durch Verpflichtung eines freiberuflich tätigen Arztes erfolgt.[1122] Gleiches gilt für die Fachkräfte für Arbeitssicherheit.[1123] Er hat ein Mitbestimmungsrecht bei der Frage, ob der Arbeitgeber einem Nachtarbeitnehmer für die Nachtarbeit freie Tage oder einen Nachtarbeitszuschlag zu gewähren hat (§ 6 Abs. 5 ArbZG); der Ausgleichsanspruch dient mittelbar dem Gesundheitsschutz, weil er die Nachtarbeit mit Zusatzkosten belastet und so für den Arbeitgeber weniger attraktiv macht.[1124] Die Frage, wie viele Tage oder welcher Zuschlag angemessen ist, ist dagegen eine Rechtsfrage, die der Mitbestimmung nicht unterliegt.[1125] Der Betriebsrat hat weiter ein Mitbestimmungsrecht bei der Frage, ob die tägliche Arbeit an

---

[1115] BAG 6.12.1983, 23.4.1995, AP Nr. 7, 11 zu § 87 BetrVG 1972 Überwachung.
[1116] LAG Schleswig-Holstein 9.6.1982, DB 1983, 995; LAG Niedersachsen 25.3.1982, DB 1982, 2039.
[1117] BAG 25.9.2012, NZA 2013, 275.
[1118] *Fitting*, § 87 BetrVG Rn. 233.
[1119] BAG 11.1.2011, NZA 2011, 651; BAG 13.3.2012, NZA 2012, 748.
[1120] BAG 15.1.2002, NZA 2002, 995; BAG 18.8.2009, NZA 2009, 1434.
[1121] BAG 2.4.1996, 16.6.1998, AP Nr. 5, 7 zu § 87 BetrVG 1972 Gesundheitsschutz.
[1122] BAG 10.4.1979, AP Nr. 1 zu § 87 BetrVG 1972 Arbeitssicherheit.
[1123] *Richardi*, § 87 BetrVG Rn. 573.
[1124] BAG 26.4.2005, NZA 2005, 884; BAG 17.1.2012, NZA 2012, 513.
[1125] BAG 26.8.1997, AP Nr. 74 zu § 87 BetrVG 1972 Arbeitszeit.

Bildschirmgeräten regelmäßig durch andere Tätigkeiten oder durch Pausen unterbrochen werden soll (§ 5 BildschirmarbeitsVO)[1126], sowie bei Maßnahmen zur Verringerung von durch Hitze oder Kälte in den Arbeitsräumen auftretende Belastungen der Arbeitnehmer.[1127] Mitzubestimmen hat er auch bei der Durchführung von Gefährdungsbeurteilungen nach § 5 ArbSchG,[1128] die zwar keine konkrete Gesundheitsgefahr voraussetzt, aber an die Feststellung konkreter Gefährdungen anknüpft[1129] – dies allerdings nur bei der Festlegung abstrakt-genereller Grundsätze, nicht bei der Beurteilung konkreter Einzelfälle und der Beauftragung externer Personen oder Stellen mit dem Vollzug[1130] –, bei der Durchführung der dem Arbeitgeber nach § 12 ArbSchG auferlegten Verpflichtung, die Beschäftigten über die Sicherheit und den Gesundheitsschutz bei der Arbeit zu unterweisen,[1131] bei der Ausfüllung der Rahmenvorschrift des § 3 Abs. 2 ArbSchG, wonach der Arbeitgeber für eine geeignete Organisation zu sorgen und Vorkehrungen dafür zu treffen hat, dass die Maßnahmen des Arbeitsschutzes bei allen Tätigkeiten und eingebunden in die betrieblichen Führungsstrukturen beachtet werden,[1132] sowie beim betrieblichen Eingliederungsmanagement (bEM) nach § 167 Abs. 2 SGB IX,[1133] dort allerdings nur hinsichtlich der Aufstellung von Verfahrensgrundsätzen, nicht aber hinsichtlich der Durchführung im Einzelfall, etwa bei der Besetzung von „Integrationsteams". Bei der Ausgestaltung der „Klärung von Möglichkeiten" eines bEM durch generelle Verfahrensregelungen steht dem Betriebsrat ein Initiativrecht zu.[1134] Keine zustimmungspflichtige Maßnahme des Gesundheitsschutzes stellt es dar, wenn der Arbeitgeber Mitarbeiter standardisiert zu den Themen „Ihre Arbeitsumgebung" und „Ihre Arbeitsbedingungen" befragen will, die Arbeitnehmer aber freiwillig und anonym antworten sollen.[1135]

463 Der Betriebsrat kann nicht verlangen, dass der Arbeitgeber über die in gesetzlichen Vorschriften oder Unfallverhütungsvorschriften gegen Unfall- und Gesundheitsgefahren vorgesehenen Maßnahmen hinaus weitere Maßnahmen trifft.[1136] Den Betriebspartnern bleibt es unbenommen, freiwillige Vereinbarungen über zusätzliche Maßnahmen abzuschließen (§ 88 S. 1 BetrVG).

464 Der Betriebsrat hat bei der Bekämpfung von Unfall- und Gesundheitsgefahren die für den Arbeitsschutz zuständigen Behörden, die Träger der Unfallversicherung und die sonstigen in Betracht kommenden Stellen zu unterstützen und sich für die Durchführung der Vorschriften über den Arbeitsschutz und die Unfallverhütung im Betrieb einzusetzen. Der Arbeitgeber muss den Betriebsrat bei allen im Zusammenhang mit dem Arbeitsschutz und der Unfallverhütung stehenden Besichtigungen und Fragen und bei Unfalluntersuchungen hinzuziehen. An den Besprechungen des Arbeitgebers mit dem Sicherheitsbeauftragten oder dem Sicherheitsausschuss nach § 22 Abs. 2 SGB VII nehmen vom Betriebsrat beauftragte Betriebsratsmitglieder teil (§ 89 BetrVG).

[1126] BildschirmarbeitsVO v. 11.12.1996, BGBl. I S. 1841; GK-BetrVG/*Wiese*, § 87 Rn. 631.
[1127] BAG 18.7.2017, NZA 2017, 1615.
[1128] BAG 12.8.2008, NZA 2009, 102; BAG 30.9.2014, NZA 2015, 314.
[1129] BAG 28.3.2017, NZA 2017, 1132.
[1130] BAG 18.8.2009, NZA 2009, 1434.
[1131] BAG 11.1.2011, NZA 2011, 651.
[1132] BAG 18.3.2014, NZA 2014, 855.
[1133] BAG 17.1.2012, NZA 2012, 513.
[1134] BAG 22.3.2016, NZA 2016, 1283.
[1135] BAG 21.11.2017, NZA 2018, 380.
[1136] BAG 6.12.1983, AP Nr. 7 zu § 87 BetrVG 1972 Überwachung.

465 Die Betriebsärzte und Fachkräfte für Arbeitssicherheit sind mit Zustimmung des Betriebsrats zu bestellen und abzuberufen. Sie haben bei der Erfüllung ihrer Aufgaben mit dem Betriebsrat zusammenzuarbeiten und ihn in Angelegenheiten des Arbeitsschutzes und der Unfallverhütung zu beraten (§ 9 ASiG). Kein Mitbestimmungsrecht besteht hinsichtlich der Pflicht zur Teilnahme des Betriebsartzes und der Fachkraft für Arbeitssicherung an den nach § 11 ASiG vorgesehenen Sitzungen des Arbeitsschutzausschusses (§ 11 ASiG).[1137]

h) Form, Ausgestaltung und Verwaltung von Sozialeinrichtungen, deren Wirkungsbereich auf den Betrieb, das Unternehmen oder den Konzern beschränkt ist (Nr. 8)

466 aa) **Nr. 8 bis 11** regeln die Mitbestimmung bei der Gestaltung und Erbringung von Leistungen des Arbeitgebers im Rahmen des Arbeitsverhältnisses. Nr. 10 ist der Grundtatbestand. Nr. 8 betrifft den Sonderfall, dass Sozialleistungen durch eine Einrichtung gewährt werden. Nr. 9 ist nach Ansicht des BAG wiederum ein Unterfall einer Sozialeinrichtung und damit der Nr. 8. Nr. 11 schließlich regelt einen Sonderfall der Mitbestimmung bei der Vergütung (Nr. 10), nämlich die Mitbestimmung beim Leistungslohn.

467 **Beispiel zum Verhältnis der Nr. 8 und 10:** Der Arbeitgeber kann Altersversorgungsleistungen in der Form der Direktzusage („unmittelbare Versorgung"), durch Direktversicherung (Lebensversicherung des Arbeitnehmers), mit Hilfe einer Pensionskasse oder mit Hilfe einer Unterstützungskasse erbringen (§ 1 BetrAVG). Im ersten Fall erhält der Arbeitnehmer einen Pensionsanspruch gegen den Arbeitgeber, im zweiten gegen ein Versicherungsunternehmen, im dritten und vierten werden rechtsfähige Versorgungseinrichtungen gebildet, wobei der Arbeitnehmer im dritten Fall einen Anspruch auf die Altersversorgungsleistungen hat, im vierten nicht. Bei Direktzusage und Direktversicherung besteht Mitbestimmungspflicht nach Nr. 10,[1138] bei Pensionskassen und Unterstützungskassen nach Nr. 8. Die Wahl der Versorgungsart ist eine reine Frage der Zweckmäßigkeit. Was Nr. 8 und 10 voneinander unterscheidet, ist die Mitbestimmung bei der Verwaltung der Sozialeinrichtungen. Die Grundsätze, die die Mitbestimmung bei der Leistung betreffen, müssen deshalb in allen vier Fällen dieselben sein.

468 bb) **Sozialeinrichtungen** sind uneigennützige Einrichtungen, die den Arbeitnehmern des Betriebs (Unternehmens, Konzerns)[1139] zusätzliche Vorteile gewähren sollen, außer Pensions- und Unterstützungskassen,[1140] also z.B. Kantinen,

---

[1137] BAG 8.12.2015, NZA 2016, 504.
[1138] BAG 12.6.1975, 18.3.1976, AP Nr. 1, 4 zu § 87 BetrVG 1972 Altersversorgung.
[1139] Nicht unter Nr. 8 fallen deshalb unternehmensüberschreitende Gruppenunterstützungskassen, BAG 22.4.1986, 9.5.1989, AP Nr. 13, 18 zu § 87 BetrVG 1972 Altersversorgung.
[1140] BAG 13.7.1978, AP Nr. 5 zu § 87 BetrVG 1972 Altersversorgung; BAG 8.12.1981, AP Nr. 1 zu § 1 BetrAVG Unterstützungskassen.

XI. Mitbestimmung in sozialen Angelegenheiten 453

Sportplätze, Kindergärten[1141] und Erholungsheime, Bibliotheken, Schwimmbäder, nicht dagegen Werkszeitungen, Betriebskrankenkassen, Leistungen des Arbeitgebers an einzelne Arbeitnehmer, verbilligter Warenbezug („Personaleinkauf")[1142] usw. Voraussetzung ist immer ein zweckgebundenes, vom sonstigen Vermögen des Arbeitgebers abgetrenntes Sondervermögen mit einer gewissen Organisation;[1143] ein rechnerischer Fonds oder bloße Rückstellungen als Bilanzposten genügen nicht.[1144] Stets muss die Sozialeinrichtung in ihrem Wirkungsbereich auf den Betrieb, das Unternehmen oder den Konzern des Arbeitgebers beschränkt sein. Daran fehlt es, wenn die Einrichtung einem unbestimmten Nutzerkreis zur Verfügung steht. Unschädlich ist es dagegen, wenn Außenstehende als Gäste zugelassen werden. Für die Beurteilung der Beschränkung des Wirkungsbereichs einer Sozialeinrichtung ist der vom Arbeitgeber festgelegte Zweck der Einrichtung maßgeblich. Auf das äußere Erscheinungsbild kommt es grundsätzlich nicht an.[1145]

Unter der Form von Sozialeinrichtungen ist insbesondere die Rechtsform zu verstehen, also die Frage, ob die Einrichtung als GmbH, als Versicherungsverein auf Gegenseitigkeit, als Stiftung oder als unselbständige Betriebsabteilung errichtet wird. Ausgestaltung bedeutet Festlegung der Organisation der Verwaltung, Aufstellung der Grundsätze, nach denen die Mittel verwendet werden und die Arbeitnehmer Leistungen erhalten sollen (Leistungsplan), sowie der Grundsätze über die Anlage der Mittel, über die Benutzung der Einrichtung und über eventuelle Beiträge der Benutzer.[1146] Zur Verwaltung zählen auch die einzelnen Verwaltungsmaßnahmen. Bei rechtlich selbstständigen, tatsächlich aber abhängigen Sozialeinrichtungen kann das Mitbestimmungsrecht des Betriebsrats dadurch verwirklicht werden, dass Arbeitgeber und Betriebsrat sich gemeinsam über die mitbestimmungspflichtige Angelegenheit einigen und der Arbeitgeber für Durchführung in der Sozialeinrichtung sorgt (sog. zweistufige Lösung, Normalfall) oder dadurch, dass der Betriebsrat in den Gremien der Sozialeinrichtung paritätisch mitbestimmt (organschaftliche Lösung, nur bei Vereinbarung[1147]). **469**

cc) Mitbestimmungsfrei sind die Errichtung, Änderung und Schließung solcher Einrichtungen,[1148] die Festlegung des generellen Zwecks,[1149] die Dotierung[1150] und damit die Frage, ob ein Rechtsanspruch auf Leistung besteht, und schließlich die Bestimmung des begünstigten Personenkreises.[1151] Eine Einschränkung der Sozi- **470**

[1141] LAG Hamm 27.11.1975, DB 1976, 201.
[1142] BAG 8.11.2011, NZA 2012, 462.
[1143] BAG 8.11.2011, NZA 2012, 462; vgl. weiter *Fitting*, § 87 BetrVG Rn. 340 m.w.N.
[1144] LAG Frankfurt 16.3.1976, BB 1977, 796.
[1145] BAG 10.2.2009, NZA 2009, 562.
[1146] Zu Vorstehendem *Fitting*, § 87 BetrVG Rn. 357 ff.
[1147] BAG 13.7.1978, 8.12.1981, AP Nr. 5, 16 zu § 87 BetrVG 1972 Altersversorgung; BAG 10.3.1992, AP Nr. 34 zu § 1 BetrAVG.
[1148] BAG 13.3.1973, AP Nr. 1 zu § 87 BetrVG 1972 Werkmietwohnungen.
[1149] BAG 26.10.1965, AP Nr. 8 zu § 56 BetrVG Wohlfahrtseinrichtungen.
[1150] BAG 9.7.1985, AP Nr. 16 zu § 75 BPersVG; BAG 26.4.1988, AP Nr. 16 zu § 87 BetrVG 1972 Altersversorgung.
[1151] GK-BetrVG/*Wiese*, § 87 Rn. 708; für den Personenkreis BAG 23.3.1993, AP Nr. 8 zu § 87 BetrVG 1972 Werkmietwohnungen.

aleinrichtung bedeutet im allgemeinen auch eine mitbestimmungspflichtige Änderung des Leistungsplans mit der Folge, dass der Arbeitgeber sich mit dem Betriebsrat über die neuen Grundsätze einigen muss.[1152]

471 **dd) Mitbestimmungspflichtig** sind damit u.a. die Kantinenpreise (da der Betriebsrat keine Erhöhung der Dotierung verlangen kann, muss er notfalls eine Minderung der Essensqualität hinnehmen), die Bemessung von Kindergartenbeiträgen,[1153] die Grundsätze für die Mietzinsbildung von Werkswohnungen (nicht die Festsetzung der Miete im Einzelfall),[1154] die Änderung der Öffnungszeiten von Werkskantinen[1155] und der Entzug der Erlaubnis, weiterhin Jubilarfeiern in der Kantine abzuhalten.[1156] Werden die Öffnungszeiten einer Sozialeinrichtung vom Arbeitgeber festgelegt, sind die Betriebsparteien bei der nach § 87 Abs. 1 Nr. 2 BetrVG mitbestimmungspflichtigen Regelung der Arbeitszeiten in der Sozialeinrichtung an diese Öffnungszeiten nicht gebunden, haben sie aber als betriebliche Belange bei der Ausgestaltung der Arbeitszeiten zu berücksichtigen.[1157] Bei einem Betriebsübergang geht die Sozialeinrichtung ohne ausdrückliche Vereinbarung nicht nach § 613a BGB mit über. Das Mitbestimmungsrecht des Betriebsrats erlischt deshalb.[1158]

i) Zuweisung und Kündigung von Wohnräumen, die den Arbeitnehmern mit Rücksicht auf das Bestehen eines Arbeitsverhältnisses vermietet werden, sowie die allgemeine Festlegung der Nutzungsbedingungen (Nr. 9)

472 Hierunter fallen Werkmietwohnungen, Wohnungen, für die der Arbeitgeber ein Belegrecht hat (etwa weil er für den Bau der Wohnung einen Zuschuss gewährt hat[1159]), und von Wohnheimplätzen in eigenen oder angemieteten Wohnheimen, nicht aber Werkdienstwohnungen,[1160] d.h. Wohnungen für Hausmeister, Pförtner, Fahrer usw., und Wohnungen, die ausschließlich für Personen vorgesehen sind, die nicht vom Betriebsrat vertreten werden, wie leitende Angestellte oder Gäste.[1161] Das Mitbestimmungsrecht erstreckt sich sowohl auf die Vergabe im Einzelfall als auch auf den Mietvertrag, die Hausordnung, die allgemeinen Grundsätze für die Mietpreisfestsetzung[1162] und die Kündigung.[1163] Ist der Arbeitgeber nicht selbst Eigentümer der Wohnung, so reicht das Mitbestimmungsrecht so weit wie

---

[1152] BAG 26.4.1988, AP Nr. 16 zu § 87 BetrVG 1972 Altersversorgung.
[1153] LAG Hamm 27.11.1975, DB 1976, 201.
[1154] BAG 3.6.1975, AP Nr. 3 zu § 87 BetrVG 1972 Werkmietwohnungen.
[1155] ArbG Ludwigshafen 1.3.1972, 5 BV 1/72 L.
[1156] BAG 15.9.1987, AP Nr. 9 zu § 87 BetrVG 1972 Sozialeinrichtung.
[1157] BAG 10.2.2009, NZA 2009, 562.
[1158] BAG 5.5.1977, AP Nr. 7 zu § 613a BGB.
[1159] BAG 18.7.1978, AP Nr. 4 zu § 87 BetrVG 1972 Werkmietwohnungen.
[1160] BAG 7.6.1975, AP Nr. 3 zu § 87 BetrVG 1972 Werkmietwohnungen.
[1161] BAG 30.4.1974, 28.7.1992, AP Nr. 2, 7 zu § 87 BetrVG 1972 Werkmietwohnungen.
[1162] BAG 13.3.1973, 7.6.1975, AP Nr. 1, 3 zu § 87 BetrVG 1972 Werkmietwohnungen.
[1163] BAG 28.7.1992, AP Nr. 7 zu § 87 BetrVG 1972 Werkmietwohnungen.

seine Rechte gegenüber dem Vermieter.[1164] Nicht mitbestimmungspflichtig sind die Entscheidung des Arbeitgebers, Wohnungen zur Verfügung zu stellen oder nicht mehr zur Verfügung zu stellen, die Festlegung des berechtigten Personenkreises, die Höhe des Zuschusses und die Festsetzung der Miete im Einzelfall. Die Zustimmung des Betriebsrats zur Kündigung des Mietverhältnisses ersetzt nicht die sonstigen Voraussetzungen, die nach dem Mieterschutzrecht erforderlich sind (vgl. §§ 573 ff. BGB).

j) Fragen der betrieblichen Lohngestaltung, insbesondere die Aufstellung von Entlohnungsgrundsätzen und die Einführung und Anwendung von neuen Entlohnungsmethoden sowie deren Änderung (Nr. 10)

aa) Normzweck. Die Mitbestimmung soll die Arbeitnehmer vor einer willkürlichen oder einseitig an den Interessen des Arbeitgebers orientierten Lohngestaltung schützen. Ziel ist die innerbetriebliche Lohngerechtigkeit; die Angemessenheit und Durchsichtigkeit des innerbetrieblichen Lohngefüges sollen gesichert werden.[1165] Der Betriebsrat kann keine lohnpolitischen Entscheidungen verlangen; Lohnpolitik ist Sache des Arbeitgebers.

473

bb) Lohn ist nicht nur als laufendes Entgelt für Arbeiter zu verstehen, sondern als Arbeitsentgelt schlechthin; **dazu zählen** alle Leistungen und Vorteile, die der Arbeitgeber den Arbeitnehmern mit Rücksicht auf ihre Arbeitsleistung gewährt:[1166] Zeit- und Leistungslohn,[1167] Provisionen,[1168] einmalige Sonderzahlungen,[1169] übertarifliche Zulagen, Erschwerniszulagen, Gratifikationen, Gewinn- und Ergebnisbeteiligungen,[1170] zinsbegünstigte Darlehen,[1171] Mietzuschüsse,[1172] Kosten für Familienheimflüge,[1173] verbilligte Flugscheine,[1174] Essenszusatzmarken für die Kantine,[1175] Altersversorgung. Ein nicht als Sozialeinrichtung nach Nr. 8 mitbestimmungspflichtiger Personaleinkauf kann unter Nr. 10 fallen, wenn die Arbeitnehmer dabei Gelegenheit zum Bezug geldwerter Leistungen erhalten.[1176] **Nicht dazu gehören** etwa Regelungen über Aufwendungsersatz (Spesenregelungen, Dienstreiseordnungen[1177]), Pauschalen für die dienstliche Benutzung privater Kraftfahrzeuge[1178] und die Zuweisung eines eigenen Büros.[1179]

474

[1164] BAG 18.7.1978, AP Nr. 4 zu § 87 BetrVG 1972 Werkmietwohnungen.
[1165] BAG GS 3.12.1991, AP Nr. 51 zu § 87 BetrVG 1972 Lohngestaltung.
[1166] BAG 30.3.1982, 10.6.1986, AP Nr. 10, 22 zu § 87 BetrVG 1972 Lohngestaltung.
[1167] BAG 20.11.1990, AP Nr. 2 zu § 77 BetrVG 1972 Regelungsabrede.
[1168] BAG 13.3.1984, AP Nr. 4 zu § 87 BetrVG 1972 Provisionen.
[1169] BAG 29.2.2000, NZA 2000, 1066.
[1170] LAG Bremen 27.10.1978, AP Nr. 1 zu § 87 BetrVG 1972 Lohngestaltung.
[1171] BAG 9.12.1980, AP Nr. 5 zu § 87 BetrVG 1972 Lohngestaltung.
[1172] BAG 10.6.1986, AP Nr. 22 zu § 87 BetrVG 1972 Lohngestaltung.
[1173] BAG 10.6.1986, AP Nr. 22 zu § 87 BetrVG 1972 Lohngestaltung.
[1174] BAG 22.10.1985, AP Nr. 18 zu § 87 BetrVG 1972 Lohngestaltung.
[1175] BAG 15.1.1987, AP Nr. 21 zu § 75 BPersVG.
[1176] BAG 8.11.2011, NZA 2012, 462.
[1177] BAG 27.10.1998, NZA 1999, 381.
[1178] BAG 10.1.1979, 1 ABR 23/76 n.v.
[1179] BAG 31.3.2005, NZA 2006, 56.

475 **cc) Kollektiver Tatbestand.** Das Mitbestimmungsrecht besteht bei der Festlegung abstrakt-genereller Grundsätze für die Gewährung und bei deren Änderung. Kein Mitbestimmungsrecht besteht bei individuellen Vereinbarungen.[1180] Das sind nach der Rechtsprechung Vereinbarungen, bei denen besondere Umstände des einzelnen Arbeitnehmers eine Rolle spielen und bei denen kein innerer Zusammenhang mit Leistungen an andere Arbeitnehmer besteht.[1181]

Beispiele: Ein zu einem Arbeitgeberwechsel bereiter Arbeitnehmer kann nur durch das Angebot einer Sonderzahlung zum Verbleib bewegt werden.[1182] Wunsch eines Arbeitnehmers, durch niedrigeres Entgelt steuerliche Nachteile zu vermeiden.[1183]

Die Zahl der betroffenen Arbeitnehmer ist nur ein Anzeichen. Ein kollektiver Tatbestand soll vorliegen, wenn Grund und Höhe der Leistung von allgemeinen Merkmalen abhängig gemacht werden, die eine Mehrzahl von Arbeitnehmern erfüllt,[1184] wie Leistung, Zahl der Gehaltserhöhungen in der Vergangenheit oder Fehlzeiten. Bei der Reaktion auf Gegebenheiten des Arbeitsmarkts soll es darauf ankommen, ob es um die Bindung eines Arbeitnehmers an den Betrieb geht oder um die aller Arbeitnehmer oder einer Gruppe von Arbeitnehmern.[1185]

476 Diese Auslegung von Kollektivität wird weder dem Willen des Gesetzgebers noch praktischen Bedürfnissen gerecht; sie beschränkt unzulässigerweise die Privatautonomie. Für jede Zahlung, die der Arbeitgeber nicht gerade willkürlich erbringt, lassen sich ein Grund und damit ein abstraktes Merkmal finden, unter das sie eingeordnet werden kann. Das gilt vor allem, wenn man auch die Leistung als solches Merkmal betrachtet. Da der Betriebsrat ein Entgeltsystem initiieren kann, bleibt dem Arbeitgeber praktisch kein Spielraum. Das hat im Ergebnis zur Folge, dass die Höhe des Entgelts mitbestimmungspflichtig und damit die Vertragsfreiheit insoweit aufgehoben wird. Der Arbeitgeber muss zumindest die Möglichkeit haben, auf die Entwicklung des Arbeitsmarkts zu reagieren, und er muss Leistungen angemessen honorieren können. Zahlungen, die der Bindung an den Betrieb dienen, müssen mitbestimmungsfrei sein; das folgt schon daraus, dass die Entscheidung, ob ein Arbeitnehmer gehalten werden soll, eine unternehmerische Entscheidung ist und die Frage des Mittels keine Regelungsfrage.[1186] Auf Motivation und Arbeitszufriedenheit unterhalb der Schwelle einer möglichen Abkehr ist im Rahmen des mitbestimmten Systems Rücksicht zu nehmen; hier muss dem Arbeitgeber bei der übertariflichen Zulage, die der Austarierung von Leistung und Gegenleistung dient, zumindest ein Spielraum verbleiben. Der Betriebsrat hat kein Mitbeurteilungsrecht bezüglich der Arbeitsleistung.

[1180] BAG 30.10.2012, NZA 2013, 522 zu mitbestimmungsfreien Vereinbarungen über die Entgelthöhe.
[1181] BAG GS 3.12.1991, AP Nr. 51 zu § 87 BetrVG 1972 Lohngestaltung.
[1182] BAG 10.10.2006, NZA 2007, 99.
[1183] BAG 27.10.1992, NZA 1993, 561.
[1184] *Wiese*, RdA 1995, 395.
[1185] BAG 14.6.1994, AP Nr. 69 zu § 87 BetrVG 1972 Lohngestaltung.
[1186] Im Ergebnis ebenso BAG 10.10.2006, NZA 2007, 99.

dd) Der Begriff **Lohngestaltung** ist umfassend gemeint. Mitbestimmungspflichtig sind insbesondere die Entlohnungsgrundsätze und die Entlohnungsmethoden. 477

(1) Unter Entlohnungsgrundsätzen sind das Lohnsystem und die materiellen Kriterien für die Lohnfindung zu verstehen. Der Betriebsrat hat mitzubestimmen, ob das laufende Entgelt als Zeit- oder Leistungslohn gezahlt wird. Er bestimmt mit über die Frage, ob es in einzelne Bestandteile zerlegt wird, welche Bestandteile das sind und wie sie sich zueinander verhalten (z.B. Arbeitswertlohn und Leistungszulage, Grundvergütung und Provision oder Prämie).[1187] 478

Beispiele: Ist der Arbeitgeber nicht tarifgebunden, unterliegt die Aufstellung eines abstrakten Lohngruppenschemas der Mitbestimmung. Dieses kann auch auf die Eingruppierungsbestimmungen eines einschlägigen Tarifvertrags verweisen. Das Lohngruppenschema kann sogar durch Betriebsvereinbarung geregelt werden.[1188] Die Regelungssperre des § 77 Abs. 3 BetrVG steht dem nicht entgegen, weil die Aufstellung von Entlohnungsgrundsätzen iSd § 87 I Nr. 10 BetrVG der erzwingbaren Mitbestimmung unterliegt.[1189] Bei tarifgebundenen Arbeitgebern kann der Betriebsrat hinsichtlich der Gehälter der AT-Angestellten die Bildung von Gruppen – ähnlich den Entgeltgruppen in Tarifverträgen – verlangen und über den Abstand der Gruppen voneinander mitbestimmen.[1190] Für die Vergabe übertariflicher Zulagen kann er die Schaffung eines Systems verlangen und bei der Festlegung der Vergabekriterien und ihrer Gewichtung mitentscheiden.[1191] Allerdings muss das System so beschaffen sein, dass Motivation und Arbeitszufriedenheit sichergestellt sind, und es darf die Privatautonomie der Arbeitsvertragsparteien nicht so weit eingeschränkt werden, dass eine (günstigere) Einzelregelung unmöglich ist. 479

Erbringt der Arbeitgeber über das laufende Grundentgelt hinaus weitere Leistungen – Erschwerniszulagen, Nachtzuschläge, Sonderzuwendungen, gleichgültig ob auf Dauer oder als Einmalzahlungen, Altersversorgungsleistungen –, dann hat der Betriebsrat mitzubestimmen über deren Binnenstruktur, d.h. über die Kriterien für die Bemessung.[1192] 480

Beispiel: Bei einer Weihnachtsgratifikation kann er mit darüber entscheiden, ob und inwieweit sie vom Gewinn, von der Höhe des Einkommens, von der Betriebsangehörigkeit usw. abhängig gemacht wird. Er kann auch mit darüber befinden, wie die einzelnen Faktoren zu gewichten sind.

(2) Entlohnungsmethode meint die Art und Weise, wie die Entlohnungsgrundsätze umzusetzen sind. Hier geht es um das Verfahren der Arbeitsbewertung (summarisches oder analytisches Verfahren, REFA-Grundsätze oder Bedauxsystem), der Beurteilung bei Leistungszulagen, der Ermittlung der Erschwernis. 481

[1187] BAG 6.12.1988, AP Nr. 37 zu § 87 BetrVG 1972 Lohngestaltung.
[1188] Zu Vorstehendem BAG 23.10.2018, NZA 2019, 483 Rn. 20 m.w.N.
[1189] BAG 23.1.2018, NZA 2018, 871 Rn. 18 m.w.N.
[1190] BAG 28.9.1994, AP Nr. 68 zu § 87 BetrVG 1972 Lohngestaltung.
[1191] BAG 28.9.1994, AP Nr. 68 zu § 87 BetrVG 1972 Lohngestaltung.
[1192] BAG 22.1.1980, 30.1.1990, AP Nr. 3, 41 zu § 87 BetrVG 1972 Lohngestaltung.

482 ee) Reichweite des Mitbestimmungsrechts. Kein Mitbestimmungsrecht steht dem Betriebsrat zu bei der Entscheidung, ob eine Leistung gewährt wird, in welchem Umfang (Dotierung), zu welchem Zweck (Leistungsprämie oder Jubiläumsgeld), in welcher Form (Altersversorgung: Direktzusage oder Lebensversicherung)[1193] und an wen (generelle Umschreibung des Personenkreises: z.B. tariflich geführte Arbeitnehmer) der Arbeitgeber Leistungen erbringen will.[1194] Er kann demgemäß nicht mitbestimmen bei der Ein- und Zuteilung des Bearbeitungsgebiets von Außendienstmitarbeitern,[1195] bei der Festlegung des Abstands der AT-Gehälter von der obersten Tarifgruppe,[1196] bei der Bestimmung des €-Betrags je Punkt bei der Provision[1197] und bei der Festsetzung der Leistung im Einzelfall. Mitbestimmungsfrei sind auch Vorbereitungshandlungen zur Einführung mitbestimmter Entgeltsysteme, etwa Zeitstudien, Tätigkeits- oder Funktionsbeschreibungen. Sie werden mitbestimmungspflichtig, wenn sie der Entlohnung zugrunde gelegt werden.[1198]

483 ff) Anrechnung übertariflicher Zulagen. Das Mitbestimmungsrecht des Betriebsrats besteht nicht nur bei der (erstmaligen) Festlegung der Entlohnungsgrundsätze und -methoden, sondern auch bei ihrer Änderung.[1199] Das bereitet vor allem Schwierigkeiten bei der Anrechnung übertariflicher Zulagen.

484 Der Frage, ob der Betriebsrat ein Mitbestimmungsrecht bei der Anrechnung übertariflicher Zulagen hat, ist die Frage vorgelagert, ob der Arbeitgeber individualrechtlich zur Anrechnung befugt ist (s. dazu § 13 Rn. 295 ff.). Erst wenn diese Frage bejaht wird, stellt sich die nach der Mitbestimmung.

485 Der Grund für die Schwierigkeiten liegt darin, dass es dem Arbeitgeber unbenommen bleiben muss, die übertariflichen Zulagen zu kürzen oder ganz zu beseitigen. Werden die Zulagen völlig beseitigt, entfällt naturgemäß ein Mitbestimmungsrecht, denn es bleibt nichts mehr zu gestalten. Wird die Gesamtsumme nur verringert, dann liegt nach der Rechtsprechung eine mitbestimmungspflichtige Änderung der Gestaltung vor, wenn sich das **Verhältnis der Zulagen zueinander** – nicht das Verhältnis der Zulagen zum Tarifentgelt – **ändert**.[1200] Unschädlich sein soll eine Änderung allerdings dann, wenn der Anrechnung tatsächliche oder rechtliche Hindernisse entgegenstehen. Ein tatsächliches Hindernis liegt vor, wenn durch die Anrechnung keine übertarifliche Zulage mehr verbleibt, ein rechtliches, wenn der Arbeitgeber die gesamte Tariferhöhung anrechnet.

[1193] BAG 12.6.1975, AP Nr. 1 zu § 87 BetrVG 1972 Altersversorgung.
[1194] BAG 13.12.2011, NZA 2012, 876.
[1195] BAG 16.7.1991, AP Nr. 49 zu § 87 BetrVG 1972 Lohngestaltung.
[1196] BAG 27.10.1992, 28.9.1994, AP Nr. 61, 68 zu § 87 BetrVG 1972 Lohngestaltung.
[1197] BAG 13.3.1984, AP Nr. 4 zu § 87 BetrVG 1972 Provision.
[1198] BAG 14.1.1986, AP Nr. 21 zu § 87 BetrVG 1972 Lohngestaltung.
[1199] BAG GS 3.12.1991, AP Nr. 51 zu § 87 BetrVG 1972 Lohngestaltung.
[1200] BAG 26.4.1988, AP Nr. 36 zu § 87 BetrVG 1972 Lohngestaltung.

XI. Mitbestimmung in sozialen Angelegenheiten

Danach sind **mitbestimmungsfrei** die völlige Anrechnung einer Tariferhöhung auf alle übertariflichen Zulagen und eine prozentuale Anrechnung der Tariferhöhung, wobei der Prozentsatz auf die übertariflichen Zulagen bezogen ist. **Mitbestimmungspflichtig** sind eine lineare Anrechnung der Tariferhöhung, gleichgültig, ob ein bestimmter €-Betrag angerechnet wird oder ein bestimmter Prozentsatz der Tariferhöhung, und eine Anrechnung in unterschiedlicher Höhe.[1201] Dasselbe gilt, wenn ein nicht tarifgebundener Arbeitgeber mit dem Betriebsrat die jeweils für eine leistungsabhängige Gehaltsanpassung maßgeblichen Prozentsätze vereinbart, um die das Gehalt der Arbeitnehmer mindestens und höchstens ansteigt, und wenn er davon Arbeitnehmer bestimmter Geschäftsbereiche ausnehmen will, weil sich dadurch der relative Abstand der jeweiligen Vergütungen der Arbeitnehmer des Betriebs zueinander ändert.[1202] Rechnet der Arbeitgeber bei einer zweistufigen Erhöhung der Tarifentgelte die übertariflichen Zulagen vollständig und gleichmäßig auf die Tariferhöhung der ersten Stufe an und sieht er bei der zweiten Stufe von einer Anrechnung ab, so löst das das Mitbestimmungsrecht aus, wenn er die Nichtanrechnung bereits bei ersten Stufe geplant hatte.[1203]

486

Holt der Arbeitgeber bei einer Änderung des Verhältnisses der Leistungen zueinander nicht die Zustimmung des Betriebsrats ein, so ist die Anrechnung nach Ansicht des BAG unwirksam,[1204] und der Arbeitnehmer hat Anspruch auf Zahlung einer ungekürzten Zulage, den er auf die Theorie der Wirksamkeitsvoraussetzung stützen kann. Das gilt jedoch nicht, wenn in einem Beschlussverfahren ein Mitbestimmungsrecht des Betriebsrats bei der Anrechnung einer Tariflohnerhöhung auf eine freiwillige übertarifliche Zulage rechtskräftig verneint wurde.[1205] Das BAG wendet also die Grundsätze an, die bei einer Verschlechterung von Leistungen gelten. Tatsächlich lässt eine Tariflohnerhöhung die übertariflichen Zulagen aber unberührt. Der Arbeitgeber hat von vornherein eine bestimmte Gesamtvergütung zugesagt. Es ändert sich nur das Verhältnis der Vergütung, die aufgrund Arbeitsvertrags gezahlt wird, zu der tariflichen Vergütung (s. Band 1, § 4 Rn. 67). Eine Nichtanrechnung bedeutet also eine Erhöhung des individualvertraglich vereinbarten Entgelts. Deshalb sind auch mitbestimmungsrechtlich nicht die Grundsätze für die Kürzung von Leistungen, sondern die für die Gewährung anzuwenden, d.h. die „Anrechnung" ist wirksam, der Arbeitgeber kann sich aber nicht darauf berufen, soweit er nicht „angerechnet" hat. Die Rechtslage ist also anders als bei der Ausübung eines (vorbehaltenen) Widerrufs.

487

Die Mitbestimmung des Betriebsrats bei einer Änderung des Verteilungskonzepts führt dazu, dass der Arbeitgeber sein Recht, den Gesamtbetrag für Zulagen insgesamt zu kürzen, nur in der Form einer prozentualen Verringerung der übertariflichen Zulagen mitbestimmungsfrei umsetzen kann. Das BAG hat dem Arbeitgeber deshalb erlaubt, zunächst eine prozentuale Anrechnung vorzunehmen und sodann durch Betriebsvereinbarung

488

[1201] St. Rspr., vgl. nur BAG 22.5.2012, NZA 2012, 1234.
[1202] BAG 21.2.2017, NZA 2017, 801.
[1203] BAG 24.1.2017, NZA 2017, 661.
[1204] BAG 13.2.1990, AP Nr. 44 zu § 87 BetrVG 1972 Lohngestaltung.
[1205] BAG 23.2.2016, NZA 2016, 906.

§ 16 Betriebsverfassungsrecht

rückwirkend ein neues Verteilungskonzept in Kraft zu setzen. Voraussetzung sei, dass der Arbeitgeber bereits bei der prozentualen Kürzung bekanntgebe, dass er eine andere Verteilung erreichen wolle und dass er dem Betriebsrat eine entsprechende rückwirkende Betriebsvereinbarung vorschlage.[1206] Geht man davon aus, dass die Entscheidung des Arbeitgebers in der Nichtanrechnung (= Erhöhung der arbeitsvertraglichen Vergütung) liegt, dann genügt es, dass er in diesen Fällen einen Vorbehalt macht. Der Arbeitgeber kann sich der Mitbestimmung nicht dadurch entziehen, dass er eine Tariferhöhung voll auf übertarifliche Zulagen anrechnet und wenig später dann erneut übertarifliche Zulagen verteilt.[1207]

488a gg) **Änderung einer tariflichen Vergütungsordnung.** Seit einiger Zeit ist das BAG der Auffassung, dass eine tarifliche Vergütungsordnung schon während der Dauer der Tarifbindung des Arbeitgebers Entlohnungsgrundsätze i.S.v. § 87 Abs. 1 Nr. 10 BetrVG enthalte, an die der Arbeitgeber betriebsverfassungsrechtlich gebunden sei und die er selbst nach dem Wegfall ihres ursprünglichen Geltungsgrunds (Austritt aus dem Verband, Übertragung des Betriebs an einen nicht tarifgebundenen Erwerber usw.) nicht einseitig, sondern nur mit Zustimmung des Betriebsrats ändern könne.[1208] Das Mitbestimmungsrecht nach § 87 Abs. 1 Nr. 10 BetrVG hänge nicht vom Geltungsgrund der Entgeltleistung, sondern nur vom (rein tatsächlichen) Vorliegen eines kollektiven Tatbestands – konkret: dem Vorliegen einer Vergütungsordnung (s. unten Rn. 571) – ab.[1209] Um eine mitbestimmungspflichtige Änderung der Entlohnungsgrundsätze handele es sich bereits dann, wenn sich der Arbeitgeber entschließt, die bisher aufgrund eines Tarifvertrags im Betrieb geltenden Entlohnungsgrundsätze nach dem Wegfall seiner Tarifbindung nicht mehr anzuwenden.[1210] Individuelle Lohnabreden sind laut BAG vom Arbeitgeber nach Maßgabe der geltenden kollektiven Entlohnungsgrundsätze zu erfüllen, soweit dies möglich ist. Das kann zur Folge haben, dass der Arbeitgeber Leistungen erbringen muss, die zu Abreden im Arbeitsvertrag zwar nicht im Widerspruch stehen, dort aber nicht vorgesehen sind.[1211] Das BAG schafft auf diese Weise – in nunmehr gefestigter Rechtsprechung[1212] – Ansprüche ohne Anspruchsgrundlage.[1213]

488b hh) **Änderung der „Gesamtvergütung".** In Fortführung dieser Rechtsprechung geht das BAG[1214] davon aus, dass die einzelnen Entgeltbestandteile (Tarifentgelt, übertarifliche Zulagen, Sonderzulagen usw.) in ihrer Gesamtheit die Gesamtvergütung ausmachen, unabhängig davon, auf welcher rechtlichen Grundlage diese beruhen. Streiche, erhöhe oder verändere der Arbeitgeber nur einen einzelnen Bestandteil, ändere sich die Gesamtvergütung.[1215] Da sich damit auch die bis dahin geltenden Entlohnungsgrundsätze änderten,

---

[1206] BAG 19.9.1995, AP Nr. 61 zu § 77 BetrVG 1972.
[1207] BAG 14.2.1995, AP Nr. 72 zu § 87 BetrVG 1972 Lohngestaltung.
[1208] BAG 15.4.2008, NZA 2008, 888; BAG 8.12.2009, NZA 2010, 404.
[1209] BAG 22.6.2010, NZA 2010, 1243; BAG 17.5.2011, NZA-RR 2011, 644.
[1210] BAG 15.4.2008, NZA 2008, 888; BAG 14.4.2010, DB 2010, 1536.
[1211] BAG 15.4.2008, NZA 2008, 888.
[1212] BAG 5.5.2015, NZA 2015, 1207; BAG 25.4.2017, NZA 2017, 1346.
[1213] So mit Recht *Reichhold*, FS Konzen, S. 763, 770.
[1214] BAG 14.1.2014, NZA 2014, 922.
[1215] BAG 28.2.2006, NZA 2006, 1426; BAG 5.10.2010, NZA 2011, 598.

XI. Mitbestimmung in sozialen Angelegenheiten   461

habe der Betriebsrat mitzubestimmen, und das obwohl „das Ob" der Zahlung an sich mitbestimmungsfrei ist. Das gilt laut BAG jedenfalls dann, wenn ein Entgeltbestandteil einen „kollektiven Bezug" aufweist und er nicht wegen der Besonderheiten eines einzelnen Arbeitsverhältnisses gewährt wird (s. oben Rn. 475). Mitbestimmungsfrei soll sich ein Entgeltbestandteil nur dann streichen lassen, wenn er den alleinigen Gegenstand einer Betriebsvereinbarung bildet; diese kann ohne Nachwirkung (§ 77 Abs. 6 BetrVG) gekündigt werden.[1216] Werden dort auch andere Entgeltbestandteile geregelt, sind sämtliche Entgeltkomponenten Teil der Gesamtvergütung, bei deren Ausgestaltung der Betriebsrat wieder nach § 87 Abs. 1 Nr. 10 BetrVG mitzubestimmen hat.

k) Festsetzung der Akkord- und Prämiensätze und vergleichbarer leistungsbezogener Entgelte, einschließlich der Geldfaktoren (Nr. 11)

aa) Begriff. Leistungsbezogene Entgelte sind Vergütungen, bei denen Leistungen gemessen und zu anderen (Normal-)Leistungen in Beziehung gesetzt werden.[1217] Um die Arbeitnehmer vor Überforderung zu schützen, ist hier auch der Geldfaktor, d.h. die Vergütung für die Bezugs- (=Ausgangs)leistung, mitbestimmungspflichtig.[1218]   489

(1) Beim **Geldakkord** hat der Betriebsrat bei der Entgeltfestsetzung für das einzelne Stück, beim **Zeitakkord** bei der Festsetzung von Zeit- und Geldfaktor mitzubestimmen.[1219] Mitbestimmungspflichtig ist auch der Verlauf der Akkordkurve (progressiv, linear oder degressiv).[1220] Ist der Akkordrichtsatz, d.h. das Entgelt, das der Akkordarbeitnehmer bei normaler Leistung pro Stunde erreichen soll, wie zumeist, tariflich vereinbart, dann entfällt insoweit das Mitbestimmungsrecht.   490

(2) Unter **Prämien** versteht das Gesetz nur Leistungsprämien, nicht aber z.B. Gratifikationen, Treue-, Jahresabschluss-, Anwesenheitsprämien u.ä. Das Mitbestimmungsrecht bezieht sich wie beim Akkord auf den Ausgangslohn[1221] sowie auf die Steigerungsbeträge.[1222] Nicht mitbestimmungspflichtig ist die Entscheidung über die Gewährung von Einzel- oder Gruppenprämien.[1223]   491

bb) Weitere Einzelheiten. Mit Akkord und Prämie sind die leistungsbezogenen Entgelte praktisch erfasst. Keine leistungsbezogenen Entgelte sind Provisionen.[1224] Auch hier besteht zwar ein Zusammenhang mit der Leistung, letztlich ist die **Provision** aber erfolgsabhängig. Nicht zu den leistungsbezogenen Entgelten gehören schließlich **Leistungszula-**   492

[1216] BAG 5.10.2010, NZA 2011, 598.
[1217] BAG 28.7.1981, AP Nr. 2 zu § 87 BetrVG 1972 Provision.
[1218] BAG 13.9.1983, AP Nr. 3 zu § 87 BetrVG 1972 Prämie.
[1219] *Fitting*, § 87 BetrVG Rn. 503 ff.
[1220] *Fitting*, § 87 BetrVG Rn. 509.
[1221] BAG 16.12.1986, AP Nr. 8 zu § 87 BetrVG 1972 Prämie.
[1222] BAG 13.9.1983, AP Nr. 3 zu § 87 BetrVG 1972 Prämie.
[1223] BAG 8.12.1981, AP Nr. 1 zu § 87 BetrVG 1972 Prämie.
[1224] BAG 13.3.1984, 26.7.1988, AP Nr. 4, 6 zu § 87 BetrVG 1972 Provision; a.A. BAG 29.3.1977, AP Nr. 1 zu § 87 BetrVG 1972 Provision.

gen, selbst wenn sie nach einem systematischen Verfahren ermittelt werden. Anders als Akkord und Prämie sind Leistungszulagen nicht das Entgelt für bestimmte Leistungen. Aufgrund von Leistungen in einem vergangenen Zeitraum wird vielmehr das Entgelt für einen Zeitraum in der Zukunft festgesetzt.[1225] Neben dem Mitbestimmungsrecht nach Nr. 11 ist auch bei leistungsbezogenen Entgelten immer das Mitbestimmungsrecht nach Nr. 10 zu beachten.

l) Betriebliches Vorschlagswesen (Nr. 12)

493 Gegenstand des betrieblichen Verbesserungsvorschlagswesens sind die Vorschläge der Arbeitnehmer zur Vereinfachung und Verbesserung der Arbeitsabläufe, der Betriebsmittel und der Produkte, und zwar sowohl im technischen wie im organisatorischen Bereich.[1226] Abschließend gesetzlich geregelt und damit nicht mitbestimmungspflichtig sind patent- und gebrauchsmusterfähige Erfindungen sowie die Vergütung für qualifizierte technische Verbesserungsvorschläge.[1227] Im verbleibenden Bereich – einfache technische und alle organisatorischen Verbesserungsvorschläge – bezieht sich die Mitbestimmung auf die Organisation des Verbesserungsvorschlagswesens (Zusammensetzung und Aufgaben der Verbesserungsvorschlagskommission, Verfahren bei der Einreichung und Prüfung der Vorschläge) und die Richtlinien für die Bemessung der Vergütung (Grundsätze über Art und Höhe der Prämien, über die Ermittlung des Nutzens, Bewertung nicht rechenbarer Vorschläge[1228]). Mitbestimmungsfrei ist die Dotierung des Verbesserungsvorschlagswesens, d.h. die Festlegung der Prämienhöhe selbst und die Entscheidung darüber, ob für nicht verwertete Vorschläge Anerkennungsprämien zu zahlen sind.[1229] Kein Mitbestimmungsrecht besteht auch bei der Bestellung des Beauftragten für das Verbesserungsvorschlagswesen, bei der Entscheidung über die Annahme eines Verbesserungsvorschlags und bei der Festsetzung der Prämie im Einzelfall.[1230]

m) Grundsätze über die Durchführung von Gruppenarbeit (Nr. 13)

493a Gruppenarbeit i.S.v. Nr. 13 ist die eigenverantwortliche Erledigung einer Gesamtaufgabe, die einer Gruppe von Arbeitnehmern im Rahmen des betrieblichen Arbeitsablaufs übertragen wurde. Der Arbeitgeber muss zugunsten der Gruppe zumindest teilweise auf sein Weisungsrecht verzichten. Die Gruppe muss teilautonom eine ganzheitliche Arbeitsaufgabe (vor- oder nachgelagerte Tätigkeiten und Leitung) erfüllen; das ist bei Arbeitsgruppen, die, wie Projekt- oder Steuerungsteams, nur parallel zur Arbeitsorganisation bestehen, nicht der Fall. Das Mitbestimmungsrecht soll verhindern, dass es zur Selbstausbeutung der Grup-

---

[1225] BAG 22.10.1985, AP Nr. 3 zu § 87 BetrVG 1972 Leistungslohn; BAG 15.5.2001, NZA 2001, 1154.
[1226] Vgl. *Richardi*, § 87 BetrVG Rn. 925 f.
[1227] §§ 9, 12, 20 Abs. 1 ArbNErfG v. 25.7.1957, BGBl. I, S. 756.
[1228] BAG 28.4.1981, 16.3.1982, AP Nr. 1, 2 zu § 87 BetrVG 1972 Vorschlagswesen.
[1229] BAG 28.4.1981, AP Nr. 1 zu § 87 BetrVG 1972 Vorschlagswesen.
[1230] BAG 16.3.1982, AP Nr. 2 zu § 87 BetrVG 1972 Vorschlagswesen.

penmitglieder und zur Ausgrenzung leistungsschwächerer Arbeitnehmer kommt. Die Entscheidung über die Frage, ob, in welchen Bereichen, in welchem Umfang und wie lange Gruppenarbeit geleistet wird, bleibt beim Arbeitgeber; dasselbe gilt für die Zusammensetzung der Gruppe. Mitbestimmungspflichtig ist die Art und Weise der Durchführung.

Beispiele: Wahl, Stellung und Aufgaben eines Gruppensprechers, Abhalten von Gruppengesprächen zwecks Meinungsaustauschs und -bildung, Zusammenarbeit in der Gruppe und mit anderen Gruppen, Berücksichtigung von leistungsschwächeren Arbeitnehmern, Konfliktlösung in der Gruppe.

XII. Mitbestimmung in technisch-organisatorischen Angelegenheiten

1. Normzweck

Mit dem Mitbestimmungsrecht bei technisch-organisatorischen Entscheidungen 494 (§§ 90 f. BetrVG), die Auswirkungen auf die Arbeit und die Anforderungen an die Arbeitnehmer haben können, räumt der Gesetzgeber dem Betriebsrat Einfluss auf die Gestaltung der äußeren Arbeitsbedingungen ein. Die Arbeitsbedingungen sollen den Leistungsvoraussetzungen beim Menschen angepasst werden. Die Arbeitswelt soll humanisiert, die Arbeit menschengerecht gestaltet werden, konkret:
– Chronische und akute Schäden der Gesundheit sollen vermieden,
– menschliche Leistungsgrenzen nicht überschritten,
– innerhalb der Leistungsgrenzen hohe Beanspruchungen verringert und
– Unterforderungen auf ein Maß gebracht werden, das der normalen Funktionsfähigkeit des Menschen entspricht.

2. Gegenstand des Beteiligungsrechts

Die Beteiligung betrifft die Planung von 495
– **Neu-, Um- und Erweiterungsbauten** von Fabrikations-, Verwaltungs- und sonstigen betrieblichen Räumen: Fabrikationsräume sind etwa Fabrikhallen oder Geräteschuppen, Verwaltungsräume beispielsweise ein Verkaufsgebäude, sonstige betriebliche Räume, vor allem die sog. Sozialräume (Kantinen, Aufenthaltsräume, Waschräume).
– **technischen Anlagen**: Das sind Geräte und Hilfsmittel, die unmittelbar (z.B. Maschinen) oder mittelbar (Fahrstuhl, Klimaanlage) dem Arbeitsablauf dienen.
– **Arbeitsverfahren und Arbeitsabläufen**: Darunter versteht man die Art und Weise der Arbeit (z.B. mehr geistige oder mehr körperliche Tätigkeit) und die organisatorische, räumliche und zeitliche Gestaltung des Arbeitsprozesses

(voll- oder teilkontinuierlicher Betrieb, Fließarbeit, Einzel- oder Gruppenarbeit, Arbeit im Freien oder in Fabrikationsräumen).
- **Arbeitsplätzen**: Hier geht es um die Ausgestaltung des einzelnen Arbeitsplatzes (Maschine, Werkzeug, Mobiliar), um die Wechselbeziehung Arbeit-Mensch (Körpermaße, Griffgestaltung, Steuerung des Arbeitsprozesses) und um die äußeren Arbeitsbedingungen, d.h. um die Umgebungseinflüsse (Licht, Lärm, Gase, Staub, Vibrationen).

496 Voraussetzung ist immer, dass der Arbeitgeber eine Änderung plant; das Mitbestimmungsrecht dient nicht der Verbesserung vorhandener Einrichtungen.

3. Art der Beteiligung

a) Unterrichtungs- und Beratungsanspruch

497 Der Arbeitgeber hat den Betriebsrat rechtzeitig über die Planung zu unterrichten und er hat ihm dazu die erforderlichen Unterlagen vorzulegen (Baupläne, Beschreibungen neuer Arbeitsmittel oder -verfahren, § 90 Abs. 1 BetrVG). Er hat mit dem Betriebsrat die vorgesehenen Maßnahmen und ihre Auswirkungen auf die Arbeitnehmer, insbesondere auf die Art ihrer Arbeit und die sich daraus ergebenden Anforderungen zu beraten. Dabei sollen Arbeitgeber und Betriebsrat auch die gesicherten arbeitswissenschaftlichen Erkenntnisse über die menschengerechte Gestaltung der Arbeit berücksichtigen (§ 90 Abs. 2 BetrVG). Ziel sollte – schon im eigenen Interesse des Unternehmens – eine Arbeitsgestaltung sein, die dem Arbeitnehmer eine hohe Identifikation mit seiner Arbeit ermöglicht.[1231] Die Arbeitsgestaltung hat nicht nur Einfluss auf das Arbeitsergebnis, sondern auch z.B. auf Krankenstand und Fluktuation. Zu beraten ist über die technisch-organisatorische Ausgestaltung hinaus über alle Auswirkungen, d.h. auch über eine Änderung der Anforderungen an den Arbeitnehmer, etwa notwendige Fortbildungs- oder Umschulungsmaßnahmen oder Änderungen im Entgelt.

498 Die Beratung hat **so rechtzeitig** zu erfolgen, dass Vorschläge und Bedenken des Betriebsrats bei der Planung berücksichtigt werden können. Der Arbeitgeber ist also frei, Pläne zu machen; ehe er sich aber festlegt oder gar Maßnahmen trifft, die ihn festlegen, hat er mit dem Betriebsrat darüber zu reden, ob er den Plan verwirklicht, und wenn ja, wie. Konkretisiert sich die Planung auf bestimmte Arbeitsplätze, so sind unverzüglich die betroffenen Arbeitnehmer zu unterrichten (§ 81 Abs. 2 BetrVG).

b) Korrigierendes Mitbestimmungsrecht

499 **aa) Ansatzpunkt.** Die Beratungspflicht mit dem Betriebsrat hindert den Arbeit-

---
[1231] *Fitting*, § 90 BetrVG Rn. 1 ff.

geber nicht, die Maßnahmen nach seinen Vorstellungen durchzuführen. Werden allerdings die Arbeitnehmer durch Änderungen der Arbeitsplätze, des Arbeitsablaufs oder der Arbeitsumgebung, die den gesicherten arbeitswissenschaftlichen Erkenntnissen über die menschengerechte Gestaltung der Arbeit offensichtlich widersprechen, in **besonderer Weise belastet**, so kann der Betriebsrat angemessene Maßnahmen zur Abwendung, Milderung oder zum Ausgleich der Belastung verlangen (§ 91 S. 1 BetrVG). Der Betriebsrat hat also ein korrigierendes Mitbestimmungsrecht.

bb) Eine besondere Belastung liegt vor, wenn das für die konkrete Tätigkeit normale Maß auf Dauer nicht unerheblich überschritten wird. Maßnahmen zur Abwendung sind z.B. die Umgestaltung des Arbeitsplatzes entsprechend Körpermaßen und -kräften, die Nutzung von Servomechanismen, die Beseitigung von Lärm, Erschütterungen, Dämpfen, Hitze; Maßnahmen zur Milderung sind etwa die Nutzung von Schutzmitteln (Brille, Helm, Sicherheitsschuhe usw.) oder die Schaffung von Mischarbeitsplätzen; Ausgleichsmaßnahmen sind längere Pausen, Zusatzurlaub, Verkürzung der Arbeitszeit, grundsätzlich aber nicht Erschwerniszulagen.[1232]

cc) Streitigkeiten. Kommt eine Einigung über die Maßnahme zwischen Arbeitgeber und Betriebsrat nicht zustande, dann entscheidet auf Antrag die Einigungsstelle (§ 91 S. 2, 3 BetrVG). Die Frage, ob eine besondere Belastung i.S.d. Vorschrift vorliegt, kann vom Arbeitsgericht im Beschlussverfahren geprüft werden (§§ 2a, 80 ff. ArbGG).

XIII. Mitbestimmung in personellen Angelegenheiten

Die personellen Angelegenheiten gliedert das Gesetz in allgemeine personelle Angelegenheiten, Berufsbildung und personelle Einzelmaßnahmen.

1. Allgemeine personelle Angelegenheiten

Die Ausdehnung des Mitbestimmungsrechts von personellen Einzelmaßnahmen auf die vorgelagerten personalpolitischen Grundsatzentscheidungen trägt dem Wandel in der Personalarbeit Rechnung: Früher mehr oder weniger intuitiv getroffene Entscheidung im Einzelfall, ist sie immer stärker objektiviert, rationalisiert und verwissenschaftlicht worden. Darin drückt sich nicht nur die Entwicklung der Wissenschaften vom Menschen (Psychologie, Soziologie, Verhaltensforschung usw.) aus, sondern auch die zunehmende Bedeutung der Mitarbeiter für das Unternehmen. Personalpolitik kann zwar konjunkturelle Einbrüche und strukturelle Änderungen nicht verhindern. Sie kann aber zumindest die Auswirkungen auf das Arbeitsverhältnis dämpfen.

[1232] GK-BetrVG/*Weber*, § 91 Rn. 32 f.; *Hofe*, Betriebliche Mitbestimmung und Humanisierung der Arbeitswelt, 1978, S. 96 f.

a) Personalplanung

504 Der Arbeitgeber hat den Betriebsrat über die Personalplanung anhand von Unterlagen rechtzeitig und umfassend zu unterrichten (§ 92 Abs. 1 S. 1 BetrVG). Personalplanung ist die Summe der Maßnahmen zur Ermittlung des Personalbedarfs in einem bestimmten Planungszeitraum entsprechend den Bedürfnissen und Zielen des Unternehmens sowie die Bereitstellung der benötigten Arbeitskräfte zur richtigen Zeit und in der richtigen Qualifikation. Dazu gehört sowohl die bewusst betriebene systematische Planung als auch die mehr intuitiv vorgenommene ad-hoc-Planung von Personalmaßnahmen. Personalplanung gibt es in jedem Unternehmen. Jeder Unternehmer muss sich Gedanken darüber machen, wie er sein Personal rekrutiert, ob und wie er gegebenenfalls Mitarbeiter abbaut, Fortbildungsmaßnahmen durchführt usw.; sie wird nur mehr oder weniger systematisch betrieben. Im einzelnen sind sechs Teilbereiche der Personalplanung zu unterscheiden:[1233]

505 – **Die Personalbedarfsplanung** versucht unter Berücksichtigung vorhersehbarer Veränderungen (im personellen Bereich: Fluktuation, Auslernen von Lehrlingen; im betrieblichen Bereich: Fertigstellung einer neuen Produktionsanlage) und der Unternehmensplanung (Investitionen, Rationalisierung, Betriebsänderung) Zahl und Art der Mitarbeiter (quantitative und qualitative Personalbedarfsplanung) zu erfassen, die im Planungszeitpunkt voraussichtlich zur Verfügung stehen werden (Ist), und Zahl und Art der Mitarbeiter, die voraussichtlich benötigt werden (Soll).
– **Die Personalbeschaffungsplanung** zerfällt in die externe und interne Beschaffungsplanung. Die externe Beschaffungsplanung trifft Aussagen zu der Frage, woher, wie und wann zusätzliche Arbeitskräfte eingestellt werden, die interne, welche und wieviele Arbeitskräfte wann und wohin versetzt oder befördert werden.
– **Die Personalabbauplanung** befasst sich mit der Frage, wie ein Personalüberhang vermindert werden soll.
– **Die Personalentwicklungsplanung** nennt die Bildungsmaßnahmen, die erforderlich sind, um vorhandenes oder neues Personal für seine jetzigen oder für künftige Aufgaben zu qualifizieren.
– **Die Personaleinsatzplanung** bezweckt die bestmögliche Zuordnung von Arbeitskräften zu Arbeitsplätzen.
– **Die Personalkostenplanung** schließlich will die Kosten erfassen, die bei Verwirklichung der Personalplanung entstehen.[1234]

506 Der Arbeitgeber hat den Betriebsrat zu unterrichten, wenn und sobald Überlegungen in das Stadium der Planung treten. Erkundet er nur Möglichkeiten z.B. für einen Personalabbau oder für eine Personalerweiterung, ohne dass er sie nutzen will, dann braucht er keine

---

[1233] BAG 6.11.1990, AP Nr. 3 zu § 92 BetrVG 1972; BAG 12.3.2019, NZA 2019, 1153.
[1234] Ob bereits die Personalkostenplanung Beteiligungsrechte nach § 92 BetrVG auslöst, ist offen, BAG 12.3.2019, NZA 2019, 1153.

Einsicht in den Bericht zu gewähren.[1235] Er muss dem Betriebsrat die Tatsachen nennen, auf die er die Planung stützt, also vor allem die Unternehmensziele, die Personal- und die Arbeitsmarktdaten. Außerdem muss er ihm die Unterlagen zugänglich machen, die er seiner Planung zugrunde legt.[1236] Dazu gehören neben den eigentlichen Planungsunterlagen, wie Statistiken, Verträge mit Fremdfirmen usw., auch die Hilfsmittel der Planung wie Stellen- und Stellenbesetzungspläne, Tätigkeitsbeschreibungen und Anforderungsprofile.[1237] Ansprüche auf Vorlage von Unterlagen zur Personalplanung des Unternehmens scheiden aus, wenn keine Anhaltspunkte dafür bestehen, dass sie personalplanerische Belange betreffen.[1238] Der Arbeitgeber hat mit dem Betriebsrat über Art und Umfang der geplanten Maßnahmen und über die Vermeidung von Härten zu beraten (§ 92 Abs. 1 S. 2 BetrVG). Der Betriebsrat kann Vorschläge für eine systematische Personalplanung einschließlich Maßnahmen zur Frauenförderung unterbreiten (§ 92 Abs. 2 BetrVG). Der Arbeitgeber ist frei, ob er sie übernimmt.

b) Interne Stellenausschreibung

Der Betriebsrat kann verlangen, dass Arbeitsplätze, die besetzt werden sollen, allgemein oder für bestimmte Arten von Tätigkeiten vor ihrer Besetzung innerhalb des Betriebs (nicht: des Unternehmens oder des Konzerns) ausgeschrieben werden (§ 93 BetrVG). Das gilt nach der Rechtsprechung auch für Tätigkeiten freier Mitarbeiter[1239] sowie von Leiharbeitnehmern, wenn deren Einsatzzeit mindestens vier Wochen betragen soll.[1240] Die interne Stellenausschreibung soll den innerbetrieblichen Arbeitsmarkt „aktivieren" und Mitarbeitern die Möglichkeit geben, ihre Fähigkeiten und Kenntnisse im Betrieb bestmöglich zu verwerten. Der zweite Punkt hat in der Praxis eine weitaus größere Bedeutung als der erste. Ohne ein ausdrückliches Verlangen braucht der Arbeitgeber eine Stelle nicht intern auszuschreiben.[1241] Bei ihm beschäftigte Leiharbeitnehmer muss der Arbeitgeber jedoch auch ohne ein solches Verlangen über freie Arbeitsplätze, die besetzt werden, informieren (§ 13a S. 1 AÜG).

507

Eine bestimmte Form sieht § 93 BetrVG nicht vor. Die Bekanntmachung muss aber so erfolgen, dass alle potentiellen Bewerber Kenntnis von der Ausschreibung nehmen und nach einer kurzen Überlegungszeit ihre Bewerbung einreichen können; dafür genügt i.d.R. eine Ausschreibungsdauer von zwei Wochen.[1242] Anforderungen an den Inhalt einer Ausschreibung enthält das Gesetz nicht. Die konkrete Ausgestaltung obliegt deshalb dem Arbeitgeber; ein erzwingbares Mitbestimmungsrecht besteht insoweit nicht. Die Mindestanforderungen ergeben sich aus ihrem Zweck. Die Ausschreibung soll die zu besetzende Stelle zur Kenntnis bringen und Interessierten die Möglichkeit geben, sich darum zu bewerben. Außerdem soll möglichen Bedenken innerhalb der Belegschaft über die Anstel-

508

[1235] BAG 19.6.1984, 6.11.1990, AP Nr. 2, 3 zu § 92 BetrVG 1972.
[1236] *Fitting*, § 92 BetrVG Rn. 31.
[1237] BAG 31.5.1983, 31.1.1984, AP Nr. 2, 3 zu § 95 BetrVG 1972; BAG 31.1.1989, AP Nr. 33 zu § 80 BetrVG 1972.
[1238] BAG 8.11.2016, NZA 2017, 942; BAG 12.3.2019, NZA 2019, 1153.
[1239] BAG 27.7.1993, AP Nr. 3 zu § 93 BetrVG 1972 = SAE 1994, 129 m. Anm. *Hromadka*.
[1240] BAG 15.10.2013, NZA 2014, 214.
[1241] BAG 1.2.2011, NZA 2011, 703.
[1242] BAG 17.6.2008, NZA 2008, 1139; BAG 6.10.2010, NZA 2011, 360.

lung bisher betriebsfremder Personen trotz im Betrieb vorhandener qualifizierter Arbeitnehmer entgegengewirkt werden. Aus der Ausschreibung muss daher hervorgehen, um welchen Arbeitsplatz es sich handelt und welche Anforderungen ein Bewerber erfüllen muss.[1243] Bei Leiharbeitnehmern reicht die Information durch allgemeine Bekanntgabe an geeigneter, dem Leiharbeitnehmer zugänglicher Stelle im Betrieb und Unternehmen des Entleihers (§ 13a S. 2 AÜG). Die interne Stellenausschreibung schließt nicht eine gleichzeitige Ausschreibung der Stelle nach außen aus. Es ist Sache des Arbeitgebers, die Anforderungen zu bestimmen, die der Bewerber für die ausgeschriebene Stelle erfüllen muss.[1244] Bei einer gleichzeitigen externen Ausschreibung dürfen allerdings keine geringeren Anforderungen aufgestellt werden als bei einer internen.[1245] Auf diskriminierungsfreie Ausschreibung ist zu achten (§ 11 AGG); der Betriebsrat kann diskriminierende Ausschreibungen verbieten lassen (§§ 17 Abs. 2, 23 Abs. 3 S. 1 AGG).[1246] Der Arbeitgeber ist nicht verpflichtet, einem Bewerber aus dem Unternehmen gegenüber einem Bewerber von außerhalb den Vorzug zu geben.[1247] Etwas anderes kann sich ausnahmsweise aus einer Auswahlrichtlinie (§ 95 BetrVG) ergeben.

509 Unterlässt der Arbeitgeber eine nach § 93 BetrVG erforderliche Stellenausschreibung oder stellt er in der internen Ausschreibung höhere Anforderungen an Bewerber als in einer externen, so kann der Betriebsrat seine Zustimmung zu der geplanten personellen Maßnahme verweigern (§ 99 Abs. 2 Nr. 5 BetrVG). Kein Zustimmungsverweigerungsrecht besteht, wenn der Betriebsrat nur die Ausschreibung einer bestimmten Stelle verlangt (vgl. Text des § 93 BetrVG) oder wenn er das Verlangen erst nachträglich stellt.

510 Die Erfahrungen mit innerbetrieblichen Stellenausschreibungen sind durchweg gut. Die tatsächliche Bedeutung wird eher überschätzt; der Vorteil liegt mehr auf psychologischem Gebiet.

c) Personalfragebogen

511 Personalfragebögen bedürfen der Zustimmung des Betriebsrats. Dasselbe gilt für Fragen zur Person in standardisierten Interviews, wenn die Antworten schriftlich oder auf Datenträgern festgehalten werden („Checklisten"),[1248] und personelle Angaben in Musterarbeitsverträgen (selten, § 94 BetrVG). Damit soll verhindert werden, dass der Arbeitgeber Bewerbern oder Mitarbeitern schriftlich und systematisch unzulässige Fragen aus dem persönlichen Bereich stellt. Nach den persönlichen Verhältnissen eines Bewerbers oder eines Mitarbeiters darf nur gefragt werden, soweit im Hinblick auf die Tätigkeit und den Arbeitsplatz ein berechtigtes, billigenswertes und schutzwürdiges Interesse des Arbeitgebers an der Beantwortung der Frage besteht[1249] (s. dazu Band 1, § 5 Rn. 43 ff.).

[1243] BAG 7.6.2016, NZA 2016, 1226.
[1244] BAG 23.2.1988, AP Nr. 2 zu § 93 BetrVG 1972; BAG 27.10.1992, AP Nr. 29 zu § 95 BetrVG 1972.
[1245] BAG 23.2.1988, AP Nr. 2 zu § 93 BetrVG 1972.
[1246] BAG 18.8.2009, NZA 2010, 222.
[1247] BAG 7.11.1977, AP Nr. 1 zu § 100 BetrVG 1972.
[1248] BAG 21.9.1993, AP Nr. 4 zu § 94 BetrVG 1972.
[1249] *Fitting*, § 94 BetrVG Rn. 16.

Benötigt der Arbeitgeber Angaben, nach denen er in einem Personalfragebogen nicht **512** fragen darf, zu anderen Zwecken, vor allem für die Abrechnung (Familienstand, Zahl der Kinder, Konfession, Gewerkschaftszugehörigkeit, Lohn- und Gehaltspfändungen), dann kann und muss er sie nach Abschluss des Arbeitsvertrags gesondert abfragen.[1250] Der Betriebsrat hat auch dabei ein Mitbestimmungsrecht, wenn der Arbeitgeber die Angaben formalisiert abfragt. Um keinen zustimmungsbedürftigen Personalfragebogen handelt es sich, wenn der Arbeitgeber Mitarbeiter anonym auf der Grundlage eines in Papierform versandten Standardfragebogens u. a. zu den Themen „Ihre Arbeitsumgebung" und „Ihre Arbeitsbedingungen" befragen will und kein Zwang zur Teilnahme besteht.[1251]

d) Beurteilungsgrundsätze

Mitbestimmungspflichtig sind weiter allgemeine Beurteilungsgrundsätze (§ 94 **513** Abs. 2 BetrVG). Das sind Regelungen, die durch Verwendung einheitlicher, für die Beurteilung erheblicher Kriterien eine objektive, in den Ergebnissen vergleichbare Bewertung von Leistung und/oder Verhalten von Bewerbern und/oder Mitarbeitern ermöglichen sollen.[1252] Zu den allgemeinen Grundsätzen gehören vor allem die Merkmale, an denen Leistung und/oder Verhalten gemessen werden sollen (bei Beurteilung von Mitarbeitern vor allem Quantität und Qualität der Arbeit, Einsatzbereitschaft, soziales und gegebenenfalls Führungsverhalten), die Beurteilungsstufen und das Verfahren zur Durchführung (Beurteilungsgespräch, psychologischer oder Leistungstest, graphologisches Gutachten, Assessment Center, Person der Beurteiler, Abzeichnen durch Beteiligte usw.).[1253] Mitzubestimmen hat der Betriebsrat selbst dann, wenn die Teilnahme an Beurteilungsgesprächen freiwillig ist und der Arbeitgeber dem beurteilenden Vorgesetzten Merkmale und Kriterien nur als unverbindliche Orientierungshilfe an die Hand gibt.[1254] Keine Beurteilungsgrundsätze, da nicht auf die Person bezogen, sind u.a. Stellenbeschreibungen, Kriterien für die Arbeitsbewertung, Anforderungsprofile und Führungsrichtlinien. Der Betriebsrat kann die Einführung von Beurteilungsgrundsätzen nicht erzwingen[1255] und er hat kein Mitbestimmungsrecht bei der einzelnen Beurteilung.

e) Auswahlrichtlinien

Werden in einem Betrieb Richtlinien über die personelle Auswahl bei Einstellun- **514** gen, Versetzungen, Umgruppierungen und/oder Kündigungen aufgestellt, so bedürfen sie der Zustimmung des Betriebsrats (§ 95 Abs. 1 BetrVG). In Betrie-

---

[1250] *Fitting*, § 94 BetrVG Rn. 17, 20.
[1251] BAG 21.11.2017, NZA 2018, 380.
[1252] BAG 23.10.1984, AP Nr. 8 zu § 87 BetrVG 1972 Ordnung des Betriebes.
[1253] BAG 14.1.2014, NZA-RR 2014, 356.
[1254] BAG 17.3.2015, NZA 2015, 885.
[1255] BAG 23.3.2010, NZA 2011, 811.

ben mit über 500 Arbeitnehmern kann der Betriebsrat die Aufstellung von Richtlinien über die bei derartigen personellen Maßnahmen zu beachtenden sachlichen und persönlichen Voraussetzungen und sozialen Gesichtspunkte verlangen (§ 95 Abs. 2 S. 1 BetrVG). Die Vorschrift bezweckt eine Objektivierung personeller Maßnahmen, die sie für die Betroffenen durchschaubar machen soll.[1256] Sie hat nicht die Bedeutung erlangt, die man sich von ihr vielleicht versprochen hat. Das Leben ist zu vielgestaltig, als dass es sich so einfach in Schemata fassen ließe. Immerhin ist es nicht ausgeschlossen, die Kriterien, die bei einer sachgerechten Auswahl verwendet werden, in Form genereller Richtlinien zusammenzufassen. Dabei sind die Gesichtspunkte des § 75 BetrVG zu beachten.

515 Am ehesten kommen Auswahlrichtlinien für betriebsbedingte Kündigungen in Betracht. Sie müssen dann das Lebensalter, die Dauer der der Betriebszugehörigkeit, die Unterhaltsverpflichtungen und eine Schwerbehinderung angemessen berücksichtigen[1257] (§ 1 Abs. 4 i.V.m. Abs. 3 S. 1 KSchG). Den Kündigungsschutz können sie in keinem Fall beschränken oder gar ausschließen.[1258] Auswahlrichtlinien, die eine Einigungsstelle – etwa für Beförderungen – aufstellt, müssen dem Arbeitgeber einen ausreichenden Entscheidungsspielraum belassen; der Spielraum muss umso größer sein, je weniger differenziert ein Punktesystem ist. Ermessensfehlerhaft ist ein Punktesystem, das die erworbene Grundqualifikation und die Dauer der bisherigen beruflichen Tätigkeit gegenüber der aktuellen Leistungsbeurteilung deutlich übergewichtet.[1259] Keine Auswahlrichtlinie i.S.d. § 95 BetrVG sind die Kriterien für die Zuweisung eines eigenen Büros an leistungsabhängig vergütete Außendienstmitarbeiter,[1260] wohl aber ein Punkteschema für einen konkreten Anlass, etwa für eine Sozialauswahl nach § 1 Abs. 3 KSchG.[1261]

516 **Kriterien für Richtlinien** können beispielsweise sein:
– im persönlichen Bereich: Alter, Gesundheitszustand, Ergebnis einer psychologischen Eignungsuntersuchung oder eines Testverfahrens,
– im fachlichen Bereich: Schul- und Berufsbildung, Berufserfahrung, Zeugnisse, Ergebnis einer Arbeitsprobe oder eines Tests,
– im sozialen Bereich: Familienstand, Betriebszugehörigkeit, Schwerbehinderteneigenschaft.

f) Beschäftigungssicherung

517 Der Betriebsrat kann dem Arbeitgeber Vorschläge zur Sicherung und Förderung der Beschäftigung im Betrieb machen (§ 92a BetrVG). In welche Richtung der Gesetzgeber bei den Vorschlägen denkt, zeigt Abs. 1 S. 2 (s. dort). Der Arbeitgeber muss die Vorschläge mit dem Betriebsrat beraten; zu der Beratung können er und/oder der Betriebsrat sozusagen als neutralen Fachmann einen Vertreter der

---
[1256] BAG 31.3.2005, NZA 2006, 56, 59.
[1257] BAG 20.10.1983, AP Nr. 13 zu § 1 KSchG 1969 Betriebsbedingte Kündigung.
[1258] BAG 11.3.1976, AP Nr. 1 zu § 95 BetrVG 1972.
[1259] BAG 27.10.1992, AP Nr. 29 zu § 95 BetrVG 1972.
[1260] BAG 31.3.2005, NZA 2006, 56, 59.
[1261] BAG 26.7.2005, NZA 2005, 1372.

Agentur für Arbeit oder der Regionaldirektionen hinzuziehen. Hält der Arbeitgeber die Vorschläge für ungeeignet, so muss er das begründen; in Betrieben mit mehr als 100 Arbeitnehmern muss das schriftlich geschehen. Zwar muss der Arbeitgeber den Vorschlägen dann nicht nachkommen, wenn er sie für unbegründet hält; der bürokratische Aufwand, der ihm mit einer schriftlichen Begründung abverlangt wird, ist aber ebenso beträchtlich wie sinnlos.

2. Berufsbildung

a) Förderung der Berufsbildung

Arbeitgeber und Betriebsrat haben im Rahmen der betrieblichen Personalplanung **518** und in Zusammenarbeit mit den für die Berufsbildung und den für die Förderung der Berufsbildung zuständigen Stellen die Berufsbildung der Arbeitnehmer zu fördern (§ 96 Abs. 1 S. 1 BetrVG). **Berufsbildung** umfasst die Berufsausbildung, Fortbildung und Umschulung i.S.v. § 1 BBiG, darüber hinaus aber auch sonstige, u.U. kurzfristige Maßnahmen, die Arbeitnehmern in einem geordneten Ausbildungsgang Kenntnisse und Fähigkeiten zur Ausfüllung ihres Arbeitsplatzes und zur Qualifizierung für ihre berufliche Tätigkeit vermitteln[1262] (Volontariat, Traineeprogramme, Anlernzeit). Nicht dazu gehören die Unterrichtung über die konkrete Tätigkeit im Rahmen des Arbeitsvertrags, die Einweisung in bestimmte Aufgabengebiete, das Erklären von Arbeitsgeräten und -verfahren sowie unternehmens- oder produktbezogene Unterweisungen.[1263] Entscheidend für die Abgrenzung ist, ob die Kenntnisse und Fertigkeiten einen Arbeitnehmer unabhängig von der konkreten Aufgabe beruflich qualifizieren, d.h. ob das vermittelte Wissen auf dem Arbeitsmarkt einen gewissen Stellenwert besitzt.[1264] Ein Lehrgang über Sicherheits- und Notfallmaßregeln, dessen erfolgreicher Abschluss Voraussetzung dafür ist, dass ein Arbeitnehmer als Flugbegleiter eingesetzt werden darf, ist eine Maßnahme der Berufsbildung,[1265] Veranstaltungen, die auf das Abstellen von Verhaltens- und Leistungsmängeln gegenüber Kunden („wenig freundlich, hilfsbereit und fachkundig") gerichtet sind, nicht.[1266]

Der Arbeitgeber hat auf Verlangen des Betriebsrats den Berufsbildungsbedarf zu ermitteln **519** und mit ihm Fragen der Berufsbildung der Arbeitnehmer des Betriebs zu beraten. Hierzu kann der Betriebsrat Vorschläge machen (§ 96 Abs. 1 S. 2, 3 BetrVG). Beide haben darauf zu achten, dass unter Berücksichtigung der betrieblichen Notwendigkeiten den Arbeitnehmern die Teilnahme an betrieblichen oder außerbetrieblichen Maßnahmen der Berufsbildung ermöglicht wird. Sie haben dabei auch die Belange älterer Arbeitnehmer, Teilzeitbeschäftigter und von Arbeitnehmern mit Familienpflichten zu berücksichtigen (§ 96 Abs. 2 BetrVG).

[1262] BAG 5.11.1985, AP Nr. 2 zu § 98 BetrVG 1972.
[1263] BAG 23.4.1991, AP Nr. 7 zu § 98 BetrVG 1972; GK-BetrVG/*Raab*, § 96 Rn. 12.
[1264] *Kraft*, NZA 1990, 457, 459.
[1265] BAG 10.2.1988, AP Nr. 5 zu § 98 BetrVG 1972.
[1266] BAG 28.1.1992, AP Nr. 1 zu § 96 BetrVG 1972.

520 Der Arbeitgeber hat mit dem Betriebsrat über die Errichtung und Ausstattung betrieblicher Einrichtungen zur Berufsbildung, die Einführung betrieblicher Berufsbildungsmaßnahmen und die Teilnahme an außerbetrieblichen Berufsbildungsmaßnahmen zu beraten (§ 97 BetrVG). Während die Beratungspflicht bei Berufsbildungsmaßnahmen generell von einem entsprechenden Verlangen des Betriebsrats abhängt, muss der Arbeitgeber den Betriebsrat hier von sich aus rechtzeitig unterrichten und um Rat fragen. Der Betriebsrat hat ein zwingendes Mitbestimmungsrecht bei der Einführung von Maßnahmen der betrieblichen Berufsbildung, wenn der Arbeitgeber Maßnahmen plant oder durchgeführt hat, die zu einer so nachhaltigen Änderung der Tätigkeit der betroffenen Arbeitnehmer führen, dass ihre Kenntnisse und Fähigkeiten zur Erfüllung ihrer Aufgaben nicht mehr ausreichen (§ 97 Abs. 2 BetrVG). Er ist also bei drohenden Entlassungen nicht mehr auf das Widerspruchsrecht nach § 102 Abs. 3 Nr. 4 BetrVG beschränkt, wenn der Qualifikationsverlust durch den Arbeitgeber veranlasst ist.

b) Durchführung betrieblicher Bildungsmaßnahmen

521 Der Betriebsrat hat bei der Durchführung von Maßnahmen der betrieblichen Berufsbildung sowie sonstiger Bildungsmaßnahmen, die der Arbeitgeber im Betrieb durchführt, mitzubestimmen (§ 98 Abs. 1, 6 BetrVG). Berufsbildung ist im oben erläuterten Sinne zu verstehen. **Sonstige Bildungsmaßnahmen** sind Maßnahmen ohne Bezug auf die aktuelle oder zukünftige Tätigkeit des Arbeitnehmers, bei denen systematisch Kenntnisse und Fähigkeiten auf ein bestimmtes Lernziel hin vermittelt werden. Dazu zählen Erste-Hilfe-Kurse, Kurse zur Unfallverhütung, Sprachkurse, EDV-Kurse oder REFA-Lehrgänge. Nicht darunter fallen Informationsveranstaltungen, ein Erfahrungsaustausch, der Besuch von Messen und Ausstellungen sowie Veranstaltungen, die der Freizeitbeschäftigung oder der Unterhaltung dienen (Sportlehrgänge, Hobbykurse). Eine Maßnahme ist eine betriebliche, wenn sie vom Arbeitgeber – gleichgültig ob auf Betriebsgelände oder außerhalb – in seiner Verantwortung für seine Arbeitnehmer veranstaltet wird. Der Arbeitgeber muss Träger der Maßnahme sein und auf Inhalt und Organisation beherrschenden Einfluss haben. Die Teilnahme Dritter zur Lückenfüllung schadet nicht, wenn die Mitarbeiter Vorrang haben.[1267] Das Mitbestimmungsrecht besteht bei der Durchführung von Bildungsmaßnahmen. Der Arbeitgeber entscheidet, ob, mit welchem Ziel, für welche Personengruppen und mit welchem finanziellen Aufwand er Maßnahmen ausrichtet.[1268] Der Betriebsrat bestimmt mit beim Wie, soweit Gesetze und Verordnungen dem Arbeitgeber einen Spielraum lassen. Vor allem bei der Ausbildung ist er durch das BBiG und Ausbildungsordnungen weithin eingeschränkt. Im wesentlichen bleiben die Anpassung an die betrieblichen Verhältnisse, wie Festlegung von Ausbildungsstationen, Führung

---

[1267] BAG 4.12.1990, AP Nr. 1 zu § 97 BetrVG 1972; BAG 12.11.1991, AP Nr. 8 zu § 98 BetrVG 1972.
[1268] GK-BetrVG/*Raab*, § 98 Rn. 10 ff.

XIII. Mitbestimmung in personellen Angelegenheiten 473

und Kontrolle der Berichtshefte, Einführung von Zwischenprüfungen.[1269] Bei Fortbildungs- und Umschulungsmaßnahmen bestimmt der Betriebsrat auch über die Lehrpläne mit.[1270] Mitbestimmungsfrei ist die konkrete Einzelmaßnahme, also das Stellen von Aufgaben, die Unterrichtsstunde, der Inhalt der Prüfung usw.[1271]

Der Betriebsrat kann der Bestellung einer mit der Durchführung der betrieblichen Berufsbildung beauftragten Person widersprechen oder ihre Abberufung verlangen, wenn diese die persönliche oder fachliche, insbesondere die berufs- und arbeitspädagogische Eignung i.S.d. BBiG nicht besitzt oder ihre Aufgaben vernachlässigt (§ 98 Abs. 2 BetrVG). Damit wird der Betriebsrat neben den Kammern zu einem zweiten Überwachungsorgan. Eine Vernachlässigung der Aufgaben wird allerdings nur dann zur Abberufung führen können, wenn sie so schwerwiegend ist, dass dadurch das Ziel der Bildungsmaßnahme in Frage gestellt wird.[1272] Ob der Arbeitgeber dem Arbeitnehmer nach der Abberufung eine andere Aufgabe zuweisen kann oder ob er ihm eine Änderungskündigung aussprechen muss oder eine Beendigungskündigung aussprechen kann, richtet sich nach dem Arbeitsvertrag und nach dem Kündigungsrecht. Der Betriebsrat ist dabei nach §§ 99, 102 BetrVG zu beteiligen. Bezieht sich eine Schulung in einem Betrieb ausschließlich auf externe Arbeitnehmer zu deren Qualifikation für eine Tätigkeit bei einem externen Unternehmen, handelt es sich nicht um eine „betriebliche" Berufsbildungsmaßnahme.[1273]

522

Führt der Arbeitgeber betriebliche Maßnahmen der Berufsbildung durch oder stellt er für außerbetriebliche Maßnahmen der Berufsbildung Arbeitnehmer frei oder trägt er die durch die Teilnahme von Arbeitnehmern an solchen Maßnahmen entstehenden Kosten ganz oder teilweise, so kann der Betriebsrat Vorschläge für die Teilnahme von Arbeitnehmern oder Gruppen von Arbeitnehmern des Betriebs an diesen Maßnahmen machen (§ 98 Abs. 3 BetrVG). Kommt eine Einigung über die vom Betriebsrat vorgeschlagenen Teilnehmer nicht zustande, so entscheidet die Einigungsstelle (§ 98 Abs. 4 BetrVG). Der Betriebsrat kann nicht verlangen, dass der Arbeitgeber von ihm benannte Teilnehmer zurückzieht. Übersteigt allerdings die Zahl der vom Arbeitgeber benannten und der vom Betriebsrat vorgeschlagenen Arbeitnehmer insgesamt die Zahl derer, die der Arbeitgeber an der Maßnahme teilnehmen lassen kann oder will, dann wählt die Einigungsstelle die Teilnehmer aus der Gesamtzahl der Bewerber aus.[1274] Der Betriebsrat kann sich nicht darauf beschränken, der vom Arbeitgeber getroffenen Auswahl zu widersprechen, wenn er es versäumt hat, zuvor eigene zu unterbreiten.[1275]

523

Der Arbeitgeber ist frei in der Entscheidung, ob er eine Bildungsmaßnahme durchführt, ob er Arbeitnehmer freistellt und ob er Kosten übernimmt. Er be-

524

[1269] LAG Köln 12.4.1983, EzA § 98 BetrVG Nr. 1.
[1270] *Fitting*, § 98 BetrVG Rn. 10; GK-BetrVG/*Raab*, § 98 Rn. 13.
[1271] *Fitting*, § 98 BetrVG Rn. 7.
[1272] Allg. M., vgl. *Fitting*, § 98 BetrVG Rn. 17.
[1273] BAG 26.4.2016, NZA 2016, 1036.
[1274] BAG 8.12.1987, AP Nr. 4 zu § 98 BetrVG 1972; BAG 18.3.2014, NZA 2014, 987.
[1275] BAG 20.4.2010, NZA 2010, 902.

stimmt auch die Zahl der Teilnehmer, das Ziel der Maßnahme und damit die Personengruppe, für die sie gedacht ist. Besteht die Wahrscheinlichkeit, dass sich mehr Bewerber melden, als in dem Kurs, Seminar usw. Platz haben, dann empfiehlt es sich, zur Objektivierung der Auswahl Zulassungsvoraussetzungen aufzustellen (Aufnahmeprüfungen, Betriebszugehörigkeit). Der Betriebsrat ist daran allerdings nur gebunden, wenn er den Kriterien zugestimmt hat.[1276] Regelt eine Betriebsvereinbarung Maßnahmen der innerbetrieblichen Aus- und Weiterbildung für bestimmte Tätigkeiten innerhalb des Unternehmens, kann ohne besondere Anhaltspunkte nicht davon ausgegangen werden, es liege zugleich eine Auswahlrichtlinie im Sinne des § 95 Abs. 1 S. 1 BetrVG vor, die die Voraussetzungen enthält, unter denen eine solche Beschäftigung erfolgen darf.[1277]

3. Personelle Einzelmaßnahmen

a) Allgemeine Grundsätze

525 Der Betriebsrat hat umfangreiche Beteiligungsrechte bei personellen Einzelmaßnahmen, nämlich bei
– Einstellungen,
– Ein- und Umgruppierungen,
– Versetzungen und
– Kündigungen.

526 Gemeinsam ist den Beteiligungsrechten, dass der Arbeitgeber den Betriebsrat über die geplante Maßnahme zu unterrichten hat (§§ 99 Abs. 1 S. 1, 102 Abs. 1 S. 1, 2 BetrVG) und dass der Betriebsrat ihr nur aus bestimmten, im Gesetz genannten Gründen widersprechen kann (§§ 99 Abs. 2, 102 Abs. 3 BetrVG). Unterschiedlich ist die Intensität der Beteiligung. Bei Einstellungen, Versetzungen, Ein- und Umgruppierungen besteht ein Mitbestimmungsrecht in der Form eines eingeschränkten Vetorechts. Der Arbeitgeber darf nicht ohne Zustimmung des Betriebsrats handeln, der Betriebsrat kann die Zustimmung nur aus den gesetzlichen Gründen verweigern (§ 99 Abs. 1 S. 1, Abs. 2 BetrVG). Macht der Betriebsrat von diesem Recht Gebrauch und will der Arbeitgeber die Maßnahme dennoch durchführen, dann muss er die Zustimmung des Betriebsrats durch das Arbeitsgericht ersetzen lassen (§ 99 Abs. 4 BetrVG). Bei Kündigungen hat der Betriebsrat lediglich ein Anhörungsrecht (§ 102 Abs. 1 S. 1 BetrVG). Er kann der Kündigung zwar ebenfalls aus den im Gesetz aufgeführten Gründen widersprechen, der Widerspruch nimmt dem Arbeitgeber aber nicht die Möglichkeit zu kündigen (§ 102 Abs. 1 S. 3 BetrVG). Einstellungen und Versetzungen unterscheiden sich von Ein- und Umgruppierungen dadurch, dass der Arbeitgeber im ersten Fall nach Zweckmäßigkeitsgesichtspunkten entscheiden kann, während er im zweiten nur die vom Tarifvertrag oder von einer sonstigen Regelung vorgegebene Entscheidung nachzuvollziehen hat. Der Arbeitnehmer hat in jedem Fall Anspruch auf die richtige Einstufung; Ein- und Umgruppierung sind lediglich Normenvollzug. Da der Arbeitgeber nicht frei ist in seiner Entscheidung, kann die Mitbestimmung nur

---

[1276] Richardi/*Thüsing*, § 98 BetrVG Rn. 63; MünchArbR/*Matthes*, § 254 Rn. 26 ff.
[1277] BAG 11.10.2016, NZA 2017, 135.

Mitbeurteilung sein.[1278] Der Betriebsrat seinerseits kann nur zustimmen oder nicht zustimmen, ein Initiativrecht hat er, vom Ausnahmefall des § 104 BetrVG abgesehen, nicht. Die Voraussetzungen für sein Zustimmungsverweigerungsrecht ergeben sich aus dem Gesetz. Da es insoweit also um Rechtsanwendung geht, ist im Streitfalle nicht die Einigungsstelle, sondern das Arbeitsgericht zuständig (§ 99 Abs. 4 BetrVG).

b) Mindestunternehmensgröße

Das Zustimmungsverweigerungsrecht bei Einstellungen, Versetzungen, Ein- und Umgruppierungen setzt voraus, dass in dem Unternehmen i.d.R. mehr als 20 wahlberechtigte Arbeitnehmer beschäftigt werden (§ 99 Abs. 1 S. 1 BetrVG). Nicht auf die Größe des Unternehmens, sondern des Betriebs wird abgestellt, wenn dieser gemeinsam von mehreren Unternehmen geführt wird, die jedes für sich weniger, insgesamt aber mehr als 20 wahlberechtigte Arbeitnehmer beschäftigen.[1279] Auf den Umfang der Beschäftigung kommt es nicht an. 527

c) Einstellung

aa) Begriff. Unter Einstellung versteht das BAG die Eingliederung einer Person in den Betrieb, um zusammen mit den dort beschäftigten Arbeitnehmern den arbeitstechnischen Zweck des Betriebs durch weisungsgebundene Tätigkeit zu verwirklichen.[1280] Mit dieser Begriffsbestimmung entscheidet das BAG zwei Streitfragen: ob Einstellung der tatsächliche Akt der Einstellung und/oder der rechtliche Akt des Abschlusses des Arbeitsvertrags ist und ob nur die Einstellung von Personen, die als Arbeitnehmer des Betriebsinhabers beschäftigt werden sollen, mitbestimmungspflichtig ist oder auch die bestimmter anderer Personen. Außerdem unterwirft es damit die Aufnahme in einen anderen Betrieb des Unternehmens im Zuge einer Versetzung dem Begriff der Einstellung. 528

bb) Tatsächliche Arbeitsaufnahme oder Abschluss des Vertrags. Die erste Frage löst das BAG in Parallele zur Versetzung, bei der das Gesetz selbst von der Zuweisung eines anderen Arbeitsbereichs spricht (§ 95 Abs. 3 BetrVG), i.S.d. tatsächlichen Akts; Einstellung sei die „erste" Zuweisung eines Arbeitsbereichs.[1281] Sähe man den Abschluss des Arbeitsvertrags als Einstellung an, dann entfiele – so das BAG – eine Beteiligung des Betriebsrats in all den Fällen, in denen einer tatsächlichen Beschäftigung kein Arbeitsvertrag zugrunde liege oder dieser – wie bei der betriebsübergreifenden Versetzung – in zulässiger Weise schon lange Zeit vorher ohne Beteiligung des Betriebsrats in den aufnehmenden Betrieb abgeschlossen worden sei. Andererseits bestehe kein Bedürfnis, den Abschluss des Arbeitsvertrags der Zustimmung zu unterwerfen. Erst durch die 529

[1278] BAG 15.4.1986, AP Nr. 35 zu § 99 BetrVG 1972.
[1279] BAG 29.9.2004, NZA 420, 422.
[1280] BAG 5.3.1991, AP Nr. 90 zu § 99 BetrVG 1972; zur Kritik *Hromadka/Maschmann*, Arbeitsrecht Band 1, § 1 Rn. 31.
[1281] BAG 28.4.1992, AP Nr. 98 zu § 99 BetrVG 1972 m. Anm. *Hromadka*.

tatsächliche Beschäftigung bislang betriebsfremder Personen werde das Interesse der Mitarbeiter, dessen Schutz das Mitbestimmungsrecht des Betriebsrats diene, berührt.

530 Allerdings bedeute das nicht, dass der Arbeitgeber die Zustimmung erst zu diesem Zeitpunkt einholen müsse. Mit Abschluss des Arbeitsvertrags entstünden Zwänge, die den Betriebsrat mit Rücksicht auf das Wohl des Betriebs und des einzustellenden Arbeitnehmers hindern könnten, von seinem Zustimmungsverweigerungsrecht Gebrauch zu machen. Deshalb sei er vor Abschluss des Arbeitsvertrags, d.h. bei der abschließenden und endgültigen Entscheidung zu hören. Nach einem Teil der Lehre[1282] – und der früheren Rechtsprechung[1283] – kann unter Einstellung sowohl der Abschluss des Arbeitsvertrags als auch die tatsächliche Beschäftigung verstanden werden. Mitbestimmungspflichtig ist danach der Tatbestand, der zeitlich zuerst verwirklicht wird. Da aber auch nach dieser Ansicht bei einem Verstoß gegen § 99 Abs. 1 BetrVG der Arbeitsvertrag wirksam bleibt, unterscheiden sich beide Meinungen im Ergebnis nicht voneinander.

531 **cc) Einstellung bei allen Weisungsgebundenen.** Größere praktische Bedeutung hat die zweite Frage. Hier geht es darum, ob das Mitbestimmungsrecht des Betriebsrats sich nur auf (künftige) Arbeitnehmer des Betriebs bezieht oder auch auf andere Personen, die im Betrieb beschäftigt werden. Mit dem Erfordernis der Eingliederung in den Betrieb und der Ausübung ihrer Art nach weisungsgebundener Tätigkeit sowie dem weiteren Erfordernis, dass der Betriebsinhaber die „Personalhoheit" im Sinne einer Entscheidungsgewalt über die Zeit und den Ort der Tätigkeit innehaben muss,[1284] mit der Folge, dass – i.d.R. vorübergehend – ein Teil der Arbeitgeberstellung auf das Beschäftigungsunternehmen übergeht,[1285] stellt das BAG letztlich darauf ab, ob der Betriebsinhaber das Weisungsrecht hat (so bei den Rot-Kreuz-Schwestern[1286]) oder zumindest Weisungen erteilt oder erteilen muss (so bei Fremdfirmenarbeitnehmern),[1287] wobei mit Weisungen die für ein Arbeitsverhältnis typischen Entscheidungen über den Arbeitseinsatz des Fremdpersonals gemeint sind.[1288] Dass die von Fremdfirmenarbeitnehmern zu erbringenden Dienst- oder Werkleistungen hinsichtlich Art, Umfang, Güte, Zeit und Ort in den betrieblichen Arbeitsprozess eingeplant sind, genügt nicht.[1289] Anders liegt es aber, wenn ein Vertrag zur Erbringung von Dienstleistungen durch ein externes Unternehmen keine Vorgaben für die Durchführung der Dienstleistung enthält; tätigkeits- und ablaufbezogene Weisungen, die Arbeitnehmer des Auftraggebers dem Fremdpersonal während einer gemeinsamen Leistungserbringung erteilen, sind dann solche arbeitsvertraglicher Art.[1290] Kann der Arbeitgeber aber Weisungen erteilen, dann ist der Betreffende Arbeitnehmer – gegebenenfalls Leiharbeitnehmer (§ 14 Abs. 3 AÜG)[1291] –, und es bleibt nur die Frage, ob § 99 BetrVG analog auf

---

[1282] Fitting, § 99 BetrVG Rn. 30; GK-BetrVG/Raab, § 99 Rn. 26 ff.
[1283] BAG 14.5.1974, 12.7.1988, AP Nr. 2, 54 zu § 99 BetrVG 1972.
[1284] BAG 13.12.2005, NZA 2006, 1369, 1370; BAG 2.10.2007, NZA 2008, 244, 245.
[1285] BAG 30.8.1994, AP Nr. 6 zu § 99 BetrVG 1972 Einstellung.
[1286] BAG 22.4.1997, AP Nr. 18 zu § 99 BetrVG 1972 Einstellung; BAG 23.6.2010, NZA 2010, 1302; BAG 9.10.2013, NZA 2014, 795.
[1287] BAG 18.10.1994, 30.8.1994, AP Nr. 5, 6 zu § 99 BetrVG 1972 Einstellung.
[1288] BAG 13.12.2016, NZA 2017, 525.
[1289] BAG 13.5.2014, NZA 2014, 1149.
[1290] BAG 13.12.2016, NZA 2017, 525.
[1291] Die nur (sehr kurze) Dauer ihres Einsatzes steht nicht entgegen, BAG 9.3.2011, NZA 2011, 871.

andere Personengruppen anzuwenden ist. Eine Analogie kommt jedoch nicht in Betracht, denn der Unternehmer ist frei, Aufgaben auszulagern und mitbestimmungsfrei darüber zu entscheiden, wem er diese Aufgaben überträgt (vgl. § 111 BetrVG). Nach § 80 Abs. 2 S. 1 HS 2 BetrVG schuldet der Arbeitgeber dem Betriebsrat aber Auskunft über sonstige im Betrieb beschäftigte Personen (freie Mitarbeiter, Fremdfirmenleute), damit dieser beurteilen kann, ob und inwieweit Mitbestimmungsrechte in Frage kommen.[1292] Ob der Betriebsrat des Einsatzbetriebs auch nach der Einstellung für dieses „Drittpersonal" zuständig ist, richtet sich danach, ob der Inhaber des Einsatzbetriebs oder der Vertragsarbeitgeber die mitbestimmungspflichtige Maßnahme trifft.[1293] Über die Eingruppierung eines Leiharbeitnehmers entscheidet z.B. der Verleiher als sein Vertragsarbeitgeber; folglich ist nur der bei ihm errichtete Betriebsrat zu beteiligen.[1294]

Mitbestimmungspflichtige Einstellung (nach der Rechtsprechung des BAG)

Zu beschäftigende Person	Mitbestimmungspflichtige Einstellung
Arbeitnehmer des Beschäftigungsunternehmens	
- Neueinstellung	- ja (§ 99 BetrVG)
- Verlängerung eines befristeten Arbeitsvertrags	- ja, außer bei Probearbeitsverhältnis (§ 99 BetrVG)
- dauerhafte Verlängerung der Arbeitszeit durch einvernehmliche Vertragsänderung	- ja, soweit Verlängerung nicht unerheblich
- Verkürzung der Arbeitszeit	- nein
- Versetzung in einen anderen Betrieb	- ja
Arbeitnehmer eines anderen Unternehmens	
- Leiharbeitnehmer	- ja (§ 14 Abs. 3 AÜG), allerdings nicht bereits durch Aufnahme in einen Stellenpool des Verleihers, sondern erst durch konkreten Arbeitseinsatz beim Entleiher
- Fremdfirmenarbeitnehmer	- grundsätzlich nein, aber Anspruch auf Unterrichtung
kein Arbeitnehmer	
- freier Mitarbeiter	- wie Fremdfirmenarbeitnehmer
- Tätigkeit aufgrund Vereinsrechts	- wenn das Beschäftigungsunternehmen einen Teil der Arbeitgeberstellung (= Weisungsrecht) übernimmt
- „Ein-Euro-Jobber" (§ 16 Abs. 3 SGB II)	- ja[1295]

dd) Auslösung des Mitbestimmungsrechts. Eine Einstellung liegt sowohl vor 532 beim erstmaligen Abschluss eines Arbeitsvertrags als auch bei jedem weiteren Arbeitsvertrag, sei es nach einer Unterbrechung des Arbeitsverhältnisses, sei es unmittelbar im Anschluss an einen anderen, befristeten oder bedingten Arbeits-

---

[1292] BAG 15.12.1998, NZA 1999, 722.
[1293] BAG 15.10.2014, NZA 2015, 560.
[1294] BAG 23.10.2009, NZA-RR 2010, 144; vgl. allgemein BAG 19.6.2001, NZA 2001, 1263.
[1295] BAG 2.10.2007, NZA 2008, 244.

vertrag (Aushilfsarbeitsverhältnis, Ausbildungsverhältnis, Erreichen der Altersgrenze); keine Einstellung sind lediglich die Umwandlung eines befristeten Probearbeitsverhältnisses in ein unbefristetes Arbeitsverhältnis[1296] und die einvernehmliche Rücknahme einer Kündigung.[1297] Einstellung ist auch die Versetzung in einen anderen Betrieb des Unternehmens ohne Änderung des Arbeitsvertrags.[1298] Neuerdings erachtet die Rechtsprechung sogar die nicht nur vorübergehende, d.h. länger als einen Monat dauernde einvernehmliche Verlängerung der Arbeitszeit eines bereits im Betrieb Beschäftigten als Einstellung,[1299] wenn die Verlängerung nicht unerheblich ist.[1300] Eine Einstellung soll sogar dann vorliegen, wenn ein Arbeitnehmer, der seinen Dienstsitz in einem bestimmten Betrieb des Unternehmens hat und dort regelmäßig tätig ist, zum Vorgesetzten von unternehmensangehörigen Arbeitnehmern eines anderen Betriebs bestellt wird, weil er durch die Wahrnehmung dieser Führungsaufgaben (auch) den arbeitstechnischen Zweck dieses anderen Betriebs verwirkliche.[1301]

533 ee) **Zeitpunkt.** Der Arbeitgeber hat den Betriebsrat vor jeder Einstellung zu unterrichten (§ 99 Abs. 1 S. 1 BetrVG). Die Unterrichtung hat nach der Auswahl[1302] und vor Abschluss des Arbeitsvertrags und der Eingliederung zu erfolgen.[1303] Sinnvollerweise unterrichtet der Arbeitgeber den Betriebsrat mindestens eine Woche vor der Einstellung, weil der Betriebsrat nicht Stellung beziehen muss und weil seine Zustimmung dann erst nach einer Woche als erteilt gilt.

534 ff) **Auskunftspflicht.** Der Arbeitgeber hat dem Betriebsrat Auskunft über die Person der Beteiligten zu geben. Beteiligt sind alle inner- und außerbetrieblichen Bewerber.[1304] Schaltet der Arbeitgeber ein Personalberatungsunternehmen ein oder stellt er Leiharbeitnehmer ein, dann sind die Personen beteiligt, die der Arbeitgeber sich benennen lässt.[1305] Die Auskunftspflicht bezieht sich auf alle Angaben, die der Betriebsrat benötigt, um sein Zustimmungsverweigerungsrecht ausüben zu können, d.h. auf die persönliche und fachliche Eignung sowie auf die betrieblichen Auswirkungen.[1306]

535 Der Arbeitgeber hat dem Betriebsrat weiter die erforderlichen **Bewerbungsunterlagen** aller Bewerber[1307] – auch derjenigen, die nach Einschätzung des Arbeitgebers nicht den

---

[1296] BAG 7.8.1990, AP Nr. 82 zu § 99 BetrVG 1972.
[1297] *Fitting*, § 99 BetrVG Rn. 46.
[1298] BAG 30.4.1981, 18.2.1986, AP Nr. 12, 33 zu § 99 BetrVG 1972.
[1299] BAG 25.1.2005, NZA 2005, 945; die Verkürzung der Arbeitszeit gilt nicht als Einstellung.
[1300] BAG 15.5.2007, NZA 2007, 1240: Keine mitbestimmungspflichtige Einstellung, wenn die wöchentliche Arbeitszeit bei einem Vollzeitbeschäftigten um fünf Stunden verlängert wird.
[1301] BAG 12.6.2019, NZA 2019, 1288.
[1302] BAG 18.7.1978, AP Nr. 7 zu § 99 BetrVG 1972.
[1303] BAG 28.4.1992, AP Nr. 98 zu § 99 BetrVG 1972.
[1304] Richardi/*Thüsing*, § 99 BetrVG Rn. 154 m.w.N.
[1305] BAG 14.5.1974, 18.12.1990, AP Nr. 2, 85 zu § 99 BetrVG 1972.
[1306] BAG 18.10.1988, 10.11.1992, AP Nr. 57, 100 zu § 99 BetrVG 1972.
[1307] BAG 3.12.1985, AP Nr. 29 zu § 99 BetrVG 1972.

XIII. Mitbestimmung in personellen Angelegenheiten

verlangten Anforderungen entsprechen oder sich nicht ernsthaft beworben haben,[1308] vorzulegen (§ 99 Abs. 1 S. 1 BetrVG). Auch hier gilt, dass die Bewerbungsunterlagen erforderlich sind, die der Betriebsrat für die Beurteilung der Frage braucht, ob ein Zustimmungsverweigerungsrecht nach Abs. 2 besteht oder nicht. Dazu zählen vor allem das Bewerbungsschreiben, der Lebenslauf und die Zeugnisse, aber auch die Unterlagen, die anlässlich einer Bewerbung vom Bewerber oder vom Arbeitgeber erstellt werden, wie Personalfragebogen, Tests[1309] oder Arbeitsproben und bei Leiharbeitnehmern deren Namen[1310] und der Arbeitnehmerüberlassungsvertrag.[1311] Nicht dazu gehören das polizeiliche Führungszeugnis und das Ergebnis einer ärztlichen Untersuchung.[1312] Der Arbeitgeber muss nur die Unterlagen vorlegen, die er selbst hat; er braucht keine zusätzlichen Unterlagen zu besorgen. Er ist auch nicht verpflichtet, Aufzeichnungen über Vorstellungsgespräche anzufertigen;[1313] allerdings muss er den Betriebsrat über deren Inhalt informieren, soweit sich die für die Auswahlentscheidung maßgeblichen Umstände nicht allein aus den dem Betriebsrat vorliegenden Unterlagen ergeben. Formlose, unstrukturierte Gesprächsnotizen, die für die Auswahlentscheidung ohne jegliche Bedeutung sind, müssen nicht vorgelegt werden.[1314] Ein Recht zur Teilnahme am Bewerbungsgespräch besteht nicht[1315]. Das hierdurch bewirkte Informationsdefizit muss der Arbeitgeber auch nicht durch eine Wiedergabe der mit den Bewerbern geführten Gespräche oder ihrer wesentlichen Inhalte ausgleichen. Ebenso wenig verlangt § 99 Abs. 1 S. 1 BetrVG vom Arbeitgeber eine Rechtfertigung seiner Auswahl.[1316] Nach Ansicht des BAG muss der Arbeitgeber dem Betriebsrat aber die Unterlagen nicht nur vorlegen; er muss sie ihm auch zur Beschlussfassung überlassen, längstens für eine Woche.[1317] Bewerber können dem Arbeitgeber die Weiterleitung von Unterlagen an den Betriebsrat untersagen.[1318] Der Arbeitgeber muss den Betriebsrat darauf hinweisen. Der Betriebsrat kann der Einstellung trotzdem zustimmen. Allerdings kann das nur ausdrücklich geschehen; die Wochenfrist des § 99 Abs. 3 BetrVG wird mangels ordnungsgemäßer Unterrichtung nicht in Gang gesetzt.[1319] Der Arbeitgeber ist nicht verpflichtet, dem Betriebsrat den Bewerber vorzustellen;[1320] der Betriebsrat hat auch kein Recht, am Einstellungsgespräch teilzunehmen.[1321] Ebenso wenig besteht ein Anspruch auf Einsicht in den Arbeitsvertrag[1322] oder auf Mitteilung der Gründe für dessen Befristung.[1323]

Schließlich hat der Arbeitgeber dem Betriebsrat **Auskunft über die Auswirkungen der geplanten Maßnahme** zu geben; insbesondere muss er ihm den in Aus- 536

[1308] BAG 21.10.2014, NZA 2015, 311.
[1309] BAG 14.12.2004, NZA 2005, 827, 829.
[1310] BAG 9.3.2011, NZA 2011, 871.
[1311] BAG 6.6.1978, AP Nr. 6 zu § 99 BetrVG 1972.
[1312] LAG Hamburg 30.4.1975, 5 TaBV 1/75, n.v.
[1313] Anderes gilt für öffentliche Arbeitgeber, vgl. BAG 21.1.2003, AP Nr. 59 zu Art. 33 Abs. 2 GG.
[1314] BAG 17.6.2008, NZA 2008, 1139; BAG 14.4.2015, NZA 2015, 1081.
[1315] BAG 28.6.2005, NZA 2006, 111, 114.
[1316] BAG 14.4.2015, NZA 2015, 1081.
[1317] BAG 3.12.1985, AP Nr. 29 zu § 99 BetrVG 1972.
[1318] Richardi/*Thüsing*, § 99 BetrVG Rn. 171 m.w.N.
[1319] Richardi/*Thüsing*, § 99 BetrVG Rn. 171.
[1320] BAG 18.7.1978, AP Nr. 7 zu § 99 BetrVG 1972.
[1321] BAG 6.6.1978, AP Nr. 6 zu § 99 BetrVG 1972.
[1322] BAG 27.10.2010, NZA 2011, 527.
[1323] BAG 27.10.2010, NZA 2011, 418.

sicht genommenen Arbeitsplatz und die vorgesehene Eingruppierung – nicht das vereinbarte Arbeitsentgelt[1324] – mitteilen (§ 99 Abs. 1 S. 1 BetrVG). Der Betriebsrat soll in die Lage versetzt werden zu beurteilen, ob einer der Zustimmungsverweigerungsgründe in Betracht kommt. Wird der Betriebsrat nicht ordnungsgemäß unterrichtet, dann wird die Wochenfrist, nach deren Ablauf eine Zustimmung fingiert wird, nicht in Gang gesetzt.[1325]

537 Letztlich ist formell die Zustimmung des Betriebsrats zur Einstellung einzuholen (§ 99 Abs. 1 S. 1 BetrVG). Der Betriebsrat soll wissen, dass jetzt die Frist zu laufen beginnt, innerhalb derer er die Zustimmung verweigern kann. Das Ersuchen kann jederzeit zurückgenommen werden; damit erledigt sich auch ein bei Gericht anhängiges Zustimmungsersetzungsverfahren nach § 99 Abs. 4 BetrVG.[1326]

538 **gg) Reaktionsmöglichkeiten.** Der Betriebsrat hat drei Reaktionsmöglichkeiten:
– Er kann der Einstellung **zustimmen**. Der Arbeitgeber ist dann zur Einstellung, genauer: zur Beschäftigung des Arbeitnehmers, berechtigt. Die Zustimmung ist unwiderruflich.[1327]
– Der Betriebsrat kann die **Frist**, innerhalb derer er widersprechen könnte, **verstreichen lassen**, ohne etwas zu unternehmen. Mit Ablauf der Frist gilt die Zustimmung als erteilt (§ 99 Abs. 3 S. 2 BetrVG). Dasselbe gilt, wenn der Betriebsrat zwar widerspricht, aber Form und/oder Frist nicht wahrt. Von dieser Zustimmungsfiktion können die Betriebsparteien nicht abweichen, etwa indem sie vereinbaren, dass Schweigen als Zustimmungsverweigerung gilt.[1328]
– Der Betriebsrat kann die **Zustimmung verweigern**.

539 **hh) Zustimmungsverweigerungsrecht.** Eine wirksame Verweigerung setzt dreierlei voraus (§ 99 Abs. 3 S. 1 BetrVG):
– die **schriftliche Mitteilung** an den Arbeitgeber. Sie ist eine rechtsgeschäftsähnliche Handlung, für die das strikte Formerfordernis des § 126 BGB nicht gilt. Nach dem Zweck der Norm ist aber die entsprechende Anwendung des § 126b BGB (Textform) geboten.[1329] Erforderlich und ausreichend ist eine maschinenschriftliche Erklärung, die den Aussteller zu erkennen gibt und durch eine Grußformel mit Namensangabe das Textende kenntlich macht.[1330] Sie kann auch durch Telefax[1331] oder E-Mail[1332] übermittelt werden.
– **innerhalb einer Woche** nach Unterrichtung durch den Arbeitgeber. Die Frist

---

[1324] BAG 3.10.1989, AP Nr. 74 zu § 99 BetrVG 1972.
[1325] Richardi/*Thüsing*, § 99 BetrVG Rn. 284 f.
[1326] BAG 28.2.2006, NZA 2006, 1178.
[1327] H.M., MünchArbR/*Matthes*, § 263 Rn. 77.
[1328] BAG 13.3.2013, AP Nr. 61 zu § 99 BetrVG 1972 Eingruppierung.
[1329] BAG 10.3.2009, NZA 2009, 622.
[1330] BAG 9.12.2008, NZA 2009, 627.
[1331] BAG 11.6.2002, NZA 2003, 226.
[1332] BAG 10.3.2009, NZA 2009, 622.

endet mit Dienstschluss an dem Wochentag, der seiner Benennung nach dem Tag entspricht, an dem der Betriebsrat unterrichtet wurde (Montag/Montag). Ist dieser Tag ein Samstag, Sonn- oder Feiertag, so endet die Frist mit Dienstschluss des nächsten Werktags. Die Betriebsparteien können die Wochenfrist einvernehmlich durch Hinausschieben des Fristbeginns verlängern,[1333] sogar erheblich, wenn das im Einzelfall notwendig ist;[1334] unwirksam ist dagegen eine Vereinbarung, nach der die Zustimmung als verweigert gilt, wenn innerhalb der Wochenfrist keine Einigung erzielt wird.[1335] Die Frist wird nur durch eine ordnungsgemäße Unterrichtung in Lauf gesetzt.[1336] Eine erst nach der Aufnahme der Tätigkeit durch den Arbeitnehmer vorgenommene Unterrichtung des Betriebsrats kann die Zustimmungsfiktion nach § 99 Abs. 3 S. 2 BetrVG zu der bereits erfolgten Einstellung nicht bewirken.[1337] Hat der Betriebsrat auf eine unvollständige Unterrichtung seine Zustimmung verweigert, kann der Arbeitgeber die Information noch im Laufe des Zustimmungsersetzungsverfahrens vervollständigen, wenn er den Betriebsrat hierauf besonders hinweist.[1338]

— die **schriftliche Angabe von Gründen**. Dabei bedarf nur die Willensbildung über die Zustimmung zur beantragten personellen Einzelmaßnahme einer Entscheidung des zuständigen Gremiums (Personalausschuss oder gesamter Betriebsrat). Die Übermittlung des von diesem gefassten Beschlusses und die Mitteilung der Zustimmungsverweigerungsgründe obliegen dem Vorsitzenden, der sie auf der Grundlage dieser Willensbildung eigenständig formuliert; allein durch sie wird das gerichtliche Prüfprogramm bestimmt.[1339]

Der Betriebsrat darf seine Zustimmung nur aus den in § 99 Abs. 2 BetrVG genannten Gründen verweigern, d.h. wenn **540**

(Nr. 1) die personelle Maßnahme gegen ein Gesetz, eine Verordnung, eine Unfallverhütungsvorschrift oder gegen eine Bestimmung in einem Tarifvertrag oder in einer Betriebsvereinbarung oder gegen eine gerichtliche Entscheidung oder eine behördliche Anordnung **verstoßen würde**. Ein Zustimmungsverweigerungsgrund besteht allerdings nur, wenn das Ziel der Norm allein dadurch erreicht werden kann, dass die personelle Maßnahme insgesamt unterbleibt. Bei Einstellungen ist das der Fall, wenn die betreffende Norm im Sinne einer „Absperrtechnik" verhindern will, dass bestimmte Arbeitnehmer überhaupt in den Betrieb aufgenommen werden.[1340] Das hat die Rechtsprechung z.B. für einen Verstoß gegen § 1 Abs. 1 S. 2 AÜG bejaht, der eine nicht nur vorübergehende Arbeitnehmerüberlassung verbietet.[1341] Die Vorschrift diene jedenfalls auch den kollektiven Interessen der betroffenen Belegschaft, denn sie begrenze im Interesse auch der Stammarbeitnehmer eine **541**

[1333] BAG 16.11.2004, NZA 2005, 775.
[1334] BAG 6.10.2010, NZA 2012, 50: sieben Monate für den Fall einer Umgruppierung.
[1335] BAG 18.8.2009, NZA 2010, 112.
[1336] BAG 9.3.2011, NJOZ 2011, 1299.
[1337] BAG 21.11.2018, NZA 2019, 711.
[1338] BAG 6.10.2010, NZA 2012, 50.
[1339] BAG 30.9.2014, NZA 2015, 370.
[1340] BAG 10.7.2013, NZA 2013, 1296.
[1341] BAG 10.7.2013, NZA 2013, 1296; BAG 30.9.2014, NZA 2015, 240 und 370.

Spaltung der Belegschaft und begegne der Gefahr, dass zumindest faktisch auf deren Arbeitsplatzsicherheit und die Qualität ihrer Arbeitsbedingungen Druck ausgeübt werde. Entsprechendes gilt für bußgeldbewehrte Beschäftigungsverbote, wie etwa die Beschäftigung von Ausländern ohne den erforderlichen Aufenthaltstitel (§ 4 Abs. 3 AufenthG i.V.m. § 404 Abs. 2 Nr. 3 SGB III). Ein Zustimmungsverweigerungsrecht besteht auch, wenn der Arbeitgeber nicht geprüft hat, ob der Arbeitsplatz mit einem Schwerbehinderten besetzt werden kann.[1342] Sonstige Gesetzesverstöße – falsche Eingruppierung, unzulässige Befristung,[1343] Verstoß gegen das „equal-pay-Gebot" bei der Beschäftigung von Leiharbeitnehmern (§ 3 Abs. 1 Nr. 3 AÜG)[1344] – berechtigen nicht zur Zustimmungsverweigerung; das Mitbestimmungsrecht ist kein Instrument einer umfassenden Vertragsinhaltskontrolle.[1345] Erst recht kann der Betriebsrat nicht widersprechen, wenn er die Einstellung oder irgendwelche Vertragsbedingungen für unzweckmäßig hält.[1346] Auch die Verletzung der Unterrichtungspflicht nach § 99 Abs. 1 BetrVG liefert keinen Zustimmungsverweigerungsgrund; sie führt nur dazu, dass die Frist nach § 99 Abs. 3 BetrVG nicht anläuft.[1347]

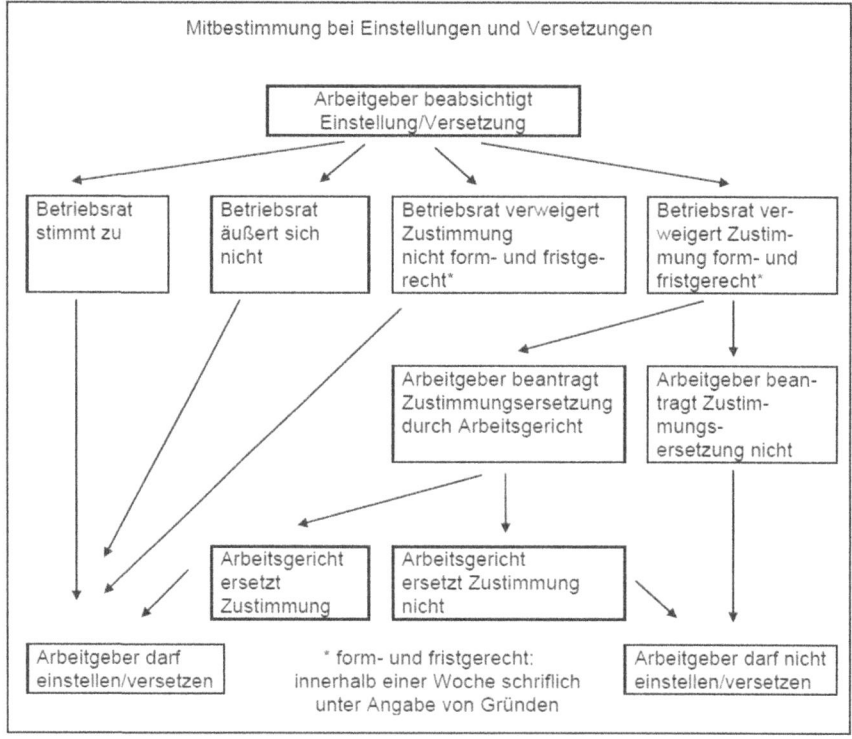

[1342] BAG 17.6.2008, NZA 2008, 1139; BAG 23.6.2010, NZA 2010, 1361.
[1343] BAG 20.6.1978, 16.7.1985, AP Nr. 8, 21 zu § 99 BetrVG 1972.
[1344] BAG 21.7.2009, NZA 2009, 1156.
[1345] BAG 28.3.2000, NZA 2000, 1294; BAG 27.10.2010, NZA 2011, 527.
[1346] ArbG Berlin 28.11.1973, DB 1974, 341.
[1347] BAG 1.6.2011, AP Nr. 139 zu § 99 BetrVG 1972.

XIII. Mitbestimmung in personellen Angelegenheiten 483

(Nr. 2) die personelle Maßnahme gegen eine Auswahlrichtlinie verstoßen würde. 542
Gemeint sind nur formell zwischen Arbeitgeber und Betriebsrat vereinbarte Auswahlrichtlinien, nicht einseitig vom Arbeitgeber aufgestellte Richtlinien oder Kriterien.[1348]

(Nr. 3) die durch Tatsachen begründete **Besorgnis** besteht, **dass** infolge der personellen 543
Maßnahme **im Betrieb beschäftigte Arbeitnehmer gekündigt werden oder sonstige Nachteile erleiden**, ohne dass dies aus betrieblichen oder persönlichen Gründen gerechtfertigt ist. Kündigung meint die Beendigungs- wie die Änderungskündigung. Die Besorgnis, dass eine Kündigung ausgesprochen wird, besteht vor allem dann, wenn jemand für einen Arbeitsplatz eingestellt werden soll, der noch besetzt ist, die Besorgnis, dass eine Änderungskündigung ausgesprochen wird, beispielsweise dann, wenn die Arbeitsplätze mehrerer vergleichbarer Arbeitnehmer wegfallen, nur für einen Teil dieser Arbeitnehmer eine andere Beschäftigungsmöglichkeit zur Verfügung steht und der Arbeitgeber ohne Sozialauswahl einen der Arbeitnehmer auf einen der freien Plätze versetzt.[1349] Als sonstige Nachteile sind nicht unerhebliche Verschlechterungen in der tatsächlichen oder rechtlichen Stellung eines Arbeitnehmers anzusehen.[1350] Der Verlust einer Beförderungschance stellt nur dann einen sonstigen Nachteil in diesem Sinne dar, wenn dadurch eine Rechtsposition oder eine rechtlich erhebliche Anwartschaft des Arbeitnehmers gefährdet wird.[1351] Voraussetzung ist immer, dass die Kündigung oder der Nachteil nicht aus persönlichen oder betrieblichen Gründen gerechtfertigt ist. Das ist in Anlehnung an § 1 Abs. 2, 3 KSchG zu ermitteln.[1352] Der Betriebsrat könnte also beispielsweise widersprechen, wenn der Arbeitgeber aus betrieblichen Gründen einen Arbeitnehmer entlassen und an seiner Stelle einen anderen, möglicherweise besser qualifizierten einstellen wollte, nicht aber, wenn er einen Mitarbeiter aus Gründen in seinem Verhalten oder in seiner Person kündigen und für ihn einen Ersatz einstellen möchte. Als Nachteil gilt bei unbefristeter Einstellung auch die Nichtberücksichtigung eines gleich geeigneten befristet Beschäftigten (§ 99 Abs. 2 Nr. 3 HS 2 BetrVG).

(Nr. 4) der betroffene Arbeitnehmer durch die personelle Maßnahme benachteiligt 544
wird, ohne dass dies aus betrieblichen oder in der Person des Arbeitnehmers liegenden Gründen gerechtfertigt ist. Dieser Fall scheidet bei Bewerbern aus. Der Widerspruch kann nur mit einer Benachteiligung durch die Einstellung, nicht durch einzelne Vertragsbedingungen (unwirksame Befristung, untertarifliche Bezahlung) begründet werden.[1353] Auf Nr. 4 kann sich der Betriebsrat auch dann nicht berufen, wenn sich der Arbeitnehmer frei für eine personelle Einzelmaßnahme – z.B. eine Versetzung – entschieden hat, weil sie seinen Vorstellungen und Bedürfnissen entspricht; dass er sie nur hingenommen hat, genügt allerdings nicht.[1354]

(Nr. 5) eine interne Stellenausschreibung unterblieben ist, wenn der Betriebsrat sie 545
allgemein oder für bestimmte Arten von Tätigkeiten vor dem Zustimmungsersuchen ver-

---

[1348] BAG 14.10.1986, AP Nr. 5 zu § 117 BetrVG 1972.
[1349] BAG 30.8.1995, AP Nr. 5 zu § 99 BetrVG 1972 Versetzung.
[1350] BAG 30.8.1995, AP Nr. 5 zu § 99 BetrVG 1972 Versetzung.
[1351] BAG 8.9.2002, NZA 2003, 622.
[1352] BAG 30.8.1995, AP Nr. 5 zu § 99 BetrVG 1972 Versetzung.
[1353] BAG 9.7.1996, AP Nr. 9 zu § 99 BetrVG 1972 Einstellung.
[1354] BAG 9.10.2013, NZA 2014, 156.

langt hat.[1355] Eine Stellenausschreibung ist auch dann „unterblieben", wenn der Arbeitgeber intern höhere Anforderungen gestellt hat als bei einer gleichzeitigen externen Ausschreibung[1356] oder wenn die Ausschreibung inhaltlich unzureichend war oder zu kurze Zeit aushing.[1357] Kein Widerspruchsrecht besteht, wenn der Arbeitgeber einen externen Bewerber oder einen Bewerber, der sich erst nach Ablauf der Ausschreibungsfrist beworben hat, vorzieht[1358] oder wenn die Stellenausschreibung eine möglicherweise unzutreffende, aber nicht offensichtlich falsche Angabe der tariflichen Vergütung enthält.[1359] Der Widerspruch ist missbräuchlich, wenn die Ausschreibung unterbleibt und feststeht, dass kein Mitarbeiter des Betriebs für die Stelle in Betracht gekommen wäre.[1360] Ob eine fehlende Ausschreibung im Laufe des Zustimmungsersetzungsverfahrens nachgeholt werden kann, ist offen.[1361] Ist in einer vom Betriebsrat verlangten Ausschreibung ein Datum für eine Stellenbesetzung angegeben, ist regelmäßig keine erneute Ausschreibung erforderlich, wenn zwischen diesem Datum und dem tatsächlichen Besetzungszeitpunkt nicht mehr als sechs Monate vergangen sind.[1362]

546 (Nr. 6) die durch Tatsachen begründete **Besorgnis** besteht, **dass der** für die personelle Maßnahme in Aussicht genommene **Bewerber oder Arbeitnehmer den Betriebsfrieden** durch gesetzwidriges Verhalten oder durch grobe Verletzung der in § 75 Abs. 1 BetrVG enthaltenen Grundsätze **stören würde**; eine mögliche Störung des Betriebsfriedens aus anderen Gründen (z.B. Weitergabe psychologischer Beurteilungen von Mitarbeitern an Kollegen) genügt nicht.[1363] Hier müssen konkrete Anhaltspunkte vorliegen; vage Vermutungen genügen nicht. Als besonders verwerflich erachtet der Gesetzgeber eine rassistische oder fremdenfeindliche Betätigung des Bewerbers.

547 Die vom Betriebsrat für die Verweigerung seiner Zustimmung vorgetragene Begründung muss es als möglich erscheinen lassen, dass einer der in Abs. 2 abschließend genannten Gründe geltend gemacht wird. Nur eine Begründung, die offensichtlich auf keinen der Verweigerungsgründe Bezug nimmt, ist unbeachtlich mit der Folge, dass die Zustimmung als erteilt gilt.[1364] Bezieht sich die Zustimmungsverweigerung des Betriebsrats auf mehrere personelle Einzelmaßnahmen, muss er seine Verweigerung in Bezug auf jede einzelne Maßnahme begründen.[1365] Die Betriebsparteien können durch eine freiwillige Betriebsvereinbarung vereinbaren, dass das Mitbestimmungsrecht nicht auf die gesetzlichen Zustimmungsverweigerungsgründe des § 99 Abs. 2 BetrVG beschränkt ist. Sie sind aber nicht befugt, den Betriebsrat von seiner gesetzlichen Verpflichtung zur Nennung konkreter Zustimmungsverweigerungsgründe freizustellen.[1366]

[1355] BAG 14.12.2004, NZA 2005, 424.
[1356] BAG 23.2.1988, AP Nr. 2 zu § 93 BetrVG 1972.
[1357] BAG 6.10.2010, NZA 2011, 360.
[1358] BAG 18.11.1980, AP Nr. 1 zu § 93 BetrVG 1972.
[1359] BAG 10.3.2009, NZA 2009, 622.
[1360] GK-BetrVG/*Raab*, § 99 Rn. 208; a.A. *Fitting*, § 99 BetrVG Rn. 248.
[1361] BAG 14.12.2004, NZA 2005, 424.
[1362] BAG 30.4.2015, NZA 2015, 698.
[1363] BAG 16.11.2004, NZA 205, 776, 778.
[1364] BAG 26.1.1988, AP Nr. 50 zu § 99 BetrVG 1972.
[1365] BAG 13.5.2014, NZA-RR 2015, 23.
[1366] BAG 23.8.2016, NZA 2017, 194.

ii) Folgen unterbliebener Beteiligung. Hört der Arbeitgeber den Betriebsrat **548** nicht an oder widerspricht der Betriebsrat form- und fristgerecht, so kann der Arbeitgeber zwar wirksam einen Arbeitsvertrag mit dem Bewerber abschließen. Er darf ihn aber nicht beschäftigen.[1367] Der Arbeitnehmer hat Anspruch auf das vereinbarte Entgelt, wenn der Arbeitgeber ihn nicht ausdrücklich darauf aufmerksam gemacht hat, dass die Zustimmung des Betriebsrats (noch) aussteht oder wenn er sie ihm als reine Formsache hingestellt hat.[1368] Beschäftigt der Arbeitgeber den Arbeitnehmer trotz Zustimmungsverweigerung, so kann der Betriebsrat beim Arbeitsgericht beantragen, dem Arbeitgeber aufzugeben, dass er die Weiterbeschäftigung unterlässt. Kommt der Arbeitgeber der Anordnung nicht nach, so hat das Arbeitsgericht gegen ihn für jeden Tag der Zuwiderhandlung ein Zwangsgeld von bis zu 250 € festzusetzen (§ 101 BetrVG).

Der Antrag, die Einstellung eines Arbeitnehmers aufzuheben, wird nicht dadurch unbegründet, dass der Arbeitgeber den Betriebsrat während des Verfahrens nach § 101 BetrVG nachträglich über die bereits erfolgte Einstellung unterrichtet.[1369] In schweren Fällen kann neben dem Antrag nach § 101 BetrVG auch ein Unterlassungsanspruch nach § 23 Abs. 3 BetrVG in Betracht kommen.[1370] Der Betriebsrat hat jedoch kein besonderes rechtliches Interesse an der gerichtlichen Feststellung, ihm habe bei einer bereits endgültig durchgeführten personellen Maßnahme ein Mitbestimmungsrecht nach § 99 BetrVG zugestanden. Allerdings kann ein in der Vergangenheit liegender Streitfall Anlass sein, dieses für die Zukunft feststellen zu lassen.[1371] **548a**

Der Arbeitgeber kann, wenn der Betriebsrat die Zustimmung zu einer Einstellung ordnungsgemäß verweigert, beim Arbeitsgericht beantragen, die Zustimmung zu ersetzen (§ 99 Abs. 4 BetrVG). Er kann den Bewerber vorläufig einstellen, bevor der Betriebsrat sich geäußert oder obwohl er die Zustimmung verweigert hat, falls das aus sachlichen Gründen dringend erforderlich ist, beispielsweise weil ein besonders qualifizierter Bewerber sonst „abspringt"[1372] oder wenn in einer Vierergruppe zwei Plätze zu besetzen sind.[1373] Er muss den Betriebsrat darüber unverzüglich informieren und, wenn dieser die Dringlichkeit bestreitet, auch dazu die Ersetzung der Zustimmung beim Arbeitsgericht beantragen (§ 100 BetrVG). Die Beendigung einer vorläufigen personellen Maßnahme unterliegt nicht der Zustimmung des Betriebsrats.[1374] Verweigert der Betriebsrat seine Zustimmung, kann der betroffene Arbeitnehmer auch nicht aus § 241 Abs. 2 BGB die Durchführung eines gerichtlichen Zustimmungsersetzungsverfahrens verlangen. Vielmehr hat der Arbeitgeber ein eigenes schutzwürdiges Interesse, selbst zu entscheiden, ob er ein Zustim- **549**

[1367] BAG 2.7.1980, AP Nr. 9 zu Art. 33 II GG.
[1368] BAG 2.7.1980, AP Nr. 5 zu § 101 BetrVG 1972.
[1369] BAG 21.11.2018, NZA 2019, 711.
[1370] BAG 9.3.2011, NZA 2011, 871.
[1371] BAG 22.3.2016, NZA 2016, 909.
[1372] LAG Berlin 27.9.1982, DB 1983, 776.
[1373] ArbG Essen 2.3.1972, DB 1972, 977.
[1374] BAG 15.4.2014, NZA 2014, 920.

d) Versetzung

550 **aa) Begriff.** Versetzung i.S.d. Betriebsverfassungsrechts ist die Zuweisung eines anderen Arbeitsbereichs, die voraussichtlich die Dauer von einem Monat überschreitet oder die mit einer erheblichen Änderung der Umstände verbunden ist, unter denen die Arbeit zu leisten ist (§ 95 Abs. 3 S. 1 BetrVG).

551 Der betriebsverfassungsrechtliche Begriff der Versetzung ist nicht identisch mit dem arbeitsvertraglichen. Der arbeitsvertragliche hat keine festen Konturen. Gemeint ist ähnlich wie im Betriebsverfassungsrecht die Zuweisung einer anderen Arbeit, einer Arbeit an einem anderen Ort oder in einer anderen organisatorischen Einheit. Hat die Änderung geringeren Umfang, wird derselbe Vorgang mitunter als Umsetzung bezeichnet. Der Gesetzgeber verwendet den Begriff „umsetzen" im Arbeitszeitgesetz, um den Wechsel von einem Nacht- auf einen Tagesarbeitsplatz zu beschreiben (§ 6 Abs. 4 ArbZG).

552 Der Begriff Versetzung kommt aus dem öffentlichen Recht. Im Personalvertretungsrecht meint Versetzung die Übertragung einer Tätigkeit bei einer anderen Dienststelle desselben Dienstherrn auf Dauer, Umsetzung die Versetzung innerhalb der Dienststelle, sofern sie mit einem Wechsel des Arbeitsorts verbunden ist, Abordnung die „Versetzung" auf Zeit, mindestens aber für drei Monate (vgl. §§ 75 Abs. 1 Nr. 3, 4, 76 Abs. 1 Nr. 4, 5 BPersVG).

553 Im Arbeitsvertragsrecht entscheidet nicht die Bezeichnung, sondern die Vertragsgestaltung. Ob der Arbeitgeber dem Arbeitnehmer einen anderen Arbeitsplatz, einen Arbeitsplatz an einem anderen Ort oder in einer anderen organisatorischen Einheit zuweisen kann, richtet sich nach dem Arbeitsvertrag. Rechtstechnische Mittel sind im Rahmen des allgemeinen Weisungsrechts oder eines Änderungsvorbehalts[1376] die Weisung, sonst der Änderungsvertrag, dessen Abschluss u.U. durch eine Änderungskündigung erzwungen werden kann. Für das Mitbestimmungsrecht ist es unerheblich, wie der Arbeitgeber individualrechtlich die Versetzung bewerkstelligt. Entscheidend ist, ob eine Versetzung i.S.d. Betriebsverfassungsrechts vorliegt. Ein Mitbestimmungsrecht kommt folglich sowohl bei einer Versetzung in Frage, die auf einer Weisung beruht, als auch bei einer Versetzung aufgrund Änderungsvertrags. Wird der Änderungsvertrag durch Änderungskündigung herbeigeführt, ist der Betriebsrat außerdem nach § 102 BetrVG anzuhören. Dass eine Versetzung aufgrund Änderungsvertrags mitbestimmungsfrei ist, wird selten vorkommen; eher ist das schon bei einer Versetzung kraft Weisungsrechts denkbar. Bei Versetzungen von überlassenen oder gestellten Arbeitnehmern ist auch der im Stammbetrieb gebildete Betriebsrat zu beteiligen, wenn sich die Versetzung auf die nach § 99 Abs. 2 BetrVG geschützten Interessen der vom Betriebsrat repräsentierten Belegschaft auswirken kann und der Überlassungs- bzw. Gestellungsvertrag keine vollständige Übertragung der Personalhoheit bei Versetzungen vorsieht.[1377]

[1375] BAG 21.2.2017, NZA 2017, 740.
[1376] BAG 11.4.2006, NZA 2006, 1149.
[1377] BAG 9.10.2013, NZA 2014, 795.

Versetzung

dem Arbeitnehmer gegenüber durchsetzbar	bei Vorbehalt	ohne Vorbehalt	
	durch Weisungsrecht	durch Änderungsvertrag	durch Änderungskündigung
Beteiligung des Betriebsrats	nach § 99 I, wenn Versetzung i.S.d. § 95 III	nach § 99 I, wenn Versetzung i.S.d. § 95 III	nach § 99 I, wenn Versetzung i.S.d. § 95 III und nach § 102

bb) Arbeitsbereich. Der Arbeitsbereich wird durch Art und Ort der Tätigkeit **554** und durch die Eingliederung in die betriebliche Organisation bestimmt.[1378] Der Begriff des Arbeitsbereichs ist weiter als der des Arbeitsplatzes. Einerseits sind geringfügige Änderungen nicht gemeint. Andererseits wollte der Gesetzgeber auch **Umsetzungen,** d.h. Versetzungen geringeren Umfangs, der Mitbestimmungspflicht unterwerfen.[1379]

cc) Eine Änderung der Tätigkeit liegt vor, wenn die Änderung über die normale Schwankung hinausgeht mit der Folge, dass die Arbeitsaufgabe oder die Tätigkeit eine andere wird.[1380] **555**

Beispiele: Facharbeiter wird Werkstattschreiber, Bandarbeiter Pförtner, Personalreferent Personalleiter, einem Verkäufer in einem Warenhaus wird ein anderer Substitutenbereich mit eigener Warengruppe zugewiesen.[1381]

Das Gesamtbild der Tätigkeit kann sich auch dadurch ändern, dass sich der Aufgabenbereich vergrößert oder verkleinert oder dem Arbeitnehmer eine prägende Aufgabe zugewiesen oder weggenommen wird. Keine Änderung der Tätigkeit liegt in einer Freistellung, etwa während der Kündigungsfrist; hier entfällt die Tätigkeit ersatzlos.[1382] Nach Ansicht des BAG kann sich eine Änderung des Arbeitsbereichs auch aus einer Änderung der Umstände ergeben, unter denen die Arbeit zu leisten ist, etwa durch einen Ortswechsel oder durch eine Änderung der Arbeitsmittel (ja: Fahrer eines Sattelschleppers – Direktionsfahrer;[1383] nein: Schreibkraft muss Texte statt mit Kugelkopfmaschine künftig mit Hilfe eines Bildschirmgeräts schreiben[1384]) oder indem eine Verkäufertätigkeit nicht mehr im Innen-, sondern im Außendienst erbracht wird.[1385] Voraussetzung ist auch hier, dass die Umstände der Gesamttätigkeit das Gepräge geben und dass sich mit der Änderung folglich deren Gesamtbild ändert.[1386] **556**

[1378] BAG 3.12.1985, AP Nr. 8 zu § 95 BetrVG 1972 = SAE 1987, 151 m. Anm. *Otto.*
[1379] Begr. RegE, BT-Drs. VI/1786, zu § 95, S. 50; Bericht des Ausschusses für Arbeit und Sozialordnung, BT-Drs. VI/2729 zu § 95, S. 30.
[1380] BAG 10.4.1984, AP Nr. 4 zu § 95 BetrVG 1972 m. Anm. *Hönn.*
[1381] LAG Düsseldorf 28.1.1987, DB 1987, 1439.
[1382] BAG 28.2.2000, NZA 2000, 1355.
[1383] Vgl. BAG 26.5.1988, AP Nr. 13 zu § 95 BetrVG 1972.
[1384] BAG 10.4.1984, AP Nr. 4 zu § 95 BetrVG 1972 m. Anm. *Hönn.*
[1385] Weiteres Bsp.: Gruppen- statt Einzelakkord, BAG 22.4.1997, AP Nr. 14 zu § 99 BetrVG 1972 Versetzung.
[1386] BAG 6.11.2013, NZA-RR 2014, 196.

557 **dd) Mit einem anderen Ort** ist eine andere Stelle gemeint, an der die Arbeitsleistung erbracht wird, nicht eine andere politische Gemeinde. Auch hier reichen geringfügige Änderungen nicht aus,[1387] beispielsweise nicht ein Zimmertausch oder die Zuweisung eines anderen, 30 m vom bisherigen entfernten Arbeitsplatzes im selben Büro.[1388] Der Wechsel in eine andere politische Gemeinde bedeutet in aller Regel eine Änderung des Arbeitsbereichs, ein Wechsel innerhalb derselben politischen Gemeinde dann, wenn sich der Anfahrtsweg nicht nur geringfügig ändert.[1389] Der Wechsel in einen anderen Betrieb wird zumeist mit einer Ortsänderung verbunden sein; in jedem Fall ändert sich hier die organisatorische Eingliederung. Wird der ganze Betrieb verlegt, liegt keine Versetzung vor, wenn sich weder an der Tätigkeit noch an der innerbetrieblichen Umgebung der Mitarbeiter etwas ändert und der Umzug nach einem wenige Kilometer entfernten Ort innerhalb derselben politischen Gemeinde erfolgt.[1390]

558 **ee) Eine Änderung der Stellung in der betrieblichen Organisation** liegt nach der Rechtsprechung vor, wenn ein Arbeitnehmer aus einer betrieblichen Einheit herausgenommen und einer anderen Einheit zugewiesen wird, d.h. wenn es zu einer Änderung der organisatorischen Umwelt kommt, sei es, dass der Arbeitnehmer mit neuen Arbeitskollegen zusammenarbeiten, sei es, dass er seine Arbeitsaufgabe innerhalb einer anderen Arbeitsorganisation erbringen muss.[1391] Ein solcher Wechsel liegt immer vor bei dem Wechsel in ein Tochter- oder Schwesterunternehmen[1392] oder in einen anderen Betrieb,[1393] i.d.R. auch bei dem Wechsel in eine andere Abteilung mit eigenem Fach- und Disziplinarvorgesetztem,[1394] etwa aus der Forschung in die Produktion. Der Wechsel von einer Kleingruppe in eine andere, beispielsweise aus dem Bereich eines Vorarbeiters oder Schichtmeisters in den eines anderen, reicht dagegen nicht aus, auch nicht der Wechsel des Vorgesetzten oder die Zuordnung der Einheit zu einem anderen Vorgesetzten im Rahmen einer Umorganisation.[1395]

559 Nicht zu den Bestimmungsfaktoren des Arbeitsbereichs gehört die Arbeitszeit. Keine Versetzung ist also die Änderung von Lage und/oder Dauer der Arbeitszeit, also etwa der Wechsel von Voll- in Teilzeitarbeit[1396] oder von einer Schicht in eine andere,[1397] auch nicht

---

[1387] BAG 18.2.1986, 20.9.1990, AP Nr. 33, 84 zu § 99 BetrVG 1972.
[1388] BAG 10.4.1984, AP Nr. 4 zu § 95 BetrVG 1972; BAG 6.11.2013, NZA-RR 2014, 196.
[1389] Zu einem Fall, in dem eine solche Änderung nicht angenommen wurde, BAG 22.11.1991, NZA 1992, 854 (Verlegung einer ganzen Abteilung in Räume am selben Ort).
[1390] BAG 27.6.2006, NZA 2006, 1289; das gilt auch für die Verlegung nur eines Betriebsteils.
[1391] BAG 10.4.1984, AP Nr. 4 zu § 95 BetrVG 1972 m. Anm. *Hönn*.
[1392] Für das Tochterunternehmen BAG 19.2.1991, AP Nr. 26 zu § 95 BetrVG 1972.
[1393] Für den Filialbetrieb BAG 20.9.1990, AP Nr. 84 zu § 99 BetrVG 1972.
[1394] BAG 18.2.1986, AP Nr. 33 zu § 99 BetrVG 1972.
[1395] BAG 10.4.1984, AP Nr. 4 zu § 95 BetrVG 1972 m. Anm. *Hönn*.
[1396] BAG 16.7.1991, AP Nr. 28 zu § 95 BetrVG 1972.
[1397] LAG Schleswig-Holstein 13.3.1985, DB 1985, 1799.

bei Wechsel von Tag- in Nacht-[1398] oder Normal- in Wechselschicht.[1399] Hier kann aber das Mitbestimmungsrecht bei der Lage der Arbeitszeit in Betracht kommen (§ 87 Abs. 1 Nr. 2 BetrVG).

ff) Erheblichkeit. Die Änderung des Arbeitsbereichs genügt nicht zur Erfüllung des Versetzungsbegriffs i.S.d. Betriebsverfassungsrechts. Hinzukommen muss, dass sie voraussichtlich die Dauer eines Monats überschreitet oder mit einer erheblichen Änderung der Arbeitsumstände verbunden ist (§ 95 Abs. 3 S. 1 BetrVG). Damit bleiben die üblichen Krankheits- und Urlaubsvertretungen im Normalfall mitbestimmungsfrei.

560

Für die Dauer verlangt das Gesetz eine Prognose zum Zeitpunkt der Zuweisung. Die Monatsfrist beginnt am Tag der Zuweisung. Sieht es anfangs so aus, als dauere die Versetzung keinen Monat, muss sie dann aber verlängert werden und dauert sie von diesem Augenblick an voraussichtlich wiederum nicht länger als einen Monat, so bleibt sie mitbestimmungsfrei. Die vergangene Zeit wird also nicht zu der noch zu erwartenden hinzugezählt. Die Versetzung wird jedoch in dem Augenblick mitbestimmungspflichtig, in dem abzusehen ist, dass sie von nun an noch länger als einen Monat dauern wird.[1400]

561

Die Umstände, unter denen die Arbeit zu leisten ist, sind nicht die Arbeitsvertragsbedingungen, sondern die äußeren Bedingungen der Arbeit[1401]: die Arbeitsgestaltung und das Arbeitsumfeld, also die Ausgestaltung des Arbeitsplatzes, die Lage der Arbeitszeit, Umgebungseinflüsse, die Beanspruchung.[1402] Immer muss es sich um Umstände handeln, die den Arbeitnehmer belasten – das folgt aus dem Schutzzweck[1403] –, und die Änderung muss erheblich sein; die Zustimmungsfreiheit kurzfristiger Versetzungen ist vom Gesetz als Regel gedacht.[1404] In Betracht kommen etwa der Wechsel vom Innen- in den Außendienst, von Normal- in Wechselschicht, vom Einzel- in ein Zentralsekretariat oder – wegen der damit verbundenen Mehrarbeit – die Abordnung in eine andere Filiale zur Aushilfe bei der Eröffnung.[1405] Nicht ausreichend ist die Arbeit in einem anderen organisatorischen Bereich zusammen mit anderen Kollegen in ungewohnter Arbeitsumgebung[1406] oder die Teilnahme an einem zweitägigen „Workshop" auf dem Betriebsgelände.[1407] Dagegen soll nach Ansicht des BAG eine wesentlich längere Fahrtzeit zum neuen Arbeitsort genügen.[1408] Der Ort ist aber Teil des Arbeitsbereichs und kann nicht nochmals als Kriterium verwendet werden, und der Arbeitsweg ist kein Umstand, unter dem die Arbeit geleistet wird.

562

gg) Keine Versetzung ist die Bestimmung des jeweiligen Arbeitsplatzes, wenn

563

[1398] BAG 23.11.1993, AP Nr. 33 zu § 95 BetrVG 1972.
[1399] BAG 19.2.1991, AP Nr. 25 zu § 95 BetrVG 1972.
[1400] H.L., vgl. BAG 28.8.2007, NZA 2008, 188; *Fitting*, § 99 BetrVG Rn. 155 m.w.N.
[1401] BAG 8.8.1989, AP Nr. 18 zu § 95 BetrVG 1972.
[1402] BAG 8.8.1989, AP Nr. 18 zu § 95 BetrVG 1972.
[1403] BAG 19.2.1991, AP Nr. 25 zu § 95 BetrVG 1972.
[1404] BAG 28.9.1988, AP Nr. 55 zu § 99 BetrVG 1972.
[1405] BAG 18.10.1988, AP Nr. 56 zu § 99 BetrVG 1972.
[1406] BAG 28.9.1988, AP Nr. 55 zu § 99 BetrVG 1972.
[1407] BAG 28.8.2007, NZA 2008, 188.
[1408] BAG 8.8.1989, AP Nr. 18 zu § 95 BetrVG 1972.

490 § 16 Betriebsverfassungsrecht

Arbeitnehmer nach der Eigenart ihres Arbeitsverhältnisses üblicherweise nicht ständig an einem bestimmten Arbeitsplatz beschäftigt werden (§ 95 Abs. 3 S. 2 BetrVG). Das gilt etwa für Montagetrupps, Reparaturschlosser, „Springer", Leiharbeitnehmer, Auszubildende, die im Rahmen ihres Ausbildungsplans verschiedene Abteilungen oder Betriebe durchlaufen,[1409] aber auch für Laboranten, die „ihrem" Chemiker zu einem Großversuch in das Technikum folgen. Wird einem Arbeitnehmer auf Dauer oder auf unabsehbare längere Zeit („mehrere Jahre") ein fester Arbeitsplatz zugewiesen und wechselt er danach wieder in einen Arbeitsbereich, für den der Wechsel des Arbeitsplatzes typisch ist, so kann auch darin eine Versetzung liegen.[1410]

564 **hh) Zuweisung** ist die Übertragung eines anderen Arbeitsbereichs. Das bedeutet zweierlei:
- Es kommt nicht darauf an, auf wessen Initiative die Änderung zurückgeht und wie sie rechtlich bewerkstelligt wird: durch Weisung oder durch Änderungsvertrag. Entscheidend ist die Sanktionierung durch den Arbeitgeber; er hat das Leitungs- und Organisationsrecht.
- Zuweisung ist nicht der zugrunde liegende Rechtsakt, sondern der tatsächliche Akt.[1411]

565 **ii) Inhalt des Unterrichtungsanspruchs.** Vor jeder Versetzung i.S.d. Betriebsverfassungsrechts ist der Betriebsrat zu unterrichten. Ihm ist Auskunft über die Person des oder – bei mehreren in Frage kommenden Personen – der Beteiligten, über den in Aussicht genommenen Arbeitsplatz und die vorgesehene Eingruppierung zu geben (§ 99 Abs. 1 S. 1, 2 BetrVG). Der Arbeitgeber hat den Betriebsrat darüber zu informieren, ob es sich um eine Versetzung auf Dauer oder auf Zeit handelt, ob der Arbeitnehmer zugestimmt oder die Versetzung vielleicht sogar gewünscht hat und ob sich die Arbeitsumstände ändern. Bei einer Versetzung aus betrieblichen Gründen, für die mehrere Arbeitnehmer in Betracht kommen, sind ihm die Sozialdaten zu nennen,[1412] bei Beförderungen nach einem Auswahlverfahren eventuelle Testergebnisse. Dem Betriebsrat sind die Unterlagen vorzulegen, die er zur Beurteilung braucht, ob ein Zustimmungsverweigerungsrecht besteht. Nicht zu den vorlegungspflichtigen Unterlagen gehören der Arbeitsvertrag und die Personalakte.[1413]

566 **jj) Zustimmung.** Der Arbeitgeber hat die Zustimmung des Betriebsrats einzuholen (§ 99 Abs. 1 S. 1 BetrVG). Das gilt auch, wenn der Arbeitnehmer mit der Versetzung einverstanden ist[1414] oder wenn sie auf seinen Wunsch erfolgt, es sei

---
[1409] BAG 3.12.1985, AP Nr. 8 zu § 95 BetrVG 1972.
[1410] BAG 2.11.1993, AP Nr. 32 zu § 95 BetrVG 1972.
[1411] BAG 19.2.1991, AP Nr. 25 zu § 95 BetrVG 1972.
[1412] BAG 15.9.1987, AP Nr. 46 zu § 99 BetrVG 1972.
[1413] BAG 18.10.1988, AP Nr. 57 zu § 99 BetrVG 1972.
[1414] BAG 18.2.1986, AP Nr. 33 zu § 99 BetrVG 1972.

denn, dass er auf Dauer in einen anderen Betrieb versetzt wird[1415] oder die Maßnahme arbeitskampfbedingt erfolgt (s. § 14 Rn. 171, 175).[1416] Ist zu einer Versetzung eine Änderungskündigung erforderlich, so ist der Betriebsrat auch dazu anzuhören (§ 102 BetrVG).[1417] Beide Verfahren können miteinander verbunden werden. Eine Versetzung in einen anderen Betrieb ist für den aufnehmenden Betrieb eine Einstellung; der dortige Betriebsrat ist entsprechend zu beteiligen.[1418] Der abgebende Betriebsrat hat mitzubestimmen, wenn der Arbeitnehmer in den anderen Betrieb nur auf Zeit versetzt wird oder, bei einer Versetzung auf Dauer, wenn diese Versetzung nicht seinem Wunsch und seiner freien Entscheidung entspricht.[1419] Obwohl mehrere Betriebe berührt sind, geht die Zuständigkeit nicht von den örtlichen Betriebsräten auf den Gesamtbetriebsrat über. Das gilt selbst dann, wenn der Arbeitgeber eine Reihe von Versetzungen über mehrere Betriebe hinweg in einer „Personalrunde" zusammenfasst und durchführt.[1420]

kk) Die Reaktionsmöglichkeiten des Betriebsrats sind dieselben wie bei der Einstellung. Er kann zustimmen, die Frist verstreichen lassen oder die Zustimmung verweigern. Auch die Verweigerungsgründe sind dieselben (§ 99 Abs. 2 BetrVG). Von praktischer Bedeutung sind vor allem die Nrn. 3 und 4. Der Betriebsrat kann widersprechen, wenn die Besorgnis besteht, dass der Betroffene oder dass andere Arbeitnehmer ungerechtfertigte Nachteile erleiden. Der Nachteil für den Betroffenen kann in einer unerwünschten Arbeit, in einer schlechteren Arbeitsgestaltung oder Arbeitsumgebung, aber auch in schlechteren materiellen Arbeitsbedingungen liegen. Andere Arbeitnehmer können dadurch einen Nachteil erleiden, dass sie die Arbeit ihres ausscheidenden Kollegen miterledigen müssen und dass sich dadurch ihre Arbeit nicht unerheblich erschwert.[1421] Der Betriebsrat kann die Zustimmung nach Nr. 4 nicht verweigern, wenn die Versetzung dem Wunsch und der freien Entscheidung des Arbeitnehmers entspricht.[1422] 567

ll) Ohne Zustimmung des Betriebsrats darf der Arbeitgeber den Arbeitnehmer nicht versetzen. Nicht versetzen heißt: Der Arbeitgeber darf dem Arbeitnehmer die andere Arbeit nicht zuweisen. Der Arbeitnehmer kann sich weigern, die Arbeit auszuführen.[1423] Unberührt davon bleibt der Individualrechtsakt, auf dem die Versetzung beruht: die Weisung oder der Änderungsvertrag;[1424] dasselbe gilt für eine eventuelle Änderungskündigung.[1425] 568

[1415] BAG 22.11.2005, NZA 2006, 389, 390 m.w.N.; BAG 13.12.2011, NZA 2012, 571.
[1416] BAG 13.12.2011, NZA 2012, 571.
[1417] LAG Frankfurt 18.3.1987, BB 1987, 2453.
[1418] BAG 26.1.1993, AP Nr. 102 zu § 99 BetrVG 1972.
[1419] BAG 20.9.1990, AP Nr. 84 zu § 99 BetrVG 1972; BAG 2.4.1996, AP Nr. 9 zu § 99 BetrVG 1972 Versetzung.
[1420] BAG 26.1.1993, AP Nr. 102 zu § 99 BetrVG 1972.
[1421] BAG 15.9.1987, AP Nr. 46 zu § 99 BetrVG 1972.
[1422] BAG 20.9.1990, AP Nr. 84 zu § 99 BetrVG 1972; BAG 2.4.1996, AP Nr. 9 zu § 99 BetrVG 1972 Versetzung.
[1423] BAG 26.1.1988, AP Nr. 50 zu § 99 BetrVG 1972; BAG 22.4.2010, NZA 2010, 1235.
[1424] Die h.L. hält den Änderungsvertrag für wirksam, die Weisung für unwirksam, vgl. Richardi/*Thüsing*, § 99 BetrVG Rn. 333 ff.; sie berücksichtigt dabei nicht, dass Weisung und Zuweisung zwei verschiedene Akte, ein Rechtsgeschäft und ein Realakt, sind, und dass die Zustimmungsverweigerung nur den Realakt der Zuweisung betrifft, vgl. *Fitting*, § 99 BetrVG Rn. 118 ff.
[1425] BAG 22.4.2010, NZA 2010, 1235.

569 Bei einer wirksamen Versetzung aufgrund Änderungsvertrags oder Änderungskündigung, der der Betriebsrat nach § 99 BetrVG nicht zustimmt, kommt es zu dem Problem, dass der Arbeitnehmer zu seiner bisherigen Arbeit nicht mehr verpflichtet ist, der Arbeitgeber ihm die neue aber nicht zuweisen darf. Der Arbeitgeber gerät damit in Annahmeverzug und muss das Entgelt ohne Arbeitsleistung nach § 615 BGB weiterzahlen. Verweigert der Betriebsrat die Zustimmung zu Recht auf Dauer, dann bleibt, wenn der Arbeitgeber den Arbeitnehmer nicht kraft Weisungsrechts mit einer anderen Arbeit beschäftigen darf, nur die Kündigung: Die Änderungskündigung zurück auf den alten Arbeitsplatz, notfalls die Beendigungskündigung. Die rechtskräftige Abweisung eines Zustimmungsersetzungsantrags macht die Ausführung der mit der Änderungskündigung beabsichtigten Vertragsänderung nicht dauernd unmöglich i.S.v. § 275 Abs. 1 BGB[1426] mit der Folge, dass die Wirksamkeit der Änderungskündigung in Frage stünde oder der Arbeitnehmer Rücknahme der Änderung verlangen könnte.

570 Will der Arbeitgeber den Arbeitnehmer trotz des Widerspruchs auf dem neuen Arbeitsplatz beschäftigen, so muss er die Zustimmung durch das Arbeitsgericht ersetzen lassen (§ 99 Abs. 4 BetrVG). In Ausnahmefällen kann er ihn vorläufig versetzen. Es gilt sinngemäß dasselbe wie bei der Einstellung (§ 100 BetrVG).

e) Ein- und Umgruppierung

571 **aa) Begriffe. Eingruppierung** ist die – erstmalige – **Einreihung in eine im Betrieb geltende Vergütungsordnung.** Dabei handelt es sich um keinen konstitutiven Akt, sondern um Rechtsanwendung und die Kundgabe einer Rechtsansicht.[1427] Eine **Vergütungsordnung** ist ein kollektives, mindestens zwei Vergütungsgruppen enthaltendes Entgeltschema, das eine Zuordnung der Arbeitnehmer zu einer der Vergütungsgruppen nach bestimmten, generell beschriebenen Merkmalen vorsieht.[1428] Gleichgültig ist, ob die Vergütungsordnung auf Tarifvertrag oder Betriebsvereinbarung beruht oder ob sie einseitig vom Arbeitgeber geschaffen wurde[1429] und ob eine tarifliche Regelung kraft Tarifrechts oder aufgrund einer Bezugnahme im Arbeitsvertrag gilt.[1430] Gleichgültig ist auch, ob der einzelne Arbeitnehmer einen individuellen Anspruch auf die Anwendung eines bestimmten Tarifvertrags hat. Entscheidend ist, ob die Vergütungsordnung im Betrieb – rein tatsächlich (s. oben Rn. 488a) – gilt. In diesem Fall ist der Arbeitgeber betriebsverfassungsrechtlich verpflichtet, eine Eingruppierung vorzuneh-

---

[1426] BAG 22.4.2010, NZA 2010, 1235.
[1427] BAG 11.11.2008, NZA 2009, 450; BAG 12.1.2011, NZA-RR 2011, 574.
[1428] BAG 11.11.2008, NZA 2009, 450; BAG 17.11.2010, NZA 2011, 531.
[1429] BAG 28.1.1986, AP Nr. 32 zu § 99 BetrVG 1972.
[1430] BAG 9.10.1970, AP Nr. 4 zu § 63 BetrVG.

men und hieran den Betriebsrat zu beteiligen.¹⁴³¹ In tarifpluralen Betrieben hat der Arbeitgeber die Arbeitnehmer unter Beteiligung des Betriebsrats den Entgeltgruppen beider Vergütungsordnungen zuzuordnen.¹⁴³² **Umgruppierung** ist die Änderung der Eingruppierung; auf den Anlass hierfür (neue Tätigkeit, Korrektur, Änderung der Entgeltordnung bei unveränderter Tätigkeit¹⁴³³) kommt es nicht an.¹⁴³⁴ Mitbestimmungspflichtig ist auch die Zuordnung zu Zulagengruppen, wenn für sie andere Merkmale gelten als für das laufende Entgelt.¹⁴³⁵ Dasselbe gilt bei Übernahme in den AT-Bereich,¹⁴³⁶ nicht dagegen, wenn der Mitarbeiter eine Tätigkeit übernimmt, die der eines leitenden Angestellten entspricht.¹⁴³⁷ **Keine Ein- oder Umgruppierung** liegt vor, wenn der Arbeitgeber durch Einzelvertrag auf eine Entgeltordnung Bezug nimmt, wenn er freiwillig höher einstuft, als es der Tätigkeit entspricht, wenn er übertarifliche Zulagen gewährt¹⁴³⁸ oder wenn er AT-Angestellten frei vereinbarte Vergütungen bezahlt.¹⁴³⁹ Die abstrakte Bewertung eines Arbeitsplatzes oder einer Tätigkeit ist ebenfalls keine Eingruppierung; Gegenstand der Beurteilung ist hierbei nämlich nicht der Arbeitnehmer, sondern der Arbeitsplatz.¹⁴⁴⁰ Zu beteiligen ist der Betriebsrat aber bei der Frage, ob der einzelne Arbeitnehmer die in der Vergütungsordnung konkret genannte Stelle tatsächlich innehat und ob die dort zu leistenden Tätigkeiten der Stellenbezeichnung entsprechen.¹⁴⁴¹

bb) Richtigkeitskontrolle. Ein- und Umgruppierungen sind Normenvollzug, keine gestaltenden Entscheidungen, bei denen der Arbeitgeber frei wäre.¹⁴⁴² Maßgeblich für die Zuordnung ist allein die ausgeübte, zeitlich überwiegende Tätigkeit.¹⁴⁴³ Der Betriebsrat hat darum kein echtes Mitbestimmungs-, sondern nur ein Mitbeurteilungsrecht.¹⁴⁴⁴ Ihm obliegt lediglich eine Richtigkeitskontrolle.¹⁴⁴⁵ Der Arbeitgeber kann (und muss) den Arbeitnehmer auch ohne Zustimmung des Betriebsrats und ohne Zustimmung des Arbeitsgerichts (vorläufig) eingruppieren, wenn er ihm erstmals eine Tätigkeit zuweist oder wenn er ihm eine andere Tätigkeit zuweist oder wenn sich die Vergütungsordnung ändert; das gilt auch für geringfügig beschäftigte Arbeitnehmer mit Nettolohnvereinbarung.¹⁴⁴⁶ Wo es der Anwendung abstrakter Tätigkeitsmerkmale einer Vergütungsordnung auf die mit

572

---

¹⁴³¹ BAG 14.4.2010, NZA-RR 2011, 83; BAG 4.5.2011, NZA 2011, 1239.
¹⁴³² BAG 14.4.2015, NZA 2015, 1077.
¹⁴³³ BAG 12.1.2011, NZA-RR 2011, 574.
¹⁴³⁴ BAG 26.10.2004, NZA 2005, 367; BAG 21.10.2009, NZA 2010, 528.
¹⁴³⁵ BAG 24.6.1986, AP Nr. 37 zu § 99 BetrVG 1972.
¹⁴³⁶ BAG 31.10.1995, AP Nr. 5 zu § 99 BetrVG 1972 Eingruppierung.
¹⁴³⁷ BAG 8.2.1977, 29.1.1980, AP Nr. 16, 24 zu § 5 BetrVG 1972.
¹⁴³⁸ BAG 19.10.2011, NZA-RR 2012, 250.
¹⁴³⁹ BAG 31.5.1983, AP Nr. 27 zu § 118 BetrVG 1972.
¹⁴⁴⁰ BAG 17.11.2010, NZA 2011, 531; BAG 12.1.2011, NZA 2011, 1297.
¹⁴⁴¹ BAG 12.1.2011, NZA-RR 2011, 574; BAG 19.4.2012, DB 2012, 2172.
¹⁴⁴² BAG 10.2.1976, AP Nr. 4 zu § 99 BetrVG 1972.
¹⁴⁴³ BAG 29.4.1987, AP Nr. 17 zu § 1 TVG Tarifverträge: Druckindustrie.
¹⁴⁴⁴ BAG 20.3.2014, NZA 2014, 1415.
¹⁴⁴⁵ BAG 31.10.1995, AP Nr. 5 zu § 99 BetrVG 1972 Eingruppierung.
¹⁴⁴⁶ BAG 18.6.1991, AP Nr. 15 zu § 99 BetrVG 1972 Eingruppierung.

einer konkreten Arbeitsstelle verbundenen Tätigkeitsaufgaben zur korrekten Einreihung des Arbeitnehmers nicht bedarf, entfällt das Mitbeurteilungsrecht.[1447]

572a Der Betriebsrat kann die **Zustimmung** zu einer beabsichtigten Ein- oder Umgruppierung **verweigern,** wenn diese gegen ein Gesetz verstößt (§ 99 Abs. 2 Nr. 1 BetrVG). Das ist der Fall, wenn der Arbeitnehmer in ein anderes Entgeltschema eingruppiert werden soll als dasjenige, welches im Betrieb zur Anwendung kommen muss.[1448] Endet die unmittelbare und zwingende Wirkung eines Tarifvertrags aufgrund seiner Kündigung, bleiben die im Betrieb geltenden Grundsätze der betreffenden tariflichen Vergütungsordnung auch nach Eintritt der Nachwirkung im Sinne des § 4 Abs. 5 TVG betriebsverfassungsrechtlich bis zu ihrer Änderung grundsätzlich das für den Betrieb maßgebliche kollektive Entgeltschema. Ist der Arbeitgeber an zwei tarifliche Vergütungsordnungen gebunden, die zu einer Tarifpluralität führen, werden seine betriebsverfassungsrechtlichen Pflichten durch das Bestehen zweier, unabhängig voneinander geltender Entgeltsysteme erweitert. Der Arbeitgeber ist dann grundsätzlich verpflichtet, die Arbeitnehmer unter Beteiligung des Betriebsrats den Entgeltgruppen der geltenden Vergütungsordnungen zuzuordnen.[1449]

572b cc) **Unterrichtung.** Auch bei Ein- und Umgruppierungen hat der Arbeitgeber den Betriebsrat so zu unterrichten, dass er in der Lage ist zu prüfen, ob ein Zustimmungsverweigerungsgrund vorliegt. Bei Umgruppierungen sind die bisherige und die vorgesehene Vergütungsgruppe sowie die Gründe mitzuteilen, weshalb der Arbeitnehmer anders als bisher einzureihen ist.[1450] Ferner hat der Arbeitgeber über alle ihm bekannten Umstände zu informieren, die die Anwendbarkeit und die Wirksamkeit der Vergütungsordnung betreffen, weil der Betriebsrat seine Zustimmung auch dann verweigern kann, wenn der Arbeitgeber eine Eingruppierung nach einem unanwendbaren Tarifvertrag vornehmen will (§ 99 Abs. 2 Nr. 1 BetrVG).[1451]

573 dd) **Unterbliebene Zustimmung.** Holt der Arbeitgeber die Zustimmung des Betriebsrats nicht ein, dann kann der Betriebsrat im Mitbestimmungssicherungsverfahren nach § 101 BetrVG nicht die Aufhebung der (richtigen) Einstufung verlangen, sondern nur die nachträgliche Einholung seiner Zustimmung (§ 99 Abs. 1 S. 1 BetrVG) und bei Verweigerung der Zustimmung die Durchführung des arbeitsgerichtlichen Zustimmungsersetzungsverfahrens (§ 99 Abs. 4 BetrVG).[1452] Scheitert der Arbeitgeber mit dem Ersetzungsantrag, dann muss er die Zustimmung des Betriebsrats zur Eingruppierung in eine andere Gruppe einholen. Das Gericht nimmt also nicht selbst eine Eingruppierung vor, es entscheidet immer nur über die vom Arbeitgeber vorgenommene Eingruppierung. Hält es

---

[1447] BAG 6.10.2010, NZA 2012, 50.
[1448] BAG 21.3.2018, NZA 2018, 1090.
[1449] BAG 23.8.2016, NZA 2017, 74.
[1450] BAG 6.10.2010, NZA 2012, 50.
[1451] BAG 5.5.2010, AP Nr. 130 zu § 99 BetrVG 1972.
[1452] BAG 18.6.1991, 9.2.1993, AP Nr. 103, 105 zu § 99 BetrVG 1972.

diese für zutreffend und ersetzt es deshalb die Zustimmung des Betriebsrats, so ist die Entscheidung für Arbeitgeber und Arbeitnehmer bindend; der Arbeitnehmer kann jedoch eine günstigere Eingruppierung geltend machen.[1453] Der Betriebsrat kann nicht verlangen, dass der Arbeitgeber eine Eingruppierungsentscheidung, die er mit seiner Beteiligung getroffen hat, ändert; er hat kein Initiativrecht, sondern nur ein Zustimmungsverweigerungsrecht. Er kann auch nicht mit der Begründung, der Arbeitgeber habe den Arbeitnehmer falsch eingruppiert, die Zustimmung zu einer Einstellung oder Versetzung verweigern.[1454] Die Beteiligung bei der Eingruppierung muss er im Mitbestimmungssicherungsverfahren erzwingen. Hier kann er allerdings auch geltend machen, der Arbeitnehmer sei zu hoch eingruppiert.[1455] Da es beim Aufhebungsverfahren um die Frage geht, ob eine konkrete personelle Einzelmaßnahme gegenwärtig und zukünftig als endgültige Maßnahme zulässig ist, wird ein Antrag nach § 101 S. 1 BetrVG unbegründet, wenn die im Antrag bezeichnete personelle Einzelmaßnahme – etwa durch Zeitablauf – geendet hat.[1456]

f) Kündigung

aa) Grundsatz. Der Betriebsrat ist vor jeder Kündigung zu hören (§ 102 Abs. 1 S. 1 BetrVG). Gemeint ist die Kündigung durch den Arbeitgeber, hier aber wirklich jede Kündigung: die ordentliche, die außerordentliche und die Änderungskündigung, die Kündigung vor Arbeitsantritt, in der Probezeit, in den ersten sechs Monaten[1457] und in den sonstigen Fällen fehlenden Kündigungsschutzes,[1458] die Kündigung von befristeten Arbeitsverhältnissen, sofern überhaupt zulässig (Vereinbarung erforderlich, § 15 Abs. 3 TzBfG), in Eilfällen und bei einer „verabredeten Kündigung", bei der der Arbeitnehmer gegen Zahlung einer Abfindung verspricht, keine Klage gegen die arbeitgeberseitige Kündigung zu erheben.[1459] Der Betriebsrat ist erneut anzuhören, wenn der Arbeitgeber wegen Bedenken gegen die Wirksamkeit der ersten Kündigung eine zweite Kündigung erklärt.[1460] Keine Anhörung ist erforderlich bei der Anfechtung des Arbeitsvertrags, bei Beendigung befristeter Arbeitsverhältnisse (z.B. bei Nichtübernahme eines Auszubildenden), bei Aufhebungsverträgen und bei der Kündigung durch den Arbeitnehmer.

574

bb) Vorherige Anhörung. Der Betriebsrat ist vor der Kündigung anzuhören, d.h. bevor die Kündigungserklärung den Machtbereich des Erklärenden verlässt: bei mündlicher Kündigung vor Ausspruch,[1461] bei schriftlicher spätestens vor

575

[1453] BAG 3.5.1994, AP Nr. 2 zu § 99 BetrVG 1972 Eingruppierung.
[1454] BAG 20.12.1988, AP Nr. 62 zu § 99 BetrVG 1972.
[1455] BAG 28.4.1998, NZA 1999, 52.
[1456] BAG 11.9.2013, NZA 2014, 388.
[1457] BAG 3.12.1998, NZA 1999, 477; BAG 12.9.2013, NZA 2013, 1412.
[1458] BAG 28.9.1978, AP Nr. 19 zu § 102 BetrVG 1972.
[1459] BAG 28.6.2005, NZA 2006, 48, 49.
[1460] BAG 3.4.2008, NZA 2008, 807.
[1461] BAG 28.2.1974, AP Nr. 2 zu § 102 BetrVG 1972.

Aufgabe zur Post.[1462] Eine nachträgliche Anhörung genügt nicht.[1463] Sie hat nicht einmal die Wirkung einer Anhörung für eine neue Kündigung. Der Betriebsrat ist nochmals anzuhören, wenn der Arbeitgeber die Kündigung wiederholt.[1464] Die erneute Anhörung kann unterbleiben, wenn eine Kündigung lediglich am fehlenden Zugang scheitert und der Arbeitgeber sie in engem zeitlichem Zusammenhang wiederholt.[1465] Allerdings widerspricht es Sinn und Zweck des § 102 BetrVG, den Betriebsrat zu einem Zeitpunkt zu beteiligen, in dem die Kündigungsüberlegungen des Arbeitgebers noch unter dem Vorbehalt der weiteren Entwicklung stehen („Vorratsanhörung"). Wohl aber kann der Arbeitgeber den Betriebsrat alternativ zu einer Beendigungs- oder Änderungskündigung anhören, wenn für beide Szenarien der Kündigungssachverhalt feststeht.[1466]

576 **cc) Inhalt der Unterrichtungspflicht.** Der Arbeitgeber muss dem Betriebsrat die Gründe mitteilen, die nach seiner subjektiven Sicht die Kündigung rechtfertigen und für seinen Kündigungsentschluss maßgebend sind („subjektive Determinierung").[1467] Er muss den maßgeblichen Sachverhalt so beschreiben, dass der Betriebsrat ohne eigene zusätzliche Nachforschungen in die Lage versetzt wird, die Stichhaltigkeit der Kündigungsgründe zu prüfen und sich über eine Stellungnahme schlüssig zu werden.[1468] Schildert er dem Betriebsrat bewusst einen unrichtigen oder unvollständigen Kündigungssachverhalt, der sich bei dessen Würdigung zum Nachteil des Arbeitnehmers auswirken kann, ist die Anhörung unzureichend.[1469] Unschädlich ist dagegen eine zwar vermeidbare, aber unbewusst erfolgte, „bloß" objektive Fehlinformation.[1470] Dabei kommt es nicht darauf an, ob der Arbeitgeber bei größerer Sorgfalt die richtige Sachlage hätte kennen können. Maßgeblich ist, ob er subjektiv gutgläubig war und dem Sinn und Zweck der Betriebsratsanhörung Genüge getan ist. Bei einer unbewussten Falschinformation ist das zu bejahen, wenn sich der Inhalt der Unterrichtung mit dem tatsächlichen Kenntnisstand des Arbeitgebers deckt und der Betriebsrat damit auf derselben Tatsachenbasis auf die Kündigungsabsicht einwirken kann.[1471] Nicht gutgläubig ist der Arbeitgeber wiederum, wenn er dem Betriebsrat für dessen Beurteilung bedeutsame, zuungunsten des Arbeitnehmers sprechende, objektiv unzutreffende Tatsachen mitteilt, von denen er selbst durchaus für möglich hält, dass sie nicht der Wahrheit entsprechen.[1472] In keinem Fall reicht die Mitteilungspflicht so weit wie die Darlegungslast im Prozess. Die Anhörung soll es dem Betriebsrat nur ermöglichen, die Willensbildung des Arbeitgebers zu beeinflussen, nicht jedoch

---
[1462] BAG 13.11.1975, AP Nr. 7 zu § 102 BetrVG 1972.
[1463] BAG 27.6.1985, AP Nr. 37 zu § 102 BetrVG 1972.
[1464] BAG 10.11.2005, NZA 2006, 491, 494.
[1465] BAG 11.10.1989, AP Nr. 55 zu § 102 BetrVG 1972.
[1466] BAG 17.3.2016, NZA 2016, 1072.
[1467] BAG 9.6.2011, NZA 2011, 1342; BAG 23.10.2014, NZA 2015, 476.
[1468] BAG 11.7.1991, AP Nr. 57 zu § 102 BetrVG 1972.
[1469] BAG 10.4.2014, NZA 2014, 1197; BAG 31.7.2014, NZA 2015, 621.
[1470] Vgl. BAG 12.9.2013, NZA 2013, 1412; BAG 21.11.2013, NZA 2014, 243.
[1471] BAG 16.7.2015, NZA 2016, 99.
[1472] BAG 16.7.2015, NZA 2016, 99.

die Wirksamkeit der beabsichtigten Kündigung zu überprüfen.[1473] Die Mitteilung kann nur dann unterbleiben, wenn dem Betriebsrat die Tatsachen, die die Kündigung begründen sollen, bekannt sind.[1474] Dabei muss der Betriebsrat sich nur die Kenntnisse des Vorsitzenden und des Stellvertreters zurechnen lassen.[1475] Umstände, die ihm bekannt sind und die sich bei objektiver Betrachtung zugunsten des Arbeitnehmers auswirken darf der Arbeitgeber dem Betriebsrat nicht deshalb vorenthalten, weil sie für seinen eigenen Kündigungsentschluss nicht von Bedeutung waren; damit würde der Zweck der Anhörung verfehlt.[1476]

Der Arbeitgeber muss dem Betriebsrat die Person des Arbeitnehmers nennen, dem er kündigen will, die Art der Kündigung, den Kündigungstermin und die Gründe für die Kündigung.[1477] Zu den Angaben zur Person gehören Alter, Familienstand, Zahl der Unterhaltsberechtigten, Dienstjahre, Arbeitsbereich und Sonderkündigungsschutz, soweit bekannt. Diese „Sozialdaten" sind grundsätzlich auch bei einer verhaltensbedingten Kündigung mitzuteilen, es sei denn, dass es dem Arbeitgeber auf die genauen Daten ersichtlich nicht ankommt und der Betriebsrat jedenfalls die ungefähren Daten ohnehin kennt.[1478] Art der Kündigung meint ordentliche, außerordentliche oder Änderungskündigung; will der Arbeitgeber außerordentlich, hilfsweise ordentlich kündigen, ist der Betriebsrat auch darüber zu unterrichten.[1479] Eine falsche Berechnung von Kündigungsfristen und/oder -terminen ist unschädlich.[1480] Die Tatsachen, auf die der Arbeitgeber die Kündigung stützt, sind dem Betriebsrat vollständig mitzuteilen.[1481] Eine pauschale, schlag- oder stichwortartige Bezeichnung genügt i.d.R. nicht.[1482] Ausnahmsweise reicht ein bloßes Werturteil (z.B. „nicht hinreichende Arbeitsleistung") aus, wenn der Arbeitgeber seine Motivation nicht durch konkrete Tatsachen belegen kann.[1483] Das gilt erst recht für Kündigungen innerhalb der Wartezeit. Selbst wenn dem subjektiven Werturteil des Arbeitgebers, das Arbeitsverhältnis nicht über die Wartezeit hinaus fortsetzen zu wollen, nach Zeit, Ort und Umständen konkretisierbare Tatsachenelemente zugrundeliegen, müssen diese dem Betriebsrat nicht mitgeteilt werden. Der erst nach Ablauf der Wartezeit eintretende Kündigungsschutz darf durch die Anforderungen, die an eine Anhörung nach § 102 BetrVG gestellt werden, nicht vorverlagert werden.[1484] Bei einer Kündigung wegen häufiger Kurzerkrankungen hat der Arbeitgeber die Fehlzeiten und – soweit bekannt – die Art der Erkrankung sowie die wirtschaftlichen Belastungen und die betrieblichen Beeinträchtigungen mitzuteilen, die infolge der Fehlzeiten entstanden sind und mit denen noch gerechnet werden muss.[1485] Ist der Arbeitnehmer auf Dauer arbeitsunfähig krank, dann genügt die Information darüber.[1486]

577

[1473] BAG 23.10.2014, NZA 2015, 476.
[1474] BAG 28.3.1974, 24.11.1983, AP Nr. 3, 30 zu § 102 BetrVG 1972.
[1475] BAG 27.6.1985, AP Nr. 37 zu § 102 BetrVG 1972.
[1476] BAG 16.7.2015, NZA 2016, 99.
[1477] BAG 29.8.1991, AP Nr. 58 zu § 102 BetrVG 1972.
[1478] BAG 23.10.2014, NZA 2015, 476.
[1479] BAG 16.3.1978, AP Nr. 15 zu § 102 BetrVG 1972.
[1480] BAG 29.1.1986, AP Nr. 42 zu § 102 BetrVG 1972.
[1481] BAG 2.11.1983, AP Nr. 29 zu § 102 BetrVG 1972.
[1482] BAG 13.7.1978, 28.9.1978, AP Nr. 18, 19 zu § 102 BetrVG 1972.
[1483] BAG 8.9.1988, AP Nr. 49 zu § 102 BetrVG 1972.
[1484] BAG 12.9.2013, NZA 2013, 1412.
[1485] BAG 24.11.1983, AP Nr. 30 zu § 102 BetrVG 1972.
[1486] BAG 30.1.1986, NZA 1987, 555.

Bei einer betriebsbedingten Kündigung gehören zu den Gründen, die der Arbeitgeber mitzuteilen hat, nicht nur die dringenden betrieblichen Erfordernisse, sondern auch die Umstände, die seiner Ansicht nach für die Sozialauswahl maßgeblich sind,[1487] bei einer verhaltensbedingten auch entlastende Umstände.[1488] Soll wegen einer strafbaren Handlung gekündigt werden, muss der Arbeitgeber deutlich machen, ob er wegen der Tat kündigt oder wegen dringenden Tatverdachts.[1489] Bei einer Änderungskündigung muss er auch das Änderungsangebot mitteilen und – nach Ansicht des BAG – darauf hinweisen, dass die Änderungskündigung in eine Beendigungskündigung übergehen kann.[1490] Bei einer Kündigung innerhalb der sechsmonatigen Wartezeit des § 1 Abs. 1 KSchG brauchen Sozialdaten, die bei vernünftiger Betrachtung für die Beurteilung der Wirksamkeit der Kündigung keine Rolle spielen können (Unterhaltspflichten des Arbeitnehmers, Lebensalter usw.), nicht mitgeteilt zu werden.[1491] Nicht erforderlich ist eine nähere Begründung der den Kündigungsentschluss tragenden Abwägung.[1492]

Hinsichtlich der **Folgen** einer fehlerhaften Information ist zu unterscheiden:

578 **(1) Die Kündigung ist unwirksam**, wenn der Arbeitgeber den Betriebsrat überhaupt nicht oder nicht im geschilderten Umfang angehört hat (§ 102 Abs. 1 S. 3 BetrVG).[1493] Mängel, die im Verantwortungsbereich des Betriebsrats liegen, machen die Anhörung selbst dann nicht unwirksam, wenn sie dem Arbeitgeber bekannt sind; allerdings muss sich das Gremium und nicht nur dessen Vorsitzender zu der Kündigung geäußert haben.[1494]

579 **(2)** Genügt die Anhörung den Anforderungen, hat der Arbeitgeber aber nicht alle für die Kündigung bedeutsamen Tatsachen vorgetragen, so kann er sich **im Kündigungsschutzprozess nur auf die Tatsachen berufen, die er dem Betriebsrat genannt hat;**[1495] das gilt auch für die Art der Kündigung. Hat der Arbeitgeber den Betriebsrat also lediglich zu einer außerordentlichen Kündigung angehört, so kommt die Umdeutung in eine ordentliche Kündigung im allgemeinen nur dann in Betracht, wenn der Betriebsrat der außerordentlichen Kündigung zugestimmt hat und wenn anzunehmen ist, dass er auch – oder erst recht – einer ordentlichen Kündigung zugestimmt hätte.[1496] Die Anhörung zu einer Änderungskündigung genügt für eine Beendigungskündigung nur, wenn der Arbeitgeber auf diese Folge hingewiesen hat.[1497] Hat der Arbeitgeber dem Betriebsrat für eine Kündigung nur Gründe genannt, die eine betriebsbedingte Kündigung tragen, dann

---

[1487] BAG 29.3.1984, AP Nr. 31 zu § 102 BetrVG 1972.
[1488] BAG 2.11.1983, AP Nr. 29 zu § 102 BetrVG 1972; BAG 3.11.2011, NZA 2012, 607.
[1489] BAG 3.4.1986, NZA 1986, 677; BAG 10.6.2010, NZA 2010, 1277.
[1490] BAG 30.11.1989, AP Nr. 53 zu § 102 BetrVG 1972.
[1491] BAG 23.4.2009, NZA 2009, 959.
[1492] BAG 23.10.2014, NZA 2015, 476.
[1493] BAG 16.9.1993, AP Nr. 62 zu § 102 BetrVG 1972; Ausnahme: versehentliche Fehlinformation, BAG 31.8.1989, AP Nr. 17 zu § 77 LPVG.
[1494] BAG 6.10.2005, NZA 2006, 990, 992.
[1495] BAG 11.7.1991, AP Nr. 57 zu § 102 BetrVG 1972.
[1496] BAG 2.4.1976, AP Nr. 9 zu § 102 BetrVG 1972; BAG 20.9.1984, AP Nr. 80 zu § 626 BGB.
[1497] BAG 30.11.1989, AP Nr. 53 zu § 102 BetrVG 1972.

kann er sich im Prozess nicht auf Gründe in der Person oder im Verhalten berufen. Er kann den Sachverhalt auch nicht um Tatsachen ergänzen, die sein Vorbringen erst schlüssig machen, also etwa bei einer verhaltensbedingten Kündigung vortragen, dass er wegen einschlägiger Vorfälle abgemahnt hat.[1498] Eine **Ergänzung** ist nur **in zwei Fällen** möglich: Einmal, wenn es nur um eine **Abrundung** geht,[1499] zum anderen, wenn dem Arbeitgeber ein **Sachverhalt im Zeitpunkt der Anhörung nicht bekannt** war; in dem zweiten Fall muss er den Betriebsrat allerdings zu diesen Gründen anhören.[1500] Ob ein nachgeschobener Sachverhalt dem Arbeitgeber schon im Kündigungszeitpunkt bekannt war, hängt vom Wissensstand des Kündigungsberechtigten ab, bei einer juristischen Person also des gesetzlich oder satzungsgemäß für die Kündigung zuständigen Organs. Das gilt sogar bei Pflichtverletzungen von Organmitgliedern oder sonstigen Vertretern, allerdings nur bis zur Grenze eines kollusiven Zusammenwirkens mit dem Arbeitnehmer gegen die Interessen der Gesellschaft.[1501] Gründe, die erst nach Ausspruch der Kündigung entstehen, können nur eine neue Kündigung rechtfertigen; auch davor ist der Betriebsrat anzuhören.[1502]

dd) Form und Frist. Die Unterrichtung des Betriebsrats kann mündlich oder schriftlich erfolgen.[1503] Aus Beweisgründen – Einhaltung der Fristen – ist zumindest in größeren Betrieben eine Information mit Hilfe eines Formulars zweckmäßig und üblich. Hat der Arbeitgeber ein Anhörungsschreiben durch einen Vertreter oder Boten überbringen lassen, kann der Betriebsrat dieses nicht entsprechend § 174 S. 1 BGB zurückweisen, wenn dem Schreiben keine Vollmachtsurkunde beigefügt ist.[1504] Vor seiner Stellungnahme soll der Betriebsrat den Arbeitnehmer anhören (§ 102 Abs. 2 S. 4 BetrVG). Ein Unterlassen der Anhörung hat keine Rechtsfolgen.[1505]

580

ee) Reaktionsmöglichkeiten. Der Betriebsrat hat folgende Möglichkeiten zu reagieren:

581

[1498] BAG 18.12.1980, AP Nr. 22 zu § 102 BetrVG 1972.
[1499] BAG 18.12.1980, 11.4.1985, AP Nr. 27, 39 zu § 102 BetrVG 1972.
[1500] BAG 11.4.1985, AP Nr. 39 zu § 102 BetrVG 1972.
[1501] BAG 18.6.2015, BB 2016, 435.
[1502] BAG 18.12.1980, AP Nr. 22 zu § 102 BetrVG 1972.
[1503] BAG 13.12.2012, NZA 2013, 669.
[1504] BAG 13.12.2012, NZA 2013, 669.
[1505] BAG 2.4.1976, AP Nr. 9 zu § 102 BetrVG 1972.

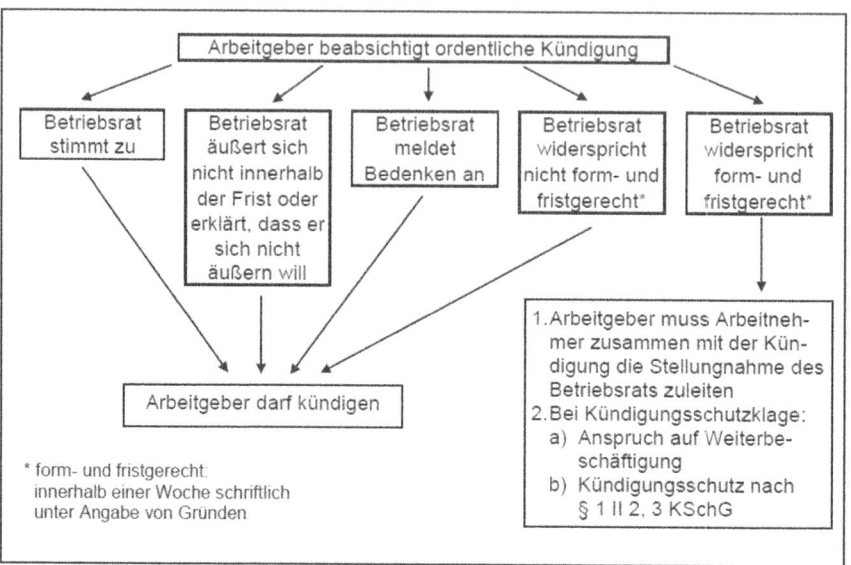

582 (1) Er kann der Kündigung **zustimmen**. Im Kündigungsschutzverfahren wird sich das bei der Beweiswürdigung i.d.R. zugunsten des Arbeitgebers auswirken. Dient eine Änderungskündigung einer Versetzung, so liegt in der Zustimmung zugleich die Zustimmung nach § 99 BetrVG.[1506]

583 (2) Der Betriebsrat kann die **Frist**, in der er Bedenken anmelden oder der Kündigung widersprechen könnte, **verstreichen lassen**, ohne etwas zu unternehmen. Mit Ablauf der Frist gilt seine Zustimmung ebenfalls als erteilt (§ 102 Abs. 2 S. 2 BetrVG).

584 (3) Der Betriebsrat kann **Bedenken anmelden** (§ 102 Abs. 2 S. 1, 3 BetrVG) **oder der Kündigung widersprechen** (§ 102 Abs. 3 BetrVG). Für beide Fälle gelten dieselben Voraussetzungen:
– Die Mitteilung muss **schriftlich** erfolgen.
– Sie muss dem Arbeitgeber bei einer ordentlichen Kündigung **innerhalb einer Woche** (§ 102 Abs. 2 S. 1 BetrVG), bei einer außerordentlichen unverzüglich, spätestens innerhalb von drei (Kalender-)Tagen zugehen (§ 102 Abs. 2 S. 3 BetrVG). Bei der Fristberechnung zählt der Tag, an dem der Arbeitgeber den Betriebsrat informiert, nicht mit. Die Frist läuft nicht erneut an, wenn der Arbeitgeber dem Betriebsrat im Rahmen einer bereits in Gang gesetzten Anhörung ergänzende Informationen zukommen lässt, die über das Notwendige einer ordnungsgemäßen Information hinausgehen.[1507] Würde die Frist an einem

---
[1506] MünchArbR/*Matthes*, § 356 Rn. 16.
[1507] BAG 23.10.2014, NZA 2015, 476.

Samstag, einem Sonntag oder einem Feiertag enden, so läuft sie erst mit Dienstschluss des darauffolgenden Werktags ab.

Beispiel: Außerordentliche Kündigung am Mittwoch, Fristende an sich spätestens am Samstag; an Samstagen und Sonntagen kein Fristablauf; deshalb Fristende Montag mit Dienstschluss. Außerordentliche Kündigung am Freitag, Fristablauf ebenfalls Montag mit Dienstschluss (Frist von drei Kalender-, nicht Arbeitstagen).

– Der Betriebsrat muss **Gründe** für seine Bedenken oder seinen Widerspruch **nennen**. 585

Bei einer ordentlichen Kündigung kommen als Gründe in Betracht (§ 102 Abs. 3 BetrVG), dass 586
– der Arbeitgeber bei der Auswahl des zu kündigenden Arbeitnehmers **soziale Gesichtspunkte** nicht oder nicht ausreichend berücksichtigt hat (Nr. 1, nur bei der betriebsbedingten Kündigung),
– die Kündigung **gegen eine Auswahlrichtlinie verstößt** (Nr. 2, nur bei der betriebsbedingten Kündigung),
– der zu kündigende **Arbeitnehmer** an einem anderen Arbeitsplatz im selben Betrieb oder in einem anderen Betrieb des Unternehmens **weiterbeschäftigt** werden kann (Nr. 3, alle Kündigungen). Der Betriebsrat muss einen anderen freien Platz nennen, der seiner Meinung nach in Frage kommt.[1508] Nicht ausreichend ist das Vorbringen, der Arbeitnehmer könne an seinem jetzigen Arbeitsplatz weiterbeschäftigt werden.[1509] Würde dieses Vorbringen ausreichen, könnte der Betriebsrat den Kündigungsgrund bestreiten und bei jeder Kündigung eine Weiterbeschäftigung erzwingen.
– die Weiterbeschäftigung des Arbeitnehmers **nach zumutbaren Umschulungs- und Fortbildungsmaßnahmen** möglich ist (Nr. 4). Hier muss der Betriebsrat die Bildungsmaßnahme bezeichnen, das Einverständnis des Arbeitnehmers darlegen und sagen, an welchem Platz der Arbeitnehmer seiner Ansicht nach beschäftigt werden kann.[1510]
– eine Weiterbeschäftigung des Arbeitnehmers **unter geänderten Vertragsbedingungen**, etwa mit geringerer Vergütung oder zu geänderter Arbeitszeit, möglich ist und der Arbeitnehmer sein Einverständnis damit erklärt hat (Nr. 5).

Der Betriebsrat muss **konkrete Tatsachen** vortragen. Eine formelhafte, nicht dem Einzelfall angepasste Begründung, wie etwa die bloße Bezugnahme auf den Gesetzestext, genügt nicht. Sein Vortrag muss es zumindest als möglich erscheinen lassen, dass einer der Gründe des Abs. 3 vorliegt.[1511] 587

ff) Betriebsverfassungsrechtlicher Weiterbeschäftigungsanspruch. Die Folgen von Bedenken und Widerspruch sind unterschiedlich: Meldet der Betriebsrat nur Bedenken an, so hat das allenfalls Auswirkungen auf die Beweiswürdigung 588

[1508] LAG Düsseldorf 15.3.1978, DB 1978, 1282.
[1509] BAG 12.9.1985, AP Nr. 7 zu § 102 BetrVG 1972 Weiterbeschäftigung.
[1510] KR/*Etzel*, § 102 BetrVG Rn. 231; *Heinze*, Personalplanung, S. 226.
[1511] BAG 12.9.1985, AP Nr. 7 zu § 102 BetrVG 1972 Weiterbeschäftigung.

in einem eventuellen Kündigungsschutzverfahren. Widerspricht er frist- und formgerecht und liegt einer der in § 102 Abs. 3 Nr. 2-4 BetrVG genannten Gründe tatsächlich vor, dann ist die Kündigung sozialwidrig (§ 1 Abs. 2 S. 2, 3 KSchG). Erhebt der Arbeitnehmer Kündigungsschutzklage, so muss der Arbeitgeber ihn in allen Fällen eines ordnungsgemäßen Widerspruchs auf Verlangen bei unveränderten Arbeitsbedingungen bis zum rechtskräftigen Abschluss des Rechtsstreits weiterbeschäftigen (§ 102 Abs. 5 S. 1 BetrVG, „betriebsverfassungsrechtlicher Weiterbeschäftigungsanspruch").

589 Der Arbeitnehmer hat also Anspruch auf alle Leistungen, die der Arbeitgeber ihm bei ungekündigtem Arbeitsverhältnis zu gewähren hätte. Stellt sich heraus, dass die Kündigung gerechtfertigt war, so braucht er die Leistungen nicht zurückzugewähren; § 102 Abs. 5 S. 1 BetrVG ist ein eigener Rechtsgrund; lediglich die Beschäftigungszeit zählt nicht als Dienstzeit.[1512] Der Arbeitnehmer ist auch tatsächlich weiterzubeschäftigen;[1513] wird diese Pflicht verletzt, so hat der Arbeitgeber die Vergütung nach § 615 S. 1 BGB weiterzuzahlen. Der Arbeitnehmer behält seine betriebsverfassungsrechtliche Stellung; er bleibt wahlberechtigt und wählbar.[1514] Arbeitgeber und Arbeitnehmer können das Weiterbeschäftigungsverhältnis durch eine neue Kündigung beenden. Die Weiterbeschäftigungspflicht endet bei einer außerordentlichen Kündigung des Arbeitgebers mit Zugang (Ausnahme: allgemeiner Weiterbeschäftigungsanspruch), bei einer ordentlichen mit Ablauf der Kündigungsfrist, sofern der Betriebsrat nicht wiederum widerspricht und der Arbeitnehmer erneut Kündigungsschutzklage erhebt, ansonsten mit rechtskräftiger Abweisung der Kündigungsschutzklage.[1515] Bei einer Änderungskündigung hat der Arbeitnehmer Anspruch auf Weiterbeschäftigung zu unveränderten Bedingungen nur, wenn er sie nicht unter Vorbehalt angenommen hat.[1516]

590 Das **Arbeitsgericht** kann den Arbeitgeber nur dann auf seinen Antrag hin durch einstweilige Verfügung von der Verpflichtung zur Weiterbeschäftigung **entbinden**, wenn
– die Klage des Arbeitnehmers keine hinreichende Aussicht auf Erfolg bietet oder mutwillig erscheint oder
– die Weiterbeschäftigung des Arbeitnehmers zu einer unzumutbaren wirtschaftlichen Belastung des Arbeitgebers führen würde oder
– der Widerspruch des Betriebsrats offensichtlich unbegründet war (§ 102 Abs. 5 S. 2 BetrVG).

591 Gleichgültig wie der Betriebsrat reagiert: Sobald er abschließend Stellung nimmt,[1517] d.h. sobald er zustimmt, Bedenken anmeldet, widerspricht oder zu erkennen gibt, dass er nichts unternimmt, oder, falls er untätig bleibt, sobald die Frist abgelaufen ist, kann der Arbeit-

---
[1512] Str., wie hier z.B. *Fitting*, § 102 BetrVG Rn. 115; a.A. *Richardi/Thüsing*, § 102 BetrVG Rn. 242 m.w.N.
[1513] BAG GS 27.2.1985, AP Nr. 14 zu § 611 BGB Beschäftigungspflicht.
[1514] Allg. M., *Fitting*, § 102 BetrVG Rn. 115.
[1515] *Richardi/Thüsing*, § 102 BetrVG Rn. 243 ff.
[1516] BAG 18.1.1990, AP Nr. 27 zu § 2 KSchG 1969.
[1517] BAG 12.3.1987, AP Nr. 47 zu § 102 BetrVG 1972.

geber kündigen. Zustimmung, Verstreichenlassen der Frist, Anmelden von Bedenken können sich lediglich bei der Beweiswürdigung im Kündigungsschutzprozess auswirken; Rechtswirkungen entfaltet nur der Widerspruch.

Dennoch ist die Anhörung von großer Bedeutung. Der Betriebsrat kann nicht nur im Vorfeld manche Kündigung verhindern, die Rechtsprechung hat die Anhörung auch zu einem zweiten Kündigungsschutzverfahren ausgebaut, indem sie „Anhörung" als „ordnungsgemäße Anhörung" liest und hohe Anforderungen an die Ordnungsmäßigkeit und damit vor allem an die Informationspflichten des Arbeitgebers stellt. Fehlt es an einer ordnungsgemäßen Anhörung, so ist die Kündigung unwirksam.[1518] **592**

XIV. Mitbestimmung in wirtschaftlichen Angelegenheiten

1. Allgemeines

a) Überblick

Entscheidungen in wirtschaftlichen Angelegenheiten unterliegen nur einem eingeschränkten Beteiligungsrecht. Der Unternehmer muss selbst entscheiden können, was, wann, wo, wie und in welchem Umfang produziert wird oder welche Dienste angeboten werden. Die Beteiligung beschränkt sich daher zunächst auf einen **Unterrichtungs- und Beratungsanspruch** des Wirtschaftsausschusses und darüber hinaus, wenn das Unternehmen gemeinschaftsweit innerhalb der EU tätig wird, des Europäischen Betriebsrats. Führen unternehmerische Entscheidungen zu **Betriebsänderungen**, die wesentliche Nachteile für die Belegschaft oder erhebliche Teile der Belegschaft zur Folge haben können (z.B. die Verlegung oder Schließung von Betrieben), so hat der Betriebsrat zwar kein Einspruchsrecht, er kann aber verlangen, dass der Unternehmer mit ihm darüber berät (§ 111 S. 1 BetrVG). Ob und Wie einer Betriebsänderung sowie die personellen Folgen (Versetzungen, Kündigungen) können in einem **Interessenausgleich** geregelt werden, der Ausgleich und die Milderung von sozialen Nachteilen in einem **Sozialplan** (§ 112 BetrVG). Die Aufstellung eines Sozialplans kann der Betriebsrat unter bestimmten Voraussetzungen über die Einigungsstelle erzwingen (§§ 112 Abs. 4, 112a BetrVG). Wird der Betriebsrat nicht ordnungsgemäß beteiligt oder weicht der Arbeitgeber grundlos von einem Interessenausgleich ab, haben die von einer Betriebsänderung betroffenen Arbeitnehmer Anspruch auf **Nachteilsausgleich** (§ 113 BetrVG). Ob der Betriebsrat daneben noch einen Unterlassungsanspruch hat, um zu verhindern, dass ihn der Arbeitgeber vor vollendete Tatsachen stellt, bevor die Beratungen über die Betriebsänderung abgeschlossen sind (der Arbeitgeber spricht bereits betriebsbedingte Kündigungen aus, entfernt Betriebsanlagen usw.), ist sehr streitig.[1519] **593**

[1518] BAG 16.9.1993, AP Nr. 62 zu § 102 BetrVG 1972.
[1519] Vgl. nur *Fitting*, § 111 BetrVG Rn. 131; Richardi/*Annuß*, § 111 BetrVG Rn. 166.

594 Da wirtschaftliche Angelegenheiten gleichbedeutend sind mit unternehmerischer Tätigkeit, bezeichnet das BetrVG den Arbeitgeber in den §§ 111 ff. als Unternehmer. Unternehmer ist diejenige Rechtsperson, die Inhaber des Betriebs, für den eine Betriebsänderung geplant wird, ist und als Arbeitgeber der in diesem Betrieb beschäftigten Arbeitnehmer fungiert.[1520]

b) Verhältnis zu anderen Beteiligungsrechten

595 Beteiligungsrechte in sozialen, technisch-organisatorischen und personellen Angelegenheiten werden durch die §§ 111-113 BetrVG **nicht berührt**. Der Betriebsrat ist also bei Versetzungen, Arbeitszeitänderungen, Kündigungen, die infolge einer Betriebsänderung notwendig werden, zusätzlich nach den §§ 87 Abs. 1, 99, 102 BetrVG zu beteiligen. Auf **Tendenzbetriebe** sind die §§ 111-113 BetrVG nur insoweit anzuwenden, als sie den Ausgleich oder die Milderung wirtschaftlicher Nachteile betreffen, die eine Betriebsänderung für die Arbeitnehmer hat (§ 118 Abs. 1 S. 2 BetrVG). Dem Betriebsrat steht zwar der Unterrichtungs- und Beratungsanspruch nach § 111 S. 1 BetrVG zu, er kann aber keinen Interessenausgleich verlangen. Die Vereinbarung eines Sozialplans kann dagegen auch in Tendenzbetrieben erzwungen werden.[1521]

2. Unterrichtung über wirtschaftliche Angelegenheiten

a) Unterrichtung des Wirtschaftsausschusses und des Europäischen Betriebsrats

596 aa) Besteht in einem Unternehmen ein **Wirtschaftsausschuss**, so hat ihn der Unternehmer rechtzeitig und umfassend über die wirtschaftlichen Angelegenheiten des Unternehmens zu unterrichten. Ferner hat er die sich daraus ergebenden Auswirkungen auf die Personalplanung darzustellen (§ 106 BetrVG). Anders als bei der Informationspflicht gegenüber dem Betriebsrat über Betriebsänderungen, die sich teilweise mit derjenigen gegenüber dem Wirtschaftsausschuss überschneidet, ist die Möglichkeit von (wesentlichen) Nachteilen für die Belegschaft nicht Voraussetzung. Besteht kein Wirtschaftsausschuss, so steht der Unterrichtungsanspruch weder dem Betriebsrat noch dem Gesamtbetriebsrat zu.[1522]

597 bb) Ist in einem gemeinschaftsweit tätigen Unternehmen ein **Europäischer Betriebsrat** kraft Gesetzes gebildet worden, so ist dieser nach Maßgabe der §§ 32 f. EBRG über Angelegenheiten zu unterrichten, die mindestens zwei Betriebe oder Unternehmen in verschiedenen Mitgliedstaaten betreffen (s. oben Rn. 309 ff.).

[1520] BAG 15.1.1991, AP Nr. 21 zu § 113 BetrVG 1972.
[1521] BAG 27.10.1998, NZA 1999, 328.
[1522] BAG 5.2.1991, AP Nr. 10 zu § 106 BetrVG 1972.

b) Unterrichtung der Arbeitnehmer

Beschäftigt ein Unternehmen i.d.R. mehr als 20 wahlberechtigte ständige Arbeitnehmer, so sind diese mindestens einmal in jedem Kalendervierteljahr über die wirtschaftliche Lage und Entwicklung des Unternehmens zu unterrichten (§ 110 Abs. 2 BetrVG). In Unternehmen mit i.d.R. mehr als 1000 ständig beschäftigten Arbeitnehmern muss die Unterrichtung schriftlich geschehen (§ 110 Abs. 1 BetrVG). Der mündliche Bericht kann in der Betriebsversammlung (vgl. § 43 Abs. 2 S. 3 BetrVG), der schriftliche in der Werkszeitung oder in einer gesonderten Publikation gegeben werden. Der Bericht ist mit dem Gesamtbetriebsrat oder, sofern es nur einen Betriebsrat gibt, mit diesem, oder, wenn ein Wirtschaftsausschuss besteht, mit jenem abzustimmen (§ 110 BetrVG). Ob die Belegschaftsorgane das Recht auf Darstellung ihrer Sicht in dem Bericht oder auf Verteilung eines „Alternativberichts" haben, ist in der Literatur umstritten.[1523] Das BAG hat dies verneint.[1524]

598

3. Beteiligung bei Betriebsänderungen

a) Voraussetzungen

Das Beteiligungsrecht bei Betriebsänderungen nach den §§ 111 ff. BetrVG hat folgende vier Voraussetzungen:
- Unternehmen mit i.d.R. mehr als 20 wahlberechtigten Arbeitnehmern,
- Bestehen eines Betriebsrats,
- geplante Betriebsänderung,
- möglicherweise wesentliche Nachteile für die Belegschaft oder für erhebliche Teile der Belegschaft.

599

aa) Unternehmensgröße. In dem Unternehmen müssen normalerweise mehr als 20 wahlberechtigte Arbeitnehmer beschäftigt sein. Entscheidend sind die Personalstärke, die für das Unternehmen im allgemeinen kennzeichnend ist, und – außer bei der Stilllegung – eine Einschätzung der künftigen Entwicklung. Abzustellen ist auf den Zeitpunkt, in dem die Planung der Betriebsänderung abgeschlossen ist und zu dem das Beteiligungsrecht des Betriebsrats entsteht.[1525] Leiharbeitnehmer zählen im Einsatzbetrieb mit (§ 14 Abs. 2 S. 4 AÜG), wenn sie dort zu den „in der Regel Beschäftigten" gehören, d.h. wenn sie normalerweise während des größten Teils eines Jahres, d.h. länger als sechs Monate, beschäftigt sind.[1526]

600

bb) Der Betriebsrat muss im Zeitpunkt des Entschlusses des Unternehmers

601

[1523] Dafür *Fitting*, § 110 BetrVG Rn. 4; dagegen GK-BetrVG/*Oetker*, § 110 Rn. 24; HWGNRH/*Hess*, § 110 BetrVG Rn. 11 f.; Richardi/*Annuß*, § 110 BetrVG Rn. 5.
[1524] BAG 14.5.2013, NZA 2013, 1223.
[1525] BAG 9.5.1995, 10.12.1996, AP Nr. 33, 37 zu § 111 BetrVG 1972.
[1526] BAG 18.10.2011, NZA 2012, 221 m. krit. Anm. *Rieble*, NZA 2012, 485.

bereits bestehen. Wird er erst später gebildet, kann er Rechte nach den §§ 111 ff. BetrVG nicht mehr wahrnehmen.[1527] Umgekehrt behält ein Betriebsrat, der im Zuge einer Betriebsstilllegung ausscheidet, für die noch offenen Fragen ein Restmandat (§ 21b BetrVG).

602 **cc) Geplante Betriebsänderung.** Der Begriff der Betriebsänderung ist im Gesetz nicht definiert. § 111 S. 3 BetrVG enthält einen Katalog von wirtschaftlichen Entscheidungen, die als Betriebsänderungen i.S.d. § 111 S. 1 BetrVG gelten. Umstritten ist, ob dieser Katalog erschöpfend ist. Dafür spricht das Fehlen des Worts „insbesondere". Die Rechtsprechung hat die Frage bislang offengelassen.[1528] Neben den in S. 3 erwähnten Fällen sind kaum noch für die Praxis bedeutsame Fälle denkbar.

603 Die Wendung „geplante Betriebsänderung" ist rein zeitlich zu verstehen; die Beteiligung des Betriebsrats soll bereits in der Phase der Vorbereitung sichergestellt werden. Nicht entscheidend ist, ob die Änderung planbar oder unvorhersehbar war und ob die unternehmerische Entscheidung „frei" gewesen ist; das Beteiligungsrecht entsteht auch, wenn der Unternehmer aus wirtschaftlichen Zwängen handelt.[1529] Es knüpft einfach an greifbare Planungen über eine Betriebsänderung an und setzt eine hinreichend bestimmte, in Einzelheiten bereits absehbare Maßnahme voraus, deren Durchführung der Unternehmer konkret anstrebt.[1530] Ob eine geplante Maßnahme eine Betriebsänderung i.S.d. § 111 BetrVG darstellt, kann vom Arbeitsgericht vorab auf Antrag des Arbeitgebers oder des Betriebsrats geklärt werden. In einem späteren Verfahren – etwa wegen eines Nachteilsausgleichs – ist das Gericht an seine Vorabentscheidung gebunden.[1531]

604 **dd) Wesentliche Nachteile,** die von Betriebsänderungen für die Belegschaft ausgehen, können materieller (Verlust des Arbeitsplatzes, Minderung der Vergütung usw.) oder immaterieller Art sein (Leistungsverdichtung, Qualifikationsverluste usw.). Nach der Rechtsprechung wird für die in § 111 S. 3 BetrVG genannten Fälle die Gefahr von wesentlichen Nachteilen fingiert.[1532] Der Betriebsrat ist deshalb auch dann zu beteiligen, wenn im Einzelfall keine Nachteile zu befürchten sind; ob ausgleichs- oder milderungsbedürftige Nachteile entstehen oder entstanden sind, ist erst bei der Aufstellung des Sozialplans zu prüfen.[1533] Für diese Auffassung sprechen Wortlaut („als Betriebsänderung gelten") und Praktikabilität der Vorschrift.

[1527] BAG 20.4.1982, 28.10.1992, AP Nr. 15, 63 zu § 112 BetrVG 1972.
[1528] BAG 17.2.1981, 6.12.1988, AP Nr. 9, 26 zu § 111 BetrVG.
[1529] BAG GS 13.12.1978, AP Nr. 6 zu § 112 BetrVG 1972.
[1530] BAG 18.7.2017, NZA 2017, 1618.
[1531] BAG 10.11.1987, AP Nr. 15 zu § 113 BetrVG 1972.
[1532] BAG 10.12.1996, AP Nr. 110 zu § 112 BetrVG 1972.
[1533] BAG 17.8.1982, 10.12.1996, AP Nr. 11 zu § 111 BetrVG 1972; a.A. *von Hoyningen-Huene*, Betriebsverfassungsrecht, § 15 II 1.

b) Betriebsänderungen

§ 111 S. 3 BetrVG führt fünf Fallgruppen auf, in denen wirtschaftliche Entscheidungen des Unternehmers als Betriebsänderungen gelten:

aa) Einschränkung und Stilllegung des ganzen Betriebs oder von wesentlichen Betriebsteilen. Stilllegung bedeutet die Auflösung der zwischen Arbeitgeber und Arbeitnehmer bestehenden Betriebs- und Produktionsgemeinschaft, die ihre Veranlassung und sichtbaren Ausdruck darin findet, dass der Unternehmer die bisherige wirtschaftliche Betätigung in der ernstlichen Absicht einstellt, die Weiterverfolgung des bisherigen Betriebszwecks dauernd oder für eine der Dauer nach unbestimmte, wirtschaftlich nicht unerhebliche Zeitspanne aufzugeben.[1534] **Betriebseinschränkung** ist eine erhebliche, ungewöhnliche und nicht nur vorübergehende Herabsetzung der Leistungsfähigkeit des Betriebs.[1535] Ein Unternehmer beginnt mit der Durchführung einer Betriebsstilllegung, sobald er unumkehrbare Maßnahmen zur Auflösung der betrieblichen Organisation getroffen hat. Die bloße Einstellung der Produktion oder der sonstigen betrieblichen Tätigkeit und die widerrufliche Freistellung der Arbeitnehmer sind regelmäßig noch keine unumkehrbaren Maßnahmen.[1536]

Da zum Betrieb nicht nur die technischen und immateriellen Arbeitsmittel gehören, sondern auch die Belegschaft, kann die Betriebseinschränkung sowohl durch Außerbetriebsetzen von Betriebsanlagen als auch durch (bloßen) **Personalabbau** geschehen.[1537] Letzteres hat der Gesetzgeber 1985 durch § 112a Abs. 1 S. 1 BetrVG ausdrücklich anerkannt. Ein **wesentlicher Betriebsteil** liegt vor, wenn in ihm ein erheblicher Teil der Gesamtbelegschaft beschäftigt wird. Dabei ist auf die Zahlenwerte für die Massenentlassung i.S.d. § 17 KSchG abzustellen;[1538] mindestens muss es sich um 5 % der Belegschaft handeln:[1539]

Betriebe mit in der Regel	Personalabbau
21 bis 59 Arbeitnehmern	mehr als 5 Arbeitnehmer
60 bis 499 Arbeitnehmern	10 % oder mehr als 25 Arbeitnehmer
500 oder mehr Arbeitnehmern	mehr als 30 Arbeitnehmer, mindestens aber 5 %

Es kommt nicht darauf an, dass die Arbeitnehmer gleichzeitig entlassen werden; entscheidend ist, dass die Entlassungen auf einem einheitlichen Entschluss des Unternehmers beruhen (z.B. im Rahmen einer Sanierung, wegen Auftragsvergabe nach draußen oder Reorganisation). Unter diesen Voraussetzungen ist auch ein stufenweiser Personalabbau, der sich über einen längeren Zeitraum hinzieht, beteiligungspflichtig.[1540] Liegt zwischen

---

[1534] BAG 27.6.1995, AP Nr. 7 zu § 4 BetrVG 1972.
[1535] *Fitting*, § 111 BetrVG Rn. 71.
[1536] BAG 30.5.2006, NZA 2006, 1122; BAG 14.4.2015, NZA 2015, 1147.
[1537] BAG 10.12.1996, AP Nr. 32 zu §113 BetrVG 1972; BAG 31.5.2007, NZA 2007, 1307.
[1538] St. Rspr., vgl. BAG 17.3.2016, NZA 2016, 1072.
[1539] BAG 28.3.2006, NZA 2006, 932; BAG 23.2.2012, NZA 2012, 992.
[1540] BAG 28.3.2006, NZA 2006, 932.

mehreren „Entlassungswellen" ein Zeitraum von wenigen Wochen oder Monaten, so spricht eine tatsächliche Vermutung dafür, dass sie auf einer einheitlichen unternehmerischen Entscheidung beruhen. Kein Beteiligungsrecht besteht, wenn zwar die oben genannte Größenordnung erreicht wird, wenn der Personalabbau aber auf mehreren Entscheidungen beruht, etwa auf andauerndem Auftragsrückgang und dann nochmals auf Fortfall eines wichtigen Dauerkunden.[1541] Mitgezählt werden nur Entlassungen aus betrieblichen Gründen, nicht verhaltens- oder personenbedingte Kündigungen und auslaufende befristete Arbeitsverträge,[1542] dafür aber Arbeitnehmerkündigungen, Aufhebungsverträge und Frühpensionierungen, wenn sie vom Arbeitgeber im Rahmen der Aktion aus betrieblichen Gründen veranlasst sind.[1543] Für den Fall des Ausscheidens aufgrund von Aufhebungsverträgen hat dies der Gesetzgeber ausdrücklich in § 112a Abs. 1 S. 2 BetrVG anerkannt. Aus dieser Vorschrift lässt sich der allgemeine Rechtsgedanke ableiten, dass es nicht auf die äußere Form der Beendigung des Arbeitsverhältnisses ankommt, sondern allein darauf, ob die Arbeitnehmer infolge der Betriebsänderung ihre Arbeitsplätze verlieren.[1544] Mitzuzählen sind darum auch diejenigen Arbeitsverhältnisse, die deshalb gekündigt werden müssen, weil Arbeitnehmer dem Übergang auf einen (Teil-) Betriebserwerber widersprechen und im Restbetrieb keine Beschäftigungsmöglichkeit mehr besteht.[1545] Keine Betriebsänderungen sind gewöhnliche Schwankungen der Betriebstätigkeit, die mit der Eigenart des jeweiligen Betriebs zusammenhängen (saisonale oder kurzfristige konjunkturelle Schwankungen, Beendigung von Baustellen), Personalverringerung durch Ausnutzen der natürlichen Fluktuation,[1546] Einschränkungen der Arbeits- oder der Betriebszeiten oder der Übergang von zwei Schichten auf eine.[1547] Maßgebliche Organisationseinheit für die Schwellenwerte ist der Betrieb i.S.d. §§ 1, 4 BetrVG.[1548] Allerdings ist § 17 KSchG im Lichte der Massenentlassungsrichtlinie 59/98 EG auszulegen, für deren verbindliche Interpretation der EuGH zuständig ist. Der EuGH versteht den Betriebsbegriff im wesentlichen so wie das deutsche Recht.[1549] Unterschiede bestehen aber bei kleineren Betriebsstätten, die der Gerichtshof oft auch ohne eigene Leitung als Betriebe i.S.d. der Massenentlassungsrichtlinie ansieht.[1550] Zum formalisierten Konsultations- und Anzeigeverfahren vor Massenentlassungen i.S.d. § 17 KSchG s. unten Rn. 614b.

609 bb) Verlegung des ganzen Betriebs oder von wesentlichen Betriebsteilen. Verlegung ist jede nicht nur geringfügige Veränderung der örtlichen Lage (im konkreten Fall 4,3 km).[1551] Wird im Rahmen einer nicht unerheblichen Verlegung die alte Betriebsgemeinschaft tatsächlich und für unbestimmte, nicht nur vorübergehende Zeit aufgelöst und der Betrieb am neuen Ort mit einer im wesentlichen neuen Belegschaft fortgeführt, so liegt eine Stilllegung vor.[1552]

[1541] BAG 6.6.1978, AP Nr. 2 zu § 111 BetrVG 1972.
[1542] BAG 2.8.1983, AP Nr. 12 zu § 111 BetrVG 1972.
[1543] St. Rspr., vgl. zuletzt BAG 28.10.1992, AP Nr. 64 zu § 112 BetrVG 1972.
[1544] BAG 15.1.1991, 28.10.1992, AP Nr. 57, 64 zu § 112 BetrVG 1972.
[1545] BAG 10.12.1996, AP Nr. 32 zu § 113 BetrVG 1972.
[1546] BAG 22.5.1979, 15.10.1979, 7.8.1990, AP Nr. 4, 5, 34 zu § 111 BetrVG 1972.
[1547] BAG 6.6.1978, AP Nr. 2 zu § 111 BetrVG 1972.
[1548] BAG 14.3.2013, DB 2013, 2687.
[1549] EuGH 30.4.2015, NZA 2015, 601 - Wilson; EuGH 13.5.2015, NZA 2015, 669 - Rabal Cañas; EuGH 13.5.2015, NZA 2015, 731 - Lytlle.
[1550] S. im einzelnen *Maschmann*, EuZA 2015, 488.
[1551] BAG 17.8.1982, AP Nr. 11 zu § 111 BetrVG 1972.
[1552] BAG 12.2.1987, AP Nr. 67 zu § 613a BGB.

cc) **Zusammenschluss mit anderen Betrieben oder die Spaltung von Betrieben.** Mehrere Betriebe können **zusammengeschlossen** werden, indem aus den bisherigen Betrieben ein neuer Betrieb gebildet wird oder indem ein bestehender Betrieb einen anderen aufnimmt, der damit seine organisatorische Selbständigkeit einbüßt. Mit der **Spaltung** eines bislang organisatorisch einheitlichen Betriebs muss eine grundlegende Änderung der Betriebsorganisation oder des Betriebszwecks verbunden sein. Das ist der Fall, wenn die verselbständigten Teile einer eigenen organisatorischen Leitung unterstellt werden. Auf die Bedeutung eines abgespaltenen Teils kommt es nicht an, solange er eine wirtschaftlich erhebliche Größe und eine abgrenzbare, eigenständige Struktur hat. Die Spaltung setzt weiterhin voraus, dass aus dem Betrieb zumindest zwei neue Einheiten entstehen, die selbständig fortgeführt werden. Die Stilllegung eines Betriebsteils ist keine Spaltung. Anders als bei einer Betriebsstilllegung ist für eine Spaltung nicht erforderlich, dass „wesentliche" Betriebsteile betroffen sind.[1553]

610

Abzustellen ist stets auf den Betrieb, nicht auf das Unternehmen. Keine Betriebsänderungen sind der bloße Inhaberwechsel, d.h. der rechtsgeschäftliche Übergang eines Betriebs oder Betriebsteils auf einen anderen Inhaber (Veräußerung, Verpachtung, Insolvenzeröffnung), sofern er nicht mit Maßnahmen i.S.d. genannten Art verbunden ist (Betriebseinschränkung, Verlegung),[1554] und die Unternehmensaufspaltung, z.B. in eine Besitz- und Produktionsgesellschaft, soweit mit ihr keine Veränderung von Organisation und Zweck des ursprünglichen Betriebs einhergeht.[1555] Erfolgt die Unternehmensaufspaltung nach den Vorschriften des Umwandlungsgesetzes, muss der Spaltungsvertrag, der auch Angaben über die Folgen der Spaltung für die Arbeitnehmer und ihre Vertretungen sowie die insoweit vorgesehenen Maßnahmen zu enthalten hat, dem zuständigen Betriebsrat vorgelegt werden (§ 126 Abs. 1 Nr. 3, Abs. 3 UmwG).

611

dd) **Grundlegende Änderungen der Betriebsorganisation, des Betriebszwecks oder der Betriebsanlagen. Betriebsorganisation** ist die Ordnung, nach der die im Betrieb vorhandenen Produktionsmittel und die dort tätigen Arbeitnehmer zur Erfüllung des Betriebszwecks eingesetzt werden.[1556] **Betriebszweck** ist der mit dem Betrieb verfolgte arbeitstechnische Zweck,[1557] also die Erzeugnisse und Dienstleistungen; **Betriebsanlagen** sind die technischen Einrichtungen, die der Erfüllung des Betriebszwecks dienen. Eine **grundlegende Änderung** der Betriebsorganisation liegt vor, wenn der Betriebsaufbau, insbesondere hinsichtlich Zuständigkeiten und Verantwortung, umgewandelt wird und die Änderung insgesamt einschneidende Auswirkungen auf den Betriebsablauf, die Arbeitswei-

612

[1553] BAG 18.3.2008, AP Nr. 66 zu § 111 BetrVG 1972.
[1554] BAG 4.12.1979, AP Nr. 6 zu § 111 BetrVG 1972.
[1555] BAG 16.6.1987, AP Nr. 19 zu § 111 BetrVG 1972; BAG 10.12.1996, AP Nr. 110 zu § 112 BetrVG 1972.
[1556] BAG 22.5.1979, AP Nr. 3, 4 zu § 111 BetrVG 1972.
[1557] BAG 17.12.1985, 16.6.1987, AP Nr. 15, 19 zu § 111 BetrVG 1972.

se oder die Arbeitsbedingungen der Arbeitnehmer hat.[1558] Die Änderung muss in ihrer Gesamtschau von erheblicher Bedeutung für den gesamten Betriebsablauf sein.[1559] Im Zweifel ist auf die Zahl der betroffenen Arbeitnehmer[1560] (erhebliche Teile der Belegschaft) und auf das Ausmaß nachteiliger Auswirkungen abzustellen.

Beispiele: Änderung des Betriebsaufbaus (Zentralisierung, Dezentralisierung, Lean Management, Lean Production), Einführung von Großraumbüros oder EDV-Anlagen, Übergang zur Gruppenarbeit, Outsourcing, Umstellung einer Automobilfabrik auf Fahrradproduktion, Einführung völlig neuer Maschinen, technische Rationalisierung, Bau neuer Werkshallen, Einrichtung von Telearbeitsplätzen. Beim „Outsourcing" der Aufgaben eines Betriebsteils kommt es darauf an, ob sich dies auf den gesamten Betriebsablauf oder auf die Arbeitsweise und -bedingungen der nicht unmittelbar betroffenen Arbeitnehmer gravierend auswirkt.[1561]

613 **ee) Einführung grundlegend neuer Arbeitsmethoden und Fertigungsverfahren.** Dieser Tatbestand steht im Zusammenhang mit dem vorigen, er stellt mehr auf die Verwertung der menschlichen Arbeitskraft ab. „Arbeitsmethode" bezeichnet die jeweilige Art, eine Arbeit systematisch abzuwickeln. Darunter fallen die Strukturierung des Arbeitsablaufs des einzelnen Arbeitnehmers – wie Handgriffe, Bewegungsabläufe –, die des Arbeitsablaufs zwischen den Arbeitnehmern – wie Einzel- oder Gruppenarbeit – und der Einsatz technischer Hilfsmittel, etwa von Maschinen, Werkzeugen und Vorrichtungen.[1562] Der Begriff der „Fertigungsverfahren" ist identisch mit dem der Fabrikationsmethode in § 106 Abs. 3 Nr. 5 BetrVG.[1563] Er bezieht sich auf das technische Verfahren bei der Verfolgung des arbeitstechnischen Zwecks.[1564] Auch bei § 111 S. 3 Nr. 5 BetrVG ist Voraussetzung, dass es um die Einführung grundlegend neuer Arbeitsmethoden und Fertigungsverfahren geht. Das erfordert eine qualitative Bewertung, wobei sich der bedeutsame Charakter einer neuen Arbeitsmethode oder eines neuen Fertigungsverfahrens auch aus der Zahl der von ihr betroffenen Arbeitnehmer oder dem Gewicht der Auswirkungen auf die Beschäftigten ergeben kann.[1565] Nicht zu den grundlegenden Änderungen gehören die laufenden Verbesserungen.[1566]

[1558] BAG 18.3.2008, AP Nr. 66 zu § 111 BetrVG 1972.
[1559] BAG 22.3.2016, NZA 2016, 894.
[1560] BAG 26.10.1982, AP Nr. 10 zu § 111 BetrVG 1972.
[1561] BAG 18.3.2008, AP Nr. 66 zu § 111 BetrVG 1972.
[1562] BAG 22.3.2016, NZA 2016, 894 unter Verweis auf BVerwG 30.8.1985, NJW 1986, 1360, 1364.
[1563] Richardi/*Annuß*, § 111 BetrVG Rn. 121.
[1564] GK-BetrVG/*Oetker*, § 111 Rn. 169.
[1565] BAG 22.3.2016, NZA 2016, 894.
[1566] *Fitting*, § 111 BetrVG Rn. 100.

4. Unterrichtung und Beratung

Der Unternehmer hat den Betriebsrat rechtzeitig über Art, Umfang, Gründe und **614** Auswirkungen der geplanten Maßnahme zu unterrichten (§ 111 S. 1 BetrVG). Nicht mitgeteilt werden müssen Vorüberlegungen mit Planspielen zu denkbaren Auswirkungen, die sich noch nicht zu einem Konzept verdichtet haben.[1567] Die Informationspflicht setzt in dem Augenblick ein, in dem der Arbeitgeber ernsthaft eine Betriebsänderung plant, wobei die Planung (noch) nicht unumstößlich sein muss. Die Information muss so frühzeitig erfolgen, dass der Betriebsrat noch Einfluss auf die Planung nehmen kann, in jedem Fall vor Beginn der Ausführung.[1568]

Der Unternehmer hat dem Betriebsrat die Unterlagen zugänglich zu machen, die Grundlage für die Entscheidung über die Betriebsänderung sind, und er muss mit ihm anhand dieser Unterlagen das Für und Wider der geplanten Maßnahmen erörtern.[1569] Die Beratungspflicht erstreckt sich sowohl auf das Ob als auch auf das Wie. Eine bestimmte Verhandlungsdauer muss der Arbeitgeber weder nach nationalem noch nach europäischem Recht einhalten. Ein Zeitraum von drei Wochen kann unter Umständen genügen; die vorübergehend in § 113 Abs. 3 bzw. 2 BetrVG enthaltene, zum 1.1.1999 entfallene Frist von zwei bzw. drei Monaten ist nicht mehr von Bedeutung.[1570]

Ob der Betriebsrat verlangen kann, dass der Unternehmer die Betriebsänderung unterlässt, **614a** bis die Gespräche über einen Interessenausgleich abgeschlossen sind, ist streitig. Die mittlerweile wohl h.M.[1571] bejaht das, weil sich nur so die Beteiligungsrechte effektiv sichern ließen. Die Gegenansicht[1572] verweist auf § 113 Abs. 3 BetrVG, wonach jeder von einer Betriebsänderung betroffene Arbeitnehmer einen Nachteilsausgleich beanspruchen kann, wenn das Interessenausgleichsverfahren nicht ordnungsgemäß betrieben wurde. Dieser Anspruch vermag die kollektiven Beteiligungsrechte jedoch nicht zu verdrängen. Vielmehr verlangt nun auch das europäische Recht einen derartigen Unterlassungsanspruch. Art. 8 Abs. 1 S. 2 RL 2002/14/EG verpflichtet die Mitgliedstaaten, ein geeignetes Gerichtsverfahren zur Verfügung zu stellen, mit dessen Hilfe die in Art. 4 RL 2000/14/EG genannten Unterrichtungs- und Anhörungsrechte durchgesetzt werden können. Ferner fordert Art. 8 Abs. 2 RL 2000/14/EG die Statuierung angemessener Sanktionen. Beide Pflichten sind nur erfüllt, wenn dem Betriebsrat ein kollektivrechtlicher Unterlassungsanspruch neben dem individualrechtlichen Nachteilsausgleichsanspruch eingeräumt wird. Dieser

---

[1567] LAG Düsseldorf 27.8.1985, NZA 1986, 371.
[1568] BAG 14.9.1976, AP Nr. 2 zu § 113 BetrVG 1972.
[1569] *Fitting*, § 111 BetrVG Rn. 111 ff.; Richardi/*Annuß*, § 111 BetrVG Rn. 150 ff.
[1570] BAG 16.5.2007, AP Nr. 64 zu § 111 BetrVG 1972.
[1571] LAG Hessen 19.1.2010, ArbR aktuell 2010, 226; LAG München 22.12.2008, BeckRS 2009 74014; LAG Hamm 30.7.2007, AuR 2008, 117; LAG Schleswig-Holstein 20.7.2007, NZA-RR 2008, 244; LAG Thüringen 18.8.2003, LAGE BetrVG 2001 § 111 Nr. 1; DKKW/*Däubler*, §§ 112, 112a Rn. 52; *Reichold*, NZA 2003, 289, 298.
[1572] LAG München 28.6.2005, BeckRS 2009, 68027; LAG Nürnberg 9.3.2009, BeckRS 2009, 69297; LAG Köln 27.5.2009, BeckRS 2009, 66807; LAG Rheinland-Pfalz, 5.2.2010, BeckRS 2010, 68206.

Anspruch kann auch im Wege einer einstweiligen Verfügung durchgesetzt werden.[1573] In Unternehmen mit mehr als 300 Arbeitnehmern kann der Betriebsrat zu seiner Unterstützung einen Berater hinzuziehen (§ 111 S. 2 BetrVG).

614b Im Falle einer nach § 17 KSchG anzeigepflichtigen **Massenentlassung** (s. oben Rn. 607) ist die Beteiligung des Betriebsrats wegen der Vorgaben der Massenentlassungsrichtlinie[1574] stärker formalisiert. Das nach § 17 Abs. 2 S. 1 KSchG vorgeschriebene **Konsultationsverfahren ist bereits dann einzuleiten,** wenn der Arbeitgeber beabsichtigt, anzeigepflichtige Entlassungen vorzunehmen.[1575] Es genügt die **erkennbare Absicht, Arbeitsverhältnisse in einem anzeigepflichtigen Ausmaß beenden zu wollen.** Nicht erforderlich ist, dass der Arbeitgeber bereits zur Kündigung entschlossen ist und damit feststeht, wie viele und welche Arbeitnehmer konkret entlassen werden sollen. Das Konsultationsverfahren soll dem Betriebsrat ermöglichen, konstruktive Vorschläge zu unterbreiten, um die Massenentlassung zu verhindern oder jedenfalls zu beschränken oder die Folgen einer Massenentlassung durch soziale Begleitmaßnahmen zu mildern. Das setzt voraus, dass der Betriebsrat auf den Willensentschluss des Arbeitgebers zur Kündigung im Rahmen des Konsultationsverfahrens noch Einfluss nehmen kann.[1576]

614c Zunächst enthält § 17 Abs. 2 S. 1 KSchG einen Katalog von sechs Punkten, über die der Arbeitgeber den Betriebsrat schriftlich informieren muss die Wahrung der Textform entsprechend § 126b BGB reicht aus.[1577] Dabei handelt es sich um dieselben „Muss-Angaben", die der Arbeitgeber in seiner Massenentlassungsanzeige gegenüber der Arbeitsagentur zu machen hat. Fehler führen hier – anders als bei den „Soll-Angaben" nach § 17 Abs. 3 S. 5 KSchG – i.d.R. zur Unwirksamkeit der Anzeige,[1578] die ihrerseits die Unwirksamkeit der Kündigung nach sich zieht.[1579] Sodann sieht § 17 Abs. 2 S. 2 KSchG eine Konsultationspflicht vor, die der in § 111 S. 1 BetrVG geregelten entspricht, weshalb sie der Arbeitgeber gleichzeitig erfüllen kann. Dabei muss der Betriebsrat allerdings klar erkennen können, dass die stattfindenden Beratungen (auch) der Erfüllung der Konsultationspflicht aus § 17 Abs. 2 S. 2 KSchG dienen sollen.[1580] Insbesondere haben die Betriebsparteien Möglichkeiten zu beraten, wie Entlassungen vermieden oder eingeschränkt und ihre Folgen gemildert werden können. Hierbei hat der Arbeitgeber mit dem ernsthaften Willen zur Einigung zu verhandeln.[1581] Ein Einigungszwang besteht jedoch nicht;[1582] der Arbeitgeber braucht auch nicht die Einigungsstelle anzurufen,[1583] Allerdings muss er der Anzeige eine Stellungnahme des Betriebsrats beifügen (§ 17 Abs. 3 S. 2 KSchG). Fehlt

---

[1573] LAG Hamm 26.2.2007, NZA-RR 2007, 469; a.A. LAG Köln 30.4.2004, NZA-RR 2005, 199.
[1574] RL 989/59/EG v. 20.7.1998, ABl. Nr. L 255 S. 16.
[1575] BAG 26.2.2015, NZA 2015, 881 Rn. 15 m.w.N.
[1576] BAG 13.6.2019, NZA 2019, 1638 Rn. 27.
[1577] BAG 22.9.2016, NZA 2017, 175 Rn. 42.
[1578] BAG 28.5.2012, NZA 2012, 1029, unabhängig davon, ob die Arbeitsagentur diesen Fehler entdeckt oder beanstandet, s. BAG 13.12.2012, 6 AZR 752/11.
[1579] BAG 22.11.2012, DB 2013, 939.
[1580] BAG 26.2.2015, NZA 2015, 881.
[1581] ErfK/*Kiel*, § 17 KSchG Rn. 24.
[1582] BAG 22.9.2016, NZA 2017, 175.
[1583] BAG 21.5.2008, NZA 2008, 753.

diese, sind Anzeige und Kündigung unwirksam.[1584] Die Stellungnahme soll Auskunft darüber geben, ob und welche Möglichkeiten der Betriebsrat sieht, die Kündigungen zu vermeiden, und sie soll belegen, dass soziale Maßnahmen mit ihm beraten und gegebenenfalls getroffen worden sind. Die Beratungen müssen mit dem Betriebsrat erfolgen. Gespräche mit dem Wirtschaftsausschuss genügen ebenso wenig wie die Einholung persönlicher Äußerungen des Betriebsratsvorsitzenden.[1585] Erforderlich ist eine ausdrückliche und abschließende Erklärung, die erkennen lässt, dass sich der Betriebsrat mit den Kündigungen befasst hat.[1586] Diese muss nicht zwingend in einem eigenen Schriftstück niedergelegt sein, sondern kann, falls ein Interessenausgleich zustande gekomken ist, in diesen integriert werden;[1587] ein – ordnungsgemäßer – Interessenausgleich mit Namensliste (§ 1 Abs. 5 KSchG)[1588] genügt, nicht aber der Beleg über die Durchführung von Sozialplanverhandlungen vor der Einigungsstelle.[1589] Bei kurzfristiger Konsultation (kürzer als zwei Wochen vor der Anzeige) muss die Stellungnahme erkennen lassen, dass sich der Betriebsrat für ausreichend unterrichtet hält, keine weiteren Vorschläge unterbreiten kann oder will und auf die Ausschöpfung der 2-Wochen-Frist verzichtet.[1590] Alternativ zur Beifügung der Stellungnahme kann der Arbeitgeber glaubhaft machen, dass er den Betriebsrat mindestens zwei Wochen vor Erstattung der Anzeige unterrichtet hat (§ 17 Abs. 3 S. 3 KSchG); in diesem Fall hat er den Stand der Beratungen darzulegen. Zwei Wochen nach dieser Unterrichtung kann er rechtssicher und rechtswirksam die Massenentlassungsanzeige erstatten. Das Verfahren nach § 17 Abs. 3 S. 3 KSchG kann auch vorsorglich erfolgen. Das kann sich empfehlen, wenn der Betriebsrat eine Stellungnahme verweigert oder die von ihm abgegebene Erklärung – möglicherweise – unzureichend ist.[1591] Leitet der Arbeitgeber das Konsultationsverfahren weniger als zwei Wochen vor der beabsichtigten Anzeige ein und gibt der Betriebsrat keine Stellungnahme ab oder genügt diese nicht den gesetzlichen Anforderungen, sind Anzeige und Kündigung unwirksam.[1592] Sind leitende Angestellte von einer Massenentlassung betroffen, die nicht unter die Ausnahmevorschrift des § 17 Abs. 5 Nr. 3 KSchG fallen, sollte der Arbeitgeber auch den Sprecherausschuss konsultieren.[1593] Besteht ein Europäischer Betriebsrat, ist auch dieser zu unterrichten und anzuhören (§ 30 Abs. 1 S. 2 EBRG).

5. Interessenausgleich

a) Begriff und Inhalt

Unternehmer und Betriebsrat haben zu versuchen, einen Interessenausgleich darüber herbeizuführen, ob, wann und wie die geplante Betriebsänderung durchgeführt wird (§ 112 Abs. 1 S. 1 BetrVG). Der Interessenausgleich betrifft alle **615**

[1584] BAG 28.6.2012, NZA 2012, 1029; KR/*Weigand*, § 17 KSchG Rn. 106 m.w.N.
[1585] BAG 26.2.2015, NZA 2015, 881.
[1586] BAG 21.3.2012, NZA 2012, 1058; BAG 22.11.2012, DB 2013, 939.
[1587] BAG 13.12.2012, AP Nr. 44 zu § 17 KSchG 1969.
[1588] BAG 22.11.2012, DB 2013, 939.
[1589] BAG 13.12.2012, AP Nr. 44 zu § 17 KSchG 1969.
[1590] BAG 20.9.2012, ZIP 2012, 2412.
[1591] BAG 26.2.2015, NZA 2015, 881.
[1592] BAG 13.12.2012, AP Nr. 44 zu § 17 KSchG 1969.
[1593] ErfK/*Kiel*, § 17 KSchG Rn. 19a.

514 § 16 Betriebsverfassungsrecht

Fragen der organisatorischen Durchführung einer Betriebsänderung, die nicht Gegenstand eines Sozialplans sind, d.h. die nicht Regelungen zum Ausgleich wirtschaftlicher Nachteile betreffen.[1594] In einem Interessenausgleich kann z.B. vereinbart werden, dass die Maßnahmen, wenn sie schon unumgänglich sind, gestreckt werden, dass die Zahl der betroffenen Arbeitnehmer verringert wird, dass vor Entlassungen andere Möglichkeiten der Einsparung oder der Verringerung des Arbeitsvolumens (Abbau von Überstunden, Kündigung von Dienst- oder Werkverträgen) genützt werden usw.

b) Rechtswirkungen

616 Der Interessenausgleich ist eine kollektive Vereinbarung besonderer Art.[1595] Er bindet beide Betriebsparteien. Der Unternehmer darf die geplante Betriebsänderung nur in dem Umfang und zu dem Zeitpunkt durchführen, wie im Interessenausgleich bestimmt; der Betriebsrat hat seine Beteiligungsrechte bei den zur Durchführung der Betriebsänderung erforderlichen Maßnahmen gemäß den Absprachen im Interessenausgleich auszuüben. Weicht der Unternehmer grundlos vom Interessenausgleich ab, hat der Betriebsrat keinen Erfüllungsanspruch; die Sanktionen ergeben sich aus § 113 Abs. 1, 2 BetrVG.[1596] Inwieweit der Interessenausgleich normativ gilt, d.h. unmittelbar auf das einzelne Arbeitsverhältnis einwirkt, ist durch Auslegung zu ermitteln.[1597]

617 Bei betriebsbedingten Kündigungen kommt dem Interessenausgleich eine wichtige Vermutungswirkung zu. Werden Arbeitnehmer, die aufgrund einer Betriebsänderung i.S.d. § 111 BetrVG entlassen werden sollen, in einem Interessenausgleich namentlich bezeichnet[1598] – es genügt die Benennung in einer nicht unterschriebenen Namensliste, die mit dem Interessenausgleich, der auf sie ausdrücklich Bezug nimmt, mittels Heftmaschine fest verbunden ist[1599] –, so wird nach § 1 Abs. 5 KSchG[1600] vermutet, dass die Kündigung durch dringende betriebliche Gründe bedingt ist, d.h. dass keine Möglichkeit einer Beschäftigung auf einem anderen freien Arbeitsplatz besteht. Bestreitet der Arbeitnehmer dies, obliegt ihm der (volle) Beweis des Gegenteils.[1601] Ferner kann die durch den Interessenausgleich vorgenommene soziale Auswahl (§ 1 Abs. 3 KSchG) vom Gericht nur auf grobe Fehlerhaftigkeit überprüft werden (§ 1 Abs. 5 S. 2 KSchG). Der Gesetzgeber geht davon aus, dass der Betriebsrat seiner Verantwortung gegenüber den von ihm repräsentierten Arbeitnehmern gerecht wird, nur unvermeidbaren Entlassungen zustimmt und darauf achtet, dass bei der Auswahl der ausscheidenden Arbeitnehmer soziale Gesichtspunkte ausreichend berücksichtigt werden. Deshalb soll die von den Betriebsparteien gefundene

---

[1594] BAG 27.10.1987, AP Nr. 41 zu § 112 BetrVG 1972.
[1595] Allg. M., vgl. LAG München 16.7.1997, AuR 1998, 89; *Fitting*, §§ 112, 112a BetrVG Rn. 44; GK-BetrVG/*Oetker*, § 112a Rn. 72.
[1596] Str.; wie hier BAG 28.8.1991, AP Nr. 2 zu § 85 ArbGG 1979; Richardi/*Annuß*, § 112 BetrVG Rn. 46, 48; a.A. *Fitting*, § 112a BetrVG Rn. 45.
[1597] GK/*Oetker* § 112a Rn. 73; auch *Willemsen/Hohenstatt*, NZA 1997, 345 ff.
[1598] BAG 7.5.1998, DB 1998, 1770.
[1599] Vgl. BAG 7.5.1998, NZA 1998, 1110; BAG 19.7.2012, BB 2013, 51.
[1600] § 125 Abs. 1 S. 1 Nr. 1 InsO vermutet dies für betriebsbedingte Kündigungen bei Insolvenz.
[1601] BAG 7.5.1998, DB 1998, 1768; BAG 15.12.2011, NZA 2012, 1044.

XIV. Mitbestimmung in wirtschaftlichen Angelegenheiten

Gesamtlösung nur in Ausnahmefällen in Frage gestellt werden.[1602] Grob fehlerhaft ist die Sozialauswahl, wenn ein evidenter, ins Auge springender schwerer Fehler vorliegt und der Interessenausgleich jede soziale Ausgewogenheit vermissen lässt.[1603] Nicht entscheidend ist die grobe Fehlerhaftigkeit des Auswahlverfahrens, sondern des Auswahlergebnisses.[1604] Der reduzierte Kontrollmaßstab gilt für die Auswahlkriterien und ihre relative Gewichtung sowie für die Bildung der auswahlrelevanten Arbeitnehmergruppen.[1605] Grob fehlerhaft wäre es, eines der vier nach § 1 Abs. 3 KSchG zwingend vorgesehenen Auswahlkriterien gar nicht oder unzureichend zu berücksichtigen,[1606] etwa, wenn der Arbeitgeber die Altersgruppen proportional unterschiedlich an dem Personalabbau beteiligt und dies zu einer – für ihn günstigen – Änderung der vorhandenen Altersstruktur führt; das verstieße auch gegen das Verbot der Altersdiskriminierung.[1607] Grob fehlerhaft kann eine Sozialauswahl auch dann sein, wenn der Betriebsbegriff grob verkannt wurde; das ist nicht der Fall, wenn die Betriebsparteien die Eigenständigkeit einer organisatorischen Einheit in nachvollziehbarer und ersichtlich nicht auf einen Missbrauch zielenden Weise falsch beurteilt haben[1608]. Die besonderen Vermutungswirkungen des Interessenausgleichs mit Namensliste treten allerdings nicht ein, wenn sich die Sachlage nach Zustandekommen des Interessenausgleichs wesentlich geändert hat (§ 1 Abs. 5 S. 3 KSchG). Nach der Rechtsprechung[1609] ist das aber nur dann der Fall, wenn im Kündigungszeitpunkt von einem Wegfall der Geschäftsgrundlage auszugehen ist, d.h., wenn nicht ernsthaft bezweifelt werden kann, dass beide Betriebsparteien oder eine von ihnen den Interessenausgleich in Kenntnis der späteren Änderung nicht oder mit anderem Inhalt geschlossen hätten, weil sich beispielsweise die im Interessenausgleich vorgesehene Zahl der zur Kündigung vorgesehenen Arbeitnehmer erheblich verringert hat. Stets setzt die Berufung auf die Vermutungsregel voraus, dass eine Betriebsänderung vorliegt. Besteht diese in einem reinen Personalabbau, muss der Arbeitgeber darlegen, dass hiervon erhebliche Teile der Belegschaft betroffen sind.[1610] Erfolgt die Betriebsänderung in mehreren „Wellen", stellen auch entsprechende „Teil-Namenslisten" eine ausreichende Basis für die Vermutungsregel dar, wenn sich die Betriebsparteien für jeden Abschnitt abschließend über die jeweils zu kündigenden Arbeitnehmer geeinigt haben.[1611] Anderes gilt jedoch, wenn der sukzessive durchgeführte Personalabbau auf einer einheitlichen unternehmerischen Planung beruht. Dann müssen sich Arbeitgeber und Betriebsrat über die gesamte geplante Betriebsänderung in einem Interessenausgleich verständigen. In diesem Fall begründen „Teil-Namenslisten" keine Vermutungswirkung i.S.d § 1 Abs. 5 KSchG.[1612] Die Vermutungsregel gilt auch für Änderungskündigungen,[1613] nicht aber für außerordentliche Kündigungen,[1614] da § 1 Abs. 5

[1602] BAG 28.6.2012, NZA 2012, 1090.
[1603] BAG 12.3.2009, NZA 2009, 1023; BAG 20.9.2012, NZA 2013, 94.
[1604] BAG 10.6.2010, NZA 2010, 1352; BAG 7.7.2011, AP Nr. 26 zu § 1 KSchG 1969 Wartezeit.
[1605] BAG 15.12.2011, NZA 2012, 1044, dort auch zur AGG-Konformität einer Altersgruppenbildung.
[1606] BAG 28.6.2012, NZA 2012, 1090 für die Verkennung von Unterhaltspflichten.
[1607] BAG 26.3.2015, NZA 2015, 1122.
[1608] BAG 20.9.2012, NZA 2013, 94.
[1609] BAG 18.10.2012, DB 2013, 180.
[1610] BAG 31.5.2007, AP Nr. 65 zu § 111 BetrVG 1972.
[1611] BAG 19.7.2012, NZA 2013, 86.
[1612] BAG 17.3.2016, NZA 2016, 1072.
[1613] BAG 19.6.2007, NZA 2008, 103.
[1614] BAG 28.5.2009, NZA 2009, 954.

KSchG nicht auf § 626 Abs. 1 BGB, sondern nur auf § 1 Abs. 2 KSchG verweist. Ordentliche und außerordentliche Kündigungen sind nicht vergleichbar. Der wichtige Grund i.S.v. § 626 BGB unterliegt erheblich höheren Anforderungen als die soziale Rechtfertigung einer betriebsbedingten Kündigung nach § 1 Abs. 2 KSchG. Um die Wirkungen des § 1 Abs. 5 KSchG auszulösen, kann der Interessenausgleich auch nach seinem Abschluss noch um eine Namensliste ergänzt werden, wenn das „zeitnah" geschieht, etwa während fortdauernder Verhandlungen über die Erstellung einer Namensliste. In die Namensliste dürfen ausschließlich Arbeitnehmer aufgenommen werden, denen aus der Sicht der Betriebsparteien aufgrund der dem Interessenausgleich zugrundeliegenden Betriebsänderung zu kündigen ist.[1615] Ob es genügt, dass nur ein Teil der insgesamt aufgrund der Betriebsänderung zu kündigenden Arbeitnehmer auf der Liste erscheint, ist streitig. Das BAG hat die Frage für den Fall bejaht, dass eine Betriebsänderung in mehreren „Wellen" erfolgt und die Betriebsparteien für jeden Abschnitt eine abschließende Einigung über sämtliche in diesem Abschnitt zu kündigenden Arbeitnehmer herbeigeführt haben.[1616] Ebenfalls nur auf grobe Fehlerhaftigkeit ist ein Interessenausgleich zu überprüfen, der von den Betriebsparteien bei einer **Unternehmensumwandlung** (Verschmelzung, Spaltung, Vermögensübertragung) nach den Vorschriften des UmwG abgeschlossen wird, wenn mit ihm die Arbeitnehmer nach der Umwandlung bestimmten Betrieben oder Betriebsteilen zugeordnet werden (§ 323 Abs. 2 UmwG).

c) Verfahren

618 Die Verhandlungen über einen Interessenausgleich setzen eine hinreichend bestimmte, in Einzelheiten bereits absehbare Maßnahme voraus, deren Durchführung der Arbeitgeber anstrebt.[1617] Dazu müssen Art und Umfang der Betriebsänderung bekannt sein.[1618] Deren Gestaltung soll der zuständige Betriebsrat gezielt beeinflussen können. Hierfür sehen die §§ 111, 112 BetrVG ein gestuftes Verfahren vor. Es beginnt mit der Information des Betriebsrats über die geplante Betriebsänderung und setzt sich fort mit den Beratungen der Betriebsparteien über deren Einzelheiten und deren Durchführung. Gelingt ein Interessenausgleich nicht, so können Unternehmer oder Betriebsrat den Vorstand der Bundesagentur für Arbeit um Vermittlung ersuchen (§ 112 Abs. 2 S. 1 BetrVG). Ein Einlassungszwang für die jeweils andere Seite besteht nicht. Unabhängig davon können beide die Einigungsstelle (s. § 20 Rn. 28 ff.) anrufen (§ 112 Abs. 2 S. 2 BetrVG). Ruft der Betriebsrat die Einigungsstelle nicht an, so muss der Unternehmer das tun.[1619] Im Einigungsstellenverfahren haben die Betriebsparteien letztmals Gelegenheit, unter Mitwirkung eines unparteiischen Vorsitzenden Alternativen zur geplanten Betriebsänderung zu erörtern oder Modifikationen zu prüfen, die für die betroffenen Arbeitnehmer weniger nachteilige Folgen haben.[1620] Die Eini-

---

[1615] BAG 26.3.2009, NZA 2009, 1151.
[1616] BAG 19.7.2012, NZA 2013, 86.
[1617] BAG 18.7.2017, NZA 2017, 1618 Rn. 28 m.w.N.
[1618] BAG 20.11.2001, NZA 2002, 992.
[1619] BAG 16.8.2011, AP Nr. 55 zu § 113 BetrVG 1972.
[1620] BAG 20.11.2001, NZA 2002, 992.

gungsstelle hat einen Vorschlag zu unterbreiten. Der Vorschlag hat zwar großes tatsächliches Gewicht, er ist aber unverbindlich (§ 112 Abs. 3 S. 2 BetrVG);[1621] dem Unternehmer bleibt die Letztentscheidung, auch wenn er sich mit den vom Betriebsrat vorgeschlagenen Alternativen zu der geplanten Betriebsänderung argumentativ auseinanderzusetzen hat.

Bei Betriebsänderungen im Rahmen eines **Insolvenzverfahrens** kommt es zu einem Vermittlungsversuch des Vorstands der Bundesagentur für Arbeit nur, wenn der Insolvenzverwalter und der Betriebsrat gemeinsam darum ersuchen (§ 121 InsO). Der Insolvenzverwalter braucht auch die Einigungsstelle nicht anzurufen; er kann sogleich beim Arbeitsgericht die Zustimmung zur Betriebsänderung beantragen. Voraussetzung ist, dass der Betriebsrat rechtzeitig und umfassend über die geplante Betriebsänderung unterrichtet wurde und ein Interessenausgleich nicht innerhalb von drei Wochen nach schriftlicher Aufforderung zur Verhandlung oder nach Verhandlungsbeginn abgeschlossen werden konnte (§ 122 Abs. 1 InsO). Das Gericht erteilt die Zustimmung, wenn die wirtschaftliche Lage des Unternehmens auch unter Berücksichtigung der sozialen Belange der Arbeitnehmer die Betriebsänderung ohne vorheriges Verfahren nach § 112 Abs. 2 BetrVG erfordert (§ 122 Abs. 2 InsO). Gegen den Beschluss ist nur die Rechtsbeschwerde zum BAG statthaft, und das auch nur, wenn sie vom Arbeitsgericht zugelassen wurde (§ 122 Abs. 3 InsO). **619**

Kommt ein Interessenausgleich zustande, so ist er **schriftlich niederzulegen** und von Unternehmer und Betriebsrat zu unterschreiben (§ 112 Abs. 3 S. 3 BetrVG). Die Wahrung der Schriftform ist **Wirksamkeitsvoraussetzung.**[1622] Der Interessenausgleich muss aber weder in einer gesonderten Urkunde niedergelegt noch ausdrücklich als Interessenausgleich bezeichnet werden; es genügt, wenn er Bestandteil eines Sozialplans ist und die Betriebsparteien darin einig sind, dass die Maßnahmen, so wie im Sozialplan vorgesehen, durchgeführt werden.[1623] **620**

6. Sozialplan

a) Begriff und Zweck

aa) Begriff. Außer über einen Interessenausgleich haben die Betriebsparteien auch über den **Ausgleich oder die Milderung der wirtschaftlichen Nachteile**, die den Arbeitnehmern infolge der geplanten Betriebsänderung entstehen (= Sozialplan), zu beraten (§ 112 Abs. 1 S. 2 BetrVG). Nicht Gegenstand des Sozialplans sind Maßnahmen, die das Ob und Wie der Betriebsänderung betreffen, d.h. Maßnahmen, die soziale Nachteile verhindern sollen, wie Kündigungsverbote oder Versetzungs- und Umschulungspflichten. Sie gehören in den Interessenausgleich. Werden sie in einen freiwilligen Sozialplan aufgenommen, so schadet das nicht; ein Einigungsstellenspruch, der sie zum Gegenstand eines Sozialplans **621**

[1621] LAG München 13.1.1989, BB 1989, 916.
[1622] BAG 9.7.1985, AP Nr. 13 zu § 113 BetrVG 1972.
[1623] BAG 20.4.1994, AP Nr. 27 zu § 113 BetrVG 1972.

§ 16 Betriebsverfassungsrecht

macht, ist aber unwirksam.[1624] Der Sozialplan ersetzt auch nicht die Kündigung des Arbeitsverhältnisses; dafür haben die Betriebsparteien keine Regelungsmacht.[1625]

622 bb) Der **Zweck** des Sozialplans ist umstritten.[1626] Die einen betonen seine **Zukunftsbezogenheit**. Seine Hauptfunktion bestehe darin, den Arbeitnehmern **Überbrückungsleistungen** zu gewähren. Zugleich komme ihm eine Steuerungsfunktion zu: Da eine Betriebsänderung mit finanziellem Aufwand verbunden sei, werde sich der Unternehmer bemühen, sie so durchzuführen, dass den Arbeitnehmern möglichst geringe wirtschaftliche Nachteile entstehen. Aus Sicht des Arbeitgebers schließlich diene er dazu, die Akzeptanz einer Betriebsänderung zu fördern. Nach anderer, eher **vergangenheitsorientierter Ansicht** soll der Sozialplan in erster Linie für den **Verlust des Arbeitsplatzes entschädigen**; der Arbeitnehmer werde vor allem für die in der Vergangenheit geleisteten Dienste belohnt. Die Rechtsprechung neigt mittlerweile[1627] der ersten Meinung zu;[1628] maßgeblich sei die (zukunftsorientierte) Ausgleichs- und Überbrückungsfunktion.[1629] Auch bei dieser Betrachtungsweise behält das Moment einer langen Betriebszugehörigkeit seine Bedeutung. Die Erfahrung lehrt, dass Arbeitnehmer mit höherem Lebens- und Dienstalter geringere Chancen auf dem Arbeitsmarkt haben.[1630] Allerdings darf ein Sozialplan Abfindungen nicht allein nach der Dauer der Betriebszugehörigkeit bemessen.[1631] Der Gesetzgeber hat sich einer vermittelnden Sichtweise angeschlossen (vgl. § 112 Abs. 5 Nr. 1-3 BetrVG). Neuerdings betont die Rechtsprechung den Aspekt einer gerechten Verteilung der begrenzten finanziellen Mittel, die für einen Sozialplan zur Verfügung stehen, entsprechend den Bedürfnissen der betroffenen Arbeitnehmer.[1632] Das erlaubt die Minderung von Sozialplanleistungen für Arbeitnehmer, die zum Zeitpunkt ihrer Entlassung wegen einer dann zu erwartenden Altersrente wirtschaftlich abgesichert sind.[1633]

b) Rechtsnatur und Rechtswirkungen

623 aa) **Sozialpläne sind Betriebsvereinbarungen besonderer Art** (§ 112 Abs. 1 S. 3 BetrVG).[1634] Für sie gilt die Tarifsperre des § 77 Abs. 3 BetrVG nicht (§ 112 Abs. 1 S. 4 BetrVG). Sie können deshalb auch Bestimmungen zu Arbeitsbedingungen enthalten, die im einschlägigen Tarifvertrag – etwa in einem Rationalisierungsschutzabkommen – tatsächlich geregelt sind oder üblicherweise geregelt

---

[1624] BAG 17.9.1991, AP Nr. 59 zu § 112 BetrVG 1972.
[1625] BAG 17.7.1964, AP Nr. 3 zu § 80 ArbGG.
[1626] BAG 23.4.1985, AP Nr. 26 zu § 112 BetrVG 1972 m.w.N. zum Streitstand.
[1627] Vermittelnd noch BAG GS 13.12.1978, AP Nr. 6 zu § 112 BetrVG 1972.
[1628] BAG 7.6.2011, NZA 2011, 1370; BAG 7.5.2019, NZA 2019, 1295, 1297.
[1629] EuGH 6.12.2012, NZA 2012, 1435 - Odar; BAG 7.6.2011, NZA 2011, 1370.
[1630] BAG 30.9.2008, NZA 2009, 386 m.w.N.
[1631] BAG 14.9.1994, AP Nr. 87 zu § 112 BetrVG 1972.
[1632] EuGH 6.12.2012, NZA 2012, 1435 - Odar; BAG 7.6.2011, NZA 2011, 1370.
[1633] St. Rspr., vgl. zuletzt BAG 7.5.2019, NZA 2019, 1295 Rn. 41 ff.
[1634] BAG 27.8.1975, 29.11.1978, AP Nr. 2, 7 zu § 112 BetrVG 1972.

werden. Im Verhältnis von Tarifvertrag und Sozialplan gilt das Günstigkeitsprinzip.[1635]

bb) Sozialpläne wirken **normativ**. Ansprüche auf Sozialplanleistungen stehen den betroffenen Arbeitnehmern unmittelbar und zwingend zu (§ 77 Abs. 4 S. 1 BetrVG). Das gilt auch für Mitarbeiter, die infolge der Betriebsänderung bereits ausgeschieden sind, wenn das im Sozialplan bestimmt ist.[1636] Der Sozialplan bedarf zu seiner Wirksamkeit der **Schriftform** (§ 112 Abs. 1 S. 1, 2 BetrVG). Die Fälligkeit von Sozialplanansprüchen richtet sich nach der Vereinbarung. Für ihre Geltendmachung können Ausschlussfristen vorgesehen werden. Da es sich um Ansprüche aus dem Arbeitsverhältnis handelt, gelten für sie auch die allgemeinen tariflichen Ausschlussfristen.[1637] Verzichten kann der Arbeitnehmer auf Sozialplananprüche nur mit Zustimmung des Betriebsrats (§ 77 Abs. 4 S. 2 BetrVG).[1638] Abfindungsansprüche aus Sozialplänen können vererbt werden, wenn sie bereits vor dem Tod des Arbeitnehmers entstanden sind. Wann der Anspruch entsteht, regeln die Betriebsparteien. Fehlt eine Regelung, ist der Sozialplan auszulegen. Da Sozialpläne wirtschaftliche Nachteile ausgleichen sollen, ist regelmäßig davon auszugehen, dass Ansprüche dann nicht entstehen, wenn ein betriebsbedingt Gekündigter noch vor Ablauf der Kündigungsfrist stirbt.[1639]

624

cc) Vorsorglicher Sozialplan. Die umfassende Regelungskompetenz der Betriebsparteien in sozialen Angelegenheiten berechtigt die Betriebsparteien bereits dann zum Abschluss eines freiwilligen Sozialplans, wenn die Betriebsänderung zwar noch nicht geplant, aber in groben Umrissen abschätzbar ist.[1640] Enthält ein solcher vorsorglicher Sozialplan wirksame Regelungen, ist das Beteiligungsrecht nach § 112 BetrVG bei einer späteren Betriebsänderung verbraucht.[1641] Anders, wenn Ob und Wie einer Betriebsänderung noch völlig ungewiss sind; dem Betriebsrat fehlen dann die tatsächlichen Anhaltspunkte für die Abwägung der Interessen der betroffenen Arbeitnehmer und der betrieblichen Belange.[1642] Vorsorgliche Sozialpläne können auch bei Unsicherheit der Rechtslage abgeschlossen werden, insbesondere wenn unklar ist, ob ein Betriebsübergang oder eine Betriebsstilllegung vorliegt.[1643] Ein mit dem Gesamtbetriebsrat abgeschlossener vorsorglicher Sozialplan schließt freiwillige Sozialplanregelungen der örtlichen Betriebsräte nicht aus; als Auffangregelung kommt er nur dann zur Geltung, wenn bei einer konkreten Betriebsänderung „vor Ort" kein Sozialplan vereinbart wird.[1644] Die Betriebsparteien können auch Rahmen- oder Dauersozialpläne für künftige, noch nicht konkret geplante Betriebsänderungen schließen. Das Aufstellen solcher Sozialpläne fällt aber nicht unter §§ 111 ff. BetrVG und ist des-

625

[1635] Allg. M., vgl. nur Richardi/Annuß, § 112 BetrVG Rn. 181 m.w.N.
[1636] BAG 6.8.1997, 11.2.1998, AP Nr. 116, 121 zu § 112 BetrVG 1972.
[1637] BAG 30.11.1994, AP Nr. 86 zu § 112 BetrVG 1972.
[1638] BAG 31.7.1996, AP Nr. 63 zu § 77 BetrVG 1972.
[1639] BAG 27.6.2006, NZA 2006, 1238, 1239.
[1640] BAG 26.8.1997, NZA 1998, 216.
[1641] Str., wie hier BAG 26.8.1997, NZA 1998, 216 m.w.N., auch zur Gegenmeinung.
[1642] BAG 26.8.1997, NZA 1998, 216.
[1643] BAG 1.4.1998, AP Nr. 123 zu § 112 BetrVG 1972.
[1644] BAG 17.4.2012, DB 2012, 2406.

halb nicht erzwingbar.[1645] Sie schränken das Mitbestimmungsrecht bei konkret eintretenden Betriebsänderungen grundsätzlich nicht ein.[1646]

c) Zuständigkeit und Verfahren

626 aa) **Zuständig** für die Aufstellung des Sozialplans ist der Betriebsrat des betroffenen Betriebs oder der betroffenen Betriebe (§ 112 Abs. 1 BetrVG); sie können den Gesamtbetriebsrat mit der Wahrnehmung ihrer Rechte beauftragen (§ 50 Abs. 2 BetrVG). Ein vom Gesamtbetriebsrat beschlossener Rahmensozialplan bindet sie nicht. In betriebsratslosen Betrieben besteht keine Sozialplanpflicht; der Gesamtbetriebsrat ist nicht zuständig.[1647] Ein Betriebsrat, der in einem bisher betriebsratslosen Betrieb erst während der Durchführung der Betriebsstilllegung gewählt wird, kann die Aufstellung eines Sozialplans nicht mehr verlangen.[1648] Das gilt auch, wenn dem Arbeitgeber im Zeitpunkt seines Beschlusses bekannt war, dass im Betrieb ein Betriebsrat gewählt werden soll.[1649] Umgekehrt behält ein Betriebsrat auch nach einer Betriebsstilllegung und nach Beendigung der Arbeitsverhältnisse seiner Mitglieder bis zur endgültigen Abwicklung ein Restmandat (§ 21b BetrVG). Anders liegt es wieder bei Betriebsübergängen und Umstrukturierungen. Hier berechtigt das Übergangsmandat nach § 21a BetrVG des bisher zuständigen Betriebsrats nicht, Sozialpläne und ähnlich normativ geltende Regelungen mit Wirkungen für den neuen Betriebsinhaber zu vereinbaren.[1650]

627 bb) **Verfahren.** Die Verhandlungen über den Sozialplan werden sinnvollerweise spätestens dann aufgenommen, wenn feststeht, dass eine Betriebsänderung sich nicht umgehen lässt, und parallel zu den Verhandlungen über den Interessenausgleich geführt. Der Betriebsrat kann die Aufstellung eines Sozialplans aber selbst dann noch verlangen, wenn der Unternehmer die geplante Betriebsänderung bereits durchgeführt hat.[1651] Unternehmer und Betriebsrat haben zunächst zu versuchen, sich über den Sozialplan zu einigen (§ 112 Abs. 1 S. 2 BetrVG). Sie können sich auch hier der Vermittlung des Vorstands der Bundesagentur für Arbeit bedienen (§ 112 Abs. 2 S. 1 BetrVG). Unabhängig davon können sie die Einigungsstelle anrufen (§ 112 Abs. 2 S. 2 BetrVG). Anders als beim Interessenausgleich muss der Unternehmer die Einigungsstelle nicht einschalten, wenn der Betriebsrat darauf verzichtet. Es kommt dann eben zu keinem Sozialplan. Unternehmer und Betriebsrat sollen der Einigungsstelle Vorschläge zur Beilegung der Meinungsverschiedenheiten machen. Die Einigungsstelle hat eine Einigung der Parteien zu versuchen (§ 112 Abs. 3 BetrVG). Gelingt das nicht, dann entscheidet die Einigungsstelle, d.h. letztlich der neutrale Vorsitzende, sobald es ihm

---

[1645] BAG 22.3.2016, NZA 2016, 894.
[1646] BAG 17.4.2012, NZA 2012, 1240.
[1647] BAG 16.8.1983, AP Nr. 5 zu § 50 BetrVG 1972.
[1648] BAG 20.4.1982, AP Nr. 15 zu § 112 BetrVG 1972.
[1649] BAG 28.10.1982, AP Nr. 63 zu § 112 BetrVG 1972.
[1650] BAG 11.1.2011, DB 2011, 1171.
[1651] BAG 23.4.1985, 9.5.1995, 26.8.1997, AP Nr. 26, 33, 117 zu § 112 BetrVG 1972.

gelingt, die eine oder die andere Seite für einen Vorschlag zu gewinnen (§ 112 Abs. 4 BetrVG).

d) Ausnahmen von der Sozialplanpflicht

Von dem Grundsatz, dass bei jeder Betriebsänderung i.S.d. § 111 BetrVG ein Sozialplan aufzustellen ist, macht § 112a BetrVG **zwei Ausnahmen**: **628**

aa) Kein Sozialplan ist aufzustellen, wenn ein **Unternehmen** (nicht der betroffene Betrieb) **noch nicht vier Jahre alt** ist (§ 112a Abs. 2 S. 1 BetrVG). Damit sollen Neugründungen erleichtert werden. Das gilt allerdings nicht für Neugründungen im Zusammenhang mit der rechtlichen Umstrukturierung von Unternehmen und Konzernen (§ 112a Abs. 2 S. 2 BetrVG). Eine solche Umstrukturierung liegt immer dann vor, wenn unternehmerische Aktivitäten von einer rechtlichen Einheit auf eine andere übertragen werden.[1652] **629**

Beispiel: Zwei Unternehmen übertragen einzelne Betriebe auf ein neu gegründetes Unternehmen, das die Betriebe mit einem auf dem Zusammenschluss beruhenden Unternehmensziel fortführen soll.

bb) Bei Betriebsänderungen, die in einer **bloßen Personalverringerung** bestehen, ist ein Sozialplan erst dann aufzustellen, wenn der Personalabbau folgende Größenordnung erreicht (§ 112a Abs. 1 BetrVG): **630**

Betriebe mit in der Regel	Personalabbau
21 bis 59 Arbeitnehmern	20 % der Arbeitnehmer, aber mindestens 6
60 bis 249 Arbeitnehmern	20 % der Arbeitnehmer oder mindestens 37
250 bis 499 Arbeitnehmern	15 % der Arbeitnehmer oder mindestens 60
mindestens 500 Arbeitnehmern	10 % der Arbeitnehmer, aber mindestens 60

Ob der Personalabbau durch Entlassungen oder durch vom Arbeitgeber veranlasste Aufhebungsverträge oder Eigenkündigungen der Arbeitnehmer geschieht, ist gleichgültig (§ 112a Abs. 1 S. 2 BetrVG). Die Prozentzahlen für die Sozialplanpflicht liegen etwa doppelt so hoch wie für die Interessenausgleichspflicht. Das hat zur Folge, dass in dem Zwischenbereich nur ein Interessenausgleich versucht, nicht aber ein Sozialplan abgeschlossen werden muss. Die höheren Zahlen gelten nicht, wenn sich die Arbeitgebermaßnahme nicht in einem reinen Personalabbau erschöpft, sondern sich als Betriebsänderung erweist,[1653] etwa wenn ein wesentlicher Betriebsteil eingeschränkt oder stillgelegt wird. **631**

[1652] BAG 22.2.1995, AP Nr. 7 zu § 112a BetrVG 1972.
[1653] BAG 28.3.2006, NZA 2006, 932.

e) Inhalt freiwilliger Sozialpläne

632 **aa) Regelungs- und Beurteilungsspielraum.** Für den Inhalt von Sozialplänen, die auf freiwilliger Grundlage zustande kommen, enthält das Gesetz keine Detailregelung. Es gilt der allgemeine Satz, dass sie dem Ausgleich oder der Milderung wirtschaftlicher (nicht immaterieller) Nachteile dienen, die den Arbeitnehmern aus den geplanten Betriebsänderungen entstehen.[1654] Dies erfordert die Berücksichtigung der zukünftigen wirtschaftlichen Situation der Arbeitnehmer. Zu dieser gehört der Umstand, ob der – vorzeitige – Bezug einer Altersrente möglich ist.[1655] Die Betriebspartner sind **in den Grenzen von Recht und Billigkeit** (§ 75 BetrVG) **frei**, zu entscheiden, welche Nachteile sie bei Verlust eines Arbeitsplatzes ausgleichen und welche sonstigen Nachteile sie mildern wollen.[1656] Sie sind nicht gehalten, alle denkbaren Nachteile zu entschädigen, sondern verfügen über einen weiten Einschätzungsspielraum. In diesem Spielraum liegt auch die Entscheidung, bei der Verteilung begrenzter Mittel für Abfindungen bei Betriebsschließungen auf unterschiedliche Bedarfssituationen abzustellen.[1657] Dabei dürfen sie sich auf typisierende Prognosen über wirtschaftliche Nachteile stützen.[1658] Sie sind auch berechtigt, Arbeitnehmer von Leistungen des Sozialplans auszunehmen.[1659] Für den Arbeitgeber muss aber erkennbar sein, welche finanziellen Belastungen auf ihn zukommen. Deshalb müssen die Anspruchsvoraussetzungen an tatsächliche Umstände anknüpfen, die bei Abschluss des Sozialplans bekannt sind.[1660] Da der durch eine Abfindung auszugleichende Arbeitsplatzverlust maßgeblich durch die bisherige Vergütung beeinflusst wird, kommt diese grundsätzlich auch als Bezugsgröße in Betracht.[1661] Als weitere Maßnahmen zur Milderung von Nachteilen kommen die Übernahme von Umzugs- oder zusätzlichen Fahrtkosten, die Erstattung von Kosten für Fortbildungs- und Umschulungsmaßnahmen sowie Ausgleichszahlungen bei Übertragung geringer bezahlter Tätigkeiten in Betracht.

633 **bb) Der Gleichbehandlungsgrundsatz** ist zu wahren.[1662] Untersagt ist sowohl die sachfremde Schlechterstellung einzelner Arbeitnehmer gegenüber anderen Arbeitnehmern in vergleichbarer Lage als auch die sachfremde Differenzierung zwischen Arbeitnehmern in einer bestimmten Ordnung. Sachfremd ist eine Differenzierung dann, wenn es für die unterschiedliche Behandlung keine billigenswerten Gründe gibt.[1663] Zulässig ist eine Unterscheidung nach der Art des Nachteils (Entlassung, Versetzung) und nach der Vermeidbarkeit (Angebot einer ande-

---

[1654] BAG 7.8.1975, AP Nr. 169 zu § 242 BGB Ruhegehalt.
[1655] BAG 30.9.2008, NZA 2009, 386.
[1656] St. Rspr., vgl. BAG 20.1.2009, NZA 2009, 495; BAG 12.4.2011, NZA 2011, 988.
[1657] St. Rspr., vgl. BAG 7.5.2019, NZA 2019, 1295 Rn. 19 ff.
[1658] BVerfG 25.3.2015, AP BetrVG 1972 § 112 Nr. 226.
[1659] BAG 19.7.1995, 19.6.1996, AP Nr. 85, 102 zu § 112 BetrVG 1972.
[1660] BAG 12.3.1997, AP Nr. 111 zu § 112 BetrVG 1972.
[1661] BAG 26.9.2017, AP BetrVG 1972 § 112 Nr. 236.
[1662] St. Rspr., vgl. BAG 7.6.2011, NZA 2011, 1370.
[1663] Zusammenfassend BAG 17.4.1996, AP Nr. 101 zu § 112 BetrVG 1972.

ren zumutbaren Tätigkeit,[1664] Vermittlung eines neuen Arbeitsverhältnisses,[1665] Kündigung wegen eines sachlich nicht gerechtfertigten Widerspruchs bei einem Betriebsübergang[1666] usw.).

Sozialpläne können pauschale Zahlungen vorsehen, ein Punkteschema zugrunde legen oder jeweils im konkreten Einzelfall entscheiden. Bei Abfindungen müssen sie Betriebszugehörigkeit, Lebensalter, Unterhaltsverpflichtungen und Schwerbehinderteneigenschaft berücksichtigen.[1667] Unzulässig ist eine Gruppenbildung, die dazu dienen soll, dem Arbeitgeber eine eingearbeitete und qualifizierte Belegschaft zu erhalten.[1668] Höchstbegrenzungsklauseln sind zulässig;[1669] andererseits sind die Betriebspartner nicht an die Obergrenze für Abfindungen nach dem KSchG gebunden.[1670] Die Abfindungshöhe kann nach der zuletzt bezogenen Monatsvergütung berechnet werden oder nach einem die gesamte Betriebszugehörigkeit einbeziehenden Durchschnittswert, falls sich die individuelle Arbeitszeit in der näheren Vergangenheit wesentlich geändert hat.[1671] Wird auf die Dauer der Betriebszugehörigkeit abgestellt, müssen die Zeiten von Erziehungsurlaub wegen der in Art. 6 GG enthaltenen Wertungen berücksichtigt werden.[1672] Als Maßnahmen zur Milderung von Nachteilen kommen vor allem die Übernahme von Umzugs- oder zusätzlichen Fahrtkosten, die Erstattung von Kosten für Fortbildungs- und Umschulungsmaßnahmen sowie Ausgleichszahlungen bei Übertragung geringer bezahlter Tätigkeiten in Betracht. Der Arbeitgeber kann Sozialplanleistungen individualrechtlich aufstocken, wenn er dafür einen sachlichen Grund hat, etwa wenn er einen Anreiz zum Abschluss von Aufhebungsverträgen geben will.[1673] Die Zahlung von Abfindungen kann bis zum Abschluss von Kündigungsschutzprozessen zurückgestellt werden. Sie darf aber nicht vom Verzicht auf die Kündigungsschutzklage abhängig gemacht werden; daran ändert auch der neue § 1a KSchG nichts.[1674] Zulässig sind jedoch zusätzliche Leistungen für den beschleunigten Abschluss von Aufhebungsverträgen, weil sie dem Arbeitgeber Planungssicherheit verschaffen; solche „Turboprämien" dürfen aber nicht das Verbot des Klageverzichts umgehen.[1675] **634**

Sozialpläne dürfen Arbeitnehmer **nicht** wegen der in § 1 AGG genannten Merkmale **diskriminieren.** Das ergibt sich aus § 7 Abs. 2 AGG. Die Rechtsprechung stellt auf § 75 Abs. 1 BetrVG ab,[1676] der die in § 1 AGG genannten Benachteiligungsverbote übernommen hat.[1677] In vergleichbarer Lage i.S.d. § 3 Abs. 1, 2 AGG befinden sich Arbeitnehmer, deren Arbeitsverhältnisse aus demselben Grund und unter denselben Voraussetzungen **634a**

[1664] BAG 3.3.1999, NZA 1999, 669.
[1665] BAG 19.6.1996, AP Nr. 102 zu § 112 BetrVG 1972.
[1666] BAG 5.2.1997, AP Nr. 112 zu § 112 BetrVG 1972.
[1667] BAG 28.6.2012, NZA 2012, 1090.
[1668] BAG 6.11.2007, NZA 2008, 232.
[1669] BAG 19.10.1999, NZA 2000, 732.
[1670] BAG 27.10.1987, AP Nr. 41 zu § 112 BetrVG 1972.
[1671] BAG 22.9.2009, DB 2009, 2664.
[1672] BAG 10.11.2002, NZA 2003, 1287; BAG 21.10.2003, NZA 2004, 559.
[1673] BAG 1.6.1988, NZA 1989, 815.
[1674] BAG 19.7.2016, NZA 2017, 121 Rn. 21 m.w.N.
[1675] BAG 31.5.2005, NZA 2005, 997.
[1676] BAG 7.5.2019, NZA 2019, 1295.
[1677] BAG 12.4.2011, NZA 2011, 988; BAG 7.6.2011, NZA 2011, 1370.

enden,[1678] unabhängig davon, welche konkreten wirtschaftlichen Nachteile sie wegen der Betriebsstilllegung erleiden.[1679] Sozialpläne, die die Höhe von Abfindungen nach dem Alter bestimmen, sind zulässig, wenn es hierfür ein legitimes Ziel gibt und die Regelung angemessen ist (§ 10 S. 1, 2 AGG). Regelt ein Sozialplan, dass die Abfindungshöhe mit zunehmender Betriebszugehörigkeit ansteigt, ist die damit verbundene mittelbare Benachteiligung jüngerer Arbeitnehmer durch § 10 S. 3 Nr. 6 AGG gedeckt.[1680] Die Betriebsparteien dürfen in Sozialplänen danach unterscheiden, welche wirtschaftlichen Nachteile den Arbeitnehmern drohen, die durch eine Betriebsänderung ihren Arbeitsplatz verlieren.[1681] Die mit dem Arbeitsplatzverlust verbundenen wirtschaftlichen Nachteile können mit steigendem Lebensalter zunächst zunehmen, weil die Gefahr längerer Arbeitslosigkeit typischerweise wächst, und können danach geringer werden, wenn Arbeitnehmer nach dem Bezug von Arbeitslosengeld in der Lage sind, vorzeitig Altersrente in Anspruch zu nehmen.[1682] Da die Chancen eines von einem Arbeitsplatzabbau betroffenen Arbeitnehmers, eine neue Arbeitsstelle zu finden, von einer Vielzahl nicht genau feststellbarer subjektiver und objektiver Umstände abhängen, sind pauschalierende und typisierende Bewertungen der wirtschaftlichen Nachteile zulässig.[1683] Zulässig ist z.B. der Ausschluss von Arbeitnehmern, die nach dem Bezug von Arbeitslosengeld I rentenberechtigt sind, wenn sie die Fortsetzung des Arbeitsverhältnisses an einem anderen Unternehmensstandort abgelehnt haben.[1684] Abfindungen für ältere Arbeitnehmer dürfen ab einem bestimmten Alter nach einer anderen Formel als für jüngere berechnet werden, weil sich bei rentennahen Jahrgängen die zu besorgenden wirtschaftlichen Nachteile typischerweise konkreter einschätzen lassen als bei rentenfernen;[1685] es muss ihnen auch kein Mindestbetrag gewährt werden, z.B. in Höhe der Hälfte einer standardmäßig berechneten Abfindung.[1686] Unzulässig ist jedoch die Minderung einer Abfindung für Schwerbehinderte, wenn diese allein darauf gestützt wird, dass sie drei Jahre früher als Nichtbehinderte in Rente gehen können;[1687] entsprechendes gilt, wenn die Abfindung bei Schwerbehinderten pauschalisiert, bei Nichtbehinderten dagegen nach ihren individuellen Betriebs- und Sozialdaten ermittelt wird und dies zu höheren Ansprüchen führt.[1688] Unzulässig ist ferner die Berücksichtigung einer wirtschaftlichen Absicherung, die in keinem Zusammenhang mit dem Verlust des Arbeitsplatzes steht, wie etwa Ansprüche aus einer Kapitallebensversicherung.[1689]

635 Der Sozialplan **darf** grundsätzlich danach **unterscheiden**, ob der Arbeitnehmer durch **Aufhebungsvertrag oder Eigenkündigung** aus dem Unternehmen ausscheidet **oder ob ihm betriebsbedingt gekündigt wird**.[1690] Erfahrungsgemäß sind Arbeitnehmer nur dann

---

[1678] EuGH 6.12.2012, NZA 2012, 1435 - Odar; vgl. auch BAG 17.11.2015, NZA 2016, 501.
[1679] So aber BAG 7.6.2011, NZA 2011, 1370.
[1680] BAG 26.5.2009, NZA 2009, 849; BAG 12.4.2011, NZA 2011, 985.
[1681] EuGH 6.12.2012, NZA 2012, 1435 - Odar.
[1682] BAG 30.9.2008, NZA 2009, 386 m.w.N.; BAG 12.4.2011, NZA 2011, 985.
[1683] BAG 12.4.2011, NZA 2011, 985.
[1684] BAG 9.12.2014, NZA 2015, 365; BAG 7.5.2019, NZA 2019, 1295, 1297.
[1685] BAG 20.1.2009, NZA 2009, 495; BAG 26.5.2009, NZA 2009, 849.
[1686] BAG 26.3.2013, NZA 2013, 921.
[1687] EuGH 6.12.2012, NZA 2012, 1435 - Odar.
[1688] BAG 17.11.2015, NZA 2016, 501.
[1689] BAG 7.6.2011, NZA 2011, 1370.
[1690] BAG 24.11.1993, 19.7.1995, 6.8.1997, 1.2.2011, AP Nr. 72, 96, 116, 211 zu § 112 BetrVG 1972.

bereit, das Unternehmen freiwillig zu verlassen, wenn sie bereits einen neuen Arbeitsplatz gefunden oder sicher in Aussicht haben. Umgekehrt haben Arbeitnehmer, die erst nach der offiziellen Bekanntgabe der Betriebsstilllegung aus dem Unternehmen ausscheiden, mit einer erheblich verschärften Situation auf dem Arbeitsmarkt zu rechnen. Zulässig ist es auch, auf das Verhalten der Arbeitnehmer vor und nach einem bestimmten Stichtag abzustellen, wenn die Wahl des Zeitpunktes sachlich vertretbar ist (z.B. Scheitern des Interessenausgleichs, Bekanntgabe einer Betriebsstilllegung).[1691] Dagegen ist der **Gleichbehandlungsgrundsatz verletzt**, wenn Arbeitnehmer von Sozialplanleistungen ausgenommen werden, deren Eigenkündigung oder Aufhebungsvertrag vom Arbeitgeber veranlasst worden ist.[1692] Das ist der Fall, wenn der Arbeitgeber sie im Hinblick auf eine konkret geplante Betriebsänderung bestimmt hat, selbst zu kündigen oder einen Aufhebungsvertrag zu schließen, um so eine sonst notwendig werdende Kündigung zu vermeiden, oder wenn zwar der Arbeitsplatz vorrangig nur verlagert und der Arbeitnehmer versetzt werden soll, der Arbeitnehmer aber mit einer betriebsbedingten Kündigung rechnen musste, falls er der Versetzung widerspricht.[1693] Ein bloßer Hinweis auf die unsichere Lage des Unternehmens, auf notwendig werdende Betriebsänderungen oder der Rat, sich eine neue Stelle zu suchen, genügt nicht.[1694] Eine sachlich nicht gerechtfertigte Ungleichbehandlung ist unwirksam.[1695] Der übergangene Arbeitnehmer hat regelmäßig Anspruch auf die die Gleichbehandlung bewirkende Leistung, da sich nur so die Diskriminierung beseitigen lässt.[1696] Ist ein Sozialplananspruch davon abhängig, dass das Arbeitsverhältnis „betriebsbedingt" beendet wurde, setzt dies regelmäßig voraus, dass der bisherige Arbeitsplatz weggefallen ist und der Arbeitnehmer auch nicht auf einem anderen Arbeitsplatz im Betrieb weiterbeschäftigt wird. Daran fehlt es, wenn der Arbeitnehmer im Gemeinschaftsbetrieb lediglich von einem zum anderen Arbeitgeber wechselt.[1697]

f) Inhalt erzwungener Sozialpläne

Die Einigungsstelle muss sich bei der Entscheidung über einen Sozialplan innerhalb der Grenzen halten, die für die Betriebsparteien gelten, und sie hat billiges Ermessen zu wahren. Dabei muss sie auf die sozialen Belange der betreffenden Arbeitnehmer und auf die wirtschaftliche Vertretbarkeit für das Unternehmen achten (§ 112 Abs. 5 S. 1 BetrVG). Bei der Berücksichtigung sozialer Belange hat sie sich insbesondere von folgenden Grundsätzen leiten zu lassen (§ 112 Abs. 5 S. 2 BetrVG): **636**

aa) Sie soll beim Ausgleich oder bei der Milderung wirtschaftlicher Nachteile, insbesondere durch Einkommensminderung, Wegfall von Sonderleistungen oder Verlust von Anwartschaften auf betriebliche Altersversorgung, Umzugskosten **637**

[1691] BAG 19.2.2008, NZA 2008, 719; BAG 12.4.2011, NZA 2011, 1302.
[1692] BAG 13.2.2007, NZA 2007, 756; BAG 20.5.2008, NZA-RR 2008, 636.
[1693] BAG 20.5.2008, NZA-RR 2008, 636; BAG 20.4.2010, NZA 2010, 1018.
[1694] BAG 19.7.1995, AP Nr. 96 zu § 112 BetrVG 1972.
[1695] BAG 25.11.1993, AP Nr. 114 zu § 242 BGB Gleichbehandlung.
[1696] BAG 15.1.1991, 17.4.1996, AP Nr. 57, 101 zu § 112 BetrVG 1972; anders BAG 23.8.1988, AP Nr. 46 zu § 112 BetrVG 1972, dem offenbar eine anteilige Kürzung der Sozialplanleistung vorschwebt, um damit die Ansprüche der übergangenen Arbeitnehmer zu finanzieren.
[1697] BAG 26.8.2008, NZA 2009, 161.

oder erhöhte Fahrtkosten, Leistungen vorsehen, die i.d.R. den **Gegebenheiten des Einzelfalls Rechnung tragen** (Nr. 1). Der Sozialplan darf also für den Verlust des Arbeitsplatzes oder für sonstige Änderungen der Arbeitsbedingungen **nicht** ohne Rücksicht auf zumindest die Wahrscheinlichkeit von Nachteilen **Pauschalzahlungen** vorsehen.

638 bb) Sie hat die **Aussichten der betroffenen Arbeitnehmer auf dem Arbeitsmarkt** zu berücksichtigen. Sie soll Arbeitnehmer von Leistungen ausschließen, die in einem zumutbaren Arbeitsverhältnis im selben Betrieb des Unternehmens oder eines zum Konzern gehörenden Unternehmens weiterbeschäftigt werden können und die Weiterbeschäftigung ablehnen,[1698] wobei die mögliche Weiterbeschäftigung an einem anderen Ort für sich allein nicht die Unzumutbarkeit begründet (Nr. 2). Die Einigungsstelle kann die Kriterien für die Zumutbarkeit selbst festlegen.[1699] Eine andere Tätigkeit ist zumutbar, wenn sie in etwa dieselben Voraussetzungen an Berufsbildung und -erfahrung stellt wie die bisherige und wenn mit ihr keine Abgruppierung verbunden ist.[1700] Die Tätigkeit an einem anderen Ort ist jedenfalls dann zumutbar, wenn er täglich vom bisherigen Wohnort aus erreichbar ist oder wenn dem Arbeitnehmer nach seinen persönlichen Lebensumständen ein Umzug zumutbar ist.[1701] Aus den Zumutbarkeitsregelungen für Arbeitslose in § 140 SGB III ergeben sich allerdings keine zwingenden Schlussfolgerungen für die inhaltliche Ausgestaltung von Sozialplänen.[1702] Die Ermessensgrenze wäre aber jedenfalls überschritten, wenn die Einigungsstelle einem Arbeitnehmer Abfindungen zuspräche, der unmittelbar im Anschluss an das bisherige Arbeitsverhältnis in einem Nachbarbetrieb zu denselben Bedingungen Arbeit fände.

638a Die Einigungsstelle soll ferner die im SGB III vorgesehenen Fördermöglichkeiten zur Vermeidung von Arbeitslosigkeit berücksichtigen (Nr. 2a). Sozialplanmittel sollen verstärkt zur Schaffung neuer Beschäftigungsperspektiven für die vom Verlust des Arbeitsplatzes bedrohten Arbeitnehmer eingesetzt werden (z.B. inner- oder außerbetriebliche Qualifizierung, Förderung der Anschlusstätigkeit bei einem anderen Arbeitgeber, Vorbereitung einer selbständigen Existenz), wie es schon seit längerem mit dem „Transfer-Sozialplan"-Modell praktiziert wird. Unter den Voraussetzungen des § 110 SGB III kann die Arbeitsverwaltung die Maßnahme mit Zuschüssen fördern.

639 cc) Was die **wirtschaftliche Vertretbarkeit für das Unternehmen** anbelangt, so hat die Einigungsstelle bei der Bemessung des Gesamtbetrags vor allem darauf zu achten, dass der Fortbestand des Unternehmens oder die nach Durchführung der Betriebsänderung verbleibenden Arbeitsplätze nicht gefährdet werden (Nr. 3). Innerhalb dieses äußersten Rahmens sind sonstige für das Unternehmen bedeutsame Gesichtspunkte zu beachten, wie Kreditwürdigkeit, Liquidität usw. Einzelunternehmern und Gesellschaftern in Personenhandelsgesellschaften, die ihren Lebensunterhalt aus dem Unternehmen bestreiten, ist ein angemessener Unternehmergewinn zu belassen.

[1698] BAG 28.9.1988, AP Nr. 47 zu § 112 BetrVG 1972.
[1699] BAG 27.10.1987, AP Nr. 41 zu § 112 BetrVG 1972.
[1700] LAG Düsseldorf 23.10.1986, DB 1987, 1254.
[1701] LAG Düsseldorf 23.10.1986, DB 1987, 1254.
[1702] BAG 6.11.2007, NZA 2008, 232.

Der wirtschaftlichen Vertretbarkeit kommt allerdings lediglich eine Korrekturfunktion zu; **639a** der Ausgleichs- und Milderungsbedarf bemisst sich ausschließlich nach den den Arbeitnehmern entstehenden Nachteilen und nicht nach der Wirtschaftskraft des Unternehmens.[1703] Von Bedeutung ist, ob und welche Einsparungen für das Unternehmen mit der Betriebsänderung verbunden sind, deren Nachteile für die Arbeitnehmer der Sozialplan kompensieren soll. Dass sich ein Unternehmen bereits in wirtschaftlichen Schwierigkeiten befindet, entbindet es nach den Wertungen des Gesetzes nicht von der Notwendigkeit, weitere Belastungen durch einen Sozialplan auf sich zu nehmen. Wie sehr der Sozialplan das Unternehmen belastet und ob er möglicherweise dessen Fortbestand gefährdet, ist nach dem Verhältnis von Aktiva und Passiva und gemäß der Liquiditätslage zu beurteilen. Die Grenze der Vertretbarkeit ist überschritten, wenn die Erfüllung der Sozialplanverbindlichkeiten zu einer Illiquidität, zur bilanziellen Überschuldung oder zu einer nicht mehr vertretbaren Schmälerung des Eigenkapitals führen würde.[1704] Die wirtschaftliche Vertretbarkeit richtet sich grundsätzlich auch dann nach den wirtschaftlichen Verhältnissen des sozialplanpflichtigen Arbeitgebers, wenn das Unternehmen einem Konzern angehört.[1705] Will der Arbeitger die mangelnde wirtschaftliche Vertretbarkeit geltend machen, so hat er schlüssig darzulegen, dass dessen Regelungen zu einer Überkompensation der eingetretenen Nachteile führen und deshalb schon die Obergrenze des § 112 Abs. 1 S. 2 BetrVG verletzen, oder dass sie die Grenze der wirtschaftlichen Vertretbarkeit für das Unternehmen überschreiten.[1706] Ist das Sozialplanvolumen wirtschaftlich unvertretbar, ist es zu mindern, ggf. sogar unter die aus § 112 Abs. 1 S. 2 BetrVG folgende Untergrenze.[1707]

dd) Werden die in § 112 Abs. 5 S. 2 BetrVG genannten Gesichtspunkte nicht **640** oder nicht ausreichend berücksichtigt, ist der Sozialplan **ermessensfehlerhaft** und damit **unwirksam**.[1708]

g) Ablösung, Kündigung und Anpassung von Sozialplänen

aa) Ablösung. Sozialpläne können jedenfalls dann, wenn sie Dauerregelungen enthalten **641** und fortlaufende, zeitlich unbegrenzte Leistungsansprüche begründen, durch spätere Betriebsvereinbarungen mit Wirkung für die Zukunft abgeändert werden.[1709] Allerdings können Ansprüche, die schon auf der Grundlage der früheren Betriebsvereinbarung entstanden sind, nicht mehr durch eine spätere Betriebsvereinbarung beeinträchtigt werden.[1710] Im übrigen haben die Betriebsparteien die Grundsätze der Verhältnismäßigkeit und des Vertrauensschutzes zu wahren.[1711]

[1703] BAG 7.5.2019, NZA 2019, 1295 Rn. 19 m.w.N.
[1704] BAG 6.5.2003, NZA 2004, 108, 110 ff.
[1705] BAG 15.3.2011, NZA 2011, 1112 Rn. 20.
[1706] BAG 22.1.2013, NZA-RR 2013, 409.
[1707] BAG 22.1.2013, DB 2013, 1182.
[1708] BAG 14.9.1994, AP Nr. 87 zu § 112 BetrVG 1972.
[1709] BAG 24.3.1981, 10.8.1994, 11.2.1998, AP Nr. 12, 86, 121 zu § 112 BetrVG 1972.
[1710] BAG 10.8.1994, AP Nr. 86 zu § 112 BetrVG 1972.
[1711] BAG 23.10.1990, AP Nr. 13 zu § 1 BetrAVG Ablösung m.w.N.

642 bb) Kündigung. Ein erzwingbarer Sozialplan kann, soweit nichts Gegenteiliges vereinbart ist, **nicht ordentlich gekündigt** werden; er bezieht sich auf ein einmaliges Geschehen. **Anderes kann für Dauerregelungen gelten,**[1712] die nicht nur eine einmalige Abfindung vorsehen, sondern laufende Leistungen (z.B. zeitlich befristeter oder unbefristeter Fahrtkostenzuschuss bei einer Betriebsverlegung).[1713] Ordentlich kündbar kann auch ein vorsorglicher Sozialplan sein; er bezieht sich nicht auf ein einmaliges konkretes Geschehen, sondern auf alle möglichen Betriebsänderungen während seiner Geltungsdauer. Nach der Kündigung eines erzwingbaren Sozialplans gelten seine Regelungen weiter, bis sie durch eine andere Abmachung ersetzt werden (§ 77 Abs. 6 BetrVG).[1714] Sozialpläne mit Dauerregelungen können auch ohne entsprechende Vereinbarung **außerordentlich gekündigt** werden.[1715] Dass der Arbeitgeber keine Geldmittel zur Verfügung hat, um die vereinbarten Sozialplanleistungen zu erfüllen, begründet für sich allein allerdings nicht die Unzumutbarkeit der Vertragsbindung. Selbst bei einer außerordentlichen Kündigung sollen erzwingbare Sozialpläne nachwirken.[1716]

643 cc) Anpassung. Ändert sich die Geschäftsgrundlage eines Sozialplans oder fällt sie später weg, können Sozialplanleistungen den geänderten Umständen anzupassen sein, wenn dem Vertragspartner das Festhalten an der Vereinbarung nicht mehr zumutbar ist.[1717]

Beispiel: Beide Vertragsparteien sind bei Abschluss des Sozialplans von irrigen Vorstellungen über die Höhe der für den Sozialplan zur Verfügung stehenden Finanzmittel ausgegangen.[1718]

644 Der Wegfall der Geschäftsgrundlage führt – wie § 313 BGB belegt – weder zur automatischen Beendigung des Sozialplans noch berechtigt er ohne weiteres zur außerordentlichen Kündigung. Er gibt dem, der sich auf den Wegfall der Geschäftsgrundlage beruft, einen Anspruch auf Neuverhandlung. Weigert sich die andere Partei oder führen die Verhandlungen zu keiner einvernehmlichen Regelung, kann die Einigungsstelle angerufen werden, die dann verbindlich entscheidet. Bei einem Wegfall der Geschäftsgrundlage können die Betriebsparteien auch die auf der Grundlage der bisherigen Regelung entstandenen Ansprüche zulasten der Arbeitnehmer ändern; insoweit besteht kein Vertrauensschutz.[1719]

h) Verhältnis zu anderen Regelungen

645 aa) Abfindung nach §§ 9, 10 KSchG. Die Mitbestimmung nach §§ 111 ff. BetrVG schließt den individuellen Kündigungsschutz nicht aus. Dem Arbeitnehmer steht es daher frei, durch fristgemäße Erhebung der Kündigungsschutzklage (§ 4

[1712] BAG 24.3.1981, AP Nr. 12 zu § 112 BetrVG 1972.
[1713] BAG 10.8.1994, AP Nr. 86 zu § 112 BetrVG 1972.
[1714] BAG 24.3.1981, AP Nr. 12 zu § 112 BetrVG 1972.
[1715] Anders für Sozialpläne mit einmaligen Leistungen, BAG 10.8.1994, AP Nr. 86 zu § 112 BetrVG 1972.
[1716] BAG 10.8.1994, AP Nr. 86 zu § 112 BetrVG 1972.
[1717] BAG 17.2.1981, 10.8.1994, AP Nr. 11, 86 zu § 112 BetrVG 1972.
[1718] Hierzu BAG 17.2.1981, AP Nr. 11 zu § 112 BetrVG 1972.
[1719] Zu Vorstehendem BAG 10.8.1994, AP Nr. 86 zu § 112 BetrVG 1972.

KSchG) die soziale Rechtfertigung der Kündigung nach § 1 KSchG überprüfen zu lassen.

Obsiegt der Arbeitnehmer, weil die Kündigung nicht sozial gerechtfertigt ist, kann er unter den Voraussetzungen des § 9 Abs. 1 S. 1 KSchG die Auflösung des Arbeitsverhältnisses gegen Zahlung einer Abfindung beantragen. Abfindungsansprüche aus einem Sozialplan kann er daneben nicht verlangen, denn sie setzen zumeist die Wirksamkeit der Kündigung voraus. Anderes ist denkbar, wenn der Sozialplan nur an das tatsächliche Ausscheiden anknüpft. In diesem Fall werden die Abfindungsansprüche nach §§ 9, 10 KSchG auf die Sozialplanleistungen anzurechnen sein.[1720] **646**

bb) Nachbesserungsklauseln gewähren Arbeitnehmern, die freiwillig aufgrund eines Aufhebungsvertrags vor Abschluss eines Sozialplans aus dem Unternehmen ausscheiden, einen Anspruch auf Anpassung ihrer Abfindung aus dem Aufhebungsvertrag, falls der Sozialplan eine höhere Ausgleichszahlung vorsieht. Wird der Arbeitnehmer vom zeitlichen Geltungsbereich des Sozialplans erfasst, läuft die Klausel leer, da er unmittelbar einen zwingenden Anspruch auf die höheren Leistungen hat (§ 77 Abs. 4 BetrVG). Nachbesserungsklauseln sind daher regelmäßig so auszulegen, dass dem Arbeitnehmer die Sozialplanansprüche auch dann noch zustehen sollen, wenn er wegen seines frühen Ausscheidens an sich nicht mehr unter den Sozialplan fällt.[1721] **647**

cc) Tarifsozialplan. Die Vorschriften der §§ 111, 112 BetrVG schließen es nach Ansicht des BAG nicht aus, dass auch die Tarifvertragsparteien für die Beschäftigten in Betrieben mit Betriebsrat Abfindungsregelungen schaffen, die dem Ausgleich oder der Milderung der mit einer geplanten Betriebsänderung einhergehenden Nachteile dienen. Der Abschluss derartiger „Tarifsozialpläne" werde durch Art. 9 Abs. 3 GG geschützt. Die Betätigungsfreiheit der Koalitionen werde durch die §§ 111, 112 BetrVG nicht eingeschränkt.[1722] Tarifsozialpläne können auch erstreikt werden.[1723] Dafür gelten die allgemeinen Regeln des richterrechtlichen Arbeitskampfrechts, insbesondere die Friedenspflicht. Ein solcher Streik verletzt weder den Grundsatz der Kampfparität noch das Verhältnismäßigkeitsprinzip. Die Gewerkschaft muss mit Streikaufrufen auch nicht warten, bis das betriebliche Interessenausgleichs- und Sozialplanverfahren abgeschlossen ist, und sie ist nicht gehalten, nur „angemessene" Abfindungen zu verlangen. Streikforderungen, deren Gegenstand tariflich regelbar ist, unterliegen keiner gerichtlichen Übermaßkontrolle, weil diese die Funktionsfähigkeit der Tarifautonomie in Frage stelle. **647a**

[1720] Zu Anrechnungsklauseln in Sozialpänen vgl. BAG 20.6.1985, AP Nr. 33 zu § 112 BetrVG 1972 m. Anm. *Weber*; vgl. weiter *Heinze*, NZA 1984, 17; KR/*Spilger*, § 9 KSchG Rn. 93.
[1721] BAG 6.8.1997, AP Nr. 116 zu § 112 BetrVG 1972.
[1722] BAG 6.12.2006, NZA 2007, 821; BAG 24.4.2007, NZA 2007, 987.
[1723] BAG 24.4.2007, NZA 2007, 987 m.w.N. zum Streitstand.

i) Sozialplan bei Insolvenz

648 Der Betriebsrat kann auch bei Insolvenz die Aufstellung eines Sozialplans verlangen. Das Verfahren ist dasselbe, nur tritt an die Stelle des früheren Arbeitgebers der Insolvenzverwalter.

649 Für die Frage, ob Sozialplanansprüche Vorrang vor den anderen Insolvenzforderungen genießen, unterscheidet die Insolvenzordnung zwischen Sozialplänen, die nach Eröffnung eines Insolvenzverfahrens aufgestellt werden (§ 123 InsO), und solchen davor (§ 124 InsO).

650 aa) Verbindlichkeiten aus einem **Sozialplan** für entlassene Arbeitnehmer, der erst **im Insolvenzverfahren** aufgestellt wird, gelten als **Masseverbindlichkeiten** (§ 123 Abs. 2 S. 1 InsO), die vorweg zu befriedigen sind (§ 53 InsO) und damit Vorrang vor Forderungen der übrigen Insolvenzgläubiger genießen (§§ 38 f. InsO). Allerdings unterliegen Sozialplanansprüche einer doppelten Begrenzung. Die Gesamthöhe sämtlicher Sozialplanansprüche darf nicht den Betrag übersteigen, der sich als Summe von zweieinhalb Monatsverdiensten aller von einer Entlassung betroffenen Arbeitnehmer ergibt („**absolute Grenze**", § 123 Abs. 1 InsO), und für die Erfüllung sämtlicher Sozialplanansprüche darf nicht mehr als ein Drittel der zur Verteilung stehenden Masse verwendet werden („**relative Grenze**", § 123 Abs. 2 S. 2 InsO), es sei denn, im Insolvenzplan (§§ 217 ff. InsO) ist etwas anderes bestimmt. Übersteigt der Gesamtbetrag aller Sozialplanforderungen diese Grenzen, so sind die einzelnen Forderungen anteilig zu kürzen (§ 123 Abs. 2 S. 3 InsO).

Beispiel: 50 Arbeitnehmer müssen aufgrund einer Insolvenz entlassen werden. Die Monatsverdienste dieser Arbeitnehmer (z.B. 2.000 €) multipliziert mit 2,5 ergibt das nach § 123 Abs. 1 InsO höchstzulässige Gesamtvolumen des Sozialplans (250.000 €). Angenommen, die Teilungsmasse beträgt 450.000 €; dann dürfen die Sozialplanforderungen insgesamt nur bis zu einer Höhe von 150.000 € (1/3 von 450.000 €) berichtigt werden. Da die Summe aller Sozialplanforderungen diese Grenze übersteigt, muss der einzelne Anspruch entsprechend gekürzt werden; der Arbeitnehmer kann daher nur Berichtigung in Höhe von 3/5 seines individuellen Anspruchs erwarten, d.h. 60 % von 2.000 € x 2,5 = 3.000 €.

651 Die Grenzen des § 123 InsO verstehen sich als Höchstgrenzen, die die Betriebsparteien keinesfalls voll ausschöpfen müssen. Damit die Arbeitnehmer möglichst frühzeitig Abschlagszahlungen auf ihre Sozialplanforderungen erhalten, soll der Insolvenzverwalter, sooft hinreichende Barmittel in der Masse vorhanden sind, mit Zustimmung des Insolvenzgerichts entsprechende Beträge auszahlen (§ 123 Abs. 3 S. 1 InsO). Die gerichtliche Zustimmung soll sicherstellen, dass die Befriedigung anderer Gläubiger nicht durch zu hohe Abschlagszahlungen gefährdet wird. Eine Zwangsvollstreckung in die Verteilungsmasse wegen einer Sozialplanforderung ist unzulässig (§ 123 Abs. 3 S. 2 InsO).

652 bb) **Sozialpläne**, die bereits in der kritischen Zeit **vor der Eröffnung des Insolvenzverfahrens** aufgestellt worden sind, sollen im allgemeinen Nachteile ausgleichen, die schon mit der Insolvenz zusammenhängen. Damit einheitliche Regelungen für die Zeit vor und nach der Eröffnung des Insolvenzverfahrens geschaffen werden können, gibt § 124 Abs. 1 InsO Insolvenzverwalter und Betriebsrat die Möglichkeit, Sozialpläne, die innerhalb eines Zeitraumes von drei Monaten vor dem Insolvenzantrag aufgestellt worden sind, einseitig zu widerrufen. Die Abfindungsansprüche entfallen damit ersatzlos und können bei der Aufstellung des Sozialplans im Insolvenzverfahren (§ 123 InsO) neu festgesetzt werden (§ 124 Abs. 2 InsO). Dabei kann das Volumen des Sozialplans gesenkt werden, etwa um die Sanierungsaussichten des Unternehmens zu verbessern. Alle Ansprüche sind nach Maßgabe des § 123 InsO bevorrechtigt. Aus Gründen der Rechtssicherheit können allerdings Leistungen, die ein Arbeitnehmer vor der Eröffnung des Insolvenzverfahrens auf seine Forderung aus dem widerrufenen Sozialplan erhalten hat, nicht zurückgefordert werden (§ 124 Abs. 3 S. 1 InsO).

cc) Sozialpläne, die **früher als drei Monate vor dem Antrag** auf Eröffnung des Insolvenzverfahrens aufgestellt worden sind, können nicht widerrufen werden. Bei Einreichung des Insolvenzantrags noch nicht berichtigte Forderungen aus solchen Sozialplänen können nur als (nicht bevorrechtigte) Insolvenzforderungen (§§ 38 f. InsO) geltend gemacht werden; solche Fälle haben aber keine praktische Bedeutung.[1724]

653

7. Nachteilsausgleich

a) Allgemeines

aa) Fallgruppen. Führt der Unternehmer eine geplante Betriebsänderung durch, **ohne einen Interessenausgleich** mit dem Betriebsrat versucht zu haben (§ 113 Abs. 3 BetrVG), oder **weicht** er von einem Interessenausgleich **ohne zwingenden Grund ab** (§ 113 Abs. 1 BetrVG), so können Arbeitnehmer, die infolgedessen **entlassen** werden, Klage auf Zahlung von Abfindungen erheben.

654

Den (betriebsbedingten) Entlassungen stehen vom Arbeitgeber aufgrund der Betriebsänderung veranlasste Aufhebungsverträge und Eigenkündigungen von Arbeitnehmern gleich.[1725] Als Abfindungen sind Beträge bis zu zwölf Monatsverdiensten, bei 50 Lebensjahren und 15 Dienstjahren bis zu 15 und bei 55 Lebensjahren und 20 Dienstjahren bis zu 18 Monatsverdiensten festzusetzen (§ 113 Abs. 1 HS 2 BetrVG, § 10 KSchG).

655

Arbeitnehmer, die **andere wirtschaftliche Nachteile** erleiden, können einen Ausgleich dieser Nachteile (höhere Fahrtkosten oder Umzugskosten bei Versetzungen, Entgeltausgleich bei Zuweisung einer geringer vergüteten Tätigkeit usw.) für bis zu zwölf Monate verlangen (§ 113 Abs. 2 BetrVG).

656

bb) Normzweck. § 113 BetrVG verfolgt das Ziel, betriebsverfassungswidriges Verhalten des Arbeitgebers durch individualrechtliche Ersatzansprüche zu sank-

657

[1724] S. Amtl. Begr., BR-Drs. 1/92, S. 155.
[1725] BAG 23.8.1988, 8.11.1988, AP Nr. 17, 18 zu § 113 BetrVG 1972.

tionieren.[1726] Der Arbeitnehmer soll eine Entschädigung dafür erhalten, dass die Chance, durch einen Interessenausgleich die Entlassung oder sonstige Nachteile zu vermeiden, nicht genutzt wurde. Auf ein Verschulden des Arbeitgebers kommt es nicht an; es genügt jedes objektiv betriebsverfassungswidrige Verhalten.[1727]

658 Der Anspruch auf Nachteilsausgleich besteht nur, wenn ein Interessenausgleich in Frage steht. Der Arbeitnehmer erhält deshalb keinen Nachteilsausgleich, wenn der Arbeitgeber Leistungen aus einem Sozialplan nicht oder nicht ordnungsgemäß erbringt; hier muss der Arbeitnehmer unmittelbar auf Erfüllung des Sozialplans klagen (§ 77 Abs. 4 BetrVG). Ebenso wenig kommt ein Nachteilsausgleich in Betracht, wenn die Betriebsparteien nur einen Interessenausgleich, nicht aber einen Sozialplan vereinbart haben; letzterer kann vom Betriebsrat auch noch nach einer Betriebsänderung erzwungen werden. Der Abfindungsanspruch nach § 113 BetrVG unterliegt den tariflichen Ausschlussfristen, weil es sich materiell um einen Anspruch aus dem Arbeitsverhältnis handelt.[1728]

b) Kein Versuch eines Interessenausgleichs

659 Der Arbeitgeber ist nachteilsausgleichspflichtig, wenn er eine geplante Betriebsänderung durchführt, ohne (zuvor) über sie einen Interessenausgleich mit dem Betriebsrat versucht zu haben. Das ist nicht nur der Fall, wenn er einen Interessenausgleich überhaupt nicht oder verspätet, d.h. erst nach eingeleiteter oder bereits abgeschlossener Betriebsänderung, anstrebt, sondern auch dann, wenn er das in § 112 Abs. 2-4 BetrVG vorgesehene Verfahren nicht voll ausschöpft. Zum Versuch eines Interessenausgleichs gehört es, dass der Unternehmer die Einigungsstelle anruft,[1729] und zwar unabhängig davon, ob der Betriebsrat von sich aus tätig wird oder ankündigt, er werde selbst das Einigungsstellenverfahren einleiten.[1730]. Hiervon können ihn formlose Mitteilungen des Betriebsratsvorsitzenden, der Betriebsänderung werde zugestimmt oder ein Interessenausgleich sei überflüssig, nicht entbinden.[1731] Der Versuch eines Interessenausgleichs muss auch dann unternommen werden, wenn der Betriebsrat einen Sozialplan nicht erzwingen kann,[1732] weil bei einem Personalabbau zwar die Zahlen für die Betriebsänderung, nicht aber für den Sozialplan erreicht werden, und weiter, wenn Unternehmer und Betriebsrat einen Rahmensozialplan für künftige Fälle vereinbart haben. Er kann nur dann unterbleiben, wenn Ereignisse wie die Zahlungsunfähigkeit die sofortige Schließung des Betriebs unausweichlich machen und ein weiteres Hinausschieben der Betriebsstilllegung den betroffenen Arbeitnehmern nur Nachteile

---

[1726] BAG 10.12.1996, AP Nr. 32 zu § 113 BetrVG 1972.
[1727] BAG 4.12.1978, AP Nr. 6 zu § 111 BetrVG 1972; BAG 29.11.1983, AP Nr. 10 zu § 113 BetrVG 1972.
[1728] BAG 30.1978, AP Nr. 3 zu § 113 BetrVG 1972.
[1729] BAG 18.12.1984, AP Nr. 11 zu § 113 BetrVG 1972; BAG 20.11.2001, NZA 2002, 992.
[1730] BAG 7.11.2017, NZA 2018, 464.
[1731] BAG 26.10.2004, NZA 2005, 237.
[1732] BAG 8.1.1988, AP Nr. 18 zu § 113 BetrVG 1972.

bringen würde.[1733] Mit der Stilllegung wird allerdings erst dann begonnen, wenn die betriebliche Organisation unumkehrbar aufgelöst wird. [1734] Dies ist der Fall, wenn er die bestehenden Arbeitsverhältnisse zum Zweck der Stilllegung kündigt;[1735] die bloße Einstellung von Geschäftstätigkeit oder Produktion, die jederzeit wieder rückgängig gemacht werden kann, genügt hierzu eben sowenig wie die widerrufliche Freistellung der Mitarbeiter.[1736] Der Versuch eines Interessenausgleichs setzt allerdings nicht voraus, dass die Einigungsstelle das Scheitern der Interessenausgleichsverhandlungen förmlich durch Beschluss feststellt.[1737] Die Pflichten aus den §§ 111 ff. BetrVG richten sich an den Unternehmer, also an den Rechtsträger des Betriebs, selbst wenn dieser konzernabhängig ist. Auch im Konzern behält das einzelne Konzernunternehmen grundsätzlich seine rechtliche Selbständigkeit. Bei einer das Unternehmen betreffenden Betriebsänderung ist dieses - und nicht das herrschende oder ein anderes konzernangehöriges Unternehmen - zur Beteiligung des Betriebsrats nach § 111 BetrVG verpflichtet und damit ggf. Schuldner des Nachteilsausgleichs iSd. § 113 BetrVG. Entsprechend kommt eine generelle (gegenseitige) „Zurechnung" von Maßnahmen konzernzugehöriger Unternehmen nicht in Betracht.[1738] Muss die betriebliche Tätigkeit wegen einer sie untersagenden ordnungsbehördlichen Verfügung oder wegen des Wegfalls einer besonders geregelten Zulassungsvoraussetzung tatsächlich eingestellt werden, liegt hierin für sich gesehen keine Betriebsänderung und damit auch kein Beginn ihrer Durchführung.[1739]

Mitunter ziehen Betriebsräte das Interessenausgleichsverfahren in die Länge und versuchen, Druck auf den Arbeitgeber auszuüben, indem sie mit Ansprüchen auf Nachteilsausgleich drohen, um höhere Sozialplanleistungen durchzusetzen. Das Arbeitsrechtliche Beschäftigungsförderungsgesetz hatte dem 1996 einen Riegel vorgeschoben. Es hatte den Versuch eines Interessenausgleichs fingiert, wenn der Arbeitgeber den Betriebsrat zwar gemäß § 111 S. 1 BetrVG beteiligt hatte, der Interessenausgleich jedoch nicht binnen zwei Monaten nach dem Beginn von Beratungen oder schriftlicher Aufforderung zur Aufnahme von Beratungen zustandegekommen war (§ 113 Abs. 3 S. 2, 3 BetrVG). Die Regelung wurde zum 1.1.1999 wieder aufgehoben.[1740] § 113 Abs. 3 BetrVG gilt nicht, wenn die Betriebsänderung im Zuge eines Insolvenzverfahrens erfolgt und wenn das Arbeitsgericht seine Zustimmung zur Durchführung einer geplanten Betriebsänderung erteilt hat (§ 122 Abs. 1 S. 2, 3 InsO).

660

[1733] BAG 23.1.1979, AP Nr. 4 zu § 113 BetrVG 1972.
[1734] St. Rspr., vgl. BAG 18.7.2017, NZA 2017, 1618 m.w.N.
[1735] BAG 14.4.2015, NZA 2015, 1215.
[1736] BAG 30.5.2006, NZA 2006, 1122, 1124; anders bei unwiderruflicher Freistellung, LAG Berlin-Brandenburg 2.3.2012, ZIP 2012, 1429.
[1737] BAG 16.8.2011, NZA 2012, 640.
[1738] BAG 14.4.2015, NZA 2015, 1147.
[1739] BAG 7.11.2017, NZA 2018, 464.
[1740] Vgl. Art. 9, 11 KorrekturG v. 19.12.1998, BGBl. I, S. 3843.

c) Abweichung vom Interessenausgleich

661 Der Arbeitgeber ist auch nachteilsausgleichspflichtig, wenn er ohne zwingenden Grund von einem Interessenausgleich abweicht (§ 113 Abs. 3 BetrVG). Ein zwingender Grund ist ein nachträglich entstandener oder erkennbar gewordener Umstand, der im Interessenausgleich berücksichtigt worden wäre, wenn er bei Abschluss bereits vorgelegen hätte oder bekannt gewesen wäre.[1741] Das ist mehr als ein wichtiger Grund. Die Abweichung muss vom Standpunkt eines verständigen, verantwortungsvollen Unternehmers aus erforderlich sein, um unmittelbar drohende Gefahren für das Unternehmen und seine Belegschaft abzuwenden. Das ist der Fall, wenn sich die äußeren Umstände, unter denen ein Interessenausgleich geschlossen wurde, nachträglich so geändert haben, dass dem Arbeitgeber das Festhalten am Interessenausgleich nicht zugemutet werden kann.

Beispiel: In einem Interessenausgleich wird vereinbart, dass eine Betriebsstilllegung um ein Jahr verschoben wird. Nach Abschluss des Interessenausgleichs kann der Unternehmer den Betrieb nicht mehr fortführen, weil ihm die Bank weitere Kredite entzieht, keine Aufträge mehr eingehen oder der Hauptkunde zahlungsunfähig wird.

d) Verhältnis zu Sozialplanleistungen und Kündigungsabfindungen

662 **aa) Nachteilsausgleich und Sozialplanabfindung.** Wird ein Sozialplan vereinbart, führt der Arbeitgeber aber die Betriebsänderung ohne Versuch eines Interessenausgleichs durch oder weicht er ohne zwingenden Grund vom Interessenausgleich ab, so hat der Arbeitnehmer an sich zugleich Anspruch auf die Sozialplanabfindung und auf den Nachteilsausgleich. Die beiden Ansprüche stehen aber nicht beziehungslos nebeneinander, sondern dienen beide dem Ausgleich wirtschaftlicher Nachteile. Sozialplanabfindungen sind kein zusätzliches Entgelt für die in der Vergangenheit erbrachten Dienste, sondern finanzieller Ausgleich für den Arbeitsplatzverlust infolge einer Betriebsänderung. Entsprechendes gilt für den Nachteilsausgleich, selbst wenn damit zugleich das betriebsverfassungswidrige Verhalten eines Arbeitgebers, der seiner gesetzlichen Beratungspflicht bei Betriebsänderungen nicht genügt hat, sanktioniert werden soll. Er stellt jedenfalls keine bußgeldähnliche Verpflichtung mit Strafcharakter dar. Vielmehr sollen die Arbeitnehmer eine gewisse Entschädigung dafür erhalten, dass eine im Gesetz vorgesehene Beteiligung unterblieben und damit eine Chance nicht genutzt worden ist, einen Interessenausgleich zu finden, der Entlassungen vermeidet oder andere wirtschaftliche Nachteile abmildert. Wegen dieser Zweckidentität ist eine gezahlte Sozialplanabfindung auch auf einen Anspruch auf gesetzlichen Nachteilsausgleich anzurechnen, der insoweit Erfüllungswirkung zukommt. Der von § 113 Abs. 3 BetrVG auch verfolgte Sanktionszweck wird dadurch nicht aufgehoben.[1742] Ist der Nachteilsausgleich höher, wird er durch die niedrigere Sozialplanleistung nicht begrenzt.[1743]

[1741] BAG 17.9.1974, AP Nr. 1 zu § 113 BetrVG 1972.
[1742] BAG 12.2.2019, NZA 2019, 719.
[1743] BAG 18.12.1984, 13.6.1989, AP Nr. 11, 19 zu § 113 BetrVG 1972.

bb) Kündigungsabfindung. Die Abfindung nach §§ 9, 10 KSchG erhält der Arbeitnehmer, wenn die Kündigung sozial ungerechtfertigt ist. Ein Anspruch auf Nachteilsausgleich kommt daneben nicht in Betracht, da dieser die Wirksamkeit der Kündigung voraussetzt.[1744] Umgekehrt wird die Abfindung nach § 113 BetrVG gerade dann gewährt, wenn die Kündigung sozial gerechtfertigt ist und damit eine Abfindung nach §§ 9, 10 KSchG ausscheidet.[1745]

663

e) Nachteilsausgleich bei Insolvenz

Für Nachteilsausgleichsansprüche bei insolvenzbedingten Betriebsänderungen gelten die allgemeinen insolvenzrechtlichen Grundsätze.[1746] Der Anspruch auf Nachteilsausgleich ist nur dann eine bevorrechtigte Masseverbindlichkeit i.S.d. § 55 Abs. 1 Nr. 1 InsO, wenn die Betriebsänderung erst nach Eröffnung des Insolvenzverfahrens beschlossen wurde. Hat der Insolvenzschuldner bereits vor Eröffnung des Insolvenzverfahrens mit der Durchführung einer Betriebsänderung ohne den Versuch eines Interessenausgleichs begonnen, so ist der Anspruch auf Nachteilsausgleich eine nicht bevorrechtigte einfache Insolvenzforderung nach § 38 InsO, und zwar auch dann, wenn das Arbeitsverhältnis erst durch den Insolvenzverwalter in Ausführung der begonnenen Betriebsänderung gekündigt wird.[1747]

664

XV. Die Betriebsverfassung der leitenden Angestellten

1. Allgemeines

a) Entwicklung

Bis 1988 waren die leitenden Angestellten praktisch aus der Betriebsverfassung ausgenommen. Sie hatten weder aktives noch passives Wahlrecht zum Betriebsrat, und sie besaßen auch keine eigenen Vertretungen. Das Informationsrecht über die Angelegenheiten leitender Angestellter (§ 105 BetrVG) war dem Betriebsrat nicht im Interesse der leitenden Angestellten, sondern in seinem eigenen verliehen worden. Mit der Herausnahme aus der Betriebsverfassung sollte sichergestellt werden, dass der Arbeitgeber nicht durch seine Vertrauten den Betriebsrat beherrsche, und umgekehrt sollte ihm eine Mannschaft bleiben, damit er das Unternehmen „ohne Gegnerschaft im eigenen Lager" leiten konnte.[1748]

665

Mit zunehmender Zahl der leitenden Angestellten, mit größer werdendem Abstand ihrer Arbeitsbedingungen zu denen des Vertretungsorgans und mit abnehmendem Abstand zu denen der übrigen Arbeitnehmer, vor allem wegen der Sorge, bei der Mitbestimmung im Aufsichtsrat zwischen Anteilseignern und Arbeitnehmern zerrieben zu werden, wuchs das Bedürfnis nach eigenen Interessenvertretungen. Seit 1968 entstanden sogenannte Sprecherausschüsse auf freiwilliger Grundlage, insbesondere in der Metall- und Elektroin-

666

[1744] APS/*Biebl*, § 9 KSchG Rn. 110 m.w.N.; *von Hoyningen-Huene/Linck*, § 9 KSchG Rn. 96.
[1745] BAG 31.10.1995, AP Nr. 29 zu § 72 ArbGG 1979.
[1746] BAG 9.7.1985, 13.6.1989, AP Nr. 13, 19 zu § 113 BetrVG 1972.
[1747] BAG 3.4.1990, AP Nr. 20 zu § 113 BetrVG 1972 zur KO.
[1748] *Hromadka*, BB 1990, 57, 58.

dustrie, in der chemischen Industrie und in der Versicherungswirtschaft. Schließlich waren es über 400, eine beträchtliche Zahl, wenn man bedenkt, dass die leitenden Angestellten zumeist nicht mehr als ein bis zwei Prozent der Belegschaft ausmachen und dass es zu jener Zeit nicht mehr als 650 Unternehmen in der Bundesrepublik mit mehr als 2000 Beschäftigten gab. Die Sprecherausschüsse waren auf privatrechtlicher Grundlage organisiert, die „Sprecherstatute" bedeuteten eine Selbstbindung des Arbeitgebers.

667 1988 nahm sich der Gesetzgeber der Sache an. Freiwillige Sprecherausschüsse könnten die Interessen der leitenden Angestellten nicht wirksam genug wahrnehmen. Sie seien nicht unabhängig vom Arbeitgeber, weil es bei ihm liege, ob er mit ihnen zusammenarbeite. Und sie könnten nur die leitenden Angestellten vertreten, die sich damit einverstanden erklärten. Am 20.12.1988 wurde das Gesetz über Sprecherausschüsse der leitenden Angestellten (SprAuG) verkündet, am 1.1.1989 trat es in Kraft.[1749] Die ersten Wahlen fanden 1990 statt. Gewählt wurden 568 Sprecherausschüsse mit 2854 Mitgliedern. Die Wahlbeteiligung lag stets über 85 % (1990: 88,2 %, 1994: 86,8 %, 1998: 85,4 %, 2002: 85 %).[1750]

b) Charakteristik der Sprecherverfassung

668 Die Betriebsverfassung für leitende Angestellte oder, wie man auch sagt, die Sprecherverfassung, ist der Betriebsverfassung nachgebildet. Das Gesetz lehnt sich in seinem Aufbau an das BetrVG an, es ist aber wesentlich kürzer. Damit sollte auch nach außen sinnfällig werden, dass das Verhältnis des Arbeitgebers zu seinen „Leitenden" nicht bürokratisiert und bis in die Einzelheiten verrechtlicht würde. Das ist bei der Auslegung zu berücksichtigen. Das SprAuG enthält keine Definition der leitenden Angestellten; § 1 Abs. 1 SprAuG verweist auf § 5 Abs. 3 BetrVG, der den Begriff für das gesamte Betriebsverfassungsrecht bestimmt (s. oben Rn. 36 ff.).

669 Das Sprecherausschussrecht unterscheidet sich vom Betriebsverfassungsrecht hauptsächlich in drei Punkten:
– Die Sprecherausschüsse haben **keine Mitbestimmungs-, sondern nur Mitwirkungsrechte**. Darauf dürfte es vor allem zurückgehen, dass es bisher nur eine einzige BAG-Entscheidung aus dem SprAuG gibt.[1751]
– Die **Rechtsstellung der Mitglieder von Sprecherausschüssen ist schwächer**. Sie haben keinen Sonderkündigungsschutz und können keinen Ausgleich für Tätigkeit außerhalb der Arbeitszeit verlangen. Ob sie einen Anspruch auf Teilnahme an Bildungs- und Schulungsveranstaltungen haben, ist streitig; das Gesetz sieht ihn nicht vor.
– **Gewerkschaften** haben im Rahmen der Sprecherverfassung **keinerlei Funktion**. Das Gesetz erwähnt sie nicht einmal.

[1749] Art. 7 SprAuG, BGBl. I 1988, S. 2312; dazu Erste VO zur Durchführung des Sprecherausschussgesetzes - WOSprAuG v. 28.9.1989, BGBl. I 1989, S. 1798.
[1750] *Niedenhoff*, Praxis der betriebl. Mitbestimmung, 1999, S. 208; iwd Nr. 27/2003 v. 3.7.2003, S. 8.
[1751] BAG 10.2.2009, AP Nr. 1 zu § 28 SprAuG m. Anm. *Hromadka*.

2. Errichtung, Wahl und Geschäftsführung des Sprecherausschusses

a) Errichtung

aa) Sprecherausschüsse können in allen Betrieben mit i.d.R. mindestens zehn leitenden Angestellten gewählt werden (§ 1 Abs. 1 SprAuG). Hat ein Unternehmen mindestens einen Betrieb mit mindestens zehn leitenden Angestellten, dann werden die leitenden Angestellten in Betrieben mit weniger als zehn leitenden Angestellten dem jeweils räumlich nächstgelegenen Betrieb mit mindestens zehn leitenden Angestellten zugezählt (§ 1 Abs. 2 SprAuG). Bei der Feststellung der räumlichen Nähe kommt es auf die günstigste Verkehrsverbindung an. **670**

Hat ein Unternehmen keinen Betrieb mit mindestens zehn leitenden Angestellten, beschäftigt es aber in allen Betrieben zusammengenommen mindestens zehn leitende Angestellte, dann können die leitenden Angestellten einen **Unternehmenssprecherausschuss** wählen (§ 20 Abs. 1 SprAuG). Die Mindestgröße muss also nicht im Betrieb, sondern nur im Unternehmen erreicht sein. **671**

bb) Vorabstimmung. Abweichend geregelt ist auch die erstmalige Errichtung von Sprecherausschüssen. Sie setzt voraus, dass sich die Mehrheit der leitenden Angestellten des Betriebs in einer Vorabstimmung dafür entscheidet. Der Wahlvorstand für die Vorabstimmung wird in einer Versammlung der leitenden Angestellten von der Mehrheit der Anwesenden gewählt. Zu der Versammlung können drei leitende Angestellte des Betriebs einladen. Sie oder drei andere leitende Angestellte können Vorschläge für die Zusammensetzung des Wahlvorstands machen. Der Wahlvorstand hat unverzüglich eine Abstimmung darüber herbeizuführen, ob ein Sprecherausschuss gewählt wird. Ein Sprecherausschuss wird gewählt, wenn die Mehrheit der leitenden Angestellten des Betriebs das in einer Versammlung oder durch schriftliche Stimmabgabe verlangt (§ 7 Abs. 2 SprAuG). Zur Teilnahme an der Versammlung und der Abstimmung sind die Angestellten berechtigt, die vom Wahlvorstand aus Anlass der letzten Betriebsratswahl oder, falls diese Wahl später als die Betriebsratswahl stattgefunden hat, der letzten Wahl von Aufsichtsratsmitgliedern der Arbeitnehmer oder durch gerichtliche Entscheidung den leitenden Angestellten zugeordnet worden sind (§ 7 Abs. 3 SprAuG). **672**

b) Größe und Zusammensetzung

Der Sprecherausschuss besteht in Betrieben mit i.d.R. **673**

10- 20	leitenden Angestellten	aus einer Person
21- 100	leitenden Angestellten	aus 3 Mitgliedern
101- 300	leitenden Angestellten	aus 5 Mitgliedern
über 300	leitenden Angestellten	aus 7 Mitgliedern.

Für die Auslegung der Worte „in der Regel" gilt sinngemäß dasselbe wie für den Betriebsrat. Im Sprecherausschuss sollen Männer und Frauen entsprechend ihrem zahlenmäßigen Verhältnis vertreten sein (§ 4 Abs. 2 SprAuG). **674**

c) Wahl

675 **aa) Zeitpunkt.** Die regelmäßigen Wahlen zum Sprecherausschuss finden alle vier Jahre in der Zeit vom 1. März bis zum 31. Mai statt. Sie sind zeitgleich mit den regelmäßigen Betriebsratswahlen einzuleiten (§ 5 Abs. 1 SprAuG). Außerhalb dieses Zeitraums ist der Sprecherausschuss zu wählen, wenn
- im Betrieb ein Sprecherausschuss nicht besteht,
- der Sprecherausschuss durch eine gerichtliche Entscheidung aufgelöst ist,
- die Wahl des Sprecherausschusses mit Erfolg angefochten worden ist oder
- der Sprecherausschuss mit der Mehrheit seiner Mitglieder seinen Rücktritt beschlossen hat (§ 5 Abs. 2 SprAuG).

676 **bb) Wahlrecht.** Wahlberechtigt sind alle leitenden Angestellten des Betriebs (§ 3 SprAuG). Wählbar sind alle leitenden Angestellten, die sechs Monate dem Betrieb angehören. Auf diese Frist werden Zeiten angerechnet, in denen der leitende Angestellte unmittelbar vorher einem anderen Betrieb desselben Unternehmens oder Konzerns als Beschäftigter angehört hat. Nicht wählbar ist insbesondere, wer aufgrund allgemeinen Auftrags des Arbeitgebers Verhandlungspartner des Sprecherausschusses ist.[1752]

677 **cc) Wahlverfahren.** Für die Wahl gelten dieselben Grundsätze wie für die Betriebsratswahlen (§§ 6-8 SprAuG); allerdings haben Gewerkschaften im Rahmen der Sprecherausschusswahl keine Rechte.

d) Geschäftsführung

678 **aa) Vorsitzender und Stellvertreter.** Dasselbe wie für den Betriebsrat gilt auch für die Wahl von Vorsitzendem und Stellvertreter (§ 11 Abs. 1, 2 SprAuG). Auch der Vorsitzende des Sprecherausschusses vertritt diesen nur im Rahmen der Beschlüsse. Ein Betriebsausschuss ist nicht vorgesehen. Wie bei kleineren Betriebsräten können die laufenden Geschäfte auf den Vorsitzenden oder andere Mitglieder des Sprecherausschusses übertragen werden (§ 11 Abs. 3 SprAuG). Der Sprecherausschuss kann also beispielsweise vorbereitende Ausschüsse für bestimmte Angelegenheiten bilden; er kann ihnen aber keine Mitwirkungsrechte und insbesondere nicht das Recht zum Abschluss von Sprechervereinbarungen übertragen.

679 **bb) Sitzungen.** Für die Sitzungen des Sprecherausschusses gilt sinngemäß wiederum dasselbe wie für die Betriebsratssitzungen (§ 12 SprAuG). Die Einberufung einer Sitzung kann jedoch erst ein Drittel (beim Betriebsrat: ein Viertel) der Mitglieder beantragen (§ 12 Abs. 3 SprAuG). Schwerbehindertenvertretung und Gewerkschaften haben kein Teilnahmerecht; der Arbeitgeber kann keinen Vertreter seines Verbands hinzuziehen.

[1752] Zu den weiteren Ausschlussgründen § 3 Abs. 2 S. 3 SprAuG.

e) Rechtsstellung der Sprecherausschussmitglieder

aa) Ehrenamtliche Tätigkeit. Das Amt des Sprechers ist ein Ehrenamt. Hinsichtlich **680** Vergütung und Aufwendungsersatz gilt dasselbe wie für den Betriebsrat. Mitglieder des Sprecherausschusses sind von ihrer beruflichen Tätigkeit ohne Minderung des Arbeitsentgelts zu befreien, wenn und soweit das nach Umfang und Art des Betriebs zur ordnungsgemäßen Durchführung ihrer Aufgaben erforderlich ist (§ 14 Abs. 1 SprAuG). Anders als bei Betriebsratsmitgliedern gibt es für Sprechertätigkeit außerhalb der Arbeitszeit allerdings weder Freizeitausgleich noch Mehrarbeitsvergütung. Nicht vorgesehen ist auch eine generelle Freistellung. Ob Mitglieder des Sprecherausschusses für Bildungs- und Schulungsveranstaltungen freizustellen sind, ist streitig.[1753] Soweit sie für ihre Aufgaben notwendige Kenntnisse erwerben, hat der Arbeitgeber die Kosten zu tragen (§ 14 Abs. 2 S. 1 SprAuG). Es handelt sich insoweit um durch die Tätigkeit des Sprecherausschusses entstehende Kosten.

bb) Finanzielle und berufliche Absicherung. Die Mitglieder des Sprecherausschusses **681** dürfen wegen ihrer Tätigkeit nicht benachteiligt oder begünstigt werden; das gilt auch für ihre berufliche Entwicklung (§ 2 Abs. 3 S. 2 SprAuG). Unzulässig wäre insbesondere eine Kündigung wegen der Sprechertätigkeit, sofern nicht zugleich ein Verstoß gegen den Arbeitsvertrag vorliegt. Allerdings genießen Sprecher im Gegensatz zu Betriebsräten keinen besonderen Kündigungsschutz.

3. Grundsätze der Sprecherverfassung

a) Zusammenarbeit

Der Sprecherausschuss arbeitet mit dem Arbeitgeber vertrauensvoll unter Beach- **682** tung der geltenden Tarifverträge zum Wohl der leitenden Angestellten und des Betriebs zusammen (§ 2 Abs. 1 S. 1 SprAuG). Dasselbe gilt, obwohl das Gesetz das nicht ausdrücklich sagt, für den Arbeitgeber. Tarifverträge i.S.d. Vorschrift sind solche, die für leitende Angestellte gelten. Da die leitenden Angestellten, soweit ersichtlich, immer vom persönlichen Geltungsbereich ausgenommen sind, läuft die Bestimmung leer. Zum „Betrieb" gehören auch die übrigen Arbeitnehmer. Ein obligatorisches monatliches Gespräch zwischen Arbeitgeber und Sprecherausschuss sieht das Gesetz nicht vor (für den Betriebsrat § 74 Abs. 1 S. 1 BetrVG). Es empfiehlt sich aber, schon um der Unterrichtungspflicht nach § 25 Abs. 2 S. 1 SprAuG Genüge zu tun.

b) Friedenspflicht und politische Betätigung

Arbeitgeber und Sprecherausschuss haben Betätigungen zu unterlassen, durch die **683** der Arbeitsablauf oder der Frieden des Betriebs beeinträchtigt werden. Sie haben jede parteipolitische Betätigung im Betrieb zu unterlassen; die Behandlung von Angelegenheiten tarifpolitischer, sozialpolitischer und wirtschaftlicher Art, die

---

[1753] Zum Streitstand *Löwisch*, § 14 SprAuG Rn. 17 m.w.N.

den Betrieb oder die leitenden Angestellten unmittelbar betreffen, wird hierdurch nicht berührt (§ 2 Abs. 4 SprAuG). Es gilt dasselbe wie für den Betriebsrat.

c) Verhältnis zum Betriebsrat

684 Betriebsrat und Sprecherausschuss stehen unabhängig nebeneinander. Die ursprünglich vorgesehene Pflicht zu vertrauensvoller Zusammenarbeit ist nicht in das Gesetz aufgenommen worden. Ziel muss aber im Interesse von Betrieb und gesamter Belegschaft ein Mit- und nicht ein Gegeneinander sein. Eine generelle Verweigerung der Zusammenarbeit würde ebenso gegen die Verpflichtung auf das Wohl der Arbeitnehmer einschließlich der leitenden Angestellten und des Betriebs verstoßen wie eine Behinderung der Arbeit des jeweils anderen Organs.

685 Der Sprecherausschuss kann dem Betriebsrat oder Mitgliedern des Betriebsrats das Recht einräumen, an Sitzungen des Sprecherausschusses teilzunehmen. Dasselbe gilt umgekehrt für den Betriebsrat. Einmal im Kalenderjahr soll eine gemeinsame Sitzung stattfinden (§ 2 Abs. 2 S. 3 SprAuG). Diese Regelung ist nicht abschließend. Denkbar sind beispielsweise gemeinsame Sitzungen von Sprecherausschuss und Betriebsrat mit dem Arbeitgeber. Unabhängig davon kann der Betriebsrat leitende Angestellte zu Mitgliedern des Wirtschaftsausschusses bestimmen (§ 107 Abs. 1, 2 BetrVG). Der Arbeitgeber hat den Sprecherausschuss vor Abschluss einer Vereinbarung mit dem Betriebsrat, die rechtliche Interessen der leitenden Angestellten berührt, rechtzeitig anzuhören (§ 2 Abs. 1 S. 2 SprAuG). Berührt sind die Interessen der leitenden Angestellten nicht nur bei einer betriebseinheitlichen Regelung (z.B. Einführung einer Altersversorgungsordnung für alle Arbeitnehmer), sondern auch, wenn die Regelung notwendigerweise Rückwirkungen auf die leitenden Angestellten hat (z.B. Einführung von Gleitzeit für die übrige Belegschaft). Obwohl im Gesetz nicht vorgesehen, wird man den Arbeitgeber auch für verpflichtet halten müssen, den Betriebsrat anzuhören, bevor er eine Sprechervereinbarung abschließt, die andere Arbeitnehmer berührt. Sprecherausschuss und Betriebsrat können mit dem Arbeitgeber gemeinsame Vereinbarungen abschließen. Vor allem für die AT-Angestellten, für die die Unternehmen i.d.R. eine einheitliche Personalpolitik betreiben, werden solche Vereinbarungen in Betracht kommen. Für die vom Betriebsrat vertretenen Arbeitnehmer handelt es sich insoweit dann um Betriebsvereinbarungen oder um Regelungsabreden, für die leitenden Angestellten stellen sie sich als Vereinbarungen über Richtlinien dar.

d) Verhältnis zu Gewerkschaften und Koalitionen

686 Die Gewerkschaften haben keinerlei Funktionen im Rahmen der Sprecherverfassung. Das Gesetz erwähnt sie nicht einmal. Damit trägt es der Tatsache Rechnung, dass nur ein geringer Prozentsatz der leitenden Angestellten gewerkschaftlich organisiert ist (weniger als 10 %). Den Gewerkschaften stehen infolgedessen lediglich die originären Rechte aus Art. 9 Abs. 3 GG zu (s. oben Rn. 121, 124 und § 12 Rn. 42). Diese Rechte haben auch sonstige Koalitionen. Das ist deshalb von Bedeutung, weil neun der zehn Mitgliedsverbände der ULA Deutscher Führungskräfteverband keine Gewerkschaften sind. Tatsächlich spielen Koalitionen im Rahmen der Sprecherverfassung eine nicht unerhebliche Rolle. Trotz des geringen Organisationsgrads der leitenden Angestellten gehören 64,0 % der

Sprecherausschussmitglieder und 66,3 % der Vorsitzenden Koalitionen an.[1754] Umgekehrt sind die Sprecherausschüsse nicht ohne Bedeutung für die Arbeit der Koalitionen.

4. Weitere Einrichtungen der Sprecherverfassung

a) Unternehmenssprecherausschuss

aa) Errichtung. Sind in einem Unternehmen mit mehreren Betrieben i.d.R. insgesamt mindestens zehn leitende Angestellte beschäftigt, kann ein Unternehmenssprecherausschuss gewählt werden, wenn dies die Mehrheit der leitenden Angestellten des Unternehmens verlangt (§ 20 Abs. 1 SprAuG). Ein Unternehmenssprecherausschuss kann also sowohl dann gebildet werden, wenn das Unternehmen einen oder mehrere sprecherausschussfähige Betriebe hat, als auch, wenn es in jedem Betrieb für sich weniger als zehn leitende Angestellte gibt, sofern nur in dem Unternehmen insgesamt mindestens zehn leitende Angestellte beschäftigt werden. Ohne Bedeutung ist, ob schon Sprecherausschüsse gewählt worden sind. Das wirkt sich nur auf die Verfahrensweise aus (zu Einzelheiten vgl. § 20 Abs. 1, 2 SprAuG). Die Entscheidung für einen Unternehmenssprecherausschuss ist reversibel (§ 20 Abs. 3 SprAuG). **687**

Die Bildung von Unternehmenssprecherausschüssen empfiehlt sich immer dann, wenn kein Betrieb mindestens zehn leitende Angestellte hat, sowie in dezentralisierten Unternehmen mit Betrieben unterschiedlicher Struktur, vor allem, wenn dazu Betriebe mit weniger als zehn leitenden Angestellten gehören und wenn die Zuordnung dieser leitenden Angestellten zu den nächstgelegenen Betrieben zu sachwidrigen Ergebnissen führen würde. **688**

bb) Aufgaben. Der Unternehmenssprecherausschuss hat die Aufgaben von Sprecherausschuss und Gesamtsprecherausschuss gemeinsam. Er vertritt alle leitenden Angestellten des Unternehmens (vgl. § 20 Abs. 4 SprAuG). **689**

b) Gesamtsprecherausschuss

Bestehen in einem Unternehmen mehrere Sprecherausschüsse, so ist ein Gesamtsprecherausschuss zu errichten (§ 16 Abs. 1 SprAuG). In den Gesamtsprecherausschuss entsendet jeder Sprecherausschuss eines seiner Mitglieder. Durch Vereinbarung zwischen Arbeitgeber und Sprecherausschuss kann die Mitgliederzahl abweichend geregelt werden (§ 16 Abs. 2 SprAuG). Jedes Mitglied des Gesamtsprecherausschusses hat so viele Stimmen, wie in dem Betrieb, in dem es gewählt wurde, leitende Angestellte in der Wählerliste eingetragen sind. Sind für einen Betrieb mehrere Mitglieder des Sprecherausschusses entsandt worden, stehen diesen die Stimmen der leitenden Angestellten in ihrem Betrieb anteilig zu **690**

[1754] Iwd Nr. 27/2003 v. 3.7.2003, S. 8.

(§ 16 Abs. 4 SprAuG). Für die Zuständigkeit gilt sinngemäß dasselbe wie für den Gesamtbetriebsrat (§ 18 SprAuG). Sie wird allerdings häufiger zu bejahen sein, weil die Unternehmen im Allgemeinen eine einheitliche Personal- und Sozialpolitik für alle leitenden Angestellten betreiben.

691 Hinsichtlich der **Geschäftsführung** gelten die Vorschriften für den Sprecherausschuss entsprechend (§ 19 Abs. 1 SprAuG). Zur konstituierenden Sitzung lädt der Sprecherausschuss der Hauptverwaltung ein; falls in der Hauptverwaltung kein Sprecherausschuss besteht, der Sprecherausschuss des nach der Zahl der leitenden Angestellten größten Betriebs (§ 19 Abs. 2 SprAuG). Der Gesamtsprecherausschuss ist nur beschlussfähig, wenn mindestens die Hälfte seiner Mitglieder an der Beschlussfassung teilnimmt und wenn die Teilnehmenden mindestens die Hälfte aller Stimmen vertreten (§ 19 Abs. 3 SprAuG).

c) Konzernsprecherausschuss

692 In Unterordnungskonzernen können Konzernsprecherausschüsse gebildet werden, wenn das von den Gesamtsprecherausschüssen oder – sofern in einem Konzernunternehmen ein Gesamtsprecherausschuss nicht besteht – von Unternehmenssprecherausschüssen oder Sprecherausschüssen der Konzernunternehmen beschlossen wird, in denen mindestens 75 % der leitenden Angestellten der Konzernunternehmen beschäftigt sind (§ 21 Abs. 1 SprAuG). Die Bestimmungen über den Gesamtsprecherausschuss gelten sinngemäß (zu Einzelheiten § 21 Abs. 2-4 SprAuG).

d) Versammlung der leitenden Angestellten

693 aa) **Einberufung.** Einmal in jedem Kalenderjahr soll der Sprecherausschuss eine Versammlung der leitenden Angestellten einberufen (§ 15 Abs. 1 S. 1 SprAuG). In Ausnahmefällen, vor allem wenn kein Interesse besteht, kann er darauf verzichten, oder umgekehrt bei besonderem Interesse, etwa im Zusammenhang mit der Neuordnung wichtiger Sozialleistungen für leitende Angestellte, eine zweite Versammlung durchführen. Auf Antrag des Arbeitgebers oder eines Viertels der leitenden Angestellten hat er eine Versammlung einzuberufen und den beantragten Beratungsgegenstand auf die Tagesordnung zu setzen (§ 15 Abs. 1 S. 2 SprAuG).

694 bb) **Teilnahmeberechtigt** an der Versammlung sind alle leitenden Angestellten des Betriebs sowie die leitenden Angestellten aus den Betrieben mit weniger als zehn leitenden Angestellten, die dem Betrieb bei der Wahl zugeordnet worden sind. Einzuladen ist auch der Arbeitgeber (§ 15 Abs. 3 S. 1 SprAuG). Die Versammlung ist nicht öffentlich (§ 15 Abs. 2 S. 3 SprAuG). Vertreter der Massenmedien haben also keinen Zutritt. Der Sprecherausschuss kann jedoch anderen Personen (Referenten, einer Schreibkraft, Mitgliedern des Betriebsrats, Vertretern von Verbänden) den Zutritt gestatten, wenn ihre Anwesenheit sachdienlich ist. Ein originäres Teilnahmerecht haben Verbandsbeauftragte nicht.

cc) **Zeitliche Lage, Vergütung.** Die Versammlung der leitenden Angestellten 695
findet grundsätzlich während der Arbeitszeit statt. Das Entgelt ist weiterzuzahlen
(§ 15 Abs. 2 S. 1 SprAuG). Für die Teilnahme an Versammlungen außerhalb der
Arbeitszeit ist keine besondere Vergütung vorgesehen. Fahrtkosten für leitende
Angestellte aus auswärtigen Betrieben und Betriebsteilen werden zu erstatten
sein (§ 670 BGB entsprechend).

dd) **Ablauf.** Die Tagesordnung setzt der Sprecherausschuss durch Beschluss fest; 696
die Sitzungsleitung hat der Vorsitzende (§ 15 Abs. 2 S. 2 SprAuG). In jedem Fall
hat er einen Tätigkeitsbericht zu erstatten (§ 15 Abs. 1 S. 1 SprAuG). Der Arbeitgeber ist berechtigt, in der Versammlung zu sprechen (§ 15 Abs. 3 S. 2
SprAuG). Er hat über Angelegenheiten der leitenden Angestellten und die wirtschaftliche Lage und Entwicklung des Betriebs zu berichten, soweit dadurch
nicht Betriebs- oder Geschäftsgeheimnisse gefährdet werden (§ 15 Abs. 3 S. 3
SprAuG). Angelegenheiten der leitenden Angestellten sind alle Fragen, die sie
zumindest auch berühren. Die Versammlung kann dem Sprecherausschuss Anträge unterbreiten und zu seinen Beschlüssen Stellung nehmen (§ 15 Abs. 4 S. 1
SprAuG). Störungen des Betriebsfriedens und parteipolitische Betätigung sind
untersagt (§§ 15 Abs. 4 S. 2, 2 Abs. 4 SprAuG). Nicht zulässig ist es auch, in
einer Versammlung der leitenden Angestellten Arbeitskampfmaßnahmen, etwa
Streikabwehrmaßnahmen, zu erörtern.

ee) **Unternehmensversammlungen der leitenden Angestellten** finden statt, 697
wenn ein Unternehmenssprecherausschuss gebildet ist (§§ 20 Abs. 1 S. 2, 15
SprAuG). Der Arbeitgeber hat in diesen Versammlungen nicht nur über die Lage
und Entwicklung der einzelnen Betriebe, sondern auch über die des gesamten
Unternehmens zu berichten. Im Übrigen gelten die Grundsätze für (Betriebs-)Versammlungen der leitenden Angestellten entsprechend. Obwohl das Gesetz
das nicht vorsieht, wird man bei entsprechendem Bedarf Teilversammlungen
zumindest der einzelnen Betriebe für zulässig halten müssen.[1755]

5. Beteiligungsformen

a) Grundsatz

Arbeitgeber und Sprecherausschuss können Vereinbarungen mit und ohne unmit- 698
telbare (= normative) Wirkung für die leitenden Angestellten abschließen. Vereinbarungen ohne normative Wirkung nennt man auch hier Regelungsabrede
oder Betriebsabsprache, Vereinbarungen mit normativer Wirkung Sprecher(ausschuss)vereinbarungen. Für Regelungsabreden und Sprechervereinbarungen gilt im Wesentlichen dasselbe wie für die entsprechenden Vereinbarungen
mit dem Betriebsrat.

[1755] A.A. *Löwisch*, § 15 SprAuG Rn. 2; *Oetker*, ZfA 1990, 43, 59.

b) Richtlinien

699 Nach § 28 SprAuG können Arbeitgeber und Sprecherausschuss Richtlinien mit oder ohne unmittelbare und zwingende Wirkung über den Inhalt, den Abschluss oder die Beendigung von Arbeitsverhältnissen der leitenden Angestellten vereinbaren. Der Sache nach handelt es sich bei den Richtlinien ohne normative Wirkung um eine Unterart der Regelungsabreden, nämlich Regelungsabreden, in denen sich der Arbeitgeber dem Sprecherausschuss zu einem bestimmten Verhalten gegenüber den leitenden Angestellten verpflichtet, bei den Richtlinien mit normativer Wirkung um Sprechervereinbarungen. Ist letzteres gewollt, muss sich der hierauf gerichtete gemeinsame Wille der Parteien aus der Vereinbarung deutlich und zweifelsfrei ergeben.[1756] Dass der Gesetzgeber von Richtlinien spricht, hat eher psychologische Bedeutung; damit soll der stärkeren Individualität der Verträge mit leitenden Angestellten Rechnung getragen werden. Der Sprecherausschuss kann den Abschluss von Vereinbarungen nicht erzwingen. Alle Vereinbarungen beruhen auf Freiwilligkeit.

c) Regelungsabreden

700 Regelungsabreden sind formlos gültige Verträge zwischen Arbeitgeber und Sprecherausschuss, die Rechte und Pflichten der beiden Vertragspartner gegeneinander regeln. Gegenstand können nicht nur Richtlinien für Arbeitsverhältnisse sein, sondern auch sonstige (betriebsverfassungsrechtliche) Fragen, die nur das Verhältnis der beiden Parteien zueinander betreffen, etwa die Verpflichtung zur Übernahme von Schulungskosten oder für den Bezug einer bestimmten Zeitschrift. Richtlinien für die Arbeitsverhältnisse von leitenden Angestellten können verbindlich oder unverbindlich sein; sie können alle Einzelheiten enthalten oder nur die Grundsätze. Trotz des Wortlauts, der auf eine generelle Regelung hindeutet, wird man es auch als zulässig ansehen müssen, dass der Arbeitgeber sich dem Sprecherausschuss gegenüber zu einer Regelung für einen konkreten leitenden Angestellten verpflichtet. Der Sprecherausschuss kann die Einhaltung von Richtlinien im arbeitsrechtlichen Beschlussverfahren nach § 2a Abs. 1 Nr. 2 ArbGG erzwingen. Leitende Angestellte haben einen Anspruch aber nur, wenn aufgrund der Richtlinie eine einzelvertragliche Regelung getroffen wurde.

d) Sprechervereinbarungen

701 *aa) Rechtsnatur und Inhalt.* Bei den Sprechervereinbarungen handelt es sich – analog zu den Betriebsvereinbarungen – um schriftliche Verträge zwischen dem Arbeitgeber und dem Sprecherausschuss, dem Gesamt-, Unternehmens- oder Konzernsprecherausschuss zur Regelung von arbeitsrechtlichen Rechten und Pflichten der Betriebsparteien und zur Festlegung von Rechtsnormen über Inhalt, Abschluss und Beendigung von Arbeitsverhältnissen sowie über betriebliche und betriebsverfassungsrechtliche Fragen. Die Regelung betriebsverfassungsrechtli-

---

[1756] BAG 10.2.2009, AP Nr. 1 zu § 28 SprAuG m. Anm. *Hromadka*.

cher Fragen sieht das Gesetz in den §§ 16 Abs. 2 S. 3, 21 Abs. 2 S. 3 SprAuG selbst vor. Darüber hinaus können die Informations- und Beratungsrechte des Sprecherausschusses konkretisiert und erweitert werden.

bb) Einzelheiten. Sprechervereinbarungen müssen sich im Rahmen der Gesetze halten; tarifliche (nicht tariffähige, eine Vorschrift wie § 77 Abs. 3 BetrVG fehlt) Regelungen gingen ihnen, wenn es sie gäbe, vor (§ 4 Abs. 1 TVG). Im Verhältnis zum Arbeitsvertrag gilt das Günstigkeitsprinzip (§ 28 Abs. 2 S. 2 SprAuG). In den Arbeitsvertrag kann nicht eingegriffen, Pflichten, die nach dem Arbeitsvertrag nicht bestehen, können nicht geschaffen werden; belastende Regelungen kommen nur als Teil einer begünstigenden Regelung in Betracht (z.B. Ausschlussfristen in einer Gratifikationsregelung). Ein Verzicht auf Rechte aus einer Sprechervereinbarung ist nur mit Zustimmung des Sprecherausschusses zulässig (§ 28 Abs. 2 S. 3 SprAuG). Die Verwirkung von Rechten und die Vereinbarung von Ausschlussfristen im Arbeitsvertrag für Rechte aufgrund von „Richtlinien" ist nicht ausgeschlossen.[1757] Für die Kündigung von Sprechervereinbarungen über Richtlinien zu Inhalt, Abschluss und Beendigung von Arbeitsverhältnissen sieht § 28 Abs. 2 S. 4 SprAuG, sofern nichts anderes vereinbart ist, eine Frist von drei Monaten vor. Regelungsabreden über Richtlinien wird man, da S. 4 ausdrücklich nur auf S. 1 und nicht auf Abs. 1 verweist, für fristlos kündbar halten müssen; für Regelungsabreden über andere Angelegenheiten kommt eine entsprechende Anwendung des § 28 Abs. 2 S. 4 SprAuG in Frage. Eine Nachwirkung ist nicht vorgesehen, und sie wird auch nicht vereinbart werden können, weil mit der Einigungsstelle, die die Sprecherverfassung nicht kennt, ein Pattlösemechanismus fehlt.[1758] Die Parteien können eine ähnliche Wirkung erzielen, indem sie die ordentliche Kündigung ausschließen. Bei einem Betriebsübergang sind die Vorschriften über Betriebsvereinbarungen in § 613a Abs. 1 S. 2-4 BGB entsprechend anzuwenden. Die EG-Richtlinie, die dieser Vorschrift zugrunde liegt,[1759] spricht von Kollektivvereinbarungen, und eine Kollektivvereinbarung ist auch die Sprechervereinbarung.

6. Aufgaben und Beteiligungsrechte des Sprecherausschusses

a) Aufgaben

Der Sprecherausschuss vertritt die Belange der leitenden Angestellten des Betriebs (§ 25 Abs. 1 S. 1 SprAuG). Er hat ein inhaltlich umfassendes Recht zur Interessenvertretung. Zur Durchführung seiner Aufgaben ist er rechtzeitig und umfassend vom Arbeitgeber zu unterrichten. Die erforderlichen Unterlagen sind ihm jederzeit zur Verfügung zu stellen (§ 25 Abs. 2 SprAuG). Ein Einblicksrecht in Lohn- und Gehaltslisten hat er jedenfalls, soweit das zur Wahrnehmung seiner Aufgaben erforderlich ist. Sachverständige kann er nicht hinzuziehen.

Das Vertretungsrecht beschränkt sich auf kollektive Interessen der leitenden Angestellten. Es bleibt dem Leitenden überlassen, ob er seine Belange selbst wahrnimmt oder ob er ein

---
[1757] *Löwisch*, § 28 SprAuG Rn. 19.
[1758] A.A. *Löwisch*, § 28 SprAuG Rn. 28 (ohne Begründung).
[1759] RL 77/187/EWG v. 5.3.1977, ABl. Nr. L 61, S. 26; neugefasst durch RL 98/50/EG v. 29.6.1998, ABl. Nr. L 201 S. 88.

Mitglied des Sprecherausschusses zu seiner Unterstützung und Vermittlung hinzuzieht (§ 26 Abs. 1 SprAuG). Kollektive Interessen sind z.b. betroffen, wenn ein börsennotiertes oder mitbestimmtes Unternehmen gemäß § 76 Abs. 4 AktG Zielgrößen für den Frauenanteil an Führungspositionen plant oder Veränderungen an den Führungsebenen vornimmt. Der Arbeitgeber hat den Sprecherausschuss nach § 25 Abs. 1 SprAuG rechtzeitig und umfassend zu informieren, damit dieser eigene Vorstellungen zu den Zielgrößen äußern und die Beachtung der Grundsätze des § 27 Abs. 1 SprAuG einfordern kann.[1760]

705 Arbeitgeber und Sprecherausschuss haben darüber zu wachen, dass alle leitenden Angestellten des Betriebs nach den Grundsätzen von Recht und Billigkeit behandelt werden. Sie haben die freie Entfaltung der Persönlichkeit der leitenden Angestellten des Betriebs zu schützen und zu fördern (s. im Einzelnen § 27 SprAuG).

b) Überblick über die Beteiligungsrechte

706 Der Sprecherausschuss hat im Gegensatz zum Betriebsrat nur Mitwirkungsrechte. Dem Gesetz liegt kein einheitliches Gliederungsprinzip bei der Wiedergabe dieser Rechte zugrunde; es unterteilt vor allem nicht wie das BetrVG nach sozialen, technisch-organisatorischen, personellen und wirtschaftlichen Angelegenheiten. § 30 SprAuG behandelt vielmehr die Mitwirkung bei generellen Maßnahmen im Bereich der sozialen Angelegenheiten (Gehaltsgestaltung und sonstige allgemeine Arbeitsbedingungen) und bei einem Teilbereich der allgemeinen personellen Angelegenheiten (Beurteilungsgrundsätze), § 31 SprAuG die Mitwirkung bei personellen Einzelmaßnahmen und § 32 SprAuG bei wirtschaftlichen Angelegenheiten und beim Sozialplan, der an sich zu den sozialen Angelegenheiten zählt.

c) Arbeitsbedingungen

707 Der Arbeitgeber hat den Sprecherausschuss rechtzeitig über Änderungen der Gehaltsgestaltung und sonstiger allgemeiner Arbeitsbedingungen für leitende Angestellte zu unterrichten, und er hat sie mit ihm zu beraten (§ 30 S. 1 Nr.1, S. 2 SprAuG).

708 Mitwirkungspflichtig sind nur allgemeine Regelungen. Der Sprecherausschuss ist zu beteiligen, wenn der Arbeitgeber in einer Mehrzahl von Fällen nach demselben Muster verfahren will; es kommt nicht darauf an, wie viele Arbeitnehmer tatsächlich betroffen werden. Umgekehrt sind Maßnahmen, die nur mit Rücksicht auf den konkreten Einzelfall getroffen werden, nicht mitwirkungspflichtig, auch wenn im Ergebnis mehrere oder im Extremfall alle leitenden Angestellten betroffen sind, wie z.B. bei einer (individuellen) AT-Regulierung. Der Sprecherausschuss hat kein Initiativrecht; er kann also nicht von sich aus z.B. Grundsätze für

---

[1760] Ebenso *Löwisch*, BB 2015, 1909, 1910.

die Gehaltsfindung verlangen. Das folgt daraus, dass er nur bei einer Änderung der allgemeinen Arbeitsbedingungen einzuschalten ist.

Gehaltsgestaltung meint das Aufstellen oder Verändern der Regeln, nach denen der Arbeitgeber im Rahmen des Arbeitsverhältnisses geldwerte Leistungen erbringt. Der Begriff ist genauso auszulegen wie der der Lohngestaltung in § 87 Abs. 1 Nr.10 BetrVG.[1761] Das Mitwirkungsrecht dient der Verwirklichung von Lohngerechtigkeit, vor allem unter den Gesichtspunkten von Objektivität und Durchschaubarkeit. Natürlich kann der Arbeitgeber mit dem Sprecherausschuss von sich aus auch über die Höhe des Gehalts sprechen. Da es für leitende Angestellte keine Tarifverträge gibt, ist gerade für sie die jährliche betriebliche Regulierung von entscheidender Bedeutung. **709**

Gegenstand sonstiger allgemeiner Arbeitsbedingungen kann alles sein, was Voraussetzung oder Inhalt von Arbeitsverträgen sein kann und nicht das Gehalt betrifft,[1762] also z.B. Schriftformklauseln, Arbeitszeitfragen, Versetzungsklauseln, Wettbewerbsabreden, Altersgrenzen,[1763] Fragen der Ordnung des Betriebs, Führungsgrundsätze, die den leitenden Angestellten ein verbindliches Verhalten vorschreiben. **710**

Die Unterrichtung muss **rechtzeitig** erfolgen, d.h. so früh, dass Anregungen oder Bedenken des Sprecherausschusses noch in die Entscheidung einfließen können. Soweit erforderlich, muss der Arbeitgeber die Unterrichtung anhand von Unterlagen vornehmen. Auf Verlangen sind dem Sprecherausschuss die Unterlagen, die er für seine Mitwirkung braucht, zur Verfügung zu stellen (§ 25 Abs. 2 SprAuG, i.d.R. Kopien). Die Beratung muss beiderseits von dem Bemühen um eine konstruktive Lösung getragen sein. Kommt es zu keiner Einigung, so entscheidet der Arbeitgeber. **711**

d) Allgemeine Beurteilungsgrundsätze

Der Arbeitgeber hat den Sprecherausschuss rechtzeitig über die Einführung und Änderung allgemeiner Beurteilungsgrundsätze für leitende Angestellte zu unterrichten, und er hat sie mit ihm zu beraten (§ 30 S. 1 Nr. 2, S. 2 SprAuG). **712**

Allgemeine Beurteilungsgrundsätze in diesem Sinne sind Regeln, nach denen Leistung und Führung von leitenden Angestellten und Bewerbern für Tätigkeiten als leitende Angestellte bewertet werden sollen. Dazu gehören auch formalisierte Zielsetzungsgespräche, wenn sie dazu dienen, die Leistung in einem bestimmten Zeitraum an den Vorgaben zu messen. Nicht zu den Beurteilungsgrundsätzen zählen Richtlinien, nach denen leitende Angestellte bei der Beurteilung anderer Arbeitnehmer zu verfahren haben. Bei der konkreten Beurteilung hat der Sprecherausschuss kein Mitwirkungsrecht. **713**

[1761] H.L., vgl. nur *Löwisch*, § 30 SprAuG Rn. 3 m.w.N.
[1762] *Hromadka/Sieg*, § 30 SprAuG Rn. 17.
[1763] BAG 13.10.2015, NZA 2016, 54.

e) Personelle Maßnahmen

714 aa) Einstellungen und personelle Veränderungen. Eine beabsichtige Einstellung oder personelle Veränderung eines leitenden Angestellten ist dem Sprecherausschuss rechtzeitig mitzuteilen (§ 31 Abs. 1 SprAuG). Durch die frühzeitige Information will das Gesetz die Voraussetzungen für eine wirksame Vertretung der Belange der leitenden Angestellten schaffen.

715 bb) Einstellung. Der Begriff deckt sich mit dem des BetrVG.

716 cc) Personelle Veränderung. Der Begriff der personellen Veränderung ist teils enger, teils weiter als der des § 105 BetrVG. Das folgt aus der unterschiedlichen Zielsetzung der beiden Bestimmungen: Während das BetrVG sicherstellen will, dass der Betriebsrat und damit die Arbeitnehmer über die Änderung von Funktionen der leitenden Angestellten, die vielfach Vorgesetztenstellung einnehmen und ihnen gegenüber insofern „den Arbeitgeber" repräsentieren, unterrichtet werden, dient die Unterrichtungspflicht nach dem SprAuG der Interessenwahrung des betroffenen leitenden Angestellten und darüber hinaus der übrigen leitenden Angestellten.

717 Personelle Veränderung ist deshalb jede Änderung der Arbeitsaufgabe oder der Stellung von leitenden Angestellten im Unternehmen, die die Belange des leitenden Angestellten und/oder der übrigen leitenden Angestellten nicht nur unerheblich berühren. Dazu gehören vor allem Versetzungen, Beförderungen und Degradierungen, die Erteilung und der Entzug handelsrechtlicher Vollmachten, die Verleihung oder der Entzug interner Befugnisse, wenn sie Auswirkungen auf andere leitende Angestellte entfalten können, die Zuordnung zu den leitenden Angestellten, die „Entleitung" und das Ausscheiden aus dem Betrieb, gleichgültig aus welchem Grund. Die Unterrichtung muss so rechtzeitig erfolgen, dass sich der Sprecherausschuss vor Durchführung der Maßnahme informieren und beraten kann. Die Unterrichtungspflicht erstreckt sich nur auf Informationen, die mit der personellen Veränderung im Zusammenhang stehen (neues Aufgabengebiet, neue Funktionen, Vollmacht), nicht auf Gehaltsfragen und sonstige Arbeitsbedingungen.[1764]

718 dd) Kündigung. Der Sprecherausschuss ist vor jeder Kündigung eines leitenden Angestellten zu hören. Der Arbeitgeber hat ihm die Gründe für die Kündigung mitzuteilen. Eine ohne Anhörung des Sprecherausschusses ausgesprochene Kündigung ist unwirksam (§ 31 Abs. 2 S. 1-3 SprAuG). Insoweit gilt dasselbe wie für die Anhörung des Betriebsrats. Im Gegensatz zum Betriebsrat hat der Sprecherausschuss aber kein Widerspruchsrecht. Damit gibt es für leitende Angestellte auch keinen betriebsverfassungsrechtlichen Weiterbeschäftigungsanspruch. Es gelten die Grundsätze über den allgemeinen Weiterbeschäftigungsanspruch. In der ersten Instanz wird in aller Regel das Interesse des Arbeitgebers an einer Nicht-Weiterbeschäftigung überwiegen. Im Grenzbereich zwischen leitenden Angestellten und nicht-leitenden Angestellten empfiehlt sich eine Anhörung von

---

[1764] BAG 18.10.1988, AP Nr. 57 zu § 99 BetrVG 1972.

Sprecherausschuss und Betriebsrat. Der leitende Angestellte kann in einem Kündigungsschutzprozess auch dann vortragen, er sei kein leitender Angestellter, wenn er bei der Sprecherausschusswahl den leitenden Angestellten zugeordnet worden ist.

ee) Geheimhaltungspflicht. Die Mitglieder des Sprecherausschusses sind verpflichtet, über die ihnen im Rahmen personeller Maßnahmen bekannt gewordenen persönlichen Verhältnisse und Angelegenheiten der leitenden Angestellten, die ihrer Bedeutung oder ihrem Inhalt nach einer vertraulichen Behandlung bedürfen, Stillschweigen zu bewahren. Das gilt auch nach dem Ausscheiden aus dem Sprecherausschuss. Keine Verschwiegenheitspflicht besteht gegenüber Mitgliedern von Vertretungsorganen der leitenden Angestellten und von Arbeitnehmervertretern im Aufsichtsrat (§ 31 Abs. 3 SprAuG). 719

f) Wirtschaftliche Angelegenheiten

Der Gesetzgeber unterscheidet wie im BetrVG zwischen wirtschaftlichen Angelegenheiten allgemein (§ 32 Abs. 1 SprAuG), Betriebsänderungen, die auch wesentliche Nachteile für leitende Angestellte zur Folge haben können (§ 32 Abs. 2 S. 1 SprAuG), und dem Sozialplan (§ 32 Abs. 2 S. 2 SprAuG). Nicht vorgesehen sind Interessen- und dementsprechend Nachteilsausgleich. 720

aa) Unterrichtung des Sprecherausschusses. Der Unternehmer hat den Sprecherausschuss mindestens einmal im Kalenderhalbjahr über die wirtschaftlichen Angelegenheiten des Betriebs und des Unternehmens zu unterrichten, soweit dadurch nicht die Betriebs- und Geschäftsgeheimnisse des Unternehmens gefährdet werden (§ 32 Abs. 1 SprAuG). Als wirtschaftliche Angelegenheiten gelten alle die, über die der Unternehmer den Wirtschaftsausschuss zu unterrichten hat (§ 106 Abs. 3 BetrVG). Das SprAuG erstreckt die Unterrichtungspflicht auch auf wirtschaftliche Angelegenheiten des Betriebs. Das ist folgerichtig, denn zuständig ist nicht der auf Unternehmensebene gebildete Gesamtsprecherausschuss, sondern der Betriebssprecherausschuss. Zwar zählen zu den wirtschaftlichen Angelegenheiten, über die der Wirtschaftsausschuss zu unterrichten ist, auch solche, die sich lediglich auf einzelne Betriebe beziehen, der Akzent ist aber doch ein anderer. Keine Unterrichtungspflicht besteht in Tendenzunternehmen und -betrieben (§ 32 Abs. 1 S. 2 SprAuG). Der Sprecherausschuss darf die Information nicht ohne Zustimmung des Unternehmers an die leitenden Angestellten weitergeben. Der Unternehmer selbst hat in der Versammlung der leitenden Angestellten über die wirtschaftliche Lage und Entwicklung des Betriebs zu unterrichten (§ 15 Abs. 3 S. 3 SprAuG). 721

bb) Betriebsänderung. Der Unternehmer hat den Sprecherausschuss über geplante Betriebsänderungen, die auch wesentliche Nachteile für leitende Angestellte zur Folge haben können, rechtzeitig und umfassend zu unterrichten (§ 32 Abs. 2 SprAuG). Der Begriff Betriebsänderung ist derselbe wie im BetrVG 722

(§ 111). In Betracht kommen nur Änderungen in Betrieben mit i.d.R. mehr als 20 nach dem BetrVG wahlberechtigten Arbeitnehmern, wenn darüber hinaus mindestens ein leitender Angestellter betroffen ist.[1765] Rechtzeitig ist die Unterrichtung, wenn Vorschläge und Einwendungen des Sprecherausschusses noch berücksichtigt werden können, umfassend, wenn der Sprecherausschuss in die Lage versetzt wird, Ausmaß, Zweckmäßigkeit und Auswirkungen der geplanten Maßnahmen auf leitende Angestellte zu erkennen und ggf. Vorstellungen über Ausgleichs- und Milderungsmaßnahmen für betroffene leitende Angestellte zu entwickeln.

723 **cc) Kein Interessenausgleich.** Der Unternehmer braucht den Sprecherausschuss über die geplanten Betriebsänderungen nur zu unterrichten. Der Sprecherausschuss hat keinen Anspruch darauf, dass der Unternehmer mit ihm das Ob und Wie der Betriebsänderung erörtert. Erst recht kann er nicht verlangen, dass der Unternehmer eine Einigung mit ihm versucht.

724 **dd) Sozialplan.** Der Unternehmer hat mit dem Sprecherausschuss über Maßnahmen zum Ausgleich oder zur Milderung wirtschaftlicher Nachteile zu beraten, die leitenden Angestellten infolge der geplanten Betriebsänderung entstehen (§ 32 Abs. 2 S. 2 SprAuG). Der Sprecherausschuss kann aber keinen Sozialplan erzwingen. Der Unternehmer ist auch nicht gehalten, den leitenden Angestellten aus Gleichbehandlungsgründen Ausgleichs- oder Milderungsleistungen entsprechend dem Sozialplan für nicht leitende Angestellte zu gewähren.[1766] Unwirksam ist auch eine Einbeziehung in einen solchen Sozialplan.[1767] Der Betriebsrat ist für leitende Angestellte nicht zuständig. Es ist also durchaus denkbar, dass leitende Angestellte leer ausgehen oder geringere Leistungen erhalten, auch wenn das nicht die Praxis ist. Unternehmer und Sprecherausschuss können jedoch einen freiwilligen Sozialplan für leitende Angestellte aufstellen (§ 28 Abs. 2 SprAuG). Für ihn gelten dieselben Grundsätze wie für den Sozialplan, den Arbeitgeber und Betriebsrat ohne Einschaltung der Einigungsstelle aushandeln.[1768]

[1765] Str., vgl. *Löwisch*, § 32 SprAuG Rn. 54 m.w.N.
[1766] BAG 16.7.1985, AP Nr. 32 zu § 112 BetrVG 1972.
[1767] BAG 31.1.1979, AP Nr. 8 zu § 112 BetrVG 1972.
[1768] BAG 10.2.2009, AP Nr. 1 zu § 28 SprAuG m. Anm. *Hromadka*.

§ 17 Personalvertretungsrecht

I. Allgemeines

1. Überblick

a) Bundespersonalvertretungsgesetz

Das Personalvertretungsrecht regelt die Mitbestimmung und Mitwirkung der Beschäftigten im öffentlichen Dienst. Das Personalvertretungsrecht der Bundesbediensteten ist im Bundespersonalvertretungsgesetz von 1974 geregelt, das der Bediensteten in Ländern, Gemeinden und Gemeindeverbänden in den 16 Landespersonalvertretungsgesetzen. Nach Art. 73 Abs. 1 Nr. 8 GG hat der Bund die ausschließliche Gesetzgebung für die Rechtsverhältnisse der im Dienste des Bundes und der bundesunmittelbaren Körperschaften des öffentlichen Rechts stehenden Personen. Nach Art. 74 Abs. 1 Nr. 27 GG hat der Bund die konkurrierende Gesetzgebungskompetenz zum Erlass von Rechtsvorschriften über die Rechtsverhältnisse der im öffentlichen Dienst der Länder, Gemeinden und anderer Körperschaften des öffentlichen Rechts stehenden Personen. Von diesem Recht hat er Gebrauch gemacht. Das Bundespersonalvertretungsgesetz enthält in den §§ 94 bis 106 Rahmenvorschriften für die Gesetzgebung der Länder und in den §§ 107 bis 109 unmittelbar für die Landesgesetzgeber geltende Bestimmungen.

1

b) Personalvertretungsrecht der Länder

Die Landespersonalvertretungsgesetze weichen vom BPersVG sowie untereinander zum Teil recht erheblich ab. Neben Personalvertretungsgesetzen, in denen die Beteiligungsrechte hinter denen des Betriebsverfassungsgesetzes zurückbleiben, stehen andere, die erst das Bundesverfassungsgericht oder ein Landesverfassungsgericht auf das mit dem Grundgesetz oder der Landesverfassung gerade noch Vereinbare zurückführen musste.

2

In der Entscheidung zum Mitbestimmungsgesetz der Personalräte Schleswig-Holstein vom 24.5.1995[1] hat das Bundesverfassungsgericht die Grenzen abgesteckt: „Die Mitbestimmung

3

---

[1] BVerfG 24.5.1995, PersV 1995, 553, 557: § 51 Abs. 1 S. 1 des Gesetzes lautete: „Der Personalrat bestimmt mit bei allen personellen, sozialen, organisatorischen und sonstigen innerdienstlichen Maßnahmen, die die Beschäftigten der Dienststelle insgesamt, Gruppen von ihnen oder einzelne Beschäftigte betreffen oder sich auf sie auswirken."; vgl. auch *Braun*, PersV 2010, 252.

darf sich einerseits nur auf innerdienstliche Maßnahmen erstrecken und nur so weit gehen, als die spezifischen, in dem Beschäftigungsverhältnis angelegten Interessen der Angehörigen der Dienststelle sie erfordern (Schutzzweckgrenze). Andererseits verlangt das Demokratieprinzip für die Ausübung von Staatsgewalt bei Entscheidungen von Bedeutung für die Erfüllung des Amtsauftrags jedenfalls, dass die Letztentscheidung eines dem Parlament verantwortlichen Verwaltungsträgers gesichert ist (Verantwortungsgrenze)". Der Bundesgesetzgeber hat diese Grundsätze in § 104 S. 3 BPersVG übernommen.

4 Das Personalvertretungsrecht der Länder ist in stetem Fluss.[2] Das liegt an dem raschen wirtschaftlichen, technischen und sozialen Wandel, aber auch daran, dass das Personalvertretungsrecht ein Gebiet ist, das sich zur Umsetzung gesellschaftspolitischer Vorstellungen der jeweiligen parlamentarischen Mehrheit geradezu aufdrängt. Insgesamt schrumpft der Anwendungsbereich des Personalvertretungsrechts wegen der Privatisierung öffentlicher Dienste. Für Bahn und Post hat der Gesetzgeber Übergangsregelungen geschaffen.[3]

5 Im Folgenden kann nur das BPersVG dargestellt werden. Vergleichende Hinweise auf die Regelungen in den Landespersonalvertretungsgesetzen finden sich in den einschlägigen Kommentaren zum BPersVG.

2. Verhältnis zum Betriebsverfassungsrecht

6 In der Begründung zum Personalvertretungsgesetz 1955 heißt es: Das Verlangen nach Beteiligung der Arbeitnehmer an den grundlegenden betrieblichen Entscheidungen in der privaten Wirtschaft werde mit der Durchsetzung demokratischer Forderungen in der Wirtschaft begründet. Im öffentlichen Bereich sei diese Forderung durch Einführung der parlamentarischen Demokratie bereits verwirklicht. Weiter werde das Verlangen nach Mitbestimmung in der privaten Wirtschaft damit begründet, dass dem Kapital und der Leistung des Unternehmers als gleichberechtigter Faktor die Arbeitsleistung der Arbeitnehmer gegenüberstehe. Im öffentlichen Dienst bestehe ein solcher Gegensatz nicht. Schließlich ziele vor allem die Mitbestimmung in wirtschaftlichen Angelegenheiten darauf ab, Fehlentscheidungen zu vermeiden und damit die Arbeitsplätze zu erhalten. In der öffentlichen Verwaltung und ihren Betrieben komme die Gefährdung des Arbeitsplatzes durch wirtschaftliche Fehlentscheidungen nicht in Betracht. Trotzdem sei auch das Verlangen der im öffentlichen Bereich Tätigen nach Beteiligung an bestimmten Entscheidungen gerechtfertigt, und zwar vor allem, „damit sie das Gefühl echter Mitarbeiterschaft haben".[4]

7 Tatsächlich hat Personalvertretung mit dem Gegensatz von Kapital und Arbeit wenig zu tun, umso mehr aber damit, dass auch die Beschäftigten im öffentlichen Dienst einem

---

[2] Vgl. etwa zum LPersVG NRW *Welkoborsky*, PersR 2013, 14.
[3] § 15 G über die Gründung einer Deutschen Bahn AG (DB GrG) v. 27.12.1993, BGBl. I S. 2378, 2386; G zum Personalrecht der Beschäftigten der früheren Deutschen Bundespost (PostPersRG) v. 14.9.1995, BGBl. I S. 2325, 2353.
[4] BT-Drs. I/3552, S. 15.

I. Allgemeines

Arbeitgeber/Dienstherrn gegenüberstehen, für den und in dessen Organisation sie fremdbestimmt tätig sind. Ob die Gefahr von Willkürentscheidungen durch die Bindung der Verwaltung und damit auch der Vorgesetzten an Gesetz und Recht geringer ist als in der Privatwirtschaft, die auch nicht in einem rechtsfreien Raum lebt, sei dahingestellt. Interessengegensätze ergeben sich schon aus der unterschiedlichen Parteistellung, und das auch hier bestehende Weisungsrecht verstärkt sie noch. Das Ziel ist in beiden Gesetzen dasselbe: die Beschäftigten an den Entscheidungen ihres Arbeitgebers/Dienstherrn, die sie betreffen, zu beteiligen.

Dementsprechend ähneln einander auch die Lösungen. Betriebsverfassungsgesetz und Personalvertretungsgesetz sind weithin parallel aufgebaut. Dennoch gibt es Unterschiede.[5] Sie folgen vor allem daraus, dass es im öffentlichen Dienst eine weitere Beschäftigtengruppe gibt, nämlich die Beamten, und dass die Verwaltung i.d.R. hierarchisch strukturiert ist. Natürlich spielt auch eine Rolle, dass der Dienstherr als Institution des öffentlichen Rechts nicht sich selbst oder Anteilseignern, sondern über gewählte Gremien letztlich den Bürgern verantwortlich ist. Die Unterschiede haben sich insbesondere in der Organisation der Beteiligung, in den Beteiligungsrechten selbst, in der Art und Weise, in der sie ausgeübt werden, und nicht zuletzt im Rechtsweg niedergeschlagen.

8

	Betriebsverfassungsrecht	Personalvertretungsrecht
Rechtsnatur	Privatrecht	öffentliches Recht
Arbeitnehmer/ Beschäftigte	Arbeiter Angestellte leitende Angestellte	Arbeiter Angestellte Beamte
Arbeitgeber/ Dienstherr	Betrieb Unternehmen Konzern	Dienststelle Mittelbehörde oberste Dienstbehörde
Vertretungen	Betriebsrat Gesamtbetriebsrat Konzernbetriebsrat	Personalrat/Gesamtpersonalrat Bezirkspersonalrat Hauptpersonalrat
Betriebsvereinbarung/ Dienstvereinbarung	Betriebsvereinbarung über alle Angelegenheiten, die auch im Arbeitsvertrag geregelt werden können	Dienstvereinbarung nur, soweit im Gesetz vorgesehen
Einigungsstelle	bei Betrieb, Unternehmen oder Konzern	nur bei oberster Dienstbehörde
Grenze der Mitbestimmung	unternehmerische Freiheit	Letztverantwortung der Parlamente
Rechtsweg	Arbeitsgericht	Verwaltungsgericht

---

[5] Dazu *Hromadka*, PersF 1986, 525.

3. Geltungsbereich

9   Das BPersVG gilt in den Verwaltungen des Bundes und der bundesunmittelbaren Körperschaften, Anstalten und Stiftungen des öffentlichen Rechts sowie in den Gerichten des Bundes. Zu den Verwaltungen i.S.d. Gesetzes gehören auch die Betriebsverwaltungen (§ 1 BPersVG).[6] In den oberen Bundesgerichten werden Personalvertretungen nur für die nicht richterlichen Beschäftigten gebildet. Für die Richter gibt es eigene Vertretungen, und zwar für die Beteiligung an allgemeinen und sozialen Angelegenheiten einen Richterrat und für die Beteiligung an der Ernennung von Richtern einen Präsidialrat (§§ 49 ff. DRiG). Für eine Reihe von Verwaltungszweigen enthält das Gesetz Sonderbestimmungen (§§ 85 ff. BPersVG). Den Religionsgemeinschaften und ihren karitativen Einrichtungen bleibt die selbständige Ordnung eines Personalvertretungsrechts überlassen (§ 112 BPersVG). Die beiden großen christlichen Kirchen haben sich eigene Mitarbeitervertretungsordnungen gegeben.[7] Sie weisen viele Ähnlichkeiten mit dem BetrVG auf.[8]

II. System der Personalvertretung

1. Grundsatz

10 Genau wie in der Privatwirtschaft gibt es auch im öffentlichen Dienst mehrere Belegschaftsgruppen und mehrere organisatorische Ebenen, auf denen Belegschaftsvertreter in Betracht kommen. Den Arbeitern, Angestellten und leitenden Angestellten stehen die Arbeiter, Angestellten und Beamten gegenüber. Betrieb, Unternehmen und Konzern sind mit Dienststelle, Mittelbehörde und oberster Bundesbehörde vergleichbar, und Betriebsrat, Gesamtbetriebsrat und Konzernbetriebsrat entsprechen Personalrat, Bezirkspersonalrat und Hauptpersonalrat. In der Privatwirtschaft sind aber Betrieb und Unternehmen keine unterschiedlichen Gebilde, sondern unterschiedliche Sichtweisen. Ein Unternehmen kann durchaus aus einem einzigen Betrieb bestehen: Betrieb meint dann ein Gebilde in seiner arbeitstechnischen Funktion, Unternehmen dasselbe in seiner rechtlich-organisatorischen. Im Gegensatz dazu sind Mittel- und oberste Bundesbehörden zugleich Dienststellen, d.h. von den unteren Behörden getrennte Einheiten mit eigenen Beschäftigten. Deshalb werden auch dort Personalräte gebildet.

---

[6]   Der Begriff entstammt dem Sprachgebrauch der früheren Deutschen Bundesbahn und Deutschen Bundespost.
[7]   Richardi/Dörner/Weber/*Richardi*, § 112 BPersVG Rn. 29 ff.
[8]   BAG 11.3.1986, AP Nr. 25 zu Art. 140 GG.

2. Beschäftigte

a) Begriff

Beschäftigte im öffentlichen Dienst i.S.d. BPersVG sind die Beamten, Angestellten und Arbeiter einschließlich der Auszubildenden (§ 4 Abs. 1 BPersVG). Den Oberbegriff Beschäftigte hat der Gesetzgeber gewählt, um neben den Arbeitnehmern, die in einem privaten Arbeitsverhältnis stehen, auch die Beamten, die in einem öffentlich-rechtlichen Dienstverhältnis stehen, zu erfassen. Wer Beamter ist, bestimmen die Beamtengesetze (§ 4 Abs. 2 BPersVG). Danach ist Beamter, wer eine entsprechende Ernennungsurkunde erhalten hat.[9] Arbeitnehmer sind Beschäftigte, die nach dem für die Dienststelle maßgebenden Tarifvertrag oder nach der Dienstordnung Arbeitnehmer sind oder die als übertarifliche Arbeitnehmer beschäftigt werden (§ 4 Abs. 3 BPersVG).

11

b) Beschäftigte mit Gegnerbezug

Leitende Angestellte als besondere Gruppe mit eigenen Rechten gibt es im Personalvertretungsrecht nicht. Die Beamten sind mit den leitenden Angestellten nicht vergleichbar. Es gibt zahlreiche Beamtentätigkeiten, die in der Privatwirtschaft von (nicht leitenden) Angestellten oder von Arbeitern wahrgenommen würden. Umgekehrt gibt es Angestellte im öffentlichen Dienst, die in der Privatwirtschaft zu den leitenden Angestellten zählen würden.

12

Dennoch besteht auch im Personalvertretungsrecht das Bedürfnis nach einer Sonderregelung für die Beschäftigten, die in einem natürlichen (= funktionalen) Gegensatz zum Personalrat stehen. Während das Betriebsverfassungsrecht diese Arbeitnehmer (= leitende Angestellte) aus seinem Geltungsbereich herausnimmt (§ 5 Abs. 3 BetrVG), unterscheidet das BPersVG nach Wahlberechtigung und Wählbarkeit: Wahlberechtigt sind alle Beschäftigten ohne Rücksicht auf ihre Aufgabe (§ 13 Abs. 2 BPersVG). Wählbar sind nicht der Leiter der Dienststelle, dessen ständiger Vertreter, sonstige Beauftragte, sofern der Personalrat sich mit dieser Beauftragung einverstanden erklärt, sowie Beschäftigte, die zu selbständigen Entscheidungen in Personalangelegenheiten in der Dienststelle befugt sind (§ 14 Abs. 3 BPersVG). Mit Personalangelegenheiten sind die in § 75 Abs. 1 und § 76 Abs. 1 BPersVG aufgeführten Angelegenheiten gemeint; die Befugnis zur Abgabe dienstlicher Beurteilungen, zur Gewährung von Urlaub oder zur Verhängung von Disziplinarmaßnahmen reicht nicht aus.[10] Ein Personalsachbearbeiter, der die genannten Voraussetzungen nicht erfüllt, ist in den Personalrat wählbar. Die Ausnahme von der Wählbarkeit gilt nur für die Vertretung(en) bei der eigenen Dienststelle. Das passive Wahlrecht für eine Vertretung bei einer übergeordneten Dienststelle bleibt erhalten.

13

---

[9] Altvater/Hamer/Kröll/Lemcke/Peiseler, § 4 BPersVG Rn. 12.
[10] BVerwG 10.5.1982, PersV 1983, 194, 195.

3. Dienststelle

14 Dienststelle ist der Zentralbegriff des Personalvertretungsrechts; er entspricht dem des Betriebs. Dienststellen i.S.d. BPersVG sind die einzelnen Behörden, Verwaltungsstellen und Betriebe der Verwaltungen des Bundes und der bundesunmittelbaren Körperschaften, Anstalten und Stiftungen des öffentlichen Rechts sowie die Gerichte (§ 6 Abs. 1 BPersVG). Dienststellen sind (räumlich-) organisatorische Einheiten, die einen selbständigen Aufgabenbereich haben und innerhalb der Verwaltungsorganisation verselbständigt sind.[11] Organisatorische Selbständigkeit liegt vor, wenn die Leitung der Verwaltungseinheit über die beteiligungspflichtigen Angelegenheiten im allgemeinen selbständig entscheiden kann; eine Bindung an Weisungen übergeordneter Stellen schadet nicht. Eine bloße räumliche Trennung genügt ebenso wenig wie ein bloßer eigener Aufgabenbereich.[12] Behörden sind selbständige, nicht rechtsfähige Organe von Trägern öffentlicher Verwaltung, die mit Außenzuständigkeiten zu konkreten Rechtshandlungen auf dem Gebiet der Verwaltung oder der Rechtsprechung ausgestattet sind. Verwaltungsstellen sind eigenständige Organisationseinheiten der bundesunmittelbaren juristischen Personen des öffentlichen Rechts, die keine Behörden sind, Betriebe nicht rechtsfähige organisatorische Einheiten, die arbeitstechnische Zwecke verfolgen (sog. Eigen- oder Regiebetriebe).[13] Dienststellen kann es auf verschiedenen Ebenen geben: Auf der obersten Stufe bezeichnet sie das Gesetz als oberste Dienstbehörden, auf der Mittelstufe als Behörden der Mittelstufe, auf der untersten Stufe schlicht als Dienststelle.

4. Vertretungen und Vertretung der Dienststelle

a) Personalrat

15 aa) **Bildung.** In allen Dienststellen, die i.d.R. fünf wahlberechtigte Beschäftigte haben, von denen drei wählbar sind, werden Personalräte gebildet (§ 12 Abs. 1 BPersVG). Dienststellen, bei denen die Voraussetzungen für die Bildung eines Personalrats nicht gegeben sind, werden von der übergeordneten Dienststelle im Einvernehmen mit der Stufenvertretung einer benachbarten Dienststelle zugeteilt (§ 12 Abs. 2 BPersVG). Die Regelung über die Bildung von Personalräten entspricht der des § 1 BetrVG, die über die Zuteilung der Beschäftigten kleinerer Dienststellen zu benachbarten, durch die eine möglichst lückenlose Vertretung sichergestellt werden soll, der des § 1 Abs. 2 SprAuG.

16 Personalräte werden nicht nur bei den Dienststellen der unteren Stufen gebildet, sondern auch bei den Mittelbehörden und bei den obersten Dienstbehörden. In

---

[11] BVerwG 2.3.1993, PersR 1993, 266, 267.
[12] BVerwG 13.8.1986, PersV 1987, 254, 255.
[13] Zu Vorstehendem Richardi/Dörner/Weber/*Benecke*, § 6 BPersVG Rn. 7.

Anlehnung an den Sprachgebrauch der Wahlordnung (§§ 33 f. BPersVWO) bezeichnet man diese Personalräte als örtliche Personalräte.

bb) Wahl und Zahl der Personalratsmitglieder. Für die Wahl des Personalrats gelten im wesentlichen dieselben Grundsätze wie für die Wahl des Betriebsrats (zu Unterschieden vgl. §§ 13 ff. BPersVG). Dem Dienststellenleiter wird eine stärkere Mitwirkung bei der Bildung von Personalvertretungen zugemutet als dem Arbeitgeber (§§ 21 f. BPersVG). Angefochten werden kann die Wahl innerhalb von zwölf Arbeitstagen beim Verwaltungsgericht (§ 25 BPersVG), wenn gegen wesentliche Vorschriften über das Wahlrecht, die Wählbarkeit oder das Wahlverfahren verstoßen wurde und eine Berichtigung nicht erfolgt ist, es sei denn, dass durch den Verstoß das Wahlergebnis nicht geändert oder beeinflusst werden konnte.

Der Personalrat ist ab 1001 Beschäftigten etwas kleiner als der Betriebsrat. Er hat höchstens 31 Mitglieder (§ 16 Abs. 2 BPersVG). Beamte, Arbeiter und Angestellte müssen entsprechend ihrer Stärke im Personalrat vertreten sein. Alle drei Gruppen genießen Minderheitenschutz (zu Einzelheiten s. § 17 BPersVG).

cc) Die regelmäßige Amtszeit des Personalrats beträgt genau wie die des Betriebsrats 4 Jahre (§ 26 S. 1 BPersVG). Die Wahlen finden ebenfalls zwischen dem 1.3. und dem 31.5 statt, allerdings in anderen Jahren (2016, 2020 usw., vgl. §§ 27 Abs. 1, 116b BPersVG; Betriebsräte: 2014, 2018 usw.). Für Wahlen außerhalb dieser Zeit, für den Ausschluss von Personalratsmitgliedern, für die Auflösung des Personalrats, das Erlöschen der Mitgliedschaft und für das Nachrücken von Ersatzmitgliedern gilt dasselbe wie im Betriebsverfassungsrecht (§§ 27 Abs. 2, 28 ff. BPersVG).

dd) Geschäftsführung des Personalrats. In der konstituierenden Sitzung, die noch der Wahlvorstand einberuft (§ 34 Abs. 1 BPersVG), wählt der Personalrat aus seiner Mitte den Vorstand. Dem Vorstand muss ein Mitglied jeder im Personalrat vertretenen Gruppe angehören. Die Vertreter jeder Gruppe wählen das auf sie entfallende Vorstandsmitglied (§ 32 Abs. 1 S. 1-3 BPersVG).

Normalerweise hat der **Vorstand drei Mitglieder**. Ist eine Gruppe nicht im Personalrat vertreten, so hat er nur zwei. Wählt eine Gruppe kein Vorstandsmitglied, so ist der Sitz für sie freizuhalten; er kann jederzeit von ihr besetzt werden.[14] Hat ein Personalrat mindestens elf Mitglieder, so sind zwei weitere Mitglieder zu wählen (sog. Ergänzungsmitglieder). Die Wahl dieser Mitglieder erfolgt durch den gesamten Personalrat. Sind auf die zweitgrößte Wählerliste mindestens ein Drittel der Wählerstimmen der Dienststelle entfallen, so ist ein Mitglied aus dieser Liste zu wählen, wenn sie noch keinen Vertreter im Vorstand hat (§ 33 BPersVG). Aus den Vorstandsmitgliedern wählt der Personalrat mit einfacher Mehrheit eines zum Vorsitzenden[15] und je ein weiteres zum ersten und zweiten Stellvertreter. Dabei

---

[14] H.L., vgl. Richardi/Dörner/Weber/*Jacobs*, § 32 BPersVG Rn. 22.
[15] BVerwG 13.5.1966, PersV 1966, 181.

sind die Gruppen zu berücksichtigen, denen der Vorsitzende nicht angehört, es sei denn, dass die Vertreter dieser Gruppen darauf verzichten (§ 32 Abs. 2 BPersVG).

21 Ein dem Vorstand vergleichbares Gremium gibt es in der Betriebsverfassung nicht. Zwar führt der Vorstand genau wie der Betriebsausschuss die laufenden Geschäfte (§ 32 Abs. 1 S. 4 BPersVG), er ist aber in einigen Angelegenheiten auch das zuständige Beteiligungsorgan, wenn der Antragsteller das bestimmt (§ 75 Abs. 2 S. 2 BPersVG). Darüber hinaus nutzt der Gesetzgeber den Vorstand zu einem verstärkten Gruppenschutz. Betrifft eine Angelegenheit nur eine Gruppe, dann vertritt der Vorsitzende den Personalrat, wenn er nicht selbst dieser Gruppe angehört, gemeinsam mit einem der Gruppe angehörenden Vorstandsmitglied (§ 32 Abs. 3 S. 2 BPersVG).

22 Für die Sitzungen des Personalrats, für die Teilnahme von Gewerkschaftsvertretern, für die Geschäftsordnung, die Sprechstunden, die Kosten und den Sachaufwand gilt im Wesentlichen dasselbe wie in der Betriebsverfassung (vgl. §§ 35 ff. BPersVG). Bei der Beschlussfassung findet sich wieder der verstärkte Gruppenschutz. Über Angelegenheiten, die nur eine (oder zwei) im Personalrat vertretene Gruppe(n) betreffen, beschließen nach gemeinsamer Beratung im Personalrat nur die Angehörigen dieser Gruppe(n), vgl. § 38 Abs. 2, 3 BPersVG.

23 **ee) Rechtsstellung der Personalratsmitglieder.** Personalratstätigkeit ist genau wie Betriebsratstätigkeit ehrenamtliche Tätigkeit (§ 46 Abs. 1 BPersVG). Für die Arbeitsversäumnis, für die Freistellung und für Bildungs- und Schulungsveranstaltungen gilt wiederum im Wesentlichen dasselbe wie für Betriebsratsmitglieder (§ 46 Abs. 2 ff. BPersVG).

24 Freigestellte Personalratsmitglieder erhalten eine monatliche Aufwandsentschädigung von zur Zeit 26,00 €.[16] Die Mitglieder des Personalrats genießen nicht nur denselben besonderen Kündigungsschutz, wie ihn die Betriebsratsmitglieder haben; sie dürfen auch gegen ihren Willen nur versetzt oder abgeordnet werden, wenn das unter Berücksichtigung ihrer Mitgliedschaft aus wichtigen dienstlichen Gründen unvermeidbar ist. Die Versetzung oder Abordnung bedarf der Zustimmung des Personalrats (§ 47 Abs. 1, 2 BPersVG). Personalratsmitglieder dürfen wegen ihrer Tätigkeit weder benachteiligt noch begünstigt werden (§ 8 BPersVG). Es genügt eine kausale Verknüpfung zwischen Schlechterstellung bzw. Bevorzugung und der Personalratsarbeit. Eine Benachteiligungs- oder Begünstigungsabsicht ist nicht erforderlich.[17]

b) Vertretung der Dienststelle

25 Im Betriebsverfassungsrecht kann der Arbeitgeber sich von jedem Mitarbeiter vertreten lassen, der die erforderlichen Vollmachten und Kenntnisse besitzt. Im Personalvertretungsrecht handelt für die Dienststelle grundsätzlich ihr Leiter (§ 7

---

[16] § 46 Abs. 5 BPersVG i.V.m. d. VO v. 18.7.1974, BGBl. I S. 1499.
[17] BVerwG 1.2.2010, PersV 2010, 226; a.A. noch BVerwGE 19, 279.

S. 1 BPersVG). Nur bei Verhinderung kann er sich durch seinen ständigen Vertreter vertreten lassen (§ 7 S. 2 BPersVG). Eine Verhinderung liegt auch vor, wenn dringende Aufgaben zu erledigen sind, denen gegenüber Personalvertretungsangelegenheiten der Vorrang zukommt.[18] Ausnahmen gelten für oberste Dienstbehörden (§ 7 S. 3 BPersVG). Dem Personalrat steht es frei, sonstige Beauftragte zu akzeptieren (§ 7 S. 4 BPersVG).[19]

c) Gesamtpersonalrat

Wird eine Nebenstelle oder ein Teil einer Dienststelle verselbständigt und werden in der Dienststelle mindestens zwei Personalräte gewählt, dann ist für die gesamte Dienststelle ein Gesamtpersonalrat zu bilden (§ 55 BPersVG). Wahlberechtigt und wählbar sind alle Beschäftigten der Dienststelle, die zu den Personalräten der Hauptdienststelle und der Nebenstelle wahlberechtigt und wählbar sind (§ 56 BPersVG). Der Gesamtpersonalrat steht auf derselben Ebene wie die Personalräte der Dienststelle; er ist ihnen nicht übergeordnet. 26

Der Gesamtpersonalrat ist an allen Maßnahmen zu beteiligen, die der Leiter der Dienststelle für den Bereich der gesamten Dienststelle oder für den Bereich der verselbständigten Dienststelle trifft (§ 82 Abs. 3 BPersVG). Trifft der Leiter der Dienststelle eine beteiligungspflichtige Maßnahme für die Hauptdienststelle, so ist deren Personalrat zu beteiligen; der Personalrat der verselbständigten Dienststelle ist dann zuständig, wenn deren Leiter entscheidet. Die Kompetenzen der Leiter verselbständigter Dienststellen sind im allgemeinen gering – vor allem die wesentlichen Personalentscheidungen werden i.d.R. vom Leiter der (Haupt-) Dienststelle getroffen –, der Aufwand für die Bildung von Gesamtpersonalräten ist beträchtlich (in jeder Wahlperiode erneute Abstimmung), die Zuständigkeitsabgrenzung zu den Personalräten schwierig, so dass die Bildung allenfalls in sehr großen Dienststellen gerechtfertigt ist.[20] 27

d) Stufenvertretungen

aa) Begriff. Für den Geschäftsbereich mehrstufiger Verwaltungen werden bei den Behörden der Mittelstufe Bezirkspersonalräte, bei den obersten Dienstbehörden Hauptpersonalräte gewählt (§ 53 Abs. 1 BPersVG). Die Stufenvertretungen ziehen die Folgerung aus dem i.d.R. mehrstufigen Aufbau der Verwaltung, die Vorschriften über die Wahl und über ihre Zuständigkeit aus der hierarchischen Struktur. 28

Der Gesetzgeber geht davon aus, dass die Verwaltungen im Normalfall **dreistufig** aufgebaut sind. Dementsprechend sieht er **Personalräte, Bezirkspersonalräte und Hauptpersonalräte** vor. Ist eine Verwaltung nur zweistufig aufgebaut, so entfällt der Bezirkspersonalrat; es sind also nur örtliche Personalräte und ein 29

---

[18] Vgl. *Ilbertz/Widmaier*, BPersVG § 7 Rn. 9, 11.
[19] Zu den Folgen eines Verstoßes gegen § 7 vgl. *Altvater/Hamer/Kröll/Lemcke/Peiseler*, § 7 BPersVG Rn. 7b.
[20] *Mehlinger*, Personalvertretungsrecht, S. 25.

Hauptpersonalrat zu bilden. In einer einstufigen Verwaltung gibt es nur den örtlichen Personalrat. Hat eine Verwaltung ausnahmsweise mehr als drei Ebenen, so sind die örtlichen Personalräte auch zuständig für die nachgeordneten, personalvertretungsrechtlich an sich selbständigen Dienststellen.[21]

Beispiele für vierstufigen Aufbau: Bundesministerium der Finanzen – Oberfinanzdirektionen – Hauptzollämter – Zollämter, Grenzkontrollstellen, Zollkommissariate; für dreistufigen Aufbau: Bundesministerium für Verkehr – Wasser- und Schiffahrtsdirektionen – Wasser- und Schiffahrtsämter; für zweistufigen Aufbau: Bundesministerium des Innern – Statistisches Bundesamt, Bundeskriminalamt; für einstufigen Aufbau: Bundeskanzleramt, Bundesrechnungshof.

30 **Oberste Dienstbehörde** ist die oberste Behörde des Dienstherrn, in deren Bereich der Beschäftigte tätig ist (vgl. § 3 Abs. 1 BBG). Bei der bundesunmittelbaren Verwaltung sind das die Bundesministerien, bei den juristischen Personen des öffentlichen Rechts die im Errichtungs- oder Organisationsstatut genannte oberste Behörde oder Verwaltungsstelle.[22] **Behörden der Mittelstufe** sind die der obersten Dienstbehörde unmittelbar nachgeordneten Behörden, denen andere Dienststellen nachgeordnet sind (§ 6 Abs. 2 S. 2 BPersVG).

31 **bb) Zuständigkeit.** Im Verhältnis der Stufenvertretungen zueinander und gegenüber dem Personalrat bei der unteren Dienststelle hängt die Zuständigkeit von der Entscheidungskompetenz der Dienststelle ab (vgl. § 82 Abs. 1 BPersVG). Zuständig ist die Personalvertretung bei der Dienststelle, die zur Entscheidung mit Außenwirkung befugt ist. Ob sie aufgrund Weisung der übergeordneten Dienststelle handelt oder deren Genehmigung bedarf oder ob sie eine Angelegenheit an sich gezogen hat, ist ohne Bedeutung.[23] Eine Stufenvertretung ist außerdem zuständig, wenn zwischen dem Leiter einer nachgeordneten Dienststelle und „seinem" Personalrat in einer mitwirkungs- oder mitbestimmungspflichtigen Angelegenheit keine Einigung zustande kommt und wenn daraufhin die nächsthöhere Dienststelle zur Entscheidung angerufen wird. Hier wirkt sich aus, dass die übergeordnete Dienststelle nicht nur selbst Entscheidungen mit Außenwirkung treffen, sondern auch Weisungen gegenüber den nachgeordneten Dienststellen erteilen kann.

32 Der **örtliche Personalrat** ist (in den wenigen Fällen) zuständig, in denen der Leiter einer Mittelbehörde oder einer obersten Dienstbehörde eine Entscheidung trifft, die nur diese Dienststelle betrifft,[24] etwa bei der Einstellung eines Pförtners. Die Stufenvertretungen sind den örtlichen Personalräten nicht übergeordnet.[25] Der örtliche Personalrat kann die Stufenvertretung auch nicht beauftragen, eine Angelegenheit für ihn zu behandeln. Die Zuständigkeitsabgrenzung ist zwingend;[26] eine § 50 Abs. 2 BetrVG entsprechende Vorschrift fehlt.

---

[21] Altvater/Hamer/Kröll/Lemcke/Peiseler, § 82 BPersVG Rn. 40.
[22] Richardi/Dörner/Weber/*Benecke*, § 6 BPersVG Rn. 16 f.
[23] BVerwGE 11, 307, 310.
[24] Richardi/Dörner/Weber/*Schwarze*, § 82 BPersVG Rn. 12.
[25] BVerwGE 12, 198; BVerwGE 21, 230.
[26] Richardi/Dörner/Weber/*Schwarze*, § 82 BPersVG Rn. 2.

cc) Die Errichtung von Stufenvertretungen ist zwingend vorgeschrieben, weil 33 ohne sie das mehrstufige Beteiligungsverfahren nicht durchgeführt werden kann; es besteht aber kein Errichtungszwang.[27]

Die Stufenvertretungen werden in Urwahl von den zum Geschäftsbereich der 34 Behörde der Mittelstufe bzw. der obersten Dienstbehörde gehörenden Beschäftigten gewählt (§ 53 Abs. 2 BPersVG). Die Wahl ist nicht davon abhängig, dass Personalräte bestehen. Die bei der Mittelbehörde und bei den obersten Dienstbehörden daneben bestehenden örtlichen Personalräte werden lediglich von den bei diesen Behörden tätigen Beschäftigten gewählt. Bei einem dreistufigen Verwaltungsaufbau finden also in den unteren Dienststellen jeweils (i.d.R. gleichzeitig) drei Wahlen statt. Die Zustimmungsverweigerung der um Mitbestimmung ersuchten Stufenvertretung bleibt unberührt von einer möglichen unbeachtlichen Zustimmungsverweigerung des örtlichen Personalrats. Unbeachtlichkeit kann sich nur aus der Begründung der Stufenvertretung selbst ergeben. Bei einer Versetzung und Zuweisung, die nicht nach den Regeln der Bestenauslese vorgenommen werden soll, sind bereits geltend gemachte tatsächliche Nachteile für bestimmte Beschäftigte beachtlich.[28]

Für Wahlrecht und Wahlverfahren gilt im Wesentlichen dasselbe wie für die Personalräte. 35 Die gleichzeitige Mitgliedschaft in mehreren Personalvertretungen verschiedener Stufen ist ebenso zulässig wie die in Personalrat und Gesamtpersonalrat.

---

[27] Richardi/Dörner/Weber/*Schwarze*, § 53 BPersVG Rn. 22.
[28] OVG Berlin-Brandenburg 20.2.2015, BeckRS 2015, 43956.

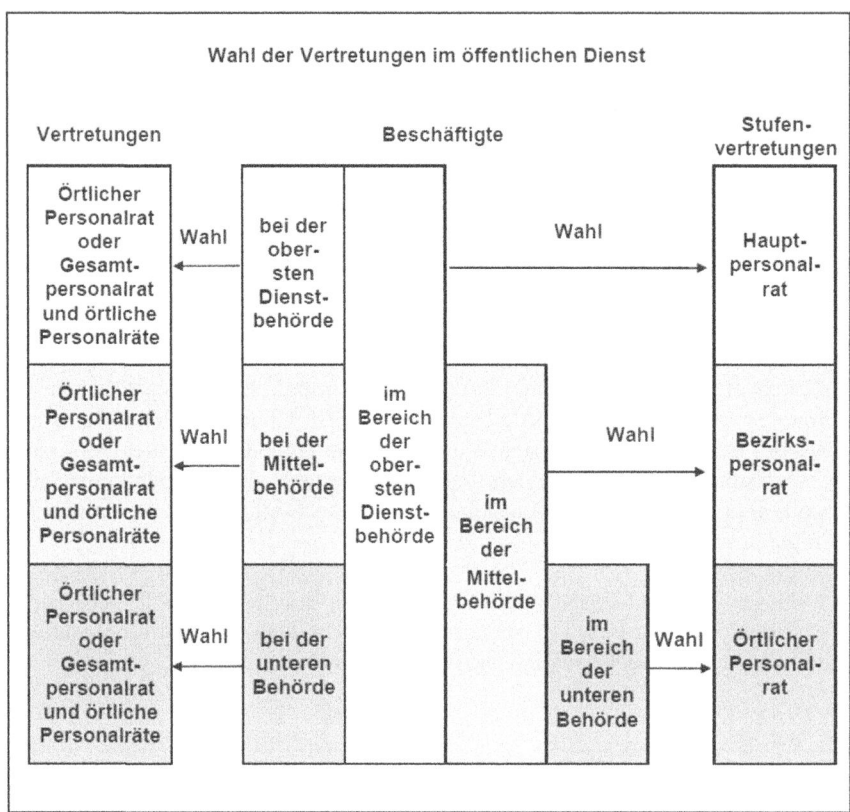

e) Personalversammlung

36 Für die Personalversammlung gilt sinngemäß dasselbe wie für die Betriebsversammlungen (§§ 48 ff. BPersVG). Anstelle von jährlich vier – und unter Umständen einer weiteren – sieht das BPersVG aber nur zwei, eine in jedem Kalenderhalbjahr, vor. Für das Recht auf Teilnahme an der Personalversammlung ist neben der Beschäftigteneigenschaft nach § 4 BPersVG die Dienststellenzugehörigkeit erforderlich.[29] Eine der Betriebsräteversammlung entsprechende Einrichtung kennt das Gesetz nicht.

f) Sonstige Vertretungen

37 Das BPersVG kennt spiegelbildlich zu den Personalräten, Gesamt-, Bezirks- und Hauptpersonalräten Jugend- und Auszubildendenvertretungen, Gesamt-, Bezirks- und Haupt-Jugend- und Auszubildendenvertretungen (§§ 57 ff. BPersVG). Ihre

---

[29] BVerwG 20.11.2012, BeckRS 2015, 51370.

Rechte sind denen der Jugend- und Auszubildendenvertretungen in der privaten Wirtschaft nachgebildet. Eine Jugend- und Auszubildendenversammlung ist nur einmal in jedem Kalenderjahr durchzuführen (§ 63 S. 1 BPersVG). Eine eigene Vertretung haben auch die nichtständig Beschäftigten, wenn während der Amtszeit des Personalrats die Zahl der Beschäftigten, die voraussichtlich nur für einen Zeitraum von höchstens sechs Monaten beschäftigt werden, vorübergehend um mehr als 20 Personen steigt (§ 65 BPersVG). Gedacht ist vor allem an Saisonbetriebe. Beide Vertretungen sind keine selbständigen Organe; sie haben über den Personalrat auf die Wahrnehmung der Interessen der von ihnen Vertretenen hinzuwirken.[30]

III. Allgemeine Grundsätze

1. Vertrauensvolle Zusammenarbeit

Oberstes Gebot ist wie im Betriebsverfassungsrecht eine vertrauensvolle Zusammenarbeit zwischen Dienststelle und Personalvertretung (§ 2 Abs. 1 BPersVG).[31] Ein Personalratsvorsitzender darf sich nicht hinter dem Rücken des Dienststellenleiters an die Gewerkschaft wenden mit der Aufforderung, Bundestagsabgeordnete zu mobilisieren, damit die geplante Dienststellenverlegung verhindert wird; ein Dienststellenleiter muss dem Personalrat Gelegenheit zur Äußerung geben, wenn er von einer anderen Dienststelle aufgefordert wird, zu einer Angelegenheit Stellung zu nehmen, die mögliche Interessen der Beschäftigten berührt.[32] Aufgrund des Gebots der vertrauensvollen Zusammenarbeit ist dem Personalrat eine Fragebogenaktion, mit der die Erforderlichkeit von Maßnahmen zur Verbesserung des Gesundheitsschutzes am Arbeitsplatz ermittelt werden soll, verwehrt, wenn die Dienststelle ihrerseits eine Gefährdungsanalyse gemäß § 5 Abs. 1 BPersVG vorbereitet.[33]

38

Der Leiter der Dienststelle und die Personalvertretung(en) sollen mindestens einmal im Monat zu Besprechungen zusammentreten (§ 66 Abs. 1 S. 1 BPersVG). Dabei sind insbesondere die Vorgänge zu behandeln, die die Beschäftigten wesentlich berühren; dazu gehört auch die Gestaltung des Dienstbetriebs (§ 66 Abs. 1 S. 2 BPersVG).[34] Sie haben über strittige Fragen mit dem ernsten Willen zur Einigung zu verhandeln und Vorschläge für die Beilegung von Meinungsverschiedenheiten zu machen (§ 66 Abs. 1 S. 3 BPersVG). Außenstehende Stellen dürfen erst angerufen werden, wenn eine Einigung in der Dienststelle nicht erzielt worden ist (§ 66 Abs. 3 BPersVG). Außenstehende Stellen sind auch die übergeordnete Dienststelle und die bei ihr bestehende Stufenvertretung, wohl nicht aber die in der Dienststelle vertretenen Gewerkschaften und Arbeitgeberverbände (vgl. § 2 Abs. 1

39

---

[30] Altvater/Hamer/Kröll/Lemcke/Peiseler, § 65 BPersVG Rn. 2.
[31] Vgl. hierzu etwa *Edenfeld*, PersV 2012, 204.
[32] Beispiele bei *Edenfeld*, PersV 2012, 204.
[33] BVerwG 8.8.2012, BeckRS 2012, 56294.
[34] Richardi/Dörner/Weber/*Gräfl*, § 66 BPersVG Rn. 9 f.

BPersVG: „im Zusammenwirken mit den in der Dienststelle vertretenen Gewerkschaften und Arbeitgebervereinigungen").[35] Wird das Verwaltungsgericht angerufen, ohne dass eine Einigung versucht worden ist, so kann das Rechtsschutzbedürfnis fehlen.[36]

2. Friedenspflicht, Parteipolitik

40 Für Friedenspflicht und parteipolitische Betätigung gilt dasselbe wie im Betriebsverfassungsrecht (§§ 66 Abs. 2, 67 Abs. 1 S. 3 BPersVG).

3. Gewerkschaften

41 Auch im Personalvertretungsrecht gilt der Grundsatz der Trennung von Belegschaftsvertretung und Gewerkschaft. Auch hier stehen den Gewerkschaften im Rahmen der Koalitionsfreiheit originäre Rechte zu und daneben Unterrichtungs-, Beratungs-, Unterstützungs- und Antragsrechte im Rahmen des Personalvertretungsrechts.[37] Der Gesetzgeber hat aber den Grundsatz der Trennung von Gewerkschaft und Belegschaftsvertretung im Personalvertretungsrecht, in dem – konkurrierende – Gewerkschaften eine größere Rolle spielen als in der privaten Wirtschaft, stärker betont. Dienststelle und Personalvertretung müssen sich so verhalten, dass das Vertrauen der Verwaltungsangehörigen in die Objektivität und Neutralität ihrer Amtsführung nicht beeinträchtigt wird (§ 67 Abs. 1 S. 2 BPersVG). Personalratsmitglieder dürfen sich zwar gewerkschaftlich betätigen, und zwar auch in der Dienststelle (§ 67 Abs. 2 BPersVG). Jede Verquickung mit dem Amt ist aber unzulässig.[38] Es darf nicht einmal der Anschein erweckt werden, als werde eine Amtshandlung von der Zugehörigkeit zu einer Gewerkschaft oder gar zu einer bestimmten Gewerkschaft abhängig gemacht. Das BVerwG hat es deshalb den gewerkschaftlich organisierten Personalratsmitgliedern untersagt, während der Dienstzeit und im unmittelbaren Anschluss an eine vorhergehende Personalratstätigkeit auch außerhalb der Dienststelle und der Dienstzeit nachhaltig für ihre Gewerkschaft zu werben.[39]

4. Grundsätze für die Behandlung der Arbeitnehmer

42 Für die Behandlung der Arbeitnehmer gelten dieselben Grundsätze wie in der Betriebsverfassung (§ 67 Abs. 1 S. 1 BPersVG). Die Personalvertretung hat sich

---

[35] Sehr str., vgl. *Ilbertz/Widmaier*, § 66 BPersVG Rn. 18; Richardi/Dörner/Weber/*Gräfl*, § 66 BPersVG Rn. 33.
[36] BVerwG 5.2.1971, AP Nr. 7 zu § 67 BPersVG.
[37] Vgl. §§ 2 Abs. 2, 19 Abs. 4, 25, 36, 67 Abs. 2, 83 BPersVG; diese Aufgaben und Befugnisse sind abschließend; ein allgemeines Kontrollrecht auf Einhaltung der personalvertretungsrechtlichen Bestimmungen steht den Gewerkschaften nicht zu, BVerwG 13.7.2011, PersR 2011, 443.
[38] Vgl. Richardi/Dörner/Weber/*Gräfl*, § 67 BPersVG Rn. 82.
[39] BVerwG 1.10.1965, 14.2.1969, AP Nr. 7, 9 zu § 26 BPersVG; BVerfG, 26.5.1970, AP Nr. 16 zu Art. 9 Abs. 3 GG.

III. Allgemeine Grundsätze

darüber hinaus für die Wahrung der Vereinigungsfreiheit der Beschäftigten einzusetzen (§ 67 Abs. 3 BPersVG); sie hat darauf hinzuwirken, dass der Dienststellenleiter Beschäftigte nicht deswegen benachteiligt, weil sie Mitglied oder kein Mitglied einer Gewerkschaft oder einer bestimmten Gewerkschaft sind. Die Vorschrift dient dem Schutz der positiven wie der negativen Koalitionsfreiheit.[40]

5. Rechtsschutz

Für Rechtsstreitigkeiten aus dem BPersVG sind die Verwaltungsgerichte ausschließlich zuständig. Obwohl § 83 Abs. 1 BPersVG nur eine Aufzählung enthält, umfasst die Zuständigkeit sämtliche personalvertretungsrechtlichen Streitigkeiten.[41] Einen im Wege der einstweiligen Verfügung durchsetzbaren Unterlassungsanspruch des Personalrates kennt das BPersVG allerdings nicht.[42] 43

Die Zuweisung an die Verwaltungsgerichte trägt der Tatsache Rechnung, dass das Personalvertretungsrecht wegen der Einbeziehung der Beamten und der Auswirkungen auf die Dienststellenorganisation dem öffentlichen Recht zugeordnet wird. Den Besonderheiten des Mitbestimmungsrechts wird dadurch Rechnung getragen, dass die ersten beiden Instanzen außer mit einem Berufsrichter mit vier ehrenamtlichen Richtern besetzt sind (§ 84 Abs. 3 BPersVG) und dass für das Verfahren in Personalvertretungssachen die Vorschriften über das arbeitsgerichtliche Beschlussverfahren entsprechend gelten (§ 83 Abs. 2 BPersVG). Für die Entscheidung von Personalvertretungsangelegenheiten sind bei den Verwaltungsgerichten Fachkammern, bei den Oberverwaltungsgerichten (Verwaltungsgerichtshöfen) Fachsenate zu bilden (§ 84 Abs. 1 S. 1 BPersVG). Die ehrenamtlichen Richter müssen Beschäftigte des Bundes sein. Sie werden von der Landesregierung je zur Hälfte auf Vorschlag der Gewerkschaften und der Verwaltungen (vgl. § 84 Abs. 2 S. 2, 3 BPersVG) berufen; unter den auf Vorschlag der Gewerkschaften berufenen Beisitzern müssen sich je ein Beamter und ein Angestellter oder Arbeiter befinden. Keine Fachsenate gibt es beim BVerwG. Dieses entscheidet in „normaler" Besetzung, d.h. mit fünf Berufsrichtern. Der nach § 35 VwGO von der Bundesregierung bestellte Vertreter des Bundesinteresse vertritt das öffentliche Interesse.[43] 44

Die Zuweisung der Personalvertretungssachen an die Verwaltungsgerichte birgt die Gefahr, dass es zu abweichenden Entscheidungen von Gerichten der Arbeits- und der Verwaltungsgerichtsbarkeit kommt: BAG und BVerwG haben teilweise über gleichlautende Vorschriften aus BetrVG und BPersVG zu urteilen, und die 45

---

[40] Richardi/Dörner/Weber/*Gräfl*, § 67 BPersVG Rn. 82, 84.
[41] Richardi/Dörner/Weber/*Treber*, § 83 BPersVG Rn. 8.
[42] VG Bremen 2.10.2015, BeckRS 2015, 54976.
[43] Altvater/Hamer/Kröll/Lemcke/Peiseler, § 84 BPersVG Rn. 26 f.

Arbeitsgerichte befinden überdies in Streitigkeiten der Arbeitnehmer im öffentlichen Dienst über personalvertretungsrechtliche Vorfragen mit.

IV. Beteiligung

1. Beteiligungsformen

a) Vereinbarungen

46 Gegenstück zu Betriebsvereinbarung und Regelungsabrede (= Betriebsabsprache) sind Dienstvereinbarung und Dienstabsprache. Vorschriften zur Dienstabsprache fehlen. Es gelten dieselben Grundsätze wie zur Regelungsabrede im Betriebsverfassungsrecht.[44] Auch zur Dienstvereinbarung gibt es nur eine kärgliche Regelung. Der Gesetzgeber meinte wegen ihrer geringen Bedeutung auf Einzelheiten verzichten zu können,[45] außerdem hielt er die Ausgestaltung für unstreitig. Dienstvereinbarungen sind nur zulässig, soweit das BPersVG sie ausdrücklich vorsieht (§ 73 Abs. 1 S. 1 BPersVG).

b) Dienstvereinbarungen

47 Vorgesehen sind Dienstvereinbarungen lediglich in den mitbestimmungspflichtigen sozialen und personellen Angelegenheiten nach § 75 Abs. 3 und § 76 Abs. 2 BPersVG,[46] und dort auch nur, soweit eine gesetzliche oder tarifliche Regelung nicht besteht.[47] Sie sind dementsprechend eher selten. Bei einem generellen Regelungsbedürfnis sind sie sozusagen vorweggenommene Mitbestimmung[48] und gelten damit das Mitbestimmungsrecht in allen gegenwärtigen und künftig betroffenen Fällen ab.[49] Ihrer Rechtsnatur nach sind sie öffentlich-rechtliche Verträge.[50] Hinsichtlich Wirkung, Beendigung und Nachwirkung gelten die Regeln für Betriebsvereinbarungen entsprechend mit zwei Ausnahmen: Dienstvereinbarungen für einen größeren Bereich gehen den Dienstvereinbarungen für einen kleineren Bereich vor (§ 73 Abs. 2 BPersVG). Es gilt also nicht das Spezialitäts-, sondern das Ordnungsprinzip. Und: Dienstvereinbarungen sind, soweit nichts anderes vorgesehen ist, fristlos kündbar.[51] In den Fällen, in denen die Einigungsstelle verbindlich entscheidet (§ 75 Abs. 3 Nr. 1-6, 11-17 BPersVG), wirken sie entspre-

---

[44] Richardi/Dörner/Weber/*Weber*, § 73 BPersVG Rn. 54 ff.
[45] Begr. RegE., BT-Drs. VI/3721.
[46] BVerwG 12.7.1984, ZBR 1985, 28; im einzelnen dazu Richardi/Dörner/Weber/*Weber* § 73 BPersVG Rn. 2.
[47] Zum Tarifvorbehalt BVerwG 2.2.2009, PersR 2009, 164; BVerwG 10.6.2011, PersR 2011, 484.
[48] BVerwG 1.11.1983, PersV 1985, 473.
[49] BVerwG 8.7.1983, PersV 1985, 65; BVerwG 26.3.1986, PersV 1986, 510.
[50] Richardi/Dörner/Weber/*Weber* § 73 BPersVG Rn. 4, 6.
[51] *Altvater/Hamer/Kröll/Lemcke/Peiseler*, § 73 BPersVG Rn. 17; Richardi/Dörner/Weber/*Weber* § 73 BPersVG Rn. 45.

chend § 77 Abs. 6 BetrVG nach, bis sie durch eine andere Abmachung ersetzt werden.[52]

2. Beteiligungsarten

a) Überblick

Auch im Personalvertretungsrecht gibt es die Beteiligungsarten der Mitbestimmung und der Mitwirkung, und auch hier gibt es die Mitbestimmung in den Formen der echten Mitbestimmung und des Zustimmungsverweigerungsrechts – im ersten Fall kann der Personalrat seine Zustimmung aus jedem Grund verweigern, im zweiten nur aus den im Gesetz genannten Gründen –, die Mitwirkung in den Formen des Beratungs-, des Anhörungs- und des Unterrichtungsrechts. Statt von Beratung spricht der Gesetzgeber von Mitwirkung, die er unter der Überschrift „Konsultationspflicht" als Pflicht des Arbeitgebers umreißt, die beabsichtigte Maßnahme vor der Durchführung mit dem Ziel einer Verständigung rechtzeitig und eingehend mit dem Personalrat zu erörtern (§ 72 Abs. 1 BPersVG). Darüber hinaus kennt das Personalvertretungsrecht ein förmliches Beteiligungsverfahren, das für den Bereich der Mitbestimmung und für eine Reihe von Mitwirkungsrechten gilt und das bei Mitbestimmung und Mitwirkung unterschiedlich ausgestaltet ist.

b) Förmliches Mitbestimmungsverfahren

Das förmliche Mitbestimmungsverfahren (§ 69 BPersVG) beginnt damit, dass der Leiter der Dienststelle den Personalrat von der beabsichtigten Maßnahme unterrichtet und seine Zustimmung beantragt. Der Personalrat hat seinen Beschluss innerhalb von zehn Arbeitstagen mitzuteilen. Der Leiter der Dienststelle kann die Frist in dringenden Fällen auf drei Arbeitstage abkürzen. Die Maßnahme gilt als gebilligt, wenn nicht der Personalrat innerhalb der genannten Frist die Zustimmung unter Angabe des Grundes schriftlich verweigert. Zur Erfüllung des Schriftlichkeitserfordernisses nach § 69 Abs. 2 S. 5 BPersVG reicht die Einhaltung der Textform des § 126b BGB aus. Es genügt deshalb, wenn der Personalrat das Schreiben mit der Zustimmungsverweigerung und den dafür maßgeblichen Gründen einscannt und in der Form einer pdf-Datei als Anhang zu einer E-Mail dem Leiter der Dienststelle übersendet.[53] Verweigert der Personalrat die Zustimmung form- und fristgerecht, so kann der Dienststellenleiter oder der Personalrat die Angelegenheit auf dem Dienstweg den übergeordneten Dienststellen, bei denen Stufenvertretungen bestehen, vorlegen. Kann sich auch die oberste Dienstbehörde nicht mit der bei ihr gebildeten Stufenvertretung einigen, so entscheidet die Eini-

---

[52] Richardi/Dörner/Weber/*Weber*, § 73 BPersVG Rn. 51; a.A.OVG Berlin-Brandenburg 10.4.2014, BeckRS 2014, 55089; bezogen auf § 74 PersVG BE, der wie § 73 BPersVG keine ausdrückliche Regelung zur Nachwirkung von Dienstvereinbarungen enthält.
[53] OVG Münster 1.9.2015, BeckRS 2015, 54281.

gungsstelle, und zwar möglichst binnen zwei Monaten. Deren Entscheidung ist im Normalfall verbindlich; in Angelegenheiten der Beamten und „in sonstigen allgemeinen Angelegenheiten" (§ 76 BPersVG) beschließt die Einigungsstelle, wenn sie sich nicht der Auffassung der obersten Dienstbehörde anschließt, eine Empfehlung an diese. Die oberste Dienstbehörde entscheidet sodann endgültig. Obwohl das Gesetz von Mitbestimmung spricht, handelt es sich in diesen Fällen der Sache nach um Mitwirkung. In den Personalangelegenheiten der Arbeitnehmer und der Beamten, in denen der Personalrat nur ein Zustimmungsverweigerungsrecht hat, stellt die Einigungsstelle fest, ob ein Grund zur Verweigerung der Zustimmung besteht. Der Gesetzgeber hat der Einigungsstelle hier also die Entscheidung einer Rechtsfrage übertragen, die allerdings voll der Nachprüfung durch die Verwaltungsgerichte unterliegt.[54]

c) Förmliches Mitwirkungsverfahren

50 Das förmliche Mitwirkungsverfahren beginnt ähnlich wie das Mitbestimmungsverfahren: Äußert sich der Personalrat nicht innerhalb von zehn Arbeitstagen nach der „Erörterung" oder hält er bei der Erörterung seine Einwendungen und Vorschläge nicht aufrecht, so gilt die beabsichtigte Maßnahme als gebilligt. Entspricht die Dienststelle den Einwendungen des Personalrats nicht oder nicht in vollem Umfange, so kann der Personalrat die Angelegenheit binnen drei Arbeitstagen nach Zugang der Mitteilung auf dem Dienstwege den übergeordneten Dienststellen, bei denen Stufenvertretungen bestehen, vorlegen. Diese entscheiden nach Verhandlung mit der bei ihnen bestehenden Stufenvertretung. Eine Anrufung der Einigungsstelle kommt nicht in Betracht (§ 72 Abs. 2-4 BPersVG).

---

[54] Richardi/Dörner/Weber/*Weber*, § 71 BPersVG Rn. 46 ff. Zu den Folgen eines Verstoßes gegen § 69 BPersVG vgl. *Baden*, PersR 2013, 18.

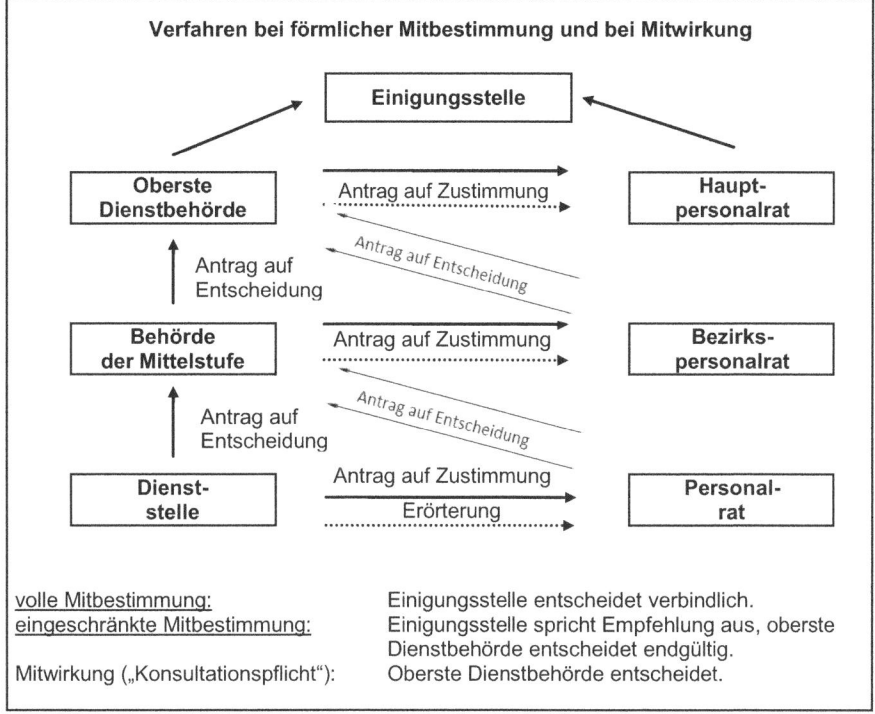

d) Vorläufige Maßnahmen

Da das förmliche Mitbestimmungs- und Mitwirkungsverfahren Zeit kostet, gestattet das Gesetz dem Leiter der Dienststelle bei Maßnahmen, die der Sache nach keinen Aufschub dulden, vorläufige Regelungen zu treffen (§§ 69 Abs. 5, 72 Abs. 6 BPersVG).

e) Vorschlags- und Initiativrecht

Der Personalrat kann dem Leiter der Dienststelle jederzeit im Rahmen seiner allgemeinen Aufgaben (§ 68 BPersVG) Vorschläge unterbreiten. In einer Reihe von Fällen gibt ihm das Gesetz darüber hinaus ein Initiativrecht, das, wenn der Leiter der Dienststelle sich seinem Vorschlag nicht anschließt, das förmliche Mitbestimmungsverfahren auslöst. Dieses Verfahren endet in sozialen Angelegenheiten, bei der Durchführung der Berufsausbildung von Arbeitnehmern, beim Absehen von Stellenausschreibungen und bei der Gestaltung des Arbeitsplatzes mit der Entscheidung der Einigungsstelle, in den übrigen Fällen, für die ein förmliches Mitbestimmungsverfahren vorgesehen ist, mit der Entscheidung der obersten Dienststelle (§ 70 BPersVG).

3. Beteiligungspflichtige Angelegenheiten

a) Allgemeines

53 Auch im Personalvertretungsrecht gibt es Beteiligungsrechte in sozialen, technisch-organisatorischen, personellen und wirtschaftlichen Angelegenheiten. Das wird allerdings auf den ersten Blick nicht deutlich. Der Gesetzgeber hat nämlich in erster Linie nach der Art der Beteiligung gegliedert, sodann nach Arbeitnehmern und Beamten und erst zum Schluss nach den beteiligungspflichtigen Angelegenheiten, wobei er die unterschiedlichen Angelegenheiten im Allgemeinen nicht deutlich voneinander getrennt hat. Ganz generell wirkt der Personalrat mit bei der Vorbereitung von Verwaltungsanordnungen einer Dienststelle für die innerdienstlichen, sozialen und persönlichen Angelegenheiten der Beschäftigten ihres Geschäftsbereichs, wenn nicht nach § 118 BBG die Spitzenorganisationen der zuständigen Gewerkschaften bei der Vorbereitung zu beteiligen sind (§ 78 Abs. 1 Nr. 1 BPersVG).

b) Soziale Angelegenheiten

54 Der Katalog der sozialen Angelegenheiten entspricht in etwa dem des BetrVG. Es fehlt eine Mitbestimmung bei Kurz- und Mehrarbeit. Dafür hat der Personalrat ein Mitbestimmungsrecht bei der Geltendmachung von Ersatzansprüchen gegen einen Beschäftigten (§ 76 Abs. 2 Nr. 9 BPersVG). Sozialpläne werden sachlich richtig unter den sozialen Angelegenheiten aufgeführt.

c) Technisch-organisatorische Angelegenheiten

55 Der Personalrat hat mitzubestimmen bei der Einführung grundlegend neuer Arbeitsmethoden (§ 76 Abs. 2 Nr. 7 BPersVG), bei Maßnahmen zur Hebung der Arbeitsleistung und Erleichterung des Arbeitsablaufs (§ 76 Abs. 2 Nr. 5 BPersVG) und bei der Gestaltung der Arbeitsplätze (§ 75 Abs. 3 Nr. 16 BPersVG). Bei Neu-, Um- und Erweiterungsbauten von Diensträumen und bei grundlegenden Änderungen von Arbeitsverfahren und Arbeitsabläufen ist er anzuhören (§ 78 Abs. 4, 5 BPersVG).

d) Personelle Angelegenheiten

56 **aa) Allgemeine personelle Angelegenheiten.** Ähnlich wie der Betriebsrat bestimmt der Personalrat mit bei dem Inhalt von Personalfragebögen (§§ 75 Abs. 3 Nr. 8, 76 Abs. 2 Nr. 2 BPersVG), bei Beurteilungs- (§§ 75 Abs. 3 Nr. 9, 76 Abs. 2 Nr. 3 BPersVG) und Auswahlrichtlinien (§ 76 Abs. 2 Nr. 8 BPersVG) sowie beim Absehen von Stellenausschreibungen (§ 75 Abs. 3 Nr. 14 BPersVG).

57 **bb) Berufsbildung.** Mitbestimmungspflichtig sind die Berufsausbildung bei Angestellten und Arbeitern (§ 75 Abs. 3 Nr. 6 BPersVG), die Auswahl von Teilnehmern an Fortbildungsveranstaltungen (§§ 75 Abs. 3 Nr. 7, 76 Abs. 2 Nr. 1

BPersVG) sowie die Fragen der Fortbildung (§ 76 Abs. 2 Nr. 6 BPersVG). An Prüfungen, die eine Dienststelle von den Beschäftigten ihres Bereichs abnimmt, kann ein Mitglied des für diesen Bereich zuständigen Personalrats, das von diesem benannt ist, beratend teilnehmen (§ 80 BPersVG).

cc) Personelle Einzelmaßnahmen. Bei personellen Einzelmaßnahmen unterscheidet das Gesetz nach Arbeitnehmern und Beamten; außerdem schränkt es die Beteiligung bei bestimmten Beschäftigungsgruppen ein.[55] Der Personalrat hat gemäß §§ 75 Abs. 1, 76 Abs. 1 BPersVG mitzubestimmen in Personalangelegenheiten 58

der Angestellten und Arbeiter bei	der Beamten bei
Einstellung	Einstellung, Anstellung
Übertragung einer höher oder niedriger zu bewertenden Tätigkeit, Höher- oder Rückgruppierung, Eingruppierung	Beförderung, Übertragung eines anderen Amts mit höherem Endgrundgehalt ohne Änderung der Amtsbezeichnung, Verleihung eines anderen Amts mit anderer Amtsbezeichnung beim Wechsel der Laufbahngruppe, Laufbahnwechsel, Übertragung einer höher oder niedriger zu bewertenden Tätigkeit
Versetzung zu einer anderen Dienststelle, Umsetzung innerhalb der Dienststelle, wenn sie mit einem Wechsel des Dienstorts verbunden ist	Versetzung zu einer anderen Dienststelle, Umsetzung innerhalb der Dienststelle, wenn sie mit einem Wechsel des Dienstorts verbunden ist
Abordnung für eine Dauer von mehr als drei Monaten	Abordnung für eine Dauer von mehr als drei Monaten
Weiterbeschäftigung über die Altersgrenze hinaus	Hinausschiebung des Eintritts in den Ruhestand wegen Erreichens der Altersgrenze
Anordnungen, welche die Freiheit in der Wahl der Wohnung beschränken	Anordnungen, welche die Freiheit in der Wahl der Wohnung beschränken
Versagung oder Widerruf der Genehmigung einer Nebentätigkeit	Versagung oder Widerruf der Genehmigung einer Nebentätigkeit
	Ablehnung eines Antrags auf Teilzeitbeschäftigung, Ermäßigung der regelmäßigen Arbeitszeit oder Urlaub

Der Personalrat kann seine **Zustimmung** aus denselben Gründen **verweigern** wie 59 der Betriebsrat. Bei der Einleitung eines förmlichen Disziplinarverfahrens gegen einen Beamten, bei der Entlassung von Beamten auf Probe und auf Widerruf und bei der vorzeitigen Versetzung in den Ruhestand wirkt der Personalrat nur mit, wenn der Beschäftigte das beantragt (§ 78 Abs. 1 Nr. 3-5, Abs. 2 BPersVG).

---

[55] Vgl. zur Mitbestimmung bei Versetzungen *Rehak*, PersV 2012, 4.

60 dd) Kündigung. Ein (förmliches) Mitwirkungsrecht hat der Personalrat auch bei der ordentlichen Kündigung. Er kann aus denselben Gründen Einwendungen erheben wie der Betriebsrat. Hat er das form- und fristgerecht getan und erhebt der Arbeitnehmer Kündigungsschutzklage, so ist der Arbeitnehmer auf Antrag bis zum Abschluss des Rechtsstreits zu unveränderten Arbeitsbedingungen weiterzubeschäftigen (§ 79 Abs. 2 S. 1 BPersVG). Vor fristlosen Entlassungen von Beamten auf Probe oder auf Widerruf und vor außerordentlichen Kündigungen ist der Personalrat anzuhören (§ 79 Abs. 3 S. 1 BPersVG). Eine Kündigung ohne Beteiligung des Personalrats ist unwirksam (§ 79 Abs. 4 BPersVG).

61 ee) Ausnahmen. In Personalangelegenheiten von Beschäftigten mit Gegnerbezug zum Personalrat (§ 14 Abs. 3 BPersVG), der Beamten auf Zeit und der Beschäftigten mit überwiegend künstlerischer oder wissenschaftlicher Tätigkeit bestimmt der Personalrat nur mit, wenn sie es beantragen.[56] Kein Mitbestimmungsrecht in Personalangelegenheiten und beim Absehen von der Ausschreibung von Dienstposten hat er bei politischen Beamten, bei Beamten von der Besoldungsgruppe A 16 aufwärts (§ 77 Abs. 1 BPersVG) und bei Angestellten, die entweder auf einer solchen Besoldungsstelle geführt werden oder die eine gleichwertige Tätigkeit ausüben.[57]

e) Innerdienstliche Angelegenheiten

62 Das Personalvertretungsrecht kennt den Begriff „wirtschaftliche Angelegenheiten" nicht. Aber natürlich werden auch hier Entscheidungen getroffen, die den unternehmerischen Entscheidungen entsprechen. Außer bei der Vorbereitung von Verwaltungsanordnungen für die innerdienstlichen Angelegenheiten ist der Personalrat zu beteiligen vor der Weiterleitung von Personalanforderungen zum Haushaltsvoranschlag (§ 78 Abs. 3 S. 1 BPersVG); hier hat er ein Anhörungsrecht.

---

[56] BVerwG 17.5.2010, PersR 2010, 365.
[57] BVerwG 2.10.1978, PersV 1979, 464.

§ 18 Änderung von Arbeitsbedingungen

Das Arbeitsverhältnis als Dauerschuldverhältnis bedarf naturgemäß ständiger Anpassung.[1] Die jährlichen Tarifrunden zeugen davon.

I. Änderungsvorbehalt

Wenige Probleme bereitet es, wenn sich eine Seite die Anpassung vorbehalten hat. In der Praxis gibt es derartige Vorbehalte im Arbeitsvertrag nur zugunsten des Arbeitgebers, und zwar in Gestalt der Leistungsbestimmungsrechte (Änderungs- und Widerrufsvorbehalte, Versetzungsklauseln, vorbehaltene Teilkündigungen). Tarifverträge sehen mitunter für beide Seiten die Möglichkeit einer Teilkündigung vor. Betriebsvereinbarungen über freiwillige Leistungen können von Gesetzes wegen mit einer Frist von drei Monaten gekündigt werden.

II. Einvernehmliche Änderung

Unproblematisch ist es auch, wenn sich die Vertragsparteien auf eine Änderung einigen, die Tarifvertragsparteien auf die Änderung des Tarifvertrags, die Betriebspartner auf die Änderung einer Betriebsvereinbarung, die Arbeitsvertragsparteien auf die des Arbeitsvertrags. Hier geht es eher um Fragen der allgemeinen Vertragslehre, nämlich wann eine Änderung vorliegt, wie etwa bei der betrieblichen Übung, oder wie weit eine Änderung gehen darf; Stichwörter sind hier „Inhaltskontrolle" beim Arbeitsvertrag und „Vertrauensschutz" und „Rückwirkungsverbot" bei Tarifverträgen und Betriebsvereinbarungen.

III. Überkreuzablösung

Schwieriger wird es, wenn ein Regelungsinstrument durch ein andersartiges geändert werden soll: ein Kollektivvertrag durch den Arbeitsvertrag oder ein Arbeitsvertrag durch eine Kollektivvereinbarung oder – innerhalb des Kollektivrechts – ein Tarifvertrag durch eine Betriebsvereinbarung (Sprechervereinbarung, Dienstvereinbarung) oder umgekehrt. Diese Fragen beantworten sich aus der **Rechtsquellenlehre**. Deren Grundgedanke ist verhältnismäßig einfach: Die stärkere Rechtsquelle geht der schwächeren vor, die schwächere der stärkeren

---

[1] Zu Möglichkeiten und Grenzen der Anpassung von Arbeitsbedingungen ausf. *Hromadka*, RdA 1992, 234 ff.

ausnahmsweise dann, wenn die stärkere das zulässt (**Öffnungsklausel**) oder die Regelung der schwächeren für den Arbeitnehmer günstiger ist (**Günstigkeitsprinzip**). Anderes gilt lediglich im Verhältnis Tarifvertrag/Betriebsvereinbarung und Dienstvereinbarung: Hier sperren tarifliche oder tarifübliche Regelungen grundsätzlich auch günstigere Regelungen in der rangniederen Rechtsquelle.

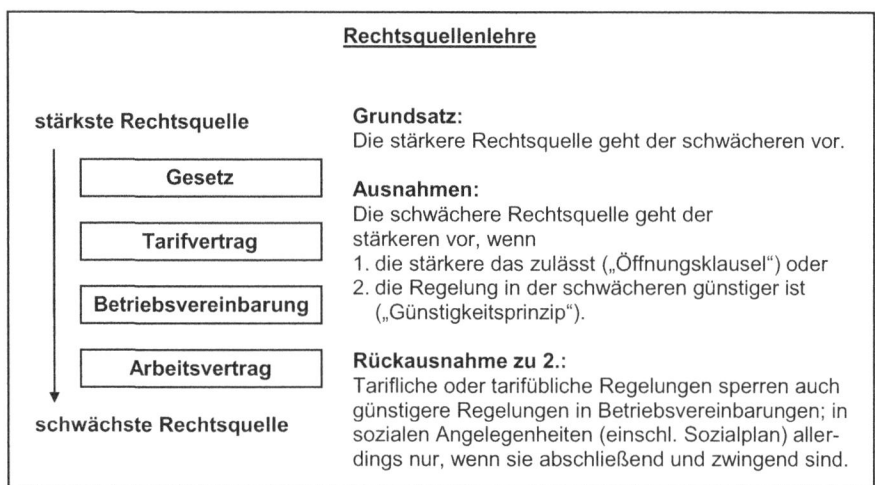

IV. Änderung ohne Änderungsvorbehalt

5 Am schwierigsten ist es, wenn die Parteien nicht durch Änderungsvorbehalt im Vertrag vorgesorgt haben und wenn sie auch nicht zu einer einvernehmlichen Anpassung bereit sind. Dem Versuch, den Vertragspartner auszutauschen, um zu einer einvernehmlichen Lösung zu gelangen (z.B. Vereinbarung mit dem Betriebsrat oder mit den Arbeitnehmern statt mit der Gewerkschaft oder mit dem Betriebsrat statt mit allen Arbeitnehmern), auf den ein Gutteil der Rechtsquellenprobleme zurückgeht, sind enge Grenzen gesetzt. Das Gesetz musste deshalb **Pattlösemechanismen** zur Verfügung stellen.

6 Beim **Arbeitsvertrag** ist das die **Änderungskündigung**, die dem Arbeitgeber die Möglichkeit zu einer einseitigen Änderung der Individualarbeitsbedingungen gibt (§ 2 KSchG). Die **Betriebsvereinbarung** können Arbeitgeber und Betriebsrat mit einer Frist von drei Monaten **kündigen** (§ 77 Abs. 5 BetrVG); in mitbestimmungspflichtigen Angelegenheiten können sie die **Einigungsstelle** anrufen (z.B. §§ 87 Abs. 2, 112 Abs. 4 BetrVG). Zur Anpassung der **Tarifbedingungen** steht notfalls der **Arbeitskampf** zur Verfügung. Den Streik muss man zugleich als Gegenstück zur Änderungskündigung sehen. So wie der Arbeitgeber mit der Kündigung droht, um Arbeitsvertragsbedingungen zu seinen Gunsten zu verändern, so droht die Gewerkschaft mit Streik, um die Arbeitsbedingungen zugunsten der Arbeitnehmer zu verändern. Dass Tarifrunden viel häufiger sind als Anpassungen durch den Arbeitgeber, liegt hauptsächlich daran, dass das Leistungs-Gegenleis-

tungsgefüge sich durch die Erhöhung der Lebenshaltungskosten immer wieder zulasten der Arbeitnehmer verschiebt.

V. Übersicht über Fundstellen

Die Möglichkeiten zur Änderung von Arbeitsbedingungen im Einzelnen sind im Rahmen der jeweiligen Rechtsinstitute dargestellt worden. Hier muss eine zusammenfassende Übersicht genügen: 7

Änderung von Arbeitsbedingungen

1. mit Änderungsvorbehalt
- Arbeitsvertrag → Leistungsbestimmungsrecht,
  Band 1, § 5 Rn. 133, § 10 Rn. 371 ff.
- Tarifvertrag → vorbehaltene Teilkündigung, Band 2, § 13 Rn. 94

2. ohne Änderungsvorbehalt
  a) einseitig
  - Arbeitsvertrag → Änderungskündigung, Band 1, § 10 Rn. 366 ff.
  - Betriebsvereinbarung → Kündigung, WGG, Band 2, § 16 Rn. 406 f.
  - Tarifvertrag → Arbeitskampf, Band 2, § 14 Rn. 1 ff.
    → Kündigung, Band 2, § 13 Rn. 92 ff.
    → WGG, Band 2, § 13 Rn. 95

  b) einvernehmlich
  - Arbeitsvertrag → Änderungsvertrag,
    Band 1, § 5 Rn. 170 ff., § 10 Rn. 366 ff.
  - Betriebsvereinbarung → ändernde Betriebsvereinbarung,
    Band 2, § 16 Rn. 641
  - Tarifvertrag → ändernder Tarifvertrag, Band 2, § 13 Rn. 42

  c) einvernehmlich durch anderweitigen Vertrag (Überkreuzablösung)
  - Arbeitsvertrag → ablösende Betriebsvereinbarung,
    Band 2, § 16 Rn. 387, 390
    → umstrukturierende Betriebsvereinbarung,
    Band 2, § 16 Rn. 388 f.
  - Betriebsvereinbarung → Arbeitsvertrag
    - Günstigkeitsprinz., Band 2, § 16 Rn. 384 ff., 403
    - Öffnungsklausel, Band 2, § 16 Rn. 376, 403
    → Tarifvertrag, Band 2, § 16 Rn. 364 ff., 373 ff., 380
  - Tarifvertrag → Arbeitsvertrag
    - Günstigkeitsprinz., Band 2, § 13 Rn. 279, 282 ff.
    - Öffnungsklausel, Band 2, § 13 Rn. 278
    → Betriebsvereinbarung
    - Öffnungsklausel, Band 2, § 13 Rn. 278

Änderung von Arbeitsbedingungen

Regelung in / Änderung	Arbeitsvertrag	kollektivrechtliche Regelung — Betriebsvereinbarung	kollektivrechtliche Regelung — Tarifvertrag
individualrechtlich	bei Änderungsvorbehalt: durch Leistungsbestimmung ohne Änderungsvorbehalt: durch Änderungsvertrag, ggf. unter dem Druck einer Änderungskündigung	durch Änderungsvertrag, wenn die individualrechtliche Regelung günstiger ist als die kollektivrechtliche („Günstigkeitsprinzip") oder, falls sie ungünstiger ist, wenn die kollektivrechtliche sie zulässt („Öffnungsklausel"); bei Arbeitszeitfragen kommt es weder auf Günstigkeit noch auf Zulassung an (sehr streitig)	
kollektivrechtlich — durch Betriebsvereinbarung	durch Betriebsvereinbarung/ Tarifvertrag: bei Änderungsvorbehalt („betriebsvereinbarungsoffen", „tarifoffen") oder ohne Änderungsvorbehalt, wenn Sozialleistungen, die für den Arbeitnehmer erkennbar einen kollektiven Bezug haben, umstrukturiert werden sollen	durch (ändernde) Betriebsvereinbarung („Ablöseprinzip")	durch Betriebsvereinbarung, wenn der Tarifvertrag dies zulässt (sehr selten), ansonsten sind auch günstigere Betriebsvereinbarungen unwirksam („Tarifsperre")
kollektivrechtlich — durch Tarifvertrag	(„umstrukturierende Betriebsvereinbarung", „umstrukturierender Tarifvertrag"); letzteres problematisch und bisher nicht entschieden; nicht: durch sonstige günstigeren oder ungünstigeren Kollektivvertrag; er schafft lediglich soweit sich Ansprüche decken, eine zweite Anspruchsgrundlage	Tarifvertrag über dieselbe Arbeitsbedingung macht Betriebsvereinbarung unwirksam („Tarifsperre"), sofern der Tarifvertrag die Betriebsvereinbarung nicht zulässt („Öffnungsklausel") oder es sich um soziale Angelegenheiten (einschl. Sozialplan handelt), die der Tarifvertrag nicht abschließend und zwingend regelt	durch (ändernden) Tarifvertrag

§ 19 Der Betriebsinhaberwechsel

I. Allgemeines

1. Bedeutung und Abgrenzung

a) Gründe für einen Betriebsinhaberwechsel

In einer dynamischen Wirtschaft wechseln jedes Jahr tausende Betriebe ihren Inhaber. Aus strategischen Gründen werden Betriebe erworben, wenn Unternehmen außer Stande sind, aus eigener Kraft zu wachsen. Sie erhalten dadurch Zugang zu vor- und nachgelagerten Produktions- bzw. Absatzstufen, können ihren Marktanteil vergrößern, sich diversifizieren und zusätzliches Know-how erlangen. Finanzinvestoren erwerben Betriebe zur Kapitalanlage oder zu Spekulationszwecken. Typische Gründe für den Verkauf sind die Konzentration auf das Kerngeschäft, das Abstoßen unrentabler Geschäfte, das Erlangen von Liquidität bei Zahlungsschwierigkeiten, das Ausscheiden des Betriebsinhabers, wenn im Kreise der Familie geeignete Nachfolger fehlen, oder schlicht die Erzielung eines Veräußerungsgewinns, etwa zur Befriedigung der Gläubiger in einem Insolvenzfall.

1

Zu einem Inhaberwechsel kommt es ferner dann, wenn ein Betriebsteil (z.B. Kantine) zu einem Unternehmen mit eigenem Rechtsträger („Kantinen-GmbH") verselbständigt wird. Behält das bisherige Unternehmen die Anteile an diesem Rechtsträger, spricht man von **„Ausgliederung"** (vgl. § 123 Abs. 3 UmwG). Auch der umgekehrte Fall ist denkbar. Dann spricht man von „Eingliederung" bzw. „Verschmelzung", engl. „Merger & Acquisitions" („M&A"). Vielfach werden auch nur Unternehmensfunktionen (Reinigung, Bewachung, Transport usw.) an Dritte fremdvergeben. Bei dieser als **„Outsourcing"** bezeichneten Funktionsnachfolge kann es ebenfalls zu einem Inhaberwechsel kommen, wenn der externe Dienstleister (Reinigungs-, Bewachung-, Transportunternehmen usw.) die übernommene Aufgabe (Reinigung, Bewachung, Transport usw.) mit dem bisherigen Personal und den im Betrieb vorhandenen Betriebsmitteln erbringt (s. unten Rn. 25).

2

b) Betriebsinhaberwechsel und Gesellschafterwechsel

Inhaberwechsel meint etwas anderes als Gesellschafterwechsel. Scheidet bei einer Personengesellschaft (z.B. OHG, KG), die einen Betrieb führt, einer der Gesellschafter aus und tritt ein neuer ein, ändert sich der Betriebsinhaber nicht; der Ar-

3

beitgeber (OHG, KG) bleibt derselbe.[1] Entsprechendes gilt, wenn die Anteile („shares") an einer juristischen Person als Rechtsträger eines Betriebs übertragen werden, wie etwa die Aktien einer AG oder die Gesellschaftsanteile an einer GmbH. Auch hier bleibt der Rechtsträger und damit der Betriebsinhaber und der Arbeitgeber derselbe, nur der hinter dem Arbeitgeber stehende Anteilsinhaber wechselt.[2] Das unterscheidet den **„share deal"** von einem **„asset deal"**. Bei ihm werden nicht die Anteile an einem Rechtsträger übertragen, sondern materielle und immaterielle Vermögensgegenstände („assets"), wie Grundstücke, Gebäude, Maschinen, Patente und Lizenzen, die erst in ihrer organisatorischen Verbindung einen Betrieb (z.B. Fabrik, Kaufhaus, Gaststätte) oder einen Betriebsteil (z.B. Forschungslabor, Kantine, Auslieferungslager) ausmachen. Führt der Erwerber mit den übernommenen Vermögensgegenständen den Betrieb oder Betriebsteil fort, kommt es zu einem Betriebsinhaberwechsel. § 613a BGB regelt, was dann mit den im Betrieb bestehenden Arbeitsverhältnissen geschieht: Sie gehen auf den neuen Inhaber über, und zwar mit dem bisherigen Inhalt. Der Betriebsinhaberwechsel führt folglich zu einem Arbeitgeberwechsel. Dieser wird nach dem Vorbild des § 566 BGB („Kauf bricht nicht Miete") kraft Gesetzes angeordnet.

2. Normzwecke des § 613a BGB

a) Sicherung von Bestand und Inhalt des Arbeitsverhältnisses

4 § 613a BGB schützt in erster Linie den Bestand und den Inhalt des Arbeitsverhältnisses. Das Arbeitsverhältnis soll unverändert fortbestehen, wenn zwar der Inhaber des Betriebs oder Betriebsteils wechselt, aber der Arbeitsplatz, d.h. die konkrete Arbeitsaufgabe innerhalb der vom bisherigen Inhaber geschaffenen und vom neuen Inhaber übernommenen Arbeitsorganisation, erhalten bleibt. Macht sich der **Erwerber** die vorgefundene und noch funktionsfähige Organisation des alten Inhabers zur Verfolgung eigener Zwecke zunutze, so **tritt er** von Gesetzes wegen **in die Rechte und Pflichten aus den Arbeitsverhältnissen ein**, die zu dieser Organisation gehören. Ob er die beim alten Inhaber beschäftigten Arbeitnehmer übernehmen will oder nicht, spielt – anders als vor Inkrafttreten des § 613a BGB – keine Rolle.

5 Damit der von § 613a BGB bezweckte Bestands- und Inhaltsschutz, der auch von Art. 12 Abs. 1 GG her geboten ist,[3] nicht leerläuft, **schließt** § 613a Abs. 4 S. 1 BGB auch **die Kündigung wegen eines Betriebsübergangs aus**. Zulässig bleibt die Kündigung aus anderen Gründen (§ 613a Abs. 4 S. 2 BGB), etwa wegen der Stilllegung eines Betriebs oder Betriebsteils. Bestands- und Inhaltsschutz werden dem **Arbeitnehmer** aber nicht aufgedrängt; er **kann dem Übergang des Arbeitsverhältnisses auf einen neuen Inhaber widersprechen** (§ 613a Abs. 6 BGB).

---

[1] BAG 14.8.2007, NZA 2007, 1428; LAG Düsseldorf 19.11.2015, 5 Sa 780/15.
[2] BAG 23.3.2017, NZA 2017, 981.
[3] BVerfG 15.1.2015, ZIP 2015, 445.

Damit bleibt zwar das Arbeitsverhältnis mit dem alten Arbeitgeber bestehen, der Arbeitnehmer trägt aber das Risiko einer betriebsbedingten Kündigung, wenn eine Weiterbeschäftigung nicht mehr möglich ist.[4] In aller Regel büßt er damit seinen Arbeitsplatz ein, und zwar vielfach, ohne dass er während der Kündigungsfrist Entgelt erhielte (§ 615 S. 2 BGB),[5] und häufig, ohne dass ihm Leistungen aus einem Sozialplan zustünden, weil er eine zumutbare andere Tätigkeit ausgeschlagen hat.[6]

b) Weitere Zwecke

§ 613a Abs. 1 S. 2-4 BGB sichert die **Fortgeltung der beim Veräußerer maßgeblichen kollektivvertraglichen Regelungen**, falls diese beim Erwerber – z.B. wegen mangelnder Tarifbindung – nicht normativ fortgelten. Der Erwerber hat aber die Möglichkeit, die bei ihm geltenden Arbeitsbedingungen zur Anwendung zu bringen (s. unten Rn. 115 ff.). § 613a BGB dient des weiteren dem **Schutz der Kontinuität des Betriebsratsamtes**. Bleibt die Identität des Betriebs gewahrt und gehen deshalb die Arbeitsverhältnisse über, lässt der Betriebsinhaberwechsel auch das Amt des Betriebsrats (s. unten Rn. 106 ff.) und die von ihm geschlossenen Betriebsvereinbarungen unberührt (s. unten Rn. 127 ff.). § 613a Abs. 2 BGB verteilt das **Haftungsrisiko** zwischen altem und neuem Arbeitgeber. Für die Ansprüche aus dem Arbeitsverhältnis, die vor dem Betriebsübergang entstanden sind, haften dem Arbeitnehmer der alte und der neue Betriebsinhaber als Gesamtschuldner; die Haftung des neuen Inhabers ist allerdings beschränkt, wenn er den Betrieb im Zuge eines Insolvenzverfahrens erwirbt (s. unten Rn. 51 ff., 83 ff.). 6

II. Tatbestand des Betriebsübergangs

1. Voraussetzungen nach deutschem Recht (§ 613a BGB)

Die Rechtsfolgen des § 613a BGB werden nur beim Übergang des gesamten Betriebs oder eines Betriebsteils ausgelöst. Die Übertragung einzelner Betriebsmittel ohne die zugehörige betriebliche Organisation genügt nicht. Ferner darf der Betrieb oder Betriebsteil nicht zuvor für längere Zeit oder auf Dauer stillgelegt gewesen sein, da nur „werbende" Betriebe übergehen können. „Betriebsübergang" und „Betriebsstilllegung" schließen einander aus. Schließlich muss der Übergang durch Rechtsgeschäft erfolgen, d.h. im Wege der Einzelrechtsnachfolge – also etwa aufgrund eines Kaufvertrags. Ist der Betriebsinhaber eine natürliche Person, gehen bei dessen Tod die mit ihm begründeten Arbeitsverhältnisse nicht nach § 613a BGB, sondern im Wege der Gesamtrechtsnachfolge nach § 1922 BGB auf die Erben über. Für die Fälle einer „partiellen Gesamtrechtsnachfolge" (z.B. Aus- 7

---

[4] So ausdrücklich BAG 19.3.1998, AP Nr. 177 zu § 613a BGB.
[5] BAG 19.3.1998, AP Nr. 177 zu § 613a BGB.
[6] BAG 5.2.1997, AP Nr. 112 zu § 112 BetrVG 1972.

gliederungen, Eingliederungen, Aufspaltungen, Verschmelzungen nach den Vorschriften des UmwG) ordnet § 324 UmwG – allerdings ungenau formuliert – die Anwendbarkeit des § 613a BGB an.

2. Voraussetzungen nach EU-Recht

a) Grundsätze

8 Da § 613a BGB zugleich die Betriebsübergangs-Richtlinie 2001/23/EG[7] in deutsches Recht umsetzt, muss er in deren Licht unter Berücksichtigung der hierzu ergangenen Rechtsprechung des EuGH ausgelegt werden.[8] Anders als das deutsche Recht spricht das EU-Recht aber nicht vom „Betriebsübergang", sondern vom **„identitätswahrenden Übergang einer wirtschaftlichen Einheit auf einen anderen Inhaber"** (Art. 1 Abs. 1b RL 2001/23/EG). Wirtschaftliche Einheit versteht es – weiter als das deutsche Recht – als den Oberbegriff für Unternehmen, Betrieb, Unternehmensteil und Betriebsteil (Art. 1 Abs. 1a RL 2001/23/EG). Allerdings sind die Unterbegriffe autonom, d.h. unabhängig von ihrer Bedeutung im deutschen Recht, allein nach der Betriebsübergangsrichtlinie zu interpretieren, weil sich nur so die einheitliche Anwendung der Richtlinie in der gesamten EU garantieren lässt. Zu ihrer Auslegung ist ausschließlich der EuGH befugt.

9 Folglich sind die Tatbestandsmerkmale „Betrieb" und „Betriebsteil" in § 613a BGB nicht mehr i.S.d. deutschen Arbeitsrechts zu verstehen. Stattdessen muss bei § 613a BGB geprüft werden, ob eine wirtschaftliche Einheit identitätswahrend übergegangen ist.[9] Das geschieht am besten in drei Schritten:[10]
1. Zunächst ist zu untersuchen, ob das auf einen anderen Inhaber übergegangene „Transaktionsobjekt" eine **„wirtschaftliche Einheit"** darstellt.
2. Sodann ist zu prüfen, worin die **identitätsprägenden Merkmale** der betreffenden Einheit bestehen.
3. Schließlich ist festzustellen, ob der Inhaberwechsel die identitätsprägenden Merkmale der wirtschaftlichen Einheit **unberührt** gelassen hat.

b) Wirtschaftliche Einheit

10 **aa)** Art. 1 Abs. 1b RL 2001/23/EG definiert den Begriff der **wirtschaftlichen Einheit** als „organisierte Zusammenfassung von Ressourcen zur Verfolgung einer wirtschaftlichen Haupt- oder Nebentätigkeit". Ähnlich spricht der EuGH

---

[7] V. 12.3.2001, ABl. Nr. L 82 S. 13 über die Wahrung von Ansprüchen der Arbeitnehmer beim Übergang von Unternehmen, Betrieben oder Betriebsteilen.
[8] EuGH 15.12.2005, NZA 2006, 29 m.w.N - Güney Görres; EuGH 12.2.2009, NZA 2009, 251 - Klarenberg.
[9] Zur Verfassungsmäßigkeit dieser Auslegung BVerfG 15.1.2015, ZIP 2015, 445.
[10] Instruktiv *Schiefer/Hartmann*, BB 2012, 1985.

von einer „organisierten Gesamtheit von Personen und Sachen zur Ausübung einer wirtschaftlichen Tätigkeit mit eigener Zielsetzung".[11]

Schon in der Rechtssache „Spijkers"[12] hatte der EuGH befunden, dass die Übertragung **einzelner Betriebsmittel** noch nicht die in der Betriebsübergangsrichtlinie bestimmten Rechtsfolgen auslöst. **Hinzukommen müssten weitere „Produktionsfaktoren"**, wie etwa immaterielle Betriebsmittel (Know-how, Goodwill, Patente und Lizenzen), persönliche Faktoren (die Übernahme der Hauptbelegschaft) und die Übernahme eines Kundenstamms. In der Tat können alle diese Faktoren die wirtschaftliche Einheit prägen. Diese besteht aber nicht von selbst, sondern nimmt erst durch die Koordination der Produktionsfaktoren durch den bisherigen Inhaber Gestalt an. Nichts anderes ist gemeint, wenn neuerdings von der **funktionellen Verknüpfung der Wechselbeziehung und der gegenseitigen Ergänzung der Produktionsfaktoren** die Rede ist, die bei einem Betriebsübergang erhalten bleiben müsse.[13] Worin diese für den jeweiligen Betrieb charakteristische Organisationsleistung besteht, kann nur fallgruppenspezifisch bestimmt werden. Für betriebsmittelgeprägte Produktionsbetriebe gelten andere Gesichtspunkte als für betriebsmittelarme Dienstleister. Bei Ersteren besteht die Koordinierungsleistung in der Organisation vor allem der materiellen Betriebsmittel, bei Letzteren kommt es auf die Zusammenführung fachlich versierten Personals in einer organisatorisch abgrenzbaren Einheit an. Dass überhaupt eine bestimmte Dienstleistung erbracht wird, genügt für sich allein noch nicht,[14] weshalb auch der bloße Verlust eines Dienstleistungsauftrags (z.B. Überwachung, Verpflegung, Reinigung) an einen Konkurrenten keinen Betriebsübergang begründet.[15]

11

bb) Der von der Richtlinie intendierte Zweck, die Kontinuität des Arbeitsverhältnisses bei einem Betriebsübergang zu schützen, setzt ferner voraus, dass die übertragene wirtschaftliche Einheit **auf Dauer angelegt ist und sich nicht auf die Ausführung eines bestimmten Vorhabens beschränkt**.[16] Wo Arbeitsplätze schon beim Veräußerer nicht dauerhaft bestehen, weil nur ein einziges Vorhaben realisiert wird (Errichtung eines Gebäudes, Aufbau eines Messestands usw.), kann der Erwerber nicht über die Betriebsübergangsrichtlinie gezwungen werden, solche auf Dauer einzurichten.

12

Allerdings deutet nicht jeder zeitlich beschränkte Auftrag darauf hin, dass eine bestimmte Tätigkeit nicht auf Dauer angelegt ist.[17] Die Erledigung von Daueraufgaben kann auch nur befristet übertragen werden (z.B. Bewachung eines Objekts für zwei Jahre durch eine Fremdfirma). Wird später dieselbe Aufgabe einem anderen Dienstleister übertragen, kann darin der Übergang der wirtschaftlichen Einheit liegen, wenn der Erwerber nicht nur die Aufgabe, sondern auch die zu ihrer Erfüllung erforderliche Betriebsorganisation des bisherigen Dienstleisters übernimmt.[18] Ist das der Fall, gilt die Betriebsübergangs-Richtlinie

13

---

[11] EuGH 11.3.1997, NZA 1997, 433, 434 m.w.N. – Ayse Süzen.
[12] EuGH 18.3.1986, BeckRS 2004, 72554.
[13] EuGH 12.2.2009, NZA 2009, 251, 253 – Klarenberg.
[14] EuGH 20.1.2011, NZA 2011, 148 Rn. 41 m.w.N. – CLECE.
[15] EuGH 11.3.1997, NZA 1997, 433, 434 m.w.N. – Ayse Süzen.
[16] EuGH 19.9.1995, NZA 1995, 1031 – Rygaard.
[17] MünchKomm/*Müller-Glöge*, § 613a BGB Rn. 23.
[18] EuGH 20.11.2003, NZA 2003, 1385 – Abler.

selbst dann, wenn Veräußerer und Erwerber planen oder zumindest in Kauf nehmen, dass die übertragene wirtschaftliche Einheit nach dem Übergang zerschlagen oder aufgelöst wird.[19]

14 **cc) Verfolgung einer wirtschaftlichen Tätigkeit.** „Wirtschaftliche Tätigkeit" meint ganz allgemein **jedes Angebot von Waren oder Dienstleistungen auf einem bestimmten Markt.**[20] Auch Dienste im allgemeinen Interesse, etwa zur Daseinsvorsorge,[21] sowie solche ohne Gewinnerzielungsabsicht fallen unter den Anwendungsbereich der Richtlinie 2001/23 (vgl. Art. 1 Abs. 1c). Sie gilt daher auch für gemeinnützige Organisationen (z.B. Stiftungen, Vereine), wenn sie Dienste unentgeltlich erbringen.[22] Entscheidend ist der wirtschaftliche Charakter der jeweiligen Tätigkeit.[23] Dieser ist schon immer dann gegeben, wenn materielle, immaterielle und personelle Ressourcen zielgerichtet zum Einsatz gelangen.[24] **Ausgenommen** ist nur die **Ausübung hoheitlicher Befugnisse,**[25] d.h. die hinreichend qualifizierte Wahrnehmung von Sonderrechten, Hoheitsprivilegien oder Zwangsbefugnissen, z.B. durch Polizei und Militär.[26]

Beispiel: Die Durchführung von **Krankentransportleistungen durch einen Rettungsdienst** stellt keine hoheitliche Tätigkeit dar. Dass dabei zuweilen Blaulicht und Einsatzhorn verwendet werden, um bei höchster Eile Menschenleben zu retten oder schwere gesundheitliche Schäden abzuwenden (§ 38 Abs. 1 StVO), bedeutet keine unmittelbare und spezifische Teilhabe an der Ausübung öffentlicher Gewalt. Das Rettungspersonal ist – anders als die Polizei – nicht mit besonderen Vorrechten oder Zwangsbefugnissen ausgestattet, um die Einhaltung des allgemeinen Rechts zu gewährleisten.[27]

15 Nach Art. 1 Abs. 1c RL 2001/23 hängt die Anwendbarkeit der Richtlinie nicht von der öffentlich-rechtlichen oder privatrechtlichen Rechtsform des Unternehmensträgers ab.[28] Das spielt vor allem bei der Privatisierung eine Rolle. Wird eine bislang von der öffentlichen Hand erledigte Aufgabe einem privatrechtlich verfassten Träger übertragen, der nicht nur die Aufgabe, sondern auch die entsprechende Organisation übernimmt, kann dies die Rechtsfolgen des § 613a BGB auslösen.

Beispiele: Privatisierung von ursprünglich durch den Staat erbrachten Telekommunikationsdiensten,[29] Fremdvergabe der Fluggastkontrolle an ein privates Sicherungsunterneh-

---

[19] EuGH 13.6.2019, NZA 2019, 889 - Ellinika Nafpigeia Rn. 45.
[20] EuGH 6.9.2011, NZA 2011, 1077 m.w.N. in Rn. 43 f. - Scattolon.
[21] BAG 10.5.2012, NZA 2012, 1169.
[22] EuGH 19.5.1992, NZA 1994, 207 - Redmont Stichting.
[23] EuGH 26.9.2000, NZA 2000, 1327 - Mayeur.
[24] HWK/*Willemsen*, § 613a BGB Rn. 22.
[25] BAG 10.5.2012, NZA 2012, 1169 m.w.N. in Rn. 35.
[26] Verneint für die Durchführung von Rettungsdiensten, vgl. BAG 10.5.2012, NZA 2012, 1169.
[27] BAG 10.5.2012, NZA 2012, 1161 Rn. 35.
[28] EuGH 20.1.2011, NZA 2011, 148 - CLECE; EuGH 26.11.2015, NZA 2016, 33 - Aira Pascual.
[29] EuGH 14.9.2000, NZA 2000, 1279 - Collino.

men.³⁰ Übertragung der Arbeitsvermittlung auf einen privaten Dritten.³¹ Containerverladung in einem Bahnhof durch ein öffentliches Unternehmen,³² Überwachung einer Hafenanlage,³³ Bewachung eines Museums,³⁴ Betrieb einer kommunalen Musikschule.³⁵

Umgekehrt kann auch Rückführung einer ursprünglich privatisierten Aufgabe zurück in eigene Regie zu einem Betriebsübergang führen.³⁶ Dagegen liegt kein Betriebsübergang vor, wenn Verwaltungsaufgaben von der einen Behörde auf eine andere übertragen werden (vgl. Art. 1 Abs. 1c S. 2 RL 2001/23). Ob damit nur die hoheitlichen Aufgaben gemeint sind³⁷ oder jede Übertragung von Verwaltungsaufgaben,³⁸ ist offen. Für erstere Ansicht spricht der Schutzzweck der Norm, der verlangt, ihre Ausnahmebereiche so klein wie möglich zu halten.³⁹ Freilich kann auch hier § 613a BGB durch eine Sondernorm verdrängt werden. Derartige Privatisierungsgesetze dürfen aber ihrerseits nicht gegen die Betriebsübergangsrichtlinie verstoßen; zulässig sind allenfalls Konkretisierungen.⁴⁰

dd) Haupt- oder Nebenzweck. Nach Art. 1 Abs. 1b RL 2001/23 a.E. spielt es keine Rolle, ob in der übertragenen Organisationseinheit zuvor eine Haupt- oder Nebentätigkeit verrichtet wurde. Das ist nur folgerichtig. Wenn es im EU-Recht nicht auf arbeitstechnische, sondern auf wirtschaftliche Zwecke ankommt und diese denkbar weit verstanden werden, muss auch die Übertragung von Einheiten erfasst sein, die für das Gepräge eines Unternehmens oder Betriebs keine wesentliche Bedeutung haben.⁴¹ Gleichgültig ist daher, ob die Einheit in einem notwendigen Zusammenhang mit dem Unternehmenszweck steht⁴² oder ob sie selbst am Markt tätig wird, also Produkte oder Dienste für jedermann anbietet, oder ob sie ihre Leistungen – wie häufig beim Outsourcing – nur für das Unternehmen erbringt.⁴³ Keine Rolle spielen ferner ihre Zugehörigkeit zu einem bestimmten Wirtschafts- oder Verwaltungszweig, ihre Größe (Kapitalausstattung, Umsatz, Rentabilität, Zahl der Arbeitskräfte), ihre wirtschaftliche Situation (werbend, insolvenzreif,⁴⁴ insolvent,⁴⁵ im Liquidationsstadium) sowie ihre Verbindung zu einem Unternehmen, das mit anderen Unternehmen konzernmäßig verbunden ist (keine Privilegierung von Konzernunternehmen).⁴⁶

---

30 EuGH 15.12.2005, NZA 2006, 29 - Güney-Görres; BAG 2.3.2006, NZA 2006, 848.
31 BAG 22.5.2014, NZA 2014, 1335.
32 EuGH 26.11.2015, NZA 2016, 31 - Aira Pascual.
33 EuGH 19.10.2017, NZA 2017, 1379 - Securitas.
34 EuGH 11.7.2018, NZA 2018, 1053 - Somoza Hermo.
35 EuGH 7.8.2018, NZA 2018, 1123 - Colino Sigüenza.
36 EuGH 20.1.2011, NZA 2011, 148 - CLECE; EuGH 26.11.2015, NZA 2016, 33 - Aira Pascual.
37 MünchKomm/*Müller-Glöge*, § 613a BGB Rn. 29.
38 AR/*Bayreuther*, § 613a BGB Rn. 35.
39 EuGH 11.12.2011, NZA 2011, 1077, Rn. 55 ff. - Scattolon.
40 So i.E. BAG 13.6.2006, NZA 2006, 848 m.w.N.
41 BAG 9.2.1994, AP Nr. 105 zu § 613a BGB.
42 EuGH 12.11.1992, EWiR 1993, 147; EuGH 14.4.1994, AP Nr. 106 zu § 613a BGB.
43 BAG 9.2.1994, AP Nr. 105 zu § 613a BGB.
44 EuGH 7.12.1995, AP Nr. 8 zu EWG-RL Nr. 77/187.
45 BAG 18.11.2003, NZA 2004, 654, 655 m.w.N.
46 BAG 19.1.1988, AP Nr. 70 zu § 613a BGB; BAG 2.12.1999, NZA 2000, 587.

18 Allerdings muss die wirtschaftliche **Einheit bereits vor dem Übergang hinreichend strukturiert und selbständig** gewesen sein.[47] Den Kern dieser „**funktionellen Autonomie**" erblickt der EuGH[48] in der Existenz einer für die wirtschaftliche Einheit verantwortlichen Person, die über entsprechende „**Organisationsbefugnisse**" verfügt, mit der sie die Verfolgung der wirtschaftlichen Tätigkeit, die ihr eigen ist, relativ frei und unabhängig organisieren kann. Dazu rechnet insbesondere das Recht „*Weisungen und Instruktionen zu erteilen, Aufgaben auf die untergeordneten Arbeitnehmer, die zu der fraglichen Einheit gehören, zu verteilen und über die Verwendung der materiellen Ressourcen, die ihr zur Verfügung stehen, zu entscheiden, und zwar ohne unmittelbares Eingreifen anderer Organisationsstrukturen des Inhabers.*"[49] Dass der Arbeitgeber der genannten Gruppe von Arbeitnehmern konkrete Verpflichtungen auferlegt und so auf deren Tätigkeiten weitgehend Einfluss nimmt, steht der Annahme einer **hinreichenden Autonomie** dann nicht entgegen, „*wenn die Gruppe für die Organisation und Durchführung ihrer Aufgaben doch eine gewisse Freiheit hat.*"[50]

18a **Beispiele:** Ein **Forschungsschiff** mit seiner für Forschungszwecke erforderlichen wissenschaftlichen Einrichtung und Organisation erfüllt diese Voraussetzungen im Regelfall. Es stellt daher eine wirtschaftliche Einheit dar, die bei einer Neubereederung und Fortführung als Forschungsschiff ihre Identität wahrt. Wird dessen Bereederung im Rahmen einer Ausschreibung auf Grund öffentlichen Vergaberechts auf einen anderen Betreiber übertragen, gehen die Heuerverhältnisse nach § 613a BGB auf ihn über.[51] Dagegen soll es bei einem **Passagierflugzeug** an der hinreichenden organisatorischen Selbständigkeit fehlen, selbst wenn es das wesentliche Betriebsmittel eines Luftverkehrsunternehmens darstellt.[52] Üblicherweise ist es auf unterschiedlichen Flugrouten und mit stets wechselndem Flugpersonal (Piloten und Kabinenpersonal) im Einsatz.[53] Es spielt deshalb auch keine Rolle, dass dem jeweiligen Flugkapitän aufgrund seiner „Bordgewalt" während der einzelnen Flüge Leitungsfunktion im Sinne einer ausreichend funktionellen Autonomie zukommt.[54]

18b Es genügt auch nicht, wenn der Erwerber mit einzelnen, bislang nicht teilbetrieblich organisierten Betriebsmitteln einen Betrieb oder Betriebsteil gründet. Vielmehr muss schon beim bisherigen Betriebsinhaber eine selbständig abtrennbare organisatorische Einheit gegeben sein, mit der – ähnlich wie bei § 4 Abs. 1 S. 1 Nr. 2 BetrVG – innerhalb des betrieblichen Gesamtzwecks ein Teilzweck verfolgt wird.[55] Dafür spricht z.B., dass der bisherige Inhaber diesen Betriebsteil – wie

---

[47] EuGH 11.12.2011, NZA 2011, 1077 Rn. 42 m.w.N. - Scattolon; BAG 20.1.2015, NZA 2015, 1325.
[48] EuGH 13.6.2019, NZA 2019, 889 - Ellinika Nafpigeia Rn. 62 ff.
[49] EuGH 29.7.2010, NZA 2010, 1014 - UGT-FSP Rn. 42 f.
[50] EuGH 6.9.2011, NZA 2011, 1077 - Scattolon Rn. 51.
[51] BAG 2.3.2006, NZA 2006, 1105.
[52] LAG Bln-Bbg 18.1.2019, NZA-RR 2019, 317 m.w.N.
[53] LAG Düsseldorf 21.6.2019 – 10 Sa 595/18, BeckRS 2019, 18559.
[54] LAG Berlin-Brandenburg 25.4.2019 - 21 Sa 1534/18, BeckRS 2019, 16811; a.A. ArbG Berlin 7.2.2019, BeckRS 2019, 2593 Rn. 33.
[55] BAG 16.2.2006, 24.8.2006, AP Nr. 300, 315 zu § 613a BGB; BAG 7.4.2011, NZA 2011, 1231.

etwa eine Kleinpaketfertigung in einem Druckzentrum[56] oder eine Kantine[57] – einem rechtlich selbständigen Dienstleister zur eigenen Verantwortung übertragen hatte. Nicht erforderlich ist, dass der übertragene Unternehmens- oder Betriebsteil beim Erwerber seine organisatorische Selbständigkeit bewahrt; es genügt, dass die funktionelle Verknüpfung zwischen den übertragenen Produktionsfaktoren erhalten bleibt, um derselben oder einer gleichartigen wirtschaftlichen Tätigkeit nachzugehen.[58] Ob der verbleibende Restbetrieb noch fortgesetzt wird oder nicht mehr lebensfähig ist, ist unerheblich. Maßgeblich ist die Wahrung der Identität der übernommenen Einheit beim Erwerber und nicht der Untergang der früheren Identität des Gesamtbetriebs.[59]

c) Identitätswahrender Übergang

aa) Grundsätze. Steht fest, dass es sich bei dem Übertragungsobjekt um eine wirtschaftliche Einheit handelt, sind im nächsten Schritt die für sie typischen Merkmale herauszuarbeiten. Bleiben diese Merkmale nach dem Übergang erhalten, übernimmt der neue Inhaber nicht nur Betriebsmittel, sondern auch Beschäftigungsmöglichkeiten. Dann aber ist es gerechtfertigt, die mit den Beschäftigungsmöglichkeiten korrespondierenden Arbeitsverhältnisse auf ihn übergehen zu lassen, damit es beim Betriebsübergang zu dem von der Richtlinie intendierten Gleichlauf von Arbeitsplatz und Arbeitsverhältnis kommt.   19

Als Merkmale, anhand derer sich der identitätswahrende Übergang der wirtschaftlichen Einheit bemisst, sind nach der Rechtsprechung[60] die im Folgenden näher darzulegenden **sieben Kriterien jeweils einzeln und** sodann **in ihrer Gesamtheit** zu berücksichtigen: 20
- die **Art** des betreffenden Unternehmens oder Betriebs,
- der etwaige **Übergang materieller Betriebsmittel**,
- der Wert der **immateriellen Aktiva** im Zeitpunkt des Übergangs,
- die etwaige **Übernahme der Hauptbelegschaft** durch den neuen Inhaber,
- der etwaige **Übergang der Kundschaft**,
- der Grad der **Ähnlichkeit** zwischen den vor und nach dem Übergang verrichteten Tätigkeiten und
- die Dauer einer eventuellen **Unterbrechung** dieser Tätigkeiten.[61]

Dabei können die Einzelmerkmale in einem Anwendungsfall – ganz der **typologischen Methode** folgend – bald stärker, bald schwächer ausgeprägt sein, mitunter auch vollständig fehlen. Manche Kriterien – wie etwa die Übernahme materieller Betriebsmittel – sprechen besonders stark für einen Übergang der wirtschaftlichen Einheit, andere spielen nur eine   21

---

[56] BAG 27.1.2011, NZA 2011, 1162.
[57] BAG 12.12.2009, NZA 2010, 499.
[58] EuGH 12.2.2009, NZA 2009, 251 – Klarenberg; BAG 13.10.2011, NZA 2012, 504.
[59] BAG 7.4.2011, NZA 2011, 1231; vgl. auch *Salamon*, NZA 2012, 482.
[60] EuGH 18.3.1986, BeckRS 2004, 72554; BAG 30.10.2008, NZA 2009, 485, 487 m.w.N.
[61] EuGH 15.12.2005, NZA 2006, 29, 30 m.w.N. – Güney Görres.

Nebenrolle, wie etwa der Übergang der Kundschaft. Freilich hängt auch das wieder vom konkreten Fall ab: Was für einen Produktionsbetrieb wesentlich ist – die Übernahme von Betriebsmitteln –, kann bei einem Dienstleister nebensächlich sein; hier kann z.B. dem Übergang von Kundenbeziehungen maßgebliche Bedeutung zukommen. Manche Kriterien haben eine **positive Indizfunktion**: Ihr Vorliegen deutet auf einen Betriebsübergang hin, wie etwa die Übernahme von Betriebsmitteln bei Produktionsbetrieben. Dass sie in einem anderen Fall fehlen, muss nicht unbedingt gegen einen Betriebsübergang sprechen: Die Übernahme von materiellen Betriebsmitteln spielt bei Dienstleistern nur eine Nebenrolle; bei ihnen kommt es auf die tatsächliche, freiwillige Übernahme der Hauptbelegschaft an. Andere Kriterien entfalten eine **negative Indizwirkung**. Liegen sie vor, spricht das gegen einen Betriebsübergang. Das trifft z.B. für das letzte Merkmal zu. Wurde der Betrieb der wirtschaftlichen Einheit für eine sehr lange Zeit unterbrochen, schließt das tendenziell einen Betriebsübergang aus, weil davon auszugehen ist, dass der Betrieb stillgelegt wurde und stillgelegte Betriebe nicht mehr auf einen anderen Inhaber übergehen können. Nach welcher Dauer aus einer (unschädlichen) Betriebsunterbrechung eine Betriebsstilllegung wird, hängt wieder von der Art des Betriebes ab.

22 **bb) Art des betreffenden Unternehmens oder Betriebs.** Von den sieben Prüfungskriterien bildet das erste **kein eigenständiges Tatbestandsmerkmal**, sondern ist ausschlaggebend dafür, welches Gewicht den sechs anderen Merkmalen bei der notwendigen Gesamtabwägung zukommt.[62] Die Rechtsprechung unterscheidet vor allem zwischen **betriebsmittelreichen Produktionsbetrieben und betriebsmittelarmen Dienstleistern**:

23 **(1) Bei Produktionsbetrieben** sind die Arbeitsplätze i.d.R. an Maschinen und Einrichtungsgegenstände gebunden. Zur Fortführung der Produktion in der bisherigen Weise benötigt der Erwerber Produktionsanlagen und Werkzeuge, Schutzrechte, Konstruktionszeichnungen und Pläne für die produzierten Güter sowie Rohstoffe, soweit sie nicht jederzeit auf dem freien Markt zu beschaffen sind, in einem Umfang, der eine sinnvolle Weiterführung der Produktion ermöglicht.[63] Die Veräußerung einer einzelnen Maschine führt zu keinem Betriebsübergang, erst recht nicht, wenn der Erwerber nicht die Organisation, in die die Maschine beim Veräußerer eingebunden war, übernimmt, sondern sie in seine eigene bereits bestehende betriebliche Organisation einfügt.[64] Nicht erforderlich ist, dass dieselben Produkte wie bisher hergestellt werden.[65] Wird der **Betrieb verlegt**, bleibt die Identität der wirtschaftlichen Einheit gewahrt, wenn der Erwerber die Produktion am anderen Ort – ggf. sogar im **Ausland**[66] – mit gleicher Arbeitsorganisation und gleichen Betriebsmethoden weiterführt.[67] Das kann allerdings zweifelhaft sein, wenn die alte und neue Betriebsstätte weit voneinander entfernt liegen. Lässt sich die neue Betriebsstätte mit dem Auto innerhalb einer Stunde erreichen, ist die

---

[62] AR/*Bayreuther*, § 613a BGB Rn. 6; ErfK/*Preis*, § 613a BGB Rn. 12.
[63] BAG 19.1.1988, AP Nr. 70 zu § 613a BGB; BAG 18.3.1999, NZA 1999, 706.
[64] BAG 16.5.2002, AP Nr. 237 zu § 613a BGB.
[65] BAG 22.5.1985, 16.5.2003, AP Nr. 42, 237 zu § 613a BGB.
[66] *Forst*, SAE 2012, 18; *Junker*, NZA-Beil. 1/2012, 18 ff.; *Leuchten*, ZESAR 2012, 411.
[67] BAG 16.5.2002, AP Nr. 237 zu § 613a BGB.

Identität laut BAG gewahrt.[68] Dass der Erwerber das Personal eines betriebsmittelreichen Produktionsbetriebs nicht mit übernimmt, schließt den Betriebsübergang nicht aus.[69] Sind die Voraussetzungen des § 613a BGB erfüllt, geht das im übernommenen Betrieb beschäftigte Personal von Gesetzes wegen automatisch auf den Erwerber über. Übernimmt der Erwerber umgekehrt nur Teile des Personals, nicht aber die Betriebsmittel eines Produktionsbetriebs, spricht das gegen einen Betriebsübergang.[70]

(2) Welche Merkmale Dienstleistungsbetriebe prägen, ist schwieriger zu beantworten. Bei ihnen ist die Arbeit von Menschen wichtiger als der Einsatz von Betriebsmitteln, die häufig nur eine Hilfsfunktion haben (Literatur bei einem Juristen, PC bei einem Programmierer, Besen bei einer Reinigungskraft usw.). Soll der Mangel an Betriebsmitteln den Betriebsübergang nicht von vornherein ausschließen, was angesichts des gesetzgeberischen Ziels, kein Sonderrecht für bestimmte Betriebsformen oder Branchen zu schaffen, nicht ernsthaft in Betracht kommt, kann der Anknüpfungspunkt für die übertragungsfähige Einheit nur die **Gesamtheit der Mitarbeiter** des Dienstleisters sein, wenn sie durch ihre gemeinsame Tätigkeit **für eine gewisse Dauer organisatorisch verbunden** sind.[71]

24

Mit Recht stellt die Rechtsprechung deshalb darauf ab, ob der neue Inhaber die bisherige Belegschaft ganz oder zum größten Teil übernimmt und sie gezielt in der bisherigen Funktion weiterbeschäftigt.[72] Dass er schlicht die Dienste seines Vorgängers fortführt (z.B. den gekündigten Reinigungs-, Bewachungs-, Verpflegungsvertrag), genügt für sich allein nicht.[73] Eine organisatorische Einheit macht er sich nur dann zunutze, wenn er – rein tatsächlich – einen **nach Zahl oder Sachkunde wesentlichen Teil des Personals übernimmt**, das sein Vorgänger gezielt bei dieser Tätigkeit eingesetzt hatte.[74] Werden etwa über 50 % der in einem IT-Servicebetrieb beschäftigten Techniker, EDV-Servicemitarbeiter und Führungskräfte übernommen, kann dies aufgrund deren hohen Qualifikationsgrads die Übernahme eines nach Zahl und Sachkunde wesentlichen Teils des Personals darstellen.[75] Übernimmt er freiwillig die wesentliche Belegschaft, bewirkt § 613a BGB, dass die nicht übernommenen Arbeitnehmer von Gesetzes wegen auf ihn übergehen und für sämtliche Mitarbeiter die bisherigen Arbeitsbedingungen fortgelten. Will er diese Rechtsfolgen vermeiden, darf er freiwillig allenfalls einen geringen Teil des Personals übernehmen. Keine Rolle spielt, ob mit dem übernommenen Personal ein neuer Arbeitsvertrag abgeschlossen wird oder in welchem (vermeintlichen) Rechtsverhältnis der Übernehmer die bisherigen Arbeitnehmer nach der Übernahme (weiter-)beschäftigt.[76] Dass zuvor als Lokalredakteure

25

---

[68] BAG 26.5.2011, NZA 2011, 1143.
[69] EuGH 20.11.2003, NZA 2003, 1385; BAG 22.7.2004, NZA 2004, 1383.
[70] BAG 23.9.2010, NZA 2011, 197.
[71] BAG 15.12.2011, NZA 2013, 179 für ein Bewachungsunternehmen; BAG 21.6.2012, NZA 2013, 6, 9 für einen IT-Servicebetrieb; MünchKomm/*Müller-Glöge*, § 613a BGB Rn. 39 f.
[72] EuGH 11.3.1997, NZA 1997, 433 - Ayse Süzen; BAG 21.6.2012, NZA 2013, 6, 9 ff.
[73] EuGH 24.1.2002, NZA 2002, 265 - Temco; BAG 22.1.2009, NZA 2009, 905; BAG 15.12.2011, NZA 2013, 179; BAG 19.3.2015, DB 2015, 2030.
[74] EuGH 12.2.2009, NZA 2009, 251 - Klarenberg; EuGH 20.1.2011, NZA 2011, 148 - CLECE.
[75] BAG 21.6.2012, NZA 2013, 6, 10 f.; BAG 22.5.2014, NZA 2014, 1335.
[76] BAG 22.5.2014, NZA 2014, 1335.

angestellte Arbeitnehmer nach dem Inhaberwechsel als freie Mitarbeiter tätig sind, spricht nicht gegen einen Betriebsübergang.[77]

26 Um eine Umgehung von § 613a BGB zu verhindern, stellt die Rechtsprechung neuerdings darauf ab, ob für die Erbringung einer Dienstleistung die **Verwendung von Betriebsmitteln wesentlich ist**. § 613a BGB sei schon dann anwendbar, wenn die von der Belegschaft benutzten **Betriebsmittel den eigentlichen Kern des zur Wertschöpfung erforderlichen Funktionszusammenhangs ausmachen**.[78] Das hängt von der Eigenart des jeweiligen Betriebs ab.[79] Funktioniert umgekehrt eine wirtschaftliche Einheit ohne nennenswerte Vermögenswerte, kann die Wahrung ihrer Identität nach dem Inhaberwechsel nicht von der Übernahme derartiger Vermögenswerte abhängen. Wird die eigentliche Leistung eines Betriebs nicht *durch* ein materielles Betriebsmittel erbracht, sondern nur *mit dessen Hilfe*, handelt es sich dabei zwar um ein wichtiges Hilfsmittel, dieses prägt jedoch nicht die Identität der Einheit.[80] Zu prüfen ist also, ob die **Dienste** schlicht „**an**" bestimmten Betriebsmitteln erfolgen oder ob sie „**mit**" ihnen erbracht werden. Im ersten Fall können die Dienste zwar nicht ohne die Betriebsmittel verrichtet werden, weshalb sie nicht unverzichtbar, sondern notwendig sind. Die **Betriebsmittel** machen aber nicht den Kern der *eigenen* unternehmerischen Koordinationsleistung aus, sondern sie sind das **Objekt der Dienstleistung**.

Beispiele[81]: Reinigungsdienste, Bewachung eines Truppenübungsplatzes, Hausmeisterdienste, Kommissionierung in einem Lager, Telefonauskunft in einem Callcenter, IT-Dienstleistungen, die Servicetechniker bei den Kunden erbringen, Verwaltung einer Immobilie, Betrieb einer Arztpraxis, Zeitungszustelldienst, Arbeitsvermittlung.

27 Alle diese Dienste können zwar nicht an beliebigen Betriebsmitteln, sondern nur in den Räumen des Auftraggebers erbracht werden. Was den Betrieb des bisherigen Dienstleisters (Reinigung, Bewachung, Hausmeisterei usw.) prägt, ist aber nicht der Ort der Dienstleistung, sondern die Zusammenstellung, Anleitung und Koordination des Personals. Sie macht bei „personalintensiven Dienstleistungen" den Kern des Wertschöpfungsprozesses aus. Das Arbeitsergebnis beruht hier im wesentlichen auf der menschlichen Arbeitsleistung und nicht auf den Betriebsmitteln.[82] Übernimmt der neue Dienstleister nicht das alte Personal, greift er auf keine bereits vorhandenen Strukturen zurück. Bei einer Dienstleistung „an" (fremden) Betriebsmitteln **schließt deshalb bereits die Nichtübernahme des bisherigen Personalstamms die Anwendung von § 613a BGB aus**. Die bloße Fortführung des Dienstleistungsauftrags genügt für sich allein nicht.[83]

---

[77] BAG 19.3.2015, ZInsO 2015, 2601.
[78] BAG 6.4.2006, NZA 2006, 723; BAG 13.6.2006, NZA 2006, 1101, 1104.
[79] BAG 21.6.2012, BB 2012, 2687: Verneint für einen IT-Dienstleister.
[80] BAG 19.3.2015, DB 2015, 2030.
[81] BAG 13.12.2007, NZA 2008, 1021; BAG 21.5.2008, NZA 2009, 144; BAG 25.9.2008, NZA-RR 2009, 469; BAG 22.1.2009, NZA 2009, 905; BAG 25.6.2009, NZA 2009, 1412; BAG 22.6.2011, DB 2011, 2553; BAG 15.12.2012, NJW 2013, 2379; BAG 19.3.2015, DB 2015, 2030; vgl. weiter *Schiefer/Hartmann*, BB 2012, 1985.
[82] BAG 21.6.2012, BB 2012, 3144; *Willemsen/Müntefering*, NZA 2006, 1185, 1189.
[83] EuGH 20.1.2011, NZA 2011, 148 – CLECE; BAG 22.1.2009, NZA 2009, 905.

Anders liegt es, wenn die Dienste nicht nur „an den", sondern **„mit den"** Betriebsmitteln **28** verrichtet werden, die bei wertender Betrachtung den wesentlichen Teil der unternehmerischen Koordinationsleistung darstellen. Prägend für solche **„betriebsmittelreichen Dienstleistungen"**[84] sind die von den Anlagen und Maschinen vorgegebenen Arbeitsprozesse. Sie und nicht die Menschen sind es, die über die Betriebsabläufe und das Arbeitsergebnis bestimmen und die deshalb den Kern des Wertschöpfungsprozesses ausmachen. Von solchen betriebsmittelreichen Diensten geht die Rechtsprechung aus, wenn die zu bedienenden oder zu überwachenden Anlagen besonders kapitalintensiv und wertvoll sind oder wenn die für die Dienstleistung zur Verfügung gestellte technische Ausstattung nicht frei am Markte erhältlich ist und der Auftraggeber ihren Einsatz zwingend vorschreibt.

Beispiele: Bei einem **Caterer**, der dauerhaft die Patienten und das Personal eines **Krankenhauses verpflegt**, die vom Krankenhaus zur Verfügung gestellten Räumlichkeiten, Wasser, Energie und das Groß- und Kleininventar, insbesondere das zur Zubereitung der Speisen erforderliche unbewegliche Inventar und die Spülmaschinen;[85] bei einer **Fluggastkontrolle am Flughafen** die Torbogensonden, Durchleuchtungsgeräte, Sprengstoffspürgeräte usw.;[86] bei einer technisch hochkomplexen **Druckweiterverarbeitung** in einem Verlagshaus die standortgebundenen Anlagen und Maschinen;[87] bei einem **Schlachthof** die zur Durchführung der Schlacht- und Zerlegarbeiten vom Eigentümer des Schlachthofs zur Verfügung gestellten industriellen Schlachtanlagen,[88] bei einem industriellen **Lagerbetrieb** u.U. Lagerhalle, Lager- und Fördermittel, nicht aber das konkrete Lagerbewirtschaftungssystem;[89] bei vom **Bodenpersonal einer Fluglinie auf einem Großflughafen wahrgenommenen Aufgaben** die umfängliche Logistik des Flughafens und eigene technische Betriebsmittel, nicht aber das Überspielen von Dateien für einzelne Aufträge oder Flüge;[90] bei einem **Rettungsdienst** die überlassenen Krankenwagen;[91] bei einem fremdvergebenen **Werksschutz** das speziell für die Bedürfnisse des Auftraggebers entwickelte elektronische Sicherheitssystem.[92] Bei einer **Tankstelle** kann die Nichtübernahme besonderer Anlagen, die für ihren Betrieb erforderlich sind (z.B. spezielle Erdtanks, Zapfsäulen), gegen einen Betriebsübergang sprechen. Das gilt nicht, wenn bei einem Pächterwechsel Betriebsmittel, die in die Jahre gekommen sind, ausgetauscht werden, die Tankstelle ansonsten aber am selben Standort fortgeführt wird. Wird die Tankstelle verlegt, spricht das meist gegen einen Übergang. Die Ähnlichkeit der Art des Betriebs und die Produktions- oder Betriebsmethoden bilden für sich allein noch nicht die „Identität" einer Tankstelle, da diese regelmäßig eine ähnliche Struktur aufweisen.[93] Bei einem **Asylbewerberheim** kann es zu einem Betriebsübergang kommen, wenn sich ein Auftragnehmer verpflichtet, die Gesamtheit der dort **29**

---

[84] BAG 13.12.2007, NZA 2008, 1021.
[85] EuGH 20.11.2003, NZA 2003, 1385 - Abler; abw. BAG 17.12.2009, NZA 2010, 499.
[86] EuGH 15.12.2005, NZA 2006, 29 - Güney-Görres; BAG 13.6.2006, NZA 2006, 1101, 1104.
[87] BAG 6.4.2006, NZA 2006, 723, 726.
[88] BAG 29.3.2007, NZA 2007, 927.
[89] BAG 13.12.2007, NZA 2008, 1021.
[90] BAG 16.5.2007, NZA 2007, 1296.
[91] BAG 10.5.2012, NZA 2012, 1161.
[92] BAG 23.5.2013, DB 2013, 2336.
[93] BAG 18.9.2014, NZA 2015, 97.

anfallenden Aufgaben zu übernehmen und in diesem Zusammenhang das vom Auftraggeber vertraglich vorgegebene Gebäude inkl. des vorhandenen Inventars nutzt.[94]

30 **Sind die Anlagen und Geräte** nicht bloßes Objekt, sondern das **Mittel der Dienstleistung**, löst bereits die Fortführung der Dienste unter Einsatz der bisherigen Anlagen und Gerätschaften die Rechtsfolgen des § 613a BGB aus. Einer zusätzlichen Übernahme des Personals bedarf es nicht, weil die Belegschaft von Gesetzes wegen auf den neuen Dienstleister übergeht. Keine Rolle spielt, ob der neue Auftragnehmer die identitätsprägenden Betriebsmittel zu Eigentum erwirbt oder diese nur aufgrund einer Nutzungsvereinbarung (Pacht, Nießbrauch, atypischer Vertrag usw.) einsetzen darf.[95] Liegt eine „betriebsmittelreiche" Dienstleistung im beschriebenen Sinne vor, lassen sich die Rechtsfolgen des § 613a BGB also nicht durch eine schlichte Nichtübernahme des Personals verhindern,[96] wohl aber dadurch, dass das Konzept und die Organisation der Dienste wesentlich verändert werden.[97] Freilich bleibt in Grenzfällen, in denen sowohl die Betriebsmittel als auch die Mitarbeiter für eine Dienstleistung „wesentlich", weil „unverzichtbar" sind, die Abgrenzung schwierig, zumal sämtliche Umstände des Einzelfalls in ihrer Gesamtheit zu berücksichtigen sind. Hilfreich für die Entscheidung können folgende Kontrollfragen sein: Welchen Wert haben die materiellen Betriebsmittel? Lassen sie sich leicht oder schwer austauschen? Sind die Arbeitsabläufe durch die Anordnung der Anlagen und Maschinen zwingend vorgegeben oder zumindest vorgezeichnet? Welche Qualifikation haben die Mitarbeiter? Lassen sie sich leicht oder schwer austauschen? Wie hoch sind die Personalkosten im Vergleich zu den Kosten für die Nutzung der Betriebsmittel?[98]

31 bb) **Übernahme materieller Betriebsmittel.** Wichtigstes Indiz für einen Betriebsübergang ist die Übertragung materieller Betriebsmittel, vor allem bei betriebsmittelreichen Produktionsbetrieben. Werden sämtliche Betriebsmittel übertragen, ist regelmäßig von einem Betriebsübergang auszugehen.[99] Keine Rolle spielt, ob der Erwerber das Eigentum an den Betriebsmitteln erhält oder ob er sie aufgrund einer Nutzungsvereinbarung (Pacht, Nießbrauch, atypischer Vertrag usw.) einsetzen darf.[100] Entscheidend ist, dass er den Betrieb als Verantwortlicher im eigenen Namen leitet.[101]

32 Allerdings ist die **Übernahme materieller Betriebsmittel kein notwendiges Kriterium** mehr. Bis 1997 hatte die h.M.[102] angenommen, dass jeder Betriebsübergang tatbestandlich die Übertragung eines gegenständlichen „Substrats" voraussetze; die Rechtsfolge sei dann der Übergang der Arbeitsverhältnisse. Die Verlagerung von Arbeitsplätzen oder Arbeitsmöglichkeiten auf einen Dritten sollte nach damaliger Ansicht grundsätzlich nicht genügen. Die betriebsmittellose Funktionsnachfolge wurde deshalb nicht als Betriebsübergang aner-

---

[94] LAG MV 14.5.2014, 3 Sa 238/13.
[95] BAG 6.4.2006, NZA 2006, 723, 726.
[96] BAG 13.12.2007, NZA 2008, 1021.
[97] BAG 17.12.2009, NZA 2010, 499.
[98] Vgl. *Willemsen/Müntefering*, NZA 2006, 1185, 1189 f.
[99] EuGH 14.4.1994, NZA 1994, 545.
[100] EuGH 20.3.2003, NZA 2003, 1385 - Abler; BAG 6.4.2006, NZA 2006, 723, 726.
[101] BAG 20.3.2003, NZA 2003, 1338; BAG 31.1.2008, AP Nr. 339 zu § 613a BGB.
[102] BAG 22.5.1985, NZA 1985, 775; RGRK/*Ascheid*, § 613a BGB Rn. 78.

kannt. Davon ist die Rechtsprechung abgerückt.[103] Mittlerweile hält sie die Übertragung materieller Betriebsmittel zumindest dann für entbehrlich, wenn ein nach Zahl und Sachkunde wesentlicher Teil der bisherigen Belegschaft in seiner bisherigen Funktion übernommen wird, falls das Personal – wie bei den meisten Dienstleistungsbetrieben – das Substrat der wirtschaftlichen Einheit bildet.[104] Entscheidend ist dann, ob die Betriebsmethoden und die Arbeitsorganisation gleichbleiben oder verändert werden.[105] Die **Übernahme materieller Betriebsmittel ist aber auch kein hinreichendes Kriterium** für die Anwendbarkeit des § 613a BGB, wenn diese zuvor keine selbständig abtrennbare organisatorische Einheit gebildet haben.[106] Umgekehrt kann bereits die Übernahme materieller Betriebsmittel die Rechtsfolgen des § 613a BGB auslösen, wenn sie den eigentlichen Kern der betrieblichen Wertschöpfung bilden.[107] Kann der neue Inhaber bereits durch den Erwerb oder die Nutzung wertvoller oder kapitalintensiver Betriebsmittel, wie etwa identitätsstiftender Grundstücke, Betriebsgebäude oder identitätsprägender Maschinen die Arbeitsabläufe strukturieren, führt allein das zur Anwendung von § 613a BGB, ohne dass es der Übernahme von Personal, Kundschaft oder immaterieller Betriebsmittel bedarf.[108]

cc) **Übernahme immaterieller Betriebsmittel.** Hierzu gehören **Patent- und Gebrauchsmusterrechte, Schutzrechte und Lizenzen** sowie der **Goodwill**, d.h. der Firmenwert des Übertragungsobjekts, aber auch das **Know-how der Mitarbeiter**.[109] Ihre Übernahme spielt vor allem bei betriebsmittelarmen Dienstleistungsbetrieben eine Rolle, deren charakteristisches Substrat das Wissen und Können der Arbeitnehmer bildet. Werden Schlüsselkräfte oder besonders qualifizierte Arbeitnehmer weiterbeschäftigt, die das Know-how des Betriebs verkörpern – z.B. der Koch eines Restaurants[110] oder die EDV-Spezialisten bei einem IT-Dienstleister,[111] nicht das Reinigungs- und Bedienpersonal bei einem Hotel[112] –, kann dies für einen Betriebsübergang sprechen. Die Übertragung von **Patent- und Gebrauchsmusterrechten** ist stets ein Indiz für einen Betriebsübergang,[113] die Nichtübernahme spricht dagegen.[114] Die **Übernahme des Firmennamens** kann darauf hindeuten, dass die Marktstellung des bisherigen Betriebsinhabers genutzt werden soll. Umgekehrt beseitigt allein die Änderung des Namens, unter dem ein Betrieb geführt wird, nicht die Identität der übernommenen wirtschaftlichen Einheit, wenn ihre Zielsetzung dieselbe bleibt.[115]

---

[103] BAG 22.5.1997, NZA 1997, 1050; BAG 21.6.2012, BB 2012, 3144.
[104] MünchKomm/*Müller-Glöge*, § 613a BGB Rn. 41.
[105] BAG 13.12.2007, NZA 2008, 1021; BAG 17.12.2009, NZA 2010, 499.
[106] BAG 27.1.2011, NZA 2011, 1162; BAG 13.10.2011, NZA 2012, 504.
[107] EuGH 15.12.2005, NZA 2006, 29 - Güney-Görres.
[108] AR/*Bayreuther*, § 613a BGB Rn. 8.
[109] ErfK/*Preis*, § 613a BGB Rn. 23 m.w.N.
[110] BAG 9.2.1994, NZA 1994, 612.
[111] BAG 21.6.2012, BB 2012, 3144.
[112] BAG 21.8.2008, NZA 2009, 29, 30.
[113] *Hergenröder*, AR-Blattei SD 500.1 Rn. 190.
[114] BAG 13.11.1997, NZA 1998, 249.
[115] BAG 21.8.2008, NZA 2009, 29, 33 für die Änderung eines Hotelnamens.

§ 19 Der Betriebsinhaberwechsel

34 dd) Übernahme der Hauptbelegschaft. In Branchen, in denen es im wesentlichen auf die menschliche Arbeitskraft ankommt, kann auch eine Gesamtheit von Arbeitnehmern, die durch eine gemeinsame Tätigkeit dauerhaft verbunden sind, eine wirtschaftliche Einheit darstellen.[116] Ihre Identität bleibt gewahrt, wenn der neue Betriebsinhaber nicht nur die betreffende Tätigkeit weiterführt, sondern auch **einen nach Zahl und Sachkunde wesentlichen Teil des Personals übernimmt**, das sein Vorgänger gezielt bei dieser Tätigkeit eingesetzt hatte.[117]

35 Entscheidend ist dabei die **Austauschbarkeit**. Sind die Übernommenen Spezialisten, deren Fachkenntnisse für die Betriebsführung von Bedeutung sind und die sich nur mit besonderem Aufwand auf dem Arbeitsmarkt gewinnen lassen, kann bereits die Übernahme weniger Know-how-Träger für den Betriebsübergang sprechen.[118] Bei weniger qualifizierten Dienstleistungen (Reinigung, Bewachung, Verpflegung, Kommissionierung, Service in Hotels und Gaststätten usw.), für die neues Personal leicht zu gewinnen ist, kommt es darauf an, ob der neue Inhaber die bereits beim Vorgänger vorhandene Arbeitsorganisation fortführt.[119] Das in ihr verkörperte Erfahrungswissen macht er sich dann zunutze, wenn er ein gut eingespieltes Team übernimmt.[120] Wie viele Arbeitnehmer er (freiwillig) an den alten Arbeitsplätzen mit unveränderten Aufgaben weiterbeschäftigen muss, damit die Rechtsfolgen des § 613a BGB ausgelöst werden, hängt von der Struktur des Betriebs oder Betriebsteils ab. **Je geringer der Qualifikationsgrad, desto größer muss die Quote der Übernommenen sein**. 40-60 % des bisherigen Personals genügen nicht,[121] selbst 75 % sind bei wenig Qualifizierten noch zu gering, wenn der neue Auftragnehmer die frühere Arbeitsorganisation nicht aufrechterhält.[122] Bei Reinigungskräften soll die Weiterbeschäftigung von 85% der bisherigen Belegschaft ausreichen, wenn der neue Inhaber keine Betriebsmittel übernimmt.[123] Bei einem EDV-Dienstleister hat das BAG die Übernahme von über 50 % der in einem Betrieb beschäftigten IT-Servicetechniker genügen lassen.[124] Entscheidend ist, ob der weiterbeschäftigte Belegschaftsteil insbesondere aufgrund seiner Sachkunde, seiner Organisationsstruktur und nicht zuletzt auch seiner relativen Größe im Grundsatz funktionsfähig bleibt.[125]

36 ee) Auch die Übernahme der Kundschaft kann auf einen Betriebsübergang hindeuten.[126] Freilich lässt sich diese in einer Marktwirtschaft nicht einfach auf einen Erwerber überführen: Sie zu gewinnen oder zu erhalten, ist nicht Voraussetzung, sondern das Ziel der unternehmerischen Tätigkeit. Gemeint ist mit dem Kriterium, ob dem Erwerber die sachlich-gegenständlichen oder organisatorischen Voraussetzungen übertragen werden, die ihm den Zugang zum bisherigen Kun-

---

[116] EuGH 24.1.2002, NZA 2002, 265 - Temco; EuGH 20.1.2011, NZA 2011, 148 - CLECE.
[117] BAG 6.4.2006, NZA 2006, 725, 726; BAG 21.5.2008, NZA 2009, 144.
[118] BAG 21.8.2008, NZA 2009, 29, 33; BAG 21.6.2012, BB 2012, 3144, 3145.
[119] BAG 11.12.1997, NZA 1998, 534, 535.
[120] BAG 30.10.2008, NZA 2009, 485, 488; instruktiv HWK/*Willemsen*, § 613a BGB Rn. 148 f.
[121] BAG 24.5.2005, NZA 2006, 31, 33; BAG 27.10.2005, NZA 2006, 668.
[122] BAG 10.12.1998, NZA 1999, 420.
[123] BAG 11.12.1997, NZA 1998, 534, 535.
[124] BAG 21.6.2012, BB 2012, 3144.
[125] BAG 21.6.2012, BB 2012, 3144.
[126] BAG 14.8.2007, NZA 2007, 1428; BAG 21.6.2012, BB 2012, 3144, 3145.

denkreis des Veräußerers ermöglichen.[127] Was hierzu erforderlich ist, richtet sich nach der Art des Betriebs und dem mit ihm verfolgten Zweck.

Bei **Produktionsbetrieben** steht die Herstellung von Gütern im Mittelpunkt; der Eintritt in laufende Kundenbeziehungen ist nicht erforderlich, wenn die organisierten Betriebsmittel (Anlagen, Maschinen, Gebäude) übernommen werden. Demgegenüber spielt bei **Ladengeschäften** der Erhalt des Kundenkreises die größte Rolle.[128] Dieser bleibt gewahrt, wenn die Geschäftsräume, das Warensortiment nach Branche (Textil, Schuhe, Elektro usw.) und Qualitätsstufe (Markenware, Billigware usw.) sowie die Betriebsform (Fachgeschäft, SB-Laden, Kaufhaus) im wesentlichen beibehalten werden. Die bloße Weiternutzung des Ladenlokals genügt nicht, wenn der (neue) Mieter das Sortiment oder die Betriebsform (wesentlich) ändert, z.B. statt teure Markenmöbel Billigmöbel zum Selbstabholen und Selbstaufbauen anbietet.[129] Auch bei einem **Hotelbetrieb** spielt die Beibehaltung des Kundenkreises eine entscheidende Rolle. Maßgeblich sind hier seine Zweckbestimmung (Ferien-, Übernachtungs-, Tagungs-, Familienhotel usw.), seine Kategorie und seine Ausstattung, weniger der Name.[130] Ähnliches gilt für **Gaststätten**. Hier kann trotz der Übernahme des Lokals ein Betriebsübergang zu verneinen sein, wenn der Erwerber wegen eines veränderten Gastronomiekonzepts („türkische statt deutsche Küche") nicht den bisherigen Kundenkreis anspricht.[131] Indiz für einen Betriebsübergang können auch die **Übernahme einer Kundenkartei** oder **der Erwerb einer Lizenz zum Alleinvertrieb** sein.[132] Auch die Übernahme eines Patienten- oder Mandantenstamms einer **Praxis oder Kanzlei oder die Befugnis zum Eintritt in bestehende Wartungsverträge**[133] können auf einen Betriebsübergang deuten.

ff) Ähnlichkeit der vor und nach dem Übergang verrichteten Tätigkeiten. Die wirtschaftliche Einheit verliert ihre Identität, wenn sie vom Erwerber (wesentlich) anders als bisher geführt wird. Insofern kommt dem Kriterium „Ähnlichkeit der vor und nach dem Übergang verrichteten Tätigkeiten", das ersichtlich auf den arbeitsorganisatorischen Zweck abstellt, eine **Ausschlusswirkung** zu. Unterscheiden sich die Tätigkeiten, spricht bereits dies gegen einen Betriebsübergang; ähneln sie einander, steht der Betriebsübergang dennoch nicht ohne weiteres fest, da eine schlichte Funktionsnachfolge, bei der ein Dienstleister nur den Auftrag seines Vorgängers ohne dessen Betriebsorganisation übernimmt, gerade nicht die Rechtsfolgen des § 613a BGB auslöst.[134]

Der **Verlust eines Auftrags an einen Mitbewerber** begründet für sich allein keinen Betriebsübergang, da die wirtschaftliche Einheit nicht auf eine bloße Tätigkeit reduziert werden kann.[135] Entsprechendes gilt für die erstmalige Fremdvergabe einer bislang vom Unter-

---

[127] ErfK/*Preis*, § 613a BGB Rn. 31; HWK/*Willemsen*, § 613a BGB Rn. 156.
[128] BAG 26.2.1987, AP Nr. 63 zu § 613a BGB; BAG 2.12.1999, NZA 2000, 369.
[129] BAG 13.7.2006, NZA 2006, 1357.
[130] BAG 21.8.2008, NZA 2009, 29, 33.
[131] BAG 11.9.1997, NZA 1998, 31.
[132] EuGH 7.3.1996, NZA 1996, 413; vgl. weiter BAG 21.1.1988, NZA 1988, 838.
[133] BAG 21.6.2012, BB 2012, 3144, 3145.
[134] EuGH 11.3.1997, NZA 1997, 433 - Ayse Süzen; EuGH 20.1.2011, NZA 2011, 148 - CLECE.
[135] BAG 25.6.2009, NZA 2009, 1412.

nehmen selbst erbrachten Dienstleistung an einen Dritten (z.B. der Reparatur- und Kundendienst in einem Kaufhaus).[136] Bei einem Produktionsunternehmen kann einem Betriebsübergang entgegenstehen, dass der Erwerber zwar die organisierten Betriebsmittel übernimmt, aber die Produktion wesentlich umstellt, z.B. von industrieller Massenproduktion auf die eher handwerklich geprägte Herstellung von Mustern und Prototypen.[137]

40 **gg) Unterbrechung der Geschäftstätigkeit.** Gegen einen Betriebsübergang spricht es, wenn die übernommene Einheit ihre Geschäftstätigkeit vorher eingestellt hatte. Betriebsstilllegung und Betriebsübergang schließen einander aus.[138] Da mit der Stilllegung die Betriebs- und Produktionsgemeinschaft aufgelöst wird und ihre Geschäftstätigkeit einstellt, verliert die wirtschaftliche Einheit schon vor dem Übergang ihre Identität und scheidet damit als Übertragungsobjekt aus. Unschädlich sind allenfalls vorübergehende Unterbrechungen der Geschäftstätigkeit für wenige Tage oder Wochen. Eine **feste zeitliche Grenze gibt es hierfür nicht**.[139] Maßgeblich ist, ob die Unterbrechung die bestehende wirtschaftliche Einheit zerschlägt. Das hängt von der Art des jeweiligen Betriebs ab.

41 Die Unterbrechung ist unschädlich, wenn der Erwerber die vom Vorgänger geschaffene Organisation trotzdem für seine eigenen Zwecke nutzen kann. Das wird bei **Produktionsbetrieben** auch nach längerer Zeit noch der Fall sein, wenn nicht nur einzelne Betriebsmittel übertragen werden und die Tätigkeiten einander gleichen. Unterbrechungen, die länger als die längste vom bisherigen Inhaber einzuhaltende Kündigungsfrist dauern, dürften regelmäßig gegen einen Betriebsübergang sprechen.[140] Bei **Saisonbetrieben** sind die Schließung zum Ende der Saison und die Wiedereröffnung in der nächsten Saison unschädlich.[141] Anderes gilt für **Ladengeschäfte.** Hier kommt es darauf an, ob sich die Kunden während der Unterbrechung neu orientieren, so dass der neue Inhaber nicht auf den bisherigen Kundenkreis zurückgreifen kann, sondern einen neuen aufbauen muss. Bei **Betrieben mit relativ geringer Kundenbindung** und Vorhandensein mehrerer Alternativen vor Ort steht eine fast halbjährige Schließung einer Übernahme des Kundenstammes in aller Regel entgegen.[142] Erst recht gilt dies bei einem **Textilgeschäft**, das neun Monate lang wegen **Umbaus** jede Verkaufstätigkeit eingestellt hat.[143] Hier haben sich modebewusste Kunden bereits umorientiert.

d) Übergang = Inhaberwechsel

42 **aa) Inhaberwechsel.** Der Übergang erfolgt mit dem Wechsel in der Person des Betriebsinhabers. **Inhaber** ist, wer die wirtschaftliche Einheit **im eigenen Namen leitet** und nach außen – und nicht nur im Innenverhältnis zur Belegschaft (etwa als

---

[136] BAG 22.1.1998, NZA 1998, 536.
[137] BAG 16.5.2002, NZA 2003, 93.
[138] BAG 30.10.2008, NZA 2009, 485, 487; BAG 16.2.2012, NZA-RR 2012, 465.
[139] MünchKomm/*Müller-Glöge*, § 613a BGB Rn. 53; HWK/*Willemsen*, § 613a BGB Rn. 176.
[140] BAG 22.5.1997, NZA 1997, 1050.
[141] EuGH 17.12.1987, Slg. 1987, 5465 – Ny Mölle Kro.
[142] BAG 11.9.1997, NZA 1998, 31.
[143] BAG 22.5.1997, NZA 1997, 1050.

II. Tatbestand des Betriebsübergangs

Vorgesetzter oder Betriebsleiter) – als Betriebsinhaber auftritt.[144] Keine Rolle spielt, ob dem Inhaber die Betriebsmittel gehören; es genügt, dass er die Leitungsmacht hat. Deshalb kann sogar ein **Pächter** Inhaber sein, wenn er einen Betrieb im eigenen Namen führt.[145] **Keine Betriebsinhaber sind Testamentsvollstrecker, Nachlass-, Insolvenz- und Zwangsverwalter, weil sie als Parteien kraft Amtes** die Einheit nur im Namen des jeweiligen Inhabers leiten.[146] Der bisherige Inhaber muss die wirtschaftliche Betätigung zugunsten des Erwerbers einstellen, und der Erwerber muss die **Organisations- und Leitungsmacht** über die übernommene organisatorische Einheit erhalten.[147] Die Leitungsmacht braucht zwar nicht besonders übertragen zu werden; zu einem Betriebsübergang kommt es jedoch nicht, wenn der neue Inhaber die Einheit gar nicht führt.[148] § 613a BGB findet deshalb keine Anwendung, wenn Betriebsmittel nur zur Sicherheit übereignet werden, der Sicherungsnehmer die Betriebsmittel aber nicht tatsächlich nutzt, wie es üblicherweise bei Banken der Fall ist.[149] Mit der Leitungsmacht sind die Nutzungs-, Verfügungs- und Entscheidungsbefugnisse über den Betrieb gemeint.[150]

Notwendig für die Stellung als Betriebsinhaber ist nach der Rechtsprechung die umfassende Nutzung des Betriebs nach außen.[151] Daran fehlt es bei „echten" Betriebsführungsverträgen. Merkmal eines solchen Vertrags ist, dass ein (externer) Betriebsführer – z.B. als „Interims-Manager" – für den bisherigen Inhaber auftritt und den Betrieb nicht nur auf dessen Rechnung, sondern auch in dessen Namen führt. Er wird gleichsam als „verlängerter Arm" des Arbeitgebers tätig[152] und leitet den Betrieb wie ein Betriebsführer. Anderes gilt für „unechte Betriebsführungsverträge", die meist mit „Betriebsführungsgesellschaften" abgeschlossen werden.[153] Diese führen den Betrieb zwar auf Rechnung des Eigentümers, treten jedoch nach außen, d.h. nicht nur gegenüber dem Personal, sondern auch gegenüber Kunden, Lieferanten, Behörden und Banken im eigenen Namen auf. Beispiele sind etwa die Bereederung eines fremden Schiffes oder die Aufspaltung eines Unternehmens in eine Besitz- und eine Betriebsgesellschaft. Da mit dem Abschluss eines solchen Betriebsführungsvertrages der bisherige Inhaber die Betriebsleitung einstellt und sie vom neuen Führer im eigenen Namen und in eigener Verantwortung übernommen wird, liegt darin nach h.M. auch ein Betriebsübergang i.S.d. § 613a BGB.[154] Nicht erforderlich ist es dabei, dass der neue Inhaber den Betrieb auf eigene Rechnung führt. Unschädlich ist es daher, wenn der

42a

---

[144] BAG 31.1.2008, AP Nr. 339 zu § 613a BGB; BAG 10.5.2012, NZA 2012, 1161 Rn. 27; BAG 25.1.2018, NZA 2018, 933.
[145] BAG 18.3.1999, NZA 1999, 704.
[146] MünchKomm/*Müller-Glöge*, § 613a BGB Rn. 55.
[147] BAG 27.4.1995, AP Nr. 128 zu § 613a BGB m.w.N.; BAG 25.9.1997, NZA 1998, 640.
[148] BAG 12.11.1998, DB 1999, 337; BAG 10.5.2012, NZA 2012, 1161 Rn. 47 m.w.N.
[149] BAG 20.3.2003, NZA 2003, 1338.
[150] BAG 26.2.1987, 16.10.1987, AP Nr. 63, 69 zu § 613a BGB.
[151] BAG 25.1.2018, NZA 2018, 933 Rn. 56.
[152] BAG 10.5.2012 – 8 AZR 434/11, NZA 2012, NZA 2012, 1161 Rn. 49.
[153] BAG 25.1.2018 – 8 AZR 309/16, NZA 2018, 933 Rn. 58.
[154] BAG 25.1.2018 – 8 AZR 309/16, NZA 2018, 933 Rn. 56 ff.

Gewinn an einen anderen abgeführt wird.[155] Notwendig ist aber, dass die Betriebsführungsgesellschaft die Betriebsführung nicht nur „für" den bisherigen Inhaber, sondern „an dessen Stelle" übernimmt.[156] Dies entspricht auch der Rechtsprechung des EuGH, wonach der Zeitpunkt des Übergangs dem Zeitpunkt entspricht, zu dem die Inhaberschaft, mit der die Verantwortung für den Betrieb der übertragenen Einheit verbunden ist, vom Veräußerer auf den Erwerber übergeht und dieser den Betrieb fortführt.[157] Probleme können allerdings Konstellationen bereiten, in denen bei einem an sich „unechten Betriebsführungsvertrag" der bisherige Betriebsinhaber seine Führungsrolle nicht vollständig aufgibt und die Betriebsführungsgesellschaft deshalb nicht unbeschränkt auch im Außenverhältnis zu Kunden, Lieferanten und Banken in eigenem Namen und in eigener Verantwortung unternehmerisch tätig werden kann.[158] Hier müssen die Umstände des Einzelfalles entschieden. Dabei kann eine Rolle spielen, ob der bisherige Inhaber die Betriebsführung durchgängig oder nur gelegentlich weiter ausübt, ob dies ausdrücklich im Führungsvertrag vorgesehen war oder sich der Inhaber Befugnisse herausnimmt, die ihm an sich gar nicht zustehen, und ob die Betriebsführungsgesellschaft dies klaglos hinnimmt.

43 **bb) Tatsächliche Fortführung.** Die Rechtsfolgen des § 613a BGB werden nur dann ausgelöst, wenn der Erwerber die Einheit auch tatsächlich fortführt; es genügt nicht, dass er sie fortführen könnte.[159] § 613a BGB schützt nur dann den Bestand des Arbeitsverhältnisses, wenn der Arbeitsplatz trotz des Inhaberwechsels erhalten bleibt. Erhalten bleibt er aber nur, wenn der neue Inhaber die übernommene wirtschaftliche Einheit so wie bisher tatsächlich nutzt.

44 Eine Zeitlang verneinte das BAG einen Betriebsübergang, wenn der Erwerber die übernommene Betriebsorganisation nicht als eigene, mehr oder weniger selbständige Organisationseinheit bei sich fortführte, sondern nur die übertragenen Betriebsmittel und das freiwillig übernommene Personal in einen bei ihm bereits bestehenden Betrieb eingliederte.[160] Der Erwerber konnte § 613a BGB also allein durch die Zerschlagung der übernommenen Organisation umgehen. Dem hat der EuGH durch die **Klarenberg-Entscheidung**[161] einen Riegel vorgeschoben. Um die Rechtsfolgen des § 613a BGB auszulösen, soll es nicht mehr darauf ankommen, ob der Erwerber den übernommenen Betrieb oder Betriebsteil als „organisatorische Enklave" innerhalb seiner bisherigen Betriebsstruktur fortführt, sondern ob er die „übernommenen Ressourcen in ihrer funktionellen Verknüpfung weiter nutzt". Dass der Erwerber die Organisation des Übertragungsobjekts ändert, schade nicht, solange es ihm möglich ist, derselben oder einer gleichartigen wirtschaftlichen Tätigkeit nachzugehen wie der Veräußerer.[162] Folgerichtig würde dann bereits die schlichte Funktionsnachfolge einen Betriebsübergang auslösen – eine Konsequenz, die der EuGH selbst bisher nie gezogen

---

[155] BAG 10.5.2012 – 8 AZR 434/11, NZA 2012, 1161 Rn. 28; BAG 25.1.2018 – 8 AZR 309/16, NZA 2018, 933 Rn. 56 m.w.N.
[156] BAG 25.1.2018 – 8 AZR 309/16, NZA 2018, 933 Rn. 58.
[157] EuGH 26.5.2005, NZA 2005, 681 Rn. 44 - Celtec.
[158] So wie im Fall BAG 25.1.2018, NZA 2018, 933.
[159] BAG 4.5.2006, NZA 2006, 1096, 1100 m.w.N.
[160] BAG 25.9.2003, NZA 2004, 316; BAG 4.5.2006, NZA 2006, 1096, 1100.
[161] EuGH 12.2.2009, NZA 2009, 251, 253 - Klarenberg; nun auch BAG 7.4.2011, NZA 2011, 1231; BAG 13.10.2011, NZA 2012, 504.
[162] Nun auch BAG 20.3.2014, NZA 2014, 1095; BAG 21.8.2014, NZA 2015, 167.

hat.¹⁶³ Auch das BAG ist bislang davon ausgegangen, dass der Verlust eines Auftrags an einen Mitbewerber für sich allein keinen Betriebsübergang begründet, da die wirtschaftliche Einheit nicht auf eine bloße Tätigkeit reduziert werden könne.¹⁶⁴ Rechtssicherer Halt lässt sich nur zurückgewinnen, wenn darauf abgestellt wird, ob das Übertragungsobjekt schon beim Veräußerer organisatorisch vom Rest des Betriebs abgegrenzt war.¹⁶⁵ Waren bei ihm Betriebsmittel nur mehr oder weniger zufällig verbunden, kann die Übernahme noch nicht die Rechtsfolgen des § 613a BGB auslösen.¹⁶⁶ Erst recht muss § 613a BGB ausscheiden, wenn der Erwerber einzelner Betriebsmittel oder der Nachfolger in einem Dienstleistungsauftrag ein vollkommen anderes Betriebskonzept als der bisherige Betriebsinhaber verfolgt.¹⁶⁷

cc) Keine Betriebsstilllegung. Ferner ist ein Betriebsübergang dann ausgeschlossen, wenn die wirtschaftliche Einheit zuvor bereits stillgelegt war.¹⁶⁸ Das setzt voraus, dass die Betriebsorganisation und damit die zwischen dem Arbeitgeber und dem Arbeitnehmer bestehende Betriebs- und Produktionsgemeinschaft aufgelöst wird.¹⁶⁹ Dazu muss der Betriebsinhaber die **wirtschaftliche Betätigung** in der ernstlichen und endgültigen Absicht **einstellen**, den bisherigen Betriebszweck dauernd oder für eine ihrer Dauer nach unbestimmte, wirtschaftlich erhebliche Zeitspanne nicht mehr weiterzuverfolgen.¹⁷⁰ Die wirtschaftliche Einheit wird in diesem Falle zerschlagen. Eine vorübergehende Schließung, wie etwa in einem Saisonbetrieb, reicht zu einer Stilllegung nicht aus.¹⁷¹ Bei alsbaldiger Wiedereröffnung eines – scheinbar – stillgelegten Betriebs spricht eine tatsächliche Vermutung gegen eine ernsthafte Stilllegungsabsicht.¹⁷² 45

Die **Absicht muss endgültig sein**.¹⁷³ Daran fehlt es, wenn der Arbeitgeber (doch noch) beabsichtigt, seinen Betrieb oder einzelne seiner Teile zu veräußern. Der Stilllegungswille muss „greifbare Formen" angenommen haben. Er muss durch die **Auflösung der Organisation** des Betriebs oder des Betriebsteils zum Ausdruck gebracht werden.¹⁷⁴ Unerheblich ist, ob die Stilllegung unsachlich, unvernünftig oder willkürlich ist. Die Stilllegung erfordert im Regelfall die vollständige Einstellung der Betriebstätigkeit, die Auflösung der dem Betriebszweck dienenden Organisation,¹⁷⁵ die Kündigung aller Arbeitsverhältnisse und die Veräußerung der Betriebsmittel.¹⁷⁶ Nicht ausreichend sind die Gewerbeabmeldung, der Antrag auf Eröffnung des Insolvenzverfahrens, die Beendigung des Miet- oder Pachtver- 46

---

¹⁶³ EuGH 11.3.1997, NZA 1997, 433 - Ayse Süzen.
¹⁶⁴ BAG 25.6.2009, DB 2009, 2554; vgl. *Salamon/Hoppe*, NZA 2010, 989.
¹⁶⁵ Vgl. EuGH 6.9.2011 NZA 2011, 1077 Rn. 51 - Scattolon; EuGH 13.6.2019, NZA 2019, 889 - Ellinika Nafpigeia Rn. 62 ff.
¹⁶⁶ EuGH 10.12.1998, NZA 1999, 189 Tz. 26 f. und NZA 1999, 253 Tz. 27 - Hernández Vidal.
¹⁶⁷ BAG 17.12.2009, NZA 2010, 499; vgl. weiter *Fuhlrott/Salamon*, BB 2012, 1793.
¹⁶⁸ BAG 28.5.2009, NZA 2009, 1267, 1268 f. m.w.N.; BAG 16.2.2012, NZA-RR 2012, 465.
¹⁶⁹ BAG 7.11.2017, NZA 2018, 464.
¹⁷⁰ BAG 29.9.2005, NZA 2006, 720, 722 m.w.N.; BAG 13.6.2006, NZA 2006, 1101, 1103.
¹⁷¹ EuGH 17.12.1987, Slg. 1987, 5465; EuGH 15.6.1988, Slg. 1988, 3057.
¹⁷² BAG 29.9.2005, NZA 2006, 720, 722 f.; BAG 16.2.2012, NZA-RR 2012, 465.
¹⁷³ BAG 26.4.2007, NJOZ 2008, 108; BAG 18.7.2017, NZA 2017, 1618 Rn. 38.
¹⁷⁴ BAG 30.10.1986, AP Nr. 58 zu § 613a BGB; BAG 27.2.1997, NZA 1997, 757.
¹⁷⁵ BAG 13.11.1986, AP Nr. 57 zu § 613a BGB.
¹⁷⁶ BAG 13.6.2006, NZA 2006, 1101, 1103 m.w.N.

hältnisses, aufgrund dessen das Gewerbe betrieben wird,[177] die Einstellung der Produktion, wenn die dem Betriebszweck dienende Organisation bestehen bleibt,[178] und der Abschluss und die Durchführung eines Sozialplans oder Kündigungen bei weitgehender Wahrung der Identität der Belegschaft. Kündigt ein Insolvenzverwalter wegen beabsichtigter Betriebsstilllegung, spricht gegen eine endgültige Stilllegungsabsicht, wenn ihm vor Erklärung der Kündigung ein Übernahmeangebot eines Interessenten vorliegt, das wenige Tage später zu konkreten Verhandlungen mit einer teilweisen Betriebsübernahme führt.[179] Ein Pächter, der einen Betrieb stilllegen will, kann den Betrieb nicht so zerschlagen, wie dies der Eigentümer könnte. Insbesondere kann er nicht das Betriebsgrundstück und die sonstigen Betriebsmittel veräußern. Die Rechtsprechung[180] geht in solchen Fällen von einer Stilllegung aus, wenn der Pächter seine Stilllegungsabsicht unmissverständlich äußert, die Betriebstätigkeit vollständig einstellt, alle Arbeitsverträge sowie den Pachtvertrag zum nächstmöglichen Termin kündigt und die Betriebsmittel, über die er verfügen kann, veräußert.

3. Übergang durch Rechtsgeschäft

a) Abgrenzung zur Gesamtrechtsnachfolge

47 aa) **Grundsatz.** § 613a BGB findet nur dann Anwendung, wenn sich der Übergang des Betriebs oder Betriebsteils „durch Rechtsgeschäft" vollzieht. Damit werden die Fälle des Inhaberwechsels durch Gesamtrechtsnachfolge oder durch Hoheitsakt vom Anwendungsbereich des § 613a BGB ausgenommen.[181] Im Interesse eines lückenlosen Bestandsschutzes ist das Merkmal „durch Rechtsgeschäft" weit auszulegen.[182] Es ist untechnisch als „derivativer Erwerb" der Betriebsinhaberstellung zu verstehen.[183]

48 bb) **Einzelheiten.** Das BAG stellt darauf ab, ob der Betriebsübergang auf dem Willen des Betriebsinhabers beruht oder ob er sich aufgrund einer Norm oder eines Verwaltungsakts von selbst vollzieht.[184] Ein Rechtsgeschäft liegt bereits dann vor, wenn der Erwerber mit Willen des Veräußerers eine organisierte wirtschaftliche Einheit übernimmt.[185] Ähnlich entscheidet der EuGH. Für ihn kommt es darauf an, ob die natürliche oder juristische Person, die die Arbeitgeberpflichten hat, „im Rahmen vertraglicher Beziehungen" wechselt.[186]

---

[177] BAG 3.7.1986, 26.2.1987, 21.1.1988, 27.4.1995 AP Nr. 53, 59, 72, 128 zu § 613a BGB.
[178] Zu Vorstehendem BAG 3.7.1986, AP Nr. 53 zu § 613a BGB.
[179] BAG 29.9.2005, NZA 2006, 720, 722 f.; vgl. auch BAG 22.10.2009, NZA-RR 2010, 660.
[180] BAG 26.2.1987, 21.1.1988, 27.4.1995, AP Nr. 59, 72, 128 zu § 613a BGB.
[181] BAG 13.11.2002, NZA 2004, 274, 276; BAG 2.3.2006, NZA 2006, 848, 850 m.w.N.
[182] BAG 9.2.1994, 27.7.1994, AP Nr. 104, 118 zu § 613a BGB m.w.N.
[183] BAG 18.8.2011, NZA 2012, 267, im Anschluss an ErfK/*Preis*, § 613a BGB Rn. 59.
[184] BAG 4.3.1993, 9.2.1994, AP Nr. 101, 104 zu § 613a BGB.
[185] BAG 28.5.2009, NZA 2009, 1267, 1270; BAG 18.8.2011, NZA 2012, 267, 269.
[186] EuGH 10.12.1998, NZA 1999, 189, 190 Tz. 23.

II. Tatbestand des Betriebsübergangs

Das Rechtsgeschäft muss sich auf den Übergang der tatsächlichen Nutzungs- und Verfügungsgewalt über die für den Betrieb bedeutsamen Betriebsmittel beziehen.[187] Gleichgültig sind die Art des Rechtsgeschäfts und die Rechtsnatur des Vertragsverhältnisses, das die Nutzung verschafft.[188] Gleichgültig ist auch, ob mit dem Rechtsgeschäft ein Betriebsübergang bezweckt wird; auch der Rückfall des Betriebs nach Beendigung eines Miet- oder Pachtverhältnisses gilt als rechtsgeschäftlicher Betriebsübergang,[189] sofern der Verpächter den Betrieb in der bisherigen Art tatsächlich weiterführt[190] und der Pächter den Betrieb nicht bereits zuvor stillgelegt hat.[191] Auf die Wirksamkeit des Rechtsgeschäfts kommt es nicht an; das gilt erst recht für die Übertragung einzelner Betriebsmittel, etwa eines Betriebsgrundstücks. Bei immateriellen Betriebsmitteln ist häufig kein Rechtsgeschäft, sondern eine tatsächliche Handlung erforderlich, z.B. die Überlassung von Kundenlisten oder die Weitergabe von Informationen. Werden keine Betriebsmittel übernommen, sondern nur betriebliche Aufgaben mit Beschäftigten des bisherigen Arbeitgebers fortgeführt, so genügt der freiwillige Entschluss des Dienstleistungsunternehmens, die nach Zahl und Sachkunde wesentlichen Teile der bisherigen Belegschaft auf ihren alten Arbeitsplätzen weiterzubeschäftigen. Die Möglichkeit der Betriebsfortführung wird dann durch ein Bündel von Rechtsgeschäften erworben, deren Grundlage die (Neu-)Erteilung des Auftrags zur Erfüllung der betreffenden Aufgabe (Reinigung, Verpflegung, Bewachung usw.) ist.[192] § 613a BGB verlangt keine privatrechtliche Willensäußerung.[193] Lediglich der auf Gesetz oder Hoheitsakt beruhende Übergang fällt nicht unter § 613a BGB. Auch ein frei vereinbarter öffentlich-rechtlicher Vertrag, wie eine Verwaltungsvereinbarung, kann Rechtsgeschäft i.S.d. § 613a BGB sein.[194]

b) Parteien des Rechtsgeschäfts

Das Rechtsgeschäft muss nicht unmittelbar zwischen dem bisherigen und dem neuen Betriebsinhaber abgeschlossen werden.[195] Der Betrieb kann auch durch eine Kette von Rechtsgeschäften – unter Einschaltung von Dritten[196] – auf einen neuen Inhaber übergehen.[197] Entscheidend ist, dass der Erwerber die Leitungsmacht mit Willen des Veräußerers tatsächlich übernimmt. § 613a BGB ist deshalb anwendbar, wenn ein Auftraggeber die Reinigung seiner Geschäftsräume vertraglich einem Unternehmen anvertraut, das die Ausführung dieses Auftrags einem Subunternehmer übertragen hat, wenn es diesen Vertrag beendet und die Aufgabe einem anderen Subunternehmen überträgt, das das wesentliche Personal des ersten Subunternehmers übernimmt.[198]

---

[187] BAG 22.5.1985, 16.10.1987, AP Nr. 42, 69 zu § 613a BGB.
[188] BAG 15.5.1985, AP Nr. 41 zu § 613a BGB; BAG 31.1.2008, BeckRS 2008, 55657.
[189] BAG 21.1.1988, 27.4.1995, AP Nr. 72, 128 zu § 613a BGB.
[190] EuGH 10.12.1998, NZA 1999, 189 und 253; BAG 18.3.1999, DB 1999, 1223.
[191] BAG 16.7.1998, NZA 1998, 1233.
[192] BAG 11.12.1997, AP Nr. 172 zu § 613a BGB.
[193] BAG 7.9.1995, AP Nr. 131 zu § 613a BGB.
[194] BAG 7.9.1995, AP Nr. 131 zu § 613a BGB.
[195] EuGH 20.1.2011, NZA 2011, 148, Rn. 38 f. - CLECE.
[196] EuGH 20.11.2003, NZA 2003, 1385 - Abler; BAG 28.5.2009, NZA 2009, 1267, 1270.
[197] BAG 20.4.1994, 27.7.1994, AP Nr. 108, 118 zu § 613a BGB.
[198] EuGH 24.1.2002, AP Nr. 32 zu EWG-RL Nr. 77/187 - Temco.

4. Sonderfälle

a) Betriebsübergang im Insolvenzverfahren

51 **aa) Problem.** Nicht selten werden Betriebe oder Betriebsteile im Zuge eines Insolvenzverfahrens veräußert. Der Erfolg eines Insolvenzverfahrens hängt häufig davon ab, ob und zu welchen Bedingungen der Erwerber die Arbeitnehmer übernehmen muss.

52 **bb) EU-rechtliche Vorgaben.** Nach Art. 5 Abs. 1 Nr. 1 RL 2001/23/EG[199] ist die Betriebsübergangs-Richtlinie bei Betriebsübergängen im Rahmen eines Konkurs- bzw. Insolvenzverfahrens, sofern die Mitgliedstaaten nichts anderes vorsehen, nicht anzuwenden. Die Mitgliedstaaten werden ermächtigt, die vor Eröffnung eines Insolvenzverfahrens fälligen Verbindlichkeiten aus Arbeitsverhältnissen nicht auf den Erwerber übergehen zu lassen, wenn für die Arbeitnehmer ein gewisser Mindestschutz gewährleistet ist.[200] Das entspricht im wesentlichen der Situation nach deutschem Recht.

53 **cc) Fortführung des Betriebs durch den Insolvenzverwalter.** Der insolvent gewordene Betrieb wird i.d.R. zunächst eine Zeitlang von einem Insolvenzverwalter geführt. Darin liegt noch kein Betriebsübergang i.S.d. § 613a BGB. Der Insolvenzverwalter erhält zwar die Organisations- und Leitungsmacht (§§ 80, 148 InsO); er erwirbt sie aber nicht „durch Rechtsgeschäft". Vielmehr übt er die Verwaltungs- und Verfügungsmacht des insolvent gewordenen Betriebsinhabers kraft Staatsakts (§ 56 InsO) als Partei kraft Amtes aus.[201]

54 Nimmt der Insolvenzverwalter eine angebotene Arbeitsleistung nicht an, so steht dem Arbeitnehmer der Anspruch auf die Vergütung wegen Annahmeverzugs zu (§ 615 S. 1 BGB); hierfür haftet die Insolvenzmasse nach § 55 Abs. 1 Nr. 2 InsO. Setzt der Insolvenzverwalter den Betrieb nach der Eröffnung des Insolvenzverfahrens fort und hält er es für erforderlich, aus betrieblichen Gründen Kündigungen auszusprechen, so greift das Verbot des § 613a Abs. 4 S. 1 BGB nicht ein, weil die Kündigungen nicht aus Anlass eines Betriebsübergangs ausgesprochen werden. Zu den Besonderheiten insolvenzbedingter Kündigungen s. Band 1, § 10 Rn. 223 ff.; zum Sozialplan bei Insolvenz s. § 16 Rn. 648 ff.

55 **dd) Betriebsveräußerung durch den Insolvenzverwalter.** Veräußert der Insolvenzverwalter den Betrieb oder einen Betriebsteil an einen Dritten, so ist § 613a BGB anwendbar.[202] Die Nichtanwendung des § 613a BGB würde zu einer empfindlichen Lücke im System der Arbeitsplatzsicherung beim Betriebsinhaberwechsel führen. Allerdings ist es dem Erwerber unbenommen, nach dem Betriebsübergang betriebsbedingte Kündigungen zur Rationalisierung oder zur Sanierung des Betriebs auszusprechen (§ 613a Abs. 4 S. 2 BGB).[203] Die insolvenzrechtlichen Besonderheiten des Kündigungsrechts (§§ 125 ff. InsO) gelten auch für den Betriebserwerber (vgl. im einzelnen § 128 InsO). Seine Haftung für Altschulden ist überdies eingeschränkt (s. unten Rn. 83 ff.).

---

[199] V. 12.3.2001, ABl. Nr. L 82 S. 13.
[200] Vgl. Art. 4a der RL 98/50/EG vom 29.6.1998, ABl. L 201, S. 88.
[201] BAG 4.12.1986, AP Nr. 56 zu § 613a BGB.
[202] BAG 17.1.1980, AP Nr. 18 zu § 613a BGB m.w.N.
[203] EuGH 7.12.1995, AP Nr. 8 zu EWG-RL Nr. 77/187.

b) Betriebsübergang bei Zwangsvollstreckung in Betriebsgrundstücke

aa) Zwangsversteigerung von Betriebsgrundstücken. § 613a BGB findet keine Anwendung, wenn der Betriebsübergang durch den Zuschlag in einer Zwangsversteigerung erfolgt. Der Erwerber erhält das Eigentum kraft Hoheitsakts und nicht durch Rechtsgeschäft. Außerdem ist Gegenstand der Zwangsversteigerung nicht der Betrieb, sondern das Betriebsgrundstück und die Gegenstände, auf die sich die Beschlagnahme erstreckt.[204] Will der Erwerber den Betrieb fortführen, muss er mit dem Eigentümer eine entsprechende Vereinbarung treffen. Diese Vereinbarung ist ein Rechtsgeschäft i.S.d. § 613a BGB, sofern der Erwerber hierdurch die zur Fortführung des Betriebs erforderlichen Betriebsmittel erhält.[205]

56

bb) Zwangsverwaltung. Die Anordnung der Zwangsverwaltung eines Grundstücks erfasst ebenfalls nur das Betriebsgrundstück, nicht den Betrieb als solchen, und sie erfolgt wie die Zwangsversteigerung durch Hoheitsakt, nicht aufgrund eines Rechtsgeschäfts. Nach § 152 Abs. 1 ZVG hat der Verwalter das Recht und die Pflicht, alle Handlungen vorzunehmen, die erforderlich sind, um das Grundstück in seinem wirtschaftlichen Bestand zu erhalten und ordnungsgemäß zu benutzen. Dazu kann er den Betrieb fortführen, er muss es aber nicht.[206] Entschließt er sich zur Fortführung, findet § 613a BGB Anwendung.[207]

57

III. Individualrechtliche Folgen des Betriebsübergangs

1. Übergang der Arbeitsverhältnisse

a) Arbeitsverhältnisse

§ 613a BGB findet **auf alle Arbeitsverhältnisse** Anwendung. Maßgeblich ist nach der Richtlinie 2001/23/EG der Arbeitnehmerbegriff des nationalen Rechts.[208] Wie der Arbeitsvertrag ausgestaltet ist, spielt keine Rolle.[209] Bei einem Betriebsinhaberwechsel gehen daher auch die Arbeitsverhältnisse geringfügig oder befristet Beschäftigter sowie von leitenden Angestellten und ähnlichen Personen in Vertrauensstellung,[210] Telearbeitnehmern und Auszubildenden[211] auf den Erwerber über. Nicht über gehen die Vertragsverhältnisse von Heimarbeitern,[212] Organmitgliedern juristischer Personen,[213] freien Mitarbeitern[214] und selbständigen Handelsvertretern. Der Erwerber tritt in alle beim Veräußerer – sei es auch fehlerhaft –

58

---

[204] *Richardi*, RdA 1976, 59 f.; *Seiter*, Betriebsinhaberwechsel, 1980, S. 140.
[205] BAG 14.10.1982, AP Nr. 36 zu § 613a BGB.
[206] S. im einzelnen *Drasdo*, NZA 2012, 239.
[207] BAG 9.1.1980, AP Nr. 19 zu § 613a BGB; BAG 18.8.2011, NZA 2012, 267.
[208] EuGH 15.9.2010, AP Nr. 6 zu RL 2001/23/EG - Briot; BAG 16.5.2012, NZA 2012, 974.
[209] Vgl. insoweit ausdrücklich Art. 2 Nr. 2 a, b RL 2001/23/EG.
[210] EuGH 13.6.2019, NZA 2019, 887 - Correia Moreira Rn. 40.
[211] BAG 13.7.2006, NZA 2006, 1406.
[212] BAG 24.3.1998, AP Nr. 178 zu § 613a BGB m. Anm. *Hromadka*.
[213] BAG 13.2.2003, AP Nr. 24 zu § 611 BGB Organvertreter.
[214] BAG 13.2.2003, AP Nr. 249 zu § 613a BGB.

bestehenden Arbeitsverhältnisse ein, und zwar auch dann, wenn die Hauptpflichten ruhen.[215] Das gilt auch für Altersteilzeitarbeitsverhältnisse in der Freistellungsphase des Blockmodells.[216] Kein Eintritt erfolgt in Ruhestandsverhältnisse und in Versorgungsanwartschaften bereits ausgeschiedener Arbeitnehmer.[217] Gekündigte Arbeitnehmer sind bis zum Ablauf der Kündigungsfrist zu übernehmen.[218] Nicht zu übernehmen sind Arbeitnehmer, die auf der Grundlage von Rahmenvereinbarungen in auf den jeweiligen Einsatz bezogenen Ein-Tages-Arbeitsverhältnissen regelmäßig wiederkehrend beschäftigt werden.[219] Eine Befristungsabrede mit dem bisherigen Arbeitgeber, die sich auf die Laufzeit eines Dienstleistungsvertrags (Bewachung, Transport, Verpflegung usw.) des bisherigen Betriebsinhabers bezieht und keinen davon unabhängigen Grund hatte, steht dem Übergang des Arbeitsverhältnisses nicht entgegen, wenn das Arbeitsverhältnis mit dem Erwerber nahtlos weitergeführt wird.[220]

b) Zugehörigkeit zum übertragenen Betrieb oder Betriebsteil

59   Der Übergang ist auf die Arbeitsverhältnisse beschränkt, die dem übergegangenen Betrieb oder Betriebsteil rechtlich zuzuordnen sind.[221] Es kommt nicht darauf an, ob und inwieweit jemand für einen übertragenen Betriebsteil tätig war.[222] Entscheidend ist, welchem Betriebsteil er angehört. Dazu ist darauf abzustellen, ob er in dem übergegangenen Betrieb oder Betriebsteil tatsächlich eingegliedert war.[223] Mitarbeiter von Zentralabteilungen, wie Buchhaltung oder Personalwesen, bleiben also auch dann Arbeitnehmer des bisherigen Arbeitgebers, wenn sie ganz oder teilweise für einen übertragenen Betriebsteil tätig waren, sofern nicht ihre eigene Abteilung übergeht.[224] Die Zuordnung zu einem Betriebsteil setzt nicht voraus, dass der Arbeitgeber den Arbeitnehmer nur dort beschäftigen darf; sie richtet sich nach tatsächlichen Kriterien.[225] Ist ein Arbeitsplatz mehreren Betrieben oder Betriebsteilen zuzuordnen, kommt es auf den Schwerpunkt der Tätigkeit an,[226] falls die Parteien keine Regelung getroffen haben oder nicht einvernehmlich treffen konnten.[227] Dieser ist nach **objektiven Kriterien** zu ermitteln. In erster Linie ist auf den jeweiligen **zeitlichen Aufwand und Arbeitseinsatz** abzustellen. Darüber hinaus können der überwiegende Arbeitsort,[228] aber auch die Bedeutung der Tätig-

---

[215] Z.B. bei einer Entsendung ins Ausland, s. BAG 14.7.2005, NZA 2005, 1411, 1415.
[216] BAG 31.1.2008, NZA 2008, 705; BAG 30.10.2008, NZA 2009, 432.
[217] BAG 27.6.2006, NZA-RR 2008, 35; BAG 11.3.2008, NZA 2009, 709.
[218] BAG 22.2.1978, AP Nr. 11 zu § 613a BGB; ErfK/*Preis*, § 613a BGB Rn. 68.
[219] BAG 16.5.2012, NZA 2012, 974.
[220] BAG 22.1.2015, NZA 2015, 1325.
[221] BAG 13.11.1986, AP Nr. 57 zu § 613a BGB.
[222] BAG 13.2.2003, AP Nr. 245 zu § 613a BGB.
[223] BAG 18.10.2012, NZA 2013, 1007 Rn. 43 m.w.N.
[224] BAG 24.8.2006, NZA 2007, 1320.
[225] BAG 22.7.2004, NZA 2004, 1383, 1389.
[226] BAG 21.6.2012, NZA-RR 2013, 6 m.w.N. in Rn. 80.
[227] Zum Vorrang einvernehmlicher Lösungen, s. BAG 18.3.1997, NZA 1998, 97.
[228] BAG 17.10.2013, NZA-RR 2014, 175 Rn. 29 f.

keit für den übergegangenen Betrieb und die Zuordnung zu Vorgesetzten und Mitarbeitern von Bedeutung sein.[229]

Kompliziert ist die Situation bei **aufgespaltener Arbeitgeberstellung**, wie etwa im Falle der **Arbeitnehmerüberlassung** („Leiharbeit"), wo dem (Leih-)Arbeitnehmer ein Vertragsarbeitgeber (= Zeitarbeitsunternehmen) als „Verleiher" und ein „tatsächlicher Arbeitgeber" als weisungsbefugter „Entleiher" gegenüberstehen (s. Band 1, § 4 Rn. 50a). Erwirbt jemand das Zeitarbeitsunternehmen, gehen die Arbeitsverhältnisse der Leiharbeitnehmer nach § 613a BGB auf den Erwerber über.[230] Wird dagegen der Betrieb veräußert, an den ein Leiharbeitnehmer überlassen wurde, kommt es zu keinem Übergang, weil zwischen Leiharbeitnehmer und Entleiher kein Arbeitsvertrag besteht.[231] Das ist laut EuGH[232] nur dann anders, wenn ein Arbeitnehmer von einem konzerngebundenen Unternehmen A dauerhaft an ein anderes Konzernunternehmen B überlassen wurde, das von einem Dritten übernommen wird. Dass B nur tatsächlicher, aber nicht vertraglicher Arbeitgeber ist, stehe seiner Stellung als Veräußerer nicht entgegen. Maßgeblich sei der Übergang auf den Dritten, der als neuer Inhaber die wirtschaftliche Verantwortung für die übernommene Einheit trage.

60

2. Informationspflicht und Widerspruchsrecht

a) Informationspflicht

aa) Grundsätze. Das Arbeitsverhältnis geht nicht auf den Erwerber über, wenn der Arbeitnehmer dem widerspricht (§ 613a Abs. 6 BGB). Der Sache nach bedeutet der Widerspruch einen Verzicht auf den durch § 613a BGB bewirkten Schutz. Auch die Betriebsübergangsrichtlinie verpflichtet den Arbeitnehmer nicht, sein Arbeitsverhältnis mit dem Erwerber fortzusetzen. Der EuGH[233] hat das Widerspruchsrecht ausdrücklich anerkannt, obwohl die Richtlinie dies nicht vorsieht. Da einem widersprechenden Arbeitnehmer wegen des Wegfalls des Arbeitsplatzes beim Veräußerer die betriebsbedingte Kündigung droht (s. unten Rn. 74), sollte er nur aus wohlerwogenen Gründen auf den Schutz des § 613a BGB verzichten. Zur Vorbereitung seiner Entscheidung dient die in § 613a Abs. 5 BGB geregelte Unterrichtung. Danach hat der bisherige Arbeitgeber oder der neue Inhaber die von einem Betriebsübergang betroffenen Arbeitnehmer in Textform (§ 126b BGB) zu informieren über

61

– den Zeitpunkt oder den geplanten Zeitpunkt des Übergangs,
– den Grund für den Übergang,
– die rechtlichen, wirtschaftlichen und sozialen Folgen des Übergangs für die Arbeitnehmer und
– die hinsichtlich der Arbeitnehmer in Aussicht genommenen Maßnahmen.

---

[229] BAG 27.1.2011, NZA 2011, 1162 Rn. 32; BAG 17.10.2013, NZA-RR 2014, 175 Rn. 28.
[230] EuGH 13.9.2007, NZA 2007, 1151 - Jouini.
[231] Vgl. *Bauer/von Medem*, NZA 2011, 20; *Forst*, RdA 2011, 228; *Kühn*, NJW 2011, 1408.
[232] EuGH 21.10.2010, NZA 2010, 1225 - Albron Catering m. abl. Anm. *Willemsen*, NJW 2011, 1546.
[233] EuGH 16.12.1992, AP Nr. 97 zu § 613a BGB, Tz. 31 f.

§ 19 Der Betriebsinhaberwechsel

62 **bb) Einzelheiten.** Die reine Wiederholung des Gesetzeswortlauts genügt nicht; erforderlich ist eine konkrete betriebsbezogene Darstellung in einer auch für juristische Laien möglichst verständlichen Sprache. Die Unterrichtung kann durch standardisierte Schreiben erfolgen. Eine individuelle Information ist nicht erforderlich; etwaige Besonderheiten für bestimmte Arbeitnehmergruppen (z.B. für Tarifmitarbeiter, AT-Angestellte und Leitende) sind aber zu berücksichtigen.[234] Die Unterrichtung muss vollständig und fehlerfrei sein; es genügt nicht, dass sie nur „im Kern richtig" ist.[235] Die Unterrichtung ist auch dann erforderlich, wenn ein Unternehmen einen Dienstleistungsauftrag (reinigen, bewachen, verpflegen usw.) neu vergibt und diese Funktionsnachfolge die Rechtsfolgen des § 613a BGB auslöst (s. oben Rn. 32). Das gilt sogar dann, wenn sich alter und neuer Dienstleister gar nicht kennen oder subjektiv der Meinung sind, es liege kein Betriebsübergang vor.[236]

63 Der Erwerber muss grundsätzlich mit Firmenbezeichnung und Anschrift genannt werden, so dass er für den Arbeitnehmer identifizierbar ist.[237] Beim Grund für den Betriebsübergang ist in erster Linie der Rechtsgrund (Kaufvertrag, Pachtvertrag, Umwandlung usw.) gemeint. Darüber hinaus sind schlagwortartig auch die unternehmerischen Erwägungen für den Betriebsübergang mitzuteilen, soweit sie sich auf den Arbeitsplatz auswirken können (z.B. Nichtfortführung des gesamten Unternehmensbereichs und damit Wegfall des Arbeitsplatzes nach dem Betriebsübergang). Zu den rechtlichen Folgen gehören die sich unmittelbar aus dem Betriebsübergang ergebenden Rechtsfolgen. Erforderlich sind Hinweise auf den Eintritt des Übernehmers in die Rechte und Pflichten aus dem bestehenden Arbeitsverhältnis (§ 613a Abs. 1 S. 1 BGB), auf die gesamtschuldnerische Haftung von Veräußerer und Erwerber nach § 613a Abs. 2 BGB und auf die kündigungsrechtliche Situation, soweit Kündigungen im Raum stehen. Ferner ist aufzuklären über die Anwendbarkeit tariflicher Normen und die Frage, inwieweit beim Veräußerer geltende Tarifverträge und Betriebsvereinbarungen durch beim Erwerber geltende Tarifverträge abgelöst werden. Dabei ist keine detaillierte Bezeichnung einzelner Tarifverträge und Betriebsvereinbarungen nötig, da sich der Arbeitnehmer nach Erhalt der in Textform zu erteilenden Information selbst näher erkundigen kann. Notwendig ist aber ein Hinweis darauf, ob die Normen kollektivrechtlich oder individualrechtlich fortwirken. Ferner ist der Arbeitnehmer über das Widerspruchsrecht nach § 613a Abs. 6 BGB zu informieren sowie über die direkten und indirekten Folgen eines Widerspruchs (z.B. Kündigung nach Wegfall einer Beschäftigungsmöglichkeit nach dem Betriebsübergang). Ist der Erwerber als Neugründung wegen § 112a Abs. 2 BetrVG nicht sozialplanpflichtig, muss darüber ebenfalls unterrichtet werden, und zwar unabhängig davon, ob eine Betriebsänderung geplant oder in Aussicht genommen ist, da die Rechtsstellung der Arbeitnehmer als unmittelbare Folge des Betriebsübergangs verändert wird.[238] Zu informieren ist schließlich über Weiterbildungsmaßnahmen im Zusammenhang mit geplanten Produktionsumstellungen oder Umstrukturierungen sowie über andere Schritte, die die berufliche Entwicklung des Arbeitnehmers betreffen, jedenfalls soweit sie

---

[234] BAG 13.7.2006, NZA 2006, 1268; BAG 23.7.2009, NZA 2010, 89 und 393 m.w.N.
[235] Rechtlich einwandfreie Unterrichtung z.B. in BAG 10.11.2011, NJOZ 2012, 860.
[236] BAG 27.1.2011, NZA 2011, 1162; vgl. weiter *C. Meyer*, NZA 2012, 1185.
[237] BAG 22.1.2009, NZA 2009, 547; BAG 23.7.2009, NZA 2010, 393.
[238] BAG 26.3.2015, NZA 2015, 866 Rn. 30; BAG 15.12.2016, NZA 2017, 783.

für ihn konkret in Aussicht genommen wurden.²³⁹ Maßgeblich ist der Kenntnisstand zum Zeitpunkt der Unterrichtung.

cc) Rechtsfolgen einer fehlenden oder fehlerhaften Unterrichtung. Die Verletzung der Informationspflicht führt zunächst dazu, dass die **Monatsfrist**, binnen derer der Arbeitnehmer dem Übergang seines Arbeitsverhältnisses **nach § 613a Abs. 6 BGB widersprechen kann, nicht zu laufen beginnt**; sie kann folglich auch nicht ablaufen.²⁴⁰ Das gilt nach Ansicht des BAG nicht nur, wenn die Information vollständig unterbleibt, sondern auch, wenn sie unvollständig oder fehlerhaft erfolgt.²⁴¹ Sinn und Zweck der Unterrichtung sei es, dem Arbeitnehmer eine ausreichende Wissensgrundlage für die Ausübung des Widerspruchsrechts zu verschaffen; daran fehle es bei einer unterbliebenen ebenso wie bei einer fehlerhaften Information. Eine fehlerhafte Unterrichtung schadet nur dann nicht, wenn der Unterrichtende die oft komplexe Rechtslage gewissenhaft geprüft und einen nach der höchstrichterlichen Rechtsprechung vertretbaren Rechtsstandpunkt eingenommen hat.²⁴² Genügt die Unterrichtung zunächst formal den gesetzlichen Anforderungen und ist sie nicht offensichtlich unzureichend, ist es Sache des Arbeitnehmers, einen behaupteten Mangel näher darzulegen. Offensichtlich unzureichend ist die Unterrichtung, wenn der Erwerber oder ein nach § 613a Abs. 5 BGB mitzuteilender Umstand gar nicht, unverständlich oder auf den ersten Blick mangelhaft angegeben wurde.²⁴³

64

Selbst bei einer nicht ordnungsgemäßen Unterrichtung besteht das Widerspruchsrecht nicht ohne jede zeitliche Grenze. Es kann wie jedes subjektive Recht verwirken.²⁴⁴ Die **Verwirkung** ist ein Fall unzulässiger Rechtsausübung wegen illoyaler Verspätung (§ 242 BGB). Ein Recht ist verwirkt, wenn es der Berechtigte längere Zeit hinweg nicht geltend gemacht hat („**Zeitmoment**") und der Verpflichtete berechtigterweise annehmen durfte, auch in Zukunft nicht in Anspruch genommen zu werden („**Umstandsmoment**"). Eine starre Höchst- oder Regelfrist existiert nicht; maßgeblich sind die Umstände des Einzelfalls. Dabei beeinflussen sich „Zeitmoment" und „Umstandsmoment" wechselseitig.²⁴⁵ Bei schwierigen Sachverhalten verwirkt das Widerspruchsrecht erst nach längerer Untätigkeit.²⁴⁶ Umgekehrt sinken die Anforderungen an das Umstandsmoment, je mehr Zeit seit dem Zeitpunkt des Betriebsübergangs verstrichen ist.²⁴⁷ Die widerspruchslose Weiterarbeit beim Erwerber führt für sich allein noch nicht zur Verwirkung, da der Arbeitnehmer damit nur seine Arbeitspflicht erfüllt.²⁴⁸ Anders ist es, wenn er über den Bestand seines Arbeitsverhältnisses disponiert, etwa durch den Abschluss eines Aufhebungsvertrags mit dem

64a

---

²³⁹ Begr. RegE, BT-Drs. 14/7760 S. 19; vgl. weiter *Fuhlrott/Ritz*, BB 2012, 2689.
²⁴⁰ St. Rspr., vgl. BAG 24.8.2017, NZA 2018, 168; BAG 28.6.2018, AP BGB § 613a Nr. 475.
²⁴¹ BAG 13.7.2006, NZA 2006, 1268, 1270; BAG 23.7.2009, NZA 2010, 393.
²⁴² BAG 13.7.2006, NZA 2006, 1273, 1275.
²⁴³ BAG 10.11.2011, NZA 2012, 584.
²⁴⁴ BAG 24.7.2008, NZA 2008, 1294, 1295; BAG 27.11.2009, NZA 2009, 552, 554.
²⁴⁵ BAG 22.6.2011, DB 2011, 2385; BAG 15.3.2012, NZA 2012, 1097.
²⁴⁶ BAG 27.11.2008, NZA 2009, 552, 555; BAG 23.7.2009, NZA 2010, 89.
²⁴⁷ BAG 15.3.2012, NZA 2012, 1097: Verwirkung sechs Jahre nach erfolgtem Betriebsübergang.
²⁴⁸ Selbst dann nicht, wenn erst zwölf Monate nach dem Betriebsübergang widersprochen wird, BAG 23.7.2009, NZA 2010, 89, 94.

606 § 19 Der Betriebsinhaberwechsel

Erwerber, da er damit den Erwerber als seinen neuen Arbeitgeber anerkennt,[249] durch widerspruchslose Hinnahme einer vom Erwerber nach dem Übergang erklärten betriebsbedingten Kündigung[250] oder wenn er gegen ihn jahrelang prozessiert,[251] nicht aber, wenn er auf Feststellung bestimmter bestehender Arbeitsbedingungen klagt, ohne dass der rechtliche Bestand des Arbeitsverhältnisses verändert wird (wenn z.B. fraglich ist, welche tariflichen Regelungen aufgrund einer arbeitsvertraglichen Bezugnahmeklausel auf das bestehende Arbeitsverhältnis anzuwenden sind).[252] Auf eine gegenüber dem Erwerber eingetretene Verwirkung kann sich auch der Veräußerer berufen, weil die Unterrichtungspflicht beide als Gesamtschuldner trifft; sie werden insoweit als „Einheit" behandelt. Das gilt selbst dann, wenn der Veräußerer keine konkreten Vermögensdispositionen im Vertrauen auf die Nichtinanspruchnahme getroffen hat.[253] Ihm muss das Verhalten des Arbeitnehmers nur bekannt geworden sein.[254]

64b Neuerdings geht die Rechtsprechung[255] davon aus, dass eine **widerspruchslose Weiterarbeit** bei dem neuen Inhaber **über einen Zeitraum von mindestens sieben Jahren** nach dem Betriebsübergang regelmäßig zur **Verwirkung** des Widerspruchsrechts führt, **wenn der Arbeitnehmer** zwar nicht ordnungsgemäß im Sinne von § 613a Abs. 5 BGB unterrichtet wurde, aber im Rahmen dieser Unterrichtung zumindest „**grundlegende Informationen**" über den mit dem Betriebsübergang verbundenen Übergang seines Arbeitsverhältnisses **erhalten** hat (unter Mitteilung des Zeitpunkts oder des geplanten Zeitpunkts sowie des Gegenstands des Betriebsübergangs und des Betriebsübernehmers) und über sein Widerspruchsrecht belehrt wurde. In der Literatur[256] wird mit Recht kritisiert, dass das BAG mit seiner neuen Rechtsprechung im Gewande der Verwirkung eine richterrechtliche Ausschlussfrist eingeführt habe. Bemängelt wird zudem, dass es sich laut BAG um eine Mindestfrist handele, die kaum mehr unterschritten werden könne, was schon deshalb problematisch sei, weil sie 84 mal so lang sei wie die reguläre Widerspruchsfrist von einem Monat.

64c Manche **Unterrichtungsmängel können durch Zeitablauf geheilt** werden. Das hat die Rechtsprechung für den Fall angenommen, dass eine Erwerbergesellschaft zunächst das **Sozialplanprivileg** des § 112a Abs. 2 S. 1 BetrVG genossen hatte, worüber die Arbeitnehmer hätten an sich informiert werden müssen. Nach Ansicht des BAG[257] begründe dieser Unterrichtungsmangel aber kein zeitlich unbegrenztes Widerspruchsrecht. Vielmehr **trete mit dem Ablauf des Privilegierungszeitraums von vier Jahren** seit der Gründung der Erwerbergesellschaft eine **rechtliche Zäsur** ein. Da danach keinerlei Bezug mehr zwischen der Hinweispflicht auf die Sozialplanprivilegierung des Erwerbers und dem Widerspruchsrecht nach § 613a Abs. 6 BGB bestehe, werde der ursprüngliche Unterrichtungsfehler kraft Gesetzes geheilt. Folglich laufe im Hinblick auf diesen Unterrichtungsfehler eine neue

---

[249] BAG 20.3.2008, NZA 2008, 1354; BAG 23.7.2009, NZA 2010, 89 und 393.
[250] BAG 24.2.2011, NZA 2011, 973; vgl. weiter *Kittner*, NJW 2012, 1180.
[251] BAG 15.3.2012, NZA 2012, 1097; vgl. weiter *Reinecke*, DB 2012, 50.
[252] BAG 11.12.2014, NZA 2015, 481.
[253] BAG 27.11.2008, AP Nr. 262 zu § 613a BGB; BAG 22.6.2011, NZA-RR 2012, 507.
[254] BAG 23.7.2009, 20.5.2010, AP Nr. 10, 22 zu § 613a BGB Widerspruch.
[255] BAG 24.8.2017, NZA 2018, 168 Rn. 26 ff.; BAG 28.6.2018, AP BGB § 613a Nr. 475 Rn. 20 ff.
[256] *Bauer/Ernst*, NZA 2018, 1243, 1245 ff.; *Löw*, BB 2018, 506; *C. Meyer*, SAE 2018, 18.
[257] BAG 15.12.2016, NZA 2017, 783 Rn. 37 ff.

Widerspruchsfrist an, die nach einem Monat ablaufe. Allerdings gelte all dies nur bezogen auf die fehlende Information über die Sozialplanprivilegierung des neuen Inhabers und lasse die Auswirkungen sonstiger Mängel der Unterrichtung auf den Lauf der Widerspruchsfrist unberührt.

§ 613a Abs. 5 BGB begründet für den Arbeitgeber keine bloße Obliegenheit, sondern eine **echte Rechtspflicht** zur Unterrichtung, deren Nichtbeachtung zu einer **Schadensersatzpflicht** führen kann.[258] Der Veräußerer haftet nach § 280 Abs. 1 BGB, der Erwerber nach den Grundsätzen der c.i.c. (§§ 280 Abs. 1, 311 Abs. 2 Nr. 3, § 241 Abs. 2 BGB). Voraussetzung ist stets, dass die unterbliebene, unvollständige oder fehlerhafte Unterrichtung beim Arbeitnehmer zu einem Schaden geführt hat.[259] Dies ist nicht der Fall, wenn der Arbeitnehmer durch Ausübung seines noch bestehenden Widerspruchsrechts den Schaden in dem von ihm gewünschten Sinn vermeiden kann.[260] Ist das Widerspruchsrecht verwirkt, kann der Arbeitnehmer auch nicht im Wege des Schadensersatzes verlangen, mittels Naturalrestitution so gestellt zu werden, als ob er dem Übergang seines Arbeitsverhältnisses ordnungsgemäß widersprochen hätte.[261]

65

b) Widerspruch

aa) Erklärung des Widerspruchs. Das Widerspruchsrecht stellt ein Rechtsfolgenverweigerungsrecht dar.[262] Es ist ein individuelles Gestaltungsrecht,[263] mit dem der von einem Betriebsübergang betroffene Arbeitnehmer den Übergang des Arbeitsverhältnisses verhindern oder rückgängig machen kann.[264] Als Gestaltungsrecht ist der Widerspruch bedingungsfeindlich und unwiderruflich.[265] Die Ausübung erfolgt schriftlich (§ 613a Abs. 6 S. 1 BGB) durch einseitige, empfangsbedürftige Willenserklärung.[266] Der Widerspruch kann gleichzeitig von einer Vielzahl von Arbeitnehmern erklärt werden. Allerdings ist solch ein „kollektiver Widerspruch" rechtsmissbräuchlich (§ 242 BGB), wenn er nicht dazu dient, arbeitsvertragliche Rechte zu sichern, sondern den Betriebsübergang verhindern soll oder Vergünstigungen bezweckt, auf die die Widersprechenden keinen Anspruch haben.[267] Kein Widerspruchsrecht besteht bei einem Betriebsübergang kraft Gesetzes im Wege der Gesamtrechtsnachfolge.[268] Dasselbe gilt, wenn nach einer Verschmelzung der übertragende Rechtsträger erlischt; § 613a Abs. 6 BGB ist in

66

---

[258] BAG 13.7.2006, NJW 2007, 250; BAG 20.3.2008, NZA 2008, 1297, 1301.
[259] S. im einzelnen *Maschmann*, BB-Special 6/2006, S. 29, 35.
[260] BAG 9.12.2010, AP Nr. 393 zu § 613a BGB.
[261] BAG 20.05.2010, AP Nr. 22, 23, 26 zu § 613a BGB Widerspruch.
[262] BAG 30.10.2003, NZA 2004, 481; BAG 13.7.2006, NZA 2006, 1268, 1272 m.w.N.
[263] BAG 30.9.2004, NZA 2005, 43, 47.
[264] BAG 30.10.1986, AP Nr. 55 zu § 613a BGB; BAG 13.7.2006, NZA 2006, 1268, 1272.
[265] BAG 30.10.2003, NZA 2004, 481, 483.
[266] BAG 22.4.1993, AP Nr. 102 zu § 613a BGB.
[267] Die Beweislast hierfür trifft den Arbeitgeber, s. BAG 30.9.2004, NZA 2005, 43, 48.
[268] Darin liegt auch kein Verstoß gegen Art. 3 Abs. 1 GG, s. BAG 2.3.2006, NZA 2006, 848, 850.

diesen Fällen teleologisch zu reduzieren.[269] Im umgekehrten Falle der **Aufspaltung** eines Unternehmens (§ 123 Abs. 1 UmwG), bei der der übertragende Rechtsträger erlischt (§ 131 Abs. 1 Nr. 2 UmwG) und sein Vermögen auf andere Rechtsträger übertragen wird, setzt der Übergang des Arbeitsverhältnisses die **Einwilligung des Arbeitnehmers** voraus.[270] Fehlt es daran, kann der Arbeitnehmer auch noch im Nachhinein frei wählen, mit welchem der übernehmenden Rechtsträger er sein Arbeitsverhältnis fortsetzen will. Die Erklärung des Widerspruchs ist kein Vorgang, für den ein Restmandat des Betriebsrats nach § 21b BetrVG besteht. Sie stellt nicht wie von § 21b BetrVG gefordert, eine Stilllegung, Spaltung oder Zusammenlegung des Betriebs dar, da es sich nicht um eine Entscheidung des Arbeitgebers handelt.[271]

67 bb) **Adressat des Widerspruchs.** Der Widerspruch kann gegenüber dem bisherigen Arbeitgeber oder dem neuen Inhaber erklärt werden. Bisheriger Arbeitgeber ist, wer vor dem aktuellen Inhaber den Betrieb innehatte, nicht aber ein noch weiter zurückliegender ehemaliger Arbeitgeber.[272] Kommt es nach einem Betriebsübergang zu einem weiteren Betriebsübergang („Kettenbetriebsübergang"), muss der **Widerspruch gegen den letzten Übergang** des Arbeitsverhältnisses erfolgen.[273] Rückwirkung auf den ersten Betriebsübergang hat ein solcher Widerspruch nur dann, wenn das Widerspruchsrecht zum Zeitpunkt seiner Ausübung noch bestand und wirksam ausgeübt wurde.[274] Das Wort „Widerspruch" muss der Arbeitnehmer nicht benutzen. Es genügt, wenn nach dem objektiven Empfängerhorizont erkennbar ist, dass er sich gegen den Übergang seines Arbeitsverhältnisses wendet.

68 cc) **Widerspruchsfrist.** Die Widerspruchsfrist beträgt einen Monat. Sie beginnt mit dem Zugang der (ordnungsgemäßen)[275] Unterrichtung nach § 613a Abs. 5 BGB unabhängig vom tatsächlichen Zeitpunkt des Betriebsübergangs, und zwar selbst dann, wenn die Unterrichtung entgegen § 613a Abs. 5 BGB erst nach dem Betriebsübergang erfolgt. Für die Berechnung gelten die §§ 187 Abs. 1, 188 Abs. 2 BGB.

69 dd) **Begründung des Widerspruchs.** Die Angabe eines Grundes für den Widerspruch ist nicht erforderlich.[276] Es steht allein in der Entscheidung des Arbeitnehmers, ob er sich dem durch § 613a BGB bewirkten Arbeitgeberwechsel unterwerfen will. Das Widerspruchsrecht würde entwertet, wenn es auf sachliche und damit objektivierbare Gründe hin überprüft würde. Allerdings ist der Arbeitnehmer, der dem Übergang seines Arbeitsverhältnisses widerspricht und der damit freiwillig auf eine zu seinen Gunsten wirkende Schutznorm verzichtet, nicht vor tatsächlichen und rechtlichen Nachteilen (z.B. betriebsbedingten Kündigungen, s. unten Rn. 74) geschützt, die mit dem Widerspruch verbunden sind.[277]

---

[269] BAG 21.2.2008, NZA 2008, 815.
[270] BAG 19.10.2017, NZA 2018, 370 Rn. 48 ff.
[271] BAG 24.5.2012, NZA 2013, 277, 282.
[272] BAG 24.4.2014, NZA 2014, 1074; BAG 26.10.2014, NZA 2015, 433; BAG 11.12.2014, NZA 2015, 481.
[273] BAG 24.4.2014, NZA 2014, 1074 LS.
[274] BAG 16.10.2014, NZA 2015, 433; BAG 19.11.2015, NZA 2016, 647 Rn. 25.
[275] BAG 13.7.2006, NZA 2006, 1268, 1270.
[276] BAG 30.10.2003, NZA 2004, 481, 482; BAG 30.9.2004, NZA 2005, 43, 46 m.w.N.
[277] BAG 19.3.1998, NZA 1998, 750; BAG 30.10.2003, NZA 2004, 481, 482 m.w.N.

ee) Anfechtbarkeit.
Die Erklärung des Widerspruchs kann angefochten werden. Dafür gelten die allgemeinen Vorschriften (§§ 119 ff., 142 BGB). Eine Anfechtung wegen arglistiger Täuschung (§ 123 BGB) kommt in Betracht, wenn der Arbeitgeber den Arbeitnehmer bewusst und gewollt falsch informiert, um ihn zum Widerspruch gegen den Übergang seines Arbeitsverhältnisses zu bewegen.[278]

70

c) Ausschluss

Der Arbeitnehmer kann gegenüber dem alten oder dem neuen Betriebsinhaber auf den Widerspruch **verzichten**,[279] allerdings nur in Ansehung eines konkret bevorstehenden Betriebsübergangs, nicht als Vorausverzicht. Ein gleichwohl erklärter Widerspruch ist unwirksam und unbeachtlich.[280] Ein konkludenter Verzicht – etwa durch widerspruchslose Weiterarbeit beim Erwerber in Kenntnis der Rechtslage – ist wegen des Schriftformgebots für den Widerspruch nicht (mehr) möglich.[281] Vielmehr muss der **Verzichtswille eindeutig und zweifelsfrei** zum Ausdruck gebracht werden, weil eine solche Absicht dem Arbeitnehmer nicht ohne weiteres unterstellt werden kann. Soll das Widerspruchsrecht mit einer vorformulierten Erklärung ausgeschlossen werden, in der der Arbeitnehmer schriftlich sein Einverständnis mit dem Übergang seines Arbeitsverhältnisses auf den Erwerber bekundet, muss der Arbeitgeber daher auf diese Rechtsfolge in der erforderlichen Deutlichkeit hinweisen.[282] Ob ein wirksamer Verzicht eine **vollständige und fehlerfreie Unterrichtung nach § 613a Abs. 5 BGB voraussetzt**, ist umstritten[283] Das BAG[284] hat die Frage offengelassen, erwägt aber offenbar, dass zumindest über die „grundlegenden Informationen" zutreffend unterrichtet werden muss, d.h. über den Zeitpunkt und den Gegenstand des Betriebsübergangs sowie über den Erwerber.[285] Der Widerspruch kann ferner gegen Treu und Glauben (§ 242 BGB) verstoßen und deshalb unwirksam sein. Der Arbeitnehmer verhält sich widersprüchlich und damit treuwidrig, wenn er vor dem Betriebsübergang erklärt, er werde dem Übergang des Arbeitsverhältnisses nicht widersprechen und wenn der bisherige Arbeitgeber auf diese Erklärung vertraut,[286] oder wenn er eine Überleitungsvereinbarung unterschreibt. Schließlich kann der Widerspruch wegen Verwirkung (s. oben Rn. 64) oder wegen Rechtsmissbrauchs ausgeschlossen sein. Rechtsmissbräuchlich verhält sich nicht, wer zunächst mit dem Erwerber über den Abschluss eines Arbeitsvertrags zu günstigeren Bedingungen verhandelt und erst nach dem Fehlschlagen dieser Verhandlungen dem Übergang widerspricht.[287]

71

---

[278] BAG 15.12.2011, NZA 2012, 1101; vgl. weiter *Haas/Salamon/Hoppe*, NZA 2011, 128.
[279] BAG 24.10.2018, NZA 2019, 387 Rn. 101; BAG 28.2.2019, AP BGB § 613a Nr. 477 Rn. 50.
[280] BAG 19.3.1998, NZA 1998, 750, 751.
[281] *Hauck*, NZA Beil. 1/2009, 18, 22.
[282] BAG 28.2.2019, AP BGB § 613a Nr. 477 Rn. 58.
[283] Vgl. LAG Saarland 12.8.2009, 2 Sa 52/09; LAG Niedersachsen 5.2.2018, NZA-RR 2018, 411.
[284] BAG 28.2.2019, AP BGB § 613a Nr. 477 Rn. 50.
[285] Vgl. BAG 19.11.2015, NZA 2016, 647 Rn. 15, 32.
[286] BAG 15.2.1984, AP Nr. 37 zu § 613a BGB.
[287] BAG 19.2.2009, NZA 2009, 1095.

d) Rechtsfolgen

72 **aa) Grundsatz.** Der Widerspruch schließt den Übergang des Arbeitsverhältnisses auf den Erwerber aus. Das Arbeitsverhältnis zum Veräußerer bleibt bestehen.[288] Bei wirksamem Widerspruch nach Betriebsübergang wird es ex tunc wiederbegründet;[289] der Widerspruch wirkt also zurück.[290] Widerspricht ein Arbeitnehmer dem Übergang seines Arbeitsverhältnisses endet aufgrund des Widerspruchs seine Zugehörigkeit zu diesem Betrieb, wenn der Betrieb als Ganzer auf einen anderen Inhaber übergeht. Soll der Widersprechende (betriebsbedingt) gekündigt werden, ist der im übergegangenen Betrieb fortbestehende Betriebsrat nicht anzuhören; er besitzt insoweit weder ein Restmandat (§ 21b BetrVG) noch ein Übergangsmandat (§ 21a BetrVG).[291] Bei einem Teilbetriebsübergang bedarf es einer ausdrücklichen oder konkludenten Zuordnungsentscheidung des Arbeitgebers, wenn das Arbeitsverhältnis von einem weiteren Teilbetriebsübergang erfasst werden soll.[292]

73 **bb) Annahmeverzug.** Nimmt der Veräußerer die ihm angebotene Arbeitsleistung nicht an, so kommt er in Annahmeverzug (§ 615 S. 1 BGB). Er hat den widersprechenden Arbeitnehmer also weiterhin zu vergüten. Die Vergütungspflicht kann aber nach § 615 S. 2 Var. 3 BGB ganz oder teilweise entfallen, wenn es der Widersprechende böswillig unterlässt, eine andere Arbeit aufzunehmen. Böswillig handelt er, wenn ihm vorgeworfen werden kann, dass er während des Annahmeverzugs trotz Kenntnis aller objektiven Umstände (Arbeitsmöglichkeit, Zumutbarkeit der Arbeit, nachteilige Folgen für den Arbeitgeber) vorsätzlich untätig bleibt oder die Aufnahme der Arbeit bewusst verhindert.[293] Ob der Widersprechende auch beim Erwerber arbeiten muss, ist fraglich, da der Widerspruch den Übergang des Arbeitsverhältnisses gerade verhindern soll. Das BAG bejaht, und zwar auch für den Fall, dass der Arbeitnehmer berechtigterweise von seinem Widerspruchsrecht Gebrauch macht.[294] Mit dem Widerspruch solle lediglich der Übergang des Arbeitsverhältnisses verhindert werden. Ein böswilliges Unterlassen liege nur dann nicht vor, wenn dem Arbeitnehmer aufgrund konkreter Umstände, die etwa in der Person des Erwerbers, der Art der Arbeit oder den sonstigen Arbeitsbedingungen liegen könnten, die Arbeit beim Erwerber unzumutbar sei.

74 **cc) Betriebsbedingte Kündigung nach Widerspruch.** Fällt infolge des Betriebsübergangs beim alten Arbeitgeber der Arbeitsplatz weg, trägt der Arbeitnehmer das Risiko, dass der alte Arbeitgeber eine betriebsbedingte Kündigung ausspricht.[295] § 613a Abs. 4 BGB steht dem nicht entgegen, weil die Ausübung des Widerspruchsrechts der Sache nach einen Verzicht auf den durch § 613a BGB erweiterten Bestandsschutz bedeutet.[296]

---

[288] BAG 2.10.1974, 19.3.1998, AP Nr. 1, 177 zu § 613a BGB.
[289] BAG 22.4.1993, AP Nr. 103 zu § 613a BGB.
[290] BAG 13.7.2006, NZA 2006, 1268, 1273 m.w.N.; a.A. *Rieble*, NZA 2005, 1, 4 ff.
[291] BAG 8.5.2014, NZA 2015, 889; BAG 24.9.2015, NZA 2016, 366.
[292] BAG 13.2.2003, AP Nr. 245 zu § 613a BGB.
[293] BAG 18.10.1958, 18.6.1965, AP Nr. 1, 2 zu § 615 BGB Böswilligkeit.
[294] BAG 19.2.1998 - 2 AZR 367/96; BAG 19.3.1998, AP Nr. 177 zu § 613a BGB.
[295] BAG 2.10.1974, AP Nr. 1 zu § 613a BGB.
[296] BAG 25.5.2000, NZA 2000, 1115, 1119 m.w.N.; Staudinger/*Annuß*, § 613a BGB Rn. 313 m.w.N.

III. Individualrechtliche Folgen des Betriebsübergangs

Bei einem bevorstehenden **Teilbetriebsübergang** hält die Rechtsprechung den Veräußerer allerdings für verpflichtet, einem davon betroffenen Arbeitnehmer die Weiterbeschäftigung auf einem freien Arbeitsplatz im Restbetrieb anzubieten, sobald damit zu rechnen ist, dass der Arbeitnehmer dem Übergang seines Arbeitsverhältnisses widerspricht.[297] Das bedeutet im Ergebnis ein Verbot von Neueinstellungen. Anders entscheidet die Rechtsprechung, wenn der Betrieb vollständig auf einen anderen Inhaber übergeht. In diesem Fall sei der Arbeitgeber nicht verpflichtet, den Widersprechenden zur Vermeidung einer betriebsbedingten Kündigung in einen anderen Betrieb des Unternehmens zu versetzen, jedenfalls dann nicht, wenn er den anderen Betrieb ebenfalls bereits an einen Betriebserwerber veräußert hat und er diesem – nach Abschluss der Übernahmevereinbarungen – einen zusätzlich zu übernehmenden Arbeitnehmer „verschaffen" würde.[298] Das gilt selbst dann, wenn der Arbeitnehmer aus tariflichen Gründen nur außerordentlich kündbar ist. Der Arbeitgeber ist auch in diesem Fall nicht gehalten, eine „Personalgestellung" in seine Überlegungen einzubeziehen, wenn er eigene Arbeitnehmer überhaupt nicht mehr beschäftigen möchte.[299]

74a

Zur Vermeidung einer Beendigungskündigung kann auch eine Änderungskündigung ausgesprochen werden.[300] Bei einer unvermeidbaren Kündigung wollte das BAG eine Zeitlang berücksichtigen, dass ein Widersprechender seine bisherige Arbeitsmöglichkeit aus freien Stücken aufgegeben und erst dadurch ein dringendes betriebliches Erfordernis für die Kündigung geschaffen hatte; sollte statt seiner einem anderen Arbeitnehmer gekündigt werden, der die Möglichkeit der Fortsetzung des Arbeitsverhältnisses nicht hatte, musste es für den Widerspruch Gründe geben, wie etwa die berechtigte Befürchtung eines baldigen Arbeitsplatzverlustes oder einer baldigen wesentlichen Verschlechterung seiner Arbeitsbedingungen bei dem Erwerber.[301] Von dieser einleuchtenden Ansicht hat die Rechtsprechung wieder Abstand genommen, weil die Kriterien für die Sozialauswahl seit dem 1.1.2004 durch die Neufassung des § 1 Abs. 3 S. 1 KSchG vom Gesetzgeber abschließend benannt worden seien.[302] Die Gründe für den Widerspruch könnten auch nicht über § 1 Abs. 3 S. 2 KSchG Berücksichtigung finden. Unzulässig sei es, alle nicht von einem Betriebsübergang Betroffenen aus der Sozialauswahl herauszunehmen und damit letztlich den Kreis der für eine Kündigung in Betracht zu ziehenden Arbeitnehmer auf die widersprechenden Arbeitnehmer zu beschränken. Allerdings hält das BAG Fälle für denkbar, in denen durch den Widerspruch etwa einer größeren Anzahl von Arbeitnehmern gegen einen Betriebsübergang und der in ihrer Folge vom Arbeitgeber durchzuführenden Sozialauswahl tiefgreifende Umorganisationen notwendig würden, die zu schweren betrieblichen Ablaufstörungen führen könnten. In diesem Fall müssten nach § 1 Abs. 3 S. 2 KSchG Teile der vom Betriebsübergang nicht betroffenen Arbeitnehmer aus diesem Grund nicht in die Sozialauswahl einbezogen werden.

74b

Die Betriebsparteien können vereinbaren, dass ein Widerspruch gegen den Übergang des Arbeitsverhältnisses auf einen Betriebserwerber bei anschließender betriebsbedingter Kün-

74c

---

[297] BAG 15.8.2002, NZA 2003, 430.
[298] BAG 21.2.2013, NZA 2013, 617.
[299] BAG 24.9.2015, NZA 2016, 366.
[300] BAG 29.3.2007, NZA 2007, 855.
[301] Zu Vorstehendem BAG 18.3.1999, NZA 1999, 870.
[302] BAG 31.5.2007, NZA 2008, 33.

digung durch den Betriebsveräußerer einen **Abfindungsanspruch** aus einem beim Veräußerer bestehenden Rahmensozialplan **ausschließt**. Denn diesem Anspruchsausschluss liegt i.d.R. der Gedanke zugrunde, dass den von dem Betriebsübergang betroffenen Arbeitnehmern ihr Arbeitsplatz beim Erwerber erhalten bleibe und ihnen mithin keine ausgleichspflichtigen Nachteile entstehen. Dies verstößt auch nicht gegen Art. 2 der Richtlinie 2001/23/EG, da diese eine entsprechende Abfindungszahlung bei betriebsbedingten Kündigungen nicht verlangt.[303]

75 dd) **Ausscheiden aus der Belegschaftsvertretung.** Ist der Widersprechende Mitglied der Belegschaftsvertretung des übergehenden Betriebs, so scheidet er mit dem Widerspruch aus dem Vertretungsorgan aus. Die Belegschaftsvertretung ist bei seiner Kündigung auch dann nicht mehr zu beteiligen, wenn er in dem übergegangenen Betrieb aufgrund einer Arbeitnehmerüberlassung beschäftigt wird. Der Widersprechende genießt zwar nach seinem Ausscheiden den nachwirkenden Sonderkündigungsschutz (§ 15 Abs. 1 S. 2 bzw. § 15 Abs. 2 S. 2 KSchG), ihm kann aber entsprechend § 15 Abs. 4, 5 KSchG gekündigt werden.[304]

3. Eintritt des Erwerbers in die Rechte und Pflichten aus den übergegangenen Arbeitsverhältnissen

a) Eintritt in die Rechte

76 Geht das Arbeitsverhältnis auf den Erwerber über, so tritt er in sämtliche Rechte ein, die dem alten Arbeitgeber zustanden; er übernimmt das Arbeitsverhältnis so wie er es tatsächlich vorfindet. Der Erwerber hat Anspruch auf die Arbeitsleistung – die Arbeitspflicht gegenüber dem Veräußerer erlischt – und auf Erfüllung der Nebenpflichten (Rücksichtnahme, Verschwiegenheit, Wettbewerbsverbot usw.). Gestaltungsrechte (Kündigung, Anfechtung), die dem Veräußerer zustanden, kann er zumindest dann ausüben, wenn die einschlägigen Gründe fortwirken.[305]

b) Eintritt in die Pflichten

77 aa) **Haupt- und Nebenpflichten.** Der Erwerber tritt so in die Haupt- und Nebenpflichten ein, wie sie der Veräußerer vor dem Übergang zu erfüllen hatte. Das gilt auch für rückständigen Lohn.[306] Der Veräußerer haftet nach § 613a Abs. 2 BGB mit. Ansprüche auf Erholungsurlaub sind so zu erfüllen, wie wenn kein Betriebsübergang stattgefunden hätte.[307] Setzt der Arbeitnehmer das Arbeitsverhältnis mit dem Erwerber fort, hat der Veräußerer den Urlaub des Arbeitnehmers auch dann

---

[303] BAG 24.5.2012, NZA 2013, 277, 283 f.
[304] BAG 25.5.2000, NZA 2000, 1115.
[305] ErfK/*Preis*, § 613a BGB Rn. 79.
[306] BAG 18.8.1976, AP Nr. 4 zu § 613a BGB.
[307] BAG 18.11.2003, NZA 2004, 651, 653; BAG 18.11.2003, NZA 2004, 654, 656.

III. Individualrechtliche Folgen des Betriebsübergangs 613

nicht abzugelten (§ 7 Abs. 4 BUrlG), wenn er ihm wirksam betriebsbedingt gekündigt hatte.³⁰⁸

bb) Betriebliche Übung. Ein vom Veräußerer gesetzter Tatbestand, der zur Entstehung einer betrieblichen Übung führen kann, wird dem Erwerber sogar dann zugerechnet, wenn er ihn nicht kennt. Er kann die Entstehung einer betrieblichen Übung aber unter denselben Voraussetzungen verhindern wie der Veräußerer.³⁰⁹ Vergütungsansprüche aus betrieblicher Übung stehen nicht unter dem stillschweigenden Vorbehalt einer ablösenden Betriebsvereinbarung.³¹⁰ Anderes nimmt die Rechtsprechung für betriebliche Einheitsregelungen an, die in Abstimmung mit der zuständigen Arbeitnehmervertretung zustande gekommen oder geändert worden sind. Hier könne der Arbeitnehmer erkennen, dass die Leistung einer kollektivrechtlichen, möglicherweise auch verschlechternden Änderung zugänglich sein soll.³¹¹ 78

cc) Gleichbehandlungsgrundsatz. Ein Erwerber, der zugleich seinen alten Betrieb weiterführt, ist nicht verpflichtet – auch nicht nach längerer Zeit –, eine Anpassung an die bei ihm bestehenden Arbeitsbedingungen vorzunehmen.³¹² Der Gleichbehandlungsgrundsatz gilt nur dann, wenn der Arbeitgeber eine eigene Regel aufstellt.³¹³ Erst wenn er neue Vergütungsstrukturen schafft, ist er an den Gleichbehandlungsgrundsatz gebunden.³¹⁴ Das ist der Fall, wenn er nur seiner Stammbelegschaft, nicht aber den Übernommenen eine Gehaltserhöhung gewährt. Die Benachteiligung der Übernommenen ist zulässig, wenn es für sie einen sachlichen Grund gibt. Die unterschiedlichen Arbeitsvertrags- und Vergütungssysteme bei der Stammbelegschaft und den Übernommenen bilden für sich allein keinen Rechtfertigungsgrund.³¹⁵ Ein **sachlicher Grund** kann aber in der **Angleichung der Arbeitsbedingungen liegen**. Eine Benachteiligung der Stammbelegschaft kann der Arbeitgeber dadurch beseitigen, dass er nur bei ihr, nicht aber bei den Übernommenen den Lohn erhöht, obwohl damit nur die allgemeine Geldentwertung ausgeglichen werden soll, die alle Arbeitnehmer gleich trifft.³¹⁶ Entsprechendes gilt, wenn umgekehrt die Übernommenen benachteiligt sind und sie durch eine nur ihnen gewährte Lohnerhöhung an das im Betrieb Übliche Niveau herangeführt werden sollen. 79

Nach dem Zweck einer auf den Ausgleich schlechterer Arbeitsbedingungen gerichteten Leistung ist eine Kompensation aber nur insoweit zulässig, als ein solcher Ausgleich her- 79a

---

³⁰⁸ BAG 2.12.1999, DB 2000, 831.
³⁰⁹ BAG 18.3.2009, NZA 2009, 535.
³¹⁰ BAG 5.8.2009, NZA 2009, 1105.
³¹¹ St. Rspr., vgl. nur BAG 17.7.2012, DB 2012, 2873.
³¹² BAG 31.8.2005, NZA 2006, 265, 266; BAG 19.1.2010, NZA-RR 2010, 356.
³¹³ BAG 13.2.2002, NZA 2003, 215; BAG 21.3.2002, NZA 2002, 1304.
³¹⁴ BAG 31.8.2005, NZA 2006, 265, 266 = AP Nr. 288 zu § 613a BGB m. Anm. *Maschmann*.
³¹⁵ BAG 14.3.2007, NZA 2007, 862.
³¹⁶ BAG 14.3.2007, NZA 2007, 862.

beigeführt wird.³¹⁷ Führt eine Leistung zu einer Überkompensation und damit zu einer Besserstellung einer Arbeitnehmergruppe, so besteht im Umfang der Überkompensation kein sachlicher Grund, der anderen Gruppe diese Leistung vorzuenthalten.³¹⁸ Bei der notwendigen Würdigung besteht ein Beurteilungsspielraum des Arbeitgebers, weil unterschiedliche Vergütungselemente wie Grundvergütung, Zuschläge, Einmalzahlungen und Arbeitszeit ins Verhältnis zu setzen und miteinander zu vergleichen sind.³¹⁹ Ob es zu einer „Überkompensation" in diesem Sinne gekommen ist, bemisst sich nach einem Gesamtvergleich: Gegenüberzustellen ist das Arbeitsentgelt, das der auf Gleichbehandlung klagende Arbeitnehmer im maßgeblichen Zeitraum auf Grund der für ihn geltenden arbeitsvertraglichen Regelungen tatsächlich verdient hat, und dasjenige Arbeitsentgelt, das er erhalten hätte, wenn er zu den Konditionen der begünstigten Arbeitnehmer gearbeitet hätte.³²⁰

80 **dd) Gewährung sonstiger Leistungen.** Ob der Erwerber Leistungen wie Personaleinkauf, Aktienoptionen, Gestattung der Privatnutzung eines Dienstfahrzeugs, Stellung einer Werkmietwohnung fortzugewähren hat, hängt davon ab, ob sie beim Veräußerer als Teil des Arbeitsvertrags vereinbart waren, weil nur diese nach § 613a Abs. 1 BGB auf den Erwerber übergehen.³²¹ Das ist bei Sachleistungen, die der Arbeitgeber als Gegenleistung für die vom Arbeitnehmer erbrachten Dienste gewährt, regelmäßig anzunehmen (z.B. Deputate, verbilligte Mittagsverpflegung, Job-Ticket).³²² Für nicht kraft Arbeitsvertrags gewährte Ansprüche muss sich der Arbeitnehmer an seinen bisherigen Vertragspartner halten, jedenfalls soweit nichts anderes vereinbart ist. Ansprüche auf unternehmensbezogene Leistungen (Jahreswagen bei den Automobilunternehmen, Freiflüge, Freifahrten) stehen, selbst wenn sie zur arbeitsvertraglich geschuldeten Vergütung zählen, unter dem (stillschweigenden) Vorbehalt, dass sie der Arbeitgeber selbst herstellt.³²³

c) Berücksichtigung tatsächlicher Umstände

81 **aa) Grundsätze.** Der Übernehmer muss sich Gegebenheiten zurechnen lassen, die als Tatbestandsmerkmale für spätere Rechtsfolgen von Bedeutung sind. Bei Rechten, zu deren Entstehung es auf die **Dauer der Betriebszugehörigkeit** ankommt, muss der Erwerber Zeiten vor dem Betriebsübergang berücksichtigen. Das gilt vor allem für die längeren gesetzlichen oder tariflichen Kündigungsfristen,³²⁴ für tarifliche Unkündbarkeitsregelungen, für die soziale Auswahl nach § 1 Abs. 3 KSchG, für Sozialleistungen³²⁵ und Ruhegeldanwartschaften³²⁶ sowie für die Wartezeit nach § 1 Abs. 1 KSchG.³²⁷ Der **Annahmeverzug** des Veräußerers (§ 615 BGB) wirkt auch gegen den Erwerber, und zwar solange, bis dieser die Leistung des Arbeit-

---

[317] BAG 13.4.2011, NZA 2011, 1047 Rn. 23 m.w.N.
[318] BAG 3.9.2014, NZA 2015, 222 Rn. 30.
[319] BAG 14.3.2007, NZA 2007, 862 Rn. 28.
[320] BAG 3.9.2014, NZA 2015, 222 Rn. 28.
[321] AR/*Bayreuther*, § 613a BGB Rn. 47 ff.; *Gaul/Naumann*, NZA 2011, 121.
[322] S. im einzelnen MaSiG/*Maschmann*, A 16 ff.; *Willemsen*, FS Wiedemann, 2002, S. 645 ff.
[323] BAG 7.9.2004, NZA 2005, 941; BAG 13.12.2006, NZA 2007, 325.
[324] BAG 18.9.2003, NZA 2004, 319, 320.
[325] EuGH 6.9.2011, NZA 2011, 1077 - Scattolon.
[326] BAG 21.2.1979, AP Nr. 13 zu § 847 BGB.
[327] BAG 27.6.2002, NZA 2003, 145; BAG 5.2.2004, NZA 2004, 845, 846.

nehmers annimmt.³²⁸ Bei der Erteilung eines **Zeugnisses** ist der Erwerber an den Inhalt eines durch den Veräußerer erstellten Zwischenzeugnisses gebunden, das der Arbeitnehmer aus Anlass des Betriebsübergangs verlangen kann.³²⁹ Dem Erwerber steht hierzu gegenüber dem Veräußerer ein Auskunftsanspruch zu.

bb) § 323 Abs. 1 UmwG. Erfolgt der Betriebsübergang im Rahmen einer Unternehmensspaltung oder einer Vermögensteilübertragung nach dem UmwG, darf sich die kündigungsrechtliche Stellung des Arbeitnehmers innerhalb eines Zeitraums von zwei Jahren nicht verschlechtern. Der Kündigungsschutz bleibt also – anders als außerhalb des UmwG³³⁰ – auch dann bestehen, wenn beim Erwerber die für die Anwendung des KSchG erforderliche Beschäftigtenzahl (§ 23 Abs. 1 S. 2 KSchG) nicht erreicht wird.³³¹ Außerdem können längere tarifliche oder vertragliche Kündigungsfristen zwei Jahre lang nicht geändert, ein Ausschluss der ordentlichen Kündigung kann nicht beseitigt werden. § 323 Abs. 1 UmwG ist lex specialis zu § 613a BGB.³³²

82

4. Besonderheiten beim Betriebsübergang in der Insolvenz

a) Bestandsschutz

Das Arbeitsverhältnis geht auch dann auf den Erwerber über, wenn der Betrieb im Rahmen eines Insolvenzverfahrens vom Insolvenzverwalter veräußert wird. Bestand und Inhalt des Arbeitsverhältnisses sind ebenfalls nach § 613a BGB geschützt.

83

b) Haftung des Erwerbers für Altschulden

aa) Problem. Der Grundsatz der gleichmäßigen Befriedigung aller Gläubiger in einem Insolvenzverfahren (par conditio creditorum) gebietet jedoch bezüglich der Haftung des Erwerbers für die vom Veräußerer nicht erfüllten Ansprüche aus dem Arbeitsverhältnis eine teleologische Reduktion des § 613a Abs. 1 S. 1 BGB. Müsste der Erwerber auch Ansprüche der Arbeitnehmer aus der Zeit vor der Eröffnung des Insolvenzverfahrens erfüllen, würde der erzielbare Kaufpreis geringer und damit die Verteilungsmasse geschmälert. Die Sicherung der Arbeitnehmer, die mit dem neuen Betriebsinhaber einen zahlungsfähigen Schuldner erhalten, würde von den übrigen Gläubigern finanziert. Die Arbeitnehmer haben überdies Anspruch auf Insolvenzgeld für die Vergütung, die ihnen der bisherige Arbeitgeber im Zeitraum von drei Monaten vor der Eröffnung des Insolvenzverfahrens schuldig geblieben ist (vgl. §§ 165 ff. SGB III).

84

---

³²⁸ BAG 21.3.1991, AP Nr. 49 zu § 615 BGB.
³²⁹ BAG 16.10.2007, NZA 2008, 298; *Jüchser*, NZA 2012, 244.
³³⁰ BAG 15.2.2007, NZA 2007, 739.
³³¹ Begr. RegE, BR-Drs. 75/94 v. 4.2.1994, S. 175.
³³² *Wlotzke*, DB 1995, 40, 44.

§ 19 Der Betriebsinhaberwechsel

85 **bb) Lösung.** Der Erwerber haftet nicht nach § 613a BGB für Ansprüche, die bereits bei Eröffnung des Insolvenzverfahrens bestanden.[333] Seine Haftung beschränkt sich auf Masseverbindlichkeiten i.S.d. § 55 InsO, d.h. auf Ansprüche aus dem Arbeitsvertrag, soweit deren Erfüllung nach Eröffnung des Insolvenzverfahrens verlangt wird,[334] nicht für Insolvenzforderungen nach § 38 InsO. Die Beschränkung gilt auch für Ansprüche nach § 40 BetrVG.[335]

86 Die Haftungsbegrenzung tritt nur ein, wenn das Insolvenzverfahren tatsächlich stattfindet, dann allerdings auch, wenn es mangels Masse wieder eingestellt wird;[336] sie tritt nicht ein, wenn ein Antrag auf Eröffnung des Insolvenzverfahrens nicht gestellt oder mangels Masse abgelehnt wird.[337] Maßgeblicher Zeitpunkt für die Haftungsbeschränkung ist die Eröffnung des Insolvenzverfahrens. Ein Erwerber, der die Leitungs- und Organisationsmacht über den übernommenen Betrieb vorher erhält, haftet unbeschränkt.[338]

5. Änderung bisheriger Arbeitsbedingungen

87 Der Erwerber tritt mit dem Betriebsübergang so in die Arbeitsverhältnisse ein, wie sie beim Veräußerer bestanden (§ 613a Abs. 1 S. 1 BGB). Arbeitsvertragsbedingungen kann er im selben Umfang ändern, wie es der Veräußerer gekonnt hätte. Die Zeitschranke des § 613a Abs. 1 S. 2 BGB gilt dafür nicht.[339] Änderungskündigungen sind zulässig, wenn sie nicht wegen des Betriebsübergangs ausgesprochen werden (§ 613a Abs. 4 S. 1 BGB). Damit die Regelung des § 613a Abs. 4 BGB nicht umgangen wird, verlangt die Rechtsprechung für einen freiwilligen Verzicht auf bereits entstandene Ansprüche sachliche Gründe und legt dafür einen strengen Maßstab an.[340] Die Änderung kollektivvertraglich geregelter Arbeitsbedingungen richtet sich nach § 613a Abs. 1 S. 2-4 BGB (s. hierzu unten Rn. 106 ff.).

6. Rechtsstellung des bisherigen Arbeitgebers

88 Mit dem Übergang des Arbeitsverhältnisses auf den Erwerber endet das Arbeitsverhältnis zu dem bisherigen Arbeitgeber; etwaige tarifliche Ausschlussfristen für Ansprüche gegen den Veräußerer beginnen ab diesem Zeitpunkt zu laufen.[341] Der Veräußerer haftet dem Arbeitnehmer neben dem Erwerber als Gesamtschuldner für Ansprüche aus dem Arbeitsverhältnis, soweit sie vor dem Zeitpunkt des Betriebsübergangs entstanden sind und vor Ablauf von einem Jahr nach diesem Zeitpunkt fällig werden (§ 613a Abs. 2 S. 1 BGB). Werden Ansprüche erst nach dem

---

[333] BAG 20.6.2002, NZA 2003, 318; BAG 30.10.2008, NZA 2009, 432.
[334] BAG 18.11.2003, NZA 2004, 651; BAG 19.10.2004, NZA 2005, 408.
[335] BAG 9.12.2009, NZA 2010, 461.
[336] BAG 11.2.1992, AP Nr. 13 zu § 1 BetrAVG Betriebsveräußerung.
[337] BAG 20.11.1984, AP Nr. 38 zu § 613a BGB.
[338] BAG 20.6.2002, AP Nr. 10 zu § 113 InsO.
[339] LAG MV 11.3.2015, LAGE § 613a BGB 2002 Nr. 43.
[340] BAG 19.3.2009, NZA 2009, 1091.
[341] BAG 10.8.1994, AP Nr. 126 zu § 4 TVG Ausschlußfristen.

Betriebsübergang fällig, so haftet der Veräußerer nur in dem Umfang, der dem im Zeitpunkt des Betriebsübergangs abgelaufenen Teil ihres Bemessungszeitraums entspricht (§ 613a Abs. 2 S. 2 BGB).

Beispiel: Im Arbeitsvertrag ist ein 13. Monatsgehalt vereinbart, das im Dezember fällig wird. Der Betrieb geht am 1.5. über. Der Erwerber haftet nach § 613a Abs. 1 S. 1 BGB für das volle 13. Gehalt, der Veräußerer daneben für den in der Zeit vom 1.1. bis 30.4. erdienten Anteil.

89

Wer im Innenverhältnis die Schuld zu tragen hat, hängt von den Vereinbarungen im Übernahmevertrag ab. Ist nichts vereinbart, gilt § 426 Abs. 1 S. 1 BGB.[342]

90

IV. Kündigung und Betriebsübergang

1. Allgemeines

Nach § 613a Abs. 4 S. 1 BGB ist die Kündigung des Arbeitsverhältnisses durch den Veräußerer oder den Erwerber wegen des Übergangs des Betriebs oder eines Betriebsteils unwirksam. Die Norm soll als spezialgesetzliche Regelung des allgemeinen Umgehungsverbots verhindern, dass der in § 613a Abs. 1 BGB angeordnete Bestandsschutz durch eine Kündigung unterlaufen wird; insoweit kommt ihr eine Komplementärfunktion zu. Das Kündigungsverbot ist dann nicht einschlägig, wenn es neben dem Betriebsübergang einen sachlichen Grund gibt, der „aus sich heraus" die Kündigung zu rechtfertigen vermag.[343]

91

a) Rechtsnatur des Kündigungsverbots

§ 613a Abs. 4 S. 1 BGB stellt ein eigenständiges Kündigungsverbot i.S.d. § 13 Abs. 3 KSchG dar,[344] das auch im Insolvenzverfahren gilt.[345] Infolgedessen ist die Kündigung wegen eines Betriebsübergangs auch dann unwirksam, wenn der Arbeitnehmer keinen (§ 23 Abs. 1 S. 2-3 KSchG) oder noch keinen (§ 1 Abs. 1 KSchG) Kündigungsschutz genießt.[346] Die Unwirksamkeit ist innerhalb der dreiwöchigen Klagefrist des § 4 KSchG geltend zu machen (§ 13 Abs. 3 KSchG).[347]

92

Hat der Arbeitnehmer die Kündigungsschutzklage zunächst auf andere Gründe gestützt – z.B. auf Sozialwidrigkeit (§ 1 KSchG) oder auf fehlerhafte Anhörung des Betriebsrats (§ 102 BetrVG) –, so kann er die Unwirksamkeit nach § 613a Abs. 4 BGB noch bis zum Schluss der mündlichen Verhandlung erster Instanz geltend machen (§ 6 KSchG). Ob die

93

---

[342] BGH, 4.7.1985, AP Nr. 50 zu § 613a BGB.
[343] BAG 20.9.2006, NZA 2007, 387.
[344] BAG 31.1.1985, AP Nr. 40 zu § 613a BGB; MünchKomm/*Müller-Glöge*, § 613a BGB Rn. 187.
[345] BAG 20.9.2006, NZA 2007, 387.
[346] BAG 31.1.1985, AP Nr. 40 zu § 613a BGB; AR/*Bayreuther*, § 613a BGB Rn. 103.
[347] BAG 31.1.1985, 5.12.1985, AP Nr. 40, 47 zu § 613a BGB; KR/*Treber*, § 613a BGB Rn. 117.

Kündigung wegen des Betriebsübergangs erfolgt ist, hat der Arbeitnehmer darzulegen und ggf. zu beweisen.[348]

b) Anwendungsbereich des Kündigungsverbots

94   Das Kündigungsverbot des § 613a Abs. 4 BGB gilt in sachlicher Hinsicht für ordentliche und außerordentliche Beendigungskündigungen sowie für Änderungskündigungen. Es gilt für Kündigungen vor und nach dem Betriebsübergang; ein enger zeitlicher Zusammenhang zwischen Kündigung und Betriebsübergang ist nicht erforderlich.[349] In persönlicher Hinsicht besteht das Verbot zugunsten aller Arbeitnehmer, selbst wenn sie keinen Kündigungsschutz genießen. Gebunden sind sowohl der Veräußerer als auch der Erwerber.

2. Tatbestand des Kündigungsverbots

95   Die Reichweite des in § 613a Abs. 4 S. 1 BGB angeordneten Kündigungsverbots ist mit Blick auf die nach § 613a Abs. 4 S. 2 BGB weiterhin zulässige Kündigung aus „anderen Gründen" zu bestimmen.

a) Kündigung wegen des Betriebs(teil)übergangs

96   Wegen des Betriebsübergangs wird eine Kündigung ausgesprochen, wenn der Betriebsübergang die **überwiegende Ursache**, der tragende Beweggrund für die Kündigung ist.[350]

Beispiele: Kündigung eines Arbeitnehmers, dessen Übernahme der Erwerber trotz fortbestehenden Arbeitsplatzes verweigert, weil er „ihm zu teuer ist". Kündigung, weil der Erwerber vor dem Betriebsübergang eine Verkleinerung der Belegschaft fordert.[351]

Maßgeblich sind die Verhältnisse beim Zugang der Kündigung.[352] Ein erst bevorstehender Betriebsübergang macht die Kündigung nur dann unwirksam, wenn die zum Betriebsübergang führenden Tatsachen bereits bei Zugang der Kündigung feststehen oder zumindest greifbare Formen angenommen haben.[353]

b) Kündigung aus anderen Gründen

97   Kündigungen aus anderen Gründen als dem Betriebsübergang bleiben zulässig (§ 613a Abs. 4 S. 2 BGB). § 613a Abs. 4 BGB schützt nicht vor Risiken, die

---
[348] St. Rspr., BAG 22.6.2011, DB 2011, 2553; ErfK/*Preis*, § 613a BGB Rn. 178.
[349] BAG 27.10.2005, NZA 2006, 668, 673 m.w.N.
[350] BAG 27.10.2005, NZA 2006, 668, 672; BAG 20.9.2006, NZA 2007, 387.
[351] BAG 20.9.2006, NZA 2007, 387.
[352] BAG 27.2.1997, AP Nr. 1 zu § 1 KSchG Wiedereinstellung.
[353] BAG 13.11.1997, AP Nr. 169 zu § 613a BGB; BAG 15.12.2011, DB 2012, 1690.

nichts mit dem Betriebsübergang zu tun haben. Insbesondere will die Vorschrift notwendige unternehmerische Maßnahmen nicht verhindern;[354] sie bezweckt auch keine „künstliche Verlängerung" des Arbeitsverhältnisses bei einer vorhersehbar fehlenden Beschäftigungsmöglichkeit des Arbeitnehmers bei dem Erwerber.[355] Etwaigen Kündigungen aus wirtschaftlichen, technischen oder organisatorischen Gründen, die Änderungen im Bereich der Beschäftigung mit sich bringen, steht sie auch nach Ansicht der EuGH nicht entgegen, sofern keine Umstände bestehen, die sich als gezielte Maßnahme darstellen, um den betroffenen Arbeitnehmern die ihnen nach der RL 2001/23/EG zustehenden Rechte zu entziehen.[356]

Zulässig sind danach 98
- die verhaltens- und personenbedingte Kündigung durch den Veräußerer oder den Erwerber
- die Kündigung durch den Veräußerer, wenn der Arbeitnehmer dem Übergang seines Arbeitsverhältnisses widerspricht und der Veräußerer keine Beschäftigungsmöglichkeit mehr hat[357]
- die Änderungskündigung durch den Erwerber, wenn die Weiterbeschäftigung bei ihm nur zu anderen Bedingungen möglich ist und der Arbeitnehmer erklärt, dass er der Änderung nicht zustimme[358]
- die Kündigung durch den Veräußerer wegen – auch nur beabsichtigter[359] – Stilllegung des Betriebs;[360] an der Stilllegungsabsicht fehlt es, wenn dem Veräußerer im Zeitpunkt der Kündigung die Umstände bekannt sind, die einen Betriebsübergang ausmachen[361] oder wenn er noch in Verhandlungen über eine Betriebsveräußerung steht. Ist bei Zugang der Kündigung die Betriebsstilllegung endgültig geplant und bereits eingeleitet, hat sich jedoch der Arbeitgeber eine Betriebsveräußerung vorbehalten, die dann später doch noch gelingt, bleibt es bei der sozialen Rechtfertigung der Kündigung[362]
- die Kündigung durch den Veräußerer, wenn sie der Rationalisierung des Betriebs zur Verbesserung der Verkaufschancen dient; von einem Rationalisierungsgrund geht das BAG aus, wenn der Betrieb ohne die Rationalisierung stillgelegt werden müsste[363]
- die Kündigung durch den Veräußerer aufgrund eines Erwerberkonzepts, wenn ein verbindliches Konzept oder ein Sanierungsplan des Erwerbers vorliegt, dessen Durchführung im Zeitpunkt des Zugangs der Kündigungserklärung bereits greifbare Formen angenommen hat.[364]

---

[354] BAG 18.7.1996, AP Nr. 147 zu § 613a BGB; BAG 20.9.2006, NZA 2007, 387.
[355] BAG 20.3.2003, AP Nr. 250 zu § 613a BGB.
[356] EuGH 7.8.2018, NZA 2018, 1123 - Colino Sigüenza.
[357] BAG 7.4.1993, 18.3.1999, AP Nr. 22, 41 zu § 1 KSchG 1969 Soziale Auswahl.
[358] BAG 20.4.1989, AP Nr. 81 zu § 613a BGB.
[359] BAG 29.5.2005, NZA 2006, 720, 722; BAG 24.8.2006, NZA 2007, 1287.
[360] BAG 27.9.1984, 28.4.1988, AP Nr. 39, 74 zu § 613a BGB.
[361] BAG 13.6.2006, NZA 2006, 1101, 1103; BAG 26.4.2007, ZIP 2007, 2136.
[362] BAG 15.12.2011, DB 2012, 1690.
[363] BAG 18.7.1996, AP Nr. 147 zu § 613a BGB.
[364] BAG 20.3.2003, AP Nr. 250 zu § 613a BGB.

3. Umgehungstatbestände

99 Das Verbot des § 613a Abs. 4 BGB bezieht sich unmittelbar nur auf die Kündigung des Arbeitgebers. Unwirksam sind aber auch alle anderen Gestaltungen, mit denen die Rechtsfolgen des Kündigungsverbots umgangen werden.[365] Zwar kann das Arbeitsverhältnis auch ohne sachlichen Grund durch einen Aufhebungsvertrag oder eine Eigenkündigung beendet werden. Voraussetzung ist aber, dass der Arbeitnehmer tatsächlich aus dem Betrieb ausscheidet. Der Aufhebungsvertrag ist unwirksam, wenn er lediglich die Kontinuität des Arbeitsverhältnisses beseitigen soll. Das ist der Fall, wenn zugleich mit dem Aufhebungsvertrag ein neues Arbeitsverhältnis zum Erwerber vereinbart oder zumindest verbindlich in Aussicht gestellt wird.[366] § 613a Abs. 4 BGB wird nicht umgangen, wenn ein Arbeitnehmer nach Abschluss eines Aufhebungsvertrags zu verschlechterten Arbeitsbedingungen von einer Beschäftigungsgesellschaft übernommen wird und dies nicht nur zum Schein oder zur Umgehung der Sozialauswahl geschieht.[367] Eine Umgehung liegt nahe, wenn der Arbeitnehmer vom Erwerber bereits nach einer eintägigen[368] oder sogar nur halbstündigen Beschäftigung in der Beschäftigungsgesellschaft übernommen wird.[369]

4. Wiedereinstellungsanspruch und Fortsetzungsverlangen

a) Betriebsübergang nach wirksamer Kündigung

100 Aus Gründen der Rechtssicherheit, Verlässlichkeit und Klarheit kommt es für die Frage, ob eine Kündigung wegen eines Betriebsübergangs erklärt wird, nur auf den Zeitpunkt des Kündigungszugangs an. Umstände, die danach eintreten, haben auf die Wirksamkeit der Kündigung keinen Einfluss.[370] Das gilt auch für einen „nachträglichen" Betriebsübergang. Kündigt der Arbeitgeber seinen Mitarbeitern, weil er seinen Betrieb stilllegen will, und findet sich nach der Kündigung ein Interessent, der den Betrieb übernehmen will, so sind die (betriebsbedingten) Kündigungen wirksam, wenn die Stilllegungsabsicht im Zeitpunkt der Kündigung bereits greifbare Formen angenommen hatte.[371] Allerdings verhielte sich der Arbeitgeber widersprüchlich, wenn er das Arbeitsverhältnis wegen erst künftig eintretender Umstände kündigte – der Betrieb liegt zum Kündigungszeitpunkt noch nicht still –, bei Nichteintritt dieser Umstände aber einseitig Nutzen daraus zöge, dass der Kündigungsgrund nicht mehr besteht.

---

[365] BAG 18.8.2005, NZA 2006, 145, 147; BAG 25.10.2007, NZA-RR 2008, 367.
[366] BAG 11.12.1997, NZA 1999, 262; BAG 10.12.1998, NZA 1999, 422; BAG 25.10.2012, NZA 2013, 203.
[367] BAG 18.8.2005, NZA 2006, 145, 148; BAG 23.11.2006, NZA 2007, 866, 868; *Bissels/Jordan/Wisskirchen*, NZI 2009, 865; *Fuhlrott*, NZA 2012, 549; *Leister/Fischer* ZInsO 2009, 986.
[368] BAG 18.8.2011, NZA 2012, 152.
[369] BAG 25.10.2012, AP Nr. 436 zu § 613a BGB.
[370] BAG 27.2.1997, NZA 2007, 757; BAG 15.12.2011, DB 2012, 1690.
[371] BAG 29.9.2005, NZA 2006, 720, 722; BAG 25.10.2007, NZA 2008, 357.

IV. Kündigung und Betriebsübergang

b) Wiedereinstellungsanspruch

aa) Grundsatz. Die Rechtsprechung billigt dem Arbeitnehmer daher einen Wiedereinstellungsanspruch zu, wenn nach Ausspruch einer ordentlichen betriebsbedingten Kündigung ein Betriebsübergang stattfindet, der zur Zeit der Kündigung noch keine greifbaren Formen angenommen hatte.[372] Sie stützt den Anspruch auf § 242 BGB, aus dem sie eine vertragliche Nebenpflicht ableitet, die endet, wenn die Hauptpflichten aus dem Arbeitsvertrag enden, d.h. mit Ablauf der Kündigungsfrist.[373] Ausnahmsweise kann auch danach noch eine Wiedereinstellung verlangt werden, wenn der Betriebsübergang zwar erst kurz nach Ablauf der Kündigungsfrist erfolgt, die Möglichkeit zur Weiterbeschäftigung jedoch schon während des Laufs der Kündigungsfrist bestand, so dass die ursprünglich bei Ausspruch der Kündigung anzustellende Prognose, dass der Arbeitsplatz wegfällt, unzutreffend wurde.[374] Kein Wiederstellungsanspruch besteht, wenn nach einer insolvenzbedingten Kündigung ein Betriebsübergang erfolgt, da ein solcher Anspruch dem insolvenzrechtlichen Konzept einer schnellen und rechtssicheren Abwicklung und Sanierung widerspricht.[375] Einen Wiedereinstellungsanspruch hat die Rechtsprechung auch für Kleinbetriebe i.S.v. § 23 Abs. 2-4 KSchG abgelehnt,[376] weil es dort wegen des fehlenden Kündigungsschutzes keines Korrektivs bedarf.

101

bb) Einzelheiten. Der Arbeitnehmer muss den Wiedereinstellungsanspruch unverzüglich geltend machen, d.h. binnen eines Monats nach Kenntnisnahme von den tatsächlichen Umständen, die den Betriebsübergang begründen.[377] Für die Kenntnisnahme des Arbeitnehmers trägt der Erwerber die Darlegungs- und Beweislast.[378] Das Wiedereinstellungsverlangen darf nicht von Bedingungen abhängig gemacht werden, deren Eintritt der Erwerber nicht beeinflussen kann.[379] Dem Wiedereinstellungsanspruch können berechtigte Interessen des Erwerbers entgegenstehen, etwa die nicht treuwidrig erfolgte Wiederbesetzung eines unvorhergesehen frei gewordenen Arbeitsplatzes.[380] Der Wiedereinstellungsanspruch wird treuwidrig vereitelt, wenn der Veräußerer oder der Erwerber weiß, dass sich Gekündigte auf eine Stelle bewerben.[381] Bewerben sich mehrere Gekündigte um eine Stelle, hat der Erwerber anhand betrieblicher Belange und sozialer Gesichtspunkte eine den §§ 242, 315 BGB genügende Auswahlentscheidung zu treffen. Dabei unterliegt es seiner grundsätzlich freien unternehmerischen Entscheidung, das Anforderungsprofil für einen eingerichteten Arbeitsplatz festzulegen.[382] Wird der Arbeitsvertrag einvernehmlich durch einen Aufhebungsvertrag beendet, können die Parteien einen Wiedereinstellungsanspruch ausschließen. War die Geschäftsgrundlage die beabsichtigte Betriebsstillegung, kann das Festhalten am

102

---

[372] BAG 13.5.2004, DB 2004, 2107; BAG 28.10.2004, NZA 2005, 405, 406 m.w.N.
[373] BAG 19.10.2017, NZA 2018, 436 Rn. 16 m.w.N.
[374] BAG 25.10.2007, NZA 2008, 357; BAG 21.8.2008, NZA 2009, 29.
[375] BAG 28.10.2004, NZA 2005, 405; *Krieger/Willemsen*, NZA 2011, 1128, 1130.
[376] BAG 19.10.2017, NZA 2018, 436 Rn. 22.
[377] BAG 25.10.2007, NZA 2008, 357.
[378] BAG 21.8.2008, NZA 2009, 29, 34.
[379] BAG 12.11.1998, NZA 1999, 331.
[380] BAG 4.5.2006, NZA 2006, 1096.
[381] BAG 25.10.2007, NZA 2008, 357, 360.
[382] BAG 7.7.2005, NZA 2006, 266; BAG 4.5.2006, NZA 2006, 1096, 1101.

Aufhebungsvertrag für den Arbeitnehmer zumutbar bleiben, wenn der Betrieb wider Erwarten doch übertragen wird, der Arbeitnehmer aber eine Abfindung erhalten hat, die über das in § 10 KSchG vorgesehene Maß hinausgeht.[383]

c) Fortsetzungsverlangen

103 War die Kündigung unwirksam, kann der Arbeitnehmer die Fortsetzung seines Arbeitsverhältnisses verlangen. Ist dieses bereits auf den Erwerber übergegangen, besteht der Anspruch gegen ihn.[384] Relevant wird das Begehren vor allem dann, wenn der bisherige Arbeitgeber erst nach dem Betriebsübergang und damit ohne eigene Berechtigung kündigt. Aus Gründen der Rechtssicherheit muss der Arbeitnehmer die Fortsetzung innerhalb der für den Widerspruch geltenden Monatsfrist des § 613a Abs. 6 BGB verlangen.[385] Wie beim Widerspruch beginnt die Frist für das Fortsetzungsverlangen aber erst mit der (ordnungsgemäßen) Unterrichtung über den Betriebsübergang. Fehlt es daran, läuft die Frist weder an noch ab.[386] Der Arbeitnehmer kann daher auch noch lange nach dem Übergang die Fortsetzung verlangen. Grenze ist – wie beim Widerspruch – die Verwirkung.[387]

5. Prozessuales

a) Klage gegen den Veräußerer

104 Die Kündigungsschutzklage nach § 4 KSchG ist gegen den Arbeitgeber zu richten, der die Kündigung ausgesprochen hat.[388] Auf den Prozess gegen den alten Arbeitgeber hat der Betriebsübergang, der *nach* Rechtshängigkeit erfolgt, wegen § 265 Abs. 2 ZPO keine Auswirkungen. Die Rechtskraft eines Urteils wirkt auch für und gegen den neuen Arbeitgeber (§ 325 ZPO).[389] Zur Vollstreckung gegen den neuen Arbeitgeber aus dem Titel gegen den alten Arbeitgeber bedarf es der Umschreibung nach § 727 ZPO bzw. einer Klage auf Klauselerteilung nach § 731 ZPO. In letzterem Verfahren wird dann geprüft, ob der neue Arbeitgeber den Betrieb nach § 613a BGB übernommen hat. Wurde der Betrieb bereits *vor* Rechtshängigkeit einer Kündigungsschutzklage gegen den Veräußerer übertragen, findet § 325 ZPO im Verhältnis zum Erwerber weder unmittelbar noch entsprechend Anwendung.[390] Die Kündigung des Veräußerers nach dem Betriebsübergang geht mangels bestehenden Arbeitsverhältnisses ins Leere; eine gleichwohl erhobene Klage auf Fest-

---

[383] BAG 28.6.2000, NZA 2000, 1097.
[384] BAG 27.1.2011, NZA 2011, 1162.
[385] BAG 25.10.2007, NZA 2008, 357.
[386] BAG 27.1.2011, NZA 2011, 1162.
[387] BAG 27.1.2011, NZA 2011, 1162; *Krieger/Willemsen*, NZA 2011, 1128, 1129.
[388] BAG 26.5.1983, 27.9.1984, AP Nr. 34, 39 zu § 613a BGB.
[389] BAG 24.8.2006, NZA 2007 328; BAG 20.9.2006, NZA 2007, 387.
[390] BAG 18.2.1999, NZA 1999, 648.

stellung der Unwirksamkeit der Kündigung ist unbegründet, da ein Arbeitsverhältnis – schon nach dem eigenen Vorbringen des Klägers – nicht mehr besteht.[391]

b) Klage gegen den Erwerber

Nach dem Betriebsübergang kann der Arbeitnehmer gegen den Erwerber auf Feststellung des Fortbestands des Arbeitsverhältnisses klagen. Eine solche Klage ist auch neben einer Kündigungsschutzklage gegen den Veräußerer zulässig. Eine Klage gegen beide ist angebracht, wenn unklar ist, ob die Voraussetzungen für einen Betriebsübergang tatsächlich vorliegen.[392] In dem Verfahren gegen den Erwerber ist die Kündigung durch den Veräußerer dann eine Vorfrage. Den Wiedereinstellungsanspruch kann der Arbeitnehmer nur gegen den Erwerber geltend machen. Eine bedingte subjektive Klagehäufung hält das BAG allerdings für unzulässig;[393] das ist misslich, weil der Arbeitnehmer mindestens eine Klage verliert.[394] Das BAG hatte daher die Zulässigkeit einer gegen beide „Arbeitgeber" gerichteten Klage auf die Feststellung erwogen, dass das Arbeitsverhältnis des Arbeitnehmers vor Zugang der Kündigung vom kündigenden Veräußerer auf den Erwerber übergangen sei; dies hätte eine aus materiellen und prozessualen Gründen notwendige Streitgenossenschaft (§ 62 ZPO) auf der Beklagtenseite zur Folge.[395] In seiner Entscheidung vom 25.1.2018 hat es diese Überlegung allerdings wieder verworfen.[396] Besteht Streit über die Frage, ob der Arbeitnehmer zu dem vom Erwerber übernommenen Betrieb oder Betriebsteil gehört, können der Arbeitnehmer, der Veräußerer und auch der Erwerber Klage auf Feststellung des Bestehens oder Nichtbestehens eines Arbeitsverhältnisses erheben.[397] Unzulässig ist dagegen eine „negative Betriebsübergangs-Feststellungsklage", mit der lediglich die Feststellung begehrt wird, dass das Arbeitsverhältnis nicht in Folge eines Betriebsübergangs auf einen neuen Arbeitgeber übergegangen ist.[398]

V. Kollektivrechtliche Folgen des Betriebsübergangs

1. Zuständigkeit des Betriebsrats

a) Betriebs(teil)übergang

aa) Übergang eines Betriebs. Wechselt ein Betrieb seinen Inhaber, ohne seine organisatorische Struktur zu verändern, so bleibt der Betriebsrat des übergehenden

---

[391] BAG 20.3.2003, NZA 2003, 1338; BAG 15.12.2005, NZA 2006, 597, 600.
[392] Zu den dabei auftauchenden Problemen *Preis/Steffan*, DB 1998, 309, 310 ff.
[393] BAG 11.12.1997, NZA 1998, 534; BAG 24.9.2015, NZA 2016, 366.
[394] ErfK/*Preis*, § 613a BGB Rn. 175; KDZ/*Zwanziger*, § 613a BGB Rn. 148.
[395] BAG 24.9.2015, NZA 2016, 366.
[396] BAG 25.1.2018, NZA 2018, 933 Rn. 33.
[397] *Lieb*, ZfA 1994, 229, 247 f.
[398] BAG 25.1.2018, NZA 2018, 933 Rn. 24.

und weiterbestehenden Betriebs im Amt,[399] und der Erwerber tritt betriebsverfassungsrechtlich an die Stelle des früheren Inhabers.[400] Werden sämtliche Betriebe von einem Unternehmen ohne Gesamtbetriebsrat übernommen, bleibt auch der Gesamtbetriebsrat der übernommenen Betriebe im Amt.[401]

107 bb) **Übergang eines Betriebsteils.** Wird aus einem Betrieb ein Betriebsteil ausgegliedert, so bleibt der Betriebsrat des Restbetriebs im Amt. Seine Zuständigkeit beschränkt sich auf den Restbetrieb. Er bleibt auch für den ausgegliederten Betriebsteil zuständig, wenn dieser und der Restbetrieb einen „gemeinsamen Betrieb" bilden (s. § 16 Rn. 55). Wird der Betriebsteil als selbständiger Betrieb fortgeführt und ist der ausgegliederte Betriebsteil selbst betriebsratsfähig (§ 1 BetrVG), kann für diesen ein eigener Betriebsrat gewählt werden. Dem Betriebsrat des Restbetriebs kommt ein **Übergangsmandat** zu, das ihn berechtigt und verpflichtet, im ausgegliederten Betriebsteil Betriebsratswahlen einzuleiten und für die Vertretung der dort beschäftigten Arbeitnehmer zu sorgen. Das Übergangsmandat endet, sobald in dem Betriebsteil ein neuer Betriebsrat gewählt und das Wahlergebnis bekanntgegeben ist, spätestens jedoch sechs Monate nach Wirksamwerden der Ausgliederung. Durch Tarifvertrag oder Betriebsvereinbarung kann das Übergangsmandat um weitere sechs Monate verlängert werden (§ 21a Abs. 1 S. 2, 3 BetrVG). Wird der ausgegliederte Betriebsteil mit dem Betrieb eines Erwerbers zusammengelegt, so wird der beim Erwerberbetrieb bestehende Betriebsrat auch für den ausgegliederten Teil zuständig.[402] Seine Amtszeit endet, wenn durch die Zusammenlegung ein neuer Betrieb entsteht. In diesem Fall erhält der Betriebsrat des Betriebs oder Betriebsteils mit der größten Zahl von Arbeitnehmern das Übergangsmandat im neu entstandenen Betrieb. Wird die Organisation des gespaltenen Betriebs nicht geändert, wird vermutet, dass Restbetrieb und ausgegliederter Betriebsteil einen gemeinsamen Betrieb bilden; für ihn ist der bisherige Betriebsrat zuständig (§ 1 Abs. 2 Nr. 2 BetrVG).

---

[399] BAG 11.10.1995, NZA 1996, 495; BAG 9.12.2009, NZA 2010, 461.
[400] BAG 8.12.2009, NZA 2010, 404.
[401] BAG 5.6.2002, AP Nr. 12 zu § 47 BetrVG 1972.
[402] BAG 21.1.2003, AP Nr. 1 zu § 21a BetrVG 2002.

V. Kollektivrechtliche Folgen des Betriebsübergangs 625

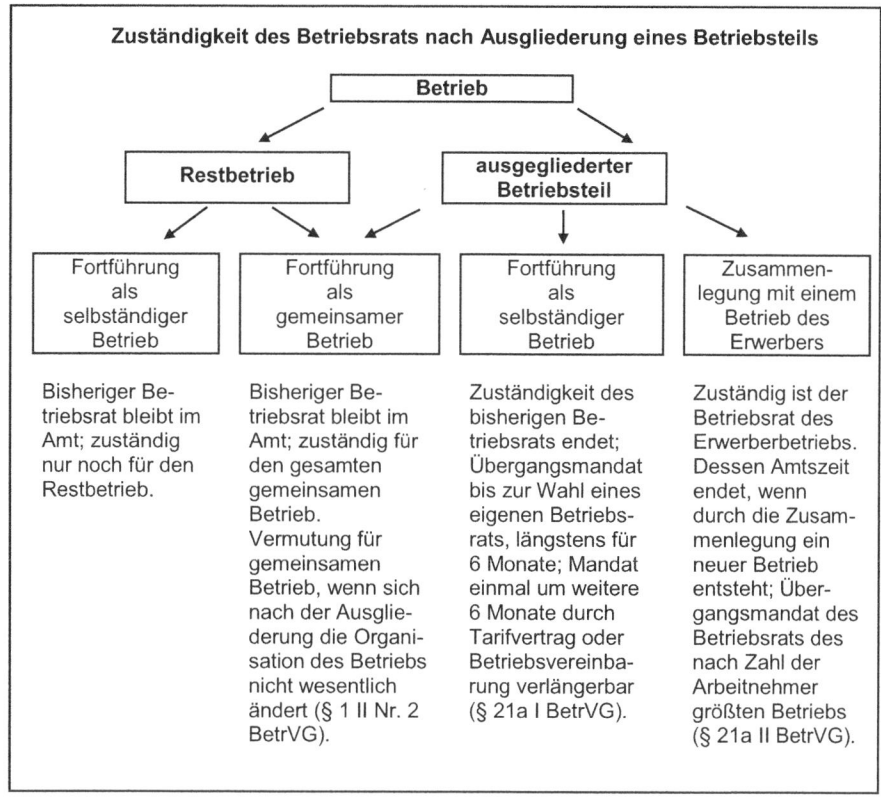

b) Betriebs(teil)übergang bei Unternehmensumwandlung nach dem UmwG

Die Vorschriften hinsichtlich des Übergangsmandats gelten entsprechend, wenn 108
die Spaltung oder Zusammenlegung von Betrieben und Betriebsteilen im Zusammenhang mit einer Betriebsveräußerung oder einer Umwandlung nach dem UmwG erfolgt (§ 21a Abs. 3 BetrVG).

2. Fortgeltung tarifvertraglich geregelter Arbeitsbedingungen

a) Inhaltsschutz und Ablöseinteresse

Dem Arbeitnehmer sollen bei einem Betriebsinhaberwechsel auch die durch Ta- 109
rifvertrag geregelten Arbeitsbedingungen erhalten bleiben. Das kann zu Konflikten führen, wenn der neue Inhaber nicht an die im übernommenen Betrieb geltenden Tarifverträge gebunden ist oder wenn er die für ihn einschlägigen Tarifverträ-

ge anwenden will oder wenn er die Arbeitsbedingungen an seine betrieblichen Belange anpassen muss. Die Regelung des § 613a Abs. 1 S. 2-4 BGB versucht einen gerechten Ausgleich zwischen Inhaltsschutz und Ablöseinteresse. Dem Inhaltsschutz dient die Erhaltung der bisher tarifvertraglich geregelten Bedingungen durch Überführung der Tarifnormen in das Arbeitsverhältnis; dem Ablöseinteresse wird dadurch Rechnung getragen, dass die alten Tarifbedingungen nur bis zur Bindung beider Arbeitsvertragsparteien an einen neuen Tarifvertrag oder bis zu einer einvernehmlichen Änderung bestehen bleiben. S. zunächst das zusammenfassende Schaubild nach Rn. 126.

b) Überführung der Tarifnormen in das Arbeitsverhältnis

110 **aa) Grundsatz.** Rechte und Pflichten, die durch Rechtsnormen eines für Arbeitgeber und Arbeitnehmer verbindlichen Tarifvertrags festgelegt sind, werden bei einem Betriebsübergang nach § 613a Abs. 1 S. 2 BGB Inhalt des Arbeitsverhältnisses. Die Tarifnormen werden durch die Transformation nach § 613a Abs. 1 S. 2 BGB nicht zum Inhalt des Arbeitsvertrags, sondern behalten ihren kollektivrechtlichen Charakter bei.[403] Der Erwerber ist an sie in einer Weise gebunden, die der Nachbindung des aus einem tarifschließenden Arbeitgeberverband ausgetretenen Arbeitgebers gemäß § 3 Abs. 3 TVG entspricht; für diesen endet die Nachbindung auch dann, wenn der Tarifvertrag nach seinem Austritt geändert wird, da er sonst ohne mitgliedschaftliche Legitimation der Normsetzungsmacht der Tarifvertragsparteien unterworfen wäre. Entsprechendes muss beim Übergang des Betriebs auf einen nicht tarifgebundenen Erwerber gelten.[404] Eine Änderung des Tarifvertrags nach einem Betriebsübergang hat also für die auf den Erwerber übergegangenen Arbeitsverhältnisse keine Auswirkungen.[405] Folglich partizipieren die Arbeitnehmer auch nicht mehr an späteren Tariflohnerhöhungen, soweit diese auf neuen Tarifabschlüssen beruhen.[406] Ihre Arbeitsbedingungen werden auf den beim Betriebsübergang gültigen Stand „eingefroren". Ist allerdings in der (statisch) fortwirkenden Norm selbst eine Dynamik angelegt, soll diese auch nach dem Betriebsübergang erhalten bleiben.[407]

Beispiele: Sieht ein Entgelttarif bereits bei seinem Abschluss drei zeitlich gestaffelte Tariflohnerhöhungen vor, ist der Erwerber an sämtliche Steigerungen gebunden, auch wenn sie erst nach dem Betriebsübergang wirksam werden.[408] Sieht ein Tarifvertrag am Dienst- oder Lebensalter orientierte Lohnsteigerungen vor, nimmt ein Arbeitnehmer auch nach einem Betriebsübergang an einem Aufstieg in den Lebensaltersstufen seiner Vergütungsgruppe teil.[409]

---

[403] BAG 22.4.2009, NZA 2010, 41, 46 ff.
[404] BAG 22.4.2009, NZA 2010, 41, LS 1 und Tz. 83.
[405] BAG 4.8.1999, NZA 2000, 154.
[406] BAG 19.9.2007, NZA 2008, 241; *Sagan*, RdA 2011, 163.
[407] BAG 14.11.2007, NZA 2008, 420, 421; BAG 22.4.2009, NZA 2010, 41, Rz. 84.
[408] BAG 19.9.2007, NZA 2008, 241.
[409] BAG 14.11.2007, NZA 2008, 420, 421.

Ein „Einfrieren" einer in einer Tarifnorm angelegten Dynamik kommt dagegen in **111** Betracht, wenn der Tarifvertrag die Umsetzung dieser Dynamik von einer weiteren außervertraglichen dynamischen Komponente abhängig macht, so dass es nicht ausschließlich auf den Zeitablauf ankommt.[410]

Beispiel: Ein Flächentarifvertrag in Ostdeutschland sieht eine automatische Anpassung an einen Flächentarifvertrag in Westdeutschland für den Fall vor, dass dieser geändert wird. Hier hängt die Dynamik nicht allein vom Zeitablauf ab, sondern davon, ob die Tarifvertragsparteien in Westdeutschland tatsächlich einen neuen Tarifvertrag vereinbaren.[411] Erst recht keine Dynamik besteht, wenn ein Tarifvertrag nicht mit seinem Abschluss, sondern später in Kraft tritt. Maßgeblich für die Transformation nach § 613a Abs. 1 S. 2 BGB ist dann allein der Zeitpunkt des Inkrafttretens.[412]

Waren die Rechte und Pflichten beim Veräußerer in **mehreren Tarifverträgen** geregelt, so **112** geht der Gesamtbestand der Tarifnormen in das auf den Erwerber übergehende Arbeitsverhältnis ein.[413] Der Erwerber ist so lange an sie gebunden, wie diese – jeweils – gelten bzw. bis sie geändert werden. Wird etwa der Entgelttarifvertrag geändert, der Manteltarifvertrag jedoch nicht, endet nur die Nachbindung an den Entgelttarifvertrag. Wird beim Veräußerer durch einen (Sanierungs-)Haustarifvertrag vom Verbandstarifvertrag abgewichen, geht auch hier die gesamte „Tariflage" auf den Erwerber über. Die Verbandstarifverträge werden durch einen Sanierungstarifvertrag aber nur verdrängt, nicht abgelöst. Endet der Sanierungstarif ohne Nachwirkung – etwa durch Kündigung –, gelten wieder die bis dahin nur überlagerten Normen des unverändert fortbestehenden Verbandstarifvertrags.[414]

bb) Tarifgeltung kraft Tarifrechts. § 613a Abs. 1 S. 2 BGB erfasst nur die Arbeitsver- **113** hältnisse, für die Tarifverträge normativ gelten.[415] Das ist der Fall, wenn beide Arbeitsvertragsparteien vor dem Betriebsübergang an einen Haustarifvertrag gebunden oder Mitglieder in Verbänden sind, die einen einschlägigen Tarifvertrag geschlossen haben (§§ 4 Abs. 1, 3 Abs. 1 TVG),[416] oder wenn das Arbeitsverhältnis in den Geltungsbereich eines für allgemeinverbindlich erklärten Tarifvertrags fällt. Gelten Tarifnormen aufgrund einer Bezugnahmeklausel im Arbeitsvertrag, so findet nicht § 613a Abs. 1 S. 2 BGB, sondern § 613a Abs. 1 S. 1 BGB Anwendung. Diese Arbeitsbedingungen unterliegen nicht der einjährigen Änderungssperre des § 613a Abs. 1 S. 2 BGB. Zu deren Auslegung s. unten Rn. 126.

cc) Subsidiarität. § 613a Abs. 1 S. 2 BGB ist nur ein Auffangtatbestand für die **114** Fälle, in denen Tarifverträge nicht schon aufgrund Tarifrechts fortgelten.[417] Die kollektivrechtliche Fortgeltung von Tarifverträgen geht der individualrechtlichen

---

[410] BAG 17.5.2000, NZA 2001, 453; BAG 19.9.2007, NZA 2008, 241, 243.
[411] BAG 17.5.2000, NZA 2001, 453, 456.
[412] BAG 16.5.2012, NZA 2012, 923.
[413] BAG 22.4.2009, NZA 2010, 41.
[414] BAG 22.4.2009, NZA 2010, 41.
[415] BAG 19.9.2007 NZA 2008, 241, 242; MünchKomm/*Müller-Glöge* § 613a BGB Rn. 133.
[416] Ein nachträglicher Gewerkschaftsbeitritt genügt nicht, s. BAG 16.5.2012, ZInsO 2012, 1895.
[417] BAG 19.9.2007, NZA 2008, 241, 242.

vor, weil sie den Arbeitnehmern einen größeren Schutz bietet. § 613a Abs. 1 S. 2 BGB muss insoweit teleologisch reduziert werden. Er ist unanwendbar, wenn Erwerber und Arbeitnehmer auch nach dem Inhaberwechsel an den alten Firmen- oder Verbandstarifvertrag gebunden sind. Ein Firmentarifvertrag besteht fort, wenn der Betriebsnachfolger ihn durch eine Vereinbarung mit der Gewerkschaft „übernimmt" oder wenn er einen gleichlautenden neuen Tarifvertrag abschließt[418] oder wenn der Betrieb im Zuge einer Unternehmensumwandlung nach dem UmwG übergeht.[419] Zur Fortgeltung des Verbandstarifvertrags sind Tarifbindung des Arbeitnehmers und Mitgliedschaft des Erwerbers im tarifschließenden Arbeitgeberverband erforderlich. An einen Verbandstarifvertrag sind nur die Mitglieder, nicht auch deren Nachfolger gebunden. § 613a Abs. 1 S. 2 BGB ist nach h.M. auch dann anwendbar, wenn mit dem Inhaberwechsel ein Betriebszweckwechsel einhergeht, d.h. wenn der Erwerber mit dem Betrieb einen anderen Zweck verfolgt als der Veräußerer und wenn der Betrieb deshalb in den fachlichen Geltungsbereich eines anderen Tarifvertrags fällt.[420]

3. Änderung der überführten Tarifnormen

115   Die Überführung der Tarifnormen in das Arbeitsverhältnis bewirkt lediglich einen zeitweiligen Schutz der alten Tarifbedingungen. Die überführten Tarifnormen können abgelöst werden. Das kann kollektivrechtlich durch einen neuen Tarifvertrag (nicht durch Betriebsvereinbarung[421]) geschehen (§ 613a Abs. 1 S. 3 BGB) oder individualrechtlich durch einen Änderungsvertrag (§ 613a Abs. 1 S. 2, 4 BGB), der unter Umständen durch eine Änderungskündigung herbeigeführt werden kann.

a) Ablösung durch Tarifvertrag

116   **aa) Regelung im neuen Tarifvertrag.** Abgelöst werden Arbeitsbedingungen nur dann, wenn der beim Erwerber geltende Tarifvertrag denselben Regelungsgegenstand betrifft oder dahin auszulegen ist, dass er die arbeitsvertraglich fortgeltende Tarifvertragsregelung auch ohne eigenständige Regelung dieses Gegenstands ablösen soll. Aus einer Erklärung der Tarifvertragsparteien im neuen Tarifvertrag, wonach zu dem entsprechenden Gegenstand erst in der Zukunft Verhandlungen aufgenommen werden sollen, lässt sich i.d.R. nicht schließen, dass für die Zwischenzeit die Ansprüche entfallen sollen.[422]

---

[418] BAG 10.6.2009, NZA 2010, 51, 52 f.
[419] Der Firmentarifvertrag ist dann eine Verbindlichkeit i.S.d. §§ 20 Abs. 1 Nr. 1, 125 UmwG, BAG 24.6.1998, NZA 1998, 1346; BAG 4.7.2007, NZA 2008, 307, 310.
[420] Zum Streitstand *Hromadka/Maschmann/Wallner*, Der Tarifwechsel, Rn. 338 ff.
[421] BAG 6.11.2007, NZA 2008, 542; BAG 13.11.2007, NZA 2008, 600.
[422] BAG 22.1.2003, AP Nr. 242 zu § 613a BGB.

bb) **Kongruente Tarifbindung der Arbeitsvertragsparteien.** Erwerber und Arbeitnehmer müssen kongruent an den neuen Tarifvertrag gebunden sein.[423] Das entspricht der Rechtslage bei § 4 Abs. 5 TVG und folgt aus der negativen Koalitionsfreiheit des Arbeitnehmers.

117

cc) Die Rechtsprechung wendet § 613a Abs. 1 S. 3 BGB auch dann an, wenn erst **nach dem Betriebsübergang** ein **Tarifvertrag** abgeschlossen wird, an den die Arbeitsvertragsparteien gebunden sind.[424] Der Arbeitnehmer bedarf des Schutzes durch die alten Tarifnormen nicht mehr, wenn er durch neue beim Erwerber geschützt wird. Da die in das Arbeitsverhältnis überführten Tarifnormen nicht Teil des Arbeitsvertrags werden, sondern auch nach einem Betriebsübergang kollektivrechtlich fortwirken, findet das Günstigkeitsprinzip, das zwischen tariflichen und arbeitsvertraglichen Regelungen gilt, keine Anwendung,[425] sondern es gilt die **Zeitkollisionsregel**. Die erst nach dem Betriebsübergang geschlossenen Tarifverträge gelten auch dann, wenn sie für den Arbeitnehmer ungünstiger sind.[426]

118

Der EuGH[427] hat diese Rechtsfolge in der Entscheidung Scattolon beanstandet. Die Ablösung tariflich geregelter Arbeitsbedingungen durch einen beim Erwerber geltenden Kollektivvertrag dürfe nicht dazu führen, dass dem Arbeitnehmer „insgesamt schlechtere Arbeitsbedingungen" als vor dem Übergang auferlegt würden. Dem hat das BAG[428] entgegengehalten, dass das Ziel der Richtlinie – sogar nach der Rechtsprechung des EuGH[429] – auch darin bestehe, einen gerechten Ausgleich zwischen den Interessen der Arbeitnehmer einerseits und denen des Erwerbers andererseits zu gewährleisten. Der Erwerber müsse deshalb grundsätzlich in der Lage sein, die für die Fortsetzung seiner Tätigkeit erforderlichen Anpassungen vorzunehmen. Überdies lasse die Richtlinie dem Erwerber einen „Spielraum" zur Integration der übergegangenen Arbeitnehmer in die bei ihm bestehende Lohn- und Gehaltsstruktur. Unzulässig – auch nach der Rechtsprechung des BAG – wären aber beim Erwerber geltende Tarifverträge mit gerade auf den Betriebsübergang bezogenen Regelungen, wenn sie dazu führten, dass sich die Arbeitsbedingungen für die übergegangenen Arbeitnehmer allein aufgrund des Betriebsübergangs verschlechtern würden.[430] Das wäre zu bejahen, wenn bei der Anwendung des für den Erwerber geltenden Tarifvertrags – so wie im Fall Scattalon[431] – das Dienstalter der auf ihn übergegangenen Arbeitnehmer nur in einem Maße berücksichtigt würde, dass dies zu erheblichen Kürzungen ihres Arbeitsentgelts im Vergleich zu ihrer Lage vor dem Betriebsübergang führen würde. Ebenso unzuläs-

118a

---

[423] BAG 30.8.2000, AP Nr. 12 zu § 1 TVG Bezugnahme auf Tarifvertrag; BAG 21.2.2001, AP Nr. 20 zu § 4 TVG; BAG 22.1.2003, AP Nr. 242 zu § 613a BGB.
[424] BAG 16.5.1995, AP Nr. 15 zu § 4 TVG Ordnungsprinzip.
[425] BAG 23.1.2019, AP BGB § 613a Nr. 476 Rn. 34 m.w.N.
[426] BAG 11.5.2005, NZA 2005, 1362, 1365 m.w.N.; BAG 22.4.2009, NZA 2010, 41, 47.
[427] EuGH 6.9.2011, NZA 2011, 1077 - Scattolon; *Sagan*, EuZA 2012, 247; *Steffan*, NZA 2012, 473; *Willemsen* RdA 2012, 291, 301.
[428] BAG 23.1.2019, AP BGB § 613a Nr. 476 Rn. 38 ff.
[429] EuGH 6.4.2017, NZA 2017, 585 Rn. 19 - Unionen.
[430] BAG 23.1.2019, AP BGB § 613a Nr. 476 OS 4.
[431] EuGH 6.9.2011, NZA 2011, 1077 Rn. 75, 76, 81, 83 - Scattolon.

sig wäre es, wenn der Erwerber – so wie im Fall Unionen[432] – bei der Berechnung der tariflichen Kündigungsfrist die beim Veräußerer verbrachten Beschäftigungszeiten unberücksichtigt lassen würde. „Überleitungstarifverträge" sind laut BAG nach wie vor zulässig, wenn sie für die auf den Erwerber übergehenden Mitarbeiter insgesamt gesehen keine schlechteren Arbeitsbedingungen als beim Veräußerer vorsehen. Das verlangt, dass Ansprüche, Leistungen oder sonstige Rechtspositionen, die der Veräußerer den Arbeitnehmern bislang gewährt hat, nach dem Betriebsübergang nicht kompensationslos entfallen dürfen.

b) Keine Ablösung durch Betriebsvereinbarung

119 Die in den Arbeitsvertrag überführten Tarifnormen können grundsätzlich nicht durch Betriebsvereinbarung abgelöst werden.[433] Der Wortlaut des § 613a Abs. 1 S. 3 BGB legt es laut BAG nahe, dass tarifliche Regelungen nur durch tarifliche Regelungen ablösbar sind; dafür, dass der Gesetzgeber eine „Überkreuzablösung" tariflicher durch betriebliche Regelungen zulassen wollte, gäben die Gesetzesmaterialien nichts her. Zudem widersprächen Verschlechterungen tariflicher Regelungen durch Betriebsvereinbarung dem Schutzzweck der Norm. Art. 3 Richtlinie 2001/23/EG und § 613a Abs. 1 BGB verfolgten ersichtlich das Ziel, die Rechtsstellung der Arbeitnehmer beim Betriebsübergang zu erhalten. Auch systematische Bedenken stünden entgegen.[434]

120 Eine Ablösung durch verschlechternde Betriebsvereinbarung hält das BAG allenfalls noch im Bereich der erzwingbaren Mitbestimmung für zulässig.[435] Verschlechterungen durch freiwillige Betriebsvereinbarung seien nicht mehr möglich.[436] Eine Ablösung komme dabei nur soweit in Betracht, wie das Mitbestimmungsrecht des Betriebsrats reiche. Sie scheide aus, wo eine Betriebsvereinbarung einen nicht der Mitbestimmung unterfallenden Tatbestand regele. Das gelte auch für nur teilweise der Mitbestimmung unterliegende Regelungsgegenstände.[437] Hier fehle es an der notwendigen Kongruenz des Umfangs der „erzwingbaren" Regelungsmacht der Tarifparteien auf der einen und der Betriebspartner auf der anderen Seite. Damit scheidet eine Ablösung in den wichtigsten Fällen aus. Bei der Arbeitszeit hat der Betriebsrat ein Mitbestimmungsrecht nur bei der Lage und der vorübergehenden Änderung der Dauer, nicht bei der Dauer schlechthin.[438] Bei der Vergütung sind nur die Entlohnungsgrundsätze mitbestimmungspflichtig, nicht die Höhe der Entlohnung.[439] Bei der betrieblichen Altersversorgung entscheidet der Arbeitgeber frei, ob er überhaupt eine Betriebsrente gewährt, wie viele Mittel er hierfür bereitstellen und welchen Personenkreis er

---

[432] EuGH 6.4.2017, Rn. 16 - Unionen.
[433] BAG 6.11.2007, NZA 2008, 542; BAG 13.11.2007, NZA 2008, 600; BAG 21.4.2010, DB 2010, 1998; krit. *Müller-Bonani/Mehrens*, NZA 2012, 1194.
[434] Zur Kritik *Sieg/Maschmann*, Umstrukturierung Rn. 376.
[435] BAG 6.11.2007, NZA 2008, 542; BAG 13.11.2007, NZA 2008, 600.
[436] BAG 22.3.2005, NZA 2006, 383, 389.
[437] BAG 13.11.2007, NZA 2008, 600, 603; BAG 21.4.2010, DB 2010, 1998.
[438] BAG 24.1.2006, NZA 2006, 862, 868.
[439] BAG GS 3.12.1991, NZA 1992, 749.

begünstigen will.⁴⁴⁰ Der Betriebsrat hat nur beim Leistungsplan und bei der Heranziehung der Arbeitnehmer zu Beiträgen mitzubestimmen; das genügt nicht für die Ablösung eines tariflichen Betriebsrentensystems durch eine Betriebsvereinbarung aus Anlass eines Betriebsübergangs.⁴⁴¹

c) Ablösung durch Änderungsvertrag

Erst nach Ablauf einer Jahresfrist, die mit dem Zeitpunkt des Betriebsübergangs beginnt, können die Arbeitsbedingungen individualrechtlich zulasten des Arbeitnehmers verändert werden. Vor Ablauf der Jahresfrist können die Rechte aus dem alten Tarifvertrag in zwei Fällen geändert werden: Wenn der alte Tarifvertrag nicht mehr gilt, sei es infolge Zeitablaufs, sei es durch Kündigung (§ 613a Abs. 1 S. 4 Alt. 1 BGB), und wenn der Betrieb nach dem Inhaberwechsel in den Geltungsbereich eines anderen Tarifvertrags fällt, eine beiderseitige Bindung an diesen Tarifvertrag fehlt und seine – vollständige⁴⁴² – Anwendung zwischen dem neuen Inhaber und dem Arbeitnehmer vereinbart wird (§ 613a Abs. 1 S. 4 Alt. 2 BGB).

121

Beispiel: Maschinenbauunternehmen M, das an den einschlägigen Metall-TV gebunden ist, gliedert seinen Vertrieb zu einer selbständigen Vertriebs-GmbH aus, auf die nur noch die Tarifverträge des Groß- und Außenhandels anwendbar sind.

122

Die Änderung der Arbeitsbedingungen erfolgt nicht von selbst, sondern bedarf stets einer Vereinbarung. Ein Änderungsvertrag kann auch stillschweigend geschlossen werden. Die bloße Nichterfüllung einer vertraglichen Pflicht durch den Arbeitgeber kann in der Regel nicht als konkludentes Angebot zur Änderung des Arbeitsvertrags angesehen werden, das – ebenso konkludent – durch bloße Nichtgeltendmachung des entsprechenden Anspruchs durch den Arbeitnehmer angenommen wird.⁴⁴³ Allerdings stellt der bisherige Tarifvertrag nach Ansicht der Rechtsprechung⁴⁴⁴ eine Vergütungsordnung dar, bei deren Änderung der Betriebsrat nach § 87 Abs. 1 Nr. 10 BetrVG mitzubestimmen hat. Da der Erwerber betriebsverfassungsrechtlich an die Stelle des Veräußerers tritt, hat er bis zu einer Einigung mit dem Betriebsrat die im bisherigen Tarifvertrag geregelten Vergütungsgruppen zu beachten und Mitarbeiter entsprechend einzugruppieren.⁴⁴⁵ Das Mitbestimmungsrecht erstreckt sich aber nicht auf die Entgelthöhe, sondern nur auf die Bildung von Entgeltgruppen nach abstrakten Kriterien. Soweit der Erwerber diese beachtet, kann er mit nicht tarifgebundenen Arbeitnehmern die Höhe des Entgelts frei vereinbaren;⁴⁴⁶ missachtet er sie, können die betroffenen Arbeitnehmer eine Vergütung auf der Grundlage der zuletzt mitbestimmten Entlohnungsgrundsätze verlangen.⁴⁴⁷

123

---

⁴⁴⁰ BAG 26.4.1988, NZA 1989, 219.
⁴⁴¹ BAG 13.11.2007, NZA 2008, 600, 603.
⁴⁴² BAG 22.4.2009, NZA 2010, 41, 47.
⁴⁴³ BAG 30.8.2017, NZA 2018, 255 OS 2.
⁴⁴⁴ BAG 8.12.2009, NZA 2010, 404.
⁴⁴⁵ BAG 18.10.2011, NZA 2012, 392; vgl. weiter *Salamon*, NZA 2012, 899.
⁴⁴⁶ BAG 17.05.2011, NZA-RR 2011, 644; BAG 18.10.2011, NZA 2012, 392.
⁴⁴⁷ BAG 22.6.2010, NZA 2010, 1243 m. krit. Anm. *Reichold*, RdA 2011, 311.

d) Ablösung durch Änderungskündigung

124 Das Einverständnis des Arbeitnehmers zur Änderung der nunmehr nach § 613a Abs. 1 S. 2 BGB arbeitsvertraglich geltenden Tarifnormen darf nach Jahresfrist auch mit Hilfe einer Änderungskündigung erzwungen werden. Die Änderungskündigung scheitert auch nicht an § 613a Abs. 4 BGB. § 613a Abs. 4 BGB schützt den Arbeitnehmer nicht vor einer Anpassung an die neue betriebliche Situation.[448]

125 Für die Änderungskündigung gelten die allgemeinen Grundsätze[449] (s. Band 1, § 10 Rn. 366 ff.) Ist das Kündigungsschutzgesetz auf das Arbeitsverhältnis anwendbar, so ist zu fragen, ob ein dringender betrieblicher Grund die Änderung bedingt und ob sich der Arbeitgeber darauf beschränkt hat, dem Arbeitnehmer nur solche Änderungen vorzuschlagen, deren Annahme ihm zumutbar sind.[450] Kündigungsgrund kann nur eine Änderung der Tätigkeit sein oder – wenn nur die Gegenleistung geändert werden soll – die Gefährdung des Betriebs und/oder seiner Arbeitsplätze. Einen besonderen Kündigungsgrund zur Durchführung der Änderungen nach § 613a Abs. 1 S. 2-4 BGB gibt es nicht.[451] Das Interesse des Erwerbers, in seinem Betrieb einheitliche Vertragsbedingungen zu schaffen, rechtfertigt für sich allein deshalb noch keine Änderungskündigung, insbesondere dann nicht, wenn damit eine Entgeltsenkung verbunden ist.[452] Das gilt umso mehr, als die Rechtsprechung den Grundsatz der Tarifeinheit im Betrieb aufgegeben hat.[453] Ebenso wenig genügt die Wahrung des Gleichbehandlungsgrundsatzes,[454] und zwar selbst dann nicht, wenn die Ungleichbehandlung zu einer Störung des Betriebsfriedens führt.[455]

e) Kraft Bezugnahmeklausel geltende Tarifnormen

126 Galt ein Tarifvertrag beim Veräußerer nicht normativ, sondern kraft einer Bezugnahmeklausel (s. § 13 Rn. 252), ist daran auch der Erwerber gebunden. Da die Bezugnahmeklausel Bestandteil des Arbeitsvertrags ist, gilt sie für ihn mit demselben Inhalt wie beim Veräußerer (§ 613a Abs. 1 S. 1 BGB).[456] Wurde der beim Veräußerer geltende Tarifvertrag in seiner jeweiligen Fassung in Bezug genommen, gilt dies auch für den Erwerber,[457] und zwar auch dann, wenn dieser nicht oder an einen anderen Tarifvertrag als der Veräußerer gebunden ist; § 613a Abs. 1 S. 3 BGB ist nicht anwendbar.[458] Der individualvertragliche Charakter der in Bezug genommenen Tarifverträge bleibt erhalten. Dass der Tarifvertrag beim Veräu-

---

[448] Vgl. BAG 30.8.2017, NZA 2018, 255; BAG 30.8.2017, NZA 2018, 363.
[449] BAG 30.8.2017, NZA 2018, 255; BAG 30.8.2017, NZA 2018, 363.
[450] BAG 24.4.1997, AP Nr. 42 zu § 2 KSchG 1969.
[451] BAG 30.8.2017, NZA 2018, 363 Rn. 38 f.; BAG 30.8.2017, NZA 2018, 255 Rn. 55 ff.
[452] BAG 12.1.2006, NZA 2006, 587.
[453] BAG 7.7.2010, NZA 2010, 1068.
[454] BAG 28.4.1982, AP Nr. 3 zu § 2 KSchG 1969.
[455] BAG 15.3.1991, NZA 1992, 120.
[456] BAG 22.10.2008, NZA 2009, 323, 326 m.w.N. Dass der Tarifvertrag beim Veräußerer zugleich normativ und schuldrechtlich gilt, ändert nichts an den Wirkungen der Bezugnahmeklausel; eine ggf. nach dem Übergang entstehende Regelkollision ist nach dem Günstigkeitsprinzip zu lösen, vgl. BAG 24.3.2010, DB 2010, 1593.
[457] BAG 17.6.2015, ZIP 2016, 336.
[458] BAG 17.11.2010, NZA 2011, 356.

V. Kollektivrechtliche Folgen des Betriebsübergangs   633

ßerer zugleich normativ und schuldrechtlich gilt, ändert nichts an den Wirkungen der Bezugnahmeklausel. Eine ggf. nach dem Übergang entstehende Regelkollision ist nach dem Günstigkeitsprinzip zu lösen.[459] Der Erwerber wird so gestellt, als hätte er die dem Arbeitsverhältnis zugrunde liegenden Willenserklärungen des Veräußerers gegenüber dem Arbeitnehmer selbst abgegeben und damit die Tarifregelungen zum Inhalt des Arbeitsvertrags gemacht.[460] Deshalb wirkt eine vom Veräußerer vereinbarte **dynamische Bezugnahmeklausel** auch nach dem Betriebsübergang beim Erwerber dynamisch fort.[461]

Dabei soll es laut BAG nicht darauf ankommen, ob der Erwerber selbst – normativ – tarifgebunden ist und damit durch eine Beteiligung an den Tarifverhandlungen Einfluss auf den künftigen Inhalt der Tarifverträge nehmen kann.[462] Es gebe keinen Grund, den Erwerber hinsichtlich seiner Bindung an Arbeitsverträge im Vergleich zu anderen Arbeitgebern zu privilegieren. Ihm stehe es frei, den Inhalt der einzelvertraglichen Abreden der von ihm zu übernehmenden Arbeitnehmer zu prüfen und bei dem Aushandeln seiner Gegenleistung angemessen zu berücksichtigen.[463] Der Erwerber werde dadurch auch nicht in seiner negativen Koalitionsfreiheit (Art. 9 Abs. 3 GG) verletzt. Diese schützt den Arbeitgeber allenfalls davor, normativ an Tarifverträge gebunden zu werden, die von einem Verband stammen, in dem er nicht Mitglied ist.[464]

126a

Der EuGH sah das eine Zeitlang anders. In der **Werhof-Entscheidung**[465] war er der Ansicht, dass eine Bezugnahmeklausel, die dynamisch auf einen Entgelttarifvertrag verweise, zwar von Art. 3 Abs. 1 RL 2001/23/EG erfasst werde; damit gingen die Rechte und Pflichten aus einem Kollektivvertrag, auf den der Arbeitsvertrag verweise, sogar dann auf den Erwerber über, wenn dieser nicht an ihn gebunden sei. Allerdings wolle die Richtlinie den Erwerber nicht an erst nach dem Zeitpunkt des Übergangs geltende Kollektivverträge binden. Ihr Ziel sei lediglich, die am Tag des Übergangs bestehenden Rechte und Pflichten der Arbeitnehmer zu wahren. Zudem dürften die Interessen des Erwerbers nicht unberücksichtigt bleiben. Dieser müsse in der Lage sein, die für die Fortsetzung seiner Tätigkeit erforderlichen Anpassungen vorzunehmen. Dem stehe eine dynamische Fortwirkung des beim Veräußerer geltenden Tarifvertrags entgegen. Obendrein sei der Erwerber in seiner negativen Vereinigungsfreiheit beeinträchtigt. Denn er werde an künftige Tarifverträge gebunden, ohne Mitglied der tarifschließenden Partei zu sein. In der Rechtssache **Alemo-Herron**[466] hatte der EuGH seine Ansicht bekräftigt. Auch dort erteilte er der dynamischen Fortgeltung einer Bezugnahmeklausel eine Absage, weil sie notwendige Anpassungen der Arbeitsbedingungen nach einem Betriebsübergang behindere und die nach Art. 16 GRC geschützte unternehmerische Freiheit beeinträchtige. Anderes gilt laut EuGH nur, wenn es dem Erwerber möglich ist, *„im Rahmen eines zum Vertragsabschluss führenden Verfahrens, an dem er*

126b

---

[459] BAG 15.4.2015, NZA 2015, 1274 Rn. 27; BAG 11.7.2018, NZA 2018, 1486 Rn. 30.
[460] BAG 17.6.2015, NZA 2016, 373 Rn. 15.
[461] BAG 30.8.2017, NZA 2018, 255 Rn. 42 ff.
[462] BAG 17.6.2015, NZA 2016, 373 Rn. 15.
[463] BAG 30.8.2017, NZA 2018, 255 Rn. 58.
[464] BAG 19.9.2007 NZA 2008, 241.
[465] EuGH 9.3.2006, NZA 2006, 376 Rn. 27 ff. - Werhof.
[466] EuGH 18.7.2013, NZA 2013, 835 Rn. 29 ff. - Alemo-Herron; *Hartmann*, EuZA 2015, 203; *Klein*, NZA 2016, 310; *Latzel*, RdA 2014, 110; *Naber/Krois*, ZESAR 2014, 121.

beteiligt ist, seine Interessen wirksam geltend zu machen und die Entwicklung der Arbeitsbedingungen seiner Arbeitnehmer bestimmenden Faktoren mit Blick auf seine künftige wirtschaftliche Tätigkeit auszuhandeln."[467] Daran fehlte es in dem der Entscheidung zugrundeliegenden Fall, weil der Erwerber nicht Mitglied des Arbeitgeberverbandes war, dem der Veräußerer angehörte, und es auch nicht werden konnte.

126c Beide Entscheidungen lösten in Deutschland eine **heftige Debatte** aus. Dem EuGH wurde u.a. vorgeworfen, die unterschiedlichen Arten der Fortgeltung von Arbeitsbedingungen in Art. 3 Abs. 1 und Abs. 3 RL 2001/23/EG zu vermengen.[468] Für Kollektivverträge ordne Art. 3 Abs. 3 RL 2001/23/EG eine lediglich statische Fortwirkung an und schütze überdies das Ablösungs- und Vereinheitlichungsinteresse des Erwerbers, da er die Fortgeltung der Kollektivbedingungen unter den Vorbehalt der Ablösung durch die beim Erwerber geltenden Kollektivverträge stellt. Für arbeitsvertragliche Verpflichtungen gelte dagegen Art. 3 Abs. 1 RL 2001/23/EG, der einen unveränderten Übergang der Vertragsbedingungen auf den Erwerber vorsehe. Eine möglicherweise gegebene Beschränkung der Unternehmerfreiheit sei aus Gründen des Arbeitnehmerschutzes gerechtfertigt und verhältnismäßig.

126d Das BAG[469] rief daraufhin in der Rechtssache **Asklepios Kliniken** erneut den EuGH an. Der **EuGH**[470] bestätigte in seiner viel beachteten Entscheidung zwar formal seine bisherige Linie und wiederholte seine in der Rechtssache Alemo-Herron aufgestellte Formel. Im Ergebnis gab er allerdings seine bisherige Ansicht auf und **schloss sich der vom BAG vertretenen dynamischen Fortwirkung der beim Veräußerer geltenden Tarifverträge** an. Eine genauere Begründung für seinen Kurswechsel blieb er jedoch schuldig.[471] Ihm genügten die vom BAG in seiner Vorlageentscheidung aufgezeigten Instrumente zur Beendigung der Tarifdynamik durch den Erwerber.[472] Über deren tatsächliche Wirksamkeit zu befinden, sei Sache des vorlegenden Gerichts.[473] Im Anschluss an diese EuGH-Entscheidung hat das BAG in einer Reihe von Urteilen[474] zu den von ihm angeführten Änderungsinstrumenten Stellung genommen, allerdings nur abstrakt. Was die **dynamische Fortwirkung** von Bezugnahmen anbelangt, ist deshalb von einer **gefestigten Rechtsprechung** auszugehen.

126e Anders liegt es nur, wenn die Bezugnahmeklausel als „**Tarifwechselklausel**" auf den jeweils einschlägigen Tarifvertrag verweist oder die Änderung der tariflichen Regelungen für den Fall eines Betriebsübergangs ausdrücklich regelt.[475] Ob die Geltung jedes beliebigen, den Arbeitnehmer auch belastenden Tarifvertrags ver-

---

[467] EuGH 18.7.2013, NZA 2013, 835 Rn. 33 - Alemo-Herron.
[468] *Eylert/Schinz*, RdA 2017, 140, 144 ff.; *Willemsen/Grau*, NJW 2014, 12, 14.
[469] BAG 17.6.2015, NZA 2016, 373.
[470] EuGH 27.4.2017, NZA 2017, 571 Rn. 22 - Asklepios.
[471] *Wißmann/Niklas*, NZA 2017, 697.
[472] *Bayreuther*, NJW 2017, 2158; *Busch/Gerlach*, BB 2017, 2356; *Hohenstatt*, FS Willemsen, 2018, S. 187; *Sagan*, ZESAR 2016, 116; *Wahlig/Brune*, NZA 2018, 221; *E. Willemsen*, FS Willemsen, 2018, S. 619; *Wißmann/Niklas*, NZA 2017, 697.
[473] EuGH 27.4.2017, NZA 2017, 571 Rn. 24 - Asklepios.
[474] BAG 30.8.2018, NZA 2018, 255; BAG 30.8.2017, NZA 2018, 363; BAG 27.3.2018, NZA 2018, 1264.
[475] BAG 29.8.2007, NZA 2008, 364; BAG 17.11.2010, NZA 2011, 356.

einbart werden kann, ist allerdings zweifelhaft.[476] Das BAG[477] hält solche Klauseln für an sich zulässig. Fungierte die Bezugnahmeklausel beim Veräußerer als Gleichstellungsabrede – wovon die Rechtsprechung bei Klauseln ausgeht, die ein tarifgebundener Arbeitgeber vor dem Inkrafttreten der Schuldrechtsreform am 1.1.2002 vereinbart hatte[478] –, wirkt der beim Veräußerer geltende Tarifvertrag nur noch in der Fassung zum Zeitpunkt des Betriebsübergangs fort,[479] und zwar selbst dann, wenn er in seiner jeweiligen Fassung in Bezug genommen wurde, weil auch die gewerkschaftlich organisierten Arbeitnehmer nach dem Betriebsübergang nicht mehr an der weiteren Tarifentwicklung teilnehmen.[480]

126f Die Veränderungssperre des § 613a Abs. 1 S. 2 BGB findet auf kraft Bezugnahmeklausel geltende Tarifnormen keine Anwendung. Mit den übernommenen Arbeitnehmern können daher unmittelbar nach dem Betriebsübergang andere Regelungen vereinbart werden.[481] Eine Änderung durch Tarifvertrag zum Nachteil der Arbeitnehmer ist allerdings ausgeschlossen, weil zwischen Arbeitsvertrag und Tarifvertrag das Günstigkeitsprinzip gilt.[482] Anders liegt es nur dann, wenn dieselben Tarifvertragsparteien eine Ablösung oder (teilweise) Abänderung eines von ihnen geschlossenen Tarifvertrages durch eine Neuregelung vereinbaren, die bei einem Verbandstarifvertrag auch durch einen firmenbezogenen Verbandstarifvertrag erfolgen kann. Die Bezugnahmeklausel verweist dann auf den dann gültigen Tarifvertrag, und zwar auch dann, wenn er eine für den Arbeitnehmer schlechtere Regelung als zuvor enthält. Das Günstigkeitsprinzip steht nicht entgegen, weil es nur im Verhältnis zwischen Rechtsnormen unterschiedlichen Ranges gilt, nicht aber, wenn mehrere tarifvertragliche und damit gleichrangige Regelungen zusammentreffen.

---

[476] AR/*Bayreuther*, § 613a BGB Rn. 80 m.w.N.
[477] BAG 21.11.2012 NZA 2013, 512.
[478] BAG 18.4.2007, NZA 2007, 965; BAG 21.10.2009, NZA-RR 2010, 361.
[479] BAG 17.11.2010, NZA 2011, 457.
[480] BAG 29.8.2001, NZA 2002, 513; BAG 20.6.2001, NZA 2002, 517.
[481] BAG 7.11.2007, NZA 2008, 530.
[482] BAG 22.2.2012, ZTR 2012, 438.

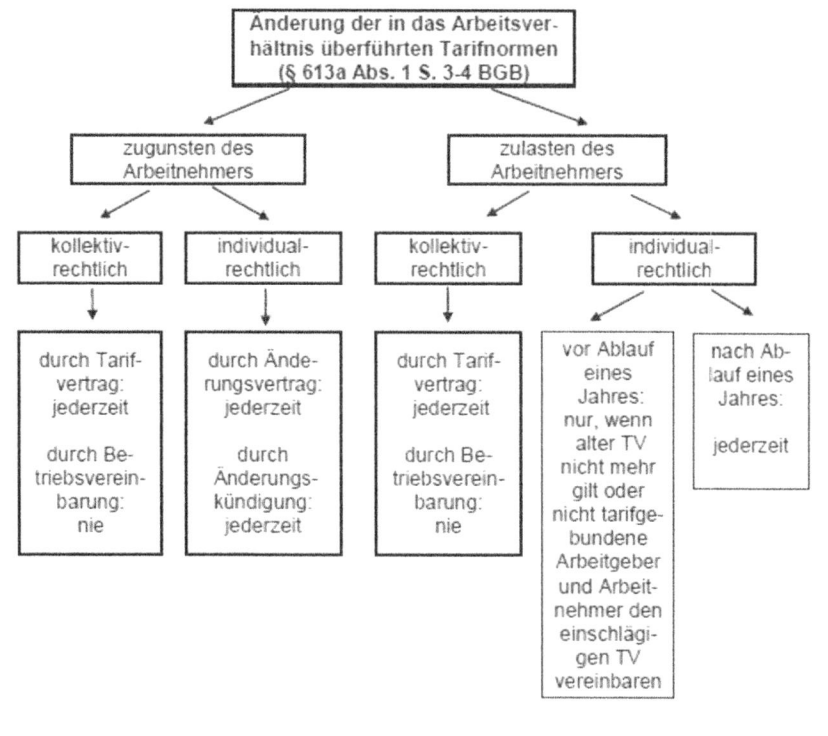

4. Fortgeltung von Betriebsvereinbarungen

a) Betriebsvereinbarungen

aa) Übernahme des gesamten Betriebs. Bleibt bei einem Inhaberwechsel die Identität des Betriebs gewahrt, weil der Erwerber den übernommenen Betrieb im wesentlichen unverändert fortführt, gelten die bestehenden Betriebsvereinbarungen auch beim Erwerber normativ weiter (§ 77 Abs. 4 BetrVG). § 613a Abs. 1 S. 2 BGB findet als „Auffangregelung" keine Anwendung.[483] Gliedert der Erwerber den übernommenen Betrieb in einen anderen ein, verliert der übernommene Betrieb seine Identität; damit enden die dort geltenden Betriebsvereinbarungen. Sofern im Erwerberbetrieb keine gegenstandsgleichen Betriebsvereinbarungen bestehen, werden die Betriebsvereinbarungen des übernommenen Betriebs zum Inhalt des Arbeitsvertrags (§ 613a Abs. 1 S. 2 BGB); sie können jederzeit durch neue Betriebsvereinbarungen ersetzt werden, selbst wenn diese für den Arbeitnehmer ungünstiger sind.[484] Das ist allerdings nach der Scattolon-Entscheidung des EuGH zweifelhaft.[485] Danach dürfen dem Arbeitnehmer nicht „insgesamt schlechtere Arbeitsbedingungen" als vor dem Übergang auferlegt werden.

127

bb) Übernahme eines Betriebsteils. Übernimmt der Erwerber nur einen Betriebsteil, gelten für den Restbetrieb die Betriebsvereinbarungen normativ weiter (§ 77 Abs. 4 BetrVG). Nach der Rechtsprechung[486] sollen die bisherigen Betriebsvereinbarungen aber auch im übernommenen Betriebsteil normativ fortgelten, jedenfalls solange der Erwerber den übernommenen Betriebsteil als selbständigen Betrieb führt. Gliedert er den übernommenen Betriebsteil in einen anderen Betrieb ein, gilt das oben unter Rn. 127 Gesagte entsprechend. Vgl. das Schaubild nach Rn. 129.

128

b) Gesamtbetriebsvereinbarungen

Ob auch Gesamtbetriebsvereinbarungen bei einem Betriebsinhaberwechsel ihre normative Geltung behalten, ist streitig.[487] Das BAG bejaht das für den Fall, dass der Erwerber vor dem Übergang keinen Betrieb geführt hat und der Inhaberwechsel die Betriebsidentität wahrt. Wird nur ein Betrieb übernommen, bleiben die Gesamtbetriebsvereinbarungen als Einzelbetriebsvereinbarungen bestehen. Werden alle oder mehrere Betriebe übernommen, bleiben dort die Gesamtbetriebsvereinbarungen als solche bestehen. Wird ein übernommener Betriebsteil als selbständiger Betrieb geführt, gelten in ihm die im ursprünglichen Betrieb bestehenden Einzel- und Gesamtbetriebsvereinbarungen normativ weiter. § 613a Abs. 1 S. 2, 3 BGB findet keine Anwendung.[488] Dass mit dem Inhaberwechsel der Bezug

129

---

[483] BAG 18.9.2002, AP Nr. 7 zu § 77 BetrVG 1972 Betriebsvereinbarung.
[484] BAG 28.6.2005, AP Nr. 25 zu § 77 BetrVG 1972 Betriebsvereinbarung; BAG 13.3.2012, NZA 2012, 990.
[485] EuGH 6.9.2011, NZA 2011, 1077 - Scattolon; *Sagan*, EuZA 2012, 247; *Steffan*, NZA 2012, 473.
[486] BAG 18.8.2002, AP Nr. 7 zu § 77 BetrVG 1972 Betriebsvereinbarung.
[487] Zum Streitstand BAG 18.9.2002, AP Nr. 7 zu § 77 BetrVG 1972 Betriebsvereinbarung.
[488] BAG 5.5.2015, NZA 2015, 1331.

zum bisherigen Unternehmen entfällt, für das die Regelungen in der Gesamtbetriebsvereinbarung ursprünglich vorgesehen waren, steht dem nicht entgegen.[489] Den Interessen des Erwerbers wird dadurch Rechnung getragen, dass dieser mit der zuständigen Arbeitnehmervertretung oder mithilfe der im Betriebsverfassungsgesetz vorgesehenen Konfliktlösungsmöglichkeiten Regelungen treffen kann, durch die der Inhalt der Betriebsvereinbarung unternehmensbezogen angepasst werden kann, sofern nicht ohnehin nach § 613a Abs. 1 S. 3 BGB dessen Kollektivrecht zur Anwendung kommt.[490]

---

[489] A.A. *Preis/Richter*, ZIP 2004, 925, 932; *Jacobs,* FS Konzen 2006 S. 345, 351 f.
[490] BAG 18.9.2002, NZA 2003, 670; BAG 5.5.2015, NZA 2015, 1331 mwN.

V. Kollektivrechtliche Folgen des Betriebsübergangs 639

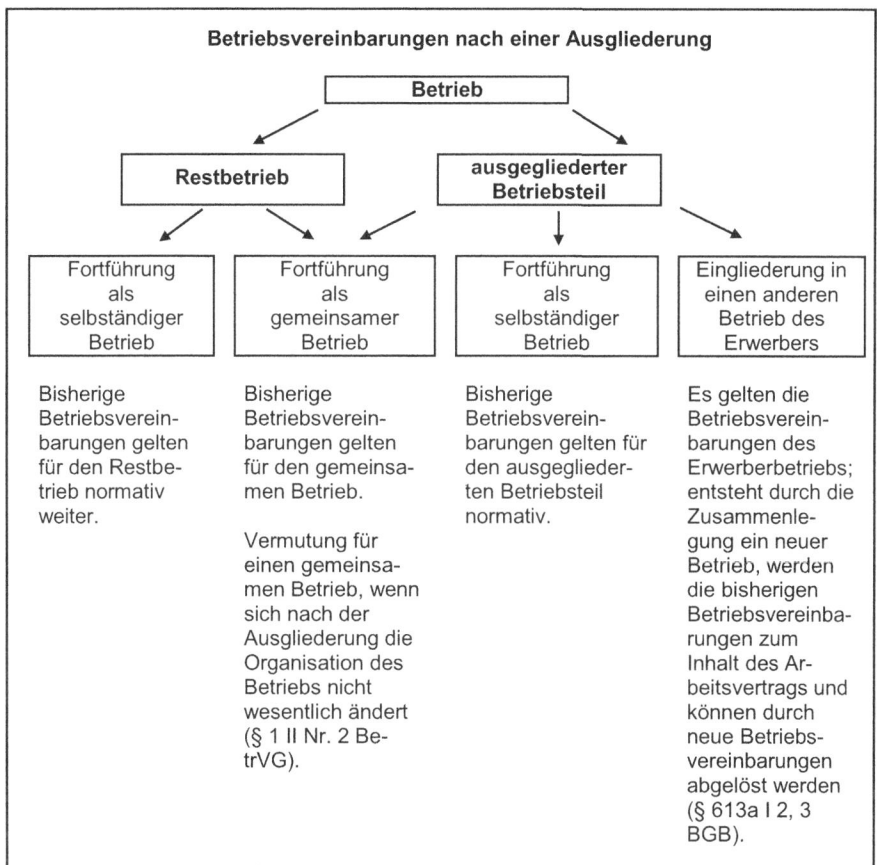

§ 20 Schlichtung

I. Begriff und Arten

1. Begriff

Schlichtung ist **Hilfeleistung zur Beilegung von Gesamtregelungsstreitigkeiten, und zwar i.d.R. durch Abschluss einer Gesamtvereinbarung.**[1] Während ursprünglich der erste Gesichtspunkt im Vordergrund stand, ist es heute eher der zweite. Als Gesamtvereinbarungen kommen Tarifvertrag, Betriebsvereinbarung und Dienstvereinbarung in Betracht. Für Sprechervereinbarungen ist eine Schlichtung nicht vorgesehen, weil der Sprecherausschuss keine echten Mitbestimmungsrechte hat. Arbeitgeber und Sprecherausschuss könnten sie aber theoretisch freiwillig vereinbaren.

Regelungsstreitigkeiten sind Interessenstreitigkeiten, d.h. Streitigkeiten, bei denen unterschiedliche Interessen von Konfliktparteien durch Schaffung einer Regelung rechtlicher oder tatsächlicher Art für die Zukunft ausgeglichen werden sollen. **Der Schlichtungsspruch**, das Ergebnis der Schlichtungsbemühungen, **ist eine Ermessensentscheidung**, die die Schlichter **nach den Grundsätzen der Zweckmäßigkeit** treffen. Dabei sind die Interessen beider Seiten angemessen zu berücksichtigen (§ 76 Abs. 5 S. 3 BetrVG).

Das deutsche Recht kennt die Schlichtung nur bei **Gesamtregelungsstreitigkeiten**, d.h. bei Streitigkeiten im Bereich der Arbeits- und Wirtschaftsbedingungen, an denen auf mindestens einer Seite eine Kollektivpartei beteiligt ist. Kollektivparteien sind auf tariflicher Ebene Arbeitgeberverbände und Gewerkschaften, auf betrieblicher Betriebsrat, Gesamtbetriebsrat und Konzernbetriebsrat, im Personalvertretungsrecht die Hauptpersonalräte. Zweiter Beteiligter ist im Betriebsverfassungsrecht der Arbeitgeber, im Tarifrecht kann er es ebenfalls sein; im Personalvertretungsrecht ist es die oberste Dienstbehörde. Während man auf tariflicher Ebene von einer Schlichtungsstelle und einem Schlichtungsverfahren redet (Schlichtung i.e.S.), heißt die Schlichtungsstelle im Betriebsverfassungs- und im Personalvertretungsrecht Einigungsstelle (§ 76 BetrVG, § 71 BPersVG), das Schlichtungsverfahren Einigungsstellenverfahren. Die Tarifverträge halten die Terminologie nicht immer sauber durch. Sie verwenden die Ausdrücke Schlich-

---

[1] Vgl. Art. I § 3 SchlichtungsVO v. 30.10.1923, RGBl. I 1043; § 1 Bad. LandesschlichtungsO v. 19.10.1949, Bad. GVBl. 1950 S. 60; RAG 22.1.1929, ARS 5, 167, 176 f.

tung und Schiedsgerichtsbarkeit mitunter synonym; der Schlichtungsspruch wird nicht selten als Schiedsspruch bezeichnet.[2]

4 Obwohl Schlichtung Hilfe bei der Beilegung von Regelungsstreitigkeiten ist, hat die Schlichtungsstelle auch Rechtsfragen zu beantworten. Das beginnt mit der Frage ihrer Zuständigkeit, reicht über rechtliche Vorfragen – wie dem gesetzlichen Rahmen einer Arbeitszeitregelung und den Grenzen ihres Ermessens – bis hin zur ausschließlichen Entscheidung von Rechtsfragen bei entsprechender gesetzlicher Zuweisung (so § 69 Abs. 4 S. 2 HS 2 BPersVG). Während die Einigungsstelle über Regelungsstreitigkeiten letztverbindlich entscheidet, sind die Rechtsfragen voll durch die Arbeitsgerichte nachprüfbar.

2. Arten der Schlichtung

a) Verbindlichkeit des Schlichtungsverfahrens

5 Die Einleitung eines Schlichtungsverfahrens kann in der Hand der Parteien liegen. Es kann ihnen aber auch aufgegeben sein, in bestimmten Fällen – etwa vor Ausrufung eines Arbeitskampfs – ein Schlichtungsverfahren durchzuführen. Schließlich kann eine Partei das Recht haben, auch gegen den Willen der anderen ein Schlichtungsverfahren in Gang zu setzen. Im ersten Fall spricht man von einer freiwilligen Schlichtung, im zweiten und im dritten von Schlichtungszwang. Der Unterschied zwischen dem zweiten und dritten Fall besteht darin, dass sich der Schlichtungszwang einmal gegen beide Parteien richtet (zweiseitiger Schlichtungszwang), das andere Mal nur gegen eine (einseitiger Schlichtungszwang).

6 Im **Tarifrecht** gilt heute der **Grundsatz der freiwilligen Schlichtung**. Das BAG hatte früher ein Schlichtungsverfahren als Rechtmäßigkeitsvoraussetzung für einen Streik angesehen.[3] In späteren Entscheidungen ist es auf dieses Erfordernis nicht mehr zurückgekommen. In tariflichen Schlichtungsabkommen findet sich vielfach ein Einlassungszwang. **Betriebsverfassungs- und Personalvertretungsrecht** kennen einen solchen Zwang zwar nicht; da die Einigungsstelle in den Fällen erzwingbarer Mitbestimmung aber auch dann verbindlich entscheiden kann, wenn sich eine Seite dem Einigungsstellenverfahren verweigert (§ 76 Abs. 5 S. 2 BetrVG), bleibt dieser Seite tatsächlich nichts anderes übrig, als sich auf das Verfahren einzulassen; faktisch besteht also ein **Schlichtungszwang**.

b) Verbindlichkeit des Schlichtungsspruchs

7 Der Schlichtungsspruch ist dann verbindlich, wenn das Gesetz es anordnet oder wenn die Parteien die Verbindlichkeit vereinbaren; letzteres kann im Voraus geschehen („Unterwerfung") oder im Nachhinein („Annahme des Schlichtungsspruchs"), generell oder für den konkreten Fall. Im **Tarifrecht** gilt der Grundsatz freiwilliger Vereinbarung. Im Betriebsverfassungs- und im Personalvertretungs-

---
[2] Vgl. z.B. die Schlichtungs- und Schiedsvereinbarung für die Metallindustrie v. 1.1.1980, abgedr. in RdA 1980, 165 ff.
[3] BAG GS 21.4.1971, AP Nr. 43 zu Art. 9 GG Arbeitskampf.

recht erlaubt das Gesetz der Einigungsstelle in den ausdrücklich genannten Fällen eine Entscheidung, die im **Betriebsverfassungsrecht** grundsätzlich verbindlich ist – Ausnahme: Interessenausgleich –, im **Personalvertretungsrecht** ist der Spruch in einer Reihe von Fällen verbindlich, in anderen nicht. Verbindliche Entscheidungen haben die Rechtsnatur, die die einvernehmlich getroffene Maßnahme hätte (Tarifvertrag, Betriebsvereinbarung, Dienstvereinbarung, Regelungsabrede usw.); eine unverbindliche Entscheidung hat den Charakter einer Empfehlung. Im Betriebsverfassungsrecht können die Betriebspartner der Einigungsstelle darüber hinaus weitere Angelegenheiten zur Entscheidung unterbreiten; im Personalvertretungsrecht geht das nicht.

c) Zwangsschlichtung

Von einer Zwangsschlichtung spricht man, wenn eine Schlichtungsstelle auch gegen den Willen einer Partei eine verbindliche Entscheidung treffen kann,[4] also bei einer **Kombination von Schlichtungszwang** – zumindest in der Form des einseitigen Schlichtungszwangs – **und verbindlicher Entscheidung**. **8**

Eine solche – staatliche – Zwangsschlichtung hatte die Schlichtungsverordnung von 1923 vorgesehen. Von der Zwangsschlichtung ist vor allem in der Weltwirtschaftskrise mehrfach Gebrauch gemacht worden. Staatliche Schlichter mussten damals Tarifbedingungen verschlechtern und haben damit, wie der frühere Bundesarbeitsminister *Anton Storch* sagte, mit zum Ende der Weimarer Republik beigetragen. Die Emotionen, die eine Verschlechterung von Tarifbedingungen naturgemäß mit sich bringt, hatten sich statt gegen die Tarifpartner gegen den Staat gerichtet. Das Kontrollratsgesetz (KRG) 35 hat die Zwangsschlichtung deshalb verboten (Art. VIII, X). Heute wird sie als unvereinbar mit Art. 9 Abs. 3 GG angesehen. Eine Ausnahme ist nur denkbar bei Gefährdung überragend wichtiger Gemeinschaftsgüter.[5] **9**

Gegen die Zwangsschlichtung[6] im Betriebsverfassungs- und im Personalvertretungsrecht bestehen keine durchgreifenden rechtspolitischen und verfassungsrechtlichen Bedenken: Die Tarifautonomie wird nicht berührt (vgl. §§ 77 Abs. 3, 87 Abs. 1 ES BetrVG, § 75 Abs. 5 BPersVG), die unternehmerische Freiheit nicht unzulässig eingeschränkt,[7] das Letztentscheidungsrecht der Parlamente gewahrt.[8] **10**

---

[4] Vgl. MünchArbR/*Ricken*, § 281 Rn. 2.
[5] ErfK/*Linsenmeier*, Art. 9 GG Rn. 288.
[6] Zu dieser Kennzeichnung für das Betriebsverfassungsrecht BVerfG 18.10.1986, EzA § 76 BetrVG 1972 Nr. 38.
[7] Vgl. § 76 Abs. 5 S. 3 BetrVG: Entscheidung nach billigem Ermessen unter Berücksichtigung der Belange des Betriebs und der betroffenen Arbeitnehmer; *Fitting*, § 76 BetrVG Rn. 2 m.w.N.
[8] Vgl. § 71 Abs. 3 S. 4 BPersVG: Entscheidung im Rahmen der geltenden Rechtsvorschriften, insb. des Haushaltsgesetzes; s. auch § 104 S. 3 BPersVG.

II. Schlichtung bei Tarifstreitigkeiten

1. Allgemeines

11 Gelingt es vor Ablauf eines Tarifvertrags nicht, einen neuen Tarifvertrag zu vereinbaren, der sich an den abgelaufenen Tarifvertrag anschließt, so entsteht ein „tarifloser Zustand". Die Bezeichnung trifft insofern nicht ganz, als der alte Tarifvertrag nachwirkt; er verliert nur seine zwingende Wirkung (§ 4 Abs. 5 TVG). Die Tarifvertragsparteien können in dieser Zeit weiterverhandeln oder, wenn die Verhandlungen gescheitert sind, zum Arbeitskampf aufrufen. Dazwischen geschaltet ist häufig ein Schlichtungsverfahren, das in der unterschiedlichsten Weise ausgestaltet sein kann.

12 Die Rahmenregelung enthält das KRG Nr. 35 betreffend Ausgleichs- und Schiedsverfahren in Arbeitsstreitigkeiten vom 20.8.1946,[9] das gemäß Art. 123 Abs. 2, 125 GG als Bundesrecht fortgilt und am 3.10.1990 aufgrund Art. 8 des Einigungsvertrags vom 31.8.1990 in den neuen Bundesländern in Kraft getreten ist.[10] Einige Länder (Berlin, Nordrhein-Westfalen, Schleswig-Holstein) haben dazu Durchführungsverordnungen, andere (Hamburg, Rheinland-Pfalz) Verwaltungsvorschriften erlassen.[11] Im Landesteil Baden von Baden-Württemberg gilt anstelle des KRG Nr. 35 das Landesgesetz über das Schlichtungswesen bei Arbeitsstreitigkeiten (Landesschlichtungsordnung) vom 19.10.1949.[12]

13 Art. 1 Nr. 1 KRG Nr. 35 geht vom Vorrang der privaten Schlichtung vor der staatlichen aus. Das Schlichtungsverfahren kann in Tarifverträgen geregelt werden; und davon haben die Tarifvertragsparteien auch weitgehend Gebrauch gemacht. Lediglich für den Fall, dass die Tarifvertragsparteien eine Schlichtung durchführen möchten, aber keine eigene Schlichtungsstelle besitzen, stellt das KRG Nr. 35 eine Schlichtungsstelle samt Schlichtungsordnung zur Verfügung.

2. Staatliche Schlichtung

14 Das KRG Nr. 35 kennt kein obligatorisches Schlichtungsverfahren. Voraussetzung ist also, dass beide Parteien eine Schlichtung wünschen. Insofern handelt es sich um eine freiwillige, vereinbarte Schlichtung.

15 Das Verfahren ist zweistufig aufgebaut. Es beginnt mit einem Vermittlungsversuch (sog. Ausgleichsverfahren) durch den Landesschlichter (Art. III). Bleibt dieser Versuch erfolglos, dann schließt sich ein formalisiertes Schlichtungsverfahren vor dem Landesschlichtungsausschuss an (Art. IV ff.). Der Schlichtungsspruch ist nur verbindlich, wenn die Parteien sich ihm im Voraus unterworfen haben oder wenn sie ihn später annehmen (Art. X Abs. 1, 2b). Eine Verlängerung der Friedenspflicht bis zur Beendigung der Schlichtung sieht das

---

[9] ABl. KR S. 174.
[10] BGBl. II 889; dazu ausf. *Lembke*, RdA 2000, 223.
[11] MünchArbR/*Ricken*, § 281 Rn. 2.
[12] Bad. GVBl. 1950 S. 60; dazu *Arnold*, RdA 1996, 356 ff.

KRG Nr. 35 nicht vor. Im Übrigen entspricht das Verfahren in etwa den in den Tarifverträgen vereinbarten.[13] Die staatliche Schlichtung hat keine große Bedeutung erlangt.[14] In den Jahren 1988 bis 1995 wurden 50 Verfahren vor behördlichen Schlichtern durchgeführt.

3. Tarifliche Schlichtung

a) Rechtliche Grundlagen

Der Normalfall ist die tarifliche Schlichtung, auch freiwillige oder verbandliche Schlichtung genannt.[15] Für etwa zwei Drittel aller Arbeitnehmer bestehen tarifliche Schlichtungsregelungen.[16] Urmuster aller Schlichtungsabkommen ist das sog. Margarethenhof-Abkommen vom 7.9.1954 zwischen BDA einerseits und DGB und DAG andererseits.[17] Darin verpflichten sich die Vertragspartner, sich ernsthaft zu bemühen, durch freie Verhandlungen Tarifverträge abzuschließen. Gelingt das nicht, sollen die Streitigkeiten durch vereinbarte Schlichtungsstellen beigelegt werden.

16

Schlichtungsvereinbarungen sind (eigene) Tarifverträge oder Teile von (Mantel-) Tarifverträgen, die obligatorische Regelungen enthalten. Das Recht, Schlichtungsabkommen zu vereinbaren und private Schlichtungsverfahren durchzuführen, ist im Rahmen der Tarifautonomie durch Art. 9 Abs. 3 GG geschützt. Ein Arbeitskampf unter Verstoß gegen eine Schlichtungsvereinbarung bedeutet eine Pflichtverletzung i.S.d. § 280 Abs. 1 BGB.

17

b) Schlichtungsverfahren

Die Schlichtungsabkommen sehen – bei aller gemeinsamen Zielsetzung – die unterschiedlichsten Regelungen vor:

18

aa) Scheitern der Verhandlungen. Gemeinsam ist ihnen, dass die Verhandlungen gescheitert sein müssen. Das Scheitern kann formlos erklärt werden, etwa durch Weigerung einer Partei, die Verhandlungen fortzusetzen. Voraussetzung kann aber auch eine förmliche – mündliche oder schriftliche – Erklärung einer Partei oder sogar eine gemeinsame Feststellung sein. Über das Scheitern ist zumeist die Geschäftsstelle der Schlichtungsstelle zu unterrichten, die i.d.R. bei dem zuständigen Arbeitgeberverband eingerichtet ist. Die Geschäftsstelle hat dann von sich aus – bei Schlichtungszwang – oder auf Antrag – bei freiwilliger Anrufung – dafür zu sorgen, dass die Schlichtungsstelle zusammentritt. Das muss i.d.R. innerhalb einer bestimmten Frist geschehen.

19

---

[13] Wegen der Einzelheiten zur Landesschlichtungsordnung Baden vgl. *Arnold*, Die Badische Landesschlichtungsordnung, RdA 1996, 356 ff.
[14] *Löwisch/Caspers/Klumpp*, Arbeitsrecht, Rn. 1091.
[15] *Otto*, Arbeitskampf und Schlichtungsrecht, § 20 Rn. 6.
[16] Vgl. die Übersichten bei *Otto*, Arbeitskampf und Schlichtungsrecht, § 20 Rn. 25; *Knevels*, ZTR 1988, 408, 414 f.
[17] Abgedr. in RdA 1954, 383.

20 **bb) Besetzung der Schlichtungsstelle.** Die Schlichtungsstelle besteht aus gleich vielen Beisitzern der Arbeitgeber- und der Arbeitnehmerseite; im Allgemeinen sind das nur wenige Personen (je zwei oder drei). Nicht selten werden sie aus dem Kreis der Tarifkommissionsmitglieder ausgewählt, weil diese mit dem Sachstand am besten vertraut sind. In Betracht kommen aber auch Tarifkommissionsmitglieder aus anderen Tarifbezirken; das kann ein Aufbrechen festgefahrener Fronten erleichtern. Hinzu kommt in manchen Branchen ein unparteiischer Vorsitzender. Der Vorsitzende kann für ein bestimmtes Verfahren ausgewählt oder für eine Vielzahl von Verfahren bestellt werden. Gelingt eine Einigung auf die Person des Vorsitzenden nicht, so entscheidet das Los oder eine neutrale Stelle. Denkbar ist auch, dass das Vorschlagsrecht für den Vorsitzenden von Verfahren zu Verfahren zwischen den Parteien wechselt. Notwendig ist ein neutraler Vorsitzender nicht. Die Parteien können den Vorsitzenden auch aus ihrer Mitte auswählen.

21 **cc) Gegenstand des Schlichtungsverfahrens** können alle Fragen sein, die im schuldrechtlichen oder im normativen Teil des Tarifvertrags geregelt werden können.[18] Sind Fragen bereits in einem Tarifvertrag geregelt, so dürfen sie nur mit Zustimmung beider Parteien zum Gegenstand des Verfahrens gemacht werden. Sonst könnte die Friedenspflicht unterlaufen werden.

22 **dd) Verfahrensablauf.** Die Schlichtungsstelle beginnt ihre Sitzung mit der Anhörung der sog. Parteivertreter. Die Parteivertreter sollen sie über die unterschiedlichen Standpunkte und über die für die Beurteilung wesentlichen Verhältnisse unterrichten. Sie können sich über alle erheblichen Tatsachen eingehend aussprechen, Beweismittel für ihre Behauptungen bezeichnen, Anträge stellen, Auskunftspersonen und Sachverständige zu der Verhandlung einladen. Die Schlichtungsstelle ihrerseits kann Fragen an die Parteivertreter, Sachverständigen und Auskunftspersonen richten, Beweise erheben und Auskünfte einholen, notfalls auch das Verfahren zur weiteren Klärung des Sachverhalts auf einen neuen Termin verlegen. Erscheinen Parteivertreter ohne ausreichenden Grund und trotz rechtzeitiger Ladung nicht, so kann sie in ihrer Abwesenheit verhandeln und entscheiden. Die Verhandlungen sind nicht öffentlich; sie werden vom Vorsitzenden geleitet.

23 **ee) Einigung und Schlichtungsspruch.** Die Schlichtungsstelle hat in jedem Stadium des Verfahrens zu versuchen, eine Einigung der Tarifvertragsparteien herbeizuführen. Kommt eine Einigung zustande, so ist sie niederzuschreiben und von den Parteien zu unterzeichnen. Den Parteien kann eine Widerrufsfrist eingeräumt werden; bis zum Ablauf dieser Frist oder bis zum Widerruf wird das Verfahren ausgesetzt. Kommt keine Einigung zustande, so fällt die Schlichtungsstelle ihren Spruch über sämtliche Streitpunkte. Dieser Spruch ist verbindlich, wenn die Parteien sich ihm vorher generell – im Schlichtungsabkommen – oder für den konkreten Fall unterworfen haben oder wenn sie ihn nachträglich annehmen. Wird der

---

[18] MünchArbR/*Ricken*, § 282 Rn. 5.

Schlichtungsspruch abgelehnt, dann ist das Schlichtungsverfahren entweder ergebnislos beendet oder es kann – wenn im Schlichtungsabkommen vorgesehen – eine weitere Instanz angerufen werden. Für sie gelten ähnliche Grundsätze wie für die erste Instanz.

Fällt die Schlichtungsstelle erster oder zweiter Instanz einen verbindlichen Schlichtungsspruch, so wirkt er wie ein Tarifvertrag. Haben die Tarifparteien sich einer verbindlichen Schlichtung nicht unterworfen, so ist der Spruch nicht mehr als ein Vermittlungsvorschlag, der erst mit der Annahme durch die Tarifparteien die Wirkung eines Tarifvertrags erhält. Wird der Vermittlungsvorschlag nicht angenommen oder abgelehnt, dann sind die Verhandlungen endgültig gescheitert. 24

Auch danach kann es zu Schlichtungsverfahren kommen. Man spricht dann von einer **besonderen Schlichtung**. Mitunter bieten Politiker ihre guten Dienste an. Dabei handelt es sich um keine Schlichtung im Rechtssinne. Die Politiker sind sozusagen als ehrliche Makler tätig. 25

ff) Arbeitskampf während der Schlichtung. Die – relative – Friedenspflicht, die keiner besonderen Vereinbarung bedarf, endet mit Ablauf des Tarifvertrags. Die Schlichtungsabkommen sehen i.d.R. eine Verlängerung der Friedenspflicht bis zur Beendigung der Schlichtung vor. In der Metallindustrie endet die Friedenspflicht vier Wochen nach Ablauf des Vertrags, gleichgültig, in welchem Stadium sich das Schlichtungsverfahren befindet. Das erlaubt in dieser Branche „schlichtungsbegleitende" Warnstreiks. 26

gg) Rechtstatsächliches. Die Zahl der Schlichtungsverfahren ist im Vergleich zur Zahl der Tarifverträge nicht groß. Dennoch hat die Schlichtung erhebliche Bedeutung. Schlichtungssprüche in Leittarifbezirken haben häufig Pilotfunktion. Der verhältnismäßig große Erfolg der Schlichtung erklärt sich daraus, dass die Tarifparteien wissen, dass das die letzte Chance einer Einigung vor dem Arbeitskampf ist. Hilfe leisten aber auch eine geschickte Ausgestaltung des Schlichtungsverfahrens und nicht zuletzt psychologische Gegebenheiten: Die Schlichtungsstelle tagt unter Ausschluss der Öffentlichkeit in kleinstem Kreis. Das erlaubt es, Überlegungen zu äußern, die man in öffentlichen Sitzungen nur schwer äußern könnte. Mehrheitsentscheidungen, wie sie häufig vorgesehen sind, gestatten angesichts der Nichtöffentlichkeit der Verhandlungen den Beteiligten, das Gesicht zu wahren. Mitglieder aus anderen Tarifbezirken, aus denen die Schlichtungsstelle nach manchen Abkommen zumindest teilweise besteht, tun sich bei Kompromissen vielfach leichter. Und schließlich ist es manchmal einfacher, einen Kompromiss zu schließen, wenn die Verantwortung dafür einer „neutralen" Stelle aufgebürdet werden kann. 27

III. Schlichtung im Betriebsverfassungs- und Personalvertretungsrecht

1. Betriebliche Einigungsstelle

a) Allgemeines

28 **aa) Aufgabe.** Zur Beilegung von Meinungsverschiedenheiten zwischen Arbeitgeber und Betriebsrat, Gesamtbetriebsrat und Konzernbetriebsrat ist bei Bedarf eine Einigungsstelle zu bilden. Durch Betriebsvereinbarung kann eine ständige Einigungsstelle errichtet werden (§ 76 Abs. 1 BetrVG). Die Einigungsstelle wird in den Fällen, in denen ihr Spruch die Einigung zwischen Arbeitgeber und Betriebsrat ersetzt, auf Antrag einer Seite tätig (erzwingbares Einigungsstellenverfahren),[19] ansonsten, wenn beide Seiten es beantragen oder mit ihrem Tätigwerden einverstanden sind; in diesen Fällen ersetzt ihr Spruch die Einigung zwischen Arbeitgeber und Betriebsrat nur, wenn beide sich ihm im Voraus unterworfen oder ihn nachträglich angenommen haben (freiwilliges Einigungsstellenverfahren, § 76 Abs. 5 S. 1, Abs. 6 BetrVG). Durch Tarifvertrag kann bestimmt werden, dass an die Stelle der betrieblichen Einigungsstelle eine tarifliche Schlichtungsstelle tritt (§ 76 Abs. 8 BetrVG).

29 **bb) Rechtsnatur.** Die Einigungsstelle entscheidet als **betriebliche Schlichtungsstelle**[20] über Regelungsstreitigkeiten; über Rechtsfragen befindet sie, wenn sie Vorfrage für ein Mitgestaltungsrecht des Betriebsrats sind, darüber hinaus, wenn dem Betriebsrat ein Mitbeurteilungsrecht zusteht, wie bei Ein- und Umgruppierungen.[21] Die Einigungsstelle ist ein **Organ der Betriebsverfassung** und damit eine privatrechtliche Einrichtung; ihre Entscheidungen sollen, obwohl wegen der tatsächlichen Entscheidungsgewalt des i.d.R. betriebsfremden Vorsitzenden fremdbestimmt, Privatautonomie bei gestörter Vertragsparität verwirklichen.[22]

b) Errichtung und Zusammensetzung der Einigungsstelle

30 **aa) Errichtung.** Das Gesetz geht davon aus, dass Einigungsstellen grundsätzlich nur bei Bedarf gebildet werden, schließt aber ständige Einigungsstellen nicht aus (§ 76 Abs. 1 S. 2 BetrVG). In der Praxis sind ständige Einigungsstellen äußerst selten. Weder Arbeitgeber noch Betriebsrat können an ihnen interessiert sein, weil sie beide Gefahr laufen, de facto einen Teil ihrer Entscheidungskompetenz einzubüßen. Die Einigungsstelle wird errichtet, indem beide Parteien ihre Beisitzer benennen und einen unparteiischen Vorsitzenden bestellen. Der Antrag auf Entscheidung der Einigungsstelle bedeutet die Aufforderung an die andere Seite, sich auf eine bestimmte Zahl von Beisitzern zu einigen, ihre Beisitzer zu benennen und

---
[19] Vgl. z.B. §§ 37 Abs. 6, 7, 38 Abs. 2 Sätze 6-8, 39 Abs. 1, 47 Abs. 6, 85 Abs. 2, 87 Abs. 2, 91, 112 Abs. 2-5, 113 Abs. 3 BetrVG.
[20] BAG 6.4.1973, AP Nr. 1 zu § 76 BetrVG 1972; Richardi/*Maschmann*, § 76 BetrVG Rn. 6.
[21] Richardi/*Maschmann*, § 76 BetrVG Rn. 27; *Söllner*, FS 25 Jahre BAG, S. 605, 616.
[22] Richardi/*Maschmann*, § 76 BetrVG Rn. 6 f.

bei der Auswahl des Vorsitzenden mitzuwirken. Können sich Arbeitgeber und Betriebsrat nicht über die Bildung einer Einigungsstelle verständigen, so besteht die Möglichkeit, durch einen begründeten, formlosen Antrag beim Arbeitsgericht den Vorsitzenden und die Beisitzer bestimmen zu lassen. Der Regelungsgegenstand ist dabei hinreichend konkret zu umschreiben, da ein dem Antrag stattgebender Beschluss zur Einsetzung der Einigungsstelle deren Kompetenzrahmen verbindlich vorgibt.[23] Nur die Betriebsparteien, nicht aber die von ihnen benannten Beisitzer können ihn inhaltlich ändern, beschränken oder erweitern.[24] Der Einigungsstellenspruch ist unwirksam, wenn der Kompetenzrahmen überschritten wird oder wenn die Einigungsstelle ihrem Regelungsauftrag nicht ausreichend nachkommt und keine abschließende Regelung trifft.[25]

bb) Zusammensetzung. Die Einigungsstelle besteht aus einer gleichen Anzahl von Beisitzern, die vom Arbeitgeber und vom Betriebsrat benannt werden, und einem unparteiischen Vorsitzenden (§ 76 Abs. 2 S. 1 BetrVG). Die Zahl der Beisitzer ist nicht begrenzt. Bei der Auswahl sind Arbeitgeber und Betriebsrat frei; sie können auch Betriebsfremde, insbesondere Verbandsvertreter, beiziehen.[26] Eine besondere Sachkunde ist nicht erforderlich. Jedoch folgt aus dem Grundsatz der vertrauensvollen Zusammenarbeit, dass die Betriebsparteien keine Personen zu Einigungsstellenbeisitzern benennen dürfen, die offensichtlich ungeeignet sind, über die der Einigungsstelle obliegende Materie zu entscheiden.[27] Dabei geht es nicht darum, einzelne Verhaltensweisen einer Person in der Vergangenheit zu sanktionieren. Maßstab ist auch nicht, ob Gründe für eine außerordentliche Kündigung des Arbeitsverhältnisses oder für den Ausschluss aus dem Betriebsrat vorliegen. Eine Person scheidet als Beisitzer vielmehr nur aus, wenn unter ihrer Mitwirkung eine ordnungsgemäße Aufgabenerfüllung der Einigungsstelle nicht zu erwarten ist.[28] Der Gegenseite steht ein Ablehnungsrecht nicht zu.[29] Die Besetzung der Einigungsstelle kann grundsätzlich auch durch einen vorangegangenen Spruch der Einigungsstelle festgelegt werden, allerdings nicht gegen den Willen einer Betriebspartei.[30] Der Vorsitzende muss, anders als die Beisitzer, die nur das Vertrauen der Seite genießen, die sie benennen,[31] unparteiisch sein. Davon ist auszugehen, wenn Arbeitgeber und Betriebsrat sich auf ihn verständigen. Als Vorsitzende kommen sowohl Betriebsangehörige als auch Außenstehende in Betracht. Für die Auswahl sind neben der Unparteilichkeit vor allem Fachkenntnis und Verhandlungsgeschick von Bedeutung.

cc) Gerichtliche Entscheidung. Kommt eine Einigung über die **Person des Vorsitzenden** nicht zustande, so bestellt ihn das Arbeitsgericht. Im Verfahren nach

---

[23] BAG 11.2.2014, NZA 2014, 989.
[24] BAG 31.1.1984, NZA 1984, 47; 15.5.2001, NZA 2001, 1154.
[25] BAG 11.2.2014, NZA 2014, 989.
[26] BAG 15.12.1978, 14.1.1983, 14.12.1988, AP Nr. 6, 12, 30 zu § 76 BetrVG 1972.
[27] BAG 28.5.2014, NZA 2014, 1213.
[28] BAG 28.5.2014, NZA 2014, 1213.
[29] BAG 14.12.1988, AP Nr. 30 zu § 76 BetrVG 1972.
[30] BAG 26.8.2008, NZA 2008, 1187.
[31] BAG 28.5.2014, NZA 2014, 1213.

§ 100 ArbGG ist das Gericht nicht an eine im Antrag bezeichnete Person gebunden; der andere Betriebspartner braucht auch keine sachlichen, ernsthaften und begründeten Zweifel gegen einen Kandidaten darzulegen.[32] Allerdings muss die zu bestellende Person tatsächlich das Vertrauen beider Betriebsparteien genießen, weil nur so die Gewähr für eine neutrale, unvoreingenommene Verhandlungsführung besteht. Fehlt es daran, wird die Entscheidung des stimmberechtigten und gegebenenfalls stimmentscheidenden Vorsitzenden kaum die erforderliche Akzeptanz erhalten.[33] Das Arbeitsgericht entscheidet auch, wenn kein Einverständnis über die **Zahl der Beisitzer** erzielt wird (§ 76 Abs. 2 S. 2,3 BetrVG). Streitig ist, ob das Gericht im Regelfall einen oder zwei – so die überwiegende Meinung – Beisitzer zu bestellen hat; zu berücksichtigen hat es bei seiner Entscheidung insbesondere die Art der Streitigkeit, die Komplexität und die Bedeutung für Betrieb und Arbeitnehmer.[34] Die Entscheidung des Arbeitsgerichts ergeht auf Antrag. Bei verbindlichem Einigungsstellenverfahren genügt der Antrag einer Partei, im freiwilligen müssen ihn beide stellen.[35] Das Arbeitsgericht entscheidet im Beschlussverfahren (§ 2a Abs. 1 Nr. 1, Abs. 2 ArbGG). Örtlich zuständig ist das Arbeitsgericht, in dem der Betrieb, bei Streitigkeiten mit dem Gesamtbetriebsrat das Unternehmen, mit dem Konzernbetriebsrat das herrschende Unternehmen, seinen Sitz hat (§ 82 ArbGG). Funktional zuständig ist der Vorsitzende der Kammer, der nach dem Geschäftsverteilungsplan die betriebsverfassungsrechtlichen Streitigkeiten zugewiesen sind.[36] Der Antrag kann wegen fehlender Zuständigkeit der Einigungsstelle nur zurückgewiesen werden, wenn die Einigungsstelle offensichtlich unzuständig ist (§ 100 Abs. 1 S. 2 ArbGG), etwa wenn sofort erkennbar ist, dass sich eine soziale Angelegenheit (= Arbeitsbedingung) nicht unter § 87 BetrVG subsumieren lässt.[37] Offensichtlich unzuständig ist die Einigungsstelle auch dann, wenn die Betriebsparteien vor ihrer Anrufung keinen ernsthaften Verhandlungs- und Einigungsversuch unternommen haben.[38] Gegen den Beschluss des Arbeitsgerichts findet die Beschwerde zum Landesarbeitsgericht statt (§ 100 Abs. 2 S. 1 ArbGG).

33 In aller Regel bestellen die Arbeitsgerichte Richter der Arbeitsgerichtsbarkeit zu Vorsitzenden. Diese bedürfen zur Übernahme der Nebentätigkeit einer Genehmigung. Sie ist zu versagen, wenn der Richter mit der Sache befasst ist oder nach der Geschäftsverteilung mit ihr befasst werden kann.[39] Der Beschluss über die Bestellung des Vorsitzenden präjudiziert nicht eine Entscheidung über die Zuständigkeit der Einigungsstelle.[40] Während des Bestellungsverfahrens kann deshalb ein weiteres Beschlussverfahren über deren Zuständigkeit anhängig gemacht werden. Das Bestellungsverfahren kann auch nicht bis zum rechtskräftigen Abschluss dieses Verfahrens ausgesetzt werden, weil sonst die Entscheidung der Einigungsstelle verzögert würde.[41] Die Zuständigkeit der Einigungsstelle kann noch nach ihrem

---

[32] LAG Hamm 10.8.2015, BeckRS 2015, 71472.
[33] Hessisches LAG 23.6.1988, NZA 1988, 2173; LAG Nürnberg 2.7.2004, NZA-RR 2005, 100.
[34] Vgl. *Fitting*, § 76 BetrVG Rn. 19 m.w.N.
[35] Richardi/*Maschmann*, § 76 BetrVG Rn. 55.
[36] Allg. M., vgl. Richardi/*Maschmann*, § 76 BetrVG Rn. 62.
[37] Richardi/*Maschmann*, § 76 BetrVG Rn. 65.
[38] LAG Berlin-Brandenburg 9.4.2014, NZA-RR 2014, 544.
[39] *Fitting*, § 76 BetrVG Rn. 24 m.w.N.
[40] BAG 25.4.1989, AP Nr. 3 zu § 98 ArbGG 1979.
[41] BAG 25.4.1989, AP Nr. 3 zu § 98 ArbGG 1979.

III. Schlichtung im Betriebsverfassungs- und Personalvertretungsrecht   651

Spruch zur arbeitsgerichtlichen Entscheidung gestellt werden.[42] Die Beteiligten können – daneben oder stattdessen – die Entscheidung der Einigungsstelle anfechten.[43] Benennt eine Seite keine Beisitzer, so kommt es zu keinem Beschlussverfahren. Es entscheiden vielmehr der Vorsitzende und die Beisitzer der anderen Seite allein; dasselbe gilt, wenn die Beisitzer der einen Seite trotz rechtzeitiger Ladung der Sitzung fernbleiben (§ 76 Abs. 5 S. 2 BetrVG). Der Vorsitzende kann wegen Besorgnis der Befangenheit abgelehnt werden. Für das Verfahren gelten die Vorschriften über die Ablehnung eines Schiedsrichters (§§ 1036 ff. ZPO) entsprechend, soweit nicht zwingende Grundsätze des Einigungsstellenverfahrens entgegenstehen.[44]

c) Rechtsstellung der Mitglieder

aa) Betriebsverfassungsrechtliches Schuldverhältnis. Die Übernahme des Amts als Vorsitzender oder Beisitzer ist freiwillig. Mit der Übernahme kommt zwischen den Mitgliedern der Einigungsstelle und dem Arbeitgeber ein betriebsverfassungsrechtliches Schuldverhältnis zustande,[45] das, soweit dem Einigungsstellenmitglied ein Honoraranspruch zusteht, den Charakter eines Geschäftsbesorgungsvertrags, sonst den eines Auftrags hat.[46]   34

bb) Anspruch auf Vergütung haben nur betriebs- (unternehmens-, konzern-) fremde Mitglieder – Vorsitzender und Beisitzer – der Einigungsstelle (§ 76a Abs. 2, 3 S. 1 BetrVG). Voraussetzung für den Vergütungsanspruch eines vom Betriebsrat bestellten betriebsfremden Beisitzers ist ein wirksamer Betriebsratsbeschluss (s. § 16 Rn. 209, 214 ff.).[47] Die Höhe der Vergütung kann zwischen Arbeitgeber und Einigungsstellenmitglied vereinbart werden. Geschieht das nicht, so bestimmt das Einigungsstellenmitglied die Vergütung gemäß § 315 BGB nach billigem Ermessen.[48] Dabei sind insbesondere der Zeitaufwand, die Schwierigkeit und ein Verdienstausfall zu berücksichtigen (§ 76a Abs. 4 S. 3 BetrVG). Die Vergütung der Beisitzer ist niedriger zu bemessen als die des Vorsitzenden (§ 76a Abs. 4 S. 4 BetrVG). Ein Abschlag von 3/10 gegenüber der Vergütung des Vorsitzenden trägt dem Unterschied in den Aufgaben und der Beanspruchung nach Ansicht des BAG ausreichend Rechnung.[49] Die in § 76a Abs. 4 S. 1, 2 BetrVG vorgesehene Vergütungsordnung hat der Bundesarbeitsminister bis heute nicht erlassen. Arbeitgeber- und Arbeitnehmerverbände sind aus unterschiedlichen Gründen gegen den Erlass.   35

cc) Unabhängigkeit. Die Mitglieder der Einigungsstelle entscheiden nach bestem Wissen und Gewissen,[50] sie sind an Weisungen und Aufträge nicht gebunden.[51]   36

---

[42] H.M., BAG 22.10.1981, 24.11.1981, AP Nr. 10, 11 zu § 76 BetrVG 1972; BAG 8.3.1983, AP Nr. 14 zu § 87 BetrVG 1972 Lohngestaltung.
[43] *Fitting*, § 76 BetrVG Rn. 138 ff.
[44] BAG 17.11.2010, NZA 2011, 940; *Deeg*, RdA 2011, 221 ff.
[45] BAG 27.7.1994, AP Nr. 4 zu § 76a BetrVG 1972.
[46] *Fitting*, § 76 BetrVG Rn. 48.
[47] BAG 22.11.2017, NZA 2018, 732.
[48] BAG 12.2.1992, AP Nr. 2 zu § 76a BetrVG 1972.
[49] BAG 6.4.1973, 20.2.1991, AP Nr. 1, 44 zu § 76 BetrVG 1972.
[50] BAG 19.9.2013, NZA 2014, 740.

Sie dürfen wegen ihrer Tätigkeit weder begünstigt noch benachteiligt werden (§ 78 BetrVG), jede Störung oder Behinderung, jede Benachteiligung oder Begünstigung ist strafbar (§ 119 Abs. 1 Nr. 2, 3 BetrVG). Ein Kündigungsschutz wie für Betriebsratsmitglieder besteht für sie allerdings nicht (vgl. § 15 KSchG).

36a **dd) Schulungsanspruch.** Da es zu den Aufgaben des Betriebsrats gehört, die Verhandlungen in der Einigungsstelle zu begleiten und sich mit Vorschlägen der Einigungsstelle kritisch auseinanderzusetzen, kann auch die Schulung eines – in die Einigungsstelle – entsandten Betriebsratsmitglieds erforderlich i.S.d. § 37 Abs. 6 sein. Hierfür ungeeignet ist eine Schulung durch die in die Einigungsstelle entsandten externen Beisitzer.[52]

d) Verfahren

37 Das Gesetz enthält nur Bestimmungen zum Beschluss (§ 76 Abs. 3 BetrVG). Von der Möglichkeit, weitere Einzelheiten durch Betriebsvereinbarung zu regeln (§ 76 Abs. 4 BetrVG), wird in der Praxis kein Gebrauch gemacht. Die Einigungsstelle hat deshalb selbst nach pflichtgemäßem Ermessen über ihr Verfahren zu bestimmen.[53] Dabei hat sie allgemein anerkannte Verfahrensregeln zu beachten.[54] Zu den allgemein anerkannten elementaren Verfahrensgrundsätzen gehört der Anspruch auf einen unparteiischen Entscheidungsträger. Der Vorsitzende der Einigungsstelle kann deshalb – anders als ein Beisitzer - wegen Besorgnis der Befangenheit abgelehnt werden, wenn sich während des Verfahrens Anhaltspunkte für seine Parteilichkeit ergeben.[55] Der Vorsitzende hat die Beisitzer und die Beteiligten einzuladen; er leitet die Sitzung. Den Parteien ist rechtliches Gehör zu gewähren;[56] üblicherweise geschieht das mündlich. Die Einigungsstelle kann Beweis erheben, insbesondere Zeugen und Sachverständige laden; Zwangsmittel stehen ihr nicht zu. Arbeitgeber und Betriebsrat können sich durch Bevollmächtigte, z.B. durch Verbandsvertreter oder Rechtsanwälte, vertreten lassen.[57] Die Verhandlungen sind nicht öffentlich. Bei Beratung und Beschlussfassung dürfen auch Parteien, Bevollmächtigte, Zeugen, Sachverständige und sonstige Auskunftspersonen nicht anwesend sein; sonst ist der Spruch unwirksam.[58]

e) Spruch

38 **aa) Beschlussfassung.** Die Einigungsstelle fasst ihre Beschlüsse nach mündlicher Beratung mit Stimmenmehrheit. Der Vorsitzende hat sich bei einer ersten Ab-

---

[51] BAG 18.1.1994, AP Nr. 51 zu § 76 BetrVG 1972; BAG 27.6.1995, AP Nr. 1 zu § 76 BetrVG 1972 Einigungsstelle.
[52] BAG 20.8.2014, NZA 2014, 1349.
[53] Vgl. ausf. zum Verfahren *Faulenbach*, NZA 2012, 953 ff.
[54] BAG 18.4.1989, AP Nr. 34 zu § 87 BetrVG 1972 Arbeitszeit; BAG 18.1.1994, AP Nr. 51 zu § 76 BetrVG 1972.
[55] BAG 28.5.2014, NZA 2014, 1213.
[56] BAG 11.2.1992, AP Nr. 50 zu § 76 BetrVG 1972.
[57] BAG 5.11.1981, 21.6.1989, AP Nr. 9, 34 zu § 76 BetrVG 1972.
[58] BAG 18.1.1994, AP Nr. 51 zu § 76 BetrVG 1972.

stimmung der Stimme zu enthalten. Kommt dabei – wie zumeist – eine Stimmenmehrheit nicht zustande, so ist erneut zu beraten und abzustimmen; an dieser Abstimmung, die in derselben Sitzung erfolgen kann, nimmt er teil.

Die Einigungsstelle fasst ihre Beschlüsse unter angemessener Berücksichtigung der Belange des Betriebs und der betroffenen Arbeitnehmer nach billigem Ermessen (§ 76 Abs. 5 S. 3 BetrVG). Sie hat eine Lösung zu suchen, auf die sich die Betriebspartner vernünftigerweise auch freiwillig hätten einigen können.[59] Dabei ist sie nicht an die Anträge der Beteiligten gebunden; allerdings darf sie keine Fragen mitentscheiden, die ihr nicht unterbreitet worden sind,[60] und sie darf die Mitbestimmungsrechte des Betriebsrats nicht erweitern.[61] **39**

Der Beschluss ist **schriftlich** abzufassen, vom Vorsitzenden zu unterschreiben und Arbeitgeber und Betriebsrat zuzuleiten (§ 76 Abs. 3 S. 4 BetrVG). Eine Begründung ist nicht erforderlich,[62] aber vielfach zweckmäßig. Die Einhaltung der Schriftform ist Wirksamkeitsvoraussetzung.[63] Die Schriftform kann nicht durch die elektronische Form (§ 126a BGB) oder durch die Textform (§ 126b BGB) ersetzt werden. Die Zuleitung einer vom Vorsitzenden unterzeichneten pdf-Datei des Spruchs der Einigungsstelle per E-Mail genügt deshalb nicht.[64] Der Vorsitzende kann die Formunwirksamkeit eines Einigungsstellenspruchs auch nicht durch eine § 76 Abs. 3 S. 4 BetrVG entsprechende Zuleitung der von ihm inhaltlich korrigierten Spruchfassung beseitigen.[65] **40**

bb) Rechtswirkung. Im erzwingbaren Mitbestimmungsverfahren ersetzt der Spruch der Einigungsstelle die Einigung zwischen Betriebsrat und Arbeitgeber (vgl. § 76 Abs. 5 S. 1 BetrVG). Im freiwilligen ist er nur bindend, wenn beide Seiten sich ihm im Voraus unterworfen oder ihn nachträglich angenommen haben (§ 76 Abs. 6 S. 2 BetrVG); das gilt nicht nur, wenn die Einigungsstelle eine Regelung über einen Gegenstand der freiwilligen Mitbestimmung (§ 88 BetrVG) treffen soll, sondern auch, wenn sie nach dem ausdrücklich erklärten Willen der Betriebsparteien eine teilmitbestimmte Angelegenheit regeln und sich damit bei der Erfüllung ihres Regelungsauftrags gerade nicht im gesetzlich mitbestimmungspflichtigen Rahmen halten soll.[66] In Regelungsstreitigkeiten hat er die Wirkung einer Betriebsvereinbarung, wenn er Rechte und Pflichten von Arbeitnehmern begründen oder ändern soll, sonst die einer Regelungsabrede (i.e.S.) oder der Zustimmung des Betriebsrats. In Rechtsstreitigkeiten fehlt ihm die bindende Wirkung eines Schiedsspruchs; die Rechtsfeststellung ist nur wirksam, wenn sie der **41**

---

[59] *Fitting*, § 76 BetrVG Rn. 88.
[60] H.L., *Fitting*, § 76 BetrVG Rn. 88 m.w.N.
[61] LAG Düsseldorf 23.5.2012, BeckRS 2012, 71539.
[62] BAG 8.3.1977, AP Nr. 1 zu § 87 BetrVG 1972 Auszahlung; BAG 31.8.1982, AP Nr. 8 zu § 87 BetrVG 1972.
[63] BAG 14.9.2010, NZA-RR 2011, 526.
[64] BAG 5.10.2010, NZA 2011, 420.
[65] BAG 10.12.2013, NZA 2014, 862.
[66] BAG 11.12.2018, NZA 2019, 714.

Rechtslage entspricht.⁶⁷ Die Entscheidung über einen Interessenausgleich (§ 112 BetrVG) hat lediglich den Charakter einer Empfehlung.

42 cc) Gerichtliche Überprüfung. Der Spruch der Einigungsstelle unterliegt der gerichtlichen Rechtskontrolle. Rechtsverstöße können in einem eigenen arbeitsgerichtlichen Beschlussverfahren (§§ 2a Abs. 2, 80 ArbGG) oder als Vorfrage in einem anderen Verfahren (z.B. Zahlungsklage eines Arbeitnehmers) geltend gemacht werden, eine Ermessensüberschreitung nur im Beschlussverfahren. Antragsberechtigt sind für das Beschlussverfahren die Parteien des Einigungsstellenverfahrens, d.h. Arbeitgeber, Betriebsrat, Gesamtbetriebsrat oder Konzernbetriebsrat, nicht die Einigungsstelle.⁶⁸ Der Antrag ist auf Feststellung der Unwirksamkeit des Einigungsstellenverfahrens zu richten, nicht auf Aufhebung; die Entscheidung hat feststellende, keine gestaltende Wirkung.⁶⁹ Der Einigungsstellenspruch ist bei einem Rechtsverstoß unwirksam. Die Unwirksamkeit einzelner Bestimmungen führt jedoch nicht zur Gesamtnichtigkeit, wenn der verbleibende Teil noch eine in sich geschlossene und sinnvolle Regelung darstellt.⁷⁰ Das gilt sowohl bei schweren Verfahrensfehlern (mangelnde Zuständigkeit, keine ordnungsgemäße Ladung der Beisitzer,⁷¹ Beratung oder Beschlussfassung in Gegenwart der Betriebspartner⁷²) als auch bei inhaltlichen Verstößen gegen vorrangiges Recht, wie das Arbeitszeit- oder das Kündigungsschutzrecht.

Beispiele: Die Einigungsstelle räumt dem Arbeitgeber einen Gestaltungsspielraum ein, der einem mitbestimmungsfreien Zustand nahekommt⁷³ oder sie erweitert umgekehrt das Mitbestimmungsrecht des Betriebsrats.⁷⁴ Sie weist einen Antrag zurück, ohne selbst eine Regelung zu treffen.⁷⁵ Die Arbeitnehmer werden monatlich eine Stunde von der Arbeit freigestellt, um ihr Entgelt von der Bank abzuheben, obwohl der Arbeitgeber sich bereit erklärt, Schecks jederzeit im Betrieb einzulösen.⁷⁶ Alle Arbeitnehmer erhalten in einem Sozialplan ohne Rücksicht auf wirtschaftliche Nachteile die gleichen Leistungen.⁷⁷

43 Auf die Unwirksamkeit kann sich jeder jederzeit ohne zeitliche Begrenzung berufen. Anders ist es mit der Ermessensüberschreitung. Sie kann nur durch den Arbeitgeber oder den Betriebsrat und nur binnen einer Frist von zwei Wochen, vom Tag der Zuleitung des Beschlusses an gerechnet, beim Arbeitsgericht geltend gemacht werden (§ 76 Abs. 5 S. 4 BetrVG). Da es sich bei der Frist um eine Ausschlussfrist handelt, gibt es gegen die Versäumung keine Wiedereinsetzung in den vorigen Stand. Der Sache nach führt die Ermessensüberschreitung also zur An-

---

[67] *Fitting,* § 76 BetrVG Rn. 107 ff.; *Richardi/Maschmann,* § 76 BetrVG Rn. 112 m.w.N.
[68] *Richardi/Maschmann,* § 76 BetrVG Rn. 117.
[69] BAG 27.10.1992, AP Nr. 29 zu § 95 BetrVG 1972.
[70] BAG 26.8.2008, NZA 2008, 1187 ff.
[71] BAG 27.6.1995, AP Nr. 1 zu § 76 BetrVG 1972 Einigungsstelle.
[72] BAG 18.1.1994, AP Nr. 51 zu § 76 BetrVG 1972.
[73] BAG 17.10.1989, AP Nr. 39 zu § 76 BetrVG 1972.
[74] BAG 22.3.2016 - 1 ABR 14/14.
[75] BAG 30.1.1990, AP Nr. 41 zu § 87 BetrVG 1972 Lohngestaltung.
[76] BAG 10.8.1993, AP Nr. 12 zu § 87 BetrVG 1972 Auszahlung.
[77] BAG 14.9.1994, AP Nr. 87 zu § 112 BetrVG 1972.

fechtbarkeit.⁷⁸ Das Arbeitsgericht kann nur die Unwirksamkeit des Spruchs der Einigungsstelle feststellen; eine eigene Entscheidung treffen kann es nicht.⁷⁹ Für die Zulässigkeit des Beschlussverfahrens ist ein Feststellungsinteresse erforderlich (§§ 80 Abs. 2, 46 Abs. 2 ArbGG, § 256 Abs. 1 ZPO). Dieses fehlt, wenn der Sachverhalt, der dem Spruch der Einigungsstelle zugrunde liegt, zeitlich bereits abgeschlossen ist und keine Rechtwirkungen für die Zukunft hat.⁸⁰ Das Arbeitsgericht beantwortet keine abstrakten Rechtsfragen, auch wenn sie zwischen den Betriebsparteien weiter streitig sind.

2. Einigungsstelle im Personalvertretungsrecht

Auch die Einigungsstelle im Personalvertretungsrecht ist eine Schlichtungsstelle, **44** der (hauptsächlich) die Entscheidung von Regelungsstreitigkeiten zwischen Dienststelle und Personalvertretung nach dem Gesichtspunkt der Zweckmäßigkeit obliegt. Allerdings gibt es eine Reihe teilweise beträchtlicher Unterschiede zur betrieblichen Einigungsstelle:

- Die Einigungsstelle wird **(nur) bei der obersten Dienstbehörde gebildet** (§ 71 **45** Abs. 1 S. 1 BPersVG). Das liegt an dem Mitbestimmungsverfahren im öffentlichen Dienst, das erst bei der obersten Instanz endet.
- Die Einigungsstelle besteht **immer aus sieben Mitgliedern**, und zwar aus je **46** drei Beisitzern, die von der obersten Dienstbehörde und der bei ihr bestehenden Personalvertretung bestellt werden, und einem unparteiischen Vorsitzenden. Unter den Beisitzern, die von der Personalvertretung bestellt werden, muss sich je ein Beamter und ein Angestellter oder Arbeiter befinden, es sei denn, die Angelegenheit betrifft lediglich die Beamten oder die im Arbeitsverhältnis stehenden Beschäftigten. Kommt eine Einigung über die Person des Vorsitzenden nicht zustande, so wird er vom Präsidenten des Bundesverwaltungsgerichts bestellt (§ 71 Abs. 1 S. 2-4 BPersVG).
- Die Einigungsstelle **entscheidet nur in den gesetzlich vorgesehenen Fällen 47** der Mitbestimmung.⁸¹ Es gibt kein freiwilliges Einigungsstellenverfahren. Im Gegensatz zu privaten Arbeitgebern kann sich die öffentliche Verwaltung nicht beliebig der Entscheidungsmacht zugunsten einer neutralen Stelle begeben.
- Der Einigungsstelle sind **auch Rechtsfragen zur Entscheidung zugewiesen**. **48** Bei Personalmaßnahmen, die nach § 75 Abs. 1 BPersVG der Mitbestimmung unterliegen, stellt sie fest, ob ein Zustimmungsverweigerungsgrund nach § 77 Abs. 2 BPersVG vorliegt.
- In Angelegenheiten nach §§ 76, 85 Abs. 1 Nr. 7 BPersVG kann die Einigungs- **49** stelle **nur eine Empfehlung** beschließen (§ 69 Abs. 4 S. 3 BPersVG). Das

---

⁷⁸ BAG 26.5.1988, AP Nr. 26 zu § 76 BetrVG 1972.
⁷⁹ BAG 30.10.1979, AP Nr. 9 zu § 112 BetrVG 1972; BAG 22.1.1980, AP Nr. 7 zu § 111 BetrVG 1972; BAG 27.5.1986, AP Nr. 15 zu § 87 BetrVG 1972 Überwachung.
⁸⁰ BAG 28.4.2009, AP Nr. 99 zu § 77 BetrVG 1972.
⁸¹ Richardi/Dörner/Weber/*Weber*, § 71 BPersVG Rn. 2.

Letztentscheidungsrecht steht der obersten Dienstbehörde zu (§ 69 Abs. 4 S. 4 BPersVG).
- Der Spruch der Einigungsstelle hat **nur bei einer generellen Regelung** i.S.d. § 75 Abs. 3 BPersVG die **Wirkung einer Dienstvereinbarung**.[82] Ansonsten hat er die Bedeutung einer Einigung zwischen den Beteiligten: Der Dienststellenleiter darf oder muss die Entscheidung durchführen.[83]
- Dem Personalrat steht kein im Verfahren auf Erlass einer einstweiligen Verfügung sicherbarer Anspruch auf Unterlassung der Durchführung einer Dienstvereinbarung zu.[84]

50 - Sowohl die oberste Dienstbehörde als auch die am Einigungsverfahren beteiligte Personalvertretung können den Einigungsstellenspruch **vom Verwaltungsgericht** im Beschlussverfahren **nachprüfen** lassen (§ 83 Abs. 1 Nr. 3 BPersVG entsprechend).[85] Das Verwaltungsgericht prüft nur auf Rechtmäßigkeit.[86] Eine **Rechtsverletzung kann darin** bestehen, dass
- die Einigungsstelle unzuständig war oder keinen Spruch mit bindender Wirkung erlassen konnte,
- wesentliche Verfahrensvorschriften nicht eingehalten wurden,
- sich der Inhalt des Spruchs nicht im Rahmen der geltenden Rechtsvorschriften, insbesondere des Haushaltsgesetzes, hält (§ 71 Abs. 3 S. 4 BPersVG); die Einigungsstelle kann den Träger der Dienststelle nicht zwingen, für Personalausgaben, die nicht auf Gesetz und Tarifvertrag beruhen, finanzielle Mittel zur Verfügung zu stellen.
- die Grenzen des Ermessens missachtet wurden.[87]

---

[82] Richardi/Dörner/Weber/*Weber*, § 71 BPersVG Rn. 42.
[83] Richardi/Dörner/Weber/*Weber*, § 71 BPersVG Rn. 43.
[84] OVG Lüneburg, 8.12.2014, NZA-RR 2015, 107.
[85] BVerwG 21.10.1983, BVerwGE 68, 116; Richardi/Dörner/Weber/*Weber*, § 71 BPersVG Rn. 48.
[86] BVerwG 19.12.1990, PersV 1991, 277.
[87] Zu Vorstehendem Richardi/Dörner/Weber/*Weber*, § 71 BPersVG Rn. 50.

§ 21 Arbeitsgerichtliches Verfahren

I. Aufbau und Besetzung der Arbeitsgerichte

1. Aufbau

Die Arbeitsgerichtsbarkeit ist dreistufig aufgebaut. Sie wird ausgeübt durch die Arbeitsgerichte (ArbG), die Landesarbeitsgerichte (LAG) und das Bundesarbeitsgericht (BAG), „Gerichte für Arbeitssachen", vgl. § 1 ArbGG.

1

	Arbeitsgerichte		
	Arbeitsgericht	LAG	BAG
Besetzung	1 Berufsrichter (Vorsitzender) 2 ehrenamtliche Richter (Beisitzer)	1 Berufsrichter (Vorsitzender) 2 ehrenamtliche Richter (Beisitzer)	3 Berufsrichter (Vorsitzender, 2 Beisitzer) 2 ehrenamtliche Richter (Beisitzer)
Bezeichnung der Spruchkörper	Kammer	Kammer	Senat
Zuständigkeit im Urteilsverfahren	Eingangsgericht (1. Instanz)	Berufung (2. Instanz)	Revision/Sprungrevision (3./2. Instanz)
Zuständigkeit im Beschlussverfahren	Eingangsgericht (1. Instanz)	Beschwerde (2. Instanz)	Rechtsbeschwerde/ Sprungrechtsbeschwerde (3./2. Instanz)

Der Aufbau der Arbeitsgerichtsbarkeit ist im zweiten Teil des ArbGG geregelt. §§ 14 bis 31 ArbGG behandeln die Arbeitsgerichte, §§ 33 bis 39 ArbGG die Landesarbeitsgerichte, §§ 40 bis 45 ArbGG das Bundesarbeitsgericht. Die **Spruchkörper** der Arbeits- und der Landesarbeitsgerichte heißen **„Kammern"**, die des Bundesarbeitsgerichts **„Senate"**. In allen drei Instanzen sind sie mit Berufsrichtern und ehrenamtlichen Richtern aus den Kreisen der Arbeitnehmer und der Arbeitgeber besetzt (§ 6 Abs. 1 ArbGG). Die Mitwirkung ehrenamtlicher Richter hat eine lange Tradition, die bis auf die Gewerbe- und Kaufmannsgerichte zurückgeht. Sie sichert die Akzeptanz der Entscheidungen, die nicht zuletzt auf den Kenntnis-

2

sen und praktischen Erfahrungen beruht, die die Beisitzer aus dem Arbeitsleben einbringen.

a) Arbeitsgericht

3   Das Arbeitsgericht ist – von wenigen Ausnahmen abgesehen[1] – unabhängig vom Streitwert in allen arbeitsgerichtlichen Verfahren das Eingangsgericht (§ 8 Abs. 1 ArbGG). Die Arbeitsgerichte sind Gerichte der Länder (§ 14 Abs. 1 ArbGG); ihre Errichtung, Verlegung und Aufhebung sowie Änderungen in der Abgrenzung der Gerichtsbezirke müssen durch Gesetz erfolgen (§ 14 Abs. 2 ArbGG).

4   Die Arbeitsgerichtsbezirke brauchen nicht denen der ordentlichen Gerichte zu entsprechen. Nicht selten umfasst ein Arbeitsgerichtsbezirk mehrere Amtsgerichtsbezirke. Um den Parteien lange Anfahrtswege zu ersparen, können außerhalb des Sitzes des Arbeitsgerichts **Gerichtstage** abgehalten werden (§ 14 Abs. 4 S. 1, 2 ArbGG). Ein auswärtiger Gerichtstag ist nichts anderes als eine Sitzung, die eine Kammer des Arbeitsgerichts, die normalerweise an seinem Sitz tagt, an einem anderen Ort abhält.[2] Davon zu unterscheiden sind „auswärtige Kammern" eines Arbeitsgerichts (§ 14 Abs. 2 Nr. 5 ArbGG). Hierbei handelt es sich um eigene, ständige Gerichtsstellen, die für alle Verfahren zuständig sind, die in dem ihnen zugewiesenen Teil des Arbeitsgerichtsbezirks anfallen.[3] Die Möglichkeit, Fachkammern für die Streitigkeiten bestimmter Berufe und Gewerbe oder Gruppen von Arbeitnehmern einzurichten (§ 17 Abs. 2 S. 1 ArbGG), spielt heute angesichts der weitgehenden Vereinheitlichung des Arbeitsrechts kaum noch eine Rolle.

b) Landesarbeitsgericht

5   Das Landesarbeitsgericht (LAG) entscheidet im arbeitsgerichtlichen Verfahren als zweitinstanzliches Tatsachengericht. Es befindet über die Berufungen und Beschwerden gegen Urteile und Beschlüsse des Arbeitsgerichts (§§ 8 Abs. 2,4, 64 ff., 87 ff. ArbGG). Landesarbeitsgerichte sind obere Landesgerichte, die dem Rang nach den Oberlandes-, Oberverwaltungs- und Landessozialgerichten gleichstehen. In manchen Bundesländern (Bayern, Nordrhein-Westfalen) bestehen mehrere Landesarbeitsgerichte. Die Länder Berlin und Brandenburg haben ein gemeinsames Landesarbeitsgericht (LAG Berlin-Brandenburg).

c) Bundesarbeitsgericht

6   Das Bundesarbeitsgericht (BAG) ist das oberste Bundesgericht für die Arbeitsgerichtsbarkeit (Art. 95 Abs. 1 GG). Es entscheidet über Revisionen, Rechtsbeschwerden und Nichtzulassungsbeschwerden gegen Berufungsurteile, Beschwer-

---

[1] Eine „ausschließliche" Zuständigkeit des LAG besteht bei der Verhängung von Ordnungsgeldern gegen ehrenamtliche Richter und bei der Amtsenthebung, vgl. §§ 21 Abs. 5 S. 2, 27, 28 S. 1 ArbGG; das BAG entscheidet erst- und letztinstanzlich im Falle des § 240 Abs. 1 Nr. 5 SGB IX.
[2] GMP/*Prütting*, § 14 ArbGG Rn. 12; *Grunsky*, § 14 ArbGG Rn. 5.
[3] DLW/*Luczak*, Kapitel 14 Rn. 20.

I. Aufbau und Besetzung der Arbeitsgerichte

debeschlüsse und Nichtzulassungsbeschlüsse der Landesarbeitsgerichte sowie über Sprungrevisionen und Sprungrechtsbeschwerden der Arbeitsgerichte (§§ 8 Abs. 3, 5, 72 ff., 92 ff. ArbGG). Das BAG kann, da es keine Tatsachen-, sondern Rechtsmittelinstanz ist, nur über Rechtsfragen befinden (§ 73 Abs. 1 S. 1 ArbGG). Deshalb ist es im Regelfall an die Tatsachenfeststellungen des Landesarbeitsgerichts gebunden (§ 72 Abs. 5 ArbGG, § 559 Abs. 2 ZPO).

Der Sitz des BAG wurde nach der Wiedervereinigung von Kassel nach Erfurt verlegt (§ 40 Abs. 1 ArbGG), wo es im November 1999 seinen Dienstbetrieb aufnahm. Beim BAG bestehen derzeit zehn Senate, deren Zuständigkeit sich thematisch nach arbeitsrechtlichen Sachgebieten richtet. So ist beispielsweise der 1. Senat für Fragen des (materiellen) Betriebsverfassungs- und des Arbeitskampfrechts zuständig, der 2. Senat für Grundfragen des Kündigungsrechts, der 4. Senat für Grundfragen des Tarifrechts.[4] Der **Große Senat des BAG** entscheidet, wenn ein Senat in einer Rechtsfrage von der Entscheidung eines anderen Senats oder des Großen Senats abweichen will („Divergenzfall", § 45 Abs. 2 ArbGG) oder wenn ein Senat mit einer Rechtsfrage von grundsätzlicher Bedeutung befasst ist und die Anrufung des Großen Senats seines Erachtens zur Fortbildung des Rechts oder zur Sicherung einer einheitlichen Rechtsprechung erforderlich ist (§ 45 Abs. 4 ArbGG). Der Große Senat wird aber höchst selten angerufen, zuletzt im Jahre 2001.[5] Die Streitfragen werden „intern" gelöst.

7

2. Besetzung der Gerichte

Die Gerichte für Arbeitssachen sind in allen Instanzen Kollegialgerichte. Die Kammern der Arbeits- und der Landesarbeitsgerichte sind mit je einem Berufsrichter als Vorsitzendem und zwei ehrenamtlichen Richtern besetzt (§§ 16 Abs. 2, 35 Abs. 2 ArbGG). Die Senate des BAG sind mit je drei Berufsrichtern – dem Vorsitzenden und zwei berufsrichterlichen Beisitzern – und zwei ehrenamtlichen Richtern besetzt (§ 41 Abs. 2 ArbGG). Der Große Senat besteht aus der Präsidentin des BAG, je einem Berufsrichter der neun Senate, in denen die Präsidentin nicht den Vorsitz führt, und sechs ehrenamtlichen Richtern (§ 45 Abs. 5 S. 1 ArbGG).

8

a) Berufsrichter

Die Berufsrichter müssen die Voraussetzungen des § 9 DRiG erfüllen, d.h. Deutsche i.S.d. Art. 116 GG sein, die Gewähr dafür bieten, dass sie jederzeit für die freiheitliche demokratische Grundordnung eintreten, die Befähigung zum Richteramt haben (§§ 5-7 DRiG) und über die erforderliche soziale Kompetenz verfügen.

9

---

[4] Die Einzelheiten ergeben sich aus dem Geschäftsverteilungsplan, abrufbar unter www.bundesarbeitsgericht.de.
[5] BAG GS 7.3.2011, NZA 2001, 1195.

10 Die Bestellung zum Vorsitzenden Richter am Arbeitsgericht erfolgt auf Vorschlag der zuständigen obersten Landesbehörde (Arbeits- oder Justizministerium) nach Beratung mit einem Ausschuss, der sich aus Vertretern von Gewerkschaften, Arbeitgeberverbänden und der Arbeitsgerichtsbarkeit des jeweiligen Bundeslandes zusammensetzt (§ 18 Abs. 1, 2 ArbGG); bei der Bestellung des Präsidenten des LAG und der weiteren Vorsitzenden ist ein Ausschuss aus Vertretern von Arbeitgebern und Gewerkschaften anzuhören (§ 36 ArbGG). Die Berufsrichter am BAG werden nach den Vorschriften des Richterwahlgesetzes[6] vom Bundesarbeitsminister im Benehmen mit dem Bundesjustizminister gemeinsam mit dem Richterwahlausschuss bestimmt (§ 42 Abs. 1 ArbGG). Letzterer besteht aus den für das jeweilige Sachgebiet zuständigen Ministern der Länder und einer gleichen Anzahl von Mitgliedern, die vom Bundestag gewählt werden (Art. 95 Abs. 2 GG).

b) Ehrenamtliche Richter

11 Die ehrenamtlichen Richter am Arbeitsgericht und am LAG stammen zur Hälfte aus Kreisen der Arbeitnehmer und der Arbeitgeber (§ 6 Abs. 1 ArbGG). Sie werden von der zuständigen obersten Landesbehörde (Arbeits- oder Justizministerium) oder der von ihr beauftragten Stelle für fünf Jahre berufen, und zwar auf der Grundlage von Vorschlagslisten der im Gerichtsbezirk bestehenden Gewerkschaften und Arbeitgeberverbände (§§ 20 Abs. 1 und 2, 37 Abs. 2 ArbGG). Die ehrenamtlichen Richter am BAG werden vom Bundesarbeitsminister berufen (§ 43 Abs. 1 S. 1 ArbGG).

12 Die persönlichen Voraussetzungen für eine Berufung bestimmen sich nach den §§ 21, 37, 43 ArbGG. Ehrenamtlicher Richter am Arbeitsgericht, LAG bzw. BAG kann nur sein, wer das 25., 30. bzw. 35. Lebensjahr vollendet hat und Arbeitnehmer oder Arbeitgeber ist.[7] Die Gründe für eine Ablehnung oder Niederlegung des ehrenamtlichen Richteramtes sind in § 24 Abs. 1 ArbGG abschließend aufgeführt. Um das Grundrecht auf den (im voraus bestimmten) gesetzlichen Richter zu gewährleisten (Art. 101 Abs. 1 S. 2 GG), müssen die ehrenamtlichen Richter zu den Sitzungen nach der Reihenfolge einer Liste herangezogen werden, die der Vorsitzende einer Kammer oder eines Senats vor Beginn des Geschäftsjahres oder vor Beginn der Amtszeit neu berufener ehrenamtlicher Richter aufzustellen hat[8] (§§ 31 Abs. 1, 39 S. 1, 43 Abs. 3 ArbGG). Die ehrenamtlichen Richter haben bei der Teilnahme an den Gerichtssitzungen dieselben Befugnisse wie beisitzende (Berufs-)Richter bei den Landgerichten (§§ 53 Abs. 2, 64 Abs. 7, 72 Abs. 6 ArbGG). Sie können nach der Erteilung des Wortes durch den Vorsitzenden selbständig Fragen an die Parteien und ihre Prozessbevollmächtigten sowie an Zeugen und Sachverständige richten (§§ 139 Abs. 3, 396 Abs. 3, 402 ZPO). Vor der mündlichen Verhandlung sind sie vom Vorsitzenden über den Sach- und Streitstand des Verfahrens zu unterrichten. Das geschieht bei den Arbeitsgerichten zumeist durch

---

[6] Vom 30.7.1968, BGBl I, S. 873.
[7] Vgl. im einzelnen §§ 22, 23 ArbGG; zu den Voraussetzungen beim BAG § 43 Abs. 2 ArbGG.
[8] Die Aufstellung einer solchen Liste ist zwingend, vgl. BAG 30.1.1963, AP Nr. 2 zu § 39 ArbGG 1953.

eine kurze mündliche Information, bei den Landesarbeitsgerichten und beim BAG durch Übersendung des angefochtenen Urteils oder Beschlusses und der wesentlichen Schriftsätze (vgl. § 9 Abs. 3 GeschO BAG). Für die Beratung und Abstimmung über das Urteil gelten die §§ 192 ff. GVG. Die ehrenamtlichen Richter haben volles Stimmrecht; sie können – theoretisch – in der ersten und zweiten Instanz den Berufsrichter überstimmen (§§ 16 Abs. 2, 35 Abs. 2 ArbGG).

II. Zuständigkeit

1. Rechtsweg zu den Gerichten für Arbeitssachen

a) Allgemeines

aa) Arbeitsgerichtsbarkeit als zivilrechtliche Sondergerichtsbarkeit. Die Frage, ob ein bürgerlich-rechtlicher Rechtsstreit vor die Gerichte der ordentlichen Gerichtsbarkeit (§ 13 GVG) oder vor die Gerichte für Arbeitssachen (§ 1 ArbGG) gehört, ist heute nicht mehr eine Frage der sachlichen Zuständigkeit, sondern des Rechtswegs.[9] Die Arbeitsgerichtsbarkeit hat sich bereits in ihren Anfängen, namentlich in Gestalt der Gewerbe- und Kaufmannsgerichte, als Sondergerichtsbarkeit für arbeitsrechtliche Streitigkeiten konstituiert. Lange Zeit sah man aber in Zivil- und Arbeitsgerichten einen einheitlichen Rechtsweg mit lediglich unterschiedlicher sachlicher Zuständigkeit.[10] Erst 1990 hat der Gesetzgeber durch die Neufassung der §§ 17, 17a, 17b GVG sowie des § 48 ArbGG klargestellt, dass Zivilgerichte und Arbeitsgerichte zu verschiedenen Gerichtsbarkeiten gehören, so wie es das GG bereits in Art. 95 Abs. 1 bestimmt. Der Rechtsweg zu den Gerichten der Arbeitsgerichtsbarkeit ist eröffnet, wenn der Gegenstand des Rechtsstreits unter die §§ 2, 2a ArbGG fällt. Bei mehreren Streitgegenständen muss jeder prozessuale Anspruch gesondert geprüft werden. Die Arbeitsgerichte entscheiden in zwei unterschiedlichen Verfahrensarten, dem Urteilsverfahren und dem Beschlussverfahren; für beide gilt das ArbGG als Verfahrensordnung.[11]

bb) Rechtswegüberschreitende Kompetenz. Ist der Rechtsweg zu den Gerichten für Arbeitssachen eröffnet, entscheiden sie den Streitgegenstand unter allen rechtlichen Gesichtspunkten (§ 17 Abs. 2 S. 1 GVG), und zwar auch dann, wenn sich ein prozessuales Begehren auf verschiedene Klagegründe stützen lässt, die, für sich betrachtet, eine unterschiedliche Rechtswegzuständigkeit begründen würden. Streitig ist, ob das Arbeitsgericht den Rechtsstreit auch dann umfassend entscheiden kann, wenn der Beklagte mit einer rechtswegfremden Forderung aufrechnet.

13

14

---

[9] BAG 23.3.1992, AP Nr. 7 zu § 48 ArbGG.
[10] Früher st. Rspr., vgl. nur RGZ 158, 194; BAG 13.3.1964, AP Nr. 26 zu § 2 ArbGG 1953 Zuständigkeitsprüfung; das RAG war Teil des RG, nämlich dessen 3. Senat.
[11] Instruktiv zur Geschichte der deutschen Arbeitsgerichtsbarkeit *Linsenmaier*, NZA 2004, 401 ff.; *Opolony*, NZA 2004, 519 ff.

Beispiel: Gegen einen Vergütungsanspruch des Arbeitnehmers rechnet der Arbeitgeber mit einem Schadensersatzanspruch aus einem Unfall auf, den der Arbeitnehmer während der Freizeit und ohne Bezug zum Arbeitsverhältnis verursacht hat.

15 Nach der Mindermeinung darf das Arbeitsgericht wegen § 17 Abs. 2 S. 1 GVG auch über die rechtswegfremde Forderung mitentscheiden.[12] Die h.M. lehnt dies zu Recht ab.[13] Die Aufrechnung ist kein „rechtlicher Gesichtspunkt" i.S.d. § 17 Abs. 2 S. 1 GVG, sondern ein selbständiges Gegenrecht. Das Arbeitsgericht kann ein Vorbehaltsurteil nach § 302 Abs. 1 ZPO erlassen und den Rechtsstreit nach einer rechtsbeständigen Erledigung der Klageforderung wegen der Gegenforderung an das zuständige Gericht verweisen. Einer Aussetzung des Rechtsstreits bedarf es nicht.[14]

b) Urteilsverfahren

16 **aa)** Aus § 2 Abs. 1 Nr. 3 ArbGG ergibt sich die in der Praxis wichtigste individualarbeitsrechtliche Zuständigkeit der Arbeitsgerichte. Sie sind ausschließlich zuständig für **bürgerliche Rechtsstreitigkeiten zwischen Arbeitnehmern und Arbeitgebern**
   a) aus dem Arbeitsverhältnis,
   b) über das Bestehen oder Nichtbestehen eines Arbeitsverhältnisses,
   c) aus Verhandlungen über die Eingehung eines Arbeitsverhältnisses und aus dessen Nachwirkungen,
   d) aus unerlaubten Handlungen, soweit diese mit dem Arbeitsverhältnis im Zusammenhang stehen, und
   e) über Arbeitspapiere.

17 Ob ein Rechtsstreit **privatrechtlicher oder öffentlich-rechtlicher Natur** ist, bestimmt sich nach den allgemeinen Grundsätzen („Subordinationstheorie", „Sonderrechtstheorie"). Streitigkeiten von Arbeitnehmern des öffentlichen Dienstes gehören folglich vor die Arbeitsgerichte, solche von Beamten vor die Verwaltungsgerichte (vgl. § 54 BeamtStG).

18 **Arbeitgeber** ist, wer einen Arbeitnehmer beschäftigt. Als **Arbeitnehmer** i.S.d. ArbGG gelten
   – Arbeiter und Angestellte (auch leitende Angestellte)
   – die zu ihrer Berufsausbildung Beschäftigten
   – Heimarbeiter und ihnen Gleichgestellte
   – sonstige arbeitnehmerähnliche Personen
   – selbständige Einfirmen-Handels- und Versicherungsvertreter mit geringem Verdienst (vgl. § 5 Abs. 1 S. 1, 2, Abs. 3 ArbGG).

---

[12] GMP/*Prütting*, ArbGG, Einl. Rn. 57 m.w.N; *Grunsky*, § 2 ArbGG Rn. 15.
[13] BAG 23.8.2001, NZA 2001, 1158; AR/*Schütz*, § 2 ArbGG Rn. 28; ErfK/*Koch*, § 2 ArbGG Rn. 34; GMP/*Schlewing*, § 2 ArbGG Rn. 145.
[14] BAG 28.11.2007, NZA 2008, 843.

II. Zuständigkeit

Die Begriffe sind in ihrem allgemeinen arbeitsrechtlichen Sinn zu verstehen. Unter **„Be-** **19** **rufsausbildung"** fallen außer allen Bereichen der **Berufsbildung nach § 1 Abs. 1 BBiG** auch Streitigkeiten aus Fortbildungs- und Umschulungsverhältnissen. **Studenten**, deren Ausbildung nach den einschlägigen Landesgesetzen an einer Akademie und an einer betrieblichen Ausbildungsstätte stattfindet, können im Rahmen der betrieblichen Ausbildung zu ihrer Berufsausbildung beschäftigt und deshalb Arbeitnehmer iSd. § 5 Abs. 1 Satz 1 ArbGG sein. Der Beschäftigte muss allerdings dem Weisungsrecht des Ausbildenden hinsichtlich des Inhalts, der Zeit und des Orts der Tätigkeit unterworfen sein.[15]

Arbeitnehmerähnliche Personen sind zwar Selbständige, gelten aber nach § 5 Abs. 1 S. 2 **19a** ArbGG als Arbeitnehmer, wenn sie von ihrem Auftraggeber wirtschaftlich abhängig und ihrer gesamten sozialen Stellung nach einem Arbeitnehmer vergleichbar sozial schutzbedürftig sind. Davon ist auszugehen, wenn das Maß der Abhängigkeit einen solchen Grad erreicht, wie er im Allgemeinen nur in einem Arbeitsverhältnis vorkommt, und die geleisteten Dienste nach ihrer sozialen Typik mit denen eines Arbeitnehmers vergleichbar sind. Letzteres ist bei einem **GmbH-Fremdgeschäftsführer** nicht der Fall. Er verkörpert als gesetzlicher Vertreter der Gesellschaft (§ 35 GmbHG) den Arbeitgeber. Da er Arbeitgeberfunktionen wahrnimmt, ist er keine arbeitnehmerähnliche, sondern eine **„arbeitgebergleiche Person"**.[16]

Kein Arbeitnehmer ist, wer kraft Gesetzes, Satzung oder Gesellschaftsvertrages **19b** allein oder als Mitglied des **Vertretungsorgans** zur Vertretung einer juristischen Person oder Personengesellschaft berechtigt ist (§ 5 Abs. 1 S. 3 ArbGG).[17] Ob das der Organanstellung zugrunde liegende Anstellungsverhältnis ein freies Dienstverhältnis oder ein Arbeitsverhältnis darstellt, ist unerheblich.[18] Die Vorschrift bezweckt, dass Organmitglieder während der Dauer ihrer Bestellung keinen Rechtsstreit im „Arbeitgeberlager" führen.[19]

Nach neuer Rechtsprechung[20] steht der Anwendungsbereich des § 5 Abs. 1 S. 3 ArbGG nur **19c** noch für die Dauer der Organstellung entgegen.[21] Wird ein **Fremdgeschäftsführer** durch die Gesellschafterversammlung (§ 46 Nr. 5 GmbHG) abberufen, endet die Fiktion des § 5 Abs. 1 S. 3 ArbGG; keine Rolle spielt die Eintragung der Abberufung in das Handelsregister, da diese lediglich deklaratorische Wirkung hat.[22] Die Abberufung ist auch während eines laufenden Rechtsstreits bis zu dessen rechtskräftigem Abschluss möglich. Sie ist bis zum Erlass des Urteils zu berücksichtigen.[23] Für Ansprüche, die zeitlich vor oder nach der Abberufung entstanden sind, steht die Fiktionswirkung daher nicht mehr entgegen.[24] Der Rechtsweg zu den Arbeitsgerichten steht dem Fremdgeschäftsführer aber nur dann offen,

---

[15] BAG 15.4.2015, AP ArbGG 1979 § 2 Nr. 103.
[16] BAG 21.1.2019, NZA 2019, 490.
[17] Ausf. *Schreiber*, GmbHR 2012, 929 ff.
[18] BAG 15.3.2011, NZA 2011, 874.
[19] BAG 26.10.2012, NZA 2013, 54.
[20] BAG 22.10.2014, NJW 2015, 570 unter Aufgabe von BAG 15.11.2013, GmbHR 2014, 137.
[21] BAG 4.2.2013, NZA 2013, 397; BAG 22.10.2014, NJW 2015, 570.
[22] BAG 22.10.2014, NJW 2015, 570; BAG 8.9.2015, NZA 2015, 1342.
[23] BAG 22.10.2014, NJW 2015, 570; BAG 8.9.2015, NZA 2015, 1342.
[24] BAG 15.11.2013, GmbHR 2014, 137.

wenn er auch Arbeitnehmer i.S.d. § 2 Abs. 1 Nr. 3 ArbGG ist. Dies bejaht die Rechtsprechung nur im Ausnahmefall.[25] Zum dazu notwendigen Vortrag s. unten Rn. 34 ff.

§ 5 Abs. 1 S. 3 ArbGG gilt auch dann nicht, wenn der Rechtsstreit nicht das der Organstellung zugrunde liegende Anstellungsverhältnis betrifft, sondern eine andere Rechtsbeziehung,[26] etwa wenn der Fremdgeschäftsführer einer GmbH geltend macht, nach seiner Abberufung habe sich das Anstellungsverhältnis wieder in ein Arbeitsverhältnis umgewandelt.[27] Ferner findet § 5 Abs. 1 S. 3 ArbGG keine Anwendung, wenn vor der Bestellung zum Geschäftsführer ein Arbeitsverhältnis bestand und der Geschäftsführer-Dienstvertrag nur mündlich abgeschlossen wird. Denn dann wird das Arbeitsverhältnis nicht wie im Regelfall konkludent durch den Abschluss des Geschäftsführer-Dienstvertrags aufgehoben,[28] sondern besteht auch während der gesamten Dauer der Organstellung weiter (§ 623 BGB).[29] Streitigkeiten zwischen dem Vertretungsberechtigten und einer juristischen Person können aber aufgrund einer Zuständigkeitsvereinbarung nach § 2 Abs. 4 ArbGG vor die Arbeitsgerichte gebracht werden. Die Vereinbarung muss nicht schriftlich abgeschlossen werden. Das Arbeitsgericht kann allerdings nicht durch rügelose Einlassung des Beklagten zuständig werden, da § 39 ZPO nicht gilt.[30]

20 **Streitigkeiten aus dem Arbeitsverhältnis** sind alle Streitigkeiten, die ihre Grundlage im Arbeitsverhältnis haben, selbst wenn dieses nicht wirksam begründet oder bereits erloschen ist. Keine Rolle spielt die Art der Anspruchsgrundlage (Vergütungsanspruch, Vindikationsanspruch, Kondiktionsanspruch usw.), sofern nur der Anspruch seinen tatsächlichen Grund in einem Arbeitsverhältnis hat. Zu den **Streitigkeiten über das Bestehen oder Nichtbestehen des Arbeitsverhältnisses** gehören vor allem Kündigungsschutzklagen und sonstige Verfahren, in denen über die Wirksamkeit der Beendigung des Arbeitsverhältnisses gestritten wird (Aufhebungsvertrag, Befristung, Bedingung usw.). Gegenstand einer **Streitigkeit aus Verhandlungen über die Eingehung eines Arbeitsverhältnisses** können Ansprüche aus einem Vorvertrag, wegen culpa in contrahendo oder eines Verstoßes gegen ein Diskriminierungsverbot sein. **Streitigkeiten aus Nachwirkungen aus einem Arbeitsverhältnis** sind beispielsweise solche aus Wettbewerbsverboten, auf Gewährung von Ruhegeldern, Erteilung von Zeugnissen oder Auskünften. Über **Streitigkeiten aus unerlaubten Handlungen** haben die Arbeitsgerichte zu befinden, soweit sie mit dem Arbeitsverhältnis (innerlich) zusammenhängen. Das ist der Fall, wenn die unerlaubte Handlung, zu der auch die Verwirklichung eines Tatbestands der Gefährdungshaftung zählt, zugleich eine Verletzung arbeitsvertraglicher Pflichten darstellt oder wenn gerade das Arbeitsverhältnis die tatsächlichen Voraussetzungen für die Begehung der Tat geboten hat. **Streitigkeiten über Arbeitspapiere** können die Erteilung, die Berichtigung oder die Herausgabe solcher Unterlagen betreffen. Voraussetzung ist allerdings, dass es sich um eine bürgerliche Rechtsstreitigkeit handelt. Öffentlich-rechtliche Streitfragen sind etwa die Berichtigung der Arbeitsbescheini-

---

[25] Vgl. BAG 17.9.2014, NZA 2014, 1293; ausf. *Stagat*, NZA 2015, 193.
[26] BAG 3.2.2009, NJW 2009, 2078.
[27] BAG 26.10.2012, NZA 2013, 54.
[28] BAG 3.2.2009, NJW 2009, 2078; d.h. neben das regelmäßig bestehende Dienstverhältnis tritt kein „ruhendes Arbeitsverhältnis".
[29] BAG 15.3.2011, NZA 2011, 874.
[30] ErfK/*Koch*, § 2 ArbGG Rn. 32; GMP/*Schlewing*, § 2 ArbGG Rn. 3.

gung, der Lohnsteuerkarte oder des Versicherungsnachweishefts; privatrechtlich ist der Anspruch auf Herausgabe dieser Papiere und auf Erteilung der Arbeitsbescheinigung.[31]

bb) Die in § 2 Abs. 1 Nr. 4-10 ArbGG genannten Zuständigkeiten spielen in der arbeitsgerichtlichen Praxis eine untergeordnete Rolle. Bedeutsamer ist die Zuständigkeit bei Streitigkeiten über **Arbeitnehmererfindungen** – soweit es ausschließlich um Ansprüche auf Zahlung einer festgestellten oder festgesetzten Vergütung für eine Erfindung geht (vgl. § 39 Abs. 2 ArbnErfG) –,[32] technische Verbesserungsvorschläge und Urheberrechte aus Arbeitsverhältnissen (§ 2 Abs. 2 ArbGG) sowie bei Rechtsstreitigkeiten aus Tarifverträgen und wegen unerlaubter Handlungen bei Arbeitskämpfen (§ 2 Abs. 1 Nr. 1, 2 ArbGG). **21**

cc) Zusammenhangsklage. Vor den Gerichten für Arbeitssachen können auch Ansprüche geltend gemacht werden, für die diese Gerichte nicht schon nach § 2 Abs. 1 oder 2 ArbGG zuständig sind, wenn mit einer bereits anhängigen oder gleichzeitig anhängig werdenden Rechtsstreitigkeit, für die das Arbeitsgericht zuständig ist, ein rechtlicher oder unmittelbarer wirtschaftlicher Zusammenhang besteht (§ 2 Abs. 3 ArbGG). Das ist der Fall, wenn beide Ansprüche in einem **einheitlichen Lebenssachverhalt** wurzeln und zwischen ihnen nicht nur eine zufällige Verbindung besteht.[33] **22**

Beispiele: Klage gegen den Schuldner (Arbeitgeber) und seinen Bürgen (Bank); Klage auf Schadensersatz aus unerlaubter Handlung im Arbeitsverhältnis gegen Mittäter, die nicht Arbeitnehmer oder Arbeitgeber sind.

Die Zuständigkeit der Arbeitsgerichte im Rahmen einer Zusammenhangsklage ist keine ausschließliche, d.h. der nicht arbeitsrechtliche Anspruch kann auch vor dem an sich zuständigen Gericht geltend gemacht werden; bei einer ausschließlichen Zuständigkeit eines anderen Gerichts muss dort geklagt werden. **23**

dd) Die Zuständigkeit der Arbeitsgerichte für Streitigkeiten zwischen Tarifvertragsparteien aus Tarifverträgen oder über deren Bestehen ist ausgeschlossen, wenn die Tarifvertragsparteien allgemein oder für den Einzelfall bestimmt haben, dass die Entscheidung durch ein **Schiedsgericht** erfolgen soll (§§ 4, 101 Abs. 1 ArbGG). Dasselbe gilt für Streitigkeiten zwischen Arbeitsvertragsparteien, deren Arbeitsverhältnis sich nach einem Tarifvertrag bestimmt, der eine Schiedsgerichtsvereinbarung enthält, wenn der persönliche Geltungsbereich des Tarifvertrags überwiegend Bühnenkünstler, Filmschaffende oder Artisten umfasst (§ 101 Abs. 2 S. 1 ArbGG). Wird statt der Schiedsstelle das Arbeitsgericht angerufen, hat das Gericht die Klage als unzulässig abzuweisen, wenn sich der Beklagte darauf beruft (§ 102 Abs. 1 ArbGG). Die Einrede ist verzichtbar; sie ist nur zu beachten, wenn und solange sie erhoben wird.[34] Das Schiedsverfahren ist kein Teil des Arbeitsgerichtsverfahrens, obwohl das Schiedsgericht Recht spricht. Schiedssprüche sind erst dann vollstreckbar, wenn sie vom Arbeitsgericht für vollstreckbar erklärt sind (§ 109 Abs. 1 S. 1 ArbGG). Vor **24**

---

[31] BAG 15.1.1992, AP Nr. 21 zu § 2 ArbGG 1979.
[32] BAG 31.5.2016, NZA-RR 2016, 548.
[33] GMP/*Schlewing*, § 2 ArbGG Rn. 118; SchaubArbRFV-HdB/*Straube*, C. Rn. 3 ff.
[34] BAG 30.9.1987, AP Nr. 33 zu § 611 BGB Bühnenengagementsvertrag.

dem Arbeitsgericht kann auch auf die Aufhebung eines Schiedsspruchs geklagt werden; zu den Voraussetzungen s. § 110 ArbGG.

25 ee) Ist die Zuständigkeit der Gerichte für Arbeitssachen nach § 2 ArbGG eröffnet, so ist im Wege des **Urteilsverfahrens** zu entscheiden (§§ 2 Abs. 5, 46 ff. ArbGG). Für dieses Verfahren gelten die Vorschriften über das streitige Verfahren vor den Zivilgerichten, soweit das ArbGG nichts anderes bestimmt.

c) Beschlussverfahren

26 Die Gerichte für Arbeitssachen sind ausschließlich zuständig insbesondere für Streitigkeiten
 - aus dem Betriebsverfassungsgesetz, dem Sprecherausschussgesetz und dem Gesetz über Europäische Betriebsräte mit Ausnahme der Strafsachen und Ordnungswidrigkeiten,
 - aus den Mitbestimmungsgesetzen und
 - über die Tariffähigkeit und die Tarifzuständigkeit einer Vereinigung
 - über die Wirksamkeit der Allgemeinverbindlicherklärung von Tarifverträgen
 - über den anwendbaren Tarifvertrag in einem tarifpluralen Betrieb (vgl. im einzelnen den abschließenden Katalog in § 2a Abs. 1 ArbGG).

27 In diesen Angelegenheiten entscheiden die Arbeitsgerichte im sog. Beschlussverfahren (§§ 2a Abs. 2, 80 ff. ArbGG). Das Beschlussverfahren unterscheidet sich vom Urteilsverfahren dadurch, dass das Arbeitsgericht den Sachverhalt im Rahmen der gestellten Anträge von Amts wegen erforscht (§ 83 Abs. 1 S. 1 ArbGG). Urteils- und Beschlussverfahren schließen einander aus.[35]

d) Rechtsnachfolge

28 Die Arbeitsgerichte sind ferner zuständig für Verfahren von Rechtsnachfolgern (Erben, Zessionaren usw.) der in den §§ 2, 2a ArbGG genannten Personen (§ 3 ArbGG). Der Begriff der Rechtsnachfolge ist im weitesten Sinne zu verstehen (Gesamt- und Einzelrechtsnachfolge). Nicht § 3 ArbGG, sondern § 2 ArbGG ist allerdings einschlägig, wenn ein Arbeitsverhältnis nach § 613a BGB auf einen neuen Betriebsinhaber übergeht. Tritt die Rechtsnachfolge im Laufe eines anhängigen Verfahrens ein, gilt § 261 Abs. 3 Nr. 2 ZPO.

e) Prüfung durch das Arbeitsgericht

29 **aa) Prüfung von Amts wegen.** Die Frage, ob der Rechtsweg zu den Gerichten für Arbeitssachen eröffnet ist und welches Verfahren Anwendung findet, soll möglichst frühzeitig und verbindlich für das weitere Verfahren geklärt werden. Das

---

[35] BAG 3.4.1957, AP Nr. 46 zu § 2 ArbGG 1953.

geschieht von Amts wegen bereits in der ersten Instanz im Wege der Verweisung oder Vorabentscheidung (§ 48 Abs. 1 ArbGG, §§ 17 ff. GVG).³⁶

bb) Verweisung. Verneint das angerufene Arbeitsgericht seine Zuständigkeit, so muss es das Verfahren nach Anhörung der Parteien von Amts wegen an das zuständige Gericht des zulässigen Rechtswegs verweisen (§ 17a Abs. 2 S. 1 GVG). 30

Beispiel: Der Kläger begehrt vor dem Arbeitsgericht Lohnzahlung aus dem Arbeitsverhältnis. Das Arbeitsgericht verneint die Arbeitnehmereigenschaft i.S.d. § 5 Abs. 1 ArbGG, da es den Kläger weder für persönlich noch für wirtschaftlich abhängig hält. Nach Anhörung der Parteien muss das Arbeitsgericht den Rechtsstreit durch Beschluss an das zuständige Amts- oder Landgericht verweisen.

Der Beschluss kann auch außerhalb der mündlichen Verhandlung ergehen, allerdings nicht allein durch den Vorsitzenden, sondern nur durch die Kammer (§ 48 Abs. 1 Nr. 2 ArbGG). Gegen den Verweisungsbeschluss ist die sofortige Beschwerde zum LAG statthaft (§ 17a Abs. 4 S. 3 GVG, § 78 ArbGG, § 567 ZPO). Die Einlegungsfrist beträgt zwei Wochen ab Zustellung, ansonsten fünf Monate nach der Verkündung oder der formlosen Mitteilung.³⁷ Nach Eintritt der Rechtskraft wird der Rechtsstreit mit Eingang der Akten bei dem im Beschluss bezeichneten Gericht anhängig (§ 17b Abs. 1 S. 1 GVG). Der Beschluss ist für das Gericht, an das der Rechtsstreit verwiesen worden ist, hinsichtlich des Rechtswegs bindend (§ 17a Abs. 2 S. 3 GVG); möglich ist lediglich eine Weiterverweisung wegen örtlicher Unzuständigkeit innerhalb desselben Rechtswegs.³⁸ Umgekehrt darf ein Arbeitsgericht, an das ein Gericht eines anderen Gerichtszweigs, etwa ein Amts- oder Landgericht, einen Rechtsstreit verwiesen hat, diesen nicht zurück- oder weiterverweisen, wenn es nicht nach §§ 2, 2a ArbGG zur Entscheidung berufen ist. Auch ein rechtskräftiger Verweisungsbeschluss, der nicht hätte ergehen dürfen, ist grundsätzlich einer weiteren Überprüfung entzogen. Nur bei krassen Rechtsverletzungen kommt eine Durchbrechung der gesetzlichen Bindungswirkung ausnahmsweise in Betracht.³⁹ 31

cc) Vorabentscheidung. Bejaht das angegangene Arbeitsgericht seine Zuständigkeit, kann es dies durch Beschluss vorab aussprechen; es muss diesen Beschluss fassen, wenn eine Partei die Zulässigkeit des Rechtswegs rügt (§ 17a Abs. 3 GVG). Auch gegen eine positive Vorabentscheidung ist die sofortige Beschwerde gegeben (§ 17a Abs. 4 S. 3 GVG, § 78 ArbGG, § 567 ZPO). 32

Hat das Arbeitsgericht den Rechtsweg zu den Gerichten für Arbeitssachen stillschweigend durch Erlass eines Urteils bejaht, so sind die Rechtsmittelgerichte (LAG und BAG) nicht zu einer erneuten Prüfung der Rechtswegzuständigkeit befugt (§ 17a Abs. 5 GVG, §§ 65, 73 Abs. 2 ArbGG).⁴⁰ Der in erster Instanz unbeanstandet gebliebene Mangel wird durch die 33

---

[36] BAG 17.4.1959, AP Nr. 5 zu § 528 ZPO; BAG 7.12.1961, AP Nr. 2 zu § 314 ZPO.
[37] BAG 1.7.1992, AP Nr. 39 zu § 36 ZPO. Eine weitere sofortige Beschwerde ist nur dann möglich, wenn das LAG diese wegen grundsätzlicher Bedeutung oder Divergenz zugelassen hat.
[38] BAG 14.1.1994, AP Nr. 43 zu § 36 ZPO.
[39] BAG 21.12.2015, BB 2016, 372.
[40] BAG 21.8.1996, AP Nr. 42 zu § 2 ArbGG 1979.

Sachentscheidung „geheilt".[41] Das gilt nicht, wenn eine Partei die Unzulässigkeit des Rechtswegs rügt, das Arbeitsgericht aber die Vorabentscheidung verweigert und über die Zulässigkeit des Rechtswegs in den Gründen des Urteils zur Hauptsache entscheidet. Da der unterlegenen Partei aus diesem Verfahrensfehler kein Nachteil entstehen darf, kann sie nach dem Grundsatz der Meistbegünstigung wahlweise sofortige Beschwerde oder Berufung zum LAG einlegen. Das LAG darf dann den Rechtsstreit nicht zurückverweisen, sondern muss selbst die Rechtswegzuständigkeit prüfen; § 65 ArbGG steht nicht entgegen.[42]

34 dd) Die Rechtswegzuständigkeit richtet sich, wie gesagt, nach dem **Streitgegenstand**.[43] Umstritten ist, ob die arbeitsgerichtliche Zuständigkeit nur dann zu bejahen ist, wenn die Tatsachen, aus denen sich das Bestehen eines Rechtsverhältnisses ergibt, über das die Arbeitsgerichte zu befinden haben, unstreitig oder bewiesen sind oder ob schon ein schlüssiger Tatsachenvortrag oder nur die bloße Rechtsbehauptung des Klägers genügt, er sei Arbeitnehmer i.S.d. § 5 ArbGG.[44] Das BAG grenzt zwischen ordentlichen Gerichten und Arbeitsgerichten wie folgt ab:

35 Enthält der Vortrag „doppelt-relevante" Tatsachen, d.h. Umstände, die sowohl für die Rechtswegzuständigkeit als auch für die Begründetheit der Klage maßgebend sind, etwa bei einer Klage auf Feststellung des Bestehens eines Arbeitsverhältnisses, wird mit der Bejahung oder Verneinung der Rechtswegzuständigkeit zugleich auch immer über das Bestehen des Rechts entschieden. In diesen **„sic-non-Fällen"** wird die Zuständigkeit der Arbeitsgerichte – so das BAG[45] – bereits durch einen Antrag des Klägers eröffnet, über den nur die Arbeitsgerichte zu entscheiden haben, selbst wenn sein Vortrag unschlüssig ist. Das Arbeitsgericht hat dann Beweis über die Tatsachen zu erheben und bei Nichterweislichkeit die Klage als unbegründet abzuweisen. Eine Verweisung des Rechtsstreits an das Gericht eines anderen Rechtszugs nach § 17a GVG kommt nicht in Betracht. Der Kläger hat kein anerkennenswertes Interesse daran, seinen unschlüssigen Vortrag vor einem von ihm nicht angerufenen Gericht zu ergänzen.[46] Ein sic-non-Fall liegt auch dann vor, wenn ein Organmitglied nach seiner Abberufung in einem Kündigungsschutzverfahren den Fortbestand des Arbeitsverhältnisses geltend macht.[47]

36 Kommen für einen Anspruch arbeitsrechtliche und/oder nicht arbeitsrechtliche Anspruchsgrundlagen in Betracht – sei es, dass die Anspruchsgrundlagen einander ausschließen (**„aut-aut"-Fall**), sei es, dass sich der Anspruch sowohl auf eine arbeitsrechtliche als auch auf eine nicht arbeitsrechtliche Grundlage stützen lässt (**„et-et"-Fall**) –, so müssen die zuständigkeitsbegründenden Tatsachen nicht unbedingt mit den die Klage begründenden Tatsachen identisch sein.

---

[41] *Vollkommer*, Anm. zu BAG 26.3.1992, AP Nr. 7 zu § 48 ArbGG 1979.
[42] BAG 26.3.1992, AP Nr. 7 zu § 48 ArbGG.
[43] BAG 28.10.1993, AP Nr. 19 zu § 2 ArbGG 1979.
[44] BAG 24.4.1996, AP Nr. 1 zu § 2 ArbGG 1979 Zuständigkeitsprüfung m.w.N.
[45] BAG 10.12.1996, AP Nr. 4 zu § 2 ArbGG 1979 Zuständigkeitsprüfung; BAG 15.3.2000, AP Nr. 71 zu § 2 ArbGG 1979; BAG 22.10.2014, NJW 2015, 570; BAG 21.1.2019, NZA 2019, 490.
[46] BAG 24.4.1996, AP Nr. 1 zu § 2 ArbGG 1979 Zuständigkeitsprüfung.
[47] BAG 26.10.2012, NZA 2013, 54; BAG 22.10.2014, NJW 2015, 570.

Beispiele: Klage eines Dienstleistenden auf Vergütung (§ 611 Abs. 1 BGB gilt für freie Dienstnehmer, § 611a Abs. 2 BGB für Arbeitnehmer).

Hier kann die bloße Rechtsansicht des Klägers, er sei Arbeitnehmer, die arbeitsgerichtliche Zuständigkeit nicht begründen; anderenfalls stünde der Rechtsweg weitgehend zu seiner Disposition. Über die zuständigkeitsbegründenden Tatsachen ist Beweis zu erheben. Bei Nichterweislichkeit ist der Rechtsstreit nach § 17a Abs. 2 GVG an das zuständige Gericht des zulässigen Rechtswegs zu verweisen. Anders liegt es aber, wenn der Kläger den gesetzlichen Mindestlohn nach MiLoG einklagt, weil es sich um einen "sic-non"-Fall handelt. Das MiLoG gilt nur für Arbeitnehmer. 37

2. Örtliche Zuständigkeit

a) Urteilsverfahren

aa) Grundsatz. Für die örtliche Zuständigkeit der Arbeitsgerichte im Urteilsverfahren verweist § 46 Abs. 2 S. 1 ArbGG auf die Vorschriften der ZPO über das Verfahren vor den Amtsgerichten (§§ 495 ff. ZPO); diese verweisen weiter auf die Vorschriften über das Verfahren vor den Landgerichten. Maßgeblich sind daher die §§ 12 ff. ZPO. 38

bb) Einzelheiten. Der Kläger kann zwischen den allgemeinen (§§ 12-18 ZPO) und den besonderen (§§ 20-34) Gerichtsständen wählen (§ 35 ZPO). Möglich ist auch die Klage am Gerichtsstand des Erfüllungsorts (§ 29 ZPO) und des gewöhnlichen Arbeitsorts (§ 48 Abs. 1a ArbGG für die dort näher bezeichneten Streitigkeiten). Da das BAG ohnehin als einheitlichen Erfüllungsort der beiderseitigen Verpflichtungen aus dem Arbeitsverhältnis den tatsächlichen Mittelpunkt der Berufstätigkeit annimmt, werden die beiden Gerichtsstände regelmäßig zusammenfallen.[48] Der Gerichtsstand kann sich auch aus einem **Tarifvertrag** ergeben (§ 48 Abs. 2 ArbGG). Voraussetzung ist, dass das Arbeitsverhältnis unter den Geltungsbereich des Tarifvertrags fällt und beide Arbeitsvertragsparteien an den Tarifvertrag gebunden sind (§§ 4 Abs. 1, 3 Abs. 1 oder 5 Abs. 4 TVG). Bei fehlender Tarifbindung ist die tarifliche Gerichtsstandsvereinbarung nur dann verbindlich, wenn der Arbeitsvertrag insgesamt auf den betreffenden Tarifvertrag verweist (§ 48 Abs. 2 S. 2 ArbGG). **Individualvertragliche Gerichtsstandsvereinbarungen** sind im arbeitsgerichtlichen Verfahren nur nach § 38 Abs. 2, 3 ZPO möglich, nicht aber nach § 38 Abs. 1 ZPO. Die örtliche Zuständigkeit eines an sich unzuständigen Gerichts kann dadurch begründet werden, dass der **Beklagte rügelos zur Hauptsache verhandelt** (§ 39 S. 1 ZPO). Das gilt aber nur, wenn das Gericht den Beklagten vor der Verhandlung zur Hauptsache auf die Unzuständigkeit und die Folgen einer rügelosen Einlassung hingewiesen hat (§§ 39 S. 2, 504 ZPO). Bei **Arbeitsverhältnissen mit Auslandsbezug** richtet sich die Rechtslage für Rechtsstreitigkeiten, die nach dem 10.1.2015 bei Gericht anhängig geworden sind oder anhängig werden, nach der Verordnung über die gerichtliche Zuständigkeit und die Anerkennung und Vollstreckung in Zivil- und Handelssachen (Europäische Gerichtsstands- und Voll- 39

---

[48] BAG 9.10.2002, NZA 2003, 339, vertiefend *Bergwitz*, NZA 2008, 443; *Reinhard/Böggemann*, NJW 2008, 1263.

streckungsverordnung, **EuGVVO**), die auch „**Brüssel Ia-Verordnung**" genannt wird.[49] Danach sind Gerichtsstandvereinbarungen in zwei Fällen zulässig: Zum einen dann, wenn die **Vereinbarung erst** nach **der Streitigkeit** getroffen wird (Art. 23 Nr. 1 EuGVVO), d..h. sobald die Parteien über einen bestimmten Punkt ihrer Rechtsbeziehung uneins sind und deshalb ein gerichtliches Verfahren unmittelbar oder in Kürze bevorsteht ,[50] zum anderen dann, wenn sie dem Arbeitnehmer die Befugnis einräumt, andere als die in Art. 20 bis 22 EuGVVO **gesetzlich bestimmten Gerichte anzurufen** (Art. 23 Nr. 2 EuGVVO). Ansonsten bleibt es beim Grundsatz, dass der Arbeitnehmer dort klagen muss, wo der Arbeitgeber seinen Wohnsitz oder eine Zweigniederlassung hat (Art. 21 I lit. a, Art. 20 II EuGVVO),[51] oder wo der Arbeitnehmer gewöhnlich seine Arbeit verrichtet,[52] oder wo sich die Niederlassung befindet, die ihn eingestellt hat (Art. 21 I lit. b EuGVVO). Die Zuständigkeit für Klagen gegen den Arbeitnehmer mit Wohnsitz in einem Drittstaat richtet nach dem Recht dieses Staats (vgl. Art. 6 I EuGVVO).

b) Beschlussverfahren

40   Im Beschlussverfahren ist das Arbeitsgericht zuständig, in dessen Bezirk der Betrieb liegt. In Angelegenheiten der betrieblichen Mitbestimmung auf der Ebene des Unternehmens (z.B. im Rechtsstreit mit dem Gesamtbetriebsrat oder dem Unternehmenssprecherausschuss) und bei Streitigkeiten nach dem EBRG ist das Arbeitsgericht zuständig, in dessen Bezirk das Unternehmen bzw. das herrschende Unternehmen seinen Sitz hat (vgl. im einzelnen § 82 ArbGG). Im Beschlussverfahren über die Tariffähigkeit oder -zuständigkeit einer Vereinigung (§§ 2a Abs. 1 Nr. 4, 97 ArbGG) richtet sich die örtliche Zuständigkeit nach dem Sitz der Vereinigung, um deren Tariffähigkeit oder -zuständigkeit es geht (§ 97 Abs. 2).[53] Im Beschlussverfahren über den nach § 4a Abs. 2 S. 2 TVG in einem tarifpluralen Betrieb anwendbaren Tarifvertrag ist das Arbeitsgericht zuständig, in dessen Bezirk der fragliche Betrieb liegt (§§ 99 Abs. 2, 82 Abs. 1 S. 1 ArbGG).

c) Prüfung durch das Arbeitsgericht

41   Das Arbeitsgericht muss von Amts wegen prüfen, ob es nach §§ 12 ff. ZPO örtlich zuständig ist. Bejaht es, kann es dies vorab aussprechen; es muss vorab entscheiden, wenn eine Partei die örtliche Unzuständigkeit rügt (§ 48 Abs. 1 ES ArbGG, § 17a Abs. 3 GVG). Dieser Beschluss ist unanfechtbar (§ 48 Abs. 1 Nr. 1 ArbGG). Der Kammervorsitzende entscheidet allein (§ 55 Abs. 1 Nr. 7 ArbGG); er kann die Entscheidung auch ohne mündliche Verhandlung treffen (§ 55 Abs. 2 S. 1 ArbGG). Verneint das Gericht die örtliche Zuständigkeit, hat es zunächst die Parteien zu hören (§ 48 Abs. 1 ArbGG, § 17a Abs. 2 S. 1 GVG) und den Beklagten auf die Folgen einer rügelosen Einlassung zur Hauptsache zu belehren (§ 46 Abs. 2 S. 1 ArbGG, § 504 ZPO). Rügt der Beklagte die örtliche Unzuständigkeit, darf das Arbeitsgericht die Klage nicht als unzulässig abweisen, sondern muss sich von Amts

---

[49] VO 1215/2012 v. 12.12.2012, ABl. L 351 S. 1; dazu instruktiv *Staudinger/Steinrötter*, JuS 2015, 1.
[50] *Junker*, NZA 2005, 199, 200.
[51] BAG 25.6.2013, NZA-RR 2014, 46.
[52] EuGH 10.4.2003, NZA 2003, 711; BAG 20.12.2012, NZA 2013, 925.
[53] SchaubArbRFV-HdB/*Straube*, C. Rn. 9.

wegen für unzuständig erklären und den Rechtsstreit an das zuständige Arbeitsgericht verweisen (§ 48 Abs. 1 ArbGG, § 17a Abs. 2 S. 1 GVG). Auch dieser Beschluss ist unanfechtbar (§ 48 Abs. 1 Nr. 1 ArbGG).[54] Er ergeht ebenfalls allein durch den Kammervorsitzenden (§ 55 Abs. 1 Nr. 7 ArbGG).

Entscheidet das Arbeitsgericht unter Verkennung der örtlichen Zuständigkeit zur Sache, ohne dass dies von einer Partei gerügt wurde, dürfen die Rechtsmittelgerichte die örtliche Zuständigkeit nicht erneut prüfen (§ 48 Abs. 1 ArbGG, § 17a Abs. 5 GVG, §§ 65, 73 Abs. 2 ArbGG). Hat eine Partei die Unzuständigkeit gerügt und entscheidet das Gericht trotzdem zur Sache, gilt das bei Verkennung der Rechtswegzuständigkeit Ausgeführte sinngemäß. 42

III. Die Parteien und ihre Vertreter

1. Parteien

a) Parteibegriff

Im Urteilsverfahren gilt der formelle Parteibegriff des Prozessrechts. Parteien sind die natürlichen oder juristischen Personen, von denen oder gegen die eine staatliche Rechtsschutzhandlung im eigenen Namen begehrt wird.[55] Die Parteistellung im Arbeitsgerichtsprozess richtet sich allein danach, wer klagt oder verklagt wird. Kläger und Beklagter werden nur durch die den Rechtsstreit einleitende Prozesshandlung (z.B. Mahnantrag, Klageerhebung) bestimmt.[56] 43

b) Partei- und Prozessfähigkeit

aa) **Parteifähigkeit** ist die Fähigkeit, im eigenen Namen als Partei, d.h. als Kläger oder Beklagter, einen Prozess zur Rechtsverfolgung oder -verteidigung zu betreiben.[57] Nach § 46 Abs. 2 S. 1 ArbGG, § 50 Abs. 1 ZPO ist parteifähig, wer rechtsfähig ist. Rechtsfähig sind natürliche und juristische Personen des privaten und des öffentlichen Rechts. Von den Personengesellschaften sind die Handelsgesellschaften (OHG, KG, vgl. §§ 124 Abs. 1, 161 Abs. 2 HGB), die Partnerschaftsgesellschaft (vgl. § 7 Abs. 2 PartGG) und die (Außen-)Gesellschaft bürgerlichen Rechts parteifähig.[58] Der nicht rechtsfähige Verein kann verklagt werden und ist jetzt auch aktiv parteifähig (§ 50 Abs. 2 ZPO).[59] 44

---

[54] Zu einer Ausnahme bei irrtümlich fehlerhafter Zuordnung des maßgeblichen Orts zu einem Gerichtsbezirk s. BAG 31.1.1994, AP Nr. 44 zu § 36 ZPO.
[55] BGH 20.1.1987, NJW 1987, 1947; 12.10.1987, NJW 1988, 1585.
[56] SchaubArbRFV-HdB/*Straube*, C. Rn. 14.
[57] GMP/*Schlewing*, § 10 ArbGG Rn. 3.
[58] BGH 18.2.2002, NJW 2002, 1207.
[59] BGH 2.7.2007, NJW 2008, 69.

45 § 10 ArbGG erweitert den Kreis der nach § 50 ZPO parteifähigen Personen. Parteifähig im arbeitsgerichtlichen Verfahren sind auch Gewerkschaften und Vereinigungen von Arbeitgebern sowie Zusammenschlüsse solcher Verbände. Der Begriff der Gewerkschaft ist im allgemeinen arbeitsrechtlichen Sinn zu verstehen (s. § 12 Rn. 6 ff.). Unterorganisationen einer Gewerkschaft sind nach § 10 ArbGG parteifähig, wenn sie tariffähig sind. Das ist bei selbständigen Ortsvereinen, nicht aber bei Bezirksverwaltungen oder Verwaltungsstellen der Fall.[60]

46 bb) **Prozessfähigkeit** ist die Fähigkeit, Prozesshandlungen selbst oder durch selbstgewählte Vertreter vorzunehmen.[61] Prozessfähig ist, wer sich durch Verträge wirksam verpflichten kann (§ 52 ZPO), d.h. wer geschäftsfähig ist. Nicht prozessfähig sind daher juristische Personen und Personengesellschaften, aber auch Minderjährige und Betreute. Sie werden im Prozess durch ihre gesetzlichen Vertreter vertreten (§ 51 Abs. 1 ZPO). Deren Verschulden bei der Prozessführung – etwa die Versäumung von Klagefristen – müssen sie sich wie eigenes Verschulden zurechnen lassen (§ 51 Abs. 2 ZPO).

47 cc) Nicht mit der Prozessfähigkeit verwechselt werden darf die **Prozessführungsbefugnis**. Darunter versteht man die Befugnis, ein eigenes oder fremdes Recht im eigenen Namen gerichtlich geltend zu machen. Macht jemand ein fremdes Recht im eigenen Namen geltend, so spricht man von „**Prozessstandschaft**". Die Berechtigung zu einer Prozessstandschaft kann sich unmittelbar aus dem Gesetz ergeben (z.B. § 265 ZPO: Veräußerung der streitbefangenen Sache), sie kann aber auch rechtsgeschäftlich eingeräumt werden („gewillkürte Prozessstandschaft"); beispielsweise kann einem Arbeitgeberverband das Recht eingeräumt werden, Ansprüche seiner Mitglieder auf Unterlassung von Arbeitskampfmaßnahmen im eigenen Namen gegen die Gewerkschaft geltend zu machen.[62]

48 dd) Partei- und Prozessfähigkeit hat das Gericht in jeder Lage des Verfahrens von Amts wegen zu prüfen (§ 46 Abs. 2 S. 1 ArbGG, § 56 Abs. 1 ZPO). Fehlen sie am Schluss der mündlichen Verhandlung, auf die die Entscheidung ergeht, ist die Klage als unzulässig abzuweisen.[63]

2. Prozessbevollmächtigte

a) Grundsätze

49 Vor den **Arbeitsgerichten** können die Parteien den Rechtsstreit selbst führen oder sich vertreten lassen (§ 11 Abs. 1 ArbGG). Als Vertreter kommen Rechtsanwälte und die in § 11 Abs. 2 S. 2 Nr. 1-5 ArbGG genannten Personen (z.B. Vertreter von Gewerkschaften und Arbeitgeberverbänden für deren Mitglieder) in Betracht. Vor den **Landesarbeitsgerichten** und dem **Bundesarbeitsgericht** ist nur eine Vertre-

---

[60] SchaubArbRFV-HdB/*Straube*, C. Rn. 14 ff.
[61] AR/*Schütz*, § 10 ArbGG Rn. 8; GMP/*Schlewing*, § 10 ArbGG Rn. 39.
[62] BAG 21.12.1982, AP Nr. 76 zu Art. 9 GG Arbeitskampf.
[63] SchaubArbRFV-HdB/*Straube*, C. 14.

tung durch Rechtsanwälte und Verbandsvertreter mit Befähigung zum Richteramt nach Maßgabe von § 11 Abs. 4 ArbGG möglich.

Während ein **Prozessbevollmächtigter** den Prozess selbständig an Stelle der Partei führt, leistet ein **Beistand** einer Prozesspartei neben ihr als Wortführer Hilfe. Als Beistand kommt jede prozessfähige Person in Betracht. Eine Partei kann mit einem Beistand nur erscheinen, wenn eine anwaltliche Vertretung nicht geboten ist. Was der Beistand an Prozesshandlungen erklärt, ist Vortrag der Partei, sofern diese nicht sofort widerspricht (§ 90 Abs. 2 ZPO). 50

b) Rechtsanwälte

aa) Allgemeines. Die Parteien können sich vor den Gerichten der Arbeitsgerichtsbarkeit durch jeden bei einem deutschen Gericht zugelassenen Rechtsanwalt vertreten lassen (§ 46 Abs. 2 ArbGG, § 79 ZPO). Ein Lokalisierungszwang besteht nicht. 51

bb) Fachanwälte für Arbeitsrecht verfügen über besondere theoretische Kenntnisse und praktische Erfahrungen, die erheblich über dem liegen müssen, was üblicherweise durch die berufliche Ausbildung und praktische Erfahrung im Beruf vermittelt wird. Die Befugnis, eine Fachanwaltsbezeichnung zu führen, wird durch die zuständige Rechtsanwaltskammer verliehen (§ 43c Abs. 2 BRAO).[64] **Syndikusrechtsanwälte** sind Arbeitnehmer, die im Rahmen ihres Arbeitsverhältnisses für ihren nichtanwaltlichen Arbeitgeber anwaltlich tätig sind (vgl. § 46 Abs. 2 BRAO).[65] Anwaltlich tätig werden sie, wenn sie fachlich unabhängig und eigenverantwortlich Rechtsfragen prüfen, Rechtsrat erteilen, Rechtsverhältnisse gestalten, selbständig Verhandlungen führen und nach außen hin verantwortlich auftreten dürfen (vgl. § 46 Abs. 3 BRAO). An der fachlichen Unabhängigkeit fehlt es, wenn sie sich an Weisungen zu halten haben, die eine eigenständige Analyse der Rechtslage und eine einzelfallorientierte Rechtsberatung ausschließen (§ 46 Abs. 3 BRAO). Syndikusrechtsanwälte bedürfen der Zulassung durch die örtlich zuständige Rechtsanwaltskammer nach Anhörung des Trägers der Rentenversicherung (§ 46a BRAO). Vor Gericht dürfen sie den Arbeitgeber nicht vertreten, wenn dort Anwaltszwang herrscht (§ 46c Abs. 2 BRAO). Die berufsrechtliche Gleichstellung von Syndikusrechtsanwälten mit (freien) Rechtsanwälten ist vornehmlich im Sozialrecht von Bedeutung.[66] Syndikusrechtsanwälte können sich nämlich von der Versicherungspflicht in der gesetzlichen Rentenversicherung befreien lassen, wenn sie Mitglied einer öffentlich-rechtlichen berufsständischen Versorgungseinrichtung für Rechtsanwälte sind (vgl. § 6 Abs. 1 S. 1 Nr. 1 SGB VI). Das ist attraktiv, weil diese höhere Rentenleistungen als die allgemeine Rentenversicherung gewährt. 51a

cc) Der Mandant muss dem Anwalt **Prozessvollmacht** erteilen. Die Erteilung kann als Prozesshandlung gegenüber dem Bevollmächtigten, dem Gericht oder dem Prozessgegner erfolgen. Zwar ist die Vollmachtserteilung formlos wirksam, 52

---

[64] Die Einzelheiten ergeben sich aus der als Satzung erlassenen Fachanwaltsordnung (FAO) i.d.F.v. 1.1.2015 vgl. BRAK-Mitt. 2014, 145 und 252.
[65] Die BRAO wurde zum 1.1.2016 entsprechend geändert durch das Gesetz zur Neuordnung der Syndikusanwälte v. 30.12. 2015, BGBl I 2015, S. 2517.
[66] Ausf. *Thüsing/Fütterer*, NZA 2015, 595.

der Prozessbevollmächtigte hat seine Bevollmächtigung jedoch schriftlich und im Original nachzuweisen und diese zu den Gerichtsakten zu geben (§ 80 ZPO). Die ordnungsgemäße Bevollmächtigung wird vor den Arbeitsgerichten von Amts wegen geprüft, es sei denn, dass ein Rechtsanwalt oder Verbandsvertreter auftritt; in diesem Fall erfolgt die Prüfung nur auf Rüge der gegnerischen Partei (§ 88 Abs. 2 ZPO). LAG und BAG prüfen die Bevollmächtigung ebenfalls nur auf Rüge des Gegners. Der Umfang der Prozessvollmacht im Außenverhältnis, d.h. im Verhältnis zum Gericht und zum Gegner, ist durch § 81 ZPO gesetzlich festgelegt. In Parteiprozessen kann der Umfang beliebig geregelt werden (§ 83 Abs. 2 ZPO); besteht Vertretungszwang, kann der Mandant nur Vergleich, Anerkenntnis und Klageverzicht von der Prozessvollmacht ausnehmen (§ 83 Abs. 1 ZPO). Im Innenverhältnis ist eine Beschränkung ohne weiteres möglich. Der Prozessbevollmächtigte kann auch eine Untervollmacht erteilen, etwa einem Stationsreferendar (§ 157 ZPO), nicht jedoch einem Nebentätigkeitsreferendar oder angestellten Assessor.[67] Der Prozessbevollmächtigte ist zu allen Handlungen in Bezug auf den Streitgegenstand befugt.[68] Zum Umfang der Vollmacht in Kündigungsschutzprozessen s. Band 1, § 10 Rn. 318. Die Prozessvollmacht erlischt durch Widerruf der Vollmacht oder wenn das der Bevollmächtigung zugrunde liegende Dienstverhältnis gekündigt wird. Im Außenverhältnis erlischt sie, wenn der Erlöschensgrund dem Prozessgegner oder dem Gericht mitgeteilt worden ist,[69] im Anwaltsprozess erst bei Bestellung eines anderen Prozessbevollmächtigten (§ 87 Abs. 1 ZPO). Das Verschulden des Prozessbevollmächtigten wird der Partei wie eigenes Verschulden zugerechnet (§ 85 Abs. 2 ZPO).

53 **cc) Beiordnung eines Rechtsanwalts.** Die arbeitsrechtlichen Sonderregelungen zur Beiordnung eines Rechtsanwalts sind mit Wirkung zum 1.1.2014 entfallen.[70] Nunmehr verweist § 11a Abs. 1 ArbGG allgemein auf die Vorschriften der Zivilprozessordnung. Eine Beiordnung ist im Rahmen der Prozesskostenhilfe (§§ 114 ff. ZPO) denkbar und von den hinreichenden Erfolgsaussichten der Rechtsverfolgung bzw. -verteidigung abhängig, vgl. § 114 Abs. 1 S. 1 ZPO.[71] Um die mit der Beiordnung bezweckte und verfassungsrechtlich gebotene Chancengleichheit zu gewährleisten, sind die Anforderungen an diese Erfolgsaussichten nicht zu überspannen.[72] Darüber hinaus muss zur Anordnung der Beiordnung entweder der Gegner durch einen Rechtsanwalt vertreten sein oder die eigene anwaltliche Vertretung erforderlich erscheinen, § 121 Abs. 2 ZPO. Das Merkmal der Erforderlichkeit hängt maßgeblich von Umfang und Schwierigkeit sowie Bedeutung der Sache für den Betroffenen ab.[73]

54 Der beigeordnete Rechtsanwalt erhält seine Vergütung aus der Landeskasse; diese kann die Gerichtskosten und die auf sie übergegangenen Vergütungsansprüche nur nach den vom

---

[67] ErfK/*Koch*, § 11 ArbGG Rn. 4.
[68] BAG 10.8.1977, AP Nr. 2 zu § 81 ZPO.
[69] BGHZ 31, 32, 35; 43, 135, 137.
[70] G zur Änderung des Prozesskostenhilfe- und Beratungshilferechts, BGBl I 2013, 3533.
[71] ErfK/*Koch*, § 11a ArbGG Rn. 1 f.
[72] BVerfGE 81, 347.
[73] Vgl. im einzelnen BAG 18.5.2010, NJW 2010, 2748.

Gericht getroffenen Bestimmungen gegen die Partei geltend machen (§ 122 Abs. 1 Nr. 1 ZPO).

c) Verbandsvertreter

Zur Prozessvertretung vor den Arbeitsgerichten (§ 11 Abs. 2 S. 2 Nr. 4 ArbGG), **55** vor den Landesarbeitsgerichten und vor dem Bundesarbeitsgericht sind auch Vertreter von Gewerkschaften, Arbeitgeberverbänden, Zusammenschlüssen solcher Vereinigungen und von sonstigen selbständigen Vereinigungen von Arbeitnehmern mit sozial- oder berufspolitischer Zwecksetzung zugelassen. Voraussetzung ist, dass der Verbandsvertreter kraft Satzung oder Vollmacht zur Vertretung befugt ist und die vertretene Partei Mitglied des Verbands ist (§ 11 Abs. 2 S. 2 Nr. 4 ArbGG). Die Begriffe „Gewerkschaft" und „Arbeitgebervereinigung" sind auch in § 11 ArbGG im allgemeinen arbeitsrechtlichen Sinne zu verstehen (s. § 12 Rn. 6 ff.). Für die Postulationsfähigkeit von Verbandsvertretern kommt es nicht darauf an, ob der Verband, für den sie auftreten, Tarifverträge abschließen kann oder will.[74] Der Verband kann den Rechtsschutz auch durch rechtlich selbständige, aber wirtschaftlich von ihm abhängige Unternehmen erbringen lassen (z.B. DGB-Rechtsschutz-GmbH), wenn diese ausschließlich Verbandsmitglieder vertreten und der Verband selbst für die vor Gericht auftretenden Bevollmächtigten haftet (§ 11 Abs. 2 S. 2 Nr. 5 ArbGG). In Verfahren vor dem BAG muss ein Vertreter über die Befähigung zum Richteramt verfügen (§ 11 Abs. 4 S. 3 ArbGG).

d) Sonstige Vertreter

Vor dem Arbeitsgericht kann sich eine Partei nur nach Maßgabe des § 11 ArbGG **56** durch andere Personen vertreten lassen. Daneben besteht die Möglichkeit, in der mündlichen Verhandlung mit einem Beistand zu erscheinen (§ 11 Abs. 6 S. 1 ArbGG). Beistand kann sein, wer in Verfahren, in denen die Parteien den Rechtsstreit selbst führen können, als Bevollmächtigter zur Vertretung in der Verhandlung befugt ist. Als Beistand können aber auch andere Personen zugelassen werden, wenn das Gericht dies für sachdienlich hält und hierfür nach den Umständen des Einzelfalls ein Bedürfnis besteht. Denkbar wären etwa Steuerberater und Steuerbevollmächtigte, die ihre Mandanten sonst nur vor den Finanzgerichten vertreten dürfen (§ 62 Abs. 2 FGO).

---

[74] BAG 16.11.1989, AP Nr. 11 zu § 11 ArbGG 1979 Prozeßvertreter.

IV. Urteilsverfahren

1. Allgemeines

a) Verhältnis von ArbGG und ZPO

57 Für das Urteilsverfahren gelten in erster Instanz die Vorschriften der ZPO über das Verfahren vor den Amtsgerichten (§§ 495 ff. ZPO), soweit das ArbGG in den §§ 46-63 ArbGG nichts anderes bestimmt (§ 46 Abs. 2 S. 1 ArbGG). Die wesentlichen Unterschiede zwischen arbeitsgerichtlichem Urteilsverfahren und streitigem Zivilverfahren zeigt die Übersicht auf der nächsten Seite.[75]

b) Verfahrensmaximen

58 Das arbeitsgerichtliche Verfahren beruht auf denselben Verfahrensmaximen wie das Streitverfahren vor den Zivilgerichten.

59 Nach dem **Dispositionsgrundsatz** (Gegenteil: Offizialprinzip) ist die Entscheidung, ob und in welchem Umfang ein arbeitsgerichtliches Verfahren eingeleitet wird, allein Sache der Parteien. Das Gericht ist an die Anträge der Parteien gebunden (§ 308 Abs. 1 ZPO). Diese bestimmen auch darüber, ob und wie das Verfahren endet, etwa durch Rücknahme der Klage, durch einseitige oder übereinstimmende Erledigterklärung, durch Vergleich oder Endurteil. Der **Verhandlungs- oder Beibringungsgrundsatz** (Gegenteil: Untersuchungsgrundsatz, Inquisitionsmaxime) besagt, dass es Aufgabe der Parteien ist, den Tatsachenstoff, den das Gericht der Entscheidung zugrunde legen soll, in das Verfahren einzuführen; dazu muss vor allem die beweisbelastete Partei die beweisbedürftigen (d.h. entscheidungserheblichen und vom Gegner ordnungsgemäß bestrittenen) Tatsachen beweisen. Das Gericht darf andere als die vorgebrachten oder gerichtsbekannten Tatsachen nicht verwerten. Allerdings hat es darauf hinzuwirken, dass sich die Parteien über alle erheblichen Tatsachen vollständig erklären und ungenügende Angaben ergänzen (§ 139 Abs. 1 S. 2 ZPO).

---

[75] Zu den Besonderheiten des arbeitsgerichtl. Verfahrens GMP/*Prütting*, ArbGG, Einl. Rn. 149 ff.

IV. Urteilsverfahren

\multicolumn{3}{	l	}{Urteilsverfahren vor den Arbeitsgerichten (§§ 46-63 ArbGG) und streitiges Verfahren vor den Zivilgerichten (ZPO)}
Merkmal	ArbGG	ZPO
Schriftliches / mündliches Verfahren	In 1. Instanz nur mündliches Verfahren (§ 46 II 2)	In 1. Instanz auch schriftliches Verfahren möglich (§ 128 II, III)
Vorbereitung des Haupttermins	Zwingende Güteverhandlung vor dem streitigen Termin (§ 54 I 1) Ausnahmen: § 111 II ArbGG und § 341a ZPO	Zwingende Güteverhandlung vor dem streitigen Termin (§ 278 II 1) Ausnahmen: § 278 II 1 HS 2
Einlassungsfrist	1 Woche zwischen Zustellung der Klageschrift und dem Termin (§ 47 I)	2 Wochen zwischen Zustellung der Klageschrift und dem Termin (§ 274 III)
Verweisung bei örtlicher Unzuständigkeit	Von Amts wegen, falls vom Beklagten gerügt (§ 48 I)	Nur auf Antrag des Klägers (§ 281 I 1)
Beeidigung von Zeugen und Sachverständigen	Nur wenn das Gericht dies für die Entscheidung für erforderlich hält (§ 58 II 1), jedoch nach BAG unzulässig, um eine wahrheitsgemäße Aussage herbeizuführen	Wenn das Gericht dies wegen der Bedeutung der Aussage oder zur Herbeiführung einer wahrheitsgemäßen Aussage für erforderlich hält und Parteien nicht auf Beeidigung verzichten (§ 391)
Urkunden- und Wechselprozess	Nicht möglich (§ 46 II 2)	Möglich in den Fällen der §§ 592 bis 605a
Gerichtskostenvorschuss	Nein (§ 11 GKG)	Ja (§ 12 GKG)
Kostentragungspflicht	In 1. Instanz trägt jede Partei die Kosten für die Zuziehung eines Prozessbevollmächtigten oder Beistands selbst (§ 12a I 1). In 2. und 3. Instanz trägt unterlegene Partei alle Kosten	In jeder Instanz trägt die unterlegene Partei sämtliche gerichtlichen und außergerichtlichen Kosten (§ 91)
Streitwertfestsetzung	Von Amts wegen im Tenor des Urteils (§ 61 I)	Durch gesonderten Beschluss oder in den Gründen des Urteils
Vorläufige Vollstreckbarkeit von Urteilen	Von Gesetzes wegen (§ 62 I 1) und ohne Sicherheitsleistung; Ausnahmen muss das Gericht auf Antrag anordnen (§ 62 I 2)	Muss grundsätzlich vom Gericht angeordnet werden (§§ 708 ff.); u.U. nur gegen vorherige Sicherheitsleistung
Zuständigkeit für das Mahnverfahren	ArbG, das für die im Urteilsverfahren erhobene Klage zuständig wäre (§ 46a II)	I.d.R. das AG, bei dem der Antragsteller seinen allgemeinen Gerichtsstand hat (§ 689 II, III)
Widerspruchsfrist gegen Mahnbescheid	1 Woche (§ 46a III)	2 Wochen (§ 692 I Nr. 3)
Einspruchsfrist gegen VB und VU	1 Woche (§ 59 S. 1)	2 Wochen (§§ 339 I, 700 I)
Zulässigkeit der Berufung	Berufungssumme höher als 600 €, Zulassung durch das ArbG oder Streit über den Bestand eines Arbeitsverhältnisses (§ 64 II, III)	Berufungssumme höher als 600 €, Zulassung durch das Gericht des ersten Rechtszugs (§ 511 II)
Zulässigkeit der Revision	Zulassung durch LAG (wegen grds. Bedeutung der Rechtssache oder wegen Divergenz) sowie bei erfolgreicher Nichtzulassungsbeschwerde (§§ 72, 72a)	Zulassung durch das Berufungsgericht sowie bei erfolgreicher Nichtzulassungsbeschwerde (§ 543)

Für das arbeitsgerichtliche Verfahren erster Instanz gilt das **Mündlichkeitsprinzip** (§ 46 Abs. 2 S. 2 ArbGG); eine Entscheidung im schriftlichen Verfahren ist nur in zweiter und dritter Instanz möglich. Das **Unmittelbarkeitsprinzip** verlangt, dass die mündliche Verhandlung und vor allem die Beweisaufnahme grundsätzlich vor dem erkennenden Gericht erfolgen (§ 58 Abs. 1 ArbGG, anders bei § 55 Abs. 3 ArbGG). Mit Einverständnis der Parteien kann die Verhandlung auch im Wege der Bild- und Tonübertragung in das Gericht erfolgen, wenn sich die Parteien, Bevollmächtigten oder Beistände, Zeugen oder Sachverständigen nicht am Sitzungsort aufhalten (§ 128a ZPO). Die Verhandlungen sind **öffentlich** (§ 52 S. 1 ArbGG),[76] soweit § 52 S. 2 ArbGG nichts anderes bestimmt. Das arbeitsgerichtliche Verfahren ist in allen Rechtszügen zu **beschleunigen** (§ 9 Abs. 1 ArbGG). Der Vorsitzende hat die streitige Verhandlung so vorzubereiten, dass sie möglichst **konzentriert**, d.h. in einem Termin zu Ende geführt werden kann (§ 56 Abs. 1 S. 1 ArbGG). Angriffs- und Verteidigungsmittel, die die Parteien erst nach einer vom Gericht gesetzten Frist vorbringen, können unberücksichtigt bleiben, sofern ihre Zulassung nach der freien Überzeugung des Gerichts die Erledigung des Rechtsstreits verzögern würde und die auf die Folgen hingewiesene Partei die Fristversäumnis nicht ausreichend entschuldigt (§ 56 Abs. 2 ArbGG). Die Güteverhandlung in einem Verfahren um das Bestehen oder die Beendigung eines Arbeitsverhältnisses soll innerhalb von zwei Wochen nach Klageerhebung stattfinden (§ 61a Abs. 2 ArbGG). Aus dem **Verfassungsrecht** ergeben sich als weitere Grundsätze das Gebot des effektiven Rechtsschutzes, der Anspruch auf ein faires Verfahren, der Grundsatz der prozessualen Waffengleichheit, das Verbot einer überlangen Verfahrensdauer, das Grundrecht auf den gesetzlichen Richter und der Anspruch auf rechtliches Gehör.[77]

2. Gang des erstinstanzlichen Verfahrens

a) Einleitung des Verfahrens

60 Das Verfahren erster Instanz kann eingeleitet werden durch
 – Klageerhebung (§ 46 Abs. 2 S. 1 ArbGG, §§ 253 ff. ZPO),
 – Antrag auf Erlass eines Mahnbescheids (§ 46a ArbGG) oder
 – Antrag auf Erlass eines Arrests oder einer einstweiligen Verfügung (§ 62 Abs. 2 ArbGG, §§ 916 ff., 935 ff. ZPO).

61 **aa) Klageerhebung.** Die Klage muss **schriftlich** beim zuständigen Gericht eingereicht werden. Einreichung durch **Telefax oder Computerfax mit eingescannter Unterschrift**[78] genügt (§ 130 Nr. 6 ZPO). Das Schriftformgebot soll nur gewährleisten, dass der Inhalt und die Rechtsverbindlichkeit der Prozesshandlung, die vorgenommen wird, sowie die Person des Erklärenden hinreichend zuverlässig festgestellt werden können.[79] Diesen Anforderungen wird das Telefax gerecht. Die Klage kann auch mündlich zu Protokoll der

---

[76] Der Verstoß begründet einen absoluten Revisionsgrund, s. BAG 22.9.2016, NZA 2016, 1356.
[77] GMP/*Prütting*, ArbGG, Einl. Rn. 223 ff.; MünchArbR/*Jacobs*, § 390 Rn. 12.
[78] GmSOGB 5.4.2000, NJW 2000, 2340.
[79] Vgl. nur BSG 15.10.1996, NJW 1997, 1254.

IV. Urteilsverfahren

Rechtsantragsstelle des Gerichts erhoben werden (§ 496 ZPO). Die Antragsstelle soll dem Kläger helfen, die Klage in der korrekten Form zu erheben; zu einer weitergehenden rechtlichen Beratung ist sie nicht befugt. Der Mindestinhalt der Klageschrift ergibt sich aus § 253 ZPO. Nach § 253 Abs. 3 Nr. 1 ZPO soll die Klageschrift auch die Angabe enthalten, ob der Klageerhebung der Versuch einer Mediation oder eines anderen Verfahrens der außergerichtlichen Konfliktbeilegung (s. unten Rn. 72a) vorausgegangen ist, sowie eine Äußerung dazu, ob einem solchen Verfahren Gründe entgegenstehen.

bb) Elektronischer Rechtsverkehr. Soll die Klage als elektronisches Dokument – etwa als Anhang einer E-Mail – eingereicht werden, muss es für die Bearbeitung geeignet sein (§ 46c Abs. 2 S. 1 ArbGG). Die Anforderungen hierfür werden durch die zum 1.1.2018 in Kraft getretene „Verordnung über die technischen Rahmenbedingungen des elektronischen Rechtsverkehrs und über das besondere elektronische Behördenpostfach (ERVV)[80] geregelt. Das Dokument ist grundsätzlich in druckbarer, kopierbarer und, soweit technisch möglich, durchsuchbarer Form im Dateiformat PDF zu übermitteln (§ 2 Abs. 1 ERVV).[81] Das Dokument muss mit einer qualifizierten elektronischen Signatur (Art. 25 Abs. 2 eIDAS-VO[82]) der verantwortenden Person versehen sein oder von ihr signiert werden (§ 46c Abs. 3 ArbGG). Ein nicht mit der geforderten Signatur eingereichter Schriftsatz ist nicht wirksam bei Gericht eingegangen.[83] Das Dokument muss auf einem sicheren Übermittlungsweg eingereicht werden. Welche in Betracht kommen, bestimmt § 46c Abs. 4 ArbGG. Das Dokument ist eingegangen, sobald es auf der für den Empfang bestimmten Einrichtung des Gerichts gespeichert ist. Dem Absender ist eine automatisierte Bestätigung über den Zeitpunkt des Eingangs zu erteilen. Ist das Dokument für das Gericht zur Bearbeitung nicht geeignet, ist dies dem Absender unter Hinweis auf die Unwirksamkeit des Eingangs und die geltenden technischen Rahmenbedingungen unverzüglich mitzuteilen. Das Dokument gilt als zum Zeitpunkt der früheren Einreichung eingegangen, sofern der Absender es unverzüglich in einer für das Gericht zur Bearbeitung geeigneten Form nachreicht und glaubhaft macht, dass es mit dem zuerst eingereichten Dokument inhaltlich übereinstimmt. (§ 46c Abs. 5, 6 ArbGG).[84]

61a

Ab dem 1.1.2018 besteht für Rechtsanwälte zudem die Pflicht, das „besondere elektronische Anwaltspostfach (beA)" zumindest passiv zu nutzen (§ 31a Abs. 6 BRAO), d.h. sie müssen Zustellungen und Mitteilungen über dieses zur Kenntnis nehmen (§ 174 Abs. 3 S. 3, 4 ZPO). Ab 1.1.2022 besteht die Pflicht (u.a. für Rechtsanwälte, Behörden und jur. Personen des öff. Rechts), Schriftsätze als elektronisches Dokument zu übermitteln („aktive Nutzungspflicht", § 46g ArbGG). Die Einzelheiten des beA sind in den §§ 19-29 RAVPV[85] geregelt.

61b

---

[80] V. 24.11.2017, BGBl. I S. 3803 (erlassen auf der Grundlage des § 46c Abs. 2 S. 2 ArbGG).
[81] Zu den Formerfordernissen im einzelnen s. *Müller*, NZA 2018, 1315.
[82] Verordnung Nr. 910/2014 v. 23.7.2014 über die elektronische Identifizierung und Vertrauensdienste für elektronische Transaktionen im Binnenmarkt, ABl. L 257/73.
[83] Vgl. BAG 15.8.2018, NZA 2018, 1214.
[84] Vgl. weiter *Müller*, NZA 2019, 11; *Natter/Haßel*, NZA 2017, 1017.
[85] RA-Verzeichnis- und -postfachVO v. 23.9.2016, BGBl. I S. 2167.

§ 21 Arbeitsgerichtliches Verfahren

62 **cc) Anhängigkeit und Rechtshängigkeit.** Mit der Einreichung der Klageschrift ist der Rechtsstreit bei Gericht anhängig, mit der – von Amts wegen erfolgenden – Zustellung an den Beklagten wird sie rechtshängig (§ 261 ZPO); der Rechtsstreit kann dann nicht mehr anderweitig anhängig gemacht werden (§ 261 Abs. 3 Nr. 1 ZPO), eine nachträgliche Änderung der Umstände, von denen die Zuständigkeit des angegangenen Gerichts abhängt, hat keine Auswirkungen mehr (§ 261 Abs. 3 Nr. 2 ZPO), und es fallen Prozesszinsen an (§ 291 BGB).

63 Soll durch die Zustellung der Klageschrift eine Frist – etwa die zur Erhebung der Kündigungsschutzklage nach § 4 KSchG – gewahrt oder die Verjährung unterbrochen werden, so tritt die Wirkung bereits mit Anhängigkeit der Klage bei Gericht ein, wenn die Zustellung „demnächst" erfolgt (§ 167 ZPO). „Demnächst" meint eine Zustellung in angemessener Frist; geringfügige Verzögerungen (bis zu drei Wochen)[86] sind unschädlich, längere dann, wenn die Partei hieran kein Verschulden trifft.[87] Verzögerungen – auch über mehrere Monate hinweg –, die durch die Sachbearbeitung des Gerichts verursacht sind, muss sich der Kläger grundsätzlich nicht zurechnen lassen.[88] Die Vorschrift gilt sowohl für Fälle, in denen eine Frist lediglich durch Inanspruchnahme der Gerichte gewahrt werden kann,[89] als auch für solche, in denen die außergerichtliche Geltendmachung genügt,[90] wie z.B. für Schadensersatz- und Entschädigungsansprüchen wegen Diskriminierung nach § 15 Abs. 1 und 2 AGG.[91]

---

[86] BGH 15.1.1992, MDR 1992, 900.
[87] Vgl. im einzelnen Thomas/Putzo/*Hüßtege*, § 167 ZPO Rn. 10 ff.; Zöller/*Greger*, § 167 ZPO Rn. 10 ff.
[88] BAG 23.8.2012, NJW 2013, 252: 19 Monate bei einer Auslandszustellung.
[89] BGH 21.10.1981, NJW 1982, 172 f.
[90] BGH 17.7.2008, NJW 2009, 765; *Nägele/Gertler*, NZA 2010, 1377 m. Bsp.
[91] BAG 22.5.2014, NZA 2014, 924 m. ausf. Begründung.

> Dr. Beate Lobinger   Passau, 11.11.2019
> Rechtsanwältin
> Ludwigstraße 3
> 94032 Passau
>
> An das
> Arbeitsgericht Passau
> Eggendobl 4
> 94034 Passau
>
> Klage
>
> der Frau Maria Huber, Verkäuferin, Nibelungenstraße 23, 94032 Passau
>
> – Klägerin –
>
> Prozessbevollmächtigte: RAin Dr. Beate Lobinger
>
> gegen
>
> Firma Baur KG, vertreten durch den persönlich haftenden Gesellschafter
> Josef Baur, Regensburger Straße 12, 94036 Passau   – Beklagte –
>
> wegen Feststellung
>
> Namens und in Vollmacht der Klägerin erhebe ich Klage zum Arbeitsgericht
> Passau und bitte um Anberaumung eines Termins zur mündlichen Verhandlung,
> in dem ich beantragen werde:
>
> Es wird festgestellt, dass das Arbeitsverhältnis zwischen den Parteien durch
> die Kündigung der Beklagten vom 25.10.2019 nicht aufgelöst worden ist.
>
> Begründung: ...
>
> Unterschrift

cc) Antrag auf Erlass eines Mahnbescheids. Das Urteilsverfahren kann auch durch ein Mahnverfahren eingeleitet werden, wenn ein Zahlungsanspruch geltend gemacht wird, der nicht von einer noch nicht erbrachten Gegenleistung abhängt (§ 46a Abs. 1 S. 1 ArbGG, § 688 Abs. 2 Nr. 2 ZPO). 64

Zuständig ist das Arbeitsgericht, bei dem die Klage im Urteilsverfahren erhoben werden müsste (§§ 46a Abs. 2, 46 Abs. 2 S. 1 ArbGG, §§ 495, 12 ff. ZPO). Nach Erlass und Zustellung des Mahnbescheids kann der Antragsgegner binnen einer Woche schriftlich oder zu Protokoll der Geschäftsstelle **Widerspruch** einlegen (§ 46a Abs. 3 ArbGG, § 694 Abs. 1 ZPO). Wird rechtzeitig Widerspruch erhoben und beantragt eine Partei die Durchführung des Urteilsverfahrens, so hat das Arbeitsgericht dem Antragsteller unverzüglich aufzugeben, seinen Anspruch binnen zwei Wochen schriftlich zu begründen. Geht die Anspruchsbegründung bei Gericht ein, bestimmt der Vorsitzende einen Gütetermin (§ 54 ArbGG). Erfolgt der Widerspruch nicht oder nicht fristgerecht, so kann der Antragsteller binnen sechs Monaten nach Erlass des Mahnbescheids (§ 701 ZPO) den Erlass eines **Vollstreckungsbescheids** beantragen, der in seinen Wirkungen einem Versäumnisurteil gleichsteht (§ 46a Abs. 1 S. 1 ArbGG, § 700 Abs. 1 ZPO). Dagegen kann der Antragsgegner binnen 65 einer Woche nach Zustellung schriftlich oder zu Protokoll der Geschäftsstelle des Arbeitsgerichts **Einspruch** einlegen (§ 59 S. 1, 2 ArbGG). Wird rechtzeitig Einspruch eingelegt, setzt das Gericht einen Termin zur mündlichen Streitverhandlung fest (§ 341a ZPO). Ist der Einspruchsführer in diesem Termin säumig (§ 333 ZPO), kann gegen ihn auf Antrag ein Versäumnisurteil erlassen werden. Gegen dieses „zweite technische Versäumnisurteil" steht ihm statt des Einspruchs (§ 345 ZPO) unter den Voraussetzungen des § 64 Abs. 2 lit. d ArbGG die **Berufung** zu. Ist der Einspruch unzulässig, kann ihn das Gericht ohne mündliche Verhandlung verwerfen (§ 341 ZPO). Ist er verfristet, wird der Vollstreckungsbescheid rechtskräftig. Die endgültige Vollstreckung aus dem Vollstreckungsbescheid ist unzulässig, wenn der Antragsteller erkennen kann, dass eine gerichtliche Schlüssigkeitsprüfung zur Abweisung seines Klagebegehrens führen würde.[92]

66 **dd) Antrag auf Erlass einer einstweiligen Verfügung.** Vorläufiger Rechtsschutz wird im arbeitsgerichtlichen Verfahren vor allem durch den Erlass einstweiliger Verfügungen gewährt (§ 62 Abs. 2 ArbGG), und zwar zur Sicherung eines Individualanspruchs durch sog. Sicherungsverfügung (§ 935 ZPO) oder zur einstweiligen Regelung eines streitigen Rechtsverhältnisses durch sog. Regelungsverfügung (§ 940 ZPO).[93]

Beispiele für einstweilige Verfügungen: Festlegung und Gewährung von Erholungsurlaub, wenn er vom Arbeitgeber nicht rechtzeitig erteilt wird; vorläufige Weiterbeschäftigung in einem Kündigungsschutzprozess nach Ablauf der Kündigungsfrist oder Entbindung des Arbeitgebers hiervon; Unterlassung rechtswidriger Arbeitskampfmaßnahmen.

67 § 62 Abs. 2 S. 1 ArbGG verweist für das Verfahren des vorläufigen Rechtsschutzes auf die Vorschriften der §§ 935 ff. ZPO. Zuständig für den Erlass einer einstweiligen Verfügung ist das Gericht der Hauptsache (§ 937 Abs. 1 ZPO), d.h. das Arbeitsgericht, bei dem die Hauptsache anhängig ist oder bei dem die Hauptsacheklage zu erheben wäre; in der Berufungsinstanz ist es das Landesarbeitsgericht (§ 943 Abs. 1 ZPO). Eine „Ersatzzuständigkeit" der Amtsgerichte in dringenden Fällen (§ 942 Abs. 1 ZPO) besteht nach h.M. nicht mehr, nachdem die § 48 ArbGG, §§ 17-17b GVG jetzt klarstellen, dass Arbeits- und Zivilgerichtsbarkeit eigenständige Rechtswege sind.[94] Die einstweilige Verfügung setzt einen Antrag voraus, aus dem sich Verfügungsanspruch und Verfügungsgrund ergeben. **Verfügungsanspruch** ist der materiell-rechtliche Anspruch, dessen Sicherung, Regelung oder vorläufige Gewährung begehrt wird. Ein **Verfügungsgrund** besteht, wenn Umstände vorliegen, die nach dem objektiven Urteil eines vernünftigen Menschen befürchten lassen, dass die Verwirklichung des materiell-rechtlichen Anspruchs in Zukunft gefährdet ist oder wenn die Erfüllung des Anspruchs dringlich ist.[95] Daran kann es fehlen, wenn der Antragsteller schuldhaft zögerlich handelt, insbesondere wenn er es unterlässt, im Hauptsacheverfahren einen Titel zu erstreiten.[96] Eine „Leistungsverfügung", die bereits zu einer – wenn auch

---

[92] BGH 2.1.1989, WM 1990, 391.
[93] Daneben besteht die Möglichkeit, einen Arrest zu beantragen. Der Arrest dient der Sicherung der Zwangsvollstreckung wegen einer Geldforderung (§ 916 ZPO). Er wird hier nicht behandelt.
[94] GMP/*Schleusener*, § 62 ArbGG Rn. 81 m.w.N.
[95] Thomas/Putzo/*Seiler*, § 935 ZPO Rn. 6, § 940 ZPO Rn. 5 m.w.N.
[96] LAG Frankfurt 23.3.1987, NZA 1988, 37 („Selbstwiderlegung des Antragstellers").

lediglich vorläufigen – Befriedigung des Gläubigers führt, ist nur dann zulässig, wenn andere Maßnahmen nicht möglich oder nicht genügend sind,[97] etwa wenn der Arbeitnehmer ohne die Entgeltzahlung in eine finanzielle Notlage geriete. Verfügungsanspruch und Verfügungsgrund hat der Antragsteller glaubhaft zu machen (§ 294 ZPO). Das Arbeitsgericht muss grundsätzlich in mündlicher Verhandlung entscheiden. Nur bei besonderer Dringlichkeit oder wenn der Antrag abgewiesen wird, kann die Entscheidung ohne mündliche Verhandlung (§ 937 Abs. 2 ZPO) und dann allein durch den Kammervorsitzenden ergehen (§ 53 Abs. 1 S. 1 ArbGG), § 62 Abs. 2 S. 1 ArbGG. Eine Güteverhandlung findet nicht statt.[98] Mit einer sog. **Schutzschrift** kann der Antragsgegner eine Entscheidung des Gerichts ohne mündliche Verhandlung verhindern, indem er vor Erlass eines Beschlusses durch das Gericht Verteidigungsmittel vorträgt, die eine besondere Dringlichkeit des Antrags in Frage stellen. Die Schutzschrift ist als (gesetzlich nicht geregeltes) Rechtsinstitut anerkannt.[99] Eine in das Schutzschriftenregister nach § 945a Abs. 1 ZPO eingestellte Schutzschrift gilt als bei allen Arbeitsgerichten der Länder eingereicht (§ 62 Abs. 2 S. 3 ArbGG), so dass der Antragsgegner nicht mehr prüfen muss, bei welchem Gericht der Antragsteller seinen Antrag gestellt haben könnte. Seit Inkrafttreten der Schutzschriftenregisterverordnung (SRV)[100] am 1. Januar 2016 kann die Schutzschrift sogar rein elektronisch eingereicht werden, vgl. § 2 Abs. 4 und Abs. 5 SRV. Das Arbeitsgericht entscheidet nach freiem Ermessen, welche Anordnungen zur Erreichung des Sicherungs- oder Regelungsziels erforderlich sind (§ 938 Abs. 1 ZPO). Ist die Hauptsache noch nicht anhängig, muss das Gericht auf Antrag anordnen, dass die Partei, die die Verfügung erwirkt, Klage zu erheben hat (§§ 936, 926 Abs. 1 ZPO). Der Antragsteller kann sich schadensersatzpflichtig machen, wenn er die einstweilige Verfügung vollzieht, etwa einen vom Arbeitgeber versagten Urlaub antritt, und die Verfügung sich im Nachhinein als nicht gerechtfertigt erweist (§ 945 ZPO).

b) Güteverhandlung

aa) Allgemeines. Die mündliche Verhandlung beginnt zwingend[101] mit dem „Gütetermin" (§ 54 ArbGG). Das gilt nicht, wenn gegen einen Vollstreckungsbescheid Einspruch eingelegt wird (§§ 700 Abs. 1, 341a ZPO), und im Verfahren des einstweiligen Rechtsschutzes. Die Güteverhandlung dient der gütlichen Einigung der Parteien, die unabhängig davon während des gesamten arbeitsgerichtlichen Verfahrens anzustreben ist (§ 57 Abs. 2 ArbGG). Sie soll zugleich die streitige Verhandlung vorbereiten. In Kündigungsverfahren soll die Güteverhandlung innerhalb von zwei Wochen nach Klageerhebung stattfinden (§ 61a Abs. 2 ArbGG). **68**

bb) Verfahren. Die Güteverhandlung findet vor dem Vorsitzenden statt, nicht vor der Kammer. Der Vorsitzende hat mit den Parteien die Sach- und Rechtslage und damit die Erfolgsaussichten der Klage zu erörtern (§ 54 Abs. 1 S. 2 ArbGG), und zwar so, dass auch **69**

---

[97] LAG München 19.12.1979, NJW 1980, 957. Der Verfügungsgrund ist in diesen Fällen besonders sorgfältig zu prüfen.
[98] ErfK/*Koch,* § 54 ArbGG Rn. 2; GMP/*Germelmann/Künzl,* § 54 ArbGG Rn. 54.
[99] ErfK/*Koch,* § 62 ArbGG Rn. 18.
[100] Verordnung über das elektronische Schutzschriftenregister, BGBl I 2015, 2135.
[101] GMP/*Germelmann/Künzl,* § 54 ArbGG Rn. 11; SchaubArbRFV-HdB/*Straube,* C. Rn. 238 ff.

eine nicht fachkundig vertretene Partei die Chancen und Risiken eines streitigen Verfahrens abzuschätzen vermag. Zur Aufklärung der Sachlage darf der Vorsitzende alle Maßnahmen ergreifen, die sofort durchführbar sind, wie etwa die Einsichtnahme in mitgebrachte Unterlagen der Parteien oder die informatorische Anhörung anwesender Zeugen und Sachverständiger (§ 54 Abs. 1 S. 3 ArbGG); allerdings kann das eine förmliche Beweisaufnahme vor der Kammer (§ 58 ArbGG) nicht ersetzen. Der Vorsitzende kann die Güteverhandlung mit Zustimmung der Parteien in einem weiteren Termin, der alsbald stattzufinden hat, fortsetzen (§ 54 Abs. 1 S. 5 ArbGG). Ob in der Güteverhandlung bereits Anträge gestellt werden können, ist streitig;[102] in der Praxis werden sie erst während der Kammersitzung gestellt, so dass die Klage bis dahin ohne Zustimmung des Beklagten zurückgenommen werden kann (§ 54 Abs. 2 S. 1 ArbGG), ohne dass Gerichtskosten anfallen. Gerichtliche Geständnisse (§ 288 ZPO) im Gütetermin haben nur dann bindende Wirkung, wenn sie zu Protokoll erklärt werden (§ 54 Abs. 2 S. 2 ArbGG). Rügen im Hinblick auf die örtliche Zuständigkeit des Gerichts (§ 39 ZPO) und zu sonstigen Zulässigkeitsvoraussetzungen (§ 282 Abs. 3 ZPO) brauchen in der Güteverhandlung noch nicht erhoben zu werden (§ 54 Abs. 2 S. 3 ArbGG). Erscheint eine Partei in der Güteverhandlung nicht, schließt sich unmittelbar die streitige Verhandlung an (§ 54 Abs. 4 ArbGG), in der der Vorsitzende ohne die ehrenamtlichen Beisitzer (§ 55 Abs. 1 Nr. 4 ArbGG) auf Antrag ein Versäumnisurteil gegen den Nichterschienenen (§§ 330 ff. ZPO) erlassen oder einen neuen (Kammer-)Termin zur streitigen Verhandlung bestimmen kann (§ 54 Abs. 4 ArbGG). Erscheinen oder verhandeln beide Parteien in der Güteverhandlung nicht, so hat das Gericht das Ruhen des Verfahrens anzuordnen (vgl. im einzelnen § 54 Abs. 5 ArbGG).

70   cc) **Abschluss.** Nicht selten wird der Rechtsstreit bereits im Gütetermin im Wege „gegenseitigen Nachgebens" durch Abschluss eines gerichtlichen **Vergleichs** beendet (§ 779 BGB). Der Vergleich muss, um wirksam zu werden, ordnungsgemäß protokolliert werden (§ 54 Abs. 3 ArbGG, § 160 Abs. 3 Nr. 1 ZPO); er ist den Parteien vorzulesen und muss von ihnen genehmigt werden (§ 162 Abs. 1 ZPO). Der Vergleich ist ein Vollstreckungstitel (§ 794 Abs. 1 Nr. 1 ZPO).

71   Der Vergleich kann auch unter Widerrufsvorbehalt geschlossen werden. Bis zum Ablauf der Frist ist er auflösend bedingt. Erlässt der Arbeitnehmer dem Arbeitgeber Forderungen (§ 397 BGB), so muss er das Recht haben, auf sie zu verzichten. Auf eine Reihe gesetzlicher Ansprüche kann nicht verzichtet werden (z.B. § 12 EfzG, § 13 Abs. 1 S. 3 BUrlG); zulässig ist aber ein Vergleich über strittige tatsächliche Voraussetzungen des Klageanspruchs.[103] Der Verzicht auf Ansprüche aus einem Tarifvertrag oder einer Betriebsvereinbarung ist nur mit Zustimmung der Tarifvertragsparteien bzw. des Betriebsrats zulässig (§ 4 Abs. 4 S. 1 TVG, § 77 Abs. 4 S. 2 BetrVG). Das Arbeitsgericht kann auch außerhalb der mündlichen Verhandlung einen Vergleichsvorschlag unterbreiten. Der Vergleich kommt dann zustande, wenn beide Parteien ihn durch Schriftsatz gegenüber dem Gericht annehmen und das Gericht das Zustandekommen und den Inhalt des Vergleichs durch Beschluss

---

[102] Die h.M. verneint, vgl. ErfK/*Koch* § 54 Rn. 4; GMP/*Germelmann/Künzl*, § 54 ArbGG Rn. 37 m.w.N.; a.A. DLW/*Luczak*, Kapitel 15 Rn. 317; *Grunsky*, § 54 ArbGG Rn. 4.
[103] BAG 22.1.1998, NZA 1998, 637.

feststellt (§ 278 Abs. 6 ZPO). Die Wirkung eines solchen Vergleichs entspricht der eines in einer mündlichen Verhandlung protokollierten Vergleichs.[104]

Der Rechtsstreit endet auch dann, wenn der Beklagte den geltend gemachten Anspruch anerkennt oder der Kläger auf ihn verzichtet. Anerkenntnis und Verzicht sind zu protokollieren (§ 160 Abs. 3 Nr. 1 ZPO). Auf Antrag kann der Kammervorsitzende ein **Anerkenntnis- oder Verzichtsurteil** (§§ 306, 307 ZPO) erlassen (§ 55 Abs. 1 Nr. 2, 3 ArbGG). Streitig ist, ob das Urteil noch in der Güteverhandlung oder erst in der sich unmittelbar anschließenden streitigen Verhandlung (§ 55 Abs. 3 ArbGG) ergehen kann.[105] Schließlich kann das Verfahren durch **Klagerücknahme** (§ 54 Abs. 2 S. 1 ArbGG) oder durch **übereinstimmende** (§ 91a ZPO) **oder einseitige Erledigungserklärung** beendet werden. 72

dd) Verweisung vor den Güterichter, Mediation. Zur Umsetzung der EG-Mediations-Richtlinie[106] wurden im Juli 2012 die §§ 54 Abs. 6, 54a in das ArbGG eingefügt.[107] Sie ermöglichen den Parteien die einvernehmliche Lösung ihres bereits bei Gericht anhängigen Rechtsstreits im Wege einer **gerichtsinternen Mediation** vor einem nicht entscheidungsbefugten **Güterichter** (§ 54 Abs. 6 S. 1 ArbGG) oder außerhalb der Gerichts durch einen **Mediator** (§ 54a ArbGG). Die Vorschriften gelten auch für die Berufungsinstanz (§ 64 Abs. 7 ArbGG) sowie im Beschlussverfahren (§ 80 Abs. 2 S. 1 ArbGG). Für die Zeit der Verhandlungen ist die Verjährung von Ansprüchen nach § 204 BGB gehemmt. 72a

(1) Güterichter. Im Gütetermin – d.h. (nur) vor dem Übergang in das streitige Verfahren[108] – kann der Vorsitzende die Parteien für die Güteverhandlung sowie deren Fortsetzung vor einen hierfür bestimmten, nicht entscheidungsbefugten Richter als „Güterichter" verweisen. Dieser ist gesetzlicher Richter i.S.d. § 16 S. 2 GVG[109] und kann auch Richter eines anderen Gerichts oder eines anderen Rechtszugs sein.[110] Der Güterichter darf alle Methoden der Konfliktbeilegung einschließlich der Mediation einsetzen. Eine eigene Verfahrensregelung besteht nicht; die Vorschriften des MediationsG gelten nicht.[111] Die Parteien sind aber zu den Sitzungen zu laden, da es sich bei der gerichtsinternen Mediation um Gerichtstermine handelt. Die Verhandlungen sind nicht öffentlich. Beim Ausbleiben einer Partei kann kein Versäumnisurteil ergehen, weil nicht vor einem erkennenden Gericht verhandelt wird.[112] In der Praxis ist die Verweisung an den Güterichter die Ausnahme.[113] 72b

---

[104] *Holthaus/Koch*, RdA 2002, 140, 142.
[105] GMP/*Germelmann/Künzl*, § 54 ArbGG Rn. 40.
[106] RL 2008/52/EG v. 21.8.2012, ABl. L Nr. 136 S. 3; diese gilt aber nur für grenzüberschreitende Streitigkeiten.
[107] G zur Förderung der Mediation, BGBl. I 2012, 1577.
[108] *Francken*, NZA 2012, 836, 838.
[109] Begr. RegE, BT-Drs. 17/5335, S. 20.
[110] *Düwell*, BB 2012, 1921, 1922; *Francken*, NZA 2012, 836, 838; a.A. *Ahrens*, NJW 2012, 2465, 2469.
[111] *Ahrens*, NJW 2012, 2465, 2469 f.; *Francken*, NZA 2012, 249, 251.
[112] *Ahrens*, NJW 2012, 2465, 2470.
[113] *Francken*, NZA 2015, 641, 643.

72c **(2) Mediation.** Als Alternative zu einem Verfahren vor dem Güterichter kann das Gericht den Parteien eine Mediation nach den Vorschriften des MediationsG oder ein anderes Verfahren der außergerichtlichen Streitbeilegung vorschlagen.[114] Nehmen die Parteien den Vorschlag an, ordnet das Gericht durch Beschluss des Vorsitzenden (§ 55 Abs. 1 Nr. 8 ArbGG) das Ruhen des Gerichtsverfahrens an; dieses nimmt es nach drei Monaten wieder auf, wenn nicht die Parteien übereinstimmend darlegen, dass sie noch mit ihrer außergerichtlichen Konfliktbeilegung befasst sind (§ 54a Abs. 2 S. 3 ArbGG).

72d Unter Mediation ist ein vertrauliches und strukturiertes Verfahren zu verstehen, bei dem die Parteien mittels eines oder mehrerer Mediatoren freiwillig und eigenverantwortlich eine einvernehmliche Beilegung ihres Konflikts anstreben (§ 1 Abs. 1 MediationsG, Art. 3 lit. a Mediations-RL). Den Mediator wählen die Parteien freiwillig aus (§ 2 Abs. 1 MediationsG). Dieser muss zwar nicht über die Befähigung zum Richteramt verfügen, wohl aber über theoretische Kenntnisse und praktische Erfahrungen, insbesondere in Verhandlungs- und Kommunikationstechniken (vgl. §§ 5, 6 MediationsG). Der Mediator ist unabhängig, neutral und allen Parteien gleichermaßen verpflichtet (§ 1 Abs. 2 MediationsG); Umstände, die seiner Unabhängigkeit und Neutralität entgegenstehen könnten, hat er offenzulegen (vgl. § 3 Abs. 1 S. 1 MediationsG). Die Parteien können die Mediation jederzeit beenden, der Mediator, wenn er der Auffassung ist, dass eine eigenverantwortliche Kommunikation oder eine Einigung der Parteien nicht zu erwarten ist (§ 2 Abs. 5 MediationsG). Auf Antrag einer Partei ist dann ein Termin zur mündlichen Verhandlung zu bestimmen (§ 54a Abs. 2 S. 2 ArbGG). Einigen sich die Parteien, hat der Mediator darauf hinzuwirken, dass die Parteien die Vereinbarung in Kenntnis der Sachlage treffen und ihren Inhalt verstehen. Parteien, die ohne fachliche Beratung an der Mediation teilnehmen, hat er auf die Möglichkeit einer Überprüfung des Vereinbarten durch einen externen Berater hinzuweisen. Mit Zustimmung der Parteien kann die erzielte Einigung in einer Abschlussvereinbarung dokumentiert werden (§ 2 Abs. 6 MediationsG). Als Vollstreckungstitel kommt diese allerdings nur dann in Betracht, wenn sie in Gestalt eines Anwaltsvergleichs (§§ 796a ff. ZPO) oder in der Form einer notariellen Urkunde (§ 794 Abs. 1 Nr. 5 ZPO) aufgenommen wurde.[115]

c) Streitige Verhandlung vor der Kammer

73 aa) Bleibt die **Güteverhandlung erfolglos**, so ist dies im Gerichtsprotokoll zu vermerken (§ 54 Abs. 3 ArbGG). § 54 Abs. 4 ArbGG sieht zwar vor, dass sich die weitere, jetzt „streitige" Verhandlung unmittelbar an die Güteverhandlung anschließt; im allgemeinen wird aber von Amts wegen ein neuer Kammertermin bestimmt, weil die ehrenamtlichen Richter nicht anwesend sind und die Parteien

---

[114] Etwa vor Schlichtungs-, Schieds- oder Gütestellen, Düwell/Lipke/*Tautphäus*, § 54a Rn. 6 m.w.N.
[115] *Ahrens*, NJW 2012, 2465, 2468.

nicht ausreichend zur Sache vorgetragen haben. Anders ist es, wenn in der Verhandlung, die sich unmittelbar an die Güteverhandlung anschließt, eine das Verfahren beendende Entscheidung ergehen kann oder wenn dies zumindest als möglich angesehen wird und wenn die Parteien übereinstimmend und unwiderruflich eine Entscheidung durch den Vorsitzenden (allein) beantragen (§ 55 Abs. 3 ArbGG). Sind die Beweismittel gegenwärtig, kann auch eine Beweisaufnahme ohne die ehrenamtlichen Richter erfolgen. Kommt es zu keiner verfahrensbeendenden Entscheidung, muss ein Kammertermin unter Beiziehung der ehrenamtlichen Richter anberaumt werden.

bb) Zur **Vorbereitung** der streitigen Verhandlung kann der Kammervorsitzende insbesondere 74
- die Parteien unter Setzung einer angemessenen Frist (in Kündigungsverfahren: Mindestens zwei Wochen, § 61a Abs. 3 ArbGG) zur Ergänzung oder Erläuterung ihrer Schriftsätze und zur Vorlage von Urkunden auffordern,
- Behörden um Auskünfte oder Mitteilung von Urkunden ersuchen,
- das persönliche Erscheinen der Parteien anordnen,
- Zeugen und Sachverständige laden (§ 56 Abs. 1 S. 2 Nr. 4 ArbGG) und
- (vorsorgliche) Beweisbeschlüsse gemäß § 55 Abs. 4 ArbGG erlassen.

cc) Die **streitige Verhandlung beginnt** in der Praxis entgegen § 137 Abs. 1 ZPO 75 nicht mit der Stellung der Anträge, sondern mit einer Einführung in den Sach- und Streitstand durch den Kammervorsitzenden, der den Parteien, falls möglich und aussichtsreich, erneut ein Vergleichsangebot unterbreiten kann (§ 57 Abs. 2 ArbGG). Kommt eine gütliche Erledigung des Rechtsstreits nicht in Betracht, werden die Klageanträge gestellt. Zur Sache verhandeln die Parteien aber erst, wenn sie zum Streitgegenstand Stellung beziehen. Unterlassen sie dies, gelten sie als säumig i.S.d. § 333 ZPO.

dd) Für das **Beweisverfahren** und die **Beweiswürdigung** gelten die Regelungen der ZPO, 76 soweit in § 58 ArbGG nichts anderes bestimmt ist. Der Beweis wird durch die (substantiierte) Behauptung der zu beweisenden Tatsache („Beweisthema") und die genaue Bezeichnung des Beweismittels angetreten. Das Angebot eines Zeugen „N.N." genügt nicht. Ein solcher Beweisantritt ist jedoch nicht unbeachtlich; vielmehr ist die Partei nach § 139 Abs. 1 ZPO unter Fristsetzung zur Konkretisierung aufzufordern.[116] Die Beweisaufnahme erfolgt vor der Kammer (§ 58 Abs. 1 ArbGG). Sie setzt einen förmlichen Beweisbeschluss (§§ 358 ff. ZPO) voraus, soweit nicht bereits eine prozessleitende Verfügung nach § 56 Abs. 1 S. 2 ArbGG ergangen ist. Kostenvorschüsse für die Beweisaufnahme werden im arbeitsgerichtlichen Verfahren nicht erhoben (§ 11 GKG). Eine Vereidigung von Zeugen und Sachverständigen findet nur ausnahmsweise statt (§ 58 Abs. 2 S. 1 ArbGG). Sie ist unzulässig, wenn sie allein der Herbeiführung einer wahrheitsgemäßen Aussage dient.[117]

---

[116] BAG 29.7.1976, AP Nr. 1 zu § 373 ZPO.
[117] BAG 5.11.1992, AP Nr. 4 zu § 626 BGB Krankheit.

77 **ee) Verspätetes Parteivorbringen** kann **zurückgewiesen** werden, wenn
- das Gericht die Parteien zur Ergänzung oder Erläuterung von klärungsbedürftigen Punkten aufgefordert hat,
- ihnen hierfür eine bestimmte Frist gesetzt und zugleich auf die Möglichkeit eines Ausschlusses wegen Verspätung hingewiesen hat,
- die Zulassung die Erledigung des Rechtsstreits verzögern würde und
- die Partei die Verspätung nicht genügend entschuldigt (§§ 56 Abs. 2, 61a Abs. 5, 6 ArbGG).

78 Zu einer Verzögerung kommt es im Normalfall, wenn die Anberaumung eines weiteren Kammertermins notwendig wird, etwa um einen Zeugen zu laden, oder wenn der Gegenseite Gelegenheit zu einer schriftlichen Stellungnahme gegeben werden muss. Der Zurückweisung kann die Partei entgehen, indem sie „in die Säumnis flüchtet", d.h. im Kammertermin nicht erscheint oder nicht verhandelt, so dass gegen sie ein Versäumnisurteil ergehen kann. Mit dem Einspruch gegen das Versäumnisurteil kann sie dann das verspätete Vorbringen nachholen. Verspätetes Parteivorbringen kann auch nach § 296 Abs. 2 ZPO zurückgewiesen werden, wenn die Prozessförderungspflicht (§ 282 Abs. 1, 2 ZPO) verletzt wird.

d) Abschluss des Verfahrens

79 **aa)** Das Verfahren kann jederzeit durch **Vergleich** beendet werden, soweit die Parteien befugt sind, über den Streitgegenstand zu verfügen. Ansonsten endet es durch streitiges **Urteil** oder durch ein **Anerkenntnis-, Verzichts- oder Versäumnisurteil**, das noch im Termin der streitigen Verhandlung zu verkünden ist („Stuhlurteil"). Bei der Verkündung ist der wesentliche Inhalt der Entscheidungsgründe mitzuteilen (§ 60 Abs. 2 S. 1 ArbGG). Ein besonderer „Verkündungstermin" ist nur dann zulässig, wenn über das Urteil nicht mehr am Verhandlungstag beraten werden kann (§ 60 Abs. 1 S. 1 ArbGG).

80 **bb)** Der **Inhalt des streitigen Urteils** richtet sich nach §§ 313 ff. ZPO, §§ 9 Abs. 5, 61, 64 Abs. 3, 3a ArbGG (s. das Muster nach dieser Rn.). Es besteht wie das zivilgerichtliche Urteil aus Rubrum, Urteilstenor, Tatbestand, Entscheidungsgründen und Rechtsbehelfsbelehrung. Der Entscheidungstenor zerfällt in die Entscheidungsformel (mit Haupt- und Nebenentscheidungen, wie z.B. Entscheidungen über Zinsansprüche), die Kostenentscheidung, die Festsetzung des Streitwerts und die Entscheidung, ob die Berufung zugelassen wird oder nicht. Die Kostenentscheidung ergeht nach §§ 91 ff. ZPO. Danach trägt im Grundsatz die unterlegene Partei die Kosten des Verfahrens. In erster Instanz hat die obsiegende Partei allerdings keinen Anspruch auf Erstattung ihrer außergerichtlichen Kosten (§ 12a Abs. 1 S. 1 ArbGG). Da ein arbeitsgerichtliches Urteil bereits kraft Gesetzes vorläufig vollstreckbar ist (§ 62 Abs. 1 S. 1 ArbGG), bedarf es hierzu keines Ausspruchs; nur der Ausschluss der vorläufigen Vollstreckbarkeit ist ausdrücklich anzuordnen (zu den Voraussetzungen § 62 Abs. 1 S. 2 ArbGG). In jedem Fall hat das Arbeitsgericht den Streitwert des Verfahrens festzusetzen (§ 61 Abs. 1 ArbGG). Diesem kommt mittelbar Bedeutung für die Berufungsfähigkeit zu. Für die Wertberechnung enthält § 42 GKG einige Hinweise. So ist bei Rechtsstreitigkeiten über das Bestehen, das Nichtbestehen oder die Kündigung eines Arbeitsver-

hältnisses von einem Streitwert von höchstens drei Bruttomonatsvergütungen auszugehen. Das Urteil ist vom Vorsitzenden zu unterschreiben (§ 60 Abs. 4 ArbGG, dort auch zur Frage, bis wann ein Urteil schriftlich abgefasst sein muss).

Arbeitsgericht Passau
Geschäftszeichen: 2 Ca 735/19

Urteil

Im Namen des Volkes!

Verkündet am 9.12.2019
gez. Bachsleitner
Ang., Urkundsbeamtin der Geschäftsstelle

In dem Rechtsstreit

Maria Huber, Nibelungenstraße 23, 94032 Passau – Klägerin –
Prozessbevollmächtigte: RAin Dr. Beate Lobinger, Ludwigstraße 3,
                          94032 Passau

gegen

Firma Baur KG, vertreten durch den persönlich haftenden – Beklagte –
Gesellschafter Josef Baur, Regensburger Straße 12, 94036 Passau
Prozessbevollmächtigter: RA Axel Lochner, Residenzplatz 5,
                          94032 Passau

hat die 2. Kammer des Arbeitsgerichts Passau durch die Richterin am Arbeitsgericht Mayr als Vorsitzende und die ehrenamtlichen Richter Gangl und Krinner aufgrund der mündlichen Verhandlung vom 9.12.2019 für Recht erkannt:

1   Es wird festgestellt, dass das Arbeitsverhältnis zwischen den Parteien durch die Kündigung der Beklagten vom 25.10.2019 zum 30.11.2019 nicht aufgelöst worden ist.
2   Die Beklagte hat die Kosten des Rechtsstreits zu tragen.
3   Der Wert des Streitgegenstandes wird auf 4.500 € festgesetzt.
4   Die Berufung wird nicht gesondert zugelassen.

Tatbestand...

Entscheidungsgründe...

Rechtsmittelbelehrung...

Die Vorsitzende:

Mayr
Richterin am Arbeitsgericht

e) Vollstreckungsverfahren

81 Die Zwangsvollstreckung richtet sich nach den §§ 704 ff. ZPO (§ 62 Abs. 2 S. 1 ArbGG). Sie erfolgt durch den Gerichtsvollzieher oder, wenn es um die Pfändung von Forderungen geht, durch das zuständige Amtsgericht als Vollstreckungsgericht. Das Arbeitsgericht wird nur in den Fällen der §§ 887, 888, 890 ZPO tätig, d.h. bei Vollstreckungsmaßnahmen zur Vornahme von vertretbaren oder unvertretbaren Handlungen oder zur Erzwingung von Unterlassungen und Duldungen. Nicht vollstreckbar sind Urteile, die zur Leistung von Diensten aus einem Dienst- oder Arbeitsvertrag verpflichten (§ 888 Abs. 3 ZPO). Allerdings hat das Arbeitsgericht, wenn es die Verpflichtung zur Vornahme einer solchen Handlung ausspricht, auf Antrag des Klägers den Beklagten für den Fall, dass er die Handlung nicht binnen einer bestimmten Frist vornimmt, zur Zahlung einer Entschädigung zu verurteilen, die das Gericht nach freiem Ermessen festsetzen kann (§ 61 Abs. 2 S. 1 ArbGG).

3. Berufung

a) Grundsatz

Die Berufung ist das statthafte Rechtsmittel gegen Urteile des Arbeitsgerichts (§§ 8 Abs. 2, 64 Abs. 1 ArbGG). Sie suspendiert deren Rechtskraft. Das Berufungsverfahren vor dem LAG bezweckt vornehmlich eine Fehlerkorrektur und -beseitigung.[118] Dementsprechend kann die Berufung nur darauf gestützt werden, dass – wie bei der Revision – die Entscheidung auf einer Rechtsverletzung (§ 546 ZPO) beruht (s. unten Rn. 106) oder nach § 529 Abs. 1 Nr. 1 ZPO zulässiges neues Vorbringen eine andere Entscheidung rechtfertigt. Für das Berufungsverfahren vor dem LAG gelten die Vorschriften der §§ 511 ff. ZPO entsprechend, soweit in den §§ 64 ff. ArbGG nichts anderes bestimmt wird (§ 64 Abs. 6 ArbGG). Vgl. zu den Rechtsmitteln die folgenden Übersichten. 82

b) Statthaftigkeit

aa) Allgemeines. Berufungsfähig sind grundsätzlich End-, Teil-, Vorbehalts- und Zwischenurteile nach § 280 Abs. 2 ZPO.[119] Die Berufung kann nach § 64 Abs. 2 ArbGG nur eingelegt werden, 83
- wenn sie in dem Urteil des Arbeitsgerichts zugelassen worden ist,
- wenn der Wert des Beschwerdegegenstands 600 € übersteigt,
- in Rechtsstreitigkeiten über das Bestehen, das Nichtbestehen oder die Kündigung eines Arbeitsverhältnisses oder
- wenn es sich um ein „technisch zweites Versäumnisurteil" (§§ 345, 514 Abs. 2 ZPO) handelt.

---

[118] Begr. RegE, BT-Drs. 14/4722 S. 61.
[119] Ein Zwischenurteil, das über den Grund des Anspruchs vorab entscheidet (§ 304 ZPO), kann nur zusammen mit dem Endurteil angefochten werden (§ 61 Abs. 3 ArbGG).

Rechtsmittel im Urteilsverfahren (Zulässigkeit)

	Berufung (§§ 64 ff. ArbGG)	Revision (§§ 72 ff. ArbGG)	Sofortige Beschwerde (§ 78 ArbGG)
Statthaftigkeit	gegen erstinstanzliche Endurteile des ArbG (§ 64 I ArbGG)	gegen (Berufungs-) Endurteile des LAG (§ 72 I ArbGG), gegen erstinstanzliche Endurteile des ArbG (Sprungrevision, § 76 I ArbGG)	gegen Beschlüsse u. Verfügungen des ArbG außerhalb d. mündl. Verhandlung und bei ausdrückl. gesetzl. Zulassung (§ 567 I ZPO)
Zulassung	durch ArbG bei grundsätzlicher Bedeutung, Divergenz oder Tarif- bzw. Arbeitskampfsache; nicht erforderlich, wenn Berufungssumme höher als 600 € und bei Bestandsstreit (§ 64 II, III ArbGG)	Zulassung durch LAG (§ 72 II ArbGG), Zulassung durch BAG auf Nichtzulassungsbeschwerde (§ 72a ArbGG), Zulassung durch ArbG bei Sprungrevision (§ 76 II ArbGG)	nicht erforderlich
Beschwer	Berufungskläger: formell (jedes Zurückbleiben der Entscheidung hinter Antrag), Berufungsbeklagter: materiell (jeder nachteilige Inhalt der Entscheidung)	Revisionskläger: formell (jedes Zurückbleiben der Entscheidung hinter Antrag), Revisionsbeklagter: materiell (jeder nachteilige Inhalt der Entscheidung)	Möglichkeit, durch Beschluss oder Verfügung unmittelbar in eigenen Rechten betroffen zu sein, bei Kostenentscheidungen: Beschwerdewert übersteigt 200 € (§§ 78 S.1 ArbGG, 567 II ZPO)
Einlegung	bei LAG (§§ 64 VI ArbGG, 519 I ZPO)	bei BAG (§§ 72 V ArbGG, 549 I 1 ZPO)	bei Ausgangsgericht (§ 569 I ZPO)
Form	schriftlich (§§ 64 VI ArbGG, 519 ZPO), unterzeichnet durch eine postulationsfähige Person (§ 11 IV ArbGG)	schriftlich (§§ 72 V ArbGG, 549 ZPO), unterzeichnet durch eine postulationsfähige Person (§ 11 IV 3 ArbGG)	schriftlich oder zu Protokoll der Geschäftsstelle (§ 569 II, III ZPO), ohne Verbandsvertreter oder RA (§ 78 III ZPO)
Frist	1 Monat ab Zustellung des vollständigen Urteils, spätestens 5 Monate nach Verkündung (§ 66 I 1, 2 ArbGG)	1 Monat ab Zustellung des vollständigen Urteils, spätestens 5 Monate nach Verkündung (§ 74 I 1, 2 ArbGG)	2 Wochen ab Zustellung des Beschlusses, spätestens 5 Monate nach Verkündung (§ 569 I ZPO)
Begründung			
Frist	2 Monate ab Zustellung des voll ständig. Urteils, spätestens 5 Monate nach Verkündung (§ 66 I 1, 2 ArbGG) schriftlich, Inhalt gem. § 520 III, IV ZPO	2 Monate ab Zustellung des vollständig. Urteils, spätestens 5 Monate nach Verkündung (§ 74 I 1, 2 ArbGG) schriftlich, Inhalt gem. § 551 ZPO	soll erfolgen (§ 571 ZPO) keine

IV. Urteilsverfahren

Rechtsmittel im Urteilsverfahren (Begründetheit)

	Berufung (§§ 64 ff. ArbGG)	Revision (§§ 72 ff. ArbGG)	Sofortige Beschwerde (§ 78 ArbGG)
Gegenstand	Streitgegenstand der ersten Instanz, soweit dieser nicht durch den Berufungsantrag beschränkt wurde, 2. Tatsacheninstanz mit stark eingeschränkter Möglichkeit neuer Angriffs- und Verteidigungsmittel (§ 529 I ZPO, § 67 ArbGG), Fortsetzung der ersten Instanz: Prozesslagen bleiben erhalten, Beweisergebnisse verwertbar	Streitgegenstand der zweiten Instanz, Revision dient allein der rechtlichen Kontrolle des LAG und nicht der Aufklärung des Sachverhalts, Berufungsurteil zieht die Grenzen der Nachprüfung, neue Tatsachen dienen nur der Begründung von Verfahrensmängeln	tatsächliche und rechtliche Grundlagen der Beschlüsse und Verfügungen der Arbeitsgerichte, die außerhalb der mündlichen Verhandlung ergehen
Aufbau der Begründetheitsprüfung	Zulässigkeit der Klage, Ordnungsgemäßheit des Verfahrens erster Instanz, Begründetheit der Klage nach jetzigem Stand	beanstandete Entscheidung verletzt revisible Rechtsnorm und beruht auf dieser Verletzung (§ 545 I ZPO) unwiderlegliche Vermutung bei absoluten Revisionsgründen nach § 547 ZPO	Zuständigkeit, Rechtsgrundlage der Entscheidung, Einhaltung des vorgesehenen Verfahrens
Prüfungsumfang	im Rahmen des Berufungsantrags Rechtsfragen; LAG an Tatsachenfeststellungen gebunden, soweit an deren Richtigkeit und Vollständigkeit nicht aufgrund konkreter Anhaltspunkte Zweifel bestehen (§ 529 I ZPO)	im Rahmen des Revisionsantrags nur Rechtsfragen; BAG an Tatsachenfeststellungen gebunden, soweit dagegen kein zulässiger und begründeter Revisionsangriff erhoben (§ 559 II ZPO)	im Rahmen des Beschwerdeantrags Tatsachen und Rechtsfragen, neues Vorbringen nur nach Maßgabe von § 571 II ZPO
Mögliche Entscheidung	Verwerfung als unzulässig (§§ 66 II 2, 64 VI ArbGG, 522 I 2 ZPO), Zurückweisung als unbegründet, Aufhebung und eigene Sachentscheidung, Aufhebung und Zurückverweisung an das Arbeitsgericht (§ 538 II ZPO)	Verwerfung als unzulässig (§§ 74 II 2, 3, 72 V ArbGG, 552 I ZPO), Zurückweisung als unbegründet, Aufhebung und Zurückverweisung an das LAG (§§ 562, 563 I, II ZPO), eigene Sachentscheidung, wenn Sache entscheidungsreif (§ 563 III ZPO)	Abhilfe durch ArbG (§ 572 I ZPO), Verwerfung als unzulässig (§ 572 II ZPO), Zurückweisung als unbegründet, Aufhebung und eigene Sachentscheidung, Aufhebung und Zurückverweisung an das ArbG (§ 572 III ZPO)

84 **bb) Beschwerdewertberufung.** Die für die Einlegung der Berufung notwendige **Beschwer** des Klägers oder des Beklagten ist gegeben, wenn die angefochtene Entscheidung hinter dem in erster Instanz gestellten Antrag zurückbleibt. Der Beschwerdewert hängt davon ab, in welchem Umfang das erstinstanzliche Urteil angefochten wird. Er bestimmt sich nach den Berufungsanträgen und kann nicht höher als der Streitwert und die Beschwer sein.

Beispiel: Kläger klagt auf Zahlung von 1400 € und unterliegt in Höhe von 700 €, der Streitwert wird auf 1400 € festgesetzt. In Höhe von 700 € ist der Kläger (aber auch der Beklagte) beschwert. Die Berufung ist als Beschwerdewertberufung zulässig, wenn der Kläger (oder der Beklagte) das Urteil in Höhe von mehr als 600 € angreift.

85 Ist die Partei hinsichtlich mehrerer Ansprüche unterlegen, wird die Beschwer durch Zusammenrechnen aller Begehren errechnet, denen das Gericht nicht stattgegeben hat. Zinsen, die nicht als Hauptforderung geltend gemacht werden, und sonstige Nebenforderungen bleiben unberücksichtigt (§ 4 Abs. 1 HS 2 ZPO). Bei Haupt- und Hilfsanträgen genügt es, wenn einer der beiden Anträge die Berufungssumme erreicht; die Streitwerte von Klage und Widerklage sind entgegen § 5 HS 2 ZPO zusammenzurechnen, soweit sie nicht denselben Streitgegenstand betreffen.[120] Maßgeblich ist grundsätzlich der Wert des Beschwerdegegenstands zum Zeitpunkt ihrer Einlegung. Dies gilt nicht, wenn der Berufungskläger seine Anträge freiwillig einschränkt, ohne hierzu durch äußere Umstände genötigt zu sein. Dann ist der Wert des Beschwerdegegenstands der zuletzt gestellten Anträge entscheidend.[121] Die Beschwer einer zur Zahlung verurteilten Partei entfällt, wenn sie den Urteilsbetrag nicht nur zur Abwendung der Zwangsvollstreckung aus einem vorläufig vollstreckbaren Urteil bezahlt, sondern den Klageanspruch aus freien Stücken ohne Vorbehalt (endgültig) erfüllen will.[122]. Das Rechtsmittel der Berufung setzt voraus, dass der Berufungskläger die Beseitigung einer in der angefochtenen Entscheidung liegenden Beschwer erstrebt. Dies erfordert, dass der im ersten Rechtszug erhobene Anspruch wenigstens teilweise weiterverfolgt wird. Ein im Wege der Klageänderung neuer, bisher nicht gestellter Anspruch kann nicht das alleinige Ziel eines Rechtsmittels sein.[123] Der Berufungskläger ist nur insoweit durch ein Urteil beschwert, wie der Umfang der prozessualen Rechtskraftwirkung reicht. Präjudizielle Rechtsverhältnisse nehmen daran grundsätzlich nicht teil.[124]

86 **cc) Zulassungsberufung.** Wird der nach § 64 Abs. 2 lit. b ArbGG erforderliche Beschwerdewert nicht erreicht, ist die Berufung zulässig, wenn sie vom Arbeitsgericht zugelassen wird (§ 64 Abs. 2 lit. a ArbGG). Über die Zulassung muss das Gericht von Amts wegen im Urteilstenor (§ 64 Abs. 3a S. 1 ArbGG) befinden, und zwar auch dann, wenn es den Streitwert im erstinstanzlichen Urteil auf über 600 € festsetzt.[125] Ist dies unterblieben, kann binnen zwei Wochen ab

---

[120] Zöller/*Herget*, § 5 ZPO Rn. 2.
[121] BAG 23.2.2016, NZA 2016, 1103.
[122] BAG 21.3.2012, NJW 2012, 3327.
[123] BAG 15.11.2016, NZA 2017, 140.
[124] BAG 18.9.2019, AP ArbGG 1979 § 64 Nr. 56.
[125] *Grunsky*, § 64 ArbGG Rn. 7; SchaubArbRFV-HdB/*Straube*, C. Rn. 129; a.A. GMP/*Schleusener* § 64 ArbGG Rn. 13; Ostrowicz/*Künzl/Schäfer*, Hdb. arbeitsgerichtl. Verfahren, Rn. 468.

Verkündung des Urteils eine entsprechende Ergänzung beantragt werden (§ 64 Abs. 3a S. 2 ArbGG).[126]

Die Zulassungsgründe sind in § 64 Abs. 3 ArbGG abschließend aufgeführt. Die Berufung ist u.a. dann zuzulassen, wenn die Rechtssache **grundsätzliche Bedeutung** hat (§ 64 Abs. 3 Nr. 1 ArbGG). Das ist zu bejahen, wenn sich die Entscheidung nicht nur in der Regelung der Rechtsbeziehungen zwischen den streitenden Parteien erschöpft, sondern einen weiteren Personenkreis in rechtlicher oder wirtschaftlicher Hinsicht berührt. An einer grundsätzlichen Bedeutung fehlt es, wenn bereits eine feste Rechtsprechung des BAG oder des dem Arbeitsgericht übergeordneten LAG besteht, mit deren Aufrechterhaltung zu rechnen ist. In diesem Fall kann aber eine Zulassung wegen **Divergenz** in Betracht kommen (vgl. § 64 Abs. 3 Nr. 3 ArbGG). Das LAG ist an die Entscheidung des Arbeitsgerichts über die Zulassung der Berufung gebunden (§ 64 Abs. 4 ArbGG), soweit sie nicht evident falsch ist (z.B. Verurteilung zu 5000 €, Streitwertfestsetzung auf 500 €). Die Entscheidung ist unanfechtbar. Hat das ArbG die Berufung nicht zugelassen, obwohl einer der Zulassungsgründe des § 64 Abs. 3 ArbGG vorgelegen hat, ist es dem LAG verwehrt, die Berufung nachträglich zuzulassen.[127]

87

dd) Bestandsstreitigkeiten. Wegen der für den Arbeitnehmer erheblichen Bedeutung ist die Berufung gegen Urteile, deren Streitgegenstand das Bestehen, das Nichtbestehen oder die Kündigung eines Arbeitsverhältnisses betrifft, in jedem Fall statthaft (§ 64 Abs. 2 lit. c ArbGG). Die Zulassung durch das Arbeitsgericht oder das Erreichen des Beschwerdewerts ist nicht erforderlich.

88

ee) Gegen ein „technisch zweites Versäumnisurteil", zu dem es kommt, wenn eine Partei Einspruch gegen ein Versäumnisurteil oder einen Vollstreckungsbescheid einlegt, aber im Termin, in dem über den Einspruch verhandelt wird, nicht erscheint, gibt es keinen weiteren Einspruch, sondern nur die Berufung. Sie kann nach § 64 Abs. 2 lit. d ArbGG nur darauf gestützt werden, dass kein Fall einer schuldhaften Versäumung des Termins vorgelegen hat. Ein bestimmter Streitwert muss dabei nicht erreicht werden.[128]

88a

ff) Rügeverfahren (§ 78a ArbGG).[129] Bei unstatthafter Berufung konnte eine durch einen Verfahrensfehler in ihrem Anspruch auf rechtliches Gehör verletzte Partei das erst- und zugleich letztinstanzliche Urteil nur durch eine Verfassungsbeschwerde angreifen. Seit 2002 ist der bisherige Prozess auf die Rüge der durch das Urteil beschwerten Partei hin vor dem Arbeitsgericht fortzusetzen, wenn der Verfahrensfehler (z.B. Unterlassen eines rechtlichen Hinweises nach § 139 ZPO) entscheidungserheblich war. Die Rüge ist schriftlich und begründet binnen einer Notfrist von zwei Wochen nach Zustellung des in vollständiger Form abgefassten

88b

---

[126] BAG 25.1.2017, AP ArbGG 1979 § 64 Nr. 51.
[127] BAG 23.2.2016, NZA 2016, 1103; BAG 25.1.2017, AP ArbGG 1979 § 64 Nr. 51.
[128] H.L., vgl. AR/*Spelge*, § 64 ArbGG Rn. 15; *Holthaus/Koch*, RdA 2002, 140,149; *Müller-Glöge*, RdA 1999, 80, 85 m.w.N.; a.A. bislang noch BAG 4.4.1989, AP Nr. 13 zu § 64 ArbGG 1979.
[129] S. allgemein zur Anhörungsrüge *Gravenhorst*, NZA 2005, 24 ff.; *Huber*, JuS 2005, 109 ff.; *Schrader*, NZA-RR 2006, 57 ff.

Urteils beim Arbeitsgericht zu erheben (vgl. § 78a Abs. 2 ArbGG). Die Umstände, aus denen sich eine entscheidungserhebliche Verletzung des Anspruchs auf rechtliches Gehör ergeben soll, sind bereits in der Rügeschrift und damit innerhalb der Rügefrist anzugeben.[130] Wird das Fehlen eines Hinweises auf die Unbestimmtheit eines Klageantrags gerügt, ist darzulegen, welcher Vortrag bei einem Hinweis gehalten worden wäre.[131] Das Arbeitsgericht hat sodann von Amts wegen zu prüfen, ob die Rüge an sich statthaft ist und ob sie form- und fristgemäß erhoben wurde. Fehlt es daran, ist die Rüge als unzulässig zu verwerfen. Ist sie unbegründet, weist sie das Gericht zurück. Beide Entscheidungen ergehen durch einen kurz begründeten, nicht anfechtbaren Beschluss. Dieser ist allein vom Kammervorsitzenden zu treffen, sofern die Rüge als unzulässig verworfen wird oder sich gegen ein Urteil richtet, das vom Vorsitzenden allein erlassen worden ist (§ 55 Abs. 1 ArbGG), sonst von der Kammer. Ist die Rüge begründet, hilft ihr das Arbeitsgericht ab, indem es den Prozess fortführt. Dadurch wird der Prozess in die Lage zurückversetzt, in der er sich vor dem Schluss der mündlichen Verhandlung befand, d.h., es muss noch einmal mündlich verhandelt werden. Ergeben sich keine neuen Erkenntnisse, ist das mit der Rüge angefochtene Urteil aufrechtzuerhalten; anderenfalls ist es aufzuheben und durch eine andere Entscheidung zu ersetzen (§ 78a Abs. 5 S. 3 ArbGG, § 343 ZPO). Hatte das Gericht zwar die mündliche Verhandlung geschlossen, aber noch kein Urteil abgesetzt, so gilt für die Wiedereröffnung der Verhandlung § 156 ZPO. Zwingende Wiedereröffnungsgründe regelt § 156 Abs. 2 ZPO.

c) Einlegung und Begründung

89 **aa) Einlegung.** Die Berufung wird durch einen Schriftsatz beim Berufungsgericht, d.h. bei dem für das Arbeitsgericht zuständigen Landesarbeitsgericht (§ 8 Abs. 2 ArbGG), eingelegt (§ 64 Abs. 6 ArbGG, § 519 ZPO).[132] Das kann auch durch Telefax oder Computerfax geschehen.[133] Die Berufungsschrift muss das Urteil, gegen das die Berufung gerichtet ist, bezeichnen und die Erklärung enthalten, dass gegen dieses Urteil Berufung eingelegt werde (§ 519 Abs. 2 ZPO). Sie ist von einem postulationsfähigen Prozessbevollmächtigten (§ 11 Abs. 2 ArbGG) handschriftlich zu unterzeichnen (§§ 519 Abs. 4, 130 Nr. 6 ZPO); beim Computerfax genügt eine eingescannte Unterschrift. Die Berufung kann nicht wirksam unter einer Bedingung – etwa der Bewilligung von Prozesskostenhilfe für die zweite Instanz – eingelegt werden. Die **Berufungsfrist** beträgt einen Monat (§ 66 Abs. 1 S. 1 ArbGG). Sie beginnt mit der Zustellung des in vollständiger Form abgefassten Urteils, spätestens mit dem Ablauf von fünf Monaten nach der Urteilsverkündung (§ 66 Abs. 1 S. 2 ArbGG). Fehlt eine ordnungsgemäße Rechtsmittelbelehrung (§ 9 Abs. 5 S. 4 ArbGG), kann das Urteil binnen eines Jahres nach der Zustellung angefochten werden (§ 9 Abs. 5 S. 4 ArbGG). Die

---

[130] BAG 27.4.2010, NZA 2010, 1032.
[131] BAG 5.2.2013, NZA 2013, 1376.
[132] Zur Einlegung bei einem unzuständigen Gericht s. BAG 22.8.2017, NZA 2017, 1286.
[133] GmSOGB 5.4.2000, NJW 2000, 2340.

Berufungsfrist ist eine Notfrist. Wird sie unverschuldet versäumt, kommt eine Wiedereinsetzung in den vorigen Stand in Betracht (§§ 233 ff. ZPO); anderenfalls ist die Berufung durch Kammerbeschluss als unzulässig zu verwerfen (§ 522 Abs. 1 S. 1 ZPO, § 66 Abs. 2 S. 2 ArbGG).

bb) Begründung. Die Berufung ist schriftlich zu begründen; sie muss nach § 520 Abs. 3 S. 2 ZPO folgende Angaben enthalten: **90**
- die Erklärung, inwieweit das Urteil angefochten wird und welche Änderungen des Urteils beantragt werden (Berufungsanträge);
- die Bezeichnung der Umstände, aus denen sich die Rechtsverletzung und deren Erheblichkeit für die angefochtene Entscheidung ergibt;
- die Bezeichnung konkreter Anhaltspunkte, die Zweifel an der Richtigkeit oder Vollständigkeit der Tatsachenfeststellungen im angefochtenen Urteil begründen und deshalb eine erneute Feststellung gebieten;
- die Bezeichnung der neuen Angriffs- und Verteidigungsmittel sowie der Tatsachen, aufgrund derer die neuen Angriffs- und Verteidigungsmittel nach § 531 Abs. 2 ZPO zuzulassen sind.

Die Berufungsbegründung muss auf den Streitfall zugeschnitten sein und sich mit den rechtlichen oder tatsächlichen Argumenten des angefochtenen Urteils befassen und angeben, aus welchen Gründen die angefochtene Entscheidung fehlerhaft sein soll. Eine alleinige pauschale Behauptung, die unterlegene Partei habe entgegen der Auffassung des erstinstanzlichen Gerichts „ersichtlich umfassend vorgetragen", genügt nicht.[134] An die geltend gemachten Berufungsgründe ist das LAG nicht gebunden (§ 529 Abs. 2 ZPO); das gilt nicht für Mängel, die nicht von Amts wegen zu berücksichtigen sind. **90a**

Die **Frist für die Berufungsbegründung** beträgt zwei Monate (§ 66 Abs. 1 S. 1 ArbGG); sie beginnt mit der Zustellung des in vollständiger Form abgefassten Urteils, spätestens aber mit Ablauf von fünf Monaten nach der Verkündung (§ 66 Abs. 1 S. 2 ArbGG). Im Gegensatz zur Berufungsfrist kann die Berufungsbegründungsfrist auf Antrag vom Kammervorsitzenden einmal verlängert werden (§ 66 Abs. 1 S. 5 ArbGG). Die Dauer der Verlängerung steht im Ermessen des LAG; sie ist – anders als im Revisionsverfahren – nicht auf höchstens einen Monat beschränkt. Die Begründungsschrift kann per Fax übermittelt werden. Sie muss unterschrieben sein; ein Faksimile-Stempel genügt nicht.[135] Der Berufungsbeklagte muss die Berufungsbegründung binnen eines Monats nach Zustellung beantworten (§ 66 Abs. 1 S. 3 ArbGG). Auch hier ist eine Verlängerung möglich, aber ebenfalls nur einmal. **90b**

d) Verfahren

Wird die Berufung nicht durch Beschluss als unzulässig verworfen (§ 522 Abs. 1 S. 1 ZPO), so ist ein Termin zur mündlichen Verhandlung anzuberaumen. Die Landesarbeitsge- **91**

---
[134] BAG 16.5.2012, NZA-RR 2012, 599; BAG 19.2.2013, NZA 2013, 928.
[135] BAG 5.8.2009, NJW 2009, 3596 ff.

richte haben – anders als die zivilgerichtlichen Berufungsgerichte (vgl. § 522 Abs. 2 ZPO) – nicht die Befugnis, die Berufung bereits dann zurückzuweisen, wenn diese nach der Überzeugung des Gerichts weder Aussicht auf Erfolg noch grundsätzliche Bedeutung hat und weder die Fortbildung des Rechts noch die Sicherung einer einheitlichen Rechtsprechung eine Entscheidung erfordert (§ 66 Abs. 2 S. 3 ArbGG). Berufungen in Rechtsstreitigkeiten über das Bestehen, das Nichtbestehen oder die Kündigung von Arbeitsverhältnissen sind vorrangig zu erledigen (§ 64 Abs. 8 ArbGG). Das weitere Vorgehen entspricht im wesentlichen dem erstinstanzlichen Verfahren (§ 64 Abs. 7 ArbGG, § 525 ZPO). Im Hinblick auf die Zulässigkeit des erstinstanzlichen Urteils prüft das Berufungsgericht allerdings nicht, ob der beschrittene Rechtsweg und die Verfahrensart zulässig sind und ob das Arbeitsgericht seine Zuständigkeit verkannt hat (§ 65 ArbGG), sofern das Arbeitsgericht gemäß § 48 ArbGG, §§ 17 ff. GVG verfahren ist. Ebenso wenig darf das Berufungsgericht den Rechtsstreit wegen eines Verfahrensfehlers in der ersten Instanz an das Arbeitsgericht zurückverweisen (§ 68 ArbGG).[136] Zulässig ist eine Zurückweisung nur aus den in § 538 Abs. 2 ZPO genannten Gründen,[137] und auch dann nur, wenn eine Partei die Zurückweisung beantragt. Ausnahmsweise kann entgegen § 68 ArbGG auch zurückverwiesen werden, wenn ein Verfahrensfehler vorliegt, der in der Berufungsinstanz nicht mehr behoben werden kann.[138] Im Regelfall hat das LAG die notwendigen Beweise zu erheben und in der Sache selbst zu entscheiden (§ 538 Abs. 1 ZPO). Aus der Verletzung der Hinweispflicht des § 6 S. 2 KSchG folgt eine eigene Sachentscheidungskompetenz des Berufungsgerichts.[139]

91a Da das Berufungsverfahren vorrangig der Fehlerkorrektur und -beseitigung dient, hat das LAG die vom Arbeitsgericht getroffenen Tatsachenfeststellungen zu übernehmen, es sei denn, dass konkrete Anhaltspunkte Zweifel an der Richtigkeit oder Vollständigkeit der entscheidungserheblichen Feststellungen begründen und deshalb eine erneute Feststellung gebieten (§ 529 Abs. 1 Nr. 1 ZPO). Aus Sicht des LAG muss eine gewisse – nicht notwendigerweise überwiegende – Wahrscheinlichkeit dafür bestehen, dass im Fall der Beweiserhebung die erstinstanzliche Feststellung keinen Bestand haben wird. Ein tragender Rechtssatz oder eine erhebliche Tatsachenfeststellung muss mit schlüssigen Gegenargumenten infrage gestellt werden können.[140] Gänzlich neuer Tatsachenvortrag ist nur eingeschränkt möglich. Angriffs- und Verteidigungsmittel, die bereits vom Arbeitsgericht zu Recht zurückgewiesen worden sind, bleiben von vornherein ausgeschlossen (§ 67 Abs. 1 ArbGG). Neue Angriffs- und Verteidigungsmittel (nicht: Der Angriff oder die Verteidigung selbst, etwa eine Klageänderung, Widerklage oder Aufrechnung), die in der ersten Instanz entgegen einer hierfür nach § 56 Abs. 1 S. 2 Nr. 1 oder § 61a Abs. 3 oder Abs. 4 ArbGG gesetzten Frist nicht vorgebracht wurden, sind vom LAG nur dann zuzulassen, wenn sie nach der Überzeugung des Gerichts die Erledigung des Rechtsstreits nicht verzögern oder wenn die Partei die Verspätung genügend entschuldigt (§ 67 Abs. 2 ArbGG). Neue Angriffs- und Verteidigungsmittel, die in der ersten Instanz entgegen der allgemeinen Prozessförderungs-

---

[136] Zu den Ausnahmen DLW/*Luczak*, Kapitel 15 Rn. 749 ff.
[137] BAG 24.2.1982, AP Nr. 1 zu § 68 ArbGG 1979.
[138] BAG 20.2.2014, NZA 2015, 124.
[139] BAG 4.5.2011, NZA 2011, 1178; Düwell/Lipke/*Maul-Sartori*, § 68 ArbGG Rn. 13 f. m.w.N.
[140] Begr. Rechtsausschuss, vgl. BT-Drs. 14/6036, S. 126.

pflicht nach § 282 Abs. 1 ZPO nicht rechtzeitig vorgebracht oder entgegen § 282 Abs. 2 ZPO nicht rechtzeitig mitgeteilt worden sind, sind vom LAG nur dann zuzulassen, wenn sie nach der Überzeugung des Gerichts die Erledigung des Rechtsstreits nicht verzögern oder wenn die Partei das Vorbringen in der ersten Instanz nicht aus grober Nachlässigkeit unterlassen hat (§ 67 Abs. 3 ArbGG). Die zulässigen Angriffs- oder Verteidigungsmittel sind vom Berufungskläger in der Berufungsbegründung, vom Berufungsbeklagten in der Berufungsbeantwortung vorzubringen. Begründet der Berufungskläger seine Berufung ausschließlich mit neuen Angriffs- oder Verteidigungsmitteln, hat er diese zu bezeichnen und grundsätzlich darzulegen, warum sie das angefochtene Urteil im Ergebnis infrage stellen sollen.[141] Werden sie später vorgebracht, dürfen sie nur dann beachtet werden, wenn sie nach der Berufungsbegründung oder -beantwortung entstanden sind oder die Erledigung des Rechtsstreits nicht verzögern würden oder wenn eine mögliche Verzögerung nicht auf einem Verschulden der Partei beruht (§ 67 Abs. 4 ArbGG).

Der Angriff oder die Verteidigung selbst (Klageänderung, Aufrechnungserklärung oder Widerklage) ist in der Berufungsinstanz nur zulässig, wenn der Gegner einwilligt oder das LAG die genannten Prozesshandlungen für sachdienlich hält und sie auf Tatsachen gestützt werden können, die das LAG seiner Verhandlung und Entscheidung ohnehin nach § 529 ZPO zugrunde zu legen hat (§ 533 ZPO). **91b**

e) Abschluss des Verfahrens

Das Berufungsverfahren kann durch streitiges **Urteil**, aber auch durch **Anerkenntnis-, Verzichts- oder Versäumnisurteil oder im Wege des Vergleichs** beendet werden. Das streitige Berufungsurteil des LAG entspricht – anders als die Berufungsurteile der Zivilgerichte – (§ 69 Abs. 4 S. 1 ArbGG, § 540 ZPO) hinsichtlich des Tenors, des Tatbestands und der Entscheidungsgründe dem erstinstanzlichen Urteil (§ 64 Abs. 6 ArbGG, §§ 525, 313 ZPO). Die Abweichungen ergeben sich aus § 69 ArbGG. Wurde das Endurteil nicht binnen fünf Monaten nach der Verkündung vollständig abgefasst und mit den Unterschriften sämtlicher Mitglieder der Kammer versehen der Geschäftsstelle übergeben, kann es durch sofortige Beschwerde angefochten werden (§ 72b ArbGG). Hatte das LAG die Revision zugelassen, kann die beschwerte Partei alternativ oder kumulativ zur sofortigen Beschwerde auch Revision einlegen, wenn das verspätet abgesetzte Urteil mit vollständigen Gründen versehen noch vor Ablauf von sechs Monaten zugestellt worden ist.[142] **92**

---

[141] BAG 21.5.2019, NZA 2019, 1446.
[142] BAG 2.1.2018, NZA 2018, 325.

> Landesarbeitsgericht München
> Geschäftszeichen: 3 Sa 334/20
>
> Verkündet am 5.7.2020
> gez. Schmied
> Ang., Urkundsbeamtin der Geschäftsstelle
>
> Urteil
>
> Im Namen des Volkes!
>
> In dem Rechtsstreit
>
> Maria Huber, Nibelungenstraße 23, 94032 Passau
> – Klägerin und Berufungsbeklagte –
> Prozessbevollmächtigte: RAin Dr. Beate Lobinger, Ludwigstraße 3, 94032 Passau
>
> gegen
>
> Firma Baur KG, vertreten durch den persönlich haftenden Gesellschafter
> Josef Baur, Regensburger Straße 12, 94036 Passau
> – Beklagte und Berufungsklägerin –
> Prozessbevollmächtigter: RA Axel Lochner, Residenzplatz 5, 94032 Passau
>
> wegen Feststellung
>
> hat die 3. Kammer des Landesarbeitsgerichts München durch den Vorsitzenden Richter Dr. Zuck und die ehrenamtlichen Richter Raabe und Hermann aufgrund der mündlichen Verhandlung vom 5.7.2020 für Recht erkannt:
>
> 1. Die Berufung der Beklagten gegen das Urteil des Arbeitsgerichts Passau vom 9.12.2019 – Az. 2 Ca 735/16 – wird zurückgewiesen.
> 2. Die Beklagte hat die Kosten des Berufungsverfahrens zu tragen.
> 3. Die Revision wird zugelassen.
>
> Tatbestand...
>
> Entscheidungsgründe...
>
> Rechtsmittelbelehrung...
>
> Dr. Zuck   Raabe   Hermann

4. Revision

a) Grundsatz

93 Die Revision zum BAG ist das statthafte Rechtsmittel gegen die Berufungsurteile der Landesarbeitsgerichte. Das Berufungsurteil kann in der Revision in rechtlicher Hinsicht voll, in tatsächlicher Hinsicht nur eingeschränkt überprüft werden (§ 72 Abs. 5 ArbGG, § 559 ZPO). Die Revision hat eine doppelte Funktion. Sie soll nicht nur zu einer zutreffenden Entscheidung im anhängigen Verfahren führen,

sondern zugleich die Einheitlichkeit der arbeitsgerichtlichen Rechtsprechung gewährleisten und für die erforderliche Rechtsfortbildung sorgen.[143] Für das Revisionsverfahren vor dem BAG gelten die Vorschriften der §§ 542 ff. ZPO entsprechend, soweit in den §§ 72 ff. ArbGG nichts anderes bestimmt ist (§ 72 Abs. 5 ArbGG). Für die Sprungrevision, d.h. die unmittelbare Revision gegen erstinstanzliche Urteile unter Übergehung des LAG als zweiter Tatsacheninstanz, gilt § 76 ArbGG. Die durchschnittliche Verfahrensdauer vor dem BAG betrug im Jahr 2019 im Durchschnitt gut sieben Monate.[144]

b) Statthaftigkeit

aa) Revisibel sind grundsätzlich die Endurteile der Landesarbeitsgerichte (§ 72 Abs. 1 S. 1 ArbGG) und im Fall der Sprungrevision auch die Endurteile der Arbeitsgerichte (§ 76 ArbGG). **Nicht revisibel** sind Urteile, die im Verfahren des einstweiligen Rechtsschutzes ergangen sind (§ 72 Abs. 4 ArbGG). Seit 1979 ist die Revision nicht mehr als Streitwertrevision möglich, sondern nur dann, wenn

94

– das LAG sie im Berufungsurteil (§ 72 Abs. 1-3 ArbGG) oder
– das BAG sie aufgrund einer Nichtzulassungsbeschwerde (§ 72a ArbGG) oder
– das Arbeitsgericht sie als Sprungrevision zugelassen hat (§ 76 ArbGG).

bb) Zulassung durch das LAG. Das LAG muss die Revision zulassen,[145] wenn einer der in § 72 Abs. 2 ArbGG abschließend aufgeführten Gründe[146] vorliegt, d.h. **bei grundsätzlicher Bedeutung** der Rechtssache und **in Divergenzfällen**.

95

Das BAG bejaht die grundsätzliche Bedeutung einer Rechtssache, „wenn die Entscheidung des Rechtsstreits von einer klärungsfähigen und klärungsbedürftigen Rechtsfrage abhängt und diese Klärung entweder von allgemeiner Bedeutung für die Rechtsordnung ist oder wenn wegen ihrer tatsächlichen Auswirkungen die Interessen der Allgemeinheit oder eines größeren Teils der Allgemeinheit eng berührt werden".[147] An der Klärungsbedürftigkeit einer Rechtsfrage fehlt es, wenn die Frage bereits vom BAG oder von einem anderen obersten Gerichtshof des Bundes bereits entschieden wurde, es sei denn, dass sie wieder klärungsbedürftig wird, weil gegen diese Entscheidung in Rechtsprechung oder Schrifttum gewichtige Gesichtspunkte vorgebracht werden.[148] In Divergenzfällen ist die Revision zuzulassen, wenn das LAG zu einer Rechtsfrage einen abstrakten Rechtssatz aufgestellt hat, der von einem abstrakten Rechtssatz abweicht, den ein in § 72 Abs. 2 Nr. 2 ArbGG erwähntes Gericht zu derselben Rechtsfrage aufgestellt hat und wenn die Entscheidung des LAG auf dem divergierenden Rechtssatz beruht; das ist anzunehmen, wenn bei abweichender

96

---

[143] GMP/*Müller-Glöge*, § 72 ArbGG Rn. 1; SchaubArbRFV-HdB/*Straube*, C. Rn. 165 ff.
[144] BAG-Jahresbericht 2019, S. 11.
[145] Das LAG hat selbst dann keinen Ermessensspielraum, wenn es die Revision für aussichtslos hält, vgl. SchaubArbRFV-HdB/*Straube*, C. Rn. 165 ff.
[146] GMP/*Müller-Glöge*, § 72 ArbGG Rn. 11; *Grunsky*, § 72 ArbGG Rn. 11; HWK/*Treber*, § 72 ArbGG Rn. 8.
[147] BAG 5.12.1979, AP Nr. 1 zu § 72a ArbGG 1979 Grundsatz; BAG 25.9.2012, AE 2011, 244.
[148] BAG 17.10.2017, NZA 2017, 1630.

Beantwortung der Rechtsfrage das Urteil anders ausgefallen wäre.[149] Der abstrakte Rechtssatz muss nicht ausdrücklich vom LAG formuliert worden sein; er kann sich auch als „verdeckter Rechtssatz" aus fallbezogenen Ausführungen ergeben.[150] Notwendig sind „fallübergreifende Ausführungen, die für eine Vielzahl von Fällen Geltung beanspruchen".[151] Eine entscheidungserhebliche Divergenz liegt nicht vor, wenn der divergierende Rechtssatz nur in einer Hilfsbegründung oder in einer weiteren Begründung enthalten ist.[152] Auch eine lediglich fehlerhafte oder den Grundsätzen der höchstrichterlichen Rechtsprechung nicht genügende Rechtsanwendung durch das LAG vermag eine Divergenz nicht zu begründen.[153]

97 Das BAG ist an die Zulassung gebunden (§ 72 Abs. 3 ArbGG), es sei denn, das Gesetz schließt eine dritte Instanz aus.[154] Die Zulassung kann auf einen tatsächlich und rechtlich selbständigen, abtrennbaren Teil des Gesamtstreitstoffs beschränkt werden, über den durch Teil- oder Zwischenurteil gesondert entschieden werden könnte, wie z.B. in einem Entschädigungsprozess wegen Diskriminierung die Frage, ob ein Anspruch nach § 15 Abs. 2 AGG besteht. Über ihn kann durch Grundurteil entschieden werden, da über die Höhe der Entschädigung erst am Ende des Rechtsstreits zu befinden ist.[155] Eine auf einzelne Anspruchsgrundlagen, Rechtsfragen oder Elemente des geltend gemachten Anspruchs beschränkte Zulassung ist dagegen nicht möglich.[156] Ist das BAG davon überzeugt, dass die Voraussetzungen für die Zulassung der Revision nicht vorliegen und die Revision keine Aussicht auf Erfolg hat, kann es diese durch einstimmigen Beschluss ohne mündliche Verhandlung (§ 128 Abs. 4 ZPO) zurückweisen. Das ergibt sich aus § 552a ZPO, der über § 72 Abs. 5 ArbGG auch im Verfahren vor dem BAG gilt, weil das ArbGG insoweit nichts anderes bestimmt.[157]

98 **cc) Nichtzulassungsbeschwerde.** Lässt das LAG die Revision nicht zu, kann jede beschwerte Partei diese Entscheidung durch die sog. Nichtzulassungsbeschwerde gesondert beim BAG angreifen (§ 72a Abs. 1 ArbGG).[158] Sie ist der gegenüber der Anhörungsrüge nach § 78a ArbGG (s. Rn. 88b) vorrangige Rechtsbehelf.[159] Die Nichtzulassungsbeschwerde kann darauf gestützt werden, dass das LAG einen in § 72 Abs. 2 ArbGG erwähnten Zulassungsgrund verkannt hat; sie ist also nur als Grundsatz- oder als Divergenzbeschwerde möglich sowie dann, wenn ein absoluter Revisionsgrund i.S.d. § 547 ZPO besteht oder das Recht auf rechtliches Gehör verletzt wurde. Die Zahl der Nichtzulassungsbeschwerden übertrifft in der Praxis

---

[149] BAG 22.5.2012, 1 ABN 27/12; *Grunsky*, § 72 ArbGG Rn. 31 ff.; SchaubArbRFV-HdB/*Straube*, C. Rn. 165 ff.
[150] BAGE 110, 352; BAG 17.1.2012, NZA 2012, 411.
[151] BAG 13.8.2019, AP ArbGG 1979 § 72a Nr. 99.
[152] BAG 22.5.2012, BB 2012, 1471.
[153] BAG 17.1.2012, NZA 2012, 411; BAG 15.8.2012, NZA 2012, 1116.
[154] Z. B. bei einstweiliger Verfügung.
[155] BAG 28.5.2019, NZA 2019, 1311.
[156] BAG 8.2.1994, AP Nr. 23 zu § 72 ArbGG 1979; BAG 15.1.2015, AP Nr. 58 zu § 72 ArbGG 1979.
[157] BAG 23.7.2019, NZA 2019, 1374; ebenso *Francken*, NZA 2019, 282 m.w.N. zum Streitstand.
[158] BAG 12.8.1981, AP Nr. 11 zu § 72a ArbGG 1979.
[159] BAG 23.10.2019, NZA 2019, 1659.

die der Revisionsverfahren; die Erfolgsaussichten lagen im Jahr 2019 allerdings bei nur 4 %.[160] Das liegt daran, dass zumeist nur eine unzutreffende Rechtsanwendung geltend gemacht wird.

Die **Grundsatzbeschwerde** ist statthaft, wenn die Sache grundsätzliche Bedeutung hat (vgl. § 72 Abs. 2 Nr. 1 ArbGG), also entweder von allgemeiner Bedeutung für die Rechtsordnung ist oder wegen ihrer tatsächlichen Auswirkungen die Interessen eines größeren Teils der Allgemeinheit berührt.[161] Die praktisch bedeutsamere **Divergenzbeschwerde** ist statthaft, wenn das LAG die Revision nicht zugelassen hat, obwohl es in seiner Entscheidung von einer Entscheidung der in § 72 Abs. 2 Nr. 2 ArbGG genannten Gerichte abgewichen ist, und wenn die Entscheidung auf dieser Abweichung beruht. Soll das Vorliegen eines **absoluten Revisionsgrundes** geltend gemacht werden, muss der Beschwerdeführer die Tatsachen substantiiert vortragen, aus denen sich der Verfahrensfehler des Berufungsgerichts ergeben soll.[162]

99

Die Nichtzulassungsbeschwerde ist binnen eines Monats nach Zustellung des in vollständiger Form abgefassten Berufungsurteils durch eine Beschwerdeschrift beim BAG einzulegen. Sie muss von einer Person i.S.v. § 11 Abs. 4 ArbGG unterzeichnet sein und ist innerhalb einer (nicht verlängerbaren) Notfrist von zwei Monaten nach Zustellung des Berufungsurteils zu begründen (§ 72a Abs. 2, 3 ArbGG).[163] Die Einlegung hat aufschiebende Wirkung (§ 72a Abs. 4 S. 1 ArbGG), d.h. das angefochtene Urteil wird nicht rechtskräftig. Über die Nichtzulassungsbeschwerde entscheidet das BAG durch Beschluss. Ist sie zulässig und begründet, lässt das BAG die Revision zu; ist sie es nicht, erlässt das BAG einen (unanfechtbaren) Ablehnungsbeschluss,[164] mit dessen Verkündung oder Mitteilung das Berufungsurteil rechtskräftig wird (§ 72a Abs. 5 S. 6 ArbGG).

100

dd) Verwirft das LAG eine Berufung durch Beschluss als unzulässig, kann jede beschwerte Partei diese Entscheidung durch die sog. Revisionsbeschwerde beim BAG beantragen, falls die Beschwerde vom LAG zugelassen wurde. Über § 77 S. 2 ArbGG finden die Zulassungsgründe des § 72 Abs. 2 ArbGG Anwendung (s. oben Rn. 95 ff.). Das BAG ist an die Zulassung gebunden.[165] Das LAG braucht sie nicht zu begründen. Für die Einlegung und Begründung der Revisionsbeschwerde gelten die Vorschriften über die Nichtzulassungsbeschwerde sinngemäß (§ 72a ArbGG; s. oben Rn. 98).[166] Lässt das LAG die Revisionsbeschwerde nicht zu, ist hiergegen die Nichtzulassungsbeschwerde nicht statthaft. Verletzungen des rechtlichen Gehörs können durch Anhörungsrüge nach § 78a ArbGG korrigiert werden (s. oben Rn. 88b).[167]

100a

---

[160] BAG-Jahresbericht 2019, S. 11.
[161] BAG 26.9.2000, NZA 2001, 286 ff.
[162] BAG 5.12.2011, NZA 2012, 351.
[163] Im einzelnen *Grunsky*, § 72a ArbGG Rn. 14 ff.
[164] Möglich bleibt allerdings die (Urteils-)Verfassungsbeschwerde; mit der Ablehnung der Nichtzulassungsbeschwerde ist der Rechtsweg zu den Gerichten der Arbeitsgerichtsbarkeit erschöpft.
[165] GMP/*Müller-Glöge,* § 77 ArbGG Rn. 10; Schwab/Weth/*Ulrich,* § 77 ArbGG Rn. 11.
[166] BAG 11.9.2019, AP ArbGG 1979 § 77 Nr. 15.
[167] BAG 6.1.2015, NZA 2015, 316.

§ 21 Arbeitsgerichtliches Verfahren

101   ee) Eine **Sprungrevision** ist statthaft, wenn der Gegner schriftlich zustimmt und wenn sie vom Arbeitsgericht zugelassen wird. Die Zulassung erfolgt nur auf Antrag, der innerhalb einer Notfrist von einem Monat nach Zustellung des in vollständiger Form abgefaßten Urteils zu stellen ist (§ 76 Abs. 1 S. 2 ArbGG). Das Arbeitsgericht darf die Sprungrevision nur in den in § 76 Abs. 2 ArbGG genannten Fällen zulassen. Gibt das Gericht dem Antrag statt, ist das BAG daran gebunden, und es läuft die Revisionsfrist; lehnt es ihn ab, ist die Entscheidung unanfechtbar, und die Berufungsfrist beginnt von neuem zu laufen (§ 76 Abs. 3 S. 1 ArbGG). Auf Verfahrensmängel kann die Sprungrevision nicht gestützt werden (§ 76 Abs. 4 ArbGG).

102   ff) Weitere Zulässigkeitsvoraussetzung ist die **Beschwer** des Revisionsklägers. Der Revisionskläger ist beschwert, wenn das angefochtene Berufungsurteil hinter den von ihm zuletzt gestellten Anträgen zurückbleibt, ihm also weniger gibt, als er beantragt hat.

c) Einlegung und Begründung

103   aa) **Einlegung.** Die Revision ist schriftlich beim BAG als Revisionsgericht (§ 8 Abs. 3 ArbGG) einzulegen (§ 72 Abs. 5 ArbGG, § 549 Abs. 1 S. 1 ZPO). Einlegung durch Telefax oder Computerfax mit eingescannter Unterschrift[168] ist möglich (§ 130 Nr. 6 ZPO). Die Revisionsschrift muss das Urteil, gegen das die Revision gerichtet ist, bezeichnen und die Erklärung enthalten, dass gegen dieses Urteil Revision eingelegt wird (§ 549 Abs. 1 S. 2 ZPO). Sie ist von einer nach § 11 Abs. 4 ArbGG vertretungsberechtigten Person zu unterzeichnen (§§ 549 Abs. 2, 130 Nr. 6 ZPO). Die Revisionsfrist beträgt einen Monat (§ 74 Abs. 1 S. 1 ArbGG).

103a   Sie beginnt mit der Zustellung des in vollständiger Form abgefaßten Urteils, spätestens mit dem Ablauf von fünf Monaten nach der Urteilsverkündung (§ 74 Abs. 1 S. 2 ArbGG). Fehlt eine ordnungsgemäße Rechtsmittelbelehrung, kann das Urteil binnen eines Jahres nach der Zustellung angefochten werden (§ 9 Abs. 5 S. 3 ArbGG). Ist das Urteil nicht innerhalb von fünf Monaten zugestellt worden und ist zudem die Rechtsmittelbelehrung unterblieben, so endet die Revisionsfrist erst mit Ablauf von 17 Monaten nach Verkündung des Urteils. Die Revisionsfrist ist wie die Berufungsfrist eine Notfrist, so dass, wenn sie unverschuldet versäumt wird, die Möglichkeit einer Wiedereinsetzung in den vorigen Stand (§§ 233 ff. ZPO) besteht; anderenfalls ist die Revision als unzulässig zu verwerfen (§ 552 Abs. 1 S. 2 ZPO, § 74 Abs. 2 S. 2 ArbGG). Über die Wiedereinsetzung entscheidet das Gericht, dem die Entscheidung über die nachgeholte Prozesshandlung zusteht (§ 237 ZPO). Ausnahmsweise kann das BAG darüber entscheiden, wenn nach Aktenlage ohne Weiteres Wiedereinsetzung zu gewähren ist oder wenn das LAG verfahrensfehlerhaft eine Entscheidung über den bei ihm gestellten Wiedereinsetzungsantrag unterlassen hat oder wenn nach Aktenlage eine Wiedereinsetzung offensichtlich ausscheidet und der betroffenen Partei keine Gelegenheit zu weiterem Vortrag zu geben ist.[169]

---

[168] GmSOGB 5.4.2000, NJW 2000, 2340.
[169] BAG 23.11.2017, NZA 2018, 541.

bb) Begründung. Die Revision ist vom Revisionskläger schriftlich zu begründen. Der notwendige Inhalt ergibt sich aus § 551 Abs. 3 ZPO. Die Frist für die Revisionsbegründung beträgt zwei Monate (§ 74 Abs. 1 S. 1 ArbGG), beginnend mit der Zustellung des in vollständiger Form abgefassten Urteils, spätestens mit Ablauf von fünf Monaten nach der Verkündung (§ 74 Abs. 1 S. 2 ArbGG). Im Gegensatz zur Revisionsfrist kann die Revisionsbegründungsfrist auf Antrag einmal bis zu einem Monat verlängert werden (§ 74 Abs. 1 S. 3 ArbGG).

Die Revisionsbegründung muss den angenommenen Rechtsfehler des LAG so aufzeigen, dass Gegenstand und Richtung des Revisionsangriffs erkennbar sind. Das erfordert eine Auseinandersetzung mit den tragenden Gründen der angefochtenen Entscheidung. Hat das LAG seine Entscheidung auf mehrere voneinander unabhängige, selbständig tragende rechtliche Erwägungen gestützt, muss die Revisionsbegründung jede von ihnen angreifen.[170] Allein die Darstellung anderer Rechtsansichten ohne jede Auseinandersetzung mit den Gründen des Berufungsurteils genügt ebenso wenig wie die Wiedergabe des bisherigen Vorbringens oder die Rüge der tatsächlichen oder rechtlichen Würdigungen des LAG mit formelhaften Wendungen. Verfahrensrügen müssen die genaue Bezeichnung der Tatsachen enthalten, die den Mangel ergeben, auf den sich die Revision stützen will (§ 551 Abs. 3 S. 1 Nr. 2 b ZPO). Dazu muss auch die Kausalität zwischen Verfahrensmangel und Ergebnis des Berufungsurteils dargelegt werden.[171]

cc) Ist die Revision unzulässig, wird sie durch Beschluss oder, wenn bereits eine mündliche Verhandlung stattgefunden hat, durch Urteil verworfen (§§ 72 Abs. 5, 74 Abs. 2 S. 3 ArbGG, § 552 Abs. 1 ZPO). Anderenfalls ist unverzüglich ein Termin zur mündlichen Verhandlung zu bestimmen (§ 74 Abs. 2 S. 1 ArbGG). Für das weitere Vorgehen gelten im wesentlichen die Vorschriften für das erstinstanzliche Verfahren (§ 72 Abs. 5 ArbGG, § 555 ZPO).

d) Prüfungsrahmen

Der Prüfungsrahmen wird durch die Revisionsanträge abgesteckt (§ 557 Abs. 1 ZPO), jedoch ist das BAG nicht an die geltend gemachten materiellen Revisionsgründe gebunden (§ 557 Abs. 3 S. 1 ZPO). Die Revision kann nur darauf gestützt werden, dass das Urteil des LAG **auf der Verletzung einer Rechtsnorm beruht** (§ 73 Abs. 1 ArbGG).

Eine Rechtsnorm ist verletzt, wenn sie nicht oder nicht richtig angewendet worden ist (§ 546 ZPO). Rechtsnorm i.S.d. § 546 ZPO ist jede Regelung, die für eine Vielzahl von Fällen gelten soll. Dazu rechnen u.a. formelle Gesetze, Verordnungen, Tarifverträge und Betriebsvereinbarungen, aber auch typisierte Vertragsbedingungen, die für eine Vielzahl gleichlautender Fälle gedacht sind oder verwendet werden,[172] sowie Denkgesetze und allgemeine Erfahrungssätze.[173] Kontrolliert werden kann die Anwendung formellen und mate-

---

[170] BAG 29.8.2018, NZA 2019, 127.
[171] BAG 20.3.2019, AP ArbGG 1979 § 72 Nr. 62.
[172] GMP/*Müller-Glöge*, § 73 ArbGG Rn. 18 ff. m.w.N.
[173] BAG 16.5.1964, 9.3.1972, AP Nr. 1, 2 zu § 561 ZPO.

§ 21 Arbeitsgerichtliches Verfahren

riellen Rechts. Von Amts wegen prüft das BAG das Fehlen der staatlichen Rechtsprechungsgewalt, die allgemeinen Prozessvoraussetzungen, die internationale Zuständigkeit und die Statthaftigkeit der Revision.[174] Bei allen anderen Verfahrensfehlern sind Verfahrensrügen zu erheben (§ 551 Abs. 3 Nr. 2b ZPO). Das BAG prüft nicht, ob der beschrittene Rechtsweg, die örtliche Zuständigkeit und die Verfahrensart zutreffen, sofern die Regelungen in § 48 ArbGG, §§ 17 ff. GVG beachtet wurden, und ob bei der Berufung oder der Beteiligung von ehrenamtlichen Richtern beim LAG Fehler aufgetreten sind (§§ 73 Abs. 2, 65 ArbGG, „ausgeschlossene Revisionsgründe"), wohl aber, ob im Einzelfall das Gericht vorschriftsmäßig besetzt war. Ermessensentscheidungen des LAG können vom BAG nur daraufhin überprüft werden, ob die Voraussetzungen und Grenzen des Ermessens beachtet wurden. Bei der Anwendung unbestimmter Rechtsbegriffe hat das BAG zu kontrollieren, ob das LAG den Rechtsbegriff selbst verkannt hat und ob bei der Subsumtion des Sachverhalts unter den unbestimmten Begriff allgemeine Erfahrungssätze oder Denkgesetze verletzt worden sind.[175] Stets muss das mit der Revision bekämpfte Urteil auf der Rechtsverletzung beruhen, d.h. das Urteil darf nicht aus anderen Gründen richtig sein. Das Beruhen wird unwiderlegbar vermutet, wenn ein „absoluter Revisionsgrund" i.S.d. § 547 ZPO gegeben ist. In diesem Fall ist das Berufungsurteil aufzuheben und die Sache ist an das Berufungsgericht zurückzuverweisen. Das gilt selbst dann, wenn sich die Entscheidung der Sache nach als richtig darstellt, da § 561 ZPO bei absoluten Revisionsgründen keine Anwendung findet.[176] § 559 ZPO bestimmt den Prozessstoff für die Revisionsinstanz. Grundlage der Revision ist danach nur das Parteivorbringen, das aus dem Tatbestand des Berufungsurteils oder dem Sitzungsprotokoll ersichtlich ist. Neues tatsächliches Vorbringen ist in der Revisionsinstanz grundsätzlich ausgeschlossen. An die Feststellung des LAG, ob eine tatsächliche Behauptung wahr ist oder nicht, ist das BAG gebunden, es sei denn, die Revision richtet sich in zulässiger und begründeter Weise gegen die Feststellung als solche. Bei der Feststellung objektiven Rechts ist das Revisionsgericht an Tatsachenfeststellungen des Berufungsgerichts nicht gebunden; auch kann es seiner Entscheidung abweichende Tatsachenfeststellungen zugrunde legen, wenn diese im Revisionsverfahren unstreitig gestellt werden.

e) Abschluss des Verfahrens

108 Etwa zwei Drittel aller Revisionsverfahren enden durch streitiges Urteil. Möglich ist auch eine gütliche Verfahrensbeendigung im Wege eines Vergleichs. Nicht selten wird die an sich zulässige Revision wieder zurückgenommen.[177]

109 Ist die **Revision unzulässig**, wird sie durch streitiges Urteil oder durch Beschluss **verworfen**. Ist die **Revision unbegründet**, wird sie durch Urteil **zurückgewiesen**. Sie ist unbegründet, wenn sie allein auf die Verletzung irreversiblen Rechts gestützt wird (§ 560 ZPO), die gerügte Rechtsverletzung nicht besteht oder das Urteil nicht auf dieser Verletzung beruht oder sich aus anderen Gründen als richtig erweist (§ 561 ZPO). Ist die **Revision begründet**, so hebt das BAG das angefochtene Urteil auf (§ 562 Abs. 1 ZPO) und verweist

---

[174] AR/*Spelge*, § 73 ArbGG Rn. 21 ff.
[175] Vgl. z.B. BAG 21.5.1992, AP Nr. 28 zu § 1 KSchG 1969 Verhaltensbedingte Kündigung.
[176] BAG 9.6.2011, NZA 2011, 1446; GMP/*Müller-Glöge*, § 73 ArbGG Rn. 40.
[177] S. im einzelnen BAG-Jahresbericht 2019, S. 11 f.

die Sache zur anderweitigen Verhandlung und Entscheidung an das LAG zurück (§ 563 Abs. 1 ZPO), u.U. aber auch an das Arbeitsgericht. Das LAG hat die rechtliche Beurteilung, die der Aufhebung zugrunde liegt, seiner eigenen Entscheidung zugrunde zu legen (§ 563 Abs. 2 ZPO). Das BAG entscheidet selbst in der Sache, wenn der Rechtsstreit aufgrund der tatsächlichen Feststellungen des LAG entscheidungsreif ist (§ 563 Abs. 3 ZPO).

V. Beschlussverfahren

1. Allgemeines

a) Verhältnis zu anderen Verfahren und rechtliche Ausgestaltung

aa) Das Beschlussverfahren ist ein **besonderes arbeitsgerichtliches Verfahren**.[178] Ob im Urteils- oder Beschlussverfahren zu entscheiden ist, richtet sich nach dem in der Klage- bzw. der Antragsschrift umrissenen Verfahrensgegenstand. Lässt sich dieser unter § 2a ArbGG subsumieren, findet das Beschlussverfahren statt (§ 80 Abs. 1 ArbGG), sonst das Urteilsverfahren. Beide Verfahren schließen einander aus.[179] Eine Wahlmöglichkeit besteht nicht, auch nicht, wenn sich alle Beteiligten einig sind.[180]

110

Ob der Antragsteller das statthafte Verfahren gewählt hat, muss das Arbeitsgericht von Amts wegen prüfen. Hält das Gericht die gewählte Verfahrensart für unzulässig, so verweist es den Rechtsstreit nach Anhörung der Beteiligten von Amts wegen durch Beschluss in die richtige Verfahrensart (§§ 48 Abs. 1, 80 Abs. 3 ArbGG, § 17a Abs. 2 S. 1 GVG); die Entscheidung ist bindend (§ 17a Abs. 2 S. 3 GVG). Verkennt das Arbeitsgericht die richtige Verfahrensart und wird das von keiner Seite gerügt, sind die Rechtsmittelgerichte zu einer erneuten Überprüfung nicht befugt (§§ 88, 93, 65 ArbGG).

111

bb) Auch im Beschlussverfahren werden – von Ausnahmen abgesehen[181] – **Rechts- und nicht Regelungsstreitigkeiten entschieden**. Das unterscheidet das arbeitsgerichtliche Beschlussverfahren von dem Verfahren vor der betrieblichen Einigungsstelle. Allerdings sind auch bei Regelungsstreitigkeiten häufig Rechtsfragen als Vorfragen zu klären. Nach h.M. kann das Arbeitsgericht im Wege des Beschlussverfahrens vorab darüber entscheiden, ob überhaupt ein Mitbestimmungsrecht besteht.[182] Dass ein solches „Vorabentscheidungsverfahren" bei Gericht anhängig ist, hindert nicht die gleichzeitige Anrufung und Errichtung einer Einigungsstelle. Der Schlichtungsspruch der Einigungsstelle ist unabhängig von der Vorabentscheidung nachprüfbar.

112

---

[178] S. instruktiv zum Beschlussverfahren *Schwarze/Hartwig*, JuS 2006, 988 ff., 1089 ff.
[179] BAG 3.4.1957, AP Nr. 46 zu § 2 ArbGG 1953.
[180] *Grunsky*, § 80 ArbGG Rn. 9; SchaubArbRFV-HdB/*Straube*, C. Rn. 196 ff.
[181] Etwa die Bestellung des Vorsitzenden der betrieblichen Einigungsstelle (§ 76 Abs. 2 S. 2 BetrVG).
[182] BAG 16.8.1983, 13.10.1987, AP Nr. 2, 7 zu § 81 ArbGG 1979; GMP/*Schlewing*, § 2a ArbGG Rn. 101 ff.

113 cc) Für das Beschlussverfahren gelten im wesentlichen die für das Urteilsverfahren des ersten Rechtszugs maßgebenden Vorschriften entsprechend, soweit sich aus den §§ 81-84 ArbGG nichts anderes ergibt. Zwar verweist § 80 Abs. 2 ArbGG nicht generell auf das Urteilsverfahren, sondern nimmt dieses nur für bestimmte Fragen in Bezug. Da aber eine beschränkte Bezugnahme zu einer bruchstückhaften Regelung des Beschlussverfahrens führen würde, geht die h.M. davon aus, dass § 80 Abs. 2 ArbGG umfassend auf das Urteilsverfahren verweist und damit letztlich auf die ZPO.[183] Die wichtigsten Unterschiede zwischen beiden Verfahrensarten ergeben sich aus der Tabelle auf der nächsten Seite.

b) Verfahrensmaximen

114 Das Beschlussverfahren wird im Gegensatz zum Urteilsverfahren nicht vom Beibringungs-, sondern vom **Untersuchungsgrundsatz** beherrscht.[184] Das liegt daran, dass den Entscheidungen im Beschlussverfahren zumeist eine über den Kreis der unmittelbar Verfahrensbeteiligten hinausgehende Bedeutung zukommt.[185] Das Arbeitsgericht hat den Sachverhalt von Amts wegen zu erforschen (§ 83 Abs. 1 S. 1 ArbGG). Ziel ist es, den „wahren" Sachverhalt zu ermitteln. Deshalb ist das Arbeitsgericht nicht an Geständnisse der Beteiligten (vgl. § 288 ZPO) gebunden, und das Nichtbestreiten bedeutet nicht das Zugeständnis einer Behauptung (vgl. § 138 Abs. 3 ZPO). Allerdings erforscht das Gericht den Sachverhalt nur **im Rahmen der gestellten Anträge** (§ 83 Abs. 1 S. 1 ArbGG). Ob und in welchem Umfang ein Beschlussverfahren eingeleitet wird, unterliegt der freien Verfügung des Antragstellers. Im Gegensatz zum Urteilsverfahren gilt im Beschlussverfahren auch nicht der strenge Grundsatz der Mündlichkeit; das Gericht kann mit Einverständnis der Beteiligten **ohne mündliche Verhandlung entscheiden**, die Beteiligten können sich schriftlich äußern (§ 83 Abs. 4 S. 1 ArbGG). Die Güteverhandlung ist fakultativ, nicht obligatorisch. Ferner gilt im Beschlussverfahren der **Beschleunigungsgrundsatz**. Angriffs- und Verteidigungsmittel, die erst nach einer vom Gericht gesetzten Frist vorgebracht werden, können vom Gericht zurückgewiesen werden, wenn ihre Zulassung die Erledigung des Rechtsstreits verzögern würde oder wenn der Beteiligte die Verspätung nicht genügend entschuldigt (§ 83 Abs. 1a S. 2 ArbGG).

---

[183] AR/*Reinfelder*, § 80 ArbGG Rn. 4; GMP/*Spinner*, § 80 ArbGG Rn. 40 ff.; *Grunsky*, § 80 ArbGG Rn. 32.
[184] Vgl. im einzelnen GMP/*Spinner*, § 83 ArbGG Rn. 82; *Grunsky*, § 83 ArbGG Rn. 2.
[185] *Wlotzke/Schwedes/Lorenz*, § 83 ArbGG Rn. 3.

V. Beschlussverfahren

	Urteils- und Beschlussverfahren	
Merkmal	**Urteilsverfahren**	**Beschlussverfahren**
Verfahren geregelt in	§§ 46 ff. ArbGG	§§ 80 ff. ArbGG
Anwendungsbereiche	im wesentlichen individualarbeitsrechtliche Streitigkeiten (§ 2 ArbGG)	Streitigkeiten aus BetrVG, SprAuG, EBRG und den MitbestG (§ 2a ArbGG)
Verfahrenseinleitung durch	Antrag auf Erlass eines Mahnbescheids (§ 46a ArbGG), Klageerhebung (§ 46 II 1 ArbGG, § 253 ZPO), Antrag auf einstweilige Verfügung (§ 62 II ArbGG)	Antrag (§ 81 ArbGG), Antrag auf einstweilige Verfügung (§ 85 II ArbGG)
Verfahrensteilnehmer	Parteien	Beteiligte
Fähigkeit zur streitigen Teilnahme	„Parteifähigkeit": Natürliche und juristische Personen, parteifähige Personengesellschaften, Gewerkschaften und Arbeitgebervereinigungen (§ 46 II 1 ArbGG, § 50 ZPO, § 10 S.1 HS 1 ArbGG)	„Beteiligtenfähigkeit": Alle Parteifähigen sowie Organe der Betriebsverfassung, Gewerkschaften und Arbeitgebervereinigungen (§§ 10 S.1 HS 2, 83 III ArbGG)
Antragsbefugnis	jeder, der eigene Rechte geltend macht oder rechtlich befugt ist, Drittrechte zu realisieren	jeder, der ein Recht in einer in § 2a ArbGG genannten Angelegenheit als eigenes geltend macht
Vertretung	1. Instanz: fakultativ 2. Instanz: RAe, Verb.Vertreter 3. Instanz: RAe, Verb. Vertreter mit Befähigung zum Richteramt	1. Instanz: fakultativ 2. Instanz: RAe, Verb.Vertreter 3. Instanz: RAe, Verb. Vertreter mit Befähigung zum Richteramt
Vorverfahren	zwingende Güteverhandlung	fakultative Güteverhandlung
Verfahrensmaximen	Dispositionsmaxime Verhandlungsgrundsatz (keine Ermittlung von Amts wegen)	Antragsgrundsatz Untersuchungsgrundsatz im Rahmen des gestellten Antrags
Folgen der Verspätung einer Partei	Versäumnisurteil auf Antrag Präklusion mit Vorbringen	kein Versäumnisurteil keine Präklusion mit Vorbringen
Vorläufiger Rechtsschutz	Einstweilige Verfügung (§ 62 II ArbGG, §§ 935 ff. ZPO)	Einstweilige Verfügung (§ 85 II ArbGG), Sonderverfahren: §§ 99 IV, 100 II 3 BetrVG
Verfahrensbeendende Entscheidung	Urteil	Beschluss
Sonstige Beendigungsgründe	Klagerücknahme, Erledigterklärung, Vergleich	Antragsrücknahme, Erledigterklärung, Vergleich
Kostenpflichtigkeit des Verfahrens	Gerichtskosten und außergerichtliche Kosten (§ 12 I ArbGG)	keine Gerichtskosten (§ 2 II GKG)
2. Rechtszug	Berufung zum LAG: Berufungssumme 600 €, Zulassung durch das ArbG oder Bestandsstreit (§§ 64-70 ArbGG)	Beschwerde zum LAG: Uneingeschränkt zulässig gegen Beschluss des ArbG (§§ 87-91 ArbGG)
3. Rechtszug	Revision zum BAG: Nur nach Zulassung durch das LAG (gegen Versagung: Nichtzulassungsbeschwerde zum BAG), Sprungrevision gegen Urteil des ArbG, wenn vom ArbG zugelassen und schriftliche Zustimmung des Gegners (§§ 72-77 ArbGG)	Rechtsbeschwerde zum BAG: Nur nach Zulassung durch das LAG (gegen Versagung: Nichtzulassungsbeschwerde zum BAG), Sprungrechtsbeschwerde gegen Beschluss des ArbG, wenn vom ArbG zugelassen und alle Beteiligten damit einverstanden (§§ 92-96 ArbGG)

c) Beteiligte

115 aa) Beteiligter i.w.S. ist, wer Träger von Rechten oder Pflichten eines arbeitsgerichtlichen Beschlussverfahrens ist.[186] Im Urteilsverfahren bestimmen sich die Parteien nach der Klageschrift. Wer dagegen im Beschlussverfahren als Beteiligter anzusehen ist, richtet sich nach materiellem Recht. Beteiligter ist stets, wer durch einen eigenen Sachantrag ein Beschlussverfahren einleitet,[187] und zwar selbst dann, wenn ihm die Antragsbefugnis fehlt oder wenn sich der Antrag als unbegründet erweist.[188] Daneben ist jede Person oder Stelle Beteiligter (i.e.S.), die durch die vom Antragsteller begehrte Entscheidung in ihrer betriebsverfassungs- oder mitbestimmungsrechtlichen Rechtsstellung unmittelbar betroffen ist.[189] Daher sind bei einem Gemeinschaftsbetrieb alle Unternehmen mit Leitungsmacht Beteiligte.[190]

Beispiele: Arbeitnehmer beim Streit um das aktive oder passive Wahlrecht; leitender Angestellter im Zuordnungsverfahren nach § 18a BetrVG; Betriebsrat bei einer Wahlanfechtung; Betriebsratsmitglied beim Streit um die Erforderlichkeit einer Schulungsmaßnahme; nicht die betriebliche Einigungsstelle im Streit um die Wirksamkeit eines Schlichterspruchs, da ihr keine eigenen Rechte zukommen.[191]

116 Das Arbeitsgericht hat von Amts wegen festzustellen, wer Beteiligter ist, und entsprechend zu verfahren.[192] Allerdings verliert niemand seine Beteiligtenstellung dadurch, dass er nicht tatsächlich am Verfahren beteiligt wird, wie umgekehrt die Beteiligtenstellung nicht durch die rein faktische Teilnahme am Beschlussverfahren erworben werden kann. Verkennt das Gericht die Beteiligteneigenschaft, so liegt ein (behebbarer) Verfahrensfehler vor, der die Entscheidung rechtsfehlerhaft und damit anfechtbar macht.[193] Verfahrensbeteiligte sind von Amts wegen anzuhören (§ 83 Abs. 4 ArbGG). Sie haben bei der Aufklärung des Sachverhalts mitzuwirken (§ 83 Abs. 1 S. 2 ArbGG); dazu kann sie das Gericht vernehmen (§ 83 Abs. 2 ArbGG); über Zwangsmittel verfügt das Gericht allerdings nicht. Das Gericht genügt seiner Anhörungspflicht, wenn es einen Beteiligten ordnungsgemäß lädt und dieser dem Termin unentschuldigt fernbleibt (§ 83 Abs. 4 S. 2 ArbGG). Beteiligte können gegen eine Entscheidung Rechtsmittel einlegen, falls sie durch sie beschwert sind. Die Rechtskraft einer Entscheidung wirkt für und gegen alle Beteiligten, selbst wenn sie nicht am Verfahren teilgenommen haben. Ob der Arbeitgeber in jedem Beschlussverfahren Beteiligter ist oder ob ihn das Gericht nur anzuhören hat (§ 83 Abs. 3 ArbGG), ist streitig; die h.M. geht von Ersterem aus.[194]

---

[186] GMP/*Spinner*, § 83 ArbGG Rn. 6.
[187] Vgl. § 83a Abs. 3 S. 1 ArbGG, der den Antragsteller den „übrigen Beteiligten" gegenüberstellt. Der Antragsteller ist „notwendiger" Beteiligter, vgl. BAG 18.8.1987, AP Nr. 6 zu § 81 ArbGG 1979.
[188] BAG 25.8.1981, AP Nr. 2 zu § 83 ArbGG 1979.
[189] BAG 13.3.1984, 29.8.1985, AP Nr. 9, 13 zu § 83 ArbGG 1979.
[190] BAG 15.5.2007, NZA 2007, 1240.
[191] Überblick bei GMP/*Spinner*, § 83 ArbGG Rn. 66 f.
[192] BAG 3.4.1979, AP Nr. 1 zu § 13 BetrVG 1972.
[193] Im einzelnen GMP/*Spinner*, § 83 ArbGG Rn. 26 ff.
[194] BAG 19.2.1975, AP Nr. 10 zu § 5 BetrVG 1972; BAG 19.9.2006, NZA 2007, 518.

Zulässigkeit eines Antrags im Beschlussverfahren

1. **Ordnungsgemäßer Antrag (§§ 80 Abs. 2, 46 Abs. 2 ArbGG, §§ 495, 253 ZPO)**
   - insbesondere: ein bestimmter Sachantrag (Leistungs-, Feststellungs- oder Gestaltungsantrag)
   - Vortrag der Tatsachen, auf die das verfolgte Begehren gestützt wird

2. **Rechtsweg zu den Arbeitsgerichten und Entscheidung im Wege des Beschlussverfahrens (§ 2a Abs. 1 ArbGG)**
   - Nr. 1: Angelegenheiten aus dem BetrVG mit Ausnahme der Strafsachen und Ordnungswidrigkeiten, für die die ordentlichen Gerichte zuständig sind
   - Nr. 2: Angelegenheiten aus dem SprAuG mit Ausnahme der Strafsachen und Ordnungswidrigkeiten, für die die ordentlichen Gerichte zuständig sind
   - Nr. 3: Wahlstreitigkeiten aus dem MitbestG, MontanmitbestG, MontanmitbestErgG, DrittelbG
   - Nr. 3a: Angelegenheiten nach den §§ 177, 178, 222 SGB IX (analog für Fälle des § 179 VIII SGB IX, vgl. BAG 30.3.2010, NZA 2010, 668).
   - Nr. 3b: Angelegenheiten aus dem EBRG mit Ausnahme der Strafsachen und Ordnungswidrigkeiten, für die die ordentlichen Gerichte zuständig sind
   - Nr. 3c: Angelegenheiten nach § 51 BBiG
   - Nr. 3d: Angelegenheiten aus § 10 BFDG
   - Nr. 3e/f: Angelegenheiten aus dem SEBG bzw. SCEBG
   - Nr. 3g: Angelegenheiten aus dem G über die MgVG
   - Nr. 4: Entscheidungen über Tariffähigkeit und -zuständigkeit einer Vereinigung
   - Nr. 5: Entscheidungen über die Allgemeinverbindlichkeit von Tarifverträgen
   - Nr. 6: Entscheidungen über den anwendbaren Tarifvertrag in einem tarifpluralen Betrieb

   Bei Rechtswegunzuständigkeit oder fehlerhafter Verfahrenswahl keine Abweisung des Antrags, sondern von Amts wegen Verweisung an das zuständige Gericht bzw. in das richtige Verfahren (§§ 80 Abs. 3, 48 Abs. 1 ArbGG, §§ 17, 17a GVG).

3. **Örtliche Zuständigkeit (§ 82 ArbGG)**
   - in Streitigkeiten nach dem BetrVG und dem SprAuG
     - auf Betriebsebene: Arbeitsgericht, in dessen Bezirk der Betrieb liegt
     - auf Unternehmensebene: Arbeitsgericht, in dessen Bezirk das Unternehmen seinen Sitz hat.
   - in Streitigkeiten nach dem EBRG:
     - Arbeitsgericht, in dessen Bezirk das Unternehmen oder das herrschende Unternehmen nach § 2 EBRG seinen Sitz hat
     - bei einer Vereinbarung nach § 41 EBRG das Arbeitsgericht, in dessen Bezirk der Sitz des vertragsschließenden Unternehmens liegt.

   Bei Unzuständigkeit keine Abweisung des Antrags, sondern von Amts wegen Verweisung an das örtlich zuständige Arbeitsgericht (§§ 80 Abs. 3, 48 Abs. 1 ArbGG, §§ 17, 17a GVG).

4. **Funktionelle Zuständigkeit (§ 8 ArbGG)**

5. **Beteiligtenfähigkeit (§§ 10 S. 1 HS 2, 80 Abs. 2, 46 Abs. 2 ArbGG, §§ 495, 50 Abs. 1 ZPO)**
   - alle natürlichen und juristischen Personen des Privatrechts und des öffentlichen Rechts sowie die Personenhandelsgesellschaften (OHG, KG, EWIV)

- die nach dem BetrVG, SprAuG, EBRG, MitbestG, MontanmitbestG, MontanmitbestErgG beteiligten Personen und Stellen (= betriebsverfassungsrechtliche Organe oder Gruppierungen hiervon; Organmitglieder, soweit sie in ihrer betriebsverfassungsrechtlichen Stellung betroffen sind)
- im Verfahren nach § 2a Abs. 1 Nr. 4 ArbGG über die Tariffähigkeit oder Tarifzuständigkeit die beteiligten Vereinigungen von Arbeitnehmern oder von Arbeitgebern (§ 10 S. 2 a. E. ArbGG).

6. Prozessfähigkeit (§§ 80 Abs. 2, 46 Abs. 2 ArbGG, §§ 495, 51 Abs. 1, 52 ZPO)
Prozessfähigkeit ist die Fähigkeit, Prozesshandlungen selbst wirksam vorzunehmen oder entgegenzunehmen. Juristische Personen bedürfen der Vertretung durch den Vorstand (§ 26 Abs. 2 BGB, §§ 78 Abs. 1 AktG, 24 GenG) oder die Geschäftsführer (§ 35 Abs. 1 GmbHG), Handelsgesellschaften durch die vertretungsberechtigten Gesellschafter (§§ 125, 161 Abs. 2, 170 HGB).

7. Postulationsfähigkeit (§ 11 ArbGG)
Postulationsfähigkeit ist die Fähigkeit, vor Gericht aufzutreten, d.h. wirksam Anträge zu stellen. Vertretung durch Verbandsvertreter nur bei Mitgliedschaft im Verband (§ 11 Abs. 2 Nr. 4 ArbGG). Das Verbot des § 11 Abs. 3 ArbGG gilt nicht für Personen, die mit Untervollmacht handeln (z.B. Stationsreferendar usw.).

8. Antragsbefugnis
- Antragsbefugt ist, wer behauptet, Träger des geltend gemachten Rechts zu sein. Ob dieses Recht tatsächlich besteht, ist eine Frage der Begründetheit des Antrags.
- Die Antragsbefugnis ist gegeben, wenn der Antragsteller
  - eine Leistung an sich selbst verlangt,
  - die Feststellung eines Rechtsverhältnisses begehrt, an dem er selbst beteiligt ist, oder
  - geltend macht, in Rechten oder Rechtspositionen, die ihm durch das BetrVG usw. eingeräumt sind, unmittelbar betroffen zu sein.

9. Rechtsschutzbedürfnis
Fehlt, wenn das Gericht
- die Unwirksamkeit einer bereits abgeschlossenen Maßnahme oder
- die Mitbestimmungspflichtigkeit einer Maßnahme feststellen soll, die im Zeitpunkt ihrer gerichtlichen Geltendmachung keine Rechtswirkungen mehr entfaltet.

10. Klagefrist bei der Anfechtung einer Betriebsratswahl (§ 19 Abs. 2 S. 2 BetrVG)
Keine Sachurteilsvoraussetzung, sondern materiell-rechtliche Ausschlussfrist.

11. Beschlussverfahren in besonderen Fällen
- Entscheidung über die Tariffähigkeit und Tarifzuständigkeit einer Vereinigung (§ 97 ArbGG, s. § 13 Rn. 62)
- Entscheidung über die Wirksamkeit einer Allgemeinverbindlicherklärung eines Tarifvertrags (§ 98 ArbGG, s. § 13 Rn. 251)
- Entscheidung über den anwendbaren Tarifvertrag in einem tarifpluralen Betrieb (§ 99 ArbGG, s. § 13 Rn. 272 i)
- Entscheidung über die Besetzung der Einigungsstelle (§ 100 ArbGG, s. § 20 Rn. 32).

V. Beschlussverfahren

bb) Beteiligtenfähigkeit ist die Fähigkeit, Beteiligter in einem arbeitsgerichtlichen Beschlussverfahren zu sein. Sie ist wie die Parteifähigkeit eine Prozessvoraussetzung.[195] Beteiligtenfähig sind außer allen natürlichen und juristischen Personen auch Gewerkschaften, Arbeitgebervereinigungen, Zusammenschlüsse solcher Verbände sowie die nach dem BetrVG, dem SprAuG, dem EBRG und den Mitbestimmungsgesetzen beteiligten Personen und Stellen (§ 10 ArbGG). „Stellen" meint die betriebsverfassungsrechtlichen Organe wie Betriebsrat, Gesamtbetriebsrat usw. als solche und Gruppierungen hiervon (z.B. Ausschüsse des Betriebsrats). Einzelne Organmitglieder sind nur dann beteiligtenfähig, wenn sie gerade in ihrer betriebsverfassungsrechtlichen Stellung betroffen sind (z.B. beim Ausschluss aus dem Betriebsrat). Endet das Amt eines an einem Beschlussverfahren beteiligten Betriebsrats ohne Neuwahl, endet damit auch dessen Beteiligtenfähigkeit im Beschlussverfahren.[196] Für die Prozessfähigkeit, die Postulationsfähigkeit und die Frage der ordnungsgemäßen Vertretung gilt das beim Urteilsverfahren Gesagte entsprechend. Zu den weiteren Verfahrensvoraussetzungen vgl. die Übersicht nach Rn. 115.

117

2. Gang des erstinstanzlichen Verfahrens

a) Einleitung des Verfahrens

aa) Antrag. Das Beschlussverfahren wird nur auf Antrag eingeleitet (vgl. das Muster nach Rn. 118b). Dieser ist beim zuständigen Arbeitsgericht (§ 82 ArbGG) schriftlich oder mündlich zur Niederschrift anzubringen (§ 81 Abs. 1 ArbGG). Die Antragsschrift muss einen bestimmten Sachantrag (Leistungs-, Feststellungs- oder Gestaltungsantrag) enthalten. Ausreichend bestimmt ist auch ein sog. **Globalantrag**, d.h. ein ohne Einschränkungen formulierter Antrag, der eine Vielzahl möglicher künftiger Fallgestaltungen erfasst.[197]

118

Beispiel: Der Betriebsrat beantragt, es dem Arbeitgeber – bei Meidung eines Ordnungsgeldes in Höhe von 20.000 € im Einzelfall – zu untersagen, kollektivbezogene Überstunden für Beschäftigte des Betriebs anzuordnen oder zu dulden, ohne dass eine vorherige Zustimmung des Betriebsrats vorliegt oder ohne dass der Beschluss die verweigerte Zustimmung des Betriebsrats ersetzt hat.[198]

Ob der Antrag für sämtliche Fälle berechtigt ist, ist in der Begründetheit zu prüfen. Der Globalantrag ist gänzlich als unbegründet abzuweisen, wenn der Antrag auch nur in einer Fallgestaltung unbegründet ist.[199] Eine teilweise Stattgabe ist ausgeschlossen.

118a

---

[195] BAG 13.7.1955, AP Nr. 2 zu § 81 BetrVG; BAG 23.4.1971, AP Nr. 2 zu § 97 ArbGG.
[196] BAG 19.12.2018, NZA 2019, 940.
[197] St. Rspr., vgl. z.B. BAG 13.12.2011, NZA 2012, 571.
[198] BAG 10.3.1992, AP Nr. 1 zu § 77 BetrVG 1972 Regelungsabrede.
[199] BAG 20.4.2010, NZA 2010, 902.

118b Der Antrag ist zu begründen. Dabei hat der Antragsteller diejenigen Tatsachen vorzutragen, auf die er sein Begehren stützt (§§ 83 Abs. 1 S. 2, 80 Abs. 2, 46 Abs. 2 S. 1 ArbGG, § 253 Abs. 2 Nr. 2 ZPO).[200] Antrag und Lebenssachverhalt bestimmen den Streitgegenstand. Mit Zustellung der Antragsschrift an die Beteiligten wird der Rechtsstreit rechtshängig. Damit treten die in § 261 Abs. 3 ZPO bestimmten Rechtsfolgen ein. Zur Wahrung von Ausschlussfristen, etwa der zweiwöchigen Frist zur Anfechtung einer fehlerhaften Betriebsratswahl (§ 19 Abs. 2 S. 2 BetrVG), genügt bereits die Antragstellung bei Gericht, selbst wenn dieses örtlich unzuständig ist (vgl. § 167 ZPO).[201]

---

[200] BAG 26.6.1973, AP Nr. 3 zu § 20 BetrVG 1972; BAG 9.9.1975, AP Nr. 6 zu § 83 ArbGG.
[201] BAG 15.7.1960, AP Nr. 10 zu § 76 BetrVG 1952.

> **Muster eines Antrags im Beschlussverfahren**
>
> Dr. Beate Lobinger   Passau, 11.4.2020
> Rechtsanwältin
> Ludwigstraße 3
> 94032 Passau
>
> An das
> Arbeitsgericht Passau
> Eggendobl 4
> 94032 Passau
>
> Antrag
>
> der Baur GmbH, vertreten durch den Geschäftsführer Adam Baur, Nibelungenstraße 23, 94034 Passau
>
> – Antragsteller –
>
> Prozessbevollmächtigte: RAin Dr. Beate Lobinger
>
> gegen
>
> den Betriebsrat der Baur GmbH, vertreten durch den Betriebsratsvorsitzenden Jörg Jäger, Regensburger Straße 12, 94036 Passau
>
> – Antragsgegner –
>
> Namens und in Vollmacht der Antragstellerin leite ich ein Beschlussverfahren ein und beantrage,
>
> 1. die verweigerte Zustimmung des Antragsgegners zur Einstellung des Martin Müller zu ersetzen;
> 2. die verweigerte Zustimmung des Antragsgegners zur Eingruppierung des Martin Müller in die Lohngruppe 12 des Tarifvertrags […] zu ersetzen;
> 3. festzustellen, dass die vorläufige Einstellung des Martin Müller aus sachlichen Gründen erforderlich war.
>
> Begründung
>
> Unterschrift

bb) Antragsbefugnis. Ein Beschlussverfahren einleiten kann nur, wer behauptet, Träger des geltend gemachten Rechts zu sein. Ob dieses Recht tatsächlich besteht, ist eine Frage der Begründetheit. Antragsbefugt ist etwa, wer eine Leistung an sich verlangt oder die Feststellung eines Rechtsverhältnisses beantragt, an dem er selbst beteiligt ist.[202] Bei betriebsverfassungsrechtlichen Streitfragen ist zu prüfen, ob die den Streitgegenstand regelnden Normen des BetrVG dem Antragsteller eigene Rechte oder Rechtspositionen zuordnen, in denen er durch die Entscheidung betroffen sein kann.[203] So ist der Betriebsrat nicht befugt, Individualrechte der Arbeitnehmer geltend zu machen.[204] Ob im Beschlussverfahren

119

---

[202] BAG 23.2.1988, AP Nr. 9 zu § 81 ArbGG 1979.
[203] BAG 10.6.1986, AP Nr. 26 zu § 80 BetrVG 1972; BAG 18.8.1987, AP Nr. 6 zu § 81 ArbGG 1979.
[204] BAG 21.3.2017, NZA 2017, 1014.

eine (gewillkürte) Prozessstandschaft zulässig ist, d.h. die Geltendmachung fremder Rechte im eigenen Namen, ist umstritten – die h.M. verneint dies.[205] Fehlt die Antragsbefugnis, ist das Beschlussverfahren unzulässig.

120 **cc) Rechtsschutzinteresse.** Eine weitere, in jeder Instanz von Amts wegen zu beachtende Zulässigkeitsvoraussetzung ist das Rechtsschutzinteresse.[206] Das Rechtsschutzinteresse fehlt, wenn sich der Rechtsstreit erledigt hat und das Gericht nur noch eine abstrakte Rechtsfrage zu klären hätte, etwa die Unwirksamkeit einer Maßnahme oder ihre Mitbestimmungspflichtigkeit.

Beispiele: Antrag auf Ausschluss eines Mitglieds aus dem Betriebsrat, wenn dessen Amtszeit abgelaufen und das Mitglied nicht wiedergewählt worden ist; Antrag auf Feststellung des Status als leitender Angestellter nach dessen Ausscheiden aus dem Betrieb.

121 Es genügt nicht, dass die Entscheidung nur eine Handhabe für künftige Streitfälle bietet; erforderlich ist vielmehr, dass der anhängige Rechtsstreit mit Bindungswirkung für die Beteiligten entschieden werden kann.

122 **dd) Eine Antragsänderung** ist zulässig, wenn die übrigen Beteiligten zustimmen oder das Gericht die Änderung für sachdienlich hält. Lassen sich die Beteiligten rügelos auf den geänderten Antrag ein, so gilt ihre Zustimmung als erteilt (§ 81 Abs. 3 S. 2 ArbGG).[207]

b) Weiteres Verfahren

123 **aa) Güteverhandlung.** Der Kammervorsitzende kann nach pflichtgemäßem Ermessen einen Gütetermin ansetzen (§ 80 Abs. 2 S. 2 ArbGG). Anders als im Urteilsverfahren ist die Güteverhandlung im Beschlussverfahren nicht zwingend erforderlich. Sie bietet sich an, wenn die Parteien über den Streitgegenstand verfügen können, eine rasche Klärung herbeiführen wollen und kompromissbereit sind. Die Güteverhandlung erfolgt vor dem Kammervorsitzenden. Die für das Urteilsverfahren des ersten Rechtszugs maßgebenden Vorschriften über das Güteverfahren gelten entsprechend (§ 80 Abs. 2 S. 2 HS 2 ArbGG). Überdies besteht die Möglichkeit der Mediation (§§ 80 Abs. 2 S. 1, 83a Abs. 1, 87 Abs. 2 S. 1 ArbGG).

124 **bb) Kammertermin.** Sofern der Vorsitzende keine Güteverhandlung anordnet, findet regelmäßig ein Anhörungstermin vor der Kammer statt. Ziel des Anhörungstermins ist es, den Sachverhalt aufzuklären und allen Beteiligten rechtliches Gehör zu gewähren. Der Termin ist vom Kammervorsitzenden umfassend vorzubereiten (§§ 80 Abs. 2 S. 1, 55 Abs. 4, 56 Abs. 1 S. 1 ArbGG); er hat insbesondere alle Beteiligten zu ermitteln und zu laden. Eine Pflicht, im Anhörungstermin zu

---

[205] BAG 27.11.1973, AP Nr. 4 zu § 40 BetrVG 1972; differenzierend GMP/*Spinner*, § 81 ArbGG Rn. 56; a.A. *Grunsky*, § 80 ArbGG Rn. 13.
[206] BAG 1.12.1961, AP Nr. 1 zu § 80 ArbGG 1953.
[207] Vgl. im einzelnen GMP/*Spinner*, § 81 ArbGG Rn. 84.

erscheinen, besteht für keinen der Verfahrensbeteiligten, nicht einmal für den Antragsteller. Bleibt ein Beteiligter auf Ladung unentschuldigt aus, so ist der Pflicht zur Anhörung genügt; auf diese Rechtsfolge muss der Beteiligte bereits in der Ladung hingewiesen werden (§ 83 Abs. 4 S. 2 ArbGG). Den Beteiligten ist es aber gestattet, sich schriftlich zu äußern (§ 83 Abs. 4 S. 1 ArbGG). Mit dem ausdrücklichen Einverständnis aller Beteiligten kann das Gericht auch ohne einen Anhörungstermin entscheiden (§ 83 Abs. 4 S. 3 ArbGG).

c) Beendigung

Das Verfahren wird beendet durch **125**
- Antragsrücknahme (§ 81 Abs. 2 S. 1 ArbGG),
- verfahrensbeendenden Vergleich (§ 83a Abs. 1 Alt. 1 ArbGG),
- Erledigterklärung durch alle Beteiligten (§ 83a Abs. 1 Alt. 2, Abs. 2, 3 ArbGG) oder
- Beschluss des Gerichts nach streitiger Verhandlung (§ 84 S. 1 ArbGG).

aa) Antragsrücknahme. Der Antrag kann jederzeit ganz oder, wenn der Streitgegenstand **126** teilbar ist, teilweise zurückgenommen werden, und zwar in derselben Form, wie er gestellt wurde (§ 81 Abs. 2 S. 1 ArbGG), d.h. schriftlich, zur Niederschrift der Geschäftsstelle oder zu Protokoll im Anhörungstermin (§ 160 Abs. 3 Nr. 8 ZPO). In erster Instanz bedarf die Antragsrücknahme nicht der Zustimmung der übrigen Beteiligten, wohl aber in zweiter und dritter Instanz (§§ 87 Abs. 2 S. 3, 92 Abs. 2 S. 3 ArbGG). Bei wirksamer Antragsrücknahme ist das Verfahren vom Kammervorsitzenden von Amts wegen einzustellen (§ 81 Abs. 2 S. 2 ArbGG).

bb) Vergleich. Die Beteiligten können zur Niederschrift des Gerichts oder des **127** Vorsitzenden einen Vergleich schließen. Das Verfahren endet dann von selbst, ohne dass es einer förmlichen Einstellung bedarf. Voraussetzung ist, dass die Beteiligten über die streitigen Rechte verfügen können (§ 83a Abs. 1 Alt. 1 ArbGG). Das bestimmt sich nach materiellem Recht. Die Verfügungsbefugnis besteht bei allen vermögensrechtlichen Streitigkeiten (Erstattung von Betriebsratskosten usw.). Auf die Ausübung von Mitbestimmungsrechten kann dagegen nur im konkreten Streitfall, nicht aber für die Zukunft verzichtet werden. Fragen der Organisation der Betriebsverfassung im weitesten Sinne sind nicht verfügbar. Über das Wahlrecht einzelner Mitarbeiter, über die Notwendigkeit einer Betriebsratswahl oder über den Rücktritt eines Betriebsrats kann deshalb kein Vergleich abgeschlossen werden.[208] Der ordnungsgemäß protokollierte Vergleich ist ein Vollstreckungstitel (§ 85 Abs. 1 S. 1 ArbGG).

cc) Erledigterklärung. Die Beteiligten können den Rechtsstreit auch ganz oder teilweise **128** für erledigt erklären. Erforderlich ist das Einvernehmen sämtlicher Beteiligter. Die Erledigterklärung ist als Prozesshandlung unwiderruflich. Hat nur der Antragsteller das Verfahren für erledigt erklärt, so muss das Gericht die übrigen Beteiligten zur Mitteilung auffordern, ob sie der Erledigung zustimmen. Nach Ablauf der vom Gericht bestimmten Frist gilt ihr

---

[208] GMP/*Spinner*, § 83a ArbGG Rn. 8; *Wlotzke/Schwedes/Lorenz*, § 83a ArbGG Rn. 3.

Schweigen als Zustimmung (§ 83a Abs. 3 S. 2 ArbGG). Widersprechen andere Verfahrensbeteiligte der Erledigungserklärung, ist das Verfahren einzustellen, wenn ein erledigendes Ereignis eingetreten ist. Dabei kommt es nicht darauf an, ob der gestellte Antrag bis zum Eintritt des erledigenden Ereignisses zulässig und begründet war.[209] Nach einer wirksamen Erledigterklärung ist das Verfahren von Amts wegen einzustellen.

129 dd) Das Verfahren kann schließlich durch **Gerichtsbeschluss** beendet werden, der seiner Funktion nach dem Urteil im Urteilsverfahren gleichsteht. Dabei entscheidet das Gericht nach seiner freien, aus dem Gesamtergebnis des Verfahrens gewonnenen Überzeugung (§ 84 S. 1 ArbGG). Der Beschluss ist schriftlich abzufassen, zu verkünden und mit einer Rechtsmittelbelehrung zu versehen. Beschlüsse in vermögensrechtlichen Streitigkeiten sind vorläufig vollstreckbar (§ 85 Abs. 1 S. 2 ArbGG), das Vollstreckungsverfahren richtet sich nach den §§ 704 ff. ZPO. Der Beschluss erwächst formell und materiell in Rechtskraft. Die Rechtskraft erstreckt sich auf alle Verfahrensbeteiligten. Ob der Beschluss auch für und gegen andere Personen und Stellen wirken kann, ist streitig, aber zumindest dann zu bejahen, wenn er gestaltende Wirkung hat (Anfechtung einer Betriebsratswahl, Auflösung des Betriebsrats usw.) oder wenn die Entscheidung eines kollektivrechtlichen Rechtsstreits auch für das Individualrechtsverhältnis von Bedeutung ist,[210] wie etwa die richtige Eingruppierung eines Arbeitnehmers.[211]

---

[209] BAG 1.8.2018, NZA 2018, 1640.
[210] Näher *Dütz*, ArbRdGgw 20, 33 ff.; *Jox*, NZA 1990, 424; *Otto*, RdA 1989, 247; *Prütting*, RdA 1991, 257.
[211] BAG 3.5.1994, AP Nr. 2 zu § 99 BetrVG 1972 Eingruppierung.

> Arbeitsgericht Passau
> Geschäftszeichen: 1 BV 14/20
>
> Verkündet am 7.5.2020
> gez. Schmied
> Ang., Urkundsbeamtin der Geschäftsstelle
>
> Beschluss
>
> In Sachen
>
> Baur GmbH, vertreten durch den Geschäftsführer Adam Baur, Nibelungenstraße 23, 94032 Passau
>
> – Antragsteller –
>
> Prozessbevollmächtigte: RAin Dr. Beate Lobinger, Ludwigstraße 3, 94032 Passau
>
> gegen
>
> Betriebsrat der Baur GmbH, vertreten durch den Betriebsratsvorsitzenden Jörg Jäger, Regensburger Straße 12, 94036 Passau
>
> – Antragsgegner –
>
> hat die 1. Kammer des Arbeitsgerichts Passau durch den Vorsitzenden Richter Huber und die ehrenamtlichen Richter Moser und Lang ohne mündliche Verhandlung beschlossen:
>
> 1. Die verweigerte Zustimmung des Betriebsrats zur Einstellung des Martin Müller wird ersetzt.
> 2. Im übrigen werden die Anträge zurückgewiesen.
>
> Gründe...
>
> Rechtsmittelbelehrung...
>
> Huber   Moser   Lang

3. Rechtsmittel

a) Beschwerde

Gegen die verfahrensbeendenden Beschlüsse der Arbeitsgerichte findet die Beschwerde an das LAG statt. Für diese gelten die Vorschriften des Berufungsverfahrens entsprechend, soweit dem nicht der besondere Charakter des Beschlussverfahrens entgegensteht (§ 87 Abs. 2 S. 1 ArbGG). Die Einlegung der Beschwerde hat aufschiebende Wirkung; sie hindert den Eintritt der Rechtskraft. Beschwerdebefugt sind alle am Verfahren Beteiligten unabhängig davon, ob sie vom Ar-

130

beitsgericht als Beteiligte hinzugezogen worden sind.[212] Ersetzt etwa das Arbeitsgericht die vom Betriebsrat verweigerte Zustimmung zur außerordentlichen Kündigung (§ 103 Abs. 2 BetrVG), so kann das betroffene Betriebsratsmitglied auch dann Beschwerde einlegen, wenn der Betriebsrat die gerichtliche Entscheidung hinnimmt.[213] Der Beschwerdeführer muss durch den Beschluss des Arbeitsgerichts beschwert sein. Das bestimmt sich beim Antragsteller durch einen Vergleich der beantragten mit der ergangenen Entscheidung, bei den übrigen Beteiligten danach, ob sie durch den Beschluss objektiv in ihrer materiellen Rechtsstellung betroffen sind; die bloße (rechtswidrige) Nichtbeteiligung am Verfahren genügt im Regelfall nicht.

130a Die Beschwerde setzt voraus, dass eine in der angefochtenen Entscheidung liegende Beschwer beseitigt werden soll. Werden im Rahmen der Beschwerdeinstanz neue prozessuale Ansprüche geltend gemacht, ohne die erstinstanzliche Beschwer zu beseitigen, ist die Beschwerde unzulässig.[214] Für die Einlegung der Beschwerde durch den Betriebsrat und die Beauftragung eines Verfahrensbevollmächtigten genügen die ordnungsgemäße Beschlussfassung zur Einleitung eines Beschlussverfahrens und die hierzu erteilte Prozessvollmacht. Diese ermächtigt im Außenverhältnis zur Einlegung von Rechtsmitteln (§ 46 Abs. 2 ArbGG, § 81 ZPO)[215].

b) Rechtsbeschwerde

131 Gegen die Beschwerdeentscheidungen des LAG findet die Rechtsbeschwerde an das BAG statt, wenn sie
- vom LAG ausdrücklich durch Beschluss (§ 92 Abs. 1 S. 1 ArbGG),
- vom BAG auf Nichtzulassungsbeschwerde (§ 92a S. 1 ArbGG) oder
- vom Arbeitsgericht als Sprungrechtsbeschwerde zugelassen wurde (§ 96a Abs. 1 S. 1 ArbGG).

132 Für die Zulassung, die Nichtzulassungsbeschwerde und die Sprungrechtsbeschwerde gilt das zur Revision im Urteilsverfahren Ausgeführte entsprechend. Das Rechtsbeschwerdeverfahren vor dem BAG folgt den für das Revisionsverfahren geltenden Regelungen (§ 92 Abs. 2 ArbGG), soweit der Charakter des Beschlussverfahrens dem nicht entgegensteht.

---

[212] BAG 10.9.1985, AP Nr. 34 zu § 2 TVG.
[213] BAG 10.12.1992, AP Nr. 4 zu § 87 ArbGG 1979.
[214] BAG 24.10.2017, NZA 2018, 119.
[215] BAG 19.12.2017, NZA 2018.

Stichwortverzeichnis

Abmahnung, kollektivrechtliche **16** 93
Abrufarbeit **16** 449
Abschlussnorm **13** 17 ff.
Absperrklausel **13** 18, 175
Abteilungsversammlung **16** 328 ff.
Abwehraussperrung **14** 17, 23, 55, 85 ff., 129, 141, 156
Änderungskündigung **13** 117 f., **16** 553, 566, 568 f., 577, 617 **19** 123 f.
Änderungstarifvertrag **13** 42
Änderungsvertrag **13** 113, **19** 121 f.
Änderung von Arbeitsbedingungen **11** 17 f., **18** 1 ff., **19** 87, 123
Allgemeines Gleichbehandlungsgesetz **12** 50a, 54; **13** 166, 168 f., 171, 173, 206
Allgemeinverbindlicherklärung **13** 6, 41, 69, 86, 250 f., 193
Altersteilzeit **16** 138; **19** 58
Altersversorgung **16** 280, 388 f., 400, 467, 474, 480
Amtsenthebungsverfahren **16** 85 f.
Anerkennungstheorie **13** 14
Angestellter **16** 36 ff.
Angestellter, AT **16** 47, 425, 427, 485
Angestellter, leitender s. dort
Angriffsarbeitskampf **14** 22f., 54, 85, 87
Angriffsaussperrung **14** 23, 54
Anrechnung auf Tariferhöhung **13** 295 ff., 304 f.
Anrechnungsklausel **13** 305
Anschlusstarifvertrag **13** 42
Antragsbefugnis **21** 114 f., 119
Antragsrücknahme **21** 125 f.
Antragsschrift **21** 118 f.
Anwesenheitsprämie **14** 109
Arbeiter **16** 30, 34, 48, 474
Arbeitgeber **16** 50
- strafrechtliche Sanktionen gegen **16** 98
- Teilnahme an Betriebsratssitzungen **16** 212
- Teilnahme an Wirtschaftsausschusssitzungen **16** 287
- Vertreter des **16** 51 f.

Arbeitgeberverband **12** 6, 69 f., **13** 61, 98, 241 **14** 55
Arbeitnehmer **16** 30 ff.
arbeitnehmerähnliche Person **13** 233
Arbeitnehmerentsendung **13** 251a ff.
Arbeitnehmer, jugendlicher **16** 49, 320 ff.
Arbeitsablauf **16** 104, 493a, 495
Arbeitsbereitschaft **16** 448
Arbeitsentgelt **16** 241, 367, 453
Arbeitsgericht
- Aufbau **21** 1 ff.
- Berufsrichter **21** 9 f.
- Beweis **21** 76 ff.
- Rechtsweg **21** 13 ff.
- Vollstreckungsverfahren **21** 81
- Zusammenhangsklage **21** 22 f.
- Zuständigkeit im Beschlussverfahren **21** 26 f., 40
- Zuständigkeit im Urteilsverfahren **21** 16, 38 f.
Arbeitsgerichtsbarkeit **11** 22, **21** 1 ff.
Arbeitskampf
- Abgrenzung zu anderen Erscheinungen **14** 19 ff.
- Arbeitgebermaßnahmen **14** 84 ff.
- Arbeitnehmermaßnahmen **14** 68 ff.
- und Arbeitslosenversicherung **14** 184, 192 ff.
- Arbeitsverhinderung, persönliche **14** 117
- Arten **14** 22 f.
- Aufgabe **14** 1
- Begriff **14** 14 ff.
- Beseitigungsanspruch **14** 142 ff.
- Betriebstätigkeit **14** 120
- und Betriebsverfassungsrecht **14** 166 ff.
- deliktisch-negatorische Ansprüche **14** 144 f.
- und einfachrechtliche Vorschriften **14** 6 f.
- einstweilige Verfügung **14** 156, 159, 197 ff.
- Entgeltfortzahlung **14** 114 ff.
- Feiertag **14** 114, 118 f.
- Gebot fairer Kampfführung **14** 25
- und Gratifikationen **14** 110

© Springer-Verlag GmbH Deutschland, ein Teil von Springer Nature 2020
W. Hromadka, F. Maschmann, *Arbeitsrecht Band 2*, Springer-Lehrbuch,
https://doi.org/10.1007/978-3-662-61332-0

- Hauptleistungspflicht **14** 102 f.
- Kampfpartei **14** 15
- und Krankheit **14** 115 f.
- und Kündigung **14** 121, 162 f.
- Kunden **14** 15, 165
- Leistungsverweigerungsrecht **14** 19, 140 f.
- und Nebenpflicht **14** 108
- und öffentlicher Dienst **14** 29, 56
- Paritätsbegriff **14** 49 f.
- politischer **14** 23
- rechtmäßiger **14** 24 ff., 186 f.
- Rechtsfolgen 95 ff.
- Rechtsgrundlage **14** 4 ff., 22
- Rechtstatsachen **14** 2 f., 14 ff.
- rechtswidriger **14** 139 ff., 188
- Regelungsmacht **14** 31, 33
- Schadensersatzansprüche **14** 97, 138 f., 146, 153 f., 160 f.
- und Sonderzahlungen **14** 109 f.
- und Sozialversicherung **14** 184 ff.
- Suspendierung der Hauptleistungspflichten **14** 90, 102 f.
- und tarifliche Regelungen **14** 8
- und Tarifvertrag **14** 30 ff., 148
- tarifvertragsbezogener **14** 23
- Teilnahme **14** 28
- Teilnahme an Betriebsversammlung **16** 334
- Teilnahme von Betriebsverfassungsorganen **14** 168, 178 ff., **16** 106
- Überblick (Schaubild) **14** 13a
- ultima ratio **14** 58 ff.
- Unterlassungsanspruch **14** 142 ff., 149 ff.
- und Urlaub **14** 111 f.
- Verbot **16** 105 f.
- und Verfassung **14** 4 f.
- Verhältnismäßigkeitsprinzip **14** 63 ff.
- Voraussetzungen **14** 24 ff.
- Weiterarbeit **14** 94
- Ziel **14** 31
- Zulieferer **14** 138
Arbeitskampfrisiko **14** 52, 123 ff.
Arbeitskampfrisikolehre **14** 127 ff.
Arbeitsplätze **16** 495
Arbeitsstreitigkeit **11** 19 ff.
Arbeitsunfall **16** 461 ff.
Arbeitsverfahren **16** 495
Arbeitswilliger **14** 122, 171

Arbeitszeit
- Dauer **13** 182,, **16** 448
- gleitende **16** 449
- Lage **13** 182, **16** 448
- variable **16** 449
Asset deal **19** 3
Auflösungsverfahren **16** 82, 87 f.
Aufsichtsrat **15** 23 ff.
Ausgestaltung
- Koalitionsfreiheit **12** 45
- Tarifautonomie **13** 48 ff.
Ausgleichsquittung **16** 404
Ausgliederung **16** 56, 186, **19** 2
Ausschlussfrist **13** 309 ff.
- Begriff **13** 309
- bei Betriebsvereinbarungen **16** 393, 405
- Geltendmachung **13** 314 f.
- bei Tarifverträgen **13** 309 ff.
- und Verjährungsfrist **13** 310
- zweistufige **13** 315
Ausschlussklausel **13** 176
Ausschüsse, weitere **16**, 204 f.
Aussperrung **14** 17, 31 f., 79 ff.
- Arten **14** 85
- Begriff **14** 84
- hessische Verfassung **14** 5
- „kalte" **14** 127
- lösende **14** 86
- suspendierende **14** 86
- zulässiger Umfang **14** 87 ff.
Außenseiter **13** 24 ff., 152, 176, 239, 249 f., 258, **14** 74, 106
Auswahlrichtlinie **16** 514 f., 542
Auszubildender **14** 29, **16** 39
aut-aut-Fall **21** 36
Autonomietheorie **13** 11

BAG **21** 1 6 ff.
- Großer Senat **21** 7 f.
BDA **12** 71
Beamter
- Streikrecht **14** 29
- überlassener **16** 31a
Beendigungsnorm **13** 22, 240
Beförderung **16** 515, 565, 717, **17** 58
Beförderungschance **16** 543
Beiordnung eines Rechtsanwalts **21** 53 f.
Behandlung nach Recht und Billigkeit **16** 110 ff., 363, 705

Belegschaftsversammlung **16** 337
Bereitschaftsdienst **16** 448, 452
Berufsbildung **16** 518 ff.
- Auswahl der Teilnehmer **16** 523
- Begriff **16** 518
- Bestellung der Lehrperson **16** 522
- Durchführung **16** 521 f.
- Förderung **16** 518
- Vorschlagsrecht des Betriebsrats **16** 519, 523
Berufskrankheit **16** 461 ff.
Berufung **21** 82 ff.
- Abschluss des Verfahrens **21** 92
- Begründung **21** 90 f.
- Beschwer **21** 85
- Einlegung **21** 89
- Statthaftigkeit **21** 83 ff.
- Verfahren **21** 91 ff.
- Zulassung **21** 86 ff.
Beschäftigter **17** 11 ff.
Beschlussverfahren **21** 110 ff.
- Abgrenzung zum Urteilsverfahren **21** 110 ff., 114
- Abschluss des Verfahrens **21** 125 ff.
- Anhörungstermin **21** 124
- Begriff **21** 110
- Erledigterklärung **21** 128
- Prüfungsschema **21** 115
- Rechtsmittel **21** 129 ff.
- Rechtsschutzinteresse **21** 120 f.
- Statthaftigkeit **21** 111
- Überblick **21** 114
- Verfahrensablauf **21** 118 ff.
- Verfahrensgrundsätze **21** 114
- Vergleich **21** 127
- Zulässigkeit **21** 115
Beschwerde **21** 98 ff., 130 ff.
Besetzungsklausel **13** 180
Besitzstandsklausel **13** 307
Beteiligter **21** 115 f.
Beteiligung des Personalrats **17** 46 ff.
- Beteiligungsarten **17** 48 ff.
- beteiligungspflichtige Angelegenheiten **17** 53 ff.
 s. auch Beteiligungsrechte des Personalrats
- Initiativrecht **17** 52
- Mitbestimmungsverfahren, förmliches **17** 49

- Mitwirkungsverfahren, förmliches **17** 50
- Vereinbarung **17** 46
- vorläufige Maßnahmen **17** 51
- Vorschlagsrecht **17** 52
Beteiligungsfähigkeit **21** 117
Beteiligungsformen des Betriebsrats **16** 352 f.
Beteiligungsformen des Sprecherausschusses **16** 698 ff.
Beteiligungsrechte des Betriebsrats **16** 6, 11 f., 343 ff.
- Einschränkung **16** 11, 25, 29, 106
- Initiativrecht **16** 351, 433
Beteiligungsrechte des Personalrats **17** 53 ff.
- Allgemeines **17** 53
- innerdienstliche Angelegenheiten **17** 62
- personelle Angelegenheiten **17** 56 ff.
- soziale Angelegenheiten **17** 54
- technisch-organisatorische Angelegenheiten **17** 55
Beteiligungsrechte des Sprecherausschusses **16** 703 ff.
- personelle Angelegenheiten
 s. Sprecherausschuss, personelle Angelegenheiten
- soziale Angelegenheiten
 s. Sprecherausschuss, soziale Angelegenheiten
- Überblick **16** 706
- wirtschaftliche Angelegenheiten
 s. Sprecherausschuss, wirtschaftliche Angelegenheiten
Betrieb
- Begriff **16** 54, **19** 10
- Dienstleistungsbetriebe **19** 24
- gemeinsamer **16** 55 f., **19** 107
- gerichtliches Zuordnungsverfahren **16** 61
- gewerkschaftspluraler **14** 135
- Kleinbetrieb **16** 160a ff., 203
- Produktionsbetrieb **19** 23
Betriebsabteilung **16** 328
Betriebsänderung **16** 599 ff., 605 ff.
Betriebsarzt **16** 465
Betriebsautonomie **11** 7, **16** 363 ff.
Betriebsbesetzung **14** 79
Betriebsblockade **14** 78
Betriebsbußenordnung **16** 447
Betriebsfrieden **16** 104, 107, 546, 683, 696

Betriebsinhaberwechsel
- Änderung von Arbeitsbedingungen **19** 87
- Änderungskündigung **19** 87, 94, 98, 115, 124 f.
- Änderungsvertrag **19** 121 ff.
- Annahmeverzug **19** 73, 81
- Arbeitsverhältnisse **19** 58
- Betriebsmittel **19** 7, 10 f., 23 ff., 31 ff., 49
- Betriebsvereinbarung **19** 119 f., 127 f.
- Betriebszugehörigkeit **19** 59, 81
- durch Rechtsgeschäft **19** 7, 47 ff..
- Eintritt in Rechte und Pflichten **11** 17 f., **19** 76 f.
- europarechtskonforme Auslegung **19** 8 ff., 52
- Feststellungsklage **19** 105
- Fortführung des Betriebes **19** 43
- Funktionsnachfolge **19** 2, 32, 38, 44, 62
- Gesamtschuldner **19** 6, 88
- identitätsprägende Merkmale **19** 9 , 30, 32
- Identitätswahrung **19** 8 f., 19 f.
- Insolvenzverfahren
  s. Insolvenzverfahren
- Know-how **19** 1, 11, 33,
- Know-how-Träger **19** 35- Kündigung **19** 91 ff.
- Leitungs- und Organisationsmacht **19** 42, 53
- Normzweck **19** 4 ff.
- Organisationseinheit **19** 17, 44
- Stilllegung
  s. Betriebsstillegung
- Tarifvertrag **19** 109 ff.
- Tatbestand des **19** 7

- Übernahme der Hauptbelegschaft **19** 11, 20 f., 34
- Übernahmevertrag **19** 90
- Umgehung **19** 26, 99

- Unternehmensumwandlung **19** 108, 114
- Widerspruchsrecht
  s. Widerspruchsrecht
- wirtschaftliche Einheit **19** 10 ff.
- Zuständigkeit des Betriebsrats **19** 106 ff.
- Zwangsversteigerung **19** 56 f.
- Zwangsverwaltung **19** 57
Betriebsmittel **19** 2, 7, 11, 18 ff.,31 ff., 42 ff., 49, 56

Betriebsnorm **13** 23 ff., 249
Betriebsrat
- Amtszeit **16** 182 ff.
- und Arbeitskampf **14** 168 ff.
  s. auch Betriebsverfassungsrecht, Arbeitskampf
- Aufgaben **16** 238, 341 ff.
- Auskunftsanspruch **16** 300
- Auskunftsperson **16** 342b
- Beteiligungsrechte
  s. Beteiligungsrechte des Betriebsrats
- Betriebsratswahl **16** 131 ff.
  s. auch Wahl
- Betriebs(teil)übergang **19** 106 ff.
- Fraktionen **16** 141
- Freistellung
  s. Freistellung von Betriebsratsmitgliedern
- Funktionszulage **16** 234, 370
- Geschäftsordnung **16** 194, 206 ff.
- Größe **16** 136 ff.
- Haftung **16** 77 f.
- Hausrecht **16** 213, 231
- Kommunikationsbeauftragte **16** 232a
- konstituierende Sitzung **16** 160
- Kontrolle durch Arbeitgeber **16** 240
- Kosten
  s. Kosten des Betriebsrats
- Prozessstandschaft **16** 79
- Rechtsfähigkeit **16** 74 f.
- Rechtsnatur **16** 72 f.
- Rechtsscheinhaftung **16** 196
- Rücktritt **16** 143
- Schulungs- und Bildungsveranstaltungen
  s. dort
- Sitzungsgeld **16** 234
- Unabhängigkeit **16** 234
- Unterlassungsanspruch **16** 92 ff., 103
- Vermögensfähigkeit **16** 74 f.
- Vorsitzender
  s. Betriebsratsvorsitzender
- Wiederwahl **16** 183
- Zusammensetzung **16** 70, 139
Betriebsräteversammlung **16** 338, 598
Betriebsratsausschuss **16** 199 ff.
- Aufgaben **16** 201
- Bildung **16** 199 f.
- Kleinbetriebe **16** 203
- laufende Geschäfte **16** 201

- Zusammensetzung **16** 199
Betriebsratsbeschluss
- Aufhebung **16** 216
- Aussetzung **16** 218, 322
- Befangenheit **16** 215
- Beschlussfähigkeit **16** 217
- Beschlussfassung **16** 214 ff.
- Heilung von Mängeln **16** 209
- Mehrheitsprinzip **16** 214
- Stimmenthaltung **16** 215
- Umlaufbeschluss **16** 217
Betriebsratsmitglied
- Abmahnung **16** 238
- Abmeldepflicht **16** 240
- Amtspflichtverletzung **16** 84
- Amtszeit **16** 187
- Arbeitsbefreiung **16** 235 ff.
- Aufwendungen **16** 227 ff.
- Aufwendungsersatz **16** 229, 234
- Ausscheiden **16** 177
- Entgeltfortzahlung **16** 241 f.
- Entgeltschutz **16** 270
- Freistellung von Ansprüchen **16** 229, 266 f.
- Gewerkschaft **11** 9, **16** 118 ff.
- Haftung **16** 78
- Rechtsstellung **16** 149, 233 ff.
- Sanktionen, arbeitsvertragliche **16** 86
- Sanktionen, strafrechtliche **16** 89
- Sonderkündigungsschutz **16** 84, 177, 181, 273
- Tätigkeitsschutz **16** 271 f.
- teilzeitbeschäftigtes **16** 245
Betriebsratsmittel **16** 106
- Büropersonal **16** 222, 232
- Sachmittel **16** 231
- Schwarzes Brett **16** 104, 231
- Überlassungsanspruch **16** 230
Betriebsratssitzung
- Ausschluss **16** 213
- Beschlussfassung
  s. Betriebsratsbeschluss
- Einberufung **16** 209 f.
- Leitung **16** 213
- Nichtöffentlichkeit **16** 212
- reguläre **16** 209
- Tagesordnung **16** 209, 217
- Teilnahmerecht **16** 212
- Zeit **16** 211

Betriebsratsvorsitzender **16** 191 ff.
- Aufgaben **16** 193 f.
- Hausrecht **16** 213, 336
- Leitung der Betriebsversammlung **16** 193, 336
- Stellvertreter **16** 191 f.,197, 198
- Teilnahme an Sprechstunden der Jugend- und Auszubildendenvertretung **16** 193, 320
- Vertretungsbefugnis **16** 195 ff.
- Wahl **16** 191 f.
Betriebsrentner **12** 34, 54, **13** 234

Betriebsstilllegung **19** 7, 21, 40, 45 ff., 98, 102
- Arbeitskampf **14** 23, 90 ff., 136
- Begriff **19** 45 ff.
- Beteiligung des Europäischen Betriebsrates **16** 312
- Kündigung **19** 98
- Kündigung von Betriebsratsmitgliedern **16** 273
Betriebs(teil)stilllegung **14** 23, 90 ff., 136

Betriebsteil **16** 57 f., **19** 59, 91, 107, 128
- wesentlicher **16** 607
- Zuordnung **16** 61 ff.
Betriebsübergang **11** 17 f., **19** 7 ff.
  s. auch Betriebsinhaberwechsel
Betriebsunterbrechung **19** 21
Betriebsvereinbarung
- ablösende (verschlechternde) **16** 387, 389
- Abschluss **16** 355 ff.
- Abschlussnormen **16** 367
- Altersgrenze **16** 393 f.
- Anfechtung **16** 358
- Angemessenheitskontrolle **16** 399
- Arbeitsbedingungen **16** 367 f.
- Arbeitsentgelt **16** 367
- Auslegung **16** 398
- Ausschlussfristen **16** 393, 405
  s. auch Ausschlussfristen
- Beendigung **16** 406
- Begriff **16** 354
- belastende **16** 393 ff.
- Bezugnahme auf Tarifvertrag **16** 357, 380
- Billigkeitskontrolle **16** 399
- Diskriminierungsverbot **16** 115

- und Einheitsarbeitsbedingungen **16** 374, 386 f.
- Gesetzesvorrang **16** 363
- Günstigkeitsprinzip **16** 384 ff., 403
- Günstigkeitsprinzip, kollektives **16** 388 ff., 397
- Inhalt **16** 359 ff.
- kollektivfreie Individualsphäre **16** 385, 392
- Kündigung **16** 406
- Nachwirkung **16** 407
- Nichtigkeit **16** 358, 381
- normativer Teil **16** 360 f.
- Öffnungsklausel **16** 119, 376, 403
- Rechtskontrolle **16** 399
- Rechtsnatur **16** 353
- Rechtspolitisches **11** 15, **16** 382 ff.
- Rechtswirkung **16** 401 ff.
- Regelungskompetenz **16** 360 ff.
- Regelungsstreitigkeit **20** 41
- Schriftform **16** 357
- schuldrechtliche Regelungen **16** 355 f.
- Tarifvorbehalt **11** 15, **16** 364 ff., 373 ff.
- teilmitbestimmte **16** 407, 427
- Überprüfung durch Arbeitsgericht **16** 413
- Umdeutung **16** 408 ff.
- umstrukturierende **16** 388 ff.
- Verhältnis zum Arbeitsvertrag **16** 392
- Verjährung **16** 405
- Vertrauensschutz **16** 400
- Verwirkung **16** 405
- Verzicht **16** 404
- Vorrangtheorie **16** 378 ff., 426
- Zwei-Schranken-Theorie **16** 378 ff., 426

Betriebsvereinbarungsoffenheit **16** 389 f.
Betriebsverfassungsgesetz
- Abdingbarkeit **16** 8
- Geltungsbereich, persönlicher **16** 14 ff., 30 f.
- Geltungsbereich, räumlicher **16** 13
- Gliederung **16** 4 ff.
- Grundsätze **16** 99 ff.
- Territorialitätsprinzip **16** 13

Betriebsverfassungsorgane
- Übersicht **16** 70

Betriebsverfassungsrecht
- Rechtsquellen **16** 1 ff.

Betriebsverfassungsrecht und Arbeitskampf **14** 166 ff.

- Arbeitskampfverbot **14** 166
- Beteiligungsrechte **14** 169
- Betriebsratsamt **14** 168
- Betriebsratsmitglied **14** 178
- Einstellung **14** 171
- Kündigung **14** 170
- Kurzarbeit **14** 172 f.
- Mehrarbeit **14** 172 f.
- Rechtsfolgen der Kampfbeteiligung **14** 181 ff.
- Versetzung **14** 171

betriebsverfassungsrechtliche Tarifnorm **13** 27, 113, 249, 280

Betriebsversammlung
- außerordentliche **16** 329
- Beschlüsse **16** 335
- Durchführung **16** 336
- Nichtöffentlichkeit **16** 333
- ordentliche **16** 328
- parteipolitische Betätigung **16** 335
- Rederecht **16** 335
- Teilnahmeberechtigung **16** 333
- Teilversammlung **16** 328
- Thema **16** 335, 337
- Vergütung **16** 334
- Wahl des Wahlvorstands **16** 146, 330
- zeitliche Lage **16** 331 f.
- zusätzliche **16** 330

betriebliche Übung **16** 411, **19** 78
- Restmandat des Betriebsrats **16** 186

Betriebsverhältnis **16** 76, 97
Betriebszugehörigkeit **16** 132, 135, **19** 59, 81
Betriebszweck **13** 228, **19** 45 f., 114
Betriebszweckwechsel **19** 114
Beurteilungsgrundsätze **16** 513
Bezirkspersonalrat **17** 10, 29
Bezugnahme
- des Arbeitsvertrags auf den Tarifvertrag **13** 252 ff.
- einer Betriebsvereinbarung auf einen Tarifvertrag **16** 357, 380
- bei Nachwirkung **13** 106

Bildungsveranstaltungen
 s. Schulungs- und Bildungsveranstaltungen

Blitzaustritt aus Verband **12** 61a
Blitzwechsel des Verbands **12** 61a
Bordvertretung **16** 19

Boykott **14** 75 ff.
Bündnis für Arbeit **16** 383 ff.
Bummelstreik **14** 68

CGB **12** 67

DAG **12** 66
Delegationstheorie **13** 13, 156
Demonstrationsstreik **14** 23, 30
DGB **12** 18, 64 ff.
Dienststelle **17** 14 ff., 25 ff.
Dienstvereinbarung **17** 47
Differenzierungsklausel **13** 152, 176 f.
Diskriminierungsverbot **13** 168 ff., 208, **16** 113 ff.
Dispositionsgrundsatz **21** 59
Divergenzbeschwerde **21** 98 f.
doppelt-relevante Tatsache **21** 35

Effektivklausel **13** 299 ff.
ehrenamtliche Richter **21** 11 f.
Ein- und Umgruppierung
- als Normenvollzug **16** 572
- Begriffe **16** 571
- Folgen fehlender Zustimmung **16** 573
- Mitbestimmungssicherungsverfahren **16** 573
- Mitbeurteilungsrecht **16** 572
- Zustimmungsersetzungsverfahren **16** 573
Einheitsarbeitsbedingungen **16** 386 f.
Einheitstarifvertrag **13** 80
Einigungsstelle
- Aufgabe **20** 28, 44, 47 f.
- Begriff **16** 340
- Bestellung des Vorsitzenden **20** 32 f.
- Errichtung **20** 30, 45 f.
- Interessenausgleich **16** 348
- Kosten **16** 223
- Mitglieder, Rechtsstellung **20** 34 ff.
- Zusammensetzung **20** 31, 46
Einigungsstellenverfahren **20** 3, 28 ff., 37
- Beschlussfassung **20** 38
- erzwingbares **20** 28
- freiwilliges **20** 28, 47
- Interessenabwägung **16** 428
- Rechtswirkung des Spruchs **20** 41
Einspruch **21** 65
Einstellung **16** 528 ff.

- und Abschluss des Arbeitsvertrages **16** 529 f.
- Arbeitskampf **14** 171
- Auskunftspflicht **16** 534 ff.
- Begriff **16** 528
- Bewerbungsunterlagen **16** 535
- tatsächliche Arbeitsaufnahme **16** 529 f.
- Unterlassungsanspruch **16** 548
- Unterrichtungsrecht **16** 533
- weisungsgebundene **16** 531
- Zustimmungsverweigerungsrecht **16** 539 ff.
Einstweilige Verfügung **21** 66 f.
- und Arbeitskampf **14** 156, 159, 197 ff.
Einzelrechtsnachfolge **19** 7, **21** 28
Elternzeitler **16** 131, 138, 334
E-Mail-Werbung **12** 43a
Entgelt
 s. leistungsbezogenes Entgelt
Entgeltrahmentarifvertrag **13** 32
Entgelttarifvertrag **13** 32, 125
Ergebnisprotokoll **13** 1a
Erhaltungsarbeiten **14** 98 f.
Ersatzmitglied **16** 188 ff.
Erzwingungsstreik **14** 23
et-et-Fall **21** 36
Europäischer Betriebsrat
- Anhörungsrecht **16** 310
- Ausschuss **16** 307
- Besonderes Verhandlungsgremium **16** 301 ff., 306
- Bestellung der Arbeitnehmervertreter **16** 307
- Beteiligungsrechte **16** 309 ff.
- Errichtung **16** 295, 301 ff.
- dezentrales Konsultationsverfahren **16** 294, 305
- Geltungsbereich des EBRG **16** 296 ff.
- Geschäftsführung **16** 308
- kraft Gesetzes **16** 306 ff.
- kraft Vereinbarung **16** 305
- „maßgeschneiderter" **16** 10, 294
- Sitzung **16** 308
- Überblick **16** 294
- Unterrichtungsrecht **16** 310 ff., 597
- Vorsitzender **16** 308
- Zusammensetzung **16** 307
Europäisches Betriebsrätegesetz
- Geltungsbereich **16** 296 ff.

Fabrikationsräume **16** 495
Fachkraft für Arbeitssicherheit **16** 465
Fernwirkung **14** 127, 132 f.
Firmentarifvertrag **13** 36, 69, 104, 217, 267
- Erstreikbarkeit **14** 133
Flächenstreik **14** 23
Flächentarifvertrag **13** 36
Flash-Mob **14** 23, 80 f.
Frauenförderungsgesetz **15** 22a ff.
Freier Mitarbeiter **16** 531
Freistellung von Betriebsratsmitgliedern
- Auswahl **16** 255 f.
- Ersatzfreistellung **16** 254
- Rechtsstellung des freigestellten Mitgliedes **16** 248 f.
- Rückgängigmachung **16** 256
- teilweise **16** 254
- weitere **16** 252 f.
- Zahl **16** 250
- Zweck **16** 247
Fremdfirmenarbeitnehmer **16** 531
Fremdgeschäftsführer **21** 19a
Friedenspflicht, betriebliche **16** 104, 683
Friedenspflicht, tarifliche **13** 248, **14** 34 ff., 39 ff.,142 f.
- absolute **14** 35
- Begriff **14** 34
- Inhalt **14** 37 f.
- persönliche Reichweite **14** 39 ff.
- relative **14** 35 f.
- sachliche Reichweite **14** 43 ff.
- zeitliche Reichweite **14** 46 f.
Funktionsnachfolge **19** 2, 32, 38, 44, 62

Gegnerfreiheit **12** 17 f.
Gegnerunabhängigkeit **12** 19
gemeinsame Einrichtungen **13** 28 f., 250 f., 281
Gemeinschaftsbetrieb **16** 55 f., **19** 107
Gemeinschaftsunternehmen **16** 67
Generalstreik **14** 23
Geprägetheorie **13** 217
Gesamtbetriebsrat **16** 274 ff.
- Errichtung **16** 274 f.
- Geschäftsführung **16** 276 f.
- Mitgliederzahl **16** 275
- Zuständigkeit kraft Beauftragung **16** 282 f.
- Zuständigkeit, originäre **16** 278 ff.

Gesamtbetriebsvereinbarung **16** 355
Gesamtjugend- und Auszubildendenvertretung **16** 277, 327
Gesamtpersonalrat **17** 26 f.
Gesamtrechtsnachfolge **19** 7, 47 ff., 66, 126, **21** 28
Gesamtregelungsstreitigkeit **20** 1, 3
Gesamtschwerbehindertenvertretung **16** 277
Gesamtsprecherausschuss **16** 690 f.
Gesamtvergleich **13** 289
Geschlechterquote **15** 22a ff.
Gesundheitsschutz **16** 461 ff.
Gewerkschaft
- und Belegschaftsvertretungen **11** 12 ff.
- Betätigungsgarantie **16** 121
- Betriebsratswahl **16** 131 ff., 142 f., 152 ff., 161
- Betriebsversammlung **16** 328 ff.
- Eigenschaft **12** 32
- Organisationsgrad **12** 2 f.
- originäre Rechte **16** 121
- Rechte nach BetrVG **16** 101, 120, 122 ff.
- Schulungs- und Bildungsveranstaltungen **16** 267
- Sprecherausschussgesetz **16** 669, 679, 686
- Teilnahme an (Gesamt-)Betriebsratssitzungen **16** 212, 277
- Teilnahme an Wirtschaftsausschusssitzungen **16** 287
- Verhältnis zum Betriebsrat **11** 9 f., **16** 118 f., 128 ff., 238
- Voraussetzungen **12** 32
- Wahlwerbung **16** 161
- Wahl zur Jugend- und Auszubildendenvertretung **16** 318
- Werbung im Betrieb **16** 124
- Zugang zum Betrieb **16** 122 ff.
- Zugehörigkeit **12** 43 b
Gleichbehandlungsgrundsatz **16** 111, 280, 411, 633 ff., **19** 79
- beim Sozialplan **16** 633 ff.
- bei Verletzung des Mitbestimmungsrechts **16** 439
Gleichstellungsabrede **13** 176a, 259 f.
Globalantrag **21** 118 f.
Grundsatzbeschwerde **21** 99
Günstigkeitsprinzip **11** 9, **13** 193a, 277 ff., 305, 308 **16** 377, 384 ff., 403, **19** 126

Günstigkeitsvergleich, kollektiver 13 283, 16 388 ff., 397
Güteverhandlung 21 68 ff., 73, 123

Handwerksinnungen 12 31, 13 60a, 78
Hauptarbeitskampf 14 72
Hauptbetrieb 16 57 ff.
Hauptpersonalrat 17 9 f., 29
Haustarifvertrag s. Firmentarifvertrag

Inhaltsnorm 13 21 ff.
Initiativrecht 16 351, 433
Insolvenzverfahren 19 50 6, 46, 51 ff., 83 ff.
- Abschlagszahlungen 16 651
- Annahmeverzug 19 54
- Bestandsschutz 19 83
- Haftung des Erwerbers 19 84
- Haftungsbeschränkung 19 86
- Interessenausgleich 16 617, 619
- Kündigung 19 54
- Masseverbindlichkeiten 16 650, 664
- Nachteilsausgleich 16 664
- Sozialplan 16 648 ff.
Insolvenzverwalter 16 619, 648 ff., 19 46, 53 ff., 83
Inspire Art 15 28 f.
Interessenausgleich
- Anrufung der Einigungsstelle 16 618
- Begriff 16 615
- Form 16 620
- Insolvenzverfahren 16 617
- Rechtsnatur 16 616
- Rechtswirkungen 16 616
- Unternehmensumwandlung 16 617
- Verfahren 16 618 ff.

Jugend- und Auszubildendenversammlung 16 339
Jugend- und Auszubildendenvertreter
- Rechtsstellung 16 320
- Schutz 16 325
- Weiterbeschäftigungsanspruch 16 325 f.
Jugend- und Auszubildendenvertretung
- Aufgaben 16 323
- Ausschüsse 16 320
- Aussetzung von Betriebsratsbeschlüssen 16 322
- Errichtung 16 313
- Geschäftsführung 16 319

- Recht auf Unterrichtung durch den Betriebsrat 16 324
- Sitzungen 16 320
- Sprechstunden 16 219, 320
- Teilnahme an (Gesamt-) Betriebsratssitzungen 16 212, 277, 321
- Teilnahme an Besprechung des Betriebsrates mit Arbeitgeber 16 321
- Vorsitzender 16 320, 339
- Wahl 16 316 f.
  s. auch Wahl
- Wahlverfahren 16 318
- Zahl 16 314
- Zusammensetzung 16 315

Kammertermin 21 73, 78, 124
Kampfkündigung 14 163
Kampfmaßnahme 14 16 f.
Kampfmittel 14 16 f.
Kampfmittelfreiheit 14 72
Kampfparität 14 48 ff., 126, 132
- Aussperrung 14 53 ff.
- Grundgedanke 14 48
- Inhalt 14 49 f.
- Streik 14 51
Kampfpartei 14 15
Kampfziel 14 18, 31
Kantine 16 402, 437, 468, 471, 474
Kernbereich
- Koalitionsfreiheit 12 44
- Tarifautonomie 13 145
Kirche 14 29b, 16 17, 17 9
Koalition
- Aufgabe 12 5, 7
- Begriff 12 1, 6, 9 ff.
- Organisationsgrad 12 2 f.
- Tariffähigkeit 12 23 ff.
  s. auch Tariffähigkeit
- Überbetrieblichkeit 12 20 f.
- Überblick 12 9, 64 ff.
- Unabhängigkeit 12 22
- Vereinigung 12 10 ff.
- Voraussetzungen 12 9 ff.
- Zweck 12 15
Koalition, Mitgliedschaft in 12 46 ff.
- Arbeitgeberverband 12 49
- Aufnahmeanspruch 12 50
- Ausschluss 12 62 f.
- Austritt 12 41, 57 ff.

- Beendigung **12** 56 ff.
- Beitrag **12** 53
- Beitritt **12** 47
- Doppelmitgliedschaft **12** 51
- Erwerb **12** 47 ff.
- Förderungspflicht **12** 52
- Minderjährige **12** 48
- Pflichten der Mitglieder **12** 52 f.
- Rechte der Mitglieder **12** 54 ff.
- Sanktionen 41

Koalitionsfreiheit **12** 4, 33 ff.
- individuelle **12** 34 ff.
  s. auch Koalitionsfreiheit, individuelle
- kollektive **12** 40 ff.
  s. auch Koalitionsfreiheit, kollektive
- negative **12** 39
- positive **12** 35 ff.

Koalitionsfreiheit, individuelle
- Beitrittsfreiheit **12** 35
- Betätigungsfreiheit **12** 37
- Grundrechtsträger **12** 34
- Gründungsfreiheit **12** 35
- negative **12** 39
- positive **12** 35 ff.
- Sanktionen **12** 38
- unmittelbare Drittwirkung **12** 36

Koalitionsfreiheit, kollektive
- Bestandsgarantie **12** 40 f.
- Betätigungsschutz **12** 42 ff.
- Grenzen **12** 44
- Kernbereich **12** 44

Koalitionsvertrag **13** 7

Kollektives Arbeitsrecht
- Regelungsgegenstand **11** 1 ff.
- Vergleich zum BGB **11** 3 ff.

Kollektivautonomie **11** 7, 9
Kollektivvereinbarungen **11** 5, 9 **13** 7
Konzern **16** 64 ff.
- Beherrschungsvertrag **16** 64
- faktischer **16** 64
- Gleichordnungskonzern **16** 67
- Konzern im Konzern **16** 65
- potentieller **16** 67

Konzernbetriebsrat **16** 65, 293 f.
Konzernbetriebsvereinbarung **16** 355, 362
Konzernsprecherausschuss **16** 65, 692
Koppelungsgeschäft **16** 442
Kosten des Betriebsrats **16** 225 ff.
- erforderliche **16** 224

- Gerichtsverfahren **16** 226
- Rechtsanwalt **16** 226
- sachliche **16** 225

Kündigung
- Anhörung des Arbeitnehmers durch Betriebsrat **16** 580
- Anhörung des Betriebsrats **16** 574 ff.
- Anhörung des Sprecherausschusses **16** 718
- Beendigungskündigung **16** 522, 569, 577, 579
- betriebsbedingte **16** 515, 579, 617, 635, **19** 55, 61, 74 f.
- Folgen fehlender Anhörung **16** 575, 578, 592
- Folgen unvollständiger Unterrichtung **16** 539, 579
- Form der Anhörung **16** 580
- Fortsetzungsanspruch **19** 103
- Frist für die Anhörung **16** 580
- Kündigungsschutzklage **16** 579, **19** 93, 104 f.
- Kündigungsverbot **19** 91 ff.
- Reaktionsmöglichkeiten des Betriebsrats **16** 581 ff.
- Umdeutung **16** 579
- verhaltensbedingte **16** 577
- Widerspruch des Betriebsrats **16** 583 ff.
- Zustimmung des Betriebsrats **16** 581 f.

Kurzarbeit **16** 393, 438, 451 f.

Laufzeit **14** 46
Leiharbeitnehmer **16** 31 f., 132, 507 f.
- Einstellung **16** 531 ff.
- Sprechstunde des Betriebsrats **16** 220
- Versetzung **16** 563

leistungsbezogenes Entgelt **16** 489 ff.
- Akkordrichtsatz **16** 490
- Begriff **16** 489
- Einzelprämie **16** 491
- Geldakkord **16** 490
- Gruppenprämie **16** 491
- Leistungsprämie **16** 491
- Leistungszulage **16** 492
- Provision **16** 492
- Zeitakkord **16** 490

leitender Angestellter **16** 36 ff.
- Begriff **16** 40 f., 45

- Einstellungs- und
  Entlassungsberechtigung **16** 41
- Generalvollmacht **16** 42
- Linienvorgesetzte **16** 44
- Prokura **16** 42
- Sozialplan **16** 724
- Stabsangestellte **16** 44
- Statusverfahren **16** 155
- Wirtschaftsausschuss **16** 285 f.

Lohnabschlagsklausel **13** 168
Lohnabtretungsverbot **16** 393
Lohngestaltung, betriebliche
- Begriff **16** 474
- Direktversicherung **16** 467
- Direktzusage **16** 467
- Entlohnungsgrundsätze **16** 478 ff.
- Entlohnungsmethoden **16** 481
- Erschwerniszulagen **16** 474, 480
- Gesamtvergütung **16** 488a
- Grenze des Mitbestimmungsrechts **16** 475, 482
- kollektiver Tatbestand **16** 475 f.
- Lohnpolitik **16** 473
- Nachtzuschläge **16** 480
- Sonderzuwendungen **16** 480
- übertarifliche Zulagen
  s. übertarifliche Zulagen

Luftfahrtunternehmen **16** 20
Mahnverfahren **21** 64 f.
Manteltarifvertrag **13** 32, 52a
Margarethenhof-Abkommen **20** 16
Massenkündigung **14** 21
Maßregelungsverbot **14** 164
Mediation **21** 61, 72a ff., 123
Minderheitenschutz **16** 35, 140, 256, 315
Mindestarbeitsbedingungen **13** 251b
Mischbetrieb **13** 226 ff.
Mitbestimmung im Unternehmen **15** 1 ff.
- Aufsichtsrat **15** 23 ff.
- in Auslandsgesellschaften **15** 28 ff.
- Begriff **15** 1 f.
- und Betriebsverfassung **15** 5 ff.
- nach deutschem Recht **15** 14 f.
- erzwingbare **11** 23, **16** 420
- in Europa **15** 32
- Feststellung von Mitbestimmungsrechten
  des Betriebsrats **16** 81, 90, 443
- Gewerkschaftseinfluss **15** 19 f.

- grenzüberschreitende Verschmelzung **15** 35
- im engeren Sinne **16** 345 f.
- Intensität **15** 17 ff.
- Personalvertretung **15** 8 ff.
- in der Praxis **11** 11
- Rechtsquellen **15** 3 f.
- Reichweite **15** 23 ff.
- in SCE **15** 34
- in SE **15** 33
- Übersicht **15** 3, **16** 345
- Unabdingbarkeit **15** 27 ff.
- in Unternehmensorganen **15** 10 ff.
- Unternehmensverfassung **15** 5 ff.
- Würdigung **15** 10 ff.
- Zustimmungsverweigerungsrecht, eingeschränktes **16** 347

Mitbestimmungssicherungsverfahren **16** 95, 548, 573
Mitwirkung **16** 345
- Anhörung **16** 349
- Beratung **16** 348
- Unterrichtung **16** 350
Mobbing **16** 261
Montanmitbestimmung **15** 3, 22

Nachbindung **13** 242 ff.
Nachteilsausgleich **16** 593, 654 ff.
- Abweichung vom Interessenausgleich **16** 661
- Fallgruppen **16** 654 ff.
- Insolvenz **16** 660, 664
- Kündigungsabfindung **16** 663
- Normzweck **16** 657 f.
- Rechtsnatur **16** 658
- Sozialplanabfindung **16** 662
- Versuch eines Interessenausgleichs **16** 659 ff.
Nachwirkung einer Betriebsvereinbarung **16** 407
Nachwirkung einer Sprechervereinbarung **16** 702
Nachwirkung eines Tarifvertrags **13** 100 ff.
- Änderungskündigung **13** 117 f.
- Änderungsvertrag **13** 113 ff.
- Anwendungsbereich **13** 102 ff.
- Beendigung **13** 107 ff.
- Begriff **13** 100
- Bezugnahme auf Tarifvertrag **13** 106

- fehlende **13** 104 f.
- Neueingestellte **13** 105 f.
- Überbrückungsfunktion **13** 101
- Zweck **13** 101
Nebenbetrieb **13** 231 f. **16** 57 ff.
Neue Beweglichkeit **14** 59 f.
Neutraler **15** 17
Neutralität
- Betriebsrat **14** 176 f.
- Staat **14** 48, 56, 194 ff.
Nichtleistung **14** 16
Nichtzulassungsbeschwerde **21** 98 ff., 131 f.
- Grundsatzbeschwerde **21** 99
- Divergenzbeschwerde **21** 99
Normsetzungsrecht **13** 190, 202
Notdienst **14** 98 f.
Notstandsarbeiten **14** 98 f.
Notstandsgesetzgebung **14** 4

Oberste Dienstbehörde **17** 30
Öffentlicher Dienst **14** 29, 56 **16** 16 f.
Öffnungsklausel **13** 187, 278, **16** 376
Ordnung des Betriebs **16** 446
Ordnungsnorm **13** 25
Ordnungsprinzip **13** 108, 283
Organisationseinheit **19** 17, 44
Organisationsgrad **12** 2 f.
Organisationsklausel **13** 175
„OT-Mitgliedschaft" **13** 75 ff., 245, 248, **14** 27, 47
Outsourcing **16** 612, **19** 2, 17

Paralleltarifvertrag **13** 42
Partei **21** 43
Parteifähigkeit **21** 44 f.
Parteipolitik **16** 107 f., 683
Partizipationsstreik **14** 74
Pause **16** 449
Pensionskasse **16** 467
Personalakte **16** 447, 565
Personalfragebogen **16** 511 f., 535
Personalplanung
- Abbauplanung **16** 505
- Bedarfsplanung **16** 505
- Begriff **16** 504 ff.
- Beschaffungsplanung **16** 505
- Beteiligung des Betriebsrats **16** 504, 506
- Beteiligung des Wirtschaftsausschusses **16** 288

- Einsatzplanung **16** 505
- Entwicklungsplanung **16** 505
- Initiativrecht **16** 351
- Kostenplanung **16** 505
Personalrat **17** 15 ff.
- Amtszeit **17** 18
- Anzahl der Mitglieder **17** 17
- Beteiligung **17** 46 ff.
  s. auch Beteiligung des Personalrats
- beteiligungspflichtige Angelegenheiten **17** 53 ff.
  s. auch Beteiligungsrechte des Personalrats
- Bildung **17** 15 f.
- Geschäftsführung **17** 19 ff.
- örtlicher **17** 16
- Rechtsstellung der Mitglieder **17** 23 f.
- Vorstand **17** 19 ff.
- Wahl **17** 17
Personalversammlung **17** 36
Personalvertretungsrecht
- Beschäftigte **17** 11
- Beteiligung **17** 46 ff.
  s. auch Beteiligung des Personalrats
- beteiligungspflichtige Angelegenheiten **17** 53 ff.
  s. auch Beteiligungsrechte des Personalrats
- des Bundes **17** 1
- Friedenspflicht **17** 40
- Geltungsbereich **17** 9
- Gewerkschaften **17** 41
- Grundsätze **17** 38 ff.
- Konsultationspflicht **17** 48
- der Länder **17** 2 ff.
- Mitbestimmungsverfahren, förmliches **17** 49
- Mitwirkungsverfahren, förmliches **17** 50
- Überblick **17** 1 ff.
- Verhältnis zum Betriebsverfassungsrecht **17** 6 ff.
- Vertretung, sonstige **17** 37
- Wahlrecht **17** 17 f.
personelle Angelegenheiten **16** 502 ff.
- allgemeine **16** 503 ff.
personelle Einzelmaßnahmen **16** 525 ff.
- Begründung des Betriebsrats **16** 539, 547
- Benachteiligung des Arbeitnehmers **16** 544, 567

- Beteiligungsrechte **16** 525 f.
- Einstellung
  s. dort
- Ein- und Umgruppierung
  s. dort
- Folgen unterbliebener Beteiligung **16** 548 f.
- Informationsrecht **16** 549
- Initiativrecht **16** 526, 573
- Kündigung
  s. dort
- Mindestbetriebsgröße **16** 527
- sonstige Nachteile **16** 543
- Störung des Betriebsfriedens **16** 546
- Streitigkeiten **16** 548
- Unterrichtungsrecht **16** 526, 565
- Versetzung
  s. dort
- Zustimmungsersetzungsverfahren **16** 549, 570
- Zustimmungsfrist **16** 535 ff.
- Zustimmungsverweigerung **16** 539 ff.
- Zwangsgeld **16** 548
Präklusionsfrist **13** 309
  s. auch Ausschlussfrist
Privatautonomie **11** 7, 14 f.
Protokollnotiz **13** 1a
Prozessbevollmächtigter **21** 49 ff.
Prozessfähigkeit **21** 46 ff.
Prozessführungsbefugnis **21** 47
Prozessstandschaft 21 **47**
Prozessvollmacht **21** 52

Quotenregelung **13** 171 f.

Rahmentarifvertrag **13** 32
Rauchverbot **16** 116, 447
Rechtsantragsstelle **21** 61
Rechtsbeschwerde **21** 131 f.
Rechtshängigkeit **21** 62 f.
Rechtsmissbrauch **16** 96, 102, **19** 71
Rechtsstaatsprinzip **13** 185a
Rechtsstreitigkeit **11** 21 ff., **20** 4
- vermögensrechtliche **21** 84
- Zuständigkeit der Einigungsstelle **20** 48
Regelungsabrede
- Beendigung **16** 417
- Begriff **16** 414

- Feststellung der Verpflichtung durch Arbeitsgericht **16** 415
- Form **16** 415
- im engeren Sinne **16** 415
- Inhalt **16** 416
- Kündigung **16** 417
- Rechtsnatur **16** 353
- Sprecherausschuss **16** 698 ff.
- Tarifvorbehalt **16** 417
- Umdeutung einer Betriebsvereinbarung **16** 409 f.
- Vertrag zugunsten Dritter **16** 409, 415
Regelungsstreitigkeit **11** 20 ff., **16** 81, 90, 345, **20** 2 ff.
Religionsgemeinschaft **16** 17 f.
Rentenversicherung **14** 191
Restmandat **16** 186, 601, 626
Revision **21** 93 ff.
- Abschluss des Verfahrens **21** 108 f.
- Begründung **21** 104
- Beschwer **21** 102
- Einlegung **21** 103
- Prüfungsrahmen **21** 106 f.
- Revisionsgrund **21** 107
- Statthaftigkeit **21** 94 ff.
- Zulassung **21** 95 ff.
Revisionsbeschwerde **21** 100
Richter, Berufs- **14** 29, **21** 9 f.
Richter, ehrenamtlicher **21** 11 f.
Richterrecht **13** 198 ff.
- und Arbeitskampf **14** 10
- Grenze der Tarifmacht **13** 199 ff.
Richtlinie **16** 699
Rufbereitschaft **16** 448
Ruhestandsverhältnis **13** 234

Sachgruppenvergleich **13** 290, 292
Schichtarbeit **16** 449
Schiedsgericht **21** 24
Schiedsgerichtsbarkeit **11** 23, **20** 3
Schiedsspruch **20** 3
Schlechtleistung **14** 16
Schlichtung **11** 21 f., **20** 1 ff.
- Arbeitskampf **20** 26
- Bedeutung **20** 27
- Begriff **20** 1
- besondere **20** 25
- im Betriebsverfassungsrecht **20** 28 ff.
- Einigungsstelle

s. dort
- freiwillige **20** 5 f.
- im Personalvertretungsrecht **20** 44 ff.
- staatliche **20** 14 f.
- tarifliche **20** 11 ff., 16 ff.
Schlichtungsspruch **13** 53, **20** 7, 15, 23 f., 41, 49 f.
Schlichtungsvereinbarung **20** 17
Schlichtungsverfahren
- Ablauf **20** 22
- Gegenstand **20** 21
- Schlichtungsspruch **20** 23 f.
- Schlichtungsstelle **20** 20
Schlichtungszwang **14** 61, **20** 5 f.
Schulungs- und Bildungsveranstaltung
- Beschluss des Betriebsrats **16** 259
- Entgeltfortzahlung **16** 264
- erforderliche **16** 257, 260 ff.
- Ersatzmitglieder **16** 263
- Erstattung der Kosten **16** 266 f.
- geeignete (nützliche) **16** 257, 268 ff.
- Mitglieder des Sprecherausschusses **16** 680
- Streitigkeiten **16** 259, 268
- teilzeitbeschäftigte Betriebsratsmitglieder **16** 265
- Übersicht **16** 257
Schutzschrift **21** 67
Schwarzes Brett **16** 104, 154, 231
Schwerbehindertenvertretung
- Sprecherausschuss **16** 679
- Teilnahme an (Gesamt-) Betriebsratssitzungen **16** 212, 277
- Teilnahme an Wirtschaftsausschusssitzungen **16** 287
Schwerpunktstreik **14** 2, 23, 25, 51, 55, 89, 126, 137
Seebetriebsrat **16** 19
Selbstbeschränkungsklausel **13** 265
Share deal **19** 3
sic-non-Fall **21** 35
Singularsukzession **19** 7, 47 ff., **21** 28
Sitzstreik **14** 68
Societas Europea **15** 33
Soldat **14** 29
Solidarnorm **13** 25
Soziale Angelegenheiten **16** 378, 420 ff.
- Arbeitsbedingungen **16** 420
- Begriff **16** 420

- Eilfälle **16** 432
- Einwilligung des Arbeitnehmers **16** 431
- Erweiterung des Mitbestimmungsrechts **16** 422
- erzwingbares Mitbestimmungsrecht **16** 420
- Gesetz **16** 424
- Initiativrecht **16** 351, 433
- kollektive Regelung **16** 429 f.
- Koppelungsgeschäfte **16** 442
- Missbrauch des Mitbestimmungsrechts **16** 442
- Notfälle **16** 432
- Normzweck **16** 421
- Regelungssperre **16** 423, 427
- Streitigkeiten **16** 435, 443
- Tarifvertrag **16** 425
- teilmitbestimmte Maßnahmen **16** 407, 427, 440
- Theorie vom Regelungsanspruch **16** 437
- Theorie von der Wirksamkeitsvoraussetzung **16** 436, 441
- unternehmerische Freiheit **16** 428
- Umgehungsverbot **16** 441
- Vorrangtheorie **16** 426
Sozialeinrichtung **16** 205, 466 ff.
- Ausgestaltung **16** 469
- Begriff **16** 468
- Form **16** 469
- Kantine **16** 468, 471
- Mitbestimmung des Betriebsrats **16** 470 f.
- organschaftliche Lösung **16** 469
- Verwaltung **16** 469
- zweistufige Lösung **16** 469
Sozialpartner-Vereinbarung **13** 7
Sozialplan **16** 621 ff. (s. auch Tarifsozialplan)
- Abfindung **16** 622, 624 634 f., 645 ff., 654 ff., 662 ff.
- Ablösung **16** 641
- Anpassung **16** 643
- Anrechnungsklausel **16** 646
- Aufhebungsvertrag **16** 635
- Ausgleichszahlungen **16** 634
- Ausnahme von Sozialplanpflicht **16** 628 ff.
- Begriff **16** 621
- betriebsbedingte Kündigung **16** 635
- Diskriminierung **16** 634a

- Eigenkündigung **16** 635
- Fälligkeit von Ansprüchen **16** 624
- Form **16** 624
- Fortbildungs- und Umschulungsmaßnahmen **16** 634
- Gleichbehandlungsgrundsatz **16** 633, 635
- Höchstbegrenzungsklauseln **16** 634
- Inhalt, freiwilliger **16** 632 ff.
- Inhalt, erzwungener **16** 636 ff.
- Insolvenz **16** 648 ff.
- Kündigung **16** 642
- leitende Angestellte **16** 724
- Nachbesserungsklausel **16** 647
- Pauschalzahlungen **16** 637
- Rechtsnatur **16** 623
- Rechtswirkung **16** 624
- Regelungsmacht der Betriebsparteien **16** 621, 624 f., 633 ff.
- Regelungsspielraum **16** 632
- unwirksamer **16** 635, 640
- Vererblichkeit **16** 624
- Verfahren **16** 627, 648
- Verhältnis zu anderen Regelungen **16** 645 ff.
- Verzicht des Arbeitnehmers **16** 624
- vorsorglicher **16** 625
- Wegfall der Geschäftsgrundlage **16** 644
- wirtschaftliche Vertretbarkeit **16** 639
- zumutbare Weiterbeschäftigung **16** 638
- Zuständigkeit **16** 626
- Zweck **16** 622
Spannensicherungsklausel **13** 176
Spartengewerkschaft **12** 68a, **13** 269, 273a, 275, **14** 135
Sphärentheorie **14** 123 ff.
Sprecherausschuss
- Anhörung vor Abschluss einer Betriebsvereinbarung **16** 356
- Aufgaben **16** 703 ff.
- Beteiligungsrechte **16** 669
- Betriebsabsprache **16** 698
- Betriebsinhaberwechsel **16** 702
- Errichtung **16** 670 ff.
- Friedenspflicht **16** 683, 696
- Geschäftsführung **16** 678 f.
- Gewerkschaften **16** 669, 686
- Größe **16** 673
- politische Betätigung **16** 683, 696
- Sitzungen **16** 679

- Stellvertreter **16** 678
- Teilnahme an Betriebsratssitzungen **16** 212
- Verhältnis zum Betriebsrat **16** 684 f.
- Vorabstimmung **16** 672
- Vorsitzender **16** 678
- Wahl **16** 675 ff.
- Zusammensetzung **16** 674
Sprecherausschuss, Mitglieder
- Benachteiligungsverbot **16** 681
- Rechtsstellung **16** 669, 680
Sprecherausschuss, personelle Angelegenheiten **16** 714 ff.
- Beurteilungsgrundsätze **16** 712 f.
- Einstellung **16** 715
- Kündigung **16** 718
- personelle Veränderungen **16** 716 f.
Sprecherausschuss, soziale Angelegenheiten **16** 707 ff.
- allgemeine Regelungen **16** 708
- Arbeitsbedingungen **16** 707 ff.
- Gehaltsgestaltung **16** 709
- sonstige Arbeitsbedingungen **16** 710
Sprecherausschuss, wirtschaftliche Angelegenheiten **16** 720 ff.
- Betriebsänderung **16** 722
- Interessenausgleich **16** 723
- Sozialplan **16** 724
- Tendenzunternehmen **16** 721
Sprecherausschussgesetz
- Charakteristik **16** 668 f.
- Entwicklung **16** 665 ff.
Sprechervereinbarung **16** 701 f.
Sprechstunde **16** 219 ff.
Sprungrevision **21** 6, 93 f., 101
Stellenausschreibung
- extern **16** 508, 545
- intern **16** 507 ff.
Stellvertreterarbeitskampf **14** 194, 196
Streik **14** 2, 11, 13a, 17, 22 f., 68 ff.
- Beendigung **14** 71
- Begriff **14** 68
- Durchführung **14** 69
- kalter **14** 82 f.
- politischer **14** 23, 30
- rechtmäßiger **14** 94 ff.
- rechtswidriger **14** 139 ff.
- spontaner **14** 23
- wilder **14** 23

s. auch Arbeitskampf
Streikleitung **14** 70
Streikposten **14** 70
Streikprämie **14** 57, 93
Streitwert **21** 80, 84 f.
Stufenmodell **13** 78
Stufenvertretung **17** 28 ff.
Suspendierung **14** 102 f.
Sympathiearbeitskampf **14** 23, 72
Syndikusrechtsanwalt **21** 51a

Tarifausschlussklausel **13** 176
Tarifausschuss **13** 251, 251c
Tarifautonomie **13** 47 ff., **16** 364 ff.
- Ausgestaltung **13** 48 ff.
- Europäisches Recht **13** 52a
- Grenzen **13** 51 ff.
- und kollektive Koalitionsfreiheit **13** 47
Tarifbindung **13** 237 ff., 242 ff., **19** 6, 114, 116 f.
tarifdispositives Gesetz **13** 186 ff.
Tarifeinheit **13** 23, 236, 255a, 263 ff., 269 ff.
Tarifeinheitsgesetz **13** 274 ff.
Tariffähigkeit **12** 23 ff., **13** 60 ff., **14** 26
- des Arbeitgebers **13** 60, 63
- Arbeitskampffähigkeit **12** 30
- Begriff **13** 60
- gerichtliche Überprüfung **13** 62
- von Verbänden **13** 61
- Voraussetzungen **12** 23 f., **13** 60 ff.
Tarifgebundenheit, verlängerte **13** 242 ff.
Tarifgemeinschaft Christlicher Gewerkschaften für Zeitarbeit und Personalserviceagenturen **12** 31c, 67 **13** 187a
Tarifkollision **13** 251d, 261 ff.
- Auflösung **13** 265 ff.
- Grundsatz der Spezialität **13** 266, 269
- Selbstbeschränkungsklausel **13** 265
- Überblick **13** 261 ff.
Tariflücke **13** 132 ff.
Tarifkonkurrenz
- Auflösung **13** 265 ff.
- Begriff **13** 263
Tarifmacht **13** 142 ff. **14** 31 f.
- Außenschranken **13** 153 ff.
- Binnenschranken **13** 142 ff.
- Gemeinschaftsrecht **13** 194 ff.

- Grundrechte **13** 163 ff.
- Richterrecht **13** 198 ff.
- tariffreie Individualsphäre **13** 149
- Verstöße **13** 205 ff.
Tarifnormen **13** 16 ff.
- konstitutive **13** 130 f.
- deklaratorische **13** 20, 129
Tarifpluralität
- Auflösung **13** 269 ff.
- Begriff **13** 264
- und Sperrwirkung **16** 370
- Zuständigkeit **21** 26
Tarifsozialplan **13** 146, 193a **14** 31
Tariftreueerklärung **13** 251 f.
Tarifübung **13** 120, 128
Tarifvertrag
- Abschluss **13** 53 ff.
- Abschlussfreiheit **13** 54
- Altersgrenzen **13** 185
- Anerkennungstheorie **13** 14
- Anfechtung **13** 97
- Anzahl **13** 30 ff.
- und Arbeitskampf **14** 19
- und Arbeitsvertrag **13** 276 ff.
- Arbeitszeit **13** 182
- Arten **13** 30 ff.
- Aufhebungsvertrag **13** 91
- Auslegung **13** 119 ff.
  s. auch Tarifvertrag, Auslegung
- Ausschlussfrist **13** 309 ff.
  s. auch Ausschlussfrist
- Außenschranken **13** 153 ff.
- außerordentliche Kündigung **13** 95 f.
- Auszug aus einem Tarifvertrag **13** 52a
- Beendigung **13** 88 ff.
- Befristung **13** 89
- Beginn **13** 81 ff.
- Begriff **13** 1
- und Betriebsvereinbarung **13** 308
- Betriebsübergang **19** 110 ff., 116 ff.
- Betriebszweckwechsel **19** 114
- Bezugnahmeklausel **13** 252 ff.
- Binnenschranken **13** 142 ff.
- Delegationstheorie **13** 13
- und Europarecht **13** 168, 172, 194 ff.
- Funktion **13** 43 ff.
- Geltungsbereich **13** 210 f.
  s. auch Tarifvertrag, Geltungsbereich
- und Gesetze **13** 186 ff.

- Grenzen **13** 142 ff.
  s. auch *Tarifmacht*
- und Grundrechte **13** 155 ff.
  s. auch *Tarifvertrag, Grundrechte*
- Inhalt **13** 2, 16 ff.
- Kundgabe **13** 59
- Kündigung **13** 92 ff., **14** 140 f., 148
- Laufzeit **13** 6, 34, 46, 85, 96, 210
- mehrgliedriger **13** 80
- Mischbetrieb **13** 226 f.
- Nachwirkung **13** 100 ff.
  s. auch *Nachwirkung*
- Nebenbeschäftigungsverbot **13** 183
- Nebenbetrieb **13** 231 f.
- normativer Teil **13** 8 ff., 100 ff., 120
- normative Wirkung, Voraussetzungen **13** 209 ff.
  s. auch *Tarifvertrag, normative Wirkung*
- Ordnungsfunktion **13** 45
- „Revisionsklausel" **13** 90
- Rückwirkung **13** 83 ff.
  s. auch *Tarifvertrag, Rückwirkung*
- Rückzahlungsklausel **13** 184
- Schriftform **13** 58
- schuldrechtlicher Teil **13** 3 ff., 99, 119
- Schutzwirkung zugunsten Dritter **14** 39, 153
- soft agreements **13** 7
- Stellvertretung **13** 57 f.
- tariffreie Individualsphäre **13** 149
- Tarifgeltung **19** 113
- Tariflohnerhöhungen **13** 295 ff.
- Wirkung **13** 8 ff.
- Wettbewerbsverbot **13** 183
Tarifvertrag und Arbeitsvertrag **13** 276 ff.
- tariffeste Leistung **13** 297
- Wirkung **13** 276 f.
Tarifvertrag, Auslegung **13** 119 ff.
- authentische **13** 123
- ergänzende **13** 132 ff.
- Gesetzesänderung **13** 138
- Gleichheitssatz **13** 139
- Kriterien **13** 121 ff.
- normativer Teil **13** 120
- schuldrechtlicher Teil **13** 119
- Tariflücke **13** 132 ff.
- Übernahme von Gesetzesrecht **13** 129 ff.
Tarifvertrag, Geltungsbereich **13** 210 ff.
- fachlich **13** 217 ff., 225

- Mischbetriebe **13** 226 ff.
- Nebenbetriebe **13** 231 f.
- persönlich **13** 233 ff.
- räumlich **13** 215 f.
- zeitlich **13** 235
Tarifvertrag, Grundrechte **13** 155 ff.
- allgemeiner Gleichheitssatz **13** 164 ff.
- Berufsfreiheit des Arbeitgebers **13** 180 f.
- Berufsfreiheit des Arbeitnehmers **13** 181 ff.
- Diskriminierung **13** 168 f., 208
- Prinzip der Lohngleichheit **13** 168
- Quotenregelung **13** 171 f.
- Vereinigungs- und Koalitionsfreiheit **13** 174 ff.
Tarifvertrag, normative Wirkung **13** 209 ff.
- Beendigung der Tarifbindung **13** 242 ff.
- Bezugnahmeklausel **13** 252 ff.
- dogmatische Konstruktion **13** 9 ff.
- Friedenspflicht **13** 248
- Globalverweisung **13** 255
- verlängerte Tarifgebundenheit **13** 242 ff.
- Voraussetzungen (Prüfungsschema) **13** 209
Tarifvertrag, Rückwirkung **13** 83 ff.
- Allgemeinverbindlicherklärung **13** 86
- echte Rückwirkung **13** 84
- und früherer Tarifvertrag **13** 85
- tatbestandliche Rückanknüpfung **13** 84
- unechte Rückwirkung **13** 87
Tarifwerk **13** 261
Tarifwilligkeit **12** 28
Tarifzuständigkeit **13** 64 ff. **14** 27
- Bedeutung **13** 65
- Begriff **13** 64
- Festlegung **13** 67 ff.
- Kongruenz **13** 73
- konkurrierende Tarifzuständigkeiten **13** 71 f.
- mehrgliedriger Tarifvertrag **13** 80
- Wirksamkeitsvoraussetzung **13** 73 f.
technische Anlagen **16** 495
technische Einrichtungen zur Überwachung
- Begriff **16** 455
- EDV-Programme **16** 458 ff.
- Eingriff in das Persönlichkeitsrecht **16** 455
- Mitbestimmung **16** 457
- Zeiterfassungssysteme **16** 447, 455
technisch-organisatorische Angelegenheiten

- Abwendungsmaßnahmen **16** 499
Teilstreik **14** 23
Teilzeitarbeit **16** 449
Telefax
- Arbeitsgerichtsverfahren **21** 61, 89, 103
- Betriebsratsmittel **16** 231
- tarifliche Ausschlussfrist **13** 314
Tendenzunternehmen und -betriebe **16** 21 ff.
- Europäischer Betriebsrat **16** 312
- Tendenzcharakter der Maßnahme **16** 28
- Tendenzträger **16** 27
- Tendenzzweck **16** 22 ff.
Torkontrolle **16** 447

Übergangsmandat **16** 186, **19** 107
Überseering **15** 28
Überstunde **16** 438, 451 f.
übertarifliche Zulage
- Änderung der Verteilungsgrundsätze **16** 485, 488
- Anrechnung **13** 296, **16** 438, 483 ff.
- Anrechnungs- und Verrechnungsklauseln **13** 304 ff.
- Aufsaugung **13** 296
- Einführung **16** 438
- kollektiver Bezug **16** 430
- Mitbestimmungsrecht **16** 484, 488, 571
- tariffeste Leistung **13** 297
- Vergabekriterien **16** 479
ULA **12** 68, **16** 686
Ultima-ratio-Grundsatz **14** 58 ff.
Umgruppierung
 s. *Versetzung*
Universalsukzession **19** 7, 47 ff., 66, **21** 28
Unmittelbarkeitsprinzip **21** 59
Unterlassungsanspruch
- im Arbeitskampfrecht **14** 141, 144, 150
- im Betriebsverfassungsrecht **16** 83 f., 92 ff., 96, 383a, 548, 593, 614a
Unternehmen **16** 63
Unternehmensgruppe **16** 53, 66 f., 294 f., 299 ff.
Unternehmensspaltung **16** 55, 186, 290 f., 610 f., 617, **19** 82, 108
Unternehmenssprecherausschuss **16** 69 ff., 212, 671, 687 f.
Unternehmenstarifvertrag s.
 Firmentarifvertrag

Unternehmensumwandlung **16** 617, **19** 108 ff., 114
Unternehmensversammlung **16** 69, 697
Unternehmer
 s. *Arbeitgeber*
Unterstützungskasse **16** 467 f.
Unterstützungsstreik **14** 23, 42, 72 f.
Untersuchungsgrundsatz **21** 114
Urabstimmung **14** 62 ff.
Urlaub **14** 111 f., **16** 454
Urteil **21** 79 ff.
Urteilsverfahren **21** 16 ff., 56 ff.
- Abschluss des Verfahrens **21** 79 ff.
- allgemeines **21** 57
- Anhängigkeit **21** 62
- Einleitung **21** 60
- einstweilige Verfügung **21** 66 f.
- Güteverhandlung **21** 68 ff.
- Klageerhebung **21** 61
- Mahnbescheid **21** 64 f.
- Rechtshängigkeit **21** 62
- Rechtsmittel **21** 82 ff.
- Übersicht **21** 59, 114
- Urteil **21** 79 ff.
- Verfahrensgrundsätze **21** 58 f.
- Vergleich **21** 70 f., 79
- Verhandlung, streitige **21** 73 ff.
Verband der Gewerkschaftsbeschäftigten **12** 69
Verbandstarifvertrag **13** 1, 36, 218, 267
- Arbeitskampf um **14** 39 ff.
- firmenbezogener **14** 33
- unternehmensbezogener **13** 36, **14** 33
Verbandsvertreter **21** 55
Verbandswechsel **13** 79, 262
Verdienstsicherungsklausel **13** 306
Verfallfrist **13** 309 ff.
 s. auch *Ausschlussfrist*
Verfügungsanspruch **14** 201 ff., **21** 67
Verfügungsgrund **14** 203 ff., **21** 67
Vergleich **21** 70 f., 79, 125
Verhältnismäßigkeit(sgrundsatz) **14** 63 ff.
- im engeren Sinne **14** 66
Verhandlungsanspruch **13** 55 f.
Verhandlungsgrundsatz **21** 59
Verrechnungsklausel **13** 304 f.
Versäumnisurteil **21** 65
Versammlung der leitenden Angestellten **16** 693 ff.

- Einberufung **16** 693
- Entgeltfortzahlung **16** 695
- Nichtöffentlichkeit **16** 694
- Sitzungsleitung **16** 696
- Teilnahmeberechtigung **16** 694
- zeitliche Lage **16** 695
Versetzung **16** 550 ff.
- Änderung des Arbeitsorts **16** 557
- Änderung der Arbeitszeit **16** 559
- Änderung der Tätigkeit **16** 555 f.
- Änderung der Unterstellung **16** 558
- Arbeitsbereich **16** 554, 563
- Begriff **16** 550 ff.
- Dauer **16** 561
- Einstellung **16** 566
- Erheblichkeit der Umstände **16** 560, 562
- Folge bei mangelnder Zustimmung **16** 568 f.
- Grenze des Mitbestimmungsrechts **14** 171 f., **16** 567
- Reaktionsmöglichkeiten des Betriebsrats **16** 567
- Übersicht **16** 553
- Umorganisation **16** 558
- Zustimmungsverweigerungsrecht **16** 566
- Zuweisung **16** 564
Vertragsstrafe **16** 74, 393, 432
Vertrauensleute
- betriebliche **16** 127 ff.
- gewerkschaftliche **12** 43 f., **16** 125f.
vertrauensvolle Zusammenarbeit **16** 102, 346, 682, **17** 38 f.
Vertretung der Dienststelle **17** 25
Verwaltungsgerichtsbarkeit **20** 50
Verwaltungsraum **16** 495
Verweisung
- Arbeitsvertrag auf Tarifvertrag **13** 252 ff.
- Betriebsvereinbarung auf Tarifvertrag **16** 357
- Tarifvertrag auf Gesetz **13** 129 ff.
- Tarifvertrag auf Tarifvertrag **13** 58
Verwirkung **16** 405, 702
Verzicht **16** 404, 624, **21** 92
Vollstreckungsbescheid **21** 65
Vollstreik **14** 23
Vorabentscheidung des Arbeitsgerichts
- Betriebsänderung **16** 603
- Mitbestimmungsrecht **21** 112
- Zuständigkeit **21** 29, 32 ff.

Vorrangtheorie **16** 426
Vorschlagswesen, betriebliches **16** 493
Wahl
- Beeinflussungsverbot **16** 164 f.
- des Betriebsrats **16** 131 ff.
- Briefwahl **16** 157
- d'Hondtsches Höchstzahlverfahren **16** 158 f., 255
- geheime **16** 157, 160c, 204, 255, 318
- Gruppenwahl **16** 169
- Kosten **16** 167, 223
- Listenwahl **16** 141, 158, 190
- Mehrheitswahl **16** 158 f., 318
- Nichtigkeit **16** 178 ff.
- Persönlichkeitswahl **16** 159
- des Sprecherausschusses **16** 675 ff.
- unmittelbare **16** 157, 160c, 318
- Verhältniswahl **16** 158, 200, 204, 255, 276, 318
- Vorbereitung **16** 151 ff.
- Wählbarkeit **16** 134 f., 317
- Wählerliste **16** 152
- Wahlausschreiben **16** 154
- Wahlberechtigung **16** 131, 676
- Wahlbeteiligung **16** 133, 667
- Wahlgrundsätze **16** 157
- Wahlschutz **16** 161 ff.
- Wahlverfahren **16** 145 ff., 160a ff., 318, 677
- Wahlvorschlag **16** 156, 318
- Zeitpunkt der Betriebsratswahl **16** 142 ff., 316
- Zeitpunkt der Personalratswahl **17** 18
- Zeitpunkt der Sprecherausschusswahl **16** 675
Wahlanfechtung **16** 169 ff.
- Anfechtungsberechtigte **16** 170 f.
- Anfechtungsgrund **16** 174 f.
- Anrufung des Arbeitsgerichts **16** 169
- Berichtigung eines Verstoßes **16** 176
- fehlerhafte Zuordnung **16** 153
- Frist **16** 172 f.
- Rechtsfolgen **16** 177
- Übersicht **16** 169
Wahlbeeinflussung, -behinderung **16** 164 ff.
Wahlvorstand
- Amtszeit **16** 148
- Bestellung **16** 145, 318

- Entscheidungen **16** 150
- Feststellung des Wahlergebnisses **16** 160
- Größe **16** 147
- Kündigungsschutz **16** 149, 160f, 163
- Mitglieder, Rechtsstellung **16** 149
- Zusammensetzung **16** 147
Warnstreik **14** 23, 59
Weiterarbeit **14** 94
Weiterbeschäftigungsanspruch
- allgemeiner **16** 718
- betriebsverfassungsrechtlicher **16** 588 ff.
- Jugend- und Auszubildendenvertreter **16** 325 f.
Wellenstreik **14** 59
Werkswohnung **16** 471 f.
Widerspruch bei Betriebsübergang **19** 61 ff.
- Anfechtung **19** 70
- Annahmeverzug **19** 73
- Ausschluss **19** 71
- Begründung **19** 69
- Erklärung **19** 66 ff.
- Kündigung **19** 74
Wiedereinstellungsanspruch **19** 100 f.
Wiedereinstellungsklausel **14** 164
Wirtschaftsausschuss
- Aufgaben **16** 288
- Errichtung **16** 284
- Geschäftsführung **16** 287
- Größe **16** 285
- Informations- und Unterrichtungsrecht **16** 288 f., 290 f., 596
- Mitglieder **16** 285
wirtschaftliche Angelegenheiten
- Aufhebungsverträge **16** 608
- Beteiligung bei Betriebsänderungen **16** 599 ff.
- Betriebsänderung **16** 602 f., 605 ff.
- Betriebsanlagen **16** 612
- Betriebseinschränkung **16** 606
- Betriebsinhaberwechsel **16** 611
- Betriebsorganisation **16** 612
- Betriebszweck **16** 612
- Einführung neuer Arbeitsmethoden **16** 613
- Europäischer Betriebsrat **16** 597
- Nachteile, wesentliche **16** 604
- Personalabbau, stufenweiser **16** 608
- Spaltung **16** 610
- Stillegung

  s. Betriebsstillegung
- Überblick **16** 593
- Unterlassungsanspruch **16** 593
- Veränderung, grundlegende **16** 612
- Verhältnis zu anderen Beteiligungsrechten **16** 595
- Verlegung des Betriebs **16** 609
- Zusammenschluss **16** 610
wirtschaftliche Einheit **19** 10 ff.

wohlerworbene Rechte **13** 85

Zurückbehaltungsrecht, kollektive Ausübung **14** 19 f.
Zustimmung
- Ersetzungsverfahren **16** 273, 347, 549, 573
- Form **16** 419
- Rechtsnatur **16** 418
- Widerruf **16** 419
Zustimmungsverweigerung **16** 539
Zwangsschlichtung **20** 8 ff.

The manufacturer's authorised representative in the EU is Springer Nature Customer Service Centre GmbH, Europaplatz 3, 69115 Heidelberg, Germany. If you have any concerns regarding our products, please contact ProductSafety@springernature.com

Printed and bound by CPI Group (UK) Ltd, Croydon, CR0 4YY

23/03/2026

02076744-0012